VOLTAIRE
ou
LA ROYAUTÉ DE L'ESPRIT

JEAN ORIEUX

VOLTAIRE
ou
LA ROYAUTÉ DE L'ESPRIT

FRANCE LOISIRS
123, boulevard de Grenelle, Paris

Édition du Club France Loisirs, Paris
réalisée avec l'autorisation des Éditions Flammarion

ISBN 2-7242-7975-1

à M. B.

en hommage
d'affectueuse
admiration

PRÉFACE

Tout le monde connaît Voltaire. Chacun a sur lui son idée — pour ou contre ; c'est la même. Quand on s'approche de lui : tout est clair. Quand on s'enfonce dans sa vie, le foisonnement des faits, les pirouettes du personnage, ses contradictions, ses escamotages donnent le vertige. Chaque geste est dessiné et pourtant le personnage s'évanouit en pleine lumière. Il scintille de toutes parts et n'existe que dans des reflets. Pour l'atteindre, il fallait du temps, quelques efforts et des alliés.

Ces alliés, je les ai trouvés et je leur rends grâce de l'appui qu'ils m'ont donné. M. Desgraves, bibliothécaire de la Ville de Bordeaux et son adjointe Mlle Boutteaux ont mis à ma disposition leur savoir et leurs livres avec une bonne grâce que je n'oublie pas plus que celle de M. Besson, bibliothécaire municipal à Libourne qui m'a tendu une main amicale dans mes recherches. Je remercie M. René d'Ukermann d'avoir bien voulu consacrer une part de son temps précieux à rechercher des ouvrages et à me les envoyer dans mon lointain séjour de Marrakech et je le remercie surtout de ses entretiens sur le Siècle de Voltaire qui lui est si naturellement familier. J'ai une dette toute particulière envers Mme Bethouart dont le goût infaillible m'a soutenu dans la composition de cet ouvrage en tête duquel elle a bien voulu laisser figurer son nom.

Que dirai-je de Mme Chibois et de Mme Pefferkorn qui de près et de loin ont été des lectrices attentives et m'ont renvoyé l'écho le plus juste de mon œuvre. Mme la Comtesse de Breteuil m'a fait entrer dans la familiarité de Mme du Châtelet, née Breteuil. Grâce à M. Bruno Radius, Consul général de France à Marrakech et à M. Tanguy, attaché culturel dans la ville des Palmes, mon travail a été souvent allégé. Enfin, je dois remercier le Maroc et les

Marocains dont l'hospitalité parfaite m'a permis de travailler dans l'atmosphère la plus détendue et de vivre au milieu d'un peuple amical en compagnie de Voltaire qui s'est fort bien accommodé du climat et de la courtoisie de nos hôtes.

Parmi mes guides, je garde une reconnaissance pleine d'admiration envers M. Pierre Gaxotte dont tout ce qu'il a écrit sur le XVIIIe *siècle, sur Frédéric II et la Prusse a donné à « mon Voltaire » à peine exhumé des papiers, une telle bouffée de vérité qu'il se ranima comme s'il eût respiré l'air de son temps. Je dois beaucoup également à M. Jean Guehenno, à quelques pages magistrales qu'il a écrites dans la N.R.F. du 1er avril 1937 et qui ont projeté sur mon personnage une lumière dans laquelle j'ai essayé de le maintenir.*

Entre autres ouvrages dont la bibliographie fait mention, celui de Desnoireterres m'a paru considérable, touffu, plein de richesses enfouies mais précieuses. J'ai puisé mille faits que j'ai éclairés de tout autre manière que ne l'avait fait l'auteur, contemporain des lampes Carcel de Napoléon III.

J'ai rendu hommage à M. Bestermann dans le courant même de mon texte tant j'étais impatient de lui dire ma gratitude et plus encore mon admiration et mon enchantement, car je ne suis pas certain que M. Bestermann qui habite les Délices *de M. de Voltaire n'ait pas acquis en même temps que la demeure l'esprit et le style du premier propriétaire.*

Oserai-je avouer, enfin, que le meilleur de mes alliés dans cette affaire fut le Saint-Esprit quelque incroyable que la chose paraisse ; le Saint-Esprit incarné en Voltaire lui-même. C'est lui qui m'a sans doute insufflé à défaut de son génie, la courage de le suivre pas à pas, pendant 84 ans puis de l'enterrer. Le tout sans l'ombre d'ennui, ni de fatigue. Tel est le miracle de Saint Voltaire.

Il s'agit bien de miracle en effet — ou peut-être de magie. Raconter la vie de Voltaire c'est tenter l'impossible, aussi le lecteur attend-il, sans doute, quelques éclaircissements.

⁂

La vie de Voltaire est un ballet. Le moins languissant qui soit. Il est dansé plus souvent par un feu follet que par un homme : la vedette est insaisissable. Comment capter et fixer les reflets d'un miroir dansant, d'un diamant qu'on fait scintiller sous les lustres ? D'Alembert en définissant Voltaire l'a reconnu indéfi-

nissable, il l'appelait : « M. le Multiforme. » *Comment faire surgir de cette étourdissante multiplicité un personnage unique, inimitable : M. de Voltaire ?*

Il fallait, m'a-t-il semblé, prendre un bout de rôle dans ce fascinant opéra-bouffe qui a occupé près d'un siècle la scène européenne ; il fallait jouer du Voltaire. Ce livre a donc été écrit comme Voltaire a vécu, c'est-à-dire sur le rythme d'un Allegro mozartien. Rien n'est plus révélateur de la nature profonde de Voltaire que la rapidité. Il change de ton, de sujet, de visage à une cadence incroyable. De bons esprits ne manquent pas de souligner qu'il mène sa vie sur un train d'enfer. On aime assez mettre Voltaire en enfer — même sur terre — alors qu'il a écrit : « Le Paradis terrestre est où je suis. »

C'est sa vie précisément qui nous a captivé. Le lecteur ne cherchera donc pas ici une étude littéraire de l'œuvre de Voltaire qui n'est pas l'objet de ce livre. Il va sans dire que ses œuvres sont — pour les plus caractéristiques — non seulement mentionnées, mais analysées dans la mesure où elles retentissaient sur les événements de sa vie, ou inversement lorsque ces événements étaient à l'origine d'une œuvre.

Rien n'est plus étonnant que le cheminement de la destinée de cet écrivain. Cet être changeant a mené son destin avec une continuité sans faiblesse. A quinze ans, le jeune Arouet savait ce qu'il voulait être et il le voulait avec une tenacité et une ambition vertigineuses. Il avait compris qu'il devait être à la fois très riche et très grand poète. Il gagna sur les deux tableaux. Sa réussite sociale va de pair avec sa réussite littéraire. Sur les bancs de l'école, il pensait que le talent sans argent n'est qu'une misère et l'argent sans talent une sottise. Or, il ne se sentait doué ni pour l'une, ni pour l'autre de ces calamités.

Certains disent qu'il n'est pas « sérieux ». C'est vrai. Il a tout fait pour éviter de le paraître ; mais il est infiniment plus important que cela. Nous oublions un peu que nous portons tous, au fond de notre esprit, la marque du passage de « Candide ». Voltaire a été l'incarnation à peu près parfaite d'un certain tour d'esprit qui, en France, existait, certes, avant lui, mais qui n'a trouvé sa forme décisive que sous sa plume. Quand il eut donné à ce tour d'esprit et à cet humanisme, que connaissaient Molière et La Fontaine, Marot et Montaigne, la forme éblouissante de « Micromégas » ou des Lettres, *nous sommes devenus plus Français que nous ne l'étions avant lui. Même ceux d'entre nous qui se défendent de cette « révélation », pensent, parlent et écrivent d'une certaine manière où se reconnaît le tour voltairien. Mallarmé disait :* « Le monde est fait pour aboutir à un livre. » *Ne peut-on soutenir que le français, depuis les fabliaux et les farces du Moyen Age n'est fait que pour aboutir à un beau conte qui s'appelle « Candide » ?*

*En faisant rayonner son génie personnel — et le génie français — à travers l'Europe, Voltaire s'embarrassait fort peu de propagande nationaliste. Il n'y a pas trace d'orgueil patriotique en lui. Il est bien au-dessus de ces particularismes. Il francisait les meilleurs européens non pour en faire des clients de la France mais pour les rendre « honnêtes hommes ». Un de ses meilleurs titres de gloire est là. Pour lui et pour ceux qui l'entendaient, l'Europe a existé : c'était l'*Europe des Lumières, *la plus civilisée, la plus humaine des patries. Elle n'avait de frontières que celles de l'esprit. Cette vaste société formée de l'élite des nations était pour lui le triomphe de la Civilisation ; nous pouvons dire qu'elle fut un succès de Voltaire.*

Nous avons essayé de dégager d'autres titres de la gloire voltairienne un peu oubliés, un peu voilés, par l'apparente légèreté du personnage. Voltaire est l'homme d'un combat, d'un combat quotidien pour le bonheur. Non pas un bonheur mythique, mais un bonheur terrestre et à la portée de tous. Il s'agit d'arracher l'homme à la tyrannie et à la misère. L'homme ne peut être heureux que lorsqu'il assume toutes ses possibilités d'homme, c'est-à-dire lorsqu'il vit dans la liberté et dans l'aisance. Le fanatisme, l'imbécillité, la pauvreté engendrent l'ignorance, l'esclavage, la guerre. Le bonheur est le fruit de l'Intelligence et du Courage, le bonheur est le fruit de la Civilisation, il est la noblesse et la grandeur de l'homme libre. Pour ce qui est de l'au-delà : rien à espérer. Chacun fait son destin ici-bas et le fait par lui-même. Il suffit de regarder vivre notre héros pour avoir le spectacle d'un homme qui construit sa vie comme un acteur compose son rôle et la réussit en acteur de génie.

La Grandeur de Voltaire paraît encore dans son sentiment de la solidarité humaine. Cet impie croit en l'homme — sans trop d'illusion. Pour lui, c'est l'homme qui est le chef-d'œuvre de l'Univers. Toute atteinte à la liberté et à la justice lui est intolérable. Quand on écartèle Calas à Toulouse, on entend s'élever de Genève, les cris de douleur et d'indignation de Voltaire qui se sent torturé. Ce n'est pas Calas seul qui est atteint, c'est l'humanité qui est blessée en lui ; c'est Voltaire, c'est vous et moi. C'est donc vous et moi que Voltaire a défendus.

Un tel homme méritait bien qu'on lui consacrât quelques années. A vrai dire, il n'y a là aucun mérite. C'est par plaisir que nous avons choisi de vivre en compagnie de l'homme le plus intelligent, le mieux élevé, le plus délicat pour ses amis et ses hôtes, le plus impertinent parfois, et le plus surprenant comme il était le plus humain et le plus naturel. Six ans, dans la meilleure compagnie qui ait peut-être jamais existé, ce n'est plus un labeur, c'est un privilège. Voltaire est fascinant en toute chose : dans le bien... et dans le mal. Il a d'innombrables défauts et même quelques vices, des vices dansants, pirouettants, voltigeants, des vices-éclairs et des vices-reptiles, bref un assortiment stupéfiant. A ces défauts, nous avons, dans l'histoire de sa vie, respectueusement laissé leur part qui est assez belle. Comme son ami Lord Bolingbroke le disait de Marlborough : « C'était un si grand homme que j'ai oublié ses vices. » *Nous pourrons oublier ceux de Voltaire ; mais pour les oublier, il fallait d'abord les connaître. Nous les avons dévoilés avec le même soin que ses vertus, en laissant au lecteur la satisfaction de les oublier ou, au besoin, de s'en repaître.*

Pour ne rien laisser échapper d'une vie si tumultueuse, si riche, si chatoyante, il aurait fallu presque autant d'années que Voltaire en a vécu. On estimera peut-être, ici et là, qu'il y aurait encore bien des choses à ajouter. Nous nous sommes fiés à Voltaire lui-même qui a écrit : « Le secret d'ennuyer est celui de tout dire. » *Il nous a paru que rien ne serait plus voltairien que d'épargner l'ennui à notre lecteur.*

Jean ORIEUX.

CHRONOLOGIE

1694	*Dimanche 21 novembre :* naissance à Paris de François-Marie Arouet.	Famine / Victoire de Jean Bart sur les Hollandais / Bombardement de Dieppe, Le Havre et Dunkerque par les Anglais.
1695	1 an.	Versailles est achevé / Établissement de l'impôt de la capitation.
1696	2 ans.	Naissance de Louis-François-Armand de Vignerot du Plessis (le futur maréchal de Richelieu) / Paix de Paris / Mme Guyon à la Bastille.
1697	3 ans / Son parrain, l'abbé de Châteauneuf, lui fait réciter les *Fables* de La Fontaine.	Torcy aux Affaires Étrangères / D'Argenson succède à La Reynie / Expulsion des comédiens italiens / Fénelon exilé à Cambrai.
1698	4 ans.	Le roi au camp de Compiègne avec Mme de Maintenon.
1699	5 ans.	Torcy, ministre d'État / Pontchartrain, chancelier / Chamillard aux Finances / Mort de Pomponne.
1700	6 ans.	Mémoires des Intendants.

Création de la Banque d'Angleterre / D'Iberville conquiert Terre-neuve / Naissance du comte Chesterfield.	Première édition du *Dictionnaire* de l'Académie française / Regnard : *Attendez-moi sous l'orme* / Bossuet : *Réflexions sur la comédie* / Leibniz : *Système nouveau de la nature* / Huyghens : *Traité de la lumière* / Fermeture des ateliers des Gobelins / Saint-Simon commence la rédaction de ses *Mémoires* / Mort de Mme Deshoulières, Téniers (le jeune), Pujet, Puffendorf, A. Arnauld / Naissance de Quesnay, Ch. Coypel.
Prise de Namur par Guillaume d'Orange / Mort d'Achmet II.	Publication du *Cabinet des fées* / Fénelon archevêque de Cambrai / Bossuet condamne le quiétisme / Mort de La Fontaine, Purcell, Domat, Huyghens / Naissance de Pannini, J.-B. Pater.
Traité de Turin / Mort de Jean Sobieski.	Rigaud : *Portrait de Rancé* / Regnard : *Le Joueur* / Ch. Perrault : *Vie des Hommes illustres* / Mort de Mme de Sévigné, La Bruyère, Molinos, P. Mignard, P. Elzevier / Naissance de G.-B. Tiepolo, L. Toqué.
30 octobre : Traité de Ryswick : fin de la guerre de la Ligue d'Augsbourg / Mort de Charles XI de Suède / Avènement de Charles XII.	Bayle : *Dictionnaire historique et critique* / Fénelon : *Explication des maximes des saints* / Perrault : *Contes de ma mère l'Oye* / Regnard : *Le Distrait* / Mort d'E. de Witte / Naissance de (l'abbé) Prévost, Hogarth, Canaletto.
Convention de La Haye.	Louis XIV écrit *Manière de montrer les Jardins de Versailles* / Mme d'Aulnoy : *Les Illustres Fées* / Naissance de Bouchardon, Metastase, Gabriel, Bodmer.
Constitution de la principauté du Liechtenstein / Mort de Christian V de Danemark.	Premier Salon dans la Grande Galerie du Louvre / Du Fresny : *Amusements sérieux et comiques* / Fénelon : *Télémaque* / Mme Dacier traduit *l'Iliade* / Mort de Racine, M. Preti, J.-B. Monnoyer / Naissance de Chardin, Subleyras.
Mort de Charles II d'Espagne / Avènement de Philippe V (petit-fils de Louis XIV) / Mort d'Innocent XII / Début du pontificat de Clément XI / Traité de Londres : partage définitif de la succession espagnole.	Fénelon : *Dialogue des morts* / Leibniz : *Nouveaux essais sur l'entendement humain* / Congreve : *Le Train du monde* / Mort de Rancé, Le Nôtre, Dryden, Siberechts / Naissance de Natoire.

1701	**7 ans.**	**Louis XIV conserve à Philippe V ses droits à la couronne de France / Mort de Monsieur, Barbezieux, Tourville.**
1702	**8 ans.**	**Saint-Simon reçu duc et pair / Révolte des Camisards / Villars maréchal de France / Mort de Jean Bart.**
1703	**9 ans.**	**Mort du Masque de fer à la Bastille.**
1704	**10 ans / François-Marie Arouet perd sa mère / Entrée au collège Louis-le-Grand, tenu par les Jésuites / *19 décembre :* Ninon de Lenclos lègue mille francs au jeune Arouet pour qu'il s'achète des livres.**	**Fin de la révolte des Camisards.**
1705	**11 ans.**	**Louis XIV fait des offres de paix à Heinsius.**
1706	**12 ans / Naissance d'Émilie Le Tonnelier de Breteuil (la future marquise du Châtelet) / François écrit au collège, sa première tragédie « Amulius et Numitor » disparue sans laisser de trace / Présentation au Grand Prieur de Vendôme, au Temple.**	**Défaite de Villeroi à Ramillies / Louis XIV fait de nouvelles propositions de paix / Défaite de La Feuillade devant Turin.**
1707	**13 ans.**	**Cours forcé du papier-monnaie / Mort de Mme de Montespan.**

Avènement de Frédéric Ier de Prusse / Les Stuart écartés du trône / Mort de Jacques II / Avènement de Jacques III d'Angleterre / Coalition de La Haye contre la France et l'Espagne.

Début de la Publication du *Journal* de Trévoux / Rigaud : *Louis XIV en pied* / Mort de Madeleine de Scudéry, Segrais, Boursault / Naissance de La Condamine.

Mort de Guillaume III / Avènement de la reine Anne / Début de la guerre de succession d'Espagne.

The Daily Courant : premier quotidien anglais / Farquhar : *L'Inconstant* / Naissance d'Aved, Liotard, P. Longhi.

Bataille d'Hochstaedt / La Savoie entre dans la Coalition / Fondation de Saint-Pétersbourg par Pierre le Grand / Mort de Mustapha II / Naissance de Marie Leczinska.

Lalande : *Musique pour les soupers du roi* / Bach : premières *œuvres pour orgues* / Mort de Saint-Évremont, Ch. Perrault / Naissance de Boucher, Wesley.

Stanislas Leczinski, roi de Pologne / Les Anglais à Gibraltar.

Salon au Louvre / Regnard : *Les Folies amoureuses* / Première traduction française des œuvres de Saadi / Swift : *Conte du tonneau* / Jurieu : *Histoire critique des dogmes et des cultes* / Newton : *Traité d'optique* / Bach : *Cantate n° 1* / Haendel : *Almira* / Mort de Bossuet, Bourdaloue, Locke, J. Parrocel / Naissance de Duclos, Jaucourt, La Tour.

Mort de Léopold Ier / Avènement de Joseph Ier / Bulle *Vineam Domini.*

Crébillon : *Idoménée* / Regnard : *Les Ménechmes* / Rigaud : *Portrait de Bossuet* / Buxtehude : *Musique sacrée* / Halley calcule la trajectoire des comètes / Mort de Ninon de Lenclos, Luca Giordano, Mme de Grignan, E. Pavillon / Naissance de C. Vanloo.

Acte d'union de l'Angleterre et de l'Écosse / Madrid tour à tour perdue et reconquise par Philippe V / Mort de Don Pedro de Portugal / Naissance de Franklin.

Coysevox : *Le Rhône* / Rameau : *Premier livre de clavecin* / Farquhar : *L'Officier de recrutement* / Mort de Bayle.

Siège de Lerida / Pierre le Grand envahit la Pologne / Mort d'Aureng-Zeb.

Vauban : *La Dîme royale ;* disgracié, il meurt / Crébillon : *Atrée et Thyeste* / Lesage : *Le Diable boiteux, Crispin rival de son maître* / Mort de Coypel, Edelinck, Buxtehude / Naissance de Linné, Goldoni, Buffon, Euler, Fielding, L. M. Vanloo.

1708	14 ans.	Défaite d'Audenarde / Siège de Lille.
1709	15 ans.	Famine / Banqueroute de Samuel Bernard / Fonte des vaisselles à la Monnaie / Disgrâce de Chamillard / Voysin, secrétaire d'Etat / *11 septembre :* Bataille de Malplaquet / *23 octobre :* Dispersion des religieuses de Port-Royal / Mort du P. de la Chaise / Le P. Tellier, confesseur du roi.
1710	16 ans.	Destruction de Port-Royal / *15 février :* Naissance du duc d'Anjou (le futur Louis XV) / Mort de M. le Duc, Mlle de la Vallière.
1711	17 ans / *Août :* Il achève ses études au collège Louis-le-Grand et devient étudiant en droit.	Mort du Grand Dauphin de France
1712	18 ans / Naissance de Marie-Louise Mignot (la future Mme Denis).	Épidémie de petite vérole / Mort du duc de Bourgogne / *24 juillet :* Bataille de Denain : fin de la guerre de Succession d'Espagne / Rohan, cardinal / Mort de Catinat.
1713	19 ans / *Septembre :* Il suit comme secrétaire l'ambassadeur de France à La Haye / *Composition de l'Ode sur les malheurs du temps* / *24 décembre :* retour à Paris.	Villars prend Fribourg / Construction de la place Bellecour à Lyon.

Le pape condamne les thèses du père Quesnel / Naissance de W. Pitt.

Regnard : *Le légataire universel* / Berkeley : *Théorie de la vision* / Boerhaave : *Traité de médecine* / Haendel : *La Résurrection* / Mort de Maucroix, P. de Hooghe, Hardouin-Mansart / Naissance de Voisenon, Nonnotte.

Charles XII battu par les Russes à Poltava.

Lesage : *Turcaret* / Cristofori construit à Florence le premier *piano forte* / Premier *opera buffa* à Naples / Boettger invente la porcelaine / Mort de Th. Corneille, Regnard, Hobbema / Naissance de Gresset, Tronchin, Ch. de Brosses, Collé, Mably, Johnson. Le Franc de Pompignan, La Mettrie, Vaucanson.

Victoire de Vendôme à Villaviciosa : Philippe V reste maître de l'Espagne.

Haendel en Angleterre / Leibniz : *Théodicée* / Swift : *Journal à Stella* / Mort de Fléchier / Naissance de Pergolèse, (Gentil-) Bernard.

Mort de Joseph Ier / Avènement de Charles VI.

Crébillon : *Rhadamiste et Zénobie* / Chardin : *Voyage en Perse et aux Indes orientales* / Vivaldi : *Concertos* / Mort de Boileau, G. de Lairesse, Feuquière / Naissance de Hume.

Naissance du prince Frédéric de Prusse (le futur Frédéric le Grand), fils du Roi-Sergent / Fin de la guerre religieuse en Suisse / Congrès d'Utrecht / Naissance de l'infant d'Espagne / Philippe V renonce à la couronne de France.

Arrêt de la publication du *Spectator* d'Addison et Steele / Marivaux : *Pharsamon* / Berkeley : *Dialogue d'Hylas et de Philonoüs* / Arbuthnot : *Histoire de John Bull* / Mort de La Fare, R. Simon, van der Heyden / Naissance de J.-J. Rousseau, Cassini, F. Guardi, Gournay.

Clément XI : Bulle *Unigenitus* / Pragmatique Sanction de Charles VI en faveur de sa fille Marie-Thérèse / Traité d'Utrecht : fin de l'hégémonie politique de la France / L'Angleterre a le monopole de la traite des Noirs / Déclin de la puissance hollandaise / Transfert de la capitale de Moscou à Saint-Pétersbourg.

Hamilton : *Mémoires du chevalier de Gramont* / Découverte des ruines d'Herculanum / Couperin : *Premier livre de clavecin* / Mort de Jurieu, Corelli / Naissance de Diderot, Sterne, Raynal, Soufflot, Ramsay.

1714	20 ans / Il se remet à ses études de Droit / Échoue au prix de poésie de l'Académie française avec *le Vœu de Louis XIII* / Publie deux poèmes scandaleux *Le Bourbier* et *l'Anti-Giton*.	Louis XIV force le Parlement à enregistrer la bulle *Unigenitus*. Édit de succession des bâtards.
1715	21 ans / Arouet familier du Temple et des Libertins / Il lit à Sceaux devant la duchesse du Maine sa tragédie *Œdipe*.	Ambassade de Perse à Versailles / *1er septembre :* Mort de Louis XIV / Avènement de Louis XV (Régence jusqu'en 1723) / Maurepas secrétaire d'État.
1716	22 ans / *5 mai :* exil à Tulle, puis à Sully-sur-Loire / Liaison avec Mlle de Livry.	Law fonde la Banque générale / Création du corps des Ponts et Chaussées / Démission de Voysin / Réouverture de la Comédie italienne à Paris / Mort de d'Artagnan.
1717	23 ans / Retour à Paris et installation rue de la Calande / Il aperçoit le tsar Pierre Ier / Début de la rédaction de *La Henriade* / *16 mai :* Il est incarcéré à la Bastille.	Pierre le Grand à Paris / Fondation de la Compagnie française d'Occident / Dubois au Conseil des Affaires Étrangères / Daguesseau chancelier / Le Régent achète le diamant qui porte son nom.
1718	24 ans / *11 avril :* Il quitte la Bastille pour l'exil à Châtenay / *18 novembre :* première représentation d'*Œdipe* / Görtz lui propose une place de secrétaire.	La banque de Law devient établissement d'État / Dubois, secrétaire d'État aux Affaires Étrangères / Conspiration de Cellamare / Suppression des Conseils / Construction du Palais de l'Élysée.
1719	25 ans / *Février :* Arouet prend le nom de Voltaire / Publication d'*Œdipe* / La vie mondaine.	Law frappe monnaie / Mort de Mme de Maintenon, Schomberg.
1720	26 ans / *Février :* Première représentation d'*Artémire* / Il rend visite à lord Bolingbroke, au château de la Source, près d'Orléans / Lecture de fragments de *La Henriade*.	Peste de Marseille / Law, contrôleur général des Finances / Fermeture de la rue Quincampoix / Émeute à Paris / Démission et fuite de Law / Le Parlement enregistre la Bulle *Unigenitus* / Construction du château de Champs.

Mort de la reine Anne Stuart ; George Ier lui succède (dynastie de Hanovre) / Traité de Radstadt / La Russie acquiert la Finlande.	Fénelon : *Lettre à l'Académie* / Marivaux : *Télémaque travesti* / Leibniz : *Monadologie* / Fahrenheit : thermomètres à alcool et à mercure / Mort de D. Papin / Naissance de Gluck, Pigalle, J. Vernet, Cassini de Thury.
Révolte de l'Écosse : échec de Jacques Stuart.	Lesage : *Gil Blas* / Massillon : *Oraison funèbre de Louis XIV* / Rigaud : *Louis XV enfant* / Mort de Fénelon, Malebranche, Girardon, Quellyn / Naissance de Vauvenargues, Helvétius, Condillac, Bernis, Cochin, Mirabeau (père), Perroneau.
Alberoni, Premier ministre de Philippe V / Prise de Temesvar par le prince Eugène : les Turcs chassés de Hongrie.	Mort de Leibniz, Ch. de la Fosse, Caffieri / Naissance de Saint-Lambert, Vien, Melendrez, Falconet, Daubenton.
Le christianisme interdit en Chine / Siège de Belgrade / Triple alliance de La Haye contre Philippe V / Le prince Eugène prend Belgrade.	Retz : *Mémoires* / Galland : *Les 1001 nuits* / Watteau : *L'embarquement pour Cythère* / Mort de Mme Guyon, Jouvenet / Naissance de Winckelmann, d'Alembert, H. Walpole Vergennes.
Mort de Charles XII / Fondation de la Nouvelle-Orléans / Quadruple alliance de Londres / Pierre le Grand fait exécuter son fils, le tsarévitch Alexis.	Piganiol de la Force : *Description de la France* / Massillon : *Petit Carême* / Watteau : *Gilles* / Cassini achève la mesure du méridien de Paris / Abbé de Saint-Pierre : *Discours sur la polysynodie* / Mort de Fagon / Naissance de Fréron, Roslin.
Guerre franco-espagnole / Renvoi d'Alberoni.	Defoe : *Robinson Crusoé* / Houdart de la Motte : *Fables* / Haendel : *Acis et Galatée* / Vertot : *Histoire des révolutions de la République romaine* / Mort d'Addison, Quesnel / Naissance de Sedaine, Vadé, Cazotte.
Ministère Walpole en Angleterre / les Espagnols au Texas / Fondation de la colonie anglaise du Honduras / Philippe V adhère à la quadruple alliance.	Dangeau achève son *Journal* / Marivaux : *Arlequin poli par l'amour* / Fondation du Cabinet des Estampes du roi / Hochbrucker invente la harpe à pédales / Mort d'Hamilton, Chaulieu, Heinsius, Dangeau, Coysevox, Mme Dacier / Naissance de Piranesi, Gozzi, (l'abbé de) Prades.

	Vie de Voltaire	Les événements en France
1721	27 ans / *Novembre :* Voltaire offre le manuscrit de *La Henriade* au Régent et tire profit de la débâcle du Système de Law.	Fondation de la première loge maçonnique / Arrestation de Cartouche / Les frères Pâris prennent la place de Law / Le « visa » de Duverney / Réconciliation franco-espagnole / Dubois, cardinal / Mort de Chamillard, d'Argenson / Naissance d'Antoinette Poisson (la future Mme de Pompadour).
1722	28 ans / *1er janvier :* Mort de M. Arouet, père de Voltaire / Voltaire sollicite une mission secrète en Allemagne / *Juillet :* Il part pour Bruxelles et la Hollande avec Mme de Rupelmonde / Rencontre avec le poète J.-B. Rousseau / Écrit *Le Pour et le contre.*	Dubois, Premier ministre de Louis XV / Mort de la princesse Palatine / Le Bureau de commerce / Arrestation de Villeroi / Fin de la peste de Marseille.
1723	29 ans / Fin de la composition de *l'Essai sur les guerres civiles* / Liaison avec Mme de Bernières / Publication de *La Henriade* (sous le titre : *Poème de la Ligue*) / *Novembre-Décembre :* atteint de la petite vérole, il est soigné par Adrienne Lecouvreur / Il écrit une tragédie : *Marianne* / Mort de son ami Genonville.	Majorité de Louis XV / Mort de Dubois, du Régent, Lauzun / Le duc de Bourbon, Premier ministre.
1724	30 ans / *6 mars :* Première représentation de *Mariamne* / *Juillet-Août :* Voltaire est aux eaux de Forges en compagnie du duc de Richelieu / Sa santé se détériore de plus en plus.	Création de la Bourse de Paris / Fondation du Club de l'Entresol / Déclaration contre les protestants / Ordonnance sur la mendicité.
1725	31 ans / *18 août :* Première représentation de *l'Indiscret* / *6 octobre :* Voltaire envoie *La Henriade* à George Ier d'Angleterre / *Novembre :* Il reçoit une pension sur la cassette de la Reine / Premiers contacts avec le redoutable Desfontaines.	Mariage de Louis XV avec Marie Leczinska / Établissement de l'impôt du Cinquantième / Première loge maçonnique à Paris.

Mort de Clément XI / Début du pontificat d'Innocent XIII / Walpole, chancelier de l'Échiquier / Saint-Simon ambassadeur en Espagne.

Montesquieu : *Lettres persanes* / Berkeley : *Traité du mouvement* / Scarlatti : *Griselda* / Defoe : *Moll Flanders* / Mort de Watteau, qui vient de terminer *l'Enseigne de Gersaint*, Trudaine, Maupertuis / Naissance d'Eisen.

Fondation du comptoir français de Mahé / Mort de Marlborough.

Bach : *Le Clavecin bien tempéré* / Rameau : *Traité d'harmonie* / le P. Labat : *Nouveau voyage aux îles de l'Amérique* / Marivaux publie son journal, *le Spectateur français* et *la Surprise de l'amour* / Holberg : *Le potier d'étain* / Mort d'A. Coypel, Gillot.

Réhabilitation de Bolingbroke.

Marivaux : *La double inconstance* / Bach : *Magnificat* / Holberg : *La chambre de l'accouchée* / Début de la période des porcelaines Young-Tchin / Mort de Leeuwenhoeck / Naissance d'A. Smith, Holbach, Grimm, Reynolds, Marmontel.

Mort d'Innocent XIII / Début du pontificat de Benoît XIII / Abdication de Philippe V ; Don Louis, roi d'Espagne ; il meurt ; Philippe V remonte sur le trône / Fondation de l'Académie brésilienne de Bahia / Construction du Palais Correr à Venise.

Bach : *La Passion selon saint Jean* / Marivaux : *Le prince travesti* / Chaulieu : *Poésies* / Defoe : *Lady Roxana* / Haendel : *Tamerlan* / Hogarth : *Le goût de la ville* / Métastase : *Didon abandonnée* / Mort de Dufresny, Tchikamatsou / Naissance de Kant, Klopstock, Maulpertsch, Belloto.

Mort de Pierre le Grand / Avènement de Catherine Ire / Découverte du détroit de Behring / Accord d'Herrenhausen / Philippe V rompt la quadruple alliance / Découverte de diamants au Brésil / Fondation de l'Académie des Sciences de Saint-Pétersbourg.

Création de la fabrique de porcelaine de Chantilly / Destruction du jubé de Notre-Dame de Paris / Salon au Louvre / Couperin : *l'Apothéose de Lulli* / Vico : *Principes de la philosophie de l'histoire* / Montesquieu : *Le Temple de Cnide* / Marivaux : *l'Ile des esclaves* / Pope traduit *l'Odyssée* / Mort de Scarlatti, Wren / Naissance de Casanova, Greuze, P. Paoli, Cugnot.

1726	32 ans / *4 février :* Voltaire est bastonné par les gens du chevalier de Rohan / *17 avril :* embastillé / *5 mai :* à Calais, sur la route de l'exil anglais / *Juillet :* Il revient secrètement à Paris, dans le dessein de provoquer Rohan en duel.	Fleury, Premier ministre, rétablit la Ferme générale.
1727	33 ans / *Janvier :* Voltaire est présenté au roi George Ier / *8 avril :* Il assiste aux funérailles de Newton à Westminster / *Décembre :* Il publie deux opuscules en anglais : *Essay on civil wars, Essay on epick poetry.* Pendant ce séjour anglais, il s'entretient avec Fabrice sur la vie de Charles XII, de qui il entreprend l'*Histoire,* et rencontre Swift, Pope, Congreve et Gay.	Affaires des convulsionnaires de Saint-Médard / Chauvelin aux Affaires étrangères / Mort de Pontchartrain.
1728	34 ans / Voltaire publie à Londres, par souscription, *La Henriade,* dédiée à la reine d'Angleterre / *Novembre :* Il rentre en France mais non à Paris.	Conflit autour de la Bulle *Unigenitus.*
1729	35 ans / *Avril :* Il est autorisé à habiter Paris / Composition de *l'Histoire de Charles XII, Brutus, Les Lettres philosophiques / Mai :* Séjour à la cour de Lorraine / Il place ses fonds chez les frères Pâris.	Ouverture du premier cabaret de Paris / Mode des Jardins anglais / Mort de Law.
1730	36 ans / *15 mars :* Mort d'Adrienne Lecouvreur ; le clergé ayant refusé la sépulture, le corps est jeté à la voirie. Voltaire s'en indigne dans le poème sur *La mort de Mademoiselle Lecouvreur / Été :* Voltaire est aux eaux de Plombières avec Richelieu / *Décembre :* Première représentation de *Brutus.*	Orry, contrôleur général.

Fondation de Montevideo par les Espagnols.

Swift : *Les voyages de Gulliver* / Bernouilli : *Traité du mouvement* / Rollin : *Traité des Études* / Crébillon : *Pyrrhus* / Thomson : *Les saisons* / Mme de Sévigné : *Lettres à sa fille* / Salon de Mme de Tencin / Débuts de la Camargo à l'Opéra / Vivaldi : *Les quatre saisons* / Mort de Delalande / Naissance de Philidor, Chodowiecki.

Mort de Catherine Ire / Avènement de Pierre II / Mort de George Ier / Formation de l'Union de Mannheim / Première imprimerie à Constantinople / Première loge maçonnique à Madrid.

Destouches : *Le philosophe marié* / Montesquieu : *Réflexions sur la monarchie* / Marivaux : *Éloge de la raison* / Moncrif : *Histoire des chats* / J. Gay : *Fables* / Bradley découvre le phénomène d'aberration de la lumière / Naissance de Turgot, Morellet, Gainsborough, G. D. Tiepoio, F. H. Drouais.

Fondation de Djaïpur.

Rousseau quitte Genève / Marivaux : *La seconde surprise de l'amour* / Chambers : *Encyclopédie* / Pope : *La Dunciade* / Abbé Prévost : *Mémoires et aventures d'un homme de qualité* / Montesquieu à l'Académie / Ouverture du Musée des antiques de Dresde / Mort de La Monnoye / Naissance de Goldsmith, Burke, Mengs.

Naissance de Catherine d'Anhalt-Zerbst (la future Catherine II) / Révolte des Natchez à la Louisiane / Traité de Séville.

Bach : *La Passion selon saint Matthieu* / Montesquieu en Angleterre / Goldoni : *Le gondolier vénitien* / Gray : transmission de l'électricité / Bouguer : photométrie / Haller : *Les Alpes* / Mort de Congreve / Naissance de Lessing, Écouchard-Lebrun, Monsigny.

Abdication de Victor-Amédée II de Savoie / Walpole au gouvernement / Mort de Benoît XIII / Début du pontificat de Clément XII / Déposition d'Achmet III / Mort de Frédéric IV / Avènement de Christian VI de Danemark / Mort de Pierre II / Avènement d'Anna Ivanovna.

Célébrité du salon de Mme du Deffand / Hamilton : *Contes* / Rollin : *Histoire ancienne* / Marivaux : *Le jeu de l'amour et du hasard* / Buffon en Angleterre / Goldoni : *Don Juan* / Métastase : *Alexandre* / Début de l'emploi du sextant / Naissance de Gessner.

1731	37 ans / *Janvier :* La police saisit la première édition de *l'Histoire de Charles XII* / *Juin :* Séjour à Rouen / *Décembre :* Voltaire habite chez Mme de Fontaine-Martel / Il lit sa tragédie *Brutus* devant dix pères Jésuites.	Dispersion du Club de l'Entresol / Affaire de la Cadière / Fondation de l'Académie de chirurgie.
1732	38 ans / *7 mars :* Première représentation *d'Ériphyle* (Sémiramis) / *Mai :* Début de la composition du *Siècle de Louis XIV* / *Juin :* Première édition des *Œuvres* de Voltaire / *13 août :* Succès triomphal de *Zaïre* / *Décembre :* Composition du *Temple du goût.*	Fermeture du cimetière de Saint-Médard.
1733	39 ans / *Janvier :* Publication du *Temple du goût* / *Mai :* à Saint-Gervais / *Juin :* Début de sa liaison avec Mme du Châtelet / *Juillet :* Il ajoute les *Remarques sur Pascal* aux *Lettres philosophiques* / Pendant cette année Voltaire travaille au *Siècle de Louis XIV*, écrit *Alzire* et deux opéras : *Tanis et Zélide, Samson.*	Établissement de l'impôt du Dixième / Mme de Mailly devient la maîtresse de Louis XV / Traité franco-bavarois, traité franco-hollandais / Mort de Forbin.
1734	40 ans / *18 janvier :* Première représentation *d'Adélaïde du Guesclin* / *Mars :* Voltaire est témoin au mariage du duc de Richelieu avec Mlle de Guise / *10 juin :* Condamnation des *Lettres philosophiques* au pilori et au feu / Lettre de cachet contre Voltaire qui se cache à Cirey chez Mme du Châtelet / Il commence la rédaction de *La Pucelle* / *Juillet :* Voyage au camp de Philippsbourg / Le duc d'Holstein, héritier présomptif de Russie, lui propose de le prendre à son service.	Mort de Berwick, Villars.

Dupleix à Chandernagor / La langue anglaise remplace le latin dans les tribunaux anglais.	Holberg : *Théâtre danois* / Marivaux : *La vie de Marianne* / Abbé Prévost : *Manon Lescaut* / Fielding : *La tragédie des tragédies* / Tull : théorie des enclosures / Mort de Defoe, Houdart de la Motte / Naissance de W. Cowper.
Fondation de la colonie anglaise de Géorgie / Traité de Varsovie / Naissance de Washington, Necker.	Berkeley : *Alcyphron* / Métastase : *Demetrius* / Destouches : *Le Glorieux* / Montesquieu se fait initier à la franc-maçonnerie en Angleterre / Fondation du *London Magazine* / Lesage : *Don Guzman d'Alfarache* / Marivaux : *Les serments indiscrets* / Boerhaave : *Éléments de chimie* / Maupertuis : *Discours sur la figure des astres* / Bach : *Cantate du café* / Mort de Boulle / Naissance de Fragonard, Lalande, Haydn, Beaumarchais.
Début de la guerre de Succession de Pologne / Établissement de la conscription en Prusse / Campagne de Villars en Italie / Traité de Turin / Fondation de la colonie espagnole des Philippines.	Début de la publication de *l'Histoire littéraire de la France* par les bénédictins de Saint-Maur / Rameau : *Hippolyte et Aricie* / Bach : *Messe en si mineur* / Pope : *Essai sur l'homme* / Marivaux : *L'heureux stratagème* / Franklin : *Almanach du pauvre Richard* / Pergolèse : *La servante maîtresse* / Kay invente la navette volante / Mort de Couperin / Naissance de Priestley, Wieland, Mesmer, Ducis, Malfilâtre, Zoffany, Borda, H. Robert.
L'Empereur déclare la guerre à la France / Bataille de Parme / Les Russes prennent Dantzig / Zinzendorf : unité des Frères moraves / Fondation de l'université de Göttingen.	Montesquieu : *Considérations... de la grandeur et de la décadence des Romains* / Hogarth : *La vie d'une courtisane* / Bach : *Oratorio de Noël* / Réaumur : *Histoire des insectes* / Gresset : *Vert-Vert* / Goldoni : *Bélisaire* / Tartini : *Sonates pour violon* / Mort de S. Ricci / Naissance de Restif de la Bretonne, Dorat, Ruhlière, Romney.

1735	41 ans / Voltaire travaille à *La Pucelle* et au *Siècle de Louis XIV* / Querelle avec Desfontaines / *Mars :* Il obtient la permission de revenir à Paris / *Mai :* Séjour à la cour de Lorraine / *11 août :* Première représentation de *La Mort de Jules César* / *Septembre :* Voltaire fait la connaissance du curé Meslier.	Ordonnance sur les testaments.
1736	42 ans / *27 janvier :* Première représentation *d'Alzire ou les Américains* / Début de la querelle avec Le Franc de Pompignan / A Cirey, où Mme du Châtelet apprend l'anglais / *Juillet :* à Paris / *8 août :* Début de la correspondance avec Frédéric, prince royal de Prusse / *10 octobre :* Première représentation de *l'Enfant prodigue* / Publication de *l'Epître à Mme du Châtelet sur la calomnie* / *Novembre :* Voltaire se réfugie pendant quelques semaines en Hollande pour échapper aux menaces que *le Mondain* fait peser sur lui.	Convention franco-autrichienne.
1737	43 ans / *Mars :* Retour à Cirey / Mort de Nicolaï, son ancien tuteur / Correspondance active avec Frédéric, qui lui envoie une documentation importante sur la Russie / *Décembre :* Fin de la rédaction de *Mérope*.	Disgrâce de Chauvelin.
1738	44 ans / *Janvier :* Rédaction des premiers *Discours sur l'homme* / Expériences scientifiques avec Mme du Châtelet / *25 février :* Mariage de sa nièce, Marie-Louise Mignot avec Nicolas-Charles Denis / Procès avec le libraire Jore / Publication des *Éléments de la philosophie de Newton* / Composi-	Ordonnance sur la corvée / Mlle de Nesle, maîtresse de Louis XV / Achèvement du canal Crozat (en Picardie).

Armistice franco-autrichien / La Bourdonnais, gouverneur de l'Ile-de-France.

Dom Calmet : *Histoire universelle* / Marivaux : *Le Paysan parvenu* / Nivelle de la Chaussée : *Le Préjugé à la mode* / Hogarth : *La carrière d'un roué* / Salvi : *Fontaine de Trevi* à Rome / La Condamine et Maupertuis mesurent le méridien terrestre / Mme de Tencin : *Mémoires du comte de Comminges* / Du Halde : *Description de l'empire de la Chine* / Lemoyne décore l'Hôtel Soubise / Rameau : *Les Indes galantes* / Bach : *Concerto italien* / Mort de Stradivarius / Naissance du prince de Ligne, Lépicié.

Révolte indienne en Louisiane / Fondation de la Banque de Copenhague / Construction du Palais d'été de Pékin / Débuts de l'Opéra italien à Saint-Pétersbourg.

Marivaux : *Le legs* / Lesage : *Le Bachelier de Salamanque* / Chardin : *Le Château de cartes* : Pergolèse : *Stabat Mater* / Création de la verrerie de Murano / Hull dépose son brevet de bateau à vapeur / Mort de Pergolèse, Pater / Naissance de Lagrange, Watt.

Premier théâtre à Prague, Stockholm.

Salon au Louvre / Linné : classification des végétaux / Marivaux : *Les fausses confidences* / Goldoni : *l'Homme accompli* / Rameau : *Castor et Pollux* / Gluck en Italie / Walpole en France / Mort de Lemoyne / Naissance de Bernardin de Saint-Pierre, Parmentier.

Traité de Vienne : fin de la guerre de Succession de Pologne / Stanislas Leczinski, duc de Lorraine / L'Angleterre adhère au traité de Vienne / Traité franco-suédois / Révoltes ouvrières en Angleterre / Prédication de Whitefield.

Piron : *La Métromanie* / Salon au Louvre / Paul invente le métier à filer / Haendel : *Israël en Egypte* / Rollin : *Histoire romaine* / Crébillon : *Les Égarements du cœur et de l'esprit* / Bernouilli : *Hydrodynamique* / Mesure de la vitesse du son par Cassini, Thury, Maraldy et La Caille / Création de la manufacture de porcelaine de Vincennes (transférée à Sèvres) / Lancret : *Les Quatre saisons*

	tion de *l'Envieux* / *Décembre :* Séjour de Mme de Graffigny à Cirey : lectures du *Siècle de Louis XIV* et de la Bible.	
1739	45 ans / *15 mai :* Voltaire part pour la Hollande avec Mme du Châtelet / *Août :* Publication de la *Vie de Molière* / A Paris, il écrit la *Réponse à toutes les objections principales faites en France contre la philosophie de Newton* / *Novembre :* A Cirey / Publication du Recueil des *pièces fugitives en vers et en prose* qui est saisi.	Louis XV ne fait pas ses Pâques / Buffon, intendant des jardins du roi.
1740	46 ans / *Janvier :* Voltaire revise l'*Anti-Machiavel* de Frédéric II / *8 juin :* Première représentation de *Zulime* / *Juillet :* En Hollande / *11 septembre :* Il rend visite pour la première fois à Frédéric II à Clèves / *Novembre :* A Berlin / *Décembre :* Retour en Belgique.	Louis XV envoie un ultimatum à l'Angleterre ; Rupture.
1741	47 ans / *Avril :* Première représentation de *Mahomet* à Lille / Lord Chesterfield rend visite à Voltaire / *Juin :* Début de la rédaction de l'*Essai sur les mœurs* / *Octobre :* A Paris / *Décembre :* A Cirey.	Nouveaux débats sur la Bulle *Unigenitus*.
1742	48 ans / *Janvier :* Voyage en Franche-Comté / *Août :* A Bruxelles / Interdiction de jouer *Mahomet* à Paris / Voyage à Aix-la-Chapelle / *Novembre :* A Paris / Les contrefaçons de ses ouvrages se multiplient.	Début du « règne » des maîtresses.

(Mmes de France) / Mort de Boerhaave / Naissance de Beccaria, Herschel, Boufflers, Delille.

Fondation du comptoir français de Karikal / Philippe V adhère au traité de Vienne / Siège de Belgrade par les Turcs / Walpole déclare la guerre à l'Espagne / Fondation de l'Académie des sciences de Stockholm.

Mme de Tencin : *Le Siège de Calais* / Salon au Louvre / Hume : *Traité de la nature humaine* / Bouchardon : *Fontaine* de la rue de Grenelle à Paris / Tocqué : *Portrait du dauphin* / Deluze réalise les premières impressions sur tissu / de Brosses : *Lettres familières d'Italie* / Recherches de Clairaut sur le calcul intégral / Haendel : *Suzanne* / Naissance de La Harpe.

31 mai : Mort du Roi-Sergent / Avènement de Frédéric II ; il envahit la Silésie / Mort de Clément XII / Début du pontificat de Benoît XIV / Mort d'Anna Ivanovna / Avènement d'Ivan VI / Mort de Charles VI / Avènement de Maria-Thérèse d' Autriche : début de la guerre de Succession d'Autriche / Premier journal grec.

Fondation de l'imprimerie Pellerin à Épinal / Salon au Louvre / Coustou : *Les Chevaux de Marly* / Chardin : *Le Benedicite* / Richardson : *Pamela* / Crébillon : *Le Sopha* / Marivaux : *L'Épreuve* / Abbé Goujet : *Bibliothèque française* / Naissance de Sade, Oberlin.

Alliance franco-prussienne / Échec de Walpole aux élections / Alliance franco-bavaroise / La Suède déclare la guerre à la Russie / Entente franco-hanovrienne / Armistice secret austro-prussien / Élisabeth de Russie renverse Ivan IV / Charles-Albert de Bavière se fait proclamer roi de Bohême.

Haendel : *Le Messie* / Destruction des vitraux de Notre-Dame de Paris / Gabriel, premier architecte du roi / Salon au Louvre / La Tour : *Portrait du président de Rieux* / Hume : *Essais moraux et politiques* / Goldoni : *La femme de tête* / Favart : *La Chercheuse d'esprit* / Abbé Prévost : *Histoire d'une grecque moderne* / Mort de J.-B. Rousseau, Vivaldi, Rollin / Naissance de Lavater, Laclos, Houdon, Chamfort, Füssli.

Benoît XIV condamne la politique des Jésuites en Chine / Les Autrichiens reprennent Linz / Charles-Albert de Bavière, roi de Bohême, élu empereur sous le nom de Charles VII / Démission de Walpole / Alliance franco-danoise / Traité de Berlin / Chute de Prague.

Salon au Louvre / L. Racine : *La Religion* / Fielding : *Joseph Andrews* / Young : *Les Nuits* / Piranesi : *Prisons* / Tresaguet met au point le macadam / Mort de Massillon.

1743	49 ans / *20 février :* Première représentation de *Mérope* / *Mars :* Maurice Quentin de la Tour fait le portrait de Voltaire / *Avril :* Échec de Voltaire à l'Académie / *Juin :* En mission diplomatique à Berlin, où Frédéric II essaie de le retenir / *Novembre :* Retour en France / *3 novembre :* Voltaire est élu à la Royal Society de Londres / Publication de *Mahomet*.	Mort de Fleury / D'Argenson, ami de Voltaire, secrétaire d'État à la Guerre / La marquise de Tournelle, maîtresse de Louis XV / Naissance de Jeanne Bécu (la future Mme du Barry).
1744	50 ans / Publication de *Mérope* / *Mars :* Liaison avec Mlle Gaussin / *Avril :* Voltaire écrit la *Princesse de Navarre* à Cirey / *Septembre :* A Champs, chez le duc de la Vallière / *Octobre :* A Paris.	*28 novembre :* D'Argenson, ministre des Affaires étrangères / Louis XV déclare la guerre à l'Angleterre et à l'Autriche, envahit le Piémont et les Pays-Bas, prend Fribourg / Loi accordant la propriété du sous-sol à l'État.
1745	51 ans / A Versailles au début de l'année / *18 février :* Voltaire perd son frère / *23 février :* Première représentation de *la Princesse de Navarre* / *1er avril :* Voltaire est nommé historiographe du roi de France / Élu à la Royal Society d'Édimbourg / *Mai :* Publication du poème *La Bataille de Fontenoy* / Rédaction du *Temple de la gloire* / Séjour à Champs / *Août-septembre :* Correspondance avec le pape / Rédaction du *Précis du siècle de Louis XV* / *27 novembre :* Première représentation du *Temple de la gloire* / *15 décembre :* Il fait la connaissance de Jean-Jacques Rousseau / Début du commerce avec Mme Denis.	*11 mai :* Bataille de Fontenoy / Début de la faveur de la Pompadour / Machault, contrôleur général des Finances.
1746	52 ans / *25 avril :* Voltaire est élu à l'Académie, au fauteuil de Jean Bouhier / *9 mai :* Réception à l'Académie / L'affaire Travenol / *28 juin :* Membre de l'Académie de Saint-Pétersbourg / *Août :*	Christophe de Beaumont, archevêque de Paris / Mort de Torcy.

Guerre franco-sarde / Second pacte de famille / Frédéric II reconstitue l'Académie de Berlin qui publiera ses travaux en français / Fondation de l'Académie danoise / Les La Verendrye découvrent les Montagnes Rocheuses.

Débuts de Mlle Clairon à la Comédie-Française/ Haendel : *Joseph et ses frères* / Salon au Louvre / Fielding : *Jonathan Wilde* / D'Alembert : *Traité de dynamique* / Mort de Vivaldi, Grécourt, Faa Ghislandi, H. Rigaud, Desportes, Lancret, Lorrain / Naissance de Cagliostro, Lavoisier, Condorcet, Jacobi.

Première conférence générale méthodiste / Frédéric II prend Prague / Construction du château de Schœnbrunn.

Albinoni : *Symphonies* / Pigalle : *Mercure* / Hogarth : *Le Mariage à la mode* / Gluck : *Sophonisbe* / Frédéric II : *Le Miroir des Princes* / Hénault : *Abrégé chronologique de l'histoire de France* / Métastase : *Antigone* / Mort de Vico, Pope, Campra / Naissance de Herder, Lamarck.

Convention d'Aranjuez / Charles Stuart débarque en Écosse / Mort de l'Empereur / Élection à l'Empire de François III de Lorraine (François Ier), époux de Marie-Thérèse d'Autriche.

Morelly : *Essai sur le cœur humain* / Swedenborg : *Du Culte et de l'Amour de Dieu* / Servandoni : *Portail de Saint-Sulpice* / Tiepolo : *fresques du palais Cornano* / Salon au Louvre / Gluck : *Hippolyte* / Destouches : *Œuvres* / Rameau : *Pygmalion* / Mort de Swift, Guarnerius, J.-B. Vanloo / Naissance de Volta, Goya, Huet.

Prise de Bruxelles par les Français / Bataille de Plaisance / Mort de Philippe V / Avènement de Ferdinand VI / Capitulation de Gênes / Bataille de Raucoux / Fondation de l'Université de Princeton.

Salon au Louvre / Rousseau dépose son premier enfant aux Enfants-assistés / Diderot : *Pensées philosophiques* / Vauvenargues : *Réflexions et maximes* / Abbé Prévost : *Histoire générale des voyages* / Marivaux : *Le Préjugé vaincu* / Haendel : *Judas Macchabée* /

	Rédaction de *Sémiramis* : / *Novembre :* Voltaire est nommé gentilhomme ordinaire de la chambre du roi / *Décembre :* Il fait la connaissance de d'Alembert,	
1747	53 ans / *Juillet :* Première rédaction de *Zadig :* Voltaire rencontre des difficultés à la cour / *Octobre :* Incident au jeu de la reine.	Disgrâce de d'Argenson / Naissance de Louis-Philippe d'Orléans (le futur Philippe-Égalité).
1748	54 ans / *Février-avril :* Séjour à Nancy, Lunéville et Commercy, à la cour du roi Stanislas Leczincki, beau-père de Louis XV / *29 août :* Première représentation de *Sémiramis* / *Septembre :* Malade / Publication du *Panégyrique de Louis XV* et de *Pandore* / *Octobre :* Voltaire surprend Mme du Châtelet dans les bras de Saint-Lambert.	« Règne » de Mme Henriette.
1749	55 ans / *Janvier :* Voltaire travaille à l'*Histoire de la guerre de 1741* / *Avril :* Paris, Émilie veut en finir avec Newton / *Juin :* Représentation de *Nanine*, comédie / *10 septembre :* Mme du Châtelet meurt en couches.	Guerre de l'impôt du vingtième / Disgrâce de Maurepas.
1750	56 ans / Voltaire à Paris, Mme Denis	Dissolution des États du Langue-

	Mort de R. Walpole, Largillière, Coustou / Naissance de Monge, Pestalozzi.
Révolution orangiste en Zélande / Guerre franco-hollandaise / Prise de Berg-op-Zoom par les Français.	Le libraire Le Breton confie la direction de *l'Encyclopédie* à Diderot et d'Alembert / Bach : *L'Offrande musicale* / Salon au Louvre / Franklin : le paratonnerre / Trudaine fonde l'École des Mines de Paris / Gresset : *Le Méchant* / La Tour : *Portrait de M. de Saxe* / Johnson : *Dictionnaire de la langue anglaise* / Gluck : *Les Noces d'Hébé et d'Hercule* / Nivelle de la Chaussée : *L'Amour castillan* / Mort de Vauvenargues, Lesage, Solimena / Naissance de Galvani.
Traité d'Aix-la-Chapelle : fin de la guerre de Succession d'Autriche.	Crébillon : *Catilina* / Haendel : *Samson* / Débuts de Vestris à l'Opéra / Construction de l'Opéra de Bayreuth / Salon au Louvre / Grimm arrive à Paris / Diderot : *Les Bijoux indiscrets* / Montesquieu : *l'Esprit des Lois* / Hume : *Essais philosophiques* / Richardson : *Clarissa Harlowe* / Klopstock : *La Messiade* / Euler : Travaux sur l'analyse mathématique / Needham : Théorie de la génération spontanée / Découverte des ruines de Pompéi / Pigalle : *Vénus* / La Tour : *Portrait de Louis XV* / La Mettrie : *L'Homme-machine* / Naissance de Berthollet, David, Jussieu, Bentham, Coraïs.
Ligue italienne contre les corsaires d'Afrique du Nord.	Huntsmann réalise la fonte de l'acier / Célébrité du salon de Mme Geoffrin / Bach : *L'Art de la fugue* / Salon au Louvre / Buffon : *Histoire naturelle* / Fielding : *Tom Jones* / Swedenborg : *Les Arcanes célestes* / Tournefort : *Études d'anatomie comparée* / Diderot : *Lettre sur les aveugles* ; il est enfermé à Vincennes / Mort de Magnasco, J. van Huysum, Clérambault / Naissance de Gœthe, Alfieri, Mirabeau (fils), Subleyras.
Mort de Jean V / Avènement de	Goldoni : *Le Café* / Rousseau : *Discours sur*

	vient habiter avec lui rue Traversière Saint-Honoré / Apparition de Fréron / *Juin :* Voltaire part pour Berlin, nommé Chambellan de Frédéric II / Il ne reviendra à Paris que l'année de sa mort.	doc / Émeute à Paris / Machault garde des sceaux.
1751	57 ans / Il récupère les manuscrits que son secrétaire Longchamp lui avait dérobés / Toute l'année, il travaille au *Siècle de Louis XIV*, qui est imprimé en décembre / Un mois plus tôt, La Beaumelle est arrivé à Berlin.	« Règne » de Mme Adélaïde.
1752	58 ans / Le scandale Hirch-Voltaire / *Mai :* La Beaumelle quitte Berlin, brouillé avec Voltaire et Frédéric II / *Octobre :* Voltaire achève l'*Histoire de la guerre de 1741* / Querelle avec Maupertuis, directeur de l'Académie de Berlin.	Affaire des billets de confession / Dernière persécution des protestants.
1753	59 ans / *27 mars :* Brouillé avec Frédéric II, Voltaire quitte Berlin / *Mai :* Séjour chez la duchesse de Saxe-Gotha, à la demande de laquelle il écrit les *Annales de l'Empire* / *Juin :* Arrestation et détention de Voltaire à Francfort / *Octobre :* Installation à Colmar, Louis XV lui ayant interdit d'approcher de Paris / La brouille avec La Beaumelle s'envenime.	Grandes remontrances du Parlement / Rappel du Parlement.
1754	60 ans / Voltaire travaille à l'*Essai sur les mœurs* dans la bibliothèque du bénédictin Dom Calmet, à l'abbaye de Senones / *Août :* Aux eaux de Plombières / *Décembre :*	*23 août :* Naissance du Dauphin (le futur Louis XVI) / Machault à la Marine.

José Ier de Portugal / Ministère Pombal.

les sciences et les arts / Distribution du *Prospectus de l'Encyclopédie* / Pigalle : *L'Enfant à la cage* / Marmontel : *Cléopâtre* / Mort de Bach, Muratori, Oudry / Naissance de Berquin, Valenciennes.

Le gouvernement portugais interdit les autodafés.

Salon au Louve / Diderot : *Lettre sur les sourds et muets* / Burlamaqui : *Principes du droit politique* / Haendel : *Jephté* / Gozzi : *Rimes burlesques* / Fielding : *Amelia* / Hume : *Enquête sur les principes de la morale* / Duclos : *Considérations sur les mœurs de ce siècle* / Publication du premier volume de *l'Encyclopédie* (*discours préliminaire* de d'Alembert) / Mort de La Mettrie / Naissance de Sheridan, Gilbert, Jouffroy d'Abbans.

Stanislas Leczinski fait entreprendre la construction de la place qui porte son nom à Nancy / Construction du palais de Caserte.

Réaumur : Expériences sur la digestion / Hume : *Discours politiques* / Rousseau : *Le Devin du village* / Première condamnation de l'*Encyclopédie* / Maupertuis : *Œuvres complètes* / Wieland : *De la nature* / Gainsborough : *Portrait de M. et Mme Sandby* / Mort de J.-F. de Troy, Ch. A. Coypel / Naissance de Filangieri.

Guerre américano-canadienne / Conférence de Londres sur les questions indiennes.

Favart : *Bastien et Bastienne* / Holberg : *La Maison hantée* / Salon au Louvre / La Tour : *Portrait de Rousseau* et *de d'Alembert* / Début de la *Correspondance littéraire de Grimm* / Buffon à l'Académie : *Discours sur le style* / Gabriel entreprend la construction de l'opéra de Versailles / Richardson : *Sir Charles Grandison* / Liguori : *Théologie morale* / Publication du 3e volume de l'*Encyclopédie* avec une préface de d'Alembert / Mort de Berkeley / Naissance de J. de Maistre, Outamaro, Parny, Rivarol.

Dupleix quitte l'Inde / Fondation du King's College à New York / Expulsion des Jésuites du Brésil.

Rousseau : *Discours sur l'inégalité* / Début de la publication de *L'Année littéraire*, de Fréron / Condillac : *Traité sur les sensations* / Diderot : *Pensées sur l'interprétation de la nature* / Gabriel entreprend la construction

	A Genève / La Beaumelle multiplie les pamphlets contre Voltaire.	
1755	61 ans / Éditions-pirates de l'*Histoire de la guerre de 1741* / Retrouvailles avec Richelieu / Voltaire s'installe aux *Délices* avec l'appui des Tronchin le 10 février 1755 / *Août :* Représentation de l'*Orphelin de la Chine* / Interdiction du théâtre aux *Délices* par le Consistoire.	Le Parc-aux-cerfs / Construction du château de Compiègne / Exécution de Mandrin.
1756	62 ans / *Novembre :* Voltaire propose au Ministère de la Guerre des chars de combat / *Décembre :* Il tente de sauver l'amiral anglais Byng, injustement condamné à mort / Rédaction de l'article *Histoire* de l'*Encyclopédie* / Publication de l'*Essai sur les mœurs* / Visite de d'Alembert aux *Délices.*	Troubles en Dauphiné.
1757	63 ans / *Février :* A la demande de l'ambassadeur de Russie, Voltaire entreprend l'*Histoire de la Russie* / *Août-septembre :* Voltaire sert d'intermédiaire entre Frédéric II et la France, en vue de rétablir la paix / *Décembre :* Scandale de l'article *Genève* (inspiré par Voltaire) de l'*Encyclopédie.*	*4 Janvier :* Attentat de Damiens.
1758	64 ans / Rédaction de l'*Histoire de la Russie* / *Octobre :* Achat de Ferney et de Tournay (au président de Brosses) / Procès avec le libraire Grasset.	Choiseul secrétaire d'État aux Affaires étrangères.
1759	65 ans / *Janvier :* Publication de *Candide* / *Mai :* Publication de	M. de Silhouette réforme l'administration des Fermes.

	de la place Louis XV (place de la Concorde) à Paris / Hume : *Histoire d'Angleterre* / Goldoni : *Le philosophe à la campagne* / Winckelmann en Italie / Boucher : *Mlle O'Murphy* / Falconet : *Milon de Crotone* / Mort de Holberg, Fielding, Piazzetta / Naissance de Bonald.
Fondation de l'Université de Moscou / Première grammaire russe / Rupture diplomatique franco-anglaise / *1er novembre :* Tremblement de terre de Lisbonne / Expulsion des Jésuites du Paraguay.	Salon au Louvre / Publication du tome V de l'*Encyclopédie* / Black invente le gaz carbonique / Morelly : *Code de la nature* / Lessing : *Miss Sarah Sampson* / Greuze : *Le Père de famille* / La Tour : *Portrait de Mme de Pompadour* / Mort de Montesquieu, Saint-Simon, Gentil-Bernard, Maffei / Naissance de Fourcroy, Corvisart, Florian, Quatremère de Quincy, Collin d'Harleville, Fabre d'Églantine, Debucourt, E. Vigée-Lebrun, Prony.
Début de la guerre de Sept ans / Montcalm au Canada / Premier Ministère Pitt.	Rousseau : *Lettre sur la providence* / Naissance de Lacépède, Mozart, Raeburn.
5 novembre : Frédéric II écrase l'armée française à Rossbach.	Salon au Louvre / Diderot : *Le fils naturel* / Helvétius : *De l'Esprit* / Mme Leprince de Beaumont : *Le Magasin des enfants* / Rameau : *Les surprises de l'amour* / Burke : *Les Établissements européens en Amérique* / Mort de Fontenelle, Réaumur, Vadé, R. Carriera / Naissance de W. Blake.
Mort de Benoît XIV / Début du pontificat de Clément XIII / Prise de Frontenac, Gorée et Saint-Louis du Sénégal par les Anglais / Lally-Tollendal aux Indes.	Rousseau : *Lettre à d'Alembert* / D'Alembert quitte l'*Encyclopédie* / Diderot : *Le Père de famille* / Quesnay : *Tableau économique* / Swedenborg : *Le Ciel et l'Enfer* / Naissance de Prudhon, C. Vernet.
Les Jésuites expulsés du Portugal / Bataille de Minden / Capitulation	Salon au Louvre (Diderot) / Condamnation au feu de l'*Encyclopédie* par le Parlement /

	Tancrède tragédie jouée en octobre sur le théâtre de Tournay / *Octobre :* Voltaire entre en guerre contre *l'infâme :* Il publie la *Relation de la maladie... du Jésuite Berthier* / Fin de la rédaction de la première partie de l'*Histoire de la Russie.*	
1760	66 ans / A Ferney / Difficultés avec le Consistoire de Genève / Rupture avec J.-J. Rousseau / *Septembre :* Représentation de *Tancrède* à Paris / Voltaire reçoit la visite de Mlle Corneille / La guerre avec Pompignan / Représentation de sa comédie l'*Écossaise* à Paris.	Petite poste à Paris / Les impôts augmentent.
1761	67 ans / Voltaire commence le *commentaire sur Corneille* et intervient en faveur du pasteur Rochette / Affaires épineuses avec les Jésuites d'Ornex, avec le curé de Moens et l'évêque d'Annecy.	*18 février :* Exécution du pasteur Rochette / *13 octobre :* Suicide de Marc-Antoine Calas / Choiseul, secrétaire d'État à la Guerre et à la Marine / Négociations de Versailles : le pacte de famille.
1762	68 ans / Fastes de Ferney / Querelle avec le président de Brosses / *4 avril :* Début de l'affaire Calas / *Décembre :* Nouvelle édition de l'*Essai sur les mœurs.*	*10 mars :* Exécution de Jean Calas à Toulouse / Le Parlement ordonne la suppression des Jésuites / Condamnation de l'*Émile* de J.-J. Rousseau par le Parlement.
1763	69 ans / Mariage de Mlle Corneille dotée pas Voltaire / *Juillet :* publication du tome II de l'*Histoire de la Russie* / *Août :* Gibbon en visite à Ferney / Publication du *Traité sur la tolérance.*	*10 février :* Paix de Paris : fin de la guerre de Sept ans.
1764	70 ans / *Février :* Voltaire intervient en faveur de galériens huguenots / Représentation de sa tragédie *Olympie Mars :* il propose	*18 mai :* Mort du maréchal de Luxembourg / Procès et condamnation de Sirven / Mort de Mme de Pompadour.

Les événements dans le monde	La vie de l'esprit
de Québec / Les Anglais à la Guadeloupe.	Wieland : *Cyrus* / Sterne : *Tristram Shandy* / Gossec : *Symphonies* / Fondation du British Museum / Mort de Haendel, Montcalm / Naissance de Schiller, Burns, Wilberforce.
Mort de George II / Avènement de George III d'Angleterre / Sac de Berlin par les Russes / Capitulation de Montréal / Siège de Pondichéry.	D'Alembert : Équations différentielles / Macpherson : *Ossian* / Spallanzani : *Nouvelles recherches physiologiques* / Gainsborough : *Portrait de l'amiral Hawkins* / Palissot : *Les Philosophes* / Naissance de Cherubini, (le comte de) Saint-Simon, Hokusaï.
Capitulation de Pondichéry.	Salon au Louvre (Diderot) / Rousseau : *La Nouvelle Héloïse* / Gozzi : *Le Corbeau* / Greuze : *l'Accordée de village* / Mort de Richardson / Naissance de Boilly.
5 Janvier : Mort d'Élisabeth, impératrice de Russie / Avènement de Pierre III / *9 juillet :* L'impératrice de Russie, Catherine II, s'empare du pouvoir / Les Anglais à Manille et à La Havane / Préliminaires de paix franco-anglo-espagnole.	Rousseau : *Émile, Du Contrat social* / Curé Meslier : *Mon testament* / Lord Chesterfield : *Lettres* / Gluck : *Orphée* / Pigalle : *Louis XV* / Gabriel : *Le Petit Trianon* / Naissance de Fichte, A. Chénier.
Traités de Paris et d'Hubertsbourg.	Salon au Louvre (Diderot) / Beccaria : *Traité des délits et des peines* / Reynolds : *Portrait de Mlle O'Brien* / Mort de Marivaux, l'abbé Prévost, L. Racine.
Affaire Wilkes / L'archiduc Joseph élu roi des Romains.	Rousseau : *Lettres écrites de la montagne* / Soufflot : *Le Panthéon* / Winckelmann : *Histoire de l'art antique* / Houdon : *Saint-Bruno* / Walpole : *Le château d'Otrante* /

	d'établir une colonie de protestants français à la Guyane / *Juin :* Publication du *Dictionnaire philosophique* / Lettre d'un Quaker / *Juillet :* Représentation du *Triumvirat,* tragédie / Publié contre J.-J. Rousseau, *Le sentiment des Citoyens.*	
1765	71 ans / *9 mars :* Réhabilitation de Calas / *Mai :* Publication de *La philosophie de l'Histoire.* / Visite de l'ambassadeur de Russie à Ferney / L'affaire Sirven.	Le commerce libre pour tous les sujets du roi.
1766	72 ans / *1er juillet :* Exécution du chevalier de La Barre / Voltaire propose aux philosophes français d'émigrer en territoire prussien / Il entreprend de faire réhabiliter le comte de Lally-Tollendal / Il fait appel aux ouvriers horlogers de Genève.	Réunion de la Lorraine à la couronne.
1767	73 ans / Troubles de Genève / Publication de *l'Ingénu* / Rôle de Voltaire dans les troubles / Son poème burlesque : *La Guerre civile de Genève.*	Révision du procès Sirven.
1768	74 ans / Brouille avec Mme Denis chassée de Ferney / *Février :* Publication de l' *Homme aux quarante écus* / *Juin :* Début des travaux de Versoix / *Précis du siècle de Louis XV. La Princesse de Babylone* / Visite de La Harpe / Voltaire fait ses Pâques.	Maupeou, chancelier de France / Début de la faveur de Mme du Barry / Acquisition de la Corse.
1769	75 ans / Publication de l'*Histoire du parlement de Paris* / Visite de Grétry / Voltaire est fait capucin.	Suppression du privilège de la Compagnie française des Indes.

	Premier *almanach* de Gotha / Mort de Hogarth, Rameau / Naissance de M.-J. Chénier, A. Radcliffe.
Frédéric II crée la Banque de Berlin.	Salon au Louvre (Diderot) / *L'Encyclopédie* est achevée / Greuze : *La Malédiction paternelle* / Sedaine : *Le philosophe sans le savoir* / Turgot : *Formation et distribution des richesses* / Cavendish : Étude de l'hydrogène / Mort du comte de Caylus, Pannini, C. Vanloo.
Mort de Stanislas Leczinski / Stanislas Poniatowski élu roi de Pologne / Condamnation des Jésuites en Espagne.	Rousseau à Londres chez Hume / Fondation de l'école vétérinaire de (Maisons-) Alfort / Saint-Lambert : *Les Saisons* / Goldsmith : Le Vicaire de Wakefield / La Tour : *Portrait de Belle de Zuylen* / Début du voyage de Bougainville / Mort de Nattier, Aved / Naissance de Germaine Necker (la future Mme de Staël), Malthus, Maine de Biran.
Le Danemark acquiert le Slesvig et le Holstein.	Salon au Louvre (Diderot) / Watt : machine à vapeur / Rousseau : *Dictionnaire de musique* / Priestley : *Histoire de l'électricité* / Lessing : *Minna von Barnhelm* / Holbach : *Le christianisme dévoilé* / Mort de Malfilâtre / Naissance de B. Constant, Schlegel, G. de Humboldt, Girodet, Isabey.
Convention de Boston / Guerre turco-russe.	Premier voyage de Cook / Quesnay : *La Physiocratie* / Carmontelle : *Proverbes dramatiques* / Sedaine : *La gageure imprévue* / Diderot et Mme d'Épinay prennent la relève de Grimm pour la *Correspondance littéraire* / Euler : *Études de calcul intégral* / Monge : *Géométrie descriptive* / Gainsborough : *Portrait d'Élisa Linley* / Mort de Winckelmann, Canaletto, Sterne / Naissance de Chateaubriand, J. Crome.
Mort de Clément XIII / Début du pontificat de Clément XIV.	Salon au Louvre (Diderot) / Naissance de Cuvier, A. de Humboldt, N. Bonaparte, Lawrence.

1770	76 ans / Voltaire travaille aux *Questions sur l'Encyclopédie* et fait campagne pour l'affranchissement des serfs du Mont-Jura / Intervention en faveur du couple Montbailli / Souscription nationale pour élever sa statue / Retour de Mme Denis.	Mariage du Dauphin et de Marie-Antoinette / Conflit entre Louis XV et le Parlement / *24 décembre* : Chute de Choiseul.
1771	77 ans / *25 novembre* : Acquittement du protestant Sirven / Rebondissement de la querelle avec les Parlements : brouille avec les Choiseul.	Le duc d'Aiguillon secrétaire aux Affaires étrangères.
1772	78 ans / Voltaire compose une *Ode* pour le deuxième centenaire du massacre de la Saint-Barthélemy / *Les lois de Minos*, tragédie-pamphlet contre le fanatisme / Le Kain joue sur le théâtre de Ferney / Mort de Thiériot.	Banqueroute partielle.
1773	79 ans / *Septembre* : Publication des *Fragments historiques sur l'Inde* / Voltaire offre des montres de sa fabrique à Mme du Barry / Un nouvel ennemi : Clément.	Fondation du Grand Orient de France / Affaire Beaumarchais-Goezman.
1774	80 ans / Publication du *Crocheteur borgne* / Versailles s'inquiète de la succession de Voltaire.	*10 mai* : Mort de Louis XV / Avènement de Louis XVI / Maurepas, conseiller intime / Vergennes, secrétaire d'État aux Affaires étrangères / Turgot à la Marine et aux Finances : Établissement de la libre circulation des grains, réduction des attributions de la Ferme générale, rétablissement du Parlement.
1775	81 ans / Publication de l'édition	Disette à Paris : guerre des farines.

Mission de Dumouriez en Pologne.

Rousseau achève les *Confessions* / Saint-Lambert à l'Académie / Holbach : *Le Système de la nature* / Raynal : *Histoire des établissements européens dans les Indes* / Goldsmith : *Le village abandonné* / Gainsborough : *L'Enfant en bleu* / Mort de G.-B. Tiepolo, Boucher, Moncrif, Hénault / Naissance de Beethoven, Hölderlin, Wordsworth, Gérard, Hegel.

Abolition du servage en Savoie / Les Russes conquièrent la Crimée / Gustave III roi de Suède.

Salon au Louvre (Diderot) / Poinsinet : *Le Cercle* / Bougainville : *Voyage autour du monde* / Lavoisier analyse la composition de l'air / Houdon : *Diderot* / Goya décore la cathédrale de Saragosse / Mort d'Helvétius, L.-M. Vanloo / Naissance de Bichat, W. Scott, Gros.

Catherine II écrase la révolte des Cosaques / Procès et exécution de Struensee / Premier partage de la Pologne / Warren Hastings, gouverneur des Indes.

Lagrange : *Addition à l'algèbre d'Euler* / Priestley : *Observations sur l'air* / Goldsmith : *Elle s'abaisse pour conquérir* / Cazotte : *Le diable amoureux* / Wieland : *Le miroir d'or* / Diderot achève *Jacques le Fataliste* / Second voyage de Cook / Mort de Swedenborg, Duclos, Tocqué / Naissance de Novalis, Coleridge, Broussais, Ricardo, Geoffroy-Saint-Hilaire, Fourier.

Clément XIV dissout la Compagnie de Jésus / Diderot en Russie / Construction du premier pont en fer, à Coalbrookdale.

Salon au Louvre / B. de Saint-Pierre : *Voyage à l'Ile-de-France* / Gœthe : *Goetz von Berlichingen* / Diderot est remplacé par Meister pour la *Correspondance littéraire* / Mort de Piron / Naissance de J. Mill.

Mort de Clément XIV / Début de la faveur de Potemkine auprès de Catherine II.

Wieland : *les Abdéritains* / Gœthe : *Werther* / Études de Priestley sur l'oxygène / Scheele découvre le chlore / Herschel construit son grand télescope / Mort de Goldsmith, Quesnay, La Condamine / Naissance de Southey, C.-D. Friedrich.

Début de la guerre d'indépendance

Salon au Louvre (Diderot) / Gentil-Bernard :

	« encadrée » des *Œuvres complètes* / Voltaire soutient Turgot / La population de Ferney fête son bienfaiteur.	
1776	82 ans / Publication de *La Bible enfin expliquée* / Innombrables visiteurs à Ferney / Un ennemi sérieux : l'abbé Guénée / Louis XVI n'aime pas Voltaire.	Suppression provisoire de la corvée et des corporations / Démission de Malesherbes / Chute de Turgot / Necker adjoint au contrôleur général des Finances / Franklin à Paris.
1777	83 ans / *Juillet* : L'empereur Joseph II passe par Ferney sans s'arrêter chez Voltaire / Composition d'*Irène*, tragédie.	Necker directeur général des Finances / Création de l'École de guerre / Traité d'alliance franco-suisse.
1778	*10 février* : Arrivée à Paris / Lecture des *Mémoires* de Saint-Simon / *30 mars* : Apothéose : séance à l'Académie, représentation d'*Irène* / Rencontre avec Franklin, Diderot / *7 avril* : Voltaire reçu à la Loge des Neuf Sœurs / *11 mai* : Voltaire doit s'aliter / *Samedi 30 mai* : mort de Voltaire, dans sa quatre-vingt quatrième année / *2 juillet* : Mort de Rousseau / Enterrement clandestin de Voltaire dans l'abbaye de Seillières à 5 heures du matin.	Création de la caisse d'Escompte de Paris.

américaine : Washington, commandant en chef / Début du pontificat de Pie VI.

L'Art d'aimer / Beaumarchais : *Le Barbier de Séville* / Diderot : *Le Rêve de d'Alembert* / Sheridan : *Les Rivaux* / Mort de Voisenon, F.-H. Drouais / Naissance d'Ampère, Turner, C. Mayer, Boieldieu, Schelling.

4 juillet : Déclaration de l'indépendance américaine / Fondation du premier syndicat ouvrier en Angleterre.

Jouffroy fait naviguer un bateau à vapeur sur le Doubs / Troisième voyage de Cook / Début de la publication des 4 volumes du *Supplément* de *l'Encyclopédie* / Restif de la Bretonne : *Le paysan et la paysanne pervertis* / Gibbon : *Histoire de la décadence et de la chute de l'empire romain* / Holbach : *La Morale universelle* / Mably : *Principes des lois* / A. Smith : *La Richesse des nations* / Mort de Hume, Fréron / Naissance de Constable, Avogadro.

La Fayette en Amérique / Vote des articles de la constitution fédérale helvétique.

Salon au Louvre / *Le Journal de Paris*, premier quotidien français / Lavoisier : théorie de la combustion / Sheridan : *L'École de la médisance* / Houdon : *Diane* / Pigalle : *Monument du maréchal de Saxe* / Mort de Gresset, Natoire / Naissance de Gauss, Kleist, Dupuytren.

Cook aux îles Hawaï / Frédéric II envahit la Bohême.

Rousseau achève les *Rêveries d'un promeneur solitaire* / Parny : *Poésies érotiques* / Buffon : *Les Époques de la nature* / Mozart : *Les Petits Riens* / Lamarck : *La Flore française* / Houdon : *Molière* / Mort de Piranesi, Linné, Pitt / Naissance de Foscolo, Gay-Lussac, Bretonneau.

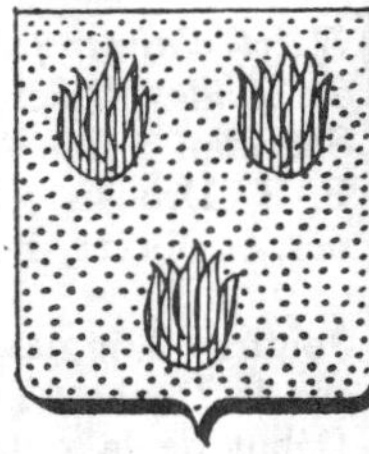

TABLEAU GÉNÉALOGIQUE DE LA FAMILLE AROUET

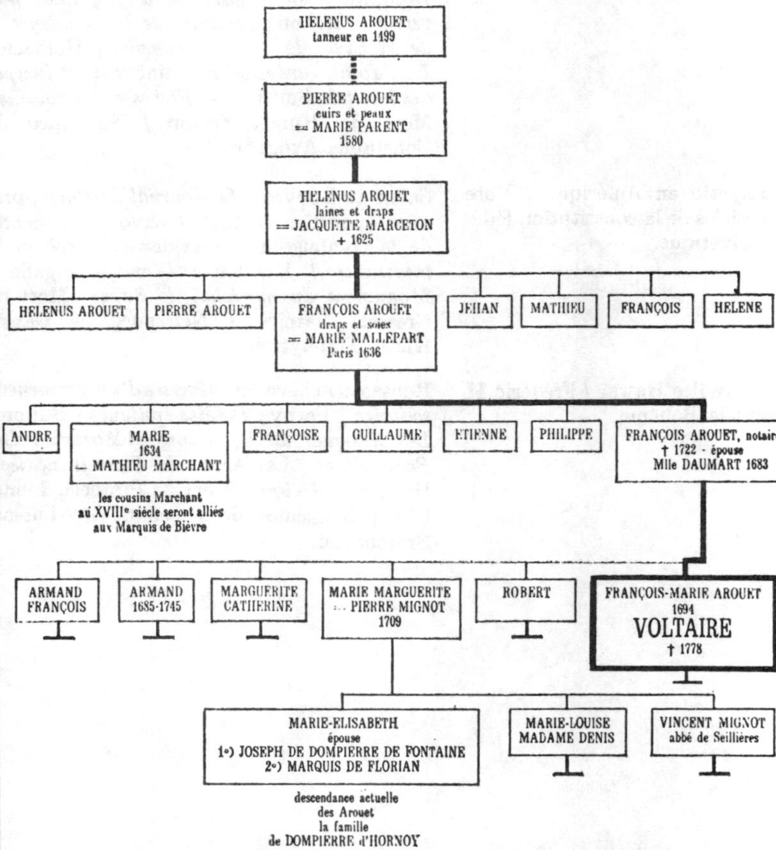

PREMIÈRE PARTIE

Ces Messieurs Arouet.

Qui sert bien son pays n'a pas besoin d'aïeux.

Ce vers de *Mérope* nous donne le sentiment de Voltaire sur la famille en général et sur la sienne en particulier. Il la méprise. Il s'est voulu le premier de sa race et de son nom. Pourquoi s'appelle-t-il Voltaire ? On n'en sait trop rien. Les uns soutiennent que c'est l'anagramme d'Arouet l.J. (le Jeune) d'autres, un nom de terre. Or, il n'y a pas de terre de ce nom, et Dieu sait que les notaires sous l'ancien régime tenaient à jour les listes des moindres parcelles. Il s'appelle Voltaire parce qu'il ne voulait pas s'appeler Arouet comme son père, ni comme son frère Armand, ni comme tous les autres Arouet. Il aurait voulu apparaître en ce monde comme Minerve et sortir, enfant de génie, du cerveau de l'Etre suprême ; or, il naquit dans le lit d'un notaire, et malgré qu'il en eût, il fut Arouet et le resta.

Il se donne les gants de renier ses pères ; ce n'est qu'une fatuité. Pour faire fi de ses ancêtres, il faut en avoir. Ceux de Voltaire ne sont pas assez illustres pour que son affectation de les ignorer passe pour une élégance. Toutefois, ils étaient assez dignes pour mériter d'autres sentiments que le mépris de leur descendant.

Nous ne saurions rien d'eux si nous comptions sur Voltaire pour nous informer. Il ne parle jamais de sa famille, sinon avec désinvolture. Mais il lui doit tout, et nous retrouvons en lui tant de traits — et des meilleurs — de cette race méprisée par son rejeton, qu'il faut bien parler de cette famille exemplaire de l'ancienne France. C'est un chef-d'œuvre de travail, d'intelligence, de ténacité que l'ascension des Arouet — un chef-d'œuvre dont nous suivons la patiente élaboration durant deux siècles — et toutes les étapes sont bien marquées, tout est enregistré, il n'y a pas d'à-coups, pas d'erreur : à chaque génération, les Arouet montent. Ils montent d'un petit village de Vendée, au nord du Poitou, qui s'appelle Saint-Loup, dans le pays bocager verdoyant et assez fermé de Gâtine. Un pays un peu chouan. Un vrai pays, resserré, uni. Le premier Arouet était tanneur à la fin du XVe siècle. Il y avait beaucoup de tanneurs dans la région parce que l'élevage y était prospère, parce qu'il y avait de l'eau en abondance et ce premier Arouet en 1495 loua un terrain près de la rivière pour laver et sécher les peaux. Le XVIe siècle fut une époque assez heureuse pour le village en raison de son industrie des peaux et des laines. On y tissa même des draps. Les Arouet tanneurs passèrent à la laine et au drap. En 1523, un Arouet, du nom d'Hélénus, possédait déjà des terres. Il s'était installé à Saint-Loup et avait quitté son village de Saint-Jouin de Marnes près d'Airvault qui est le centre le plus important de cette petite contrée. Cet Hélénus est déjà un notable, il est désigné parfois sous les noms de ses terres qui sont des noms de contes du Moyen Age : *Sieur de la Motte aux Fées* ou *Sieur du Pas du Cygne*.

Ce pays était fort peu opulent. La grande noblesse n'y résidait pas. Les châteaux y étaient des maisons fortes. Rien ne respirait le luxe. L'élite de la population était constituée par les officiers de la Couronne, robins pour la plupart, qui se recrutaient parmi les fils des tanneurs et des marchands enrichis et qui en accédant aux charges déléguant une parcelle d'autorité royale acquéraient du même coup la noblesse. C'était la suprême ambition des chefs de famille enrichis. Dès le XVIe siècle, les Arouet recherchent ces alliances. On n'est pas encore anobli, mais on se frotte à cette petite et fraîche noblesse. Certains Arouet exercent même de modestes charges locales : régisseur des seigneuries. Parmi les alliances des Arouet, nous trouvons un Pidoux. Mais nous les connaissons, ces Pidoux ! c'est la famille maternelle de La Fontaine ! Les fameux cousins Pidoux, Poitevins. La Fontaine reconnut son grand nez en voyant ses cousins Pidoux qui avaient le même. Aimable appariage des Arouet et de La Fontaine aux sources de leurs familles — source d'un certain élixir qui parfume à la fois *les Fables* de l'un et les *Contes* de l'autre. Cependant que deux Arouet continuent jusqu'au XVIIe siècle la tradition de la tannerie — nous trouvons un Arouet, avocat à Thouars, qui se qualifie de noble. C'est le premier signe de cet anoblissement qui ne deviendra effectif pour nos Arouet qu'à la fin du XVIIe siècle pour le père de François Arouet, dit Voltaire — et qui ne deviendra éclatant pour Voltaire, gentilhomme de la chambre du Roi, qu'en 1741.

Le premier Arouet qui fait le saut est François en 1625 : il quitte d'un seul coup Saint-Loup pour Paris. Il était fils d'un Hélénus Arouet qui avait épousé une demoiselle Marceton, noble — et petit-fils d'un Pierre Arouet qui avait épousé une demoiselle Parent, noble. Ce François réalise ses biens et laissant les cuirs et peaux, s'installe à Paris, marchand drapier. Cette hardiesse n'est pas de la folie, il n'y a jamais eu d'Arouet fou. Ils n'ont jamais commis d'erreur : ce François savait qui il était, c'est-à-dire le fils d'une famille cossue et honorée et légitimement ambitieuse. S'il s'établit « Marchand de draps et de soie » ce n'est pas un hasard. C'est sous Louis XIII, le commerce de haut-luxe, le plus lucratif, celui qui met les marchands en rapports directs avec la noblesse. N'oublions pas que *Le Bourgeois gentilhomme* est marchand de drap — n'oublions pas que Colbert est fils de marchand de drap. Le grand-père de Voltaire ne ressemblait à M. Jourdain que par sa fortune et l'origine de sa fortune mais il était autrement avisé, il ne voulait pas être « Mamamouchi », il voulait d'abord être bourgeois de Paris. Dix ans après qu'il eut créé son négoce, il l'est. Il s'est marié en 1626 avec une demoiselle Mallepart qui signe Marie de Mallepart. Qui était-ce ? Une fille de riches marchands drapiers dont le père, fort probablement allemand, avait (ou avait eu) une banque à Francfort et qui, pour certains services, avait été anobli. On remarque que depuis le premier Arouet connu pas un n'a fait un sot mariage, pas un n'a descendu d'un degré dans l'ascension. Il est amusant en outre de noter que la grand-mère de Voltaire était d'origine germanique — mais est-ce pour cela qu'il aura cette bienveillance pour les Allemands ? et cette impatience à l'égard des Welches ?

François Arouet ouvre cette nouvelle boutique rue Saint-Denis à *l'Enseigne du Paon*. Il mourut avant le mariage de ses fils, et sa veuve Marie mourut en 1688, rue des Vignes, paroisse de Saint-Etienne-du-Mont où elle fut enterrée dans l'Eglise. Ils avaient eu sept enfants.

Une fille, Marie, épousa un Mathieu Marchant, écuyer. De ce mariage naîtront les cousins Marchant — les seuls que Voltaire reconnut au siècle suivant, car ces Marchant furent gens d'entreprise et occupèrent de grosses charges à la Cour et à l'Armée

— et ils s'installèrent définitivement dans la noblesse. La fille de l'un épousa le marquis de Bièvres.

Le septième enfant fut François, père de Voltaire, né en 1650. En 1675 il achète la charge de notaire royal au Châtelet. C'est fait : les Arouet sont arrivés à leurs fins. Voici le premier Arouet, depuis le tanneur locataire d'un pré pour laver les peaux, qui accède à une charge et à la noblesse. On quitte les cuirs pour les parchemins armoriés. Il a fallu presque deux siècles. L'achat de cette charge représente une fortune (entre deux cents et deux cent cinquante millions d'A. F.). Ces études de notaires, d'avoués de Paris étaient aussi chères au XVIIe siècle que de nos jours.

François est conseiller du Roy, notaire au Châtelet, il se marie avec une demoiselle Daumart, le 7 juin 1683. Celle-ci n'est plus du drap, elle est de la robe — mais tout est si justement calculé qu'elle n'est pas de la grande robe — elle n'est pas de la robe anoblie : son père est greffier du Parlement — c'est une charge honorable, une charge royale mais ne déléguant pas d'autorité, elle ne confère pas la noblesse. Toutefois, François Arouet, par ce greffier ou du moins par sa fille, entre dans les familles parlementaires. Les frères de sa femme, comme lui-même, accèdent tous à la noblesse. L'un est capitaine du château de Rueil et fait enregistrer ses armoiries lorsqu'il est nommé contrôleur de la gendarmerie royale. Il porte « d'azur à une tour d'argent » — et il épouse une demoiselle Parent, poitevine, d'une famille apparentée aux Arouet et anoblie au XVIe siècle. On voit que ces marchands de drap savaient tisser les liens de famille.

François Arouet fit également enregistrer ses armoiries à l'Armorial général de France. Ce sera le blason de Voltaire. Il était prêt depuis longtemps, les Arouet le tenaient en réserve depuis deux cents ans, ce sont des armes parlantes. Arouet porte « d'or à trois flammes de gueules » parce qu' « Arrouer », en vieux langage poitevin, signifie « brûler ».

Mais il ne faut pas jouer avec les symboles. Il y a de la magie partout : il y en avait dans ces trois flammes écarlates et François Arouet, notaire au Châtelet, jouait sans le savoir avec le feu, avec le Diable et avec le Saint-Esprit, en léguant ce blason à son fils — ces trois langues de feu ! Qui ne voit en elles le symbole de la Pentecôte ? C'est le Saint-Esprit descendant sur la terre pour cette fête que la liturgie a vouée au rouge. Voilà sous quel emblème allait naître quatre ans plus tard, le petit François-Marie Arouet qui se voudra Voltaire. Si on lui avait demandé son avis pour le choix de ses armes parlantes, eût-il trouvé mieux ? On en doute, mais pour celles-ci, il les rendit prophétiques et il fit parler ces « flammes de pourpre et d'or », dans la langue la plus pure et la plus intelligente qui ait jamais été parlée.

Mais il se moque de ce qu'il doit aux Arouet ! Voici sur quel ton il parle d'eux, en 1741, écrivant à l'abbé Moussinot, son homme d'affaires à Paris : « *Je vous envoyai ma signature pour procuration en parchemin. J'oubliai le nom d'Arouet que j'oublie assez volontiers. Je vous envoie d'autres parchemins où se trouve ce nom malgré le peu de cas que j'en fais.* »

Un certain M. de la Fonds, du pays de Loudun, lui écrivit un jour avec cérémonie pour lui signaler qu'il venait de découvrir un Arouet, poète à Loudun environ 1429. L'honnête érudit local croyait plaire à M. de Voltaire qui lui répondit avec une courtoisie désinvolte que M. de Voltaire se moquait des poètes du XVe siècle en général et des Arouet en particulier. D'ailleurs, l'érudit local était dans l'erreur, le nom de son poète était Adouet, mais le mépris de Voltaire pour Arouet est une certitude.

Que leur reprochait-il à ces Arouet ? Des siècles de labeur, des siècles d'une probité, d'une droiture, d'une dignité sans tache. Il ne semble pas que ces Arouet eussent l'humeur plaisante, c'étaient à n'en pas douter des gens austères dont la vertu était, au sens profond du mot, la force d'âme. Ils n'ont pas laissé en deux siècles un seul trait d'esprit, pas une anecdote pittoresque, pas une fantaisie, pas une lettre, pas une page de souvenir. Ils ont rempli des cahiers : ce sont des cahiers de comptes. Mais pendant deux siècles toutes leurs additions sont justes, toutes leurs transactions sont justifiées. Tous leurs biens sont sous le sceau royal : leurs enfants, leurs mariages et leurs maisons. Même leur santé n'a jamais fait parler d'elle. Les médecins les tuaient comme la plupart des malades d'alors : mais soit dans la première enfance, soit à l'état de barbon — c'est-à-dire, avant de faire des affaires, ou après fortune faite. Ces Arouet sont les piliers de l'ancienne France, ni guerres, ni peste, ni calamités fiscales ne peuvent rien contre eux. C'est le granit de la nation. C'est probablement ce caractère des Arouet qui exaspérait M. François-Marie Arouet, dit Voltaire.

Et pourtant... il y a en lui du granit Arouet. On n'est pas impunément le rejeton de sept générations connues de travailleurs acharnés, probes jusqu'à la passion, respectueux et amoureux de l'argent. Mais le sang Arouet est chez lui mêlé au sang parisien, les alliances Mallepart et Daumart ont allégé et échauffé le sang des vieux vendéens, il y a en lui un feu qui vient d'ailleurs... Ce feu brûlait au-dessus des couches profondes de son hérédité, il cachait le fond Arouet, il ne l'a jamais consumé. Au cours de sa longue vie, nous verrons, soudain, en contradiction avec le Voltaire connu, le Voltaire mondain, parisien, libertin, sacrilège, nous verrons surgir un vieil Arouet de Saint-Loup — à qui il échappera un mot de notaire, et nous verrons au fond de son alcôve, un M. de Voltaire tenir ses comptes comme... ma foi, comme le fils de son père qu'il ne voulait pas être. Son individualisme philosophique recevait ainsi de beaux accrocs. A travers la belle théorie déchirée nous apercevrons plus d'une fois l'intransigeant visage d'un antique Arouet et le bec d'une plume infaillible additionnant de longues colonnes de chiffres et calculant de fabuleux intérêts hypothécaires.

Sur un certain plan, il a raison, il est lui-même et n'est que lui-même. Il s'est fait, il s'est même composé, comme peu d'hommes l'ont fait sauf les grands acteurs du théâtre ou de la politique. La bourgeoisie l'agace, son vrai milieu c'est l'aristocratie. Il n'oublie qu'une chose : si l'aristocratie lui a ouvert ses portes, c'est à son père qu'il le doit. Certes, il s'y est installé par son talent, mais il y est entré grâce à la dignité du nom qu'il portait et à l'estime que les Richelieu, les Saint-Simon, les Sully avaient pour son père.

Qui était ce père ? On le devine plus qu'on ne le connaît. Il n'y a pas une lettre de Voltaire à son père. C'est presque incroyable. C'était un homme austère et d'une droiture sans faiblesse. Ce qu'il était, il l'exigeait des siens. De ses deux fils, il ne fut que médiocrement satisfait : l'aîné Armand, et François, le cadet, le déçurent, mais sa préférence allait sans doute à l'aîné. François l'épouvantait et lui inspirait une sorte de mépris : il ne recevait de ce fils qu'humiliation et amertume.

Armand, l'aîné, fut baptisé le 23 mars 1685. Il eut pour parrain : *Très haut et très puissant seigneur, Monseigneur Armand Jean du Plessis, duc de Richelieu et de Fronsac, pair de France.* C'était le petit-neveu du Cardinal. Le lien avec les Richelieu date donc d'avant la naissance de notre héros. La marraine était : *Très puissante dame, dame Charlotte de l'Aubespine de Châteauneuf, marquise de Ruffec, épouse de Très haut et très puissant seigneur, Monseigneur Claude de Rouvroy, duc de Saint-Simon, pair de France, chevalier des ordres du Roi,* père du célèbre mémorialiste. Le notaire baptisait bien ses fils.

En 1692, le notaire n'est plus notaire car il vend sa charge et figure à l'armorial de France sous le titre de « Conseiller du Roy, Receveur des épices à la chambre des comptes. » Dans les épices on ne perdait pas son temps...

Cet Armand, si bien baptisé, forme avec son frère François un contraste frappant. Le pauvre notaire en était désolé : il disait : « *J'ai deux fils fous : l'un d'impiété, l'autre de dévotion.* » Et c'était vrai comme tout ce qu'il disait. Armand avait été tonsuré et avait songé à entrer à l'Oratoire. C'était un être singulier, plein de bizarreries, inquiet, d'une dévotion anxieuse et tourmentée. Bien entendu, excessif, fanatique, et donnant dans le Jansénisme frénétique. Il était parmi les convulsionnaires ; il lui fallait des miracles ! Il se roulait par terre de temps en temps pour attirer la grâce. Mais, comme il avait de qui tenir, il ne négligeait pas pour autant ses intérêts temporels : il vivait avec son père et sut tirer à lui la majeure partie de l'héritage. Il haïssait François. Un des plus grands chagrins de sa vie fut de mourir sans postérité et de songer qu'une part de ses biens appartiendrait à son frère l'impie !

Ils avaient aussi une sœur, cinquième enfant du notaire, appelée Marguerite. Voltaire l'aimait : c'est la seule personne de sa famille qui lui ait inspiré de l'affection. Elle épousa le 28 janvier 1709, le sieur Mignot, conseiller du Roy, correcteur à la Chambre des Comptes — toujours les mariages bien assortis —. Ils eurent trois enfants. D'abord, Marie-Louise, née en 1712 ; nous ferons plus ample connaissance avec la grosse Marie-Louise, elle épousera en 1738, Nicolas-Charles Denis, écuyer. Sous le nom de Mme Denis, tous les amis et tous les ennemis de Voltaire la connaissent. La cadette, Marie-Elisabeth, née en 1715, épousa en 1738 M. Joseph de Dompierre de Fontaine dont elle eut deux fils qui assurent jusqu'à nos jours la descendance directe des Arouet, sous le nom de Dompierre d'Hornoy, en Picardie (1). Enfin, le troisième sera l'abbé Vincent Mignot, né en 1728, Conseiller Clerc au Grand Conseil et abbé commendataire de Seillières, dans l'Aube. Nous retrouverons « les neveux » en cours de route.

Voilà le nid dans lequel est né notre personnage, il y manque l'essentiel : la mère. Cette absence est déplorable. On peut dire que Voltaire fut un enfant sans mère car il la perdit à l'âge de

(1) Le Comte de Dompierre d'Hornoy me disait qu'une tradition familiale expliquait le nom de Voltaire par le surnom donné à François-Marie dans sa petite enfance : *Petit Volontaire* devenu *Vlontaire* et par contraction *Voltaire*.

sept ans. Il n'en parle jamais. On ne sait presque rien d'elle — qu'un mot sur Boileau qui était voisin des Arouet et les fréquentait un peu. Elle disait du vieux poète de *l'Art poétique* que « c'était un bon livre mais un sot homme ». Ce qui laisse supposer que la Parisienne avait bon bec.

La demeure des Arouet se trouvait dans le quartier aujourd'hui démoli qui s'étendait derrière la Préfecture de police, sur le boulevard du Palais actuel. Quand Voltaire écrit dans une ode à Boileau : *Dans la cour du Palais, je naquis ton voisin,* c'est parfaitement exact car Boileau dont le père était de robe, habitait le Palais de justice. On a dit que Boileau, misanthrope, avait été agacé par les piailleries des enfants Arouet et qu'il rabroua François trop bavard et trop familier. Le fait ne peut être exact car François n'a jamais rencontré Boileau — mais il est exact que François était non seulement bavard mais vite impertinent et toujours en dispute avec son frère aîné.

On a voulu présenter les Arouet comme des mondains. Parce qu'ils étaient notaires de grands seigneurs et même de Ninon de Lenclos, il a plu, à certains, de les imaginer frivoles. C'est l'hypothèse qui est frivole — et Voltaire lui-même est pour quelque chose dans cette fausse réputation. Si Ninon a confié ses intérêts à M. Arouet, c'est parce que celui-ci présentait toutes les vertus de sa charge : le sérieux, la probité, la droiture. Les clients de M. Arouet se liaient à lui d'amitié ; il n'y a pas de meilleur témoignage en faveur de cet homme. Les Arouet recevaient aussi un chanoine de la Sainte-Chapelle, l'abbé Gedoyn que nous retrouverons dans les antiques jupons de Mlle de Lenclos. M. Arouet avait connu le grand Corneille et son fils nous rapporte ces paroles : « *Il me disait que ce grand homme était le plus ennuyeux mortel qu'il eût jamais vu et l'homme qui avait la conversation la plus basse.* » Est-ce parce que M. Arouet n'était pas poète ? Pas forcément. Corneille convenait lui-même, avec modestie, qu'il ne savait rien dire en compagnie.

C'est chez Boileau que les Arouet firent la connaissance de l'abbé de Châteauneuf. Belle recrue pour la famille : c'est l'abbé qui fit apprendre à François les premiers vers, c'est l'abbé qui dirigeait — qui excitait — les discussions que celui-ci avait avec son frère Armand, discussions qui tournaient à l'aigre. Curieux spectacle que celui de cet abbé cultivant l'animosité des deux frères, rallumant la querelle de deux enfants intelligents mais irascibles. Telle est la société que recevait le digne ménage Arouet. Sans doute recevaient-ils très cérémonieusement et de façon fort cossue les gens de robe et les clients les plus huppés auxquels Mme Arouet rendait très respectueusement des visites. Mais rien ne ressemble moins à un salon à la mode que la lourde, sombre et ennuyeuse richesse de la grand-salle des Arouet. Il ne faut pas chercher ailleurs l'espèce de répulsion que le jeune François-Marie éprouvait pour le logis où il naquit le 22 novembre 1694.

François-Marie, l'enfant terrible.

Il ne pouvait pas naître simplement : sa vie commença par des grimaces. D'abord, on le crut mort. Il voulait tromper son monde. « *Je suis né tué* » dira-t-il, mais il le resta jusqu'à 84 ans ! Une fragilité à toute épreuve. Il était si chétif que la nourrice ne lui donnait pas une heure à vivre. Comme Fontenelle, trop faible à sa naissance pour être baptisé, il fut d'abord ondoyé et baptisé plus tard. Ce qui permit à Voltaire de chicaner sur sa date de naissance, il disait qu'il était né à Châtenay un an plus tôt. Il s'entêtait à se vieillir — on ne sait pourquoi : or, il existe une lettre d'un cousin du Poitou qui assista à sa naissance et il existe aussi l'acte de baptême — non pas l'original qui fut brûlé pendant la Révolution, mais une copie faite au moment de sa mort par un bon curé qui ne devait pas porter Voltaire dans son cœur car il recopia l'acte sur du papier d'emballage avec une écriture si négligée qu'on sourit en imaginant l'agacement et le dégoût du bon clerc. La copie confirme bien la date et le nom des témoins. Le parrain est *Messire François de Castagnier de Châteauneuf, abbé de Varennes,* et la marraine, *Dame Marie Parent, épouse de Daumart, écuyer, contrôleur de la gendarmerie royale.* C'est moins brillant que le parrainage d'Armand, mais François se choisira d'autres parrains lui-même. D'ailleurs son parrain, l'abbé de Châteauneuf, le conduira dans les bons chemins — ceux du libertinage où François se rebaptisera Voltaire.

Il n'est pas seul à brouiller les cartes au sujet de sa naissance : ses ennemis répandront qu'il était né dans une ferme (c'est la confortable maison de campagne de Châtenay), d'autres que son père était portier chez un notaire et faisait les courses pour les clercs et les clients. Ces mensonges faisaient enrager Voltaire. Il a parfois employé le procédé avec ses ennemis : procédé qui réussissait aussi bien à l'exaspérer quand les autres le lui appliquaient qu'à l'enchanter quand il l'appliquait aux autres.

C'est peu d'écouter ses ennemis : écoutons-le lui-même répandre les bruits les plus ahurissants. Il manque non de hardiesse mais de pudeur lorsqu'il laisse entendre très clairement que Madame sa mère aurait eu des amants et qu'il serait le fils de l'un d'eux. Tout plutôt que d'être Arouet ! C'est l'abbé de Châteauneuf — un libertin — qui d'après lui serait son père. Dans une autre occasion, il pencherait plutôt pour M. de Rochebrune, bon gentilhomme d'Auvergne, qui faisait des chansons et fréquentait le salon du notaire. Il serait fort étonnant qu'il y eût chanté ses ariettes. Voltaire dit que ce Rochebrune lui témoignait beaucoup de tendresse. Quoi d'étonnant à cela ? Le petit François, bien que chétif et assez malingre, était un enfant d'esprit si vif, si primesautier et si hardi avec les grandes personnes qu'il n'était nul besoin d'être son père pour s'intéresser à lui. On peut même dire que son père légitime et légal — M. Arouet — voyait d'un œil moins indulgent que les visiteurs l'impertinence de son rejeton. Il était si précoce qu'il en devenait inquiétant.

Quoi qu'il en soit, voici donc le jeune François affublé de trois pères : un abbé, un seigneur bel esprit et un notaire royal. Pourquoi ? Pour le plaisir de faire des mots, pour intéresser, pour piquer, pour choquer, pour être sous le feu de la rampe. C'est à son ami le duc de Richelieu qu'il fait, en vers, ces confidences pour amuser plus libertin que lui. Je crains, dit-il, que :

Le bâtard de Rochebrune
Ne fatigue et n'importune
Le successeur d'Armand et les esprits bien faits.

Il écrit ces vers en 1744, il a près de cinquante ans ! A vrai dire, c'est de l'abbé qu'il eût préféré être le bâtard. Fils d'une soutane ! pour un impie pareil, c'était tellement plus piquant !

Il ne tient pas à lui que Madame sa mère n'ait la plus mauvaise réputation — or, rien ne permet de suivre Voltaire dans cette douteuse fantaisie. Mme Arouet faisait visite à Ninon de Lenclos mais cela n'a jamais signifié qu'elle fréquentât une maison de rendez-vous, car si Ninon eut jadis des galanteries dont l'énumération serait fatigante, elle était, à cette époque, octogénaire. Elle n'avait plus que des amis du meilleur monde et un ou deux amants... avouons-le. Son salon n'a jamais passé, même au temps de la Fronde, où il était le plus chaud de Paris, pour un mauvais lieu.

Après la mort de Mme Arouet, François resta encore trois ans avec son père. Ce qui plaide en faveur de la patience de celui-ci.

Il le fit entrer à Louis-le-Grand chez les Jésuites, dès que François eut dix ans.

Il y avait trois régimes de pension. Le régime commun était de 400 livres, à peu près 250 000 AF. Les élèves étaient en dortoir et mangeaient au réfectoire. Les grands seigneurs avaient leur chambre à part, leur précepteur et leur valet de chambre. Pour François, on choisit le régime intermédiaire : les internes formaient des groupes de cinq par chambre sous la direction d'un préfet. Celui du jeune François se trouva être le célèbre abbé d'Olivet qui devint plus tard confrère de Voltaire à l'Académie. L'un et l'autre s'estimaient et gardèrent un bon souvenir de leurs débuts. C'est un miracle à signaler, ils auraient pu cracher fiel et venin sur leurs relations de pion à élève. C'est à la louange de l'un et de l'autre. « *Alors, vous étiez mon disciple,* dira plus tard l'abbé à l'Académie, *et aujourd'hui, je suis le vôtre.* »

Dès le collège, il aima la louange.

Ce temps ne fut pas toujours rose pour lui — il ne s'en plaint cependant pas. L'hiver de 1709 fut affreux. M. Arouet paya cent livres de supplément pour que son fils ait du pain bis. Le froid fut si grand qu'autour du poêle, maître et élèves se pressaient pour grelotter au coude à coude. Le pauvre petit greluchon François était frileux et fripé comme un ouistiti. Il souffrit plus que les autres, lui qui toute sa vie grelotta ; même dans les soirées un peu fraîches de l'été il venait se blottir au coin du feu. Le premier de la classe n'était pas au premier rang, en face du maître, mais près du poêle. François n'y étant pas, il bouscula un jour un élève pour avoir un peu de chaleur, en lui disant : « *Range-toi, ou je t'envoie chez Pluton.* » « *Pourquoi pas en enfer,* dit l'autre, *il y fait encore plus chaud.* » Et François Arouet répondit : « *Bah ! l'un n'est pas plus sûr que l'autre.* »

Dans la bouche d'un enfant de quatorze ans et dans une maison d'Ignace de Loyola, le mot est bien hardi mais vraisemblable. Il en est d'autres de lui qu'on citera ici sans trop y croire.

Un enfant lui réclamait son verre que François, taquin, lui avait caché :

— *Rends-le-moi, sinon tu n'iras pas au ciel.*

— *Le ciel ? que dit-il avec son ciel ?* repartit François, *le ciel, c'est le grand dortoir du monde.*

Une autre fois, le père Lejay, avec qui il était en mauvais termes, se jeta sur François — toujours insolent — et le secoua en criant d'une voix inspirée :

— « *Malheureux enfant ! Tu seras un jour l'étendard du déisme en France !* »

Là, c'est presque trop beau. C'est Duvernet qui répète cette prophétie en 1786. Quatre-vingts ans plus tard et huit ans après la mort de Voltaire, on avait eu tout loisir et toutes facilités pour prévoir le déisme de Voltaire. Le bon père Lejay n'en peut mais ; par contre, l'annotation écrite par son confesseur est autrement intéressante : « Cet enfant est dévoré de la soif de la célébrité », écrit le père Pallou. Ici, nous sommes dans le vrai. Et si le père Lejay avait eu cette parole prophétique combien elle eût été imprudente : rien n'aurait pu être plus agréable à François que de s'entendre dire qu'il serait « un étendard » — même s'il s'agissait d'un étendard maudit, même de celui du diable. Ne donnons pas trop dans ces belles et bonnes paroles.

Ce père Lejay n'était pas une lumière et François l'avait vite découvert. Il se plaisait à l'embarrasser avec la malice des enfants qui ont perdu le respect et avec la pointe de perversité de ceux qui ont déjà conscience de leur supériorité future. Le père Lejay était persécuté non seulement par François mais par bien d'autres de ses amis : le jeune duc de Boufflers, le jeune marquis d'Argental. Un jour Boufflers souffla sur le nez du Père un pois sec, à l'aide d'un tube. Ce pois sur le nez fut un attentat et Mgr le duc de Boufflers qui avait 15 ans, qui avait en survivance le titre de gouverneur des Flandres et de colonel du régiment de son nom, fut cependant condamné à recevoir les verges. D'Argental put y échapper : il n'avait pas soufflé dans le tube : il avait ri. Mais le duc-gouverneur-colonel les reçut bel et bien. Son père le maréchal de Boufflers en souffrit autant que lui. Il se plaignit au Roi et retira son fils du collège. Le jeune Boufflers cruellement atteint dans sa dignité par les baguettes des bons Pères en conçut une fièvre, tierce ou quarte, qui le déprima tellement que la petite vérole s'empara de lui quelques mois après et le tua. Faut-il en conclure comme le fringant mémorialiste qui rapporte le fait que la petite vérole sanctionnait la fouettée des bons Pères ?

François ne semble pas avoir pris la chose au tragique. Les écoliers allaient parfois plus loin : certains lardaient de coups de canif le gras des fesses de leurs régents — en revanche, ceux-ci tannaient les fesses de leurs disciples. Il n'en mouraient pas tous. Le spectacle de cette pédagogie dynamique était un grand stimulant pour l'enfant terrible qu'était François — on le voit, à travers les témoignages : une frimousse grosse comme le poing, déjà aiguë, déjà dessinée, déjà illuminée par ces yeux noirs, ces yeux de feu, par un sourire et des grimaces irrésistibles qui déclenchaient les fous-rires d'une bande d'enfants, de Parisiens, d'aristocrates, à l'esprit délié, vif et insolent par nature et par orgueil familial.

Quels étaient ses amis de collège ? Il nous faut les connaître car ils seront ses amis pour toujours.

Il y avait, à Louis-le-Grand, les frères d'Argenson. L'aîné était de l'âge de Voltaire. Il avait 15 ans en 1709. Bonne recrue pour François : « *Nous étions alors de si grands garçons, si avancés dans le monde que sans être libertins nous étions en chemin de le devenir.* » Cela en dit long sur le sentiment de la vertu parmi la jeunesse sous le règne de l'austère Maintenon et du vieux roi. « *J'en eus grande honte,* dit-il, *non d'être libertin mais d'être encore au collège.* » Il est très lié avec le jeune duc de Fronsac, Armand de Richelieu, fils du duc de Richelieu, client et familier de M. Arouet. Ce jeune homme épousa à treize ans Mlle de Noailles et deux ans plus tard, à quinze ans, il se fit mettre à la Bastille pour avoir entrepris trop effrontément... la duchesse de Bourgogne ! l'héritière du trône ! La timidité n'était pas son faible. L'amitié de François et du jeune duc était si connue que plus tard le cardinal Fleury enrageant contre le duc s'écriait : « *Pour tout dire c'est le digne ami de Voltaire et Voltaire son digne ami.* »

Il se lie également avec d'autres enfants tels que Fyot de la Marche que nous retrouverons premier président au Parlement de Dijon et qui lui écrira des lettres pleines de gaîté et d'une sorte d'admiration respectueuse ; un certain Le Coq qui ne fera pas de carrière, se manifestera de loin en loin et recevra de son fidèle camarade des secours dont Voltaire n'a jamais rien dit.

Entre ses maîtres et lui, il existait une sorte d'accord préétabli. Ils aimaient les mêmes auteurs et pour les mêmes raisons. De naissance, il était grand écrivain. Elevé dans un collège janséniste ou même calviniste, il eût été quand même célèbre. Mais pour devenir Voltaire, il fallait que le petit Arouet fût couvé par les Jésuites. C'est chez eux qu'il a appris cette forme suprême de l'intelligence et de l'art qu'on appelle le goût. Certes, si cette perfection classique, cette élégance et ce naturel inimitables ne lui avaient pas été enseignés, Arouet eût été capable de les inventer pour son usage. Ce souci lui fut épargné. On ose à peine dire qu'on les lui apprit, on les lui fit respirer au cours de leçons inoubliables. La langue dans laquelle il écrira plus tard *Mérope* et *Candide* il l'a apprise au collège ; non seulement cette langue mais un certain tour d'esprit, une certaine pensée allusive, une certaine retenue dans l'art de se tenir toujours en deçà pour suggérer davantage. Mais cela ne s'acquiert qu'après un long polissage de l'intelligence avec les chefs-d'œuvre, après une savante et exquise imprégnation par ce qui a été pensé et écrit dans une forme indiscutable. Les bons Pères prêchaient un converti, leurs principes littéraires lui semblaient la nature même — en fait : sa nature même. Aussi toute son œuvre respire cet air de pureté et d'éternité dans lequel baignaient les leçons de Louis-le-Grand. Voltaire en fut pénétré jusqu'aux moelles.

Ce temps de collège fut un temps heureux pour François. Le travail ne lui était pas une corvée, déjà il aimait travailler et il aimait plaire — il plaisait en flattant ses maîtres, par les excellents résultats qu'il obtenait. Il les aimait et il en était aimé. Toute sa vie, il leur voua reconnaissance et affection : « *J'ai été élevé pendant sept ans chez des hommes qui se donnent des peines gratuites et infatigables à former l'esprit et les mœurs de la jeunesse. Depuis quand veut-on que l'on soit sans reconnaissance pour ses maîtres ? Rien n'effacera dans mon cœur la mémoire du Père Porée qui est également cher à tous ceux qui ont étudié sous lui. Jamais homme ne rendit les études et la vertu plus aimables.* (Voilà le secret ! et la règle des règles pour Voltaire. C'est sur les bancs du collège qu'il l'a apprise, il la répétera toute sa vie). *Les heures de ses leçons étaient pour nous des heures délicieuses et j'aurais voulu qu'il eût été établi dans Paris comme dans Athènes, qu'on pût assister à tout âge à de telles leçons : je serais souvent revenu les entendre. J'ai eu le bonheur d'être formé par plus d'un Jésuite du caractère du Père Porée et je sais qu'il a des successeurs dignes de lui.* »

Il écrit cela en 1746, c'est un bel hommage rendu à ses maîtres et qui lui fait honneur autant qu'il les honore. Cela dit, hommage étant rendu au corps enseignant, la Société de Jésus ne sera pas toujours bien traitée par lui — encore que... il ne les ait pas haïs, même dans les pires moments. Ils n'eurent pas d'élève plus affectueux, il leur adresse ses livres, il attend leur opinion avec émotion. Au Père Tournemine : « *Mon très cher et Très Révérend Père est-il vrai que ma « Mérope » vous ait plu ? Y avez-vous reconnu quelques-uns des sentiments généreux que vous m'avez appris dans mon enfance ?* » Eloigné de Paris, il envoie son ami

Thiériot porter sa tragédie chez le Père Brumoy : « *Au nom de Dieu, courez chez le Père Brumoy, de ces pères, mes anciens maîtres qui ne doivent jamais être mes ennemis. Parlez avec tendresse, avec force. Père Brumoy a lu* Mérope *et a été content. Père Tournemine en est enthousiasmé. Plût à Dieu que je méritasse leurs louanges ! Assurez-les de mon attachement inviolable pour eux, je le leur dois, ils m'on élevé, c'est être un monstre que de ne pas reconnaître ceux qui ont cultivé notre âme.* »

Jamais son père n'a eu droit à pareil témoignage de reconnaissance — ses vrais pères sont ceux qui ont cultivé son âme ; l'autre — les autres puisqu'il s'en trouvait trois — de la plaisanterie ! Un sentiment, très Arouet — qui paraît ici, c'est celui de l'obligation : « *Je le leur dois. — c'est être un monstre que de ne pas reconnaître.* » Voilà un des traits profonds de Voltaire : il sait ce qu'il doit. En revanche, il sait ce qu'on lui doit et si on y manque, alors, on est « un monstre ».

Comment ses maîtres l'auraient-ils oublié ? Il était, à douze ans, déjà inoubliable. Pendant les récréations, il ne jouait pas souvent, il parlait avec les professeurs. Ils nous disent que c'est l'histoire contemporaine qui l'intéressait, nous dirions « la politique ». « *Il aimait à peser dans ses petites balances les grands intérêts de l'Europe* », dit le père Porée.

Mais ce qui l'avait rendu célèbre au collège c'était son habileté à faire les vers. L'abbé de Châteauneuf l'avait initié à La Fontaine d'abord, puis à un poème licencieux de Jean-Baptiste Rousseau — à neuf ans ! A douze ans, il parlait déjà de sa tragédie *Amulius et Numitor* — disparue sans trace. Mais, il reste de petites pièces de circonstance. Un jour, François jouait en classe à lancer en l'air puis à rattraper au vol, sa tabatière ; oui, le tabac à priser était recommandé contre le rhume. Le professeur agacé confisque la tabatière et ne la rendra que si le coupable lui adresse une supplique en vers. Voilà une punition intelligente. Le jeune Arouet, sur l'heure, composa sa supplique. Admirez l'habileté de ce petit monsieur qui, à douze ans, a des coquetteries de vieux courtisan : il gémit sur son impuissance à versifier et pleure sur la tabatière perdue :

Adieu, ma pauvre tabatière !
Adieu, je ne te verrai plus.
Ni soins, ni larmes, ni prières
Ne te rendront à moi, mes efforts sont perdus.
Adieu, ma pauvre tabatière !

Qu'on oppose entre nous une forte barrière !
Me demander des vers ! Hélas ! je n'en puis plus !
Adieu ma pauvre tabatière !
Adieu, je ne te verrai plus.

C'était l'enfant chéri, l'enfant terrible.

Il fait en classe un poème sur la mort de Néron où l'on relève ces deux vers :

Et n'ayant fait jamais qu'actes de cruauté,
J'ai voulu, me tuant, en faire un de courage.

Enfin, un autre poème passe les murs du collège : c'est déjà l'aventure littéraire qui commence et c'est la charité qui l'inspire. Il faut le noter : à onze ans, il prend déjà la défense d'un malheureux — il s'agit d'un pauvre invalide de guerre qui demandait des étrennes au dauphin sous qui il avait servi. Le poème fut lu à la Cour et l'invalide reçut des louis d'or. Voici la fin : le dauphin n'avait pas à se plaindre :

Tous les dieux à l'envi vous firent leurs présents
Minerve, dès vos jeunes ans
Ajouta la sagesse au feu bouillant de l'âge ;
L'immortel Apollon vous donna la beauté
Mais un Dieu plus puissant que j'implore en mes peines
Voulut me donner mes étrennes
En vous donnant la libéralité.

Et savez-vous quelle fut sa récompense ? Il alla s'asseoir sur les genoux de Ninon de Lenclos. La vieille fée était là, aux aguets des jeunes talents, elle voulut connaître et féliciter le jeune poète, le fils de son notaire, le filleul de son ami l'abbé de Châteauneuf. C'est l'abbé qui amena François chez Ninon.

« *L'abbé de Châteauneuf me mena chez elle,* écrit-il, *dans ma plus tendre enfance, j'étais âgé d'environ treize ans. J'avais fait quelques vers qui ne valaient rien mais qui paraissaient bien pour mon âge.* » Il nous dit que l'abbé était le maître de maison — ce qui signifie en clair que Ninon était la maîtresse de l'abbé. Elle avait plus de quatre-vingts ans ! Quoique étonnante la chose est vraie. Aimable réunion ! Cet enfant comprenait tout, et comprenait si bien qu'il ne s'étonnait pas. Il gardait cette aisance et ce naturel qui lui permettaient d'affronter le monde et de le séduire. Pour expliquer la conjonction Ninon-Châteauneuf, il a trouvé d'emblée l'explication et nous la donne : « *L'abbé,* dit-il, *était un de ces hommes qui n'ont pas besoin de l'attrait de la jeunesse pour avoir des désirs.* » On s'en serait déjà un peu douté ; car Mlle de Lenclos avait fait les délices des contemporains de Richelieu quelque soixante ans plus tôt et, en dépit des légendes qui nous la dépeignent aussi fraîche en sa septantaine qu'à l'époque du *Cid,* elle portait bel et bien toutes les traces de son âge avancé. Qu'importe, l'abbé fermait les yeux sur les rides et les flétrissures ; mais il était tout oreilles pour se laisser charmer, car la parole de Ninon « *faisait sur lui l'effet de la beauté !* » N'est-ce pas admirable ? Cet aimable commerce remontait déjà à deux ou trois ans. Ninon n'avait guère que soixante-dix-sept ans quand elle céda à l'abbé quinquagénaire. Pourtant, celui-ci lui fit ensuite un doux reproche — il lui demanda pourquoi elle l'avait laissé languir deux ou trois jours après qu'il se fût déclaré. Etait-il nécessaire de tant tarder ? La toute charmante lui répondit qu'elle avait attendu pour murmurer le oui, le jour même de son anniversaire, trouvant galant et fort peu ordinaire d'inaugurer un nouvel amant le jour de ses soixante-dix-sept ans. Voltaire appelle cela « un beau gala ». Mais Ninon ne persévéra pas ; après quelques galas, elle pria Châteauneuf de s'en tenir aux paroles : mais ils s'aimaient tout de même très tendrement.

Comme suite à l'entrevue avec le jeune Arouet, elle lui laissa deux mille livres par testament afin qu'il pût acheter des livres. C'était un beau cadeau (environ 1 million d'A.F.), et un beau geste, généreux et charmant, pour prolonger le souvenir d'une femme qui brilla pendant tout un siècle, dans la mémoire d'un jeune homme dont le génie allait illuminer le sien.

Pour la formation de l'esprit et des mœurs de ce jeune poète, il était sans doute nécessaire qu'il fût informé qu'il y avait un autre maître de maison chez Ninon. Il le connaissait, c'est le chanoine Gedoyn de la Sainte-Chapelle. L'alcôve de Ninon est une étrange chapelle, l'abbé y pullule. Quand on voulait voir le chanoine on allait chez Ninon. Personne n'y trouvait à redire, cette époque ne faisait de scandale que pour l'argent. François Arouet trouva tout de même étrange ces amours inspirées par Ninon : lui ne la voyait pas avec les yeux de ces ardents quinquagénaires, voici comment il l'a vue, et c'est lui qui doit avoir raison. « *C'était,* dit-il, *une ridée décrépite et qui n'avait sur les os qu'une peau jaune tirant sur le noir. Je puis vous assurer qu'à l'âge de quatre-vingts ans son visage portait les marques les plus hideuses de la vieillesse et que son cœur en avait toutes les infirmités.* » Il en parle sans émotion : il a vu en elle « une curiosité », un monument de l'autre siècle — le monument de la galanterie. Cela ne le touche pas : sa sensualité n'est pas troublée. Les monuments littéraires du grand siècle, eux, ne se flétrissent pas, et ceux-ci le touchent, et le toucheront et le troubleront toujours : Iphigénie sera toujours fraîche, toujours jeune, toujours émouvante. Voilà ce qui fait vibrer l'enfant... et cet enfant réagit déjà comme Voltaire.

Il se fait — pieusement — remarquer au collège pour une *Ode à sainte Geneviève*. Cette ode a un petit air d'églogue et sa piété ressemble à un compliment de Cour :

> *Et si cette ardeur peut vous plaire*
> *Agréez que j'ose vous faire*
> *Un hommage de mes écrits.*

dit-il, sans façon, à la sainte protectrice de Paris.

Il n'en était pas trop fier, par la suite, de son ode — non parce que les vers étaient vers de mirliton, mais à cause de sainte Geneviève. L'infect Fréron dénichera un jour le poème et le lui serinera : tout le monde rira — de la dévotion de Voltaire. Nous sourions de sa versification.

A Louis-le-Grand, il eut l'honneur d'être complimenté par le plus célèbre poète du temps : Jean-Baptiste Rousseau. Regardons-y de près, c'est son premier contact avec la « gent de lettres » — c'est prophétique. Le poète en titre se fait présenter, un jour de distribution des prix, le jeune Arouet dont on parlait en ville. Voici ce qu'il écrivit plus tard : « *Un jeune écolier qui me parut avoir seize ou dix-sept ans, d'une mauvaise physionomie, mais d'un regard vif et éveillé et qui vint m'embrasser de fort bonne grâce.* »

Quand on sait à qui on a affaire, on démêle dans le portrait la part de la malveillance : « mauvaise physionomie » est une pure méchanceté, à dix-sept ans, François, sans être beau a un visage gracieux et expressif, et un sourire qu'il gardera, extrêmement séduisant. Rousseau lui accorde la vivacité du regard ; il ne pouvait moins faire car ce regard a ébloui tout le monde — « la bonne grâce » il fallait bien, François est un courtisan-né, ses manières, sa grâce, son désir de séduire et son art d'y réussir ont été loués ou critiqués, mais reconnus en tous lieux. Le portrait est malveillant parce que, au moment où il est écrit, trente ans après l'entrevue, les deux poètes se haïssaient. Bien sûr, la physionomie de Voltaire s'altéra assez vite en raison de sa médiocre santé : il était trop maigre. Mais il n'avait cette expression de méchanceté que pour ses ennemis : il était, en réalité, l'aménité même.

Voltaire ne pardonna pas au Rousseau cette « mauvaise physionomie ». Il se vengea : c'était facile, le Rousseau était effectivement roussâtre. Il avait le teint blême, criblé de son, les yeux vairons et la lippe inégale : « *Je ne sais pourquoi il dit que ma physionomie lui déplaît,* réplique notre héros, *c'est apparemment parce que j'ai les cheveux bruns et que je n'ai pas la bouche tordue.* »

Lorsque Rousseau attaqua *la Henriade* en plus de la physionomie de son auteur, la vengeance se fit plus cruelle. On apprend que le père de Rousseau était cordonnier, avait servi chez les Arouet, que le Rousseau n'avait ni mine, ni manières mais que, par contre, il avait... de mauvaises mœurs : voici le morceau vengeur :

« *Il* (J.-B. R.) *aurait dû ajouter qu'il me fit cette visite parce que son père avait chaussé le mien pendant vingt ans, que mon père avait pris soin de le placer chez un procureur où il eût été à souhaiter qu'il fût demeuré mais d'où il fut chassé pour avoir désavoué sa naissance. Il pouvait aussi ajouter que mon père, tous mes parents, et ceux sous qui j'étudiais me défendirent alors d'aller le voir et que telle était sa réputation que quand un écolier faisait une faute d'un certain ordre on lui disait : « Vous serez un vrai Rousseau ».* » Vrai ou pas, c'est dit.

Voilà ce qu'il en coûte d'écrire que François Arouet avait une mauvaise physionomie lors de la distribution des prix à Louis-le-Grand en 1710.

L'éducation libertine : le Temple.

L'entourage du jeune François dès qu'il sort du collège ne manque pas de piquant. Pour l'esprit, les manières, la culture, c'est probablement ce que le monde a connu de mieux. Pour l'amoralité également. François voyait tout, comprenait tout ; en dépit de la parfaite discipline qui régnait là, il est impossible qu'un enfant n'ait pas été marqué par les conversations qu'il écoutait dans le ravissement : ils parlaient si bien, ces « roués » du Temple ! Leur désinvolture à l'égard des lois, des croyances et des mœurs faisaient d'eux des seigneurs de l'intelligence, de la liberté — comme ils l'étaient de naissance. Il a été ébloui, conquis ; là, il s'est senti chez lui, parmi ses pairs. Bien qu'il fût de toute éternité semblable à ces libertins de haute volée c'est en les voyant, en les écoutant qu'il prit conscience de sa véritable nature. Il se persuada que les Arouet n'avaient été que l'instrument aveugle de son existence, et qu'il était né « grand seigneur libertin », et libre de sa vie, de ses pensées, de ses actes, d'où le mot stupéfiant — et qui lui paraît tout naturel — qu'il eut en s'adressant au prince de Conti au cours d'un dîner où chacun rivalisait d'esprit et de hardiesse :

Sommes-nous ici tous princes ou tous poètes !

Devant un prince du sang, c'était hasardé. Le mot passa ; Conti était jeune et spirituel.

Pour nous, il situe son auteur : prince et poète — ou poète et prince — c'est tout un. Mais ce prince-poète n'a rien à voir avec les gens du commun ; à ses yeux, notaire ou savetier : c'est tout un. François Arouet savait qu'il vivrait sur les cimes — et non dans une étude de notaire, fût-il royal, ni coiffé du mortier d'un président du Parlement. Il lui faut une couronne. Il sera roi — même contre les rois, et dans leur sillage.

C'est dès son temps de collège que, conduit par son mentor, Châteauneuf, abbé et libertin, il fait son entrée au Temple. C'est en 1706 qu'il y passe ses premiers jours de congé : à douze ans ! Curieuse alternance dans cette éducation ; toute la semaine : les offices et les sermons des bons Pères et leurs éblouissantes leçons. Le dimanche : le Temple de l'Impiété. Un peu plus âgé, il fut un habitué de ces soupers célèbres qui faisaient frémir les dévots ; il emprunta à ces libertins insignes leur ton, la pureté et l'élégance de langage et leur mépris souverain et ironique « des choses les plus sacrées ».

On se demande pourquoi les libres-penseurs ont laissé démolir le donjon du Temple, c'était la cathédrale de l'impiété sous l'ancien régime ; mais jamais les offices n'y furent plus brillamment célébrés qu'au début du XVIIIe siècle lorsque le grand prieur de l'Ordre de Malte auquel appartenait le Temple était Philippe de Bourbon-Vendôme, lieutenant-général, plein de courage, brillant mais ravagé par la débauche ; il était petit-fils d'Henri IV et de Gabrielle d'Estrées. C'était le grand prêtre du libertinage. François Arouet ne le connut qu'en 1715 car, pour lors, il était exilé ; la Cour du Vieux-Roi et de Mme de Maintenon le tenait pour un suppôt de Satan. Les apparences semblent bien leur donner raison. En son absence, le culte libertin était célébré par de très brillants seconds : La Fare, poète ; Chaulieu, poète ; le duc de Sully, le duc de Fronsac, grands amis et condisciples de François et familiers de M. Arouet. Il y avait un abbé Servien et d'autres comparses qui ne brillaient pas du même éclat mais qui servaient à faire briller les illustres. Comme c'est parmi eux que le jeune Arouet va parachever son éducation, ces messieurs méritent que nous nous attardions quelque peu en leur compagnie, ils nous donneront le ton du Paris de l'époque, de la fin du grand règne, et du début de la Régence. Eux connus, la conduite de leur brillant catéchumène nous paraîtra toute naturelle.

L'abbé Servien avait fait rire tout Paris en chantant sur la scène de l'Opéra certain refrain à la gloire du roi, dont il avait retourné les paroles. La salle croula sous les applaudissements et les rires. La sœur de cet abbé était mariée au vieux duc de Sully. Le jeune duc ami de François Arouet était donc le neveu de cet étrange ecclésiastique — qui en fit son compagnon de libertinage au Temple. L'abbé ne manquait ni d'esprit, ni de culture, ni de manières. Il fut élu à l'Académie sans doute pour ses chansons et sa belle conversation. Le jour de sa réception, il ne pouvait se frayer un chemin à travers la foule pour atteindre la porte, aussi dit-il à haute voix : « *Il est plus difficile d'entrer ici que d'y être reçu.* » Sa condition lui permettait d'aller partout, mais il ne fréquentait que les lieux où sa verve libertine pouvait s'épancher sans contrainte. On le voyait à l'Opéra, dans les galeries marchandes ; sa silhouette était connue : il portait manchon, il minaudait, le nez dans sa fourrure, et excellait à exprimer d'une voix suave, remplie d'inflexions câlines et dans le style le plus fleuri du monde les pensées les plus horribles. Il était dans une étrange intimité avec ses neveux Sully. Peu de temps avant la mort du roi, l'abbé et sa fourrure furent arrêtés et conduits à Vincennes. Ce furent de grandes lamentations. François Arouet toujours attaché à ses maîtres, ceux du bien et ceux du mal, lui envoya vite une odelette dans le goût d'Anacréon afin de distraire l'abbé de son malheur. Pour nous, ces muses, ces roses, ces ris et souris, nous semblent bien flétris ; qu'on en juge :

Hélas ! j'ai vu les grâces éplorées
Le sein meurtri, pâles, désespérées,
J'ai vu les Ris tristes et consternés
Jeter les fleurs dont ils étaient ornés

Les yeux en pleurs et soupirant leurs peines
Ils suivaient tous le chemin de Vincennes.

Nous n'irons pas si loin, laissons là les muses et « Le tendre abbé qui leur servait de père. » Nous sommes édifiés.

Premières pirouettes sur la scène du monde.

A seize ans, son choix était fait : « Je veux être homme de lettres. » Toute la tribu Arouet en frissonna, non seulement c'était absurde mais c'était déshonorant. « *C'est l'état d'un homme qui veut être inutile à la société, à charge à ses parents et qui veut mourir de faim* », lui répondit M. Arouet. C'est le langage dont se moque le plus le jeune François ; néanmoins, il suit le cours de l'Ecole de Droit. Horreur ! il est rebuté par la grossièreté du langage, par les manières des professeurs et des étudiants — et même par leur saleté. Le local ? il l'appelle une grange. Jamais il ne se fera à ce milieu : il lui faut des ducs et des princes pour être compris et des lambris pour s'épanouir. Or, M. Arouet ne voyait pas sans crainte son fils fréquenter, sur un pied d'égalité, de jeunes ducs, devant qui, lui vieux notaire, était intimidé. Mais il ne pourra rien contre ce qui se prépare : son fils sera non seulement l'égal des ducs, mais celui des rois — et sa royauté leur portera ombrage.

Pour lors, une grande dame l'embauche pour corriger ses vers. C'est le début d'une sorte de vocation pédagogique ; il corrigera les exercices de versification des grands. Mais c'est tellement plus amusant de versifier avec une duchesse que de parler avec de sales robins qui jargonnent et qui sentent mauvais. Et la duchesse lui fait remettre : cent livres ! Coup de tête : avec cette somme rondelette, il achète un vieux carrosse, loue chevaux et laquais et roule tout un jour à travers Paris dans cet équipage. Il jouait. Il jouait au grand seigneur — mais à l'angle d'une rue, il verse. Le soir venu, ne sachant que faire de cet arroi, il fait tout remiser chez son père et congédie les gens. Pendant la nuit, les chevaux du père incommodés par ceux du fils se mettent à hennir de fureur, à ruer. C'est une bataille qui saccage l'écurie et réveille le quartier. M. Arouet s'informe et, saisi d'une rage égale à celle de ses chevaux, chasse son fils. Le lendemain, il fait vendre les haridelles et le carrosse chez un charron du coin. Est-ce que tout est vrai dans l'anecdote ? Les ennemis de Voltaire l'affirment. Au demeurant, il n'y a rien de tragique dans l'aventure : à seize ans, il s'est donné un petit air d'indépendance. Ce qui est certain, c'est l'exaspération du père. François rentrait à toute heure de la nuit, il ne prenait ses repas qu'irrégulièrement et les rencontres espacées du père et du fils étaient mouvementées. François nous dit que son père avait un caractère détestable — à l'égard de son fils, c'est à peu près sûr mais il paraît qu'il rudoyait aussi ses gens et son fils raconte qu'un jour il se jeta sur son jardinier. Le secouant comme un prunier il lui criait : « *Va-t'en coquin, je te souhaite de trouver un maître aussi patient que moi.* » Il ajoute même que pour jouer un tour au vieux notaire, il le conduisit une fois à la comédie où l'on représentait une pièce appelée : « Le Grondeur » dont le personnage était un vieillard irascible. Et François fit ajouter au texte la phrase que M. Arouet avait dite à son jardinier — et le notaire fut corrigé. Cela sent « la morale en action » de la vieille pédagogie : Le vrai, c'est que M. Arouet était exaspéré par la conduite de son fils et qu'il lui menait la vie dure — en pure perte.

Le soir où François trouva les portes du logis fermées, il alla demander asile au concierge du Palais qui ne sachant où le mettre lui désigna une chaise à porteurs oubliée dans la cour et où il pourrait s'accroupir en attendant le jour. Deux jeunes magistrats qui arrivèrent de grand matin prirent plaisir au spectacle et transportèrent doucement la chaise et son contenu devant un café du quai où les clients matinaux eurent la joie de se moquer du nigaud qui dormait en chien de fusil dans une chaise abandonnée dans la rue.

Son père était si peu tranquille qu'il était prêt à lui acheter une charge au Parlement. Pour avoir la paix, il n'aurait reculé devant aucune dépense, fût-ce celle d'un bonnet carré et d'une robe doublée d'hermine de président de Chambre afin d'étouffer sous ces dignités et les obligations qui en découlent la frivolité de son rejeton. Le pauvre homme constatait que, pour la première fois, il y avait un accroc dans la tradition Arouet. Et quel accroc ! Elle n'y survivrait pas — mais à ce prix, un certain Voltaire deviendrait immortel. Il y a ainsi d'étranges métempsycoses auxquelles les notaires et les pères de famille ne comprennent jamais grand-chose, car ils ne se sentent pas vraiment les pères de ces êtres « d'exception » qui, au demeurant, sont si peu leurs fils.

François envoya promener le notaire, le bonnet et l'hermine : « *Dites à mon père que je ne veux point d'une considération qui s'achète. Je saurai m'en faire une qui ne coûte rien.* »

Insolence à part, voilà un sentiment tout à fait moderne. C'est déjà l'orgueil du « Self-Made man ». Cela sent sa rébellion et résonne comme un coup de trompette... historique : « *Allez dire au roi que nous sommes ici par la volonté du peuple...* » et il ajoute un peu plus tard : « *Je me jetai dans les Beaux-Arts qui portent toujours avec eux un certain air d'avilissement attendu qu'ils ne font point d'un homme un conseiller du Roi en ses conseils.* » Et cela est vrai — et grave. La carrière d'écrivain en cette société comportait un certain avilissement, car dans ce monde on n'était quelqu'un que si l'on était quelque chose. Or, un homme de lettres n'était rien. Il ne possédait même pas ce qui sortait de sa plume. C'est François Arouet qui va créer le premier homme de lettres existant socialement, ayant un pouvoir, une dignité et des droits, droits sans cesse niés par la société et sans cesse défendus par lui avec une âpreté qu'on lui reproche bien injustement. Cet homme nouveau, il s'appellera Voltaire.

Voilà ce qu'il y a sous l'aventure banale du « fils de famille » rompant avec son milieu bourgeois pour être « artiste » — ce n'est pas du tout le poncif romantique — combien plus démodé ! — de la révolte du jeune inspiré contre Joseph Prudhomme, ce n'est pas pour se déclasser que François renie les Arouet, c'est pour surclasser ce qu'il représente : la pensée libre et la liberté d'écrire. Ce n'est pas l'émancipation d'un jeune gandin qui veut vivre sa vie d'imbécile, c'est toute une promotion sociale, c'est un carcan de l'ancienne société qui est rompu. Et pourtant, en ces années de jeunesse on ne voit guère que la légèreté et même l'insignifiance mondaine : des mots, de jolis mots, aussi vite évaporés que les parfums légers des duchesses, des madrigaux, des sourires — mais quel sourire ! celui du jeune Arouet est sans pareil : à la grâce, il joint la malice, il pétille, il brûle, il séduit et stimule. Il rivait les regards par son regard : jamais l'intelligence n'avait été si brillante et si brûlante ; quand il s'asseyait à une table, il décuplait le nombre des bougies, les vins devenaient plus chaleureux, c'est pourquoi il en buvait à peine. Il était ivre de son esprit et il enivrait les autres.

Le jeune Arouet brillait, de quelque façon qu'on l'entende : il s'habillait à la perfection, il marchait bien, il parlait comme un prince, il avait une grâce et une aisance innées dans le monde parce qu'un salon, en ces temps pompeux, était un théâtre et que pour François, la scène est l'endroit du monde où il est le plus naturel. Il était net, fin, lustré : un jouet pour duchesse, mais de très grand luxe. C'est ainsi qu'il commença et il savait où il allait. Il était tranquillement persuadé, à dix-sept ans, que son génie lui donnait rang d'altesse. Il s'acharna quatre-vingt-quatre ans à en persuader l'Europe — et il y parvint.

Il s'entraîne déjà, car il travaille. Cet écervelé fait de longs exercices de style et de composition. Il lit, il parle, il écoute. Pour lui, parler c'est s'instruire et former sa pensée. Parler pour ne rien dire n'a pas de sens pour lui. Même s'il dit des riens, ils sont tournés de telle sorte qu'ils sont brillants d'intelligence.

Chaulieu et La Fare le font versifier. En 1712, à dix-huit ans, il prend part à un concours de poésie de l'Académie. Louis XIV se rappela soudain que son père Louis XIII avait fait un vœu à la Vierge pour lui consacrer la France et le roi fit construire un autel à Notre-Dame en souvenir du vœu de Louis XIII. L'Académie demanda aux poètes de faire une Ode à la Vierge. François fit cette ode comme il en avait fait une à sainte Geneviève. J.-B. Rousseau lui en fait compliment : il loue non pas la piété, mais l'esprit. C'est sans doute ce qu'elle méritait.

Mais l'ambition du jeune écrivain c'est celle de tous les écrivains de l'époque, pour être grand il fallait réussir une grande œuvre, or la plus grande, la plus sublime : c'était la tragédie. Il a son sujet : c'est *Œdipe*. On lui dit que Corneille l'a déjà traité. Il répond qu'il surpassera Corneille (il ne s'engage pas trop car l'*Œdipe* de Corneille est une pauvreté dont on ne parle pas) mais son *Œdipe* n'est pas près d'être jouée ; pourtant la pièce est presque faite, et il la remanie sans cesse. — Elle n'est pas mûre cependant et lui non plus : il faut passer à travers le feu.

Une mère coupable et une fille presque honnête.

M. Arouet est excédé de la vie que mène son fils ; pour y mettre fin, il s'adresse à un vieil ami, le marquis de Châteauneuf — le frère de l'abbé — qui est ambassadeur à La Haye, il lui confie l'Incorrigible. Qu'on fasse de François ce qu'on voudra, un attaché, un secrétaire, un conseiller ou un page mais qu'on l'assagisse ou du moins qu'on débarrasse le malheureux père de son indigne fils.

On avait déjà essayé du voyage : on l'avait envoyé à Caen.

Résultat : nul. Ce qu'il faisait à Paris, il le fit à Caen. Il éblouit une Cathos du cru, Mme d'Osseville ; on les voyait partout. Partout, pour François, ce sont les châteaux et les beaux hôtels de Caen. La dame se pâmait en le regardant, en l'écoutant. Mais elle faillit suffoquer de rage en apprenant qu'il récitait des vers libertins dans un autre salon de la ville. Elle ne put supporter cet athéisme, ni surtout cette infidélité, et elle fit fermer sa porte. Cela causa une manière de scandale dans la société de Caen : toute sa vie, en tous lieux, il y aura dans le sillage du poète mondain cet accompagnement de scandale. On ne saurait dire qu'il passe inaperçu. Mais il trouva vite une compensation à la rebuffade de la prude, en la personne d'un Jésuite, le père de Couvrigny, libertin de la bonne sorte et fin lettré. Le père proclamait partout que ce jeune homme était un génie naissant : le jeune homme l'approuvait. Le Père c'était une compagnie enrichissante. François fit des lectures qu'il n'avait pas faites, il discuta avec son admirateur : il revint plus habile et plus instruit — sinon plus sage — et en 1713, il rentra à Paris. Son père, sur-le-champ, le pria de faire ses malles pour La Haye.

Ce séjour à La Haye offrit à la curiosité de François mille sujets de surprise et de divertissements dont les meilleurs sont la raillerie et l'amour. Inutile de dire que l'Ambassade de France avec son personnel et ses papiers fut l'endroit de La Haye où on le vit le plus rarement. Il donna tout de suite dans la société formée par des réfugiés français, protestants pour la plupart, d'autres réfugiés politiques, d'autres sans motif avoué ni avouable. La société était nombreuse, variée et inégale en qualité ; les bons sujets n'y manquaient pas, les autres non plus. C'est à ces derniers qu'il ouvrit son cœur. Mais qu'on se rassure, la porte était étroite, il n'y entra pas grand monde et rien n'y fut brisé. Les amitiés de Voltaire furent, nous le verrons, solides, profondes et tendres, mais elles ne se situent pas dans ce monde pittoresque et douteux où la curiosité l'entraîna. De cette incursion, il naquit une aventure et, bien entendu, un scandale, et aussi, disons le mot, une certaine publicité à laquelle François n'est pas insensible.

Il connut donc une Dame Dunoyer. Elle s'était expatriée pour fuir la persécution religieuse et cette victime de l'intolérance était venue en Hollande chercher la liberté de conscience — entre autres libertés. Toute sa conduite prouvait qu'elle avait trouvé la liberté des mœurs. Son commerce s'agrémentait de la présence de ses deux filles qui étaient charmantes. Elle les avait enlevées à leur père, capitaine en France, et qui y était resté. Il avait trouvé le moyen de concilier sa foi religieuse et sa foi patriotique mais il avait perdu sa femme et ses filles. Avait-il beaucoup perdu ? Dans ses heures d'abandon, la Dame Dunoyer ne se privait pas de dire qu'elle avait plutôt fui l'autorité de son époux que les dragons de Sa Majesté. Elle avait ainsi des poussées de sincérité : elle convenait par exemple qu'elle était d'une laideur très remarquée mais que cela n'avait jamais ralenti le train de ses galanteries. Dépourvue de beauté, elle l'était aussi de scrupule et elle affirmait « qu'elle connaissait les hommes » ce qui signifie qu'elle misait plutôt sur leurs vices que sur leurs vertus pour les manœuvrer. Elle gagnait ainsi assez bien sa vie. Avant La Haye elle avait exercé en Angleterre, mais quand elle eut édifié les Anglais sur ses talents, elle fut obligée de changer de clientèle.

Ses talents étaient variés. A la galanterie, et à la mendicité « mondaine » elle joignait la calomnie. Elle écrivait ! Elle tenait une partie dans cet affreux concert d'insultes qui, de l'étranger, s'élevait contre la France. Elle écrivait des libelles crapuleux sur la Cour, l'Eglise, les magistrats. François riait et disait que dans toutes ces nouvelles, il n'y en avait pas une de vraie. Mais cela ne le choquait guère : c'était amusant. A vrai dire, il y avait bien quelques vérités dans ces poubelles, dans les égouts, on trouve parfois une cuiller d'argent ; mais ce n'est pas ce qui rend l'égout moins puant, ni Dame Dunoyer plus vertueuse. Telle était la mère.

François l'écoutait, mais c'est Olympe, la cadette, qu'il regardait. On l'appelait Pimpette. Ce nom est tellement plus seyant à cet oiseau ; pas très jolie, mais vive, primesautière, gracieuse, totalement écervelée et pas pécore pour un sou. François pour la première fois tomba sous le charme : il était pris. Pour lui, c'était nouveau. Pimpette avait de l'avance, sa mère l'avait aguerrie. Dame Dunoyer en dépit de sa réputation avait la ferme intention de marier ses filles et de les bien marier. Elle parvint à marier l'aînée à un vieil officier, fortuné, M. Contantin. « *Il faut se marier au moins une fois dans sa vie,* professait Dame Dunoyer, *d'abord pour son plaisir et ensuite pour l'intérêt.* » Elle était habile, elle faillit marier Pimpette au célèbre Jean Cavalier, le prophète des Camisards. Les Huguenots avaient un culte pour lui. Quand il vint en Hollande, il eut une ovation de tous les réfugiés — puis Dame Dunoyer le prit en tête à tête : elle lui offrit tout. Il ne prit que Pimpette. Il fit une promesse de mariage puis, soudain, il s'enfuit en Angleterre. S'était-il aperçu des trafics de la mère ? Bref, on ne sut jamais s'il avait fui la fille, ou la mère, ou les deux.

Grâce à quoi, les ennemis de Voltaire, trente ans plus tard, ricaneront, en disant qu'il avait été le rival du Camisard mais qu'il n'en avait eu que les restes. Et ils diront qu'il n'y a rien d'étonnant à cela. Il avait l'air d'un égaré, dit l'un ; un inspecteur de police écrit : « *Arouet est grand et sec et a l'air d'un satyre...* » Pourtant il n'était pas grand et, si c'est son sourire moqueur qui le fait prendre pour un satyre, c'est que les satyres doivent être diablement intéressants.

A cette époque, il écrit au Prieur de Vendôme et, en parlant de soi, dit qu'il est maigre et décharné : il l'est, et le sera de plus en plus. Il avait les meilleurs yeux du monde — pour se regarder dans son miroir — et pour regarder Pimpette qu'il trouvait adorable. Elle l'était car elle ne le fit pas languir plus longtemps que n'avait langui Châteauneuf aux pieds de Ninon. Elle ne lui trouvait sans doute pas l'air égaré, ni la mine d'un satyre... à moins que les jeux d'un satyre ne lui plussent particulièrement. Bref, elle était aussi folle de lui qu'il l'était d'elle.

Mme Dunoyer, ni d'ailleurs qui que ce soit à La Haye, n'eut d'illusion sur les relations de Pimpette et d'Arouet. Ils ne prirent nulle peine pour les cacher. La mère n'était pas femme à se formaliser de ces galanteries à ciel ouvert, mais elle était femme à les monnayer. Si François avait été en âge de se marier, elle l'eût contraint. Elle gronda sa fille qui avait commencé par le dessert sans se soucier du solide. Elle était là pour remédier à cette étourderie.

Rassemblant quelques débris de dignité qui lui restaient de temps meilleurs, elle vint jouer les mères outragées à l'ambassade de France : un Français, attaché à l'ambassade, avait compromis l'innocente Pimpette, avait flétri la réputation de la fille et d'une mère intraitable sur le chapitre de la vertu... et huguenote de surcroît. Il fallait réparer ! l'ambassadeur fut très ennuyé ; il ne voulait pas de scandale dans ce poste où il venait d'arriver : il n'avait pas encore remis ses lettres de créance. Or, « la mère coupable », armée de sa plume venimeuse était capable de faire du mal. Sur ce, le père vint se manifester : il voulait retrouver, non la mère, mais sa fille Pimpette. Il demandait qu'on la lui rendît et, pour cela, il offrait de se convertir au catholicisme et de faire convertir Pimpette si elle lui était rendue. Rien ne pouvait être plus agréable à la Cour du vieux roi qui demanderait à son ambassadeur de soutenir le père et de favoriser le retour de Pimpette au sein de la Patrie et de l'Eglise. Le scandale créé par la mère risquait de tout compromettre. Il fallait que la Dunoyer n'eût aucun soupçon de ce qui se préparait ; elle ne voulait renoncer ni à sa situation d'hérétique, ni à celle de proscrite qui tout en étant ses meilleures sources de revenus la libéraient de la tyrannie maritale. Si son mari, la France et l'Eglise lui reprenaient Pimpette qui donc assurerait le pain de ses vieux jours ?

Dans ce réseau d'intrigues, Arouet le jeune filait le parfait amour. Il ne pesa pas lourd : M. de Châteauneuf le renvoya brusquement chez M. son père.

Quel effondrement ! Le soir même, après la démarche de la mère, il comparaît devant l'ambassadeur qui lui signifie qu'on va le réexpédier sur-le-champ, à sa famille. François supplie, argumente, attendrit, démontre. On peut deviner ce qu'il mit d'astuce, d'esprit, de charme dans sa supplique : M. l'ambassadeur ne voulait pas d'histoire. Tout ce que François obtint fut un délai de vingt-quatre heures — mais il fut consigné dans sa chambre ! Alors, à quoi bon ? Que faire ? Imaginer... imaginer qu'on enlève Pimpette... qu'on court à Nîmes se jeter aux pieds du capitaine pour lui demander sa fille. Mais Nîmes est à quinze jours de coche ! Enfin, l'éternel secours : la lettre à l'ingénue ! Il faut qu'elle le suive, sans hésitation, sans gémissement. « *Si vous hésitez un moment vous mériterez tous vos malheurs. Que votre vertu se montre ici tout entière, voyez-moi partir avec la même résolution que vous devriez partir vous-même.* »

Il lui dit qu'il est consigné et gardé ; un planton est à sa porte. Qu'elle lui remette trois lettres, l'une pour le père Capitaine, l'autre pour son oncle, l'autre pour sa sœur. Il mobilise la famille entière : c'est sérieux. Quelle flamme ! quel emportement ! c'est tout et tout de suite. C'est la première manifestation d'un caractère passionné et qui le sera jusqu'au bout mais de plus en plus rarement pour l'amour. Il en est ainsi pour tout ce qu'il désire, il le lui faut coûte que coûte et sans délai.

Au moment d'envoyer la lettre, il apprend que tous ses messages passent par l'ambassade, et y demeurent. Mais voilà la comédie : il a un valet — un scapin de Normandie — on le déguise. Le valet se fait passer pour un marchand ambulant de tabatières ! Il vient en proposer à Mme Dunoyer : cela réussit. Il voit Pimpette. Le pauvre petit oiseau est à moitié mort de douleur : le valet lui dit que François veut la voir, l'entraîner dans la banlieue de La Haye où ils se cacheront, il faut pour cela qu'elle sorte vers minuit. Pimpette veut bien... mais comment ? Sa mère connaît toutes les ruses des amours contrariées, elle fait coucher Pimpette dans son propre lit. C'est désespéré !

Coup de théâtre ! Le départ est remis. L'ambassadeur surseoit à l'expédition — mais Arouet doit rester prisonnier. Le coup est dur, mais être à La Haye. c'est mieux que d'être à Paris. Il suffit d'une étourderie du planton, d'une rouerie de l'ingénue et ce sera la rencontre. François envoie ses habits à Pimpette — et un manteau qui cachera le tout, plus une lettre avec mille recommandations. « *Défiez-vous encore un coup de M*[me] *votre mère, défiez-vous de vous-même mais comptez encore un coup sur moi pour vous tirer de l'abîme où vous êtes.* » Il est tout de même piquant de voir l'amant de la fille traiter le lit de Mme Dunoyer « *d'abîme où vous êtes* », c'est bien là qu'était Pimpette, et elle s'y trouvait fort mal. Ce qui ne paraît possible qu'à la comédie réussit dans la vie d'Arouet-Scapin : Pimpette reçut les habits, s'en revêtit et, d'un pied léger, franchit le seuil de l'hôtel où logeait son cher prisonnier. Elle lui remit une lettre — et François lui en donna une en échange. Il est transporté de joie. Par l'amour ou par la mascarade ? Pour Arouet, c'est vraiment ce qui s'appelle vivre. Il lui écrit après l'avoir vue travestie :

« *Je ne sais si je dois vous appeler Mademoiselle ou Monsieur. Si vous êtes adorable en cornette, vous êtes un aimable cavalier et notre portier qui n'est point amoureux de vous, vous a trouvé très joli garçon.* »

Se sentant surveillé, il doit arrêter le charmant manège. Il va partir : il lui donne son adresse à Paris, chez son père. Mais Pimpette est folle d'amour : elle veut aller se jeter aux pieds de l'ambassadeur, lui demander protection contre une mère barbare et grâce pour François. Il lui défend de faire pareille démarche, il sait que les conséquences en seront catastrophiques pour elle et pour lui. L'ambassadeur veut étouffer leur affaire, tout ce qui le gênera est voué à l'échec. « *Ma chère Pimpette, suivez mon conseil une fois, vous prendrez votre revanche le reste de ma vie, je ferai toujours vœu de vous obéir.* » Voilà une belle promesse d'amoureux : qu'elle lui obéisse une fois, ensuite, il obéira... le reste de sa vie !

Las ! Pimpette ne put résister ; elle tomba malade. Sa mère n'eut pas besoin de la garder au lit : la fièvre s'en chargea. C'est elle, la vraie amoureuse, ses lettres sont naïves mais son encre brûle le papier. Arouet est sincère, c'est certain, il est épris, mais il écrit toujours en rhétoricien, son cœur l'inspire, on le sent bien mais l'esprit garde ses droits. Ses lettres brillent sans chauffer beaucoup. « *Adieu mon cher cœur, voilà peut-être la dernière lettre que je daterai de La Haye. Je vous jure une constance éternelle. Vous seule pouvez me rendre heureux et je suis trop heureux déjà quand je me remets dans l'esprit les tendres sentiments que vous avez pour moi... Adieu, mon adorable Olympe, adieu ma chère. Si on pouvait écrire des baisers, je vous en enverrais une infinité par le courrier.* »

Est-ce bien le langage d'une passion brisée ? Pimpette est torturée, elle est enfiévrée par tout ce qu'elle imagine pour le revoir... l'embrasser, au péril de sa vie, une fois encore — elle le tutoie : « *Je ne te parlerai point de ma santé, c'est ce qui me touche le moins et je pense trop à toi pour avoir le temps de penser à moi-même. Je t'assure, mon cher cœur, que si je doutais de ma tendresse, je me réjouirais de mon mal, oui, mon cher enfant, la vie me serait trop à charge si je n'avais la douce espérance d'être aimée de ce que j'aime le plus au monde.* »

Elle veut faire encore une folie pour le revoir, elle devine qu'il refusera le risque à courir : la voici ingénieuse, téméraire, et lui plus prudent : « *Ne me refuse pas cette grâce, mon cher Arouet, je te le demande au nom de ce qu'il y a de plus tendre c'est-à-dire, au nom de l'amour que j'ai pour toi. Adieu, mon adorable enfant, je t'adore et je te jure que mon amour durera autant que ma vie.* »

Ces accents ne trompent pas : ils n'ont pas de mode, c'est une femme passionnément amoureuse qui parle. Ce besoin maternel de protéger « ce cher enfant » — cet « adorable enfant » ont une ferveur que le cher Arouet n'a pas éprouvée.

Il est parti. Il lui écrit « du fond d'un yacht ». Il a le cœur meurtri et le mal de mer. Il promet de convaincre son père « à moins qu'on ne l'ait déjà prévenu ». Des gracieusetés et de la prudence, c'est donc cela la première grande passion d'Arouet. Il conclut : « *Continuez-moi vos sentiments autant que je les mériterai et vous m'aimerez toute votre vie.* » Il ne parle pas autrement qu'à ses duchesses qu'il va retrouver. Mais en arrivant à Paris, c'est dans les bras du père Tournemine qu'il va se jeter. Quelle étrange idée, direz-vous ? Mais il avait son plan ; il venait d'écrire trois lettres au bon père pour confier son malheur — et ses espérances. Elles sont édifiantes, comme on peut en juger : Olympe n'est-elle pas une âme à sauver ? La Providence n'a-t-elle pas choisi l'amour d'Arouet pour l'hérétique afin de ramener celle-ci à l'Eglise ? Celui qui ne soutiendrait pas cet amour providentiel s'opposerait donc au cheminement de la Grâce. Il suffisait d'y penser. Et le Père est mobilisé pour la bonne cause.

François écrit à Pimpette tout ce qu'il fait : il la supplie d'écrire à son père le capitaine, de clamer qu'elle veut rentrer dans le giron de l'Eglise, d'écrire à un parent qui est évêque d'Evreux, de le supplier également : « *N'oubliez pas surtout de le nommer Monseigneur* », recommande-t-il. Avec ces huguenots, on ne sait jamais... Qui l'eût cru ? Arouet, le suppôt du Temple, travaille à ramener la Brebis égarée, la pauvre Pimpette, au bercail. Il est vrai que le bercail n'est pas celui de l'Eglise — c'est celui de François Arouet.

Cynisme ? Inconséquence ? Tout et rien, c'est une de ces contradictions dont sa longue route est traversée. Elles sont, dit-on, inexplicables, pas tellement, c'est l'impatience de posséder, c'est cet instinct tracassier d'obtenir n'importe comment, mais tout de suite, ce qu'il désire et tant pis pour la Religion, pour Pimpette, pour la bonne foi du père Tournemine, et même tant pis pour son propre repos et pour sa réputation... Quand tout sera fini, éteint, il fera des réflexions. Inutilement, car aussitôt il s'embarque pour une affaire semblable et souvent pire. Arouet est incorrigible. Cette fois-ci, la foudre tomba sur lui avant qu'il eût fini ses démarches. Elle prit la forme d'une lettre de M. de Châteauneuf à M. Arouet. La colère du notaire fut si violente que des amis durent cacher François. Son père l'aurait tué. Il demanda toutefois contre son fils une lettre de cachet. Il souhaitait le voir ou dans un cachot ou embarqué pour les Iles. Les Iles, c'était la disparition assurée. Et François continue de supplier Pimpette de venir à Paris, il lui a trouvé un asile dans un couvent de filles converties d'où il l'enlèvera à la première occasion et pour son plus grand bien : « *Si vous avez assez d'inhumanité pour vous obstiner à rester en Hollande, je vous promets bien sûrement que je me tuerai à la première nouvelle que j'en aurai.* » Nous voilà en plein romanesque, c'est Werther avant l'heure, en réalité c'est une clause de style : nous sommes en scène pour le dénouement. Nous frôlons la tragédie — d'une aile légère — car, il joue en même temps la comédie à son père. Arouet est la civilité même, la sociabilité. Pour réussir dans le monde tel qu'il est : il faut jouer. Pour le moment, son nom n'est pas encore à l'affiche du grand théâtre du monde : mais il s'entraîne. Le fils du digne notaire royal fait parler de lui — pas toujours en bien — mais l'essentiel, c'est qu'on le connaisse.

Il joue donc à son père les fils prodigues et repentants. Il le supplie de lui permettre de venir lui embrasser les genoux avant de disparaître pour toujours dans les savanes du Nouveau-Monde. Le fringant favori des duchesses dans les savanes ! c'est à pouffer de rire. Bref, l'entrevue a lieu ; le scénario est connu, comme le tableau : c'est un Greuze anticipé. Le père de famille accorde son pardon assorti d'une condition : François n'ira pas se calciner dans les savanes, il ira moisir dans une étude de notaire parisien. Il accepte pour rester à Paris, pour correspondre avec Pimpette, pour écrire des vers, pour revoir ses semblables, ses amis ; or, ses semblables sont dans les palais et les châteaux ou les salons de Paris et non ailleurs. Mais le châtiment est terrible. Elle lui coûte cher, Pimpette ! François clerc de notaire, dans une fosse poussiéreuse, où le papier humide pue, où le langage est aussi fangeux que l'encre pourrie des pots de grès qui ne s'appellent même pas encriers, où il rédigera des grimoires d'une absurdité et d'une grossièreté de style affolantes, pour une clientèle dont les arguties sordides ne sauraient être saisies qu'avec des pincettes.

Il accepte et jamais sa résolution d'être « *autre* » que le robin que son père veut faire de lui, n'a été plus violente. Il hait le vieil Arouet. Mais il lui obéit : il entre au purgatoire : c'est l'étude de maître Alain, notaire royal, rue du Pavé-Saint-Bernard, près les degrés de la place Maubert. La rue existe encore en partie au moins. C'était un quartier sinistre. Le soleil ne descendait jamais au fond de la ruelle.

Mais Pimpette, à La Haye, brûlait violemment — trop pour que ce grand feu durât. Elle n'était pas très littéraire ; et les lettres du cher Arouet ne lui procuraient pas du tout le même plaisir que la présence de « son adorable enfant ». Cependant qu'il persévérait dans ses pieuses démarches pour faire convertir la fille, la mère, Mme Dunoyer, avait d'autres projets. Elle avait remarqué un jeune Français, Guyot de Merville, discret et bien fait, et elle lui avait ouvert sa porte. Pimpette, le voyant, lui ouvrit son cœur. François continuait d'écrire des lettres fort tendres que la fille lisait à peine mais que sa mère conservait. Elle n'y était pas toujours bien traitée. Peu importe : elle en fit un recueil *Lettres historiques et galantes*, où le nom de François Arouet s'étalait. Le recueil ne passa pas inaperçu : c'est ce que voulait la mère : compromettre le jeune Arouet ; et elle réussit à affermir cette réputation, déplorable, qu'il avait dans la bourgeoisie et les milieux dévots. Savez-vous qui se fâcha ? Le successeur d'Arouet dans les bonnes grâces de Pimpette ! Un comble ! Il lui prenait sa place et il lui en voulait. Il poursuivit le poète de sa haine pendant des années. François n'en tint pas compte — puis, un jour, ô surprise ! François était alors devenu Voltaire, riche et influent, le Guyot de Merville vint lui demander un secours ! Voltaire fut aussi sourd aux supplications que François Arouet l'avait été aux injures.

En apprenant sa disgrâce, François eut un immense chagrin — vif et rapide. Il comprit sans tarder que Pimpette en l'oubliant lui avait rendu un immense service. Il lui en fut reconnaissant : ce n'est pas très romanesque mais c'est très sage... ah ! ces Arouet ! Il ne lui garda donc aucune rancune — au contraire ; et, quelques années plus tard, en 1721, il essaya de l'aider dans ses affaires. Il parla toujours d'elle avec tendresse et rendit hommage à... ses vertus, lorsqu'elle devint comtesse de Winterfeld. Elle eut une vie triste et digne : quelle différence avec ses débuts ! Elle finit comme sa folle de mère n'avait pas su le prévoir, car son mariage ne fut ni de plaisir, ni d'intérêt, mais de sagesse et de vertu. Comme quoi, ces gens d'intrigues qui croient tout savoir, oublient toujours qu'il existe, aussi, d'honnêtes gens.

Ainsi finit le conte de Pimpette et de François, triste mais moral. Nous y avons découvert notre poète amoureux — à sa façon. Ce début dans l'amour est révélateur, il ne ressemble pas à la passion. Et pourtant Voltaire est passionné, mais les grandes passions qui consument sa vie sont la gloire et la liberté sous toutes ses formes — voilà les idoles auxquelles il sacrifiera. C'est à elles qu'il dédiera sa ferveur, son âpreté, sa ténacité, son immense puissance de travail. Cette sensibilité frémissante lui fera commettre des folies et actes sublimes, et c'est là que nous reconnaîtrons le langage de la passion — et non dans les madrigaux à Pimpette. Il ne se battra pas pour ses maîtresses. Mais pour sa gloire et pour la liberté, il fera la guerre à la société entière.

Notariat, Poésie et nouveau scandale.

Un homme d'esprit ne perd jamais tout à fait son temps, quoi qu'il fasse, quoi qu'il lise, quoi qu'il observe. Arouet dans son étude s'ennuyait à mourir mais il faisait des découvertes. Les procédés plus ou moins retors qu'il apprenait dans les affaires des autres, il en ferait son profit pour ses propres affaires. En cela aussi il fut un maître — il fut un Arouet, et peut-être le plus habile de tous. Il découvrit également chez Me Alain, un trésor, un ami : Thiériot, clerc de notaire comme lui. Il fut fidèle à cette amitié jusqu'à la mort... et pourtant, Thiériot lui en fit voir, comme on dit. Mais sur le chapitre de l'amitié Arouet est irréprochable. Il a supporté de ses vrais amis des noirceurs, des affronts, des vols... ils étaient sacrés, ils étaient amis et le restaient. Cette patience avec des amis paraît incroyable de la part d'un homme dont la sensibilité, la susceptibilité, la nervosité étaient extrêmes et l'entraînaient souvent dans des vengeances bien indignes de lui, non seulement de son génie, mais indignes de sa générosité. Ce mot fera sursauter certains. Nous le répéterons souvent au cours de cette longue vie, chaque fois que nous prendrons notre personnage en flagrant délit de bonté, de libéralité et parfois de magnificence — et même de générosité. L'inégalité de son humeur, son emportement terniront souvent sa réputation — mais son âme n'est pas vulgaire.

Bien entendu, on ne s'unit d'amitié à Arouet que sur les cimes — c'est-à-dire par des goûts intellectuels et artistiques communs. Tous les charmes de Pimpette auraient fait long feu. C'est l'amour de la poésie qui lui fit découvrir Thiériot. Leur aptitude commune à faire des vers, qui du même coup les rendait inaptes à la chicane, les unit dans une même exécration de leurs travaux forcés. Bien sûr, leurs talents ne peuvent se comparer puisque Thiériot n'en a aucun. Mais Thiériot aimait la poésie — et surtout celle de François. Il détestait son métier et la suite nous apprendra qu'il n'en aimait aucun. Il devint le confident empressé, mais quoiqu'ils n'eussent que dix-huit ans, le ton de leur amitié n'est jamais celui de la familiarité, c'est un trait de François Arouet et sans doute de tous les Arouet : l'horreur du laisser-aller. On se disait « Monsieur » et, pas plus que Pimpette, Thiériot n'eut droit au *tu*. Vingt ans après avoir quitté l'étude Alain et le salon où Mme Alain les recevait quelquefois — au prix de quel ennui pour le commensal des Vendôme, des Richelieu et des Sully ! — il écrira à Thiériot au moment où paraîtra son ouvrage *Le Temple du Goût* : « *Quel saut nous avons fait, cher monsieur, de chez Mme Alain dans le* Temple du Goût. *Assurément cette dame ne se doutait pas qu'il y eût pareil temple au monde.* »

La bonne bourgeoise s'en souciait fort peu : le prix du sucre et des chandelles l'intéressait davantage. Aussi bien, les deux clercs de son époux se souciaient fort peu d'elle et de ses semblables.

Pendant que François gribouillait les minutes des actes, il se demandait si son *Ode à la Vierge* proposée aux suffrages de l'Académie serait couronnée. Il y comptait bien. Pourtant, J.-B. Rousseau l'avait sagement averti de ne point trop attendre de la vanité des prix littéraires : « *On ne voit point,* lui écrit-il, *que les Corneille, les Racine, les Despréaux aient jamais travaillé pour les prix. Ils craignaient trop de compromettre leur réputation. Ils savaient trop bien que les plus méchants ouvrages avaient droit d'espérer aux lauriers académiques...* »

Ce n'est pas gentil pour le Jury, mais c'est prudent. Las ! Arouet n'eut pas le prix, c'est l'abbé Dujarry qui l'obtint. Notre jouvenceau est blessé à mort — bien plus que par la trahison de Pimpette pour laquelle il voulait mourir. Pour le coup, c'est la mort du vieux poète qu'il veut. Il se déchaîne, le pauvre abbé n'y était pour rien et il avait écrit son Ode d'un cœur bien sincère, mais Arouet se venge : « *C'est un de ces poètes de profession qu'on rencontre partout et qu'on ne voudrait voir nulle part. Il est parasite, il paie dans un bon repas son écot par de mauvais vers.* » Ses griffes de pamphlétaire, c'est sur le dos de ce vieil abbé qu'il se les fait : « *Il est bien juste qu'on fasse honneur à cet âge.* » Le malheureux fut accablé — et surtout d'être corrigé par Arouet, qui releva ce vers dans l'Ode triomphante :

Et des pôles brûlants jusqu'aux pôles glacés.

Il eut beau jeu de demander au sacré poète où étaient les pôles brûlants.

Le voilà tel qu'il sera : une contrariété, un obstacle, il s'emporte : il griffe, et il mord.

Ce n'est pas suffisant, il publie en 1714, un poème satirique, un poème vengeur dont le titre en dit long : *le Bourbier,* dans lequel il précipite les gens qu'il déteste. Il y a déjà la verve, la cruauté du trait et le style le plus brillant. C'est un succès — c'est-à-dire un scandale. Le premier scandale littéraire de sa vie, nous en verrons d'autres, mais le mécanisme est déclenché, il jouera à merveille jusqu'à... jusqu'au dernier souffle du poète.

Son *Bourbier* lui valut un rayon de gloire, mais pas de très bon aloi. C'était quand même le début de la célébrité — ce qu'il aime le plus au monde. La colère tombée, la griserie passée, il réfléchit. « *Je me suis imposé la loi de ne jamais tomber dans ce détestable genre d'écrire.* »

Trop tard ! et la résolution est vaine : il retombera toute sa vie dans ce genre, en tirera les effets les plus extraordinaires qu'on ait jamais vus — et les pires désagréments — mais des désagréments bruyants, éclatants qui le rendront malade de peur et de rage et lui donneront peut-être les transes les plus voluptueuses qu'il ait connues, celles de l'orgueil. M. Arouet est de nouveau très en colère contre lui. Que fait François pour calmer son père ? Il fait circuler en 1714, un nouveau poème dont le sujet plutôt scabreux n'était pas fait pour plaire au notaire. Le titre suffit : *L'anti-Giton.* Qu'on se rassure, il n'y a rien d'ordurier. Il n'y a jamais rien d'ordurier, d'obscène ni même de vulgaire sous sa plume, ni dans ses paroles, ni dans son comportement, ni même rien de malsain. Le poème est dédié à Mlle Lecouvreur parce qu'ils avaient ri ensemble de certains gitons de la scène et de la ville. Il prend la défense des bonnes mœurs sans être intolérant pour les autres. Rien n'y choque le goût, mais plus d'un trait y choque la morale — une bagatelle, en somme. Il écrivait d'ailleurs tranquillement : « *J'aime mieux voir les mœurs du public dépravées que si c'était son goût.* »

Cette fois, son père voulut en finir, et il était prêt à le faire enfermer, si un vieil ami ne l'avait apaisé. Il s'agit de M. de Caumartin qui demanda à M. Arouet de lui confier son fils. Le notaire l'aurait donné au Diable ! Trop heureux d'en être débarrassé par ce très honnête homme qui emmena François dans son château de Saint-Ange, près de Fontainebleau. Dans un château, François accepte — et il accepte aussi la société de ce vieux monsieur octogénaire, qui avait été au XVIIe siècle, conseiller d'Etat, et intendant des Finances. Il était lettré, vertueux et fort riche. Saint-Simon, qui le connaissait bien, dit qu'il savait tout en histoire, en généalogie, en politique, en chronique de l'ancienne Cour. Sa mémoire lui permettait de citer des pages entières de livres lus trente ans plus tôt et les conversations de Mazarin, de Colbert, de Louvois, du roi, des princes et des favoris du Grand Siècle. « *Il était fort du grand monde,* dit Saint-Simon, *avec beaucoup d'esprit, il était obligeant et fort honnête homme.* » Pendant cette retraite qui permettait à l'opinion et à M. Arouet de digérer le poème scandaleux, M. de Caumartin raconta sa vie — c'est-à-dire l'histoire de Versailles du début du règne jusqu'en 1700. Ce seigneur contait si merveilleusement qu'il tint François sous le charme. Cet homme aimable ressuscitait le Grand Siècle, il évoquait à la fois le théâtre prestigieux et « les monstres sacrés » de cet opéra fabuleux, de cette revue à grand spectacle jouée devant l'Europe éblouie avec ses tragédies, ses ballets, ses mélodrames ; M. de Caumartin lui en découvrit les coulisses et la machinerie, il lui fit connaître le grand roi qui, pour lors, se mourait à Versailles, les princes, les maréchaux. Il lui montra les ministres et les génies du siècle, comme ses pantins et ses danseuses puis, l'essaim des frelons et des guêpes et même les éphémères papillons — et tout cela brillait ! Et le jeune Arouet entrevit alors son œuvre future : *Le siècle de Louis XIV*. Il prit des notes, il rêva le livre : un chef-d'œuvre était dans l'œuf. Il le mit à couver dans un repli de son cerveau aussi merveilleusement organisé que les dossiers du notaire Arouet — ne lui en déplaise ! Et, plus tard, cette admirable apologie du Grand Siècle éblouira le monde. Arouet l'avait conçue à l'âge de vingt ans pendant son exil à Saint-Ange, en quelques semaines de solitude et de réflexion.

Voilà à quoi se passèrent les vacances forcées de ce jeune homme turbulent. Il suffisait d'avoir la chance de rencontrer M. de Caumartin, d'apprécier le savoir-vivre d'un grand seigneur, et le savoir-parler du grand siècle, et d'avoir l'esprit de Voltaire en réserve, pour concevoir un chef-d'œuvre.

Caumartin porte en son cerveau
De son temps l'histoire vivante
Caumartin est toujours nouveau
A mon oreille qu'il enchante.

Le plaisir mène à tout, si l'on choisit ses plaisirs et si l'on s'appelle Voltaire. Il conçoit également le projet de son poème épique : *La Henriade*.

Il ne s'attarde pas davantage à Saint-Ange : il en avait cueilli les fruits. Il veut dédier son poème à Adrienne Lecouvreur, la célèbre actrice à qui il fait sa cour régulièrement, à la Comédie-Française. Nous le rencontrons souvent dans les coulisses et dans les loges : il a déjà la passion du théâtre, des acteurs... n'est-il pas l'un d'eux ? Il cherche à placer *Œdipe*. Ecrire une tragédie, c'est bien — la faire accepter, la faire connaître, la faire applaudir, c'est autre chose. François Arouet était aussi doué pour la seconde opération que pour la première. On le voit si bien papillonner dans les loges, flatter et amuser les présents, persifler les absents et les rivaux. Toujours vif, brillant, courtois, faisant du volume avec ses manchettes, son chapeau, sa courte épée qui retrousse l'habit ; il tournoie, il s'envole : il est ici et il est là-bas, il voit tout, parle à tout le monde, et parle de son *Œdipe*. Il en parle avec feu : il est persuadé que rien de si sublime — depuis Racine — n'a jamais été écrit pour le théâtre. Racine est un dieu, mais il est au ciel. Sur terre, il y a François Arouet, réincarnation du dieu de la tragédie. « Quoi, vous en doutez ? Eh bien ! jouez mon *Œdipe,* vous serez convaincu et la terre entière vous applaudira. » Ce qui lui manquait le plus, c'était la timidité ; mais il s'en passait fort bien. Dans ce milieu, cela n'était pas pour déplaire. Il s'amourache d'une comédienne, Mlle Duclos — à force de vanter ses charmes, il s'éprend d'elle. Il se déclare, on l'écoute : la fleur va s'épanouir. Trop tard ! Le comte d'Uzès passe en coup de vent et cueille la Duclos. François en reste pantois. Les grands seigneurs ont de ces façons ! Le dépit passé, il écrit : « *La Duclos prend chaque matin quelques prises de séné et de casse, et le soir, plusieurs de comte d'Uzès.* » Ce sera toute sa vengeance.

Pauvre Arouet ! il piétine : l'Académie est restée sourde à son Ode et la Comédie-Française est aussi aveugle pour *Œdipe* qu'Œdipe le fut en son temps.

Cette année 1715, le roi meurt : le fleuve souterrain du libertinage qui cheminait en secret — en demi-secret — débouche soudain en plein soleil, en pleine société. L'athéisme est partout, les mœurs d'un seul coup se relâchent, c'est-à-dire que les gens font sans hypocrisie ce qu'ils faisaient en cachette. Et, bien entendu, l'exemple vient d'en haut.

Philippe d'Orléans, le régent, est un ami du prieur de Vendôme. Son premier soin est de le rappeler, de lui rendre le Temple et de le rendre à sa société. Saint-Simon dit du prieur qu'il y avait « *quarante ans qu'il ne s'était couché qu'ivre et qu'il n'avait cessé publiquement d'entretenir des maîtresses et de tenir des propos continuels d'impiété et d'irréligion* ».

Quarante ans de débauches ! le petit-fils de Gabrielle et du Béarnais était solidement constitué.

Les soupers de Vincennes reprennent de plus belle. L'abbé de Châteauneuf n'y est plus mais le président Hénault le remplace. Arouet y a son couvert mis. Il connaissait le duc d'Orléans, assez peu, mais il dit que le régent lui a parlé, avec bienveillance. Bien sûr, étant donné les répondants du jeune Arouet :

Je sais que vous avez l'honneur,
Me dit-il, d'être des orgies
De certain aimable Prieur
Dont les chansons sont si jolies.

François professe l'épicurisme de cet illustre prieur, il en répète les maximes, il les enjolive au besoin, et donne avec son esprit un tour piquant et neuf aux chants de la débauche. Mais sa fragile santé ne fait de lui qu'un disciple tout platonique de Vendôme. Il parle, mais ne paie pas d'exemple. Quand il faut, à table ou dans l'alcôve, passer à l'exécution : il reste en panne. Il souhaite qu'on mange et boive moins. Il s'étonne que ces gens aient besoin de vin pour s'enivrer : les paroles ne leur suffisent donc point ? Cela tient à la fois à sa chétive santé et à son goût — à son bon goût. Il veut bien être égrillard mais non obscène, impie mais non canaille. Il joue avec la débauche mais il met des gants. Entre ces libertins du Temple et Arouet, il y a accord sur le fond de la doctrine, et différence sur la manière. Il est plus moderne ; tandis qu'eux sont des libertins de l'autre siècle, des libertins aristocratiques, lui est déjà un « intellectuel » (c'est-à-dire un « philosophe »). Eux se soucient fort peu de ce que pensent ou croient les autres. Pourvu qu'on les laisse en paix faire leurs fêtes, ils ne demandent rien à personne et ont pour les dévots qui les attaquent au sermon une pitié amusée dépourvue d'agressivité. Ils ne déchirent pas l'Eglise : ils ne se soucient d'elle que dans la mesure où étant plus ou moins gens d'église, ils tiennent d'elle leurs prébendes et leurs titres d'abbé, de prieur, de chanoine ou d'évêque. Tandis qu'Arouet est déjà propagandiste, Arouet veut porter son irréligion sur la place publique, il en fait profession, il s'en fait gloire, il se veut missionnaire de l'impiété. Il n'a pas l'irréligion sereine des grands seigneurs libertins ; il veut faire des conversions. Il a besoin de susciter l'irréligion autour de lui. Mais, s'il avait, ouvertement et publiquement, prêché contre les dogmes et attaqué l'Eglise, il est probable que le grand prieur et ses complices auraient mal jugé sa conduite : « *De quoi vous mêlez-vous ?* lui auraient-ils dit. *Que vous importe ce que pensent les imbéciles ? Jouissez de votre liberté et laissez les autres jouir de leurs illusions. Votre attitude est de très mauvais goût, vous êtes aussi vulgaire qu'un moine qui prêche ses sornettes et fait peur de l'Enfer aux naïfs...* » Arouet avait trop de tact — et manquait encore trop d'assurance — il n'a que 20 ans — pour être anticlérical aux soupers du Temple. On parle de poésie et de théâtre. Il fait lire son *Œdipe* : on le discute, on le critique. Il écoute, et corrige. Ses amis n'ont pas de très bonnes mœurs mais ils ont très bon goût : « *Ce soir-là fit beaucoup de bien à ma tragédie,* écrit-il au prieur. *Je crois qu'il me suffirait pour faire un bon ouvrage de souper quatre ou cinq fois avec vous. Socrate donnait ses leçons au lit, vous les donnez à table cela fait que vos leçons sont sans doute plus gaies que les siennes.* » Il a l'art de flatter et de bien dire ce qui lui tient à cœur. Voici un des préceptes qui va régir sa vie : Il faut s'instruire, mais dans la gaîté. Le savoir triste est un savoir mort. Pour Arouet, l'Intelligence est Joie.

Il fréquentait aussi le château de Sceaux. Il y réussissait comme ailleurs, par ses manières et sa bonne langue. La duchesse du Maine qui tenait une cour presque royale le pria de lire *Œdipe* : il lisait bien — il lisait ses pièces en acteur — et tellement convaincu du génie de l'auteur ! On le loua, on le critiqua. Il fut aussi habile à remercier des louanges qu'à tirer parti des critiques : il apportait tant de bonne grâce à se corriger sur les avis des Altesses royales que les Altesses redoublaient de complaisance à le louer. Tout cela n'était pas seulement le jeu d'une société frivole. La frivolité n'était que l'ornement d'un goût certain, et d'une réelle connaissance des règles de l'art et de celles de la langue — et, sur le ton du badinage, Arouet refaisait très sérieusement sa tragédie, coupait telle scène, supprimait un vers, une expression et accélérait l'action. Il travaille partout et toujours — surtout lorsqu'il a l'air de s'amuser. La vie de château, c'est le labeur, un labeur doré et pétillant.

La Comédie finit mal.

La tragédie n'est qu'un côté de son talent naissant : c'est son côté officiel ; il a, tout à l'opposé, une sorte de verve comique et caustique qui trouve à se dépenser, en ce temps de la Régence, dans la mode des libelles et des couplets, plus ou moins anonymes, plus ou moins licencieux, plus ou moins calomnieux contre le régent et sa famille. Le régent les lisait quand ils étaient spirituels et il laissait faire... Arouet ne peut résister à la tentation d'en composer. Mais le foisonnement de ces insanités amena l'intendant de police à sévir.

On reproche à Arouet certains couplets où, de sa plume légère, il instruit les Parisiens des relations incestueuses que le régent entretient avec sa fille, la duchesse de Berry. Pour des vers de mirliton, le sujet est pesant. Arouet jure que les vers ne sont pas de lui. Mais son ami Cideville dit qu'il les a vus quand Arouet les écrivait : car c'est un trait de notre jeune homme, il ne peut s'empêcher de lire — sous le sceau du secret ! — ce qu'il écrit en secret — sur la vie la plus secrète de certains de ses contemporains. On sait comment finissent ces secrets : dans la rue. L'argument qu'Arouet emploie pour se défendre lui servira toute sa vie : *Ces vers ne peuvent être de moi, ils sont trop mauvais. On peut m'accuser de tout mais non d'être mauvais écrivain.*

Il réussit à faire planer un doute sur l'auteur de cette chanson, aussi l'intendant de police ne l'emprisonne-t-il pas ; cependant on l'exile à Tulle. Arouet reçoit la nouvelle avec un grand cri de détresse : Tulle ! c'est la mort. Y a-t-il des duchesses à Tulle ? Quelle langue y parle-t-on ? Son père eut pitié de lui, il fit intervenir auprès du Régent pour que Tulle fût changée en Sully-sur-Loire parce qu'à Sully, dit le bon M. Arouet : « *Nous avons des parents pour le surveiller.* »

Au diable, la famille ! C'est au château qu'il s'installe chez son ami le jeune duc de Sully. C'était le Sully qu'il connaissait le mieux, sous le nom de chevalier de Sully. La mort de son frère aîné venait de le faire duc. François le fréquentait au Temple, c'était le neveu du frivolant abbé Servien. A Sully, on parlait un bon français. François habitait une tour où, un siècle plus tôt, le poète Chapelle avait été mis aux arrêts pendant deux ans et où pendant deux ans, il s'était enivré. Ce n'est pas de vin que François s'enivra mais de galante compagnie. Le jeune duc n'était pas marié et son entourage vivait une éternelle « fête galante » dont les fastes champêtres se déroulaient dans le parc et sur les rives de la Loire. Les débordements y étaient harmonieux ; la poésie, le théâtre, les ballets en étaient les élégants prétextes. C'était exactement le monde idéal de François Arouet. On avait construit un théâtre mais tout était théâtre, même les bosquets. C'est ainsi ; partout où Arouet pose le pied, les tréteaux et les planches sortent de terre et Arouet met tout le monde sur scène. Les intrigues se nouent à la représentation, elles se poursuivent et se dénouent sous les ombrages ou dans les alcôves.

Ce monde enchanté, Arouet le décrit à ses amis du Temple, à Chaulieu, à l'abbé de Bussy, le fils de Bussy-Rabutin (la famille est attachée au Temple et à l'Ordre de Malte, le grand-oncle en était prieur en 1640). Il écrit à Bussy au *Très aimable, Très Frivolet, Prieur de Frigolet.* Comme cela fait sérieux pour un futur évêque de Luçon ! Que le ton a changé depuis que Richelieu était titulaire de l'évêché de Luçon ! Il était charmant cet abbé de Bussy, on ne lui connaissait qu'un défaut : il ne croyait pas en Dieu. Nul ne semble lui en avoir tenu rigueur.

Mais le Temple tombait en ruines. Chaulieu survécut jusqu'en 1720, il mourut à 81 ans. Le marquis de la Fare avait disparu en 1712, et l'abbé Servien en 1716. Celui-ci, original jusqu'au bout trépassa dans une alcôve — non celle de quelque Ninon, mais celle d'un danseur de l'Opéra, Marcel. Le pauvre Chaulieu, fidèle à sa doctrine, mourut en joie. Pourtant, il était aveugle. Il faisait encore des vers — très demandés — que personne ne lisait, pas même lui. On dit qu'il but jusqu'à la fin, croyons-en la légende. Pourtant, cette légende pourrait être aussi vraie que l'histoire : la demoiselle Delaunay qui faisait le bonheur du vieux libertin, raconte elle-même qu'elle prenait un vif plaisir à ces jeux d'arrière-saison et c'est au cours d'une partie que Chaulieu trépassa. Ainsi, croula le dernier pilier du Temple impie.

Entre deux embarquements pour Cythère, Arouet écrit à Paris notamment au régent pour se disculper et obtenir sa grâce. Il décrit ses plaisirs à ses amis et pourtant, il est angoissé. Et si Paris l'oubliait ? Ayant trop dit que son exil l'enchantait, il craint qu'on ne le prenne au mot. Car, il a déjà des envieux, des ennemis. Cette pensée l'effraie ; il ne peut demeurer à Sully ; déjà il se connaît bien et note avec justesse une de ses dispositions innées : « *Je ne suis pas fait pour habiter longtemps le même lieu.* » Comme c'est vrai ! Il va, durant sa longue vie, rouler sur bien des routes, ici et là, inquiet ou traqué, ou simplement en proie à son démon tracassier. Il est instable. Il change de siège dix fois par soirée et il changera cent fois de résidence pendant sa vie. A vingt ans, il sait déjà que sa vraie patrie c'est l'exil, ou plutôt, le mouvement.

Mais le régent, sans rancune, pardonne. On lui présente Arouet qui doit le remercier d'avoir été rappelé. Quelques semaines plus tard il compose une nouvelle chanson aussi licencieuse que la précédente. Le régent en sourit... mais les bureaux notent et n'oublient pas. Arouet est incorrigible.

A son retour de Sully, il quitte le domicile de son père et s'installe en garni, rue Calandre, « Au Panier Vert ». Il reprend sa vie turbulente, et pour s'en reposer retourne chez M. de Caumartin, à Saint-Ange. Il y passe le carême de 1717 : il a vingt et un ans. Il nous dit qu'en ce carême il ne fut « *pas nourri de harengs saurs et de salsifis* ». On s'en doutait.

M. de Caumartin avait aussi près de lui un de ses fils, l'abbé de Caumartin. Les Caumartin adoraient les potins du grand monde, ils savaient les relever de traits de malice — et de morale ! L'abbé, fin et lettré, était à vingt-six ans, déjà académicien. Il connaissait tout de la Cour et de la Ville : on voit que ce trio était bien assorti : chacun des trois était capable d'enchanter tour à tour les deux autres.

Mais Arouet avait un défaut — qu'il gardera. Lorsqu'il parlait il se laissait aller au plaisir de bien dire et ce qu'il disait si bien était parfois très mauvais pour autrui et, par ricochet, pour lui-même. Après son retour de Sully, il détestait tellement le régent qu'il ne pouvait s'empêcher dans ses conversations de lui décocher les traits les plus féroces et cela même devant des personnes qui faisaient partie de l'entourage du prince. Sa haine du régent était donc connue.

C'est à ce moment que la police saisit un poème, un libelle, très violent contre le régent et l'administration, portant le titre de *J'ai vu*... J'ai vu ceci, j'ai vu cela... tous les abus, les scandales, vrais ou supposés, et qui finissait ainsi :

J'ai vu ces maux et je n'ai pas vingt ans.

Comme les Jésuites étaient attaqués, comme l'œuvre avait un relent janséniste, comme l'âge correspondait à celui d'Arouet François... on conclut qu'il était l'auteur de ce libelle. Une sorte de conjuration involontaire le perdit : ses amis trouvant le poème excellent disaient qu'ils le lui avaient vu écrire, afin de flatter sa réputation, ses ennemis, pour le perdre, le dénonçaient de même tandis que l'auteur véritable — obscur, effrayé par le dangereux succès de *J'ai vu* faisait de son mieux pour qu'on l'attribuât à Arouet plutôt qu'à lui. L'auteur se nommait Lebrun. Il avait écrit un opéra inepte : *Hippocrate amoureux* — il aurait tellement voulu que son poème fût oublié et qu'*Hippocrate* fût joué ! Mais le public se moquait des fredaines d'Hippocrate, celles du régent l'intéressaient davantage. Et Arouet, disait-on, les dénonçait si bien.

Le régent pour le coup fut choqué ; rencontrant Arouet dans le Palais-Royal il le fit appeler et lui dit :

— *M. Arouet, je gage de vous faire voir une chose que vous n'avez jamais vue ?*

Menaçante allusion à tous les *J'ai vu*...

— *Laquelle, Monseigneur ?*

— *La Bastille !*

— *Ah ! Monseigneur, tenez-la pour déjà vue.*

Cette repartie ne lui épargna pas de voir ce qu'on lui avait promis de lui faire connaître. Voici l'invitation qu'un commissaire de police vint lui présenter le matin du 16 mai 1717 : elle est sèche : *L'intention de S. A. R. est que le sieur Arouet soit arrêté et conduit à la Bastille.*

Philippe.

Vingt corbeaux de rapine affamés
Monstres crochus que l'Enfer a formés,

écrit-il pour raconter son arrestation, choisirent ce beau matin de Pentecôte pour se saisir de lui. Il se vante ; son arrestation fut plus modeste. Deux exempts de robe courte suffirent. Il fut docile après avoir d'abord crié, mais le commissaire lui dit fort poliment en lui montrant les deux exempts qui l'attendaient dans la rue, près du carrosse cellulaire, que le bâton sur lequel ils s'appuyaient n'était point fait pour les gens bien élevés et obéissants au ordres du roi, mais qu'il était fait pour les autres. François fut sage : il nous le dit en style marotique :

Fallut partir. Je fus bientôt conduit
En coche clos vers le royal réduit
Que près Saint-Paul ont vu bâtir nos pères
Par Charles Cinq. O gens de bien, mes frères,
Que Dieu vous gard' d'un pareil logement
J'arrive enfin à mon appartement.
Certain croquant avec douce manière
Du nouveau gîte exaltant les beautés...

. . . .

Voici des murs de six pieds d'épaisseur
Vous y serez avec plus de fraîcheur
Puis me faisant admirer la clôture
Triple la porte et triple la serrure...

. . . .

Ce ton badin n'a été trouvé que bien plus tard. Sous le coup de l'arrestation et de l'incarcération, le pauvre François est atterré.

Me voici donc en ce lieu de détresse
Embastillé, logé fort à l'étroit
Ne dormant point, buvant chaud, mangeant froid
Trahi de tous même de ma maîtresse.

D'abord, il accuse, bien à tort, M. d'Argenson, lieutenant de police. Celui-ci avait transmis l'ordre du régent. C'était le père de ses deux camarades de Louis-le-Grand et le beau-frère de M. de Caumartin, François n'avait rien à craindre de ce côté. Il fut bientôt détrompé et on le verra composer ensuite une ode inouïe à la louange de la police (celle de Louis XIV !) et à la gloire de M. d'Argenson. Seuls les propos qu'il avait tenus ont causé son malheur. Lorsqu'il dit qu'il est trahi de tous, et même de sa maîtresse, de quoi et de qui s'agit-il ? Il y a deux trahisons dans son cas, celle de la Société et celle de l'amour.

Comment la Société l'a-t-elle trahi ? Il nous dit qu'il a été incarcéré à cause des *J'ai vu*. Il ne dit pas toute la vérité. Il n'en dit qu'une mince partie. Elle mérite d'être connue en entier, pour qu'on le connaisse lui-même entièrement, s'il se peut. Depuis qu'on le soupçonnait d'avoir écrit les *J'ai vu,* la police, dans le doute, avait attendu deux ans mais il était paru, entre-temps, un nouveau poème, plus pernicieux encore : *Puero regnante*. C'est une venimeuse attaque contre le régent ; thème : pendant que le roi est un enfant on pille, on se débauche... Un rapport de police accuse Arouet de tenir en public des propos par lesquels il se vante « *d'avoir composé des vers injurieux contre Mgr le régent et M*[lle] *la duchesse de Berry, sa fille ; entre autres, une pièce de vers intitulée* Puero Regnante... » Il est accusé aussi d'avoir dit « *qu'il ne pouvait se venger du régent d'une certaine façon, il ne l'épargnerait pas dans ses satires.* Sur quoi quelqu'un lui ayant demandé ce que le régent lui avait fait, *il se leva comme un furieux et répondit : Comment vous ne savez pas ce que ce b... m'a fait ? Il m'a exilé parce que j'avais fait voir en public que sa Messaline* (sa fille) *était une p...* »

Signé : d'ARGENSON — DESCHAMPS : Greffier.

Commissaire : ISABEAU. — Exempt de robe courte : BAZIN.

Ce commissaire Isabeau et cet exempt sont ceux qui l'ont arrêté. « Ce quelqu'un » qui lui a demandé pourquoi il haïssait le régent, qui est-ce ? C'est un délateur dont François avait fait son confident : ce triste personnage portait beau, c'était un fier capitaine du nom de Beauregard. François, primesautier, se livrait au premier venu pourvu qu'il eût des manières et de la conversation. On l'écoute, il charme, il se charme lui-même. Rien n'était plus facile que de pousser François aux confidences : le brillant d'une phrase lui faisait oublier le danger qu'elle pouvait présenter. Ce Beauregard avait rencontré Arouet au café — sans doute l'épiait-il. François le reçut chez lui, pourquoi pas ? un officier, un brave militaire : il parlait de ses campagnes. Quand François faisait le modeste, l'autre savait le relancer et François vidait son sac. L'espion lui disait : « *Le public vous attribue telle ou telle chanson...* » « *Jamais,* disait François, *croyez-vous que j'écrive de pareilles pauvretés ?* » « *Mais on dit que l'admirable poème des* J'ai vu *suffirait à faire la gloire de J.-B. Rousseau.* » « *Ah ! pour celle-ci elle est de moi* », s'écriait-il... « *je l'ai composée chez M. de Caumartin à la campagne, je vous en montrerai le manuscrit.* »

Est-il fou ? il se vante d'avoir écrit des vers qui ne sont pas de lui parce que l'espion lui dit qu'ils sont bons.

Et il ajoute : « *Et puisque je ne puis me venger de Mgr le duc d'Orléans d'autre façon, je me venge de celle-ci.*

— *Et que vous a-t-il fait ?* »

Il se lève comme un furieux... etc. Nous savons la suite.

Ainsi le rapport du sieur de Beauregard contient exactement les mêmes faits, exposés dans les mêmes termes que le rapport établi par l'intendant de police : M. d'Argenson. Le rôle de Beauregard ne fait pas plus de doute que la naïveté et la folle vanité du jeune pamphlétaire. Un autre trait de son caractère : il est vindicatif. Il avait mille raisons de n'en plus vouloir au régent : au fond, ils étaient faits pour s'entendre et le régent n'avait pas de rancune. Il n'a exilé Arouet que parce que le poète l'a excédé. Mais, dès son retour d'exil François a persévéré dans ses attaques. Il ne s'agit pas ici de demander des comptes au gouvernement du régent, il s'agit d'attaques personnelles. La distinction doit être faite.

Un jour, Beauregard — tout cela est consigné dans ses minutieux rapports — rencontre, chez Arouet, son ami, M. d'Argental. L'espion sans mot dire tira de sa poche une copie de *Puero regnante*... l'impulsif Arouet bondit en voyant la pièce qui allait le perdre et s'écria : « *Celui-là, je ne l'ai pas fait chez M. de Caumartin, mais beaucoup de temps avant que je parte...* »

Il se dénonçait avant que l'autre eût pris la peine de le questionner ! Mais M. Loyal-Beauregard fit mieux encore :

— « *Comment, vous soutenez que ce poème est de vous, mais je viens de savoir d'un bon endroit qu'il est d'un professeur jésuite.* »

Arouet agacé lui répondit que les Jésuites étaient comme le geai de la fable qui se pare des plumes du paon et que le *Puero* était de lui et qu'il pouvait en montrer le manuscrit. Il se répandit alors en propos atroces sur la fille du régent disant qu'elle allait accoucher d'un enfant que lui avait fait son père, et il indiqua même la maison d'Auteuil où on se préparait à la recevoir pour qu'elle y accouchât en secret. Alors, l'honnête espion, se voilant la face dit qu'Arouet ajouta cent choses « que le papier ne saurait souffrir ! » O Pudeur, où vas-tu te loger ?

En définitive qui donc l'a trahi ? Nul, sinon lui-même, sa terrible vanité d'écrivain. Le traître est connu. Mais la traîtresse, qui est-elle ? A-t-il été vraiment trahi par l'amour et pour la seconde fois ? Quelle est donc la nouvelle Pimpette ?

Sourires et grimaces de l'amour.

La traîtresse s'appelle Suzanne de Livry : une adorable fillette qu'il a ramenée de Sully. Comment l'a-t-il enlevée ? Pourquoi la famille n'a-t-elle rien dit ? L'esprit de la régence dans le milieu où vivent Arouet, Sully et consorts explique tant de facilité — tant de légèreté. C'est vraiment un drame très léger — ces amours de Voltaire sont des amours de papillon. Mais la trahison est quand même douloureuse — et François Arouet a une façon bien à lui et bien de son temps d'être jaloux, ou plutôt de ne pas l'être.

L'oncle de Suzanne de Livry était avocat, procureur, intendant du duché de Sully — les Livry étaient dans ces charges à titre héréditaire. Suzanne appartenait au duché mais, par un autre biais : elle prêtait sa fraîche beauté dans les divertissements du château. C'est ainsi qu'Arouet la connut ; il la convertit du même coup à l'art du théâtre et à celui de la galanterie Ils jouaient ensemble avec de célèbres comédiens et avec de grands seigneurs — les nobles amateurs ne dédaignaient pas les célèbres professionnels et ceux-ci ne dédaignaient pas leurs gauches mais illustres partenaires. L'amour de la comédie effaçait toutes les différences. Suzanne avait le feu sacré : Arouet lui donnait des leçons ; ils vivaient dans la plus tendre féerie — qui était pourtant très positive. Ils s'aimaient, ne s'en cachaient nullement et ils partirent ensemble pour Paris. Arouet devait la diriger dans la carrière dramatique : elle voulait jouer la comédie ou mourir. Ils flânaient, en fiacre, dans les rues de Paris. Rieurs et tendres, on les voyait souper dans les guinguettes.

Arouet était si léger, si confiant, si peu jaloux qu'il associait souvent à ses sorties avec Suzanne, son ami Génonville, garçon aimable, beau, plein d'esprit, parfaitement bien élevé — dont le père était président au Parlement de Bretagne. Son père s'appelait M. de la Faluère, le fils avait préféré prendre le nom de sa mère, Mlle de Génonville. Génonville avait le même âge qu'Arouet et il arriva ce qui devait arriver : il prit feu au spectacle du feu que les deux amants attisaient devant lui. Il ne le cacha pas à la mignonne. Suzanne trouva que Génonville étant un parfait ami de son amant, il y avait quelque injustice à ne pas traiter l'un et l'autre de la même façon. Entre ces deux amis également charmants et également amoureux, elle fit donc la part égale. François entrant un jour chez Suzanne surprit Génonville dans le lit de son amie. Quoiqu'il n'eût en réalité rien perdu de ce que Génonville avait gagné, François tapa du pied, se mit en rage, criant les mots d'ingratitude et de perfidie. Il agita même sa courte épée... las ! les coupables pleuraient. La vue de leurs larmes le bouleversa, il pleura aussi : et, saisis d'un même transport, tous trois se tinrent embrassés pour mêler leurs larmes, et les plus tendres paroles de repentir et de pardon. Ensuite, ils firent réflexion : François se demanda si son amour pour Suzanne aurait duré plus longtemps que son amitié pour Génonville et il convint que non — pour plusieurs raisons. D'abord Suzanne n'avait aucun talent d'actrice ; du feu, peut-être, mais beaucoup de fumée. Or, Arouet ne peut s'attacher longtemps aux fumées de l'illusion... le charme de Suzanne ne reposait ni sur l'intelligence, ni sur le travail, ni sur le talent. Ensuite, Suzanne, sans faire tant de réflexions, disait d'un façon ingénue à qui voulait l'entendre que « *M. Arouet était un amant à la neige* ». Cela laisse supposer qu'elle avait trouvé en Génonville de quoi faire fondre la neige d'Arouet. Après la réconciliation, Génonville finit par rire de l'aventure — ce qui agaçait un peu François qui renonça à Suzanne. Celle-ci continua son aimable carrière, Génonville lui fut quelque temps fidèle. Arouet avait tout oublié, sauf l'amitié de Génonville. Voici toute la rancune qu'il en garda :

Je sais que par déloyauté
Le fripon naguère a tâté
De la maîtresse tant jolie
Dont j'étais si fort entêté
Il rit de cette perfidie
Et j'aurais pu m'en courroucer
Mais je sais qu'il faut se passer
Des bagatelles dans la vie.

Nous voilà fixés : Suzanne est une bagatelle pour Arouet dont les passions ne sont pas très charnelles. Il y a de « la neige » dans son cas. Prenons-en notre parti comme Mlle de Livry.

En 1718, pour Suzanne, il se fit peindre par Largillière — c'est le plus beau portrait de lui que nous ayons. Il avait le visage si mobile qu'il était très difficile à saisir. Nous le voyons en habit de velours bleu, souriant, d'un sourire assez satisfait (de lui et Suzanne, sans doute ?) deux doigts de la main gauche glissés dans son gilet. Il est très sympathique avec son air éveillé, un air de lutin et un petit rien de canaillerie narquoise dans l'œil. Il a vingt-quatre ans ; déjà la joue est un peu creuse — plus tard elle sera ravinée.

Voici comme il se voit en cette année 1718 : *Je suis flexible comme une anguille et vif comme un lézard et travaillant toujours comme un écureuil.* La justesse des traits physiques est surprenante. Personne n'a été plus lucide pour soi et pour les autres. Il a été lynx pour tous et, de tous les lynx de ce siècle qui en compte d'étonnants, c'est lui qui a le plus perçant regard. On croirait que Molière pensait à lui quand il écrivit :

C'est être libertin que d'avoir de bons yeux.

Evidemment avec pareil regard, on ne saurait être ni Orgon, ni Mme Pernelle. On ne peut être que Voltaire ou Stendhal. Avec ce regard on se voit « anguille ». Quelle souplesse ! pour glisser entre les pattes des argousins, pour échapper aux théories, aux systèmes, aux idées toutes faites, aux tyrannies, même au prix de quelque... viscosité parfois. L'essentiel est de n'être retenu par rien, sauf par le plaisir. On se sait agile, fuyant, vif-argent, et non sans grâce — celle du « lézard » frileux, furtif, net et preste. Un bruit ? On fuit. Ni vu, ni connu, dans un trou de pierres, par exemple à Saint-Ange, à Sceaux, à Sully, à La Haye... Mgr le régent lui offrira bientôt un trou de pierres à la Bastille. Et il en connaîtra bien d'autres, le cher Lézard. Il se voit aussi « Ecureuil » pour finir : aimable petit seigneur en robe fourrée, si fin, si propre, si actif. Il grignote les bibliothèques, il engrange sans répit. Il semble faire un numéro de voltige du chêne à l'ormeau : il cueille mille fruits précieux. Il sautille de branche en branche, de salons en châteaux, de la duchesse du Maine au prieur de Vendôme, de l'étude de notaire à l'ambassade, saute sur une branche pourrie et tombe dans un cachot de la Bastille. Mais partout il trouve sa provende : des idées, des amitiés, des livres, des caractères — et de l'argent aussi. Ainsi, il va se constituer un prodigieux capital. La vie est longue... La gloire ne s'acquiert pas comme une charge ; la gloire s'acquiert par le travail — et la fortune également. Une tête bien faite peut aussi être une tête bien pleine. Notre Ecureuil est infatigable ; il se ménage, en sautillant, des protecteurs dans les grandes familles, des bibliothèques dans les châteaux, des lettres de change dans toutes les capitales et un incomparable réseau d'amitiés internationales. Il est si habile, si actif, qu'il est parfois un peu inquiétant, mais pour qui l'a connu, il est inoubliable. Il est sans pareil.

François berne le commissaire.

Nous l'avons laissé, le matin de Pentecôte, 16 mai 1716, roulant en « carrosse clos » — « le panier à salade » — vers la Bastille, en compagnie du commissaire Isabeau. François était fou de rage — silencieuse. Mais sans le savoir, il tenait déjà sa vengeance. Ce commissaire, à en juger par ses fidèles, sages et minutieux rapports, semble être un homme d'un sérieux imperturbable. Sa conscience professionnelle le conduisit, en l'occurrence, dans les sentiers les plus nauséeux. Une pointe d'humour lui aurait peut-être évité sa mésaventure. Mais il ne connaissait pas Arouet, il l'avait pris pour un de ces aboyeurs vulgaires et il n'était pas sur ses gardes. Il avait pour mission de se saisir non seulement du poète mais de tous les papiers qui se trouvaient chez lui. Or, il n'en trouva que très peu. Il fut persuadé qu'Arouet les avait cachés ou détruits.

— *Où sont vos papiers ?* interrogea-t-il.

— *Ils sont tous sur ma table,* répondit François hargneux.

— *Je n'en crois rien, vous en avez d'autres. Où les cachez-vous ? Epargnez-moi la peine de briser les serrures, où sont-ils ?*

Une idée diabolique vint alors à François : « *Dans les cabinets* », jeta-t-il.

M. Isabeau resta perplexe. Il fit un rapport à son supérieur pour lui expliquer la disparition des papiers. Que faire ? demanda-t-il. L'Intendant de Police répondit sèchement : « *Cherchez-les où ils sont* »

M. Isabeau obéit. Ce n'était pas si facile. Il faut savoir qu'au XVIIIe siècle toutes choses étaient réglées — non par des décrets, des arrêtés, des commissions, mais par des usages et des coutumes qui avaient force de loi. Ainsi, à Paris, chaque rue, chaque pâté de maisons, avait un — ou plutôt une préposée, car c'était un privilège de dames — avait donc une préposée aux fosses d'aisance. Nul ne pouvait modifier, réparer, vidanger ces lieux sans son avis et son commandement. Les gens du petit peuple avaient décoré cette digne personne du titre de « Mme l'Intendante merdière. » Le commissaire Isabeau en référa donc à Mme l'Intendante de ces lieux afin qu'elle vînt seconder le flair des policiers dans la délicate recherche des papiers de M. Arouet. Après une première et vaine investigation, Isabeau écrit à son chef : « *la maîtresse vidangeuse n'a trouvé aucun papier, la fosse étant pleine et surnagée d'eau* ». Il explique que l'experte matrone avait fait descendre une chandelle attachée à un fil dans le conduit. En se penchant de très près sur la lunette, elle put découvrir que *le conduit était fort net de tout papier* ce dont, lui, commissaire Isabeau, se portait garant. Ce rapport est un petit chef-d'œuvre de conscience professionnelle. Avec une persévérance digne d'un meilleur objet, Isabeau continuait : « *Ces lettres auraient dû se trouver sur l'eau qui surmonte la matière grossière. Néanmoins, si vous jugez, Monsieur, qu'il soit à propos d'y faire rechercher, j'estime que cela ne se pourra faire sans vider entièrement les latrines.*

Commissaire Isabeau. 21 mai 1717.

Et son chef impitoyable répondit : « Cherchez jusqu'au bout ! » Voilà quels travaux les poètes bavards imposent aux puissants du jour et voilà sur quels papiers repose la tranquillité sociale ! Commissaire Isabeau et dame Vidangeuse allèrent au bout. Ils y allèrent si sottement, semble-t-il, qu'ils crevèrent la fosse située dans la cave. C'est alors qu'entre en scène la propriétaire de l'immeuble avec ses plaintes, ses requêtes, ses procès : Incommodée à mourir par la puanteur, elle déplorait en outre que les gens du roi eussent causé la perte de je ne sais combien de bouteilles de bière et de vin qu'elle venait justement de faire entrer à grands frais. Elle fit au roi un procès qu'elle gagna. Sa Majesté fut obligée de rembourser les dégâts causés par un malheureux coup de pioche dans les latrines du sieur Arouet qui ne contenaient rien — que ce que la Police ne cherchait pas.

Isabeau comprit alors qu'Arouet s'était joué de lui et il en informa son chef. Dans le style qui lui est propre, il dit que le perfide poète lui avait donné de fausses indications poussé par *l'âcreté de son esprit pour donner des mouvements inutiles.* C'est la seule expression que nous ayons de la déconvenue de ce bon M. Isabeau.

Mais cette déception ne put qu'être imaginée par François — L'a-t-elle consolé des peines de son incarcération ? Pendant qu'Isabeau pataugeait, Arouet était dépouillé de tout dès son arrivée à la Bastille. Voici l'inventaire de ses poches : *Il avait six louis d'or de trente livres pièce, quatre pièces de cinquante sols, deux pièces de vingt-cinq sols, une pièce de dix sols marqués, trois liards, une « lorniette » (sic), une paire de cizeaux, une clèfe, une tablette et quelques papiers.*

Le tout scellé et confié au greffe de la Bastille.

Il souffrit beaucoup de son dénuement — surtout en objets de toilette. Il appela au secours et se fit apporter : « deux mouchoirs d'indienne, un pour la tête, un pour le cou ; un petit bonnet, deux cravates, une coiffe de nuit et de l'essence de « giroufle ». Et autres pommades et ingrédients dont il s'oignait. Mais il n'oublia pas de s'oindre également l'esprit, et parmi les colifichets on trouve un Homère et un Virgile — qu'il appelle ses « Dieux domestiques ».

Et comme toujours sa suprême ressource, c'est le travail. C'est la « panacée ». Il surmonte la maladie, l'échec, la haine, l'exil avec du papier, une plume, des livres... et sa liberté d'esprit, même en prison. Et c'est cela qui est miraculeux ; dès qu'il se trouve seul devant son papier, il oublie son désespoir. Il rebondit, il crée. Cette puissance de travail est insoupçonnable chez un homme frêle, agité, frivole qui a l'air de se disperser et qui est exactement le contraire de ce qu'il paraît : il est dur, tenace, concentré, entêté même, d'une volonté et d'un sérieux pontifical — quand il travaille. Voilà le vieux fond d'Arouet, renié par lui ou plutôt dissimulé : les forces de ce frêle ambitieux nul ne les soupçonne encore. Il les enveloppait d'une facilité mondaine qui trompait tout le monde — et lui aussi, en sa jeunesse. Mais dans son cachot de la Bastille, seul en face de son désespoir il découvrit... l'espoir d'une œuvre neuve — c'est-à-dire le meilleur de la vie. Il écrivait dans les marges et les interlignes des rares livres qu'on lui passait, le début de son poème épique : *La Ligue,* qui serait publié sous le titre de *La Henriade,* que l'Europe entière lirait. On avait été dur pour le poète : on lui avait supprimé les plumes et le papier. Il était puni par où il avait péché. Il écrivit donc son immense poème au crayon dans les marges de ses livres. Il le composait, dit-il, en dormant et l'écrivait éveillé. Si ce n'est pas vrai, le menteur s'appelle le président Hénault qui dit le tenir d'Arouet lui-même.

A Paris, on ne l'oubliait pas mais c'était pour dire du mal de lui ; n'était-ce pas la meilleure preuve de sa célébrité naissante ? On répétait à l'envi qu'il ne reverrait pas la lumière du jour, que la haine du régent était telle qu'on l'avait jeté dans un cul-de-basse-fosse et qu'il y pourrirait sous peu. D'autres, les plus tendres, affirmaient qu'il allait être transféré dans une forteresse lointaine — pour la vie, cela va de soi. Enfin, chacun avec plus ou moins de férocité et d'hypocrisie l'enterrait. Preuve qu'il gênait déjà. Sur ce, le 11 avril 1718, comme un lézard sort à l'improviste de son trou de muraille, François Arouet parut au premier rayon de soleil. Sa détention avait duré onze mois.

Il y a des usages et on doit les respecter. Les personnes que le roi avait hébergées à la Bastille ne rentraient pas immédiatement dans la vie publique. Une transition de bienséance était ménagée : les anciens pensionnaires de Sa Majesté étaient tenus à observer un petit temps d'exil. François fit sa quarantaine à Châtenay dans la confortable maison de campagne de son père. C'était presque Paris, ce n'était pas Nouméa — et pourtant François se plaint. Il écrit au régent, il écrit au ministre pour se disculper : « *Il n'y a pas un seul homme en France qui puisse prouver que j'ai fait cette abominable inscription.* » Il l'a avouée devant témoins, l'a-t-il oublié ? Son dossier n'est pas perdu. Il écrit au lieutenant de police qu'il n'a jamais dit que du bien du régent et de la Cour. L'autre avait les rapports sous les yeux, il devait bien rire. « *Si Mgr le régent n'avait été qu'un simple particulier je l'aurais voulu pour premier ami !* » écrit-il. On ne lui demandait pas de faire « l'anguille » on lui demandait de se taire — c'est-à-dire l'impossible. Et il suppliait qu'on fasse cesser l'exil de Châtenay : « *Vous concevez bien que c'est le supplice d'un homme qui voit Paris de sa maison de campagne et qui n'a pas la liberté d'entrer.* » Il demande peu : trois jours de Paris seulement — juste le temps de promener son panache d'écureuil.

Le bon usage de la liberté : le succès.

Il n'est pas si malheureux qu'il le dit : un bon ange intercède pour lui et obtient non pas trois jours mais huit. Ce bon ange est le baron de Breteuil. Les Breteuil seront de bons génies pour François. C'étaient des gens d'esprit, généreux, appartenant à cette élite éclairée de la société et qui est à la fois son honneur et son ornement. Ce baron de Breteuil fera quelques années plus tard un présent prodigieux à Voltaire : il lui donnera sa fille, Gabrielle, marquise du Châtelet. Le baron de Breteuil ne l'aura pas fait exprès, mais on ne fait jamais les miracles en pleine conscience. Cette Gabrielle de Breteuil donnera dix-huit ans de bonheur à Voltaire ; en attendant, le père donne huit jours de permission à François Arouet.

Il se rue vers Paris... ce n'est pas suffisant ! Il obtient, toujours grâce à M. de Breteuil, un mois entier : juillet 1718, puis encore un mois, août — enfin en septembre : permission illimitée — mais toujours révocable. Il obtiendra la liberté définitive le 1er avril 1719. C'est-à-dire un an après son élargissement. Avouons que l'on savait graduer avec art : la prison, l'exil à temps, la permission de huit jours — celle d'un mois, la permission illimitée... enfin la liberté totale. François Arouet ne saurait se plaindre d'avoir été négligé par les bureaux : il était l'objet d'une attention très vigilante.

Ces voyages à Paris n'étaient pas voués à la dissipation ; s'il se dissipe, c'est pour servir son ambition. Il sait manier la louange à ravir mais celle qu'il réussit le mieux, c'est la sienne. Il pourrait être insupportable comme le sont les gens de cette sorte, — mais lui sait être, non seulement supportable, mais séduisant, dans ses exercices de fatuité littéraire. C'est ainsi qu'il parvient à imposer *Œdipe*. Le public des salons — celui qui fait le succès — était favorable à sa tragédie — mais il avait contre lui les Comédiens. Ceux-ci voulaient des modifications profondes, radicales. Au nom de l'art ? Pas du tout : au nom du public. Ils estimaient mieux savoir que le public lui-même, ce que le public désirait. Le sujet effroyable d'*Œdipe*, emprunté à Sophocle, paraissait peu aimable aux Comédiens. Comme s'il avait à être aimable ! Mais les messieurs et les dames de la Comédie avaient décidé de le rendre aimable afin d'être à la mode. Il fallait donc donner à *Œdipe* le style Régence... du pied-de-biche, du ruban, de la cambrure, de la poudre et des mouches ! Jocaste en dame de Watteau ! On voulait de la galanterie avant, pendant et après l'abominable inceste, car les dames comédiennes tenaient à minauder et les hommes à faire les galantins. Arouet qui avait tiré — presque textuellement ! une scène de la tragédie même de Sophocle, fut adjuré de l'enlever : elle était intolérable aux Comédiens. « Tout à fait insipide », disaient-ils du texte de Sophocle.

Comme François voulait être joué à tout prix et comme il était jeune, il affadit sa pièce tant qu'il put pour la rendre supportable à ces pécores. Finalement, et bien à contrecœur, les comédiens consentirent à jouer *Œdipe*. La première représentation eut lieu le 18 novembre 1718 ; François était encore en liberté surveillée. Bien entendu, la scène la plus applaudie fut celle qu'il avait empruntée à Sophocle et qui paraissait injouable aux comédiens. Ce fut un succès. Mais un succès de scandale. Qui aurait pu le supposer ? Mais Arouet est sous le coup d'une fatalité, celle du scandale. Le public voulut voir dans certaines tirades des allusions au vieux roi défunt dont la mort avait été une réjouissance publique. Trois ans après Louis XIV était encore haï.

Tant qu'ils sont sur la terre on respecte leurs lois
On porte jusqu'aux cieux leur justice suprême
Adorés de leur peuple ils sont des dieux eux-mêmes
Mais après leurs trépas que sont-ils à nos yeux ?
Vous éteignez l'encens que vous brûlez pour eux...

Cela électrisait le public. Dès qu'on eut découvert l'allusion on en chercha d'autres : on en trouvait même où il n'y en avait pas. Il n'est pas certain que la tirade incriminée vise le roi mort. Mais certains vers blessaient la royauté. Le fils du roi dit :

Qu'eussé-je été sans lui ? Rien, que le fils d'un roi.

Il y avait déjà dans le public un pressentiment, un vague aperçu qu'on ne croirait pas éternellement à la grandeur des Rois, ni au droit sacré de leurs fils. Des vers comme celui-ci donnaient une forme — et une existence — à ce qui n'était que pressenti et informulé. Dès lors, le pressentiment devient sentiment puis idée, et enfin théorie avant de passer dans les faits en 1789.

Nos prêtres ne sont pas ce qu'un vain peuple pense
Notre crédulité fait toute leur science.

Ce coup de trompette anticlérical qui éclata soudain au Théâtre Français et retentit à travers tout Paris, déchira les airs et souleva des tempêtes qui ne s'apaisèrent plus jamais. Voilà quelque chose de nouveau, d'insolite dans une tragédie si conforme aux règles, si classique, si racinienne de ton. Ces vers explosèrent sous les autels, comme un pétard de dynamite. Un de ses ennemis, le Père Nonnotte, jésuite, trouvait « un enthousiasme infernal » dans cette tragédie, il estime qu'Arouet *présente en vers pompeux les plus noires horreurs contre les ministres des autels.* Et voilà la guerre allumée, celle de l'anticléricalisme militant : est-elle éteinte ?

Le jeune Arouet portait la foudre en sautillant : le soir de la première, il ne put s'empêcher de monter sur la scène ; il exulte, au milieu de la représentation : il fait le pitre. Il se met à porter, en bouffonnant, la queue de la robe du Grand Prêtre. La salle rit. Dans une tragédie, c'est peu indiqué. Il aurait voulu torpiller la représentation qu'il n'eût pas trouvé mieux. C'est justement ce que crut la maréchale de Villars qui était dans la salle et qui demanda quel était ce plaisantin. On lui dit que c'était Arouet. l'auteur. Cela l'amusa beaucoup, elle voulut le connaître : ils se plurent infiniment et ils résolurent de ne plus se séparer. C'était aller vite ! mais ils n'allèrent pas très loin.

Pendant la représentation, le père de François ne tenait pas en place, et caché au fond d'une loge, grommelait entre ses dents : « *Ah ! le coquin ! Ah ! le coquin !* » C'est J.-J. Rousseau ou bien son disciple Bernardin de Saint-Pierre qui raconte le fait. Qui le leur a rapporté ? S'il n'est pas vrai, il pourrait l'être car M. Arouet fut partagé entre l'admiration et la crainte — et aussi le dépit, de voir son fils définitivement perdu pour le notariat.

Le prince de Conti lui écrivit un compliment en vers, où il disait qu'Œdipe-Arouet : « *Fit croire, des Enfers, Racine revenu.* » Rien ne pouvait être plus flatteur pour lui que d'être comparé à son dieu : Racine. Avec une familiarité ahurissante, il répond au prince comme à un camarade : « *Monseigneur, vous serez un grand poète et je vous ferai donner une pension par le roi.* »

La plaisanterie fut bien accueillie, mais le jeu est téméraire : en jouant avec le feu, le plus malin se brûle. François se brûlera... Mais qu'y faire ? Etre prudent ? C'est manquer de liberté. Or, il n'y a d'esprit que dans la liberté — et souvent même dans l'impertinence. Si l'on rogne les ailes à la Colombe du Saint-Esprit : elle devient un pigeon domestique. Bon pour la casserole. Les colombes du Saint-Esprit planent dans l'azur sans frontières — mais non sans danger.

La pièce eut quarante-cinq représentations, ce qui est un succès prodigieux pour l'époque. Des brochures parurent et pour et contre. Les salons bourdonnaient de louanges et d'imprécations. C'était parfait. Même à la lecture, la pièce imprimée, connut le même succès. Jean-Baptiste Rousseau, le poète, qui habitait Vienne à cette époque, écrivit pour le remercier de l'envoi de son livre : « *Il y a longtemps que je vous regarde comme un homme destiné à faire un jour la gloire de son siècle et j'ai la satisfaction de voir que toutes les personnes qui me font l'honneur de m'écouter en ont fait le même jugement que moi.* »

Ce Rousseau n'est pas encore le rival, l'ennemi. Il est sincère : il a écrit la même phrase à plusieurs personnes. A Vienne, l'Impératrice et la Cour sont ravies par la lecture d'*Œdipe*. J.-B. Rousseau ajoutait : « *J'espère que nous nous verrons à Bruxelles et que nous aurons le loisir de nous entretenir de plusieurs choses qui seraient trop longues à écrire.* »

Bien sûr, Arouet ira à Bruxelles — et nous verrons comment les deux poètes, au lieu de s'entretenir de « plusieurs choses », auraient mieux fait de se taire et de vivre à cent lieues. Mais pour jouir de leur rencontre, nous serons aussi au rendez-vous.

Bonnes fréquentations — et autres.

Dans le Paris turbulent de la Régence grouillait une société cosmopolite assez pittoresque et assez inquiétante : c'est déjà un des traits du Paris moderne — du Paris européen. Arouet se lia avec un certain baron Gœtz, soi-disant envoyé du roi de Suède, Charles XII. Cet ambassadeur débordait de projets mirobolants, il bouleversait la carte de l'Europe, il détrônait tel roi, lui ôtait telle province, la donnait à tel autre et ruinait tel port. Il choisit pour confident de sa ténébreuse politique ce François Arouet, ce génial étourneau qui écoute, subjugué, ces machinations de l'histoire et qui, à travers cet hurluberlu, entre dans la vie d'un roi tel qu'on n'en avait jamais vu : Charles XII. Il devient tellement familier de la maison du baron que le bruit court dans Paris qu'Arouet va être enlevé à la France par le roi de Suède qui veut se l'attacher. J.-B. Rousseau piqué de jalousie, répond — et il a raison — que Charles XII n'entend pas un mot de français, ignore tout de la poésie. « *Un poète ne ferait pas jolie figure à une pareille cour* », écrit-il. Or, Arouet veut toujours et partout faire jolie figure. On ne l'enlèvera donc pas pour la Suède. Mais tout en jouant les confidents — et le favori éventuel d'un roi à moitié mythique, il compose déjà l'Histoire de ce prince du Nord, il s'enrichit de mille anecdotes, il campe un héros bien réel et bien vivant, bref, il conçoit un autre chef-d'œuvre qui viendra au jour plus tard : *l'Histoire de Charles XII*. Il a l'air de perdre son temps, notre écureuil, on croit qu'il danse : il travaille.

Nous savons qu'il ne lui déplaît pas de sauter sur des branches pourries. Déjà le baron Goertz n'était pas très sain, mais son second perchoir, le baron Hogguers, autrichien ou suisse — on ne sait trop, est franchement véreux. Brouillon, chimérique, encombré de mille connaissances politiques, déballant les secrets d'Etat, les secrets des alcôves royales, des cassettes privées et des Trésors publics, bref, comme l'autre, mi-diplomate, mi-aventurier, mais opulent, à la façon de ces gens-là, c'est-à-dire fastueux en frôlant la ruine, il était plein de savoir sans discernement, plein d'idées mais surtout folles. Avec ces créatures, il y a peut-être beaucoup à apprendre, mais à condition de ne les imiter en rien. Ce baron interlope habitait un domaine somptueux à Châtillon, son hospitalité était des plus larges — la société était nombreuse ; il n'avait ni le temps, ni le goût de choisir. Le parasite pullulait. J.-B. Rousseau nous raconte que Crébillon se faisait habiller par le Suisse. L'envie rend le poète moins charitable que l'aventurier :

Quel brillant habit Crébillon !
Flatteur gage d'un riche Suisse
Sans ces présents un vieux haillon
Couvrirait à peine ta cuisse.

C'est en pensant à ce milieu que François Arouet trouva l'inspiration de son poème *Le Bourbier.* Le titre suffit. Dans ces eaux troubles notre héros frétillait cependant. Les confidences des aventuriers couverts de diamants et de dentelles l'enchantaient. Il se sentait flatté d'avoir leur confiance. Comme il craint toujours que son titre de poète ne soit trop léger, il se sent ravi d'être pris au sérieux par ces gens sans scrupule mais pleins d'astuce. C'est un besoin de François Arouet d'être remarqué, d'être important, d'être sous le feu du projecteur. Il n'est pas dupe de ceux dont il recherche la considération, il est trop fin et trop peu naïf pour nourrir quelques illusions sur *Le Bourbier.* Mais quand l'opulent mécène le prend en aparté : « *Je ne le dis qu'à vous, Sa Majesté Impériale et Royale est à un cheveu de la banqueroute... alors, voici...* » Arouet est transporté, ivre de vanité. Il se voit ministre occulte des grandes affaires de l'Europe. Et ce n'est pas une vaine rêverie. Cette contradiction apparente entre l'Arouet lucide et l'Arouet aveuglé par la vanité et l'ambition, lui fera faire du chemin et cueillir bien des épines. Il succombera toujours à la tentation d'être ou de paraître « quelqu'un ».

N'empêche que la police dont les rapports nous renseignent sur les fréquentations du jeune Arouet ne voit pas d'un bon œil ces engouements. Le régent connaissait ces amitiés pour des personnages que le gouvernement ne tolérait qu'avec répugnance et qu'il eût volontiers expulsés.

Bien sûr, François joue, nous le savons, mais le jeu est dangereux.

De son malheureux séjour à la Bastille, il trouva le moyen de se faire un privilège. C'est un courtisan-né, mais il est trop capricieux pour réussir tout à fait, trop libre aussi. Pourtant, quand il veut s'en donner la peine, il est irrésistible. Il fait présenter au duc d'Orléans un poème : *La Bastille* — nulle trace d'amertume, ni de rancœur : tout est enrubanné, poudré, frisé. Le régent ne trouve pas mauvais qu'on lui amène Arouet. Celui-ci ne se fait pas prier — et il répond au régent qui le remerciait du poème sur le séjour qu'on lui avait offert à la Bastille :

— *Monseigneur, je trouverais fort bien si Sa Majesté voulait désormais se charger de ma nourriture, mais je supplie Votre Altesse de ne plus se charger de mon logement.*

La grâce et la vivacité du tour, encore une fois, fait oublier l'impertinence, ou du moins la familiarité de la riposte. L'allusion à la nourriture n'est pas fortuite : il s'agissait d'une pension que le régent lui fit attribuer pour *Œdipe*. Ainsi, la vie allait du chaud au froid : une fois en prison, une fois pensionné ; comment se sentir abandonné ? On avait l'œil sur lui : pour lors on le caressait. La pension récompensait peut-être moins ses mérites de poète qu'elle ne l'engageait, avec cette force persuasive des louis d'or, à s'assagir, à rechercher la protection et les récompenses de la Cour qui ne demandait qu'à accueillir un poète si bien fait pour elle, et à laquelle un bon sujet, même doué du plus grand esprit, devait d'abord chercher à plaire. Comment Arouet n'aurait-il pas compris ce langage, cette musique ? S'il n'a pas compris, c'est parce qu'il n'a pas voulu comprendre.

Pourtant le régent lui témoigna encore sa bienveillance. Il lui fit cadeau d'une large médaille d'or pour marquer le succès d'*Œdipe* et il lui fit offrir également la chaîne pour la pendre à son cou. L'orfèvre qui devait la fabriquer se rendit chez Arouet pour lui demander quelle sorte de chaîne il désirait. « *Une chaîne de puits* », répondit l'insolent.

Mais, il voulait un grand nom pour y attacher la dédicace d'*Œdipe*. Il envoya un peu partout auprès des rois et des princes demander qu'on voulût bien accepter cette dédicace. Le régent ne répondit pas. Pourquoi ? Mais parce qu'il y a dans *Œdipe* une histoire d'inceste qui lui rappelait fâcheusement ce qu'Arouet racontait dans ses libelles. Arouet reporta sa dédicace sur la duchesse douairière d'Orléans. Sans succès. Puis il l'adressa au roi d'Angleterre, puis au duc de Lorraine à qui il offrait ainsi « *Les premiers fruits de son talent.* »

C'est aux dieux qu'on les doit et vous êtes le mien.

Pas de succès. Peut-être savaient-ils le cas qu'Arouet faisait des dieux — et des rois — et se souciaient-ils peu de recevoir cet encens empoisonné qui avait cependant le parfum le plus délicat de Paris.

La dédicace était signée : Arouet de Voltaire. C'est la première fois que le nom est imprimé. Pourquoi en 1719 ? Voici ce qu'il écrit à une actrice, Mlle Dunoyer : « *Ne t'étonne pas, ma chère, de ce changement de nom, j'ai été si malheureux avec l'autre que je veux voir si celui-ci m'apportera le bonheur.* »

Le voilà superstitieux ! « Arouet » porte-malheur et « Voltaire » porte-bonheur. Ne le prenons pas au mot, il estime ailleurs, et avec plus de raison peut-être, qu'ayant offensé beaucoup de gens avec des vers signés ou attribués à Arouet, il se lave des soupçons en changeant de nom. Ce n'était pas de nom qu'il fallait changer, c'est de génie. Voltaire est un Arouet qui ne fera que croître et embellir en génie et en virulence pendant encore soixante ans. Son nom deviendra le plus admiré et le plus haï de son siècle — et même du suivant. Il change de nom sans changer d'esprit, ni d'âme, ni de conduite. Il change... parce qu'il aime changer, même de domicile, il change par caprice, par dépit, par comédie, par palinodie ; il change pour entrer en scène. Le personnage qu'il va jouer ne saurait s'appeler que Voltaire, Arouet est anéanti, effacé de l'affiche, il n'existera plus que sur les grimoires du curé de Saint-André-des-Arcs. Notre héros s'est donné un nom, il s'est choisi un personnage et un rôle, il va composer la pièce. Le décor était fourni : l'Europe du XVIIIe siècle — l'Europe des Cours — et les comparses également : la fleur de la civilisation aux Temps des Lumières. Voltaire est donc né en 1719, dans la dédicace d'*Œdipe*.

Il faut bien vivre...

Dans les années 1720, 1721, 1722, on voit s'affirmer un nouvel appétit de notre poète : celui de l'argent. Il s'est rendu familier dans des milieux très différents — mais tous riches. Ayant un talent et un besoin inné de s'entremettre, il s'occupe d'affaires — du moins de celles des autres. Il sert d'intermédiaire entre les financiers et les gens du monde, entre les trafiquants et les gens en place. Cet argent qui allait et venait sous son nez lui laissait quelques profits. Le régent lui-même est mêlé à ce jeu et y est mêlé par Voltaire depuis que le poète est rentré en grâce avec sa pension et sa médaille — avec sa chaîne. Il écrit de façon sibylline à son amie la présidente de Bernières : « *Messieurs des Gabelles peuvent bien retarder leur affaire de quelques jours. La personne que vous savez* (probablement Richelieu) *a la parole réitérée de Mgr le régent pour la plus grande affaire...* »

Il ne fut cependant jamais des amis intimes du régent, à cette époque c'eût été possible, mais il ne semble pas qu'il ait essayé. Un soir, il le rencontra à l'Opéra et ils parlèrent de Rabelais ; le régent l'admirait et fit un grand éloge de *Gargantua ;* or, Voltaire, dans sa jeunesse le trouvait grossier et barbare : le régent lui déplut beaucoup avec son enthousiasme. Plus tard, Voltaire changea d'avis ; à grands coups de ciseaux, il se fit une sorte de « digest » de Rabelais pour son usage intime : il ne restait qu'une centaine de pages de l'œuvre de Rabelais. Mais c'étaient les meilleures. L'argent ne suffisait pas à l'appétit du jeune Arouet. Il aspire à une haute charge : il veut remplir une fonction et avoir des titres. Nous voyons passer le bout de l'oreille de l'ambitieux au détour d'un chemin tortueux que Voltaire empruntera souvent, par exemple lors de son séjour en Angleterre. On s'engage d'abord dans un éloge de l'Angleterre. Fort bien. Cela nous mène où ? A Londres ? Pas du tout. A Paris, cela nous amène à considérer la situation faite en sa patrie à M. de Voltaire.

Et pour en venir où ?... Pour faire entendre aux gens en place que M. de Voltaire veut bien être poète, mais qu'il voudrait être quelque chose de plus. C'est ici que le sang Arouet se réveille : il veut une grande fonction, une charge ; un titre. Tout son talent ne consiste pas seulement à faire des vers, il est capable par son entregent, sa ténacité, sa facilité et son imagination de traiter les grandes affaires de l'Etat. Il a offert son génie aux muses et elles lui ont souri. Il l'offre maintenant au premier ministre qui ne se déride pas.

Il habite toujours rue Calandre, là où on l'avait arrêté. Son père a suspendu sa pension. Il a bien touché les deux mille livres de Ninon. Qu'en a-t-il fait ? Il a acheté peu de livres, c'est sûr. Il dînait en ville, il louait des fiacres, ses vêtements étaient très soignés. Il dépensait relativement beaucoup ; ses amis grands seigneurs lui coûtaient cher, car il n'était pas leur parasite, et pour les suivre — même dans leurs châteaux — il fallait mener un train de vie assez coûteux. Cette époque de la Régence avait l'argent facile — du moins dans le milieu que fréquentait Voltaire et, tout jeune, l'héritier des Arouet a eu le sens de l'argent. Sur la manipulation des effets bancaires et la spéculation, à quinze ans, il savait l'essentiel. N'a-t-il pas, à treize ans, souscrit des billets chez un usurier ? Se représente-t-on un enfant de treize ans gravissant l'escalier visqueux d'un affreux grippe-sou et souscrivant des traites à valoir sur l'héritage de son père ? Sur quel prêteur était-il tombé ? Nous l'apprendrons un jour...

Mais cela formait le jeune Arouet dans l'art de se constituer un portefeuille. Disons tout de suite qu'il était très doué et son entourage n'était pas pour le décourager. Les grands seigneurs, les hommes de finances qu'il fréquentait lui donnèrent toutes facilités pour s'exercer. Les mœurs financières de la Régence étaient déplorables — pour l'Etat — et paradisiaques pour les spéculateurs, traitants, trafiquants, maltôtiers de basse et haute condition. Les excès furent tels que le régent institua une « Chambre de Justice » qui siégeait au couvent des Grands-Augustins : elle enquêta et sévit contre les trafiquants dont la fortune scandaleuse s'étalait ; quatre mille quatre cents familles furent taxées — et ruinées par la confiscation de leurs biens. Mais sur cent soixante millions de livres ainsi confisquées le trésor royal ne récupéra que soixante-dix millions ! La haute finance et le commerce furent désorganisés sans profit ni pour l'Etat, ni pour le peuple car les affaires furent paralysées. Pourquoi ? Parce qu'entre la Cour de Justice et les biens confisqués de nouveaux « fonctionnaires » s'étaient interposés : ils opéraient un filtrage des capitaux qui en retenait la meilleure part dans leur filtre de paperasses — c'est-à-dire dans leur poche. Le mécanisme, on le voit, était déjà très moderne.

A ces scandales d'Etat, les scandales privés s'ajoutaient. On en citerait des douzaines. Un seul, bien connu de Voltaire nous donnera le ton de cette société. Le marquis de La Fare fort démuni tout en étant fort prodigue épousa une demoiselle Paparel. Papa Paparel était un traitant, autrement dit, il avait l'entreprise des fournitures et de l'entretien d'une armée. Quelle entreprise ! Il était trésorier de la gendarmerie royale. Paparel passe devant la Chambre de Justice. Mais avant d'être condamné, comme il s'y attendait, il fit mettre tous ses biens au nom de son cher gendre qui, en bon voleur, les traita comme des biens volés il les garda. Pour parfaire cette bonne action : il laissa Paparel mourir de misère. Peu d'importance, car la Chambre l'avait condamné à mort, mais le voyant mourir de faim grâce à son gendre, elle jugea qu'il n'était pas utile de lui appliquer la sentence. Un trait moral pour finir : le gendre, La Fare, mourut ruiné — mais pas seul, il laissait cinq cent mille livres de dettes après avoir dilapidé quatre millions de livres du papa Paparel ! (Quatre milliards ! Quelle entreprise !)

C'est en pensant à ces comptes étranges des financiers de la Régence que Voltaire écrivit Zadig où il dit que la justice, en matières de finances, n'est que caprices. « *On aurait, en Perse, empalé soixante-trois seigneurs.* » (A Paris, on en jugea quatre mille quatre cents, c'est sans doute parce que Paris est plus peuplé qu'Ispahan, mais on aurait trouvé aussi aisément quatre mille quatre cents pals que quatre mille quatre cents financiers véreux.) Voilà, dit le Persan, ce qu'il fallait faire. Mais Zadig poursuit : « *En d'autres pays* (lisez le nôtre, cher Paris) *on eût fait une Cour de Justice qui eût consommé en frais le triple de l'argent volé et qui n'eût rien remis dans les coffres du souverain.* »

On croit rêver, on croit retrouver non pas les scandales du XVIIIe siècle mais ceux du nôtre. Voltaire sur ce chapitre — et sur bien d'autres — est très proche de nous. Il a tout de suite compris qu'une « mauvaise opinion » était plus dangereuse que la concussion et que la Bastille menaçait bien plus les impertinents que les voleurs. Il prit donc le parti des traitants. C'est dans les miettes de leurs trafics qu'il trouvait son argent de poche. Mais, ce serait mal le connaître que de croire que l'intérêt seul lui faisait prendre le parti des financiers ; c'est un sentiment bien plus original : il a horreur qu'on prive un homme de sa liberté. A ses yeux, c'est l'emprisonnement qui est le crime contre l'humanité et non le vol. Le voleur ne prive le volé que de son argent, c'est un mal accessoire. Mais jeter un homme en prison, c'est le mal capital. Un homme en cage est un homme déchu, c'est une infamie, même si l'homme est infâme. Vous n'êtes pas convaincu ? Voyez le Paparel. Paparel en prison, c'est une loque, un déchet d'humanité. Voyez-le en liberté : c'est un financier magnifique. N'est-ce pas admirable ? Moralité : laissez les voleurs s'ébattre en toute liberté. Mais entendons-nous bien : il ne s'agit que de grands voleurs, des artistes de la banqueroute, des prestidigitateurs de la concussion. Laissez-les s'épanouir, vous aurez de belles finances, un commerce actif, des mécènes, des salons et un opéra florissant. Que demander de mieux à une société bien faite ? Comme cette anguille glisse bien sur ces monceaux d'or !

Les messieurs de la Finance lui furent reconnaissants d'avoir été si bien compris, si bien défendus, car ces bons sentiments, Voltaire les exprime dans son *Ode à la Chambre de Justice.* Il se hérisse : vraiment, si l'on ne peut plus voler le roi, alors la France n'est plus la France, pays de franchise pour les banqueroutiers et les fraudeurs.

> *Et pour couronner l'entreprise* (le châtiment des voleurs)
> *On fait d'un pays de franchise*
> *Une immense et vaste prison.*

Voltaire ne se vanta pas trop, par la suite, de ce chef-d'œuvre de cynisme, que lui avaient demandé les frères Pâris — les célèbres financiers — ses très chers amis. C'étaient les Crésus de l'époque. Ils avaient été taxés un million et demi de livres — sans être incommodés. Pauvres gens ! et si probes ! Ce sont eux qui lui firent faire ses premiers pas dans la spéculation : il s'en trouva fort bien. On dit que les gens d'argent n'ont pas de cœur, c'est une calomnie ; ils savent au moins récompenser les bonnes manières, et celles de Voltaire, on le sait, sont excellentes. Elles furent excellemment récompensées.

Arouet et la duchesse.

Le maréchal duc de Villars habitait le château de Vaux. Depuis les splendeurs de Fouquet, ce château n'avait jamais cessé d'être le séjour radieux de la plus élégante société. Les dorures du maréchal n'en étaient pas le principal attrait, le charme de sa belle et spirituelle duchesse faisait le plein à chaque réception. Elle n'était pas de première jeunesse mais elle paraissait de la première fraîcheur. Le maréchal est ravi de cet afflux de visiteurs appartenant « à la plus grande compagnie », il en a plein le bec de sa plume, chaque fois qu'il écrit de son château — il oublie Vaux — il l'appelle Villars.

Depuis le triomphe d'*Œdipe,* Voltaire et la duchesse étaient inséparables. Villars, personnage très considérable, le vainqueur de Denain, leur donna sa martiale bénédiction, et félicita

Arouet de sa tragédie : « La Nation vous doit beaucoup d'obligation. » A quoi le jeune poète répondit au vieux vainqueur de l'Europe coalisée : « Elle m'en devrait bien davantage, monseigneur, si je savais écrire comme vous savez agir. »

A ces mots, le maréchal sentit reverdir tous ses lauriers. Il aimait les Lettres, non qu'il y entendît grand-chose, mais les gens de plume savaient emboucher la trompette de la Renommée ; or, depuis que le maréchal n'entendait plus le canon, il n'aimait rien tant qu'entendre claironner ses prouesses. Aussi, pour être en bonne compagnie, il se fit élire à l'Académie. L'assiduité n'était pas son fort. Il s'en excusa avec la plus parfaite courtoisie auprès de ses confrères et pour les convaincre qu'il souffrait encore plus qu'eux de ses absences, il les pria d'accepter un portrait de lui qu'on accrocha au milieu de la compagnie où, grâce à ce truchement, il était toujours présent — en peinture ! Certains académiciens furent jaloux ; il n'y avait que le portrait du cardinal de Richelieu, celui du roi et celui de Christine de Suède. On estima que le maréchal faisait — pour un absent — trop de volume. On vit bientôt arriver les portraits de Racine, de Corneille, de Bossuet, de Fénelon afin que le maréchal n'eût pas l'exclusivité... et depuis les portraits affluèrent.

Voltaire au moindre signe accourait : la maréchale l'enchantait. C'était une très grande dame, d'une élégance et d'un esprit incomparables. Le président Hénault dit qu'elle était « d'une figure admirable, grande, de bon air et du ton qui ne se prenait qu'à la Cour et qu'on reconnaît à celles qui y ont été ». Faisons confiance au président, c'est un connaisseur en bel esprit, en bonne table, en bonnes façons et en jolies femmes, d'ailleurs au mieux dans la maison du maréchal. C'est exactement le monde et la femme pour lesquels Voltaire se croyait irremplaçable, parce que ce monde et ce genre de femme l'étaient pour lui. Eh bien ! malgré son apprentissage au Temple, malgré ses bons maîtres La Fare et Chaulieu, Voltaire fut berné. Et de quel air ! de quel chic, dirions-nous, par une femme qui avait la grâce, l'esprit et le naturel d'une héroïne de Marivaux, c'est-à-dire la perfection de l'artifice et de la coquetterie. Le tout coloré d'une aimable affection pour ce jeune poète. Mais celui-ci voulait se persuader qu'on avait pour lui une tendresse plus profonde, que seule la pudeur retenait au bord de l'aveu. En réalité, elle n'était retenue que par l'indifférence la plus polie du monde. Et Voltaire qui croyait tout savoir des manèges de l'amour et des salons se laissa enchaîner par des sourires, des regards pleins de tendresse, des attentions exquises qui ne voulaient que flatter sa vanité bien connue et qui lui donnèrent de folles espérances. En réalité, on se riait gentiment de ses petites fatuités. Il s'était grisé trop vite : il n'obtint rien qu'une amitié flatteuse, un peu illusoire. Il voulait une passion ! Pourtant, ce qu'elle lui refusa, elle l'accorda presque sous son nez à un abbé galant — et qui avait eu bien des prédécesseurs et qui eut bien des successeurs. Cet abbé Vauréal, « mauvais prêtre et bel amant », dit-on, se partageait entre la maréchale de Villars et la comtesse de Guitaut. Pour avoir su bien choisir « *les autels où son cœur sacrifiait* » comme disait Tartuffe, l'abbé fut nommé évêque de Rennes. Belle revanche du clergé sur ce petit impie de Voltaire ! Le poète n'eut ni maréchale, ni évêché, mais il garda un souvenir ému « de petits soupers où l'on buvait très frais » que lui offrait sa belle duchesse. Excellent régime pour les cœurs échauffés.

Ce n'est pas à son cœur qu'on en voulait — les seules ardeurs de Voltaire qui pussent plaire à la duchesse étaient celles de son esprit : on adorait ses propos, ses manières, ses mines, son jeu, ses vers, ses lettres. On le relançait sans cesse — on lui faisait perdre beaucoup de temps. Il en souffrait. On attisait un feu dont les étincelles seules semblaient amusantes le temps d'un souper. Il en eut bientôt conscience. Or, quand Voltaire sent qu'il perd son temps : l'affaire est réglée. Il retourne au travail. Il n'accepta plus les invitations que de loin en loin. Il écrit à une amie :

« *On a su me déterrer de mon ermitage pour me prier d'aller à Villars, mais on ne m'y fera point perdre mon repos* (preuve qu'il l'y avait déjà perdu). *Je porte à présent un manteau de philosophie dont je ne me déferai pour rien au monde.* »

Oui, mais il a pris le manteau alors que l'averse était déjà tombée. Comme il souffre d'un bouton sur l'œil, il demande un remède pour se guérir et il précise : « *Ne croyez point que ce soit par coquetterie et que je veuille paraître à Villars avec un désagrément de moins. Mes yeux ne commencent à m'intéresser qu'autant que je m'en sers pour lire et écrire. Je ne crains plus même les yeux de personne...* »

Le voilà sage et insensible — il a donc craint les yeux de la maréchale — il a un peu souffert. Un peu. Il écrit quelques jours plus tard que son œil est guéri et son cœur aussi « *car soyez bien sûre que je suis guéri pour jamais du mal que vous craignez pour moi !* » (A vingt-quatre ans ! guéri de l'amour ? Il l'était peut-être de naissance.) « *Vous me faites sentir que l'amitié est d'un prix plus estimable mille fois que l'amour* (cela aussi est sincère, et il n'a besoin de personne pour l'apprendre, il l'a toujours su, Génonville et Mlle de Livry s'en sont aperçus). *Je trouve qu'il y a en moi du ridicule à aimer et j'en trouverais davantage encore dans celles qui m'aimeraient. Voilà qui est fait, j'y renonce pour la vie.* »

On pourrait croire que ce renoncement, bien prématuré, n'est que l'effet du dépit — il y a sans doute du dépit, et aussi autre chose. Il se voit tel qu'il est : il n'est pas fait pour la passion. Il aura d'autres amours, et de très belles réussites. Mais après une flambée rapide, naît une amitié pleine de tendresse. Nous le sentons déjà plein de défiance pour les passions éphémères : il est désormais fixé sur son pouvoir de séducteur. Il n'est pas le duc de Richelieu, son ami, le Don Juan du siècle (qu'il eût peut-être aimé être) il ne subjuguera pas ses maîtresses, il ne les fera pas courir échevelées après lui à travers les couloirs des châteaux, à travers les provinces et les états jusque sur les champs de bataille. Lui séduira les esprits, par son esprit ; il séduira les rois et les Cours de l'Europe et la fleur de la société.

Pour lors, en cette année 1719, il fait son bilan : il n'a pas perdu sa maréchale puisqu'il ne l'a jamais eue, mais il a perdu son temps. Il se le pardonne difficilement. Quant à elle, elle perd Voltaire, le jouet, l'attraction la plus merveilleuse qu'une grande dame puisse présenter à sa cour, alors qu'en perdant cette partie, Voltaire a finalement gagné : il s'est retrouvé. Cette aventure lui laissa néanmoins une sorte d'amertume. Mais il faut bien avouer que c'est moins le refus d'une maîtresse qui l'aigrit que le regret du livre qu'il aurait dû écrire.

Bruits de coulisses.

Nous avons connu Voltaire chez les aventuriers, chez les financiers, chez les duchesses. Ces gens-là n'ont rien de commun, semble-t-il. Si — tous habitent des châteaux, tous vivent dans un milieu somptueux, dans ce décor de la Régence qui est peut-être ce que la civilisation a le mieux réussi ; tous sont liés par un charme auquel Voltaire ne résiste pas : le luxe. Tout ce que la civilisation crée de beauté, de douceur de vivre, de raffinement dans l'esprit, les manières, le vêtement, ou ce que nous appelons le confort, tout cela c'est ce qu'il y a de plus naturel pour Voltaire. Il ne respire que sous les lambris, ne mange que dans la vaisselle plate ou la porcelaine de Saxe, n'a d'esprit que dans ses habits de soie et c'est pour les femmes endiamantées qu'il brille le plus spontanément : le luxe est son climat.

Il ne dédaigne pas les coulisses de la Comédie et les loges des comédiennes : là aussi il vit parmi des princesses de légendes, les décors sont de toile, mais ce sont des palais de rois et de Césars qu'ils représentent. Il respire l'air sublime de la tragédie racinienne tout en intriguant avec les comédiennes. Ces intrigues de coulisses ne l'absorbent pas trop. Il reste sublime par l'esprit mais il s'encanaille à plus basse altitude. Ces contrastes ne sont point pour le gêner, c'est nous qui sommes gênés pour lui quand nous découvrons ses étranges affaires.

Le succès d'*Œdipe* avait fait un grand homme du jeune auteur qui, l'année d'avant, acceptait de couper et d'affadir son texte pour plaire aux acteurs ; désormais, à la Comédie, il était chez lui. Il voulut, en souvenir des jours heureux, faire obtenir de beaux rôles à Mlle de Livry : il avait pardonné, on le sait. Mais la jolie Suzanne n'avait pas de talent : son premier rôle ne fut pas un succès. Elle pleurait beaucoup. Voltaire fit davantage pour elle, il lui confia le rôle de Jocaste ! C'était du courage, pour l'auteur. Il savait bien que Suzanne pouvait à peine jouer les ingénues dans un salon, et il lui confia ce rôle tragique écrasant : elle fut écrasée et la pièce faillit l'être avec elle. M. de Caumartin disait : « *Le succès de l'auteur* (Voltaire) *n'a point passé à celle qu'il honorait de sa couche.* » Elle fut affreusement sifflée, non seulement par le public, mais par ses camarades — notamment par un certain Poisson qui contrefaisait un petit accent que Suzanne avait rapporté de son village et qui ne s'acclimatait pas à la Comédie-Française. Pour cela aussi, elle pleurait beaucoup. Voltaire voulut défendre sa belle et « *notre petit ami en colère se lascha en propos* ». Ils devaient être cinglants et le Poisson se sentit cinglé. Le voilà en colère : il veut se battre. Voltaire s'y refuse : quoi ? un homme de sa condition, fils d'un notaire royal, contrôleur des Epices à la Chambre des Comptes ? Voilà qu'il se souvient fort à propos de sa naissance — il ne croiserait pas le fer avec un « bateleur ». Un Poisson bateleur ! Fi donc ! Cela mit le comble à la colère de l'acteur qui menaça Voltaire de lui donner des coups de bâton. Jusque-là le drame se jouait par personnes interposées, chacun des belligérants criait et menaçait en petit comité et les bonnes langues faisaient le reste. Voltaire au bruit de bâton avertit l'intendant de police et demande protection — ce qui ne l'empêche pas d'imaginer un petit stratagème qui étonnera peut-être, mais qui n'était pas si extraordinaire en 1719. Ce procédé, pour étrange qu'il paraisse, nous le verrons employé un peu plus tard non par Voltaire, mais contre lui. Il faut dire que cet acteur faisait partie, comme Voltaire, de la société du baron Hogguers — celui-ci était au mieux avec Poisson : ils se partageaient la même maîtresse. Voltaire fit dire à Poisson que le baron l'attendait d'urgence. Le Poisson méfiant flaire l'appât ; avant de sortir de chez lui il fait inspecter les encoignures et les porches. Que trouve-t-on ? Voltaire en manteau couleur de muraille acompagné de deux hommes de main armés de gourdins qui s'apprêtaient à rosser Poisson. Celui-ci regagne précipitamment son logis « trouvant, dit-il, la compagnie trop nombreuse ». Sur quoi il dépose plainte. Voltaire de son côté alerte tous ses amis : d'Argenson, d'Argental et Richelieu et les Caumartin pour qu'ils obtiennent l'arrestation de Poisson : il voulait le faire jeter dans un profond cachot et l'exclure à jamais de la Comédie. Les Caumartin estiment que c'est trop demander car en dépit de toute l'amitié qu'ils ont pour Voltaire, il s'en tirera bien s'il n'est arrêté « comme assassineur ». Disons que Voltaire avait modifié la version du guet-apens : trouvant les hommes de main et leurs bâtons peu dignes de l'auteur d'*Œdipe,* il disait qu'il voulait simplement casser la tête de Poisson avec deux pistolets qu'il avait en poche. Cela n'arrangeait pas son cas. De toutes façons, il ne fait pas très belle figure en cette affaire. Néanmoins, les ducs, les duchesses et le ministre, M. de Machault aidant, il s'en tira au mieux. On fit donc arrêter le Poisson et on le mit au frais. Comme personne ne voulait qu'il pourrît, il fut convenu qu'aussitôt, le sieur Arouet de Voltaire écrirait au ministre une lettre pour retirer sa plainte et demander l'élargissement de Poisson. La chose fut faite. Mais au lieu d'écrire la lettre dans les termes que le ministre avait fixés lui-même, Voltaire fit une épître en vers, toute fleurie de compliments de sa façon aussi bien pour le ministre qu'on remerciait des accommodements qu'il avait offerts, que pour Poisson qui était innocenté et pardonné. Celui-ci fut relaxé. Mais M. de Machault fut très fâché car Voltaire tout fier de son épître en faisait circuler des copies dans Paris qui se riait de cette comédie où ni le comédien, ni le poète, ni le ministre n'avaient un beau rôle.

La vie de château — forcée.

C'est alors, qu'éclata un nouveau scandale — le scandale des *Philippiques*. On devine qu'il s'agit d'une nouvelle attaque contre Philippe d'Orléans. C'est encore un libelle haineux, vif, d'une verve infernale : on pensa tout de suite à Voltaire. Pourquoi ? Parce que le régent se méfiait de lui depuis le *Puero Regnante*, parce que Voltaire fréquentait des gens qui étaient, pour des raisons diverses, fort mal avec le pouvoir : Richelieu était mal vu, les Villars aussi, la duchesse du Maine à Sceaux complotait et se voyait déjà sur le trône, et d'autre part il était le confident des barons interlopes Goertz et Hogguers.

Or, le véritable auteur des *Philippiques* était un certain La Grange-Chancel. Quand il vit qu'on suspectait Voltaire, il trouva la chose la plus plaisante du monde et il écrivit :

On punit les vers qu'il peut faire
Plutôt que les vers qu'il a faits.

C'était trop bien se moquer de la police et de Voltaire.

Voltaire était donc innocent : sa haine contre le régent était éteinte. Il le prouva, en prenant plus tard, la défense de ce prince à qui tant de qualités — et encore plus de défauts — auraient dû l'attacher. Il essaya de détruire les calomnies qu'il avait si bien contribué à répandre. Philippe avait fait semblant de l'oublier, mais, deux ans après l'ignoble *Puero Regnante* il se souvenait fort bien de lui, aussi on fit entendre au sieur Arouet de Voltaire que, la belle saison étant venue — c'était au mois de mai 1719 — il trouverait le plus loin possible de Paris un air favorable à sa santé. Ce n'était pas le cachot, c'était le grand air : c'était l'exil. Il va de château en château, mais c'est à Sully qu'il se fixe de nouveau. Et c'est là que vint l'agripper l'usurier — qui était une usurière — à qui il avait souscrit des billets à l'âge de treize ans. Elle venait réclamer son dû. Il prouve qu'alors il n'était pas majeur et que ces billets n'étaient pas valables : il lui manquait un mois pour atteindre sa majorité, c'était bien juste. Le fils du notaire savait ergoter. Il avait emprunté 500 livres à cette dame Thomas !

Il raconte lui-même qu'il eut d'autres démêlés avec les usuriers. Il se présenta un jour chez l'un de ces prêteurs à qui il apportait des gages. Il vit sur la table deux crucifix et demanda au prêteur si c'étaient là les gages qu'on lui apportait. Notre usurier honnête et bien-pensant se récria en disant qu'il faisait les choses en règle et ne voulait conclure ses marchés qu'en présence de N.-S. Jésus-Christ. A quoi Voltaire répondit prestement qu'un séul crucifix suffisait et que pour conclure des marchés de cette sorte, l'usurier pouvait le placer entre son client et lui, c'est-à-dire entre les deux larrons. Malgré la logique de ce beau raisonnement, le larron-usurier se mit en colère, le traita d'impie et ne voulut rien lui prêter. Voltaire sortit, mais à peine dans l'escalier, le pieux larron le rappela et, par remords de conscience — de quelle conscience ? — il lui fit jurer qu'il n'avait pas de mauvaise intention à l'égard de Notre-Seigneur. Voltaire jura. Il donna ses gages, reçut l'argent — moins les intérêts : 10 % pour six mois. Lorsqu'il revint plus tard rembourser l'argent, le pieux usurier avait disparu avec les gages qui valaient cinq fois la somme prêtée. Voltaire était tombé sur le mauvais larron !

Dans l'exil, il travaille. Il écrit une nouvelle tragédie : *Artémire.* Il croyait au miracle, tout le monde y croyait avec lui : *Œdipe* n'était rien, *Artémire* serait cent fois mieux. Adrienne Lecouvreur voulait le rôle, c'était déjà un gage de succès. L'abbé de Bussy allait criant partout qu'*Artémire* ferait pâlir la gloire de tous les poètes tragiques de l'antiquité et du siècle précédent. La preuve c'est qu'à la lecture privée qui avait été faite d'*Artémire,* l'abbé avait tant pleuré qu'il s'était enrhumé. A quel point un libertin pouvait avoir le cœur sensible à la versification de Voltaire !

On sait comment finissent ces succès de camaraderie — par un four. Ce fut le sort d'*Artémire* le 15 février 1720. Voltaire furieux des sifflets et des quolibets bondit de sa loge où il bouillait de rage et il apostropha le public. Fallait-il qu'il fût habile — oui, habile comédien, car ce fut un coup de théâtre. Il retourna la salle. Quand on se représente ce qu'est une salle déchaînée, s'en donnant à cœur joie du plaisir cruel de couler une pièce, on ne peut qu'admirer ce pouvoir, un peu magique, de la parole d'un homme qui n'avait pour lui, ni la prestance, ni la voix, ni la puissance, rien de physique, rien qu'un regard éblouissant et des phrases enchanteresses qui tombaient du balcon sur le parterre en cascades de diamants. Et le miracle se produisit : le parterre applaudit l'auteur dont il venait de siffler la tragédie.

Mais le miracle ne ressuscita pas *Artémire* : elle était bien morte. Avec cette clairvoyance qui ne lui fit jamais défaut pour ses œuvres, il accepta l'arrêt du public. Il recommença sa pièce, il la transforma sous la pression du maréchal de Villars : il la présenta de nouveau. Le public la repoussa encore. Ce fut fini.

On lui permit de rentrer d'exil parce que le régent avait eu la preuve de son innocence : c'étaient ses « amis » de la Cour de Sceaux et ceux du baron Goertz qui l'avaient dénoncé ! Lui, n'eut jamais connaissance de cette trahison mais la police l'apprit. Il sentit qu'on ne lui en voulait plus en haut lieu. Il demande alors au régent la permission de lui lire son poème *La Ligue*. Composé à la Bastille, il sera connu sous le titre définitif de *la Henriade*. Voltaire dit au régent qu'il chante la gloire de son aïeul, Henri IV, auquel il ressemble particulièrement. C'est l'ami Thiériot, l'ancien clerc de notaire qui est chargé de faire copier les neuf chants du poème épique cependant que Voltaire fait un séjour au château de Richelieu, chez son ami. « *Je suis actuellement dans le plus beau château de France, il n'y a point de prince qui ait de si belles statues, ni en si grand nombre. Tout se ressent ici de la grandeur du cardinal. La ville est bâtie comme la place Royale* (Place des Vosges). *Le château est immense mais ce qui me plaît davantage est M. le duc de Richelieu que j'aime avec une tendresse infinie mais pas plus que vous cependant.* » Voilà Voltaire : le clerc de notaire et le magnifique duc sont à parité dans son cœur.

Aujourd'hui, ce splendide château est rasé : les démolisseurs ont vendu les pierres pour empierrer les chemins. Mais peu avant la visite de Voltaire le beau duc faillit bien être rasé, au ras du col : il était entré dans le complot d'Alberoni qui devait livrer Bayonne aux Espagnols. Le régent disait qu'il y avait dans le crime de Richelieu de quoi faire couper quatre têtes, s'il les avait eues. Son oncle le cardinal lui en aurait coupé une, très certainement. Ce qui sauva Richelieu, fut l'amour que lui portait Mlle de Valois, fille du régent — elle l'aimait tant qu'elle consentit pour lui sauver la vie à renoncer à le revoir jamais et à accepter pour époux le duc de Modène qu'elle avait refusé jusqu'alors. Quant à Richelieu, toujours privilégié, il fut simplement condamné à s'exiler dans son château... et il eut droit à Voltaire comme distraction. Ce n'était plus un châtiment, c'était une récompense. Le duc était comblé par l'amour et par l'amitié. Il jouissait de tout tranquillement, persuadé qu'il n'était né que pour tout réussir et, qu'en lui donnant tout, le Destin ne faisait que lui payer son dû d'homme heureux.

Ce genre de société enchantait Voltaire, il aimait le spectacle du bonheur comme il aimait le luxe.

Il allait de château en château, son manuscrit de *la Henriade* en guise de passeport : de Richelieu à Sully, de Sully à La Source où habitait un grand seigneur anglais Lord Bolingbroke. Avec cet art de la publicité qu'il tenait de naissance, il détachait quelques passages, les lisait en secret devant quinze personnes, ici et là. Mais avec quelles mines ! Thiériot recevait des instructions : il copiait et copiait et distribuait aux bons endroits, un bon passage, susurrait à l'oreille, en se cachant, les vers scabreux, à des « gens-de-lettres » besogneux qui avaient les plus mauvaises plumes et les plus mauvaises langues de Paris et colportaient aussitôt ce qu'ils avaient juré de taire — chose qu'on attendait d'eux. Bref, ce poème inédit, ce poème inquiétant, était déjà célèbre avant d'être achevé. Des morceaux en circulaient partout : ce nom nouveau : *Voltaire,* était dans toutes les bouches, on le voyait écrit au bas de ces couplets audacieux contre la Religion : on lisait *Voltaire,* on entendait : *scandale !*

Dès que la rumeur fut générale, Voltaire s'avisa qu'il était temps de démentir. Il avait tout fait pour obtenir ce genre de célébrité ; comme il y avait trop bien réussi, il prend peur. Les nouvelles de Paris l'alarment un peu. Il demande à Thiériot : « *Comment son fils* (le poème) *réussit dans le monde, s'il a beaucoup d'ennemis et si l'on me croit toujours son véritable père.* »

Mais sa vanité s'accommodait si bien de ces séances de lectures où il se comportait comme un acteur devant un public en or ! Il lisait et mimait et cela tournait toujours à sa gloire. Une fois pourtant un M. de La Faye lui fit une remarque assez sévère sur sa façon de traiter Henri IV. Voltaire s'attendait peu à cette critique. Susceptible au dernier point, il fut saisi de rage et rassemblant furieusement ses feuillets, il les jeta dans la cheminée en s'écriant : *Il n'est donc bon qu'à être brûlé.* C'est le président Hénault qui se jeta dans les flammes pour sauver Henri IV ! Il y réussit et n'en fut pas peu fier : il se flatta jusqu'à la fin de sa vie d'avoir sauvé un chef-d'œuvre (Thiériot en avait des copies en réserve, rassurons-nous). « *Souvenez-vous que c'est moi,* s'écriait le valeureux sauveteur, *qui ai sauvé la Henriade et qu'il m'en a coûté une belle paire de manchettes.* » Le pauvre homme avait roussi ses dentelles !

Une certaine affaire Law...

Tandis qu'il va de château en château, il ne se désintéresse pas des bruits de la capitale — il est informé de tout, et c'est d'autant plus facile qu'il a beaucoup d'amis qui ont tous la plume aussi agile que la langue. Le bruit de Paris en cette année 1721, c'est un tonnerre. C'est l'affaire Law. Cet Ecossais ingénieux, contrôleur général des Finances, avait eu, on le sait, l'idée de substituer le papier monnaie garanti par le roi, à la monnaie métallique. Ces petits papiers ravirent les Parisiens : ces fortunes, légères comme leurs têtes, les amusaient, d'autant plus qu'ils s'enrichissaient de jour en jour et presque d'heure en heure par le jeu d'une spéculation effrénée. La rue Quincampoix tenait lieu de bourse en plein air : c'était Babel. Michelet en a laissé une description très vivante : « *Les habiles de toutes provinces et de tous pays de l'Europe sans compter nos Gascons, Dauphinois, Savoyards avaient pris poste de bonne heure, avaient loué toutes les boutiques pour y tenir bureau. Le long de l'étroite rue* (elle n'a pas changé) *se heurtait, se poussait par le ruisseau la foule des acheteurs, vendeurs, troqueurs, spéculateurs, dupes et fripons. Point de seigneurs* (ils agiotaient par personne interposée) *mais force gentilshommes, force robins, des moines, jusqu'à des docteurs de Sorbonne. Nulle pudeur, la fureur à nu : injures, larmes, blasphèmes, rires violents. Ajoutez les imbroglios. Tel abbé pour billet de banque donne des billets d'enterrement. Telles dames se jouent elles-mêmes, actions incarnées et payent en mères et en filles. Quand la cloche du soir ferme la rue effrénée, Babel s'engouffre bouillonnante aux cafés, aux traiteurs des ruelles voisines, aux joyeuses maisons où les espiègles demoiselles soulagent le gagnant de son portefeuille.* » Ces bruits d'argent, ces fortunes qui s'élèvent et s'écroulent parviennent jusqu'à lui. Il écrit au gentil Génonville pour le féliciter de n'avoir pas l'esprit troublé par « Le Système ».

Le système n'a point gâté
Son esprit aimable et facile
Il a toujours le même style
Et toujours la même gaîté.

Voltaire pas plus que son ami ne donne dans le Système. Génonville par insouciance, Voltaire par prudence. Il n'est pas l'homme des engouements, surtout de ceux de la foule ; il a des emportements, des vivacités irrépressibles, mais cela n'altère pas son fond de raison. Il déteste la contagion d'idées, les promiscuités, les délires collectifs. Au moment où la moitié de la France s'enrichit de papier et où l'autre se ruine et perd son or, il écrit à Génonville qu'il n'ose croire ce qu'on lui a dit :

« Etes-vous réellement devenus tous fous à Paris ? Je n'entends plus parler que de millions, on dit que tout ce qui était à son aise est dans la misère et que tout ce qui était dans la mendicité est dans l'opulence. Est-ce une réalité ? Est-ce une chimère ? La moitié de la nation a-t-elle trouvé la pierre philosophale dans les moulins à papier ? Law est-il un dieu, un charlatan, un fripon qui s'empoisonne de la drogue qu'il distribue à tout le monde ? Se contente-t-on de richesses imaginaires ? C'est un chaos que je ne puis débrouiller et auquel je m'imagine que vous n'entendez rien. Pour moi, je ne me livre à d'autres chimères qu'à celles de la poésie. »

Le bon sens des Arouet ne s'accommode pas de chimères.

D'ailleurs il a d'excellents conseillers, les frères Pâris, qui sont ennemis jurés du « Système », qui jouent à sa ruine sur laquelle ils édifièrent une fortune inouïe et leur ami Voltaire entraîné dans leur sillage verra son capital décupler. Ils ont aidé son naturel prudent. Peut-être aurait-il succombé à la tentation ; c'était si prodigieux ! Car il n'est pas impossible qu'un jeune homme dont tout indique déjà qu'il ne veut pas s'installer dans la société comme un poète-gueux, mais comme un seigneur-poète, ait songé à profiter de la spéculation. Lorsque les billets de Law s'effondrèrent Voltaire, d'un mot, fit le cruel bilan du Système : « *On réduit le papier à sa valeur intrinsèque.* »

Mais les habiles avaient bien joué. Le prince de Conti qui tournait si bien le compliment à Voltaire avait aussi d'autres talents : informé à temps de la faillite, il se fit rembourser ses papiers par la banque de Law : il fallut trois charrettes pour emporter la monnaie de métal ; on parla de quatorze millions de livres — environ quatorze milliards de petits francs. Le lendemain, le duc de Bourbon opéra un même retrait. Le peuple trouva que les princes du sang spéculaient à merveille sur les papiers de M. Law. Leur popularité n'y gagna pas. C'est ce qui explique l'allusion contenue dans le mot de Voltaire : alors qu'il était au théâtre avec le prince de Conti, celui-ci donna le signal des applaudissements et la salle l'imita. Voltaire eut alors le toupet de lui dire :

— *Monseigneur, vous ne vous croyiez pas tant de crédit.*

L'été de 1721, Voltaire se trouve à Sully, de son plein gré, pour une fois. Le passe-temps de cette saison c'est Fontenelle et son livre : *La Pluralité des Mondes*. On étudie les astres : cela permet de sortir la nuit au fond du parc et cela donne un grand souci, car la mode change : on veut, à partir de ce moment, être « scientifique » et particulièrement astronome. Il faut donc s'instruire. Les dames et les messieurs se jettent sur la science comme sur les billets de Law : on parle de ce qui gravite, sans trop savoir autour de quoi, ni comment, ni pourquoi — il faut reconnaître que le sujet est ardu. Il y a cependant le plaisir de parler, de lorgner le ciel et de souper au clair de lune. Ce château ressemble à une volière de haut luxe, remplie de froissements d'ailes brillantes, de pépiements, de roulades et de baisers. D'ailleurs, la meilleure disciple de Fontenelle s'appelle du nom exquis de Mme de la Mésangère. Ce n'est pas sérieux du tout, Voltaire n'a aucune illusion, mais c'est charmant :

Le soir sur des lits de verdure
Lits que les mains de la nature
Dans ces jardins délicieux
Créa pour une autre aventure
Nous brouillons tout l'ordre des cieux.
Nous prenons Vénus pour Mercure
Car vous savez qu'ici l'on n'a
Pour examiner les planètes
Au lieu de longues lunettes
Que des lorgnettes d'opéra.

C'est parfaitement dit ; on ne voit pas pourquoi ils n'auraient pas débattu des mêmes problèmes au foyer de la danse. Et c'est à Fontenelle qu'il écrit cela pour le remercier. Il a l'air fort badin mais sa lettre est très travaillée, faite pour plaire à Fontenelle et pour être lue : publicité ! Il le sait fort bien, aussi écrit-il à Thiériot : « *Renvoyez-moi ma lettre à Fontenelle et ses réponses, tout cela ne vaut pas grand-chose mais il y a dans le monde des sots qui les trouveront bonnes.* »

Règlement des comptes de famille.

M. Arouet mourut d'hydropisie le 1er janvier 1722. Les relations du père et du fils s'étaient améliorées puisqu'il est fait mention qu'au moment du décès, les deux fils vivaient sous le toit de leur père. Il ne semble pas que Voltaire ait manifesté beaucoup de chagrin. Mais c'est la succession et son frère qui vont lui en donner. Armand est avantagé parce qu'il est l'aîné — il a le droit pour lui et les gens de robe. C'est cela qui fait enrager Voltaire. Il écrit à son amie Mme de Bernières : « *Ma fortune prend un tour si diabolique à la Chambre des Comptes que je serai un jour obligé de travailler pour vivre après avoir vécu pour travailler.* » Belle maxime pour un grand laborieux. Mais cette fortune qu'il attendait et qui devait lui donner le loisir de travailler, lui échappe. Il fait un procès à son frère : « *Une foule d'affaires m'est survenue dont la moindre est le procès que je renouvelle contre le testament de mon père.* » Il le perdra.

M. Arouet avait été tellement scandalisé par François qu'il le maltraita dans son testament au profit de son frère. Il n'y avait rien de commun entre Voltaire et cet Armand, janséniste comme M. Arouet, comme la plupart des magistrats. Ceux-ci l'étaient par une sorte d'austérité et d'intégrité morale, Armand l'était en forcené. M. Arouet préférait le fou janséniste au fou libertin — celui-là n'était que désagréable, le second était déshonorant. Il avantagea donc Armand qui suivait la tradition Arouet ; avec lui on était tranquille : il était « comme tout le monde ».

Entre deux exercices de dévotion, Armand avait pris le temps, toutefois, de se faire transmettre la charge de son père à la Chambre des Comptes — de justesse : la mutation avait été signée deux jours avant le décès. Mais tout était en règle. Cette charge représentait le plus beau morceau : deux cent quarante mille livres en 1701 (240 millions d'anciens francs). La sœur, Mme Mignot, avait reçu en plus de sa dot, deux immeubles. Voltaire aurait voulu, non pas le contrôle des épices à la Cour des Comptes, mais un dédommagement substantiel, par exemple, la moitié de la valeur de la charge. Il n'avait reçu que quatre mille livres de rentes (environ quatre millions d'anciens francs de revenus). C'était une honnête aisance, ce n'était pas la fortune d'Armand.

Les bonnes relations qu'il entretenait avec les frères Pâris lui avaient permis de se constituer un petit portefeuille : trois actions de la Compagnie des Indes et cinq billets de mille livres. Tout cela lui donnait environ cinq cents livres de rentes à quoi venait s'ajouter la pension du régent de mille cinq cents livres — que ce prince eut la bonté de porter à deux mille livres quand il apprit la mort de M. Arouet. Il eut pitié du pauvre orphelin !

Cet orphelin avait donc en 1724 à peu près six mille cinq cents francs de rentes — à peu près six millions d'anciens francs plus les droits d'auteur de sa tragédie, mais c'était peu de chose et il n'en exigea pas le paiement intégral. Il fit le grand seigneur et laissa aux acteurs la plus belle part des recettes.

La tentation repoussée.

La maréchale de Villars voudrait bien le ramener à elle — mais, trop fine pour hasarder une démarche qui risque d'être un échec, elle envoie le maréchal. C'est brave et c'est un peu myope, un vieux maréchal et, en plus, celui-ci est un homme aimable à l'égard de Voltaire. Il lui écrit pour l'inviter, il lui fait miroiter tous les plaisirs qui l'attendent — ils sont tentants — on joue la comédie à Villars, on a un théâtre charmant, des acteurs, des actrices et des amateurs... Il ne manque que Voltaire. Il est intraitable : il se retranche derrière les ordres de son médecin. Nous apprenons qu'il est mourant — pour la première fois nous entendons cette plainte dont l'écho va se répéter jusqu'à la fin de cette interminable vie qui, à l'en croire, n'a été qu'une longue agonie. Oui, il se meurt, il est entre les mains de son médecin, s'il le quitte d'un pas : il est mort. Le maréchal veut-il le tuer ?

Ce médecin, M. Vinache, sermonné par Voltaire, allait donc répétant dans Paris que l'air de Villars était empoisonné pour son client. Ce Vinache était une sorte de charlatan. Il avait cherché la pierre philosophale en compagnie du régent qui aimait ces recherches sulfureuses. Ils ne la trouvèrent ni l'un ni l'autre mais le charlatan eut un avantage sur le prince, il trouva un élixir qui guérit quelques illuminés et qu'il vendit à une multitude d'autres qui ne guérirent pas mais qui lui constituèrent une fortune de cent mille livres.

Voltaire n'alla pas à Villars, mais il soupirait beaucoup en lisant les aguichantes lettres du maréchal : on lui apprenait qu'on venait de jouer *Polyeucte ;* deux grenadiers du Roi, en travesti, tenaient le rôle de Pauline et de Stratonice ! Il avait fallu les coiffer, les habiller, les farder. C'est à quoi s'était employée avec un zèle fou, la fille du maréchal de Noailles, mais lorsqu'il s'agit d'attacher les paniers de la robe sur les hanches nues des grenadiers de Sa Majesté, la jeune personne, fort modeste, dit-on, fut effarouchée par les preuves d'admiration que cette Pauline et cette Stratonice affichaient — silencieusement — pour leur habilleuse.

La comédie est partout, même à l'office. Le maréchal apprend à Voltaire qu'une femme de chambre est devenue folle d'un jardinier. La mère de la soubrette s'est formellement opposée à pareille mésalliance. A la rigueur, elle aurait peut-être cédé si Mme la maréchale avait voulu faire les frais de la noce au château ; hélas ! celle-ci dont l'économie était bien connue, préféra faire un sermon à la mère sur sa dureté plutôt que de donner les cent livres pour marier la fille. C'est le maréchal qui brocarde sa femme à propos de son avarice, bien qu'il jouisse de la même réputation. Lorsqu'il prit possession de son gouvernement de Provence la coutume voulait qu'on présentât une bourse d'or au nouveau gouverneur, et que celui-ci la refusât. Mais lui, refusa de la refuser. On insista, on lui dit que le duc de Vendôme l'avait refusée : « Ah ! s'écria le maréchal, c'était un prince inimitable ! » Et il rafla la bourse provençale.

Cela ne l'empêchait pas d'être disert : il raconte tout à Voltaire, il veut qu'il soit de la maison ; il est attendrissant, ce bon maréchal, il a l'air de dire : « Allons, vous êtes des nôtres, vous voyez bien que je vous dis tout. » Et il lui raconte qu'un valet de chambre s'est fait casser la tête par le cocher d'un invité ; que le curé s'est fait rappeler à l'ordre par la hiérarchie parce qu'il n'avait pas bien parlé de la Sainte Trinité, etc.

Et Voltaire eut le cœur de résister à la cour que lui faisait cet illustre seigneur, maréchal de France. Il était cependant, bien enraciné dans cette société si attachée à lui — sans doute parce qu'il en était l'ornement, sans doute aussi parce que ce grand monde sentait que Voltaire lui appartenait jusqu'aux moelles. Et pourtant Voltaire résista parce que la maréchale lui avait résisté — à lui et non à d'autres. Il est remarquable de voir comment un grand seigneur de la Régence traite un jeune poète, fils de notaire : il y a du nouveau dans l'air du temps.

Scapin ambitieux.

L'ambition de servir le roi en ses desseins de haute politique pousse Voltaire à faire sa cour au ministre : le cardinal Dubois. Le personnage est vil, Voltaire le sait comme tout le monde. Mais cela ne l'empêche pas de se livrer à la plus basse flagornerie.

Ajoutons qu'il n'était pas le seul à ramper : Fontenelle et même Massillon lui montraient la voie : ce prélat éminent avait signé l'attestation de bonne vie et mœurs qui était nécessaire à l'abbé Dubois (perdu de vices) pour obtenir le chapeau de cardinal — seule dignité qui convînt à un premier ministre en soutane.

Mais Voltaire en rajoute, il le compare à Richelieu aux dépens de Richelieu, bien sûr :

Ton génie et le sien disputaient la victoire
Mais tu parus et sa gloire
S'éclipsa un moment.

Cela paraît un peu fort — ce fut quand même insuffisant. Voltaire alors fit des ouvertures plus nettes. Ce qu'on apprend est à peine croyable, mais comme toute chose en sa vie, est machinée comme au théâtre, on y rencontre des scènes de sublime, de farce et des scapinades. En voici une.

Voltaire avait découvert en furetant dans les recoins de Paris, un certain Salomon Levi. Ce personnage avait déjà beaucoup servi et en divers pays — qu'il fût agent double ou triple, Voltaire assoiffé d'ambition, s'en souciait peu. Puisque Salomon servait, il fallait se servir de lui auprès du cardinal-ministre. La Cour de France avait déjà utilisé cet agent sous M. de Chamillard contre l'Autriche. L'Autriche s'en était servie contre la France car Salomon était fournisseur d'armes de l'Armée Impériale. Cela ne l'empêchait pas de renseigner le maréchal de Villeroy, commandant les troupes françaises en Allemagne. Les Français l'arrêtèrent cependant, mais il s'en tira sans dommage moyennant des renseignements plus précis. Il servit aussi le maréchal de Villars en Autriche. Voltaire n'avait donc pas choisi un débutant pour s'initier : mais à quoi ? à l'espionnage ou à la diplomatie ? Salomon lui fit valoir qu'il était au mieux avec un secrétaire particulier de l'Empereur : notre apprenti se crut placé à la source même des renseignements qui allaient éclairer la politique du roi à l'égard de l'Autriche.

Il se déclare prêt à partir pour Vienne. On est effaré : à quel titre ? En somme, qu'est-il ? l'espion d'un espion. Passionné d'ambition, il se jette comme un fou dans cette affaire et il écrit le 28 mai 1722 au cardinal-ministre :

« *Je peux plus aisément que personne au monde passer en Allemagne sous prétexte de voir Rousseau à qui j'ai écrit il y a deux mois que j'avais envie d'aller montrer mon poème* (La Henriade) *au prince Eugène et à lui. J'ai même des lettres du prince*

Eugène dans lesquelles il me fait l'honneur de me dire qu'il serait bien aise de me voir. Si ces considérations pouvaient servir à m'employer à quelque chose, je la supplie de croire qu'elle ne serait pas mécontente de moi et que je lui aurais une reconnaissance éternelle de m'avoir permis de la servir. »

Il ne demande rien qu'à « être employé à quelque chose » il ne demande qu'à être chargé de mission, qu'à être inscrit sur la liste des espions — il ne parle pas d'ambassade, mais s'il n'en parle pas, il y pense — qu'on le mette à l'essai, il réussira ; et après, il saura monnayer son succès. Et pour le coup, il sera en tête d'affiche : cela l'enfièvre. Ah ! s'il pouvait prendre pied dans la grande maison qui s'appelle la Cour ! Par malheur le cardinal Dubois ne fit aucun cas de l'espion amateur : il le laissa à l'amateurisme. Quel mauvais gouvernement ! En Angleterre, il serait ministre.

Mauvaise rencontre.

Voltaire avait été informé du rôle que son « ami » Beauregard avait joué dans son arrestation. Il en conçut une haine à la fois furieuse et tenace comme il en concevra plus d'une dans sa vie. Il faut reconnaître que le Beauregard ne méritait pas mieux. Ce capitaine au régiment de Provence faisait donc la guerre non pas sur les champs de bataille, mais dans les cafés de Paris aux imprudents poètes. Il traquait les persifleurs des maîtresses du régent, mais laissait dormir les ennemis de la France. En 1720, quatre ans après son incarcération, Voltaire se trouva nez à nez, à Versailles avec son dénonciateur : ce fut terrible. Le poète se sentit bouillir et, foudroyant l'immonde héros de son regard de feu, dressé sur ses ergots comme un coq en fureur et dardant sa langue envenimée, il cria à tue-tête les mots ignobles que l'autre méritait — mais on était chez le roi ! les gens faisaient cercle. Beauregard bien plus maître de soi promit à Voltaire de lui donner sous peu tout lieu de regretter cette sortie.

Grave imprudence de la part de Voltaire — sa terrible vivacité lui joue ainsi de vilains tours. L'espion était le protégé du ministre de la guerre, M. Le Blanc. Celui-ci savait fort bien à quoi servait Beauregard qui était sa créature. Quand Voltaire l'apprit, croyez-vous que cela le fit réfléchir ? Pas du tout : il était, comme il le sera bien souvent, la proie de cette excitation frenétique qui lui ôte toute retenue, tout contrôle. Il y aurait bien à dire sur les nerfs de Voltaire, sur sa sensibilité presque morbide à certaines excitations. Il faisait, comme disent les médecins, des « intolérances », non pas à telle denrée, ou à telle sensation, mais à telle personne et à telles idées, à telles croyances, à telles philosophies. Un nom abhorré prononcé, par inadvertance, devant lui et il entre en transe. Il ne s'agit plus de se dominer, de raisonner, il s'agit de souffrir sa passion et d'en assumer toutes les absurdes et cruelles séquelles. Aussi quand, en public, on mit en garde Voltaire contre les imprudences qu'il pourrait avoir à l'endroit de Beauregard en l'avertissant que c'était le ministre qui le vengerait, car il était son familier, il lança cette riposte incendiaire. « *Je savais qu'on payait les espions mais je ne savais pas que leur récompense était de manger à la table du ministre.* »

Il faut pour mesurer la gravité de l'affaire savoir que ce M. Le Blanc était à peu près du niveau moral de Beauregard — il avait aussi dans ses intimes un autre espion, ancien militaire qui avait été dégradé par la main du bourreau (Et le ministre le festoyait !) pour un demi-assassinat ? Qu'est-ce qu'un demi, un quart d'assassinat ! Un coup de poignard qui a glissé sur une côte ou une balle qui n'a tué qu'à moitié. Ce ministre, on le voit, s'entourait de gens de bien et sa conscience était le moindre de ses fardeaux. Aussi lorsque Beauregard lui demanda de le débarrasser de M. Voltaire par n'importe quel moyen, voici ce que lui répondit Le Blanc, si mal nommé : « *Fais donc en sorte qu'on n'en voye rien.* »

Pauvre Voltaire — sa biographie a failli être fort courte. Mais ces criminels étaient aussi imbéciles : Beauregard aurait dû savoir que si Voltaire ne mourait pas sur le coup on l'entendrait crier des quatre coins de Paris. C'est ce qui arriva : Voltaire fut arrêté, sur le pont de Sèvres, arraché à sa voiture, rossé de coups de bâtons et reçut un coup de poignard de Beauregard au visage. Malgré sa douleur et son affaiblissement, la rage, la honte et la haine furent les plus fortes. Il hurla, courut tout Paris dénonçant l'attentat dont il avait été victime. Et dès lors, il cherche à se venger.

Il apporte une ténacité incroyable à poursuivre Beauregard. Ses travaux, ses plaisirs sont négligés. Il va de juge en bailli, il oblige celui de Sèvres à lancer un ordre d'arrestation. Il y a quand même une justice puisque Beauregard a peur : il va se cacher dans les plis du drapeau de son régiment. Beauregard à l'armée ! Faut-il qu'il ait peur à Paris ! Lorsque Voltaire s'absente, il relance Thiériot qui doit relancer les juges : « *Faites un peu venir qui vous savez avec des menottes* », écrit-il de Bruxelles. Cette affaire va le tenir plusieurs années. Il dit que dès son retour à Paris, sa tâche essentielle sera de faire arrêter et juger le coquin : « *A l'égard de l'homme aux menottes, je compte aller à Paris dans quinze jours... Je serai là à portée de faire happer le coquin et d'en poursuivre la punition moi-même aidé de mes amis.* » Mais c'est au Châtelet qu'est ouvert le procès afin que, dans le cas où il ne pourrait se venger lui-même, la justice le venge.

Faut-il comprendre que Voltaire avait l'intention de jouer de la lame avec Beauregard ? Il y a tout lieu de le croire. Mais Voltaire n'a rien d'un bretteur et il se serait fait embrocher à la première passe. Cette prétention fait rire certains qui sont si persuadés de la poltronnerie de Voltaire qu'ils ne voient là qu'une fanfaronnade. Son ami d'Argenson ne se cache pas de le dire et cela ne lui ôte ni son affection, ni son estime pour Voltaire car il a bien discerné que le courage de Voltaire est dans son caractère, et non dans ses nerfs qui ne sont pas solides.

« *Il a dans l'âme un courage digne de Turenne*, écrit d'Argenson, *mais il craint les moindres dangers pour son corps et est poltron avéré.* »

C'est fort vraisemblable, il est frileux, douillet et craintif, mais il est bien capable emporté par la rage d'essayer de tuer Beauregard avec, hélas ! toute la maladresse d'un homme qui ne sait manier que la plume. S'il n'était pas capable de se battre par courage raisonné, il était capable sans doute de se battre par frénésie.

Mais deux ans étaient passés et Beauregard courait toujours : « *Demoulin* (son avoué) *poursuit en mon nom la condamnation de Beauregard. Je suis ruiné en frais.* »

Qu'importent les frais si Beauregard est pendu — c'est ce que Voltaire voit en rêve. Par bonheur, Le Blanc est disgracié. Et le méchant est remplacé par le tout-bon : le baron de Breteuil.

Les robins instrumentent, et ne trouvant plus d'obstacles, réussissent : Beauregard est enfin tel que Voltaire le désirait : menottes aux poignets et au fond d'un cachot. Afin de l'y tenir plus longtemps, Voltaire exige qu'on recommence toute l'instruction. Il fera tous ses efforts pour qu'on le condamne « *à une peine plus conforme à son crime et aux lois qu'un simple bannissement.* »

Et d'un ton très dégagé il écrit à Mme de Bernières : « *Beauregard est toujours au Châtelet, j'ai envie de le laisser là un peu de temps.* »

Que devint Beauregard ? Il n'y en a plus trace. Un terrible ennemi de Voltaire, l'abbé Desfontaines, nous apprendra plus tard que, pour dédommagement des coups reçus sur le pont de Sèvres, le poète se vit attribuer trois mille écus ! Et que Voltaire se réjouit comme un affreux avare d'être si bien payé de sa bastonnade. C'est purement calomnieux : Voltaire en cette affaire se moquait des écus, il se peut qu'il les ait reçus, mais il les eût volontiers rendus pour payer les frais d'une prison perpétuelle pour son agresseur.

Dans les affaires de haine ou d'amitié, l'argent pour Voltaire n'est rien — il se ruinerait pour faire du mal, et il se ruinerait pour faire du bien.

Voyage à deux aux Pays-Bas.

Voltaire, à la fin de l'hiver 1722 fit une équipée avec une amie assez récente auprès de qui il goûtait bien des satisfactions sans jamais avoir à les payer par un quart d'heure d'ennui. Cette dame est la marquise de Rupelmonde ; c'était la fille du maréchal d'Aligre, elle s'était mariée à un seigneur flamand tué au service du roi d'Espagne. Ce souverain reconnaissant faisait une pension de dix mille livres à la veuve — il y avait déjà si longtemps qu'elle touchait sa pension qu'elle en avait oublié l'origine. Mais laissons Saint-Simon nous parler d'elle : elle avait l'humeur folâtre, on l'avait surnommée à la Cour « La Blonde » ou « Vaque-à-tout », ce qui donne à rêver... Il dit qu'elle n'était point blonde mais « rousse comme une vache » et « d'une effronterie sans pareille », qu'elle se faufilait partout et « était de toutes les foires et marchés »...

Voilà avec qui notre poète fit attelage pour visiter les Flandres. A vrai dire, cela l'amusait mais on ne le sent pas très rassuré. Il mit une condition au voyage, c'est qu'on ferait halte à Bruxelles où il comptait rendre visite à J.-B. Rousseau et lui lire sa *Henriade*. Elle accepta puisque c'était elle qui conduisait : carrosse, chevaux, cochers et valets étaient à elle. Lui était l'invité.

On s'arrêta d'abord à Cambrai. Plusieurs semaines : il y avait un congrès diplomatique. La ville était bourrée d'ambassadeurs, de ministres, de femmes, d'espions, d'acteurs, de généraux, de maréchaux, de prélats et de cuisiniers venus de diverses nations.

Le cardinal Dubois était archevêque de Cambrai : ô Fénelon ! le *Cygne de Cambrai* était remplacé par un hibou. Voltaire relança l'affaire de Salomon et envoya un rapport au cardinal-ministre — qui ne lui avait rien demandé — sur la marche du Congrès de Cambrai. On se doute que Voltaire et sa marquise connaissaient beaucoup de gens ou étaient connus d'eux et on les accueillit fort bien. Il flatte le cardinal en lui vantant les beautés, les richesses et le bon air de Cambrai et il lui écrit : « *Nous arrivons, Monseigneur, dans votre métropole où je crois que tous les ambassadeurs et tous les cuisiniers d'Europe se sont donné rendez-vous. Il semble que tous les ministres d'Allemagne ne soient à Cambrai que pour boire à la santé de l'empereur. Pour messieurs les ambassadeurs d'Espagne l'un entend deux messes par jour, l'autre dirige les comédiens. Les ministres anglais envoient beaucoup de courriers en Champagne et peu à Londres.* »

Et les Français ? Le cardinal était censé savoir ce qu'ils faisaient. Cette information ne lui semble pas trop inexacte car il formule ainsi son opinion sur ce congrès : « *Nous verrons ce congrès de Cambrai employer la moitié de sa durée à régler son cérémonial et l'autre moitié à ne rien faire jusqu'à ce que des incidents inattendus le fassent dissoudre.* »

En attendant la dissolution : on s'amuse. Toutes les parties comportaient une représentation théâtrale : Voltaire y mit le nez et la patte, et la plume. Mais diriger la comédie était le privilège de l'ambassadeur d'Espagne qui n'en voulut rien céder à l'auteur d'*Œdipe*. Et la dispute commença. Le comte de Windsgratz ne voulait que *Les Plaideurs*. La Rupelmonde en tenait pour *Œdipe*. On fit deux clans : on se parlait ou on s'écrivait en vers et en prose, on vantait son choix, on suppliait l'autre de céder. Voltaire se dépensait pour soutenir Mme de Rupelmonde — c'est-à-dire sa propre pièce. On n'a pas mieux réussi en fait d'effronterie : il s'encensait sans pudeur. Mme de Rupelmonde ne recula devant aucun sacrifice : on finit par choisir *Œdipe*. La guerre se ralluma aussitôt sur un autre sujet : on était en carême. Les chanoines de Cambrai refusèrent de dispenser le Congrès du carême. Ce ne fut qu'un cri d'horreur. On n'était pas venu à Cambrai pour faire maigre. Il fallut discuter. Voltaire s'y entendait. Les raisons étaient excellentes ; en faisant carême ne se distinguerait-on pas sottement des ministres protestants qu'on froisserait en ayant l'air de leur faire la leçon ? Les négociations n'échoueraient-elles pas avec des diplomates indisposés par cette pénitence ? Enfin, n'y avait-il pas plus de mérite à faire bonbance en plein carême qu'à faire pénitence dans d'aussi ridicules conditions ?

Les chanoines entêtés ne voulurent rien savoir : le Congrès ferait carême !

Il fallut en appeler à leur supérieur, leur archevêque, cardinal-ministre à Versailles. La réponse ne tarda pas : il désavoua les chanoines, les traita de stupides et dispensa en bloc le Congrès au nom de la modestie chrétienne qui nous interdit de nous faire remarquer par des attitudes ostentatoires.

Dès lors, les cuisiniers et les comédiens eurent la voie libre.

Voltaire et son Egérie ayant épuisé les plaisirs de Cambrai se dirigèrent vers Bruxelles. Ils laissaient derrière eux un murmure de médisance que leur étrange couple avait fait naître. Ils avaient eu la maladresse de très mal prendre les allusions à leur aimable commerce et de se défendre avec des mines courroucées et si comiques qu'ils servirent un peu de divertissement à une société qui, au demeurant, se souciait fort peu de cette accointance d'un jeune poète libertin avec une ancienne belle de la Cour de Louis XIV qui avait quelques restes de beauté — sinon de vertu. Mais elle avait l'esprit et l'entrain d'une folle de Cour et on ne lui demandait pas de faire l'ingénue avec son gringalet de poète.

Sur les grands chemins, dans le carrosse énorme, Voltaire et sa dame, moins galants qu'en société, se chamaillaient à propos de philosophie. Mme de Rupelmonde ne voulait penser que sur de grands sujets. Voltaire lui expliquait Lucrèce, cela tournait vite à l'impiété et au badinage, il voulait que... *sa philosophie,*

> *T'apprenne à mépriser les horreurs du tombeau*
> *Et les terreurs de l'autre vie.*

Elle adorait ce genre de leçon — déjà apprise de longue date — mais comme le répétiteur était Voltaire, elle répétait à l'envi qu'il fallait repousser : « *Les mensonges sacrés dont la terre est remplie.* » Il lui dédie, sur ce ton, une *Epître à Uranie* : ce sont les fumées des soupers du Temple qui lui remontent au cerveau dix ans après : les traits sont vifs et féroces. Trente ans plus tard, J.-J. Rousseau se souviendra dans la *Profession du Vicaire Savoyard* de cette fantaisie brillante et légère pour en faire un hymne irréligieux. Mais la mode avait déjà changé : le sourire ironique du roué de la régence n'était plus assez expressif pour un public touché par la sensiblerie fin-de-siècle, à qui il fallait des accents pathétiques, des trémulations, des musiques, bref, des sortilèges. L'intelligence avait déjà perdu des points.

A Bruxelles, il paraît que Voltaire se fit remarquer par sa mauvaise tenue à l'église si bien que le peuple indigné voulut le jeter dehors. C'est J.-B. Rousseau plus tard qui répandra ce bruit, nul ne le confirme. La férocité réciproque des deux poètes ne recule devant aucun mensonge. Voltaire informé du fait répondit avec légèreté : « *Je pourrais avoir été indévot à la messe ?... il se peut, encore une fois que j'aie eu des distractions, j'en suis très fâché messieurs.* » Il n'est pas fâché d'être indévot mais il l'est d'être attaqué par le vilain rouquin : « *Mais de bonne foi, est-ce à Rousseau de me le reprocher ? Trouvez-vous bien convenable à l'auteur de tant d'épigrammes licencieuses, à l'auteur de couplets infâmes, contre ses amis et ses bienfaiteurs, à l'auteur de la Moïsade... de m'accuser, seize ans après, d'avoir causé du désordre dans une église ?* »

Oui, l'accusateur était mal venu : il était exilé à Bruxelles pour une publication « infâme » comme dit Voltaire. Mais J.-B. Rousseau faisait la bonne âme pour faire oublier son passé. Et Voltaire fait de son mieux pour le rappeler à chacun — et aux autorités qui risqueraient de l'oublier. Jean-Baptiste publie que Voltaire à Bruxelles faisait partie de la suite d'une dame, qu'il était du « personnel ». C'était bien maladroit de sa part : Voltaire répond que le Jean-Baptiste est fils d'un domestique du vieil Arouet : « *Un domestique emploie volontiers les termes de son état, chacun son langage* », réplique férocement Voltaire. Ce trait transperçait le méchant poète qui voulait cacher son origine modeste.

Ces gracieusetés ne s'échangèrent que longtemps après la visite à Bruxelles. Quand Voltaire était arrivé, Rousseau l'avait accueilli à bras ouverts : il était le voyageur providentiel, il était Paris, il était la Poésie, le Théâtre, l'Esprit, le Succès et la Patrie. Il était aussi Voltaire, avec son esprit éclairé — comme on disait — et plus encore éclairant. Au milieu des chandelles du Bruxelles d'alors, Voltaire était un soleil. Quoi qu'il en ait pu dire ensuite, Rousseau fut ébloui sur le moment, d'autant que Voltaire se donna la peine de le séduire parce que Rousseau était alors le grand poète, son aîné, et parce que Voltaire en retour voulait être aimé et admiré. D'ailleurs, il lui remit tout de suite *la Henriade* en le priant de la lire et de lui donner son opinion. J.-B. Rousseau la garda six jours et en fut enchanté. C'est lui qui l'écrit : « *M. de Voltaire a passé ici onze jours pendant lesquels nous ne nous sommes guère quittés. J'ai été charmé de voir ce jeune homme de si grande espérance. Il a eu la bonté de me confier son poème pendant six jours. Je puis vous assurer qu'il fera un très grand honneur à l'auteur. Notre nation avait besoin d'un ouvrage comme celui-là : l'économie en est admirable et les vers parfaitement beaux...* »

Jusque-là tout est parfait, quand Voltaire se moquera des vers de Jean-Baptiste : la musique changera. Alors Jean-Baptiste voudra faire croire que Voltaire n'a pu séjourner à Bruxelles que sous son patronage, qu'il lui a ouvert les portes — Sottise ! Ni Mme de Rupelmonde, flamande par son mariage, ni Voltaire n'avaient besoin de Jean-Baptiste pour faire leurs visites. Le maladroit se plaindra des ennuis qu'il eut pour avoir introduit ces deux mécréants dans la bonne société. Et lui ? N'était-il pas mécréant ? Et la bonne société était-elle si dévote ? Il eut à souffrir, dit-il, de « *tout ce que l'importunité, l'extravagance, les mauvaises disputes d'un étourdi fieffé peuvent causer à un homme posé et retenu* ». Cela fait rire : Voltaire savait aussi bien qu'homme de France et de Bruxelles se tenir dans le monde et la réputation de Rousseau n'avait rien à perdre : sa pseudo-dévotion était connue. De même — ô Tartufe ! — il se déclara profondément choqué par la lecture de *la Henriade*. Nous savons ce qu'il en pensa sur le moment — il raconta — avec quel retard ! — qu'il fut révolté par « *les déclarations très satiriques et passionnées contre l'Eglise romaine, le pape, les prêtres séculiers et réguliers, enfin contre les gouvernements ecclésiastiques et politiques.* »

Comme on change en devenant jaloux ! Que ces dévots de fraîche date sont donc sévères !

Il avait aussi lu l'*Epître à Uranie*, il la déclara « *remplie d'horreurs contre ce que nous avons de plus sacré, contre la religion et contre la personne même de Jésus-Christ qui était qualifié d'une épithète dont je ne puis me souvenir sans frémir* ». Cela nous rappelle les pudeurs du Beauregard. Mais ces frémissements d'horreur, J.-B. Rousseau ne les dévoila que seize ans après la lecture ! Il fit une scène à Voltaire — dit-il — pour lui reprocher avec véhémence d'avoir osé le choisir pour confident d'une aussi horrible poésie. Et comme la scène se passait dans un carrosse, et que Voltaire voulut se justifier par « des arguments abominables », J.-B. Rousseau le menaça de se jeter par la portière plutôt que de l'entendre. Il n'en vint pas à cette extrémité mais il se boucha les oreilles. « *Il se tut alors et me pria seulement de ne point parler de cette pièce. Je le lui promis et je tins parole.* » (Et c'est pourquoi nous l'apprenons.)

Il ajoute que Voltaire, dans les jours qui suivirent la scène du carrosse, ne lui manifesta plus la même confiance.

Voilà donc cette âme pure qui nous fait croire que la brouille avec Voltaire fut causée par l'impiété de deux poèmes. Il est difficile d'admettre cette explication. Nous pouvons croire que *la Henriade* contenait, pour l'époque, des traits scandaleux, que l'*Epître* en contenait d'horribles — nous voulons même croire que Rousseau les jugea excessifs ne serait-ce que parce qu'une génération le sépare de Voltaire et que la hardiesse du jeune poète lui paraît choquante. Mais nous sommes tout aussi disposés à croire qu'il se délecta — en libertin mal repenti qu'il était encore — de la verve, du trait cruel et éloquent et de ce miroitement des images qui fascine tout connaisseur. Et Rousseau l'était.

Piron, le bon Piron, raconte que Rousseau écoutait l'histoire suivante : il s'agissait de M. de Malezieu, précepteur du duc du Maine. Il lisait un texte sacré à son élève et, trompé par sa vue ou par la mauvaise impression, au lieu de voir : « Dieu lui apparut en songe », il lut : « Dieu lui apparut en « singe ». » Son élève lui fit remarquer qu'il disait une énormité. A quoi M. de Malezieu répondit avec sa foi toute pure qu'il était permis à Dieu d'apparaître sous telle forme qu'il lui plaît.

J.-B. Rousseau riait follement comme un homme que la dévotion n'embarrasse guère — et c'est ainsi qu'il dut se comporter à la lecture de l'*Epître à Uranie*. « *Le voilà peint,* disait Piron. *jugez s'il y a à s'y fier.* »

Non, la dispute ne vint pas de l'irrespect de Voltaire à l'égard de Notre-Seigneur ; pour Rousseau ce fut plus grave, elle vint de l'impertinence de Voltaire pour les œuvres de Rousseau. Leur rencontre fut fatale à leur amitié car le jeune poète n'eut même pas la courtoisie de rendre au vieux les éloges qu'il avait reçus pour *la Henriade* et l'*Epître* : c'est impardonnable. Jean-Baptiste lui lut un poème : *Jugement de Pluton* dirigé contre le Parlement de Paris qui avait exilé le poète. C'était plat. Le Parlement avait peut-être tort d'exiler le poète, mais un poète a certainement tort d'écrire de mauvais vers sur une bonne cause. « *Ce n'est pas là, Notre Maître, du bon, du grand Rousseau* », dit Voltaire sans précaution.

Ce n'était encore qu'une écharde — il y eut le coup de poignard. Rousseau sentait son déclin, et pour remonter la pente, il avait composé une immense machine de milliers et de milliers de vers dont les douze pieds devaient, en courant tous à la fois, porter son nom jusqu'aux siècles futurs. Avec assurance, il l'avait intitulée : *Ode à la Postérité.*

— *Je ne crois pas que cette Ode arrive jamais à son adresse,* décréta Voltaire.

Le mot fit fortune, mais il ruina la réputation de Rousseau : voilà le crime inexpiable. Ils se quittèrent ennemis pour la vie.

Nouveaux tourbillons : la présidente entre en scène.

Il est de retour à Paris fin octobre 1722. Il y séjourne en novembre et part pour le château d'Ussé, en Anjou, fin décembre. A cette date, il écrit des lettres datées de La Source. Il est l'hôte de ce grand seigneur anglais exilé en France : Lord Bolingbroke. Il est enchanté : du château, de l'hôte, de la compagnie, et de son travail.

« *J'ai trouvé chez cet Anglais toute l'érudition de son pays, toute la politesse du nôtre. Je n'ai jamais entendu parler notre langue avec plus d'énergie et de justesse. Cet homme qui a été toute sa vie plongé dans les plaisirs et les affaires a cependant trouvé le moyen de tout apprendre et de tout retenir.* »

Lord Bolingbroke vivait en France avec la marquise de Villette depuis 1717. Cette dame, née demoiselle de Marcilly, avait été en son temps demandée en mariage par le chevalier de Villette, or, c'est le père du fiancé qu'elle épousa ; le marquis était un marin valeureux qu'elle préféra à son fils. Il la laissa veuve en 1707, elle avait quarante-deux ans. C'était un âge sérieux à l'époque. Elle rencontra le lord en 1717, elle en avait donc cinquante-deux. Comme il était original, il ne voulut voir qu'elle : il l'aima, elle aussi. Ce qui compliquait un peu les choses, c'est qu'il y avait une lady Bolingbroke en Angleterre. Ils firent exactement comme si elle n'existait pas et formalités à part, ils vécurent comme le meilleur des ménages. Milady fut parfaite : en 1719 elle mourut. Les amants ne se marièrent pas pour autant, c'eût été bien malséant. Quelques années après, au cours d'un voyage, ils s'épousèrent, sans hâte et sans publicité. On ne le sut que bien plus tard. Le lord s'amuse à embellir son château de *La Source,* il jouit des jardins, des forêts, de la magnifique source. Il lisait tout. Le succès d'*Œdipe* lui révéla Voltaire : il voulut le connaître. C'est d'Argental, l'ami de collège, l'éternel ami, qui les fit rencontrer. Quand Voltaire vint à *La Source,* il ne vint pas seul : il amena *Henri IV* — son poème. Il le lut. Ce fut l'enchantement, le début d'une amitié faite d'admiration réciproque et d'affectueuse estime. Il avait une fois de plus trouvé des êtres d'élite, qui n'étaient pas des saints mais qui étaient les représentants d'une humanité exquise dont les prétendus défauts sont plus doux que les plus belles vertus.

Voltaire fit aussi un séjour au magnifique château d'Ussé : il avait tout, la beauté de la demeure, la meilleure société et le loisir de travailler. La première femme du marquis d'Ussé était la fille du grand Vauban — c'était une terrible virago, mais elle trépassa. La seconde marquise était d'un maniement plus agréable. Il y avait là un abbé Grécourt qui faisait des chansons si gaillardes qu'on ne les lui demandait qu'à la chasse : il fallait le plein air pour ce genre de paroles. Le marquis avait autrefois accueilli J.-B. Rousseau. Il était lié avec le président Hénault qui disait du marquis que c'était le meilleur homme du monde. Il était d'une distraction proverbiale et Hénault cite de lui ce trait de caractère rarissime : « *Il s'imagine n'avoir été créé que pour les autres.* » Un homme pareil valait bien le déplacement. M. Hénault ajoute qu'il était excellent comédien dans ce qu'on appelait la troupe bourgeoise. Voltaire l'aimait autant pour ce petit talent que pour toute sa vertu. La vie de ces châteaux était parfaitement bien ordonnée ; elle faisait la part des plaisirs de la vie champêtre, de la vie mondaine, et du travail. Voltaire au cours des lectures de son poème recueille les observations : il corrige. Il écrit lettre sur lettre à Thiériot pour le lancement de cette *Henriade,* il en attend tout : la gloire et la fortune ; plus il remanie l'ouvrage, plus il lui devient cher. Thiériot doit répandre le bruit que Voltaire n'est allé en Hollande que pour en préparer l'impression. Et surtout ne pas souffler mot du Rousseau !

Néanmoins, il est anxieux : il sait qu'il a chanté la gloire du roi Henri, et celle de la France, mais cela est mêlé de traits, de malices, et il connaît trop bien Paris, et ses bons amis du monde et des lettres pour ne pas redouter quelque cabale. Le danger ne le fait pas reculer : cependant il a peur. Il lui vient une idée — ce n'est pas une idée de poète, mais une idée d'éditeur. Il vendra lui-même son ouvrage, imprimé par ses soins et à ses frais, il le vendra à tirage limité et par souscription. Voilà sa trouvaille. Il fait distribuer un prospectus fixant à La Haye le lieu de la souscription, chez l'imprimeur Le Vier, en province chez le principal libraire et dans les autres pays chez les libraires des principales villes.

Le procédé dérangea beaucoup de gens. Comme si cela les regardait que Voltaire vendît son livre au numéro, au comptant, à crédit, ou payable d'avance ! Il ne tint pas compte de ces railleries et il fit placer le plus qu'il put de bulletins de souscription en assurant — le téméraire ! — qu'il avait déjà le Privilège du roi l'autorisant à imprimer et à débiter son poème. Il mentait moins aux autres qu'à lui, car il s'était si bien persuadé qu'il possédait ce privilège qu'il composa la dédicace au roi. C'est un très beau morceau d'éloquence, *patriotique* aurait-on dit si le mot avait existé. Mais il y a une ferveur, une sincérité exaltantes : il a réellement voulu faire un poème à la gloire du roi Henri et de la France — de la France Voltairienne, dira-t-on. Morceau trop sincère car certaines louanges d'Henri IV ressemblent à des critiques de Louis XV. D'ailleurs, le roi ne lut jamais cette dédicace : le livre fut refusé par la censure.

Catastrophe ! Fallait-il rembourser les souscripteurs ? Pas question. Il prend le parti de faire imprimer clandestinement le poème à Rouen. Il a là des amis sûrs : le président de Bernières, surtout la présidente que nous allons connaître de plus près, puis l'ami Cideville, conseiller au Parlement de Normandie, enfin Thiériot qui s'installe à la Rivière-Bourdet chez les Bernières pour surveiller l'impression. Son *Henri IV* sera couvé par les meilleurs amis du monde.

En janvier 1723, il est toujours à Ussé. Il y est bien et il écrit à la présidente de Bernières : « *Le goût de l'étude et de la retraite ne me laisse aucune envie d'y revenir* (à Paris). *Je n'ai jamais vécu si heureux que depuis que je suis loin de tous les mauvais discours, les tracasseries, les noirceurs que j'ai essuyées...* »

Il est sincère ; le voilà déchiré, et il le restera, entre ce besoin de solitude laborieuse et son besoin de Paris. Il est tellement Parisien ! Le drame, c'est que ses nerfs ne supportent que difficilement Paris. Et pourtant, il joue si bien le jeu de la Grand-Ville ; n'alimente-t-il pas lui-même, comme à plaisir, ces tracasseries, ces mauvais propos répandus sur lui, et par lui sur autrui ? Il revient toujours à Paris après l'avoir renié. Mais ce séjour qui l'enivre lui deviendra vite douloureux, il en a peur, et il est fasciné comme ces enfants qui jouent avec le feu et n'en approchent qu'en tremblant, et qui, presque malgré eux se saisissent d'un tison et l'agitent, font jaillir autour d'eux flammes et étincelles — dangereuse féerie ! tout à coup ils se brûlent, crient, s'enfuient terrorisés et de loin, regardent le splendide brasier puis peu à peu s'en rapprochent, reprennent le jeu fascinant où ils risquent de s'anéantir : mais c'est le seul jeu qui soit fait de lumière et d'ardeur — c'est le seul qui ressemble à la vie... Alors, Voltaire revient à Paris. Puis, un jour, il n'y reviendra plus — de très longtemps, malgré lui.

Nous l'y rencontrons en février 1723. Aussitôt, une épine le pique. Piron, fait représenter à la foire, par des comédiens ambulants, une bouffonnerie dans laquelle il se moque des auteurs à la mode.

Pour attaquer Voltaire, il a choisi sa plus mauvaise œuvre, celle qui a été retirée de la scène : *Artémire.* Piron avait remarqué que Voltaire n'avait fait que deux bons vers dans cette tragédie : les deux premiers : c'est peu pour cinq actes. Voltaire rencontrant Piron lui dit du ton le plus aigre qui soit :

— Je me félicite d'être pour quelque chose dans votre chef-d'œuvre de la foire.

Et l'autre étonné :

— Et quelle part pouvez-vous y avoir ?

Voltaire lui répond :

— Les deux bons vers de moi que vous citez.

— Ah ! dit Piron, je ne le savais pas, personne à Paris ne les a reconnus et n'a voulu se les attribuer. Je les ai hasardés comme deux inconnus. Seraient-ils malheureusement de vous ? conclut le perfide.

Voltaire est au supplice, ces traits lui sont insupportables. Il a beau assurer qu'il y sera désormais insensible, n'en croyons rien, il est trop sensible au plaisir de lancer ses sarcasmes pour ne pas l'être autant à la douleur d'en recevoir.

Et Piron le lui paiera.

Une marquise et un poète incivil. Un lord et un poème épique.

Il fréquentait depuis 1715 le salon des Mimeure, gens fort aimables ; le marquis de Mimeure est académicien, maréchal de camp. Saint-Simon dit le plus grand bien de lui et de la marquise : ils doivent approcher de la perfection. Leur hôtel était rue des Saints-Pères et ils y recevaient le meilleur monde. Voltaire y est sur un pied de familiarité étonnant — mais sans laisser-aller. Les Mimeure ont été très éprouvés par le « Système »

— leur fortune en est sortie très diminuée. Voltaire leur écrit à ce sujet sur le ton badin pour les consoler — on ne sait s'il y est parvenu, avec tant de désinvolture : « *Quelque chose qui vous arrive ne vous ôtera point les agréments de l'esprit. Mais si on* (les financiers) *va toujours du même train on ne vous laissera que cela ; et franchement ce n'est pas assez pour vivre commodément et pour avoir une maison de campagne où je puisse avoir l'honneur de passer quelque temps avec vous.* »

Et voilà ! Ne vous laissez pas trop ruiner si vous tenez à m'avoir dans votre château. C'est dit avec élégance, mais il y a des gens qui n'aiment pas ce ton. Ils ont peut-être tort mais ils sont nombreux. D'autres sont ravis, plus sensibles à l'élégance qu'à l'émotion ; Mme de Mimeure était de ces derniers. Et elle témoigna toujours beaucoup d'amitié à Voltaire. Quand son mari mourut, elle continua à recevoir. Cette année-là on publia — une fois de plus — des édits somptuaires pour essayer d'enrayer les dépenses folles que les femmes faisaient pour leur toilette. Quoique veuve, et d'un âge avancé pour l'époque (elle avait cinquante-trois ans) et quoique ruinée, elle poussa de hauts cris contre l'édit. Elle voulait se ruiner davantage — mais cette fois par ses propres soins. Ce qui change tout. Elle demanda une dispense au régent en raison des services rendus par feu le marquis. Elle l'obtint : elle reparut en brocarts tissés d'or et couverte de diamants. C'était pour faire enrager de plus chétives pécores tenues de se couvrir de toile et de droguet. Pas pour longtemps d'ailleurs.

C'est chez Mme de Mimeure que Voltaire rencontra Piron. Piron sentait sa province. Il avait de l'esprit, mais brut. Pas de manières, pas d'usages — et un déplorable vestiaire. Eût-il porté en lui le Saint-Esprit que, fait de cette façon, il eût provoqué les railleries de Voltaire. Mme de Mimeure essayait de l'habiller mais Piron gâtait ses vêtements par sa façon bohème de vivre : ses poches étaient un garde-manger : du pain, un flacon de vin, du fromage.

Un matin, très tôt, Piron entra chez la marquise, à la façon villageoise : « J'entrais en passant pour dire bonjour. » Elle sourit, sans se formaliser et lui dit que Voltaire était chez elle. A vrai dire, Voltaire faisait un peu l'enfant gâté dans la maison — et on lui montrait assez que cela ne déplaisait pas. « Puisque vous désirez tant le connaître, dit la marquise à Piron, allez le trouver, il se chauffe dans ma chambre. » Elle continua sa toilette.

Piron, en effet, mourait d'envie de connaître ce Voltaire éblouissant qui avait conquis Paris, comme en se jouant, alors que lui, bel esprit de province, peinait comme un forçat pour n'obtenir qu'un semblant de succès. Il ne l'avait encore jamais vu. Il trouva le poète en train de rêver, frileusement affalé dans une bergère, les jambes écartées s'offrant au feu. Son salut n'obtint qu'un regard mort et un signe de tête. Voltaire a tout de suite jugé à sa mise cet inconnu qui se confond en courbettes. Il le laisse faire. Piron s'installe. A petits coups, il se rapproche du feu. Le feu seul bouge et murmure. Le silence est lourd. Piron parle. Rien. Le pauvre Bourguignon qui a pourtant du bec ne sait plus que faire. Il est humilié. Il n'ose plus souffler mot. Ils se regardent à la dérobée. Ne voulant pas parler, Voltaire se mouche. Piron éternue. L'un regarde l'heure. L'autre prise du tabac... c'est irrespirable. Voltaire alors eut un geste qui laissa le Bourguignon pantois, il sortit de sa poche un croûton de pain et, dans le silence, comme un écureuil, il se mit à le grignoter — oui, à le ronger du bout des dents, rongeur rongeant avec un bruit de souris qui à minuit grignote la plinthe. Pour le coup, le sang de Piron se réveilla, il tira de sa poche son flacon de vin et se le vida dans la gorge. Alors, M. de Voltaire prit ses airs, il se leva et dit d'un ton amer :

— J'entends, Monsieur, la raillerie tout comme un autre, mais votre plaisanterie, si c'en est une, est fort déplacée.

Piron n'avait pas encore assez d'assurance pour lui répondre que son vin n'était venu que pour arroser le croûton. C'est, entre nous, ce que méritait ce croûton. Le poète enfin doué de parole lui expliqua :

— « Je sors d'une maladie qui m'a laissé une faim continuelle. » Sur quoi Piron lui répondit : « Mangez, monsieur, mangez, vous faites bien, moi je sors de Bourgogne avec une soif continuelle — et je bois. »

Voltaire lui accorda un faible sourire et sortit. Bientôt après Mme de Mimeure entra bouleversée et se jetant sur le pauvre Piron elle lui demanda ce qu'il avait fait à M. de Voltaire qui venait de sortir en lançant : « Quel est ce grand fou d'ivrogne qui est auprès de votre feu ? « Auriez-vous bu ce matin », lui dit-elle, en colère ? Mais il lui raconta la scène et elle rit de la rencontre.

En vérité, Voltaire voyait d'un mauvais œil cet intrus qui se faisait une place dans une maison où il avait tous les droits. Il méprisait Piron pour ses dehors de rustre, et il était agacé par l'esprit très réel dont Piron faisait preuve : car la chose la moins supportable pour un homme d'esprit est un autre homme d'esprit dans ses parages. Il dut supporter Piron car Mme de Mimeure tenait à lui, pourtant moins que sa dame de compagnie, Mlle de Bar, qui donnait la réplique au Bourguignon. Sa bonhomie plaisait aux deux femmes et elles firent semblant de ne pas voir l'air boudeur que prenait Voltaire. En réalité, il était fâché et il les délaissa peu à peu. Il pensait avoir trouvé mieux.

C'est la présidente de Bernières qui supplante Mme de Mimeure. Elle est l'épouse du président au Parlement de Normandie, M. de Bernières ; elle habite un bel hôtel à l'angle de la rue de Beaune et des quais. C'est le destin qui l'a placé là : Voltaire y reviendra pour y mourir. Mme de Bernières est belle, intelligente, d'une amitié intrépide. Ils vécurent dans la plus grande intimité sans qu'on puisse affirmer qu'ils furent amants. Tout le monde le croyait sauf M. de Bernières. C'est lui-même qui organisa un appartement pour Voltaire à côté de celui de sa femme et le lui offrit. A part les soupçons, rien ne permet de dire que M. de Bernières était trompé. Le président habitait en Normandie, un château près de Rouen, La Rivière-Bourdet. Encore un paradis pour Voltaire ! Il y fit de longs et fréquents séjours, c'est de là qu'il surveille l'impression de *la Henriade,* c'est là qu'il écrit en cette année 1723 une nouvelle tragédie, *Mariamne,* et qu'il soigne sa maladie de poitrine en buvant du lait d'ânesse. Ce qui lui fait écrire à la présidente : « *Je m'en retourne ce soir à La Rivière pour partager mes soins entre « Mariamne » et une ânesse.* »

A Rouen, il trouve une société intéressante, il y a des salons pleins de gens d'esprit, on y joue la comédie, on écoute d'excellente musique. Il se fait des amis : il se fait de la publicité. Il pique la curiosité en parlant de son poème et il recueille des souscriptions : « *Vous pensez bien qu'un homme qui va donner un poème épique a besoin de se faire des amis.* »

Quant à *Mariamne,* c'est à Adrienne Lecouvreur qu'il veut la confier — c'est autre chose que la petite Livry — elle a du talent et quel talent — et puis, elle est amoureuse, elle est sa maîtresse. C'est ce qui donne à croire que les tendresses de Mlle Lecouvreur suffisaient à cet « amant à la neige » et qu'il n'y avait entre lui et la présidente qu'une très tendre et très profonde amitié — et pour lui et peut-être pour elle, c'était la meilleure part.

En avril 1723, il est de retour à Paris et assiste à une représentation de la tragédie de La Motte : « *J'ai été à* Inès de Castro *que tout le monde trouve très mauvaise et très touchante. On la condamne et on y pleure.* » Il faut dire que « pleurer » au XVIIIe siècle signifiait admirer : plus on pleure, plus c'est beau. Au cours de la représentation, il se trouvait assis près d'un vieillard féru de théâtre depuis soixante ans et qui parlait sans arrêt du théâtre de l'autre siècle : « De mon temps... » etc. Il soutenait qu'il n'y avait jamais eu une bonne pièce en France depuis le *Cid*. L'impertinent Voltaire répondit au vieillard :

— « Il me semble pourtant avoir ouï dire qu'à la première du *Cid* — où vous étiez — vous n'avez pas trouvé bonnes les deux premières scènes. »

Il y avait à ce moment-là presque quatre-vingt-dix ans qu'on avait joué *le Cid*. Un témoin qui écoutait lança cet avertissement à Voltaire : « *Gare la répétition des coups de bâtons !* » Cruelle allusion à Beauregard ! Mais il ne se passa rien, le vieux monsieur était pacifique — ou sourd.

Le duc de Richelieu l'invite à l'accompagner aux eaux de Forges : Voltaire s'excuse, ce sera pour l'année suivante.

Lord Bolingbroke regagne l'Angleterre en juin 1723 — ses affaires s'arrangent. Le roi George l'autorise à rentrer : mais, à son arrivée, on ne lui rend ni ses biens séquestrés, ni ses honneurs, ni la pairie. Il revient à *La Source*.

De Paris, Voltaire harcèle Thiériot, qui est demeuré à Rouen, pour qu'il surveille *la Henriade*. Il se met en tête d'obtenir une loge à l'opéra pour sa chère présidente. Il supplie, il flatte, il intrigue, il va jusqu'à promettre d'écrire un opéra si on lui donne sa loge : « *Si je suis sifflé*, écrit-il à Mme de Bernières, *il ne faudra vous en prendre qu'à vous.* »

Une loge à l'opéra pour sa chère présidente ne l'empêche pas de solliciter d'autre part une sinécure pour son ami Thiériot. Mais Thiériot est d'un placement difficile. C'est aux banquiers Pâris-Duvernet qu'il s'adresse — avec quelle ténacité il les assaille ! Quand il croit qu'il devient importun, il délègue ses amis : Génonville, le maréchal de Villars, le président de Maisons. Les frères Pâris étaient serviables et l'avaient prouvé à Voltaire mais ils n'étaient pas aveugles. Ils eussent volontiers donné une bonne place à Thiériot dans leurs vastes affaires si Thiériot n'avait pas été... Thiériot, c'est-à-dire un velléitaire, un paresseux, dont la vraie vocation était d'être parasite moyennant des bricolages. En outre, il n'était pas très sûr. Mais pour Voltaire, il est sacré, il est l'ami ; tous ses défauts, il les connaît sans doute, mais il n'en faut pas parler. Les banquiers gênés de refuser, promettaient, repoussaient. Finalement, ils ne prirent pas Thiériot chez eux. Celui-ci en fut bien moins chagriné que Voltaire. Thiériot ne désirait rien d'autre que ce qu'il avait : être logé ici et là et toujours seigneurialement — faire quelques démarches, écouter et répéter, répandre tel bruit, et taire tel autre, grappiller sur les frais et recevoir de généreuses récompenses de son cher ami Voltaire. Tout continua comme par le passé.

En septembre 1723, Voltaire put enfin échapper à Paris et retrouver sa présidente, son ânesse laitière, le bon air de Normandie, ses amis de Rouen, les épreuves d'imprimerie et... un très grand chagrin.

Les grandes douleurs pour Voltaire sont toujours causées par des atteintes à son orgueil, à ses amitiés, ou à la liberté — la sienne ou celle des autres.

C'est la mort de Génonville qui lui causa cette année un chagrin inoubliable. Nous connaissons ce jeune magistrat brillant lettré, zélé, plein d'avenir : il avait partagé Suzanne avec François Arouet. Il portait tantôt le nom de sa mère, tantôt celui de son père M. de la Faluère. Partout où il était connu, on ne l'appelait que le gentil La Faluère. Voltaire écrivant un jour à Mme de Mimeure eut ce tour d'une délicatesse inimitable pour parler de Génonville : « *Je souhaite parfois que vous ne le connaissiez point car vous ne pourriez plus me souffrir.* »

Il fut emporté par la petite vérole à l'âge de vingt-six ans pendant la terrible épidémie de cette année-là. Dix ans après cette mort le chagrin inspira encore à Voltaire cette *Epître aux Mânes de Génonville.*

Toi dont la perte après dix ans
M'est encore affreuse et nouvelle.

Il rappelle le souvenir des amours à trois, jeu plaisant et cruel, d'où il fut exclu — mais nulle rancune dans ce souvenir.

Il te souvient du temps où l'aimable Egérie
Dans les beaux jours de notre vie
Ecoutait nos chansons, partageait nos ardeurs,
Nous nous aimions tous trois : la raison, la folie,
L'amour, l'enchantement des plus tendres erreurs
Tout réunissait nos trois cœurs.

Pourquoi dit-on que Voltaire est sans cœur ? N'est-ce pas la tendresse qui inspire ces vers ? Bien sûr, ils n'ont rien de pathétique, mais qu'est-ce qui peut nous faire croire que le pathétique est plus sincère et plus profond que la décence ?

Nous chantons quelquefois tes vers et les miens,
De ton aimable esprit nous célébrons les charmes
Ton nom se mêle encore à tous nos entretiens
Nous lisons tes écrits, nous les baignons de larmes.

Il est des Temples à l'Amour, il en est d'autres à l'Amitié. Pourquoi n'y graverait-on pas ces vers ? Dans cette vie agitée et même brouillonne, chez cet être changeant, l'amitié ne change pas. C'est l'élément pondérateur de ce feu follet. Il se lie à ses amis, très fortement, et il veut se les attacher. Il les sert et se sert d'eux. Il souffre d'un moment d'oubli, de négligence ; vite d'un billet, il les relance. Une lettre est un lien ; on échange un compliment, un trait d'esprit, un badinage mi-plaisant, mi-tendre : le courant passe. Les esprits communiquent : il se sent mieux, il voit son semblable qui lui tend un miroir où il se retrouve, et s'admire. Il lui faut des amis très intelligents pour ce petit jeu-là : c'est peut-être pour lui la forme parfaite, idéale, de l'amour.

En deuil de Génonville, il rentre à Paris, remet sa tragédie *Mariamne* aux Comédiens français — et d'abord à Adrienne Lecouvreur et va se faire admirer et choyer chez son ami le président de Maisons que nous ne connaissons pas encore.

Encore un parfait ami.

Le président de Maisons appartenait à une riche famille comblée depuis un siècle par la faveur royale. Son grand-père, chancelier d'Anne d'Autriche fit la fortune de sa famille. Le jeune Maisons fut une sorte d'enfant prodige : un élève remarquablement doué. Il ne fut peut-être pas autre chose, mais il fut cela à la perfection. Il remplit toutes les charges de la meilleure grâce du monde, car il était aussi aimable qu'intelligent et Louis XIV pour le consoler de la mort de son père le fit président du Parlement à l'âge de douze ans ! Le régent lui continua cette faveur ; il lui permit de siéger et de juger alors qu'il n'avait que dix-huit ans. Nul n'eut à s'en plaindre. Pourtant ce juge suprême n'était pas intéressé par le droit mais par les sciences. Il faisait de la recherche — à la mode du temps, c'est-à-dire qu'à force de manipuler ceci et cela on finissait par trouver autre chose sans toujours savoir quoi. M. de Maisons, lui, eut le privilège de savoir ce qu'il avait découvert : il découvrit une couleur : le bleu-de-Prusse qui était, paraît-il, bon teint. Dans un autre domaine, il créa un jardin botanique si soigné qu'il eut la gloire de faire mûrir pour la première fois du café aux portes de Paris. Voilà l'important pour lui. Pour nous, l'important est qu'il était l'ami de Voltaire, et parfait honnête homme. Encore un être d'élite ! Vraiment, Voltaire savait choisir ses amis. Et il suffirait de ce seul trait pour faire croire que la réputation de méchanceté, de cupidité, de perfidie qu'on a voulu faire à Voltaire relève plutôt de la légende que de la réalité. Encore que la réalité nous doive le montrer en quelques occasions assez semblable à la légende.

Mais revenons à l'aimable président de Maisons ; s'il vouait à Voltaire cette amitié, c'est sans doute parce que Voltaire la méritait.

Son père avait fait bâtir par Mansart l'admirable château de Maisons où il recevait ce que la France comptait de meilleur par la naissance et le mérite. Voltaire y avait sa chambre. Il s'y plaisait. Il se croyait aussi éloigné de Paris que s'il eût été à Sully, et pourtant il en voyait les toits de ses fenêtres et pouvait s'y rendre et en revenir dans la journée. Il avait résolu de faire un long séjour à Maisons. Il fut servi ! Mais non comme il l'espérait.

Il y fut cloué par la petite vérole. Il faillit rejoindre Génonville. Un avocat, Barbier, qui a écrit des Mémoires sur ce temps nous dit : « *Il est mort une infinité de monde et le roi fait un gain considérable sur les rentes viagères...* » C'est une façon de considérer les choses. Entre autres, la famille du duc d'Aumont disparut en entier. Le jeune fils mourut le dernier et dit à son médecin qui venait d'enterrer le père, la mère et la sœur : « *Docteur irai-je faire la partie carrée à Saint-Gervais* (cimetière). *Ce serait là un vilain quadrille.* » Voltaire en prit aussi le chemin. Il se trouva assez mal un soir ainsi que M. de Maisons. On les saigna, comme il se doit. Le lendemain M. de Maisons était mieux et Voltaire au plus mal. Devant sa chétive constitution le médecin était pessimiste. Voltaire en fut charitablement averti par les domestiques qui lui dirent qu'on clouait un cercueil pour son usage. Il reçut fort dévotement le curé de Maisons qui ne craignait pas la contagion — le cas était rare et, par reconnaissance, Voltaire se confessa. Il fit son testament, regretta ses amis et son manuscrit sur lequel il voulait encore faire des ratures. La frousse le tenait fort car un célèbre devin lui avait prédit qu'il mourrait cette année-là. Plus tard, il rit de la prédiction mais, serré par la fièvre, il crut bien qu'elle allait se réaliser, d'autant plus que tout le monde citait l'exemple de Mme de Nointel à qui le même devin avait dit qu'elle vivrait cent ans si elle franchissait le cap des quarante, mais qu'elle risquait bien de mourir à cet âge ; or, peu de temps avant son quarantième anniversaire, et éclatante de santé, elle eut, au sortir d'un dîner, un mal de tête et mourut le lendemain. Le devin avait dit vrai.

M. et Mme de Maisons firent de leur mieux pour sauver Voltaire et y réussirent : ils le soignèrent avec un courage et une douceur merveilleux. Ils firent venir Thiériot qui s'installa dans la chambre de son ami et le veilla nuit et jour : ce qui était un bien gros risque, car la virulence de la variole était terrible. Adrienne Lecouvreur vint aussi dans sa chambre le voir. Enfin, il ne tarit pas d'éloges sur son médecin le docteur Gervasi. Il lui disait : « *Si vous aviez soigné Génonville, il serait encore vivant.* » Enfin, le 15 novembre 1723, il se sentit mieux. Et aussitôt, il travailla dans son lit. Le 1er décembre il put se lever : ce fut pour aller remercier ses hôtes : pleurs de joie, de reconnaissance, compliments les plus affectueux de part et d'autre.

Et il regagne Paris, encore humide de larmes, il monte en carrosse... Non, la sortie serait banale. Il faut un baisser de rideau — ou plutôt un rebondissement. Laissons-le parler : « *A peine suis-je à deux cents pas du château qu'une partie du plancher de la chambre où j'avais été, tombe tout enflammée. Les chambres voisines, les appartements qui étaient en dessous, les meubles précieux dont ils étaient ornés tout fut consumé par le feu.* »

Il fut bouleversé : on aurait dit que pour remercier ses hôtes, il avait mis le feu à leur château. Il n'avait laissé qu'un tison presque éteint dans sa cheminée, que s'était-il passé ? C'est qu'on avait fait de grands feux pendant sa maladie, et, le conduit de fumée de sa cheminée était traversé par une poutre qui s'était peu à peu consumée. Elle eut le bon esprit d'attendre qu'il fût sorti pour incendier la chambre — sinon, il grillait vif.

« *Je n'étais pas la cause de cet accident mais j'en étais l'occasion malheureuse, j'en eus la même douleur que si j'avais été coupable. La fièvre me reprit tout aussitôt et je vous assure qu'en ce moment je sus mauvais gré à M. Gervasi de m'avoir sauvé la vie.* »

Cette rechute n'est pas du ressort de la médecine mais de celui de l'amitié. Ses amis de Maisons le consolèrent, l'apaisèrent, le rassurèrent, ils s'employèrent si tendrement à lui faire oublier ses remords que Voltaire débordant de gratitude et d'affection écrit : « *Il semblait que ce fût moi dont il eût brûlé le château...* »

Peut-on mettre plus de délicatesse dans l'amitié ?

Inconstance des Muses, fidélité des amis — et des fièvres.

Il renoua tout de suite avec la capitale. Ce fut d'abord un concert de félicitations pour sa guérison.

Malgré la petite algarade avec Voltaire devant la cheminée de Mme de Mimeure, le Bourguignon tenait tellement à l'amitié de Voltaire qu'il composa une ode en son honneur. Ne sachant où le trouver, il alla se poster chez Mme de Mimeure et l'attendit. Son calcul se trouva juste. Il y rencontra Voltaire et lui remit son poème. L'autre le prit assez froidement et lui dit d'un air mi-figue, mi-raisin qu'il était sûr que le poème était bon parce qu'il avait déjà eu l'occasion d'apprécier son savoir-faire. Puis sur un ton presque menaçant, en ayant l'air d'en savoir long, il ajouta : « *Je viens d'en entretenir la marquise, entrez-y vous serez bien reçu.* »

Piron tremblant sans savoir pourquoi, entra chez la marquise et il s'aperçut aussitôt qu'il n'avait pas tort de trembler : « *Je songeais sur-le-champ à vous fermer ma porte.* » C'est par ces mots qu'elle l'accueillit. Le malheureux tomba des nues. Elle lui apprit que Voltaire venait de lui lire de bout en bout une ode dont Piron était l'auteur : une horreur ! des termes obscènes, des évocations nauséabondes... de quoi faire pendre six Pirons.

Le voilà saisi d'un transport, il se met à bondir, tapant des mains et du pied et hurlant de colère. Mme de Mimeure effrayée ne voulait que l'apaiser et elle lui dit qu'elle ne croyait rien de tout cela et que Voltaire lui avait joué ce vilain tour. Mais Piron reconnut que le poème était bien de lui ; c'était une erreur, mais une erreur de jeunesse, le triste résultat d'un pari stupide... Sa fureur passée, il tremblait, bredouillait, larmoyait : « *Asseyez-vous là, grand nigaud* », lui dit-elle. Et elle pardonna.

Voltaire a-t-il vraiment joué ce tour à Piron ? Rien ne le prouve. Le fait n'est connu que par un laudateur de Piron, Rigoley de Juvigny qui est un ennemi de Voltaire. Nous savons que Voltaire ne pouvait supporter Piron : il ne peut admettre qu'on ait à la fois du talent et une prononciation campagnarde, des taches sur ses revers et du linge sale. Il se peut aussi que Mme de Mimeure ne soit pas tout à fait étrangère à cette « pique », il ne déplaisait peut-être pas à cette excellente personne de faire se mordre ses deux roquets.

Ils ne se mordirent pas — du moins pas devant elle — et l'anecdote en tout cas est incertaine, elle compte néanmoins parmi celles qui veulent prouver la perfidie de Voltaire. Mais comment croirions-nous à cette « perfidie » alors que Piron, peu après, va présenter un de ses poèmes à Voltaire en lui demandant des corrections que Voltaire fera et que Piron recevra avec respect ? Impossible — le bon Piron n'est pas dissimulé, il ne joue pas ce jeu courtisan : quand il sera fâché avec Voltaire alors, nous le saurons, il criera dans les rues et il ne lui fera plus de visites respectueuses.

Voltaire a d'autres chats à fouetter : *La Henriade* fait son entrée dans Paris — clandestinement et s'y répand de même. C'est un secret de Polichinelle, d'ailleurs. Le snobisme aidant, on voit traîner sur les tables des salons et dans les antichambres l'ouvrage clandestin. On ne le trouve pas en librairie mais on vient le livrer à domicile — dans les domiciles qui le méritent. Cette cachotterie fait plus pour le succès qu'une distribution gratuite de l'ouvrage. Les gens du monde s'abordent en récitant des vers de *La Henriade* et des esprits très sérieux comme le philosophe Bayle y voit une grande œuvre : « *Sénèques et Lucains de ce temps,* écrit-il, *apprenez à écrire et à penser dans ce poème merveilleux qui fait la gloire de notre nation, et votre honte.* »

A nous, cela paraît froid, et même pompeux. Pour les lecteurs du XVIIIe, c'était léger ; Voltaire secouait les lourdes draperies du Grand Siècle, il osait mêler à l'Histoire des sourires et des sous-entendus ; les grands hommes n'étaient ni en bronze, ni en marbre : mais en costume Louis XV, et les institutions religieuses et autres, n'étaient plus enveloppées d'encens. Bref, bien qu'il n'y eût là, à notre goût moderne, rien de très subversif, le public y trouva qui de l'hérésie, qui de la licence, qui de l'impiété, qui de l'anarchie — et tout le monde en perçut le relent de soufre. Les Jésuites l'attaquèrent — et les Jansénistes aussi — pour des raisons opposées. Voltaire fut accusé d'être Janséniste, par un certain abbé Desfontaines avec qui nous ferons un bout de chemin avant peu. La Cour trouva qu'on traitait le trône avec une familiarité choquante. En somme, déjà se préparait une conjuration de la sottise, de l'hypocrisie, de l'intérêt et de la peur. Du côté des poètes, la jalousie envenimait tout.

Voltaire avait dit trop de vérités à la Cour de Rome, et pas assez d'injures aux Réformés pour espérer le « *permis d'imprimer dans sa patrie ce poème composé à la gloire du plus grand roi que sa patrie ait jamais eu* ».

Il avait assez de flair courtisan pour se douter que « le plus grand roi » d'un pays, c'est toujours le roi actuel : voilà à qui il faut élever des monuments pour être bien en cour. Mais, c'est à son honneur de n'avoir pas eu cette faiblesse. Voltaire aime sa patrie, et même ses rois. Mais il n'a pas l'amour aveugle... Au demeurant, c'est tout ce qu'on lui reproche : d'y voir trop clair. Crevez-lui les yeux : vous aurez un poète lauréat.

Le 6 mars 1724, Mlle Lecouvreur joua *Mariamne*. Elle joua avec tout son talent, toute son ardeur de grande artiste — et tout son cœur. Ce fut un échec. La salle ricanait. Lorsqu'un loustic, au milieu de la scène la plus tragique où Mariamne lève la coupe empoisonnée pour la boire et tomber foudroyée, s'écria joyeusement : « La reine boit ! » Ce fut un fou rire. Ce n'est pas cela qui coula la pièce ; c'est qu'elle était mauvaise. Si le public écoutait en riant et si le loustic faisait le pitre c'est parce que le spectacle n'intéressait personne.

Voltaire l'avait senti dès le premier acte : lorsque Mariamne but son poison et s'écroula devant une salle en joie, la pièce était déjà morte depuis le premier rideau.

Et le voilà malade. Il est vraiment malade et la chute de *Mariamne* n'est pas étrangère à sa maladie. Cela ne nous étonne pas car il n'est jamais en bonne santé. Il se plaint toujours. Il croit aux médecins — surtout au dernier qui lui parle. Il se drogue sans arrêt, il s'entoure de mille précautions, il protège sa santé comme son travail. Pour le travail, il a les remparts des châteaux, pour sa santé des remparts de pilules. Il en possède de cent espèces, il a mille fioles. Il interroge autour de lui pour savoir ce que les gens absorbent : il se procure les remèdes nouveaux et les ingurgite au plus vite. Il se fâcha avec Mme de Rupelmonde parce que, ayant aperçu dans ses flacons des pilules inconnues, il les lui vola et les avala. Or, elle en avait un besoin extrême. Elle ne lui pardonna pas. Il les avalait par gourmandise ; celles de son amie lui parurent excellentes, il y pensa jusqu'à son lit de mort : « *Je voudrais bien encore lui voler des pilules,* disait-il, *elle en prenait trop et moi aussi.* »

Pour lors, il souffre d'une grave indigestion de tragédie ; il grelotte, ses entrailles sont déchirées, il maigrit encore. Il travaille au lit, malgré ses coliques.

Dès les beaux jours, il part pour Forges avec Richelieu. Le président de Bernières y possède une maison. Aussitôt, il se crée autour du duc et de Voltaire une belle société. C'est la vie de château en plus libre. Les plaisirs et les eaux mettent le poète en joie. « *Les eaux me font un bien auquel je ne m'attendais pas,* écrit-il. *Je commence à respirer et à connaître la santé. Je n'avais jusqu'à présent vécu qu'à demi. Dieu veuille que ce petit rayon d'espérance ne s'éteigne pas bientôt* », écrit-il le 20 juillet 1724.

Hélas ! ce ne seront jamais que hauts et bas et la colique va bientôt anéantir son rayon d'espérance — et il ne vivra de nouveau « qu'à demi » comme il dit — mais sa demi-vie le fait vivre deux fois plus intensément que les autres, et deux fois plus longtemps : telle est la logique voltairienne.

Un chagrin qui venait du cœur et non des entrailles vint le bouleverser : le duc de Richelieu lui apprend qu'un de leurs bons amis, un duc, est tué à Chantilly au cours d'une chasse par un cerf furieux qui lui perce le foie à coups d'andouillers. Richelieu est bouleversé, Voltaire est malade : un ami mort et le voilà couché fiévreux, égrotant. Est-ce bien le chagrin ? Voilà que les eaux de Forges lui sont pernicieuses. Elles l'enivrent. Il a des vertiges. Il cesse de les prendre et redouble de travail. Le jour, il est couché, le soir il se lève : il joue : Il joue beaucoup et il perd. Il appelait cela « *faire ses lessives annuelles* ». Il n'y prend aucun plaisir, mais une fois par an, il s'abandonne au jeu. Comme cette façon de perdre son argent n'est pas du tout une façon Arouet, il s'arrête dès qu'il estime que son lessivage est suffisant.

Il rentre à Paris fin juillet et habite l'appartement des Bernières sur les quais. Mais le trafic des quais est si bruyant qu'il en devient fou. Il se met des bouchons dans les oreilles. C'est inefficace : la fièvre le saisit — c'est, dit-il, une fièvre « double-tierce ». Fort maligne sans doute. Il fuit.

Il va loger en garni. Le duc de Sully essaie de le tirer de là et de l'entraîner à Sully : Voltaire préfère La Rivière-Bourdet. Mais il n'ira pas tout de suite, il veut achever une comédie *L'Indiscret* commencée à Forges.

Que se passa-t-il dans ce garni ? Il y connut de si graves inconvénients qu'il revint rue de Beaune. Etait-ce le voisinage ? Il semble que l'hôtel ait été un peu louche. Les punaises ? Peut-être les deux. Dans cet appartement que lui avait loué — ou prêté — M. de Bernières, il avait aussi fait de grands frais. Cela n'empêcha pas les envieux de dire qu'il était le parasite de M. de Bernières tout en étant l'amant de sa femme. La chose, au

XVIIIe siècle, n'avait rien d'une prouesse, en outre, elle était inexacte. Voltaire n'a rien d'un parasite, il faisait à la fois plaisir et honneur aux amis qui le recevaient en ami, en égal, et non en « amuseur » et en invité payant son écot d'un bon mot. Il n'était pas davantage traîté « en invité » qu'il ne se sentait « invité » : son naturel et son aisance étaient semblables au naturel et à l'aisance de ses hôtes car, au fond, il n'y avait entre eux qu'un lien : le plaisir d'être ensemble.

A peine chez les Bernières, tout se gâte à cause du portier. Il transformait sa loge en bistrot et servait à boire aux gens de passage pour se faire un petit revenu. Voltaire n'aimait pas ce genre et le voilà en guerre avec le vineux concierge.

Ce qu'il n'aimait pas davantage c'est l'éruption de boutons qui lui couvrait le corps : « *Vous me trouverez avec une gale horrible qui me couvre tout le corps* », écrit-il à Mme de Bernières. Est-ce l'effet des punaises du garni ? Il dit que c'est un effet des eaux. « *Nous ne nous embrasserons point à votre retour mais nos cœurs se parleront.* » Il a toujours les mots qu'il faut, même pour parler d'un eczéma.

Entre une scène avec le portier et une démangeaison, il refait entièrement *Mariamne*. C'est du courage ! Il accuse d'ailleurs sa mauvaise tragédie de lui avoir empoisonné le sang : « *Je crois que c'est cette misérable* Mariamne *qui m'a tué et je suis frappé de cette lèpre pour avoir trop maltraité les Juifs.* »

Mais il avait — ô homme de lettres ! — de terribles stimulants. Il avait appris que le roussâtre Rousseau composait dans l'ombre de l'exil une *Mariamne*. Quelle audace ! Et même un obscur abbé Nadal, théâtral et tragique avait osé écrire une *Mariamne*, que les Comédiens avaient acceptée, qu'ils allaient jouer. On la joua : ce fut un four. L'abbé Nadal poussa les hauts cris, rameuta tous les poètes en accusant Voltaire d'avoir délégué Thiériot au parterre avec une clique pour organiser le chahut dans lequel sombra sa pièce. Voltaire aurait pu se taire et laisser aboyer les roquets mais négliger une querelle est au-dessus de son pouvoir. Il répond à Nadal sous le nom de Thiériot — car c'est Thiériot l'attaqué, mais Voltaire ne peut tolérer qu'on touche à ceux qu'il aime. Et il écrit d'un ton bénin :

« *Enfin, Monsieur, il n'y avait ni grand, ni petit qui ne vous accablât de ridicule, et moi qui suis naturellement bon je me sentais une vraie peine de voir un vieux prêtre si indignement vilipendé par la multitude, j'en ai encore de la compassion pour vous, malgré vos injures et malgré vos ouvrages.* »

Chacun se délectait à la lecture de ces aménités envenimées.

Quinze jours après l'échec de Nadal, la Comédie redonna la *Mariamne* de Voltaire : lessivée, repassée, remise à neuf. Il avait supprimé la coupe de poison de cruelle mémoire ; mais pour le reste c'était le même ennui, la même platitude. Bref, elle était aussi mauvaise que la première mouture et presque autant que celle de Nadal. Mais le public la trouva bonne. Il fut sacré grand poète sur la foi de son plus mauvais ouvrage. Il n'eut garde de protester. Mais lui savait à quoi s'en tenir.

Les amis les plus chers sont parfois bien difficiles. Thiériot est de ceux-là. Il abuse. Voltaire se faisait du souci pour son avenir. Richelieu venait d'être désigné par le roi comme ambassadeur à Vienne — le poste le plus prestigieux — Voltaire lui demande de prendre Thiériot dans le personnel de l'ambassade et de lui assurer une pension. Moins difficile que les financiers, Richelieu accepte. Voltaire ravi apprend à Thiériot la bonne nouvelle : celui-ci tord le nez et refuse. Voltaire déçu, remercie Richelieu et lui rend sa parole. Remarquons que Voltaire ne fait rien pour forcer Thiériot, il ne force jamais les gens à accepter, il laisse à chacun son libre arbitre — et pourtant, il est fâché du refus.

C'est alors qu'apparaît le remplaçant : l'abbé Desfontaines. Il avait déjà demandé la place, il se représente, Richelieu l'agrée. A son tour, Desfontaines se désiste quelques jours après et présente un de ses amis : Richelieu, bon prince, agrée l'ami. Ouf ! — ce n'est pas fini.

Thiériot choisit ce moment pour revenir sur le tapis. Il se dit décidé à partir et à faire fortune dans le sillage doré du plus brillant seigneur du siècle. Pourquoi ce revirement ? Parce que Mme de Bernières l'accaparait trop. Il voulut fuir, finalement il resta. Elle l'avait à demeure ; c'était une amie un peu abusive : elle avait fait de lui son homme de compagnie, son parasite d'élection — lui, nous le savons, trouvait cela parfait. Il était prêt à tout sauf à travailler. Elle n'eut pas de peine à le retenir ; elle lui fit honte d'abandonner ceux qui l'aimaient — avait-il donc à se plaindre d'eux ? Fallait-il faire davantage pour lui. Qu'il parle ; on ferait ce qu'il voudrait pourvu qu'il restât !

Voltaire reprocha à Mme de Bernières d'aimer ses amis en égoïste, pour elle et non pour eux. Elle trahissait l'intérêt de Thiériot en le retenant et il l'exhorta, lui qui avait tant à perdre à se séparer de Thiériot, à laisser partir leur ami : « *Parce qu'il n'y a pour lui que ce parti et qu'il serait bien peu digne de l'estime des honnêtes gens s'il manquait sa fortune pour être un homme inutile.* »

Voilà Voltaire parlant comme M. Arouet — et comme un véritable ami. Mais c'est bien au-dessus des soucis d'un Thiériot — il se moquait bien d'être « un homme inutile » puisqu'il était un homme heureux. A l'estime des honnêtes gens, il préférait la protection. Quant à sa fortune, voyons, elle était déjà faite : elle s'appelait Voltaire.

Mais pour plaire à Mme de Bernières qui s'était rendue aux raisons de Voltaire et à Voltaire lui-même. Thiériot décida de tâter de ce Richelieu qui roulait sur l'or ; il accepta la place. Il fallut donc la redemander au duc. Voltaire s'y employa — c'était plutôt gênant. Il perdit la face — et beaucoup de temps. Croyez-vous qu'il fasse des reproches à Thiériot ? A peine... « *Vous m'avez causé un peu d'embarras par vos irrésolutions. Vous m'avez fait donner deux ou trois paroles différentes à M. de R... qui a cru que je l'ai voulu jouer. Je vous pardonne cela de bon cœur.* » Vraiment, Thiériot avait raison, quelle bonne fortune pour lui que d'avoir rencontré Voltaire dans l'étude de Me Alain.

Et un peu plus tard, Voltaire lui écrit encore : « *J'ai fait pour vous ce que j'aurais fait pour mon frère, pour mon fils, pour moi-même. Vous m'êtes aussi cher que tout cela. Le chemin de la fortune vous est ouvert. Votre pis-aller sera de revenir partager mon appartement, ma fortune et mon cœur.* »

N'est-ce pas merveilleux ? Et que croyez-vous que fit Thiériot après tout cela ? Il refusa de partir pour Vienne. Et après tout n'avait-il pas raison ? Ce pis-aller dont Voltaire lui parle, c'est cela qui lui semblait le bonheur. La fortune ? Mais c'est la poche des autres quand ils la tiennent si généreusement ouverte. Qu'on songe que les grimaces de Thiériot s'ajoutaient aux chagrins que lui donnait *Mariamne,* à ceux de son hôtel garni, garni de punaises, à ceux de la rue de Beaune et du portier canaille, à ceux de ses démangeaisons qui l'obligeaient à se gratter l'échine au lieu de gratter son papier, enfin aux cuisants coups d'épingles que lui envoyait Mme de Bernières à propos de la marquise de Mimeure dont elle était jalouse. M. de Voltaire est vraiment un homme très occupé, il faut en convenir.

Il ne voyait plus Mme de Mimeure. La présence de Piron l'avait agacé et Mme de Bernières avait exploité cet agacement. Elle voulait Voltaire sans partage. Difficile entreprise avec un homme aussi ouvert, aussi répandu, disons même aussi dispersé. Mme de Mimeure avait joué la rivalité Piron-Voltaire. Ce qui était jeu pour elle, fut injure pour Voltaire. Chez la présidente, il était roi. C'était bien, mais ce n'était pas parfait, parce qu'elle voulait bien qu'il fût tout chez elle à condition qu'il ne fût rien ailleurs — or, Voltaire aimait à être le premier ici, là, là-bas et ailleurs encore.

Quand Mme de Mimeure subit l'ablation d'un sein — on imagine ce qu'était au XVIIIe cet affreux charcutage — Voltaire alla la voir bien qu'ils eussent rompu. La présidente l'apprit et lui fit une scène — par lettre. Voltaire lui répond : « *Il faut que vous aimiez bien à faire des reproches pour me gronder d'avoir été faire une visite à une pauvre mourante qui m'avait fait prier par ses parents. Vous êtes une bien mauvaise chrétienne de ne pas vouloir que les gens se raccommodent à l'agonie...* » Malgré sa modération — combien admirable chez un homme aussi emporté — il craint que le reproche si juste adressé à la présidente ne la froisse et il ajoute : « *Cette démarche très chrétienne ne m'engagera point à revivre avec M*^{me} *de Mimeure, ce n'est qu'un petit devoir dont je me suis acquitté en passant.* »

C'est avec elle seule, la bonne présidente, qu'il désire finir sa vie. Il a trente ans et il parle déjà de retraite. Mais sa lèpre persiste de même que ses coliques, ses fièvres, double-tierce, quarte, quinte, — on ne sait. Il se voit, il se sent déjà vieillard... du moins il le dit. Mais il est ragaillardi car il a un nouveau médecin. Bosleduc : un de plus. Les médecins passent, ses maladies restent et lui aussi.

Miracle à Charonne. Demi-miracle à Versailles.

Voltaire court à Charonne comme tout Paris : ce n'est qu'un cri, il y a une femme miraculée ! Lors de la procession de la Fête-Dieu, en 1724, paroisse Sainte-Marguerite, une femme du peuple souffrant d'hémorragie vit dans un grand transport de foi, son flux de sang tari ! Voltaire comme saint Thomas : touche et voit. C'est un concert de grâces au Ciel. On parle... on dit que tous les Protestants vont être confondus. L'avocat Barbier plutôt impie et qui a laissé des *Mémoires* si vivants — se met à croire au miracle tant qu'il peut. Tout le monde croit : sauf les Jésuites — parce que le curé de la paroisse est Janséniste. Donc pas de miracle. Au lieu d'unir, le miracle désunit. On se battrait pour oui ou pour non. On fait une enquête pour savoir si le mari de la miraculée, Lafosse, par hasard ne serait pas Janséniste. On demande donc à la femme si son mari est Janséniste :

— *Oh ! Non,* répond-elle, *il est ébéniste.*

Tant de bonne foi rassure la foi de Barbier qui, d'esprit fort, devient un dévot enragé. On se rendit en foule à la procession d'actions de grâce qui défila de Charonne à Notre-Dame. La miraculée portait un cierge ; on ne sait comment elle le portait mais à sa vue tout le monde fut édifié. Chaque année on refit la même procession. Il ne fallut rien moins que la Révolution pour faire oublier la miraculée de Charonne.

Voltaire se trouva mêlé au miracle — enfin, mêlé à sa façon, avec sa curiosité narquoise. N'empêche que sa présence dans l'*aura* miraculeuse fut bien remarquée : « *Ne croyez pas,* écrit-il à la présidente, *que je me borne à Paris à faire jouer des comédies et des tragédies. Je sers Dieu et le Diable tout à la fois passablement. J'ai dans le monde un petit vernis de dévotion que le miracle du faubourg m'a redonné. La femme au miracle est venue ce matin dans ma chambre. Voyez-vous quel honneur je fais à votre maison et en quelle odeur de sainteté nous allons être. M. le cardinal de Noailles a fait un beau mandement à l'occasion du miracle et pour comble d'honneur ou de ridicule je suis cité dans ce mandement. On m'a invité, en cérémonie, à assister au Te Deum qui sera chanté à Notre-Dame en action de grâces de la guérison de Mme La Fosse.* »

C'est un bon tour que l'archevêché lui a joué de citer son nom et de l'inviter — c'est le fait d'un abbé Couet que Voltaire connaissait. Il dut savourer le plaisir — tout voltairien — de « compromettre » Voltaire dans ces pieuses cérémonies.

Pour n'être pas en reste Voltaire répondit à l'aimable envoi du mandement par l'envoi de sa tragédie *Mariamne* avec ce quatrain :

Vous m'envoyez un mandement
Recevez une tragédie
Afin que mutuellement
Nous nous donnions la comédie.

quel malheur que les guerres de religion ne se fassent pas toujours avec de telles armes !

Il est vrai que Voltaire et ses pareils avaient beau jeu : le « Siècle de la Raison » donnait dans le miracle et le charlatanisme comme aucun des siècles « obscurs » n'y avait donné.

Pour rester dans la comédie, il fait jouer la sienne l'*Indiscret* ;

le duc de Richelieu l'avait lue à Forges où elle fut écrite, elle lui plut, le public partagea ce goût, et Mme de Prie également. L'opinion de cette dame avait du poids : c'était la favorite du duc de Bourbon, alors premier ministre. C'était presque la reine — et grâce à elle Voltaire est invité au mariage du roi avec Marie Leczinska. Il pense faire son compliment à la jeune reine, et lui présenter des vers « si elle en vaut la peine » dit-il avec désinvolture. Mais cette fausse indifférence ne l'empêche pas de faire les vers avant de savoir si la reine en vaut la peine. Elle a pleuré à *Œdipe !* Elle en vaut donc la peine ! Il veut tout lui dédier : *Œdipe, Mariamne,* l'*Indiscret.* On lui apprend que le père de la reine, Stanislas de Pologne, serait ravi de lire *la Henriade* et de connaître son auteur. La reine le reçoit — mais à en croire Voltaire, il n'accepte que pour faire plaisir à Mme de Prie. Il se donne des airs : « *Un sot se contenterait de tout cela...* » Il n'est pas sot mais il est tellement vaniteux qu'il délire de joie, et le dissimule assez mal d'ailleurs. La reine lui parle avec bienveillance : elle l'appelle « mon pauvre Voltaire ». On se demande pourquoi ? Sans doute pour lui donner une pension de quinze cents livres. Dès lors, la cour est transformée : c'est un paradis. La faveur dont il jouit ne le rend pas égoïste : « *C'est un acheminement pour obtenir les choses que je demande... Je ne me plains plus de la vie de cour.* » C'est cynique, mais quand il ajoute : « *Je commence à avoir des espérances raisonnables de pouvoir être utile à mes amis.* » Sa générosité le rachète. Et nous verrons que son intervention sera efficace.

Pendant quelques mois, sa vie connaît un répit : cette faveur de la cour lui donne une espèce de sérénité ; ses ennuis de santé semblent écartés — parce qu'il est heureux — il a la certitude d'être sur le grand chemin du succès, des honneurs et des charges. Il n'oublie jamais cette ambition : une grande charge officielle. Un titre ! Dans ce pays, le titre fait l'homme. Du roi, pas un mot. C'est un peu inquiétant. Son soutien, c'est Mme de Prie qui règne sur le duc de Bourbon, lequel règne sur le roi, qui règne sur tout le monde. Mais si Mme de Prie a du pouvoir — plus que la reine peut-être — c'est une de ces reines du cotillon toutes-puissantes mais éphémères, l'autre, la vraie, demeure. Il faut profiter du règne éphémère pour s'installer dans la faveur du règne durable : ce sera le second miracle de cette année.

Il crut y avoir réussi. Dans sa griserie, il se persuada que le talent et l'intelligence, habilement habillés de courtoisie et de flatterie, lui donnaient des droits. Les grands seigneurs, ses amis, l'avaient un peu gâté ; ils le traitaient en familier, en ami, en égal — quoi qu'il eût toujours le souci de leur donner les politesses que leur naissance exigeait — après quoi, la liberté régnait grâce à quelques formes conventionnelles. Mais il jouissait d'un régime privilégié : ses meilleurs amis murmuraient de temps en temps... il avait de ces libertés ! Ses traits ne les blessaient pas toujours, mais ils égratignaient parfois.

Le chat fait patte de velours, mais il arrive que la griffe érafle : on pense à un danger caché. Personne ne pouvait être plus courtois, plus gracieux, plus raffiné que Voltaire dans le commerce de l'amitié et du monde. Ce qui a d'abord assuré sa célébrité : c'est sa conversation — et elle est perdue pour nous. Mais ce charme qu'il répandait n'était pas un envoûtement, ce n'était pas un charme léthargique ; c'était le contraire : il grisait, il stimulait, il émoustillait l'esprit, il enflammait l'imagination, il déliait les langues. Le charme de Voltaire était d'être assez intelligent, et de façon si rayonnante, si altruiste en quelque sorte, qu'il rendait les autres intelligents. Il brillait assez pour faire luire autour de lui. On s'admirait en l'admirant. Il électrisait la société, et il était si beau joueur que ses partenaires se croyaient ses égaux — et parfois ils l'étaient en lui donnant la réplique.

C'est là un signe de très haute civilité, et pour lui et pour le monde où il vivait. Il ne pouvait être Voltaire que dans le monde qu'il avait choisi — et qui se reconnaissait en lui. Il n'est pas un homme, il est en ce monde-là : il est une civilisation.

Mais ce jeu passionnant n'était pas un jeu de dupes : ils avaient tous les yeux bien ouverts, ils étaient, sous leurs dehors de soie, d'une lucidité impitoyable — et sans doute d'une dureté d'acier. Ce jeu d'esprit qui jouait avec toutes les croyances — les plus sacrées, tous les sujets — les plus scabreux — frôlait toujours le danger. Le sacrilège et la rébellion, l'immoralité et l'anarchie.

Louis XV avait autant d'esprit que quiconque, et il avait l'esprit de son temps. Il suivait de loin les entretiens de Voltaire : il en redoutait la griffe cachée et surtout la désinvolture qui le déconcertait et le choquait. Il se tenait à l'écart car il n'eût pas supporté certaines libertés que les grands seigneurs supportaient et, pour n'avoir pas à sévir, il préférait ne pas assister aux acrobaties de ce merveilleux écureuil qui risquait de venir gambader irrévérencieusement dans le chêne sacré qui abritait le trône de saint Louis. Ainsi s'explique la réserve du roi à l'égard de Voltaire — c'est pourquoi la faveur qu'on lui fit à la cour ne fut qu'une demi-faveur.

Un bienfait égaré...

Ce crédit de Voltaire profita néanmoins à un curieux personnage.

Pierre Guyot Desfontaines naquit à Rouen en 1685, d'une bonne famille de robe, apparentée à celle des Bernières. Cet abbé Desfontaines, élève des Jésuites, Jésuite lui-même, resta quelque temps professeur dans son ordre. Mais il avait l'esprit remuant, il préféra une vie plus libre et obtint une cure à Thorigny en Normandie. Il n'y resta pas : c'était trop d'obligations : dire la messe, lire le bréviaire, confesser, baptiser, marier et enterrer... Il préféra faire carrière dans les lettres. Il savait écrire, il avait du goût, du savoir. Pour s'illustrer, il écrivit une ode *Sur le mauvais usage qu'on fait de la vie*. Il administra ainsi la preuve qu'il était très mauvais poète. Il renonça à la poésie mais garda une sorte de rancune contre les poètes — surtout les bons. Sa prose était excellente comme celle de tous les lettrés de son temps — en outre, sa méchanceté lui donnait du mordant.

Il s'acharna contre cette tragédie *Inès de Castro* du malheureux La Motte, et il parut remarquablement cruel. La police le fut aussi envers lui en l'arrêtant à cause de ses tête-à-tête inquiétants avec les petits Savoyards qui ramonaient les cheminées. C'était grave ; il risquait le bûcher s'il tombait sur des juges qui voulussent pousser l'affaire. Le pauvre Théophile de Viau n'avait été brûlé qu'en effigie pour la même raison — mais en 1726, deux ans plus tard, un certain Deschauffours sera parfaitement brûlé pour le même cas ! L'abbé Desfontaines avait donc très peur dans sa prison.

C'est Voltaire qui le tira d'affaire. Voltaire était malade, il sortit du lit et alla se jeter aux pieds du cardinal de Fleury alors ministre, pour obtenir l'élargissement de Desfontaines. L'abbé sortit de prison le 29 mai 1725 ; le 30 il écrit à Voltaire pour le remercier. Il faut lire ses remerciements pour savourer ensuite les injures : « *Je n'oublierai jamais, Monsieur, les obligations infinies que je vous ai. Votre bon cœur est encore bien au-dessus de votre esprit. Et vous êtes l'ami le plus essentiel qui ait jamais été. Le zèle avec lequel vous m'avez servi me fait en quelque sorte plus d'honneur que la malice et la noirceur de mes ennemis ne m'ont causé d'affronts par l'indigne traitement qu'ils m'ont fait souffrir. Il faut se retirer pendant quelque temps.* »

Voilà pour les bons sentiments. Mais il n'est pas encore satisfait. Il trouve que l'exil est injuste. Il faut que Voltaire obtienne son retour immédiat. Il lui propose même les termes du rappel que le ministre n'aura qu'à signer. Il consacre six lignes à la reconnaissance, mais il en donne quarante à l'impudence et à l'âpreté.

Et Voltaire reprend ses démarches. Un malheureux ne fait pas appel à lui en vain. Comme il est bien en cour en ce moment, il obtient le 7 juin 1725 la grâce de Desfontaines. C'est un record : un mois après sa sortie de prison ! Ce n'est pas encore suffisant. Il lui faut une pension, tout au moins un secours. On fait alors comprendre à Voltaire que Desfontaines doit se tenir en silence parce que « *certaines impressions sont encore trop fraîches* ». Desfontaines lui, était au chaud : on l'avait recueilli chez Mme de Bernières, il se congratulait avec Thiériot, avec la bénédiction de Voltaire.

Voltaire réchauffait cette vipère avec un soin qui allait bientôt recevoir sa récompense.

La grande trahison.

La familiarité des grands ne va pas sans dangers. Voltaire y était si habitué qu'il ne pensait pas à cela. Le comédien Dancourt, connu pour son esprit, faisait l'ornement des soupers les plus élégants. Un soir, où il était particulièrement brillant et où la bonne chère et le champagne avaient — en apparence — effacé les différences sociales, un grand seigneur le rappela à l'ordre en ces termes : « *Je t'avertis Dancourt que si, à la fin du souper, tu as plus d'esprit que moi, je te ferai donner cent coups de bâtons.* » Et Dancourt se mit en veilleuse. Ces coups de bâtons ne sont pas métaphoriques, ils n'appartiennent pas seulement aux accessoires de la Comédie : ils font partie de la société de 1725. Ils existent en tant que phénomène social et Dancourt le savait.

Voltaire n'avait pas cette sagesse. Il était tranquillement persuadé qu'il était « prince » parce qu'il était « poète » et ses amis l'avaient laissé se persuader de cette illusion — car en 1725, c'en était une. Si les Richelieu, les Sully, les Villars, les Conti l'avaient, même doucement, rappelé à l'ordre, peut-être eût-il été prudent. Disons à leur louange qu'ils lui laissaient tout dire et tout faire. Cette facilité va lui valoir la plus cruelle humiliation de sa vie.

Dans le courant du mois de décembre 1725, Voltaire rencontra le chevalier de Rohan-Chabot, à la Comédie, dans la loge d'Adrienne Lecouvreur. Voltaire avait une admiration immense pour l'actrice — et il restait de leur liaison, un fidèle attachement qui n'était pas l'amour mais une amitié attentive, et comme parfumée de tendresse. Mlle Lecouvreur rendait tous ces sentiments à l'auteur d'*Œdipe*. Le chevalier de Rohan, sans doute jaloux de la familiarité affectueuse de l'actrice et du poète ne se crut pas traité avec toute la considération qu'il croyait mériter. Il crut bon de faire l'important, l'insolent, le grand seigneur. On se demande pourquoi. N'était-il pas Rohan ? Cela suffisait. Comme le dit sa devise : « Roi ne suis — Prince ne daigne — Rohan suis. » L'attitude de ce personnage est tellement sotte et grossière, tellement différente de celle de Conti par exemple, qu'elle fait l'effet dans ce milieu, d'une tache de gras sur un gilet de soie. Il affecte des airs de hauteur méprisante — un Rohan se rengorgeant comme M. Jourdain ! Il fait semblant d'ignorer et de confondre les noms de Voltaire et d'Arouet. Voltaire habitué à d'autres façons trouve celles-ci fort blessantes et quand Rohan lui dit :

— *Arouet ? Voltaire ? Enfin avez-vous un nom ?*

Voltaire n'était pas Dancourt. Avec cette rapidité foudroyante d'un esprit vif entre tous et surexcité par la colère, il décoche ce trait à Rohan :

— *Voltaire ! Je commence mon nom et vous finissez le vôtre.*

Il y avait là d'autres personnes qui entendirent. Le chevalier leva sa canne sur le fils Arouet — celui-ci tira son épée pour se défendre. Mlle Lecouvreur qui connaissait les usages sut s'évanouir entre le bâton et l'épée. Le chevalier remit sa canne sous son bras, Voltaire rengaina et dès que le chevalier fut sorti Mlle Lecouvreur se retrouva sur pieds. Quelqu'un dit à Voltaire : « Nous sommes heureux que vous nous ayez délivrés du chevalier. » Preuve que sa compagnie n'était pas très goûtée.

L'affaire n'était pas finie.

Trois jours plus tard, Voltaire dînait chez son ami le duc de Sully — il y allait « comme l'enfant de la maison ». Pendant le dîner on fait appeler Voltaire : un messager l'attendait dans la rue. Il descend sans méfiance. Deux voitures fermées sont arrêtées, on l'invite à s'avancer vers la première et à monter sur le marchepied pour parler à la personne qui est à l'intérieur. Le coup est bien monté ! Voltaire s'approche et une volée de coups de bâtons s'abat sur lui. Il entend, dans la seconde voiture, la voix du chevalier de Rohan qui criait : « *Ne frappez pas sur la tête, il peut en sortir quelque chose de bon.* »

Rohan se flatta plus tard, en racontant cette prouesse : « *Je commandais les travailleurs.* » Ah ! le valeureux chevalier ! Une foule idiote regardait le spectacle et trouvait que le brave chevalier était bien doux de ménager le crâne du poète : « Ah ! le bon seigneur ! » disait la canaille.

De quelque côté qu'on l'envisage, cette aventure est révoltante. Et elle va révolter le poète. La rancœur qu'il en garda fut ineffaçable. Mais, il y a eu pire que les coups.

Il remonte comme un fou dans la salle, bouleversé, en désordre, et là, hors de lui, il raconte ce qui vient de se passer aux convives médusés, il les appelle au secours, d'abord le duc, n'est-il pas son hôte ? c'est sur le seuil de sa porte que l'injure a été faite. Pour qui prend-on Sully ? Il le supplie de l'accompagner chez le commissaire, de déposer une plainte, de faire appel aux lois : il y a tentative d'assassinat. Le duc, imperturbable, refusa. Tous les visages étaient de glace — le silence total. Il comprit que personne ne prenait son parti. En un éclair, il sut que Voltaire ne pesait rien dans la balance quand, dans l'autre plateau, il y avait un Rohan. Il n'était qu'un amuseur, un animateur de dîner, une distraction pour séjours à la campagne.

Ce fut comme un effondrement à l'intérieur de lui-même. Pourtant, il savait que cette injustice existait... oui, pour d'autres, mais pas pour lui. Il se croyait tellement à l'abri de cette injure — et l'injure n'était pas dans les coups, elle était dans l'approbation muette, complète et générale de ceux qu'il croyait « ses amis », aux coups qu'il venait de recevoir. Voilà le scandale.

On l'avait mis à la Bastille — il n'en avait pas gardé une longue rancune au pouvoir. Richelieu aussi avait été embastillé, c'est le sort de tous ceux qui ruent dans les brancards. Mais les coups de bâtons ne viennent que du cruel caprice d'un homme, c'est insultant. Et le pire, c'est que le public tolérait fort bien ces bastonnades qui l'amusaient. Ainsi, l'abbé de Caumartin, parent de l'ami de Voltaire, disait sans y voir malice : « *Nous serions bien malheureux si les poètes n'avaient pas d'épaules.* » Evidemment, les Caumartin et les Rohan fournissent les bâtons, et les poètes les épaules ; c'est un jeu. Le prince de Conti qui avait tourné un joli compliment à l'auteur d'*Œdipe* fit aussi un joli mot sur les coups de bâtons de Voltaire en disant qu'« *ils avaient été bien reçus mais mal donnés* ».

Voltaire essaie de crâner pendant quelques jours. Il se montre partout, à la Cour, à la Ville. Un chroniqueur, Marais, écrit : « *Personne ne le plaint et ceux qu'il croyait ses amis lui ont tourné le dos.* » Cela fait grand plaisir à Marais.

Il supplie le duc d'Orléans : « *Monseigneur, je vous demande justice. — Mais on vous l'a déjà faite !* » répond le prince très voltairien, en somme.

Il avait supplié Mme de Prie d'intervenir auprès du ministre, du roi lui-même. Elle l'écouta et ne répondit rien.

Qu'il y ait eu intervention ou non, le résultat était le même, c'était l'échec certain. Personne, même pas le ministre ne voulait se mettre les Rohan à dos. Ils étaient nombreux et puissants. Partout : dans l'église, dans l'armée, à la cour — et tous solidaires. Ce n'est pas que le chevalier fût, en soi, un personnage bien reluisant, il passait pour lâche — et pour usurier ! Il était maréchal de camp et devint lieutenant-général en 1734 : son meilleur titre de gloire est l'assaut qu'il lança contre les omoplates de Voltaire.

Voltaire non plus n'était pas un foudre de guerre, mais le désir forcené de vengeance lui tint lieu de bravoure. Il décida de tuer le chevalier. Il aurait pu l'assassiner, non, il voulut le tuer dans les règles ce qui est bien bon de sa part. On voit alors notre poète désemparé, rongé de haine et de honte, fuir la société, s'encanailler, fréquenter des bouges à voleurs et à bretteurs. Il est sale, sans perruque, sans linge, mal rasé : c'est très grave. Son indignité est flagrante, il se sent couler aux bas-fonds de la société, il est sali à ses propres yeux. Il ne sait pas que la police le suit — un espion fait chaque jour un rapport sur ses allées et venues, ses fréquentations : il se fait apprendre par les bretteurs des passes inédites, pour mieux tuer son insulteur. On sait ce qu'il mijote. Les Rohan ont peur d'un attentat. Les amis du poète ricanent : ils connaissent sa couardise, il ne fera rien — mais au fond, ils ne seraient pas fâchés qu'il fasse ce que la police appelle avec pudeur « quelque coup d'étourdi » — c'est-à-dire qu'il embrochât Rohan ou le fît embrocher. Voltaire fait venir un de ses parents de province en qualité de témoin : preuve qu'il n'avait plus confiance en ses amis de Paris. Pour un homme dont l'amitié a été le sentiment le plus fort, le plus droit, le plus constant, l'épreuve dut être amère. Comme ses fréquentations sont très inquiétantes et que sa résolution semble s'affermir à mesure qu'il apprend à bien tuer, la police estime qu'il vaudrait mieux prévenir « l'étourderie » en le faisant enfermer à la Bastille.

Lui prépare sa vengeance avec cette ténacité, cette énergie qu'il met en tout ce qu'il convoite. Comment pouvait-il supporter la société abominable dans laquelle il vivait ? Quelqu'un dit « par désespoir » — mais non, il a au contraire l'espoir de réussir. Voltaire peut être enragé mais désespéré jamais : il rebondit toujours. N'allez pas croire qu'il veut dans « un combat fatal », ou tuer ou mourir pour son honneur. Pas du tout : il veut tuer avec le maximum de chance et le minimum de risques. Il aime trop la vie pour la perdre sur un coup de dé ; c'est la folie de Rohan qui l'oblige à cette folie non moins grande qui consiste à tuer quelqu'un. Il a horreur de mourir, mais horreur aussi de tuer et des tueurs, de quelque espèce qu'ils soient. Mais puisqu'on l'a obligé... il préfère tuer à être tué. Bon sens Arouet toujours présent : conservons l'honneur — sans perdre la vie.

Thiériot raconte que caché derrière une porte et écoutant, il surprit une rencontre inopinée de Voltaire et du chevalier dans la loge d'Adrienne. Fièrement Voltaire demanda réparation au chevalier par les armes : le brave chevalier accepta. Et sortant de là croyez-vous qu'il alla fourbir son épée ? Il alla demander protection à sa famille et insista pour qu'on mît à exécution l'arrestation de Voltaire déjà signée : la lettre de cachet était prête depuis quinze jours. On hésitait un peu... Mais devant l'émotion du chevalier, M. le duc de Bourbon n'hésita plus ; il n'avait rien à refuser à ce héros. C'est ainsi que Voltaire fut battu, trahi, et embastillé. C'est une ignominie.

Mais il est une voix, une seule, qui s'est élevée, avec force et dignité, c'est celle du duc de Villars — celui-là avait payé de sa personne sur les champs de bataille et il faisait la guerre aux armées ennemies sur les frontières et non pas aux poètes, dans les cotillons d'une actrice. Il reconnaissait que tout le monde avait des torts : « *Voltaire d'avoir offensé le chevalier, et celui-ci d'avoir osé commettre un crime digne de mort en faisant battre un citoyen* (oui, voilà le mot de *citoyen,* sous la plume d'un maréchal de France) *le gouvernement de n'avoir pas puni la notoriété de cette mauvaise action et d'avoir fait mettre le battu à la Bastille pour tranquilliser le batteur.* »

On ne saurait mieux dire. Le maréchal pense à une chose qui semble avoir échappé à ses contemporains : la loi. Le gouvernement s'en soucie aussi peu que le batteur. — Et les autres poètes ? Silence ; ils ricanent, ils attendent leur tour. Cette conspiration dans l'anti-civisme est ce qui a le plus frappé Voltaire dans cette histoire de coups de bâtons : ce sentiment civique il l'éprouvait avec le maréchal et sans doute quelques autres — mais ce sentiment n'était pas mûr pour les Français de 1725. Bref, dans la nuit du 17 avril 1726, Voltaire fut enfermé à la Bastille pour la troisième fois au grand soulagement de son frère Armand qui ne lui voulait pas de bien et ne voulait surtout pas de scandale, et même de sa sœur préférée, la bonne Mme Mignot qui tremblait pour l'enfant terrible et craignait qu'on ne lui tuât son frère. La chère bonne femme savait bien que « le plus grand poète de ce temps » comme le désignaient le duc de Villars et l'opinion publique, s'appelait Arouet et serait brisé comme verre s'il se heurtait aux Rohan.

Le Cour sentit l'indignité de cette incarcération. Le crédit des Rohan n'en sortit pas grandi ; on leur fit sentir, tout en leur accordant ce qu'ils demandaient, qu'ils avaient indisposé tout le monde. Mais ce n'était qu'une indisposition muette — et docile.

Voici un des signes de la mauvaise conscience du ministre : c'est cette lettre au Gouverneur de la Bastille : « *Le sieur de Voltaire est d'un génie à avoir besoin de ménagements. S.A.R. a trouvé bon que j'écrivisse que l'intention du roi est que vous lui procuriez toutes les douceurs et la liberté de la Bastille qui ne seront point contraires à la sécurité de sa détention.* »

Il y a des trouvailles : « donnez-lui la liberté de la Bastille ! » ces deux mots accolés sont une des réussites du style administratif. Bussy-Rabutin embastillé se plaignait que le roi lui avait donné « un pourpoint de pierre » — cela paraît plus évocateur.

Et le voilà installé dans un appartement, dans les meubles du roi. Et les visites commencent : les amis s'étaient faits rarissimes, invisibles, les voici tout à coup innombrables. Voltaire incarcéré est devenu à la mode : c'est Paris. On se demande si ces gens à la mode sont plus odieux dans leur lâcheté ou dans leurs exhibitions. L'arrestation paraissait superflue — la rossée eût suffi, et en outre l'incarcération empêchait Voltaire de faire un nouvel esclandre et privait le public d'un spectacle excitant. C'était une erreur du pouvoir : ridiculisé par la bastonnade, Voltaire était réhabilité par la glorieuse prison d'Etat. Aux guichets, ce fut la ruée, tous ceux qui avaient ri des coups venaient se montrer la larme à l'œil. La foule fut si grande qu'on interdit les visites.

Le jour même où on interdit les visites, on signa l'ordre d'élargissement. Il n'avait rien demandé mais on ne tenait pas à garder cette prise inquiétante. C'était le 1er mai 1726 — cette libération était assortie de quelques conditions : Voltaire devait s'engager à quitter la France sans délai, s'embarquer le jour même à Calais pour Londres. Mme de Bernières, Mme du Deffand et Thiériot vinrent lui faire leurs adieux. Mme de Bernières lui prêta sa chaise de poste que le policier qui l'accompagnait pour s'assurer de son embarquement, ramènerait à Paris.

Il n'oublia pas de faire ses adieux à son illustre voisine de prison, Mme de Tencin — la pauvre était embastillée parce qu'un de ses amants s'était suicidé — on l'accusait de l'avoir poussé à se faire sauter la cervelle. On n'avait pas encore le droit d'être Werther, ni d'inspirer les Werther. Il paraît qu'elle n'y était pour rien. Voltaire écrit à sa codétenue :

« *Nous étions comme Pyrame et Thisbé, il n'y avait qu'un mur qui nous séparait mais nous ne nous baisions point par la faute de cette cloison...* » D'autant que la cloison avait trois mètres d'épaisseur — il aurait fallu être Hercule, ce n'était pas le cas de Voltaire.

Le voilà à Londres — il n'y peut tenir, il revient en secret avec le dessein d'assassiner sournoisement Rohan. Il faut dire que sa détention l'avait rendu ivre de rancune. Il vient errer dans les rues de Paris, déguisé, il cherche son insulteur, ne le trouve pas et soudain effrayé par les risques terribles qu'il court, il regagne Londres : tous les Arouet marchands de drap s'étaient soudain réveillés pour lui insuffler leur sacrée prudence.

Il écrit à Thiériot : « *Il y a grande apparence que je ne vous reverrai de ma vie. Il n'y a que peu de choses à faire de ma vie : l'une de la hasarder avec honneur dès que je le pourrai* (cela, c'est le style des romans de l'autre siècle, aucune importance), *l'autre de la finir dans l'obscurité d'une retraite qui convient à ma façon de penser, à mes malheurs et à la connaissance que j'ai des hommes.* » Et cela est plus sérieux : il veut oublier sa patrie et ses compatriotes, la société parisienne, les ducs et les duchesses, les ministres et leurs favorites et l'horrible fausseté des amitiés du grand monde.

L'Angleterre allait lui faire mille sourires pour l'aider à oublier.

La nouvelle Arcadie : Londres 1726.

Tout est beau, tout est bien. Voltaire en a décidé ainsi. Son anglomanie s'était éveillée dans l'amitié de Lord Bolingbroke.

Elle trouve maintenant sa raison d'être. Il va chanter les louanges de l'Angleterre mais dès qu'il pourra la quitter, il la quittera — et pour toujours — sans cesser toutefois d'en chanter les louanges, soit parce qu'il y croit à demi — soit probablement pour donner de l'agacement à Versailles et à Paris. Il y réussira assez bien — et on ne l'oubliera pas.

Laissons-nous bercer par ses hymnes. Jamais la verte Albion ne fut peinte sous des couleurs aussi riantes, aussi lumineuses : « *Le ciel était sans nuages comme dans les plus beaux jours du midi de la France, l'air était rafraîchi par un doux vent d'occident qui augmentait la sérénité de la nature et qui disposait les esprits à la joie : tant nous sommes machines et tant nos âmes dépendent de l'action des corps. Je m'arrêtai près de Greenwich sur les bords de la Tamise, cette rivière qui ne déborde jamais... ô rivière si sage qui fais honte à toutes les rivières de France, etc.* »

Même la Tamise est un reproche aux rivières de France ! C'est le cas le plus frappant de transfiguration d'un paysage par le sentiment. Les coups de bâton, la Bastille, la lâcheté de ses amis font de la France un pays inhabitable : tout y est affreux, sauvage et faux : même les rivières ! Quel admirable spectacle ! La Tamise couverte de vaisseaux marchands, lourds de richesse — parmi eux, dans une barque dorée, le roi et la reine se promenaient, entourés d'une multitude de barques dont les rameurs vêtus de soie et d'or resplendissaient. Du premier coup d'œil, il vit que ces hommes qui ramaient étaient de « libres citoyens » : ils respiraient la joie de la liberté — et de l'abondance. Quel merveilleux reportage : *Découverte de l'Angleterre par un poète parisien en difficultés avec la police royale.*

Il avait un tel besoin de respirer librement ! Il était tellement soulagé d'avoir abandonné de l'autre côté de la mer, les Rohan, les bâtons, les policiers, la Bastille, les amitiés empoisonnées ! Il est tellement humain ce besoin de faire peau neuve quand la vieille vient d'être si cruellement tannée — et de prêter à la neuve toutes les vertus pour la seule raison qu'elle fait oublier l'ancienne.

Il oubliait qu'en Angleterre aussi on bâtonnait les poètes. Le comte de Rochester fit rosser le poète Dryden par son nègre Will ; à Paris, les bastonneurs étaient blancs, à Londres, noirs — c'est toute la différence. Mais peu importe — Voltaire était prêt à voir tout en rose. Malgré leur excellente qualité, ses illusions s'usèrent à la longue — plus vite qu'il n'en convient. Sur ce point, sa conduite est plus révélatrice que ses paroles.

En arrivant, il retrouvera le cher Saint-Jean, Lord Bolingbroke qui était rentré dans ses biens et qui jouissait d'une immense considération dans la haute société et chez les hommes de lettres. Il retrouva donc un ami très aimable et, ce qui ne gâte rien, puissant. Mais le lord ne fut pas tout à fait aussi chaleureux que Voltaire l'espérait. Il y eut entre eux une chiffonnerie à cause d'une dédicace. Voltaire, dans son enthousiasme, avait espéré lui dédier *la Henriade*. Il crut plaire — il se trompa. Avec des formes aimables le lord lui fit savoir qu'il ne tenait pas à cet honneur. Il faut dire que les habiletés mondaines de Voltaire, ses louanges de cour, agaçaient un peu le lord. C'était bien son droit, et sans refuser ouvertement, il cita Cicéron : « *Je crains la louange parce que je crains le ridicule.* » Et dans une lettre à une amie commune, Mme de Ferriole, il écrit : « *Je lui laisserai* (à Voltaire) *toute la vie la satisfaction de croire qu'il me prend pour dupe avec un peu de verbiage.* »

Et il n'accepta pas *la Henriade* tout en l'admirant. Peut-on parler d'amitié devant cette tiédeur ?

Chez Lord Bolingbroke, il rencontre Swift, Pope et Gay.

En cette première année d'exil il eut deux malheurs : il perdit sa sœur, Mme Mignot, et son argent. La mort de sa sœur l'affecta beaucoup. C'est sa préférée -- ou plutôt la seule personne Arouet qu'il aimât. Il s'intéressait à son ménage, envoyait Thiériot la visiter souvent pour être informé de sa santé, de ses affaires : « *C'était à ma sœur de vivre et à moi de mourir,* écrit-il, *c'est une méprise de la destinée... Je croyais bien que ce serait elle qui porterait le deuil.* » (16 octobre 1726.)

Son chagrin est si sincère qu'il le rapproche un moment de son frère. Et lui, que ses ennemis appellent « cœur sec », lui qui est si vindicatif à l'occasion, fait les avances. Il écrit à une demoiselle Bessières qu'il charge de le raccommoder avec son frère, sa lettre est pressante, affectueuse... Le farouche Janséniste ne répondit pas. Voltaire en fut blessé. Il redoutait tellement son frère qu'à l'occasion d'un voyage clandestin qu'il voulait faire en France — dangereuse entreprise ! — il écrit à Thiériot : « *Il ne faut pas qu'on me soupçonne d'avoir mis les pieds dans notre pays ou même d'y avoir pensé. Mon frère, surtout, est le dernier humain à qui on pourrait confier un tel secret autant à cause de son caractère indiscret que pour la vilaine manière dont il a usé avec moi depuis que je suis en Angleterre. J'ai essayé d'adoucir la grossièreté pédantesque et l'insolent égoïsme dont il m'a accablé pendant ces deux années. Je vous avoue dans l'amertume de mon cœur que son insupportable conduite envers moi a été une de mes plus vives afflictions.* »

Cet aveu est sincère : il ne mentirait pas à Thiériot qui connaissait parfaitement le jeu de l'un et l'autre frères et n'avait aucune illusion sur la mauvaise foi des deux. Ce qui est certain c'est qu'il a souffert de la haine de son frère, de l'espèce d'horreur que son impiété inspirait à Armand. Ce sentiment ne sera sans doute pas étranger au mépris que Voltaire aura de plus en plus pour les dévots. Voltaire ne pouvait admettre que le frère se fît un mérite auprès du Ciel de bien haïr son frère et osât se constituer des indulgences en offrant un ex-voto pour le rachat de l'âme « diabolique » de Voltaire à la Chapelle de Saint-André-des-Arcs, un ex-voto qu'on pouvait encore voir pendu en 1786. Etrange fraternité !

Quant à son argent, il le perdit par la faute d'un juif portugais nommé Dacosta qui s'arrangea pour faire faillite la veille du jour où Voltaire vint lui demander le remboursement de sa lettre de change apportée de Paris — soit vingt mille livres, près de vingt millions actuels. Le coup est dur. Le pauvre juif lui donna en pleurnichant quelques pièces qui traînaient au fond d'un tiroir et Voltaire trouva le procédé bien honnête ! Car en Angleterre tout le monde est honnête et bon. Si la même aventure lui était arrivée à Paris... quel concert de lamentations ! Que de démarches, de suppliques pour faire pendre le failli, etc.

Le roi George ayant appris son malheur lui fit remettre cent guinées pour le consoler. Il se consola mais il était quand même assez démuni car il ne pouvait toucher les pensions que lui faisait la Cour et pour comble de malheur, il avait perdu ses rentes sur la Ville de Paris, et les horribles procès que lui faisait son frère ne permettaient pas de régler la succession du père qui lui aurait assuré à elle seule, une honnête aisance.

Mais les amis qu'il se fit en Angleterre le consolèrent. Ce n'est pas par le Lord qu'il fut le mieux reçu, c'est par un riche marchand de Londres, M. Falkener. Ce n'est pas un aristocrate mais il est honnête homme. Sa propriété aux environs de Londres, à la fois simple — par rapport à Richelieu — et très confortable, plaisait à Voltaire par son luxe raisonnable, moins pompeux mais plus doux, plus serein, plus bourgeois, en somme, que le luxe princier des seigneurs français. Cela lui paraît très humain, sans apprêt : il est ravi. (Il n'est pas certain que cela lui ait fait oublier Villars et Sully.) Ce M. Falkener était intelligent, et il devait devenir ministre : cela paraît admirable à Voltaire : un négociant ministre. (Et Colbert ? Et son M. Le Blanc ? étaient-ils grands seigneurs ? pour n'en citer que deux.) Il aimait les arts, la philosophie et surtout Voltaire ! C'est tout dire.

Voltaire crut avoir trouvé l'homme parfait.

Il admirait donc son hôte et l'Angleterre tout en grelottant, car il était malade et désemparé. Il soignait ses maladies et ses chagrins par ses recettes habituelles : le travail et la curiosité. Son activité fureteuse l'a toujours sauvé de l'ennui et du désespoir. Il trouve partout sa pâture intellectuelle. Dans l'asile offert par Falkener c'était un défilé de tout ce qui comptait à Londres. Il a vu tout le monde sauf... Newton. Il l'a manqué de peu, Newton se mourait. La pompe funèbre du grand Newton l'éblouit. Quel admirable peuple qui sait rendre à son plus grand savant des honneurs qu'en France on ne rend qu'aux rois ! Bonne occasion de critiquer son ingrate patrie. Il se fait un malin plaisir de montrer que la condition d'homme de lettres est bien plus honorée en Angleterre qu'en France. En Angleterre, se dire écrivain est une recommandation, en France, cela engendre la méfiance. Evidemment, les auteurs de *Bourbier*, de *J'ai vu* sont sujets à caution. Mais les autres... Ne discutons pas, suivons son raisonnement. Il s'appuie sur des exemples anglais ; il les présente ainsi : M. Addison, le poète, n'eût obtenu en France qu'un siège dans quelque académie et une pension — à condition qu'une femme à la mode se soit souciée de la lui faire obtenir. Mais on n'eût pas manqué de lui susciter une mauvaise affaire si quelqu'un avait vu dans une de ses tragédies une allusion au concierge d'un homme en place. Tandis qu'en Angleterre, M. Addison est ministre. Autre exemple, Newton est intendant des monnaies, en France, avec des protections, il aurait peut-être obtenu douze cents francs de pension. Tel autre poète anglais est ministre plénipotentiaire ; M. Swift est doyen d'Irlande et y est plus considéré qu'un cardinal...

Ayant manqué Newton, il rencontre Clarke, un métaphysicien, ami de Newton qui le subjugua par la profondeur et la hardiesse de sa pensée appliquée aux mystères de l'Univers : « *Clarke sautait dans l'abîme et j'osai l'y suivre !* » Une sorte d'ivresse le gagnait à laisser sa pensée jouer sur des sujets que la religion interdisait en France. A la suite d'une de ses conversations enivrantes, il s'écria enthousiasmé devant un Anglais qui se trouvait là : « *M. Clarke est un plus grand métaphysicien que M. Newton.* » A quoi l'autre répondit froidement : « *Cela peut être — mais c'est comme si vous disiez que l'un joue mieux au ballon que l'autre.* »

Voilà des mots que Voltaire n'oubliera jamais. La métaphysique était remise à sa place, sans phrase, sur le ton de la bonne compagnie, mais impitoyablement.

Il va faire une visite à Congreve, célèbre auteur comique. Etonné, Congreve le remercie de la visite que fait un étranger à un gentilhomme anglais. Voltaire lui répond : « *Si vous n'étiez que gentilhomme, je n'aurais pas aujourd'hui, l'honneur d'être chez vous.* » On se demande si l'autre ne lui a pas joué, en bon auteur de comédies, un petit sketch de sa façon en ayant l'air d'oublier sa gloire littéraire pour se donner la suprême modestie de n'être que Sir Congreve. Voltaire y allait plus rondement, il se tenait pour l'égal de ceux qui, plus ou moins nés, l'invitaient, le choyaient — et le rossaient à l'occasion.

Ce séjour radieux n'alla pas sans anicroches — ce n'est pas lui qui les raconte. Il avait un travers : il parlait bien, mais trop et il a gardé son ton, vite tranchant quand on n'est pas de son avis — avis qu'il donne sans qu'on le lui ait demandé — et de façon fort prodigue. Mais pour se livrer à ce qu'il aime le plus au monde, la conversation, il faut savoir parler parfaitement l'anglais. Il se met au travail, avec une ardeur passionnée, infatigable, et il réussit à merveille. Les Anglais sont meilleurs juges que nous sur ce chapitre — et surtout meilleurs que ses ennemis de Paris.

Mme de Genlis, trop contente de répéter un ragot, dit qu'il parlait et écrivait mal l'anglais. Les écrivains anglais ont une opinion tout opposée. Sauf une ou deux exceptions, les Anglais ont apprécié ses qualités, sans être aveugles sur ses défauts — qui les intéressaient aussi parce qu'ils avaient du mordant. Young après une sortie éblouissante de Voltaire contre le *Paradis Perdu* de Milton et cette « dégoûtante et abominable histoire », disait-il, du péché originel et de la mort, apostropha ainsi le poète exilé : « *Vous êtes à la fois si spirituel, si libertin et si maigre que nous voyons à la fois en vous Milton, la mort et le péché.* »

Voltaire écrit et parle bientôt l'anglais avec tant d'aisance qu'il peut rédiger en cette langue même ses lettres familières si bien qu'en rentrant en France, il eut, dit-il, un effort à faire : « *Je m'étais presque accoutumé à penser en anglais, je sentais que les termes de ma langue ne venaient plus se présenter à mon imagination avec la même abondance qu'auparavant. C'était comme un ruisseau dont la source avait été détournée, il me fallut du temps et de la peine pour la faire couler dans son propre lit.* »

Le meilleur témoignage de cette aisance est donné par le plus impartial des juges : le peuple des rues. La sympathie pour les Français ne semblait pas le sentiment dominant dans les rues de Londres. Voltaire fut un jour pris à partie par une populace qui avait reconnu, à sa mise, un Français : on le poursuivit, on voulut lui jeter de la boue — et peut-être eût-il été rossé encore une fois. Il eut la présence d'esprit de se jucher sur une borne et d'improviser un speech à l'adresse de ses bons amis britanniques. « *Braves Anglais, ne suis-je pas déjà assez malheureux de n'être pas né parmi vous* », etc. Suivaient l'éloge de leur pays et une critique du sien ! Ce n'était pas très courageux, mais c'était habile — et c'était surtout si bien dit qu'il fut applaudi par ceux qui voulaient le lyncher. Ils trouvèrent admirable que cette *Grenouille* parlât si bien leur langue. Admettons donc que Mme de Genlis soit, une fois de plus, « mauvaise langue ».

En dehors de cette populace à laquelle un funeste hasard l'avait mêlé, il ne voyait à Londres comme à Paris, que la haute société, entre autres : Lord Hervey et sa femme qui avaient un air de Paris. Le Lord était poète à la manière de Chaulieu, Voltaire les bombardait de madrigaux — en anglais. Chez Lord Peterborough, il passa trois mois. Lord Bath qui devint ministre l'accueillit ainsi que le très célèbre Walpole, ennemi politique de Lord Bath, et l'un des hommes d'Etat les plus remarquables d'Angleterre et d'Europe. Voltaire faisait volontiers visite à Lady Churchill, duchesse de Marlborough. Elle écrivait ses mémoires — à la diable — se souciant plus de déchirer ses ennemis que de dire la vérité. Voltaire lui demanda de lire son manuscrit, elle le pria d'attendre un peu car, dit-elle : « *Je suis actuellement à réformer le caractère de la reine Anne, je me suis remise à l'aimer depuis que ces gens-ci gouvernent.* » On ne saurait être de meilleure foi dans le parti pris et l'injustice — mais cela n'est pas fait pour donner le moindre ennui à Voltaire — ni à qui que ce soit.

Autre rencontre, stupéfiante : Mlle de Livry ! oui, Suzanne ! Elle est à Londres ! Elle mérite un salut : son histoire est si édifiante, si voltairienne ! La pauvrette n'était tolérée à la Comédie que grâce à Voltaire : elle y était régulièrement sifflée. Les Comédiens l'avaient enfin priée de se retirer. Voltaire jugea le procédé d'une sévérité révoltante ; en effet, disait-il, si on renvoyait tous les fonctionnaires, dans chaque corps de l'Etat, pour insuffisance de talent, comme le faisait la Comédie, il n'y aurait plus personne dans les bureaux. C'est, sans doute, cher poète, que la Comédie était plus sérieuse que les bureaux. Suzanne mise à pied, sans protecteur, pleura. Sa vertu se voulait au-dessus de tout profit mais son talent était au-dessous de tous reproches ; son cas semblait désespéré. Elle prit alors le parti d'aller se faire engager à Londres, sans doute pour montrer aux Anglais comment il ne fallait pas jouer la comédie. Les Anglais comprirent sur l'heure et elle se retrouva sur le pavé. Recueillie, en tout bien tout honneur, par un compatriote qui tenait auberge, elle se morfondait dans une chambrette dont elle tenait la porte soigneusement verrouillée. Cette jeunesse, cette beauté, ces échecs, ses larmes et cette vertu cadenassée faisaient l'admiration de son logeur qui ne tarissait pas d'éloges sur sa belle et jeune captive devant sa clientèle française. Un marquis de passage, M. de Gouvernet, de la famille des La Tour du Pin, fut piqué de curiosité.

Il voulut la voir. « Jamais ! » cria Suzanne à travers la porte. Il insista. Elle refusa. Il revint — il partit — il revint. Enfin, elle joua si bien les Lucrèce qu'il fallut enfoncer la porte. Elle ne s'était pas ouvert les veines et n'avait rien bu de mauvais : elle était comme une biche forcée ; elle n'était pas amaigrie, sa mise était simple et élégante, sa frayeur se relevait d'une pointe de fierté et elle avait une excellente diction : le marquis en tomba éperdument amoureux. Il voulut l'épouser. Elle refusa : « *Je suis trop pauvre !* » dit-elle fièrement. On peut voir qu'elle jouait dans son galetas bien mieux qu'à la scène. Le marquis pensa : « *Qu'à cela ne tienne, j'ai de quoi enrichir la mignonne par un procédé discret et galant.* » Et voici ce qu'il fit, il lui offrit — cela n'engage à rien — cinq billets de loterie — qu'elle accepta. Comme par hasard, l'un d'eux gagna le gros lot. La petite de Livry se trouva riche ! Acceptera-t-elle le marquisat ? Elle fait la moue, une fois, deux : enfin, elle sourit. Elle sera marquise de La Tour du Pin-Gouvernet !

M. le marquis pour enrichir sa belle avait fait imprimer une fausse liste des numéros sortants sur laquelle figurait en bonne place le numéro de Suzanne. Il ne fallait qu'y penser. Ensuite, avec un contrat de mariage bien fait il récupérait ses avances tout en mettant Livry-Lucrèce dans son lit. Cela ressemble à un épisode de *La vie de Marianne* de Marivaux — on y retrouve les intrigues des Contes de Voltaire — et Voltaire lui-même, cela lui ressemble comme il ressemble à son époque dans laquelle il se mire — comme elle se mire en lui.

Mais Voltaire n'avait pas prévu le dénouement. Quand, rentré à Paris, toujours fidèle et affectueux, il vint frapper à la porte de l'hôtel de Mme la marquise de Gouvernet, enfin de la petite Livry, de l'amante de François Arouet et de Génonville, de l'ancienne petite cabotine — juste au bord de la misère et qui ne paraissait sur la scène que parce que Voltaire l'y tenait à bout de bras, quand donc, Voltaire, tout heureux et souriant vint frapper, le suisse de Mme la marquise lui refusa la porte : on ne le connaissait plus. C'était, on le voit, une mauvaise joueuse que la petite Livry.

Il se vengea avec des vers. Ils ne sont pas méchants — l'*Epître des Tu et des Vous*. Il lui rappela le passé, c'était bien ce qui la gênait le plus :

Phylis, qu'est devenu le temps
Où dans un fiacre promenée
Sans laquais, sans ajustements
De tes seules grâces ornée...

Les mauvais jours étaient passés : Suzanne avait un suisse.

La curiosité pour l'exotisme britannique ne l'empêchait pas de travailler. Il écrit l'*Histoire de Charles XII*. On sait aussi qu'il avait publié, à Paris, la première version de *la Henriade* sous le titre de *la Ligue* — à Londres, il reprend cette œuvre, la modifie, et lui donne son titre définitif. Parmi les modifications il en est une qui lui est commandée par le ressentiment : la trahison de son ami Sully lui a rendu ce nom si odieux qu'il le supprime de *la Henriade*. Tout ce qui avait trait au grand ancêtre, au Grand Sully, ami et ministre d'Henri IV est supprimé. Il y avait des louanges que le ministre méritait mais que l'amitié pour son descendant avait rendues plus chaleureuses. Voltaire se refusa à écrire ce nom. C'est une gageure que d'écrire l'histoire d'Henri IV sans souffler mot de Sully. Il réagit comme Lady Churchill ; le sentiment — ou le ressentiment — tiennent plus de place que la vérité — mais au moins on ne nous le dissimule pas : c'est en somme la sincérité dans la falsification. Il faut ajouter que son poème n'est pas de l'histoire, c'est une épopée et celle-ci a toujours un pied dans la fable, surtout quand elle donne dans le burlesque comme *la Henriade*.

Comment Sully prit-il l'affront ? Car c'en était un. A Paris, on s'attendait à des allusions venimeuses autour du nom de Sully, les éloges au Grand Sully servant de prétextes à des coups bas pour le « petit ». On ne trouva que le silence. Et le camouflet parut bien plus retentissant. Que Voltaire n'a-t-il gardé cette manière de se venger ? Que d'humiliantes démarches il se fût épargnées !

Tout en corrigeant ses épreuves, il s'employait, avec l'habileté qu'on lui connaît, à placer les exemplaires, par souscription. Les Anglais furent parfaits : le roi, la cour, ses amis souscrivirent. Swift, en Irlande, fit souscrire. La nouvelle et splendide édition, magnifiquement imprimée, et reliée avec des planches gravées, est dédiée à la reine d'Angleterre : elle n'a pas refusé. Il eût mieux valu pour lui. Bien sûr, c'est de bonne guerre, on l'a chassé de France, les Anglais l'ont bien reçu, il leur témoigne sa reconnaissance. Mais enfin, à la Cour de France, en dépit de l'indifférence méprisante qu'on affiche, le procédé paraît révoltant — en réalité, il était le fait d'un révolté. Voilà ce qui entretient contre lui une méfiance, une haine même qui se traduisent par des calomnies. Les procédés de Voltaire sont blâmés même par des gens qui ne sont pas forcément des laudateurs du chevalier de Rohan. Certains bruits sont lancés par l'abbé Desfontaines qui sont des inventions de pure méchanceté — mais qui sont admises et qu'on continue à reprocher à Voltaire : l'abbé dit que Voltaire était devenu si odieux aux Anglais qu'il avait dû fuir de Londres. Absurde. Qu'une fois, dînant chez Pope, il avait usé de termes si injurieux pour la religion catholique que la mère de Pope qui était catholique sortit de table et que Pope qui vénérait sa mère avait fait jeter Voltaire dehors. Absurde. Voltaire n'injurie pas les gens à leur table, surtout une dame de quatre-vingt-dix ans, et mère d'un écrivain qu'il aime et admire. S'il l'eût fait, Pope ne lui eût jamais pardonné, or, leur amitié n'a jamais été altérée. Ils avaient l'un et l'autre aussi mauvais caractère et on eût entendu les bruits de leur implacable querelle.

Desfontaines répandra encore que Voltaire a reçu des coups de bâton d'un libraire de Londres. Absurde. Un libraire n'est pas Rohan — mais que Voltaire ait défendu ses droits d'auteur avec âpreté contre un libraire aussi âpre que lui, c'est vrai. Le libraire avait les dents longues, et Voltaire les doigts crochus. Il sut très bien se défendre : « *Je ne suis pas assez fou,* dit-il, *pour abandonner toute ma propriété à un libraire.* » Non, il n'était pas fou, il était très Arouet pour réclamer son dû. En quoi, il ne semble nullement malhonnête. Il avait bien plus de part que le libraire dans la réussite de *la Henriade* — d'abord il en est l'auteur — et en outre qui en a organisé la vente ? La distribution ?

Qui a sollicité les amis ? A Dublin, Swift pour plaire à Voltaire, distribuait le livre au palais du vice-roi. Cette éclatante réussite commerciale c'est aussi l'œuvre de Voltaire. Il a rabattu les prétentions du libraire, c'est justice. Il n'y a pas eu scandale — pour une fois.

La bonne affaire en Angleterre n'a pas été suivie d'une bonne affaire en France : la vente y a été médiocre, au lieu des trois cent quarante-quatre exemplaires vendus à Londres, Thiériot n'a obtenu que quatre-vingts souscriptions. Ce chiffre ne fait pas honneur aux lecteurs français. Mais, la suite n'est pas à l'honneur de Thiériot. Quel étrange ami ! Ecoutons son histoire de brigand.

Quel démon poussa Thiériot en ce jour de Pentecôte de 1728 à aller à la messe ? Car il n'y allait jamais. Cependant qu'il faisait ses dévotions inhabituelles, des voleurs s'introduisirent chez lui et lui volèrent les précieux exemplaires de *la Henriade*. Tous envolés, sans bruit, sans trace, disparus sous le manteau et vendus de même.

Ce ne fut qu'un murmure universel : c'est Thiériot qui avait fait ce nouveau miracle de la Pentecôte. De Londres, sans savoir les détails, Voltaire comprit : Thiériot l'avait volé. C'était grave.

C'est là qu'on peut juger Voltaire. Il se tut. Ce genre d'affaire l'affecte moins qu'une injure ou une mauvaise critique. Son premier soin est de faire tenir à tous les souscripteurs leur exemplaire — à ses frais. Voilà l'honnête fils de l'honnête Arouet. Restait Thiériot : Voltaire se contente de le punir par quelques allusions, il tient à ne pas paraître dupe, et il ajoute ce bon conseil : « *Cette aventure, mon ami, peut vous dégoûter d'aller à la messe, mais elle ne doit pas m'empêcher de vous aimer toujours et de vous remercier de vos soins.* »

Il pardonne — mais il est sans illusion sur la probité de Thiériot. Mais c'est l'ami de sa jeunesse, dit-il, et fidèle. Qui est fidèle ? C'est Voltaire ; sa constance, sa patience sont remarquables venant de la part d'un grand nerveux, irritable, et qui reste serein devant cette filouterie comme devant la faillite du juif portugais. « Il était jeune », dira-t-il plus tard quand on essaiera de l'exciter contre Thiériot. Jeune ? Ils avaient le même âge, trente-trois ans en 1727.

Il y avait trois ans que l'exil durait — et c'était bien long. A vrai dire, il ne souffrait de rien de particulier à Londres — il souffrait de tout : c'est le mal du pays. L'enfant de Paris avait besoin de l'air de Paris. Ce mauvais air rempli des miasmes de l'envie, de la délation, de la calomnie, de la bassesse, cet air rempli des poisons et des élixirs de l'intelligence et de l'art.

Paris retrouvé : Voltaire touche-à-tout.

Le 15 mars 1729 le poète pestiféré revint en France — mais non à Paris. En quarantaine à Saint-Germain-en-Laye. Il loge chez un perruquier nommé Châtillon, rue des Recollets. La maison est une baraque. Pas de tableau idyllique, pas de couplets sur la Seine, avec cortège de barques dorées et rameurs vêtus de soie et de velours. Il n'y a même pas de feuilles aux arbres. La France est maussade — c'est une marâtre pour lui, mais il l'aime malgré lui.

La première nouvelle est réfrigérante : le cardinal-ministre Mgr Fleury lui fait savoir en termes courtois que le roi a décidé de lui supprimer ses pensions. Il n'en est pas surpris, mais l'apprendre est cruel. Il espère que la reine lui continuera la sienne, elle lui doit bien cela « *puisque Monsieur son mari m'a ôté mes rentes contre le droit des gens.* »

Et le voilà, tel qu'il était avant son exil, écrivant de tous côtés, suppliant, flattant, madrigalisant, faisant courir Thiériot dans les antichambres, enfin prêt à toutes les hardiesses et à toutes les imprudences. Il est prêt aussi à toutes les générosités : Thiériot aura cinq cents livres sur la pension de la reine dès que les démarches auront abouti. En outre, on va mettre sous presse l'*Histoire de Charles XII* rapportée de Londres et l'intègre Thiériot aura six cents livres sur l'édition. Et surtout qu'il ne fasse pas mine de refuser car Voltaire serait fâché : « *Il faut que ce soit ainsi ou nous ne sommes plus amis.* » Aucun risque de brouille dans ces conditions : Thiériot accepte.

Voltaire va à Paris en cachette pour certaines affaires — mais c'est risqué. Richelieu s'entremet et présente les suppliques de Voltaire au ministre. Le poète s'adresse à Maurepas : « *J'écris à Maurepas pour qu'il me laisse traîner ma chaîne dans Paris.* » Le forçat évadé !

Fin avril 1729, il a l'autorisation de résider à Paris. Au lieu de rejoindre son logis chez la présidente de Bernières, il va se loger, rue Traversière-Saint-Honoré, dans une maison assez médiocre. C'est la manie du déménagement — à Londres il a eu dix logements — à Paris, on ne les compte plus. Dans le cas présent, il change de logis parce que ses relations avec les Bernières sont refroidies et il ne fait rien pour les réchauffer. Ils sont encore bien, mais à distance. Comme l'étoile de Mme de Mimeure, celle de Mme de Bernières pâlit : étoile filante au firmament voltairien.

Mais parlons d'argent.

Son premier souci à Paris fut de rétablir ses finances. Il avait fait auprès de ses amis anglais de nouveaux progrès dans l'art de faire fructifier l'argent. Mais il va se lancer dans cette entreprise avec une hâte fiévreuse et il commettra des imprudences qui lui rendront Paris malsain, une fois encore.

Il disposait encore de quelques capitaux. La succession Arouet était réglée, il avait sa part. Les représentations de ses tragédies lui avaient laissé un petit pécule, et *la Henriade* lui avait rapporté beaucoup. Quoiqu'il fasse le modeste — il fait l'Arouet : « C'est si peu de chose... il y a tant de frais... les libraires prennent tout... » — et quoique Thiériot ait fait une brèche, il lui est resté de grosses sommes. Ce magot va faire des petits

Voltaire savait jouir de Paris — il savait aussi en tirer profit. Dans les conversations, il semait, mais il récoltait à l'occasion. Au cours d'un dîner, chez une dame Dufay l'un des convives exposait, à table, comment le nouveau Contrôleur des finances, Lepelletier, avait réorganisé la loterie par laquelle on remboursait certains titres de rentes. Voltaire remarqua que si quelqu'un achetait tous les billets, il gagnerait forcément un million de livres. Il monte le coup avec quelques personnes : il réussit. Le contrôleur des Finances furieux de voir ainsi démontrée la faiblesse de son système refuse de rembourser. Le Conseil l'oblige à payer : l'Etat avait tort d'avoir mal organisé sa loterie sous l'œil averti d'un poète. Voltaire reçoit 500 000 livres pour sa part — (environ trois cent cinquante millions d'anciens francs). C'est une belle soirée ! Mais il a désormais un ennemi mortel en la personne de Lepelletier. On lui conseille de voyager.

Il fuit, non sans décocher une pièce de vers bien sarcastiques au contrôleur des Finances. Il oublie de la signer. Cette flèche du Parthe était-elle bien nécessaire ? Oui, dit Voltaire, car le contrôleur avait tort d'avoir montré de l'humeur parce qu'on l'avait berné.

Il va prendre les eaux de Plombières avec Richelieu (qui lui emprunte de l'argent... contre intérêt, et bons intérêts, et hypothèques et dans les formes les plus légales). En voyage, il apprend que le duc de Lorraine, le bon Stanislas, monte une affaire par actions qui deviendra si profitable que les actions ne doivent être vendues qu'à des Lorrains. Le profit est si tentant que Voltaire fait un crochet — un crochet d'or ! — par Nancy. Il est très fatigué, il est malade, fiévreux, mange à peine — des panades ! — il dort peu, il a la colique, il grelotte, il parle sans arrêt, suppute, combine. A Nancy : deux jours de lit. Il perd ainsi le temps qu'il a cru gagner à courir la poste. Il est à la mort. Le troisième jour il est sur pied, voit qui il faut, supplie. On se moque de lui, il n'est pas Lorrain, il n'aura pas d'actions. Eh bien ! il obtient cinquante actions parce qu'on confond Arouet avec un Haroué, seigneur d'un fief lorrain relevant de la Maison de Beauvau. Comme il avait payé en or les actions qu'il avait, il ne les rendit pas. « *J'ai triplé mon or en peu de jours et j'espère dépenser mes doublons avec gens comme vous* », écrit-il tout guilleret au président Hénault.

De retour à Plombières, il s'ennuie.

Rentré à Paris, il veut faire jouer *Brutus*. La lecture de sa tragédie attriste les Comédiens. C'est plat. On le prie de ne pas faire jouer cette médiocrité. Il s'y résigne mais raconte que c'est Crébillon et Rohan qui ont comploté pour faire refuser sa tragédie par les Comédiens.

Brutus chassé, il apprend que le contrôleur général, son ennemi, l'est aussi. Bonne nouvelle. Et voici *Brutus* qui revient : parmi cette agitation il trouve le moyen de refaire sa pièce, il a tenu compte des critiques ; cette fois, il faut la jouer. Mlle Lecouvreur est morte, c'est Mlle Gaussin qui joue le premier rôle : mais la pièce est toujours mauvaise. Mlle Gaussin se trouble, joue mal, Voltaire l'encense, l'encourage, si bien qu'après avoir été médiocre, l'interprète est excellente à la troisième représentation et c'est elle qui sauve la pièce ! Ce succès irrite Piron qui accuse Voltaire de plagiat ; et Voltaire s'en rit. Que n'a-t-il toujours répondu de même ? Voltaire oubliant ses griefs voulut se servir de Piron pour lui faire faire une démarche assez désagréable auprès des Comédiens — lui ne voulait pas s'y hasarder. Piron vit le piège et refusa. Voltaire, bonne âme, essaya de lui montrer son intérêt... « *car enfin, vous n'êtes pas riche, mon pauvre Piron* ». L'autre piqué répliqua :

— Cela est vrai, mais je m'en f..., c'est comme si je l'étais.

La chose en resta là et la carrière de *Brutus* également.

L'*Histoire de Charles XII*, imprimée, pourtant autorisée, avait été saisie. Voltaire aimait ce livre, il décida de passer outre et de le vendre clandestinement comme il avait vendu *La Ligue* — en le faisant imprimer au même endroit, à Rouen. C'est l'ami Cideville qui fut chargé de l'affaire à Rouen. Elle était délicate.

Il est tout de même un peu étrange de voir un conseiller au Parlement de Normandie — bientôt secondé par le premier président, M. de Pontcarré, donner la main à une affaire qu'ils seraient, de par leurs fonctions, chargés de condamner si elle venait devant le procureur du roi.

Il obtint, grâce à ses amis, l'assurance qu'on fermerait les yeux. Le voici à Rouen surveillant l'impression. Il se cache dans une auberge infecte où :

Arachné tapisse les murs
Draps y sont courts, lits y sont durs.

L'hôtesse négligente de ce lieu négligé avait un fils, l'abbé Linant, qui allait sans tarder, se cramponner aux poches de Voltaire. Nous le reverrons. Pour tromper la police, et se donner un peu la comédie, Voltaire jouait l'Anglais en voyage. Qui aurait pu s'y laisser prendre ? Cependant, dans ses toiles d'araignée il travaillait énormément à corriger *Charles XII,* à reprendre *la Henriade* pour la nouvelle édition ; et il écrivait deux tragédies nouvelles qu'il menait de front ! Sans parler des fièvres tierces et quartes.

Croyez-vous qu'en cachette, il soit au moins tranquille, que son âme en paix puisse se consacrer tout entière à son œuvre ? Point. Il est, comme toujours, traqué : il a peur et il n'a pas tort. Il a commis une imprudence — allons-nous la lui reprocher ?

Il a laissé circuler un poème de lui sur la mort d'Adrienne Lecouvreur, débordant d'indignation sur la manière dont avait été traitée cette grande actrice après sa mort. Elle fut enterrée comme un chien, dans un terrain vague sur les rives de la Seine. N'était-il pas révoltant de jeter à la voirie le corps d'une femme que tout Paris avait applaudie, encensée, et reçue — car Mlle Lecouvreur était reçue ? Voltaire blâmait les Français de ces mœurs injustes et barbares — et pour leur faire honte il faisait l'éloge de l'Angleterre où tout n'était que douceur, justice et tolérance..., etc.

On comprend son indignation car Adrienne avait été beaucoup pour lui, on le sait, et elle était encore beaucoup pour son ami d'Argental qui avait aimé Adrienne à la folie et de la façon la plus élégante. La douleur de son ami — et l'injure reçue par Adrienne, il les fit les siennes ; mais le ton passionné, l'éloquence flamboyante de ce poème s'expliquent encore mieux par un sentiment que Voltaire a toujours éprouvé et qui ira toujours grandissant, jusqu'à son dernier jour — ce sentiment, c'est la peur d'être jeté, lui aussi, aux ordures après sa mort comme Adrienne l'a été. La sincérité de la réprobation n'est si terrible que parce qu'il s'est vu lui-même dans la misérable dépouille de la comédienne. Voltaire était persuadé qu'il mourrait avant quarante ans, ses ennuis de santé ne lui laissent guère espérer davantage, or ce libertin voulait reposer en terre sainte et être béni par l'Eglise. La déchéance de la mort lui paraissait atténuée par les sacrements. Il ne croyait pas que les prières du curé pussent lui garantir la vie éternelle ; il n'y avait rien de mystique dans cet attachement, car la mort était la mort. Mais Voltaire reste l'enfant des Bons pères, dans les bras de Notre Sainte Mère l'Eglise cette mort horrible ne devenait peut-être pas plus divine, mais elle était plus humaine. Ce qu'il reproche aux infamantes obsèques d'Adrienne c'est leur inhumanité et non leur irréligiosité.

Ce poème circula — il dit que c'est malgré lui. Mais pourquoi le confier à Thiériot sinon pour que celui-ci le répande ? Tout Paris récita les vers vengeurs. La colère du clergé gronda, on reparla d'arrestation. Il se terra à Rouen. Son libraire Jore qui va éditer les *Lettres aux Anglais* ou *Lettres philosophiques*, le cache à Canteleu à quelques kilomètres de Rouen. Ce libraire n'est pas tendre pour son hôte. Quel vieux grigou ce Milord Voltaire ! Il ne paye ni les œufs, ni les légumes qu'on lui apporte. Il réduit de moitié les gages du valet — que le bon libraire doit payer de sa poche. En dédommagement, Voltaire lui offre une vieille pendule. En fait, il ne recevra ni argent, ni pendule. Voltaire — toujours atteint de bougeotte — va ensuite loger chez un ami du libraire : on le soigne, on le gâte, il y reste plusieurs semaines. En partant, il laisse vingt-quatre sous ! La servante en eut une crise de nerfs : elle dit qu'elle l'avait servi sept mois !

Est-ce bien vrai ? Jore est en procès avec Voltaire — il le noircit de son mieux — il est exact que son trop habile auteur lui fait des comptes très serrés. En affaire, Voltaire est très strict — il est même dur. Mais Jore ment quand il dit que Voltaire resta sept mois. Que Voltaire ait des mouvements de ladrerie quand il suppose qu'on veut le plumer — c'est très vrai. Mais il semble que Voltaire, par décence, n'eût pas supporté qu'on payât son valet à sa place. Et cette histoire harpagonesque de vieille pendule ? Difficile à croire. Jore et consorts avaient cru tomber sur un Milord bon à plumer, ils tombèrent sur le digne fils de M. Arouet. Ils ne seront pas les seuls à éprouver cette déconvenue devant un poète qui sait compter.

En 1731, il est à Paris. Il lit à M. de Maisons et à dix pères Jésuites sa nouvelle tragédie *César* : on l'applaudit. Il n'est pas tranquille — il craint plus les freluquets de Versailles que ces austères religieux. Il ne dort plus : il est couché entre deux fagots d'épines : *César* d'un côté, *Charles XII* de l'autre.

Comment Paris va-t-il être conquis par *Charles XII* ? Par quelle brèche son héros fera-t-il sa percée dans le succès ? Il machine deux combinaisons : faire venir toute l'édition de Rouen par roulage jusqu'à Versailles, l'entreposer chez le duc de Richelieu, la faire distribuer dans Paris par des hommes sous la livrée du duc — le pavillon couvre la marchandise — ou bien, si le roulage est trop cher faire venir par eau, l'édition de *Charles XII* jusqu'à la demeure du duc de Guise à Saint-Cloud — c'est celui-ci qui lui a offert de s'en occuper « tout seul » — Moins il y a de complices, plus l'affaire a de chances de réussir. C'est ainsi que, par eau, *Charles XII* arriva à Paris, et s'y infiltra sous forme de 2 500 volumes clandestins. La police n'en sut rien.

Un coup terrible l'abat : son ami M. de Maisons meurt le 13 septembre 1731. La variole qui l'avait épargné la première fois ne le manque pas la seconde. C'est une répétition de la mort de Génonville ; d'ailleurs les deux hommes se ressemblaient, par l'esprit, le cœur, les manières, la fortune : ils avaient tous les dons. Voltaire aime ces être comblés, ces chefs-d'œuvre de notre triste engeance, ces rares élus qui rachètent le vilain troupeau. Il aime les privilégiés du sort — au lieu que les médiocres les envient. C'est une façon bien à lui de rendre grâce à l'injustice céleste. Voltaire n'a pas d'estime pour l'humanité en général, mais c'est un fait qu'il l'aime, il se sent solidaire. Il s'insurge parce qu'une puissance imbécile le prive, et prive l'humanité d'un homme qui faisait honneur à tous les autres : « *La mort de M. de Maisons m'a laissé dans un désespoir qui va jusqu'à l'abrutissement.* »

Atterré par cette mort : « *Il est mort dans mes bras non par l'ignorance mais par la négligence des médecins* », il va de porte en porte en sanglotant, embrassant ceux qui le comprennent et se faisant consoler par eux. Il conte sa peine, sa révolte, il est exténué, plus maigre, plus faible, plus fiévreux. Et, bien entendu, il est sans logis. Il couche chez les uns, dîne ailleurs, soupe plus loin : ce n'est pas qu'il manque d'asile, c'est qu'il en a trop ! En fait, ce nomade est un casanier, cet agité, un persévérant, ce dissipé, un grand laborieux.

Car rien ne se ramène jamais à une formule simple chez cet

être qui semble transparent ! Comme il est ondoyant, et contradictoire ! On croit qu'on sait tout de lui — et c'est vrai, il n'a pas de mystère — mais comme on sait tout d'un labyrinthe conçu par Minerve. La netteté du trait qui dessine ce caractère n'est qu'un piège de l'intelligence, elle n'empêche pas le plus attentif de s'égarer et Voltaire, comme le labyrinthe, est fait pour égarer. Il n'est pas ténébreux : il est la lumière. La mystification est parfois voulue par lui, c'est alors qu'elle est le plus transparente ; le plus souvent, la mystification est plus profonde, plus géniale même, elle est inconsciente : il mystifie en plein jour, comme il respire, comme il parle, comme il charme. Dans sa vie, comme dans sa pensée la lumière est partout ; il se crée lui-même en jonglant dans cette lumière, il se crée en s'agitant, il est mouvement plutôt que matière. En tout cas, c'est le plus stupéfiant prestidigitateur de son siècle qui en a connu plusieurs — et d'importance.

Oui, cet agité n'aime rien tant qu'être au fond de son alcôve — dans son « chez lui » recroquevillé devant le feu, à se griller les tibias, à tisonner, à penser, à parler pour quelques intimes, à boire ses tisanes, à avaler ses pilules, à s'emmitoufler de foulards, de fourrures, à s'ensoutaner dans des robes de chambre, singeant la vieille femme dans son fauteuil, faisant faire le cercle autour de lui comme une douairière, recevant les hommages, les louanges, les cajoleries, se faisant plaindre, admirer, aimer — et craindre aussi par quelques-uns. Voilà dans quel climat il s'épanouit et il le recrée partout où il va, car partout, ce climat lui est nécessaire. Il faut qu'on s'y fasse, ou qu'on parte — ou qu'il parte.

Et voilà pourquoi, souvent, il part : parce qu'il n'a pas pu créer son climat de couveuse — une couveuse où tout-Paris défile.

Mais en 1731, il trouve un gîte selon son cœur : le salon de la comtesse de Fontaine-Martel. Faisons comme tout le monde à l'époque : entrons hardiment dans leur intimité.

La nouvelle Egérie habitait le Palais-Royal, elle l'installe au rez-de-chaussée de son hôtel, sur le jardin. La dame est plus que sexagénaire : à cette époque, c'est appartenir aux Antiques. En outre, elle était affublée d'un eczéma qui faisait d'elle un repoussoir.

Providentielles circonstances — l'âge et l'eczéma décourageaient à l'avance les malveillants : la vertu de l'hôtesse et de son hôte étaient à l'abri des soupçons. On se demande pourquoi Voltaire va nicher là. La dame était non seulement repoussante mais avare, hargneuse, affectant un bel esprit qui ne trompait personne. Mais Voltaire avait des compensations : il était roi incontesté du salon qui était bien fréquenté. Un prince du sang se hasardait de temps à autre à goûter aux drogues que le cuisinier de la comtesse servait en guise de souper. Enfin, cet eczéma cachait une âme forte — comprenons, résolument impie. Elle était « philosophe » enragée. En fait de spectacle, elle honnissait la messe, mais trouvait l'opéra sublime : au-dessus de ce sublime parisien, elle plaçait le sublime surnaturel, la tragédie, et au plus haut : Voltaire. Elle faisait jouer ses tragédies, chez elle. Qu'aurait-il pu souhaiter de mieux ?

Et le voilà au travail : il fait jouer une tragédie : *Eriphyle*. On applaudit un peu parce que la pièce est admirablement versifiée. Mais le succès est si faible qu'il a tout l'air d'un échec. Il retire la pièce et la recommence : il refait trois actes, la relit en public, note les critiques et corrige encore. Cette conscience dans le travail, cette attentive docilité aux observations d'un honnête public sont admirables chez cet homme si impatient et si vaniteux parfois... Quand il voit que rien de bon ne sortira de cette œuvre, il la met au tiroir et s'attaque à une autre : *Zaïre*.

Ni les soirées de la comtesse, ni le travail ne l'empêchent de s'occuper d'autrui et de rendre service : il aime aider, surtout les débutants. Il reçut un poème d'un jeune poète : *Ode sur la Création*. Vaste sujet ! où le plus malin se perdrait — et le débutant n'était pas très habile même pour faire des vers. Cela ne l'empêchait pas de vouloir gagner sa vie en versifiant. Ce jeune poète, c'est Linant, le fils de la femme qui tenait si mal l'auberge de Rouen. Voltaire fait venir ce gros garçon bavard, jovial, d'un naturel plutôt rustique. Comment ce genre d'homme a-t-il pu amuser Voltaire ? Par compassion, peut-être. Il essaie de le caser, dans un petit rôle de petit secrétaire, par exemple. Il en parle à la dame du Palais-Royal. Elle rechigne. Elle avait déjà été échaudée. Par Thiériot ! Oui, Thiériot avait été innocemment peut-être, poussé dans les bras de l'eczémateuse. Elle l'avait assez bien accueilli, il se laissa assez bien recevoir. Elle lui confia une somme — elle espérait que les intérêts lui seraient payés par d'aimables procédés. Mais, ce Thiériot ne répondit que par une incroyable sécheresse — et le pire, c'est qu'il alla faire des grâces, avec l'argent de la comtesse, à une demoiselle Sallé, de l'Opéra. Ce genre d'affront — quelque compréhensible qu'il soit — ne s'oublie pas et la comtesse repoussa le nouveau protégé de Voltaire. C'est ainsi qu'elle prit l'amour en horreur chez tous les hommes qui l'approchaient. « *Le meilleur titre qu'on puisse avoir pour entrer chez elle,* dit Voltaire, *est d'être impuissant.* » Tiens ! Le serait-il lui qui est si bien entré dans la maison ? « *Elle a toujours peur qu'on l'égorge pour donner son argent à une fille de l'Opéra.* » Et elle considérait la demoiselle Sallé comme plus pernicieuse encore que toute l'Eglise romaine — ce qui n'était pas pour elle un mince titre de haine. Voltaire était persuadé qu'elle ne le supportait que parce qu'il avait trente-huit ans (était-ce un âge canonique ?) et parce qu'il était toujours malade et inapte aux jeux de l'amour.

En attendant, Linant n'eut d'autre ressource que de faire de petits vers que Voltaire recommandait à de grands personnages ce qui valait de petites bourses pour apaiser une grande faim.

Zaïre fut écrite en vingt-cinq jours ! Le Palais-Royal est propice à ce genre d'exercice. On lui avait reproché de ne pas mettre assez d'amour dans ses pièces. Y en a-t-il beaucoup dans sa vie ? Il résolut d'en rajouter : le public délira. Quelle facilité ! On pleurait à la représentation, on suait aussi, c'était le 13 août 1731 : un climat d'Arabie pour cette tragédie syrienne dans une salle sans air, avec mille chandelles pour tout espoir de fraîcheur.

Le succès n'empêcha pas les observations et Voltaire de les recueillir et de corriger. Mais les acteurs étaient excédés de ces modifications sans fin et l'un d'eux, des plus en vue, envoya promener Voltaire et lui fit dire qu'il ne prendrait plus connaissance des corrections. Ce personnage prétendait vivre à la ville les rôles fastueux qu'il jouait sur la scène ; il était assez insupportable. Voltaire au lieu de se fâcher l'amena astucieusement à composition. Au cours d'un dîner chez cet acteur, on apporta un splendide pâté, une pièce montée admirable : personne ne sut qui l'avait envoyée. On l'ouvre, on sert : elle contenait des perdrix, chacune en son bec tenait un billet ; on les lit. C'était les vers corrigés de *Zaïre* ! L'acteur vaincu par le procédé accepta d'apprendre les vers nouveaux.

Zaïre fut le plus grand succès de théâtre de l'époque. Voltaïre sacré grand maître de la scène française est considéré dès lors comme l'égal de Corneille et de Racine. Il avait trente-huit ans, il devint le grand homme de son temps avec des tragédies que le nôtre ne peut plus lire et peut — à peine — voir représenter ; curieux renversement des valeurs ! Cependant, il demeure grand homme, et parce qu'il a écrit autre chose que ces « sublimes » tragédies... de petites choses légères, si légères qu'elles volent à travers le temps — inaltérables.

Dans les hymnes à son succès, il y eut bien quelques fausses notes. J.-B. Rousseau, toujours confit dans l'exil et le vinaigre, lance une attaque. Voltaire est désormais bien fixé, l'ennemi tapi à l'ombre de Sainte-Gudule ne désarme pas. A Paris, l'envie n'est pas moins venimeuse. Voltaire raconte que de bons confrères, bons conseilleurs, lui avaient conseillé, peu de temps avant, de renoncer à la plume. « *Que leur avez-vous répondu ?* lui demandait-on :

— « J'ai donné *Zaïre* », dit-il.

Voilà de la bonne polémique — il en pratiqua une autre, qui servit moins sa gloire.

Mme de Martel fait jouer *Zaïre* à domicile. Voltaire tient le rôle du vieux Lusignan — il aima ce rôle toute sa vie. Il déclame, il scande, il amplifie, il se donne tellement qu'il joue faux. Sa passion le rend frénétique. Sa voix de crécelle perce les murailles et les oreilles : c'est insensé. Il s'agit d'un vieillard qui sort d'un cachot où il a langui vingt ans, autant dire du tombeau et il fait entendre cette voix stridente. On lui crie : « Holà ! Holà !... » Il n'entend rien : il est possédé. Le théâtre pour lui c'est un transport surnaturel.

Tout en corrigeant *Zaïre*, il travaille à son livre sur l'Angleterre. Il travaille avec l'acharnement du bœuf, et l'inquiétude du lièvre. Il tremble en écrivant — et la peur lui est sans doute un plaisir car ce qui l'effraie fera enrager ses ennemis. Mais rien ne l'empêchera de dire ce qu'il ne faut pas dire — c'est par cela que son nom volera aux quatre points cardinaux, parce qu'il répand des idées qui vont contre les idées reçues, contre les préjugés, contre les autorités de tous poils et de tous galons. Mais il a peur... Il veut se donner des apaisements. On le voit bien, essayant de se persuader que son livre ne sera peut-être pas très, très dangereux. Il se trompe à demi en trompant le cardinal Fleury à qui il lit quelques passages de ses *Lettres Anglaises* — il espère se ménager l'appui du Gouvernement. Mais c'est puéril. Il lit les passages anodins que le ministre, en effet, trouve fort plaisants et fort innocents. Il lit des pages qu'il a expurgées, le cardinal sourit ; mais le texte intégral, le cardinal eût été furieux — comme il le sera quand il le découvrira. On dirait qu'au moment de tomber dans le danger — qui est inévitable — il se met la main devant les yeux. Humain, trop humain, Voltaire !

Il était si maigre alors qu'un étranger qui le voit ne lui donne pas pour un mois de vie. Sa vie était trop agitée pour une santé aussi médiocre. Il aurait pu jouer le rôle du sépulcral Lusignan sans se grimer : il avait l'air d'un moribond.

Mais pour surprendre son public : c'est la comtesse qu'il enterre. C'est lui qui l'assiste en ses derniers moments — assistons, nous aussi, à cette comédie funèbre, comédie jusqu'au bout. Il la fait mourir, malgré qu'elle en ait, dans les règles. C'est-à-dire qu'il lui fait administrer les derniers sacrements. Pourquoi ? Parce qu'il craignait, si elle mourait en impie, que le monde ne le rendît responsable de cette fin scandaleuse ; aussi, pour épargner à son ami le scandale, elle consentit à recevoir un prêtre. Voltaire nous raconta le fait : « *Je lui amenai un prêtre janséniste, moitié politique, qui fit semblant de la confesser et vint ensuite lui donner le reste* (!) *Quand ce comédien de saint Eustache lui demanda tout haut si elle n'était pas bien persuadée que son Dieu, son Créateur était dans l'Eucharistie elle répondit : Ah ! oui ! d'un ton qui m'eût fait pouffer de rire dans des circonstances moins lugubres.* »

Comme irrespect, il est difficile de faire mieux — En réalité, il a dû ricaner, s'il n'a pas pouffé. Ceci fait, la bonne dame garda son tour d'esprit jusqu'au bout ; sentant qu'elle trépassait, elle demanda l'heure qu'il était : « *Deux heures ! — Dieu soit béni,* répondit-elle, *quelque heure qu'il soit, j'ai toujours un rendez-vous.* »

Voltaire n'eut pas le temps de pleurer, il lui fallait déménager sur l'heure. Il avait écrit un poème *Le Temple du Goût* dans lequel il exprimait ses idées sur l'art d'écrire et ses opinions sur les ouvrages et les auteurs de son temps. Les uns étaient loués, d'autres ridiculisés : ce fut encore un scandale. Là, le scandale est dans la méchanceté du public et l'envie des gens de plume. On finit par croire que si Voltaire eût publié le *Petit Poucet* ses ennemis l'auraient fait saisir. Son *Temple du Goût* ne faisait de mal à personne, qu'à de médiocres écrivains, et à J.-B. Rousseau qui l'avait un peu cherché. Voltaire se fit des ennemis même de ceux qu'il avait loués. Un M. de Caylus, entre autres, lui fit signifier qu'il aurait à supprimer dans la prochaine édition les éloges qu'il lui décernait. Bien entendu, ces plaintes étaient accompagnées de menaces.

Mais il eut une grande satisfaction : le roi et la reine firent jouer *Zaïre* à la Cour, à Fontainebleau. Notre poète fit donc sa rentrée à la Cour, patronné par Richelieu. Il y rencontra Piron. Ni l'un, ni l'autre n'en fut ravi — chacun pensait que l'autre n'était pas à sa place. Piron, avec malice, mais non sans clairvoyance, nous montre Voltaire à la Cour. *L'Ecureuil* va et vient, trotte, tourne, passe, virevolte : il y a dix Voltaire dans la galerie

Il est partout, il est à tous. Il salue, il parle, n'écoute rien, voit tout le monde, fait un signe au loin, lance un mot à droite et à gauche. « *Il roule comme un petit pois vert au milieu des flots de Jeanfesse* », dit Piron, dans son style. Il voit Piron :

— *Ah ! bonjour, mon cher Piron, que venez-vous faire à la Cour ?* (Et vous ? aurait pu lui répondre Piron.) *J'y suis depuis trois semaines* (menteur ! il y a trois heures). *On y joua l'autre jour ma* Mariamne, *on y jouera* Zaïre. *A quand* Gustave (le cruel ! c'est la tragédie mort-née de Piron). *Comment vous portez-vous ?... Ah ! Monsieur le duc, un mot, je vous cherchais...* » Et il plante là Piron. Celui-ci revoit Voltaire le lendemain et sans préambule : « *Fort bien, merci, prêt à vous servir.* » Voltaire étonné lui demande ce que cela signifie et Piron le fait ressouvenir de ce qu'il lui a demandé la veille comment il se portait et qu'il n'avait pu lui donner la réponse plus tôt.

Même exagéré, c'est là un tableau assez juste. Voltaire à la Cour est sur un théâtre : il est grisé.

Mais il retrouve son bon sens dans le travail : il compose ses *Lettres Anglaises* avec le plus grand soin, et un réel souci de respecter la vérité. Lorsqu'il parle de Newton et de son système, il craint d'être inexact. Or, il tient à donner à l'illustre savant une place glorieuse dans son ouvrage. Pour lui Newton, c'est l'avenir. Il a déjà détrôné Descartes ; Newton est un génie universel, la science tout entière et dans tous les pays doit se mettre à l'école de Newton. Idée prophétique, mais absolument contraire aux idées de la science officielle à Paris. Il avait fallu cinquante ans aux savants patentés pour apprendre Descartes, il leur en faudra autant pour le désapprendre. Si Voltaire fut le premier Français à engager les savants français à changer de doctrine, il fut le second à connaître Newton : le premier était Maupertuis. C'est à lui que Voltaire s'adresse pour rectifier les erreurs qu'il a pu commettre en parlant de Newton et il soumet son manuscrit au savant mathématicien. Ainsi, débutent, entre ces deux hommes, des relations qui ne sont pas près de finir — et qui finiront dans le scandale, on s'en doute un peu.

Pour ne pas perdre l'habitude du bruit, des polémiques et des menaces, on fait éclater une nouvelle affaire en cette année 1732 au sujet d'un poème qu'il avait écrit pour la marquise de Rupelmonde en 1722 — l'*Epître à Uranie,* épître qui avait tellement scandalisé J.-B. Rousseau qu'il menaça de se jeter par la portière du carrosse plutôt que d'entendre la lecture d'aussi infâmes attaques contre la religion. Et voilà le poème imprimé, et en circulation. Pourquoi ? Voltaire dit qu'on lui a volé le texte, qu'un coquin l'a fait imprimer à son insu, pour le perdre... Est-ce vrai ? Ne l'a-t-il pas donné lui-même ? Ils mentent tous. Mais il y a des gens qui deviennent féroces pour lui et qui sont bien placés pour rendre la férocité agissante. Le secrétaire du Chancelier d'Aguesseau à qui le chancelier, perplexe, demande son avis sur la conduite à tenir à l'égard de Voltaire répondit : « *Monseigneur, Voltaire doit être enfermé dans un endroit où il n'ait jamais ni plume, ni encre, ni papier. Par le tour de son esprit cet homme peut perdre un état.* »

Etonnant hommage à la puissance « d'un tour d'esprit ». Mais dangereux hommage. L'archevêque de Paris demande au chancelier de sévir. Voltaire est convoqué par M. Hérault, commissaire de police, qui connaît bien le sieur Arouet de Voltaire, il l'interroge sur la paternité de l'*Epître* incendiaire :

— *Ce n'est pas de moi,* dit Voltaire, *c'est de l'abbé de Chaulieu.*

Chaulieu était mort depuis quinze ans ! Evidemment « le tour d'esprit » était bien le même — on fit semblant d'être dupe en haut lieu. Il s'en tira.

Mais un critique écrivait de lui : « *Voilà un vilain petit auteur à qui on devrait bien faire repasser la mer !* »

Et voilà encore une lettre de cachet sur la table du ministre : présage d'un nouveau séjour à la Bastille. Mais ses amis empêchent la lettre de quitter le portefeuille du ministre. En revanche, toute autorisation d'imprimer lui est refusée. C'est lamentable, car les imprimeurs marrons, les colporteurs, les libraires véreux trouvaient seuls profit à cette persécution inutile puisque tous ceux qui pouvaient payer se procuraient le livre clandestin aussi bien que le livre autorisé.

Et, pour être fidèle aux bonnes habitudes, il déménage en mai 1733, il va habiter en face du portail de saint Gervais. Il dit, en parlant de ce portail, que c'était « *le seul ami que le* Temple du Goût *m'avait fait* » — car il avait admiré ce portail dans son poème, et le portail ne lui en avait pas voulu ! Grande merveille !

Apparition de la Déesse.

Le lieu n'était pas très riant. C'était une ruelle — la rue Jacques-des-Brosses — « *dans le plus vilain quartier de Paris, dans la plus vieille maison, plus étourdi du bruit des cloches qu'un sacristain. Mais je ferai tant de bruit avec ma lyre que le bruit des cloches ne me sera plus rien.* » Les sots se moquaient de lui parce qu'ils croyaient qu'il s'était logé là pour la raison qu'il en donnait, c'est-à-dire pour admirer le portail Saint-Gervais. C'est bien là un rire de sots ! Il avait une raison bien plus positive. Dans cette ruelle habitait un sieur Dumoulin — qui n'était qu'un prête-nom pour Voltaire — négociant en grains et paille et qui avait eu l'idée de fabriquer du papier de paille ! Excellente idée ! Mais il manquait de finances — Voltaire les fournit et l'affaire marcha : Voilà Voltaire fabricant de papier d'emballage. C'est pourquoi il vient habiter ce quartier : pour avoir un œil sur le portail, et l'autre — le bon ! — sur son fabricant de papier de paille. Cela ne l'empêche pas d'être malade — ni d'écrire, ni de donner à souper dans son gîte. Ne croyons surtout pas qu'il était inconfortable comme il veut bien le dire — ceux qui y passaient le trouvaient fort bien installé. Il n'en saurait être autrement.

Un soir, un beau carrosse, en difficulté dans la ruelle, réussit néanmoins à déposer à sa porte trois visiteurs, en bonne fortune, qui venaient relancer le poète dans sa retraite. Il leur offrit à souper, mais ils refusèrent par discrétion parce que c'était la première fois qu'ils venaient chez lui. Il leur fit promettre de revenir :

Ciel ! que j'entendrais s'écrier
Marianne ma cuisinière
Si la duchesse de Saint-Pierre
Du Châtelet et Forcalquier
Venaient souper dans ma tanière !

C'est lui qui nomme ses visiteurs : le comte de Forcalquier, fils du maréchal de Brancas était l'amant de la duchesse, la marquise du Châtelet n'avait pas d'amant — momentanément. Elle n'avait pas osé venir seule, les autres l'avaient amenée. Bientôt, elle osera. La duchesse était fort bonne amie, elle avait voulu faciliter les choses et c'est elle qui avait eu l'idée de forcer la porte du poète et de lui amener Mme du Châtelet. C'était une idée remarquable : ils formèrent le plus aimable quadrille du monde et s'en furent dîner ce jour-là dans une auberge de Charonne d'une fricassée de poulet. Voltaire et la marquise n'oublièrent jamais ce dîner où se scella une entente, un amour, une amitié qui dura dix-sept ans et ne finit que par la mort. Cette soirée est une de ces réussites qu'un hasard béni fait naître, on ne sait pourquoi, dans la vie. Forcalquier était plein d'entrain, c'était un bel homme plein de mérite et de feu ; sa compagnie ne devait pas être maussade ! Mlle de Flammarens disait de lui qu' « *il éclairait une chambre lorsqu'il entrait* ». Ce n'était pas un petit compliment. Mme de Saint-Pierre était exquise, elle rayonnait du bonheur de posséder un tel amant et elle voulait que tout le monde rayonnât. Dès ce soir-là, Voltaire et Mme du Châtelet s'adorèrent. Le monde ne tarda pas à apprendre la nouvelle. Le monde ne savait peut-être pas encore ce que nous savons, c'est qu'une des femmes, les plus savantes et les plus galantes de son temps venait de s'engager avec le plus grand écrivain dans la liaison amoureuse la plus célèbre de l'histoire littéraire du XVIIIe siècle. N'auraient-ils réussi que cet accord presque miraculeux d'une femme savante et d'un poète turbulent, qu'ils mériteraient un salut de la postérité. Car c'est un miracle que la malveillance a respecté — et que le marquis du Châtelet a béni. Et on dira après cela que le monde est mal fait !

Voltaire connaissait Mme du Châtelet depuis longtemps. Elle était encore enfant lorsque son père, le baron de Breteuil, avait si bien aidé Voltaire à sortir de la Bastille. Il avait toujours gardé les meilleures relations avec cette famille à laquelle il allait désormais se sentir bien plus étroitement lié. Les deux amants se comportent avec un naturel parfait : la liberté dont jouissent certains êtres dans la société du XVIIIe siècle est assez stupéfiante. En aristocrate, Voltaire s'installe le plus naturellement du monde dans sa liaison. Mme du Châtelet de même. Beaucoup de gens mariés de cette époque n'avaient pas une vie conjugale aussi unie que celle de Voltaire et Mme du Châtelet. Le ménage du marquis du Châtelet est, en fait, le faux-ménage ; le vrai, c'est Voltaire-Emilie.

Gabrielle-Emilie Le Tonnelier de Breteuil est née le 17 décembre 1706. Elle avait donc vingt-sept ans lorsqu'elle fit son apparition dans « la tanière » du portail Saint-Gervais. Elle était mariée depuis sept ans au marquis du Châtelet. Mais il ne lui avait pas fallu tout ce temps pour s'apercevoir que son brave homme de mari n'était guère qu'un brave homme. Les Châtelet ne roulaient pas sur l'or, les Breteuil étaient riches. Les finances du ménage tenaient, hélas ! plus de celles des Châtelet que de celles des Breteuil... Par malheur, Emilie avait gardé ses goûts Breteuil, et quelques autres fort dispendieux : la manie du jeu et un amour délirant des pierreries. Elle était la première à rire de ces travers, et la dernière à s'en corriger. On se doute que ce n'est pas pour ces raisons que Voltaire fut ébloui par Emilie et que, pour la première et dernière fois de sa vie, il fut éperdument et profondément amoureux. Cet attachement n'eut jamais les frénésies, ni les ivresses de la passion, mais il en connut les angoisses, quelques violences et une exquise tendresse.

L'a-t-elle fasciné par sa beauté ? Il ne faut pas trop le croire en dépit des compliments d'usage. Elle n'était pas aussi mal que Mme du Deffand le dit dans ce portrait malveillant qu'on se repasse de génération en génération, chaque fois qu'on parle de Voltaire et de Mme du Châtelet. Ce portrait n'est célèbre que par sa méchanceté. La fausseté de l'ensemble est cependant faite de certains détails vrais. Le voici dans ses grandes lignes :

« *Représentez-vous une grande femme sèche, sans hanches, la poitrine étroite, de gros bras, de grosses jambes, des pieds énormes, une très petite tête, le visage aigu, le nez pointu, deux petits yeux vert de mer, le teint noir, rouge, échauffé, la bouche plate, les dents clairsemées et extrêmement gâtées. Voilà la figure de la belle Emilie...* »

Pourquoi l'appellerait-on la Belle Emilie, si elle était telle que la peint Mme du Deffand ? Par antiphrase ? Non, elle méritait, au moins pour certains d'être appelée Belle Emilie, parce qu'elle était belle, d'une certaine façon. La mauvaise foi de Mme du Deffand est évidente ; nous ne sommes pas obligés de la croire, laissons-la plutôt ajouter quelques retouches au portrait. Elle n'épargne rien, ni les frisures, ni les pompons, ni les pierreries, ni la verroterie dont s'adorne Emilie — « *comme elle veut être belle en dépit de la nature et magnifique en dépit de la fortune, elle est souvent obligée de se passer de bas, de chemises, de mouchoirs et autres bagatelles* ».

La haine fait dérailler Mme du Deffand, d'ordinaire tout aussi méchante, mais plus fine. Nous ne saurions croire que la gêne très relative du ménage du Châtelet, qui permettait cependant à Emilie d'avoir des diamants, l'empêchait de changer de bas et de chemise. Mais il y a du vrai dans la profusion des colifichets et des pierreries. Là, elle tombe juste. Lorsque Emilie dans ses jours de frénésie apparaissait scintillante de diamants — peut-être un peu faux ! — fardée à faire peur, bardée de mille rubans multicolores et papillonnants, on trouvait, non sans malice, qu'elle représentait assez une mule pontificale processionnant des reliques.

Ce goût n'était pas celui de Voltaire — il le supportait en

gémissant. Mais le plus curieux, c'est qu'Emilie elle-même le trouvait mauvais — mais elle ne pouvait s'en passer. Ses portraits ne nous la montrent pas laide du tout. Elle a peut-être la bouche un peu enfoncée, le nez un peu long — mais le teint n'est pas noiraud ! Les peintres sont peut-être plus aimables que Mme du Deffand — peut-être sont-ils un peu menteurs. Qu'elle ait la charpente osseuse, c'est bien possible ; cela lui donnait l'air majestueux. Et pourquoi lui reprocher ses yeux vert de mer ? Tout le monde est d'accord : ces yeux sont beaux, très beaux, le regard est aimable, extrêmement intelligent, resplendissant. On ne voit que ce regard : elle aussi est capable d'éclairer le salon où elle entre ; elle n'avait vraiment pas besoin de tant de diamants avec de telles prunelles. C'est cet éclat que n'a pu lui pardonner Mme du Deffand et c'est lui qui a fasciné Voltaire.

Sans doute n'était-elle pas une jolie poupée — non, ce n'était pas « un saxe ». Mais elle avait des côtés de beauté. Et qui sait, après tout, si ses grands bras, ses grandes jambes et ses grands pieds n'avaient pas leur charme pour l'*Ecureuil* ?

C'est ainsi qu'en dépit de l'envie, Voltaire adora son Emilie telle qu'elle était mais surtout en raison de cette supériorité du cœur et de l'intelligence qui la rendait digne de lui. Il l'aima aussi parce qu'elle fut sa distraction quotidienne. Elle l'amusa par ses caprices ; il lui pardonna ses entêtements, ses colères criardes et même, de temps en temps, ses infidélités. Bref, elle était admirablement insupportable et apportait à son amant les joies de l'amitié et les plaisirs de l'amour dont il put grâce à elle savourer toutes les inquiétudes, les chamailleries et les enivrantes réconciliations. Elle lui donna tout, sauf l'ennui !

Mariage de Don Juan, suivi d'une farce et de deux tragédies également manquées.

Les transports de l'amour ne contrarient en rien ses activités. La fabrique de papier est étroitement surveillée. Et il écrit un opéra dont l'illustre Rameau doit composer la musique — cet opéra sera pompeux et biblique, il s'intitulera *Samson* — en plus, Voltaire s'occupe d'une autre intrigue, qui est le mariage du duc de Richelieu — n'est-ce pas aussi du théâtre ? Voltaire marieur du Don Juan du siècle ! De quoi ne se mêle-t-il pas ? Il réussit : il le marie à la seconde fille du duc de Guise. Le duc de Guise était un ami de Voltaire. On se souvient qu'il s'était chargé de recueillir l'édition entière de *Charles XII* venue par eau de Rouen à Saint-Cloud et ensuite répandue dans Paris. Ce sont là des services inoubliables! Voltaire casa sa deuxième fille — peu mariable — au plus brillant seigneur de la Cour. Ce duc de Guise et sa duchesse étaient l'un et l'autre fort libertins. Ils s'étonnèrent un peu qu'on ait réussi à leur présenter un gendre qui l'était encore plus qu'eux. Mais ce n'est pas là l'empêchement — l'obstacle venait de la naissance. Les Guise sont princes lorrains — c'est presque une maison royale, or, Richelieu n'était que le petit-neveu du cardinal, le petit-fils de sa sœur, dame Vignerot. Les Guise trouvaient que, pour libertiner dans une famille princière, Vignerot faisait un peu léger. Toute la parenté Guise fit la grimace. Pas de Vignerot chez les princes lorrains ! Mais Voltaire arrangea tout : les Guise n'étaient pas très riches, Richelieu l'était superbement. « Sans dot ! Sans dot ! » susurrait Voltaire aux princes lorrains. Et ce fut fait. Les oncles, les neveux, les cousins Guise, entichés de principauté durent gober Richelieu — ils le traitaient de « pâtre de Vendée » ! Toute passion atteint à la poésie, même la généalogie. Le mariage se fit donc : ce fut sublime. Richelieu s'ennuya à mourir, ni sa femme, ni ses invités ne l'intéressaient. Il avait invité la moitié de la France. L'autre moitié : c'était les Guise — ne vint pas. Voltaire comblait ce vide.

Entre deux courses, Voltaire travaillait au livret de son opéra. Il aurait travaillé à n'importe quoi. Il aurait volontiers composé des ballets, et il les aurait dansés s'il n'avait eu les jambes si maigres — il aurait fait marcher et parler des marionnettes. Il disait que tous les talents que Dieu a donnés à l'homme doivent être exploités — tout ce qui est en nous doit être cultivé, parce qu'il n'y a rien de négligeable, et tout refus de tirer parti de soi est une absurdité et une insuffisance. De tels principes vont loin : la religion poussait les hauts cris. Il ajoutait qu'un des hommes les plus sublimes, Newton, avait eu bien tort de ne pas écrire d'opéra ; c'est un génie admirable, mais Voltaire l'aurait mis au rang des dieux s'il avait su filer une scène d'amour à l'opéra et régler les harmonieux ébats d'un corps de ballet. Avec une telle avidité de vivre comment s'ennuierait-il ? Il se sent plein de ressources inépuisables ; elles ne lui appartiennent pas en propre mais à l'humanité entière. L'homme est la plus merveilleuse créature de la Création, il contient tout et ses talents sont variés à l'infini et se renouvellent et jaillissent dans une création continue. Aucune autorité ne peut entraver ce miracle perpétuel qu'est l'Intelligence. Voilà un des dogmes de la religion de Voltaire. « *Nous ne sommes pas nés uniquement pour lire Platon et Leibnitz, pour mesurer des courbes et pour arranger des faits dans notre tête, mais nous sommes nés avec un cœur qu'il faut remplir... Il faut faire entrer dans notre tête tous les modes imaginables, ouvrir toutes les portes de notre âme à toutes les sciences et à tous les sentiments. Pourvu que cela n'entre pas pêle-mêle, il y a place pour tout le monde.* »

Et Mme du Châtelet convertie à cette doctrine de l'Universalité de l'Homme écrit de son côté : « *C'est un étrange rétrécissement d'esprit que d'aimer un art ou une science à l'exclusion des autres... On peut donner des préférences mais pourquoi des exclusions ? La nature nous a donné si peu de portes par où le plaisir ou l'instruction peuvent entrer dans notre âme pourquoi n'en ouvrir qu'une ?* »

Les voilà donc ouverts aux quatre vents de l'Esprit — qu'on y prenne garde c'est « pour le plaisir et l'instruction ». Les deux vont de pair.

Les deux amants-amis sont d'accord : le mot clé, c'est : « pas d'exclusion ». Les possibilités de l'homme sont infinies, il ne doit dire non à aucune de ses curiosités ; rien de sa personnalité ne doit rester en friche. S'il s'ampute lui-même, il commet un crime contre l'humanité.

Mais où vont-ils dans ces chemins de perdition ? Rassurons-nous, voilà ce qu'est la dissipation de Voltaire : « *Le travail est l'honneur et le lot d'un mortel, je m'aperçois tous les jours qu'il est la vie de l'homme, il ramasse les forces de l'âme et rend heureux.* »

Voilà notre diligent écureuil, voilà sa nature profonde : cet amateur de salons, et de théâtre, n'a jamais consacré une soirée au monde sans la regretter. Ses vrais plaisirs sont austères — mais infinis comme l'étude, la méditation, l'action. Il vit à plein régime, tout en nourrissant de panades et de chocolat cette frêle carcasse recouverte d'un parchemin fripé.

Mme du Châtelet qui chantait bien, essayait au clavecin la musique de Rameau. Elle n'aimait pas Rameau. Celui-ci était — en plus d'un très grand musicien — un bourru, et un pédant. En tête à tête, Voltaire le traitait *d'Orphée,* en toute simplicité. L'autre acceptait son dû. Quand Voltaire écrit à Cideville, c'est une autre chanson : « *La musique d'un nommé Rameau... c'est un pédant en musique il est exact et ennuyeux.* » Mais en public il va proclamant que Rameau écrit le plus bel opéra du monde : « Le mien », dit-il modestement.

Paris lui joue un tour. Des comédiens ambulants font une parodie du *Temple du Goût* — et de quel goût est cette parodie ! On voit sur les tréteaux Polichinelle malade — il faut le faire « suer », dit-on. On lui donne du bâton. Il ne « sue » pas. On lui donne une purge. Il ne « sue » toujours pas. Enfin, on apporte le *Temple du Goût* — représenté par une chaise percée. Polichinelle s'assied et il « sue... » La foule est ravie. Cette espèce de critique littéraire l'emballe. Voltaire est furieux. Il se plaint à la police. La police interdit la parodie. De très distingués ennemis de Voltaire estiment que la police est exagérément délicate sur le chapitre du goût et l'usage des chaises percées.

Voltaire a besoin de se venger sur quelqu'un ; il écrit une *Epître sur la Calomnie* — il la dédie à Emilie qui ne méritait pas cette injure. Il aurait mieux fait de se taire. L'épître est écrite sous le coup de la colère, c'est de la méchanceté pure. Mais J.-B. Rousseau s'étant manifesté par une attaque, c'est lui qui paiera. Que ne le laisse-t-on moisir en paix, il serait oublié si Voltaire ne parlait pas de lui. L'autre le sait, il attaque pour « hupper le roquet », dit-il avec raison. L'épître contre Jean-Baptiste finissait ainsi :

Le malheureux délaissant les humains
Meurt des poisons qu'ont préparé ses mains.

Et Voltaire avouait : « *Vous voyez que je hais Rousseau, mais qui ne sait pas haïr, ne sait pas aimer.* » Avec lui, nous sommes rassurés : il obéit bien à sa maxime.

Il est plus sympathique en d'autres circonstances : il recueille chez lui l'abbé Linant. Il n'avait nul besoin de ce garçon : il a déjà un secrétaire — fort médiocre à vrai dire, mais qu'il ne renvoie pas : il a pitié de lui. Linant est mou, et dépourvu de reconnaissance. Pourtant, Voltaire craint qu'il ne s'ennuie : il recueille un troisième poète famélique pour tenir compagnie aux deux autres. Celui-ci, le superflu, était le plus intéressant des trois, le pauvre garçon mourut phtisique un peu plus tard. Enfin, le voici avec trois parasites à entretenir — plus *Adélaïde Du Guesclin* qui n'est pas la moins encombrante. C'est l'héroïne de sa dernière tragédie. C'est nouveau : le sujet est français et patriotique, pour une tragédie, quelle innovation ! Et c'est aussi plein de bons sentiments. Le public n'en voulut pas. Le premier acte est sifflé — au second, c'est un vacarme, au troisième quand apparaît le Sire de Coucy, digne seigneur, à qui un personnage, noblement demande : « Es-tu content Coucy ? », la salle en joie répond goguenarde : « Couci-Couça. » Ce fut dès lors un délire de cris et d'invectives sous lequel mourut la pauvre *Adélaïde du Guesclin*. Elle n'avait que deux jours : elle naquit le 17 et mourut le 18 janvier 1734.

Quittons le théâtre pour la vie, bien qu'on puisse toujours les confondre. Une autre tragédie faillit coûter la vie à son ami Richelieu. Voltaire savait mieux que personne les inconvénients du mariage auquel il avait si bien contribué. Il avait prévenu, en vers, bien entendu, la jeune femme ; curieux conseil à une jeune mariée — mais tout est curieux dans la vie de cet homme qui a l'air si « naturel ». Voici donc son conseil :

Ne vous aimez pas trop, c'est moi qui vous en prie
C'est le plus sûr moyen de vous aimer toujours
Il vaut mieux être amis tout le temps de sa vie
Que d'être amants pour quelques jours.

La pauvrette ne fut ni amie, ni amante : elle fut duchesse de Richelieu, c'est-à-dire épouse d'un courant d'air. Ce courant d'air était néanmoins l'amant de toutes les femmes, sauf de la sienne. Le lendemain du mariage, il quitta sa femme et rejoignit l'armée. Il y rencontra des cousins de la duchesse — les siens, par alliance — qui le prirent de haut avec lui ; le prince de Lixin et le prince de Pons. Richelieu n'était pas d'humeur patiente. Ils se battirent à l'épée le 2 juin 1734. Richelieu tua d'abord Lixin — mais il s'en fallut de peu que l'autre ne tuât Richelieu. Il fut si gravement blessé qu'on désespéra de le sauver pendant plusieurs jours. Et c'est Voltaire qui faillit mourir de douleur. Il était encore chez les Guise à Monjeu où avait eu lieu le mariage. Cependant qu'il perdait ses esprits dans le chagrin, le ministre les lui rendit en lui envoyant un ordre d'arrestation. Par bonheur, son cher ami d'Argental, « l'ange gardien », l'avertit à temps. Il sécha ses pleurs et s'enfuit.

Littérature engagée.

Tel était le premier effet de ses *Lettres aux Anglais* ou *Lettres Philosophiques*, imprimées comme l'on sait par le sieur Jore, de Rouen. Après avoir reçu les éclaircissements de Maupertuis sur

Newton, Voltaire avait terminé son livre. Il était absolument converti au Newtonisme : « *Votre première lettre m'a baptisé dans la religion newtonienne,* écrit-il à son informateur, *votre seconde m'a donné la confirmation. En vous remerciant de vos sacrements...* »

Mais, il fut surpris : il ne savait pas que le livre était déjà en vente — et sans privilège ! Il y a là-dessous une sombre histoire d'éditeur et d'auteur comme ce siècle en a connu mille. La législation protégeait très mal les auteurs, c'était entre eux et les libraires une sorte de foire d'empoigne. Voltaire avait envoyé Thiériot à Londres pour surveiller une édition anglaise des *Lettres* — mais il avait promis à l'éditeur anglais que l'édition française ne sortirait qu'après la sienne — or, Thiériot au lieu d'activer l'édition, se promenait. Voltaire le relance, lui offre de partager ses droits. « *Rien n'est si doux que de pouvoir faire en même temps sa réputation et la fortune de ses amis.* »

Excité par cette promesse, Thiériot harcela l'éditeur de Londres qui fut vite en mesure de livrer l'ouvrage au public. Mais, Jore, l'homme qui attendait toujours sa pendule — fit de son mieux pour devancer l'autre malgré les adjurations de Voltaire qui n'a pour toute autorisation d'éditer que quelques sourires du cardinal-ministre — et obtenus avec un texte tronqué ! Longue chamaillerie entre les deux : « Ne publie pas ! Nous serions perdus ! » « D'accord, mais donnez-moi quelque chose ! » « Tiens ! (une bourse) mais jure-moi que rien ne transpirera. » « Non, je ne jure pas car je n'ai pas confiance. Et ma pendule ? » En vérité, pendant ces marchandages on amusait Voltaire ; Jore faisait vendre le livre de sa propre autorité, à Paris, pendant que l'auteur mariait don Juan à sa princesse lointaine. O combien de son volage époux.

Jore était déjà en prison, l'imbécile, quand on avertit Voltaire. Mais la « tanière » de Saint-Gervais avait été perquisitionnée, on avait emporté les papiers — et la cassette — celle-ci s'était brisée en route — un pur hasard certainement ! — et bien entendu avait été vidée sur-le-champ.

En Angleterre, les fameuses *Lettres* qui faisaient un éloge du pays, de ses institutions, de ses mœurs, soulevèrent une légère vague d'intérêt ; on estima que l'ouvrage n'était pas mauvais pour un Français, mais qu'il n'était pas assez bon pour l'Angleterre. Et cela n'alla pas plus loin.

En France, ce fut un raz-de-marée d'indignation et une sorte d'horreur sacrée, teintée d'inquiétude qui s'exprime mal mais qui est plus grave que les criailleries spectaculaires. Il y avait dans la comparaison des deux nations, un avantage éclatant en faveur de l'Angleterre, soit ; mais dans le ton quelque chose de blessant — qui parfois touchait juste, et qui, parfois, était injuste. Ce ton courrouça les lecteurs français — pas tous, il y avait des gens acquis aux idées de Voltaire. Ce ton épigrammatique et agressif faisait penser à une vengeance. Voltaire se vengeait un peu, sur la nation tout entière, des coups de bâton d'un freluquet de haut lignage et de la lâcheté de quelques « amis » du grand monde. Il y avait aussi l'inquiétude éveillée dans les consciences ; la religion, les institutions françaises étaient criblées de fléchettes empoisonnées. Il avait l'air de railler, comme il le fit croire au vieux cardinal Fleury, les institutions, les privilèges féodaux, l'absolutisme royal. Notre appareil politique loin d'être injurié et fouaillé par un réformateur vertueux, mais aussi pesant dans sa diatribe qu'ennuyeux dans ses appels à la justice, était simplement comparé aux sages coutumes anglaises. Mais Voltaire procédait par traits ironiques où l'odieux des coutumes françaises ne le cédait souvent qu'à leur ridicule, et leur cruauté à leur absurdité. En cet ouvrage, ce ne sont pas les critiques qui sont nouvelles — il y a beau temps, ou qu'on murmurait ou qu'on sermonnait contre les abus. Certains prédicateurs, en chaire, ont eu des violences verbales presque incroyables, mais cela faisait partie du jeu ; ces sermons incendiaires jetaient moins de flammes que de fumée. D'ailleurs, ces attaques n'étaient lancées que pour fortifier le trône et l'Eglise, on ne fouettait ces institutions que pour les redresser et les stimuler. Tandis que si Voltaire, de son dard, les pique, c'est pour les crever. Voilà la nouveauté et les gens en place l'ont parfaitement sentie.

Aussi voit-on le ministre et le Parlement agir avec une rapidité inhabituelle : le livre fut condamné à être lacéré, brûlé en public comme scandaleux, contraire à la religion et au respect dû aux puissances.

Que de « crimes » que nous ne savons plus voir on voyait alors dans ce livre. Préférer Newton à Descartes : crime. Prôner l'insertion de la variole : crime. Vanter Shakespeare dans la patrie de Boileau : crime. Et il y en a quelques autres...

Et pourtant, ce Shakespeare, il ne l'a aimé qu'à demi — et c'est admirable qu'il ait seulement essayé de l'aimer et qu'il y soit à moitié parvenu sans y rien entendre. Mais en France on ne lui a pas pardonné de n'avoir pas condamné Shakespeare radicalement. Pour nous, Voltaire, sur ce point, semble timoré, ou plutôt, à côté de la question. Il est trop classique pour goûter ce « barbare ». Il en a pourtant pressenti les sauvages beautés, la force et la grâce. Il aurait voulu l'aimer mais il en avait peur. Voltaire resta comme interdit ; sur le parvis du *Temple du Goût,* il ne voulut ni introduire Hamlet, ni aller à lui tout à fait. Et, tout en aimant le Grand Will et en voulant le servir, il lui joua le plus mauvais tour : il le traduisit ! Jamais trahison ne fut plus caractérisée. Le drame shakespearien est mis au goût de la Régence et des salons où papillonnait Voltaire : Othello est galant, en perruque, en satin, en dentelles. Voltaire a jeté Shakespeare aux petits abbés de Cour, comme une poignée de dragées. Et tout compte fait, c'est en le trahissant qu'il le fit connaître et qu'il le rendit accessible à la nation de Racine et de La Fontaine. A partir de lui, Shakespeare existe en France. Tout comme Voltaire qui ne devint célèbre qu'avec des madrigaux, en faisant le bel esprit de salon, ou en faisant jouer des tragédies assommantes. Personne n'aurait lu ses *Lettres Anglaises* s'il n'avait été le Voltaire qui fit verser des larmes au Tout-Paris avec ses *Brutus,* ses *Œdipe,* ses *Zaïre,* ses *Adélaïde,* ses *Artémire* dont le plus clair mérite, aujourd'hui, est d'avoir mis le comble à l'insipidité d'un genre mort. Mais c'était du travail bien fait ! et qui ouvrait la voie au Voltaire des grandes idées.

Nouvelle fuite.

La plus malheureuse, c'est Mme du Châtelet. Elle est folle de douleur. Elle se confie à son ancien amant Richelieu qui est l'ami de Voltaire, amant d'un jour ou deux peut-être car Richelieu se perche, mais il ne niche pas. Ils ont été fâchés, puis réconciliés ; ils sont amis. Elle communie avec l'ancien dans une fervente amitié pour le nouveau, Voltaire. Cette situation les enchante : ils sont les trois pointes brillantes d'un triangle sentimental.

« *Pour lors,* écrit-elle à Richelieu, *je ne me sens pas assez de courage pour savoir mon ami avec une santé affreuse, dans une prison où il mourra sûrement de douleur s'il ne meurt pas de maladie.* »

Et c'était vrai, Voltaire était malade, ses coliques le faisaient se tordre de douleur, il se nourrissait de panades, comme un nouveau-né. Il ne peut plus supporter la claustration : il faut qu'il bouge, qu'il sorte : quatre murs et un verrou sont un cercueil pour ce grand nerveux. D'Argental lui faisait dire qu'il valait mieux qu'il se laissât arrêter, ensuite on le tirerait de là. Tel n'est pas l'avis de Voltaire ; il a gagné la Lorraine — qui est encore indépendante. « *J'ai pris une aversion mortelle pour la prison ; je suis malade, un air confiné m'aurait tué, on m'aurait mis dans un cachot.* »

C'est bien probable : le ministre était furieux et recevait de tous côtés des suppliques pour qu'on sévît une fois pour toutes contre Voltaire.

Dès qu'il est en Lorraine, il court au chevet de Richelieu qui se remet, au camp, de ses coups d'épée. Là, on fête le poète. Les officiers lui font un triomphe. On se moquait bien à l'Armée des lettres de cachet. Affaires de civils ! Le prince de Conti n'est pas le dernier à l'encenser. Voltaire est stupéfait du train de vie somptueux de ces grands seigneurs en campagne : Richelieu est suivi par soixante-douze mulets portant ses bagages, trente chevaux, et une multitude de valets ! C'est fort intéressant. Ce milieu nouveau l'intrigue et il va fureter à droite, à gauche, si bien que des sentinelles qui ne lisaient pas *Les Lettres Anglaises* se saisissent de lui, le prennent pour un espion et le secouent un peu ; par bonheur passe Conti — tout s'arrange — « *le prince vint à passer et me pria à souper au lieu de me faire pendre* » On dirait un épisode de *Candide* !

Mais « le séjour des boulets et des bombes » ne l'enchante pas Il se retire sur des terres plus pacifiques car on va donner l'assaut à Philippsbourg et ce vacarme ne lui plaît guère :

Bellone va réduire en cendres
Les courtines de Philippsbourg
Par cinquante mille Alexandres
Payés à quatre sous par jour.

La Cour est très fâchée par l'impertinence de Voltaire et de l'armée qui fait tant d'honneur à un proscrit. Emilie exhorte alors Voltaire à gagner l'étranger — Bruxelles ou Londres. Pour qu'Emilie en vienne à cette extrémité, il faut que le danger soit bien grand. Elle ne peut vivre sans lui, mais il est nécessaire qu'il s'exile, il y va de sa vie. La réponse de Voltaire est touchante. Il ne nomme personne car ses lettres sont interceptées — leur discrétion est encore plus émouvante : « *Tant que je serai aimé aussi vivement en France par quelques personnes, il me sera impossible de chercher un autre asile : où est l'amitié est la patrie.* »

Quelle merveilleuse maxime, quel don de la formule ! *Où est l'amitié est la patrie.* L'amour n'en a pas trouvé de plus belle, de plus vraie. En la lisant, les yeux vert de mer versèrent un torrent de larmes de tendresse.

Mais il trouve l'asile — un asile qui concilie tout, la sécurité, l'amour, et jusqu'à la patrie — oui, c'est presque la France. Il s'agit de Cirey, en Lorraine, de la propre demeure du marquis du Châtelet : le château de Cirey. Parfait asile puisque le parfait mari bénira le choix des amants.

Agitations avant la retraite.

Mais les amants ne peuvent s'y réunir encore. Emilie doit, à Paris, s'activer pour obtenir non la grâce, il est trop tôt, mais l'arrêt des poursuites. Il faut mettre l'affaire en sommeil. Chère Emilie, elle s'agite tant qu'elle peut, et elle peut beaucoup ; elle est, comme Voltaire, d'une énergie indomptable ; mais elle, en plus, jouit d'une santé de fer. Elle mène cent choses de front — on dit « choses » car il y a de tout dans son emploi du temps — du plus frivole au plus sérieux. D'ailleurs, elle est appliquée et sérieuse en tout. Pour le moment, outre les démarches, il y a les mathématiques — elle s'y perfectionne avec frénésie ; son professeur est le célèbre Maupertuis. On ne sait si l'on doit admirer l'assiduité et l'ardeur du professeur et de l'élève ou bien les suspecter. Emilie est la plus enragée. Elle ne peut passer un jour sans géométrie — ou plus précisément sans son géomètre. S'il remet la leçon, c'est elle qui court chez lui — ou même au café Gradot qu'il fréquente et où elle le relance. Elle fait aussi visite sur visite à ses chères amies les duchesses de Richelieu et de Saint-Pierre — elle voit les ministres, elle écrit, elle s'habille et se rhabille, s'attife comme une reine d'opéra, soigne, des après-midi entiers, la duchesse de Richelieu qui est malade, fait six problèmes très difficiles et se barbouille de fards avec application.

Voltaire seul à Cirey se démène tout autant : il a une armée d'ouvriers avec un régiment de peintres, un de menuisiers, un de maçons. Le château était plutôt délabré. Voltaire, à ses frais, va le rendre non seulement habitable, mais confortable et élégant. En partie : les appartements d'Emilie et les siens, et les pièces d'apparat feront un ensemble luxueux. Le reste, restera.. Les invités s'en plaindront. Ils y gèleront, s'y enfumeront, tous les courants d'air du Rhin à la Champagne traverseront leurs chambres mal closes. Il fait connaissance avec les deux proches voisines : Mme de Neuville et Mme de Champbonin, celle-ci connaît Emilie depuis leur enfance passée dans le même couvent. Ce sont de très braves dames de campagne.

Il a beau s'exciter dans tous ces travaux, rêver avec volupté qu'il a enfin trouvé le gîte après lequel il a toujours couru sans pouvoir — ou sans vouloir — l'atteindre, il estime que sa présence à Paris est indispensable. Il fait le projet d'y aller en cachette... « *On se tapirait dans un faubourg, on y souperait avec vous,* écrit-il à Emilie, *on serait caché comme un trésor, on décamperait à la moindre alarme. On a des affaires après tout et il faut y mettre ordre et ne pas s'exposer à voir tout d'un coup sa petite fortune s'en aller au diable.* »

« Petite fortune ! » quelle modestie ! Elle valait qu'on coure quelques risques, cette « petite fortune » qui ne peut loger que dans un grand coffre.

Pourtant, le voyage ne se fit pas. Ce fut Emilie qui vint à Cirey en octobre 1734. Mais il semble bien que Voltaire ne s'y trouva pas. Où était-il ? Peu après, voici une lettre des Pays-Bas. Il y a tout lieu de croire qu'il y a eu brouille entre les amants et que l'engouement pour la géométrie et le géomètre y est pour quelque chose. Emilie était de feu ; avec ou sans Voltaire, il fallait qu'elle brûlât. Si elle avait eu le poète sous la main, personne ne lui eût semblé préférable. Mais puisque la géométrie était son pain quotidien, le géomètre le devint aussi. Dans l'ardeur des débuts, Voltaire supporta assez mal cette incartade. Il finira par s'y habituer — et à quelques autres...

Le retour des Pays-Bas est marqué par une éclatante réconciliation. Il est si heureux de pardonner qu'il trouve tout admirable dès l'arrivée — même les bouleversements insensés qu'Emilie a introduits dans les plans d'aménagement. Il n'y reconnaît plus rien. Qu'importe : la Déesse est là. Pas pour longtemps, les effusions des premiers jours étant refroidies, Voltaire l'envoie vite à Paris. Elle ne part pas les mains vides : elle va livrer aux Comédiens la dernière tragédie qu'il vient d'achever : *Alzire*. D'Argental la lira, y apportera les corrections qu'il jugera utiles.

Pendant qu'Emilie va courir Paris, Voltaire excédé des travaux fait venir un chef de chantier qui dirigera les ouvriers. Et nous apprenons peu après qu'au milieu des plâtras et dans un concert de marteaux et de scies, le VIIIe Chant de *La Pucelle* est né. Quand et comment a-t-il réussi à l'écrire ? Et *Alzire ?* Il est prodigieux. En cette année 1734, si agitée, il a écrit une tragédie, huit chants d'un poème épique, reconstruit un château et... et... et...

Il s'amuse énormément à écrire ce poème sur Jeanne d'Arc. L'idée de cette épopée — une sorte de parodie — est née au cours d'un dîner chez Richelieu. On se moquait de la stupide *Pucelle* de Chapelain — involontairement grotesque. Richelieu dit à Voltaire qu'il devrait reprendre ce beau sujet qu'il pourrait traiter dans le genre grotesque et parodique — mais en pleine conscience. Voltaire se défendit... mais l'idée germa, si bien que les huit premiers chants en furent écrits !

Il écrit en se jouant — c'est-à-dire en étant bien impie, bien irrespectueux ; sa plume endiablée est déchaînée ; il s'amuse sans retenue. Qu'importe, puisque le poème restera secret. Entendons-nous : seul Richelieu le lira. Quelques amis aussi. Ou du moins, on le leur lira. Quel danger ? Le poème ne sera jamais imprimé — et on n'en montrera même pas le manuscrit. Secret ! enfermé sous trois serrures. Alors, ne nous gênons pas, soyons plus féroce et plus drôle que jamais.

Il y a une pointe de perversité dans ce persiflage qui se veut secret — et qui brûle de ne pas l'être. On croit l'entendre : « Ah ! Ah ! Si vous saviez ce que j'écris vous seriez bien étonnés... mais ni vous, ni personne, n'en verrez jamais rien... vous ne savez pas ce que vous perdez... ah ! ah ! »

Et tout cela dans un moment où il est encore sous le coup d'un mandat d'arrêt, et officiellement menacé de bannissement perpétuel. Il est incorrigible.

Par bonheur, il a des amis. D'Argental plus que tout autre s'est dépensé sans trêve pour obtenir la suspension du mandat d'arrêt. Le lieutenant de police, M. Hérault, avec qui nous aurons souvent affaire, l'avise de cette suspension en termes courtois et même bienveillants. Il lui conseille de fermer la bouche à ses ennemis *par une conduite d'homme sage et qui a déjà atteint un certain âge.* Bon conseil certes. Mais M. Hérault n'entend rien à M. de Voltaire qui ne sera jamais sage, et le « certain âge » ne fait rien à la chose : Voltaire a quarante ans en 1734, il étonne « les gens sages » par ses folies et il les étonnera jusqu'à la fin du siècle. Ces folies seront sans doute un peu plus folles, et d'une espièglerie de plus en plus dangereuse, elles toucheront à des sujets de plus en plus graves mais elles garderont le même irrespect, la même légèreté, cette légèreté qui permet de voler sur les cimes.

En lisant la bonne lettre de M. Hérault, Voltaire pouffa de rire en agitant les couplets de la Pucelle. Ah ! si le lieutenant de police avait pu savoir ce qu'écrivait Voltaire à ce moment !

Trois semaines plus tard, le 30 mars 1735, Voltaire faisait sa quatrième entrée dans Paris. Son premier soin fut d'écrire un billet à M. Hérault. Il aurait bien voulu lui faire visite pour lui exprimer sa gratitude... mais sa mauvaise santé le retient dans son lit de mourant... toute sa pensée va vers M. Hérault. Le lieutenant de police a-t-il eu l'œil humide ? Pas longtemps, car il a dû savoir que Voltaire était partout dans Paris — sauf chez lui.

Il veut tout savoir, tout voir. Que s'est-il passé à Paris depuis un an ? Une révolution ! C'est-à-dire une mode nouvelle. On ne parle plus de poésie dans les salons.. Les vers semblent frivoles. On parle désormais de physique et de géométrie. Voltaire est stupéfait. Mais la poésie n'est pas une mode ! Les grâces du vers sont irremplaçables. Il est piqué ! Ne voilà-t-il pas que Maupertuis va passer pour un génie ? Avec ses triangles, ses cercles, et sa façon de pérorer sur des grimoires ne se permet-il pas d'éblouir les duchesses — et de subjuguer son Emilie ? On voit la duchesse de Richelieu faire de tels progrès qu'elle peut confondre un Jésuite qui l'attaquait sur l'attraction newtonienne. Voilà les élèves de Maupertuis ! Certes, Voltaire n'est pas du tout contre les mathématiques, au contraire. C'est le bon chemin pour entendre Newton. Il n'en veut pas à Emilie d'avoir fait d'immenses progrès dans les sciences exactes, lui-même se déclare disciple de Newton et de Maupertuis... mais, ce n'est pas une raison pour chasser les Muses, pour décourager ses admirateurs, ses admiratrices, et surtout pour dévoyer son adorable Emilie.

Quant au secret de la *Pucelle,* il est déjà éventé. On en parle dans Paris comme du poème le plus sacrilège qui ait jamais été écrit. Quelle publicité ! Ses amis tremblent de nouveau et l'adjurent de cacher son poème. Un mois plus tard, il regagne la Lorraine. Il va voir le duc de Lorraine à Lunéville. Il ne le rencontre pas, mais il visite le cabinet de Physique : il y passe ses journées. Le voilà converti à la science à la mode.

Il rentre à Cirey. Emilie s'y trouve avec son fils aîné et un précepteur. Mmes de Champbonin et de Neuville forment le chœur. Voltaire a amené l'insipide Linant. C'est un sot parasite. A Paris, il se couchait à 7 heures du soir et se levait à midi. Il n'écrivait rien. A Cirey, il décide de renoncer à son état ecclésiastique. Voltaire le laisse faire. Il devient exigeant et insolent : il se plaint de la nourriture et du logis ; il se plaint d'avoir sacrifié sa situation (?) pour suivre Voltaire. Celui-ci le sermonne et lui montre que ses plaintes se retournent contre lui et le font mal juger. Pourtant il le supporte encore. Tous les parasites de Voltaire savent cela : une fois que Voltaire s'est engagé par amitié, il ne rompt jamais. Quelle patience avec ce Linant grassouillet, visage lunaire, rousseau, criblé de son ! Il n'avait aucun don : il lisait mal, il voyait mal, il bégayait, il savait peu de latin et à peine plus de français. Et Voltaire le donne pour précepteur au jeune Châtelet ! Le marquis du Châtelet voulait un prêtre. Voltaire n'en voulait pas. C'est Voltaire qui l'emporta : « *Point de prêtre chez les Emilie !* » s'écria-t-il.

La prétention agressive vint mettre un comble aux défauts de ce garçon. Ce malheureux — car c'est ainsi que Voltaire le voyait, avec raison — voulut une maîtresse au château : il plongea sans vergogne sa patte molle et suintante dans le décolleté de Mme de Neuville qui prit fort mal la galanterie. Il ne fallut pas moins qu'un madrigal de Voltaire pour apaiser le courroux de la bonne dame.

Mais Voltaire ne chassa pas Linant.

Le vilain Desfontaines.

C'est au cours du premier séjour de Voltaire à Cirey que Desfontaines trouva la première occasion d'être désagréable et nuisible à celui qui l'avait sauvé. Voltaire avait donné une tragédie inédite aux élèves du Collège d'Harcourt qui désiraient jouer une de ses pièces. A son insu, cette tragédie avait été imprimée, truffée de fautes et dénaturée par les imprimeurs. Voltaire prie Desfontaines d'avertir le public qu'il n'est pour rien dans cette publication si imparfaite. Non seulement Desfontaines n'avertit pas le public mais il fait une critique féroce de la tragédie en feignant de croire que le texte en est authentique — et pour comble, il publie la lettre où Voltaire l'implorait. La mauvaise foi du critique n'était pas ce qu'il y avait de pire en cette affaire ; à ce moment-là, Voltaire était en fuite et en publiant sa lettre Desfontaines désignait à tous — et à la police — le lieu où il se cachait — on le croyait encore à Bruxelles : il était à Cirey, sa lettre en faisait foi.

Le trait est noir : Voltaire en conçut une terrible rancœur. Désormais, il devient implacable. Il écrit à tous ses amis sa haine pour Desfontaines. Celui-ci assiégé fait amende honorable et après l'éreintement, publie un éloge de la pièce qui ne vaut pas tout le bruit qu'elle suscite. Mais dans son exil, la colère de Voltaire se concentrait, il ne se sentait pas assez vengé — il n'avait pas répondu à l'attaque. Le hasard voulut que les excuses de Desfontaines arrivent trop tard à Cirey : la riposte du solitaire furieux venait d'en partir. C'était un article qui parut dans *Le Mercure*. Quand Desfontaines reçut le coup, il crut que c'était la façon perfide qu'avait choisie Voltaire de répondre à son bel article. Furieux à son tour, il se jette sur sa plume et lacère le poète de Cirey : il lui reproche d'écrire des tragédies non conformes aux règles et aux bonnes mœurs. C'est un comble ! de la part d'un homme qui avait failli être grillé pour ses mauvaises mœurs. Et il appelle ce brûlot : « Libelle du divorce ! »

La guerre est déclarée entre ce perfide abbé et un Voltaire, exaspéré jusqu'à la fureur en apprenant que lorsque Desfontaines était en prison, il avait déjà commencé à écrire un libelle contre son bienfaiteur. Par la suite Desfontaines truquera une édition du poème de *La Ligue* en se servant d'un exemplaire volé. Probablement volé par Thiériot dont les louches accointances avec Desfontaines sont fort inquiétantes. Mais Thiériot n'en est pas à une trahison près. Que Thiériot, que Desfontaines soient infects, c'est évident, mais que Voltaire aille se rouler avec eux dans les calomnies, les dénonciations, dans ces bassesses de plumitif famélique et de maître-chanteur, c'est pire. Ces corps à corps avec des êtres de boue le couvrent de boue. On peut admettre que l'abominable ingratitude de l'abbé et la trahison gratuite de Thiériot avaient pu affoler un poète irascible et sensible jusqu'à l'hystérie, mais...

Mais, Voltaire n'est pas absolument excusable : il a un peu trop fait sentir à Desfontaines que celui-ci lui devait tout — et peut-être la vie — et qu'en échange, il attendait des louanges, des louanges sans réserves et même sans décence. L'époque admettait ces flagorneries. Soit. Desfontaines, aussi âpre que Voltaire n'admit pas qu'on réclamât son dû avec cette pointe de hauteur et d'impertinence que Voltaire savait si bien darder à l'occasion. Inutile de nous aveugler, sa folle vanité d'homme de lettres rend Voltaire souvent imprudent à ses dépens, et souvent insupportable aux autres écrivains. L'homme le plus intelligent du monde arrive à se conduire comme un freluquet. Etre Trissotin, c'est triste ! quand on est Voltaire. Le scénario est connu : dès que la louange faiblit, son visage se fripe, son regard est plein d'orage ; s'il y a des réserves, il gémit contre l'injustice et la stupidité ; s'il y a une critique ouverte, c'est la crise de fureur : il trépigne, il bondit à travers la chambre, frappe les tisons à coups de pincettes, s'en prend aux meubles, aux murs, en brandissant le papier blasphémateur. Ensuite, la vague de colère et de fiel s'écoule dans cent lettres remplies d'accusations perfides. Il répand partout qu'on aurait bien dû brûler Desfontaines pour son goût pour les petits ramoneurs, tellement plus affirmé que son goût littéraire, si on avait une bonne fois brûlé le mauvais critique on serait à jamais dispensé de brûler ses mauvais articles.

En somme, où est la littérature en tout cela ? N'est-ce pas temps perdu dans cette vie si laborieuse ? Pas tout à fait — car, Voltaire vit intensément dans la haine. Durant ces transports agressifs, il éprouve un sentiment de puissance, de vitalité redoublées. Et c'est ce qu'il aime. Tout paroxysme le grise : là est le secret de son amour pour la tragédie, pour Racine. Hors du théâtre, il s'offre dans la vie les mêmes émotions en déchirant et en brûlant Desfontaines — symboliquement — quand il déchire ses articles et les jette au feu. On croit qu'il se tue de haine et de colère — pas du tout. Cette rage est probablement d'une excellente hygiène pour une complexion aussi originale que la sienne. Pendant qu'il crache feu et flammes contre Desfontaines, plus de coliques, plus de fièvre ; les mots féroces, les calomnies lui viennent d'abondance. Ses ennemis le torturent, mais ils ne l'abattent pas. Au contraire : ils le stimulent. Souffreteux et dolent, il risquerait de se dorloter lui-même, de s'endormir si les Desfontaines ne le brûlaient pas au fer rouge. S'endormir ? Ce serait la pire des disgrâces pour lui. A voir de près son comportement et celui de ses ennemis, on jurerait (si on osait jurer) que ces odieux aboyeurs, c'est lui qui les suscite, et que — Dieu nous pardonne d'aller si loin ! — les coups de bâton font partie de la providence voltairienne. On est excédé de voir que toutes ses démarches vont au-devant des coups et on se demande si, en fin de compte, le Chevalier de Rohan n'aurait pas mérité une médaille. Mais c'est l'exaspération qui nous entraîne à ces extrémités condamnables, nous en faisons l'aveu.

N'empêche que les injures ne tournèrent pas à l'avantage de

Voltaire. Le lieutenant de police l'engagea à faire une réparation publique comme l'exigeaient l'abbé et ses amis — c'est-à-dire la meute des envieux de Voltaire. Celui-ci, la mort dans l'âme, écrivit un petit torchon où il faisait le doucereux : *Je ne me plaignais pas du critique,* dit-il, *mais de l'ami* (ô bonne amitié, ô bonne âme !) *car mes ouvrages méritent beaucoup de censures* (ô humilité, et combien spontanée !) etc... L'abbé fit semblant de se satisfaire de ces viandes creuses car il avait intérêt à ne pas rompre complètement : il avait encore besoin de Voltaire — il avait besoin des articles que Voltaire pouvait lui écrire pour son journal *Le Mercure.* Aussitôt, d'ailleurs l'indécent abbé osa lui demander la permission de publier un poème que Voltaire avait écrit sur ses hôtes de Cirey ; Voltaire refusa par respect pour les Châtelet qui voulaient garder ce poème pour leur intimité familiale. Desfontaines imprima quand même le poème ! Il avait donc le manuscrit ? De qui le tenait-il ? C'est toujours le même procédé : Voltaire écrit en secret et tout le monde se passe le manuscrit. Le lui a-t-on volé ? L'a-t-il fait distribuer par Thiériot ? On est irrité, parfois, de soupçonner...

Le marquis du Châtelet prend fort mal la chose. Il est furieux que toutes les bonnes langues de Paris commentent à leur façon les délices de Cirey dans un ménage à trois. M. du Châtelet dépose une plainte auprès du Garde des Sceaux contre Desfontaines. Juste au même moment, le Desfontaines était condamné pour une autre affaire. Que fait Voltaire ? Il a pitié de Desfontaines : il obtient de M. du Châtelet qu'il retire sa plainte. « *Qu'est devenu l'abbé ?* écrit Voltaire. *Dans quelle loge a-t-on mis ce chien qui mordrait ses maîtres ? Je lui donnerai encore du pain tout enragé qu'il est.* » Ce n'est pas de la tendresse mais c'est de l'humanité — c'est même de la charité chrétienne. Desfontaines ne lui en aura nulle reconnaissance bien entendu.

Comme tout cela est déconcertant. Ah ! non, M. de Voltaire n'est pas de tout repos.

Un ennemi s'endort, d'autres s'éveillent.

Tout commença par une petite filouterie littéraire qui était monnaie courante au XVIIIe siècle. Le Franc — pas si Franc que cela — s'était fait donner le sujet d'une tragédie, *Alzire,* que Voltaire venait d'écrire, et d'envoyer — en cachette — à Paris, à Thiériot. Toujours des cachotteries. Le Franc en écrit, en hâte, une imitation sous le nom de *Zoraïde* et il la donne aux Comédiens français. Voltaire apprend que la *Zoraïde* de M. le Franc de Pompignan sera jouée avant l'*Alzire* de Voltaire. Il crie qu'on l'égorge et qu'on le roue... Il mourra, c'est sûr, si *Zoraïde* monte sur les planches la première, car *Alzire* semblera le plagiat de *Zoraïde*, alors que...

Ce Le Franc écrivait des tragédies si mauvaises que les plus mornes de Voltaire débordent de vie et d'intérêt en comparaison. Mais son outrecuidance était sans bornes. Il avait écrit une tragédie, *Didon*, qui lui avait valu une lettre de Frédéric, prince héritier de Prusse, il la lut à tout Paris, maison par maison. Du haut de sa gloire, il ne prenait nul soin de ménager celle de Voltaire qui lui paraissait surfaite et, au demeurant, sans danger. Le pauvre homme ! Voltaire, sans danger ! Bien entendu Thiériot est le confident de Le Franc : ils se retrouvaient à la table du célèbre fermier-général, La Popelinière ; tout en se gobergeant à cette table, la plus fastueuse de Paris, ils échangeaient des traits contre l'exilé de Cirey.

Le Franc se conduisit comme un gros dindon avec les comédiens, il fit la roue devant eux ; ils ricanèrent ; il les traita de haut, ils piaillèrent ; il se rengorgea, donna de son gros bec et il resta en panne avec sa *Zoraïde*. Les Comédiens n'en voulurent plus. *Alzire* reprit donc sa place. Ce fut un succès : vingt représentations consécutives ; et elle rapporta une assez belle somme à Voltaire. Grand seigneur, il l'abandonna aux Comédiens.

Le poète Gresset qui, dans son poème *Vert-Vert*, faisait l'éloge d'un perroquet, voulut à l'occasion d'*Alzire* faire l'éloge de Voltaire et il y réussit presque aussi bien. Le gros Linant sortit de sa léthargie boudeuse pour écrire quelques compliments et Desfontaines lui-même fut tout miel tout sucre. « *Pourrais-je jamais avoir la pensée de ternir la gloire d'un auteur qui contribue en son genre à la gloire du règne !* »

Tout cela pour cette *Alzire*, si oubliée aujourd'hui — sauf peut-être de l'âme inapaisée du fils de Racine, qui allait se plaignant en tous lieux que Voltaire lui avait volé un vers et l'avait placé dans sa tragédie. Un jour que Voltaire lisait *Alzire* dans un salon et que Louis Racine grognait sans cesse : « *Ce vers-là est à moi ! Ce vers-là est à moi !* », l'abbé de Voisenon que ce refrain gémissant exaspérait, s'approcha de Voltaire et lui dit : « *Rendez-lui son vers et qu'il s'en aille.* »

On n'a jamais su quel était ce vers — il est vrai qu'on ignore presque autant qui est *Alzire*.

Le libraire de Rouen va faire parler de lui.

Jore était mauvais coucheur et Voltaire commit une maladresse. Il n'est pas coutumier de ce genre de naïveté, mais voulant en finir avec le libraire et, croyant l'apaiser, il lui écrit tout le détail des transactions fort compliquées auxquelles ils se sont livrés ensemble au sujet des *Lettres Anglaises*. Il espérait ainsi par cette preuve de bonne foi amener l'autre à transiger et à régler leur différend à l'amiable. Jore en possession des aveux de Voltaire l'attaque en justice. Voltaire est condamné et menacé de saisie s'il ne paie pas ce que Jore lui réclame. Voltaire vient à Paris. Il sent que l'opinion lui est contraire. Malgré l'intervention bienveillante du lieutenant de Police, M. Hérault, les ennemis de Voltaire publient un libelle contre lui, son avarice, ses palinodies, ses grimaces ; c'est une caricature hideuse qu'on fait de lui. Le malheur c'est que la plume qui l'avait tracée était bonne. Mais, en dépit de cent détails exacts, l'infâme portrait qui en résultait était faux. La calomnie était formée de petits faits vrais : les lieux, les dates, les anecdotes étaient irréfutables. Ce petit chef-d'œuvre de perfidie n'est pas signé de Desfontaines, mais il lui appartient. L'abbé avait fourni la méchanceté, Jore les matériaux — et l'argent. Une ténébreuse affaire vient encore compliquer celle-ci : on a volé à Voltaire (une fois de plus !) un exemplaire des *Lettres Anglaises* sur lequel il avait apporté des corrections qui, loin d'atténuer la virulence du texte, l'aggravaient. Cet exemplaire, entre les mains de Jore fut aussitôt reproduit, répandu et remis au ministre, M. de Maurepas qui détestait Voltaire. Maurepas et la police étaient las des histoires de Voltaire ; on ne s'occupait plus que de Voltaire dans leurs bureaux.

Il sentit qu'il fallait en finir : il offrit de l'argent à Jore. Celui-ci se sentant fort, attaque de nouveau Voltaire. Et voilà de nouveau le poète courant les antichambres et rassemblant ses amis. Il fut encore aidé par M. Hérault. Jore est débouté. Il n'obtient rien mais Voltaire est condamné à payer une amende de cinq cents livres aux pauvres. La sentence reconnaît sa culpabilité. Il s'incline, mais il est ulcéré. Il ne crie pas, il gémit. C'est un de ses plus mauvais rôles : il pleure misère, on le met sur la paille, les pauvres sont désormais plus riches que lui... Cette aumône l'a dépouillé de tout ce qu'il possède. A Paris, ce ne sont que rires et sarcasmes pour cette mauvaise comédie. Jore se fait un jeu de prouver que Voltaire possède trente mille livres de rente (le finaud ne sait pas tout). Alors, faisant contre mauvaise fortune bon cœur, Voltaire se résigne. Il remercie même le ministre qui n'a rien fait pour lui — au contraire. Et par réveil de conscience, il exprime un petit remords — très petit — il regrette (c'est un peu tard) de devoir l'heureuse issue de cette affaire à « l'arbitraire du pouvoir » et non à la justice. Mais alors, pourquoi n'a-t-il pas cessé d'implorer ce « *pouvoir arbitraire* » et d'intriguer pour fausser — en sa faveur — le cours de la justice ? Cela ne le découragera pas de continuer dans l'avenir à solliciter des privilèges — comme tout le monde d'ailleurs. En certains cas, on le préférerait muet — mais rarement : il parle si bien !

L'abbé d'Olivet, son ancien répétiteur, nous dit que Voltaire brûle alors d'être de l'Académie mais que son affaire avec Jore lui a causé le plus grand tort. Le ministère est contre lui, mais les ducs de Richelieu et de Villars sont pour. L'abbé d'Olivet, fort avisé, pense que si Voltaire disparaissait quelque temps, sa réputation y gagnerait — et ses amis doucement lui ouvriraient les portes de l'Académie, mais plus tard... beaucoup plus tard... Voltaire sait très bien que cet espoir est folie, aussi prend-il les devants d'un échec : « *On m'a parlé aujourd'hui d'une place à l'Académie* (qui ? lui a-t-on demandé de poser sa candidature ?) *mais dans les circonstances où je me trouve ni ma santé, ni ma liberté que je préfère à tout ne me permettent d'y penser.* »

En vérité, il ne pensait qu'à cette place — c'est l'Académie qui n'y pensait pas pour lui, sinon pour la lui refuser — momentanément. Il y pensa encore, dans le lointain Cirey mais n'en parla plus — et fit bien.

Escarmouches.

Les douceurs monotones de Cirey l'auraient peut-être assoupi, si la querelle avec J.-B. Rousseau n'avait rebondi. Un libraire d'Amsterdam publie à l'insu de Voltaire *l'Epître à Uranie* et *La Calomnie.* M. du Châtelet ne voulait pas qu'on les imprimât et il n'avait pas tort. Mais la rapacité des libraires hollandais est sans scrupule, au XVIIIe siècle. L'exilé de Bruxelles répond par un libelle haineux contre Voltaire, celui-ci répond par un autre libelle. Il y rappelle le père de Rousseau, savetier de M. Arouet, il y rappelle le valet de Voltaire qui est cousin du Rousseau poète et qui demande chaque jour pardon à son maître des mauvais vers que commet son parent ; il y rappelle les coups de bâtons de M. de La Faye (comment Voltaire ose-t-il parler des bastonnades reçues par d'autres ?) bref, tout ce qui pouvait blesser au vif le malheureux Rousseau ; comme il est fils de cordonnier et que le patron de la corporation est Saint-Crespin, Voltaire ajoute une *Crépinade* où l'on trouve ces gentillesses :

> *Le diable un jour se trouvant de loisir*
> *Dit : « Je voudrais former à mon plaisir*
> *Quelque animal dont l'âme et la figure*
> *Fût à tel point au rebours de nature*
> *Que le voyant, l'esprit le plus bouché,*
> *Y reconnut mon portrait tout craché...*

C'est de Rousseau qu'il parle et c'est Rousseau : l'animal au « rebours de nature ». Pour se détendre les nerfs, Voltaire écrit une comédie *L'Enfant prodigue* ; comme il a des doutes sur sa valeur, il fait répandre le bruit qu'elle est de Gresset. Celui-ci prend fort mal le procédé bien que la comédie ait un certain succès, même auprès de Desfontaines ! Mais la rancune de Voltaire n'a pas désarmé, il n'a pas oublié le poème imprimé malgré l'interdiction de M. du Châtelet — et il se venge plusieurs mois plus tard par une *Ode à l'Ingratitude* qui vise Desfontaines nommément :

> *C'est Desfontaines, c'est ce prêtre*
> *Venu de Sodome à Bicêtre*
> *De Bicêtre au Sacré Vallon*

Désormais, Desfontaines attaquera sans relâche — il se serait sans doute apaisé si Voltaire ne l'avait pas harcelé. Pourquoi Voltaire traite-t-il d'égal à égal avec ce misérable, il lui donne une importance que Desfontaines n'a pas. Ses ennemis, c'est Voltaire qui les réveille. Il y avait six mois que Desfontaines était silencieux quand Voltaire lui décocha cette *Ode à l'Ingratitude*. Il va la payer cher avant peu.

Les enchantements de l'exil.

Depuis deux ans on travaillait à embellir Cirey. Voltaire et Emilie se livraient à corps perdu à tous les travaux : ceux de l'aménagement et de la décoration, ceux de l'étude et de la poésie, comme aux soucis des procès et des affaires financières. Les journées étaient bien remplies.

Ils avaient voulu que ce château où ils étaient heureux fût une sorte de Temple dédié à l'Amour, à l'Amitié et à l'Intelligence laborieuse.

Comme ils avaient l'un et l'autre du goût — et beaucoup d'argent — plus un penchant pour l'apparat qui se manifestait chez Emilie par le falbalas, et chez Voltaire par la mise en scène — ils firent de Cirey au fond d'une province une demeure d'assez grande allure ce qui n'était pas sans mérite en 1734. Il fallut mener de front les tragédies, l'algèbre et les terrassements ; on bouleversa les jardins, on voulait « des perspectives », des terrasses étagées bordées de balustrades. A l'intérieur, on installa des bains de porcelaine — car Emilie se baignait beaucoup. « *Cela tempérait ses ardeurs* », nous dit Longchamp, le secrétaire de Voltaire. Ces bains répétés lui firent une réputation d'originale. Passer de Newton à l'hydrothérapie, quelle bizarrerie ! Elle en avait d'autres : elle étudiait l'anglais, la physique et la géométrie. Elle recevait aussi nombre de visiteurs, car les gens de qualité faisaient volontiers un crochet pour venir voir les ermites de Cirey. Cette retraite studieuse et sentimentale faisait parler d'eux presque autant que les scandales de Desfontaines et de Jore. D'ailleurs, c'était aussi un scandale. Vivre dans la solitude, à la campagne, refuser Paris et la Cour, n'était-ce pas monstrueux ? Tous les voyageurs qui passaient par Cirey étaient à leur retour pressés de questions. Et, même sans questions, ils parlaient — peut-être trop ; mais comment ne pas souhaiter rendre intéressante cette incompréhensible « *fuite au désert* ». Comment Emilie de Breteuil, et Arouet, enfants du Paris des salons, pouvaient-ils vivre hors de l'ombre des tours de Notre-Dame ? Cet air des forêts et des landes, cet air redoutable de la solitude n'est-il pas mortel pour les gens du monde, pour ces esprits qui ne brillent et ne vivent qu'aux feux des lustres, comme les diamants et les perles ? Ce qui étonnait les Parisiens c'est que, lorsqu'on demandait : « Sont-ils atteints de langueur, frappés d'hébétement, vont-ils à quatre pattes ? » On leur répondait qu'ils allaient fort bien et qu'ils brillaient de mille feux.

Voici ce qu'après sa visite à Cirey, en 1736, le chevalier de Villefort rapportait des deux enchanteurs enchantés. Le lieu semble étrange — un peu mystérieux, où ces deux ermites un peu excentriques jouissent, au désert, de tous les raffinements de la civilisation et de la culture.

Le chevalier arrive au soir tombant. Il traverse une cour, deux cours, trois cours. Il sonne. Longue attente. Tout est en léthargie. Enfin paraît dans l'ombre, une femme de chambre se guidant avec une lanterne. Première antichambre. Suivons le guide et sa lanterne à travers de longs couloirs, des chambres vides et obscures. On s'arrête. Il ose parler, il demande à voir la marquise. On le plante là pour aller l'annoncer à l'Enchanteresse de cet antre. Il attend. On revient. La marche reprend, presque à tâtons tant la lueur est faible. Une porte s'ouvre : miracle ! Un salon resplendissant. Le chevalier s'arrête, interdit, ébloui : « *La divinité de ce lieu était tellement ornée et si chargée de diamants qu'elle eût ressemblé aux Vénus de l'Opéra si, malgré la mollesse de son attitude et la riche parure de ses habits, elle n'eût pas eu le coude appuyé sur des papiers barbouillés d'X et d'Y et sa table couverte d'instruments et de livres de mathématiques.* »

C'était la fée de l'algèbre parée comme une Cléopâtre d'opéra. Le portrait est vrai, à peine chargé et la suite est à peine caricaturale. On fit, de loin, à l'étranger, un salut fort noble et comme absent en se dégageant, avec difficulté, de l'enchevêtrement des X et des Y et on lui proposa de le faire conduire chez M. de Voltaire — car on se doutait bien que le visiteur ne s'était déplacé que pour le poète. L'appartement de l'Enchanteur communiquait avec celui de l'Enchanteresse par un escalier dérobé — sans doute celui qu'elle avait installé de force à l'intérieur d'une cheminée pendant la fugue de Voltaire en Hollande. Le chevalier grimpe ; une porte. On frappe : pas de réponse. Cherchait-on la pierre philosophale ? Enfin, on ouvre. Le visiteur est averti qu'il arrive mal car l'heure de la conversation n'a pas encore sonné. On parlemente — le temps passe. Une cloche de pensionnat sonne. C'est le souper. Parfait !

La salle à manger n'est pas moins étrange : pas de domestiques. A chaque extrémité de la pièce, il y a deux passe-plats à tourniquet, l'un pour servir, l'autre pour desservir. Chacun va prendre son assiette garnie à chaque service. La cuisine est raffinée. Le souper est long. La cloche sonne de nouveau : changement d'exercice.

Voici l'heure des lectures morales et philosophiques — sans doute pour accompagner la digestion du souper d'une douce somnolence. Une heure s'écoule : la cloche. C'est le coucher. Chacun obéit.

Sur le coup de quatre heures du matin, on vient secouer le visiteur. N'a-t-il pas entendu la cloche ? Ne désire-t-il pas assister à l'exercice de poésie qui va avoir lieu en bas, dans la galerie ? Veut-il vraiment manquer cet office matinal si important ? Ces Parisiens ! Quelle mollesse ! Ils manqueraient sans scrupule un exercice de versification à quatre heures du matin, en novembre, dans un château glacial, perdu dans une province réputée froide. Voltaire et Emilie ne manquaient jamais cet office, étant à la fois : officiants, desservants et fidèles.

Quand des amis de Paris répètent à Emilie ce que le chevalier raconte, Emilie répond que ce sont... « *des descriptions qu'il a brodées, dont on a fait un conte de fées. Ce qu'on me mande n'a ni tête, ni queue, ni rime, ni raison.* »

Il est vrai qu'il a traité Emilie de fée — de fée du château enchanté. Mais l'emploi du temps est rigoureusement exact. La journée était ainsi réglée à coups de cloche. Il était à peu près impossible à Cirey de perdre un quart d'heure. Voltaire avait une sorte d'horreur instinctive du farniente, du temps creux ; l'amour passionné qu'il avait de la vie lui faisait chérir chaque heure du jour et la lui faisait remplir de son propre plaisir c'est-à-dire de lectures, de réflexions et d'activités dans tous les domaines.

Voici la réponse de Voltaire à Villefort qui parle trop : « *Je défie M. de Villefort d'avoir dit et même d'avoir connu combien on est heureux à Cirey.* » Et c'est là l'essentiel, et ce que les Parisiens n'ont pas compris. Le bonheur c'est l'amour, l'amitié, le luxe, et cet ordre — oui, cet ordre monastique ou militaire — après lequel Voltaire court à travers les mille désordres apparents de sa vie.

Nouvelles alertes et nouveau voyage.

En fait de désordres, en voici de nouveaux. On se souvient que Voltaire, parmi ses amis du Temple, comptait un abbé de Bussy, devenu évêque de Luçon. Il vient de mourir. Qui donc trouva, en fouillant les papiers de l'évêque, un poème de Voltaire intitulé

Le Mondain ? Le fait est que ce poème est imprimé et circule dans Paris à l'insu de l'auteur en 1736. Et de nouvelles poursuites sont engagées car il y a des traits impies dans ce poème. Voltaire se plaint qu'on lui fasse un crime d'avoir dit qu'Adam, notre père, avait les ongles longs et de mauvaises manières. « *Dans quel siècle vivons-nous ?* » s'écrie-t-il.

Il va falloir encore voyager ; la retraite n'est plus sûre, car un autre danger le menace — et menace bien davantage Emilie. Ne voilà-t-il pas que des cousins du marquis du Châtelet s'avisent, deux ans après le début de la liaison de la marquise et du poète, qu'il est inconvenant que la femme de leur cousin vive sous le même toit que Voltaire pendant que le mari, à deux cents lieues de là, s'escrime contre les ennemis du roi. Ils veulent faire des remontrances par voie judiciaire au mari. Que pourra-t-il répondre ? Il faudra qu'il sévisse, car ils ont juridiquement raison. Voltaire fait ses malles à la hâte. Emilie pleure parmi ses diamants, ses X et ses Y.

L'imbécillité est la pire ennemie du bonheur des gens d'esprit.

Où aller ? Il a bien envie de se rendre auprès du prince royal de Prusse, Frédéric, avec qui il est en coquetterie épistolaire. C'est Frédéric qui a ouvert la voie — et Voltaire l'a suivi et au galop !... Il est ravi d'être traité d'incomparable génie, d'être mis sur le trône de l'intelligence et du talent par une Altesse royale en passe d'être roi. Voyant ce prince si bien disposé en faveur du poète, celui-ci décréta que ce prince serait le premier roi de son siècle. Et il eut envie de le voir de près.

C'était compter sans la méfiance d'Emilie. Elle flaira le piège. Elle crut que Voltaire allait lui échapper. Elle eut peur pour elle — mais elle persuada Voltaire que le danger était pour lui. Elle craignait l'engouement du poète pour ce prince si intelligent — et paré d'une couronne royale devant laquelle Voltaire était déjà prosterné — mais elle lui fit craindre le danger que représentait le vieux roi Frédéric-Guillaume, qui était brutal et cruel, qui traitait son fils comme un gredin, l'avait emprisonné et avait fait décapiter sous ses yeux, son meilleur ami. Elle n'eut pas de mal à faire entendre à Voltaire que le vieux barbon verrait d'un mauvais œil la présence d'un Français, poète-philosophe, auprès de son héritier à qui ce poète ne manquerait pas de donner des avis pernicieux sur l'autorité paternelle. Or, de l'humeur dont était le vieux roi, Voltaire pouvait fort bien se retrouver dans un cachot au fond de la Poméranie et, sans autres formalités, expédié dans un monde meilleur. Elle expliqua très bien cela, qui se concevait aisément, et pour faire patienter le fringant poète assoiffé des louanges royales — ou presque royales — elle lui dit : « *Le prince n'est pas roi, quand il le sera nous irons le voir tous les deux, mais jusqu'à ce qu'il le soit, il n'y a aucune sûreté.* »

« *Tous les deux* ? » Belle illusion ! si elle s'imagine qu'elle sera de la partie. Pour lors, il refusa l'invitation.

La Prusse étant malsaine, il retourne en Hollande. Il évite Bruxelles : ville empuantie par J.-B. Rousseau. Mais qu'apprend-il ? Une nouvelle écœurante ! Le Rousseau a, dit-on, reçu la permission de rentrer en France. Quoi ? Au moment où lui-même est poursuivi, son ennemi mortel est absous ? C'est trop. Qu'on le poursuive passe, c'est une vieille habitude du pouvoir — mais au moins qu'on persécute aussi l'autre. Il faut veiller à cela. Voltaire s'arrange pour faire parvenir au ministre une copie du poème que J.-B. Rousseau avait écrit contre les magistrats et le roi — et il fait également parvenir à ces Messieurs du Parlement ce poème où ils étaient presque aussi maltraités que si Voltaire en eût été l'auteur. Les robes et les bonnets carrés entrent en fureur et l'exil de Rousseau est prolongé. Cette bonne nouvelle fut pour beaucoup dans l'agrément que Voltaire trouva à l'accueil que lui fit la Hollande.

On joue ses tragédies dans toutes les villes où il passe. Et il apprend qu'à Londres, on joue *Zaïre* avec succès. Une nouvelle qu'il en reçoit le comble d'aise. La vanité d'un auteur se régale parfois d'un fait qui paraîtrait attristant au commun des mortels. Qu'on en juge. Un acteur, Mr. Bond, aimait *Zaïre* à la folie et il jouait le rôle du vieux Lusignan. Il le jouait avec une telle fureur qu'au moment où Lusignan reconnaît sa fille et doit exprimer une émotion déchirante, Mr. Bond-Lusignan fut terrassé par une embolie et tomba mort en scène. Et Voltaire transporté d'admiration, de battre des mains. « N'est-ce rien, pensait-il, que d'avoir un génie dramatique capable de foudroyer ses interprètes ? » Mais voici mieux : la représentation ne fut pas interrompue par ce miracle ; un autre acteur releva immédiatement le flambeau : il voulut être Lusignan — « le rôle qui tue ! » — Et il déclara simplement qu'il regrettait de n'avoir pas autant d'âme que Mr. Bond pour finir comme lui.

Et on se demande pourquoi Voltaire trouvait les Anglais sublimes ? Ce ne sont pas les Français qui souhaiteraient mourir en jouant *Zaïre* !

Ce séjour de 1736 en Hollande, au cours duquel son mérite est si bien encensé, lui plaît. Bien que le danger soit écarté il ne tient pas à rentrer à Cirey, tout de suite. Il le faudrait cependant car *Les Eléments de la Physique de Newton* sont en passe d'être imprimés et Emilie exige qu'il en surveille l'impression. C'est, en effet, capital. Le petit ouvrage va mettre à la portée du public cultivé cette physique de Newton dont les Français officiels ne veulent pas et que Voltaire va leur imposer. Mais la Hollande l'amuse... Emilie ordonne, et Voltaire s'aigrit et Emilie pleure et menace. Soudain, elle a peur qu'on lui prenne son Voltaire. Elle est désespérée, elle appelle les d'Argental au secours : « *Je vous demande à genoux de lui mander durement que s'il s'obstine et s'il ne revient pas, il est perdu et je le crois bien fermement... Si vous aviez vu sa dernière lettre, vous ne me condamneriez pas, elle est signée et il m'appelle « Madame ». C'est une disparate si singulière que la tête m'en a tourné de douleur.* »

Emilie est follement amoureuse. Encore une fois, Voltaire met dans son amour, pourtant profond et sincère, moins d'angoisse, de passion que sa partenaire. Mais elle a tort de s'inquiéter, il a déjà pris le chemin du retour, il revient — et tout heureux— se remettre au pouvoir de sa déesse. Le retour fut exquis :

> *Et je laisse à penser de combien de plaisirs*
> *Ils payèrent leurs peines.*

Les meilleurs de ces plaisirs furent à n'en pas douter ceux du cabinet de physique et non pas ceux de l'alcôve... avec Voltaire les ébats de l'amour sont souvent des exercices pédagogiques.

Il écrit en cachette à l'abbé Moussinot, un de ses confidents, et son homme d'affaires officieux, mi-ami, mi-fondé de pouvoir, pour lui demander quel est le sujet que l'Académie des Sciences a mis au concours en cette année 1738. Surtout, que nul ne sache que la question vient de Voltaire : « *Je ne suis pas savant.* » Mais il veut le devenir ou au moins l'être assez pour le paraître. Dès qu'il connaît ce sujet : *De la propagation du Feu,* il envoie le même abbé chez Fontenelle questionner celui-ci pour en savoir le plus possible sur le sujet — mais, chut !... Ensuite, il envoie le bon abbé chez un apothicaire. « *Achetez-lui une livre de quinquina que vous m'enverrez et faites-le parler sur la nature du feu.* » L'abbé fait tout cela en ayant l'air de ne pas comprendre que Voltaire prépare un mémoire pour répondre à la question de l'Académie des Sciences.

C'est un bien honnête homme que l'abbé Moussinot, sa probité était si bien reconnue qu'il était trésorier de son chapitre — il fut aussi celui de Voltaire. Il faisait les placements, il achetait des tableaux, touchait les intérêts — et, mission plus délicate, il rafraîchissaît la mémoire des débiteurs qui oubliaient la date des échéances. Office très important — en raison des sommes dues — et très délicat en raison de la personnalité des débiteurs, Richelieu, Villars et autres seigneurs — gens pour qui le remboursement n'est jamais la conséquence inévitable de l'emprunt. Moussinot rendait cette conséquence « inévitable » sans fâcher personne. Quel homme précieux pour Voltaire qui prêtait à des taux avantageux des sommes importantes : Emilie était si dépensière !

S.A.R. le prince Frédéric de Prusse.

On avait été séduit par les lettres du prince, on fut conquis par son cadeau : le buste en or de Socrate formant le pommeau d'une canne et accompagné de louanges. Voltaire en est étourdi. Mais qui résisterait à ce ton ! « *Si jamais je vais en France, la première chose que je demanderai ce sera : où est M. de Voltaire ? Le Roi, la Cour, Versailles, Paris, ni le sexe, ni les plaisirs n'auront part à mon voyage, ce sera vous seul.* » Sur quoi, Voltaire le traite de « Salomon du Nord. » Il ne pouvait moins faire. Frédéric lui avait offert sa maison de Londres pour se réfugier. Et mieux encore : Frédéric lui envoie un ambassadeur ! le baron de Keyserling. Voici les instructions que le prince envoie à cet ambassadeur, en route pour Cirey : « *Songez que vous allez au Paradis terrestre, à un endroit mille fois plus délicieux que l'île de Calypso : que la déesse de ces lieux ne le cède en rien à la beauté de l'enchanteresse de Télémaque : que vous trouverez en elle tous les agréments de l'esprit si préférables à ceux du corps : que cette merveille occupe tout son loisir à la recherche de la vérité, etc.* »

Tout cela était destiné à être montré à Emilie ; le coup d'encensoir est moins donné pour lui plaire que pour marquer le dépit que Frédéric a ressenti. Voltaire n'avait pas caché à « Salomon » que s'il n'était pas allé en Prusse le rejoindre c'est parce que les doux liens de l'amitié le retenaient à Cirey. C'en était assez pour que Frédéric détestât Emilie. Quand Frédéric lui envoie un compliment, il ne manque pas de laisser percer le désir qu'il a de faire venir Voltaire — en somme de le disputer à Emilie : « *Marquez, je vous prie à M*me *la marquise du Châtelet qu'il n'y a qu'elle seule à qui je puisse me résoudre de céder M. de Voltaire, comme il n'y a qu'elle seule qui soit digne de le posséder.* »

Il s'y résout parce qu'il ne peut faire autrement — et d'ailleurs, il n'est pas résigné : il trouvera encore des prétextes pour appeler Voltaire à lui et Emilie n'est pas du tout rassurée. Un écureuil, ça saute. Une anguille, ça glisse, un lézard, ça fuit — C'est Voltaire. Elle le sait.

Keyserling était un petit homme, tourmenté par la goutte, plein de vivacité d'esprit et d'allure quand il n'était pas perclus — et suprêmement bavard. D'ailleurs, fort instruit. La princesse Dorothée, sœur de Frédéric, disait de lui que c'était un « *grand étourdi et bavard, qui faisait le bel esprit et n'était qu'une bibliothèque renversée.* »

A Cirey, il eut droit à des honneurs princiers : feux d'artifice et illuminations figurant le nom du prince Frédéric avec cette inscription en lampions multicolores : « *A l'espérance du Genre humain.* » C'était si beau qu'une des invitées permanentes de Cirey, Mme de Graffigny, que nous connaîtrons de plus près, disait qu'on y voyait « *des choses qu'il n'y a que des fées et M. de Voltaire qui puissent les faire dans un endroit comme celui-ci.* »

Keyserling fut enchanté : on le laissa parler sans trêve, ni repos. On le chargea de présents — des manuscrits du poète : tout le début du *Siècle de Louis XIV* déjà en chantier, des poèmes, des tragédies, des essais. Ce n'était pas suffisant ! Frédéric avait exigé de son ambassadeur qu'il rapportât *La Pucelle.* On lui remontra que ce manuscrit était entre les mains de la Déesse, qu'elle ne voulait s'en dessaisir à aucun prix, qu'il était sa possession absolue... bref, Frédéric eut une raison nouvelle et précise de détester Emilie. Mais il savoura les récits que lui fit Keyserling à son retour. C'était délirant, Frédéric lui prenait les mains, le regardait dans les yeux : il tenait les mains d'un homme qui avait vu Voltaire ! Du coup, pour n'être pas en reste avec « le Salomon », il appela Voltaire « Le Virgile du Siècle. » Et, n'en pouvant plus d'espérer, il recommence à faire entendre sa voix de sirène pour attirer Voltaire. Et voilà Emilie dans les transes — chaque lettre de Frédéric lui fait passer une nuit blanche.

Deux nièces, un frère et un secrétaire.

La famille Arouet revient sur l'eau en la personne de ses deux nièces Marie-Louise et Elisabeth Mignot — elles perdent leur père, M. Mignot en cette année 1737. Leur mère, défunte, était Marie-Marguerite, la sœur de Voltaire.

Il veut se charger des deux orphelines. Le sentiment de la famille n'était pas en lui aussi desséché qu'il le fait croire. Il veut même les avoir près de lui pour les former au monde et les marier. Ce qui permet de croire que ses traits contre les Arouet nous trompent sur ses sentiments profonds. Il faut se rendre à l'évidence, il aimait tendrement sa sœur et il reporte sur ses filles cette tendre affection.

Il pensa d'abord marier l'une des nièces au fils de Mme de Champbonin, cette aimable dame campagnarde assidue de Cirey. Mais la demoiselle Mignot, parisienne, ne voulut pas venir jouer les comtesses d'Escarbagnas sur les marches de Lorraine. L'abbé Moussinot avait fait la proposition en qualité de fondé de pouvoir de Voltaire. Celui-ci prie son homme de confiance de bien expliquer à sa nièce qu'il ne lui tient pas rigueur du refus, elle ne doit se décider que selon son inclination. Il insiste pour que Moussinot montre bien à ces demoiselles la différence qu'il y a entre leur oncle Arouet, Armand le frénétique, et leur oncle Voltaire. Il n'était pas difficile de faire éclater la différence. Armand avait donné dans les « Convulsionnaires ». Il était d'un jansénisme à faire frémir. Il souffrait et il aimait faire souffrir les autres. Il répondit à un ami, janséniste, mais qui ne recherchait pas le martyre et voulait le calmer : « *Parbleu ! si vous ne voulez pas être pendu, n'en dégoûtez pas les autres.* » Ce frère fanatique n'était pas unique en son temps. Il ne faut oublier ni lui, ni ses pareils pour comprendre ce siècle et Voltaire. Pour un Richelieu, pour un Voltaire et quelques autres brillants et tapageurs libertins qui tiennent le devant de la scène, il y a une masse innombrable de croyants, de dévots et même de fanatiques — rendus plus fanatiques par la provocation du libertinage. Les églises, les ministères, les parlements sont peuplés de gens qui ont — pour la plupart — la foi, et un désir d'autant plus ardent de la faire respecter que ses ennemis sont plus insolents. Ces gens sont puissants : ils ont tout l'arsenal des lois, des tribunaux, de la police à leur disposition. Certains sourient de nos jours de ces « semblants de persécution » — mais nous allons rencontrer des persécutions qui seront bien réelles — et quand Voltaire, malade à mourir se jette dans un carrosse pour courir en plein hiver des routes défoncées parce qu'on l'avertit que la police le traque, ce n'est pas un danger imaginaire qu'il fuit. Un cachot est un cachot et, pour peu que le ministre qui vous y a jeté vous oublie...

ce cachot risque d'être un tombeau. Aussi Voltaire avait-il les moelles glacées lorsque cette idée lui traversait l'esprit.

Son frère était de ces gens redoutables, aussi le redoutait-il.

Marie-Louise Mignot attendait avec impatience qu'on lui trouvât un mari. Ne voyant rien venir, elle en choisit un elle-même, ce fut M. Denis, écuyer, officier, commissaire ordinaire des Guerres. Il avait une honnête aisance, bonne figure, bon caractère. Il était amoureux de sa femme et elle de lui. Elle était très inflammable et la suite nous prouvera que, si elle n'avait pas le cœur très sensible, elle avait le sang chaud.

Voltaire la dota. Si elle avait épousé le fils de Champbonin, elle aurait eu 80 000 livres de dot et 12 000 livres de vaisselle d'argent. Mais comme elle avait choisi le sieur Denis il ne donna que 30 000 livres — d'ailleurs M. Denis était plus riche que les Champbonin. Les jeunes époux vinrent à Cirey. Mme Denis fut stupéfaite de l'attachement que son oncle avait pour Mme du Châtelet. Elle en fut jalouse.

De quoi se mêlait-elle ? Et que pouvait-elle comprendre à ces liens complexes et profonds qui unissaient des êtres si supérieurs à la jeune pécore en voyage de noce. Elle sentit cependant qu'elle était dépassée. Comme elle était vulgaire, ce sentiment se tourna en envie et en critique. Elle écrit : « *Je suis désespérée et je le crois perdu pour ses amis, il est lié de façon qu'il me paraît impossible qu'il puisse briser ses chaînes* (et pourquoi veut-elle qu'il les brise ?) *Ils sont dans une solitude effrayante... un pays où l'on ne voit que des montagnes et des terres incultes.* » Des montagnes à Cirey ? Des taupinières peut-être ? « abandonnés de tous leurs amis » ajoute-t-elle. Mais, elle est stupide ! la maison ne désemplissait pas, les chambres d'hôtes étaient toujours occupées ; ils avaient un roi qui les encensait, et des monceaux de lettres, les plus flatteuses et les plus tendres.

« *Voilà la vie que mène le plus grand génie de notre siècle* », conclut la sotte, consternée.

Et quelle vie désire-t-elle pour son oncle ? La sienne ? N'aurait-elle pas déjà des idées pour l'avenir ? Un oncle pareil, si génial (mais encore plus riche !) n'en peut-on rien faire ?

Quant à sa seconde nièce, Elisabeth, elle épouse le 9 juin 1738, M. de Dompierre, seigneur de Fontaine-Hornoy, président trésorier de France à Amiens. Thiériot est chargé des présents, ce sera 25 000 livres de la part de Voltaire.

Il n'assista ni à l'un, ni à l'autre mariage. Ces formalités ne lui paraissent pas valoir le sacrifice de plusieurs journées de Cirey.

Linant était toujours là, plus paresseux que jamais. La marquise le supportait mal, mais elle le supportait. Linant ne savait pas le latin : comment l'aurait-il enseigné au jeune fils d'Emilie ? C'est donc elle qui reprenait les leçons de Linant. Elle était patiente — parfois !

La faiblesse de Voltaire pour ses protégés n'a pas de limites, on le sait. En voici une preuve encore : Linant avait une sœur dans la misère ; il fit en sorte d'apitoyer Voltaire sur sa sœur. Ce fut facile. Emilie n'en voulait à aucun prix, un seul exemplaire des Linant lui suffisait, d'autant que la sœur aussi incapable que le frère, était fort exigeante dès sa première lettre : « *Elle écrit comme une servante, si avec cela elle pense en reine, je ne vois pas ce qu'on peut faire d'elle* », dit Voltaire.

Malgré cela, malgré Emilie, la fille arrive : « *L'extrême paresse de corps et d'esprit,* constate Voltaire, *est l'apanage de cette famille.* » Ne le savait-il pas depuis Rouen ?

Ce n'est pas suffisant : le frère et la sœur installés dans la place se mirent à intriguer. Mme du Châtelet les expulsa. Voltaire n'osa rien dire, mais toujours pitoyable, il engagea les réprouvés à écrire une lettre aimable au marquis et à Emilie. Il se faisait fort de les faire rentrer en grâce.

Mais les Châtelet dirent non, une fois pour toutes. Et Voltaire attristé envoya une bourse à « ces pauvres diables ».

Newton en France.

Les *Eléments de la Physique de Newton* lui donnèrent de graves déboires. Il n'a pu obtenir l'autorisation d'être publié en France — tous les savants français étaient contre. Il publie donc à Amsterdam. En prônant Newton, il est hérétique une fois de plus et honni par l'Académie des Sciences comme il l'était par la Sorbonne.

Les libraires d'Amsterdam lui jouent un tour révoltant. Comme ils étaient pressés de vendre le livre, malgré l'avis de Voltaire qui voulait se mettre — si possible — en règle avec le pouvoir, voici ce qu'ils firent. Voltaire, méfiant, ne leur avait donné qu'un manuscrit incomplet, se promettant de leur donner la fin quand il le jugerait bon. Les libraires achevèrent le manuscrit à leur façon et le publièrent en avril 1738, à l'insu de l'auteur. Voltaire est furieux. Après le titre *Eléments de la Physique de Newton* il avait ajouté « mis à la portée de tout le monde » pour aguicher le lecteur de moyens modestes. Ses détracteurs firent savoir partout qu'il fallait lire *Eléments de la Physique de Newton mis à la* porte *de tout le monde*. Il en fit une maladie.

Malgré les erreurs, les sarcasmes, et l'hostilité des savants, l'importance de ce livre fut considérable. Le *Journal de Trévoux* analyse fort bien les conséquences de ce petit ouvrage si critiqué ; jusque-là l'œuvre de Newton était enfoui dans quelques cabinets de rares savants en Europe comme « *un secret qu'on se disait à l'oreille, encore fallait-il de bons entendeurs. M. de Voltaire parut enfin et aussitôt Newton est entendu ou en voie de l'être, tout Paris retentit de Newton, tout Paris bégaye Newton, tout Paris étudie et apprend Newton...* »

On ne saurait mieux définir le rôle du génial vulgarisateur et son importance sur la pensée scientique, élément capital de la pensée européenne au XVIIIe siècle. Voltaire n'a peut-être pas enfanté de système, ni en politique, ni en science, il n'a découvert ni sentiments inouïs, ni musiques étranges : il a donné de la valeur, du sens, de l'efficacité aux découvertes des autres — de ceux à qui l'éclair du génie a fait entrevoir une vérité inédite. L'éclair du génie ne brille que pour un seul — tandis que Voltaire possède la lumière qui permet à tous les hommes de contempler et de comprendre ces vérités réservées. L'étonnant, dans le cas de Voltaire, c'est que l'intelligence qui diffuse la pensée scientifique la plus originale et la plus féconde des temps modernes, celle de Newton, cette intelligence est celle d'un poète. Et le public, jusqu'alors charmé par *Zaïre* et des tragédies pseudo-raciniennes, reçoit tout à coup la plus magistrale leçon de physique du siècle, d'un bel esprit de salon et de théâtre qui brillait par ses madrigaux.

Quel effort ! Quelle ténacité ! A quarante ans passés se mettre aux rudiments des mathématiques et de la physique, lire et traduire Newton pour s'élever au niveau du sublime savant, puis en redescendre et se mettre au niveau du vulgaire — sans cesser d'être aussi intelligent que le savant — et aussi élégant que l'auteur de *Zaïre*.

On se souvient que Voltaire avait résolu de faire, en cachette, des recherches sur la nature du feu pour répondre à la question mise au concours par l'Académie des Sciences.

Le piquant, c'est qu'Emilie, avec le même secret, se fit communiquer le sujet de l'Académie des Sciences et concourut également de son côté. L'un et l'autre s'attaquaient au même problème sans se le dire. Ils ne se trahirent qu'après qu'on eût proclamé les résultats. Ce fait permet de supposer qu'ils se laissaient une liberté totale dans leur travail — et cela, malgré l'humeur inquiète et jalouse de l'un et de l'autre, et tout en vivant dans la même maison, dans la même retraite sentimentale. Quel étonnant exemple de bienséance !

Ils ne furent récompensés ni l'un ni l'autre. Même pas un accessit ! M. de Réaumur leur écrivit une jolie lettre et cela leur fit du bien. Les gens du monde se moquèrent d'Emilie. D'autres leur firent des compliments qui étaient pires que les sarcasmes, comme ce docteur de Sorbonne qui confondit Voltaire, Emilie et Newton — compara Voltaire à Thésée perdu dans le labyrinthe où *Ariane-Emilie* déroulait son fil — mais insista lourdement sur ce fil qui était aussi un lien charnel entre Ariane et Thésée, mais n'était pas charnel entre Voltaire et Emilie. « *Ils n'ont,* s'écria le théologien, *qu'un lien spirituel qui n'a rien d'impur.* » Qui aurait pu croire que Newton pouvait faire dire de telles sottises ? Cela amusa tout Paris — et Voltaire et Emilie furent très étonnés.

Vilaines relations.

Et Jore revient à la charge. Le misérable est aux abois. Il est prêt à tout — c'est-à-dire à faire chanter Voltaire. Que de démarches ! que de lettres ! Voltaire obtient enfin de Jore une lettre d'une bassesse à faire vomir dans laquelle celui-ci se reconnaît tous les torts, affirme que Voltaire ne lui doit rien, que c'est lui, Jore, qui l'a trompé et qu'il essaie encore de le faire... Et pourquoi ces ignominies ? Pour une somme que Voltaire lui fait remettre en échange de cette confession. De quel montant ? On l'ignore ; mais sans doute importante si la canaillerie se vend au poids.

Le plus étrange, c'est que, trois ans plus tard, Voltaire fera encore des cadeaux à Jore !

On se souvient que, rue du Longpont, à Saint-Gervais, c'est un M. Demoulin qui était son prête-nom pour les affaires de grains, de paille et de papier. Ce Demoulin jouissait de la confiance de Voltaire, disposait de sommes considérables sous le lointain contrôle du poète de Cirey et la nonchalante surveillance du bon Moussinot. Il arriva que vingt-quatre mille livres disparurent dans la poche de Demoulin. Voltaire se plaint ; l'autre le menace de dévoiler ses spéculations sur les grains : voleur et délateur, tel est le personnage. On pourrait croire que Voltaire va jeter feu et flamme. Pas du tout, car il ne perd que de l'argent ; ni sa vanité, ni ses sentiments, ni son goût littéraire, ni ses idées philosophiques ne sont blessés par Demoulin, aussi écrit-il à Moussinot de traiter le voleur avec bonté. « *Il doit bien rougir de ses procédés envers moi. Il m'emporte vingt-quatre mille livres et veut me déshonorer ! En perdant vingt-quatre mille livres il ne faut pas s'acquérir un ennemi de plus.* » Et on fait la paix — Demoulin lui rendra trois mille livres — et pour les vingt et un mille qu'il garde, il écrira une lettre bien repentante, bien humble, bien affectueuse. Pour ce prix-là rien n'est excessif — il ne rendra même pas les trois mille livres mais il écrira à Voltaire que « *jamais amant n'a autant aimé sa maîtresse que Demoulin a aimé Voltaire.* »

C'est un peu passer la mesure. Mais non. Pour Voltaire les effusions ne sont jamais excessives — du théâtre ! c'est du théâtre. Et il répond : « *Je vous pardonne de tout mon cœur sans qu'il en reste la moindre amertume.* »

Peu importe l'argent. Ses détracteurs disent qu'il est avare — s'il l'est, il ne n'est pas comme tout le monde. Il sait perdre et il sait donner. Est-ce être avare ?

Son point vulnérable, c'est l'amour-propre. Ses ennemis le savent et l'abbé Desfontaines se joue diaboliquement de cette faiblesse. Voltaire réagit violemment — et disons, naïvement. C'est l'abbé qui avait trouvé le « mis à la porte de tout le monde ». C'est encore lui qui attaque les *Eléments de la Physique de Newton* « réprouvée par les physiciens de l'Europe » dit-il, qui accuse Voltaire d'avoir passé l'âge de chercher de nouvelles voies à un petit talent de poète. Il faudrait à cet âge — Voltaire a quarante-quatre ans — versifier de temps à autre et s'en tenir là. L'abbé faisait sentir à ce poète défraîchi, retiré à Cirey, que sa gloire était derrière lui et que ses études newtoniennes « n'étaient qu'un progrès d'écolier », un enfantillage un peu sénile.

Cela était enveloppé, feutré, perfide ; c'était abominable. Voltaire fut saisi d'un transport de cette rage qui rend assassins les plus doux rêveurs — ce qu'il n'était pas. Il lui faut une vengeance. Il se met à farfouiller tous les écrits de Desfontaines et compose un libelle *Le Préservatif* en novembre 1738. Il rappelle une fois de plus tout ce qu'on sait sur le vilain abbé. Ce libelle, c'est du temps perdu, et une indignité. Il ne signe pas, il fait signer par un aventurier des lettres, à sa solde, qui espionnait pour lui les libraires et la gent de lettres de Paris, et qui s'appelait le chevalier de Mouhy. Bien entendu en lisant ce nom, chacun pensait : Voltaire.

Si Voltaire n'avait pas répondu, Desfontaines qui était déshonoré depuis longtemps aurait perdu jusqu'au dernier lecteur et se serait tu. Il n'intéressait que lorsque après une de ses attaques contre Voltaire les gens lisaient ce que Voltaire disait de lui. C'est alors qu'on se souciait de savoir à qui et à quoi Voltaire s'en prenait. Jamais écrivain n'a mieux servi la cause de ses ennemis que Voltaire lorsqu'il leur répond.

Mme du Châtelet le savait, elle suppliait, pleurait, criait, boudait, cachait ses papiers, rien n'empêchait Voltaire de se livrer à sa dangereuse manie. Rien n'était plus néfaste à sa réputation et à ses intérêts.

Il écrit aussi, en décembre 1738, une comédie *l'Envieux* dont le personnage Zoïlin est Desfontaines. Personne ne s'y trompe. Quelle publicité pour l'obscur pamphlétaire ! Zoïlin est chargé de tant de vices, le personnage en est si accablé et si accablant qu'il est plus indigeste que comique — la Comédie refuse la pièce. Ce qui redouble la colère de Voltaire contre le modèle de Zoïlin, l'ingrat !

Mais, celui-ci voyant l'affaire engagée au mieux de ses intérêts s'acharnait à la faire rebondir ; il écrivit un des plus virulents pamphlets contre l'ermite de Cirey : le titre était transparent : *La Voltairomanie*.

Il trouve un nouveau grief en plus de tous ceux qu'on ressasse : il accuse Voltaire d'avoir vécu en parasite dans le ménage du président de Bernières — et ici, réapparaît Thiériot. Desfontaines fait son éloge : Thiériot, lui, n'est pas un parasite, ce n'est pas Thiériot qui vit aux crochets des Bernières — ni de qui que ce soit — ce n'est pas Thiériot qui a dit que Desfontaines avait écrit, en sortant de la prison d'où Voltaire l'avait tiré, un pamphlet contre son bienfaiteur. Cela, c'est Voltaire qui l'a inventé et qui a prêté son mensonge à l'innocent Thiériot.

Etrange cadeau pour Thiériot que de recevoir ce brevet d'honnête homme d'une telle plume. La vérité, c'est que Thiériot est de connivence avec Desfontaines : il trahit son maître, son ami ; il l'a volé, maintenant, il le vend.

Lorsque ce libelle arriva à Cirey, Voltaire était malade. Très malade. Emilie ne le lui montra pas : elle craignait de le tuer.

Elle en fut malade elle-même. Elle écrit à d'Argental, le suprême recours — que doit-on faire ? Répondre ou ne pas répondre ?

Emilie rédige une réponse : elle le fait avec assez d'habileté et avec courage. Elle défend son grand homme mieux qu'il ne le fait lui-même. C'est elle qui décèle le rôle odieux de Thiériot. Elle veut obtenir du traître qu'il désavoue Desfontaines, il faut que Thiériot affirme, publiquement, qu'il a vu Desfontaines écrire ses injures. Et il les a vues ! Et il n'a rien fait pour empêcher l'abbé de les écrire, ni de les faire paraître !

Pourquoi Thiériot a-t-il eu cette lâcheté ? D'ordinaire son mobile est simple, c'est l'argent. On le paie, il marche. Or, Desfontaines est sans le sou. Dans ce cas, Thiériot n'a agi que par bassesse ; il est de cette espèce de gens sans foi et sans caractère qui acceptent les bienfaits comme un dû, et qui éprouvent ensuite une sorte de sale satisfaction à se venger de leurs bienfaiteurs. La bonté qu'on leur témoigne les humilie, et ils mordent — en secret — leurs protecteurs qu'ils méprisent pour leur bonté même. Quand Thiériot a volé l'édition de *la Henriade* à son maître et que celui-ci ne l'a pas fait arrêter, il a considéré non pas la magnanimité du maître mais sa faiblesse — et sa sottise. Voltaire était en droit de le faire pendre : Thiériot l'eût davantage estimé. Voilà « l'ami Thiériot ».

A Cirey, on vivait dans la consternation — en se la dissimulant. Enfin, il fallut bien s'expliquer : Emilie avait caché qu'elle avait lu l'odieux libelle — Voltaire l'avait lu aussi, dès le premier jour et il l'avait caché à Emilie. C'est Voltaire qui l'avait reçu le premier et c'est pour cela qu'il était si malade. Chacun croyait que l'autre ignorait et voulait tenir l'autre dans l'ignorance afin de lui éviter du chagrin. Ces Desfontaines ont vraiment beaucoup de pouvoir !

Thiériot ne répondit pas à la supplication de Mme du Châtelet. Après des semaines, il répondit à Voltaire, une lettre vague, peureuse ; il ne se souvient de rien. Voltaire lui écrit une lettre pathétique, tendre, où il le supplie de dire clairement, publiquement qu'il a vu Desfontaines écrire son libelle contre un homme qui venait de le sauver de la mort la plus ignominieuse.

Pas de réponse. C'est alors M. du Châtelet qui prend la plume — oui, le mari d'Emilie défend Voltaire. Il ne supplie pas Thiériot, il lui ordonne d'écrire ce qu'on lui demande et il joint le canevas de la lettre justificatrice — il joignait aussi de vagues menaces — auxquelles les Thiériot ne sont pas insensibles.

L'attitude de M. du Châtelet est d'une crânerie admirable. Il aurait pu se désintéresser de ces querelles de gens de plume, et rejoindre son poste. Il prend résolument le parti de l'ami, de l'hôte de Cirey. C'est plus digne que l'attitude de Sully. Et ce n'est pas sans mérite car, en dépit de la liberté des mœurs, la situation de Voltaire à Cirey était, à tout prendre, un peu fausse.

Quant à Mme de Bernières, elle fut parfaite : elle écrivit indignée contre l'abbé et elle prouva que Voltaire louait son appartement et payait sa pension — et même celle de Thiériot. Elle rappelait les sommes que ce valet avait touchées de son maître. En outre, il avait eu tout le profit des *Lettres Philosophiques* — et il avait reçu deux cent guinées sur l'édition anglaise.

« *Bonne Bernières !* » s'écria Emilie transportée en lisant cette lettre, oui, bonne et pitoyable Bernières. Voltaire ne l'avait jamais reçue depuis le départ pour Londres. Le ménage Bernières allait mal. Les amis évitaient leur maison. Le président mourut, elle vendit La Rivière-Bourdet et se remaria selon son inclination, et non pas selon celle de ses amis, à un M. Prudhomme qui méritait bien son nom, malheureusement il n'avait rien d'un gentilhomme, ni d'un homme d'esprit. Elle eut le mari, mais perdit les amis.

Cependant Emilie criait sans cesse : « *Bonne Bernières ! je l'aime de tout mon cœur.* » Voltaire ruisselait de larmes de tendresse, de mélancolie, au souvenir des anciens jours, de la belle amitié — et de la belle amie. Mais ces effusions ne firent pas inviter Mme Prudhomme à Cirey.

Et Thiériot restait silencieux. Il n'avait pas l'âme en paix. Il trahissait, au même moment, Voltaire d'une autre façon. Il était à Paris, le correspondant du prince Frédéric — sur la recommandation de Voltaire. Moyennant finance, il faisait « le cafard » de S.A.R. Frédéric — il lui envoyait les informations de basse police, les libelles que distillaient « les Insectes du Parnasse » les guêpes, les cloportes... Il envoya à Frédéric la *Voltairomanie* — sans doute l'exemplaire n° 1 — Frédéric s'en délecta. Voltaire l'ignorait. Frédéric ne repoussa pas ce plat d'ordures ; il aimait la méchanceté, Thiériot lui en envoyait sa ration.

Emilie ne put se contenir, elle écrivit à Frédéric pour lui dire qui était Thiériot. Il dut bien rire de l'indignation de la marquise — et de sa naïveté. Il savait très bien qui était Thiériot. Il ne l'utilisait que pour sa bassesse. Ce qui amusait Frédéric c'était le spectacle de ces jeux cruels et indignes où le plus intelligent des hommes se laisse prendre par la vanité, où il s'abaisse au niveau des Desfontaines, des Thiériot. Voilà ce qu'aimait Frédéric : il méprisait l'humanité et aimait découvrir ce qu'il y a de bas jusque chez les hommes les plus éminents. Il était bien servi ! Et l'ardeur d'Emilie, son honnêteté, sa candeur d'amoureuse ne faisaient qu'ajouter une épice nouvelle à ce ragoût de vipères. Frédéric s'en délectait. Aussi répondit-il à Emilie que Thiériot était exact à servir, qu'on appréciait son désir d'être utile et qu'on le trouvait estimable. C'était dire en clair qu'on ne sacrifierait pas Thiériot dans sa querelle avec Voltaire. Si celui-ci n'a pas compris alors qui était Frédéric, c'est qu'il n'a pas voulu comprendre. Mais Voltaire adorait les Altesses Royales — surtout quand elles n'étaient pas françaises.

Quant à Thiériot il faisait rire les cafés en lisant les suppliques qu'Emilie lui adressait. Il avait un tel succès qu'il parla même de publier les lettres de la marquise et du poète éplorés. Et Voltaire a pardonné ! — c'est cela qui est impardonnable. Mais Emilie employa un autre langage, elle fit avertir Thiériot qu'elle était disposée à mobiliser sur les épaules du traître tous les Châtelet et tous les Breteuil, qui useraient d'arguments tout autres que ceux des « insectes du Parnasse ».

Et Voltaire continuait d'écrire à Thiériot des lettres suppliantes. Que se passa-t-il ? Est-ce la tendre amitié de Voltaire ? Sont-ce les menaces d'Emilie ? On ne sait, mais Thiériot se mit à arborer un jour, une miniature de Mme du Châtelet. Il répondit aux lettres aimablement et s'associa aux amis de Voltaire qui demandaient une rétractation de Desfontaines. Quand Frédéric lui dit de se réconcilier avec Emilie, il put répondre qu'on ne se réconcilie qu'avec les gens avec qui on a été fâché — et l'est-on avec une femme dont on porte en sautoir la miniature qu'on vient de faire enrichir de trois cents écus de diamants ?

On voit que Thiériot est plein de ressources.

Voltaire aussitôt exulte, presse Thiériot sur son cœur. La bonne Graffigny en reste éberluée : « *Il est étonnant,* écrit-elle, après cette réconciliation, *l'amitié que Voltaire a pour cet homme.* »

Elle et Emilie étaient plutôt d'humeur à le faire écarteler.

Mais c'est Voltaire qui, aidé de Thiériot, se sent d'humeur à faire écarteler Desfontaines : avec frénésie. Il écrit à d'Argental d'empêcher tout Paris de dormir tant que Desfontaines ne sera pas au supplice. « *Je mourrai ou j'aurai justice.* » Maintenant, il a planté ses dents, il ne lâchera plus sa victime. Tout longanimité pour les uns, tout implacabilité pour d'autres, tel est Voltaire.

Il appelle d'Argental « mon ange gardien » mais il a peur qu'il ne soit « ange » aussi pour Desfontaines. Pour être l'ange de Voltaire, d'Argental doit être bien démon pour son ennemi, il doit obtenir des châtiments horribles pour l'abbé. Tandis que Thiériot va recevoir de nouvelles gratifications.

Un cri d'horreur ! Voltaire apprend que les Jésuites veulent le réconcilier avec Desfontaines. Jamais ! Il veut partir pour Paris, ranimer la haine, porter le fer rouge partout où Desfontaines a des amis. Emilie le supplie de rester à Cirey, cette fureur l'effraie. Ce sont des scènes journalières. Tantôt, il cède, tantôt, il se révolte. Partira ? Partira pas ?

Et voilà que Desfontaines se défend d'être le seul auteur de la *Voltairomanie* — il dénonce son complice : J.-B. Rousseau, l'exilé de Bruxelles. Qu'on ne s'étonne pas. Si Voltaire avait voulu répondre par un billet aimable à J.-B. Rousseau lorsque celui-ci, quelques mois plus tôt, lui avait fait des avances et envoyé une ode avec mille compliments, il aurait eu un ennemi de moins. Mais il avait répondu que « *cette ode n'était pas assez bonne pour opérer un raccommodement* » et qu'étant connaisseur en probité et en odes, il exigeait qu'on corrigeât ses odes et ses procédés si l'on désirait une réconciliation. Il ajoutait pour mettre un comble à la fureur de l'autre : « *L'honnête homme doit haïr le malhonnête* (Thiériot, par exemple) *jusqu'au dernier moment.* » La réponse à ces insolences était dans la *Voltairomanie*.

Sa haine l'entraîne bien plus loin et l'on est peiné de le découvrir. J.-B. Rousseau fit un voyage clandestin à Paris. Voltaire l'apprit. Il existe une lettre de sa main adressée à un avocat demandant s'il serait possible de faire arrêter Rousseau et de faire rouvrir son procès au Châtelet. Par bonheur pour sa mémoire, plus encore que pour celle de J.-B. Rousseau, la lettre n'eut pas d'effet. Mais elle a été écrite. Voilà ce que peut lui inspirer son amour-propre blessé.

Ses ennemis s'entendaient à le torturer. Il y a dans la *Voltairomanie* une page intitulée « Chef-d'œuvre d'un inconnu », on y raconte de façon bouffonne et injurieuse l'aventure de Voltaire et de Beauregard : le poète est rossé par un noble et bel officier et il dit : merci.

Tu vois en ce moment un poète éperdu
Digne d'être puni, content d'être battu.

Cette page était d'un nommé Saint-Hyacinthe — aventurier de la basse littérature et qui passait — ô romanesque ! — pour être le fils de Bossuet — oui, de « l'aigle de Meaux » ! qui n'aurait enfanté qu'une perruche. Il avait la langue noire et Voltaire disait qu'il n'était fait que pour le bâton et pour la corde.

Dans ce débordement d'invectives et de malédictions, il y a un accent plus émouvant ; Voltaire dit que l'humanité est blessée en lui par ces sarcasmes et par ces rires de la multitude imbécile. Il sait qui il est, ce qu'il vaut et, dans sa souffrance, il y a un côté noble — car enfin, cet homme qui sera — qui est déjà en passe d'être la gloire de son pays et de son siècle n'est, dit-il, « *qu'un bouffon du public qui doit, déshonoré ou non, amuser le monde à bon compte et se montrer sur le théâtre avec ses blessures* », C'est le drame des vedettes, hélas ! Mais, il a tant aimé être sur le théâtre ! Le voilà comblé. Cela ne saurait nous dispenser de comprendre sa souffrance, car, il a raison : l'attitude du public « blesse l'humanité » parfois. Comme nous le sentons « moderne » en cela. Il a choisi cette vie publique, histrionesque même, avec tous les inconvénients et les enivrantes satisfactions qu'elle comporte. Si on lui en avait demandé, combien il en eût accordé des « interviews », et comme il en eût sollicité ! et des bouts de films et des articles provoqués et des « quart d'heure avec... Voltaire » ; il aurait dialogué avec Newton et même avec Desfontaines ! Tout eût été bon pour remplir le monde du bruit de son nom. Il s'est fait — presque malgré lui — une vie de « star », avant le temps du cinéma. Mais sa vie, on pourrait l'appeler : « Un siècle avec... l'Europe. » Vaste théâtre, vaste public, à la mesure de cette vedette universelle.

Les blessures reçues en scène, il ne les oubliait jamais. Cinq ans après la *Voltairomanie,* il lança quelques perfidies contre l'auteur du *Chef-d'œuvre d'un inconnu* — et cela lui amena encore une cruelle réplique de Saint-Hyacinthe qui le remercia d'avoir enrichi la langue d'un nouveau verbe. *Donner des coups de bâtons* se dit désormais « *Voltairiser* » comme certains vers qui circulent dans Paris nous l'apprennent :

Pour une épigramme indiscrète
On « Voltairisait » un poète.

Enfin le procès est entamé : Desfontaines veut bien désavouer la *Voltairomanie* à condition que Voltaire désavoue le *Préservatif*. Voltaire croit étouffer d'indignation : quoi ? établir une réciprocité entre Desfontaines et Voltaire, c'est tuer l'hôte de Cirey. Jamais ! Emilie l'approuve.

Finalement, M. Hérault — depuis vingt ans, il s'occupe de Voltaire, quelle patience ! — obtient de Desfontaines une rétractation totale, en le menaçant du cachot. « Quoi ? du cachot seulement, s'écrie Voltaire. » Il aurait voulu la corde, l'estrapade... Le résultat n'était pas éclatant, mais tout le monde voulait en finir. Voltaire n'eut même pas la satisfaction de faire publier la rétractation de son ennemi. Elle demeura cachée dans les dossiers. M. Hérault a sans doute bien agi. Tout devrait être enterré de cette indigne comédie dont les traits cependant nous restituent bien ceux de ses acteurs. Quand M. d'Argenson, ministre, voulut bien prendre la peine d'interroger Desfontaines pour savoir ce qui l'avait poussé à écrire tant de méchancetés, sur son bienfaiteur, l'abbé répondit cyniquement : « *Il faut bien que je vive.* »

— *Je n'en vois pas la nécessité,* répondit M. d'Argenson.

Ces deux répliques mettent l'affaire à son niveau : voilà qui était l'ennemi de Voltaire, quelle estime on avait pour lui.

Celui-là ne reviendra plus en surface — mais il aura des successeurs.

La vie quotidienne à Cirey.

En dépit des Desfontaines et des Thiériot, la vie délicieuse continuait : « *Ne vous imaginez pas que la vie occupée et délicieuse de Cirey au milieu de la plus grande magnificence et de la meilleure chère, et des meilleurs livres et, ce qui vaut mieux, de l'amitié, soit troublée un seul instant par les croassements d'un scélérat avec la voix enrouée du vieux Rousseau.* » Parmi les scènes de fureur et les scènes de larmes, parmi les crises de colique et les accès de fièvre, la vie à Cirey était loin d'être triste. On menait de front les travaux les plus sérieux, les plaisirs les plus variés comme si Voltaire et Emilie avaient eu dix personnalités différentes et leurs journées quarante-huit heures. On aimait, on haïssait, on travaillait, on jouait et surtout, on riait. On riait souvent — et on pleurait de même — parfois dans le même quart d'heure. Voltaire aimait rire et faire rire. Il regrettait souvent de n'avoir pas exploité à fond sa veine comique et gaillarde, sa verve parisienne qui lui aurait fait volontiers donner la réplique à Dorine et à Scapin.

Nous pouvons partager cette vie presque au jour le jour, grâce à Mme de Graffigny qui ne nous en laisse rien ignorer dans sa correspondance délicieusement indiscrète. Cette aimable femme mérite d'être connue car c'est à travers elle que nous connaissons le mieux le Voltaire de Cirey. Lorsqu'on la recueillit à Cirey Voltaire dit qu'elle était « *un grand exemple des malheurs de ce monde* ». Pour se consoler elle avait des amis : Richelieu, Voltaire et Emilie. Mais elle avait aussi un mari, un brutal, qui n'avait pas su reconnaître les inépuisables réserves d'amour dont le cœur de sa femme débordait. Il lui fit une vie infernale, elle faillit mourir sous les coups de son époux, alors chambellan du duc Léopold de Lorraine. Pour qu'à l'époque on fît enfermer un mari comme furieux pour avoir battu sa femme, il fallait qu'il l'eût réellement beaucoup battue. Ces choses-là bouleversent Voltaire. La pauvre Graffigny était, par sa mère, la petite-nièce du célèbre graveur Callot ; elle racontait que sa mère embarrassée d'une grande quantité de plaques de cuivre gravées par l'oncle les avait données à un chaudronnier pour qu'il les transformât en batterie de cuisine !

Mme de Graffigny était une très bonne nature, les coups de son mari auraient pu lui rompre les os, ils n'altérèrent en rien ses bons sentiments. Elle avait confiance dans le monde et dans la vie ; elle était spontanée, elle se jetait au cou des gens ; elle aimait rire, elle racontait volontiers ses malheurs et pleurait sur ceux des autres. Elle était sans le sou ou presque et Voltaire et Emilie l'avaient prise en charge. Elle était invitée à perpétuité. Son désordre était sans limite — et sa prodigalité intermittente. Quand sa petite pension arrivait, elle la dilapidait sur-le-champ. Peu importe, ce furtif passage de quelques pièces de monnaie dans ses mains percées la ravissait. Après, elle faisait des dettes. Une heureuse nature, on le voit.

Son vrai bonheur, c'est l'amitié. Son dieu, c'est Voltaire. Emilie est « la nymphe » simplement. Elle a une collection d'amis charmants — c'est à eux qu'elle écrit. Elle leur voue un sentiment sincère, ardent, primesautier, familier en diable, se mettant à *tu* et à *toi,* et aux petits noms. L'un s'appelle « Pampan » c'est M. Devaux, l'autre « Maroquin » est M. Desmaret et « Petit-Saint » le marquis de Saint-Lambert dont nous reparlerons. Le plus ancien, le plus fidèle, le plus confidentiel, c'est « Pampan ». Les jours de mélancolie tendre, on lui donne du « Pampichou ». Il est lecteur du roi Stanislas, à Nancy. Ce n'est pas une charge bien lourde mais pour la fragilité de Pampan, c'est suffisant. Il est gracieux, timide et léger, léger... il fait des vers, des petits vers, des vers pour papillons. Il a beaucoup de loisirs car Sa Majesté Polonaise se moque de la lecture : « *Que ferai-je d'un lecteur,* disait Stanislas, *ce sera comme le confesseur de mon gendre.* »

(Son gendre Louis XV n'abusait pas de la confession.) Un abbé de cour fit ces vers sur Pampan :

Le ciel te prodigua tous les défauts qu'on aime
Tu n'as que les vertus qu'on pardonne aisément.

Quelle philosophie ! Et l'abbé ajoutait :

... Et nécessaire enfin par sa frivolité
Par des riens valoir quelque chose.

Tel était l'ami préféré de la bonne Graffigny. De celui-là, elle ne redouta jamais aucun sévice.

Avec Desmaret qu'elle appelle parfois « Docteur » ou « Gros chien » les choses allaient plus loin — mais elles y allaient rarement car, comme on dit, la vie les avait séparés. Mais elle l'aime et elle aime aimer même dans le vide. Elle n'a d'ailleurs que cela à faire et elle a quarante-cinq ans. Elle n'était pas très belle mais elle était prête à donner ce qu'elle avait. C'est à peine si les butors lui rendaient la monnaie.

Elle a cependant sa fierté, elle n'accepte pas les hommages si on n'y met pas les formes — et surtout si le cœur n'est pas de la partie. C'est ainsi qu'elle congédie un jeune officier qui aurait soudain enlevé la place, à la pointe du sabre. Elle s'en plaint à « Gros chien » qui grogne. Il se révèle jaloux. Elle l'appelle alors « Lamour » et veut bien l'épouser. Desmaret aussi veut l'épouser. Mais elle a une mère qui veille et qui trouve Desmaret trop commun — et trop pauvre. Allier la disette à l'indigence, merci. Surtout quand la disette-Graffigny est née d'Issembourg d'Auppricourt et qu'elle se mésallie à l'Indigence-Desmaret sans gloire ni profit. Et voilà la dame en larmes — mais résignée : « *Aime-nous bien Lamour et moi et envoie faire lolotte tous les mauvais propos.* »

Elle arriva à Cirey en décembre 1738 — elle avait été dame de compagnie de Mlle de Guise avant son mariage avec Richelieu. La malheureuse arriva à deux heures du matin. Elle réveilla tout le château. Si elle avait choisi de faire une entrée discrète, ce n'était pas réussi. Son carrosse disparaissait sous la boue où il avait manqué cent fois de s'ensevelir. Voltaire vint au-devant d'elle, avec tout le monde. Il était en robe de chambre, bonnet et fourrures, un bougeoir à la main et transi de froid. Il l'accueillit la larme à l'œil. Emilie la reçut aimablement, elle regardait à demiétonnée, à demi-amusée, Voltaire baiser et rebaiser les mains de la voyageuse, de l'étourdie qui parlait d'abondance de la mort qui l'avait frôlée cent fois et qui apparemment l'avait laissée bien vivante et bien bavarde.

Mais si Graffigny parle — elle regarde et y voit clair, elle entend et enregistre. De son premier entretien avec Emilie... « *elle m'a d'abord parlé de ses procès sans cérémonie. Son caquet est étonnant. Je ne m'en souviens plus, elle parle extrêmement vite et comme je parle quand je fais la française.* » (Mme de Graffigny est lorraine, et Emilie, parisienne. Leurs caquets se valent, mais l'accent diffère. Quand Graffigny fait la française — c'est quand elle prend l'accent, le ton et le timbre de voix du Faubourg Saint-Germain.) *Elle parle comme un ange, c'est ce que j'ai reconnu. Elle a une robe d'indienne et un grand tablier de taffetas noir, ses cheveux noirs sont très longs, ils sont relevés par derrière jusqu'au haut de la tête et bouclés comme ceux des enfants ; cela lui sied fort bien.* »

Graffigny nous permet de voir l'appartement de Voltaire. « *Son antichambre grande comme la main — vient ensuite sa chambre qui est petite, basse, et tapissée de velours cramoisi, une niche de même avec des franges d'or. C'est le meuble d'hiver. Il y a peu de tapisseries mais beaucoup de lambris, dans lesquels sont encadrés des tableaux charmants, des glaces, des encoignures de laque admirables... des choses infinies, dans ce goût-là, chères, recherchées et surtout d'une propreté à baiser le parquet, une cassette ouverte où il y a de la vaisselle d'argent : tout ce que le superflu, chose si nécessaire, a pu inventer.* »

Elle glisse ici un vers de Voltaire dans le *Mondain* : « *Le superflu, chose si nécessaire* » qui vient à propos ; il a l'air d'une boutade, il est profond — c'est une pensée-clé de Voltaire : la civilisation crée le luxe, et l'homme tout naturellement s'y adapte. Le superflu est une nécessité pour l'homme civilisé — ce qui revient à dire que « la nature » de l'homme est dans la civilisation et non dans les forêts vierges. Cela prépare la guerre avec l'autre Rousseau — Jean-Jacques, qui aiguise ses flèches là-bas, dans les montagnes de Savoie, cependant que Mme de Graffigny contemple le baguier, le tripote et compte onze bagues de pierres taillées, et deux diamants. Puis, elle suit la galerie où elle admire deux statues entre les fenêtres : la Vénus-Farnèse et l'Hercule. En face des fenêtres des vitrines pleines de livres et d'appareils de physique — et « *un poêle qui rend l'air comme au printemps* ». Pour Voltaire la chaleur n'est pas un luxe, c'est la vie — et pour

Graffigny c'est paradisiaque après sa nuit dans les fondrières glacées. La galerie est lambrissée et vernie en jaune.

Il y avait encore une chambre noire où étaient remisés les appareils et les machines du laboratoire — et une porte qu'on pouvait pousser pour entendre la messe sans sortir de cet air de printemps qui régnait dans la galerie. Voilà une pieuse commodité que Voltaire s'était donnée — en souvenir de Montaigne sans doute qui pouvait également écouter la messe sans quitter sa librairie. Pieuse ? Pourquoi pas ? Mais on ne saurait jurer que des hommes de cette sorte d'esprit eussent créé cet aménagement pour servir leur seule piété. On serait tenté de croire qu'il servait à rassurer les visiteurs sur la dévotion du maître de céans.

C'est surtout l'appartement de *la Nymphe* qui éblouit Mme de Graffigny. *La nymphe de ces lieux enchantés.* Un jour où Linant était de bonne humeur, il écrivit pour Emilie les vers suivants :

Un voyageur qui ne mentit jamais
Passe à Cirey l'admire et le contemple
Il croit d'abord que ce n'est qu'un palais
Mais il voit Emilie : Ah ! dit-il, c'est un Temple.

D'une « nymphe » Linant fit une déesse. Graffigny s'en tint à la nymphe — mais le logis est divin.

« *Celui de Voltaire n'est rien en comparaison, la chambre est boisée et peinte en vernis petit-jaune avec des cordons bleu pâle, une niche de même encadrée de papier des Indes charmant. Le lit est en moire bleue. Le tout est tellement assorti que jusqu'au panier du chien tout est jaune et bleu.* »

« *C'est sculpté comme une tabatière* », s'écrie-t-elle. Il y a un Véronèse ! plusieurs Watteau ! un plafond en vernis Martin — une écritoire d'ambre, envoyée par Frédéric (avec des vers), un fauteuil en taffetas blanc, des rideaux de mousseline brodée — une garde-robe pavée de marbre et lambrissée gris de lin. « *Non, il n'y a rien au monde de si joli.* »

Mais le raffinement suprême — inouï à l'époque — c'est la salle de bains. Le pavé est de marbre, les murs en carreaux de porcelaine, un cabinet attenant est lambrissé vert-céladon avec sofa et petits fauteuils dorés et sculptés pour se reposer du bain ! Il y a des vitrines de livres aussi, tout est verni, fignolé, brillant. La cheminée est une miniature. « *C'est un bijou à mettre en poche* », dit Graffigny délirante. « *Si j'avais un appartement comme celui-là, je me ferais réveiller la nuit pour le voir.* »

Hélas ! la pauvre Graffigny habitait sous les combles, elle n'avait qu'à y dormir de son mieux pour ne pas voir son triste logis. Il était resté dans l'état ancien. Elle y gèle ; sa chambre « *est une halle pour la hauteur et la largeur où tous les vents se divertissent par mille fentes qui sont autour des fenêtres et que je ferai étouper si Dieu me prête vie* ». La tapisserie est laide. Il n'y a aucune vue par l'antique fenêtre à meneaux. La cheminée est si vaste qu'on y brûle en vain une demi-corde de bois par jour. Le cabinet et la garde-robe sont percés de fentes. « *Au demeurant, tout ce qui n'est point l'appartement de la dame et de Voltaire est d'une saloperie à dégoûter. Les jardins m'ont paru beaux de ma fenêtre. Sauve-toi par là.* » Voilà ce qu'elle écrit à Pampan.

Nous connaissons l'antre ; voyons la nymphe et le dieu qui l'habitent.

Emilie lésine sur les gages et la nourriture des domestiques. A Paris, on se moquait de sa table où les plats étaient réduits en nombre comme en qualité. Elle achetait le vin par deux bouteilles — un rouge qu'elle appelait Bourgogne, qui était une affreuse piquette venant de Suresnes, et un blanc qu'elle annonçait champagne, si aigre qu'il réveillait les morts et tuait les vivants.

A Paris, elle avait des excuses, M. du Châtelet n'était pas riche, mais à Cirey, c'est Voltaire qui payait le train de maison qu'il voulait opulent, et qui l'était ; Emilie pourtant dans l'opulence voltairienne gardait ses manies. Cela causait de brusques départs de servantes, ce qui irritait Voltaire. Pour l'emploi du temps, c'était bien la caserne — ou le couvent, au choix — qu'avait connu M. de Villefort. Graffigny se plaint de la rigueur de la règle. La nymphe et le dieu se levaient à cinq heures et, sauf invitation, nul ne devait sortir de sa chambre avant dix heures. Les maîtres travaillaient dans la leur. Les autres n'avaient qu'à faire de même ou se tenir cois. A dix heures, réunion dans la galerie petit-jaune pour prendre du café. Cela durait une heure. Retour dans les chambres ou promenade selon le temps ou l'humeur. On remarque qu'à dix heures du matin, Voltaire et Emilie avaient déjà accompli cinq heures de travail ! A midi, dîner des « cochers ». Quels « cochers » ? M. du Châtelet s'il était là, la bonne grosse Mme de Champbonin et son fils — celui que la nièce n'avait pas voulu épouser. M. du Châtelet mangeait à part car il s'endormait aux conversations savantes, et sa femme et Voltaire se mouraient d'ennui aux récits des campagnes du marquis. Cette séparation plaisait à tous. Après le dîner des divinités, les invités avaient droit à un entretien de Voltaire et de la Nymphe : on parlait de ce qu'on venait de lire, de ce qu'on se proposait de résoudre ; la géométrie servait de digestif. Quand un procès en était à son point critique on parlait du procès ; si Desfontaines était sage et si les équations avaient trouvé leur solution, on parlait de littérature et de poésie. Sur un bon mot, Voltaire se levait, faisait sa révérence et avec des congratulations et des manières de cour qui enchantaient son monde, il poussait doucement les invités vers la sortie. Il regagnait sa chambre ou le cabinet de physique et travaillait jusqu'au souper, à neuf heures.

Graffigny aimait raconter sa vie et celle des autres à Pampan ou à « Gros chien » : son unique occupation était d'écrire des lettres, huit heures par jour. Vers quatre heures, Voltaire et Emilie prenaient parfois une collation, ensemble. Graffigny nous avertit qu'il eût été imprudent de s'aventurer dans la galerie à cette heure si on n'avait pas été prié. Mais on était, parfois, prié. Quelle grâce c'était ! La pauvre Graffigny venait alors s'asseoir aux pieds de ces divinités, et grignotait sa tartine comme une manne céleste. Les propos du dieu et de la nymphe faisaient oublier à leur adoratrice les tristesses de sa vie. Nous la croyons : dans l'intimité, doucement aiguillonnée par Emilie et par Graffigny qui a bon bec — la conversation de Voltaire devait être un enchantement. Puis elle remontait dans sa chambre, transportée d'admiration ; hélas ! elle y retrouvait le froid, l'obscurité, la solitude ; elle fondait en larmes jusqu'à la cloche du souper. Au souper, dès qu'elle retrouvait l'idole, les flambeaux, l'air tiède, l'argenterie de la table magnifique et la chère exquise, elle oubliait tout, parlait et riait comme une folle avec Voltaire qui adorait ces rires et y mêlait le sien.

Emilie était gourmande. Mais la nourriture l'échauffait. Elle avait renoncé aux vins. Quand elle avait trop mangé, elle se mettait à la diète. « *Ces diètes ne me coûtent pas,* dit-elle, *car pendant ce temps-là, je reste chez moi à l'heure des repas.* »

Et elle travaille !

Voltaire lorsqu'il n'était pas trop souffrant faisait honneur à ce luxe de la table auquel il tenait, comme à tous les autres. Il était alors le plus gai, le plus entraînant des convives. Ce sont peut-être ces étourdissants propos qui furent ses chefs-d'œuvre. Ces entretiens rapides et légers exprimaient les pensées les plus brillantes. Ils cristallisaient en raccourcis éblouissants les découvertes élaborées pendant les heures studieuses et Voltaire les jetait comme des éclairs. Ces trouvailles semblaient peut-être aux profanes une improvisation, un don du ciel, c'était en réalité l'extrême pointe d'un labeur acharné, d'une lente et profonde réflexion qui se délivrait avec une aisance souveraine, une sorte de désinvolture. Ces joyaux inestimables brillaient davantage parce qu'il avait l'air d'en jouer sous les lumières des lustres et les regards brillants d'intelligence d'une société digne de les apprécier.

Il fut inégalable dans cet art de la conversation — car outre l'esprit, il avait aussi cette parfaite courtoisie qui est aussi un « luxe » et un charme. Il savait jusqu'à quel point il fallait être profond sans être grave, frivole sans être vide, il savait intéresser toucher, piquer et n'attrister jamais, n'imposer jamais d'effort par une expression obscure ou rude, donner à tous la satisfaction de comprendre et, suprême habileté ! offrir à ses interlocuteurs le plaisir de lui renvoyer la balle. Pour tout cela, il était du grand monde et le grand monde l'adula : il se mirait en lui. Les gens de lettres besogneux le détestaient, c'était inévitable. Il semblait jongler avec son prodigieux talent alors qu'il travaillait plus que dix écrivaillons bavards.

Emilie travaillait surtout la nuit. Mais à dix heures, elle prenait toujours du café avec les autres. Parfois, Voltaire allait faire une visite à ses invités dans leur chambre. C'était rare. Pour ne point s'attarder il refusait toujours un siège et disait que « *la plus grande dépense qu'on puisse faire est celle de son temps* ». Cela dépitait Mme de Graffigny.

Comme il fallait prendre de l'exercice, la marquise allait à cheval et Voltaire chassait le chevreuil — en calèche. Il était très mauvais tireur. Il envoyait du gibier à ses amis, mais il n'avait jamais rien tué de sa main.

Mais les cérémonies — ce sont les représentations théâtrales. On joue la comédie à Cirey. Plus qu'un divertissement le théâtre est un culte. C'est une fureur pour les planches qu'éprouve Voltaire, les autres partagent ce goût. Le théâtre est minuscule — Mme de Graffigny dit que c'est un théâtre pour marionnettes — oui, mais la scène est spacieuse. Il y a deux répétitions par semaine : le lundi et le mardi — et deux représentations : le mercredi et le jeudi. Emilie oblige le jeune Champbonin à dessiner des affiches qu'on colle à la porte du château et qui imitent « les placards de Paris ». On joue les tragédies de Voltaire avant tout.

On s'amuse avec des marionnettes — et on joue une comédie de Regnard.

Parfois, Voltaire, le soir, montre la lanterne magique. Laissons parler Mme de Graffigny : « *Après souper il nous a montré la lanterne magique avec des propos à mourir de rire... non, il n'y avait rien de si drôle. Mais à force de tripoter le goupillon de la lanterne qui était remplie d'esprit-de-vin il le renverse sur sa main, le feu y prend, et la voilà enflammée. Ah ! dame, il fallait voir comme elle était belle, mais ce qui n'était pas beau c'était qu'elle était brûlée. Cela troubla un peu le divertissement qu'il recontinua un moment après.* »

On s'attaque aussi à l'opéra. Emilie avait « une voix divine » c'est ce que tout le monde disait, même elle. Certains soirs, elle chantait un opéra entier — après une journée de Newton, c'est un beau tour de force. Le frère d'Emilie, l'abbé de Breteuil, grand vicaire à Sens, venait souvent — Voltaire et lui s'excitaient tant, l'un l'autre, que la conversation ces soirs-là était un feu d'artifice. Maupertuis vint aussi : il fut très aimable, aussi l'appela-t-on *Archimède* — et il fut encore plus aimable. Il les soûla de mathématiques, jour et nuit pendant plusieurs semaines. Ce fut délirant. Graffigny garda la chambre. Elle était épouvantée par ce qu'on disait à table : elle les crut tous fous.

Après un an de vie commune avec ces divinités, Graffigny se sentit lasse. Les enchanteurs ne l'enchantaient pas tous les jours. Le dieu et sa nymphe avaient parfois des scènes affreuses auxquelles la malheureuse se trouvait mêlée : ces conflits l'épouvantaient, elle se voyait brisée comme verre. C'étaient de frénétiques puissances, redoutables dans leurs colères — non pour eux, car ils se réconciliaient toujours après s'être juré de se quitter, après s'être maudits, invectivés dans les termes les plus haineux. A en juger par leur ton et l'expression de leurs visages — car lorsque Voltaire et Emilie se disputent, ils le font en anglais ; Graffigny n'en frissonnait pas moins. D'ailleurs, lorsqu'ils se disaient des tendresses en public, ils se les disaient aussi dans cette langue que personne ne parle à Cirey — ni ailleurs, à cette époque.

Voici une scène, non pas des plus violentes, mais les héros s'y découvrent bien. Un soir Voltaire arrive pour souper, Madame ne le veut pas dans l'habit de drap qu'il porte. Elle veut un habit de soie. Il refuse de changer d'habit car il a froid et craint de s'enrhumer. Elle insiste. Il s'entête. Elle envoie chercher un valet qu'on ne trouve pas. Voltaire refuse de remonter dans sa chambre. On crie, on tape du pied — et on parle anglais ! Il sort.

On se met à table dans la consternation. Elle l'envoie chercher : « *Monsieur a la colique, il ne dînera pas.* » La vie de Voltaire est ravagée par ce mal qui le prend quand il veut et, parfois, sans doute, quand il ne le voudrait pas.

Il y a là des invités venus pour écouter *Mérope*. Ils sont déçus. Graffigny va aux nouvelles, elle trouve Voltaire dans la chambre de Mme de Champbonin en train de rire en racontant des histoires à la grosse joviale. Plus de coliques ! Graffigny s'assoit et ils rient à trois en oubliant Emilie. Emilie fait rappeler tout le monde. La colique reprend Voltaire qui descend toutefois mais de la plus mauvaise grâce du monde. Il a un visage terreux et sinistre : il arrivait, en changeant d'humeur, à changer de visage et même de teint. Il se met dans un coin de la galerie et boude. Les invités sortent. L'entretien reprend alors en anglais. Après quelques mots, l'œil s'éclaire, le sourire revient, on se lève, on se tient la main, on reparle français et dans l'instant qui suit, on joue *Mérope*.

C'est seulement à des scènes de ce genre que Mme de Graffigny estime qu'on peut juger qu'il y a entre eux autre chose qu'une simple amitié, ils sont dit-elle « d'une décence admirable ». Mais elle ajoute qu' « elle lui rend la vie un peu dure ». Il ne s'en plaint pas.

Un autre jour, il boude parce qu'elle l'empêche de boire du vin du Rhin. Il refuse de lire son poème *Jeanne* — encore une œuvre scandaleuse en gestation ! — qui sera connu sous le titre de *La Pucelle*. Enfin on les raccommode et, en grand secret, six ou huit personnes écoutent ce poème dont nul ne doit savoir l'existence. Un secret à la Voltaire !

Un autre soir, chez la duchesse de Luxembourg, au cours d'un voyage qu'ils firent à Paris, Emilie lut quelques vers d'elle. Voltaire dit méchamment que ces vers n'étaient pas d'elle parce qu'ils étaient bons. Elle réplique. Il crie ; elle crie, en anglais, en français, c'est du délire. Soudain, il lui montre son couteau : « *Ne me regarde pas avec ces yeux hagards et louches.* » Ce fut affreux : il l'avait tutoyée en public !

Bien moins affreux que ce qui arriva à l'infortunée Graffigny. Peu après la Noël de 1738, Voltaire entra chez elle, comme égaré. Il lui dit qu'il était un homme mort et enterré si elle ne le sauvait. Elle veut bien, mais elle ne comprend pas. « *Ecrivez à Pampan,* dit-il, *qu'il fasse retirer les copies qu'il fait circuler.* » Elle veut bien écrire ; mais quelles copies ? Soudain Voltaire éclate, il se met à bondir comme un diable à ressort du siège où il semblait près d'expirer, il court à travers la chambre et s'écrie menaçant et terrible : « *Point de tortillage, Madame, c'est vous qui l'avez envoyé.* »

C'est au tour de Graffigny se s'effondrer. De quoi s'agit-il ? Enfin on lui explique qu'on a volé le manuscrit de *La Jeanne*, qu'on en a fait des copies qui circulent, que Voltaire est déjà pendu, et que c'est elle qui a fait le coup. Elle crie, elle pleure, en appelle au ciel, elle se jette aux pieds de Voltaire et lui se jette aux siens : tous deux à genoux pleurent et supplient. Elle jure qu'elle est innocente, lui supplie qu'on lui rende sa *Jeanne*. Comment réparerait-elle une faute qu'elle n'a point commise ? Ce n'était rien encore : il fallait affronter Emilie — une vraie Némésis ! Elle entra en bondissant sur Graffigny, elle brandissait une lettre : « *Voilà la preuve de votre infamie... Vous êtes un monstre que j'ai retiré chez moi, non par amitié car je n'en eus jamais, mais parce que vous ne saviez où aller et vous avez l'infamie de me trahir, de m'assassiner ! de voler dans mon bureau un ouvrage pour en tirer copie...* »

On se demande si Voltaire et son entourage jouent davantage la comédie sur scène ou dans la vie. Ces cris, ces gestes, ces situations, tout cela fait penser au théâtre. Voltaire dut maîtriser Emilie — elle lui échappa et se mit à arpenter la chambre en criant des injures. Enfin Graffigny demanda à voir « la preuve » : c'était une lettre de Pampan adressée à Graffigny. Ici, rendons-nous à l'évidence : la Nymphe et l'Enchanteur interceptaient le courrier de leurs invités — au départ et à l'arrivée. Ils avaient découvert dans la lettre de Pampan, une allusion à *La Pucelle* et de là ils en avaient conclu... toute la folle machination qui n'existait pas. Ils aimaient les machines et les machinations et ils en voyaient partout. La pauvre Graffigny innocente, mais effondrée, à demi folle de honte et de douleur — et d'indignation — promit pour se débarrasser de *la Mégère* — c'est désormais le nom qu'a mérité la Nymphe — de lui montrer les lettres de Pampan. La scène prit fin à cinq heures du matin.

Mme de Graffigny ne pouvait plus rester à Cirey. Mais elle n'avait pas les moyens de partir. Où irait-elle ? Elle était sans le sou. Vers midi, Voltaire vint la voir. Il eut pitié d'elle et il la réconforta. Mme de Champbonin et le marquis vinrent aussi. Pour toute excuse, Mme du Châtelet sèchement lui dit : « *Je suis fâchée de ce qui s'est passé cette nuit.* » Ce n'était pas suffisant pour fermer la blessure. Comme cela se passait pendant l'affaire Desfontaines, Emilie eut peur que Graffigny n'allât à Paris se joindre à la meute des enragés et ne répandît mille ragots. Aussi, la fière Emilie fit-elle ce qu'elle n'avait jamais fait pour personne : elle fit monter Graffigny dans sa calèche pour faire un tour de parc. Si après cela, la malheureuse n'était pas éperdue de reconnaissance, c'est qu'elle n'avait point d'âme. Emilie lui promit même un de ses ouvrages de métaphysique ! quel cadeau empoisonné !

Voltaire aurait dû, avant de faire cette scène, grotesque et odieuse, se souvenir qu'il avait lui-même lu, à Paris des chants de sa *Pucelle* — en particulier devant le ministre, M. de Maurepas.

Si des copies circulent, que Voltaire ne s'en prenne qu'à lui, à cette folle vanité qui court tous les risques pour faire parade de ses provocantes impiétés.

Voltaire fit et refit à Mme de Graffigny les excuses les plus humbles et les plus pathétiques : elle ne put oublier ; mais elle pardonna à Voltaire. Elle ne pardonna jamais à *la Mégère.*

Un autre coup allait la frapper. Voltaire, pour l'apaiser sans doute, invita « Gros chien » à Cirey ; il pensait plaire à Graffigny. La première chose que dit « Gros chien » à Mme de Graffigny la poignarda : il ne l'aimait plus ! Elle quitta Cirey en mars 1739, anéantie.

Voltaire et Emilie s'apprêtaient à partir pour Bruxelles. La fortune des Châtelet les appelait en Flandre.

Grandes sorties.

Cette fortune assez chétive avait besoin des plus grands soins. Voltaire n'était-il pas tout désigné pour les lui donner ? Un parent de M. du Châtelet, le marquis de Trichâteau, sans descendance, et fort riche avait été recueilli à Cirey. Attiré ? Certainement. On l'avait choyé. Non sans mérite. Il était impotent, laid et bête. « *Le dîner ne fut point trop joli,* dit Mme de Graffigny, *le petit Trichâteau se fit traîner à table, il fallut lui parler, ce qui n'est point amusant.* » Mais Trichâteau mourut vite et laissa son héritage aux Châtelet : il était considérable mais les biens se trouvaient en Flandres — il comprenait aussi près de Clèves une principauté qui faisait d'Emilie une princesse ! Elle s'en moqua. Voltaire fit de son mieux pour faire acheter ces terres et le titre par Frédéric ; celui-ci ne sembla pas entendre et pourtant on lui renouvela l'offre plusieurs fois. Sans succès. Frédéric n'aimait faire que de bonnes affaires — surtout avec ses amis. Mme du Deffand — toujours bonne ! — enrageait de voir Emilie princesse. Ce qui inquiétait Emilie c'était l'embrouillamini de cet héritage et tous les procès en perspective pour faire valoir ses droits. C'est donc pour aider les Châtelet que Voltaire, le 7 mai 1739, quitta Cirey, *la Pucelle* et le *Siècle de Louis XIV* qu'il venait de commencer. On allait relancer les juges de Bruxelles et leur ouvrir les yeux — tout en leur graissant la patte. Il partit mourant — pas pour rire. M. du Châtelet était si inquiet qu'il écrit à d'Argental pour se rassurer lui-même : « *La santé de notre ami est si déplorable que je n'ai plus d'espérance pour la rétablir que dans le fracas d'un voyage...* » Admirable remède ! Envoyer un agonisant sur les routes défoncées, dans une boîte cahotante, à la merci des accidents et des aubergistes pour le rétablir. Cela réussit avec le grand nerveux qu'est Voltaire ; le bouleversement et l'agitation — qui crèveraient un bien-portant — le remettent d'aplomb.

En arrivant à Valenciennes le poète et la physicienne firent visites sur visites, et acceptèrent tous les dîners, notamment celui du Gouverneur. Ils repartent après une semaine, et s'installent à Bruxelles. Emilie pour ne pas perdre son temps s'est fait accompagner d'un professeur de mathématiques, M. Koenig, disciple de Maupertuis qui le lui a recommandé. Elle se lamente sur la lenteur de ses progrès, elle craint que Koenig la jugeant médiocre élève ne se désintéresse d'elle. Aussi, elle travaille. Mais les soins du procès et des études ne prennent pas tout leur temps : on est reçu et on reçoit. Il faut d'abord montrer au vieux Rousseau que, même dans son fief, lorsque Voltaire paraît, Rousseau n'est plus rien.

Le 28 juin 1739, Emilie et Voltaire donnèrent une fête dans la maison qu'ils avaient louée rue de la Grosse-Tour. Ils faisaient nettoyer la façade, soudain deux ouvriers tombent du haut de la maison, et s'écrasent dans la rue aux pieds de Voltaire : « *Figurez-vous ce que c'est de voir choir deux pauvres artisans et d'être éclaboussé de leur sang. Je vois bien que ce n'est pas à moi de donner des fêtes. Ce triste spectacle corrompit tout le plaisir de la plus agréable journée du monde.* »

Voltaire remarque que la société de Bruxelles est plus attirée par le brelan que par les belles-lettres. Il le déplore, mais se console car on l'a reçu comme un ambassadeur, et sa vanité étant satisfaite, tout est bien, tout est beau. D'ailleurs, n'est-il pas « La littérature » ? Quand on honore Voltaire, les belles-lettres doivent se tenir satisfaites. La preuve, c'est que Rousseau ne paraît pas. Son nom n'est jamais prononcé. Ce silence, ces ténèbres où est enseveli son ennemi, sont un hommage à *Sa Suprématie*. Ah ! que les Bruxellois sont donc aimables et, quoique illettrés — comme ils sont sensibles au vrai talent.

Rien n'est plus naïf que la vanité de l'homme le moins naïf du monde.

En septembre, ils sont à Paris. Emilie loge chez le duc de Richelieu, Voltaire dans un garni, rue Cloche-Perche. Depuis trois ans, il n'avait pas vu Paris. Ce fut une frénésie de visites, de dîners, de spectacles. On le veut ici, là, partout. « *Je suis comme cet Ancien qui mourut sous les fleurs qu'on lui jetait.* » Pour tuer Voltaire sous les compliments, il faudrait vraiment lui en faire beaucoup. C'est la seule chose au monde dont l'excès ne lui paraisse pas condamnable.

Il est trépidant. Il exige qu'en trois semaines les comédiens apprennent, répètent et jouent sa tragédie *Mahomet* — encore n'a-t-elle point reçu l'autorisation. Les amants s'apprêtent à quitter Paris pour Richelieu, lorsque Voltaire tombe malade : il meurt, une fois de plus. Trois jours après, il monte en carrosse, un peu plus maigre, et un peu moins résigné à mourir. Ce n'est pas pour aller à Richelieu mais pour regagner Cirey. A peine y sont-ils arrivés dans les premiers jours de novembre 1739, qu'ils refont leurs bagages ; le 16 novembre, ils sont à Liège. Le procès de Bruxelles exige leur présence.

Voltaire apprend, au cours de ce voyage que le ministre a condamné le début du *Siècle de Louis XIV* qui a paru, en mélange, avec divers textes de lui. Il est fâché et amer. Et il a raison. Cet ouvrage lui fait honneur, et fait honneur à la France : « *Vous jugerez si ce n'est l'ouvrage d'un bon citoyen — d'un bon Français, d'un amateur du genre humain, d'un homme modéré.* »

Tout cela est vrai. Il est pénible de voir condamné un ouvrage d'un si beau mérite parce que de plats courtisans estimaient que l'éloge de Louis XIV portait ombrage à Louis XV. Après ses plaintes, Voltaire conclut : « *L'ouvrage et moi subsisteront.* »

On ne saurait mieux dire.

Il commence à trouver que les Français lui mènent la vie dure, car il apprend peu après une autre mauvaise nouvelle. M. de Maurepas, le ministre, lui fait dire de ne pas retourner à Paris, la Cour considère que Voltaire est en exil à Cirey.

Pour l'instant, là où est Emilie, il n'y a pas d'exil. A Bruxelles, il se trouve bien. Le procès dirigé par lui avance dans la bonne voie. Comme les documents lui font défaut pour travailler au *Siècle de Louis XIV* — il refait *Mahomet* et il s'adonne avec une ferveur incroyable à sa correspondance avec Frédéric de Prusse. C'est de part et d'autre du délire. Ils sont à l'apogée de leur réciproque admiration. Frédéric projette de faire — à ses frais ! — une édition splendide de *la Henriade*. C'est la première fois qu'il pense à payer quelque chose. Il se contenta d'y penser.

Voltaire de son côté donne tous ses soins à l'édition de l'ouvrage de Frédéric *L'Anti-Machiavel* qui contient de si belles et si bonnes et si morales pensées sur l'exercice du pouvoir. Voltaire l'adore ; c'est l'ouvrage d'un roi-philosophe, d'un amateur du genre humain. Le ton de leurs lettres est surprenant. Voltaire assure Frédéric que sa nouvelle tragédie *Mérope* est autant du prince-royal que de lui-même et il lui en offre la dédicace car Frédéric a fait deux ou trois remarques sur les vers — dont Voltaire n'a pas tenu compte, d'ailleurs.

Frédéric écrit : « *Ménagez la santé d'un homme que je chéris et n'oubliez jamais qu'étant mon ami, vous devez apporter tous vos soins à me conserver le bien le plus précieux que j'ai reçu du ciel.* »

Et Voltaire renchérit : « *Monseigneur, votre idée m'occupe jour et nuit. Je rêve à mon prince comme on rêve à sa maîtresse.* »

Ce n'était pas de l'amour — simplement de la vanité surchauffée.

Mais déjà, il y a un nuage... non, une brume légère que les zéphyrs repoussent, mais qu'on entrevoit. C'est Emilie. Frédéric la couvre de fleurs, mais c'est bien pour l'étouffer. Il lui écrit : « *En effet, je ne trouve nulle part en Europe, ni dans le monde entier une dame dont l'esprit solide ait pu produire des ouvrages sur des matières aussi profondes que celles que vous traitez en vous jouant.* »

Dans le privé, autre musique : c'était une dinde ; elle n'avait qu'un vernis de science, ses ouvrages étaient ridicules.

Elle avait surtout un tort : elle tenait Voltaire en laisse.

Voltaire pouvait encore croire que Frédéric était tel qu'il se montrait — et tel que Voltaire désirait qu'il fût. N'avait-il pas eu l'enfance la plus malheureuse sous un père barbare ? Pouvait-on imaginer plus touchante victime de la tyrannie ? Voltaire était persuadé que Frédéric avait la tyrannie en haine et les persécutions en horreur et qu'il avait fait sur la toute-puissance des rois des réflexions dites « philosophiques », c'est-à-dire semblables à celles de Voltaire.

Dès que Frédéric devint roi, il écrivit à Voltaire, le 6 juin 1740 qu'il était « dégoûté des grandeurs humaines ». Voltaire n'en attendait pas moins du philosophe couronné. Mais en lisant ce qui suivait, il crut perdre la raison tant il fut satisfait : « *Ne voyez en moi, je vous prie, qu'un citoyen zélé, un philosophe un peu sceptique, mais un ami véritablement fidèle. Par Dieu, ne m'écrivez qu'en homme, et méprisez avec moi les noms et tout l'éclat extérieur.* »

C'était si flatteur que M. de Voltaire le crut et le langage à la mode tenant lieu de langage sincère, il lui répond : « *Votre Majesté m'ordonne de songer en lui écrivant moins au roi qu'à l'homme. C'est un ordre bien selon mon cœur.* »

N'empêche qu'il écrit : « Votre Majesté » et en est fort content. « *Je ne sais comment m'y prendre avec un roi, mais je suis bien à l'aise avec un homme qui a dans sa tête et son cœur l'amour du genre humain.* »

Cet « amour du genre humain » fait déjà partie de l'arsenal philosophico-sentimental. Nous allons voir régner cet « homme véritable » — et si amoureux de l'humanité. Dès lors, Voltaire sentant la disparate du titre « Votre Majesté » avec de si nobles références appellera Frédéric : « Votre Humanité. » N'est-ce pas faire beaucoup pour le bonheur des hommes que d'avoir de si belles trouvailles de langage ?

Dans cette affaire, Emilie a perdu plusieurs points.

Elle aurait pu les regagner bien vite si Voltaire avait voulu se dégriser — et il aurait pu le faire quand Frédéric le pria d'arrêter la publication de *L'Anti-Machiavel.* Les idées du prince-royal ne conviennent plus au roi qu'il est devenu. Certaines idées, dit-il, peuvent déplaire. Qu'à cela ne tienne, Voltaire se charge de refondre l'ouvrage ! On ne le lui demandait pas. On désirait arrêter la publication. Mais le libraire de La Haye ne voulut pas perdre le profit de cette publication signée d'un roi — qui ferait scandale parmi les rois et serait encensée par les philosophes.

Voltaire promit au libraire Van Duren des sommes énormes pour le faire renoncer à ses droits — l'autre renonçait d'autant moins qu'on lui faisait espérer davantage. Voltaire fait du zèle. Il demande au libraire le manuscrit que le roi l'a prié de corriger, dit-il — avec l'espoir de disparaître avec. L'autre méfiant consent aux corrections à condition que Voltaire vienne les faire à l'imprimerie. Et l'on peut voir Voltaire passer plusieurs heures par jour sous les yeux du fils Van Duren, regrattant les feuillets du roi... « *je les ai raturés, et j'ai écrit dans les interlignes de si horribles galimatias et de si ridicules coq-à-l'âne que cela ne ressemble plus à un ouvrage. Cela s'appelle faire sauter son vaisseau en l'air pour n'être point pris par l'ennemi.* »

Frédéric était non seulement « homme véritable » mais « homme de lettres ». Ce procédé ne lui plut pas. Il refusait d'être publié, mais encore plus d'être saccagé. Il renia ce bâtard. Voltaire s'en étonna — mais n'osa blâmer « Son Humanité ». Il estimait que, tout bien considéré, il avait plutôt amélioré l'ouvrage : c'est possible. Il n'en est pas moins vrai que Frédéric préférait celui qui n'était pas amélioré mais qui était bien de lui.

Voltaire ne passait pas tout son temps à l'imprimerie. Il sortait beaucoup et se trouvait en pays de connaissance. J.-B. Rousseau et Piron étaient à La Haye. Il ne rencontra pas Rousseau. Ce dernier, à ses dires, aurait volontiers salué Voltaire mais son désir de réconciliation ayant été si aigrement repoussé, il se tenait sur ses gardes.

Mais Piron rencontra Voltaire qui le cajola : « *Il me cassa le nez à coups de joues* », dit Piron. Les baisers de Voltaire étaient osseux. Il disait lui-même en contemplant ses joues creuses, ses pommettes saillantes, ses orbites, son menton aigu : « *J'ai passé ma vie à envier les gens qui avaient des joues.* » Lui, il avait des dents.

Pourtant, il ne mordit pas Piron ; c'est Piron qui le mordit — ou voulut le mordre. Il se flatta d'avoir à son profit ridiculisé Voltaire dans un salon au point d'avoir ruiné sa réputation de bel esprit. C'est du moins Piron qui le dit. Mais Voltaire lui en voulut si peu de cet affront qu'il fit, quelques jours après, une visite à Piron qui était malade. Celui-ci rendit la visite à Voltaire, à son auberge. Avant d'entrer, il interrogea l'aubergiste sur son célèbre client. L'autre dit de Voltaire tout le mal que Piron voulut : que n'habitait-il chez un apothicaire au lieu d'habiter une auberge où il se droguait sans arrêt ? Bref, Piron, poursuivant son récit — qui est plutôt un conte — nous apprend qu'il trouva Voltaire sur sa chaise percée d'où il se leva aussitôt pour accompagner — « tout breneux » — son ami Piron dans la salle. Là, ils ont « *pendant une heure ou deux un entretien aigre-doux auquel je fournis assez joliment mon petit contingent.* » C'est trop et c'est sot, mon cher Piron, on ne peut vous croire : Voltaire ne se promène pas « tout breneux » devant ses invités, et un entretien aigre-doux ne se poursuit pas durant deux heures — même orné de vos saillies.

Si Voltaire n'a pas été ridiculisé par Piron, il a bel et bien été berné par Van Duren. Dépité, il rentre à Bruxelles.

Frédéric brûle de le rencontrer et Voltaire brûle de rencontrer « Son Humanité. » Ils conviennent d'un rendez-vous, à Clèves. Dès lors, Frédéric délire. Il veut baiser la bouche du *Virgile Moderne,* d'où tombent des perles et diamants. Il lui consacre un poème. On peut lire ces vers sur cette bouche enchanteresse :

Dont la voix folâtre et touchante
Va du cothurne au brodequin
Toujours enchanteresse et toujours plus charmante

Sans parler de l'intention tendre, ni de cette bouche charmante, on trouve néanmoins une certaine étrangeté à cette voix qui va du cothurne au brodequin — serait-elle localisée dans le pied de Voltaire ?

Tout est permis dans ces heureux transports. Mais celle qui ne les partage pas, c'est Emilie ! Elle ne manque pas de faire remarquer à Frédéric que c'est à elle qu'il doit de recevoir Voltaire — elle le lui prête, mais pas pour longtemps. « *J'espère que V. M. me saura gré du sacrifice que je lui fais... et que V. M. ne le gardera pas trop longtemps...* »

L'entrevue eut lieu le 11 septembre 1740, au château de Moyland près de Clèves. Curieux rendez-vous ! Fallait-il que Voltaire fût aveuglé pour trouver sublime cette rencontre où rien ne fut réussi, où rien n'était fait pour lui plaire. Le roi était entouré de Maupertuis — nous le connaissons déjà — d'un Italien, Algarotti, bel esprit et très bel homme, délicieusement poli, flatteur, un peu mielleux, plein de savoir-faire et d'intelligence et d'une culture légère mais très étendue. Il y avait Keyserling, et un conseiller aulique, M. Rambouet, un grotesque sale, en linge grossier, en perruque déglinguée, avec cela retors et très puissant. Pour lors, telle était la Cour de S. M. Prussienne. Tout cela logeait dans un lieu délabré, dans un grenier. Le roi était malade : il avait un accès de fièvre. La chambre n'avait que ses quatre murs ; à la lueur d'une bougie, sur un grabat de soldat, un petit homme affublé d'une robe de chambre de gros drap bleu, frissonnait : c'est ainsi que l'idole apparut pour la première fois à son adorateur. « *Je lui fis la révérence,* dit-il, *et commençai la connaissance par lui tâter le pouls comme si j'avais été premier médecin.* » Puis, sans façons, il s'assit sur le bord du grabat.

La fièvre passa. La Cour se mit à table. « *L'on traita à fond de l'immortalité de l'âme, de la liberté, des androgynes de Platon.* »

Vastes sujets ! Et variés ! Pendant que le maître parlait, les convives, nous dit Voltaire, s'enivraient des paroles de l'Enchanteur. La Cour était miteuse mais la courtisanerie n'y perdait pas ses droits. Pendant que Sa Majesté discourait sur les androgynes de Platon, le sieur Rambouet courait les routes. Il est intéressant de savoir lesquelles pour connaître les divers talents de « l'Enchanteur » : il allait porter un ultimatum du roi aux Liégeois leur ordonnant de payer un million de ducats faute de quoi, deux mille hommes de Sa Majesté Prussienne encercleraient la ville et son artillerie la bombarderait. Voltaire fut, lui-même, galamment prié de rédiger un manifeste pour engager les Liégeois à payer avant qu'il ne fût trop tard. Et il l'écrivit ! Que peut-on refuser à un roi-philosophe, qui vous fait dîner à sa table et vous appelle *Virgile ?* Plus tard, bien plus tard, Voltaire s'avisera qu'il a été complice d'un acte de banditisme. O Philosophie militante où donc t'es-tu égarée ?

Mais nous sommes en pleine lune de miel. Voltaire dîne — fort salement d'ailleurs — « *avec un des plus aimables hommes du monde, un homme qui serait le charme de la société, qu'on rechercherait partout s'il n'était pas roi, un philosophe sans austérité, exemple de douceur, de complaisance, d'agréments...* »

« *Il me fallait faire un effort de mémoire pour me souvenir que je voyais assis sur le pied de mon lit* (car Frédéric venait voir Voltaire dans sa chambre et faisait la causette assis au bout du lit) *un souverain qui avait une armée de cent mille hommes.* »

Et qui s'en servait « philosophiquement » sans doute — les Liégeois se représentaient fort bien la chose.

Frédéric n'est pas moins enthousiaste. En dépit des circonstances peu favorables, l'entrevue comble ses vœux. Il regrette d'avoir eu la fièvre car pour tenir tête à Voltaire, il faut être en possession de tous ses moyens. « *Il a,* dit Frédéric, *l'éloquence de Cicéron, la douceur de Pline, la sagesse d'Agrippa, etc. Je n'ai pu que l'admirer et me taire. La du Châtelet est bien heureuse de l'avoir.* »

Cependant qu'elle le prête, elle court à Paris. C'est pour le défendre. Emilie emploie tout son crédit à rétablir la réputation de Voltaire à la Cour. Cette réputation en avait besoin : elle était déplorable. On estimait dans les milieux officiels que les libelles de Voltaire, ses démêlés scandaleux avec les pamphlétaires et les libraires, ses cris, ses poèmes libertins faisaient payer trop cher le plaisir de ses tragédies, de ses lettres, de sa conversation.

Voltaire rejoignit La Haye pour essayer de retirer *L'Anti-*

Machiavel des pattes de Van Duren. Il logeait dans le palais du roi de Prusse — palais à demi ruiné, mais palais d'un roi et d'un roi qui était son ami. Il trouvait belles même les toiles d'araignées — mais il les voyait fort bien. A ce moment, il eût aimé regagner Paris, mais Paris lui est interdit. Il décide de rejoindre Frédéric à Remusberg en Allemagne, sans se soucier de la pauvre Emilie. Quant à Frédéric, sans doute charmé de ce retour inattendu, il n'a pourtant aucune illusion. Il écrit à Algarotti que si Voltaire revient vers lui c'est parce qu'il ne peut aller ailleurs. « *La Prusse sera son pis-aller.* » En vérité, Voltaire, à cette époque, aurait suivi Frédéric en Prusse orientale ; quitte à s'en repentir vite. Cela Frédéric l'avait deviné. Il sentait que Voltaire était enivré, mais qu'il n'était pas mûr pour être cueilli. Frédéric se réjouit, néanmoins, de la visite et afin de laisser à son *Virgile* toute liberté, il lui promit de le faire reconduire à Bruxelles dès que Mme du Châtelet y reviendrait pour l'ouverture de son grand procès.

Cette seconde rencontre ne répond pas seulement à leurs profondes affinités, ni même à leur soif de gloriole (car il y avait de la gloriole des deux côtés : Frédéric était aussi fier de s'attacher le plus célèbre écrivain de l'époque, que Voltaire l'était de faire asseoir un roi au pied de son lit.) Il y avait bien d'autres raisons que celles du cœur. Frédéric était assez satisfait des persécutions que la Cour de France infligeait à Voltaire : plus le séjour à Paris serait insupportable à Voltaire plus Frédéric aurait de chances de se l'attacher. Et Frédéric savait qu'à Versailles on voyait d'un mauvais œil l'amitié de Voltaire pour le roi de Prusse. Ce qu'il voulait c'était la rupture complète avec la Cour.

Voltaire voyait les choses tout autrement. Il aurait aimé avoir « une fonction » — un titre officiel, une charge. Il n'avait fait qu'entrevoir la Cour. Il avait bien reconnu qu'elle eût pu être pour lui la Terre promise, son milieu d'élection, mais encore fallait-il y entrer et y jouer un grand rôle.

Paris qui m'a vu naître
Me laisse sans éclat
Et ma manie est d'être
Un ministre d'Etat
Des finances le maître
Au moins ambassadeur
Comme feu Prieur.

Il crut l'occasion venue. Comme il savait que le ministre était inquiet au sujet des intentions de Frédéric II sur la Silésie, comme il savait que l'ambassadeur de France, le prince de Beauvau, n'avait rien pu apprendre sur ce point, Voltaire crut faire sa cour au roi — au sien, pour une fois — en s'offrant pour renseigner le ministre sur les projets de la Prusse. Il écrivit au cardinal de Fleury en ce sens ; il lui offrit tout simplement de faire de Frédéric II un allié de la France.

Le cardinal qui en avait vu et entendu d'autres, répondit à Voltaire une lettre suave : il n'acceptait pas l'offre. Sans la refuser toutefois. Il lui donnait aussi — en passant — d'excellents avis sur le respect dû à Notre Sainte-Mère l'Eglise.

Puis il y eut une autre lettre du cardinal — plus politique. L'on y parlait des excellents principes contenus dans certain ouvrage, *L'Anti-Machiavel* — de l'un notamment : le respect des engagements. Il serait bon de le rappeler au roi de Prusse qui n'avait probablement pas lu cet ouvrage que Voltaire devrait signaler à son Royal Ami, on serait heureux de savoir les résolutions que cette lecture inspirait au jeune et bouillant souverain. Voltaire comprit qu'on ne le chargeait de rien mais que ses réflexions sur la Prusse et sur les projets de Frédéric seraient reçues avec un certain intérêt par le Ministère.

Il répondit de sa manière inimitable : « *J'ai obéi aux ordres que Votre Eminence ne m'a point donnés, j'ai montré votre lettre au roi de Prusse.* »

Le voilà donc négociateur. Il adore « les rôles », même les situations un peu fausses, car il faut jouer, composer un personnage. Et parfois, il faut même changer de rôle en cours de représentation. Cela l'enchante.

Enfin, il a un pied à la Cour. La vraie ! La plus difficile à séduire, celle de Versailles. Il a été reçu à celle de Londres comme il a voulu ; celle de Potsdam ? il ne tient qu'à lui d'y faire la pluie et le beau temps. Tandis que celle de Versailles, c'est elle qui fait la pluie et le beau temps, dans la propre vie de Voltaire en premier lieu et dans les autres cours de l'Europe.

Il apprend que Mme du Châtelet a obtenu sa grâce : il peut revenir à Paris. Il veut aussi effacer un mauvais souvenir de l'esprit du cardinal de Fleury : comme on savait que Voltaire détestait les Jansénistes — comme il avait même attaqué Pascal et ses *Provinciales* qu'il appelait *Les Menteuses*, M. Hérault avait suggéré au cardinal-ministre de demander à Voltaire de mettre sa plume au service d'une cause respectable. Puisque sa verve s'était déjà excitée contre des sujets sacrés, elle pourrait avantageusement continuer en attaquant les Jansénistes. Pour une fois, le Diable servirait le Bon Dieu. Voltaire accepta d'abord. Ensuite, il se récusa. Après avoir écrit quelques pages, il les jeta au feu en disant qu'il avait l'impression de se déshonorer. Il était temps... Le cardinal de Fleury avait été indisposé par ce refus, et Voltaire avait regretté que le cardinal le traitât moins bien qu'au temps aimable où ils se rencontraient chez la duchesse de Villars.

Enfin, sa négociation avec Frédéric allait le réconcilier avec le cardinal, avec la Cour.

On pensera ce que l'on voudra de cette « négociation ». Etait-il très loyal d'aller « en philosophe » tirer les vers du nez de son ami Frédéric ? Sans doute, Frédéric, bien plus retors que Voltaire, n'était-il Anti-Machiavel que sur le papier... Néanmoins le procédé est — c'est le moins qu'on peut dire — bien digne des deux renards.

Le voici en route pour l'Allemagne. Peu avant Hertford, le carrosse se brise — le 11 novembre 1740. Il gagne la ville à cheval sur une haridelle, en culotte de soie et en pantoufles. La sentinelle lui demande son nom. Il répond : « Don Quichotte ». Et il fait son entrée à Hertford sous ce nom. Les retrouvailles avec Frédéric se firent à Remusberg. Frédéric est charmé une fois de plus. Il écrit à Algarotti qu'il appelle « Le Cygne de Padoue » : « *Voltaire est arrivé tout étincelant de nouvelles beautés et bien autrement sociable qu'à Clèves.* » Est-ce parce que Frédéric n'a plus la fièvre ? Est-ce parce que Voltaire n'a plus de coliques ?

Que fait-on ? On lit des vers, on danse, on mange, on médit de l'Europe entière, on joue aux cartes, et Frédéric — pour son Virgile — joue de la flûte. Voltaire hasarde un peu d'argent au jeu. Il ne danse, ni ne mange, ni ne boit — par contre, il parle. Il y a là, une sœur de Frédéric, la Margrave de Bayreuth qui aime Voltaire autant que l'aime Frédéric. Le roi-philosophe semble éperdu d'admiration : il ne parle et ne rêve que de poésie, de musique, et de son grand homme. Qui pourrait soupçonner qu'il existe une Silésie et qu'en ce moment deux cent mille hommes de son admirable armée manœuvrent sur ses ordres pour envahir la riche province ? Et qui pourrait soupçonner que ces airs de flûte, ces roucoulades philosophiques dissimulent à peine un bruit d'écus que l'un de nos deux illustres, Voltaire, essaie d'arracher à l'autre, Frédéric ; car le premier voulait être remboursé de ses frais de voyage, ce que l'autre ne voulait point. Voici ce qu'écrit Frédéric à Jordan dans le moment même où le charme voltairien agit le plus : « *Ton avare boira la lie de son insatiable désir de s'enrichir, il aura mille trois cents écus. Son apparition de six jours me coûtera par journée cinq cent cinquante écus. C'est bien payer un fou ! Jamais bouffon de grand seigneur n'eut de pareils gages.* »

Quel gracieux langage ! Et en quelle harmonie avec la bouche « *enchanteresse et charmante* ». Si c'est une plaisanterie, elle est pesante et cruelle — et aussi injurieuse pour celui qui la fait que pour celui qui en est la victime. Elle contient aussi une menace : « *Ton avare boira la lie...* »

Mais les adieux n'en sont pas moins touchants. Ils tournent au grotesque à force d'affèterie. Ils roucoulent comme deux pigeons — nous serons obligés de convenir un peu plus tard que ces pigeons-là, ont des becs d'aigle.

Voici les adieux de Voltaire :

Non, malgré vos vertus, non malgré vos appas
Mon âme n'est point satisfaite :
Non, vous n'êtes qu'une coquette
Qui subjugue les cœurs et ne vous donnez pas.

La coquette de Potsdam lui répond de la même encre.

Mon âme sent le prix de vos divins appas
Mais ne présumez pas qu'elle soit satisfaite
Traître, vous me quittez pour suivre une coquette
Moi, je ne vous quitterai pas.

On aimerait savoir ce qu'Emilie pensait de ces exercices de versification. Mais on sait ce qu'elle ressentit quand elle apprit l'escapade de six jours à Remusberg. « *Il m'en mande la nouvelle avec sécheresse sachant bien qu'il me perce le cœur.* » Elle en fait une vraie maladie ; elle a la poitrine enflammée, elle ne dort, ni ne mange, elle se croit morte comme son amie la duchesse de Richelieu qui vient de trépasser. A cette occasion, le duc qui se moquait de sa femme comme d'une guigne fait une scène parce que Voltaire n'a pas fait interrompre les représentations de sa pièce — encore une tragédie ! — *Zulime,* pendant l'agonie de la duchesse. Mais Voltaire était si loin ! Que pesaient alors Emilie, Richelieu, Paris et la France : le roi de Prusse jouait de la flûte pour Voltaire seul, et l'appelait « Traître ! » en prenant des mines.

Dans ce jeu étrange, où la vanité, l'intelligence, l'intérêt, la perfidie et le ridicule se mêlent, Emilie a une pensée touchante — une pensée du cœur. Elle se plaint, mais déjà elle plaint Voltaire, elle prévoit qu'il déchantera, qu'il regrettera la trahison qu'il a commise envers elle, et elle souffre déjà de le savoir malheureux. Elle écrit à Richelieu le 23 novembre 1740 : « *Croirez-vous que l'idée qui m'occupe le plus en ces moments funestes, c'est la douleur affreuse où sera M. de V. quand l'enivrement où il est de la Cour de Prusse sera diminué ; je ne puis soutenir l'idée que mon souvenir sera un reproche pour son tourment. Tous ceux qui m'ont aimée ne doivent jamais le lui reprocher...* » C'est, encore une fois, elle qui aime le mieux.

Voltaire rentrait bredouille. A part les écus, lâchés de si mauvaise grâce, à part ces vers précieux, il ne rapportait aucun renseignement. S'il avait lu la lettre à Jordan, il aurait su qu'il n'était qu'un bouffon — de luxe, certes, mais trop coûteux. Et, le plus vexant, c'est que Frédéric savait tout ce qui s'était tramé entre le cardinal de Fleury et son commissionnaire.

L'arrivée à Bruxelles ne fut pas triomphale : le procès l'attendait et les larmes d'Emilie. Il se sentit coupable — tellement coupable qu'il écrivit à d'Argental pour se faire pardonner, sa lettre finit par ces mots : « *Jamais Mme du Châtelet n'a été plus au-dessus des rois.* »

Elle aurait été plus heureuse de n'avoir pas été mise en comparaison car sans doute, pendant quelques jours, l'avait-on jugée « au-dessous » du roi de Prusse. Mais elle fut parfaite. Dès qu'elle eut retrouvé Voltaire, elle ne se plaignit plus, elle retrouva sa gaîté : « *...Enfin,* écrit-elle à d'Argental, *il est arrivé, se portant assez bien à une fluxion sur les yeux près. Tous mes maux sont finis, il me jure bien qu'ils le sont pour toujours.* » Mais il y a Frédéric, elle n'a aucune illusion sur les sentiments du roi à son égard : « *Je le crois outré contre moi mais je le défie de me haïr plus que je ne l'ai haï depuis deux mois. Voilà vous me l'avouerez une plaisante rivalité.* »

Rien n'est banal dans la vie de Voltaire, mais certains traits de lui sont pénibles à apprendre ; en voici un que nous apprenons par Jordan. Voltaire, pour faire sa cour à Frédéric, parla mal d'Emilie ! Si mal que Frédéric en conçut de grandes espérances pour son projet d'attacher Voltaire à la cour de Potsdam ; si mal qu'il ne put s'empêcher de mépriser Voltaire. Voici ce qu'il écrit de son Virgile : « *La cervelle du poète est aussi légère que le style de ses ouvrages et je me flatte que la séduction de Berlin aura assez de pouvoir pour l'y faire revenir bientôt, d'autant plus que la bourse de la marquise ne se trouve pas aussi bien garnie que la mienne.* »

Et il faut appeler « cela » l'amitié de Voltaire et de Frédéric ! La supposition de Frédéric est calomnieuse. Voltaire n'avait aucun intérêt d'argent dans sa liaison avec Emilie. C'est lui qui dépensait sa fortune pour Cirey et il en était heureux. Cet amour, cette générosité sont au-dessus des sentiments de Frédéric — par malheur, Voltaire se met parfois au niveau de son royal philosophe.

Petites affaires de plume et d'argent.

A Bruxelles, Voltaire travaille. Il refait *Mahomet.* Il ne vivait qu'avec Mahomet — un Mahomet à la façon de Voltaire qui n'avait que fort peu de ressemblances avec le prophète de l'Islam. Il brûlait de voir son *Mahomet* sur les planches, mais il n'était pas à Paris pour le présenter aux comédiens, le faire répéter, créer la rumeur de scandale et de curiosité dont il sait si bien entourer l'apparition de ses ouvrages.

Sur le chemin du retour, Emilie et lui firent halte à Lille où habitait sa nièce Denis dont le mari exerçait dans cette ville les lucratives fonctions d'ordonnateur des guerres. Aussitôt, tout ce que la ville comptait de notables se trouva réuni autour de lui. Il jeta le grappin sur un M. de La Noue, acteur et auteur de tragédies, chargé du théâtre de Lille. Il le connaissait déjà, il l'avait même prié, au nom de Frédéric, de réunir une troupe d'acteurs pour le théâtre de Berlin. Il fallait tout préparer sans délai. Une fois prêts, les comédiens avertirent Frédéric. Celui-ci qui était dans la guerre jusqu'au cou et y trouvait gloire et plaisir, envoya promener les histrions. La Noue qui avait engagé son argent et son crédit fut ruiné et désolé. Il n'en voulut pas à Voltaire qui pourtant l'avait grisé de fausses promesses. Il ne lui en voulut pas davantage d'avoir écrit un *Mahomet,* bien qu'il eût, lui-même, un *Mahomet* en poche. « *Nos deux « Mahomet » se sont embrassés à Lille* », écrit Voltaire à Cideville. Mais celui de Voltaire étouffa l'autre. Le bon La Noue joua le *Mahomet* de Voltaire et ce fut un triomphe. Voltaire estima que le public de Lille était le plus éclairé du monde. Même les prêtres furent enthousiasmés. Il y avait là un abbé Valori, frère de l'ambassadeur de France à Berlin : Voltaire le chargea de faire à son frère un copieux compte-rendu du triomphe. A Berlin, Frédéric n'y serait pas insensible. Publicité !

Au moment où Voltaire faisait part à Frédéric du triomphe de *Mahomet* à Lille, Frédéric faisait part à Voltaire de sa victoire de Molditz. Les deux dépêches se croisèrent. On put voir ce spectacle étonnant : Voltaire interrompant la représentation, s'avançant sur la scène pour faire acclamer la victoire de Frédéric de Prusse par un public français — alors que cette victoire était, à tout prendre, un camouflet pour la France. Et Voltaire, ivre de vanité : « *Vous verrez que cette pièce de Molditz fera réussir la mienne.* »

Mais oui, les deux pièces réussirent. Les bons Lillois « *pleuraient comme on saigne du nez* », dit Voltaire. Emilie aussi était enthousiaste. Pourtant, elle avait des déconvenues avec la physique. Son professeur Koenig était disciple de Leibniz, elle l'était devenue — mais l'Académie des sciences ne l'était pas. La voilà donc fâchée avec la science officielle. Finalement, elle se fâcha avec Koenig qui alla répétant partout qu'Emilie ne savait ni mathématiques, ni sciences et que lorsqu'elle écrivait un mémoire, c'était sous la dictée de Maupertuis ou de Koenig. Ce fut atroce ! Mme du Deffand se jeta sur le ragot et en fit ceci : « *On en est venu à dire qu'elle s'était mise à apprendre la géométrie pour parvenir à entendre son propre livre.* » Et un certain abbé Le Blanc, fielleux en diable, faisait des rapports aux académies des provinces dans lesquels il appelait Koenig « le valet de chambre géomètre de la marquise ».

Voltaire également antileibnizien avait envoyé un mémoire à l'Académie des Sciences *Sur les forces vives* et que l'Académie aurait dû approuver pour les raisons mêmes qui lui faisaient désapprouver la thèse leibnizienne d'Emilie. L'Académie garda le silence sur l'un et sur l'autre. Prudence ! Voltaire eut l'intention de regimber — puis il estima qu'il valait mieux ne pas se fâcher avec le Secrétaire perpétuel déjà fâché avec Emilie : Prudence !

Au cours de ces années studieuses, quoique coupées de voyages, remplies de diatribes, de pièces écrites, réécrites et qu'on fait jouer, de procès qu'on instruit toujours et qui ne sont jamais jugés, Voltaire trouve encore le temps d'être malade un jour sur deux, et il trouve surtout le temps de faire fructifier sa fortune. Maintenant, il prête de l'argent à de grands seigneurs, cela paraît insensé, car il n'y a pas plus mauvais payeurs. Or, Voltaire a remarqué que s'ils remboursent avec retard, ils finissent par le faire. Du moins, agissent-ils ainsi avec Voltaire, car il sait exiger son dû. Par contre, les spéculations avec les gens d'affaires ne lui réussissent pas toujours. Il juge que ces brasseurs d'affaires sont communs et désordonnés, bref tôt ou tard des banqueroutiers. Un certain Michel lui fait perdre trente mille livres de rentes — c'est une somme énorme. Comment réagit-il ?

Si l'on en croit ses ennemis d'hier et d'aujourd'hui, Voltaire est avare — il est même d'une ladrerie sordide. Or, s'il était avare comme on le dit, cette perte aurait dû le faire enrager et l'accabler. Il la prend au contraire assez philosophiquement. La résignation n'est cependant pas sa meilleure vertu. S'il ne réagit pas violemment, c'est qu'il n'est pas touché dans une région douloureuse de sa sensibilité. Nous le connaissons assez, désormais, pour savoir que ce n'est pas à l'argent en soi que ce pseudo-avare est attaché. Il aime l'argent parce que l'argent est indispensable à sa façon d'être « honnête homme ». S'il perd de grosses sommes, s'il les dépense, ou s'il les donne, il n'y a pas lieu de s'inquiéter puisque son train de vie de seigneur bien pourvu n'est pas menacé. Cette attitude n'est pas celle de l'avare.

Alors dira-t-on, pourquoi cette insistance à réclamer à Frédéric ses frais de voyage ? Parce qu'il ne s'agit pas d'une somme d'argent à gagner ou à perdre, il s'agit d'un dû. Voltaire exige parce que Frédéric, le roi, lui a donné l'ordre de venir à lui ; or, celui qui ordonne doit payer. Cela est juste ; c'est pourquoi il n'en démord pas. Lui, Voltaire, paie et largement les services rendus. Dès qu'il commande, la phrase qui suit son ordre est immanquablement celle-ci « l'argent est déposé chez M.. banquier » ou « le porteur vous remettra la somme de... » Sa réclamation n'est pas inspirée par un appétit morbide de monnaie, c'est une sorte d'exigence à la fois morale et intellectuelle, un besoin de précision, de netteté ; il est fils et petit-fils d'hommes qui ont tenu leurs comptes au denier près pendant des siècles. Il attend d'autrui la même rigueur. C'est bien son droit. Qu'il exige son dû avec impatience, qu'il soit déçu par l'indifférence ou la mauvaise foi de ses débiteurs et devienne hargneux, personne ne peut s'en étonner. Qu'il perde parfois de sa dignité dans ces criailleries, ce n'est pas douteux. Mais la mesquinerie de Frédéric, d'un roi, d'un homme supérieur par l'intelligence, n'est-elle pas plus odieuse dans son refus d'accorder que celle de Voltaire dans son acharnement à exiger ? Si l'on mettait en balance l'argent que Voltaire a donné, ou qu'il a dépensé pour les autres, ou qu'il s'est laissé voler — par Thiériot entre autres — avec l'argent dont il a, parfois petitement et avec cupidité même, exigé le remboursement, on s'apercevrait que Voltaire a été généreux et souvent magnifique.

La seule vengeance qu'il tire du banqueroutier Michel la voici :

Michel au nom de l'Eternel
Mit jadis le Diable en déroute
Mais après cette banqueroute
Que le Diable emporte Michel.

Harpagon aurait parlé un tout autre langage !

A l'automne 1741, notre « avare » est à Paris avec Emilie. Ils logent chez Mme d'Autrey qui par un hasard curieux habite la maison de la comtesse de Fontaine-Martel. Voltaire se sentait un peu chez lui. La représentation de *Zaïre,* la mort impie de la comtesse, que de souvenirs !

Mme du Châtelet que ses procès fatiguent mais enrichissent grâce au savoir-faire de Voltaire a envie d'une belle maison à Paris. Elle achète le bel hôtel de Lambert, bâti par Le Vau et orné par Le Sueur et Le Brun — mais il n'était pas meublé, des réparations étaient nécessaires, bref, il n'était pas habitable. Voltaire n'y vécut jamais, bien qu'on ait dit le contraire. Sur l'heure, il se charge de l'aménagement. Il choisit déjà la galerie où il fera la bibliothèque, il se grise de projets. « Le superflu, chose si nécessaire » s'installe en ce logis princier, bref, voilà notre avare s'engageant dans une dépense de plusieurs dizaines de millions de notre monnaie pour embellir une demeure qui ne lui appartient pas et qui devra revenir aux enfants d'Emilie — tout comme Cirey où il a englouti une fortune. Encore un curieux exemple de son « avarice » — bien particulière, on le voit. Sa vie en présentera encore de semblables et même de plus frappants.

Scandales à la Cour et à la scène.

Le 21 décembre 1741, Emilie rejoint Cirey sans Voltaire. Il brûlait d'envie d'aller faire risette à Versailles. Aucun ministre, aucune favorite, ne lui fit signe d'entrer. Il décréta alors que l'air de la Cour ne convenait pas à ses austères pensées et se résigna à n'être qu'un « citoyen philosophe ». Il a ainsi des petits airs de dédain pour ce qu'il aime le plus au monde quand ce qu'il aime ne le lui rend pas. Il trouve d'ailleurs un excellent prétexte: « *Je n'ai plus la santé d'un courtisan.* » Comme c'est juste ! Il en avait l'âme mais non l'endurance physique. C'est un métier éreintant ; c'est un métier impossible pour un homme qui a la colique trois jours par semaine, la fièvre quarte, la fièvre tierce, les autres jours. Il faut être debout des heures entières, marcher, chasser, danser, manger et boire, jouer, pleurer et rire sur commande et être prêt à toute éventualité comme un soldat en campagne. Il ne faut pas avoir froid, ni s'affubler de bonnets de fourrure ou de laine, ni de gros bas de laine en tire-bouchon, ni de robes de chambre à cinq heures du soir comme Voltaire le fait à Cirey — et ailleurs. Et il faut savoir perdre des jours et des nuits à dire des riens, à jouer ou à ne rien faire c'est-à-dire à attendre et à être là. Dégoûté, il fait déménager le petit logis qu'il avait à Versailles — à tout hasard. La Cour le boude : il la dédaigne. C'est cela être philosophe.

Il va sans tarder donner à la Cour des motifs non seulement de le bouder mais de l'étriller. Paris entier est en rumeur : on se passe la copie d'une lettre que Voltaire vient d'écrire au roi de Prusse. Celui-ci venait de conclure une paix séparée avec l'Autriche sans même avertir la France, son alliée. Voici ce qu'écrivait sur ce sujet le président Hénault à Mme du Deffand qui étant aux eaux de Forges ne pouvait prendre part à ce régal de médisance : « *Savez-vous la pièce qui court ? C'est une lettre de Voltaire au roi de Prusse, la plus folle qu'on puisse imaginer. Il lui dit qu'il a bien fait de faire la paix* (chose absolument contraire à ses engagements) *que la moitié de Paris l'approuve* (le plus triste, c'est que c'est vrai) *qu'il n'a fait que gagner le cardinal de vitesse* (pure calomnie, flagornerie insigne, Fleury était un allié loyal) et *qu'il ne doit plus à présent s'occuper que de ses plaisirs...* »

L'effet de cette lettre fut désastreux à Versailles. La favorite d'alors, Mme de Mailly entra dans une violente colère et demanda une punition exemplaire pour Voltaire. Lui, commença de jurer qu'il n'était pour rien dans cette affaire, que le style de la lettre était indigne de lui, etc. Mme du Châtelet elle-même reconnut la lettre. Ne pouvant courtiser Versailles, il avait courtisé Berlin. Ce n'était qu'un pis-aller, eût dit Frédéric, mais vraiment le moment était mal venu de féliciter le roi de Prusse d'avoir trahi la France son alliée.

Hénault prévoyait « un décampement pour Bruxelles ». Finis les décorations de l'hôtel de Lambert, les délices de Cirey, les triomphes à la Comédie... *Mahomet* serait à jamais un *Mahomet* lillois.

Il écrit à la favorite, il supplie, il flatte, il jure, il demande audience, il apaise ! Tout ce qui compte à Paris lui est défavorable. Mme du Deffand pose le problème avec la clairvoyance de son intelligente méchanceté : il ne s'agit pas de savoir si la lettre est de Voltaire ou non, puisque tout le monde — sauf Voltaire sait qu'elle est de lui, mais de savoir comment, de la poche de Frédéric, elle est passée dans les salons, les ruelles — et les rues de Paris. « *Comprendre comment elle court, c'est ce qui me paraît surnaturel* », dit la marquise.

On soupçonne la police, on soupçonne les voleurs, les jaloux de Voltaire à la Cour de Prusse. Voltaire soupçonne le vieux cardinal... sauf le vrai coupable qui riait sous cape : Frédéric. Il avait fait lui-même distribuer par ses agents la copie de la lettre à toutes les ambassades à Paris — y compris la sienne pour égarer les soupçons. Pourquoi ? Pour la raison que nous savons, pour brouiller définitivement Voltaire avec la France et le faire exiler à vie. Ne sachant où aller, l'amant de « la du Châtelet » comme disait Frédéric, tombait dans les bras — ou les griffes — de son philosophe couronné.

La conclusion est déconcertante : Louis XV se désintéressa du poète. Lassitude ou indifférence, il ne fit prendre aucune mesure contre ce plumitif qu'il n'admirait, ni n'aimait, ni n'estimait. C'était, bien à l'étourdie, jouer un mauvais tour à Frédéric : Voltaire demeura à Paris, en paix. Le plus étonné, ce fut lui. Il ne connut jamais la traîtrise de Frédéric.

Mahomet allait être joué à la Comédie. L'atmosphère n'était pas des meilleures. Le cardinal à qui Voltaire fit présenter sa pièce n'en souffla mot. Il laissa faire. Cela ne signifiait pas qu'il allait se priver de faire interdire les représentations à la dernière minute.

Le 19 août 1742 la première eut lieu, devant une salle éblouissante. Des princes, les grands dignitaires et les grands seigneurs, les ministres, les ambassadeurs, la haute magistrature. La mauvaise réputation de l'auteur avait rempli la salle. *Mahomet* eut un immense succès ce soir-là. Le lendemain, catastrophe : on s'avisa que *Mahomet* n'était pas le Mahomet du Coran. Ce que les niais avaient pris pour une attaque contre le prétendu prophète de l'Islam était en réalité une attaque contre Jésus-Christ. Ce n'est pas l'Islam qui est attaqué, c'est le christianisme ! A vrai dire, ce n'est pas telle ou telle religion, c'est la Religion, quel que soit le nom de son Prophète. Un théologien ameutait les gens dans la rue pour les exciter contre Voltaire car, disait-il, *Ma-ho-met* a trois syllabes comme *Jé-sus-Christ*. N'est-ce pas la preuve évidente que le premier nommé ne fait que dissimuler le second ? Des gens qui n'avaient rien de fanatique, des gens de goût n'avaient pas eu besoin de compter les syllabes pour être de cet avis, comme Lord Chesterfield qui avait lu *Mahomet* à Bruxelles et, l'ayant bien lu, n'avait pas été dupe un instant : « ... *j'ai trouvé des pensées plus brillantes que justes, mais j'ai d'abord vu qu'il en voulait à Jésus-Christ sous le caractère de Mahomet et j'étais surpris qu'on ne s'en fût pas aperçu à Lille...* » Oui, ce bon public lillois était trop bon public. *Mahomet* est bel et bien une machine de guerre, non contre l'Islam qui est très loin, mais contre le christianisme qui est tout proche.

Les plus violents ennemis furent les Jansénistes. Les représentations devenant houleuses, la pièce fut interdite. Voltaire furieux, jura que, pour faire enrager les imbéciles de Paris, il dédierait sa tragédie au Saint Père et recevrait de lui une approbation : « *Je dédierai Mahomet au pape et je compte être évêque* in partibus infidelium *puisque c'est là mon véritable diocèse.* »

On fait sa cour à la Cour et à l'Académie.

Le rideau était à peine baissé sur *Mahomet* qu'on reprenait le chemin de Bruxelles le 22 août 1742. Halte à Reims : spectacles, dîners, bals. Emilie est en beauté : Voltaire en est tout ragaillardi. Il écrit : « *Jamais elle n'a mieux dansé, jamais elle n'a mieux chanté à souper, jamais tant mangé, ni tant veillé.* »

Le 2 septembre, ils sont à Bruxelles. Aussitôt, Frédéric, « à voix de sirène » l'appelle à Aix-la-Chapelle. Il y court. Ce fut rapide ; parti le lundi, il était rentré le samedi. Ils n'eurent le temps de médire que de la moitié de l'Europe. Frédéric lui rappela ses offres : maison à Berlin, terres en Prusse, pension, titres... Voltaire les déclina doucement — il ménageait toujours Versailles. Il avait même demandé au cardinal Fleury la permission de faire sa visite à Frédéric. Il essayait de provoquer « un ordre de mission » — il voulait « servir ». On ne s'en souciait guère à la Cour. Le cardinal ne lui répondit même pas.

A Bruxelles, Emilie s'ennuyait. Son procès piétinait ; elle aussi, mais d'impatience. Voltaire pour une fois trouvait cette immobilité reposante. Il était toujours malade, c'est-à-dire qu'il travaillait quatorze heures par jour. La conjonction de ses maladies et de ses travaux mérite un instant d'attention : « *Votre ami est un peu malade,* écrit Emilie à d'Argental, *et vous savez que quand il est malade, il ne peut faire que des vers.* » Dolent, il versifiait ;

plus robuste, il philosophait — en tout temps, il faisait ses comptes. Mais comme il était presque toujours malade, c'est à la poésie qu'il se consacrait le plus. La très bonne Emilie (qui ne l'était pas toujours, ni avec tout le monde) se moquait de la poésie, mais elle finit par l'aimer pour l'amour de son poète, parce qu'il était malade et parce qu'elle l'aimait davantage à la fois malade et poète. Et elle l'aimait si généreusement, cet amant si souvent indisponible, que son trop-plein d'amour se reportait sur les vers qu'il écrivait. Si ces vers n'eussent été de lui, elle ne les aurait jamais aimés.

En novembre 1742, les voilà de nouveau à Paris. Il reprend sa cour au cardinal de Fleury. Il fait tant — et si bien ! — que le ministre lui répond : « *Vous êtes tout d'or, Monsieur, j'ai fait part de votre lettre au roi qui en a été fort content.* » Quel succès ! Fallait-il qu'il fût bon courtisan ! Quelques mois plus tôt, il était bon à pendre — le voilà « tout d'or ». S'il n'avait eu cette humeur tracassière et ce goût histrionnesque pour les coups de théâtre, il eût fait à la Cour la plus étourdissante carrière. Mais, inversement, s'il n'avait eu ce talent prodigieux de flatter et de séduire, il eût, c'est certain, été pendu dix fois. Hélas ! d'un coup de plume ou d'un coup de langue, il anéantit des mois de subtils travaux de flatterie.

Rien n'est plus incompatible avec cet homme que la paix ; il est à peine arrivé, que paraît un volume de ses œuvres, textes falsifiés et scandaleux. M. Hérault est encore une fois alerté. Voltaire crie qu'on l'assassine, que ces textes ne sont pas de lui, qu'on veut le perdre ; il demande des juges et surtout des bourreaux pour les libraires. Le coupable est un certain Didot — l'aïeul des grands Didot — on l'arrête. Mais il a une femme et huit enfants. Il crie misère. On le relâche après qu'il a juré de ne plus jamais vendre de livres défendus. Voltaire qui sait le prix des serments des libraires fait surveiller Didot par la police. Bien entendu, Didot vend, en sortant de prison, les mêmes livres défendus qu'il vendait avant d'y entrer. Plainte de Voltaire, nouvelle arrestation de Didot, nouvelles promesses, nouvel élargissement. On pourrait continuer longtemps — c'est toute l'histoire de la librairie au XVIIIe siècle. La vente des livres défendus n'a jamais cessé. Les auteurs allaient en prison, les libraires aussi — ils en sortaient et continuaient. Voltaire comme les autres a, toute sa vie, fait imprimer et répandre les livres interdits. C'était, à peu d'inconvénients près — presque aussi libéral que « la liberté de la presse » et bien plus excitant !

Voltaire ne s'était jamais privé de brocarder l'Académie ni les Académiciens. Mais, il en est de l'Académie comme de la Cour. Il ne se sentait pas tout à fait accompli tant qu'il n'appartenait, ni à l'une, ni à l'autre. Or, à quarante-huit ans, il n'était reçu ni ici, ni là. Il ne pouvait guère s'en prendre qu'à lui, c'est-à-dire aux haines que sa malice engendrait — car son talent, ses manières, son train de vie l'auraient fait très naturellement membre de la Cour et de l'Académie. Il lui fallait des amis puissants pour faire taire les haines.

En ce début de 1743, il comptait beaucoup sur le cardinal — et sur le roi — pour faire fléchir les académiciens qui lui étaient opposés. Or, le cardinal lui fit faux-bond. Voici comment : « *Le cardinal,* écrit Voltaire à Frédéric, *s'avisa après avoir été assez malade, il y a deux jours, ne sachant que faire, d'aller dire la messe à un petit autel au milieu d'un jardin où il gelait.* » C'était fin décembre 1742. Il faut savoir que le cardinal avait quatre-vingt-dix ans. Le cardinal traita de « douillet » le baron de Breteuil qui le suppliait de dire sa messe dans la maison. Le cardinal fut saisi de congestion et mourut au début de janvier 1743.

Voltaire dut donc attendre une autre occasion pour se faire soutenir devant l'Académie. A vrai dire, il n'y avait qu'à Paris qu'on comprenait pourquoi Voltaire n'était pas académicien, toute l'Europe était persuadée qu'il l'était et même qu'il était le plus beau fleuron de la société. Un voyageur ayant dit à un prince allemand que Voltaire n'était pas de l'Académie s'attira cette réponse : « *Alors, qui en est donc ?* »

Voyant que le fauteuil de l'Académie française lui échappait, il s'avisa d'en briguer un à l'Académie des Sciences. Pourquoi pas ? Le voici faisant valoir ses titres : *Mémoire sur la Nature du Feu — Mémoire sur les Forces Vives.* Et il trouva des partisans. Le fauteuil de Fontenelle était vacant. Qui pouvait mieux l'occuper que Voltaire ? Y avait-il une meilleure plume pour mettre au net les conclusions des expériences, diffuser les découvertes ? Fontenelle avait été un merveilleux vulgarisateur. Voltaire le surpassait. Son ennemi, La Beaumelle, qui nous occupera bientôt, trouva la formule la plus venimeuse pour vanter ce talent de Voltaire : « *Cet emploi convenait singulièrement à M. de Voltaire qui est le premier homme du monde pour écrire ce que les autres ont pensé..* »

M. de Réaumur et Maupertuis le soutenaient à fond et même l'engageaient à renoncer à la poésie pour se consacrer aux sciences. A Cirey, Mme du Châtelet eût été ravie de cela, mais

Mme de Graffigny et Mme de Champbonin en eussent pleuré : elles aimaient tant les vers de Voltaire ! Aussi Mme de Graffigny écrit-elle : « *La belle dame* (Emilie) *le persécute toujours pour n'en plus faire* (des vers) *la grosse dame* (Champbonin) *et moi, la contrarions tant que nous pouvons. C'est affreux d'empêcher Voltaire de faire des vers.* » Un jour Mme de Graffigny qui s'appliquait en pure perte à lire Newton qu'elle ne comprenait pas, eut le bonheur de s'entendre dire par Voltaire : « *Laissez là Newton, ce sont des rêveries, vivent les vers !* »

Ni les vers, ni la physique ne lui ouvrirent le temple de la Science. Il fut refusé à l'Académie des Sciences car il y avait des leibniziens acharnés et d'honnêtes dévots qui jurèrent qu'ils briseraient les cornues, leurs éprouvettes et leurs compas si Voltaire pénétrait dans leur temple.

Il se retourna vers l'Académie française. Il était tenace. On lui avait dit que le roi ne s'opposerait pas à son élection. Il pensa qu'un succès littéraire éclatant — et de bon aloi — réduirait ses ennemis au silence. Ce fut *Mérope*, une de ses meilleures tragédies, à laquelle il travaillait depuis plusieurs années, qui lui donna ce succès. On se souvient qu'il en avait lu, en 1739, des passages à Cirey.

Il raconte que les Comédiens refusèrent *Mérope*. C'est faux, mais cela lui permet d'improviser un petit scénario. Il lit *Mérope* à l'abbé de Voisenon, celui-ci transporté d'admiration saute au cou de Voltaire, fond en larmes et crie au chef-d'œuvre.

— Eh bien ! lui dit Voltaire, les Comédiens viennent de la refuser. Voisenon, hors de lui, court à la Comédie et démontre aux comédiens qu'ils ont fait fi du plus sublime chef-d'œuvre de la scène française. Ceux-ci, confus, prennent *Mérope*.

Or, les choses ne s'étaient pas passées ainsi. Les Comédiens n'avaient pas refusé *Mérope*, ils voulaient la jouer à son tour, c'est-à-dire après la pièce qu'ils étaient en train de répéter. Ne pouvant tolérer qu'on ait remis sa pièce, il inventa qu'on l'avait refusée — et grâce à la petite scène, hypocrite mais adroite, *Mérope* passa en premier.

Ce qui est vrai, c'est le succès triomphal de *Mérope* — un succès incomparable, peut-être le plus grand du théâtre français. Le public acclama interminablement la pièce et l'auteur. Voltaire nous raconte que, alors qu'il était tapi dans la loge de la jeune duchesse de Villars, le public exigea qu'il parût et le parterre demanda à la jeune femme de donner un baiser à Voltaire, ce qu'elle fit, déchaînant ainsi un véritable délire dans la salle. La vérité est un peu différente ; il était dans la loge de Mme de Boufflers, avec la duchesse de Luxembourg — il se contenta de baiser la main de Mme de Luxembourg. Evidemment la scène imaginée est plus touchante !

Il s'était donné une peine infinie pour assurer le succès de sa pièce. Non seulement il l'avait reprise en tenant compte des observations de ses amis, mais il dirigea lui-même les répétitions avec une application, une ardeur d'homme de théâtre. Il brûlait les planches, et lui se consumait en jouant, car il jouait avec les acteurs. Il était transfiguré : plus de coliques, plus de fièvre, il criait, gesticulait, courait de l'un à l'autre. Quel spectacle que cet homme de feu, d'une maigreur impressionnante, changeant de visage et de voix, lançant les éclairs de ses regards perçants, secouant ses interprètes ; c'est lui, le moribond, qui leur insufflait la vie. Mlle Dumesnil, son interprète, étant à bout de forces lui cria, excédée : « *Mais il faudrait avoir le diable au corps pour arriver au ton que vous voulez me faire prendre.* »

— *Et, vraiment oui, Mademoiselle, c'est le diable au corps qu'il faut pour exceller dans tous les arts.*

Il n'est pas douteux qu'il croyait bien, pour sa part, collaborer avec le diable pour réussir son œuvre. Un jour, la bonne Graffigny le surprit (ne se laissa-t-il pas surprendre ?) en train de réciter avec une ferveur édifiante les litanies de la Sainte Vierge. Graffigny n'en revenait pas. Il lui dit alors qu'il faisait pénitence devant la Mère parce que son nigaud de Fils ne lui revenait pas. Dans des scènes de ce genre est-il plus ou moins « comédien » que lorsqu'il joue *Mérope* avec ses interprètes ? Quand peut-on dire qu'il l'est le moins ?

N'empêche que Mlle Dumesnil se surpassa ; elle joua à la perfection, grâce au texte, grâce aux conseils de l'auteur, et grâce à son réel talent.

Le gros, gras, joufflu, allègre — et indigent à cette époque, abbé de Bernis, fut un des plus délirants admirateurs de *Mérope*. Il disait qu'il était prêt à pardonner l'idolâtrie quand l'idole était Voltaire. De la part d'un prêtre, ces paroles impies ne seraient pas un petit éloge, mais, venant d'un abbé de Bernis, c'est simplement un madrigal.

L'Académie aurait-elle les sentiments de l'abbé de Bernis pour accueillir Voltaire ? Pas sûr. L'obstacle insurmontable était l'irréligion de Voltaire, son impiété militante, insolente. Son ennemi déclaré, à l'Académie, était Boyer, évêque de Mirepoix. Pour désarmer les dévots, Voltaire écrivit au ministre une lettre qu'on ne lit pas sans effarement. L'Académie le voulait dévot ? Eh bien ! il le serait. Ne l'était-il pas déjà ? Quels perfides envieux pouvaient donc insinuer qu'il n'était pas un catholique exemplaire ? Il ose invoquer « *ces pages* (lesquelles ? l'Ode à Sainte-Geneviève ?) *de son œuvre sanctifiée par la Religion* ». On croit rêver... de qui se moque-t-il ? Il invoque la « *Henriade qui n'est qu'un éloge de la vertu qui se soumet à la Providence.* » (Et pourquoi a-t-on poursuivi ce poème édifiant ?) Il continue : « *Mes ennemis me reprochent, je ne sais quelles Lettres Philosophiques...* » Il a la mémoire courte. Il ne se souvient que des lettres aimables écrites à ses amis mais point de celles qui furent imprimées sous « *ce titre fastueux* ». Quelle modestie !

Tout Paris lut ce morceau avec stupéfaction. Les uns en rirent, les autres en furent indignés. Personne ne fut dupe. La « dévotion » de M. de Voltaire était aussi célèbre que son talent de poète — mais plus mal jugée. Et savez-vous qui s'indignera le plus ? Une bonne âme : Frédéric ! Mais s'il était indigné c'est parce qu'il estimait que Voltaire trahissait l'impiété.

Voltaire, en Tartuffe de l'irréligion, expliquera plus tard que c'est l'irascible évêque de Mirepoix qui l'a obligé à cette hypocrisie : « *Il devait savoir,* écrit-il, *que c'est un mérite bien triste que de faire les hypocrites.* » C'est un mérite qu'il ne refuse pas d'avoir et qui ne l'attriste guère — surtout si ce triste mérite est récompensé par un fauteuil à l'Académie. Il y avait un autre irascible, l'archevêque de Sens... « *mais je ferai tout ce qu'il faudra pour désarmer et apaiser l'archevêque de Sens.* »

Voilà qui est clair ! Ce « tout ce qu'il faudra » ne laisse aucune place aux scrupules. Il fit même une visite à l'évêque de Mirepoix. Il lui proposa un marché : Mme de Châteauroux, la favorite, détestait l'évêque. Voltaire lui offrit de le faire rentrer en grâce auprès de la duchesse par le crédit de son ami Richelieu, à condition que l'évêque favorisât son élection.

Mais « L'âne de Mirepoix » comme l'a surnommé Voltaire était entêté. Quand Voltaire lui demanda : « *Me refuseriez-vous une place à l'Académie ?* »

— « *Oui,* répondit l'Ane mitré, *et je vous écraserai.* »

Dès lors, ils devinrent ennemis mortels. Maurepas soutenait l'évêque. Ce ministre était un ennemi dangereux — on disait qu'il avait servi de modèle à Gresset pour sa comédie *Le Méchant.* Les chances de Voltaire furent ruinées quand quelqu'un dit au roi qu'il serait indécent d'élire Voltaire au fauteuil du cardinal Fleury — car c'est ce fauteuil qu'il briguait. Ce serait donc le plus grand impie du siècle qui prononcerait l'éloge du cardinal ? Le roi s'y opposa.

L'Académie choisit, le 22 mars 1743, l'évêque de Bayeux pour succéder au cardinal Fleury. Ce bon prélat ne releva pas le prestige de la Maison. Et Voltaire jura — pourquoi jurer ? — qu'il renonçait à l'Académie pour toujours. C'est-à-dire jusqu'à la prochaine vacance.

Berlin ou le pis-aller.

Cet échec qui remplit Voltaire d'amertume ravit son ami Frédéric. Cela servait ses intérêts. Il écrit à Voltaire : « *Gagnez sur vous de mépriser une nation qui méconnaît les écrits des Belle Isle et de Voltaire et venez dans un pays où l'on vous aime et où l'on n'est point bigot.* »

C'est ce qui s'appelle battre le fer tant qu'il est chaud.

Paris était devenu odieux à Voltaire. Crébillon, censeur, lui refusa sa dernière tragédie : *Jules César*. Voltaire apprit cette nouvelle en sortant, à minuit, de la répétition de sa pièce ! Ce fut le coup de grâce. Il promit sur-le-champ à Frédéric de quitter la France pour la Cour de Prusse. Celui-ci exulta : de sa joie mêlée de malice, il fit ces vers de mirliton :

Paris et la belle Emilie
A la fin pourtant ont eu tort.
Boyer avec l'Académie
Ont, malgré sa palinodie,
De Voltaire fixé le sort.
Berlin quoiqu'il puisse nous dire,
A bien prendre, est son pis-aller
Mais qu'importe ? Il nous fera rire
Lorsque nous l'entendrons parler
De Maurepas et de Boyer
Plein du venin de la satire.

Emilie était dans les larmes : c'était l'abandon. Tout Paris riait de son chagrin. Car tout Paris savait tout de la « vedette » : ses amours, ses succès, les chamailleries, les raccommodements. Mais Emilie ne pensait qu'à Voltaire, l'ingrat était déjà sur la route de Hollande. Pour essayer de le faire revenir, elle multipliait les démarches afin de pouvoir faire jouer *Jules César*. Si la tragédie était à l'affiche de la Comédie, Voltaire reviendrait. Elle le connaissait, son poète, car elle savait que si Frédéric semblait plus fort qu'elle, le Théâtre était plus fort que tout.

Fatigué, malade, Voltaire attendait à La Haye dans les toiles d'araignée du palais de Frédéric, les ordres de celui-ci pour gagner Berlin. « La coquette » le faisait attendre. Voltaire ne perdit pas son temps — il ne le perd jamais. Avec l'aide efficace de ses amis d'Argenson et Richelieu il réussit à vaincre les répugnances de la Cour à son endroit et à obtenir d'être chargé de mission diplomatique — secrète ! — par les Affaires étrangères. Ainsi donc, Voltaire allait « faire du renseignement » auprès de Sa Majesté Prussienne qui présentait l'étonnante particularité de délirer simultanément sous l'effet de sa Voltairophilie et de sa Francophobie. Il faut être Voltaire pour se mettre dans une situation aussi fausse.

Une fois encore, il entre en scène. C'est à Berlin, en août 1743. Nous possédons le scénario : il est drôle ; il nous manque presque tout le dialogue, c'est le meilleur ; il nous reste la morale, elle est déplorable.

Il feint — tout acteur sait feindre — il feint auprès de Frédéric de quitter la France en claquant les portes. Il nous dit que Louis XV encouragea cette ruse. Comme c'est douteux ! Il déborde de sarcasmes pour « l'âne de Mirepoix ». Frédéric se mit à écrire des choses gaies et fort désobligeantes sur l'évêque. Voltaire fit distribuer ces lettres dans Paris. L'évêque se plaignit au roi que Voltaire le rendait ridicule dans les Cours étrangères, le roi lui répondit — dit-on — que c'était une affaire de haute politique convenue entre Voltaire et le Ministre et que plus l'évêque serait mortifié, plus grande serait la gloire du Roi et de la France. Voltaire trouve le procédé plaisant. Il l'était, en effet, puisque son ennemi enrageait. Cet homme méfiant à l'égard de tout et de tous ne se méfiait pas de sa vanité qui le trahissait à tout coup.

Ravi de ces satisfactions, il ne l'était pas moins des profits qu'il comptait tirer et de Versailles et de la Prusse. Frédéric avait fait des promesses mirobolantes que le fils du notaire avait soigneusement enregistrées ; Versailles n'avait rien promis, mais le roi payait bien. Il payait même d'avance si nous en croyons Voltaire. Dès qu'il fut chargé de mission, il sollicita et obtint pour son cousin Marchand la fourniture de fourrages aux Armées. Marchand est un prête-nom, c'est Voltaire qui aura le bénéfice. Mais cela ne lui paraît pas suffisant : le fourrage c'est bon pour les ânes — de Mirepoix ou d'ailleurs — il demande et obtient la fourniture de vètements militaires. Il s'agit d'une très grosse affaire — ce n'est pas son coup d'essai : les Pâris-Duvernet l'avaient déjà intéressé en 1734 aux fournitures de vivres à l'Armée, il avait touché alors six cent mille livres pour sa part. Ce n'est pas tout. En 1741, son ami d'Argenson l'avait fait participer à une autre bienheureuse affaire de fournitures.

Durant son séjour à Berlin son cousin Marchand, par négligence, ne livre pas les dix mille uniformes en drap de Lodève. Le ministre de la Guerre se fâche et menace de retirer la fourniture et de la confier à d'autres amateurs. C'est encore Emilie qui s'interpose et sauve la situation : elle avance des fonds et fait livrer les uniformes. Encore une belle affaire ! « *Heureux ceux qui vous servent...* » écrivait Voltaire au ministre — il aurait pu ajouter « en se servant largement ». Mais c'est en philosophe, austère, intègre qu'il écrit en parlant de la guerre : « *Les peuples seront-ils encore longtemps ruinés pour aller le faire bafouer, abhorrer et égorger en Germanie pour enrichir Marquet* (un traitant, comme Voltaire) *et compagnie ?* »

N'est-il pas précisément « et compagnie » ? Combien de mains, combien de plume avait-il pour écrire ? Un grand nombre, c'est sûr — et chacune ignorait ce que les autres écrivaient. Cela fait un grand nombre d'opinions pour un seul homme !

Pour apaiser Emilie, il la mit dans la confidence de sa mission « secrète ». Il lui démontra qu'il ne l'abandonnait que contraint et forcé, qu'il n'aimait pas Frédéric et détestait la Prusse et que, s'il quittait la divine Emilie, c'était pour obéir à son devoir patriotique : en Prusse il servait la France ! Emilie qui en avait entendu d'autres ne fut pas convaincue : « *Je ne crois que sur preuves* », écrivit-elle. Voltaire lui envoya les lettres du Ministre ; Emilie, en outre, exigea qu'on fît passer par elle les rapports adressés au Ministre par le poète, et les instructions du Ministre à son... son quoi ? Disons-le, à son espion. La diplomatie était vraiment bonne fille. Frédéric ne tarda pas à être informé de ces intéressantes dispositions de la Cour de France pour son *Virgile* et de celles de ce *Virgile* pour son *Salomon du Nord.* On tremble à l'idée que Frédéric aurait pu être plus sévère.

Notre agent fait ses débuts dès La Haye — toujours sous ses toiles d'araignées. L'intendant de Frédéric, le comte Podewik se désintéressait des araignées et consacrait ses soins à la jeune femme d'un ministre hollandais. Celle-ci subtilisait les rapports secrets de son mari, les communiquait à son amant, qui les faisait lire à Voltaire, qui en communiquait l'essentiel à M. d'Argenson — sous contrôle de la Nymphe de Cirey. C'est ainsi que Versailles s'informait et que Voltaire, habilement, tirait parti de sa position de poète disgracié et de « *l'heureuse obscurité à l'abri de laquelle je peux être reçu partout avec assez de familiarité.* » On lui avait donné pour mission de détacher Frédéric de ses alliés anglais et de le ramener à la France. Difficile entreprise car la mauvaise organisation de l'Armée française et la médiocrité de ses chefs n'inspiraient pas confiance à Frédéric. Pour faire diversion, étant bien placé à La Haye pour cela, Voltaire essaie de brouiller la Hollande avec Frédéric. Il a appris que la Hollande fait du trafic d'armes en territoire prussien. Il en informe Frédéric et lui expose qu'un vertueux conflit avec la riche république lui donnerait des indemnités de guerre substantielles, payables en florins, monnaie excellente, cette opération ne l'empêcherait que momentanément de versifier et de philosopher.

Ce conflit eût été bien vu par Versailles : mais Frédéric ne se laissa pas circonvenir. Voltaire ne renonça pas à son projet, il écrit au ministre : « *Je tâcherai de faire fermenter ce petit venin.* » Il s'entendait assez bien aux cuisines de sorcières, mais il ne réussit pas ce plat.

Enfin Frédéric peut le recevoir. Ce ne sera pas à Aix-la-Chapelle comme convenu mais à Berlin où Voltaire arrive le 30 août 1743. Ce ne sont qu'embrassades et madrigaux. Voltaire loge chez le roi. Cette intimité sert ses desseins politiques qu'il n'a garde d'oublier. Frédéric un peu réticent l'écoute parler politique mais il consent parfois à discuter. Par jeu, car rien de la pensée royale ne transparaît. On spécule... Voltaire se fait pressant, Frédéric lui avoue qu'il n'a pas confiance en Versailles, qu'il sait que notre ministre intrigue à Vienne sur le dos de la Prusse. Voltaire prend des airs outragés, crie à la calomnie : c'est l'Autriche qui fait courir des faux-bruits. Et Voltaire pour convaincre : « *Ne vous ont-ils* (les Autrichiens) *pas déjà calomnié ? N'ont-ils pas fait croire au mois de mai dernier que vous vouliez vous allier à la reine de Hongrie contre la France ?* » Frédéric est assez surpris de voir Voltaire si bien renseigné sur ses intentions très réelles. Il proteste donc : « *Je vous jure* (encore un qui jure !) *que rien n'est plus faux.* »

Voltaire note dans son rapport que le roi ne put jurer qu'en baissant les yeux. L'un des comédiens avait donc quelques progrès à faire. L'autre n'était pas homme à se laisser désarçonner par un serment équivoque ! Voltaire se lança donc dans un beau couplet sur l'alliance de la France qui... que... On mettrait l'Europe en paix (après l'avoir mise à sac) enfin elle serait aux pieds de Louis et de Frédéric après une bonne guerre conduite avec art et très rondement. C'est admirable ! Un diplomate philosophe et pacifiste dirige la politique et voilà la guerre allumée. Par malheur pour la fin de son couplet, on vint annoncer que la musique de Sa Majesté n'attendait plus que la flûte de Sa Majesté pour se mettre en branle et éveiller les sentiments les plus philosophiques et les plus humains dans le cœur des deux poètes qui venaient de dépecer l'Europe.

Frédéric jouait très bien de la flûte — il composait aussi, mais les compositions ne valaient pas l'exécution. Pour plaire à son ami, Frédéric fit jouer un opéra de sa composition, dans un texte italien, au théâtre du château — il le fit jouer pour Voltaire seul! Comment résister à de pareilles attentions qu'un roi n'a — et rarement — que pour un autre roi en visite Et comment dans la familiarité où il était — ou croyait être — avec Sa Majesté n'aurait-il pas eu la hardiesse de lui remettre un questionnaire sur ses projets politiques ? La question était écrite sur la moitié de la page ; en face, une place en blanc pour la réponse que le roi devait écrire de sa main. Ce document stupéfiant s'est trouvé entre les mains de Beaumarchais qui en a gardé copie. Il fallait être Voltaire pour se hasarder en plein XVIIIe siècle, à soumettre un roi absolu à la tyrannie d'un questionnaire devant laquelle seuls les libres-citoyens des démocraties du XXe siècle doivent plier sous la menace de la Toute-Puissance des bureaux. C'est vraiment être en avance sur son temps.

Frédéric dressa l'oreille. Il soupçonna alors Voltaire de n'être pas venu faire un voyage philosophique et poétique — mais il répondit au questionnaire... à la Voltaire. Par des chansons ! A la question concernant la Silésie que les Autrichiens reprendront si Frédéric n'est pas allié avec la France :

On les y recevra biribi
A la façon de Barbarie
Mon ami.

A la question concernant un M. Bassecour, bourgmestre d'Amsterdam qui intrigue auprès de la France contre la Prusse :

Ce Bassecour est apparemment celui qui a pour mission d'engraisser les chapons et les coqs d'Inde.

Ces plaisanteries font trop voir le cas qu'il faisait de la politique de M. de Voltaire.

Mais le tenace Arouet revient à la charge : il veut, de la main de Frédéric, un message sérieux qu'il pourra remettre lui-même à Louis XV. (Et il se voit déjà présenté au roi, et admis à la Cour !) Il insiste, il insiste trop. Frédéric lui répond enfin d'un ton cassant qu'il ne lui remettra rien : « *La seule commission que je puisse vous donner pour la France c'est de se conduire plus sagement.* »

La seule commission, c'est une insolence ! Ce qui n'empêche pas Voltaire d'écrire à Versailles que sa mission progresse lentement mais sûrement. Il est parfois « optimiste », le père de *Candide.*

Le voilà accompagnant Frédéric chez sa sœur la Margrave de Bayreuth qu'il connaît déjà. Mais il a fallu qu'il cajole, qu'il supplie pour être du voyage. On s'est joué de lui. Salomon n'a pas dit non, mais à sa façon de se taire, l'entourage sait que cette absence de *non,* ne signifie pas *oui.* Pendant l'absence du roi, le poète prendra du repos, lui fait-on répondre : Sa Majesté veut ménager la santé du poète. Voltaire s'écrie que jamais sa santé n'a été meilleure et qu'il suivra Salomon jusqu'au pôle. Malgré cela, on ne le prie pas de venir... il suit et on ne l'empêche pas de suivre. L'arrivée fut pour lui un triomphe : la Margrave l'adorait, et l'autre sœur Ulrique, encore plus. Il fait à celle-ci une cour extravagante, il est d'une familiarité inconcevable. Mais tout est sauvé par le ton, l'esprit, les manières de Voltaire. On croyait qu'il allait droit au scandale ; il l'évita parce qu'il était Français et Voltaire. Folâtrer comme il le faisait avec une Altesse royale en Allemagne au XVIIIe siècle était hasardeux. Mais il était aux anges : Le théâtre, la politique, l'intrigue, la galanterie, au milieu des princes, du luxe et de tout un public prêt à l'encenser. Où pouvait-il trouver mieux ?

« *Bayreuth est une retraite délicieuse, où l'on jouit de tout ce qu'une cour a d'agréable sans les inconvénients de la grandeur.* » (Ça c'est pour Versailles !)

Il passa quinze jours à Bayreuth. Il s'était octroyé ce supplément qui n'était pas prévu au voyage. Il avait juré à Emilie de ne rester que dix jours à Berlin ! Le pire est qu'il la laissa quinze jours sans nouvelles. Le dernier jour il lui envoya quatre lignes pour lui apprendre qu'il était chez la Margrave.

Emilie était éperdue de douleur, elle écrivait lettre sur lettre aux d'Argental. La vérité, c'est que Voltaire oubliait Emilie, il était ivre ; cet encens qu'il brûlait aux pieds des princesses allemandes le saoulait lui-même. Il trouvait dans ces cours, véritablement exquises, des charmes qu'il ne goûtait pas en France ;

il y était mieux aimé. Cette aristocratie moins guindée, moins intellectuelle que la nôtre était plus sensible et plus simple tout en étant aussi cultivée et aussi accueillante. Voltaire aimait l'Angleterre mais il s'y était ennuyé ; en Allemagne, jamais. Cela Emilie le savait et le redoutait, elle était jalouse de Frédéric, d'Ulrique, de la Margrave et de toute l'Allemagne. Que n'accompagnait-elle son poète ? Elle eût été bien reçue, c'est certain. On ne se serait pas moqué de ses études scientifiques, bien au contraire — on lui eût épargné ces ricanements parisiens et les traits venimeux de la du Deffand.

Hélas ! l'Allemagne aimait trop Voltaire pour qu'Emilie pût aimer l'Allemagne — la jalousie est impitoyable. C'est dommage car l'Allemagne les eût aimés tous les deux.

Comment pardonner à cette cour de Bayreuth d'avoir enivré Voltaire au point de l'empêcher d'écrire pendant un mois — sauf un billet de quatre lignes ! « *Un billet tel qu'il m'en écrirait un de sa chambre à la mienne.* »

Que fait-il à Bayreuth ? « *Que sais-je ? Peut-être y passera-t-il toute sa vie ? et en vérité je le croirais si je ne savais qu'il a des affaires qui le rappellent indispensablement à Paris. Il est fou des cours d'Allemagne, mais, est-ce une raison pour me faire mourir d'inquiétude.* » Elle supplie d'Argental d'envoyer à son ami une lettre pour lui décrire « l'état où il m'a mise ». Emilie était à Bruxelles. Elle se démenait parmi ses procureurs et ses papiers, elle pleurait, cependant que Voltaire envoyait ce madrigal à Ulrique qui allait devenir reine de Suède :

Souvent un peu de vérité
Se mêle au plus grossier mensonge
Cette nuit dans l'erreur d'un songe
Au rang des rois j'étais monté
Je vous aimais, princesse et j'osais vous le dire
Les dieux à mon réveil ne m'ont pas tout ôté
Je n'ai perdu que mon empire.

Eh bien ! son amour n'avait pas été mal reçu. Mais le madrigal, envoyé à Paris fut commenté. On dit que Frédéric avait mal pris la déclaration et avait comparé Voltaire à un chien aboyant à la lune. Ces méchancetés sont de Piron et non de Frédéric.

Ce qui est certain c'est que Frédéric plaisanta Voltaire sur ses amours pour sa sœur... et pour la cuisinière de l'ambassade de France (qui ne lui refusait rien). Et Voltaire lui répondit qu'il s'était rabattu sur la cuisinière parce que :

— *Je n'avais pas l'armée de trois cent mille hommes avec laquelle je devais enlever la princesse.*

On lui enverra — preuve que sa hardiesse n'avait pas été mal vue — un portrait du roi, celui de la reine-mère chez laquelle il avait l'autorisation de se rendre sans invitation, celui de la princesse Ulrique. Pour remercier de ce dernier portrait, il écrivit ce quatrain à Frédéric : on jugera avec quelle désinvolture le fils Arouet traite les rois et leur sœur.

Il est fort insolent de baiser sans scrupule
De votre Auguste Sœur les modestes appas ;
Mais les voir, les tenir et ne les baiser pas
Ce serait trop ridicule !

Vraiment ces Altesses Royales n'étaient pas très ombrageuses. Mais Frédéric le devint sur un autre sujet : la politique. Il tint Voltaire à distance à la fin de son séjour. Voltaire le sentit et il l'écrivit au ministre. Il se trouva placé entre le roi qui le soupçonnait et l'ambassadeur de France qui le jalousait parce que Voltaire lui coupait l'herbe sous les pieds, M. de Valori était fâché qu'on lui eût envoyé une doublure en la personne de Voltaire — et sans l'avertir. Or, il savait « le secret » — comme tout le monde d'ailleurs. Voltaire fit face à droite et à gauche : il expliqua au roi qu'il ne voulait qu'un rapprochement avec Louis XV pour la gloire de l'un et de l'autre et Frédéric accepta l'explication. Et il expliqua à M. de Valori que, sa mission étant secrète, si elle réussissait, tout l'honneur en reviendrait à l'ambassadeur en place et qu'en somme Voltaire n'était que le serviteur de cet ambassadeur. M. de Valori accepta l'explication.

Frédéric avait tout autant de talent que Voltaire pour faire mijoter les venins. Il fit envoyer les passages des lettres que Voltaire lui avait écrites sur Mgr de Mirepoix, à ce digne évêque. C'était aussi perfide que la perfidie de Voltaire. Toutefois, les rôles ne sont pas à égalité — la perfidie est égale, mais Frédéric est plus cruel. Il joue avec une souris, il ne court aucun danger. Voltaire risquait un coup de patte mortel des deux côtés. Sans doute, était-il venu se placer entre les deux tigres, de son plein gré. Mais il n'était qu'un poète dans un temps où le talent donne certes quelques faveurs mais où la personne humaine ne pèse pas lourd dans les jeux des rois — ou même des ministres — ou simplement devant le bâton d'un chevalier de Rohan. Voltaire fut informé de la trahison de celui qu'il trahissait lui-même. « *Voltaire a déniché, je ne sais comment,* écrit Frédéric à son ambassadeur à

Paris, M. de Rottembourg, *la petite trahison que nous lui avons faite et il en est extrêmement piqué ; il se dépiquera, j'espère.* »

Cette amitié est vraiment originale. De son côté Voltaire écrit à son ministre : « *Il croit m'acquérir en me perdant en France* (Voltaire a percé la machination de son ami) *mais je vous jure* (encore !) *que j'aimerais mieux vivre dans une ville de Suisse que de jouir à ce prix de la faveur dangereuse d'un roi capable de mettre la trahison dans l'amitié même.* »

Ce reproche fait sourire — et même ricaner. Le « Je vous jure » aussi, car il jouira de la faveur empoisonnée de Frédéric malgré ses serments, et ce qui est le plus drôle c'est qu'un jour viendra où il vivra dans une « ville de Suisse » — qu'il présente alors comme le pis-aller d'un pis-aller. Sa vanité est trop grande, il ne renoncera pas à Frédéric qui est roi parce que, au fond, il a trouvé en lui sinon un ami, du moins un partenaire de la même trempe que lui. Leur jeu envenimé leur deviendra indispensable. Aussi se quittèrent-ils le 12 octobre 1743, avec les cajoleries ordinaires. Mais la confiance était morte de part et d'autre : l'un avait flairé l'espion, l'autre avait flairé le traître. Il n'y eut pas de chipotage d'argent : Voltaire fut défrayé de tout.

Il s'acheta un carrosse neuf qui se rompit le second jour du voyage, versa brutalement et jeta Voltaire dans les ornières au milieu de ses bagages, de ses manteaux, de ses bonnets, meurtri mais sans fractures. Les paysans qui vinrent à son secours vinrent plutôt au pillage et il se réfugia dans un village. A peine y reprenait-il ses esprits que le village se mit à flamber. L'Église et l'auberge donnèrent l'exemple. Il fallut fuir. Il s'arrêta chez le duc de Brunschwig qui le reçut à ravir. Il demeura cinq jours dans les délices de cette cour charmante. Emilie pleurait à longueur de jour et de nuit à Bruxelles ! Ensuite, de châteaux en châteaux, il fait, dit-il « *un voyage céleste où je passe de planète en planète pour revoir enfin ce tumultueux Paris* ».

Mais avant Paris, il y eut Bruxelles. Emilie en retrouvant son poète poussa un grand cri de joie ; elle pleura et pardonna. Lui fit comme si, sorti le matin, il rentrait pour déjeuner.

La Cour se déride...

Ils repartent vite pour Paris où Voltaire est impatient de monnayer ses services. Au passage, ils font halte chez la nièce, Mme Denis, à Lille.

Voltaire est à Paris dans les premiers jours de janvier 1744. Nouvelle déconvenue : le Ministère lui fait sentir que ses services sont plutôt légers. A l'en croire, notre espion amateur est victime d'une cabale. Il nous dit que M. Amelot, le ministre qui l'emploie, était bègue, or, ce défaut était insupportable à la favorite, Mme de Châteauroux. Elle fait chasser le ministre : « *Je fus enveloppé dans cette disgrâce* », affirme Voltaire. L'épisode pourrait se trouver dans *Zadig* mais la réalité est tout autre. M. Amelot ne fut pas disgracié parce qu'il était bègue mais parce qu'il était nul. En outre, cette disgrâce date d'avril 1744, or, Voltaire avait quitté Paris fin janvier 1744. Il retourna à Bruxelles. Il n'a donc pas attendu la disgrâce du ministre pour mesurer la sienne. Arrivé les mains vides on le laissa repartir de même. Mais le cœur plein de dépit.

Cette fois Emilie le tient. Elle est sûre qu'il n'ira plus à Berlin. Pourquoi ? Mais parce qu'elle le lui a fait jurer. « *S'il violait ce serment,* dit-elle, *ce serait un double sacrilège* », car il a juré aussi devant M. d'Argental. C'est attendrissant ! Hélas ! ce double sacrilège et ce serment — et les autres — n'ont pas de sens pour Voltaire lorsqu'il décide de partir, de rester, d'être malade ou de guérir, d'écrire, de spéculer ou de faire un bon mot pour s'attirer une mauvaise affaire. Il n'est lié par rien — sauf en affaires par les contrats, et dans la vie quotidienne, par le travail.

Voici un moyen pour le retenir. Ses amis Richelieu, d'Argental et autres seigneurs qui forment ce qu'on appelle « les Cabinets » c'est-à-dire des coteries qui contrecarrent les ministères en agissant directement sur le roi, proposent à Voltaire d'écrire des divertissements pour la Cour. Ces amis brillants et frivoles désennuyaient le roi, la politique qu'ils préconisaient n'avait guère qu'un dessein : ruiner celle des ministres. Le résultat de ces brillants antagonismes on le connaît, la catastrophique politique de la France sous Louis XV.

Richelieu est ordonnateur des fêtes. Pour lui plaire, Voltaire se charge d'écrire un divertissement, mi-opéra, mi-ballet, *La Princesse de Navarre.* Il se jette dans ce travail avec la fièvre qu'il met en tout, stimulé par l'espoir de faire une entrée triomphale dans cette Cour fascinante et revêche. Il soumet son texte à ses amis qui le corrigent sans pitié. Il regimbe mais tient compte des observations, de celles, illisibles, de Richelieu à qui il écrit : « *Il est vrai que vous écrivez comme un chat* », pour faire passer cela, il ajoute : « *Vous êtes un grand critique, on ne peut prendre son thé avec plus d'esprit.* »

Ces sortes d'ouvrages sont pleins de pièges : il ne faut déplaire à personne. Entreprise plus difficile encore que celle de plaire. Il aurait mieux aimé faire une tragédie qu'un divertissement.

En juin 1744, Emilie et lui regagnent Cirey. Jamais, ils ne l'ont trouvé plus beau. Voltaire s'y sent très heureux et il date alors ses lettres de « Cirey-en-Félicité ». Le président Hénault à son retour de Plombières leur fait visite. Voltaire est flatté de l'émerveillement du président. « *Enfin, je vous dis que l'on croit rêver* », écrit celui-ci à d'Argenson. Il écoute la lecture de *la Princesse* et il en est d'autant plus satisfait que Voltaire a fait toutes les corrections qu'Hénault lui avait signalées. Ce Voltaire a toujours été bon élève. « *Il a réussi à être touchant et comique* », dit Hénault. C'est parfait, la Cour en aura pour tous les goûts.

Pendant ce séjour, Emilie suit une sorte de cure de désintoxication scientifique. Kœnig lui avait inoculé le « leibnizisme », elle s'en débarrasse. Elle suit les cours du père Jacquier, newtonien. Voltaire est enchanté des progrès du newtonisme.

Un nouveau personnage apparaît dans la vie de Voltaire avec la création de ce divertissement : c'est Rameau, le musicien. Il doit écrire la musique de *La Princesse de Navarre,* sur les paroles de Voltaire. Que va être cette collaboration ? Rameau était affligé du plus mauvais caractère du monde — c'était un aigri. Il avait eu des débuts difficiles — mais le pire c'est que ces débuts avaient duré longtemps. Lorsque son premier opéra fut joué *Hippolyte et Aricie,* Rameau avait cinquante ans. Il se vengea de sa longue pénitence et devint enragé d'orgueil. Les paroles d'un opéra n'avaient aucune sorte d'importance pour lui. Un jour, il cria à un cantatrice : « *Plus vite ! Plus vite !* » Elle répondit qu'elle ne pouvait articuler les paroles et qu'on ne les comprendrait pas. « *Qu'importe,* dit-il, *il suffit qu'on entende ma musique.* »

Ses librettistes étaient des esclaves qu'il traitait avec une grossièreté incroyable. Traiterait-il de même l'auteur de « Zaïre » ? Il se permit de tripoter sans pudeur le texte de celui-ci. Hénault s'en avisa assez tôt pour prévenir l'explosion qui ne devait pas manquer de se produire. On avertit Richelieu qui dut intervenir avec tout le poids de son autorité qui était grande pour que Rameau rétablît le texte de Voltaire. Il était en charpie et refait par « ses petits poétereaux d'amis », comme Richelieu appelle les esclaves de Rameau. Parmi ces poétereaux l'un n'était pas esclave, mais il adorait tripoter les vers d'autrui ; c'était une manie, il payait même pour la satisfaire. C'était le célèbre fermier-général La Popelinière dont le faste, la table et l'esprit faisaient un personnage. Voltaire fut — on s'en serait douté — informé de ces manigances. Et Rameau même ne les lui cacha pas. On s'attendait au pire : il n'y eut qu'un sourire apitoyé et condescendant : Rameau n'était qu'un original, un fou plein de talent : « *Il est permis d'être fou à celui qui a fait l'acte des Incas.* » Quelle patience ! Quelle douceur ! combien imprévisible ! Est-ce respect pour le talent de ce fou ? Pas tout à fait. Il fallait qu'avec ou sans ratures de Rameau, le divertissement fût joué à la Cour — pour cela pas de rupture avec le fou. Peu importent la musique et la grossièreté du musicien pourvu que l'auteur du livret entre à la Cour et s'y incruste ensuite. « *Cette bagatelle* (c'est le divertissement) *est la seule ressource qui me reste, ne vous déplaise, après la démission de M. Amelot.* »

Les « bagatelles » diplomatiques ne lui ont pas réussi, il compte donc sur « la bagatelle » musicale pour se rattraper.

A la fin de l'été, le 14 septembre 1744, Emilie et Voltaire retournent à Paris. Paris est en liesse. Le roi est guéri. On avait cru le perdre, à Metz. La foi monarchique était encore si forte que Louis le Bien-Aimé fut reçu à Paris avec des transports d'amour comme peu de rois en ont inspirés. Louis s'en étonna. Par malheur, pour ses descendants, il n'en fut pas ému. Cette foi populaire aurait pu lui inspirer quelques réflexions...

Mme du Châtelet moins insensible que le roi, voulut se mêler à la joie générale, voir le feu d'artifice, applaudir et crier : Vive le roi, avec les boutiquières et les artisans. A la rue Croix-des-Petits-Champs, ils furent pris dans un embarras de voitures inouï, il y avait deux mille carrosses imbriqués les uns dans les autres, entourés d'une foule compacte et délirante, et le pire, c'est qu'Emilie avait un cocher de Cirey qui faisait ses débuts à Paris. Il tombait bien. Emilie et son poète ne savaient que faire. Rester sur place ? dormir dans le carrosse ? Oui, mais cela signifiait qu'on ne fermerait pas l'œil et qu'on resterait le ventre creux jusqu'au lendemain. Emilie saute dans le flot humain, crânement, traînant son poète apeuré, qui suit la nymphe de Cirey, parée à son ordinaire, scintillante de diamants, empanachée, peinte comme pour la scène et ils franchissent sans bousculade, ni bourrades, ni vol, ni injures, ni pinçons, la distance qui les séparait de la place Vendôme où se trouvait l'hôtel du président Hénault. Il était absent. Peu importe. On s'installe, on envoie chercher un rôti chez le rôtisseur voisin, et une bouteille à la cave. On se restaure en riant, on boit à la santé du président et on lui fait une lettre pour qu'il sache toutes les santés qu'on lui a portées et tous les bons sentiments qu'on a pour lui.

Cette fois, le poète n'arrive pas les mains vides pour se présenter à la Cour : il a composé un poème courtisan : *Les Evénements de l'Année 1744.* L'encens qu'on y brûle à la gloire du roi est discret. On fait porter le poème au roi, et on lui fait dire par le cardinal de Tencin qu'on est venu tout exprès de Cirey à Paris pour fêter le retour de Sa Majesté. « *En un mot que le roi sache que j'ai mis trois chandelles à la fenêtre.* » Ah ! le bon sujet de Sa Majesté, et quelle ferveur dans ces trois chandelles !

Voilà les travaux d'approche. Voltaire s'installe à Versailles à l'hôtel de Villeroy pour suivre les répétitions de *la Princesse* en janvier 1745. Il veut nous faire croire qu'il ne voit rien, ni personne et que Versailles le laisse indifférent : « *Je suis à Versailles comme un athée dans une église.* » Jolie formule pour nous en faire accroire. Or, il fait toutes les dévotions du parfait courtisan. Cela le fatigue d'être « bouffon du roi à cinquante ans » écrit-il. Il court la poste sans arrêt entre Paris et Versailles. Il loue, il loue sans trêve, « *le roi hautement, Mme la Dauphine finement, la famille royale doucement* », et il fait en sorte de « *contenter la Cour sans déplaire à la Ville* ». Et pourquoi tout cela ? Parce que cette agitation lui plaît, comme toutes les agitations lui plaisent. En ce moment l'*Ecureuil* s'agite, à vide, il fait tourner sa cage, il le sait, mais il espère que sa cage va devenir d'or. Voici ce qu'il attend de la cour, il l'écrit le 8 février 1745 à d'Argenson : d'abord la charge de gentilhomme ordinaire de la chambre du roi — c'est un agrément, un rien. En somme, « *un agrément n'étant qu'un agrément on peut y ajouter la petite place d'historiographe et au lieu de la pension attachée à cette historiographie je ne demande qu'un rétablissement de quatre cents livres. Tout cela me paraît bien un peu modeste.* (Mais il s'en contentera, pour commencer.) *M. Orry en juge de même, il consent à toutes ces guenilles.* »

Il avait donc vu le contrôleur général des Finances, M. Orry ? Il avait pris son avis, et obtenu son accord ? aussi lorsque le roi ou le ministre seront informés de la requête de M. de Voltaire, les Finances seront déjà prêtes à répondre oui. Et l'affaire sera faite. Au demeurant, il méritait plus que quiconque la charge d'historiographe — et on aurait dû la lui offrir avant qu'il la sollicitât. Il est vrai que la Cour, à en juger par les scandales passés, pouvait se demander de quelle encre la chronique royale serait écrite... Peu importe, la plume de Voltaire se devait d'écrire l'histoire de son roi et de son temps.

Au milieu des ariettes et des déclamations de *la Princesse,* au milieu des intrigues et des fièvres qui accompagnent le montage d'un vaste spectacle de cour, Voltaire apprend la mort de son frère Armand le 18 février 1745. Voltaire n'a pas assisté aux derniers moments de son frère, mais il est allé à son enterrement. Le frère mal-aimé lui avait joué encore un mauvais tour. Au lieu de choisir, comme il se devait, son frère, son plus proche héritier comme exécuteur testamentaire, Armand choisit son neveu, le mari d'Elisabeth, M. de Fontaine d'Hornoy. Voltaire ressentit l'injure. Il eût été capable, plus que personne, de gérer et de faire fructifier le capital laissé par Armand, et par probité, il n'eût pas lésé ses nièces. Bien au contraire. Ses ennemis ont voulu le noircir sur ce point — c'est superflu — et bien injuste. Il ne manque ni de faiblesses, ni de roueries — mais sa probité dans ses affaires de famille ne peut être attaquée. Un abbé Baruel au début du XIXe siècle voulant perdre à tout jamais Voltaire, et voulant apporter de l'eau au superbe moulin de M. de Chateaubriand, ne lui apporta qu'un peu de tisane. Il raconte que Voltaire voulant s'emparer de l'héritage de son frère, joua une tartuferie grotesque : on le vit de noir vêtu, un grand chapeau aux ailes rabattues comme en portaient les MM. de Port-Royal, courant les églises où fréquentait son frère et faisant oraison avec soupirs et grands élans, écoutant d'un air extasié les sermons jansénistes, sous l'œil d'Armand. Quelle sotte fable ! Pendant ce temps Voltaire réglait la mise en scène de *la Princesse de Navarre* et pour toute tartuferie faisait le freluquet pour apprendre aux actrices à bien débiter son texte de freluquet. Ce pauvre abbé Baruel s'y prend mal et c'est perdre une cause que de la défendre ainsi. A quoi bon rajouter des défauts à Voltaire ? C'est l'homme le plus riche du monde sur ce chapitre — et sur tant d'autres — laissons-lui ses défauts, il les porte à la perfection. Ceux que Baruel lui prête sont niaiserie — donc ils ne sont pas de Voltaire.

Bref, Voltaire fut très désavantagé par son frère qui ne lui laissa que l'usufruit d'une faible part de son héritage. Pour récompenser M. de Fontaine d'être exécuteur testamentaire Armand lui légua un diamant de six mille livres ; ce legs fit sur Voltaire l'effet d'un soufflet. Voilà ce qu'il en coûte de ricaner des Jansénistes ! Ils pardonnent, peut-être, « en Dieu », mais non dans leur testament.

Cet enterrement ne lui fit pas perdre beaucoup de temps. Le théâtre de Versailles n'existait pas encore (celui qui vient avec tant de bonheur, de nous être rendu). On installa donc pour jouer *la Princesse* une salle provisoire dans le manège du roi. La salle immense fut cependant trop petite pour tous ceux qui prétendaient avoir le droit d'assister au divertissement royal. Quitte à périr étouffés, ils voulaient entrer. On s'écrasait. « Bourrez ! » criaient les huissiers. Ce qui parut inconvenant à M. le duc de Luynes. Il fallut faire évacuer une partie de l'assistance : pâmoisons, et étouffements, prirent plus de temps que la représentation. Ce divertissement était le clou des fêtes données pour le mariage du dauphin. Les fêtes duraient depuis huit jours à Paris et à Versailles — la Ville courait à la Cour, la Cour refluait vers la Ville. Voltaire était électrisé par cette atmosphère. Les acteurs à bout de forces semblaient incapables de tenir un jour de plus. On attendait le roi à six heures — il n'arriva qu'à sept. Le divertissement finit à minuit. Voltaire tira gloire de cette représentation. Il semble que l'auteur seul ait été dans l'enthousiasme — ce fut un honnête succès, sans plus. On reprocha le mélange du comique et du tendre. Le comique parut grossier à certains. La dauphine, l'Infante Marie-Thérèse, rapportait de son Espagne natale une humeur taciturne que les pirouettes verbales de M. de Voltaire ne déridèrent pas une fois. Elle repoussait « les plaisanteries » — et jugea que le ballet-comédie manquait « de noblesse et de grandeur ». A Paris, on trouva que le divertissement était trop long et ennuyeux bien qu'il y eût des traits. Mais comme personne ne découvrit de scandale entre les lignes, ni de lèse-majesté dans une allusion, ce fut un « succès de Cour ». On s'ennuya décemment.

Pour cette médiocre, conventionnelle et courtisane entorse à toute son œuvre, Voltaire reçut le compliment du roi et la promesse, de la bouche même de Sa Majesté, qu'il serait historiographe et recevrait une pension de deux mille livres. Ce qui fut fait un mois plus tard. Versailles ne lésinait pas comme Potsdam. Tant de bienfaits pour une faribole firent écrire à Voltaire :

Mon Henri IV *et ma* Zaïre
Et mon américaine Alzire
Ne m'ont jamais valu un seul regard du roi.
J'eus beaucoup d'ennemis avec très peu de gloire.
Les honneurs et les biens pleuvent enfin sur moi,
Pour une farce de la foire !

Peut-on lui donner tort ?

On le connaîtrait mal si on s'imaginait qu'il va ressasser les amertumes passées : il jouit de la faveur présente. L'encens de

Versailles, si parcimonieusement accordé à sa « farce de la foire » le grise. Pour les plaisirs du monde enchanteur et empoisonné de la Cour, il vendrait son âme : plaisir de la vanité, du cabotinage, plaisirs de l'intrigue, plaisirs du luxe, plaisirs de la conversation, de l'esprit et du goût le plus parfait qui soit — et qui ait jamais été, peut-être. Mais il n'a garde d'en convenir, il écrit à Vauvenargues qu'il ne fréquente désormais la Cour ni par plaisir, ni par intérêt, mais par reconnaissance. A qui ferait-il croire qu'il accomplit un devoir pénible — et très moral ! Nous le connaissons depuis cinquante et un ans ! S'il y a devoir, ce n'est pas un devoir envers le roi, mais envers ses propres intérêts. Il n'est pas encore repu par sa charge d'historiographe — simple « agrément ». Il n'a pas oublié que l'Académie lui doit un fauteuil — il le lui faut. L'impiété lui a fermé la porte, la piété la lui ouvrira. Qui va lui donner cette attestation de piété, de fidélité et d'humilité chrétienne ? Mais le pape ! tout simplement.

Victoire de Voltaire (et du roi) à Fontenoy.

Comme il allait se livrer à ce grand dessein, il fut obligé de faire un petit voyage qui retarda ses manœuvres. Un fils de Mme du Châtelet est gravement malade de la petite vérole à Châlons. Il court au chevet de l'enfant pour consoler la mère. Il abandonne donc la Cour, ses plaisirs et ses ambitieux projets. Voilà un trait de ce « démon ». Il perd ainsi un temps peut-être irremplaçable, il risque la contagion d'une maladie mortelle pour l'enfant d'Emilie et pour Emilie elle-même. Est-ce le fait de l'âme desséchée qu'une légende sotte lui a prêtée ?

Quand il revient à Versailles, on lui ferme les portes : c'est la quarantaine ! Il est suspect de contagion. La règle n'a pas d'exception. Il veut être reçu par le ministre : rien à faire. « *Il faut m'immoler au préjugé qui m'exclut de Versailles pour quarante jours parce que j'ai vu un malade à quarante lieues.* »

Il s'est immolé à l'Amitié, c'est mieux.

Mais la Cour ne le boude pas, car tout « immolé » qu'il soit, on lui donne à préparer une lettre que le roi doit envoyer à la Tsarine qui offrait sa médiation pour faire la paix. On trouve dans cette lettre la phrase suivante, qui nous surprendrait sous la plume du roi, mais nous savons qu'elle est de Voltaire : « *Les rois ne peuvent aspirer chez eux qu'à la gloire de faire la félicité de leurs sujets.* » Un siècle avant Voltaire cette phrase n'aurait pas eu de sens politique — c'eût été une phrase de sermon. Au siècle de Louis XV, elle a un sens politique, mais elle passe encore inaperçue sauf de quelques esprits éclairés.

Son talent d'historiographe allait avoir la plus retentissante occasion de briller. Il allait avoir l'honneur, lui, premier écrivain de son temps, de mettre en vers la plus célèbre victoire du temps : Fontenoy. Il écrit, enthousiasmé, à d'Argenson qui lui a appris la victoire — combien surprenante et réconfortante après tant d'échecs de nos armées : « *Ah ! le bel emploi pour notre historiographe. Il y a trois cents ans que les rois de France n'ont rien fait de si glorieux. Je suis fou de joie. Bonsoir Monseigneur.* » (Jeudi 13 mai 1745, à 11 heures du soir.)

Et il écrit son poème dithyrambique : ce n'est que gloire, ce n'est qu'encens, héros et lauriers. D'Argenson qui était dans la bataille a vu, non pas à travers les fumées de l'encens mais à travers les fumées des canons et de la mousqueterie, l'horrible boucherie, et il rappelle à Voltaire « *les morts, les agonisants, les plaies fumantes. J'avouerai que le cœur me manqua et que j'eus besoin d'un flacon. J'observai bien nos jeunes héros et je les trouvai trop indifférents sur cet article...* » C'est un ton neuf pour parler de la guerre. Voltaire aussi a horreur de ce que d'Argenson appelle « l'inhumaine curée ». C'est l'aurore d'une émotion nouvelle. La « sensibilité » et la Science font leur entrée ensemble dans la vie des « honnêtes gens ». Toutefois, l'heure n'est pas encore venue de s'apitoyer sur le fantassin, dans un poème officiel comme celui de Voltaire. Il ne s'agissait que de louer le roi, les princes et la Cour — Voltaire y réussit très bien. Sait-on ce qui lui valut le plus d'admiration ? C'est d'avoir eu l'habileté de faire entrer un nombre incroyable de noms propres dans son poème. Tout le monde voulait être nommé dans ce prestigieux « reportage » en alexandrins qui allait faire le tour de l'Europe et qu'on croyait promis à la postérité. Etre nommé par Voltaire dans le poème de Fontenoy, c'était entrer dans la gloire. Le roi n'est pas mécontent. Lord Chesterfield est stupéfait, il dit qu'aucune gazette donnant le compte rendu de la bataille n'a pu citer autant de noms de vivants, de morts et de blessés. Et nous nous demandons : où va se nicher la poésie dans ce poème ? et à quoi tient l'admiration des foules ?

Mais il y a ceux qui ne sont pas cités : quelle fureur ! On l'assaille pour qu'il mette des rallonges à son reportage. « *La tête me tourne,* écrit-il, *je ne sais comment faire avec les dames qui veulent que je loue leurs cousins et leurs greluchons.* » Comme il a rédigé le premier jet trop vite et que de nouveaux détails lui parviennent sans cesse — et de nouveaux noms à insérer — il avertit le public qu'il fera des éditions successives de son poème toujours plus complètes et toujours tenues à jour.

On s'amusa de son avertissement — et de son snobisme. Il ne citait que les plus grands noms de l'armorial. Un plaisant écrivit une parodie qui commençait ainsi :

Camarades soldats. Je ne chante que vous,

finis les grands noms et les titres, il ne s'agit plus que des « troufions » : Fanfan la Tulipe, La Rose, Joli-Cœur, Limousin, l'Espérance.

Un autre écrivit *la Requête du Curé de Fontenoy* où il se moquait des additifs de Voltaire à son poème « *en somme, on espère qu'à la centième édition la pièce pourra commencer à prendre forme* ». Et pour finir : « *Si le poème ne paraît pas assez bon pour mériter une critique, l'auteur en fera une lui-même pour tâcher de faire valoir et débiter son ouvrage.* »

Pour une fois Voltaire prit très bien ces brocards. Il savait pourquoi le poème avait été écrit : pour plaire au roi et à la Cour. Son but est atteint : il est poète officiel de la Cour. Et en plus on lit, on récite et on vend partout son poème. Il est ravi.

Faisons vite valoir l'affaire ! Il écrit à d'Argenson : « *Seriez-vous mal reçu, Monseigneur, de dire au roi qu'en dix jours, il y a eu cinq éditions de sa gloire* (ô courtisan !). *N'oubliez pas je vous prie cette petite manœuvre de cour.* »

Voilà la vérité : son poème lui-même n'est qu'une manœuvre de cour. Ne lui jetons pas trop vite la pierre, toute la France était prête à faire des manœuvres de cour — mais bien peu manœuvraient avec des poèmes. Et peut-être qu'en des temps plus démocratiques sinon plus vertueux, il y a, encore, des manœuvres... de couloirs. Tous les ennemis de Voltaire qui lui ont haineusement reproché ses « manœuvres », manœuvraient aussi : les Desfontaines, les Pirons, les Frérons et... d'autres plus huppés. Mais ils manœuvraient moins bien. Leur talent était médiocre en tout.

Le chemin de l'Académie passe par Rome.

Le sien qui n'était pas médiocre veut s'installer à l'Académie — et désormais sans retard. Nous savons que pour Voltaire le chemin de l'Académie passe par le Vatican. Il semble tortueux, nous allons tout de même le suivre. Nous aurons tout loisir d'y contempler notre héros, de face, de profil, en marche oblique et même à reculons. Ce n'est pas du tout son impiété qui est en cause, c'est plus sérieux, c'est la singerie de la piété et de l'humilité chrétienne. L'abbé Baruel n'y a rien vu parce que le jeu en cette occasion est un peu trop fin pour lui. Il ne s'agit plus d'inventer une mascarade de Voltaire en habit de sous-diacre et en chapeau rond, il s'agit de suivre les démarches d'un ambitieux qui, ayant grignoté de menus honneurs à la Cour, se découvre un appétit d'ogre pour les titres et les charges, appétit relevé du piment de la malice. Quel enthousiasme pour tromper autrui et se divertir de son propre jeu. Cela comptait pour notre héros : il s'applaudissait lui-même quand il avait bien grimacé.

Voltaire décréta donc — et cela date du refus de *Mahomet* — que puisque personne sur les rives de la Seine ne croyait à sa piété, il la ferait cautionner sur les rives du Tibre par le pape, en personne. Cette prétention paraît invraisemblable. Elle est réelle. Et elle réussira.

Le pape Benoît XIV était un bon pape — plus lettré que dévot, sans doute : un bon pape pour *Siècle des Lumières*. On l'avait surnommé, après Virgile, « le Cygne de Mantoue ». Benoît XIV était trop fin, trop romain pour être dupe — même de Voltaire. Car le Saint-Père savait lire et il savait écouter ce qu'on lui disait de Voltaire et cela ne mettait pas l'auteur de *la Henriade* en odeur de sainteté.

Voltaire ne pouvait directement présenter sa stupéfiante requête. Il fit donc investir le Saint-Siège de deux côtés. Un seul eût suffi — cet excès faillit tout perdre — non que le Saint-Siège résistât mais il se rendit trop vite. Et le second assaut parut à la fois superflu — et choquant. Le premier fut livré avec l'aide de d'Argenson qui devait dépêcher notre ambassadeur l'abbé de Canilhac auprès du pape. L'abbé était assez sceptique sur le succès de sa démarche en faveur de l'auteur de *la Henriade* et de *Zaïre*. D'Argenson était aussi sceptique que l'abbé mais Voltaire prit très mal le scepticisme du ministre et de l'ambassadeur à l'endroit de sa foi catholique. Il affirme avec l'impertinence qu'on lui connaît qu'il est très bien vu du pape, qui lit et admire ses œuvres ; il convainc d'Argenson d'obliger l'ambassadeur à faire au pape l'éloge du poète le plus impie du siècle.

Entre-temps, pour plus de sûreté et plus de rapidité, Voltaire avait fait donner l'autre assaut par son ambassadrice particulière, une Mlle du Thil, amie de Mme du Châtelet, et qui, non sans originalité, se trouvait à cheval sur la foi catholique et sur l'admiration de l'impiété voltairienne. Mlle du Thil avait un ami, un abbé de Tolignon ; celui-ci bien endoctriné par elle et par Voltaire fut dépêché à Rome chargé de reliques voltairiennes : un exemplaire extraordinaire de *Mahomet,* des vers dédiés à Sa Sainteté et, en outre, une inscription qui devait être gravée sous le portrait de Benoît XIV que Voltaire attendait dans la plus fervente impatience : « *Je suis au rang de ses admirateurs comme de ses brebis.* » Doux langage d'une âme suavement dévote !

En échange de ces reliques, Voltaire réclamait avec des implorations ineffables que Sa Sainteté ne le laissât pas languir plus longtemps sans médailles ! Des médailles ? L'abbé de Tolignon en obtint deux. « *Deux grosses médailles,* s'écrie Voltaire, *avec une lettre de l'abbé de la Chambre de Sa Sainteté.* »

C'est alors que l'abbé de Canilhac se présenta devant le Saint-Père et récita son compliment. Le pape l'écouta avec surprise : il venait d'entendre les mêmes paroles sur une musique très ressemblante ! C'est Voltaire qui composait la chanson et, de Paris, battait la mesure. Finement le pape ne souffla mot de la démarche déjà faite, ni des médailles déjà remises et il en promit deux autres — encore plus grosses ! — à l'ambassadeur, mais, dit-il, « pour la fête de saint Pierre ». Le pape ne voulait fâcher personne, mais il ne semble pas qu'on l'ait trompé.

D'Argenson n'en croyait pas ses oreilles quand l'abbé lui fit savoir que le pape avait écouté son dithyrambe avec beaucoup de bienveillance et qu'il lui avait même fait des promesses en faveur du poète qui... mais que... enfin. Ces promesses étaient bien édifiantes et bien touchantes : Sa Sainteté voulait bien accéder au pieux désir de M. de Voltaire qui — à ses dires — ne pouvait plus vivre sans médailles bénies par Sa Sainteté. Que Voltaire soit en paix, Sa Sainteté faisait choisir deux médailles à son intention.

Benoît XIV écoutait tout benoîtement et croyait ce qu'il voulait. Toutefois, Voltaire eut peur ; il craignait que l'abbé de Canilhac apprenant la démarche de Tolignon ne se fâchât et que Tolignon apprenant qu'il venait doubler l'ambassadeur ne se fâchât de même. La discrétion du pape sauva les deux ambassadeurs et... Voltaire ! Enfin, il reçut le portrait de Benoît XIV par l'intermédiaire de M. d'Argenson. Son remerciement brille par la désinvolture plus que par la déférence : « *Je viens, Monseigneur, de recevoir le portrait du plus joufflu Saint-Père que nous ayons eu depuis longtemps. Il a l'air d'un bon diable qui sait à peu près tout ce que cela vaut.* » Ce « cela » est d'une insolence !

Voltaire pour terminer ne manque pas de rappeler que « cela » n'a de raison d'être que si le roi et la Cour et surtout l'Académie en sont informés : « *Vous devriez dire au roi Très Chrétien combien je suis un sujet très chrétien.* »

Et voilà, il a reçu un portrait du pape et deux médailles, et deux grosses ! Avec ce laissez-passer, il pourra entrer à l'Académie.

Ce n'est pas tout : le pape avait accepté que *Mahomet* lui fût dédié. Par une lettre du 17 août 1745, Voltaire se présentait comme un « *admirateur de la vertu* » qui consacrait « *au chef de la véritable religion un écrit contre le fondateur d'une religion fausse et barbare* ». Il mettait aux pieds du Saint-Père le livre et l'auteur en demandant protection pour l'un et pour l'autre. Si, après ce joli placard, les dévots continuaient à se trouver mal à la représentation de *Mahomet,* c'est qu'ils seraient hérétiques.

Le pape trouva la tragédie admirable, l'inscription exquise, le poème de Fontenoy très beau, bref tout était pour le mieux et le pape écrivait : « *Vous ne pouvez pas douter de l'estime singulière que m'inspire un mérite aussi reconnu que le vôtre.* »

Pauvre Mirepoix ! Que faire après cela ? Braire dans le désert. Son ennemi venait de recevoir — personnellement — la bénédiction apostolique de Benoît XIV !

Le pape estimait sans doute, dans un esprit de tolérance bien remarquable, qu'il valait mieux laisser Voltaire jouer sa comédie. Il était content sans être dupe. Quant à Voltaire il ne lui restait plus qu'à tirer tout le parti possible de la protection et de la bénédiction du pape contre ses ennemis. « *Vraiment,* écrit-il à d'Argenson, *les grâces célestes ne peuvent pas trop se répandre et la lettre de Sa Sainteté est faite pour être publiée. Il est bon, mon respectable ami, que les gens de bien sachent que je suis couvert contre eux par l'étole du Vicaire de Dieu.* »

Beau succès. Il avait fallu pour l'obtenir mobiliser un ministre du roi de France, un ambassadeur, le cardinal Pasionei, un membre du Sacré-Collège le cardinal Valentini, un M. Leprotti qui porta l'inscription en grande cérémonie, un abbé romain et gallican Tolignon et une vieille fille, Mlle du Thil. Il avait fallu surtout l'opiniâtreté de Voltaire. Mais le résultat était acquis : le « Pape de l'Impiété » avait reçu la bénédiction du Vicaire de Dieu et l'âne de Mirepoix ne pourrait plus braire, ni ruer à l'Académie.

Courtisez, courtisez, il en restera toujours quelque chose.

La situation de Voltaire était bien meilleure à Versailles depuis le poème de Fontenoy, en 1745. Louis XV avait dit que ce poème n'était susceptible d'aucune critique. « *Vous pensez bien qu'après cela, je dois penser que le roi est le meilleur connaisseur de son royaume* », écrit Voltaire. On a été si satisfait, à la Cour, qu'on attend de nouvelles louanges voltairiennes. Richelieu commande au poète un divertissement qui célébrera la gloire du roi et de nouveau Fontenoy. Ce sera *Le Temple de la Gloire*. Il faut donner dans le goût noble, héroïque et pompeux. Voltaire est à l'aise : c'est le style de la tragédie un peu enrubanné, et scandé au rythme d'un menuet. Ce qui l'ennuie c'est qu'il va être encore une fois attelé avec l'insupportable Rameau. Dans une lettre du 20 juin 1745, à Richelieu, il relance le duc afin de se faire valoir. Avoir du talent c'est bien, mais s'il est caché, il est inutile. Le sien ne court pas ce risque.

Dans cette lettre nous trouvons pour la première fois un nom qui fit quelque bruit à l'époque, celui de la marquise de Pompadour. C'est, en effet, à ce moment que la favorite prit ce nom et devint « maîtresse » officielle. Comme elle était d'origine bourgeoise la Cour avait cru qu'elle ne serait jamais qu'une *galanterie*. Voltaire connaissait bien la famille de Mme Lenormand d'Etioles, il fréquentait chez la mère, Mme Poisson, qui était la maîtresse du fermier-général Lenormand de Tournehem. Dans la famille, on était « maîtresse » de mère en fille. On disait qu'Antoinette (la marquise de Pompadour) avait pour père M. Lenormand qui l'avait mariée à son neveu Lenormand d'Etioles, sous-fermier. La ferme et les femmes rien ne sortait de la famille Lenormand. Ce milieu était très élégant ; Mlle Poisson avait reçu l'éducation la plus soignée. Tout le monde connaît sa beauté, son charme, son esprit, ses talents : elle était musicienne, elle peignait, elle gravait sur pierres fines. Son extraordinaire carrière n'est pas un miracle : elle s'explique par la personnalité de la favorite et par une sorte de foi en elle-même que dès l'âge de neuf ans lui avait inculquée sa mère qui disait : « *Ma fille est un morceau de roi.* » Guidé par son étoile, Voltaire rencontra celle d'Antoinette et avec l'aide de Richelieu, sa manie de fureter et de s'entremettre s'employa à favoriser les desseins de Mme Poisson et de sa fille. Celle-ci lui en fut toujours reconnaissante. Voilà Voltaire ! On le trouve à tous les carrefours du siècle aussi bien que dans les couloirs dérobés.

En 1745, il fait plusieurs séjours à Etioles. Il y boit un vin de Tokaï qu'il juge supérieur à celui que lui avait envoyé Frédéric II — le compliment n'est pas mince. Les Poisson durent le savourer.

Avant la reconnaissance officielle de la favorite, il avait fait deux couplets sur elle que le roi ne désapprouva pas ; de toutes ses forces l'adroit poète poussait le char triomphant d'Antoinette avant de se laisser traîner par lui.

Quand César, ce héros charmant
Dont tout Rome fut idolâtre
Gagnait quelque combat brillant
On en faisait compliment
A la divine Cléopâtre.

....

Quand Louis, ce héros charmant
Dont tout Paris fait son idole
Gagne quelque combat brillant
On en doit faire compliment
A la divine d'Etioles.

Cela n'ajoute rien à sa gloire, mais ajoute à sa fortune, c'est-à-dire à sa faveur à la Cour. Il sait faire des bons placements, en fonds et en flatterie.

Il avait auprès de la divine d'Etioles un rival charmant et dont il n'était pas jaloux — ne manquons pas de remarquer le fait. Nous connaissons un peu le personnage, c'est le frivole, vain et disert abbé de Bernis. Ce bon et agréable garçon joufflu et dodu, rose comme une poupée, ne portait ombrage à personne et amusait tout le monde. Quelle fortune l'attendait ! Combien imprévue et miraculeuse ! Il sut amuser la divine Antoinette — elle en avait bien besoin — elle se l'attacha et l'attacha à la France. Il savait faire des vers faciles, rapides, pomponnés et fleuris, de vrais petits bouquets frais et parfumés qui ne duraient qu'une heure mais donnaient une heure de plaisir. C'était, bien sûr, des fleurs artificielles mais troussées avec une exquise légèreté — c'est peut-être ce qui fit surnommer l'abbé : « Babet la bouquetière ». Cela ne l'empêcha pas d'être académicien et ministre et cardinal. Mme de Pompadour le chargea même de deux ministères, ce qui paraît excessif — même pour l'époque — car Bernis était si léger qu'il paraissait surchargé lorsqu'il portait deux éventails. C'est à lui qu'était confié le soin de répondre aux billets passionnés que le roi adressait chaque jour à la favorite Louis XV était ravi des réponses et comme il en connaissait l'auteur voici comment il lui témoigna sa satisfaction. Il rencontra Bernis portant sous le bras un rouleau de tapisserie que la marquise venait de lui donner pour qu'il fît recouvrir les fauteuils de son appartement. Le roi demanda à voir la tapisserie. Bernis la lui montra et le roi tirant un rouleau de louis d'or le remit à Bernis en lui disant : « *Voilà pour les clous.* »

C'est dans ce milieu que Voltaire vivait à Etioles ou à Champs avec Mme du Châtelet toujours fidèle à ses études et aux tables de jeu. Cependant il travaille au *Temple de la Gloire*. Il fait savoir au ministre qu'il est disposé à écrire de façon « très historique » les dernières campagnes du roi, avec abondance de documents, de faits vrais... Mais il faut que le roi en soit informé, qu'il approuve, qu'il encourage son historiographe. Il aimerait s'entendre dire : « *Voilà pour les clous.* » Le ministre, son ami, d'Argenson, lui demande de rédiger une protestation diplomatique qui doit être adressée à la Hollande qui a rompu les clauses d'un traité avec la France et emploie contre nous une armée de prisonniers sur parole. Voltaire se tire fort bien de cette rédaction, son style est noble et ferme, sans être cassant. Le vainqueur parle en maître ayant le droit pour lui, mais il n'humilie pas. D'Argenson est très content d'autant plus qu'il n'avait donné que deux jours à Voltaire et que celui-ci a passé deux nuits pour être exact.

On ne tardera pas à monnayer la satisfaction ministérielle.

Là-dessus, Mme du Châtelet est invitée à suivre la Cour à Fontainebleau dans les carrosses de la reine. Ces embarquements étaient d'une complication infinie — les préséances provoquaient des drames —, sans parler des évanouissements. Emilie, toujours un peu cavalière, monte en carrosse en passant devant la duchesse de Luynes et deux autres dames, s'installe à la place du fond, puis invite les autres à s'asseoir. Les autres lui tournent le dos et s'en vont dans un autre carrosse. A l'arrivée, Emilie sent une grande froideur autour d'elle. La duchesse s'est plainte à la reine. Le duc de Richelieu vient chercher cérémonieusement Emilie pour la remettre entre les mains de la duchesse de Luynes qui va la conduire devant la reine ; Mme de Luynes y recevra les excuses qu'Emilie lui doit. Richelieu l'engage à s'excuser de son mieux car la reine l'a blâmée. Emilie bien sermonnée par son ancien amant fait tout ce qu'on lui demande, la duchesse accepte les excuses, la reine aussi et l'on se sourit. Tout le monde est content. Mais Emilie a eu chaud !

Voltaire n'arrive que le lendemain : il était tourmenté par ses coliques. Cela ne l'empêche pas de faire ses compliments, ni de travailler à la Cour. Il veut, pour écrire l'histoire de Fontenoy, le témoignage des Anglais : il faut montrer la bataille vue des deux côtés. Voilà du nouveau : on prend l'avis de l'adversaire, on confronte les témoignages. Or, il se trouve que l'ami Falkener, chez qui il avait habité à Londres, à qui il dédia *Zaïre,* est adjoint au duc de Cumberland qui avait un commandement à Fontenoy. Voltaire aussitôt s'enflamme, il écrit son projet à Falkener, il est prêt à partir pour Londres afin de recueillir les documents, il est même prêt à se faire charger d'une mission diplomatique, il se voit en négociateur de la paix entre la France et l'Angleterre... tout à coup, il se souvient des amertumes, des dangers de sa mission en Prusse. Le voilà refroidi. Après avoir annoncé son voyage à Falkener, il tergiverse ; avec bien des formes, il renonce à son projet. Il se tiendra coi. C'est une des rares occasions où la modération et la prudence l'emportent sur son imagination excitée par sa vanité et par l'ambition de jouer un rôle politique.

A quoi bon prendre tant de risques : en faisant faire sa cour par d'Argenson, par Richelieu et par la favorite, il obtient la faveur des entrées personnelles dans la chambre du roi. Le voilà en passe de faire carrière à la Cour.

De retour à Versailles, le Roi demanda la fête promise pendant laquelle *Le Temple de la Gloire* devait lui être présenté. Cette fête eut lieu le 27 novembre 1745. On voit un défilé de héros antiques, tous fameux et tous cruels. Enfin, paraît Trajan victorieux, magnanime, paré de toutes les vertus et répandant les bienfaits. Trajan, c'est Louis XV. Le roi de France est glorifié dans une apothéose.

Ce ne fut pas celle de Voltaire. La musique fut trouvée bonne : le roi le dit. Il ne souffla mot du poème. Ce n'est pas parce qu'il avait jugé que le poème était mauvais, c'est que Voltaire avait choqué le roi. On raconte qu'il se serait approché du roi et que, sur un ton désinvolte inconnu à Versailles, mais qui était celui de Voltaire en toute circonstance — même hors de circonstance — il aurait dit : « *Trajan est-il content* ? » Le roi lui aurait decoché un regard de glace. Et un mur, de glace également, s'éleva entre eux.

On a embelli l'affaire qui n'a pas dû faire beaucoup de bruit. Le regard du roi en fournit l'essentiel. Mais on a répandu que Voltaire, d'une familiarité odieuse, aurait embrassé le roi, que des gardes se seraient jetés sur lui pour le retenir — qu'il aurait tiré la manche du Roi, et que Richelieu, à son tour, lui aurait tiré la sienne pour faire cesser le manège — et Voltaire aurait répondu au duc : « *Vous tirez bien la mienne, vous !* » Incroyables ragots !

Sans doute, à la Cour de Prusse, régnait plus de familiarité, mais Voltaire savait mieux que personne que Versailles n'était pas Potsdam. Il était hardi — en paroles — mais non inconvenant. Le vrai, c'est qu'il y eut un accroc, qui s'explique tout simplement par le ton sur lequel Voltaire parlait aux puissances. Il n'a pas déplu qu'au roi ; Rohan lui avait fait savoir son déplaisir. Mais Voltaire ne serait pas Voltaire s'il parlait autrement. S'il n'est libre et même désinvolte, l'esprit étouffe. Or, le sien respire, on s'en aperçoit.

Fréron eut vent de cet échec et écrivit ces amabilités — convenons qu'elles ne sont pas mal-venues pour parler de l'écroulement du *Temple de la Gloire.* « *On sait d'ailleurs qu'il n'a jamais été heureux dans la structure de ses temples. Je lui en connais quatre : savoir le Temple du Goût, de la Gloire, du Bonheur, de l'Amitié... Si j'osais je proposerais à l'auteur d'en construire un cinquième : le Temple de l'Amour-propre.* »

En réalité, Voltaire fut victime de sa témérité et aussi de l'humeur de Louis XV. Le roi était timide. Il éprouvait une espèce de malaise devant les assemblées et pour les harangues, les phrases à débiter au public. Il s'enfermait souvent dans un silence hautain qui était le masque de sa réserve ou de son ennui. Voltaire n'est pas la seule victime de cette disposition du roi. Sa faveur à la Cour n'en fut pas diminuée. Il se moquait au fond du *Temple de la Gloire,* il savait ce que valent ces pièces de circonstances. Il attendait le premier fauteuil vacant à l'Académie.

Mme du Châtelet était ravie de voir que Voltaire s'attachait à la Cour — et encore davantage de voir que la Cour s'attachait à Voltaire. Elle croyait que le charme de Berlin n'agissait plus. Mais il agissait sur d'autres. Frédéric faisait du recrutement — c'est une manie des rois de Prusse : le père remplissait ses casernes en enlevant brutalement les sujets du roi de France, le fils garnissait son Académie en enlevant — par des faveurs et des flatteries — les écrivains et les savants de Paris. En 1745, Frédéric enleva Maupertuis qui devait présider l'Académie de Berlin. Versailles accorda le congé. C'était servir la propagande du roi de Prusse. Les gens de lettres et les savants se mirent à faire l'éloge d'un roi qui les recevait si bien. On pouvait aisément en conclure que s'ils partaient, c'est parce qu'ils étaient mal chez eux.

Voltaire n'ayant jamais été aussi bien traité par la Cour qu'il l'est alors, trouve que la Cour est admirable : il ne vit que pour la Cour et, c'est évident, il aimerait aussi ne vivre que par la Cour. *Les clous ! les clous !* du roi. On lui redemande une seconde version de *La Princesse de Navarre.* C'est très ennuyeux — et un peu humiliant. Le voilà bouffon de la Cour. Mais il accepte. La lune de miel n'est pas finie.

Voici qu'à l'occasion de ce médiocre divertissement un personnage nouveau fait son apparition dans la vie de Voltaire et dans la littérature. Apparition modeste et même humble. Qui aurait supposé que cet inconnu allait tout bouleverser ? C'est par le biais de la musique et dans le salon de La Popelinière qu'il se montre, il s'appelle Jean-Jacques Rousseau. Personne ne le connaît. Ce La Popelinière, fermier-général, fastueux jusqu'au délire avait toute une cour, et des plus mélangées : des seigneurs, des écrivains, des artistes, des acteurs, le grand monde, le moyen et... les autres ; on appelait cette société « la ménagerie » parce que ce n'était tout de même pas une basse-cour. Richelieu venait y chercher ses « distractions ». Le grand homme de la maison était Rameau. Ce sont les La Popelinière qui l'avaient imposé et le succès du musicien les récompensait de leurs efforts — et de leur patience. Il en fallait, pour supporter cet ours. Dans la fin de cette année 1745 il collaborait avec l'obscur Rousseau pour lequel il affichait le plus grand mépris. Jean-Jacques avait écrit un opéra *Les Muses rivales* que La Popelinière avait fait jouer. Rameau qui écoutait louait avec excès chaque bon passage et affirmait aussitôt que c'était un passage volé par l'auteur. Richelieu enthousiasmé voulut faire jouer cet opéra à Versailles. Rameau se mit en colère, Mme de La Popelinière le soutint et Richelieu pensa à autre chose. Il confia néanmoins à Jean-Jacques la refonte du poème inachevé de Voltaire *La Fête de Ramire* qui devait divertir la Cour. Mais il fallait toucher aux vers de l'Illustre ! et faire des raccords ! Richelieu engagea Rousseau à écrire à Voltaire pour lui demander cette permission. Rousseau fit la lettre en tremblant. Elle commence ainsi : « *Monsieur il y a quinze ans que je travaille pour me rendre digne de vos regards.* » Pour un monsieur qui honnit la courtisanerie, il s'entend assez bien à flatter. Sa lettre était faite pour émouvoir un cœur moins sensible à la louange que celui de Voltaire. Après cette lecture, Voltaire accorda toutes les permissions à cet humble adorateur du Soleil des Lettres. Leurs débuts furent courtois, et comme toujours, Voltaire fut d'une aménité charmante. Rousseau ne manqua pas de trouver que cette courtoisie était « une bassesse courtisane ». Il dit que Voltaire n'a été aimable que parce qu'il craignait que Jean-Jacques, étant dans les meilleurs termes avec le duc de Richelieu, ne brouillât celui-ci avec Voltaire ! Quelle fable ! Voltaire aurait ménagé Rousseau pour se faire bien voir de Richelieu ? Jean-Jacques ne sait pas son Paris — c'est visible. Il est méfiant et malveillant — pourquoi pas ? — mais il l'est à tort. Comment peut-il s'imaginer que Voltaire a besoin du crédit d'un petit inconnu pour s'attacher le duc de Richelieu ? Que croyait-il peser dans l'estime du duc, ce pauvre Jean-Jacques ? Le voilà déjà : humble et obséquieux, en réalité, fou d'orgueil.

Enfin on représente *La Fête de Ramire* le 22 décembre 1745. Ni Voltaire, ni Rameau n'y assistèrent. Rousseau seul y était, mais son nom ne figurait pas. Rameau s'était opposé à voir son illustre patronyme voisiner avec celui de cet inconnu. Mme de La Popelinière ne fut pas étrangère à cette omission. Voltaire ne semble se soucier ni de ceci, ni de cela.

Voltaire prend très au sérieux sa tâche d'historiographe du roi. Il s'ensevelit des jours entiers dans les archives au Ministère de la Guerre pour reconstituer la bataille de Fontenoy. Comme toujours, ce qu'il fait, il le fait à fond. Mais il veut qu'on lui en soit reconnaissant. Il attend des louanges pour son cœur — et des pensions pour son portefeuille. « *J'ai la bonté de faire pour rien,* écrit-il, *ce que Boileau ne faisait pas étant bien payé.* » Il exagère. Boileau, il est vrai, n'a pas fait grand-chose. Mais lui ? à part le poème de Fontenoy ? Et n'a-t-il pas sa pension ? Elle n'est pas suffisante ; il faut des « gracieusetés » royales. « *Dites donc au roi et à Mme de Pompadour que vous êtes content de l'historiographe,* écrit-il à d'Argenson. *Je vous demande en grâce de dire un mot au roi sur cet ouvrage auquel sa gloire est intéressée.* » L'auteur aussi est intéressé.

Ne voilà-t-il pas qu'on fait courir le bruit de sa disgrâce ! Il est aux cent coups. Il proteste, il se gendarme, va clamant de tous bords que, sous le meilleur de tous nos rois, on ose dire que le meilleur poète est mal en cour ? Et dans le moment où on le comble de bienfaits ? Son indignation qui est sincère, est si théâtrale qu'elle paraît feinte. Il amuse, il n'apitoie jamais. Son cabotinage freine la pitié.

L'entrée à l'Académie est suivie d'une triste affaire.

M. le président Bouhier mourut le 17 mars 1746. Cela n'a l'air de rien : un brave homme s'en va sans laisser beaucoup de bagages. Pour Voltaire ce fut un événement capital car le disparu laissait au moins un vide : son fauteuil à l'Académie. Et voilà Voltaire saisi par la fièvre. Il frissonne d'envie et de crainte. Il est déchiré par ces deux sentiments. Il a jadis reçu de telles rebuffades de l'Académie qu'il appréhende de solliciter. Ses « anges » le feront pour lui. Il écrit donc aux d'Argental la lettre qui suit. Quelle invention ! Il écrit celle-ci à la troisième personne, il sollicite pour un autre — un timide, un malade, un désarmé qui s'appelle Voltaire. « *Voltaire sait d'hier la mort du président Bouhier mais il oublie tous les présidents vivants et morts quand il voit M. et M*me *d'Argental. On a déjà parlé à V... de la succession ; V... est malade ; V... n'est guère en état de se donner des mouvements ; V... grisonne et ne peut pas honnêtement frapper aux portes quoiqu'il compte sur l'agrément du roi. Il remercie ses adorables anges. Il sera très flatté d'être désiré mais il craindra toujours de faire des démarches.* »

Les « anges » tireront donc les sonnettes pour lui ; ils sont remerciés d'avance. De son côté, par écrit et en paroles, il proteste de sa foi catholique, de son amour des Jésuites, il rappelle la bénédiction pontificale : « *Je me flatte que les bontés déclarées du Père commun m'assurent de celles de ses principaux enfants.* » Voilà pour les prélats académiciens : l'argument est sans réplique.

Louis XV se prononce en sa faveur : c'est donc une élection faite. Mais être élu ne lui suffit plus : il veut être désiré, appelé, sollicité et accueilli en ami. C'est difficile pour Mgr de Mirepoix, et pour d'autres. On lui ouvre l'Académie parce qu'on ne peut pas faire autrement. Ses ennemis sont silencieux, il ne faut pas leur en demander davantage. Le mot féroce de Montesquieu donne la température de l'accueil : « *Voltaire n'est pas beau, il n'est que joli ; il serait honteux pour l'Académie que Voltaire en fût et il lui sera quelque jour honteux qu'il n'en ait pas été.* » Cruel dilemme ! L'Académie ne pouvait choisir qu'entre deux hontes ; la honte présente de recevoir Voltaire, et la honte future de l'avoir refusé. L'Académie choisit la honte immédiate — éphémère, pour éviter l'autre qui eût duré. L'Académie n'est pas l'Eglise mais c'est une chapelle, et elle envisage le présent sans perdre de vue l'avenir car elle aussi travaille dans l'immortalité — sans garantie pour personne. Aussi, en vue du jugement de la postérité, et se mortifiant elle-même, l'Académie se résigna-t-elle à élire « Sa Turbulence Voltaire ».

Ce fut aussitôt dans Paris le réveil des envieux. Voltaire en comptait un certain nombre ; cette élection, en somme inévitable, semble les multiplier. Les uns aboient et mordent, d'autres sifflent et crachent leur venin, selon leur nature. En cette occasion le pire est un nommé Roi qui s'était déjà manifesté. Il réédite le *Discours prononcé à la porte de l'Académie* en 1743 et un autre libelle de 1736, *Le Triomphe de la Poésie* enrichi de notes d'actualité sur la vie de Voltaire en 1746.

Ce Roi, pour nous n'est rien. En 1746, il passait pour un excellent poète et pour un très malhonnête homme. Il avait fréquenté les prisons, non pour ses hardiesses de pensée mais pour avoir falsifié des actes juridiques car il était conseiller au Châtelet.

Le jour même de l'élection de Voltaire, l'Académie, et les salons reçurent le paquet d'ordures du sieur Roi. Le coup était bien préparé. Voltaire n'eut pas le loisir de savourer sa joie, elle fut empoisonnée sur l'heure. Il crut en mourir de rage. Il avait fini par croire depuis qu'il était courtisan et assistait au lever du roi, depuis qu'il avait reçu la bénédiction du pape, qu'il était à l'abri des calomnies. Quel réveil ! Il entendait les affreux ricanements de la bande des Desfontaines, Fréron, La Beaumelle qui se connaissaient tous et cuisinaient ensemble.

Mais pourquoi cette haine de Roi ? Et pourquoi sa hardiesse ? Parce qu'on lui croyait — et qu'il se croyait du talent, parce qu'il avait des appuis auprès de la reine Marie Leczinska. La reine ne disait plus « pauvre Voltaire ». Il était dans le camp de la favorite — du Diable, en somme. Mais elle avait son parti dont était l'ennemi de Voltaire : le poète Roi. Ce Roi, à défaut de l'autre, faisait des vers à la reine ; il avait autrefois obtenu, par une faveur sans lendemain, le cordon de l'ordre de saint Michel. Cela suffisait à la reine pour qu'elle accordât sa confiance. Enfin, Roi était dangereux comme tous les aigris, les envieux, parce qu'il était rongé par un cancer : il voulait être de l'Académie. Chaque vacance le jetait dans les transes des suppliciés, la vue d'un fauteuil vide lui infligeait les douleurs de Saint-Laurent sur son gril, l'annonce d'une élection qui ne serait jamais la sienne le faisait délirer de rage. Et il écrivait des infâmies. O Académie que de crimes, ils ont commis pour toi !

Dix ans plus tôt, Roi avait essayé de se présenter. Fontenelle fit répondre que personne à l'Académie ne consentirait à s'asseoir à côté du personnage. Sa réputation était donc bien établie. Ce misérable fut souvent emprisonné et battu. En 1754, le comte de Clermont le fit si sauvagement bâtonner par son nègre qu'on raconta qu'il en mourut — en fait, il ne mourut qu'en 1764. Il souffrit peut-être pendant dix ans mais on assure qu'il ne resta au lit que dix jours, ce qui est convenable pour une bastonnade.

Sa haine contre Voltaire s'était accrue du fait qu'il avait proposé à la Cour un divertissement — c'était sa spécialité — et que la Cour avait préféré : *La Princesse de Navarre*. Crime impardonnable ! Puis, il avait fait une parodie du *Poème de Fontenoy*. Voltaire s'était vengé en faisant figurer une statue de l'*Envie* qui représentait Roi, dans le frontispice du *Temple de la Gloire*. Pour qu'on le reconnût bien, il avait donné à l'*Envie* le Cordon de Saint-Michel. Voilà les petitesses de Voltaire — il les paie cher. En cette affaire, il va en accumuler tant qu'il finira par perdre à la fois la face et son procès bien que ses ennemis soient d'ignobles personnages.

Négligeant tout le fretin qui entourait Roi, c'est contre celui-ci que Voltaire concentre sa rancune et sa vengeance. Nous assistons à un spectacle ahurissant, nous voyons Voltaire diriger lui-même les poursuites contre le calomniateur, et ses libraires. Nous le voyons embusqué dans un fiacre surveillant les allées et venues de misérables colporteurs. Nous le voyons épiant les vitrines, désignant lui-même aux policiers le logis des vendeurs, les boutiques suspectes de diffuser le libelle abhorré. Lui-même fait arrêter un des colporteurs ; il conduit les policiers à la porte de son galetas. Ils tombaient mal, l'homme se mourait. L'affaire se sait, on clabaude partout. Le nouvel académicien en personne guide les policiers pour arrêter — comble d'inhumanité ! — un mourant dans son lit. Mais ce n'est qu'un début...

Entre deux courses d'un genre si spécial, Voltaire travaille à son discours de réception. Il fait, contrairement à l'usage, un véritable discours. Jusqu'alors l'Académie se contentait d'entendre un éloge du cardinal de Richelieu, bref et conventionnel, suivi d'un éloge plus bref du chancelier Séguier, puis, pour finir, d'un éloge du prédécesseur : courtoisie et eau bénite. Le tour était joué.

Voltaire prononça son discours à la séance du lundi 29 mai 1746. Il avait pris la harangue fort au sérieux. Il sait que l'Académie est le conservatoire du beau et bon langage français, il le rappelle et brosse un tableau des origines de notre langue, il remarque l'influence que les grands écrivains ont eue sur son évolution et sur sa fixation, il affirme son caractère universel. Cela parut très nouveau — et c'était nouveau. Cela nous paraît ordinaire parce qu'en somme Voltaire est plus près de nous qu'il ne l'était de beaucoup de ses contemporains, surtout de ceux qui siégeaient à l'Académie en cette année 1746. Il évoquait les étrangers qui parlaient et écrivaient notre langue. On imagine les coups d'encensoir, au passage, à Frédéric, à Catherine, à Benoît XIV qui bénissait en si bon français les tragédies sacrilèges et leur auteur. L'encens qui a brûlé pour les couronnes et les tiares s'enflamme de plus belle pour les Académiciens : les Montesquieu, les Fontenelle, l'abbé d'Olivet, son ancien répétiteur, et même pour Crébillon qu'il déteste et jalouse, ce que l'autre lui rend au centuple. Tous sont enveloppés dans le parfum divin de la louange. Il aurait voulu aussi flatter Maupertuis, mais la Cour supprima le passage : inutile de féliciter un transfuge. Cela aurait pu l'avertir des sentiments de la Cour pour ceux qui allaient porter leur talent à Berlin. Il encense aussi Richelieu, non le cardinal, c'est chose faite, mais son petit-neveu, le duc, l'ami de toujours. Le duc reçoit ses lauriers ; Voltaire répète les paroles du roi sur le champ de bataille de Fontenoy : « *Je n'oublierai jamais le service que vous m'avez rendu.* » Vraiment ce Fontenoy est une mine pour Voltaire ; il n'a rien fait pour la bataille mais il a beaucoup fait pour l'exploiter. Enfin, c'est le tour du roi : « *Puissé-je voir dans nos places publiques ce monarque humain sculpté par nos Praxitèles, environné de tous les symboles de la félicité publique ! Puissé-je lire aux pieds de sa statue ces mots qui sont dans nos cœurs : « Au père de la Patrie.* »

On peut dire que ces louanges font partie du jeu. Il suffit de les faire en bon langage, d'en rajouter un peu, de n'y pas regarder de très près et tout le monde est content. Eh bien ! regardons d'un peu plus près. Le roi n'est pas loué ici pour sa victoire : il est « humain ». Les symboles qui ornent son effigie ne sont pas des trophées de guerre ce sont *les symboles de la félicité publique*. Voilà qui est neuf et qui aurait dû paraître insolite. Et ce titre : « Père de la Patrie » ? Il a au moins cinquante ans d'avance. Il faut attendre pour le comprendre la fête de la Fédération, en 1790.

On ne chercha pas si loin ; le discours déconcerta, et quand on ne comprend pas bien, à Paris, on ricane. Même si c'est Voltaire qui ne paraît pas assez clair. On remarqua d'ailleurs, que le discours était fait de pièces et de morceaux mal raccordés ensemble. Comment l'élève des Jésuites avait-il manqué sa composition ? C'était impardonnable : le plus académique des exercices manqué par le plus brillant élève des plus brillants rhétoriciens qui soient! On s'amusa dans les salons à faire des lectures du discours en intervertissant l'ordre des paragraphes. Quel que fût l'ordre dans lequel on lisait les paragraphes, on ne trouvait à l'ensemble aucun changement. Ce fut un jeu ; reconnaissons que c'était une fine critique.

Cependant la police continuait d'arrêter les complices de Roi. Le sort tomba sur un certain Travenol, violon à l'Opéra. Il haïssait Voltaire et répandait de son mieux le libelle : « *Discours prononcé à la porte de l'Académie.* »

Quand on vint arrêter Travenol, sa femme et sa fille firent entendre une musique infernale : on leur enlevait le violon nourricier. La fille était infirme, mais quelle voix ! Non pas la langueur du violon mais des stridences de harpie. Elle faillit provoquer une émeute. Au bout de six jours, on lui rendit son violon. Il avait des appuis. Dans Paris, la rumeur accusait Voltaire d'être un bourreau de filles infirmes. Il était bien loin de ces cruautés — mais les apparences étaient contre lui. Nous allons voir mieux encore. Bien qu'on lui reproche d'être fourbe, on peut juger qu'il avait affaire à forte partie, en fait de fourberie !

Travenol alla se jeter aux pieds de Voltaire. Mais ce Travenol-là n'était pas le coupable — ce Travenol qui baisait les genoux de Voltaire était un vieillard de quatre-vingts ans que la Police avait arrêté à la place de son fils en fuite et qui venait supplier qu'on fasse grâce au fuyard. Que croire ? Que s'est-il passé ? La police ne trouvant pas le fils aurait-elle arrêté le père ? Où est le violon ? Enfin, Voltaire, bouleversé par cette scène, ne pouvant souffrir qu'un vieillard se traîne à ses pieds, se jette lui-même aux pieds du vieillard et les voilà mêlant leurs larmes et leurs embrassades. La scène est trop pathétique pour n'être pas jouée, n'est-ce pas ? Mais l'émotion de Voltaire est si sincère qu'il promet au vieillard tout ce qu'il veut. Il le prend à sa table. On parle, on rit. Travenol l'Ancien s'en va repu, complimenté, et embrassé cent fois. Alors Voltaire réfléchit. Il est bientôt persuadé qu'on vient de le tromper. Il n'a pas tort. De nouveaux libelles circulent. On cherche : c'est le fils introuvable qui continue son vilain trafic. Voltaire est fou de rage. Le vieux violon va-t-il rejouer la même complainte aux oreilles devenues méfiantes de Voltaire ? Non, il va la jouer aux oreilles de l'abbé d'Olivet. Il l'attendrit. L'abbé va servir de médiateur entre Voltaire et ces violons qui sont si faux, il obtient du vieux Travenol une lettre dans laquelle celui-ci s'accuse et se repent et implore la pitié de Voltaire. C'était la preuve que les Travenol n'avaient pas la conscience tranquille et qu'ils redoutaient la justice. Cette lettre fut remise à Voltaire, elle était destinée à l'attendrir, mais il avait sur le cœur la scène de larmes où il avait été berné. Aussi, muni de cette lettre qui est un aveu, il dépose une plainte en justice.

Triste justice — triste affaire — piètre Voltaire en tout cela.

Les Travenol ont pour avocat un certain Mannory — avocat sans cause qui va faire du procès un scandale qui durera seize mois. Bon moyen pour se faire une réputation, bonne ou mauvaise, en traînant Voltaire dans la boue. Mannory avait à se venger du nouvel académicien. Il ne pardonnait pas au poète de l'avoir amusé par de vagues promesses à une époque où, sans argent, il voulait lui en emprunter. Voltaire avait estimé alors que Mannory ne valait pas la somme qu'il demandait. C'était bien son droit ; en outre, il ne se trompait pas sur le compte de l'avocat marron. Voltaire affirme cependant qu'il lui avait donné de l'argent sans espoir de le revoir. Mannory affirme le contraire. Voltaire indigné en appelle au Ciel et à l'humanité en disant que c'est un crime de recevoir des bienfaits d'un homme qu'on va déshonorer ensuite en le comparant à un Travenol ou au poète Roi... Mannory a-t-il reçu de l'argent de Voltaire ? Il ne semble pas. Mais Voltaire avait recommandé Mannory au frère de Thiériot, marchand d'habits, qui avait habillé à ses frais l'avocat sans pratique parce que celui-ci s'était plaint de ne pouvoir plaider faute d'un habit décent. L'habit n'avait pas paru suffisant : il aurait fallu en remplir les poches. Qui peut blâmer Voltaire en cette occasion ? Sa générosité, quand on sait le prendre, est réelle. A la même époque, il abandonne tous ses droits d'auteur sur le *Temple de la Gloire* qu'on jouait à l'Opéra, à son collaborateur Rameau. Il n'avait guère à se louer du musicien cependant ; il lui offre néanmoins ce cadeau dans une forme qui fait honneur à son esprit et à son cœur : Voici le billet :

« *M. Rameau est si supérieur dans son genre et, de plus, sa fortune est si inférieure à ses talents qu'il est juste que la rétribution soit pour lui tout entière.* »

Il attendit toujours un mot de remerciement.

Le jugement de l'affaire Travenol ne donna satisfaction à personne. Voltaire n'obtint que des apaisements verbaux, les calomniateurs furent sermonnés mais c'est lui qui fut tenu de payer les frais du procès. Il avait demandé pour eux les châtiments les plus cruels, l'estrapade était le moindre. On était loin de compte ! Il s'indigna publiquement selon son habitude : les juges n'avaient donc pas compris que la cause de Voltaire dépassait sa personne ? C'était celle de l'ordre public ! Ne savait-on pas que lorsqu'on calomniait M. de Voltaire c'est la société entière qui était sapée ? Et, du roi au dernier argousin, toute l'autorité du royaume devait être mobilisée pour défendre cette cause sacrée ! Laissons là ces excès et cette frénésie à demi sincère, à demi feinte et revenons aux faits. Le Travenol fraîchement élargi commença par rimailler pour chanter sa joie d'en être quitte à si bon marché. Le Mannory aidant, il eut le front de demander des dommages pour les larmes et les cris qu'avait arrachés à ses femmes la cruauté du « superbe rimeur ». Devant ce cynisme et cette insolence bien des gens plus patients que Voltaire auraient perdu leur sang-froid.

Ce Travenol, que les juges avaient voulu considérer comme incapable d'écrire, publie, aussitôt après, quelques vilenies où l'on découvre des attaques contre la franc-maçonnerie. Travenol défenseur des autels ! Tout cela n'est que pauvreté. Travenol fait penser à ces insectes qui piquent au talon ou ne vivent que dans les bas morceaux. Il semble que Voltaire en faisant grincer ce mauvais violon lui ait donné plus d'importance qu'il n'en méritait. Une fois encore, il a perdu son temps et son argent.

Il estime que sa vengeance est insuffisante ; il va persévérer. il engage une nouvelle procédure. Rien n'est plus exaspérant que de voir cet homme supérieur ramper pour se mettre au niveau des Travenol. Travenol a derrière lui d'excellents conseillers, et pour lui, les juges et l'opinion publique. Voici comment le procès se présente : les juges ont à choisir entre, d'une part, l'Impiété glorieuse, riche, puissante, intelligente, d'un Voltaire, et d'autre part : la Pauvreté d'un artiste modeste et pieux — car Travenol est pieux, par définition. Par définition également, il n'a jamais écrit de vers, il n'a jamais possédé, ni distribué de libelles injurieux. Comme Travenol ne peut payer le procès, c'est le Procureur lui-même qui avance les fonds pour couvrir les frais. La partie était inégale, les juges étaient circonvenus. Que Voltaire les ait indisposés, que l'opinion publique soit excitée contre lui par ses succès —et surtout par des ennemis bien plus jaloux de sa fortune que de sa gloire littéraire, rien n'est plus certain ; Voltaire est condamné d'avance par le public et par les juges. Le pauvre violon est l'innocente victime de l'opulence et de l'impiété.

Quand les fournisseurs de Travenol, toujours impayés, veulent faire saisir ses appointements à l'Opéra : ils sont déboutés par les gens de justice. La partialité ne prend même plus de masque. Travenol publie un libelle calomnieux contre ses camarades de l'Opéra : sa fourberie est évidente, son talent de grossier rimailleur aussi, puisqu'on le chasse de l'Opéra. Cela ne change rien à l'opinion que les juges et le public veulent avoir de Travenol. Il faut que Voltaire perde le procès. Voltaire le perd donc et paie tous les frais. Travenol est renvoyé — sans félicitations, ni pension tout de même, mais avec un sermon paternel. La bande de Roi éclate de rire, Voltaire grince des dents et Paris le méprise.

Le Coquin *vaut mieux qu'il n'en a l'air.*

On voit dans cette pénible affaire la complexité et la contradiction du caractère de Voltaire : sa hargne aveugle et avilissante et cet attendrissement devant un vieillard qui le dupe. Voltaire était prêt à renoncer aux poursuites, et, après une seconde scène de larmes, il eût versé un secours à la fille infirme — c'est certain. Ecoutons un homme qui ne l'aimait pas mais qui savait déchiffrer les âmes, Marivaux. Voici ce qu'il dit de Voltaire : « *Ce coquin a un vice de plus que les autres : il a quelquefois des vertus.* »

Non seulement quelquefois, mais souvent, et souvent, hélas ! mêlées à sa « coquinerie ». Cela déconcerte. Pour n'être pas déconcertés, certains ont préféré, trop facilement, ne voir que la coquinerie : le caractère et l'homme sont ainsi d'une seule venue : on dit « C'est un beau coquin ». C'est un peu élémentaire et c'est faux. Pour le racheter, on ajoute parfois qu'il a du talent. Son talent ne rachète pas ses bassesses — ce sont ses vertus qui les rachètent.

Une disposition qui ne trompe pas sur ce fond de vertu Arouet — c'est un penchant à être heureux dans l'amitié. Ses grimaces, ses haines inspirées trop souvent par les grimaces et les haines de l'envie qu'il suscite, déforment son visage ; si on efface ce rictus, on voit rayonner non seulement l'intelligence merveilleuse, mais la bonté. Il faut le voir épanoui dans la société aimable et polie de ses amis. D'ailleurs, il ne brille de tous ses feux que dans ce climat de sympathie et d'élégance. La hargne est une laideur, une maladie, elle paralyse, dénature l'esprit aussi bien que le sentiment. Certes, la haine lui a inspiré des traits, mais ce ne sont que des « mots », des agencements de mots d'une rapidité inouïe, les beaux, les grands feux de son intelligence sont ailleurs : ils sont dans ses Lettres que nous possédons et dans sa conversation... qui s'est envolée. C'est peut-être là que l'on pouvait goûter l'essence de toute une civilisation, celle qui s'est épanouie en ce siècle et dans la personne de Voltaire. Fleur périssable, certes, car la voix, le ton, le sourire, le regard, le rythme des mots, tout cela insaisissable est anéanti dans les sombres demeures du néant. Mais cela a existé, nous avons le témoignage de ceux qui ont été fascinés par cette conversation qui a charmé tout un siècle et qui n'a pu atteindre sa perfection que dans le climat de l'amitié et de la courtoisie la plus exquise.

Telle est sa vertu — Il ne brille tout à fait que sous les rayons de la sympathie et de l'intelligence. Quand il rencontre une âme de qualité, un cœur droit, un esprit lumineux : il admire et il aime. Il s'exalte. Il se surpasse.

C'est en cela que nous voyons la preuve de sa qualité morale. La coquinerie ne s'attache pas à la grandeur. Un coquin n'écrit pas à un jeune inconnu les lettres qu'il écrivait à Vauvenargues. Il faut, pour s'enthousiasmer ainsi, le sens de la vertu et de la noblesse d'âme. Il fut ébloui par les lettres de ce jeune officier : il chantait partout la louange de son mérite d'écrivain et de philosophe. Il a reconnu d'emblée la vertu pourtant cachée de Vauvenargues. Il a flairé la grandeur morale dans quelques inflexions mélancoliques et hautaines des phrases que lui écrivait l'officier inconnu, sans fortune, et malade. Il devina tout de suite une âme inaltérable. Beaucoup de leurs lettres sont égarées. Dès leurs premiers échanges, en 1743, Voltaire, déjà très célèbre, presque illustre, en tout cas reconnu comme le premier écrivain de France, lui écrit :

« *Aimable créature, beau génie, j'ai lu votre premier manuscrit, j'y ai admiré cette hauteur d'une grande âme... Si vous étiez né quelques années plus tôt mes ouvrages en vaudraient mieux ; mais au moins, sur la fin de ma carrière vous m'affermissez dans la route que vous suivez. Le grand, le pathétique, le sentiment. voilà mes premiers maîtres : vous êtes le dernier.* »

Il est beau de voir cet homme qui a vingt-et-un ans de plus que son jeune correspondant se faire son disciple. Il l'aime et il le respecte. Dans un mouvement d'enthousiasme, il parle de lui au duc de Duras et le voilà transporté de bonheur parce qu'avant qu'il ait nommé ce jeune officier, le duc lui dit : « *C'est M. de*

Vauvenargues ! » Il lit le manuscrit en public ; il le commente, de telle sorte qu'il le fait valoir... Quel régal ce dut être que d'écouter ce commentaire de Vauvenargues par Voltaire ! Hélas ! il prête le manuscrit (comme il prêtait les siens). Aussitôt, on en imprime des passages dans le *Mercure*. Or, Vauvenargues ne tenait pas à être publié. Voltaire lui demande pardon de son étourderie : « *J'ai voulu en arrêter l'impression mais on m'a dit qu'il n'en était plus temps. Avalez, je vous prie, ce petit dégoût si vous haïssez la gloire.* »

Quand sa mauvaise santé eut contraint Vauvenargues de quitter l'armée, il habita Paris. Il rencontrait assez souvent Voltaire. Un autre jeune homme, Marmontel, protégé de Voltaire assistait émerveillé à leurs entretiens :

« *Les conversations de Voltaire et de Vauvenargues étaient ce que jamais on pût entendre de plus riche et de plus fécond. C'était du côté de Voltaire une abondance intarissable de faits intéressants et de traits de lumière. C'était du côté de Vauvenargues une éloquence pleine d'aménité, de grâce et de sagesse. Jamais dans la dispute on ne mit tant de douceur, d'esprit, de bonne foi. Ce qui me charmait plus encore c'était d'un côté le respect de Vauvenargues pour le génie de Voltaire et de l'autre la tendre vénération de Voltaire pour la vertu de Vauvenargues.* »

C'est une entente admirable à une hauteur de pensée et de sentiment qui honore à la fois l'un et l'autre. Les ennemis de Voltaire ne tiennent pas compte de ces moments de sa vie. L'homme qui les a vécus n'est pas si mauvais qu'on veut nous le faire croire.

Le jeune Marmontel n'était peut-être pas capable de s'élever si haut, mais il était capable d'admirer et de comprendre. Il pouvait, mieux que personne, apprécier l'amitié de Voltaire et son dévouement pour la jeunesse. C'est Voltaire qui avait engagé le jeune limousin sans fortune à venir à Paris, c'est Voltaire qui lui avait trouvé une place auprès du ministre M. Orry. Malheureusement, quand Marmontel arriva à Paris, M. Orry était disgracié. Voltaire pour compenser offrit au jeune débarqué une bourse, que celui-ci eut la pudeur de refuser. Voltaire en fut touché. Cela l'attacha davantage à Marmontel et, à la longue, il l'amena à accepter avec les formes de l'amitié et de l'affectueux respect qu'il portait à ses protégés, les secours qu'il croyait devoir à Marmontel puisque celui-ci était venu à Paris sur son conseil. Reconnaissons-lui donc, désormais, ce vice supplémentaire que Marivaux appelle : la vertu.

Voltaire change de secrétaire et d'armoiries.

Ni le procès Travenol, ni la maladie, ni les affaires, ni les visites à la Cour et à la ville ne l'empêchent d'écrire une tragédie : *Sémiramis.*

Le manuscrit suit les déplacements du couple. On rencontre Mme du Châtelet et Voltaire, en août 1746 au château d'Anet, chez la duchesse du Maine. En septembre, ils sont à Fontainebleau avec la Cour.

Entre-temps, une catastrophe domestique : tous les domestiques de Mme du Châtelet décampent le même jour. Par solidarité, ceux de Voltaire les imitent. Mme du Châtelet était dure et chiche avec son personnel. Voltaire était souvent obligé d'huiler les rouages du service avec des gratifications clandestines. Il n'y avait pas que la chicherie, il y avait la mauvaise humeur d'Emilie. Elle n'était philosophe que dans son laboratoire et devant ses grimoires ; hors de là, elle avait des caprices et des fureurs. Comme pour ajouter au désarroi, le secrétaire de Voltaire profita de la désertion générale pour mourir. C'est la perte qui toucha le plus le poète, mais il se souvint que le maître d'hôtel d'Emilie recopiait parfois ses manuscrits avec son défunt secrétaire. Il le raccrocha et lui donna la charge de secrétaire. C'était un nommé Longchamp qu'Emilie avait ramené de Bruxelles lors d'un des nombreux voyages qu'elle y fit pour son fameux procès. Longchamp s'était fait, non sans peine, aux habitudes d'Emilie. Ce brave garçon fut long à admettre que Mme du Châtelet changeât de chemise devant lui « nue comme une statue de marbre ». Il n'était pas de marbre, lui, et il était ému. Elle lui faisait réchauffer l'eau de son bain et elle s'y plongeait comme si elle eût été seule. (Une autre dame, Mme d'Anville, se faisait plonger dans son bain par son valet de chambre mais au moins prenait-elle soin au préalable de se faire coudre dans un sac.) Ce pauvre Longchamp n'en revenait pas : « *Tout mon individu n'était ni plus ni moins à ses yeux que la bouilloire que je tenais à la main.* » Le triste, en son cas, était qu'il bouillait autant que la bouilloire — et en vain.

Il échappa à ces cruelles épreuves en se mettant au service de Monsieur. Les débuts furent un peu rudes, les impressions de Longchamp sont très révélatrices. Le premier matin, il fut à la fois valet de chambre et secrétaire puisqu'il n'y avait personne.

Voltaire en se réveillant lui demande son portefeuille. Longchamp cherche ; il l'a sous le nez, mais comme il ne connaît pas le rangement — ou le désordre — de la chambre, il ne le trouve pas. Voltaire s'impatiente et crie : « *Il est là, ne le voyez-vous pas !* » Et il montre une chaise.

Longchamp est tout temblant. « *Accommodez ma perruque !* » lui ordonne Voltaire. L'autre s'escrime à peigner et à brosser la perruque. Quand il la présente à son maître, celui-ci ricane, se moque de ce perruquier, secoue la perruque : il y a trop de poudre, il l'accommodera lui-même. Qu'on lui passe un peigne ! Longchamp lui tend un peigne ; Voltaire s'en saisit, hurle et le jette par terre : ce n'est pas ce peigne qu'il veut, c'est le grand — or, il n'y en a pas d'autre. « *Ramassez-moi celui-ci. Donnez-le moi.* » Il s'acharne alors à coups de peigne sur la perruque, l'ébouriffe affreusement et se la jette tout de guingois sur la tête. Il enfile son habit sans rien dire et s'en va déjeuner avec son Emilie.

On pourrait tirer les plus sévères conclusions de ce fidèle rapport de Longchamp sur la détestable humeur de Voltaire. Laissons Longchamp, qui est mieux placé que quiconque, parler pour nous. Il fut d'abord persuadé qu'il ne resterait pas longtemps. Mais il s'aperçut bien vite que ce qu'il avait pris pour de la brutalité n'était qu'une nervosité incontrôlée qui s'apaisait dès qu'elle avait éclaté : « *Je vis par la suite qu'autant ses vivacités étaient passagères et pour ainsi dire superficielles, autant son indulgence et sa bonté étaient des qualités solides et durables.* »

Prudemment, Longchamp ne s'était engagé que pour la durée du voyage de Fontainebleau. Cette prudence était superflue : Longchamp demeura au service de Voltaire de 1746 à 1754.

A la Cour, Voltaire doit faire son métier de courtisan. Il nous dit qu'il le néglige : « *Me voici à Fontainebleau et je fais tous les soirs la ferme résolution d'aller au lever du roi ; mais tous les matins, je reste en robe de chambre avec « Sémiramis ».* » Ce n'est qu'à moitié vrai ; les charmes de sa *Sémiramis* ne lui font pas tout à fait oublier ses devoirs dont il s'acquitte fort bien. Ensuite il ajoute des alexandrins à des alexandrins qui finiront par faire, à bref délai, une nouvelle tragédie. Celle-ci sera seulement un peu plus ennuyeuse que les autres, mais ses contemporains aimaient beaucoup ce genre.

Le 22 décembre 1746, il reçoit du roi le brevet de gentilhomme ordinaire de la Chambre. Louis XV a tenu sa promesse. Voltaire est désormais tout à fait gentilhomme. Mme de Pompadour n'a pas oublié les services rendus à Mme Lenormand d'Etioles au cours de sa prestigieuse et difficile ascension. C'est à elle qu'il doit ce titre enviable. Il peut enfin dire qu'en sa personne les Arouet, de Saint-Loup ont atteint le faîte de la société. En cette occasion, il époussette ses armoiries et les modifie un peu. A l'Armorial, les Arouet portaient *d'or à trois flammes de gueules* il en fera un blason à lui portant *d'azur à trois flammes d'or*. Il n'a plus le rouge — couleur du Saint-Esprit — il garde l'or — et prend la couleur de la Vierge.

A Paris, où on en a vu d'autres, cette nouvelle dignité ne fait ni chaud ni froid. Mais elle cause des remous — qui l'eût cru ? — à Saint-Loup, en Poitou, au berceau des Arouet que son bisaïeul Hélénus avait quitté en 1620 ! Il y avait donc cent vingt-six ans en 1746. Les noblaillons de Saint-Loup entrent en fureur parce qu'un petit Arouet est anobli et reçu par le roi. Voici la lettre d'un de ces gentillâtres, servie en sa forme originale. On est édifié à première vue :

« *On m'avertit, mon respectable oncle, que le roi insisté en aireurs par des malintentionés, grattifie du titre de gentilhomme de sa chambre un cuidam nomé Arouet, de Saint-Lou, fils d'un Domar qui s'est fet connaître du nom de Voltère. Le roi ne fera pae l'affront à la noblesse de dispancer ce cuidam de ses preuves, qui pour se les procurer se verait obligé de les cher cher dans les parans de sa mère pars qui lest de la roture du côté paternel ce qui serait un dézhoneur pour des gentilshommes de nom et d'armes nobles de père en fils de tems imémorable. Je pri la décision mon cher oncle, après avoir pris l'avis des gentilshommes nos parans qui ne se doucie de dérogé qui li a lieux de fermer nos portes et nos titres à ce Voltère... etc... Vous nous dirés votre avis dimanche au dîner de Vernay.* »

Après ce beau mouvement pour « fermer ses portes et ses titres » à ce « cuidam », le champion de la noblesse revient sur terre et conclut : « *Le cheval rouge est rompu de la course d'hier, si le griset était à la maison j'irai vous parler au lieu de vous écrire.* »

Quel dommage c'eût été que le griset fût resté à la maison ; nous serions privés de ce beau morceau de vérité. Il reste les signatures de ce haut et puissant seigneur. Elles ne déparent pas le charme agreste de la lettre ; il signe « *Seigneur du Cerisier d'une part et Seigneur de l'Huillière d'autre part.* » Molière n'écrit-il pas l'histoire en écrivant ses farces ? « *Monseigneur de l'Huillière* » ! Et quelle hauteur avec ce cuidam, ce *Voltère* qui est de la roture ! La grandeur est partout mais surtout dans la sottise.

Des non-valeurs dans une société, *dit la vipère.*

Les débuts de 1747 sont absorbés par les recherches historiques sur la guerre de 1741. Voltaire est aussi très souvent malade bien qu'il ait découvert des pilules merveilleuses, dites de Staal. Il les recommande à tout le monde et en prend des quantités qui feraient mourir un homme robuste. Il ne manque pas de faire sa cour comme un vrai gentilhomme de la Chambre par des lettres et par ses visites à Mme de Pompadour. Il envoie une épître à la duchesse du Maine sur la victoire de Lawfeld le 2 juillet 1747. On dit partout qu'elle ne vaut pas le poème de Fontenoy. Et c'est vrai. Aussi bien le poème était pour le roi, l'épître n'est que pour une altesse. A la Cour tout doit se doser selon les préséances — même les dépenses de talent. La duchesse est cependant fort satisfaite et elle invite Voltaire et Emilie à faire un séjour à Anet. Suivons-les.

Nous sommes informés de leurs faits et gestes, de la façon la plus malveillante et la plus drôle, par une baronne de Staal qui vivait au château et qui, grande amie de Mme du Deffand, avait une langue presque aussi cruelle et une plume presque aussi bonne que la sienne. C'est une recommandation ! Elle voit arriver le couple avec horreur. On ne sait pourquoi, mais Emilie, en particulier, lui est odieuse — aussi, tous les coups portent. Elle nous raconte qu'on attendit le poète et la physicienne toute la journée : ils trouvèrent le moyen d'arriver à minuit « *comme deux spectres avec une odeur de corps embaumés qu'ils semblaient avoir apportée de leurs tombeaux* ». La baronne ajoute que c'étaient pourtant des « spectres affamés » et qu'il fallut leur préparer un souper et des lits. Ce qui semblerait assez normal à tous sauf à la vipère, qui a décidé de tout tourner en ridicule. On fit déménager un gentilhomme de la duchesse pour loger les arrivants. N'avait-on rien prévu pour eux ? On plaint le malheureux qui n'eut même pas le temps d'enlever ses bagages. Voltaire trouve le gîte excellent : ce qui fait enrager le délogé qui perdait tout espoir de récupérer son logis. Pour Emilie, c'est plus compliqué. Elle se plaint de son lit. Il faut la déménager. On insinue qu'elle fait la difficile car elle n'est pas si délicate. On lui promet mieux quand le maréchal de Maillebois sera parti — et on souhaite que ce soit rapidement, car celui-ci ne fait que chasser. Il n'a rien apporté pour désennuyer les hôtes habituels du château. On espère que Mme du Châtelet et Voltaire seront plus profitables. D'ailleurs, ils proposent de jouer une comédie de Voltaire, une farce plutôt, du nom de *Boursoufle*. La baronne ne manque pas d'indiquer qu'Emilie tiendra le rôle de *Mlle de la Cochonnière*. « *Ce ne sont point ses armes parlantes* », ajoute la commère pour bien souligner qu'Emilie est maigre. Quant à Voltaire en *Boursoufle* c'est une dérision car il est squelettique.

En trois jours, Emilie a changé trois fois de chambre. La baronne ne lui épargne rien : elle a quitté la dernière chambre parce qu'il y avait de la fumée. « *De la fumée sans feu ! Il semble que ce soit son emblème.* » On se moque, derrière les éventails, de son prétendu travail qui la tient tout le jour devant sa table. Elle n'aime le silence que dans la journée : la nuit elle se montre et s'agite. Voltaire a déjà pensé à la compagnie, il a distribué par-ci, par-là quelques vers galants : on serait assez content de lui, s'il n'était affublé de cette Emilie.

Il est vrai qu'Emilie n'est pas de tout repos : elle a déjà fait rafler toutes les tables dans les autres chambres. Il lui en faut sept ou huit sur lesquelles, elle étale ses papiers, ses livres, ses instruments, ses bijoux, ses fanfreluches et ses fards. Le spectacle est effarant, tout est à l'étal ! Par un heureux hasard, estime la baronne, on a versé un encrier sur son algèbre. Emilie a une crise de fureur dont la compagnie se délecte.

Comme on ne les a fait venir que pour désennuyer, on les juge trop renfermés : les journées sont interminables et eux n'apparaissent que le soir : « *Ils ne veulent ni jouer, ni se promener,* écrit la baronne, *ce sont des non-valeurs dans une société où leurs doctes écrits ne sont d'aucun rapport.* »

Mais au souper, Voltaire, en une heure payait largement l'hospitalité. En s'amusant à jouer *Boursoufle,* Voltaire amusa prodigieusement tout le monde. Même Emilie fut excellente dans son rôle, elle chanta à ravir. Pour qu'on le reconnaisse, il faut bien que ce soit vrai ! Mais la critique ne tarde pas — Emilie a joué Mlle de la Cochonnière en robe d'apparat avec mille diamants, un peu vrais, un peu faux, mais brillant partout sur elle de façon insolite. Voltaire s'est fâché pour qu'elle s'efforçât de ressembler un peu à Mlle de la Cochonnière au moins par l'accoutrement. Mais l'Algèbre a fait taire le poète : « *C'est elle la souveraine et lui l'esclave* », conclut la baronne. Elle nous promet, dit-elle, encore mille traits de leur ridicule car ils en sèment autour d'eux sans s'en douter. Nous sommes satisfaits de ceux-ci ; d'ailleurs le couple étrange fausse compagnie à ses hôtes d'Anet.

Ils ne tiennent pas en place : vite, vite ils rassemblent leurs bagages, leurs papiers, ils courent vers Richelieu qui doit partir pour Gênes et veut une entrevue avec Voltaire avant son départ. On ne peut rien lui refuser, on accourt avec une tonne de malles. Deux jours après, la bonne baronne reçoit une lettre éplorée de Voltaire, dans la hâte du départ, il a perdu le manuscrit de *Boursoufle*. Il faut le retrouver à tout prix, le lui renvoyer — mais non par la Poste car les voleurs de manuscrits le voleraient pour le vendre aux libraires voleurs. Quant aux rôles que chacun avait recopiés,il lui fait les plus pressantes recommandations : « *Il faut les enfermer sous cent clefs.* » Et la suave commère de s'étonner : « *J'aurais cru un loquet suffisant pour garder ce trésor.* »

Du danger de prononcer le mot fripon *et d'écrire le mot* conquête.

Le 14 octobre 1747 les deux amis sont de nouveau à la Cour à Fontainebleau. On sait qu'Emilie qui lésinait sur le pain et le sel de ses domestiques était une joueuse forcenée et, bien entendu, malheureuse. Un soir qu'elle était au jeu de la reine, elle se mit à perdre d'une façon effrayante. Elle vit s'évaporer en un clin d'œil les quatre cents louis qu'elle avait sur elle. Elle n'avait réuni cette somme qu'à grand-peine. Voltaire la surveillait et ces pertes le faisaient enrager car il détestait perdre son temps et son argent aussi vainement. Il lui avança cependant deux cents louis qu'il avait en poche. Ils furent aussitôt engloutis. Il essaya quelques observations mais, comme celles qu'il avait osé faire sur le costume de théâtre, elles lui furent vertement renvoyées. Il se résigna à faire demander par un laquais deux cents louis supplémentaires à un homme d'affaires qui les avança à un taux exorbitant. Mlle du Thil qui manœuvrait si bien les émissaires auprès du pape se trouvait là et prêta de bon cœur cent quatre-vingts louis. La divine algébriste les jeta à poignée sur le tapis et au lieu de les voir se multiplier, elle les vit disparaître jusqu'au dernier. Voltaire la supplia de se retirer : elle le rabroua de nouveau et continua à jouer sur la parole, Alors, commença le désastre ! Elle perdit ainsi quatre-vingt-quatre mille livres, plus les neuf cents louis cela faisait cent trois mille livres. Or,

M. du Châtelet n'était pas très riche, on le sait. Voltaire avait suivi le jeu avec la rage muette et la clairvoyance de celui qui a tout prévu et demeure impuissant. Il l'avait vue courir à sa perte comme une folle. Au dernier coup malheureux, il ne put se contenir — il avait vu ! — et il dit entre haut et bas, en anglais : « *Vous ne voyez donc pas que vous jouez avec des fripons ?* » Infiniment rares étaient ceux qui parlaient anglais à cette époque — mais il se trouva sans doute quelqu'un qui avait compris car Voltaire s'aperçut avec effroi qu'on chuchotait autour d'eux, qu'on faisait circuler le mot abominable qu'il venait de prononcer. Il était très dangereux d'employer ce mot au jeu de la reine. Il y avait là des princes du sang, et les plus grandes dames du royaume. Il fallait disparaître au plus vite avant qu'une mesure de représailles ne fût prise contre lui. Il venait de commettre un crime de lèse-majesté. Avait-il tort ? Certainement pas. Mais, des vices de la Cour,

il faut parler de loin
Ou bien se taire.

Le duc de Luynes écrit dans ses Mémoires : « *On continue de voler beaucoup à Versailles...* » et il énumère des faits... Mme du Deffand raconte que dans une soirée une grande dame et son amant en train de forcer un secrétaire furent surpris par un valet. Ils s'excusèrent auprès du maître de maison en disant que c'était par jeu ! Elle était princesse de M... A Versailles encore, on vole un rouleau de louis sur une table de jeu. Une autre fois, on substitue de faux louis aux véritables. Les duchesses trichent — les ducs aussi sans doute. Voilà ce qu'il ne fallait pas dire, même en anglais.

Ils fuient tous deux dans une chaise de poste, la première rencontrée, en mauvais état, elle se rompt à Essonnes. Ils n'ont pas un sou pour payer le charron qui la répare et qui les garde prisonniers. Un voyageur passe, les reconnaît, paie pour eux, sinon ils y seraient encore — à moins que les gardes ne soient venus les cueillir.

Voltaire avait — à bon droit — une peur horrible de la vengeance de ces grands seigneurs de la Cour. Un chevalier de Rohan, dans une vie, c'est suffisant ! Il pense trouver refuge à Sceaux, chez la duchesse du Maine. Mais il ne peut y entrer ainsi, sans permission et en plein jour. Il se cache dans une ferme et envoie un billet à la duchesse par un journalier qui rapporte aussitôt la réponse : une gracieuse invitation !

Il entre à Sceaux, à minuit. Il est attendu à la grille par un M. Duplessis qui avait joué dans *Boursoufle* : cela crée des liens. Dans les ténèbres on le guide vers une porte dérobée du château, un escalier mystérieux le conduit sous les combles où est aménagé un petit appartement dont personne ne soupçonne l'existence. C'est là qu'il va demeurer, dans le secret absolu, pendant plus de deux mois.

Vers deux heures du matin, chaque nuit, il prenait sa récréation. Il descendait comme un fantôme dans la chambre de la spirituelle duchesse. Tout dormait, sauf un valet qui était dans le secret et qui plaçait une table dans la ruelle de la princesse. C'est à cette table que Voltaire, en robe de chambre et en bonnet de nuit, soupait des mets les plus exquis et servis comme chez le roi. Il grignotait cette manne céleste en tenant à la duchesse, accoudée sur ses dentelles, les propos les plus brillants du monde. Elle était dans le ravissement. Lui aussi. Sa solitude lui rendait cette heure d'épanchement plus précieuse, il se sentait aimé et compris à merveille. Il faisait briller tous les feux de son esprit pour cette auditrice unique — mais de quelle qualité ! — une des femmes les plus agitées et les plus cultivées, d'une intelligence parente de celle de Voltaire, et d'un goût infaillible. Quelle rencontre ! Une altesse royale, une princesse de l'Esprit, dans l'extase sous les plus beaux lambris de France après ceux de Versailles devant l'homme le plus intelligent d'un siècle qui fut le plus intelligent de l'histoire des hommes. C'est un spectacle inouï, à la lueur d'une bougie. Mais sait-on ce qu'éclairait cette flamme tremblante, quels papiers il lisait à la duchesse ? Car il lisait le soir ce qu'il écrivait le jour, pour elle, pour lui rendre grâce de son hospitalité, de sa protection. Il écrivait des histoires très légères, d'une plume qui effleurait à peine le papier : un souffle d'esprit, une touche de sentiment, un soupçon de morale, un grain d'érudition sous un vernis transparent d'histoire et voilà des contes qui s'appellent *Babouc, Memnon, L'Ingénu, Micromégas, Zadig*. Et c'est écrit pour l'éternité alors que ce ne fut imaginé que pour plaire, un soir, une heure, à une duchesse presque naine qui avait le diable en tête et qui voulait tout simplement s'endormir avec ce sourire inimitable des pastels de La Tour.

Longchamp partageait sa captivité. Il recopiait. Ils avaient près d'eux un petit Savoyard de douze ans qui faisait les courses. Voltaire un jour ne put faire entrer son pied dans son soulier. On envoya le soulier chez un savetier. Que découvrit celui-ci ?

Une bourse pleine d'or enfoncée au bout du soulier ! Voilà l'enfant qui pleure. Il croit qu'on a voulu mettre son honnêteté à l'épreuve. Il se lamente, il rentre en pleurant et tremblant car il craint de perdre la précieuse bourse dans la neige. En arrivant, il raconte tout ; on rit, on le rassure et... on le récompense. Comment Voltaire avait-il égaré ses louis ? Il avait vidé ses poches et jeté ce qu'elles contenaient, sans y regarder de près, dans un placard. La bourse était tombée dans un soulier où elle s'était logée et elle y était demeurée oubliée. Est-ce bien là le fait d'un homme qu'on a dépeint comme un affreux Harpagon ? Les Harpagon rangent voluptueusement leurs louis, ils ne les jettent pas dans un fond de placard, et s'ils les égarent — s'ils égarent un sou ! — on entend des cris, on cherche, on fait chercher. « Au voleur ! Au voleur !... » Nous prendrons quelquefois Voltaire en flagrant délit d'âpreté, et nous ne fermerons pas les yeux (ce serait lui faire injure que d'être myope, même envers ses défauts). Il avait à cela des raisons qui ne lui font pas toujours honneur mais ces raisons se trouvaient souvent en accord avec *le droit* — et *le Droit,* le fils Arouet le connaît et surtout lorsqu'il soupçonne ses adversaires de le vouloir tourner à son détriment. Mais faire de Voltaire un grippe-sous caricatural, c'est faire de lui une charge à la Daumier alors qu'il a été peint par Largillière.

En février 1748, le danger est passé. Mme du Châtelet s'est entremise à Versailles et à Paris. Tout est arrangé. On a oublié le « mot ». Voltaire peut se montrer. Avant de paraître sur la scène du monde parisien, il commence par se montrer sur le théâtre du château de Sceaux. C'est une façon très voltairienne de reprendre contact avec la vie : il joue la comédie. Avec Emilie, le vicomte de Chabot, le marquis de Courtanvaux qui dansait à la perfection, ils jouent deux comédies : *La Prude* et *Les Originaux.* Parmi les petites danseuses du divertissement, il y a une fillette que tout le monde admire et qui s'appelle Guimard — elle devait devenir la célèbre Guimard, la plus admirable danseuse de l'époque.

Une petite chiffonnerie avec sa duchesse. Ce n'est pas elle qui a tort. Elle était chez elle, et elle détestait les cohues. Or, M. de Voltaire, fatigué par trois mois de solitude voulait paraître aux yeux du public le plus vaste. Il se permit de multiplier les billets d'invitation. L'insolent ! La duchesse s'étonnait de cet afflux d'invités. Elle se plaignit. Pour se faire pardonner, que fit-il ? Une seconde représentation, en jurant qu'elle n'était réservée qu'aux proches amis : il y eut encore plus de monde qu'à la première et pas toujours du meilleur. Il eut le sans-gêne d'envoyer le billet suivant : « *Entre qui veut, sans aucune cérémonie ; il faut y être à six heures précises et donner ordre que son carrosse soit dans la cour à sept heures et demie, huit heures. Passé six heures, la porte ne s'ouvre à personne.* »

Ces billets avaient été cachés à la duchesse, mais elle les vit plus tard et les jugea « indécents par rapport à elle-même », on ne saurait qu'admirer sa patience. Voltaire prend ainsi des libertés inadmissibles avec des gens qui pardonnent un peu, mais qui, par nature, ne sont pas enclins à pardonner beaucoup. Il le sait. Il lui en a cuit. Il persévère. Il ne faut pas chercher ailleurs les raisons qui le firent traiter de plus en plus froidement par le roi et par la cour de Versailles. Quant à la duchesse du Maine, ces « billets d'invitation » lui restèrent sur le cœur. Elle n'eut plus désormais avec Voltaire la même familiarité, mais ce n'est pas une raison suffisante pour affirmer, comme certains malveillants, qu'elle chassa Voltaire de la cour de Sceaux.

Zadig avait été tellement admiré par la duchesse et par ceux qui avaient pu lire le manuscrit, qu'ils firent promettre à Voltaire de l'éditer. Il donna le début à un imprimeur de Paris, lui disant qu'il préparait la fin. Puis il donna la fin à un imprimeur de Rouen lui disant qu'il remaniait le début. Il se fit ensuite remettre les deux parties, les fit relier ensemble au nombre de deux cents exemplaires et les envoya en cadeau à la duchesse du Maine qui les distribua. Cela lui fit presque oublier le coup des invitations : « *Entre qui veut...* »

Mais, il aurait fallu voir la fureur des deux libraires quand circula un ouvrage que chacun croyait être son bien. L'explication fut orageuse. Voltaire paya largement l'un et l'autre et leur permit désormais d'imprimer le début et la fin ensemble. N'était-ce pas finir par où il aurait dû commencer ?

On joue à la cour son *Enfant prodigue* pour le roi seul et ses familiers. Les ducs de Chartres, de Nivernais, de Gontaut et Mme de Pompadour jouèrent excellemment. Voltaire ne fut pas invité. Mais la marquise le fit prévenir et elle obtint du roi qu'à l'avenir les auteurs des pièces jouées « dans les cabinets » seraient invités. Voltaire lui décocha ce madrigal :

Pompadour vous embellissez
La cour, le Parnasse et Cithère
Charme de tous les cœurs, trésor d'un seul mortel
Qu'un sort si beau soit éternel !

Que la Paix dans nos champs revienne avec Louis
Soyez tous deux sans ennemis
Et tous deux gardez vos conquêtes.

Ce madrigal qui a l'air anodin fit à la Cour rimer « conquêtes » avec les « tempêtes » qu'il déchaîna. Le parti de la reine trouva indécent que Voltaire osât parler des conquêtes du roi et de celles de la Pompadour.

Il paraît que la révélation de ce secret de Polichinelle était une ignominie et que Voltaire en dévoilant les turpitudes royales attentait à la majesté souveraine. Le bruit se serait bientôt calmé s'il n'y avait eu que la reine et quelques anciennes belles de son entourage à se plaindre. Mais il y avait les filles du roi, très montées contre la favorite et contre Voltaire. Or, le roi adorait ses filles qui le lui rendaient et, à force de cajoleries, elles obtinrent de leur père qu'il écartât Voltaire de la Cour. Elles réussirent à atteindre Mme de Pompadour dans la personne de son poète préféré. D'ailleurs, nous apprenons que le dauphin et la dauphine. dans le privé, appelaient Mme de Pompadour « *notre maman p...* » La pilule est encore plus forte. Gobons-la.

Que se passa-t-il ? La Cour gronda sourdement contre Voltaire. A Paris, comme d'habitude, de ce murmure, on fit un vacarme : on dit que Voltaire était exilé. Rien ne permettait de l'affirmer, mais le poète averti de ces bruits préféra, une fois de plus, prendre le large — c'est-à-dire la route de Cirey. Mme de Pompadour ne fit rien pour le retenir. Ce départ la soulagea certainement. Les madrigaux de Voltaire étaient devenus compromettants. Elle venait de perdre une manche et elle ressentit cruellement cet échec. Mais à Versailles tout se passa en murmures. Seul, Paris clabauda.

Voltaire écrit à d'Argental et au président Hénault pour s'expliquer et surtout pour qu'ils expliquent autour d'eux que tout est faux dans ces rumeurs : « *Je ne peux donc, mes divins Anges, sortir de Paris sans être exilé !* » Bien sûr, c'est un voyage d'agrément (un peu précipité toutefois). Suit un éloge de la famille royale pour donner le change. Il ne souffle mot du madrigal à la marquise. Il se défend d'avoir écrit à Mme la dauphine. Mais qui parle de lettre à la dauphine ? Lui seul. Pour éviter de parler de ce qui existe, il ouvre une fausse piste. A vingt ans, il agissait de même — il en a cinquante-quatre ! Lorsqu'on l'accusait d'avoir écrit le *Puero regnante* il se défendait d'être pour rien dans les *J'ai vu*. Pour le moment il est sur les routes : il fuit, c'est certain.

Une cour perdue, une autre la remplace.

Quel voyage pour atteindre Cirey, en hiver ! Emilie, toujours originale, ne voulait voyager que de nuit. Comme d'habitude leur carrosse était surchargé. Il faisait un froid terrible ; la neige glacée sur les routes, dissimulait des fondrières. Dans la grosse boîte, les deux amants sous leurs fourrures sont écrasés entre des malles, des paquets qui roulent sur eux à chaque cahot. Tout cela encaqué à la hâte. Malgré leur opulence, ils voyagent dans le plus grand inconfort. A quelques lieues de Nangis un essieu se rompt. Brutalement, la lourde machine s'affaisse, traîne sur le pavé, penche, penche, va verser, mais se couche sans se retourner au milieu des hurlements frénétiques du poète et de la physicienne. Lui crie bien plus fort : il est coincé entre deux caisses de livres, il suffoque... il meurt ! La marquise est renversée sur lui mais elle est encore à l'air libre, la femme de chambre surmonte le tout. On les tire de là : il est vivant puisqu'il hurle. Sitôt sur pieds, il retrouve son calme et ses esprits. Il envoie au village chercher des ouvriers. En les attendant, Emilie et Voltaire, s'installent sur le revers du fossé où l'on a disposé à même la neige les coussins du carrosse. Et, le plus naturellement du monde, ils admirent le ciel scintillant d'étoiles et de gel. Newton est avec eux, en eux ; ils s'élancent tous trois dans les espaces infinis. Ils s'abandonnent à leur ivresse mi-poétique, mi-astronomique ; ils ont la même aisance que dans leur galerie de Cirey ; ils sont transis de froid et ravis par ce prodigieux champ d'exploration qu'est le ciel d'hiver. Ils délirent scientifiquement. Reconnaissons qu'ils savent pousser au suprême degré l'art de mal voyager et d'en tirer plaisir.

« *Ah ! que n'avons-nous porté le télescope ?* » s'écrient-ils. Oui, ils en auraient bien besoin pour rechercher leurs bagages répandus dans la nuit et sur la neige. Mais ils ne voient rien de cela. Ils se tiennent la main, les yeux rivés sur les étoiles et ils parlent... ils parlent... ils parlent tous deux sans même s'écouter. Peu importe puisqu'ils s'expriment les mêmes pensées enivrantes. C'est cela, l'essence de leur amour.

Quatre paysans remettent la voiture sur roues à l'aide de cordes. La réparation est bien précaire. Les quatre hommes tirés du lit par cette nuit sibérienne s'attendaient à une belle récompense. Revenue des étoiles, Emilie aligne avec regret douze livres. Les ouvriers grommellent en s'éloignant. On les laisse grommeler, on rembarque et, fouette cocher ! on repart. La voiture n'a pas fait dix tours de roues que tout casse de nouveau : on crie, on appelle au secours. Point de rustre ! On prie. On supplie. Point de rustre. Voltaire tire sa bourse : l'or brille à la pâle clarté des étoiles. C'est par là qu'il eût fallu commencer. Le rustre reparaît. Enfin, on arrive à Nangis où on laisse le carrosse. Les deux voyageurs demandent l'hospitalité dans un château voisin. Ils se rôtissent devant un grand feu, mangent, boivent et, comme le petit jour paraît, ils vont s'enfouir dans de grands lits de plumes. Ils y restent deux jours en attendant que le carrosse soit réparé. Cahin-caha, ils atteignent Cirey sans autre histoire.

Leur séjour y dura quatre mois ; dès leur apparition, la société habituelle se recrée : Mme de Champbonin et le voisinage. Les malles n'étaient pas ouvertes qu'on dressait déjà les tréteaux du théâtre. Aussitôt on joue la comédie : on joue *Boursoufle* à en perdre le souffle.

Dans le courant de ce même hiver, en février 1748, ils font une escapade à la cour du roi Stanislas, à Lunéville. C'était un bon roi et un bon homme. Les Lorrains qui le boudèrent d'abord, finirent par l'aimer comme Stanislas les aimait de son côté, et son règne est resté un des meilleurs moments de l'histoire lorraine. Il régnait sans régner ; c'est un intendant français M. de la Galaizière désigné par Versailles qui s'occupait du gouvernement. Stanislas n'était pas homme à lui disputer le pouvoir. Il ne se réservait que le droit de faire le bien. Sa cour était charmante, on y vivait familièrement, tout le monde s'y connaissait bien. On y était poli et aimable, sans être aussi guindé qu'à Versailles. C'était une cour miniature qui, comme les autres, imitait Versailles, en son élégance mais refusait sa discipline, et sa corruption. Cette cour de Lunéville ressemblait à ces cours allemandes que Voltaire aimait tant. Le roi Stanislas avait autour de lui tous les rôles d'un très joli opéra-comique. D'abord une maîtresse, une des plus belles femmes d'Europe, dont la célébrité n'avait altéré ni la douceur, ni l'esprit ; c'était la marquise de Boufflers, de la famille des princes de Beauvau, première noblesse lorraine ; en contrepartie, Stanislas avait un confesseur, un Jésuite, le père Menou, un peu ténébreux alors que la marquise était toute lumière. Selon l'occasion, nous verrons Voltaire intriguer avec ou contre ce père Menou « *le plus intrigant et le plus hardi prêtre que j'aie jamais connu* », dit notre poète qui s'y connaissait en intrigue aussi bien qu'en hardiesse. Il ajoute que le roi partageait son cœur entre ces deux créatures, le Jésuite coûtant plus cher que la favorite. Il avait tiré plus d'un million du roi, il avait fait bâtir une maison magnifique pour son ordre et s'était réservé douze mille livres pour sa table ! (Dix millions pour la cuisine du confesseur !) Plus la même somme dont il pouvait disposer selon son gré.

En regard, la favorite ne recevait du roi « *qu'à peine de quoi s'acheter des jupes* », dit Voltaire. Mais c'étaient des jupes sans doute très remarquables.

Bien entendu, le confesseur était jaloux de la favorite : il voulait la chasser de la moitié du cœur de Stanislas où elle s'était installée. Entre eux, c'était la guerre et, en sortant de la messe, le bon roi « *avait bien de la peine à rapatrier sa maîtresse et son confesseur* ».

Le roi Stanislas avait aussi un nain. Il était si petit qu'on le plaçait parfois dans un pâté en croûte et, en tranchant le pâté sur la table, on libérait le minuscule personnage qui gambadait entre les verres et les plats. Il pouvait tout dire et avait parfois mauvais caractère ; ses cris et ses injures faisaient les délices de la Cour. On le perdit un jour dans une prairie, l'herbe était une forêt pour lui. On parlait du nain jusqu'à Versailles. Mme de Pompadour s'étonnait qu'il n'eût jamais pu apprendre le catéchisme et qu'on n'eût jamais pu lui faire entendre qu'il y avait un Dieu. En ce milieu, le pauvre nain aurait eu besoin de bien des grâces, pour s'élever seul à cette pensée ! Il s'appelait Bébé. Telle était la Cour de Stanislas. Tout cela est bien débonnaire.

Ce n'est pas pour Bébé que Voltaire et Emilie avaient fait le voyage de Lunéville. Ce genre de distractions ne les distrayait pas du tout. Mme du Châtelet espérait obtenir du roi une pension pour

Son mari le capitaine
Qui n'était jamais là,

comme dirait P. J. Toulet.

Le marquis appartenait à une des plus anciennes familles du pays et, peu fortunée ; la Lorraine lui devait bien une pension. Emilie savait qu'elle serait bien reçue par Stanislas qui était informé de la vie enchantée qu'on menait à Cirey. De son côté, ce bon roi voulait attirer à sa cour le poète et la marquise — ses sujets — qui lui devaient bien un aimable tribut d'esprit. Sans être très exigeant Stanislas n'était pas toujours disposé à s'amuser de son nain et les intrigues de son confesseur et de sa favorite lui semblaient monotones. Mais avec Voltaire tout va changer : le poète est persuadé que Stanislas l'attend avec impatience mais pour une tout autre raison. C'est pure imagination de sa part, mais cela peint notre héros. Il raconte, très convaincu, que le père Menou voulant se débarrasser de Mme de Boufflers a pensé à Mme du Châtelet pour prendre la suite. Au débarqué, il a tout de suite flairé cette intrigue. C'est invraisemblable : Mme du Châtelet ne remplissait pas les conditions, d'abord, en raison de son caractère autoritaire, de ses ambitions scientifiques qui rebutaient Stanislas, de son âge, enfin et surtout, le roi aimait très tendrement Mme de Boufflers. Disons que jamais pareil projet n'entra dans l'esprit du père Menou, ni de Mme du Châtelet, ni de Stanislas. Mais Voltaire en fait état comme d'une certitude pour noircir le confesseur. Quant à lui, il arrivait le cœur léger. Il attendait de Lunéville bien des plaisirs pour sa vanité, et peut-être d'autres profits. Il savoure d'abord la satisfaction d'être cajolé par le roi Stanislas ; comme sa fille, la reine, l'a fait tant soit peu chasser de Versailles, il trouve plaisant de montrer aux envieux que Stanislas prouve par sa conduite que les propos sur la disgrâce de Versailles ne sont que calomnie. Disons aussi que la société de Mme de Boufflers l'enchante. Il l'admire, l'encense, se laisse bercer par le charme de cette femme merveilleuse qui n'était pas une femme savante, on l'avait surnommée « *La dame de Volupté* ». Pour une favorite, c'est un meilleur titre que l'agrégation. D'un goût infaillible dans sa conversation et ses jugements, son élégance était celle de Versailles ; elle avait, en outre, aux yeux de Voltaire, une espèce de vertu surhumaine car elle était, le plus naturellement du monde, détachée de toute idée de péché et de toute croyance religieuse. Elle créait pour elle et son entourage une atmosphère de bonheur sans ombre et sans remords dans laquelle Voltaire respirait à pleins poumons. Elle s'était composé elle-même cette épitaphe :

Ci-gît dans une paix profonde
Une dame de Volupté
Qui, pour plus de sécurité
Fit son paradis en ce monde.

Quand nos deux illustres vinrent compléter la cour de Lunéville, tout le monde fut transporté de joie — sauf le confesseur. Enfin on allait avoir des dîners enivrants, du théâtre et des intrigues nouvelles. Dès l'arrivée, Mme de Boufflers et Emilie devinrent intimes. Voltaire courut au plus pressé, c'est-à-dire au théâtre : qu'on cloue les tréteaux et les planches ! On rejoue le succès de Sceaux : Stanislas ébloui voulut qu'on le jouât deux fois pour lui. Ensuite, ce fut *Mérope*. On pleura tant et tant que Voltaire qui aurait dû être blasé sur sa propre pièce fondit en larmes. Jamais une société confite dans le bonheur de vivre ne se livra avec plus d'abandon à la volupté des larmes.

Parmi le public il y a des gens aimables et même des gens de talent. L'un des spectateurs va se mettre en vedette, et tenir un des premiers grands rôles. Il est beau, bien fait, il a un air amène avec un fond de froideur qui lui donne du ton, il sait faire les vers et, par surcroît, il est jeune. Il s'appelle le marquis de Saint-Lambert. Il est aussi capitaine. Sa poésie à vrai dire nous laisse tièdes. Dans ses vers hélas ! le fond de froideur est remonté en surface. Mais il croit sa poésie profonde parce qu'elle est ennuyeuse. En dépit de cette faiblesse littéraire, ce poète va se trouver mêlé, à deux reprises, aux fastes de la littérature française au XVIIIe siècle. Il remporte deux victoires éclatantes sur les deux plus grands écrivains français contemporains, Voltaire et J.-J. Rousseau. Ce n'est pas à son talent littéraire qu'il doit ses victoires, mais à d'autres talents. En premier lieu, il va brillamment enlever Emilie à Voltaire, et en second lieu, il prendra — ou plutôt, il ne laissera pas — Mme d'Houdetot au mélancolique Jean-Jacques. Tels sont en littérature les chefs-d'œuvre de Saint-Lambert — sans parler de son poème *Les Saisons* qu'on salue de loin.

Il s'était attaqué à Mme de Boufflers dès son arrivée à Lunéville. Il aurait pu réussir, la marquise n'était pas femme à priver un brillant cavalier d'une victoire dont elle était prête à partager tous les plaisirs. Mais il se trouvait que Saint-Lambert était officier du roi Stanislas qui était le maître de la marquise puisqu'elle était sa maîtresse — et le maître de l'amant éventuel. La chose ne se fit donc pas parce que Stanislas avait des vues diamétralement opposées à celles de la marquise et du bel officier. Il ne voulut pas de Saint-Lambert pour rival. Mme de Boufflers qui était la femme la moins contrariante du monde reconnut ce droit régalien avec une parfaite bonne grâce. Elle aima mieux refuser au nouveau des plaisirs qu'il ne connaissait pas encore que de priver un ancien et parfait amant de ces plaisirs qui lui étaient en somme, une habitude et un droit. Ajoutons qu'il y avait aussi une autre raison, bien plus concrète, c'est que le roi Stanislas partageait déjà la marquise avec son chancelier, M. de la Galaizière. Ce partage était une affaire réglée, comme l'indique le trait suivant. Un soir, la marquise un peu ivre et un peu lasse des compliments, des cajoleries du vieux roi, cajoleries bien tendres certes, mais encore plus vaines, finit par dire à son amant déclinant : « *Est-ce là tout ?* » Le bon roi que sa puissance royale ne rendait pas plus puissant dans la circonstance lui répondit : « *Non, Madame, ce n'est pas tout, mais mon chancelier vous dira le reste.* » Il estima qu'on devait s'en tenir là, et il laissa donc au chancelier le soin de conclure — mais à lui seul. Deux amants ne sont que deux amants ; trois, c'est déjà la foule.

C'est ainsi que, débouté, Saint-Lambert lorgna tout de suite du côté de Mme du Châtelet. Il n'eut pas à lorgner longtemps : elle se jeta dans ses bras. C'était presque inévitable, elle était à bout. Voltaire n'avait jamais été en ses meilleurs moments qu'« un amant à la neige » — l'âge, la maladie, une espèce de froideur venant de la satiété avaient maintenant fait de lui un amant de glace. Il n'est que trop certain qu'Emilie se morfondait depuis plusieurs années. Or, elle n'était pas faite pour se morfondre de la sorte. Ses accès de fureur et de larmes, cette frénésie au jeu trouveraient peut-être leur explication dans ce drame intime. Sans doute, Voltaire l'aimait-il toujours — et autant qu'il l'avait jamais aimée — mais c'était d'autre manière. Dès 1742, Frédéric se moque de lui quand Voltaire lui confie — il aurait mieux fait de se taire ! — qu'il n'entretient plus avec Emilie que des relations de sentiment et d'esprit. C'est peut-être vrai, mais on en peut douter. (En tout cas, en 1742, s'il était froid avec Emilie il ne l'était pas avec une autre — nous reparlerons de cette autre allumeuse bien inattendue. Si Emilie avait appris ce que nous savons, quel orage !) Ce qui est certain c'est qu'elle est frustrée et qu'elle en souffre.

On avait bien essayé des « rapprochements » avec Voltaire. Il fallut y renoncer, ils étaient trop décevants. Voltaire dans un poème plein de délicatesse et de mélancolie, reconnaît qu'à cinquante quatre ans, il y a des cultes qu'il ne célèbre plus. Il s'en excuse auprès d'Emilie, il la console, et se console. Dans la course à la volupté, l'Amour soudain perd son souffle, il passe alors le flambeau à l'Amitié qui continue... à pas mesurés, ce qui n'est plus une course, mais une promenade. C'est l'allégorie de la Résignation ; il n'en est pas de plus touchante, ni de plus mélancolique. Voici ce qu'il écrit... après la panne :

Du ciel alors daignant descendre
L'Amitié vint à mon secours ;
Elle était peut-être plus tendre
Mais moins vive que les Amours.
....
Touché de sa beauté nouvelle
Et de sa lumière éclairé,
Je la suivis ; mais je pleurai
De ne pouvoir plus suivre qu'elle.

C'est pourquoi Emilie pleurait tant, et c'est pourquoi elle espérait que Saint-Lambert allait sécher ses larmes. L'opérette va finir, hélas ! en tragédie, mais comme Voltaire a son mot à dire dans la pièce, il ne pourra s'empêcher d'introduire quelques scapinades jusqu'aux portes du tombeau.

Cette « indifférence » de Voltaire n'était pas un secret. L'abbé de Voisenon disait en pensant à l'attitude de Voltaire à l'égard de Mme du Châtelet « *qu'il avait fait plus d'épigrammes contre la religion que de madrigaux à sa maîtresse.* »

Et même dans ses billets, quelle sécheresse ! « *Voici le quarante-deuxième jour que je n'ai rien de toi, multiplie les minutes par 42 tu auras le nombre de mes supplices.* » Si cette aride arithmétique est tout ce que son impatience lui a inspiré, c'est que son cœur est glacé. Nous pouvons bien dire : Pauvre Emilie ! Il ne lui reste que les extases devant les étoiles qu'avive le gel, mais c'est encore une extase glaciale !

Elle est restée amoureuse comme au début. Elle a aimé avec toute son ardeur, bien plus qu'elle n'a été aimée. Sur deux, il y en a toujours un qui paie davantage. Elle s'en ouvre aux amis d'Argental, et c'est émouvant parce qu'elle est sincère et bouleversée lorsqu'elle avoue « *qu'elle a une de ces âmes tendres et immuables qui ne savent ni déguiser ni modérer leurs passions, qui ne connaissent ni l'affaiblissement ni le dégoût, dont la ténacité sait résister à tout même à la certitude de n'être jamais aimée. Mais j'ai été heureuse pendant dix ans par l'amour de celui qui avait subjugué mon âme... quand l'âge, les maladies, peut-être aussi la satiété ont diminué son goût, j'ai été longtemps sans m'en apercevoir : j'aimais pour deux... Il est vrai,* ajoute-t-elle, *que j'ai perdu cet état si heureux et que ça n'a pas été sans qu'il m'en ait coûté bien des larmes.* » Voilà ! Elle a tout expliqué. Au moment où elle arrive à Lunéville, elle en a assez de verser des larmes, elle a quitté cet état heureux de résignation :

il lui faut un amant. Saint-Lambert croise sa route, elle le prend.

En mai 1747, Saint-Lambert était déjà son amant. Un billet d'elle nous l'apprend, et nous apprend également qu'elle a fait toutes les avances — Saint-Lambert, assez fat, s'en prévaudra. Pauvre Emilie ! « *Je ne puis me repentir de rien,* dit-elle, *puisque vous m'aimez, c'est à moi que je le dois. Si je ne vous avais point parlé chez Mme de la Galaizière vous ne m'aimeriez point. Je ne sais si je dois me flatter d'un amour qui tient à si peu de choses.* »

L'avenir nous apprendra que ses craintes ne sont pas vaines. L'amour de son jeune amant qui a trente ans quand elle en a quarante et un, tient surtout à ce qu'elle appelle « sa ténacité ». Est-ce le meilleur répondant d'une passion réciproque ? N'empêche que les débuts sont délirants — mais, au fond, sans joie. Elle devient tout de suite tyrannique : elle a peur. Elle l'oblige à renoncer à un voyage. Elle lui offre de tout sacrifier en échange d'un total sacrifice : Saint-Lambert ne lui cache pas qu'il n'accepte que des sacrifices partiels et n'en consent que de superficiels. Encore une fois, selon sa formule pathétique, elle peut dire : « *J'aimais pour deux.* » Et Saint-Lambert n'est pas Voltaire — mais enfin c'est un véritable amant et c'est le sien. Elle l'aime.

Ils s'écrivent bien qu'ils se voient chaque jour — en ce temps, les lettres font partie de l'amour, elles l'attisent. Emilie cachait les siennes dans la harpe de Mme de Boufflers. Quand les invités étaient sortis, Saint-Lambert allait à la harpe et trouvait le billet du jour : « *Je vous adore et il me semble que quand on aime, on n'a aucun tort.* »

Pendant le Carnaval, Voltaire et Emilie organisèrent fêtes sur fêtes. La Cour les adorait, on ne s'était jamais aussi bien diverti. Mais comme pendant le Carême ils ne firent même pas semblant de pratiquer la religion, ils causèrent un certain scandale. Les autres ne pensaient pas mieux mais ils respectaient les usages. Quant au roi, il tenait à ce que chacun fît ses Pâques et les fît bien. Il ne se permit aucune observation, mais nous savons qu'à Versailles on disait qu'il avait été fâché par l'attitude de Voltaire et d'Emilie.

En mai, Emilie est obligée de partir pour Cirey. Voltaire la laisse aller. Il part ensuite. Le 15 mai, il est à Versailles. Saint-Lambert est accablé par les missives d'Emilie — non seulement par leur nombre mais par leur ton délirant, elle est vraiment folle d'amour ; ses lettres sont désordonnées, obscures. Ses affaires de cœur se compliquent d'autres affaires. Le roi Stanislas au lieu de donner au marquis du Châtelet le commandement qu'Emilie sollicitait, le donne à un autre officier plus jeune que le marquis. Elle est dépitée, elle jure de ne plus remettre les pieds à Lunéville. Le bon roi n'avait pu faire autrement, le rival avait des titres bien plus considérables que M. du Châtelet, mais, pour ne pas faire de peine, Stanislas créa un office et attribua trois mille écus de pension à M. du Châtelet. Ce n'était pas une mince faveur. Emilie exulte, non seulement pour les trois mille écus mais parce qu'elle peut revenir à Nancy.

A Paris, Voltaire s'occupe surtout de *Sémiramis*. Aux répétitions, les comédiens se surpassent. « *Ils m'ont fait pleurer, ils m'ont fait frissonner* », dit-il. La pièce ne nous produit pas du tout le même effet. Après son départ, il confie sa « fille » Sémiramis aux d'Argental : « *Cela est bien beau de protéger les orphelins. Le père de Sémiramis mourrait de peur sans vous.* »

Et les deux amants toujours unis regagnent la Lorraine — l'ombre de Saint-Lambert était entre eux mais elle était fort légère : Voltaire n'avait aucun soupçon.

Sémiramis *est un four.*

En cet été 1748, Stanislas tenait sa cour à Commercy qu'il avait fait magnifiquement aménager. C'est là qu'Emilie alla avec Voltaire le remercier de ses libéralités pour le marquis du Châtelet. Mais leur voyage ne se passa pas sans incident. A Châlons, Emilie eut envie de prendre un bouillon à l'Auberge de la Cloche. Elle se le fit apporter dans la voiture. L'aubergiste qui savait à qui elle avait affaire, lui présenta elle-même le bouillon dans une soupière d'argent et une assiette de porcelaine. « C'est un louis ! » dit la respectable cabaretière. Cris d'écorchée de la savante marquise. Elle proteste. Rien à faire : « C'est un louis ! » répétait l'autre sans vouloir rien rabattre. Voltaire s'en mêle. Jusque-là Emilie seule criait, Voltaire en rajoutant, l'aubergiste couvre leurs cris de véritables hurlements. La foule s'assemble, hostile aux voyageurs du carrosse, soutenant l'aubergiste malhonnête ; on sent gronder l'émeute. Longchamp jette un louis et la voiture s'ébranle. Il était temps, Emilie allait se faire écorcher. Elle partit navrée : on lui avait arraché les entrailles avec ce louis. Ce n'est qu'un incident, mais il permet de mesurer les exigences du peuple et son respect...

Pendant ce voyage, Voltaire était littéralement emmailloté

depuis le départ de Paris, tant il était malade. Dès l'arrivée à Commercy, il écrit à d'Argenson qu'il est à l'agonie — cette agonie qui a commencé le jour de sa naissance et dont le moins qu'on puisse dire est qu'elle ne passa pas inaperçue pendant quatre-vingt-quatre ans.

Il ressuscite pour jouer la comédie, faire des vers, écrire lettre sur lettre. Il fait inviter les d'Argental par le roi Stanislas. « *On vit ici, hors du temps,* écrit Mme du Châtelet, *il est vrai que vingt-quatre heures ne sont pas de trop pour répéter deux ou trois opéras et autant de comédies.* »

Retranchons la moitié du programme ; il est encore chargé.

La reine de France invite son père à Trianon. Stanislas quitte Commercy fin août pour rejoindre sa fille. Voltaire décide de suivre le roi ; il verra lui aussi sa fille *Sémiramis*. La malheureuse avait une vie difficile : elle avait des ennemis. D'abord Crébillon. Voltaire en choisissant ce sujet savait fort bien que Crébillon avait déjà écrit une *Sémiramis* — il voulait montrer sa supériorité sur le rival détesté. Mais ce rival était également Censeur ! Il pouvait étrangler *Sémiramis* au berceau. Voltaire tremblait pour elle. Crébillon ne supprima que quelques vers. Mais Voltaire se jugea encore fort maltraité. Il avait tort : le roi voulut payer les décors de *Sémiramis* parce que Voltaire l'avait dédiée à la Dauphine.

C'est à la première de *Sémiramis* que Voltaire s'élève publiquement contre la présence de spectateurs sur la scène. Ces gêneurs gâtaient le spectacle. Voltaire demande la suppression de ce privilège qui ne devait être aboli qu'en 1759 grâce au comte de Lauraguais. Ce soir-là Voltaire se mit en colère parce qu'il avait machiné l'apparition d'un fantôme qui devait sortir sur scène du tombeau de Ninus. Or, il y avait tant de spectateurs sur la scène que le fantôme ne pouvait se frayer un passage entre les jambes étendues de ces gêneurs. Et Voltaire se mit à crier : « *Messieurs ! Place à l'ombre, s'il vous plaît, place à l'ombre !* » Cette intervention n'embellit guère la représentation. En outre, la salle était partagée : un camp était mobilisé par Crébillon, Piron et divers ennemis de Voltaire, l'autre par Voltaire. Notre poète était excellent stratège de ces batailles. Il disposait de quatre cents places, il avait ses chefs de claque — qui distribuaient à l'occasion des coups de poings et des coups de canne. L'une des « terreurs » du parterre était un certain La Morlière. Voltaire se l'était attaché. Son influence était telle qu'une pièce condamnée par La Morlière était une pièce morte. Ce brutal n'était pas illettré, il chahutait par intérêt mais aussi par goût. Ce qui lui donnait plus d'efficacité qu'à un vulgaire mercenaire. Voilà les ressorts du succès !

Malgré le zèle de La Morlière, ce ne fut pas un succès. Pourtant, Voltaire avait mis du tonnerre, un fantôme, enfin des nouveautés de mise en scène. Elles n'amusèrent pas. « *C'est du Voltaire,* dit un quidam, *mais c'est du mauvais Voltaire.* » Cela semble être l'expression de la vérité. Mais Voltaire enrageait. Il voulut s'assurer des sentiments véritables du public, il usa pour cela d'un déguisement. Encore du théâtre ! L'abbé de Vieilleville lui prêta sa soutane, son tricorne et une grosse perruque sous laquelle la chétive figure du poète était encore plus ratatinée. Sous cette défroque, Voltaire méconnaissable alla s'installer au café Procope, dans un coin, derrière une gazette déployée qu'il feignait de lire — et il écouta. Toute la gent de lettres rassemblée mettait à qui mieux mieux, *Sémiramis* et son auteur en charpie. Il écouta pendant une heure, écœuré, les plus sottes et les plus féroces critiques. Il rentra chez lui malade de rage et de dégoût.

Mais il n'en avait pas fini avec les amertumes de Paris. Son rival Crébillon venait d'écrire une tragédie, *Catilina* ; il obtint de la lire à Mme de Pompadour. Le coup était rude pour la jalousie de Voltaire, mais ce qui fut le pire, c'est que le roi, caché, écouta la lecture, se déclara enchanté et voulut qu'on jouât la pièce. Mme de Pompadour n'osa alors prendre la défense de *Sémiramis* que le roi n'aimait pas.

Les Comédiens eux-mêmes furent odieux. Ils n'acceptaient aucune remarque de Voltaire et ils étaient les premiers à dénigrer la pièce qu'ils jouaient à contre-cœur. C'était intolérable. Jusque-là il avait abandonné ses droits d'auteur à ses interprètes, cette fois, devant l'ingratitude et l'insolence, il écrit : « *Je ne sacrifie rien de mes droits pour des gens qui ne m'en sauraient aucun gré et qui en sont indignes de toutes façons.* »

Mais ces droits ne tombent pas dans sa poche, il les fait verser à Mlle Clairon, Mlle Dumesnil, et l'acteur Granval. Son choix est le meilleur.

Pour mettre un peu de baume sur ces plaies, le lieutenant de Police lui fait savoir que les six vers retranchés par la censure sont rétablis. Ce fut toute la satisfaction qu'il eut de cette fille ingrate.

Nouvelle rencontre avec la Mort.

Accablé de dégoût, il est aussitôt grelottant de fièvre, tordu par les coliques. Il apprend que le roi Stanislas regagnait Lunéville le 10 septembre 1748. Il se décide alors à quitter Paris, son théâtre, ses comédiens et le public. S'il avait obtenu un succès sa santé eût été florissante. Quand sa vanité est satisfaite il est comme dopé ; quand son amour-propre est blessé, Voltaire se vide de sang. Il se meurt. Avec son fidèle Longchamp le voilà une fois de plus sur la route de Lorraine, toujours emmitouflé, livide et gémissant. A Château-Thierry la fièvre monta. Il était défiguré. On ne voyait que ses yeux brillants dans son teint blême, le fil rosâtre de ses lèvres minces, et les pommettes, le nez, le menton crevant la peau de leurs arêtes d'os. Ils poussèrent jusqu'à Châlons. Là, Longchamp eut peur, M. de Voltaire était cadavérisé. Le secrétaire fit appeler l'évêque et l'intendant et leur dit que son maître allant mourir, il ne voulait pas supporter seul la responsabilité de sa mort. Mais Voltaire refusa de loger à l'évêché de même qu'à l'intendance. Il s'alita dans une auberge, reçut un médecin, l'écouta poliment et se refusa, non moins poliment, à rien faire de ce qui lui fut prescrit. Il n'avait rien mangé depuis Paris, il continua. Un peu de thé, et un peu de l'eau panée qu'on donne aux nouveau-nés, suffisaient à le soutenir. En somme, il se soignait sans doute fort bien en s'abstenant de tout. Il était si faible qu'il ne pouvait bouger ni pied, ni aile... Mais il dictait des billets qu'il signait d'un V tremblant. Quand il parlait c'était de l'infâme Crébillon, de l'indigne *Sémiramis,* de l'ignoble libraire qui éditait *Zadig*, de tous ses ennemis, de tous ses assassins. Il consacrait ses dernières forces à les maudire, à leur souhaiter de bien horribles supplices et à imaginer des ruses pour se venger d'eux dans l'avenir. Car il y avait un avenir pour le moribond, un avenir pour la vengeance et cette pensée lui faisait du bien. Il priait Longchamp de ne le point abandonner afin qu'il y eût au moins une main amie pour jeter un peu de terre sur sa dépouille. Il disait cela d'un ton très pathétique mais le moins convaincu du monde.

Après six jours de « moribondage » il estima qu'il était temps de reprendre la route. Il ne voulait pas mourir dans cette ville détestable où une cabaretière avait volé un louis à son Emilie. Il décida d'aller mourir ailleurs. Ils arrivèrent à Nancy un soir. Il se coucha, prit un peu de bouillon et regarda ce pauvre Longchamp qui se mourait aussi, mais de faim et de fatigue. Le secrétaire se fit servir un copieux repas : un gigot, douze grives, douze rouges-gorges. Le poète mourant lorgnait ces victuailles d'un certain regard. Longchamp lui offrit d'y goûter : Voltaire grignota deux rouges-gorges et but un rouge bord. Sur quoi, il s'endormit, ne s'éveilla que le lendemain à trois heures après-midi. L'œil vif, la voix claironnante, il ordonna d'atteler et en route pour Lunéville.

Il y retrouva Emilie : il s'effondra entre ses bras, pleura de tendresse, et rechargé de joie, il réapparut plein d'esprit, de vie, sinon de force et demanda ce qu'on jouerait le soir. Et il remit la Cour sur les tréteaux et lui-même dans son élément : la vie.

Suite et fin d'une tragi-comédie.

Emilie n'était pas heureuse dans sa passion pour Saint-Lambert. Elle vivait dans les orages. Soupçonneuse, exigeante, insupportable — elle était très mal supportée par son amant. Ils avaient de belles réconciliations mais les entractes étaient bien plus longs que les actes. La pièce tournait mal.

Voltaire ne savait rien de ce que toute la cour savait. Mais lui aussi avait ses orages. Dans la quiétude lorraine voilà qu'il apprend qu'une cabale est montée contre lui à Paris. Les comédiens italiens allaient jouer une parodie grotesque de sa *Sémiramis*. Une horreur, un tissu de grivoiseries et de calomnies contre l'auteur de l'ennuyeuse — mais noble — tragédie. Le voilà de nouveau saisi par la fièvre. Il supplie Stanislas de supplier sa fille, la reine, d'intervenir pour qu'on interdise la représentation de l'infâme parodie. Stanislas fait ce qu'on lui demande, mais Marie Leczinska ne se soucie nullement de défendre un poète qu'elle a pris en horreur, il est le diable. Elle savait cela déjà mais on vient précisément de dire à la reine que ce démon vient encore de publier un livre impie *Zadig*. Elle ne l'a pas lu, ne le lira jamais, sa seule vue lui est une injure ; elle répète ce qu'on lui dit. On lui a même affirmé que Voltaire reniait cet ouvrage tant il était immoral. La pieuse reine n'ira pas risquer son âme pour vérifier ces accusations : Voltaire est à ses yeux condamné. Elle répondit à Stanislas qu'elle ne s'occupait pas de littérature ni des littérateurs.

Voltaire dépité s'adresse ailleurs — il frappe à toutes les

portes. Mais sa démarche la plus curieuse est celle qu'il fait auprès de l'Intendant de Police, le successeur de M. Hérault qu'il a tant de fois sollicité, et à qui il a donné tant de soucis. Il lui expose qu'il est de toute nécessité d'interdire aux comédiens italiens de jouer la parodie pour la raison suivante, qui peut nous surprendre : M. de Voltaire a une nièce, Mme Denis, devenue veuve et qui est sur le point de se remarier à un homme de qualité. Or, si la parodie est jouée, lui, Voltaire, oncle et tuteur de ladite Mme Denis va se trouver déshonoré et par cette raison il sera la cause de la rupture du projet de mariage : le futur neveu ne voudra point d'une femme dont l'oncle et tuteur aura été traîné dans la boue de Paris. C'est ainsi que par le biais de *Sémiramis* parodiée, la nièce revient en surface. Nous apprenons qu'elle est veuve : c'est vrai. Nous apprenons qu'elle doit se remarier : c'est faux. Il n'est pas du tout question de remariage de Mme Denis, l'oncle et la nièce depuis quelque temps déjà ont d'autres projets en tête. Mais cela fait une jolie raison à faire valoir pour qu'on étouffe la parodie.

Bref, le nouvel intendant fut plein de bienveillance. Mme de Pompadour y mit du sien, le roi ne tenait pas à ce qu'on se moquât de son historiographe (qui n'historiographait rien depuis longtemps) et la parodie ne fut pas jouée à la Cour. Mais, elle ne fut pas interdite à Paris : Maurepas qui détestait Voltaire autorisa les Italiens. Par une chance inouïe Richelieu et Mme de Pompadour parvinrent à la dernière minute à interdire la représentation. Le malheureux Voltaire avait encore connu des semaines d'agonie, pourquoi ? Pour cette stupide parodie, une balayure de la vie littéraire : cela le tue — et aussi bien le fait vivre. Mais sa vie sentimentale allait être bien plus cruellement bouleversée que sa vie littéraire.

Un soir d'octobre 1748, à Commercy, Voltaire se rend, sans façons, dans l'appartement d'Emilie. La porte n'est pas fermée, il entre. Pas de domestique pour l'annoncer. Il s'avance, pousse une autre porte, personne. Il pousse alors la porte du boudoir d'Emilie : tableau ! Son Emilie et Saint-Lambert dans une posture qui ne laissait aucun doute sur leur degré d'intimité. Il jette un cri ! Sa terrible vivacité lui fait perdre tout contrôle, il tape du pied, crie des injures à Emilie et la menace. Pénible et ridicule scène qui va devenir encore plus humiliante car Saint-Lambert, très maître de lui, s'interpose entre Voltaire et Emilie et offre à Voltaire une réparation par les armes. C'était d'un beau courage ! Voltaire à cinquante-quatre ans est déjà un vieillard, chétif, aussi malhabile à manier l'épée qu'il est possible de l'être et l'autre, un cavalier de trente et un ans, entraîné, vigoureux. Voltaire outragé, humilié, s'enfuit la mort dans l'âme. Il court chez lui, ordonne à Longchamp de faire les bagages pour un départ immédiat. Il avait l'air d'un fou. Longchamp stupéfait, va aux nouvelles. Mme du Châtelet l'adjure de tergiverser, de retarder le départ, de l'empêcher. Elle était épouvantée des conséquences que pouvait avoir cette rupture tapageuse avec Voltaire, son amant officiel depuis dix-sept ans. Quelle serait sa situation à la Cour, dans le monde, devant sa famille ? Et M. du Châtelet ? Que dirait M. du Châtelet ? Que sa femme trompait M. de Voltaire avec un nouvel amant ? Il ne le supporterait pas. Cette rupture eût été aussi scandaleuse qu'un divorce. Il fallait l'empêcher à tout prix.

Elle se rendit au chevet de Voltaire qui, brisé par la scène, s'était couché. Elle s'assit sur le lit — si l'amour semblait impuissant à raccorder les amants, il leur restait la logique. Emilie était aussi experte dans l'une que dans l'autre. Longchamp faisait semblant de s'affairer dans la chambre : Emilie parla anglais, il ne reconnut que de petits noms d'amour qu'ils se donnaient. Comme il ne comprenait rien d'autre et que Voltaire restait renfrogné, Longchamp sortit et colla son oreille à la porte. Aussitôt Emilie parla français.

Elle commença par l'éternel argument : Voltaire avait été trompé par sa vue. Il voyait mal, il voyait double. N'avait-il pas une oreille à peu près sourde ? Ses yeux n'étaient pas meilleurs. Voltaire bondit en jurant qu'il y voyait parfaitement clair et qu'il aurait pu toucher ce qu'il avait vu. Ainsi quand ce pauvre Musset voyait à travers sa fièvre le docteur Pagello dispenser ses soins à George Sand — et lorsqu'il osa se plaindre à sa bonne maîtresse, elle lui démontra qu'il n'avait été victime que des hallucinations de sa fièvre. Mais Voltaire ne croyait pas davantage à sa berlue que Musset à ses visions. Voyant l'entêtement du père de *Sémiramis* et la violence de sa colère, Emilie changea de tactique : elle avoua tout et lui dit qu'il fallait désormais s'accommoder de cette situation afin de vivre, et même de bien vivre. Il suffisait que chacun sût y mettre du sien.

Ce principe étant posé, elle en fit la démonstration magistrale. Qu'y avait-il au monde de plus précieux pour elle ? La santé de Voltaire. Si elle avait exigé de son vieil amant les soins tendres et passionnés qu'elle était en droit d'attendre de lui que serait-il arrivé ? Il en serait mort. Voltaire en convint. Ne l'avait-il pas déjà reconnu ? Et elle, que serait-elle devenue devant la mort de cet amant tué à son service ? Elle serait morte de chagrin. Que n'avait-elle souffert déjà lorsqu'il était en Prusse : une simple absence l'avait mise aux portes du tombeau ; la mort de son amant l'y eût précipitée. Il en convint également. Ainsi donc, si Voltaire était un amant efficace, il en mourrait et elle ne lui survivrait pas. Mais s'il ne l'était pas, c'est elle qui, d'une certaine façon, mourrait de langueur, car ces transports de l'amour qui étaient mortels pour lui étaient vitaux pour elle. Alors? Voulait-il donc qu'elle s'étiolât et rendît l'âme ? Il fit entendre un gémissement. Serait-il la cause de la mort de son Emilie ? ou laisserait-il à un autre le soin de la maintenir en vie pour qu'elle puisse encore l'aimer ? Cruel dilemme ! Elle avait déjà trouvé la conclusion — et il était déjà prêt à l'admettre.

Elle n'avait donc pris un amant que pour conserver la santé de Voltaire et la sienne, le même remède les guérissait l'un et l'autre. Saint-Lambert n'était pas un rival, il était en réalité le médecin de leur amour défaillant, il était leur sauveur.

Voltaire ne pouvant résister à tant de clarté et de sagesse s'écria : « *Ah ! Madame, vous avez toujours raison, mais puisqu'il faut que les choses soient ainsi du moins qu'elles ne se passent pas sous mes yeux.* »

C'était bien la moindre exigence qu'il pût faire valoir. Puisque cette médecine était nécessaire à Emilie qu'elle pousse au moins son verrou quand elle recevrait son médecin. Il pleura. Ils s'embrassèrent. Elle lui recommanda pour sa santé de ne plus penser à ces bagatelles et elle se retira.

Voilà l'un des amants apaisé. Il lui restait à calmer l'autre.

Le fougueux Saint-Lambert était toujours prêt à embrocher Voltaire. Elle lui fit moins de discours parce qu'elle avait d'autres arguments que ceux de la raison à faire valoir avec lui. Elle lui remontra néanmoins qu'il ne gagnerait ni honneur, ni profit, à embrocher un chétif vieillard de cinquante-quatre ans, qui par surcroît était célèbre et qu'il se trouverait bien des gens pour lui faire un crime de ce duel ; qu'en outre, M. de Voltaire était dans les meilleures dispositions du monde pour son rival et qu'il serait bien aise de faire la paix si on lui rendait visite en lui présentant quelques excuses pour la vivacité des propos échangés. Saint-Lambert ainsi manœuvré, manœuvra habilement : il se présenta devant Voltaire et bredouilla quelques mots d'excuses qu'on ne lui laissa pas terminer. Voltaire ému aux larmes tomba dans les bras de ce médecin qui lui conservait si bien son Emilie. Et les voilà pleurant ensemble. On aimerait voir le visage d'Emilie à cet instant. « *Mon enfant,* dit Voltaire au jeune rival, *j'ai tout oublié, c'est moi qui ai eu tort. Vous êtes dans l'âge heureux où l'on aime, où l'on plaît. Jouissez de ces instants trop courts: un vieillard, un malade comme je suis n'est plus fait pour les plaisirs.* »

Il lui cédait la place ! Cynisme ? Sagesse ? Pourquoi haïr ? Pourquoi s'entêter contre l'inévitable quand l'inévitable est la vieillesse et la maladie ? Ne valait-il pas mieux garder la tendresse d'Emilie, les souvenirs irremplaçables de dix-sept ans d'amour, de vie harmonieuse, dix-sept ans de travail en commun, de parfait accord spirituel, avec ces moments d'ivresse qui furent parfois, jadis, ceux de l'alcôve mais qui étaient surtout ceux de leur intelligence s'élançant vers les étoiles dont les sublimes évolutions étaient réglées par un dieu qui s'appelait Newton.

Laissons donc à Saint-Lambert les transports de la jeunesse et gardons les incorruptibles plaisirs du cœur et de la raison.

Nous retrouvons Voltaire, en somme, très semblable à lui-même. Ce feu follet ne varie que par ses reflets ; le fond, de la naissance à la mort, est immuable : il pardonne à Saint-Lambert comme il avait pardonné pour Mlle de Livry, à Génonville — trente ans plus tôt.

Et il envoie ces vers à son rival pour lui vanter sa conquête :

Saint-Lambert ce n'est que pour toi
Que ces belles fleurs sont écloses
C'est ta main qui cueille les roses
Et les épines sont pour moi.

Il lui donne même des conseils :

Porte-lui vite à sa toilette
Ces fleurs qui naissent sous tes pas.
Et chante-lui sur ta musette
Ces beaux airs que l'amour répète
Et que Newton ne connut pas.

Il est vraiment beau joueur. Un peu trop. Il va jusqu'à faire l'éloge de son rival à Frédéric II. Qui a dû bien rire ! Comme nous sommes loin des ravageuses passions romantiques ! De ces amours qui finissent en faits divers. On a pu dire que si Voltaire et ses contemporains se tiraient si bien de leurs amours, c'est parce qu'ils n'avaient pas de cœur. On a dit qu'ils n'aimaient pas vraiment. Ils n'aimaient pas, sans doute, comme on aime depuis, avec les entrailles. Mais le meilleur de l'homme est-il vraiment dans ses viscères ? On connaît la réflexion de Mme de Tencin s'adressant à Fontenelle qui ne péchait pas par excès de sentimentalité, elle lui mit un doigt sur la poitrine : « *Ce n'est pas un cœur que vous avez là c'est de la cervelle comme dans la tête.* » Le mot pourrait être appliqué à Voltaire. Il met de la raison partout, même dans ses passions.

Le séjour à Commercy fut interrompu fin décembre 1748 par un brusque voyage à Cirey où des affaires urgentes appelaient Mme du Châtelet. Des affaires d'argent. Pour ne pas faire halte à l'auberge de la Cloche, à Châlons, de fâcheuse mémoire, nos deux amants descendirent à l'évêché. Il pleuvait à torrent. Pendant qu'on changeait les chevaux, les personnes qui étaient là proposèrent de jouer. Emilie se jeta sur l'offre, elle joua à sa façon et perdit, et s'entêta. D'heure en heure, les postillons exposés à la pluie faisaient demander si on partait. « Encore une manche », disait-elle. Voltaire perdait patience. Elle fit si bien qu'elle ne se décida à partir qu'à huit heures du soir, elle était attablée depuis huit heures du matin !

Pendant leur séjour à Cirey, la foudre tomba sur eux, sous forme d'une nouvelle stupéfiante. Emilie sombre, inquiète, traquée finit par avouer à Voltaire qu'elle était enceinte. Il prit très mal la chose, ce fut une scène de fureur — puis vinrent les larmes — et enfin, le rire. Le rire ? Oui, on riait pour savoir quel expédient il fallait trouver pour faire gober la nouvelle à M. du Châtelet. C'était un problème. M. du Châtelet était, on le sait, un mari modèle, mais la perfection même a ses limites et Voltaire craignait qu'elles ne fussent sur le point d'être dépassées. On fit venir Saint-Lambert. A trois, on trouve plus aisément qu'à deux. Longchamp craignait que ce colloque ne tournât mal entre les deux hommes. Fidèle à sa louable habitude, il écouta à la porte. Ils parlèrent longtemps. Enfin, il les entendit éclater de rire : ils avaient trouvé la solution.

On appela de toute urgence M. du Châtelet sous prétexte d'affaires. Jamais guerrier ne fut mieux accueilli. D'ordinaire, les récits de ses campagnes étaient si ennuyeux qu'on ne les écoutait pas, dès qu'il les entamait, il faisait le vide. On se souvient qu'il mangeait avec ses enfants. Pour le coup, on le fit trôner à sa propre table, on provoqua sa pesante éloquence militaire. Ni Emilie, ni Voltaire n'étaient jamais rassasiés de ses prouesses. Tous les détails d'un siège devaient être exposés, la moindre manœuvre de la cavalerie devait être dévoilée. Emilie se pâmait,

Voltaire poussait des cris héroïques : M. du Châtelet était intarissable.

Sa femme en grand décolleté, fardée, provocante, lui témoignait une admiration que le pauvre marquis n'avait jamais connue, il en avait des bouffées de chaleur ; elle lui fit tant d'agaceries que le ménage qui était séparé depuis dix-huit ans se retrouva dans le lit conjugal et reprit les ébats de la lune de miel. Quelques semaines plus tard, Mme du Châtelet confia à son mari qu'elle pouvait lui affirmer qu'il serait père une fois encore. Le guerrier quinquagénaire exulta. On répandit la nouvelle. M. du Châtelet fit informer le voisinage, informa ses paysans. Le défilé des voitures commença : tous les alentours venaient complimenter le marquis de sa prouesse. Les paysans, soudoyés par Voltaire, firent une fête à leur bon seigneur.

Saint-Lambert modestement joignait ses félicitations à celles des peuples étonnés ; Voltaire activait les applaudissements. Le marquis baignait dans le bonheur : jamais, il ne s'était senti autant aimé, jamais les amis de sa femme ne parurent plus spirituels. Sur ce, l'essentiel étant fait, on lui fit vite comprendre que sa place était aux armées. Il comprit et remontant sur son grand cheval, il partit pour la Silésie. Et la société de Cirey se dispersa : Saint-Lambert regagna Lunéville, et le ménage — le vrai, c'est-à-dire Emilie et Voltaire — partit pour Paris. Le marquis et Saint-Lambert faisaient figure d'invités.

Voltaire et Frédéric s'écrivaient toujours. Frédéric, inlassable, priait Voltaire de venir à Berlin. Celui-ci ne disait ni oui, ni non, il inventait des prétextes : sa mauvaise santé. Il se disait à moitié mort des eaux de Plombières (qu'il n'avait pas prises). Frédéric attendait son heure. Il savait que le vrai obstacle c'était Emilie.

Et Voltaire aimait Lunéville, et le bon roi Stanislas — et celui-ci aimait Voltaire en dépit des mises en garde de sa fille Marie et du père Menou. Mais Stanislas était comme tout le monde en ce siècle : il écrivait. Il admirait ceux qui écrivaient et personne n'y réussissait mieux que Voltaire. Stanislas écrivit donc : *Un philosophe chrétien* — le livre ne vaut pas cher au dire de Voltaire. On avait mis le mot *philosophe* parce que c'était la mode, et *chrétien* parce que le roi avait peur de son confesseur.

Dans cet engouement universel pour la littérature et pour Voltaire, un seul roi reste insensible, c'est Louis XV, et c'est le roi, le seul que Voltaire aurait voulu séduire.

Comme on vient de signer la paix de 1748, de grandes fêtes sont prévues. Le roi recevra dans la grande galerie tous les Corps de l'Etat — chacun haranguera Sa Majesté. L'Académie est informée que son tour sera le 21 février 1749. Voltaire fait préparer un panégyrique qu'il fait relier, dorer et qui sera remis au roi à l'occasion de la cérémonie par le duc de Richelieu. Richelieu demande à Voltaire de lui composer la harangue qu'il apprendra par cœur — surtout qu'elle ne soit pas trop longue ! Le matin du 21 février l'Académie en corps attend le passage du roi. Voltaire était absent. Pourquoi ? Richelieu dans une embrasure répétait à mi-voix sa récitation quand quelqu'un, derrière lui enchaîna et récita toute la suite. Ce fut un éclair dans l'esprit de Richelieu : Voltaire lui a joué un tour, il a divulgué le texte du discours pour rendre Richelieu ridicule, pour faire perdre la face à un duc et pair qui joue les Académiciens et ne saurait pas dire « fève » devant le roi s'il ne répétait la leçon qu'on lui a apprise. Richelieu se décida à improviser un rapide éloge plutôt que de se rendre grotesque. Il s'en tira sans mal. Mais ensuite, il renvoya à Voltaire son panégyrique assorti d'une lettre d'une rare insolence et d'une rare cruauté. Et voilà notre poète fou de douleur — et de peur. Il se précipita sur un portrait de Richelieu le mit en pièces et piétina les morceaux. Mais ils se connaissaient depuis l'enfance, il y avait trop de liens entre eux pour en rester là, ils se rencontrèrent dans un dîner et se donnèrent les explications. Voltaire n'avait pas joué de tour, mais Mme du Châtelet avait donné une copie du discours à Mme de Boufflers, qui l'avait prêté, dont on avait fait des copies, etc. On récitait ce texte dans plusieurs salons plusieurs jours avant la cérémonie. Richelieu accepta l'explication, les deux amis firent la paix ; mais Voltaire regrettait que son beau panégyrique si bien relié n'eût servi à rien :

Cet éloge a très peu d'effet
Nul mortel ne m'en remercie
Celui qui le moins s'en soucie
Est celui pour qui je l'ai fait.

Evidemment le roi ne l'avait pas vu. Pas de pension !

Parlons d'argent.

En cette année 1749, les affaires de Voltaire ne sont pas mauvaises. Son secrétaire Longchamp n'avait pas pour unique occupation d'écouter aux portes, Voltaire l'envoyait souvent à Paris pour recueillir chez les notaires et les banquiers les fonds qui lui revenaient. Il avait toujours l'abbé Moussinot comme fondé de pouvoir.

A la mort de son frère ses revenus s'étaient augmentés de quatre mille livres. Sa tragédie *Œdipe* lui avait rapporté mais assez peu, ce sont les souscriptions de *La Henriade* qui commencèrent à l'enrichir. Mais ce n'était qu'un début. C'était l'aisance, ce n'était pas la fortune qui devait lui permettre de vivre selon ses goûts, c'est-à-dire comme ses amis les grands seigneurs.

A son retour d'Angleterre, il plaça des capitaux dans le commerce de Cadix qui frétait des navires pour les Indes Occidentales dont le rapport était de vingt-cinq pour cent. MM. Pâris-Duverney lui firent obtenir des fournitures aux Armées, affaires qui rapportaient du cent pour cent. En outre, notre poète ne laissait jamais ses revenus improductifs. Il prêtait à des particuliers. Voici le montant des intérêts touchés par Voltaire au cours de l'année 1749. Nous apprenons en même temps le nom de ses débiteurs : tous sont gens de qualité.

Contrats sur la ville de Paris	14 023 livres
Contrat sur M. le duc de Richelieu	4 000 livres
Contrat sur M. le duc de Bouillon	3 250 livres
Pension sur M. le duc d'Orléans	1 200 livres
Contrat sur M. le duc de Villars	2 100 livres
Contrat sur M. le marquis de Lezeau	2 300 livres
Contrat sur M. le comte d'Estaing	2 000 livres
Contrat sur M. le prince de Guise	2 500 livres
Contrat sur M. le président d'Auneuil	2 000 livres
Contrat sur M. Fontaine	2 600 livres
Contrat sur M. Marchand	2 400 livres
Contrat sur la Compagnie des Indes	605 livres
Appointements d'Historiographe de France	2 000 livres
Appointements de Gentilhomme de la Chambre	1 620 livres
Contrat sur M. le comte de Guebriant	540 livres
Contrat sur M. de Bourdeille	1 000 livres
Contrat sur la Loterie Royale	2 000 livres
Contrat sur M. Marchand	1 000 livres
Contrat de 2 s.	9 900 livres
Vivres à l'Armée de Flandre	17 000 livres
	74 038 livres

à quoi s'ajoutent les rentes paternelles et divers revenus qui ne figurent pas sur cette liste. L'ensemble de ses revenus devait atteindre 100 000 livres (environ 90 millions d'anciens francs). Pendant son séjour en Prusse, il plaça, dit-on, 200 000 livres dans une Compagnie de navigation que Frédéric fonda à Emden.

L'originalité de cette fortune c'est qu'elle n'est faite que de papiers : Voltaire en 1750 ne possédait même pas un toit. Ce pactole qui coulait entre ses mains sèches prenait naissance dans un jeu d'écriture et n'était alimenté que par mille sources de crédit dispersées dans toute l'Europe. M. de Voltaire était, on le voit, un « capitaliste » très moderne.

On s'agite, on travaille, puis on fait les malles.

Au milieu des tribulations de ces derniers mois, il a trouvé le temps de refaire *Sémiramis*. La pièce est prête à prendre la place que laisse vacante le *Catilina* de Crébillon qui a échoué en dépit du soutien du roi et de Mme de Pompadour. Cet échec a été doux au poète : un succès de son rival « l'eût fait mourir ». Par contre, il applaudit au succès de Marmontel, il apprend même à son protégé à « faire une salle », art dans lequel le vieux renard est aussi habile que dans l'art de faire les tragédies. Il n'a de mauvais sentiments que pour les mauvais hommes. Envers ceux qu'il aime, il est le dévouement incarné.

La préférence que le roi et la favorite ont manifestée à Crébillon l'a blessé. Il désespère de devenir jamais le plus brillant courtisan de Versailles ; n'en avait-il pas l'étoffe ? N'allait-il pas de soi que le premier roi d'Europe choisît pour le louer le premier écrivain de son temps ? Voltaire aveuglé par sa vanité et son ambition ne voyait pas que ce rôle de laudateur patenté du roi Très Chrétien se conciliait difficilement dans l'esprit de Louis XV, de la reine et de la Cour, avec son rôle de prince des philosophes et des esprits forts. Il eût trouvé tout naturel que le roi lui pardonnât sa désinvolture et même son irrespect envers la monarchie et la religion. Pour Louis XV, la « principauté philosophique » de Voltaire n'était pas acceptable. Aussi le poète se mit, une fois de plus, à bouder la Cour. Il sollicita l'autorisation de revendre sa charge de « Gentilhomme de la Chambre du Roi ». Il existe une lettre du roi qui lui donne cette permission — tout en l'autorisant à garder le titre. Marque de bienveillance exceptionnelle car Voltaire n'avait pas payé cette charge ; le roi aurait pu reprendre le cadeau qui avait cessé de plaire. Voltaire revendit donc la charge soixante mille livres qu'il encaissa. Il en conserva le titre sans en assumer les obligations. De quoi se plaint-il ? Que lui faut-il encore ?

Il veut une faveur éclatante, la première place dans l'amitié — et même dans la familiarité du roi. Ce n'est pas du tout le style de la Cour de France. Voltaire veut l'impossible. Il ira le chercher ailleurs. Mais il demeurera inconsolable de ne l'avoir pas trouvé à Versailles.

Mme du Châtelet travaille comme une forcenée. On la voit dans le monde et à la Cour mais elle passe ses nuits sur ses grimoires. Elle veut en finir avec Newton. Elle a peur de mourir avant d'avoir terminé la traduction monumentale de son œuvre. Pourquoi a-t-elle peur de mourir ? Elle ne sait pas. Pourtant elle n'a jamais vécu avec tant de frénésie ; sa santé de fer, son énergie naturelle, sa passion la rendent infatigable. A vrai dire, c'est une pauvre femme tourmentée. Ses lettres à Saint-Lambert sont touchantes et pénibles. Elle récrimine, elle implore. Il la délaisse ; s'il écrit c'est pour se plaindre de ne recevoir d'elle que des reproches. Après avoir gémi, menacé, elle faiblit, s'attendrit, pardonne et demande pardon. Elle aime ; elle aime dans l'inquiétude. Elle souffre aussi de sa maternité. Elle sait bien que l'enfant qu'elle porte est un intrus qu'elle va introduire dans la famille du Châtelet. Elle pense à son fils aîné qui a vingt ans, elle souffre de la peine qu'il aura à la naissance du « retardataire » qui va prendre une part de l'héritage. Elle est trop droite pour ne pas être torturée par la malhonnêteté de tout cela. « Tout cela », c'est en définitive Saint-Lambert. Elle est ravagée, mais c'est par l'amour et, en dépit de ses tourments, elle est heureuse.

Le duc de Lorraine vient faire un séjour à Trianon. Mme du Châtelet y est invitée. C'est en avril 1749. Elle pense que Stanislas y passera l'été et elle également : elle se fait envoyer ses robes d'été de Lunéville. Saint-Lambert se fâche, il ne veut pas rester seul plus longtemps, il exige qu'elle revienne. Il l'aime donc ? On ne l'avait jamais vu si pressant, ni si pressé. Sans doute l'aime-t-il moins qu'elle ne l'aime, mais il faut croire qu'il tient à Emilie. C'est ce qui leur permet de se raccorder aussi souvent qu'ils se fâchent. Pour une fois, la colère de Saint-Lambert est douce à Emilie : elle a senti la jalousie et le désir — et la tendresse aussi. Il veut être près d'elle lorsqu'elle accouchera : il faut qu'elle revienne à Lunéville.

Elle profite de sa situation auprès de Stanislas pour obtenir de lui un appartement qu'elle enviait depuis longtemps, à Lunéville — plus commode pour les visites de son amant, plus confortable, avec une sortie directe sur les jardins et deux escaliers. Stanislas, galant, lui offre l'appartement et même le mobilier qu'elle n'a pas demandé.

Mais Stanislas repart pour la Lorraine, fin avril. Emilie reste à Paris. Que ne court-elle se jeter dans les bras de son amant ? Hélas ! Entre eux, il y a Newton. Elle supplie Saint-Lambert de comprendre. Il faut qu'elle termine et ne peut terminer qu'à Paris. Comment peut-il croire qu'elle se dissipe ? Elle travaille. Et avec frénésie. Qu'importe, après tout, à cette femme amoureuse, et sans doute, pour la dernière fois de sa vie, qu'importe la physique de Newton ? Elle n'est pas un savant — les autres femmes se moquent de sa faible science et la plupart des Français ne veulent pas de la physique de Newton. Mais, c'est sa traduction qui va répandre les idées de Newton en France: elle veut la mener à bien et la publier. Voilà à quoi cette femme dont le cœur est à la fois torturé et charmé, sacrifie les dernières semaines de sa vie — et les derniers plaisirs de sa délirante passion pour Saint-Lambert.

Elle habitait avec Voltaire, rue Traversière Saint-Honoré, une maison louée qu'ils entretenaient toute l'année et qui était leur pied-à-terre à Paris. C'est là qu'elle travaillait avec un vieux savant nommé Clairaut. Ils s'enfonçaient dans leurs calculs et oubliaient le temps. Un jour, Voltaire les attendait pour dîner à l'étage au-dessus. Il les fit prévenir. On lui demande un quart d'heure de sursis. Une demi-heure passe. Voltaire les fait appeler de nouveau. On demande un nouveau quart d'heure. Voltaire attend. Le quart d'heure passe. Bouillant d'impatience, il fait servir. Il attend. Les sauces figent. Le malheureux ne se contenant plus se jette comme un fou dans l'escalier au risque de se briser les os, il frappe, il appelle, secoue la porte, essaie d'ouvrir : Emilie et Clairaut on poussé le verrou ! La rage l'emporte, il défonce la porte à coups de pieds et profère des menaces et des injures assez terribles : n'a-t-elle pas honte de se dévergonder avec ce vieux professeur tandis que Saint-Lambert se morfond en Lorraine ? Quel tableau ! Voltaire, champion de l'honneur de l'amant de sa propre maîtresse ! Le pauvre Clairaut aurait voulu entrer dans un trou de souris. « *Vous êtes donc de concert pour me faire mourir ?* » leur crie Voltaire.

Le vaudeville et la tragédie se côtoient sans cesse.

Le dîner s'écoula sans parole. A la dernière bouchée, Clairaut s'éclipsa. Les deux amants se tournèrent le dos et regagnèrent leurs chambres. Le lendemain matin, Emilie fit demander à Voltaire s'il voulait prendre du café avec elle. Il accepta. Elle descendit avec sa belle tasse en porcelaine de Saxe, une très belle pièce. Elle ramena la conversation sur la scène de la veille ; elle n'y touchait que du bout des lèvres, mais enfin, elle jouait avec le feu, elle le savait. Voltaire resta de glace. Elle s'enhardit un peu, puis davantage, elle risque un reproche... Voltaire soudain bondit en l'air, bouscula Emilie qui laissa choir sa belle tasse. La précieuse porcelaine était à leurs pieds en mille morceaux. Longchamp accourut à ce bruit ; il ne put saisir que quelques mots d'anglais lancés par Emilie, qui foudroyèrent le père de *Sémiramis.* Il demeura seul devant les débris. Il se ressaisit vite et envoya Longchamp à la recherche des plus beaux déjeuners en porcelaine de Saxe chez les meilleurs bijoutiers du Palais-Royal. Le secrétaire rapporta les six plus beaux, mais aucun n'égalait celui qui était brisé. Voltaire garda le plus coûteux. On lui en demanda dix louis. Il cria qu'on l'égorgeait et qu'il ne les donnerait pas. Cela prit du temps. Il donna les dix louis — ce qui semble très cher pour un déjeuner de porcelaine, même très beau. Il le fit porter à Emilie : elle sourit. Elle descendit remercier Voltaire, ils s'embrassèrent, pleurèrent un peu et tout alla pour le mieux. Rasséréné, il retrouva sa plume et trois manuscrits en chantier.

Il avait en projet un *Catalina* (pour faire pièce à celui de Crébillon) ensuite un *Oreste,* enfin il se rabattit sur un sujet de comédie, *Nanine,* pièce en vers d'où la Paméla de Richardson n'est pas absente. « *J'ai fait cent vers à Nanine,* écrit-il, *mais je meurs.* » Cela ne fait qu'une fois de plus.

M. d'Argental lui avait fait des observations sur cette pièce ; il les avait sagement écoutées. Puis, un soir, après une journée de courses et de visites à Sceaux et chez divers notaires, il arriva exténué et furieux chez Mme d'Argental et l'accabla de reproches auxquels elle ne comprit rien. Pourquoi son mari s'était-il mêlé de faire des remarques aux comédiens qui répétaient *Nanine* ? Ne voyait-on pas que le poète était obligé de courir Paris pour réparer le mal qu'on avait fait à sa pièce ? Qu'il lui faudrait recommencer ces démarches le lendemain ? Bref, on le tuait et les d'Argental en étaient la cause. La pauvre d'Argental l'apaisa de son mieux ; Voltaire se laissa cajoler, et finit par rire de sa fureur ; il pleura, se confondit en excuses, il rit et pleura encore, enfin il embrassa mille fois Mme d'Argental et il partit, débordant des plus tendres sentiments pour ses *Anges*. La chère femme était brisée, elle était passée par la surprise, le chagrin, la joie, la tendresse. Elle venait en une heure d'éprouver plus d'émotions que bien des gens n'en éprouvent en une année.

Ces d'Argental passèrent la moitié de leur vie à s'occuper de Voltaire. Ils avaient pour lui une admiration et une amitié sans bornes : ils étaient autant ravis par ses caprices que par ses cajoleries. Ils se seraient jetés dans le feu pour le servir. Mais M. d'Argental était plus qu'un admirateur aimable, c'était un conseiller très sûr, très prudent, un homme de goût, un amateur de théâtre très influent à la Comédie-Française — et, ce qui ne gâte rien, très influent sur les puissances de la haute administration.

En juin 1749, on joue *Nanine*. Le public ne lui fait pas très bon accueil. Pendant la représentation, des spectateurs se mettent à ricaner à un endroit attendrissant. Ce rire insolent emplit Voltaire de rage et du haut de sa loge il lance d'une voix stridente : « *Arrêtez, barbares, arrêtez !* » Il fait taire les rieurs, ce qui semble bien étonnant ; de nos jours une telle intervention exciterait sans doute de nouveaux rires. Un autre de ses secrétaires, Wagnière, nous apprend qu'il n'aimait pas, au théâtre, être assis près de son maître. La situation n'était pas de tout repos. D'abord calme, Voltaire peu à peu s'agitait. Il était parcouru de tics, de frissons, il vivait la scène, il ouvrait et fermait la bouche, son regard flamboyait, tout son corps participait au jeu des acteurs : « *Sa voix, ses pieds, sa canne se faisaient entendre plus ou moins : il se soulevait à demi de son fauteuil, se rasseyait, tout à coup se trouvait droit, paraissait plus haut de six pouces qu'il ne l'était réellement, c'était alors qu'il faisait le plus de bruit. Les acteurs de profession redoutaient même à cause de cela de jouer devant lui.* »

Il était vraiment possédé du démon de la scène.

Comme sa pièce ne le satisfait pas plus qu'elle ne satisfait le public, il abandonne *Nanine* et veut regagner Cirey. D'ailleurs, Emilie s'impatiente : elle en a fini avec Clairaut ; elle n'y tient plus. Cirey, pour elle, signifie : la halte (la plus courte possible) sur le chemin de Lunéville. Elle est à cette époque l'objet des attentions de Frédéric II. Il multiplie ses offres pour qu'on lui cède Voltaire. On lui répète que la santé du poète est très mauvaise : il ne répond même plus à ces faux prétextes. Frédéric est persuadé que le seul obstacle est Emilie, aussi lui propose-t-il un marché. Qu'elle lui expédie le poète, il lui envoie par retour un géomètre de sa nouvelle Académie. Acceptera-t-elle ? Voltaire répond qu'il faut qu'elle accouche avant de prendre une décision. Et Frédéric a beau jeu de répliquer : « *M*^me^ *du Châtelet accouche dans le mois de septembre. Vous n'êtes pas sage-femme. Elle fera bien ses couches sans vous.* » Et comme il est las de toujours prier sans rien obtenir, il ajoute : « *Croyez d'ailleurs que les plaisirs que l'on fait aux gens sans se faire tirer l'oreille sont de meilleure grâce et plus agréables que lorsqu'on se fait tant solliciter.* » A quoi Voltaire répond, non sans fermeté : « *Ni M. Bartenstin ni M. Bastuchef, tout-puissants qu'ils sont, ni Frédéric le Grand qui les fait trembler ne peuvent à présent m'empêcher de remplir un devoir que je crois très indispensable. Je ne suis ni feseur d'enfants, ni médecin, ni sage-femme, mais je suis ami et je ne quitterai pas même pour Votre Majesté une femme qui peut mourir au mois de septembre. Les couches ont l'air d'être fort dangereuses, mais si elle s'en tire bien, je vous promets, Sire, de venir vous faire ma cour au mois de septembre.* »

C'était net... *Je suis ami* : auprès de cela, les rois ne sont rien. Frédéric fut obligé d'attendre.

Au moment où Voltaire s'apprête à quitter Paris, un jeune abbé, patronné par une parente, amie de Mme du Châtelet, vient supplier l'illustre écrivain de corriger un discours qu'il doit prononcer au Louvre devant l'Académie et d'importants personnages de la Cour. Ce discours est la chance de sa vie. S'il le réussit, il obtiendra une charge. Le sujet : Panégyrique de saint Louis. Tous les ans, un candidat venait débiter la même harangue sur le même sujet. Le difficile était de donner un ton, des grâces, à un ramassis de lieux communs sur le saint roi. Voltaire refuse ce pensum : il fait ses malles ! D'ailleurs, il ne connaît pas plus ce saint que les autres, qu'on aille consulter les docteurs de Sorbonne ! etc... Emilie impérieuse, lui ordonne de refaire le Panégyrique. Il s'incline. Et le lendemain, le discours qu'il rend au petit abbé est entièrement refait. Il a tout raturé, tout repris ; cela lui prit une nuit, le texte était d'une nullité affligeante. Quand le petit abbé reçut le paquet il faillit s'évanouir et poussa un cri d'effroi : il ne reconnaissait rien de son ouvrage. Il fit tant avec sa bonne parente, que Voltaire dut leur promettre de récrire le discours au propre : il y consacra donc une seconde nuit. Le lendemain, il donna un discours tout neuf ; toutefois, on lui fit remarquer, non sans sécheresse, qu'il n'avait pas nettement séparé l'exorde du premier point, ni le second du troisième, ni le troisième de la péroraison. Le travail du jeune abbé consista donc à calligraphier selon l'usage des *Ave Maria* aux points de suture des divers paragraphes et un très bel *Ainsi soit-il* au point final. Telle fut sa contribution à son propre chef-d'œuvre. Il eut bien raison de n'y pas toucher : ce panégyrique lui valut bientôt après un évêché ! Ce qui prouve que l'assistance avait le goût meilleur pour juger un texte que pour choisir les évêques.

Derniers beaux jours en Lorraine.

Durant l'été de 1749, Stanislas tenait, sans façons, sa Cour à Commercy. C'est là qu'il reçut nos deux voyageurs. Il avait fait construire dans le parc, de petits pavillons où il logeait les personnes de son entourage. Il allait dîner chez l'un, chez l'autre, en faisant avertir trois heures à l'avance. Il n'était ni gourmet, ni gourmand, et expédiait ses repas comme une corvée. Pour en être débarrassé plus vite, il avançait toujours l'heure du dîner, si bien que son intendant, M. de la Galaizière lui dit un jour : « *Sire, si vous continuez ainsi, vous finirez par dîner la veille.* » Le meilleur passe-temps était le jeu et le jeu favori s'appelait « la Comète ». Emilie y perdait avec son opiniâtreté coutumière.

Mme de Boufflers était toujours l'ornement de la petite cour : elle accueillit les revenants avec transport. Elle faisait des vers, ne s'embarrassait pas de philosophie et s'amusait de tout, même du précepteur de ses enfants, un abbé Porquet, qui était si fluet, si maigre, si exsangue qu'il disait de lui-même : « *Je suis empaillé dans ma peau.* » Mme de Boufflers le taquinait en vers sur les dangers qu'il faisait courir à la vertu des femmes :

Jadis, je plus à Porquet
Et Porquet m'avait su plaire
Il devenait plus coquet
Et je devenais moins sévère
J'estimais son rabat
J'admirais sa perruque
Aujourd'hui j'en rabas
Car je le crois eunuque.

Saint-Lambert aussi versifiait. Il préparait son recueil *Les Saisons* qui faillit le rendre célèbre. L'abbé de Bernis avait choisi le même sujet : il fallait le gagner de vitesse car Mme de Pompadour soutiendrait à fond son favori et ferait tout pour enterrer le rival. Cette course enfiévrait un peu la gentille Cour lorraine. Voltaire retrouva également son ennemi : le père Menou qui avait endoctriné, hélas ! le trésorier du roi et sa femme, le ménage Alliot. Voltaire leur faisait mille grâces, mais en vain. La femme surtout était persuadée que Voltaire était le diable en personne. Un jour d'orage, elle le pria de sortir de sa maison car elle le croyait bien capable d'attirer la foudre. Voltaire, qui avait aussi peur qu'elle des éclairs, fut obligé de sortir tout en protestant auprès de Mme Alliot qu'il pensait du Seigneur Tout-Puissant plus de bien qu'elle n'en pourrait jamais dire.

Leur querelle s'envenima à propos de l'heure des repas et de la qualité de la nourriture qui ne convenaient pas à la frêle santé du poète. Les chipotages allaient leur train ; on se serait cru au pensionnat. Le poète faisait sonner bien haut son titre de Gentilhomme de la Chambre et les avances réitérées du roi de Prusse. Il dressait la crête : serait-il plus mal traité à Commercy par un Alliot, qu'à Versailles ou à Berlin ?

M. Alliot fut plus sage et plus digne, il répondit avec modération aux lettres indignées et revendicatrices du poète dyspeptique. Il n'eut pas le beau rôle : on lui avait toujours servi « *son pain, son vin et sa chandelle* », on continua à les lui resservir. Mais ce n'était pas suffisant, le poète voulait qu'on les lui servît de façon exceptionnelle. En procession, sans doute ?

Cette guérilla de cuillers et de fourchettes fut suspendue par de plus cruels événements.

Trois veufs et une orpheline.

Mme du Châtelet vivait, en ce mois d'août 1749, ses derniers jours. Elle se livrait à tous les plaisirs que son état lui permettait encore de goûter, mais elle avait des pressentiments sinistres. Son caractère avait changé : elle était douce ! Elle ne se fâchait plus, elle accueillait tout avec aménité. Jamais homme ne fut aimé avec plus de délicatesse et de profondeur que Saint-Lambert. Elle avait rangé ses papiers, ficelés les uns, cacheté les autres ; elle avait écrit des lettres « à remettre après » à son mari, à ses meilleurs amis. Chaque fois que Saint-Lambert la quittait, c'était un déchirement : elle avait peur de n'être plus vivante quand il reviendrait.

En dépit de ses craintes, le 4 septembre 1749, elle met au

monde, sans douleurs, une petite fille. Cette délivrance la délivre également de ses tristes appréhensions. Elle se croit sauvée. Voltaire exulte : il avait eu si peur ! De l'angoisse, il passe à une joie un peu folle. Il annonce la chose sur le mode plaisant à d'Argental : « *Mme du Châtelet, cette nuit, en griffonnant sur Newton, s'est senti un petit besoin : elle a appelé une femme de chambre qui n'a eu que le temps de tendre son tablier et de recevoir une petite fille qu'on a portée dans son berceau. Sa mère a rangé ses papiers et tout cela dort comme liron à l'heure où je vous parle.* »

L'enfant allait fort bien, elle fut baptisée et mise en nourrice. Emilie allait aussi fort bien quand — c'est dans sa manière — elle commit une imprudence. Il faisait chaud, elle avait soif, elle but un grand verre d'orgeat à la glace qu'elle avait exigé et qu'on eut la faiblesse de lui donner. Presque aussitôt, elle fut saisie d'affreuses douleurs. Les médecins s'empressèrent. Elle sembla aller mieux. Mlle du Thil était là ; elle encourageait son amie. La journée se passa tant bien que mal, la malade était prostrée. Le lendemain, même abattement ; elle semblait sommeiller. Le soir, M. du Châtelet, Voltaire et d'autres visiteurs qui emplissaient la chambre se retirèrent chez Mme de Boufflers où ils soupèrent. Seuls restèrent Saint-Lambert, Mlle du Thil et Longchamp. Presque aussitôt la malheureuse se mit à râler. Elle avait perdu connaissance. On rappela M. du Châtelet, Voltaire et Mme de Boufflers. Quand ils arrivèrent, Emilie était morte. On avait oublié d'appeler un prêtre ! Voltaire écrit : « *Elle ne connut point les horreurs de la mort. Il n'y eut que ses amis qui les sentirent.* »

Voltaire et Saint-Lambert restèrent seuls devant la pauvre Emilie. Voltaire était anéanti, il se mit à errer dans le palais, l'esprit perdu, il trébucha dans le bas d'un escalier, tomba près de la guérite d'une sentinelle et se blessa au front sur le pavé. Saint-Lambert qui le suivait, le trouva ainsi et voulut l'aider à se relever, l'autre en sanglots lui dit : « *Ah ! mon ami, c'est vous qui me l'avez tuée.* » Puis, saisi d'un de ces mouvements tragiques qui lui sont aussi naturels que les pitreries, il se dressa comme une statue de la malédiction et brandissant ses mains décharnées de sorcière vers Saint-Lambert médusé : « *Eh ! Monsieur, de quoi vous avisiez-vous de lui faire un enfant ?* »

Evidemment, lui ne s'est jamais avisé de faire un enfant à sa maîtresse. S'il l'avait essayé, peut-être Saint-Lambert n'y eût pas si malheureusement réussi. Maintenant, il faut annoncer l'horrible nouvelle à ceux à qui on a annoncé la naissance sur le ton du badinage. Mais rassurons-nous, dans l'océan de larmes qui fut versé, personne ne fut noyé. La comédie ne perdit pas tous ses droits.

Voltaire se souvient, tout à coup, d'une bague que portait toujours Emilie et dont le chaton mobile pouvait découvrir un portrait miniature du poète. Il demande à Longchamp d'aller sans tarder récupérer cette bague au doigt de la morte. Longchamp lui répond qu'on l'a déjà donnée à M. du Châtelet. Voltaire veut empêcher que M. du Châtelet ne fasse jouer le chaton et ne découvre son portrait. Il renvoie Longchamp aux nouvelles et piétine d'impatience. Rassurons-le tout de suite, Mme de Boufflers avait ouvert la bague et en avait ôté le portrait. Ce n'était pas celui de Voltaire ; c'était celui de Saint-Lambert ! Voici notre poète apaisé mais blessé bien davantage : « *Oh ! ciel,* s'écrie l'amant déchu, *voilà bien les femmes. J'en avais ôté Richelieu Saint-Lambert m'en a expulsé. Un clou chasse l'autre. Ainsi vont les choses de ce monde.* »

La philosophie est utile dans certains cas désespérés.

Le désespérant pour nous, c'est que l'énorme correspondance de Voltaire et d'Emilie a disparu ; probablement en ces tristes jours, fut-elle anéantie par Saint-Lambert. Nous y aurions vu Voltaire coquetant, séduisant Emilie, la convertissant à la philosophie, à Newton, à l'athéisme. Nous l'aurions vu dans ces lettres plus libre que jamais. Tout cela est parti en fumée...

A Paris, la mort de « la divine Uranie » est célébrée par des sarcasmes. On n'aimait guère Emilie : elle était supérieure à la plupart des perruches qu'elle fréquentait ; on n'aimait pas Voltaire pour les mêmes raisons et pour bien d'autres. L'envie suinte partout à la Cour, à la ville, au théâtre, dans les gazettes et dans les ruisseaux.

L'un écrit : « *J'apprends que Mme du Châtelet est morte en couches hier. Il faut espérer que ce sera le dernier air qu'elle se donnera : mourir en couches à son âge c'est vraiment vouloir se singulariser, c'est prétendre ne rien faire comme les autres.* »

Et voici l'épitaphe qu'on lui fit et qu'on lisait en soupant au milieu d'éclats de rire (on l'attribue à Frédéric II. Pourquoi pas ? Il était bien digne d'être de ces « beaux esprits ») :

Ci-gît, qui perdit la vie
Dans le double accouchement
D'un traité de philosophie
Et d'un malheureux enfant.

On ne sait précisément
Lequel des deux l'a ravie.
Sur ce funeste événement
Lequel des deux doit-on suivre ?
Saint-Lambert s'en prend au livre
Voltaire dit que c'est l'enfant.

Emilie n'était pas sans travers, mais elle valait infiniment mieux que ces insulteurs de cadavre. Pas un ne parle de sa monumentale traduction de Newton ! Pas un n'a de respect pour cette merveilleuse amitié de dix-sept ans, entre deux caractères difficiles qui s'accordèrent dans une sorte de tendresse, plus faite d'estime et d'admiration réciproque que de sensualité.

Voltaire fit inscrire ces vers sous le portrait de sa déesse.

L'Univers a perdu la sublime Emilie
Elle aima les plaisirs, les arts, la vérité.
Les dieux en lui donnant leur âme et leur génie
N'avaient gardé pour eux que l'immortalité.

Il n'y a pas de doute, c'est l'amour qui a raison : la véritable Emilie, c'est celle de Voltaire. Ces années d'amitié furent les plus heureuses de la vie de Voltaire et parmi les plus fécondes. Emilie sera toujours irremplaçable. La solitude studieuse de Cirey l'arracha aux dangers de Paris ; la discipline et l'élégance de la vie auprès de cette grande dame surent freiner ses exaltations ; il n'évita pas tous les pièges, mais il évita les plus dangereux. Emilie entretint autour de lui cette atmosphère de bonne compagnie et de luxe, le luxe de l'âme comme celui des meubles. Elle lui avait apporté la paix, l'ordre et « le superflu, chose si nécessaire » à l'épanouissement d'un génie comme celui de Voltaire.

L'art de souffrir et de se consoler.

Qu'allait-il devenir ? A cinquante-cinq ans, pour la première fois de sa vie, il était sans ressort et sans asile. Jamais l'univers ne parut plus dépeuplé à un homme qui ne vivait que de la société et pour qui Emilie avait réussi à remplacer le reste du monde. Stanislas, une fois encore, fut parfait : il fit des funérailles grandioses à Emilie. Trois fois par jour, il venait voir, dans sa chambre, le poète accablé : ils pleuraient ensemble. Mais demain, qu'allait devenir Voltaire ? Il avait toujours cru qu'il mourrait jeune et qu'Emilie lui survivrait, il avait pensé qu'elle lui fermerait les yeux à Cirey. Où aller maintenant ? Il pensa d'abord se retirer chez les Bénédictins de Senones où les Châtelet avaient un ami Dom Calvet que Voltaire aimait. Il pensa aussi retourner en Angleterre auprès de Lord Bolingbroke. Il ne fit ni l'un, ni l'autre. Il retourna à Cirey avec l'autre veuf — le légitime. Sinistre retour au logis conjugal ! Il redoutait cette confrontation. Tout alla bien : à Cirey il retrouva son Emilie, vivante, heureuse comme il l'y avait toujours vue. C'est à Lunéville qu'elle était morte et qu'il l'avait vue morte. A Cirey, elle était immortelle. Il écrit à d'Argental : « *Je n'ai point perdu une maîtresse, j'ai perdu la moitié de moi-même, une âme pour qui la mienne était faite, une amie de vingt ans que j'avais vue naître. Le père le plus tendre n'aime pas autrement sa fille unique. J'aime à en retrouver partout l'idée ; j'aime à parler à son mari, à son fils. Enfin les douleurs ne se ressemblent point et voilà comment la mienne est faite.* »

Poignante sincérité de cet aveu combien révélateur ! Cet amour « paternel » n'est tout de même pas exempt de sensualité. Il ne semble pas que Voltaire ait jamais su distinguer entre les tendresses paternelles, avunculaires et les autres... Sa nièce, Mme Denis, comment l'aimait-il ? Il a, des liens familiaux, un sentiment très original. Il nous donnera bientôt sujet, non seulement de reposer la question, mais d'y répondre.

Pour le moment, d'autres questions se posent à nous. Est-ce que la brûlante passion qu'Emilie éprouvait pour Saint-Lambert lui eût permis de conserver Voltaire comme elle avait conservé M. du Châtelet ? Et, le dernier venu, se serait-il accommodé indéfiniment de cet attelage à trois ? Son amour pour Mme du Châtelet aurait-il résisté bien longtemps à cette fausse position, ou tout simplement à l'usure ? Et l'opinion publique ? Et M. du Châtelet ? Certes, le mari et le monde avaient été très tolérants — ils étaient allés jusqu'à protéger le couple illustre — et un peu scandaleux — parce que c'était Emilie et parce que c'était Voltaire. Mais Saint-Lambert ? Il semble bien que l'avenir eût été sombre pour Emilie. Saint-Lambert était jeune — trop jeune — il se serait vite envolé, et Emilie en eût été inconsolable. De toutes façons, elle était la victime désignée. Elle avait, en mourant, résolu les problèmes.

Aidé de M. du Châtelet, Voltaire déménage. On emballe ce qu'il désire emporter de Cirey : les livres. certains meubles, des tableaux et des statues placées dans des tonneaux bourrés de paille. L'énorme convoi s'ébranla et M. du Châtelet et son fils restèrent dans une maison à moitié vidée de ses meubles et totalement privée d'âme. Voltaire leur abandonna toutes les sommes dépensées pour les aménagements et les réfections. Entre M. du Châtelet et lui, pas l'ombre d'un marchandage.

Il pleurait à fendre l'âme en quittant Cirey : il perdait Emilie une seconde fois. Il était aussi malade, très malade et ce n'était point une feinte. Il croyait qu'il allait mourir et ne voulait pas être enterré à Paris. Il l'écrivit à l'abbé Voisenon : « *J'ai une répugnance horrible à être enterré à Paris : je vous en dirai les raisons.* » Nous les devinons : à Paris, on lui refuserait les funérailles chrétiennes, il aurait le sort d'Adrienne Lecouvreur : cette terreur de la fosse commune le hante. Il voyage par petites étapes. Il corrige *Catilina*. En passant à Reims, il découvre un excellent copiste, il l'engage et l'emmène, car cet original calligraphe lui a fait des vers enthousiastes sur la morne tragédie qu'il recopie avec amour.

A Paris, il s'installe rue Traversière. Pour n'être pas en reste de générosité, M. du Châtelet lui abandonne ses droits sur la partie de la maison qu'habitait Emilie. Comme Voltaire est très seul, malade, il désire louer un étage, il offre même à un ami de venir partager sa vie et sa maison. L'offre ne parut pas alléchante et resta sans réponse.

Il était comme une âme en peine, le chagrin l'étourdissait : il errait à travers les chambres en parlant seul à haute voix, à son Emilie. Il confie son désarroi à ses amis. Frédéric ricane, il ne croit pas à la sincérité de cette douleur : « *Voltaire déclame trop dans son affliction, ce qui me fait juger qu'il se consolera vite* », écrit le Salomon du Nord. Sans doute. Mais Frédéric confond deux choses : la sincérité et la vivacité des sentiments de Voltaire. Voltaire flambe, il jette de grands éclairs dont le propre est d'éblouir et de durer peu. Mais c'est pure malveillance que de l'accuser de feindre en cette occasion. Nous savons qu'il n'est pas d'un naturel à se consumer éternellement dans la douleur, mais, dans le moment où la douleur l'étreint, elle est intolérable. Aussi va-t-il s'en débarrasser, mais ce moment n'est pas encore venu. Son secrétaire le trouva, une nuit, comme hébété, gémissant, trébuchant et tombant parfois, et murmurant le nom de la morte. Longchamp prit alors le parti de guérir son maître de ce chagrin qu'il jugeait excessif, en lui montrant des lettres qu'Emilie aurait écrites à Saint-Lambert et dans lesquelles elle se moquait de Voltaire. Le malheureux, au dire de Longchamp, en éprouva une déception si brûlante que ses larmes séchèrent sur l'heure. Rien n'est moins convaincant que l'efficacité de cette cruelle médication. Voltaire était capable de se guérir tout seul. D'ailleurs, n'avait-il pas déjà certaines consolations ? que personne ne soupçonnait, mais que nous connaissons...

Il était seul ? pas si seul que Longchamp le dit. Il recevait les d'Argental, Richelieu, Marmontel, l'abbé Mignot, son neveu — et aussi sa nièce, Mme Denis. La bonne nièce n'habitait pas loin, elle venait souvent. Elle allait faire mieux : elle allait venir pour toujours. Pour faire à son oncle ce gros cadeau — car elle n'était pas mince — Mme Denis attendait Noël. Elle attendait plutôt que la place laissée vacante par Emilie fût un peu moins chaude. La consolation, c'était elle !

C'est, bien entendu, le théâtre qui, en premier lieu, arrache Voltaire à son chagrin. Il a débaptisé *Catilina* qui s'appellera *Rome Sauvée ;* il veut qu'on joue cette tragédie afin que Crébillon reconnaisse que son rival traite le même sujet et triomphe où son *Catilina* à lui a échoué. Si Crébillon en tombait malade, Voltaire aussitôt passerait du grand deuil au demi-deuil, c'est certain. Mais quel étrange calcul ! Le même Crébillon est censeur et c'est de lui qu'on attend la permission de jouer une tragédie qui est visiblement écrite contre la sienne ! Voltaire va lui faire visite et lui explique qu'un pur hasard a conduit sa plume dans les sentiers où l'illustre censeur a déjà cueilli les lauriers de Catilina... etc. Des flagorneries à peine acceptables. Crébillon fait semblant d'être dupe et accorde le visa. Ce qui ne l'empêche pas de dire que Voltaire est « un très méchant homme. »

La première ne fut pas brillante. Le public s'ennuyait. On parlait ; on se mouchait, on n'écoutait pas. Voltaire caché dans une loge faisait le mort. Soudain, une tirade retient l'attention et émeut : les applaudissements crépitent. Voltaire bondit, se penche sur le parterre en criant : « *Courage Athéniens, c'est du Sophocle !* » Les Athéniens de Paris s'en tinrent là. Et la pièce fut un demi-four. Il a noté les passages sifflés et les refait. Il va voir Mlle Clairon, son interprète, et la prie de l'excuser d'apporter à sa pièce d'autres retouches que celles qu'elle lui a signalées. Il traite les princesses de la scène avec autant de déférence que les Altesses royales — il est vrai qu'elles avaient bien plus mauvais caractère.

Ces innombrables corrections faisaient dire à Fontenelle que

Voltaire était un « *auteur bien singulier parce qu'il composait ses pièces pendant leur représentation* ».

On raconte qu'il donnait lui-même à la claque le signal des applaudissements et qu'apercevant un spectateur impassible les mains dans son manchon, il l'apostropha pour l'obliger à applaudir. L'autre lui répondit sèchement qu'il n'en avait nulle envie.

— Comment vous appelez-vous ? lui cria Voltaire.

— Rousseau, lui dit l'autre.

— Quel Rousseau ? le petit Rousseau...

Tout cela en pleine représentation. Soudain une grande femme, à l'air hommasse se dressa devant Voltaire, et approchant du petit visage chiffonné du poète une énorme main à battre le linge, lui promit, s'il ne se taisait pas, le plus grand soufflet du monde. Voltaire s'enfuit et la salle éclata de rire. Il fit bien de fuir car il aurait certainement reçu le soufflet de cette femme, Mme Le Bas, épouse du célèbre graveur du roi, membre de l'Académie des Beaux-Arts — elle n'était pas moins célèbre que son mari mais elle l'était au parterre de la Comédie en raison de ses apostrophes et des soufflets qu'elle y distribuait.

Mme Denis entre en scène et y reste.

A la suite de cette algarade, Voltaire se persuade que le Rousseau qui l'avait nargué était Jean-Jacques. Il n'en était rien, mais on rapporta la chose à Jean-Jacques qui écrivit à Voltaire pour se disculper : il n'était pas dans la salle ce jour-là, et, en aucune manière, il n'eût voulu déplaire à M. de Voltaire. Jean-Jacques était encore en ce mois de janvier 1750, presque inconnu. Quelques mois plus tard, il allait devenir célèbre.

Ainsi, quatre mois après la mort d'Émilie, la vie reprenait ses droits par la grâce du théâtre. Frédéric II n'avait eu qu'un tort : parler trop tôt de consolation.

La veuve Denis s'installa rue Traversière pour Noël 1749. Son mari était mort en 1744, cinq ans plus tôt : elle était consolée depuis cinq ans. Ses pleurs avaient eu plus d'abondance que de durée. Elle retrouva son oncle à peu près remis, ils unirent donc, pour le meilleur et pour le pire, leurs veuvages respectifs.

Mme Denis avait d'abord cherché des compensations auprès de Baculard d'Arnaud qui voulut l'épouser. Ils se livrèrent à des galanteries de parole et de plume, puis à d'autres moins platoniques qui trouvèrent leur fin en soi.

Voltaire encense beaucoup sa nièce. Les contemporains sont bien moins enthousiastes. Son oncle lui attribue de l'esprit : elle n'était que bavarde et indiscrète. Elle se piquait d'aisance et de liberté : elle tomba dans le dévergondage. Avec des manières, de la beauté — ou du charme — et un grain d'esprit, elle aurait pu s'en tirer comme bien d'autres non sans gloire et profit. Mais ces vertus aériennes et inaccessibles manquaient à la nièce. Elle était gourmande, jouisseuse, elle s'empiffrait : bientôt elle s'empâta. Sans pitié, les années pour elle comptaient double. Cette oie jouait *Zaïre* et son oncle s'extasiait (il avait ses raisons, l'oncle, l'oncle qui aimait ses maîtresses comme un père). Un jour, un flatteur pour complaire à l'oncle, félicitait la nièce de jouer si bien, elle minauda, faisant la modeste : « *Il faudrait être jeune et belle.* » Et quelqu'un d'ajouter : « *Vous êtes bien la preuve du contraire.* »

Marmontel qui est pourtant tout miel, tout sucre avec le couple dit que « *c'est une femme aimable malgré sa laideur* ». Il n'y a plus de doute. Ses portraitistes l'ont flattée. Elle singeait les manières de son oncle et cela lui donna une apparence de goût et de conversation. Autant de pris sur sa vulgarité foncière.

Par malheur, elle voulut aussi faire courir sa plume et écrire des comédies. Ce penchant inquiétait Voltaire car lorsqu'une comédie est écrite, on veut la faire jouer, et si les spectateurs ne rient pas, l'auteur, les comédiens et l'oncle pleurent. Il étouffa ce génie naissant et peu prometteur.

La Cour, la ville, le peuple étaient passionnés de théâtre. On dressait des tréteaux partout. Le roi et les grands seigneurs jouaient à Versailles dans les Cabinets. On jouait sur les places, dans les foires, dans les arrière-cours, dans les salons et jusque sous les combles. Voltaire remarqua au cours d'une de ces représentations un jeune acteur dont le jeu lui parut étonnant de justesse, de force, de vivacité. Il l'invita à venir rue Traversière : il lui sauta au cou, le régala de café et de chocolat et lui parla de son talent avec une chaleur qui enivra le jeune homme. Voltaire venait de découvrir Le Kain, un des acteurs les plus doués que la France ait connus. Le Kain était laid, d'une laideur expressive mais qui était pourtant un obstacle et qu'il dut surmonter à force de talent et de travail. Il dit à Voltaire qu'il possédait un peu de bien et qu'il allait le consacrer entièrement au théâtre car il sentait qu'il ne pouvait vivre que sur les planches. Voltaire épouvanté et charmé par ce sacrifice s'écria : « *Ah ! croyez-moi, ne prenez jamais ce parti-là ! Jouez la comédie pour votre plaisir mais n'en faites jamais votre état.* » Et il prêta sur l'heure dix mille livres à ce garçon pour lui permettre de s'établir : « *Vous me les rendrez quand vous pourrez.* »

Il ne s'agit pas d'une aumône (près de dix millions d'A.F.). Avec quelle spontanéité, il offre cet argent à ce jeune homme ! Même J.-J. Rousseau qui ne l'aimait guère a reconnu la beauté de ces élans de générosité : « *Je ne sache point d'homme sur la terre dont les premiers mouvements aient été plus beaux.* » J.-J. Rousseau sous-entend qu'il y avait les autres, mais ceux-ci n'effacent pas les premiers. Disons que les seconds existent aussi bien que les premiers que les malveillants veulent trop oublier.

Le Kain fut abasourdi par tant de générosité. Avant de le laisser partir, Voltaire lui demanda de lui réciter quelques vers. L'autre, étourdiment, choisit un texte de Piron. Voltaire reconnut vite son affreux rival et s'emporta : « *Point ! Point de Piron ! Pas de mauvais vers. Récitez du Racine.* » Le Kain lui récita une tirade d'Abner ; Voltaire ne put l'entendre jusqu'au bout, il fondit en larmes, l'admiration l'étouffa, il prit Le Kain dans ses bras en lui jurant qu'il tiendrait un jour tout Paris sous le charme comme il tenait Voltaire en ce moment.

Pour avoir Racine et Le Kain sous son toit, il fit construire un petit théâtre dans le grenier. Il commença toutefois par faire jouer sa propre tragédie *Mahomet* devant Richelieu, les d'Argental, la nièce et les domestiques. Une jeune ingénue qui jouait Palmire susurrait en minaudant, les vers terribles. L'auteur agacé l'interpelle : « *Mademoiselle, figurez-vous que Mahomet est un imposteur, un fourbe, un scélérat qui a fait poignarder votre frère, qui vient d'empoisonner votre père et qui pour couronner ces bonnes œuvres veut absolument coucher avec vous. Si tout ce manège vous fait un certain plaisir ah ! vous avez raison de le ménager comme vous faites, mais pour peu que cela vous répugne voilà comme il faut vous y prendre...* » Et le frêle poète, mû par un ressort, saute sur l'estrade et déclame, et hurle et s'agite comme un forcené, exprimant l'horreur et le désespoir à leur paroxysme. La pauvrette était terrorisée, mais la leçon fut bonne. Elle en tint compte, s'améliora et Le Kain plus tard la jugea bonne comédienne.

Il se mit en tête de jouer, rue Traversière, sa tragédie *Rome Sauvée.* Le Kain et ses camarades se dévouent sans compter. Richelieu, tout-puissant, fait apporter dans le grenier les décors et les costumes de la Comédie-Française que le roi avait payés pour Crébillon. La liste des invités est magnifique : deux ducs, Richelieu et La Vallière, ensuite d'Alembert, Diderot, Marmontel, puis trois abbés dont deux académiciens et nombre de personnes de qualité et de religieux. Ce public fait un succès à la pièce. Ce succès se répand dans Paris avec rapidité, il s'enfle d'autant plus que le nombre des invités est restreint. Le grenier de Voltaire devient en un jour l'endroit le plus élégant, et le plus inaccessible de Paris. Il faut reprendre la représentation, non pas une fois, dix fois. Voltaire fait ajouter des bancs et des gradins sur les côtés, entre les chevrons : ce sont les loges. Il parvient à loger cent personnes. Les ministres, les ambassadeurs font solliciter des invitations : ils ne les obtiennent pas sans peine.

Voltaire trouvait dans ce succès un plaisir complexe d'où la vengeance n'était pas exclue : les Comédiens français enrageaient. N'avaient-ils pas méprisé sa *Rome Sauvée ?* Et voilà que le public le plus difficile la portait aux nues. La Cour même lui fit un sourire : Mme de Pompadour choisit *Alzire* pour être jouée dans les cabinets ; c'était la première fois qu'on jouait une tragédie sur un théâtre aussi intime. Ce fut parfait. A la seconde représentation, on daigna inviter Voltaire. Le roi dit tout haut : « *Il est étonnant que l'auteur d'Alzire soit aussi celui d'Oreste.* » C'était gentil pour *Alzire* mais c'était rappeler l'échec d'*Oreste*. Louis XV aimait assez ce jeu de fléchettes où Voltaire excellait. C'est le style de l'époque, il est souvent cruel.

— Vous vieillissez, dit un jour le roi à un courtisan, où voulez-vous qu'on vous enterre ?

— Aux pieds de Votre Majesté, répliqua l'autre.

Le roi se le tint pour dit.

Les sourires de la Cour ne sont jamais très chaleureux pour Voltaire.

Naissance d'un serpent.

Le redoutable abbé Desfontaines avait, en mourant, laissé un héritage empoisonné : il avait légué à Voltaire un certain Fréron, qui allait surveiller le poète, le harceler, lui ôter le sommeil, lui donner la fièvre, le rendre furieux au point de lui faire écrire les libelles les plus indignes de son talent ; bref, Fréron n'existait que « pour le tuer ». De tous les ennemis de Voltaire aucun n'y a aussi bien réussi que celui-ci. Il mérite donc un salut.

Fréron naquit à Quimper en 1719. Il avait été élève des Jésuites et il exerça même à Louis-le-Grand où il put retrouver dans la poussière pédagogique la trace brillante de l'élève Arouet. Il se montra d'ailleurs remarquable professeur. Fréron avait du goût, de la mesure, de l'habileté. Il était rompu à toutes les finesses de la dissertation. Puis il fut formé à la critique par Desfontaines et son entourage, c'est tout dire sur sa probité littéraire et sur les sentiments qu'il nourrissait à l'égard de Voltaire. Il ne manquait ni de perfidie, ni de méchanceté, ni d'opiniâtreté. Ces riches talents, acquis ou naturels, il les mit au service des croyances traditionnelles qu'il aimait cependant moins qu'il ne haïssait les idées nouvelles. Il attaquait celles-ci dans la personne des philosophes autant que dans leurs œuvres et, de toutes les cibles, la plus voyante, était Voltaire.

Il s'enrôla pour le bon combat sous la bannière douteuse de Desfontaines avec qui il rédigea des *Observations sur les Ecrits modernes* et des *Jugements sur quelques ouvrages nouveaux.* Puis il créa pour son propre compte un périodique : *Lettres à la Comtesse de X... sur quelques écrits modernes,* où il attaquait si bassement les réputations que, sans tenir compte des « bons sentiments » de l'auteur, la police supprima cette feuille en 1746. Il la remplaça en 1749 par les *Lettres sur les écrits de ce temps* qui en 1754 prirent le nom de l'*Année Littéraire.* C'est dans cette feuille qu'il cribla Voltaire de ses traits les plus cruels, les mieux dirigés, et souvent les mieux venus.

Ce Fréron eut un fils qui, sous la Révolution, devait se faire le champion des idées les plus opposées à celles que son père défendait contre Voltaire. Il apporta dans ses luttes la même opiniâtreté — mais les siennes n'étaient pas littéraires. Bien qu'il collaborât à une feuille d'une rare violence, l'*Orateur du Peuple,* il se distingua davantage parmi les organisateurs de la Journée du 10 août, et des Massacres de septembre. Comme il avait sans doute bien massacré à Paris, on l'envoya organiser les massacres de Toulon. En somme, c'était un fanatique comme son père. Il eût fait très probablement guillotiner Voltaire pour des « Principes » opposés à ceux pour lesquels Fréron le père, l'eût fait pendre. Comme l'humanisme de Voltaire est étranger à ces « principes » de forcenés !

Comment la guerre commença-t-elle entre Voltaire et Fréron ?

Par une pique de jalousie. Fréron avait fait à la gloire du roi un poème sur la victoire de Fontenoy qui fut éclipsé par celui de Voltaire. Le ressentiment de Fréron ne s'exprima pas tout de suite, ni très ouvertement. Il était trop habile. Il fit même l'éloge du poème de Voltaire : mais comment être impartial sans reproduire les critiques ? Il reproduisit donc les attaques ; les discuta, les étala, bref, de cet éloge singulier, le poème sortit en lambeaux. Comme Desfontaines lui avait communiqué ses archives, Fréron reproduisit même de très anciennes attaques non seulement contre l'œuvre mais contre la personne de l'auteur. Entre autres aménités on pouvait lire ces lignes parues en 1735 contre Voltaire : « *Par ses familiarités avec les Grands, il se dédommageait de la gêne qu'il éprouvait avec ses égaux ; il était sensible sans attachement, voluptueux sans passion, sociable sans ami, ouvert sans franchise, quelquefois libéral sans originalité.* » Du vrai et du faux ; le vrai étant pire à entendre que le faux. Voltaire n'oublia plus cet auteur venimeux bien qu'il disparût pendant quelques années de la scène littéraire. En effet, Fréron fut exilé en 1746 à Bar-sur-Aube au moment de la suppression de ses *Lettres à la Comtesse X...* car il avait attaqué dans ce libelle, un abbé, « *le plus jeune académicien de France... un abbé illustre par sa naissance et deux petites odes* » qui se vit « *en sortant de classe élevé à la plus haute dignité de la littérature* ». La « *comtesse* » Fréron en parlant de son abbé rose et imberbe dit : « *Je fus moins fâchée que jamais d'être femme.* » Dans la victime de Fréron tout le monde avait reconnu Babet la Bouquetière : l'abbé de Bernis, favori de Mme de Pompadour.

Fréron revint de Bar en 1749 et fit paraître sa nouvelle feuille. Aussitôt Voltaire flaire le danger. Il demande à d'Argental si les prisons sont pleines, s'il n'y aurait pas une place pour Fréron. Ses craintes étaient fondées : dès le premier numéro, Fréron l'attaque. Il l'attaque sur une pièce que Voltaire n'a pas signée : mais personne n'est dupe. Voltaire ne peut reconnaître sa pièce, ni se défendre. Il se tait, mais sa rage l'étouffe. Fréron enhardi va récidiver. Voltaire fait appel à l'intendant de police : qu'on enferme Fréron, qu'on l'enferme vite ! Il s'adresse directement à M. d'Argenson, à tous ses amis pour qu'on assiège le ministre ; il faut que du soir au matin, le premier ministre du royaume de France n'entende parler ni de la guerre sur terre et sur mer, ni du déficit, ni de l'impôt mais de quinze lignes qu'un sieur Fréron a écrites pour empêcher M. de Voltaire de dormir.

Nouveau crime de Fréron, non moins abominable. Ne s'est-il

pas avisé de se faire agréer par le roi de Prusse en qualité de correspondant, d'informateur, de pourvoyeurs de livres et de libelles de Sa Majesté prussienne ? C'est donc Fréron qui va former, par ses rapports, l'opinion de Frédéric sur la vie de Paris et notamment sur celle de la République des Lettres. En apprenant la nouvelle, Voltaire tomba malade de dépit : oser s'adresser à Frédéric sans passer par Voltaire, s'offrir à lui en étant l'ennemi de son Virgile moderne, quel soufflet ! C'était vouloir saper l'amitié qui le liait au roi-philosophe. On imagine la virulence des réactions de Voltaire. L'intérêt, l'amour-propre, le snobisme, tout cela était cruellement blessé par ce Fréron. Ah ! ce n'était pas un ennemi maladroit qui était échu au poète. Fréron savait où frapper. Ce qui rendait l'offense plus cruelle c'est que l'ami Thiériot était déjà l'informateur agréé de Frédéric ; deux ans plus tôt, Voltaire l'avait patronné à ce poste de choix. Vouloir le déposséder ou même le doubler équivalait encore une fois à « tuer » Voltaire. Ce n'était pas que la place fût bonne : ce pauvre Thiériot, apres deux ans de service, n'avait encore rien touché de S. M. Prussienne qui ne payait que de paroles. Voltaire rappelait souvent à Frédéric sa dette envers Thiériot : les rapports envoyés, les ouvrages achetés. Après deux ans de surdité Frédéric finit par entendre et envoya 1 200 livres ; or, on comptait sur 2 000 livres par an. La différence était affligeante. Thiériot écrivait à Voltaire : « *J'ai de plus à vous dire, qu'autant que j'ai connu le caractère de S. M. Prussienne, il n'aime pas qu'on lui demande.* » C'est Voltaire qui combla le déficit. Peu lui importait de payer Thiériot pourvu que Fréron ne prît pas sa place. Après beaucoup de bruit et de peur, on fut informé que Frédéric n'avait aucune envie de s'attacher Fréron. Voltaire respira, mais son ressentiment contre Fréron ne disparut pas avec ses craintes. A la première occasion, le misérable serait marqué au fer rouge.

Rue Traversière, le théâtre du grenier ne désemplissait pas. Voltaire fit imprimer des billets, il aimait dresser la liste des invités à qui il faisait remettre les places. Enfin n'y tenant plus, il ne se contenta plus d'écrire les pièces : il voulut les jouer. En 1750, il avait cinquante-six ans, il remonta sur les planches et l'on put voir cet homme malingre, déjà vieillard, se redresser grâce à la magie des textes, et de la scène, grâce à la puissance de l'hallucination artistique, et prendre l'air martial, trouver une voix profonde, des accents impressionnants sinon mélodieux. Il déclamait avec une voix de stentor qui jetait parfois des grincements de crécelle, mais il se dépensait sans compter et tombait à la fin epuisé et ravi. Les bravos le faisaient rougir, des flammes de jeunesse ravivaient ses joues parcheminées, ses yeux jetaient les feux d'un bonheur surnaturel. Ses deux nièces, Mme Denis et Mme de Fontaine le suivirent sur les planches. Les Comédiens furent inquiets de cette vogue des « greniers ». Ils pensaient que si les auteurs, à l'imitation de Voltaire, se mettaient à jouer eux-mêmes leurs pièces nouvelles, il ne resterait aux gens de théâtre que les vieilleries du répertoire. Voltaire qu'ils avaient sollicité leur fit remettre deux places pour quatre représentations. Ils furent, dit-on, enchantés d'applaudir des pièces qu'ils eussent sans doute refusées trois mois plus tôt. Cela prouve au moins qu'ils étaient beaux joueurs.

Voltaire gardait pour la bonne bouche sa *Rome Sauvée.* Il s'était mis en tête d'aller la jouer à Sceaux. Mais la duchesse avait un peu vieilli, elle manquait d'entrain et elle n'avait pas oublié comment Voltaire avait livré son château à des bandes d'invités indésirables. Elle en était encore refroidie... mais elle aimait toujours le monde et le théâtre. Avec sa désinvolture bien connue, Voltaire agit comme s'il avait déjà l'autorisation et il annonce à la duchesse qu'on jouera *Rome Sauvée* chez elle, et aux premiers jours. La réponse qu'il reçoit n'est pas très encourageante. Il part pour Sceaux, le 8 mai 1750, s'y installe et fait le siège de la duchesse. Son esprit et sa gaîté, viennent bientôt à bout des résistances. Mais sur un point, elle ne cède pas : il lui répugne de donner à coucher aux acteurs. Soit. « *Je débarrasse encore ma protectrice du logement des histrions* », dit-il. Le marchandage n'est pas fini : il les fera ramener à Paris à condition qu'elle fournisse les carrosses. Elle accepte.

La tragédie fut jouée le 22 juin 1750 : ce fut magnifique. Voltaire en Néron surpassa tout le monde. C'est Le Kain qui le dit, il s'y entendait, mais la reconnaissance le fait peut-être exagérer. Le vrai est que Voltaire, sur le théâtre, est aussi bon acteur que dans la vie. En vérité, c'est Le Kain qui fut incomparable, et c'est Voltaire qui le dit.

Dans le clan ennemi, on se moque de lui et de sa *Rome Sauvée :* « *Il fait comme les pâtissiers,* disait-on, *les pâtés qu'ils ne peuvent pas vendre ils les mangent eux-mêmes.* » On l'accusa aussi d'avoir fait échouer la pièce que Mme de Graffigny faisait jouer à ce moment : *Cénie.* Pure méchanceté — il était en très bons termes avec la chère Graffigny et il ne lui souhaitait que du succès. Mais elle n'en eut pas plus au théâtre que dans la vie.

Ce succès eut un avantage plus positif : il lui ramena les Comédiens français qui comprirent qu'ils avaient plus d'intérêt à accueillir les pièces de Voltaire qu'ils n'en avaient à les bouder, car le public, lui, ne les boudait pas. En outre, Voltaire leur avait montré qu'il pouvait plus aisément se passer d'eux, qu'eux de ses pièces.

La Sirène de Potsdam connaît plus d'une chanson.

Depuis la mort d'Emilie, Frédéric se faisait de plus en plus pressant. Les beaux jours de leurs enthousiastes débuts semblaient revivre. Voltaire en fut touché : « *Je sens à la lecture de votre lettre que si j'avais un peu de santé je partirais sur-le-champ, fussiez-vous à Kœnigsberg.* » Mais c'est l'hiver. Pour un homme qui grelotte en plein été, ce n'est pas l'heure de courir les routes d'Allemagne. Il promet de partir dès les beaux jours. Il charge de poésies Baculard d'Arnaud qui va rejoindre Frédéric à Berlin. Il espère que Baculard qui est son obligé et l'ami de Mme Denis, le servira auprès de Frédéric. Ce médiocre fabricant de littérature était né dans le comtat Venaissin en 1718 — il mourut en 1805. Il resta environ un an en Prusse. Il composait des pièces fort sombres, il aimait le genre lugubre et le public le suivit assez bien pendant un temps. Il n'en finit pas moins dans la misère et eut ainsi le lugubre à demeure.

Voltaire l'avait aidé, en ses débuts, de ses conseils et de sa bourse. Voici comment il en fut récompensé. Thiériot apprit bientôt à Voltaire à quoi Frédéric et Baculard employaient leurs talents de poètes : ils faisaient des vers sur la décadence de Voltaire ! Frédéric affirmait qu'il préférait désormais : « *au couchant d'un beau jour* (Voltaire) *une plus belle aurore.* » (le Baculard !). Enivré celui-ci répondait :

A ce prix j'ose me flatter
D'égaler l'éclat de Voltaire.

Quand Thiériot vint apporter ces nouvelles, Voltaire était au lit. Baculard se trouvait en faveur ! Et au détriment de qui ? De son bienfaiteur ! *Voyons ces vers !* cria le poète outragé. Quand il arriva au passage du « *couchant* et l'*aurore* », il bondit hors du lit et courut en tous sens dans la chambre, la bannière au vent, sautant, trépignant de toute sa maigreur, prenant à partie Frédéric : « *Qu'il se mêle donc de régner !* » répétait-il. Il se sentit si menacé qu'il jura d'aller à Berlin pour remettre de l'ordre dans les idées du roi de Prusse relatives au Parnasse français. Ce que n'avaient pu ni les supplications, ni les offres les plus tentantes : une blessure d'amour-propre l'obtint. Marmontel dit qu'il soupçonna Frédéric d'avoir sciemment donné cette piqûre à Voltaire pour le décider à venir se défendre. Si cela est, Frédéric est un admirable psychologue qui connaissait son Voltaire sur la pointe d'une aiguille. Le stratagème réussit — et le plus étonnant c'est qu'il fit même oublier à Voltaire un grief récent qu'il avait contre Frédéric. Celui-ci avait refusé de lui prêter 1 000 louis. Voltaire n'avait nul besoin de la somme mais le refus l'avait ulcéré. Pour lors, il ne s'agissait plus d'argent mais de vanité littéraire : « la gloire » allait une fois de plus jeter Voltaire dans les grands chemins.

Le départ ne fut pas un coup de tête : les deux compères se livrèrent à leur marchandage habituel. L'objet du marchandage fut la nièce. Frédéric voulait bien défrayer Voltaire de tout, mais il ne voulait pas de la nièce. Or, Voltaire tenait à se faire accompagner de Mme Denis. Frédéric n'avait pas voulu d'Emilie, ce n'était pas pour se charger de la grosse Denis. Il n'avait que faire de ce genre d'ornement ni à sa Cour, ni dans ses académies, ni dans son lit. Si elle veut venir, qu'elle paie ses frais ! A la rigueur, on la recevra, mais qu'elle ne demande pas à être remboursée. Quant à Voltaire, il précise bien tous les frais que va lui causer ce voyage, il expose le détail de ses exigences pour le carrosse, l'entretien de son ménage durant son absence (Mme Denis, de quoi vivra-t-elle si on l'abandonne ?), sans oublier les frais de ses maladies futures et inévitables. « *Je ne veux pas vous être à charge* », écrit-il au roi. Et il lui demande 4 000 écus d'Allemagne à titre d'avances. Il s'engage à les rembourser. Si Frédéric accepte, Voltaire partira sous quatre jours. « *Mon corps aurait beau souffrir je le ferai bien aller* », ajoute-t-il. N'est-on pas stoïcien pour 4 000 écus tombant d'une main royale ?

Quelle tête fit Frédéric ? Refuser cette avance à un ami riche et solvable, c'était la brouille. Verser la somme, quel crève-cœur ! Et si Voltaire rechignait pour rembourser, verrait-on un roi chicaner un poète ? Toute l'Europe se rirait du roi. Il semble que Voltaire comptait sur ces hésitations — il s'attendait presque à un refus et comme la rage était passée, il n'était plus aussi pressé d'aller en Prusse, il ne partirait que si ce voyage se présentait comme une bonne affaire. Tels sont nos deux amis. Ils ne sont pas toujours sublimes.

Frédéric accepte. Il cache sa grimace sous un voile de poésie mythologique. Il se compare à Jupiter et Voltaire est sa Danaé. Voltaire ricane et accepte d'être Danaé en empochant les 4 000 écus :

Votre très vieille Danaé
Va quitter son petit ménage
Pour le beau séjour étoilé
Dont elle est indigne à son âge.

La vieille coquette ose avouer qu'elle aime :

Son Jupiter et non sa pluie
Mais c'est en vain que l'on médit
De ces gouttes très salutaires
Au siècle de fer où l'on vit
Ces gouttes d'or sont nécessaires.

Ce marivaudage autour d'un sac de ducats d'or ne nous permet pas de nourrir beaucoup d'illusions sur l'amour de Jupiter et de Danaé. En effet, sans enthousiasme, Voltaire se résolut à partir. Il attendit jusqu'à la dernière minute un signe de la Cour qui l'eût retenu. Ni le roi, ni la favorite ne le firent. Il avait laissé entendre qu'il remplirait avec zèle, avec délices, l'emploi d'Intendant des Plaisirs du Roi. Mais le duc de La Vallière s'en acquittait à merveille — et on ne redoutait pas ses impertinences. Voltaire avait fatigué bien des gens. Ses derniers démêlés avec Fréron avaient indisposé jusqu'à ses amis. Mme de Pompadour elle-même pouvait se plaindre des familiarités de Voltaire. Un jour, en mangeant des cailles, la marquise hasarda le mot « grassouillette ». Voltaire lui fit remarquer que ce mot venait de la rue et ne pouvait entrer à la Cour. Et à trop haute voix — il fallait briller jusqu'au bout de la table — il improvisa ces deux vers :

Grassouillette, entre nous, me semble un peu caillette
Je vous le dis tout bas, belle Pompadourette.

On ne manqua pas de faire savoir à la marquise que le roi serait fâché d'apprendre la familiarité que Voltaire avait avec elle. Et comment le roi ne l'eût-il pas apprise ?

Quand Voltaire perdant tout espoir d'être retenu vint demander à Louis XV la permission de sortir du royaume, le roi lui répondit qu'il pouvait en sortir quand il voudrait et il lui tourna le dos.

La marquise reçut un peu moins fraîchement les adieux du poète. Bien qu'elle sût que Frédéric la détestait, elle pria Voltaire de présenter ses respects au roi de Prusse et d'y mettre toute l'amabilité qu'il pourrait. Le poète devait s'acquitter en effet de sa commission. Frédéric lui répondit sèchement : « *Je ne la connais pas.* » Et pour ne pas contrister Pompadourette, Voltaire lui fit un compte-rendu à sa façon de la rebuffade. Appelant Frédéric « Achille » il écrit à Mme de Pompadour que le roi l'a chargé de la remercier :

J'ai l'honneur de la part d'Achille
De rendre grâces à Vénus.

Voilà ce qu'est devenu le brutal : « Je ne la connais pas. » O vérité des cours et des poètes courtisans.

En dépit de son talent, de son charme, de ses flatteries, Voltaire n'avait pas réussi à séduire Versailles : son départ soulagea tout le monde, il faut en convenir.

Mais ce ne fut pas si simple. Un Voltaire ne quitte pas la scène comme un Maupertuis, ou un Baculard d'Arnaud. En sortant, il laisse un vide et une certaine rumeur.

Les d'Argental, eux, désapprouvaient ce départ. Ils voulurent croire que ce n'était qu'une escapade à Berlin comme il y en avait déjà eu d'autres. Mais ils étaient tout à fait hostiles à une installation définitive en Prusse. Une rupture totale du poète et de la France leur déplaisait et ils l'écrivirent à Voltaire qui en fit une maladie. Mais « la maladie » guérit et il persévéra dans son projet. Les d'Argental n'étaient pas seuls à blâmer ce départ tapageur. La réputation de Voltaire fut ternie à la Cour et à la Ville. On était assez satisfait d'être débarrassé de lui, mais on était choqué qu'il allât briller à la Cour de Potsdam. Quand Frédéric fit demander à Louis XV de lui laisser Voltaire, Louis XV répondit qu'il pouvait bien le garder. En petit comité, le roi disait que cela faisait un fou de moins à sa cour et un de plus à celle de Frédéric. La charge d'historiographe fut retirée au poète et attribuée à Duclos. Le roi, pourtant, toujours grand seigneur, lui laissa sa pension de 2 000 livres. Mais cet air de désinvolture du roi et de Mme de Pompadour ne saurait dissimuler tout à fait leur déconvenue : l'attitude de Voltaire leur parut moins hostile que malséante. Ce sentiment se répandit vite ce qui fit écrire à Voltaire, non sans justesse d'ailleurs : « *Il est plaisant que les gens de Lettres qui auraient voulu m'exterminer il y a un an, crient actuellement contre mon éloignement et l'ap-*

pellent désertion. Il semble qu'on soit fâché d'avoir perdu sa victime. »

Il était bien renseigné : c'est bien de déserteur qu'on le traitait.

Il y a du dépit dans l'attitude de Paris et de la Cour à l'égard de ce « déserteur ». Il avait excédé la patience des gens, beaucoup le détestaient et le jalousaient, mais ses ennemis mêmes admiraient son talent et son intelligence et les plus enragés considéraient qu'il appartenait à Paris. Ils étaient près de croire qu'en fuyant leurs persécutions, il les trahissait. Et Voltaire exagérait à peine en disant que son départ les privait de leur victime. Aussi le représentait-on sur des estampes grossières coiffé d'un bonnet d'ours : « *Voltaire le Prussien, un sou !* » criaient les vendeurs de rue. Les uns l'accusaient d'avoir agi par avarice et de s'être fait attribuer des pensions de favorite. C'était mal connaître Frédéric, qui pouvait bien appeler son favori *Danaé,* sans pour cela être entraîné à la dépense. Les autres, comme Lord Chesterfield s'interrogeaient et n'arrivaient pas à découvrir les vrais mobiles de la désertion — ils la trouvaient absurde quels que fussent les profits que Voltaire pût en retirer. Changer Paris pour Berlin, c'était, pour Chesterfield, faire un marché de dupe. Toutefois, le lord, en homme avisé pensait que désormais Voltaire n'aurait plus à se contenir. Il échapperait à la fois à la censure et à ses ennemis. Sa pensée pourrait bondir avec hardiesse et sa plume se faire plus acérée que jamais — plus dangereuse que jamais pour le pays et les institutions qui l'avaient ainsi laissé échapper à leur contrôle et l'avaient laissé partir, aigri.

Chesterfield a vu juste. Versailles a eu tort de ne pas retenir l'enfant terrible. Paris absorbait, dans ses vaines chamailleries, beaucoup de la combativité de Voltaire. Ses colères ridicules, ses libelles indignes contre les Desfontaines et les Fréron lui faisaient négliger sa haine envers les diverses formes de la tyrannie, de l'injustice et du fanatisme. Désormais, dans son exil doré, protégé par un roi-philosophe, il pourrait donner la mesure de son agressivité.

Mais pour agir différemment il aurait fallu que Versailles ne fût pas Versailles — c'est-à-dire que la Cour et ses conseillers fussent moins grands seigneurs mais plus habiles et moins hautains. Alors, ils eussent comblé Voltaire de ce qu'il aimait le plus au monde après le travail : les honneurs, les rubans, les cajoleries. Il eût fait des mots impertinents ? Qu'importe : Ses mots n'auraient pas franchi les glaces et les dorures de Versailles. Louis XV aurait dû le nommer intendant des spectacles, surintendant des menus-plaisirs et même des grands, ordonnateur suprême des *ballets,* des *harangues,* des *cortèges.* Voltaire eût fait défiler dans des mises en scène nobles et exquises tous les corps de l'Etat au pied du Trône. Les Académies auraient évolué comme un lent et harmonieux ballet et Voltaire eût adressé des coups d'œil complices à l'abbé d'Olivet et ironiques à l'*Ane de Mirepoix.* Il aurait dressé des théâtres à tous les carrefours de Paris, sous tous les marchés couverts de France et sur tous les parvis — et Dieu le pardonne ! sur les autels mêmes. Et si un dévot eût crié au sacrilège, Voltaire eût ricané : « *Ma comédie vaut bien la vôtre.* » Le Clergé, la Noblesse et le Tiers Etat auraient ainsi formé une harmonie sociale sous la forme d'un opéra universel, entrecoupé de déclamations raciniennes et d'intermèdes musicaux composés par Rameau et dansés par toutes les Guimard de France. Enivré de théâtre et d'honneurs, homme de Cour jusqu'à la frénésie, Voltaire enrobé dans la faveur royale n'eût jeté contre la Cour et l'Eglise que des flèches enrubannées. Mais...

Mais il devait obéir à un autre destin. Les grands hommes en ont souvent plusieurs à leur disposition. Celui que suivait Voltaire devait passer par Frédéric II. Il ne s'agissait plus de ces frivolités de Cour où il se serait anéanti, il ne s'agissait plus désormais que de voir plus clair et plus loin que les autres, que de trop parler tout en parlant mieux que quiconque, et de publier à travers l'Europe de petits livres qui se répandraient comme des flammèches et iraient porter le feu dans les idées reçues, les superstitions, la suffisance ignare et l'injustice.

La rupture avec Versailles, avec Paris, c'est la grande rupture dans la vie de Voltaire. La mort d'Emilie l'avait dégagé de ses liens les plus forts avec la France, elle avait préparé le grand départ. En ce printemps de 1750, il a cinquante-six ans, c'est fait : il s'en va... Est-ce une fuite, une désertion, une trahison, ou une évasion ? Qu'on l'appelle comme on voudra ce départ est pathétique. Voltaire, enfant de Paris, ne sera plus parisien. Il n'entrera plus dans sa ville qu'au terme de sa vie, il y rentrera comme une idole, et en sortira momie. Paris, c'est fini... Le sait-il ? A-t-il ressenti la déchirure des chairs vivantes ?

Après cet arrachement, Voltaire ne sera même plus tout à fait français. Quand il reviendra de Prusse, il sera un Français sans la France, un Français sans frontières, un Français de l'Intelligence — sans la France des entrailles. Il sera un Européen et par là encore, un homme exemplaire — toujours plus humain.

DEUXIÈME PARTIE

L'Europe avait deux rois...

En ce temps-là, l'Europe avait deux rois : le roi de Prusse et le roi Voltaire. Ils habitaient ensemble. Et, chose incroyable, ils étaient amis. Le premier dirigeait selon son gré la politique des autres souverains. Il leur imposait la guerre ou la paix. Il renversait leurs alliances et empêchait de dormir les cours et les chancelleries. Il se moquait de Dieu et même du pape. En outre, il faisait des vers français.

Le second, Voltaire, n'avait d'abord régné que sur le théâtre et il continuait à faire les beaux soirs de la tragédie française à Paris et dans les autres capitales. Puis, il s'assura un pouvoir insidieux et profond en apprenant l'art de parler et d'écrire à toute l'Europe, à ses rois, à ses écrivains, à ses honnêtes gens qui, sans trop s'en méfier, finirent en adoptant le langage du maître par adopter ses pensées. La fine fleur de l'Europe se trouva ainsi, vers la moitié du siècle, la sujette soumise et heureuse de l'être, d'un poète philosophe, qui était l'homme le moins majestueux mais le plus intéressant du monde.

De ces deux rois, le premier avait la force des Armes et le second, celle de l'Esprit. Mais le roi des Armes était assez intelligent pour désirer mettre l'esprit dans son jeu. Frédéric agit avec Voltaire comme avec les autres souverains : il a cherché à annexer sa plus belle province, c'est-à-dire sa langue et son style.

Voltaire fut assez fou pour désirer la faveur des rois et, faute de mieux, celle de Frédéric. Le plus sage des deux n'est donc pas le philosophe. Il abondait en excellentes maximes mais il se conduisait souvent comme un poète de cour. Il en fut puni.

Leurs deux royautés avaient au moins un trait commun, c'est

qu'elles étaient l'une et l'autre, aux yeux de l'Europe bien-pensante, également scandaleuses et également incontestées.

Bien avant d'être rois, ils s'étaient reconnus. Chacun avait flairé la souveraineté de l'autre — et quelque chose de fraternel et de complice qui les attirait irrésistiblement. Avec beaucoup d'intelligence et parfois de génie, et presque autant de vanité, de cupidité, de cynisme, de courtisanerie, qu'assaisonnait la plus constante duplicité, ces deux grands hommes se donnèrent un titre de gloire supplémentaire en tissant entre eux les liens les plus subtils, et les plus inextricables d'un attachement surprenant que, faute de meilleur terme, l'histoire appelle amitié.

Nous allons en suivre les méandres.

***

Voltaire quitta Paris le 18 juin 1750. Après les relais manqués, les misères des mauvais gîtes, les ennuyeux paysages de Westphalie et les riantes contrées de Magdebourg, il arrive le 10 juillet à Potsdam.

Il se trouve dans les mêmes dispositions d'esprit que vingt ans plus tôt, en arrivant à Londres. Il estime que dans ce royaume providentiel : « Tout est grand, tout est beau, tout est bien à sa place. » Ecoutons-le : « *Cent cinquante mille hommes victorieux, point de procureurs, opéra, comédie, philosophie, poésie, un héros philosophe et poète, grandeur et grâce, grenadiers et muses, trompettes et violons, repas de Platon, Société et liberté ! Qui le croirait ? Tout cela est vrai...* »

C'est du délire. Son exclamation, « qui le croirait ? », semble provoquer la réplique : « Personne ! »

En réalité, Potsdam était une vaste caserne et non les jardins d'Académos. Frédéric faisait la guerre et la préparait sans trêve. Ce genre d'entreprise n'a que peu de rapports avec les machineries de l'opéra. A Potsdam, personne, du simple soldat aux princes royaux n'avait le droit de sortir sans un billet du roi. Il n'en signait que fort peu. Tout le monde était consigné. Cinq bataillons étaient ainsi reclus dans l'enceinte de Potsdam. Les rares femmes qui habitaient là ne pouvaient guère sortir de chez elles. On ne les voyait pas. A la Cour, il en paraissait fort peu. « *Ce n'est pas une Cour,* dira Voltaire un peu plus tard, *c'est une retraite d'où les dames sont bannies.* » On raconte qu'il y a des jeunes gens qui sont morts d'ennui dans cette retraite. Mais Voltaire ne voit pas cela tout de suite — ou ne se soucie pas de le voir.

« Mon Frédéric le Grand » l'accapare. Il sacrifie à l'idole jusqu'aux corrections qu'il voulait apporter à *Rome Sauvée.* Jamais il n'eût, même pour la divine Emilie, sacrifié ainsi son travail. « *Il prend mon temps et mon âme* », écrit notre poète transporté.

Et soudain, des fêtes ! Des fêtes énormes, ruineuses, incompréhensibles quand on connaît l'avarice de Frédéric. Mais c'est l'armée qui fournit la figuration et la main-d'œuvre.

Ces déploiements somptuaires étaient destinés à éblouir l'Europe plus que les Berlinois. Ils constituent la publicité de Frédéric auprès du corps diplomatique et des cours étrangères. Voltaire est au premier rang : il dira partout que Louis XIV est désormais sur les bords de la Sprée. C'est ce qu'on attendait de lui et des 4 000 ducats. Qu'il regarde et ensuite qu'il parle, et qu'il écrive. Il n'y manquait pas. Il faisait les délices des princes et des dignitaires de la Cour en commentant la fête. Il en décuplait les charmes en les décrivant. C'était un agent de publicité de premier ordre — le meilleur du monde à l'époque — que Frédéric s'était attaché. « *Quarante-six mille lanternes chinoises éclairaient la place où avait lieu le carrousel. L'ordre était parfait comme le silence, l'organisation sans défaut. C'est le pays des fées. Voilà ce que fait un seul homme.* »

Frédéric savait que Voltaire avait consenti, en venant auprès de lui, un sacrifice considérable. Aussi craignait-il toujours un revirement : il connaissait si bien son ami ! Pour se l'attacher définitivement, il disposait de la vanité et de l'avidité du poète. Pour la vanité, les cajoleries et quelques rubans l'ont satisfaite. Il l'a nommé son *Chambellan,* et Chevalier de l'Ordre du Mérite. Pour l'argent, il lui accorde une pension de 20 000 livres et il promet une rente viagère de 4 000 livres à Mme Denis si elle consent à venir tenir le ménage de son oncle à Berlin. Le calcul de Frédéric était habile, la présence de la nièce eût donné plus de stabilité à l'oncle feu-follet.

Voilà du solide dans l'association de Frédéric et de Voltaire. Mais ne négligeons pas les frivolités qui étaient le pain quotidien de leur amitié : les lettres échangées de chambre à chambre, les flatteries, les petites attentions, cette menue monnaie d'une amitié courtisane. La famille royale, les frères de Frédéric notamment, traitaient Voltaire comme un roi en voyage. Plus que tous les profits, plus que tous les « honneurs », c'est cette illusion de vivre presque d'égal à égal avec un roi-poète qui grisa Voltaire qui se sentait de naissance et était désormais de fait, le roi des poètes de son temps.

Il se sentit lié à Frédéric, à Berlin. Il crut que sa vie était fixée pour toujours. Il entreprit alors de faire venir Mme Denis. Mais celle-ci ne cachait pas sa répugnance pour les charmes illusoires de Berlin et son oncle lui répondait, outré par tant d'ignorance : « *Qui donc a pu vous dire que Berlin est ce que Paris était au temps d'Hugues Capet ?* » Qu'elle y vînt voir, elle n'en voudrait plus repartir !

Mais Mme Denis régnait sur un salon de Paris fréquenté par les amis de Voltaire qui y venaient célébrer son culte. Elle vivait librement. Très librement, nous dit Longchamp. On vit d'abord un musicien allemand espèce de colosse qui avait charmé Mme Denis mais sans charmer l'oncle, qui l'avait chassé. Dès que Voltaire fut parti, le colosse musicien reparut. Les musiques s'accordaient assez bien quand survint un Italien qui chanta à ravir un air différent. Mme Denis le trouva plus agréable et l'Allemand fut congédié. L'Italien prit sa place. L'accord fut bientôt rompu ; soit que le chanteur fût irascible dans le privé, soit que Mme Denis lui eût emprunté — comme il le jure — de grosses sommes sans désir de les rembourser, la rupture fut brutale et bruyante. Longchamp dut s'interposer. Pour mettre fin au scandale, Voltaire envoya la somme due pour indemniser l'Italien de ses chansons. Il empocha et disparut. Mme Denis aimait assez ce mouvement ; elle n'était pas sûre d'en trouver l'équivalent à Berlin.

Longchamp de son côté n'était pas très sage. Il vola des manuscrits, les copia, les vendit à des libraires. C'était plus qu'un vol : non seulement il dépouillait son maître mais il le mettait dans une situation dangereuse. Le pouvoir s'inquiéta. D'où venaient ces manuscrits ? Mme Denis se chargea de l'enquête. On récupéra les manuscrits. Longchamp accuse Mme Denis de l'avoir accusé à tort, elle ne voulait plus de lui depuis qu'il s'était interposé entre le chanteur et elle, et depuis qu'il s'était procuré la somme pour désintéresser le brutal. Il se peut que Mme Denis ne lui ait pas gardé toute la reconnaissance qu'il attendait d'elle, pour les services particuliers qu'il lui avait rendus ; ce procédé est assez dans la manière de la nièce, mais cela n'efface pas la grave indélicatesse de Longchamp qui avait été, jusqu'alors, honnête et dévoué. Il succomba sans doute aux offres de certains libraires marrons qui espéraient de grands profits des manuscrits de Voltaire.

Ainsi continuait la vie de Paris qui retint si bien la grosse Denis qu'elle ne vit jamais Berlin.

⁂

Dès que Voltaire eut ouvert ses malles, son premier soin fut de s'attacher aux choses essentielles, c'est-à-dire au théâtre ; il joue ses pièces avec les frères du roi. Ensuite, il s'applique à ôter de son soleil un personnage qui lui porte ombrage. Il s'agit du petit Baculard d'Arnaud. Voltaire pardonnait mal à Frédéric d'avoir osé comparer l'auteur de *Zaïre* à un « soleil couchant », mais il pardonnait bien moins à Baculard d'avoir cru le roi et surtout de s'être pris pour un « soleil levant ». Voltaire l'envoya briller ailleurs. Un soir, Baculard jouait, avec les princes et Voltaire, la tragédie *Mérope*. Voltaire ne lui avait donné qu'un bout de rôle. Baculard débitait ses quelques vers avec une telle mauvaise grâce que Voltaire entra en fureur : le petit fat commettait un double crime, il traitait par-dessous la jambe, Voltaire et le Théâtre. La guerre commença sur la scène, elle se poursuivit à chaque instant et en tous lieux et Voltaire demanda au roi le renvoi de Baculard en prenant pour prétexte une lettre que Baculard aurait écrite à Fréron, dans laquelle il rapportait des propos anti-français que Voltaire aurait tenus à Berlin. Comme Baculard n'était pas de taille à se mesurer avec Voltaire dans l'estime de Frédéric, il fut renvoyé. Frédéric profita des circonstances pour ne pas lui payer son voyage. C'est ainsi que le soleil de Baculard se coucha avant de s'être vraiment levé.

Baculard alla chercher refuge chez le duc de Saxe qui l'accueillit avec tant de faveur que Voltaire en fut jaloux. Il écrivit à la Margrave de Bayreuth pis que pendre du Baculard qu'elle devait bien se garder d'accueillir et qu'elle devait au contraire faire chasser de toutes les cours d'Allemagne. C'était là une peine inutile, Baculard ne pouvait vivre qu'à Paris. Il y revint bientôt de son propre gré. Il y fit pleurer les foules avec des pièces d'une tristesse insondable qui faisaient les mornes délices de la nouvelle « sensibilité ».

Quand il eut bien fait pleurer Paris, Baculard, par la suite, fit sa paix avec Voltaire. Il se souvint des bontés que Voltaire avait eues pour lui en ses débuts, il fit amende honorable et Voltaire incapable de résister à une marque de repentir ou à un mouvement d'amitié lui pardonna les vilenies de Potsdam — sauf deux, qu'il ne lui pardonna jamais : celle d'avoir une laide écriture et celle de s'appeler Baculard.

La ménagerie du roi de Prusse.

La société dont s'entoure Frédéric II n'a rien d'exceptionnel si ce n'est le nombre et la célébrité des écrivains et des savants qu'il réunit à Potsdam. D'autres cours allemandes s'étaient créé bien avant lui une société française. On voulait partout respirer l'air de Versailles et avoir le ton du seul roi qu'il y eût en Europe au début du siècle : Louis XIV. « *Messieurs, le Roi est mort* », annonça Frédéric-Guillaume de Prusse quand mourut le Roi-Soleil. Ces cours allemandes étaient tellement francisées qu'un voyageur français invité à dîner par le prince de Zoll, en voyant onze Français sur les douze convives, s'écria : « *En vérité, Monseigneur, ceci est assez plaisant, il n'y a ici que vous d'étranger.* » Mot stupéfiant — d'esprit ou de candeur ? — d'un Français à la table d'un prince allemand et en Allemagne !

Frédéric II avait déjà autour de lui, quand arriva Voltaire, le marquis d'Argens, Maupertuis, La Mettrie, Algarotti l'Italien familier de Cirey, et un Anglais Lord Tyrconnel. On ne parlait que français. Frédéric ne connaissait qu'assez superficiellement l'allemand, juste assez pour gourmander ses domestiques et commander ses troupes. Lorsqu'il voulut lire une traduction de Racine en allemand, il ne put y parvenir qu'en suivant le texte français. Par l'esprit, il était français, et même voltairien par le caractère ; il nous est arrivé de constater entre les deux compères, d'assez évidentes ressemblances.

Avec qui allait souper Voltaire à Sans-Souci ? Voici le marquis d'Argens très aimé de Frédéric. Il le méritait. Fils d'un procureur au Parlement d'Aix-en-Provence, il jette aux orties la toge et le bonnet carré que son père lui avait passés à sa naissance. Il s'échappe et se livre à toutes sortes de folies. Il entre dans l'armée et déserte aussitôt pour suivre en Espagne une comédienne qu'il veut épouser. Son père réussit à empêcher le mariage. De désespoir le jeune d'Argens se bourre de verre pilé : on le sauve en le bourrant d'huile. Il s'enfuit en Turquie, entre au Sérail par effraction, goûte à une almée, est surpris, battu, enchaîné et sommé de choisir entre l'Islam ou le supplice du pal. Il choisit la fuite... en Hollande. Comme tout le monde, il écrit, rentre à Aix et se fait recevoir avocat pour plaire à son père. Qu'on ne croie pas que cette extravagante dissipation l'empêche de s'instruire. Son avidité de savoir n'a d'égale que son avidité de plaisir. Il est attiré par les sciences mais la peinture le passionne à tel point qu'il part pour Rome se faire la main en copiant les chefs-d'œuvre. C'est en jouant à la roulette qu'il fait le gain providentiel qui lui permet d'admirer la Ville éternelle pendant six mois. Un jeune Français l'entraîne chez une fille dont il tombe amoureux. Le pire, c'est qu'elle est encore plus amoureuse de lui qu'il ne l'est d'elle. Quand, de celle-ci, il passe à une autre, la jalouse lui dépêche deux spadassins qui manquent de peu de l'assassiner cependant que la belle Romaine cachée dans l'ombre l'avertit que ce qui a échoué un jour réussit le lendemain. Il fuit Rome et les Romaines.

En France, il reprend du service dans l'armée. Il est blessé et reconnu inapte. Pour gagner un peu d'argent, il vend à des libraires de Hollande des libelles où il touche à tout, n'approfondit rien, mais où rien n'est sot, ni même indifférent. Ces libelles plurent à Frédéric car, on s'en doute, ils étaient tout à fait impies. Il invite d'Argens qui, avec une franchise impertinente, lui avoua qu'il ne se sentirait pas en sécurité en Prusse, connaissant la triste habitude des rois de ce pays d'enrôler de force les étrangers dont la taille et la mine leur semblaient assez martiales. Aller à Berlin ? « *Le puis-je sans danger, moi qui ai cinq pieds sept pouces et qui suis assez bien fait de ma personne.* » Un tel danger ne menaçait pas Voltaire. Dès que Frédéric fut roi, il rassura d'Argens. « *Ne craignez plus les bataillons de la garde. Mon cher marquis, venez les braver dans Potsdam.* » Il lui promit un tas d'écus qu'il lui fit attendre deux ans. Mais avant de tâter de Berlin, d'Argens se fit donner le titre de chargé d'affaires du roi de Prusse auprès du duc de Wurtemberg. Comme le duc était mort, d'Argens eut affaire à la duchesse régente. Elle le reçut bien, trop bien au dire de la chronique ; d'Argens lui-même avoue qu'il était effrayé par la vivacité des sentiments de cette personne ducale. Il n'était pas homme à reculer devant cette sorte de danger mais, soit qu'il ait eu l'illusion d'être quitte avec quelques politesses, soit que ces politesses loin de rafraîchir la duchesse l'eussent au contraire enflammée et mise hors d'elle-même, l'humeur de la dame s'aigrit, et les disputes des deux amants devinrent la fable des cours d'Allemagne. D'Argens chercha refuge auprès de Frédéric où il était bien sûr qu'aucun danger de cette sorte ne le guettait. Mais s'il avait souffert d'un excès d'effusions à Stuttgart, à Potsdam il souffrit de pénurie. Pour mettre fin à sa pénitence, il épousa une actrice, d'une famille honorable. Mais Frédéric n'aimait guère cela et il fallut mille ruses pour lui apprendre ce mariage et le lui faire accepter, non sans réprobation. D'Argens risquait la faveur dont il jouissait. Il la conserva mais peut-être ternie. A la longue, elle s'usa. Frédéric lui donna une maison et par une attention qui dénote plus de malice que de bon goût, il fit peindre sur les murs les prouesses de d'Argens : on le voyait à la guerre... fuyant devant l'ennemi. On le voyait menacé du pal par le Grand Turc ; on le voyait charcuté par un chirurgien dans un endroit de sa personne que Vénus avait maltraité. D'Argens, qui s'était levé à l'aube pour admirer sa maison, crut devenir fou de rage, il appela des peintres qui badigeonnèrent tout. Frédéric s'amusa beaucoup de cette colère et il prenait plaisir à rappeler à d'Argens ses hauts-faits passés. D'Argens était très superstitieux comme beaucoup d'esprits forts qui ricanent devant le Saint-Sacrement mais pâlissent devant une salière renversée. Ce même d'Argens nous apprend qu'il partagea certain soir la chambre du célèbre Maupertuis, autre esprit fort de Paris. Au moment de gagner le lit Maupertuis se mit à genoux et récita ses prières. Ebahi par tant de faiblesse d'Argens lui dit :

— *Maupertuis que faites-vous ?*

— *Mon ami, nous sommes seuls,* se borna à répondre le mathématicien.

L'athéisme c'est pour le public — et pour Frédéric ! On ne sait si d'Argens imita le mathématicien, en tout cas, il ne lui tint pas rigueur de sa dévotion. Nous verrons La Mettrie, le plus farouche matérialiste du siècle, se mettre à trembler comme une feuille dès que le tonnerre gronde et faire mille simagrées de vieille dévote pour conjurer le danger.

D'Argens était bien élevé, homme de savoir et de goût. Il était irréligieux et superstitieux comme La Mettrie mais il n'y avait pas entre eux d'autres ressemblances. Julien Offray de La Mettrie était né le 25 décembre 1709 à Saint-Malo comme Maupertuis qui l'avait aidé et recommandé à Frédéric. C'était une tête exaltée et même un peu folle avec des vues qui pouvaient aussi bien être géniales que saugrenues. Mille idées bouillonnaient toujours en lui et le vin n'était pas étranger à cette fermentation. Il n'entra dans les Ordres que pour en sortir. Il se fit médecin. Il adorait la dissection et s'y livra, si l'on peut dire, à corps perdu car il devint médecin de l'Armée et la guerre lui fournit la matière première de son art. Il ne semble pas que les sentiments d'humanité l'aient beaucoup gêné ; il racontait un jour, à table, sans se soucier des serviteurs qui l'écoutaient, qu'il se livrait volontiers à certaines expériences sur la personne des domestiques et des soldats sur qui il essayait des remèdes de son invention. Fou comme il l'était, il donne à supposer que sa pharmacopée a fait plus de ravages que les petites fioles des Borgia. Un jour, il se rendit au chevet d'un palefrenier malade et il s'étonna de se voir accueilli à coups de fourches par les camarades du malheureux qui avait cru voir la Mort en apercevant La Mettrie. Bien entendu, il écrivait. Il se rendit un moment célèbre en 1746 par son ouvrage : *La Politique du Médecin Machiavel* ou *le Chemin de la Fortune ouvert aux Médecins*. Le livre fut lacéré et brûlé en Justice par ordre du Parlement. Frédéric estima que c'était là un titre incomparable pour un auteur, il se régala de la lecture du livre lacéré et fit appeler La Mettrie. L'ouvrage ne manque pas de pittoresque et de verve, les plus grands médecins de l'époque y sont peints avec une gaîté féroce d'un comique mortel pour ceux qui sont désignés. Mais ce fut son autre livre *L'Homme-Machine* qui lui donna la célébrité dans le clan philosophique — et dans l'autre — par les controverses qu'il souleva. Il soutenait que l'âme n'existe pas et que la pensée n'est que le produit d'un organe appelé cerveau — elle provient d'un *mécanisme*. Même d'Holbach et le bon Diderot furent épouvantés par tant de hardiesse. Frédéric trouva cela excellent. Pour corser le scandale La Mettrie eut une idée d'enfant diabolique, il dédia son ouvrage à un docte, doux, candide, timoré savant, Haller, qui faisait sans bruit la gloire de l'Université de Gœttingue. Le malheureux voyant son nom couvrir tant d'infamie protesta par toute l'Europe savante, dans les Cours et les ambassades, jurant qu'il ne connaissait pas La Mettrie et que cette dédicace était une imposture. La Mettrie n'avait pas pensé que sa petite plaisanterie allait avoir un tel succès, il voulut la renforcer pour faire rire l'Europe et réduire ce pauvre Haller au désespoir ; il écrivit des *Souvenirs sur M. Haller* qu'il ne connaissait pas plus que M. Haller ne le connaissait. Le goût du scandale et le désir de semer la panique dans les rangs des bien-pensants lui avaient fait imaginer un récit grotesque dans lequel il montrait M. Haller faisant ses cours de sciences au bordel de la ville : le vertueux savant se répandait en réflexions profondes et se livrait à de surprenantes effusions devant le public des « dames », assisté en cela par M. de La Mettrie et un troisième compère. Qu'on imagine la foudre tombant sur ce pauvre Haller à la lecture de cet affreux ouvrage ! L'innocent entreprit de se disculper, il démontra point par point, avec une précision, une lourdeur, une sincérité assommantes que La Mettrie était un menteur et Haller la sainte Vierge. Toute l'Europe en était bien persuadée. Mais on s'amusa beaucoup des terreurs de ce bon M. Haller.

C'est à Potsdam qu'on riait avec le plus de malice. Maupertuis eut pitié de Haller et lui dit que l'écrit de La Mettrie n'était pas dangereux parce que son auteur était un homme trop léger. A quoi Haller répondit que si Maupertuis était à sa place il ne trouverait pas que les calomnies d'un grand fripon fussent si légères. Quant à Voltaire, il trouva que lorsqu'on est aussi lourd, et aussi sottement vertueux que Haller, on ne mérite pas d'être défendu ; comme la confusion et les démentis de ce niais étaient bien plus comiques que les mensonges de La Mettrie, il fallait le laisser crier et bien rire de ses cris. Cela excepté, il n'y avait rien de commun entre Voltaire et La Mettrie.

Un chevalier de Chasot, né à Caen, en 1716, ne déparait pas la collection. Figure assez belle d'ailleurs au moral comme au physique. Il avait tué un homme en duel et on lui en avait voulu : il avait fui la France. Frédéric l'accueillit et lui donna d'emblée la décoration de son ordre *Sans peur et sans reproche*. Ce Chasot sauva la vie à Frédéric à la bataille de Molditz. Il était d'un courage exceptionnel à la guerre, il brillait par son esprit et sa gaîté et il jouait de la flûte à ravir — à ravir Frédéric en personne. A Potsdam le concert était journalier, le roi travaillait son jeu chaque jour et composait chaque matin, au clavecin, pendant que son coiffeur le frisait. Le soir, la musique se tenait dans le salon en rotonde, tout en boiseries, avec une très belle cheminée de marbre rouge et un immense lustre de cristal. Il n'y avait pas d'autres invités que les familiers pour qui c'était un honneur insigne. Frédéric jouait lui-même ses sonates. Il n'aimait que la flûte, les autres instruments n'étaient que pour l'accompagnement. Chasot brillait au concert comme sur le champ de bataille. Frédéric admirait en tout le chevalier, sauf sur un point : Chasot aimait les femmes.

Voltaire ne se lia guère avec Chasot, et il se fâcha même avec lui au moment du procès qu'il eut à Berlin. Ils firent ensemble un voyage à travers l'Allemagne, mais ce ne fut pas de gaîté de cœur que Voltaire supporta la présence du chevalier. Frédéric le lui avait imposé : pour veiller sur lui. En fait, pour le surveiller — et pour payer ses frais, c'est-à-dire pour contrôler et réduire les dépenses du poète. Dans une ville, on présenta le livre d'or à Voltaire en le priant d'y écrire une pensée. Il lut ce que le voyageur précédent avait écrit : « *Si Dieu est avec nous qui donc peut contre nous ? Les bataillons prussiens,* écrivit Voltaire en réponse. Chasot rapporta le trait à Frédéric. Même en voyage on n'oublie pas de faire sa cour ni de soigner la propagande de son royal ami.

N'empêche qu'au retour Frédéric grinça des dents quand Chasot lui présenta la liste des frais. Une rubrique notamment lui arracha un cri de colère : « *Lavements au savon pris par M. de V. pendant deux mois à 2 kreutzen chacun.* »

« *Quel compte d'apothicaire !* s'écria Frédéric prêt à faire sauter cette dépense.

— *Je n'en rabattrai rien, Sire,* dit Chasot très sérieusement car il avait fait l'avance de ces frais, *mon compte est de la plus grande exactitude.* »

Voilà de l'ordre dans les finances de l'Etat.

Le Signor Algarotti est une vieille connaissance de Voltaire et de Mme du Châtelet. Il avait fait un séjour de plusieurs semaines à Cirey en 1736 en émissaire de Frédéric et en disciple de Newton. Nul ne vit garçon plus doux, plus suave. Voltaire l'appelait *le Cygne de Padoue* et Frédéric le fit comte. Algarotti ne contraria jamais personne, n'eut jamais un geste, ni un mot qui pût déplaire. Il souriait. Quand on l'interrogeait, il répondait avec une habileté supérieure, exactement ce qu'il devinait qu'on attendait de lui. Il était très élégant, gracieux et même beau, en outre, très honnête homme et d'une irréprochable probité. Bref, il était dans une cour, un homme sans ennemi : un miracle. Sans afficher aucune ambition, il fit avec une rapidité silencieuse son chemin dans la faveur de Frédéric. Mais sage jusqu'au bout, il n'accepta ni charge, ni mission, ni responsabilité. Frédéric le lui reprochait. Il acceptait les titres honorifiques et les pensions... à titre gracieux. Il connut un semblant de célébrité avec un léger ouvrage : « *Newton expliqué aux Dames.* » Mme du Châtelet trouvait cela bien faible et bien sirupeux. Elle se sentait humiliée de voir où l'on rabaissait son dieu Newton pour le rendre accessible à l'intelligence féminine. L'intrépide Emilie disait qu'elle voulait être traitée partout en homme — sauf au lit. Algarotti la traitait comme une poupée quand il écrivait dans son ouvrage que « *l'amour d'un amant décroît en raison du cube de la distance de sa maîtresse et du carré du temps de l'absence* ». Ce beau langage prétendait faire comprendre aux belles le mystère de la gravitation. Emilie se servait d'équations comme un homme de sciences. Algarotti n'était qu'un garçon coiffeur. Vers 1747, il avait fait une infidélité à Frédéric quand celui-ci voulut lui confier une grande charge de l'Etat. Algarotti sentit le danger, il se retira à la Cour du grand-duc de Saxe qui était roi de Pologne et qui le nomma son conseiller de guerre ! Rien ne pouvait être plus surprenant. Mme du Châtelet écrivait alors : « *Quelle âme pacifique a ce bon roi ! Confier la guerre à l'homme le plus instruit, le plus aimable, le plus doux à vivre.* »

Dès son arrivée à Potsdam, Voltaire remarqua un autre Français, silencieux et discret qui n'était que valet de chambre et secrétaire de Frédéric : M. Darget. Il devina que cet homme était plus important que tous les princes et les maréchaux. Ce Darget avait été secrétaire de M. de Valori, ambassadeur de France. Il avait sauvé la vie de son maître dans des circonstances tragiques avec un courage qui avait étonné Frédéric et qui le décida à s'attacher cet homme et il eut tout lieu de s'en féliciter. En réalité, M. Darget fut sans doute le seul homme en qui Frédéric eût une confiance totale. Il avait accès à tous les secrets, ne se flatta jamais de rien, usa à peine de son crédit qui était sans bornes. Désintéressé, fort intelligent, il appréciait Voltaire. Il le servit de son mieux sans toutefois devenir son ami. Voltaire le payait de louanges légères :

Adieu Monsieur le Secrétaire
Soyez toujours mon tendre appui
Si Frédéric ne m'aimait guère
Songez que vous paieriez pour lui.

Dans le groupe, il y avait aussi des Anglais ou plus exactement des Ecossais, les frères Keith et l'ambassadeur de France lord Tyrconnel, un Irlandais au service de Louis XV. Les Keith étaient bannis d'Angleterre et menacés de pendaison pour crime de fidélité aux Stuart. Pour agacer Georges III de Hanovre, qu'il détestait, Frédéric faisait de son mieux en faveur des Jacobites. L'un de ces Keith est connu sous le titre de Milord Maréchal, grand ami de J.-J. Rousseau. Voltaire parle de lui avec une bienveillance assez désinvolte. Quand Milord est envoyé à Paris comme ministre du roi de Prusse, Voltaire avertit sa nièce et la prépare à la rencontre qu'elle aura avec lui. Il voyage affublé d'une jeune Turque — prise de guerre — qui ne le quitte jamais. « *cependant il ne paraît pas en avoir trop besoin.* » La turquette est bonne musulmane et remplit ses devoirs religieux ponctuellement ; le valet de chambre est « *un Tartare qui a l'honneur d'être païen* ». Quant au maréchal « *je crois qu'il est anglican ou à peu près. Tout cela forme un assez plaisant assemblage qu prouve que tous les hommes pourraient très bien vivre ensemble tout en pensant différemment* ». A condition d'être des Voltaire et des Milord... La question religieuse étant exposée, voici la politique : « *Que dites-vous de la destinée qui envoie un Irlandais ministre de France à Berlin et un Ecossais ministre de Prusse à Paris ? Cela a l'air d'une plaisanterie.* »

Cela a surtout l'air d'un chapitre de *Candide*.

Quant à Lord Tyrconnel, Voltaire, comme Frédéric, l'aimait assez. Epicurien, bon mangeur, bon buveur, franc et même brutal, il faisait avec le suave Italien un parfait contraste. « *Son rôle est d'être à table,* dit Voltaire. *Il a le discours serré et caustique, je ne sais quoi de franc que les Anglais ont et que les gens de son métier n'ont guère.* »

C'est sévère pour les diplomates — et assez plaisant sous la plume de Voltaire qui se croyait fait pour la diplomatie.

Il y avait même, chose rare, un Allemand : le baron Pollnitz. Frédéric aimait son peuple mais il ne le fréquentait pas. Quand il admettait un Allemand dans son intimité c'était à condition que celui-ci eût laissé son germanisme au vestiaire. Ce Pollnitz avait, bien sûr, dépouillé le sien depuis longtemps et aussi sa candeur, sa probité et même, à trois reprises, sa religion. Il avait de l'esprit, de l'entregent, de la culture et du courage. Moralement, c'était un forban. Dès 1712, on le trouve à la Cour de France. La Palatine l'adorait ; gaillardement, à eux deux, ils disaient tout le mal possible de la France. La princesse le présenta au vieux roi qui le reçut très bien— si bien qu'il lui fit offrir par le duc de Duras, premier gentilhomme de la chambre, le grade de colonel, à condition qu'il se convertît au catholicisme. Mais Pollnitz le prit de haut et jura de ne jamais abjurer. Trois mois après, en grande cérémonie, il se convertissait. Il courut même à Rome pour obtenir une récompense du pape : il rapporta une bénédiction. Quand il rentra à Paris, Louis XIV était mort, la dévotion officielle aussi. A la Cour du régent le catholicisme tout frais de Pollnitz fut accueilli par des rires. Comme, en dehors du ridicule qu'il s'était donné, on ne lui reconnut aucun mérite, il ne fut ni colonel, ni pensionné. Il pensa alors au mariage.

Il fit bientôt les délices d'une marquise de soixante-dix printemps et de 80 000 livres de rentes. Mais elle avait deux fils qui menèrent grand tapage et retardèrent l'hymen qui devait couronner une si belle flamme. Hélas ! en voulant goûter aux joies du mariage avant le mariage la pauvre chère marquise mourut dans les bras du valeureux Pollnitz. Désespéré par l'injustice du sort et l'ingratitude de la France, Pollnitz partit pour la Hollande — avec les bijoux de la marquise.

Mais il revint dès qu'il entendit parler de Law. Il passa des jours et des nuits dans la boue de la rue Quincampoix où l'on ramassait des fortunes. Un jour de veine, il criait en montrant ses poches bourrées des précieux papiers : « *Il y a un million quatre cent mille livres là-dedans !* » Trois jours plus tard il n'y avait que du papier.

Il eut pourtant un coup de chance — il ne gagna rien mais il garda la vie. Il était un jour attablé dans une auberge près d'Etampes. Un jeune homme de grande allure lui demanda la permission de s'asseoir à sa table. Pollnitz le pria de prendre place et il fut bientôt séduit par la parole ardente et spirituelle de son commensal. Ils parlèrent l'un et l'autre de leurs voyages et de leurs projets, soudain, une petite fille vint chanter sous la fenêtre une antique ritournelle. L'inconnu se leva aussitôt, salua à peine, jeta un louis sur la nappe, sortit, enfourcha son cheval tout sellé qui était resté à la porte et l'on entendit un galop furieux se perdre sur la route. Quelques mois plus tard, on annonça que le célèbre bandit Cartouche était arrêté. On le mit en cage et on l'exposa. Les gens du monde allaient voir Cartouche en cage. Pollnitz y alla : il reconnut son voisin de table. Cartouche le reconnut aussi : « *J'ai dîné avec vous à Etampes, Monsieur,* lui dit le brigand, *un bout de chanson m'avertit que la maréchaussée me poursuivait et me força de vous quitter brusquement ; sans cela vous seriez un homme mort.* »

Ainsi Pollnitz avait perdu sa vieille marquise, son magot de papiers, sa foi luthérienne et l'estime du monde, mais il avait sauvé sa vie et retrouvé sa patrie. Frédéric lui faisait payer cher sa vénalité : il en avait fait son souffre-douleur. On se demande pourquoi, le méprisant si ouvertement, il le recevait à sa table. Par plaisir sadique, car Pollnitz souffrait et cela intéressait Frédéric. Pollnitz ne se corrigea pas. Pour rentrer en Prusse, il avait renoncé au catholicisme et avait réintégré sa foi luthérienne. Un jour Frédéric dit en plaisantant qu'il était dommage que Pollnitz ne fût plus catholique car un bon canonicat, bien renté, en Silésie, l'eût richement récompensé de ses peines. Pollnitz à ces mots courut se convertir une troisième fois et revint dire à Frédéric qu'il était fin prêt pour le canonicat. Frédéric se moqua de lui cruellement : il n'y aurait jamais pour lui de bénéfices catholiques. Cela n'empêchait pas Frédéric d'être d'une exigence terrible pour Pollnitz : défense de quitter Berlin ; défense de quitter Potsdam ; défense de sortir du Palais ; défense d'emprunter et d'acheter ; défense de recevoir ; défense de voir des étrangers en dehors du cercle royal. Quand Pollnitz est malade et ne peut suivre le roi dans un déplacement, il s'entend dire : « *Ne pouviez-vous dire à votre maladie d'attendre que je sois de retour.* »

Mais le mépris n'a jamais empêché Frédéric d'accorder ses bonnes grâces aux gens. Voici ce qu'il écrivait à Algarotti sur Voltaire, en 1749, au moment où Mme du Châtelet venant de mourir, il multipliait les avances et les cajoleries pour attirer le poète : « *C'est bien dommage qu'une âme aussi lâche soit unie à un si beau génie. Il a les gentillesses et les malices d'un singe. Je vous conterai ce que c'est* (un tour qu'a joué Voltaire) *lorsque je vous reverrai ; cependant, je ne ferai semblant de rien car j'ai besoin de lui pour l'élocution française. On peut apprendre de bonnes choses d'un scélérat. Je veux savoir son français que m'importe sa morale.* »

Quand Pollnitz mourut voici ce que Frédéric dit à Voltaire : « *Le vieux Pollnitz est mort comme il a vécu, c'est-à-dire en friponnant encore la veille de sa mort. Personne ne le regrettera que ses créanciers.* »

On peut regretter que Frédéric ait choisi des amis qui méritaient de telles oraisons funèbres — mais peut-être avait-il plus de plaisir à composer celles-ci que d'autres qui eussent chanté les louanges des défunts.

Voilà de quels hommes s'entourait Frédéric ; c'est parmi eux, dans cette étrange confrérie que Voltaire prend sa place — la première. On remarquera que quelque différents que soient leurs caractères, leur origine, leur formation, leurs talents, ils avaient tous du talent et même des talents, ils avaient tous quelque chose à dire soit sur les sciences, l'histoire, la politique, les arts, soit sur leur étonnante expérience du monde et tous étaient, non seulement instruits mais capables de faire briller leur savoir.

Parmi ces Lumières, Voltaire parut : ce fut comme un soleil.

Frédéric et Voltaire, au jour le jour.

Les premiers mois du séjour de Voltaire marquèrent l'apogée de son règne à Potsdam. Son crédit était si grand que les princes de la famille royale et les grands dignitaires de la Cour lui demandaient audience. Les frères du roi étaient flattés de faire la partie d'échecs de Voltaire : ils le laissaient toujours gagner. Voltaire tenait sa cour avec le plus grand naturel, il était courtois et gai. Sans avoir l'air d'y toucher, il nuançait d'esprit et d'exquise politesse une imperceptible condescendance pourtant perçue par certains qui en étaient mortifiés. Le roi lui assurait chaque jour six couverts pour sa table. Souvent, il avait plus d'invités. Il aima toujours tenir table ouverte. Ce fut la cause de frictions avec les cuisines royales. Il disait avec désinvolture : « *Venez manger le rost du roi.* » Frédéric qui surveillait tout, trouvait que Voltaire se moquait de lui en invitant sur ce ton goguenard.

Des chamailleries à propos des bougies, du vin, du café et du sucre vinrent bientôt rappeler celles, toutes semblables, que Voltaire avait provoquées à Lunéville. Il se plaignait qu'on ne lui donnât pas les six bougies par soirée qu'on lui devait par contrat. Le fils du notaire Arouet avait tout fait écrire ! Les domestiques se plaignaient de leur côté que le poète enlevât chaque soir, des candélabres, les restes de bougies auxquels ils avaient droit — par contrat eux aussi. Ils l'accusaient de les revendre. Ces histoires de bouts de chandelles envenimaient ses rapports avec les gens du roi. Il disait que le thé et le café qu'on lui livrait étaient « marinés » c'est-à-dire avaient été en contact avec l'eau de mer et en étaient très altérés. Frédéric fut informé par Voltaire lui-même de cette guérilla des cuisines. Il eut l'air d'y prendre intérêt, mais il ne fit rien pour améliorer le service. Il devait trouver plaisant de voir « le singe » sautiller, criailler, grimacer pour un morceau de sucre et un bout de bougie. Voltaire, pour améliorer sa dotation en luminaire, avait trouvé un stratagème : il avait l'habitude de se rendre, sans façons, chaque soir avant dîner, dans l'appartement du roi. Pour aller, on éclairait sa route, mais pour revenir, il s'éclairait lui-même en prenant chez le roi une bougie qu'il choisissait très grande. En répétant deux ou trois fois par soirée ces allées et venues, il gagnait ainsi trois bougies presque intactes. Il se donnait alors des débauches de lumière aux dépens de Frédéric et de ses domestiques. Cela lui procurait de grandes satisfactions. Le manège ne passa pas inaperçu du roi qui lésinait sur tout : le procédé lui parut infâme. Mais il ne disait rien. Voltaire avait encore tous les droits, même celui de se rendre insupportable.

En échange, Voltaire rendait des services à Frédéric : il le débarrassait de ses frères. Il les occupait, il leur faisait jouer la comédie : « *Mes frères histrionnent* », disait Frédéric soulagé. Pendant ce temps, ils n'intriguaient pas.

Voltaire occupait aussi la reine Marie-Christine. Il est à peine utile de la nommer. Elle n'existait pas. Frédéric l'ayant épousée à son corps défendant, ne la regardait pas. La malheureuse se morfondait ; par bonheur, elle aimait l'étude. Voltaire lui fit lire le *Dictionnaire* de Bayle, qui n'est pas trop bien-pensant. Mais la reine l'étant au maximum, Voltaire ne lui présenta que les « bons » articles, tandis que son époux lisait surtout les « mauvais ». C'est ainsi que Voltaire partageait les lectures du couple royal, ce qui faisait qu'à eux deux, le roi et la reine savaient Bayle par cœur.

Mais Voltaire ne faisait que des apparitions chez cette reine où, comme tout le monde, il mourait d'ennui, de froid et de faim. Elle vivait de rien. Soit étourderie, soit avarice, elle fit un soir, dit-on, souper la femme d'un maréchal d'une cerise confite.

La reine-mère était beaucoup plus drôle, aussi Voltaire lui faisait-il plus volontiers sa cour. En outre, elle chauffait et nourrissait humainement ses hôtes. A Berlin, un soir, à l'improviste, il fut prié à dîner par la reine-mère. Comme elle était en deuil, il fallait un habit noir et la garde-robe de Voltaire était à Potsdam. Son valet de chambre eut l'idée d'emprunter l'habit d'un riche commerçant qu'il connaissait. Le commerçant étant bien plus corpulent que notre poète, celui-ci flottait dans l'habit. On le porta à un couturier en le priant de resserrer les coutures. Il fit mieux, il retailla l'habit qui alla fort bien à Voltaire, mais lorsqu'on le rendit à son propriétaire celui-ci n'y put plus entrer. Il en rit. Voltaire ne sut jamais ce que le tailleur avait fait et ne put réparer le dommage. Il ne sut pas davantage que tout Berlin se moqua de lui à cette occasion et que ses ennemis se jetèrent sur l'anecdote, preuve éclatante et nouvelle, dirent-ils, de son avarice et de sa malhonnêteté.

La Cour de Frédéric se déplaçait souvent de Berlin à Potsdam et inversement. Mais le Saint des Saints, c'était *Sans-Souci*. Voltaire comparait la petite société qui entourait le roi à une confrérie dont le lien était l'impiété. Le Père abbé était le roi, puis venait le Frère privilégié, Voltaire, ensuite les frères moines que nous connaissons. Sans-Souci est tout près de Potsdam, on s'y rendait à pied. Le château est bâti sur une colline au bas de laquelle coule la rivière Havel. C'est, à des dimensions royales, ce que les grands seigneurs français de cette époque appelaient une « folie ». Il n'y a qu'un rez-de-chaussée. Le pavillon central est en rotonde et coiffé d'un dôme. Le toit des ailes est une terrasse. On descend par un grand degré, très majestueux, un peu théâtral dans des jardins à la française. L'ensemble a cependant un air plutôt italien. La rotonde centrale était occupée par un grand salon de marbre, la coupole était dorée. A gauche, on entrait dans la salle à manger où l'on voyait un portrait de la duchesse de Châteauroux qui faisait ricaner Frédéric. Il l'appelait *Cotillon Ire* car elle avait inauguré le règne des maîtresses en titre de Louis XV. Ensuite, se trouvait la chambre à coucher avec un lit d'apparat gardé par une balustrade d'argent. Mais Frédéric couchait derrière un paravent « sur un grabat » dit Voltaire. A vrai dire, c'était un lit de sangles étroit et dur sur lequel dans la journée se roulaient les petits chiens de Sa Majesté. Il en portait un parfois dans son manchon. On voyait aussi la pendule qu'il remontait lui-même chaque soir et qui demeura arrêtée à l'heure de sa mort : deux heures vingt le 17 août 1786. Son cabinet était tapissé de livres : aucun en allemand. Dans l'autre aile se trouvaient les chambres des hôtes. Celle de Voltaire avait une sortie sur la terrasse avec une vue admirable des jardins en gradins. C'est là qu'on venait le voir — quand il était visible. « *Ma santé est à peu près comme à Paris et quand j'ai la colique, j'envoie promener tous les rois de l'univers. J'ai renoncé à ces divins soupers et je me trouve un peu mieux...* » Il fait le dégoûté, en réalité, il manque très peu de ces divins soupers dont il est l'âme, il le sait fort bien, mais il est flatté d'écrire : « *Il y a trop de généraux et de princes.* » Les soirs des petits soupers, il estime que Frédéric est parfait : « *C'est César, c'est Marc-Aurèle, c'est Julien, c'est quelquefois l'abbé de Pure avec qui je soupe, c'est le charme de la retraite, c'est la liberté de la campagne* (quelle campagne ratissée !) *avec tous les agréments de la vie qu'un seigneur de château qui est roi peut procurer à ses humbles convives.* »

Ces charmes de la retraite sont un palais, des pensions, des honneurs, un roi ami qui est le plus intelligent des hommes et une confrérie étincelante et ce sont derrière cette façade, dix millions de sujets travaillant et guerroyant pour la gloire du roi de Prusse et « les petits agréments » de M. de Voltaire. Un vrai paradis ! C'est la belle époque — la vraie ! celle de la douceur de vivre. Mais il fallait être Voltaire et Frédéric, et se rencontrer. Par bonheur, Voltaire éprouve une sorte de pressentiment du privilège inouï dont il bénéficie : « *Ma fonction est de ne rien faire. Je jouis de mon loisir. Je donne une heure ou deux par jour au roi de Prusse pour arrondir un peu ses ouvrages de prose ou de vers ; je suis son grammairien et non son chambellan. Le reste du jour est à moi et la journée finit par un souper agréable.* »

Ces soupers lui donnaient l'occasion de jeter tous ses feux. Frédéric avait l'art de contredire, de lancer les idées contre les idées et les interlocuteurs les uns contre les autres. Il était taquin, moqueur jusqu'à la cruauté. Cela exaltait l'amour-propre des « Frères » qui, devenant ennemis, devenaient plus brillants.

Le roi laissait parfois ses beaux-esprits et soupait en tête à tête avec un officier qu'il aimait beaucoup, M. de Balby. Ces apartés agaçaient Voltaire, toujours jaloux des préférences du roi et quand on lui demandait : « *Que fait le roi ce soir ?* » il répondait aigrement : « *Il balbytie.* »

Pourtant, il y a la lettre des « Mais... » A Potsdam tout est bien « mais... » la comédie est bien jouée « mais... » la ville a de belles avenues « mais... » les Frères sont pleins d'esprit « mais... » Et il termine cette suite de « mais... » qu'il se garde de justifier, par cette phrase qui en dit long sur le changement de climat après quelques mois de séjour : « *Le temps commence à se mettre à un beau froid.* » Le « Père Abbé » est sur ses gardes. Et le refroidissement est si bien senti que Voltaire ne dit plus qu'il « arrondit » les phrases du roi, il dit qu'il les « épluche ». Nuance !

Quant à Maupertuis, il est déjà un peu aigre. N'a-t-il pas osé interrompre Voltaire pendant une lecture de *Mérope* pour lui faire une remarque infime ? Quelle impertinence ! On lui apprendra, à ce professeur, à respecter les « souverains ».

L'argent, parfois, a une odeur...

Voltaire lui-même allait donner à ses ennemis la meilleure occasion de l'attaquer. L'occasion était si malheureuse que ses amis ne purent le défendre. Il s'acoquina avec un trafiquant berlinois, un juif, Hirsch ou Hirschell, pour monter une affaire de spéculation illégale. Rien n'est plus louche que son associé et que leur association. Dans cette affaire tout est embrouillé comme à plaisir par les mensonges des deux parties. En voici les données : après sa guerre avec la Saxe, Frédéric avait obligé ce pays à rembourser tous les Prussiens porteurs d'un titre d'emprunt de l'état saxon. Or, ces titres étaient tombés très au-dessous de leur valeur nominale, Frédéric exigea que la Saxe les remboursât à leur valeur de souscription. Aussitôt, il se créa un trafic : les Prussiens achetaient en Saxe des titres à bas prix et se les faisaient rembourser au prix fort en qualité de porteurs prussiens. Voltaire voulut profiter de l'aubaine, il chargea Hirsch d'aller en Saxe lui acheter au cours le plus bas des titres qu'il espérait se faire rembourser au prix fort en qualité de protégé privilégié de S. M. Prussienne. Il avait calculé que le capital engagé dans ce trafic devait, tous frais payés — Hirsch compris — lui rapporter 35 % en quelques semaines. Il confia donc à son associé le capital nécessaire, une partie en espèces, une partie sous forme d'une lettre de change sur Paris, de 40 000 écus ! En tout, il dut lui confier 120 millions d'anciens francs. Comme garantie le juif lui laissa un lot de diamants. C'est donc une quarantaine de nos petits millions qui auraient dû revenir à Voltaire. Nous n'en aurions peut-être rien su si l'affaire avait été bonne, car les bonnes affaires n'ont pas d'histoires. Celle-ci en a une : elle est honteuse.

A peine Hirsch lesté des écus de Voltaire était-il parti pour Dresde, qu'on vint avertir celui-ci que son homme était peu sûr et que son argent courait les plus grands dangers. Affolé, Voltaire fit aussitôt protester la lettre de change. Quand Hirsch la présenta à Dresde on refusa de la lui payer. Il en conçut une grande méfiance et rentra aussitôt à Berlin bien résolu à se venger. Il ne fit donc aucun achat de titres. Il détenait toujours l'argent que Voltaire lui avait donné. Alors commença une suite de chantages de part et d'autre. Hirsch demanda des indemnités pour son déplacement et comme dédommagement du manque à gagner. Voltaire le prit de haut et se targua de la protection du roi. Le juif voulut savoir jusqu'où allait cette protection, car Voltaire s'était flatté de lancer cette affaire avec l'appui de Frédéric. L'affaire s'ébruita vite. Voltaire et Hirsch criaient aussi fort l'un que l'autre. Hirsch pour réclamer son dédit, Voltaire pour nier qu'il l'eût jamais chargé de cette affaire. Alors pourquoi avoir remis une somme aussi considérable à ce courtier ? « *Pour acheter des fourrures* », dit Voltaire. Par malheur, il n'y a pas, à Dresde, de marché de fourrures. « *Pour acheter des diamants* », dit-il ensuite. On lui répond qu'on les achète en Hollande. De toutes façons, il faut que le juif lui rende la somme qu'il détient. Hirsch dit qu'il ne rendra rien. Voltaire fait évaluer les diamants : on lui apprend qu'ils sont faux. Alors sa rage ne connaît plus de bornes. Il fait un procès à son associé. Il est manifeste que, fidèle à sa réputation, Hirsch est un malhonnête homme. Bien qu'il fût convaincu de mensonge à plusieurs reprises devant le tribunal, son associé Voltaire n'en était pas moins dans un très mauvais cas : il lui fallut bien convenir qu'il avait chargé Hirsch d'une spéculation qui était interdite. Non seulement Frédéric n'avait pas appuyé Voltaire, mais il le désapprouvait violemment.

Voltaire n'était pas homme à transiger comme Chasot l'espérait. Celui-ci s'entremit, il confronta les adversaires ; Voltaire hors de lui voulut étrangler Hirsch, cette violence fit tout échouer. Chasot dut faire son rapport à Frédéric et notre poète ne le lui pardonna pas. Le roi fit un éclat extraordinaire : il donna l'ordre à Darget de faire connaître sur l'heure à Voltaire qu'il devait quitter la Prusse dans les 24 heures ! Darget supplia le roi d'attendre encore deux jours que le procès fût jugé. Le jugement devait avoir lieu le 4 janvier 1751, Voltaire avait déposé plainte en novembre : on voit que l'affaire était rondement menée. Frédéric avait déjà reçu de nombreuses plaintes de Saxe au sujet de ce trafic des titres. Il comprit que l'affaire de Voltaire en étalant au grand jour cette spéculation l'exposait à recevoir un blâme de toutes les capitales qui allaient considérer Berlin comme une place ou l'agiotage le plus malhonnête était couvert par l'autorité du roi. La maladroite et indiscrète spéculation de Voltaire le mettait en fâcheuse posture. En outre, il jugeait Voltaire bien hardi d'avoir osé se targuer de sa protection et de profiter de son hospitalité pour s'enrichir. Ne le payait-il pas assez ?

Voltaire, informé de cette colère, ne bougeait pas de son trou. Finis les billets d'une chambre à l'autre et les visites à la chandelle. Il se contentait d'écrire à Darget. Il faisait intervenir auprès des juges, se lamentait, criait au secours, pleurait et enrageait. C'est moins l'argent perdu qui le courrouçait, que l'indigne manière de son courtier ; c'est sa friponnerie qui l'exaspérait et, quand il criait « Justice ! », l'écho nous fait entendre : « Vengeance ! » Mais à qui pouvait-il s'en prendre sinon à lui-même ? Il s'était livré pieds et poings liés à cet inconnu. Enfin, il ose écrire à Frédéric. Ce n'est pas une lettre fringante ; on sent passer le vent glacial, la bise polaire de la disgrâce. Il ne sait qu'implorer et affirmer qu'il ne lui reste rien ici-bas que « *le bonheur de vous aimer et de vous admirer.* » De près ou de loin ? Il peut tout craindre.

Il alla solliciter M. Formey, le chancelier. Etrange solliciteur ! Il était hagard, il entra comme un fou dans une antichambre remplie de gens qu'il ne vit même pas, il se jeta sur M. Formey, lui prit la main, l'entraîna de force dans une pièce voisine et lui débita tout d'une haleine toute son affaire. Cette scène en dit long sur sa nervosité ; il était alors dans une sorte d'état second, proche de la folie. Il parlait avec une vivacité étourdissante, il supplia et il finit par sommer M. Formey d'intimer l'ordre à son juge, M. de Jariges, de lui faire gagner son procès. La petite fille de M. de Formey regardait cet étrange visiteur, elle fut attirée par sa croix en diamants de l'Ordre du Mérite. Elle voulut la toucher : « *Brillante bagatelle, mon enfant !* » lui dit-il brusquement, et il disparut.

Devant le tribunal son adversaire fit une si fâcheuse impression que la cause de Voltaire parut un peu moins mauvaise. Certains ennemis de Voltaire racontent qu'au moment de prêter serment sur la Bible, il aurait dit : « *Comment sur un livre écrit en si mauvais latin ? Passe encore sur Homère ou Virgile.* » C'est bien peu vraisemblable. Il n'avait pas l'humeur plaisante car il savait que son sort dépendait des juges : il prêta serment très sagement.

A Paris, on savait tout cela. Louis XV qu'on avait mis au courant des basses spéculations de Voltaire dit à ses familiers « *Ce grand poète est toujours à cheval sur le Parnasse et la rue Quincampoix.* »

Voltaire se plaint auprès de la Margrave de Bayreuth : « *Frère Voltaire est ici en pénitence, il a un chien de procès avec un juif et selon l'ancien Testament, il lui en coûtera encore pour avoir été volé.* »

Il ne croyait pas si bien dire : il gagne son procès mais il ne reverra pas son argent — et il faudra qu'il en donne d'autre. La bonne Margrave en réponse à la supplique qu'elle avait adressée à son frère Frédéric II en faveur de Voltaire reçut cette lettre : « *Vous me demandez ce que c'est que le procès de Voltaire avec ce juif ? C'est l'affaire d'un fripon qui veut tromper un filou. Il n'est pas permis qu'un homme de l'esprit de Voltaire en fasse un si indigne abus. L'affaire est entre les mains de la Justice et dans quelques jours nous apprendrons par la sentence qui est le plus grand fripon des deux. Voltaire s'est emporté, il a sauté au visage du juif, il s'en est fallu de peu qu'il n'ait dit des injures à M. de Cocceji, enfin, il a tenu la conduite d'un fou. J'attends que cette affaire soit finie pour lui laver la tête et pour voir si à l'âge de*

56 ans, on ne pourra pas le rendre sinon raisonnable du moins moins fripon. » Voltaire dut ressentir amèrement ce respect de l'indépendance des juges : le roi n'était pas intervenu.

Après la sentence qui n'est favorable que dans la forme, Voltaire écrit à Frédéric sur un ton repentant et soumis. Cette affaire l'a brisé — momentanément brisé. Il rebondira. Pour l'instant, il est à terre... « *Et moi, à mon âge, j'ai eu un tort presque incroyable. Je ne me suis jamais corrigé de la maudite idée d'aller toujours trop avant dans toutes les affaires... j'ai eu la rage de vouloir prouver que j'avais raison contre un homme avec lequel il n'est pas permis d'avoir raison. Comptez donc que je suis au désespoir et que je n'ai jamais senti une douleur si amère. Je me suis privé, de gaîté de cœur, du seul objet pour lequel je suis venu... j'ai déplu au seul homme à qui je voulais plaire.* »

Voilà l'acte de contrition avant le retour en grâce. Il n'y a, bien entendu, pas un mot de regret pour la cause de tout le mal : la spéculation illicite.

Voltaire ne put échapper au lavage de tête promis. Il fut rude. Voici les reproches de Frédéric — on est loin du *Virgile français,* de *Danaé* et autres grâces. Les mots sont accablants, inoubliables :

« *J'ai été bien aise de vous recevoir chez moi ; j'ai estimé votre esprit, vos talents, vos connaissances et j'ai dû croire qu'un homme de votre âge lassé de s'escrimer contre les auteurs et de s'exposer à l'orage, venait ici pour se réfugier dans un port tranquille ; mais vous avez d'abord, d'une façon assez singulière, exigé de moi de ne point prendre Fréron pour m'écrire des nouvelles. J'ai eu la faiblesse ou la complaisance de vous l'accorder quoique ce n'était pas à vous de décider de ceux que je prendrais à mon service. D'Arnaud a eu des torts envers vous ; un homme généreux les lui eût pardonnés ; un homme vindicatif poursuit ceux qu'il prend en haine. Enfin, quoique d'Arnaud ne m'ait rien fait c'est par rapport à vous qu'il est parti d'ici. Vous êtes allé chez le ministre de Russie lui parler d'affaires dont vous n'aviez pas à vous mêler et l'on a cru que je vous avais donné la commission* (c'est exact : Voltaire était allé voir l'ambassadeur de Russie, il s'était entremis pour une affaire de préséances qui ne le regardait pas comme s'il était accrédité par Frédéric). *Vous vous êtes mêlé des affaires de Mme Benteck sans que ce fût certainement de votre département.* (Cette Benteck était une brave femme un peu folle qui avait des difficultés avec son mari. Voltaire prit étourdiment son parti et intercéda sans discrétion auprès de Frédéric qui le renvoya à sa littérature.) *Vous avez la plus vilaine affaire avec un juif. Vous avez fait un train affreux dans toute la ville. L'affaire des billets saxons est si bien connue en Saxe qu'on m'en a porté de graves plaintes. Pour moi, j'ai conservé la paix dans ma maison jusqu'à votre arrivée et je vous avertis que si vous avez la passion d'intrigues et de cabales, vous vous êtes mal adressé. J'aime les gens doux et paisibles qui ne mettent point dans leur conduite les passions violentes de la tragédie ; en cas que vous puissiez vous résoudre à vivre en philosophe, je serai bien aise de vous voir ; mais si vous vous abandonnez à toutes les fougues de vos passions et que vous en vouliez à tout le monde vous ne me ferez aucun plaisir de venir ici et vous pouvez tout autant rester à Berlin.* »

L'étrille de Frédéric dut arracher à plus d'un endroit la peau du poète qui l'avait sensible. Quoi qu'on fasse, après de telles explications, quelles que soient les cajoleries, on ne redevient jamais les fervents amis du début. Et leur amitié qui avait déjà du plomb dans l'aile resta incurablement blessée de cette affaire.

Pour l'instant Voltaire plie...

« *Sire,* écrit-il, *toutes choses mûrement considérées, j'ai fait une lourde faute d'avoir un procès contre un juif et j'en demande bien pardon à Votre Majesté, à Votre Philosophie, à Votre Bonté... Tout cela n'empêche pas que je vous ai consacré ma vie. Faites de moi ce qu'il vous plaira. J'avais mandé à la Margrave de Bayreuth que Frère Voltaire était en pénitence. Ayez pitié de Frère* Voltaire. »

L'affaire était terminée le 27 février 1751. Il n'y avait que dix-huit mois que Voltaire était en Prusse. Frédéric l'autorisa à reparaître à Potsdam, tout en lui rappelant de très fâcheux antécédents : le libraire Jore, le violon de l'Opéra, le juif fripon... « *ces noms ne devraient pas figurer à côté du vôtre* ». Cela paraît évident, et pourtant Voltaire ne le comprend que par instant — quand tout va mal. Puis, il repart vers de nouveaux dangers.

Et le naturel revient au galop.

Voltaire qui avait si bien appris l'anglais à Londres ne fit aucun effort pour apprendre l'allemand. Il disait qu'il n'y avait aucun livre à lire en cette langue : « *N'allez pas croire que j'apprenne sérieusement la langue tudesque, je me borne prudem-*

ment à en savoir ce qu'il en faut pour parler à mes gens et à mes chevaux. » Frédéric ne pensait pas autrement.

Au cours de son procès qui se déroulait en allemand, il eut recours à un interprète. Il tomba sur un jeune homme distingué et famélique auquel il prit à peine garde et qui allait devenir le célèbre poète Lessing. Mais avant d'en arriver là, Lessing fut à l'origine d'une grande colère de Voltaire et bien entendu d'une nouvelle affaire.

Lessing était si fier de travailler pour Voltaire qu'il idolâtrait, qu'il supplia le secrétaire du poète de lui laisser voir le manuscrit du *Siècle de Louis XIV* qui venait d'être terminé. Ainsi, au milieu des affres du procès, Voltaire avait achevé son ouvrage. Quelle force de dédoublement ! Lessing ayant vu, voulut également lire ; il supplia tant et tant que le secrétaire se laissa fléchir et lui confia une partie du manuscrit. Lessing à qui on avait offert une place en Wurtemberg, quitta Berlin à la hâte en emportant le précieux cahier. Voilà une fois encore, une œuvre inédite de Voltaire qui prend la clé des champs ! Quand Voltaire apprit que son manuscrit courait les routes, il fit un beau tapage. Il ne douta pas un instant qu'il fût aux mains d'un voleur. Qui lui reprocherait ce soupçon ? A ce moment même Mme Denis, à Paris, poursuivait l'honnête Longchamp pour vol de manuscrit. On se doute qu'il ne garda pas sa plainte secrète ; des poursuites furent engagées contre le voleur. Dès que Lessing apprit le scandale, il renvoya le manuscrit. Il avait voulu simplement en achever la lecture, son intention n'était pas de le voler. Mais le bruit s'était répandu. Voltaire oublia Lessing, mais Lessing n'oublia jamais la lettre injurieuse que Voltaire lui avait écrite pour lui réclamer « le manuscrit volé », il n'oublia pas que le roi avait été informé, et que l'Allemagne, à cause de Voltaire, l'avait pris pour un voleur.

C'est ainsi que Voltaire compta un ennemi nouveau et irréductible. Et pourtant, il rendit service à l'étourdi, au poète inconnu, en faisant connaître son nom dans toutes les cours d'Allemagne. Tout le monde voulut lire la poésie du voleur de manuscrit, dès qu'il publia des vers.

Voltaire quitta, au cours de cette année 1751, Sans-Souci, pour se retirer dans la maison du marquis d'Argens, celui-ci était alors en France. Il dit que cette maison convenait à sa santé ; sans doute jugea-t-il sage de s'éloigner un temps pour laisser la température se réchauffer.

Le docteur Purgon n'eut jamais meilleur malade.

Dans sa solitude — très relative — il se soigne. Ses maladies avaient redoublé pendant les affres du procès. Il vit couché presque tout le jour. C'est au lit qu'il reçoit.

Jamais ne fut plus vraie que pour Voltaire, la boutade de Molière : « le corps cette guenille ». Il se savait guenille et se traitait pourtant avec un soin minutieux. On ne saurait jurer que ce soin contribua à le faire vivre. La médecine de Voltaire est sur certains points ahurissante, mais si elle nous apprend ce qu'était, en plein siècle des Lumières, l'ignorance des médecins, elle nous apprend aussi qui était M. de Voltaire intime.

Il n'avait pas de barbe. Elle ne poussa jamais, il ne se servait donc pas de rasoir mais il s'arrachait quelques poils follets qui poussaient çà et là. Il se livrait à cette chasse tout en parlant ; à cet effet, il avait toujours des pinces à épiler sur sa cheminée ou dans sa poche.

Lorsqu'il éprouvait ses horribles crampes d'estomac, il se couchait et dictait à son secrétaire ; parfois il composait de mémoire et écrivait ensuite ce qu'il avait composé pendant sa crise. Pas de temps perdu.

Quand il eut la petite vérole, on lui fit absorber huit doses d'émétique et deux cents pintes de limonade. Quel estomac ! Néanmoins, il resta vivant mais grêlé et de santé plus fragile qu'auparavant.

Il était sans illusions sur la médecine de son temps. Il disait : « *La médecine consiste à introduire des drogues que l'on ne connaît pas dans des corps que l'on connaît encore moins.* » Par une contradiction qu'on observe souvent chez lui entre ses idées et son comportement, il adore se droguer et il essaie tous les remèdes en vogue, toutes les recettes de bonne femme. Il adorait jadis se droguer avec le « Baume tranquille » du père Aignan, capucin — il se faisait frictionner avec « l'Eau de Rabel » et le « Baume de Varenger ». Tout cela est oublié. Il tâte des eaux : celles de Forges manquent de le tuer, elles lui font l'effet du vitriol ; celles de Plombières également. Mais il fait des cures de petit-lait à l'essence de cannelle qui ne l'empoisonnent pas. Cela suffit pour qu'il en dise beaucoup de bien. Un charlatan à la mode, pour « le faire aller », lui fit avaler de la grenaille de fer parce que, disait le charlatan, c'est ainsi qu'on rince les bouteilles sales. Ce fut une catastrophe : il souffrit de façon atroce, et, par miracle, il n'en mourut pas.

En un mois, il fait le compte, il a pris huit purges et douze lavements : et il résiste à ce régime pendant des années. Mais il faut savoir que les lavements lui sont administrés à l'aide d'un appareil perfectionné, rapporté d'Angleterre. Une merveille ! Un bijou dont il ne se sépare jamais en voyage : « *C'est un chef-d'œuvre de l'art,* écrit-il, *vous pourriez le mettre dans votre gousset. Vous pouvez vous en servir toutes les fois et quelque part que vous soyez.* » Il ne s'en prive pas, même en voiture.

A Berlin, il découvre les pilules de Stahl. Il en est tellement entiché qu'il en avale à longueur de journée. Rentré en France, il ne peut supporter d'être privé de ses chères pilules : il demande à Frédéric II de lui en envoyer une livre ! des fraîches, des véritables ! « *Il y a de quoi purger toute la France,* répond Frédéric, *avec les pilules que vous me demandez et de quoi tuer vos trois Académies. J'ai chargé d'Arget de vous envoyer cette drogue qui a si grande réputation en France et que le défunt Stahl faisait fabriquer par son cocher...* » Il ne dit pas avec quoi, mais ce propos du Salomon du Nord eut pour effet de rendre les pilules sans effet sur Voltaire. Il n'en prit plus.

Avec l'âge, sa décrépitude s'accéléra : rien ne lui échappait des irrémédiables progrès de la déchéance physique. Ce qu'il avait si bien observé chez Ninon de Lenclos, il l'observait chez lui, mais avec vingt ans d'avance. Il perd vite toutes ses dents ce qui lui fait cette bouche pincée et rentrée. Sa vue baisse, il a des vertiges, il entend mal, sa voix se casse au milieu des déclamations... mais il vit. Il lit, écrit, parle et rit entre deux séances de coliques. Il rit tous les jours, dès qu'il a un répit.

La peur des coliques lui fait suivre un régime, mais il succombe à certaines tentations : il aime les tourtes bien grasses bourrées de viande hachée, les confiseries. S'il en voit, il en mange. Ensuite, il paie sa gourmandise, mais il est content. Il buvait parfois vingt tasses de café après-midi, mais il mangeait peu. Au déjeuner, il faisait un curieux mélange de café et de chocolat. Quand l'acteur Le Kain fut admis pour la première fois à sa table, ils consommèrent pour tout menu, douze tasses de ce breuvage. Son meilleur repas était celui du soir qu'il prenait vers neuf heures, parfois plus tard. Il se faisait souvent servir des lentilles qu'il adorait ! On ne pouvait lui faire plus beau cadeau qu'un sac de lentilles. Il mangeait peu de viande, de préférence du mouton. Son régime était composé d'œufs et de lait. « *Il y a des nourritures fort anciennes,* écrit-il, *et fort bonnes dont tous les sages de l'antiquité se sont bien trouvés. J'avoue que mon estomac ne s'accommode pas de la nouvelle cuisine. Je ne puis souffrir un ris de veau qui nage dans une sauce salée. Je ne puis manger d'un hachis de dinde, de lièvre et de lapin qu'on veut me faire prendre pour une seule viande. Je n'aime ni le pigeon à la crapaudine, ni le pain qui n'a pas de croûte. Je bois du vin modérément et je trouve étranges les gens qui mangent sans boire et qui ne savent même pas ce qu'ils mangent. Quant aux cuisiniers, je ne saurais supporter l'essence de jambon, ni l'excès de champignons, de poivre et de muscades avec lesquels ils déguisent les mets sains en eux-mêmes et que je ne voudrais pas seulement qu'on lardât. Je veux que le pain soit cuit au four et jamais dans un privé. Un souper sans apprêt tel que je le propose fait espérer un sommeil fort doux et qui ne sera troublé par aucun songe désagréable.* »

Dès qu'il sortait de table, il se couchait. Quatre ou cinq heures de sommeil lui suffisaient, mais il restait dans son lit quinze ou seize heures par jour. Pendant la nuit, plusieurs bougies brûlaient sans arrêt. Son lit était couvert de livres, de papiers dans un désordre concerté. Une table à portée de la main, lui offrait de l'eau fraîche, du café, du papier blanc, des plumes et de l'encre. Tout était toujours élégamment présenté.

Il était d'une propreté exemplaire pour son époque, sur sa personne, ses vêtements, ses objets et ses appartements : il est un écureuil lustré ! Mais il était si frileux, qu'en plein été il s'enfouissait encore sous d'énormes édredons. Son corps vivait ainsi au ralenti, parcimonieusement — toute son énergie était dépensée dans l'extraordinaire organisation nerveuse qui absorbait ses forces si bien ménagées. Tel est, sans doute, le secret de sa longévité et de sa stupéfiante maigreur.

Pendant sa retraite dans la maison du marquis d'Argens un visiteur le trouva couché :

— *J'ai quatre maladies mortelles,* lui confia Voltaire.

— *Vous avez l'œil fort bon,* lui répondit le visiteur qui ne se trompait pas. Le teint était parcheminé, la peau fripée sur une ossature anguleuse, mais l'œil brillait comme à vingt ans. Ce compliment du naïf visiteur le fit bondir. Comment osait-on soutenir qu'il avait l'œil bon alors qu'il soutenait qu'il se sentait mourir ? Il se dressa sur son lit et de cette voix qui remplissait un théâtre, il glapit :

— *Vous ne savez donc pas que les scorbutiques meurent l'œil enflammé ?*

Etait-il permis d'ignorer que M. de Voltaire était scorbutique et sur le point de trépasser comme l'indiquait assez un regard étincelant de la fureur de vivre ?

Il vivait ainsi, dans les fourrures et le duvet, grelottant en plein été, grelottant en plein hiver devant un feu qui le rôtissait. Toute sa vie, il frissonna de froid ou de peur d'avoir froid.

L'écorce d'orange amère !

De son lit, il écrit à Paris pour dissiper les mauvais bruits qu'on a fait courir sur sa disgrâce. Il dit que jamais Frédéric ne fut plus tendre, ni plus magnifique à son égard. Enfoncé dans la couette tout en avalant ses panades, il fait croire qu'il vit dans un banquet perpétuel.

On mange, en janvier, des pêches, des fraises, des ananas.

Mais les d'Argental ne sont pas dupes. Leur amitié s'alarme. Ils sentent que la situation de leur ami est précaire — et qu'elle peut devenir dangereuse. Il les rassure, ils ne croient rien de ses beaux mensonges. Ils le supplient de revenir. Paris est la seule ville du monde où il peut trouver la société qui lui convient. A Berlin, il y a un roi et quelques beaux esprits. Mais il n'y a pas de Cour véritable et, derrière la façade, il n'y a pas de Ville. A Paris, si la Cour vous déçoit, il vous reste la Ville ; si celle-ci se refroidit, Versailles vous tend les bras. Il dit qu'il a fui Paris pour fuir l'Envie. Mais qu'a-t-il trouvé d'autre en Prusse ? Comment ne pas penser que si le juif Hirsch avait été si insolent et si fort c'est parce qu'il était soutenu par les ennemis de Voltaire — et peut-être, en sous-main, par Frédéric ? Voltaire est allé en Prusse pour trouver la liberté et il y vit attaché comme un domestique. Il peut, à table, parler de mille sujets défendus mais, en dehors de ces brillants propos — tenus secrets — peut-il agir ? peut-il sortir ? aller en voyage ? fréquenter qui bon lui semble ? Voltaire devait bien convenir que les d'Argental n'avaient pas tort — mais le temps n'était pas venu de les écouter. Le mirage n'était pas encore évanoui.

Mme Denis ajoutait ses plaintes et ses recommandations à celles des d'Argental — mais elle s'accommodait mieux qu'eux de l'absence de l'oncle. Elle recevait les voyageurs prussiens que Voltaire lui recommandait. Elle reçut avec tant de chaleur le chargé d'affaires de Prusse à Paris qu'il prit peur ! Elle lui offrit la place laissée vacante par l'Italien. Il la refusa. Pourtant, elle l'avait hébergé richement, nourri de friandises, voituré par la ville et présenté dans sa loge de la Comédie à tout Paris. Le comportement de ce Prussien ne l'encouragea pas à aller vivre à Berlin.

Elle avait espéré épouser le marquis de Ximénès, grand seigneur un peu fou. Le marquis ne sembla pas aussi décidé qu'elle. Voltaire, de loin, déconseilla ce mariage. Ximénès avait un penchant pour les tendrons et il est probable que cette dinde, coriace et bas-bleu, ne l'inspirait guère, d'autant qu'elle avait déjà été souvent plumée.

Après quelques mois, Frédéric sembla se radoucir. Les cajoleries reparurent timidement. Du bout des lèvres, on se joua la comédie de l'amitié retrouvée. Cela suffit apparemment à l'un et à l'autre. Voltaire écrit à d'Argental qu'il préfère cela aux attaques de Fréron et aux mépris de Versailles. Il a encore de grandes parties de rire avec La Mettrie. Ils étaient si différents qu'ils ne pouvaient se jalouser. La Mettrie n'en voulait qu'aux médecins et Voltaire aux gens de lettres et ils s'accordaient pour déchirer les gens d'Eglise. La faveur de La Mettrie ne gênait pas Voltaire : il la prenait pour une bouffonnerie. Pourtant Frédéric aimait beaucoup La Mettrie et lui faisait beaucoup plus de confidences qu'à Voltaire. Il jouait avec La Mettrie — il n'osait pas avec Voltaire car le jeu risquait de tirer à conséquence. Enfin, La Mettrie avait un cœur — un cœur breton — qui, vers la fin des repas, s'épanchait. Il avait le mal du pays. Il voulait revoir Saint-Malo et lorsqu'il délirait d'amour pour sa Bretagne, il parlait aussi d'autres choses et Voltaire en l'interrogeant lui faisait dire ce que Frédéric lui confiait dans leur tête-à-tête. Comme il serait souhaitable que nous ignorions ce que nos « amis » disent de nous pendant notre absence ! Ce fou de La Mettrie versa, sans le vouloir, du vitriol dans le cœur de Voltaire. Il lui confia que Frédéric ne lui avait pas caché que le public se leurrait au sujet de la prétendue faveur de Voltaire. Cette faveur n'existait pas ! Et La Mettrie répéta la phrase terrible de Frédéric : « *J'aurai besoin de lui encore un an tout au plus : on presse l'orange et on jette l'écorce.* »

Ces mots sont impardonnables. Dès cet instant, le mal est fait. Voltaire ne se sent plus en sécurité à Potsdam. Les deux amis s'abordent encore l'œil souriant et la lèvre fleurie : Voltaire n'oublie pas l'injure, ni la menace. L'écorce d'orange le poursuit jusque dans son sommeil. Il écrit à sa nièce : « *Je rêve toujours d'écorce d'orange, je ressemble assez à celui qui rêvait qu'il tombait d'un clocher et qui se trouvant fort mollement dans l'air disait : pourvu que cela dure.* » Il s'accommodait donc de cet état précaire que d'autres, à sa place, eussent préféré faire cesser en demandant leur congé. Il resta ; peut-être avait-il encore besoin de Frédéric.

Le trait était si atroce qu'il lui arrivait de n'y pas croire. Il essayait de se persuader que cet ivrogne de La Mettrie l'avait trouvé dans les fumées du vin. Hélas ! La Mettrie répétait toujours exactement la phrase et décrivait toujours exactement la scène. La phrase sonnait comme un arrêté d'expulsion ; Voltaire se la faisait répéter ; un beau jour, La Mettrie se déroba à ses questions : en crevant d'indigestion. Il était allé soigner Lord Tyrconnel qui était souffrant. Le malade retint son médecin à souper. La Mettrie abusa de dix plats et finalement il engloutit un pâté d'aigle farci de lard et de gingembre. Après quoi, il suffoqua. On voulut le soigner, il refusa tout remède, sauf la saignée « *afin,* dit-il, *d'accoutumer l'indigestion à la saignée* ». Malgré l'ordre du médecin l'indigestion refusa de s'accoutumer à la saignée et La Mettrie mourut. Son corps gonfla de façon étonnante et son âme le quitta sans autre cérémonie. Frédéric éclata de rire en apprenant cette fin « philosophique » : « *J'en suis bien aise* », dit-il. Et Voltaire ajouta que « *c'était le malade qui avait tué le médecin qui venait le soigner* ».

On était en train d'imprimer le *Siècle de Louis XIV* en Allemagne. C'est peut-être ce qui empêchait Voltaire de quitter Frédéric. Il apprit qu'on préparait des contrefaçons de son œuvre à Breslau et à Francfort. A bon droit, il s'affola. On connaît les dangers de ces « faux » qui non seulement privaient l'auteur de ses droits mais risquaient de l'envoyer en prison en présentant un texte falsifié. Voltaire fit appel à Frédéric pour demander justice. Frédéric ne lui cacha pas qu'il était excédé des suppliques, des plaintes et de toutes les affaires de Voltaire en général. Notre poète s'effondra. Mais il s'agissait de son ouvrage ; il supplia encore, et quoi qu'il arrivât, il voulut arracher *Le Siècle de Louis XIV* à ces filous. Il y réussit.

La première édition paraît à Berlin en 1752 par les soins de M. de Francheville, Conseiller aulique du roi de Prusse. Amis et admirateurs félicitent Voltaire pour cet ouvrage étonnant qui bouleverse la conception qu'on se faisait de l'histoire. La première originalité du livre, c'est que tout y est *vrai*. Tous les faits ont été vérifiés, les documents, les témoignages sont authentiques. Le travail auquel Voltaire s'est soumis, auquel il a soumis ses amis, ses informateurs, ses secrétaires, est incroyable — et toujours au milieu des tracasseries, des entreprises de toutes sortes, des procès, des persécutions et des agitations délicieuses de la société. L'autre originalité du livre, fut de grouper autour d'un personnage central toutes « les lumières » de son époque. Le roi est illustre parce que la civilisation de son temps est illustre. Le roi et le génie de son siècle ne font qu'un. Ce sont les grands hommes du siècle qui ont fait le siècle et le roi. Pour la première fois, on glorifie un monarque non pas en exaltant sa nature surhumaine, mais en exaltant son entourage. Ce sont les Arts, les Lettres, les Sciences qui ont fait de Louis le Soleil de l'Europe. En somme, le premier personnage du « Siècle » c'est bien le roi en tant que symbole, en fait, c'est la Civilisation, c'est-à-dire l'Intelligence humaine.

Lord Chesterfield toujours excellent critique trouva tout admirable en cet ouvrage — sauf l'orthographe ! Si cela fait sourire, qu'on sache que Voltaire touche-à-tout s'était mêlé de simplifier l'orthographe. Il supprima d'abord les majuscules : cela fit tellement hurler qu'il les rétablit. Il écrit *Français* et non *François* parce que, dit-il, tout le monde dit Français. On aurait pu lui donner raison — tout au contraire, les méchants répandirent qu'il modifiait l'orthographe pour démoder plus vite Corneille et Racine dont la gloire l'empêchait de dormir. Quelle bassesse dans la sottise ! Mais en plein XIXe siècle, on a bien pu voir les pensionnaires du Couvent de Marie-d'en-Haut à Grenoble, s'enflammer d'un saint zèle et refuser d'écrire « français » parce que la terminaison « ais » avait été mise en usage par « l'infâme Voltaire ».

Une ombre sulfureuse...

Le succès du « Siècle » lui attira un ennemi nouveau, aussi tenace que les Desfontaines et les Fréron. Il s'agit d'un inconnu que sa haine de Voltaire, sa malhonnêteté et sa méchanceté, orchestrées, selon la coutume, par les cris et les réponses de sa victime, vont rendre célèbre. Voltaire le traita d'égal à égal, l'autre, qui n'en attendait pas tant, tira tous les avantages possibles de cette extraordinaire publicité.

Il se faisait appeler M. de La Beaumelle. Son nom était Angliviel. Il était né en 1726 dans une famille protestante du Midi. Il n'avait donc que vingt-sept ans à l'époque où il se manifesta avec virulence. Comme il sortait d'une famille modeste, il avait essayé, « pour arriver » de la conversion au catholicisme. Il se fit instruire gratuitement par les soutanes après quoi, pour se retremper aux sources du calvinisme, il fit un séjour à Genève.

En 1750, il se rendit au Danemark où il enseigna dans un Collège, composa de petits ouvrages scolaires et fonda un journal *La Spectatrice danoise*. Il se fit connaître — de fort peu de lecteurs, au demeurant — en publiant un petit livre *Mes Pensées* ou *Qu'en dira-t-on ?* On n'en dit que fort peu de choses car ses *Pensées* ne firent penser personne. Mais le style en était vif, sarcastique, bien dans le goût du temps. De Copenhague, il écrivit courtoisement à Voltaire, qui était à Potsdam, pour lui demander la permission de publier ses ouvrages pour le compte du roi de Danemark. Nous connaissons Voltaire : dès qu'un jeune écrivain lui dit qu'il lui doit tout et se présente au nom d'un roi, Voltaire est conquis.

En 1753, La Beaumelle se rendit à Berlin. Voltaire le reçut bien sans se douter que l'autre ne venait que pour l'épier et le prendre en défaut. De toute évidence La Beaumelle était rongé d'envie. Il enviait le poète, mais moins son talent, que sa fortune et sa réussite sociale. Il ne lui reconnut aucune des qualités dont il avait pourtant tiré profit : la courtoisie, la générosité de l'accueil, l'incomparable conversation.

La Beaumelle avait tout de suite flairé en Maupertuis, un allié : Il alla le voir, lui confia sa haine pour Voltaire et fut enchanté de la voir partagée. Maupertuis jugea sur-le-champ que ce jeune ambitieux aigri pourrait lui être utile : aussi fit-il de son mieux pour bien envenimer les choses entre Voltaire et le petit envieux. Les occasions ne manquèrent pas.

La Beaumelle se vantait d'écrire des *Mémoires de Mme de Maintenon* en se servant de lettres inédites quil avait achetées, disait-il, au fils de Racine. Personne ne croyait à cet achat parce que La Beaumelle était famélique — et peu de gens croyait à l'existence de ces lettres bien qu'il en parlât avec une assurance impressionnante. Ces « lettres » intriguaient assez la société de Potsdam. Frédéric dit un soir, au souper, que puisque La Beaumelle ne les tenait ni de la famille, ni des amis de la favorite, il se les était procurées malhonnêtement. Ce propos fit grand plaisir à Voltaire car ces « lettres », inconnues de lui, l'inquiétaient beaucoup. Il se demandait avec l'angoisse de l'historien si ces sources, auxquelles il n'avait pu avoir accès, n'allaient pas infirmer ce qu'il avait écrit du roi et de Mme de Maintenon dans son *Siècle de Louis XIV*. Qui est jamais sûr de toutes ses sources ? Plus tard, il pourra dire que « *Mme de Maintenon avait signé tout ce qu'il avait dit d'elle* ». Mais quand La Beaumelle venait lui seriner qu'il serait bien surpris des erreurs qu'il avait commises quand on lui mettrait *Les Mémoires de Mme de Maintenon*, sous le nez il était tenaillé par le doute le plus cruel. C'était tout ce que cherchait La Beaumelle : faire souffrir l'auteur et discréditer son admirable ouvrage.

Dès que parut *Le Siècle de Louis XIV*, La Beaumelle écrivit que ce n'était que « pauvretés et fautes d'esprit ». Ce n'est pas de la critique, ce sont des injures. Mais Voltaire les reçut d'autant plus mal que son ennemi annonçait qu'il allait prendre l'auteur du *Siècle* en flagrant délit d'erreur et de mensonge, car lui, La Beaumelle, possédait des documents authentiques que Voltaire avait négligés. Rien ne pouvait être plus douloureux pour Voltaire dont l'ambition dans cette œuvre historique avait été d'être *vrai*.

Une nouvelle guerre commença. Voltaire est toujours le premier étonné quand un ennemi se découvre à lui. La Beaumelle lui avait déjà donné quelques avertissements qui auraient dû mettre Voltaire en défiance. Ainsi, dès son arrivée à Potsdam, La Beaumelle fit lire ses *Pensées* à l'auteur du *Siècle* qui eut la désagréable surprise d'y découvrir une perfidie à son égard. La Beaumelle écrivait « *qu'il y avait eu de plus grands poètes que Voltaire mais qu'il n'y en avait pas eu de mieux payés* ». Suivaient les chiffres des pensions touchées par le poète. Quand Voltaire rendit le livre à son méchant auteur, il avait fait une corne à la page où se trouvait cette attaque et il voulut savoir pourquoi il était attaqué. La Beaumelle, sans se troubler, lui dit que c'était une louange mal comprise.

— *Je ne sais donc pas lire*, répondit Voltaire.

— *Peut-être bien*, lui répliqua l'insolent — tout en essayant de l'apaiser par les plus basses flagorneries. Voltaire pâle et frémissant de rage se contint : la vengeance viendrait plus tard.

La Beaumelle, sans appui, sans fortune, sans nom, ne manquait pas de témérité en s'attaquant au plus célèbre écrivain du temps qui était aussi à Berlin un homme puissant. Il savait bien que ce poète qui était le plus courtois des hommes pouvait devenir féroce quand on l'attaquait et comme le disait en tremblant la bonne Graffigny, *« capable de déterrer un mort pour le faire pendre ».*

Une mésaventure de La Beaumelle, allait servir Voltaire dans ses desseins de vengeance. La Beaumelle, au sortir de l'Opéra fit la connaissance d'une jolie femme qu'il courtisa si efficacement qu'elle lui donna rendez-vous sur-le-champ. Il était beau garçon, audacieux et chaleureux. Emporté par l'aventure, il se soucia fort peu du mari qui, à trois pas de sa femme, semblait se désintéresser totalement d'elle ; c'était un capitaine Cocchein, une manière de Matamore à moustaches et à rapière pendantes, velu, noir et terrible et d'une inintelligence parfaite. La Beaumelle courut au rendez-vous et sans plus de discours s'apprêta à témoigner à la dame l'ardeur de ses sentiments. Un placard s'ouvrit et le matamore entra en scène. La Beaumelle se crut un homme mort. Mais le Matamore n'en voulait qu'à sa bourse ; aidé par la dame galante, il détroussa La Beaumelle. Maigre butin ! Les filous voulurent se venger ; le Matamore déposa une plainte pour adultère. La Beaumelle fut arrêté et emprisonné avec une rapidité incroyable. Il cria et écrivit. Tout Berlin s'amusa de l'aventure. Maupertuis intervint auprès de Frédéric : les maîtres chanteurs furent mis en prison et La Beaumelle en sortit.

Comment Voltaire aurait-il pu demeurer à l'écart de ce scandale ? Rien ne semblait l'y intéresser mais son destin est d'être mêlé à tout. Une aimable dame se chargea de faire la liaison. Elle voulut réconcilier Voltaire et La Beaumelle et dès que celui-ci fut libéré, elle alla lui raconter que Voltaire avait été son défenseur, qu'il l'avait fait délivrer par le ministre de France, qu'il avait proposé une démarche de tous les Français auprès du Roi ; bref, il s'était conduit en parfait ami. Et elle envoya La Beaumelle remercier Voltaire. Notre héros, semblable à lui-même, en voyant un La Beaumelle contrit, doux, et même mielleux, ouvre ses bras, l'embrasse, le loue, l'appelle son fils. On pleure. Voltaire ne se demande pas s'il a réellement fait tout ce dont La Beaumelle le remercie. Il n'a vu dans la scène de réconciliation qu' « une scène ». Peu importe la raison pour laquelle La Beaumelle est à ses pieds : il y est. Il faut donc vite le relever et, puisqu'il aime Voltaire, il ne sera pas dit que Voltaire ne l'aime pas ? Peut-on être en reste d'amitié ?

A peine remis des embrassades de Voltaire, La Beaumelle

reçoit un tout autre rapport. On lui apprend que l'acerbe poète a soutenu que puisque La Beaumelle était en prison il y était bien à sa place, que les Français de Berlin n'avaient rien à voir dans les affaires d'un homme qui n'était pas Français. Et d'une. Que si, par hasard, il prouvait qu'il l'était de naissance il avait cessé de l'être parce qu'il était banni du royaume. Et de deux. En outre, au cas, bien incroyable où il n'aurait pas vraiment été banni de France, il avait été sûrement banni du Danemark. Enfin, de toutes façons, son cas était désespéré, car même s'il n'avait été banni de nulle part, il n'était qu'un mauvais chrétien (curieux propos dans la bouche de Voltaire !). Cela devrait empêcher toutes les démarches qu'on voudrait faire en sa faveur car il serait indigne que le ministre de S. M. Très Chrétienne se dérangeât pour secourir un mauvais sujet et un mauvais chrétien.

A ce beau discours, toute la haine de La Beaumelle se ralluma. Et dès lors, ce fut la guerre à outrance. Une fois encore, prêter un tel discours à Voltaire paraît une calomnie : comment croire qu'il eût invoqué cette qualité de mauvais chrétien pour abandonner La Beaumelle à son sort ? Au contraire, à la Cour de Frédéric c'était un titre de gloire ! Ce qui est certain, c'est que Voltaire ne fit rien pour délivrer La Beaumelle et il ne cacha pas qu'il était plutôt satisfait de savoir l'insolent plumitif à l'ombre et surtout au silence.

Voltaire n'avait pas manqué de faire lire à Frédéric l'attaque qu'il avait reçue dans les *Pensées* de La Beaumelle. Le roi en avait manifesté de l'humeur et La Beaumelle en fut informé. Il alla se disculper auprès de M. Darget et surtout se plaindre qu'on eût faire lire ce passage au roi. M. Darget pour toute réponse l'engagea à ne pas prolonger son séjour en Prusse. C'était clair : la carrière de La Beaumelle à Berlin était terminée. Il quitta donc le pays sans avoir rien réussi, sauf à mettre Voltaire sur le gril. Les fameuses lettres de Mme de Maintenon l'empêchaient toujours de dormir.

La Beaumelle se réfugia à Gotha où il ne réussit pas mieux. Faute de pouvoir nuire à Voltaire, il se fit aimer par une femme de chambre qui s'enfuit avec lui — et avec les bijoux de sa maîtresse. Voltaire l'apprit aussitôt. Il publia la nouvelle, la répandit dans toutes les cours d'Allemagne où La Beaumelle fut définitivement déconsidéré. Toutefois, d'honnêtes gens estimèrent que Voltaire se salissait en publiant ces saletés.

La Beaumelle n'ignora rien du rôle que Voltaire joua dans cette dangereuse publicité qui le fit chasser de partout. Il fut informé par Voltaire lui-même, qui ne lui cacha rien des rapports adressés aux Cours d'Allemagne sur la façon dont le sieur de La Beaumelle enlevait les servantes et les cassettes de bijoux volés.

Pour rester semblable à lui-même, Voltaire, dans un étrange revirement, fit peu après, des avances à La Beaumelle. Il lui offrit la paix, il le pria de renoncer à réfuter *Le Siècle de Louis XIV*. Quelle humiliation et quelle erreur ! C'était perdre son temps et sa dignité. La Beaumelle ne vit dans cet abaissement qu'un encouragement à s'acharner sur un ennemi qui demandait grâce. Il publia en 1753, à Francfort, avec une effronterie, une malhonnêteté jamais atteintes dans l'histoire de la librairie au XVIIIe siècle, pourtant fertile en filouteries et en faux, un *Siècle de Louis XIV augmenté d'un très grand nombre de remarques et de pièces par M. de La B. ! !*. Quand on lui fit remarquer qu'il était coupable de vol et de falsification, il se contenta de déplorer que l'éditeur eût commis l'imprudence de signer l'ouvrage avec les lettres La B. qui avaient l'inconvénient de désigner l'auteur. Encore n'était-il qu'à moitié fâché car le meilleur salaire de sa traîtrise n'était pas dans les quinze florins qu'il avait reçus du libraire mais dans la satisfaction d'être sûr que Voltaire saurait d'où venait le coup. Il en eut tant de satisfaction, qu'il renouvela son exploit avec d'autres œuvres de Voltaire — *La Henriade* en particulier.

Quelle eût été sa joie s'il avait pu contempler — au lieu de l'imaginer — l'affreuse grimace de Voltaire découvrant le *Siècle de Louis XIV* défiguré par les mensonges et les crachats. Tant de recherches, tant de probité intellectuelle, et d'amour pour la civilisation classique ! Tout cela, honneur d'un écrivain et gloire d'une époque, était bafoué et souillé ! Voltaire crut en mourir de douleur.

Etrange attitude que la sienne au cours de ces querelles parfois sordides. Nous le voyons répondre à ses bas adversaires avec des armes aussi viles que les leurs. Mais pour lui ce n'est qu'un faux-pas, le crime de bassesse n'est jamais chez Voltaire qu'un crime passionnel. Nous savons que la crise passée, l'enchanteur va renaître. Il a pu, pour un instant, ressembler à un La Beaumelle mais les La Beaumelle ne ressemblent jamais à Voltaire. Le plus révoltant, en cette sorte d'affaire n'est donc pas de le voir se nuire à lui-même puisqu'il se rachète aussitôt. Le plus pénible est de voir que les La Beaumelle peuvent, en portant des coups bas, non seulement blesser un grand homme, mais dégrader un chef-d'œuvre. Au demeurant, il nous importe assez peu que la vanité de M. de Voltaire ait été écorchée, elle est assez bien constituée pour se remettre de l'offense, ce qui nous révolte c'est qu'on ait osé falsifier *Le Siècle de Louis XIV*. La Beaumelle et ses pareils ont insulté ce que l'homme pensant avait de plus respectable, et ce que Voltaire, pour la première fois, venait d'exposer aux yeux de l'Europe éclairée, et d'exposer non dans un discours, mais dans une œuvre exemplaire : le respect de la vérité. Il avait magistralement réussi sans se départir de son amour pour son pays, pour la civilisation et pour l'humanité. Cette œuvre affirmait de façon irrévocable ce qu'était l'honneur de l'Intelligence.

⁂

Cependant, la société de Potsdam se défaisait. Les querelles avec La Beaumelle n'intéressaient guère que Maupertuis. Lord Tyrconnel qui avait tué son médecin, le rejoignit bientôt dans la tombe pour la même raison : il avait trop mangé : « *Ils se sont tués,* dit Voltaire, *pour avoir cru que Dieu n'avait fait l'homme que pour manger — et ils pensaient aussi qu'il l'avait fait pour médire.* » Lui médisait plus qu'eux, mais il mangeait moins. Il mourait de coliques ou de rage sept ou huit fois par semaine, mais il enterrait les bien-portants : « *Qui aurait dit que ce gros cochon de Lord Tyrconnel si frais, si fort, si vigoureux serait à l'agonie avant moi.* »

Darget ne mourut pas mais il regagna la France en mars 1752. Il était malade et voulait se soigner à Paris. En réalité, sa principale infirmité était un profond ennui. Il avait perdu sa femme qu'il aimait tendrement et toutes les cajoleries de Frédéric ne remplaçaient ni la tendre épouse, ni la patrie lointaine. Les bonnes âmes allaient répétant que Darget quittait Berlin parce qu'il se sentait dégradé par la présence de Voltaire ! Quelle sottise et quelle erreur ! Les deux hommes s'entendaient bien, sans doute parce que Voltaire fit de son mieux pour avoir en Darget un soutien vigilant auprès de Frédéric.

Cet ennui était général. Même le valet de chambre de Voltaire, Picard, pleurait parce que son maître ne voulait pas regagner la France. En outre, il ne pouvait supporter les moqueries des Prussiens au sujet de sa petite taille. Voltaire le consolait en lui remontrant que Frédéric II était encore plus petit que lui, que César était de même, et Alexandre également. A quoi le pauvre garçon répliquait qu'eux n'étaient pas picards et que lui l'était.

A Paris, les d'Argental et Mme Denis avaient trouvé un moyen pour faire revenir Voltaire : ils ne consentiraient à s'occuper de faire représenter *Rome Sauvée* qu'à condition qu'il revînt. Comme il résistait toujours, c'est eux qui cédèrent. Ils firent jouer la tragédie qui eut un très grand succès. Qui l'eût cru ? Son absence le servait mieux que ses intrigues. C'est Le Kain qui obtint le plus grand succès et fut promu « Comédien du Roi ». Et Mme Denis voulut, en qualité de nièce du grand poète, faire jouer également sa pièce *La Coquette punie*. Elle était seule de cet avis. La voici intriguant, suppliant, pleurant, minaudant. Seuls « les amis » qu'elle hébergeait l'encourageaient à faire éclater son génie sur la scène. Les Comédiens se refusèrent à jouer les inepties tombées de sa plume d'oie. Voltaire ne tenait pas du tout à ce qu'on représentât cette médiocrité et il ne fut pas fâché d'apprendre qu'on ne jouerait pas *La Coquette punie*. Mais pour faire affront à Mme Denis, les Comédiens jouèrent une *Coquette corrigée* de La Noue. Voltaire espéra que cet affront la ferait rentrer dans le chemin de la modestie, sinon de la vertu. Coquette, elle ne faisait jamais qu'une victime à la fois, mais auteur de comédie, impossible ! c'est à pleine salle qu'elle eût écœuré le monde.

Et Voltaire restait encore attaché à Potsdam, peut-être parce que Potsdam n'avait pas encore révélé tous ses poisons à Voltaire. Après le procès du juif, après l'écorce d'orange — amère, après l'effrayant La Beaumelle, il lui restait à faire une découverte aussi amère et aussi pernicieuse que toutes les autres : la trahison d'un ami. En moins de deux ans, il faut bien convenir que cela fait beaucoup de misères pour l'hôte de Frédéric.

A Berlin, il y avait un traître...

Maupertuis était Breton de Saint-Malo. Il y était né en 1698. Son père représentait sa ville aux Etats de Bretagne et c'est lui qui remettait au roi les Cahiers de la province. Maupertuis fut un enfant remarquablement intelligent et son père, en dépit de son avarice, lui fit faire d'excellentes études. Après quoi, le jeune homme voulut être marin : sa mère pleura. Il se fit soldat : sa mère repleura. Il quitta donc les mousquetaires gris au bout de deux ans et se fit physicien pour sécher les larmes de sa mère. Il se rendit à Paris, fréquenta les milieux savants et y fut bien accueilli. Il avait une conscience exagérée, c'est-à-dire naïve, de sa valeur, et ses débuts dans le monde furent plutôt gênés car il lui fallut réduire le volume de sa vanité. Néanmoins, sa réelle intelligence le fit recevoir en 1723, à vingt-cinq ans, à l'Académie des Sciences. En 1728, il fait un séjour en Angleterre, découvre Newton et devient fanatique de la Gravitation. Il décide d'imposer à la France la nouvelle théorie. Il s'y emploie de toutes les façons. Pour attirer l'attention sur lui et le Newtonisme tous les procédés d'une publicité tapageuse lui sont bons : c'est tout juste s'il ne fait pas de proclamation au roulement du tambour en faisant danser un singe à grelots. C'est un ambitieux frénétique qui, ayant décidé de crever la toile, la crève et saute sur le devant de la scène en pleins feux de la rampe. Mais il paye de sa personne : quand il s'agit d'aller au cercle polaire mesurer le méridien, il se montre plein de courage, d'entrain, il se charge des ascensions les plus pénibles, il s'installe sans gémir dans la neige, la glace, l'huile de phoque et le suint d'esquimaude avec une alacrité endiablée. En outre, ses calculs étaient justes ; il assura le succès de l'expédition scientifique et rapporta à Paris en plus des mensurations les plus précises, ses pieds gelés et deux esquimaudes, ses favorites, qu'il exposa dans Paris : un numéro de cirque assurait la publicité de ses savants travaux. Il avait aussi un nègre, Orion. Il se débarrassa de ses esquimaudes en mariant l'une à un Normand qui fit l'affaire la plus mauvaise que maquignon normand eût jamais faite, et en fourrant l'autre au couvent après qu'elle eut été dûment catéchisée. Quant au nègre, il le suivait partout — même en Prusse. Ce fidèle valet avait pris tant de liberté avec son maître que lorsque Maupertuis, hâbleur comme un Gascon, racontait à table ses prouesses, le nègre disait tout haut : « *Je me demande s'ils vous croient.* »

Toujours flanqué de son nègre, Maupertuis attirait les regards par son accoutrement : il portait une perruque ronde, rousse, qu'il poudrait de jaune : on s'attroupait. Il parlait en public dans un cercle de badauds. Ce savant se comportait comme un charlatan. Mais sa vanité avait d'autres atouts que ces farces grossières : c'était un fort bel homme, un bon cavalier, il avait acquis l'usage du monde et possédait un don inestimable en ce siècle : une conversation brillante. Il ne manquait ni d'aisance, ni de repartie, ni même de cinglant. Il avait aussi la férocité de l'ambitieux. C'est sur ces excellentes recommandations que Frédéric l'attira à Berlin. Louis XV ne fit aucune difficulté pour lui donner son congé. Maupertuis lui rendit sa pension de 4 000 livres

Frédéric lui en assurait une de 15 000 livres. En 1740, la géométrie se payait plus cher à Potsdam que la poésie. Quand Voltaire y arriva, il fit monter les prix de la poésie. Maupertuis plaisait à Frédéric : son géomètre l'accompagnait à la guerre. Voltaire racontait (après leur brouille) que Maupertuis suivait sur un âne, le roi n'ayant pas voulu faire pour lui, la dépense d'un cheval. Lors de la bataille de Molditz, Maupertuis ne put fuir aussi vite que son maître, surnommé à cette occasion, « Le Coureur de Molditz », il fut pris par les Autrichiens, battu, pillé et fait prisonnier sans âne et sans vêtements. La Cour de Vienne ayant appris la mésaventure du géomètre de Saint-Malo le combla de cadeaux. Les gouvernements de ces sociétés non-émancipées avaient de ces gracieusetés ! Il revint en France où il fut élu à l'Académie française ! Mais son encombrante vanité le rendit insupportable, comme son mépris pour Descartes et ses apologies de Newton. Il repartit pour Berlin. Là, personne ne connaissant ni Descartes, ni Newton, personne ne discutait les affirmations de notre savant. Il imposa donc Newton et surtout Maupertuis, « Son Importance » fut bien reçue. Il épousa une jeune Prussienne de grande noblesse. La famille fit un peu la grimace : elle aurait aimé moins de géométrie et plus de généalogie. Il s'implanta avec force dans la société berlinoise, fut nommé président de l'Académie de Prusse et régna en tyran sur l'intelligence de ce pays. Mais c'était un tyran éclairé, il fit un excellent travail auquel Frédéric rendit hommage. Maupertuis avait donc de quoi plaire : il avait été le familier de Cirey, l'initiateur de Mme du Châtelet à la physique de Newton, on sait qu'Emilie l'appréciait tout autant pour ses lumières que pour son généreux tempérament. Il fut pendant vingt ans l'ami de Voltaire.

A Potsdam, ils se déplurent. Ils étaient trop proches, ils étaient rivaux.

Voltaire disait : « *Il est né avec beaucoup d'esprit et de talents mais l'excès seul de son amour-propre en a fait à la fin, un homme très ridicule et très méchant.* » Mais Frédéric reprenait : « *J'aime mieux vivre avec Maupertuis qu'avec Voltaire. Son caractère est plus sûr et il a plus le ton de conversation que le poète qui, si vous y avez bien pris garde, dogmatise toujours.* » C'est un trait de mauvaise humeur au moment du procès avec le Juif. Mais si Voltaire a su ou pressenti que Frédéric se risquait à le comparer à Maupertuis et même à le lui préférer, rien ne pouvait exciter davantage la haine du poète pour le mathématicien.

Leur querelle vint de ces frictions répétées de deux vanités exaspérées par le jeu de Frédéric. Un témoin qui vivait à Potsdam déclara : « *L'un est trop despote, l'autre trop peu endurant. Maupertuis voulut dominer. Voltaire l'écrasa.* »

Et ce fut la guerre.

Quand Voltaire arriva à Potsdam, les deux amis s'embrassèrent. Les gens avisés ne se firent pas d'illusions : dans six jours, ou dans six mois, la querelle éclaterait. Buffon disait que ces deux hommes n'étaient pas faits pour demeurer dans une même chambre. Et Potsdam n'était pas plus grand qu'une chambre. Voltaire y mit du sien pendant les premiers mois. Mais faire effort pour être aimable avec quelqu'un qui ne l'est plus, ne peut se concevoir que si on se voit rarement. A Potsdam, ils se voyaient chaque jour. C'était un supplice. « *Je supporte Maupertuis n'ayant pu l'adoucir* », écrit Voltaire. C'est signifier la brouille car Voltaire ne « supporte » ni ceci, ni cela. C'est un insupportable qui ne supporte rien.

La Beaumelle, que la méchanceté rendait sot, disait que Voltaire voulait faire chasser Maupertuis de la Présidence de l'Académie pour prendre sa place. Voltaire n'a jamais eu cette ambition : c'était l'humeur de Maupertuis qui le faisait enrager, non ses titres, ni ses charges. Il n'a que faire de ces gloires, il est comblé. Dans le nid de vipères qu'était Potsdam, Frédéric n'était pas la moins venimeuse — il ne lui déplaisait pas de lancer des calomnies, de répéter les médisances ou de les écouter. Dans l'entourage du roi, on disait, sans se gêner : « *Si Voltaire perd son procès contre le juif, il sera pendu, s'il le gagne il sera chassé.* » Frédéric entendait et laissait dire. Il y a, pour un roi, certaine façon de ne pas désapprouver qui peut passer pour un encouragement. Cette attitude inquiétante venant confirmer l'atroce impression laissée par l' « écorce d'orange » mettait Voltaire au lit pour trois jours. Aux soupers, il perdait ses moyens. Un soir, il avait été maussade et Maupertuis brillant. Par un cruel hasard, ils rentrèrent chez eux dans le même carrosse. Maupertuis gonflé de jactance, lui dit : « *Il faut avouer qu'aujourd'hui la soirée a été charmante.* »

L'autre, recroquevillé dans ses fourrures, dans l'angle le plus éloigné de Maupertuis grommela : « *Je n'en ai jamais vu de si sotte.* »

On a dit que la rupture vint de cette réplique. Elle vint de tout en eux et de tous autour d'eux. Pour ou contre Voltaire ou Maupertuis, chacun commençait à prendre parti et à attiser la querelle.

La guerre éclata au sujet du professeur Kœnig. Maupertuis avait d'abord protégé Kœnig bien que celui-ci fût partisan de Leibniz et anti-newtonien, ce qui était un crime. C'était même Maupertuis qui avait voulu réconcilier Emilie et Kœnig au moment de leur différend au sujet de Newton. Le résultat fut qu'Emilie s'était brouillée aussi avec le réconciliateur. Kœnig s'était permis de faire quelques observations sur un mémoire publié par le président Maupertuis. Ces observations étaient dépourvues de malice comme leur auteur, mais Maupertuis répliqua avec une violence incroyable et traduisit le naïf Kœnig en jugement devant l'Académie de Berlin constituée en Cour de Justice par le bon plaisir de son président. Maupertuis s'était juré de déconsidérer Kœnig devant l'Europe savante et de lui faire perdre ses titres, sa place et sa pension de bibliothécaire de La Haye. Frédéric laissa faire Maupertuis. Voltaire se moquait de Leibniz et de son défenseur Kœnig, mais lorsqu'il vit avec quel abus d'autorité Maupertuis faisait parler et voter ses académiciens qu'il traitait comme Frédéric ses troupes, c'est-à-dire à la baguette, il prit parti contre l'injustice flagrante dont le pauvre savant était victime. L'occasion lui parut bonne de rabattre la morgue du mathématicien Maupertuis qui s'était avisé de faire le bel esprit avec beaucoup d'outrecuidance au nez et à la barbe du prince de l'Esprit.

Il n'était que trop vrai que Maupertuis se vengeait de Kœnig. Celui-ci, fort brave homme et son ami depuis vingt-cinq ans, ne lui rendait pas tous les honneurs qu'attendait le président de l'Académie de Berlin. Dans une conversation familière Kœnig s'adressa un jour au président en ces termes : « *Mais, mon pauvre ami, pensez donc...* » A ces mots, Maupertuis suffoqua d'indignation. Lui parler sur ce ton ? Mais quel était donc ce sot leibnizien, ce vieux besogneux avec sa pension infime de bibliothécaire ? Kœnig n'avait pas pris au sérieux cette colère puérile et il publia ses *Observations*. Il avait d'ailleurs demandé à Maupertuis la permission de les publier ; celui-ci l'engagea perfidement à le faire. C'était pousser le nigaud dans le piège où il tomba. Il apprit peu après la publication, sa condamnation par l'Académie de Berlin. Il en appela à Maupertuis qui lui répondit qu'il n'était pour rien dans cette affaire et que l'Académie avait jugé en toute liberté. Le pauvre homme se mourait de honte et de chagrin ; il écrivit sa propre défense, elle était digne, courageuse et véridique. On la jeta aux vieux papiers de l'Académie. Mais cette défense de Kœnig trouva au moins un lecteur de choix : Voltaire. Et le combat de dindons de l'Académie de Berlin prit aussitôt une autre tournure.

Maupertuis était malade ; cela ne le rendait pas plus bienveillant. Il souffrait d'une inflammation de la poitrine et se soignait à grands coups d'eau-de-vie. Le roi lui recommandait d'en boire moins pour se porter mieux. Sa maladie ne l'avait pas coupé du monde et il apprit que Voltaire parlait en faveur de Kœnig. Et Voltaire apprit bientôt qu'en échange, Maupertuis répandait ces dangereuses calomnies « *contre lesquelles,* disait-il, *il n'y a point de bouclier* ». Quelles étaient donc ces calomnies si dangereuses pour notre innocent poète ? « *Maupertuis a fait courir discrètement le bruit que je trouvais les ouvrages du roi fort mauvais.* » Rien n'était plus pernicieux car Frédéric était aussi « gendelettres » que Voltaire. Il avait toléré que Voltaire fît allusion à son penchant pour les beaux uniformes, mais il n'aurait pas souffert qu'il se moquât de ses mauvais vers. Ce n'était pas tout. Maupertuis glissait à l'oreille d'une douzaine de personnes bien choisies que Voltaire recevant, un jour, des vers que le roi lui envoyait à corriger, aurait « tenu cet étrange discours » devant plusieurs personnes : « *Ne se lassera-t-il donc point de m'envoyer son linge sale à laver ?* »

Est-ce bien une calomnie comme l'assure Voltaire ? Tout le monde était persuadé du contraire. D'ailleurs, la prétendue calomnie est confirmée par cet autre témoignage : comme il se trouvait avec un ami allemand, Manstein, en train de corriger des vers que celui-ci lui faisait lire, on apporta une liasse de brouillons du roi qui priait Voltaire de les corriger. Voltaire dit alors à Manstein en lui rendant ses vers : « *Mon ami, à une autre fois, voici le roi qui m'envoie son linge sale à blanchir, je blanchirai le vôtre ensuite.* »

Ces mots-là font le tour d'une Cour en une heure, et le tour d'une ville en un jour. En somme, le « linge sale » valait bien « l'écorce d'orange ». C'était entre nos bons amis, du donnant donnant. Mais, en se faisant le rapporteur de ces propos, Maupertuis jouait un jeu dangereux. On ne manipule pas le vitriol sans précautions. Dangereux pour Voltaire, le jeu l'était autant pour Maupertuis. L'un et l'autre n'allaient pas tarder à s'aviser des risques qu'il y a à s'attaquer aux Puissances ; Voltaire regretterait bientôt ses traits contre le roi, et Maupertuis ses traits contre Voltaire.

Le 18 décembre 1752, Maupertuis eut le vif déplaisir de recevoir un mince libelle anonyme : « *Réponse d'un académicien de Berlin à un académicien de Paris* » où il put lire une défense de Kœnig qui était surtout une violente attaque contre Maupertuis. Chacun à Berlin était fixé sur l'auteur : c'était Voltaire. Frédéric trouva fort mauvais qu'on osât attaquer le président de son Académie qu'il avait ouvertement soutenu. Il ne cacha pas sa colère mais comme il feignit d'ignorer le nom de l'auteur, il continuait de couvrir Voltaire de louanges lorsqu'il le rencontrait à la Cour. Et Voltaire, feignant d'ignorer que Frédéric savait, lui rendait sourires et flatteries. C'est dans cette atmosphère de fausseté qu'on vivait à Potsdam.

Les deux illustres protagonistes employaient leur talent de comédiens — qui était grand — à jouer les Basile. Frédéric se surpassa dans ce rôle en sacrifiant, hélas ! son rôle de roi. Il se fit tout à fait semblable au Voltaire des vilains jours. Il n'eut pas grand effort à faire, ils se ressemblaient sur tant de points ! Frédéric prit donc sa plume et écrivit contre le libelle de Voltaire une réfutation anonyme : « *Lettre d'un académicien de Berlin à un académicien de Paris.* » Frédéric voulait prendre la défense de Maupertuis que le précédent libelle de Voltaire avait mis au plus bas. Personne, sauf Maupertuis, ne connaissait alors l'auteur de cette réfutation. Autant l'attaque de Voltaire était vive et mordante, autant la royale riposte constituée d'un pesant éloge de Maupertuis était peu convaincante. On pensa que si c'était là tout ce que Maupertuis et ses amis avaient trouvé pour le défendre, ce n'était qu'un misérable coup de sabre dans l'eau. Et on le disait partout. Voltaire le premier se moqua en public du sot auteur du libelle. Frédéric écoutait ces sarcasmes. On se doute de quelle oreille.

Voltaire ignorait donc d'où venaient les coups ; Frédéric, en revanche savait fort bien sur qui il frappait. La réponse du roi contenait à l'adresse de son cher *Virgile* des aménités du genre de celle-ci : « *Ce misérable auteur d'un libelle infâme qui répand son venin, ce faiseur de libelle sans génie, cet ennemi méprisable d'un homme de mérite.* La *stérilité de son imagination* (ne l'empêche pourtant pas) *de commettre un crime inutile qui devient le comble de l'infamie.* » Bien entendu, les honnêtes gens ne sauraient avoir que pitié et mépris pour « *ce malheureux et ses pareils* pour *leur frivolité, leur scélératesse et leur ignorance...* » Voltaire haussa les épaules, l'attaque ne pouvait venir que d'un insignifiant plumitif. Frédéric se donna le plaisir sadique de faire réimprimer son ouvrage ; il ne le signa pas mais le fit frapper à ses armes. C'était tout comme. Il l'envoya à Voltaire qui crut mourir de peur et de dépit — mais surtout de peur.

Entre un accès de fièvre et un accès de rage, Maupertuis, au cours de méditations entretenues à l'eau-de-vie, écrivit d'extravagantes *Lettres* sur des questions scientifiques. C'est l'œuvre d'un homme un peu délirant qui livre au public ses visions pseudo-scientifiques. Certaines sont grotesques. Il voulait : faire sauter les Pyramides à coups de mine pour savoir ce qu'elles contenaient ; créer une ville où l'on ne parlerait que le latin et où viendrait habiter la jeunesse de tous pays. D'autres parurent choquantes : il préconisait la vivisection des condamnés à mort et expliquait que si l'on découpait le cerveau d'un homme vivant, on découvrirait le mécanisme des passions. L'eau-de-vie avait fait de lui un disciple de La Mettrie. Chez les Maupertuis la vivisection était un penchant naturel : son frère découpait les chats vivants. La duchesse d'Aiguillon qui s'étonnait de cette cruauté chez un homme qui adorait les chats, reçut de lui cette explication : « *Madame, on a des sous-chats pour ces sortes d'épreuves.* »

Ces visions bizarres et prétentieuses valurent à Maupertuis une réponse de Voltaire qui retentit de Potsdam à Paris, à Rome, à Londres, à Vienne, à La Haye et à Saint-Pétersbourg, c'est *La diatribe du docteur Akakia, médecin du pape,* qui foudroya le superbe président de l'Académie de Berlin. Ce nom grotesque déconsidéra Maupertuis. La diatribe était d'une verve endiablée, légère, amusante au possible : tous les honnêtes gens éclatèrent de rire. Il s'agit d'un certain docteur Akakia, prétendu médecin du pape, qui reprend un jeune écervelé, ignare et prétentieux qui a osé écrire les *Lettres* en se faisant passer pour un savant président d'Académie. Bien fou qui croirait qu'un véritable président puisse tomber si bas ! On voit la malice. Maupertuis n'était pas attaqué en qualité de président, son titre était, en apparence au moins, respecté ; on exaltait même sa fonction pour mieux traîner son œuvre au ruisseau. Ces précautions prises, Voltaire se lançait férocement, et allégrement, à travers les sottises des *Lettres* et, avec la légèreté dangereuse de sa plume, il assassinait moralement Maupertuis, cependant que l'Europe se mourait de rire.

Le premier lecteur qu'elle eut, celui qui rit le plus et ne voulut pas que d'autres après lui pussent en rire, fut Frédéric. Voltaire lui avait lu le manuscrit ; les traits étaient irrésistibles, le roi ne résista pas. Réflexion faite, il se souvint qu'il devait défendre Maupertuis et sa propre autorité bafouée dans la personne du président de son Académie. Son talent de pamphlétaire ne l'était pas moins par l'éclatante réussite de Voltaire qui ridiculisait le défenseur de Maupertuis aussi bien que Maupertuis ! Voltaire n'avait présenté sa *Diatribe* au roi qu'en tremblant. Que serait-il arrivé si Frédéric, au lieu de rire, avait pris fait et cause pour Maupertuis ? Le Salomon du Nord eût bien été capable de condamner durement la *Diatribe* et son auteur. Le risque était grand. Par bonheur, l'homme d'esprit sut, en Frédéric, apaiser la colère du roi. Mais après avoir ri à se tordre, il demanda à Voltaire de détruire le manuscrit : il parla de leur amitié avec des accents pathétiques. Scène touchante ! il sut montrer qu'il sentait la grandeur du sacrifice qu'il exigeait, il exalta le poète, son génie rayonnant, sa gloire immense... Voltaire ne savait pas résister à ce chant de sirène : on se congratula, on s'embrassa, on se porta réciproquement aux nues, les « Salomon du Nord » et les « Virgile » reparurent dans leur vocabulaire, l'ivresse des mots gagna Voltaire, il promit tout à son roi-philosophe et quand Frédéric, pour plus de sûreté, lui dit : « *Brûlez votre pamphlet !* » — « *Brûlons !* » répondit Voltaire dans un transport. En consciencieux hommes de lettres, ils en relurent les pages une à une, ils rirent encore et enfin pleurèrent en les jetant au feu.

Quel tableau ! C'est une des meilleures comédies qu'ils se soient jouées, entre tant d'autres.

Mais Voltaire avait mis à l'abri plusieurs exemplaires de la *Diatribe* déjà imprimée en secret. Il les fit filer en Saxe et Frédéric fit aussitôt saisir le stock qui était à l'imprimerie. On jura en paroles et par écrit qu'il n'existait plus de *Diatribe* sous le ciel de Prusse. De vilains méfiants osèrent laisser croire que Voltaire tenait en réserve plusieurs exemplaires de la *Diatribe*. Il s'éleva en protestations indignées, « *contre cette calomnie affreuse* » et il proclama : « *Je demande la Justice ou la mort.* » O Brutus !

Cependant la cour de Potsdam ne négligeait pas tout à fait les menus plaisirs intellectuels. Frédéric eut l'idée, en soupant, de composer un volume en équipe. Chacun des convives devait se charger d'écrire un chapitre sur une idée, un fait, un personnage de son choix. Voltaire enthousiasmé commença dès le lendemain la rédaction de son article. Il choisit *Abraham* : la foi du sacré prophète n'était pas ménagée. Par hasard, il continua dans l'ordre alphabétique et écrivit quelques jours plus tard l'article *Athéisme*. Il fut seul à poursuivre le jeu et c'est ainsi que naquit le *Dictionnaire philosophique*. Tel est son besoin de créer, son activité inlassable, son flair sans égal pour capter une idée. Il y avait à ces soupers des gens d'esprit, des gens savants, des gens entreprenants, aucun n'a pris la plume pour tirer vingt lignes seulement de l'idée de Frédéric. Voltaire a su en faire un des ouvrages les plus intelligents et les plus féconds de son siècle. Vulgarisateur ? Vive cette vulgarisation. Ce terme qui se veut péjoratif ne nuit pas aux ouvrages qu'il croit déprécier et ne diminue pas leur retentissement. Voltaire s'appelle lui-même, en présentant son article : *Théologien de Belzébuth* et il avertit que ce petit morceau, en fait, fort peu chrétien, sera des plus orthodoxes, mais la suite promet d'être totalement hérétique et mécréante. C'est ainsi que s'affirme l'irréligion de sa maturité, durcie, renforcée et agressive. Frédéric retrouve là « son » Voltaire préféré.

Ces jeux avec Belzébuth n'empêchaient pourtant pas l'affaire Maupertuis de cheminer sous terre, en serpentant. Voltaire ne la perdait pas de vue.

Un voyageur français de passage à Berlin note qu'en cet automne de 1752, Voltaire s'ennuie. Il vit au gîte comme le lièvre et tremble de même. Il ne paraît aux soupers qu'en service commandé. Il brille sur ordre. Il madrigalise au signal et sourit à point nommé. Il a pour cela toutes sortes de dispositions. Mais, hors du théâtre, il a horreur de ces carcans. La société de Potsdam lui pèse. L'appréhension l'étreint.

Frédéric était assez satisfait d'avoir obtenu que Voltaire brûlât sa *Diatribe*. Il avait remporté, en somme, une assez belle victoire sur le « Virgile moderne » au profit de son protégé Maupertuis. Il alla, lui-même, informer le président du danger qui l'avait menacé et de ce qu'il devait à son protecteur. Maupertuis était sur le point de rendre l'âme, la bonté du roi la lui remit en place. C'est, du moins, La Beaumelle qui le dit. Frédéric fit mieux : comme il sentait que Voltaire était à sa merci, il voulut l'humilier davantage et il lui demanda d'écrire de sa main l'engagement solennel de ne jamais rien écrire contre la France, Frédéric et Maupertuis. On pourrait se demander ce que vient faire la France ici. C'est tout simplement pour amener le nom de Maupertuis. Voltaire signa ce que le roi lui présenta. Il en avait écrit, dit, vu et entendu bien d'autres... En signant ce chiffon de papier il pensait avec ravissement, on peut le parier, aux exemplaires de la *Diatribe* qui, en Saxe, proliféraient.

Pour bien attendrir — ou endormir — ses victimes avant de les achever, Voltaire écrivit une lettre humble et plaintive à son roi adoré qui ne manqua pas de la faire lire à Maupertuis. Le poète était prêt à obéir à tout ce que le roi exigerait. N'en avait-il pas donné une preuve déchirante ? Il obéirait même aux ordres les plus cruels à condition qu'il se sentît aimé ou tout simplement supporté à la Cour (nous savons qu'à ce moment même, il cherchait à fuir). Il ne demandait qu'à contempler son idole ! Qu'était-il, au demeurant : « *Un vieillard accablé de maladies et de douleurs* (il a cinquante-huit ans) *mais toujours aussi attaché à S.M. que le jour où je suis arrivé à Sa Cour.* »

Frédéric et Maupertuis s'endormirent sur ces bonnes paroles. Mais le temps d'aller de Berlin à Potsdam, voilà la *Diatribe* qui, tel le Phénix, était ressuscitée de ses cendres et se trouvait dans toutes les mains. On ne parlait, on ne riait que de Maupertuis. On riait de la victime, mais on craignait pour l'auteur. Même ses ennemis crurent qu'il allait recevoir un châtiment terrible. Si un sujet du roi de Prusse s'était permis le quart des insolences de Voltaire, il n'aurait, de sa vie, revu la lumière du jour. Voltaire le savait : mais il lui était aussi impossible de se taire que de faire disparaître ses écrits. Que faire ? : « *Comme je n'ai point dans ce monde-ci cent cinquante mille moustaches à mon service, je ne prétends point faire la guerre. Je ne songe qu'à déserter honnêtement...* » Devant la formidable menace, pour un chétif poète, il n'y a de remède que dans la fuite. Il écrit ceci à Mme Denis le 18 décembre 1752 : « *Je vois bien qu'on a pressé l'orange, il faut penser à sauver l'écorce.* » Pour épancher son amertume, il a l'idée d'un petit dictionnaire à l'usage des rois :

Mon ami signifie *Mon esclave.*

Mon cher ami veut dire, *vous m'êtes plus qu'indifférent,*

Entendez par *Je vous rendrai heureux, Je vous souffrirai tant que j'aurai besoin de vous.*

Soupez avec moi ce soir signifie, *Je me moquerai de vous ce soir.*

Pour lui comme pour le bouc de la fable : le difficile est de sortir du puits. Depuis deux mois il en cherche le moyen. Il invoque sa mauvaise santé. Frédéric est blasé sur ce genre d'excuse. Qui peut encore croire le poète lorsqu'il soutient qu'il veut aller en novembre aux eaux de Plombières ? Frédéric l'envoie se baigner aux eaux de Bohême. « *Elles sont excellentes,* dit-il, *et je vous ferai accompagner.* » Mais Voltaire n'a pas plus envie des eaux de Bohême que des « anges gardiens » de Frédéric.

Frédéric ivre de rage fit saisir la *Diatribe* par la police ; le livre fut condamné séance tenante à être écartelé, puis brûlé place des Gendarmes, à 10 heures du matin, le 24 décembre 1752. Joli cadeau de Noël pour un impie ! On dit que Voltaire fit de bons mots sur cette « brûlure », nous rapporte Collini son secrétaire d'alors. Rien n'est moins sûr ; il se fit petite souris devant le gros chat qui retroussait ses babines et essayait ses griffes sur l'édition clandestine de la *Diatribe.*

Frédéric pour consoler Maupertuis du sanglant affront que Voltaire venait de leur infliger à nouveau, lui envoya une lettre charmante et une pincée de cendres de la *Diatribe.* Poudre calmante pour cœurs ulcérés ! La *Gazette de Berlin* publia la « brûlure » infamante et désigna l'auteur bien qu'il n'y eût pas de nom sur le livre incriminé. Frédéric disait que ce châtiment était plus déshonorant en Prusse qu'en France ! Voltaire aurait tellement préféré être déshonoré en France ! Il ne pouvait plus supporter la Prusse. Pourtant, Maupertuis ne se sentait pas vengé par le déshonneur de Voltaire ; il suppliait Frédéric d'appliquer au parjure les châtiments les plus cruels. Frédéric ne céda pas à ces prières et il écrivit à sa sœur, la Margrave de Bayreuth : « *Un peu trop d'amour-propre l'a rendu* (Maupertuis) *trop sensible aux manœuvres d'un singe qu'il aurait dû mépriser après qu'on l'ait fouetté...* » « Le Singe » ne craignait pas le mépris de Maupertuis, mais il craignait les châtiments corporels et la prison. Un livre brûlé était peu de chose pour un Maupertuis qui aurait découpé un homme vivant. Ah ! comme le vivisecteur eût aimé voir les grimaces et entendre les cris perçants du ouistiti supplicié ! Les envies de Maupertuis amusaient beaucoup Frédéric, néanmoins, il ne fit pas griller Voltaire. Celui-ci fut cependant blessé cruellement par cette « *brûlure* » car le seul livre que Frédéric eût fait brûler par voie de justice fut précisément celui de Voltaire. Un tel privilège ne s'oublie pas.

De l'art de rompre une amitié qui tourne à l'aigre.

Il fallait en finir puisque rien n'allait plus. Voltaire renvoya à

Frédéric, pour ses étrennes, le 1er janvier 1753 « les grelots et la marotte » c'est-à-dire la Croix et la clé d'or, insignes des fonctions de Chambellan de S.M. Mais Frédéric ne voulut pas les accepter et les fit remettre à Voltaire avec un billet qui ménageait l'avenir : il affirmait à l'auteur du livre brûlé qu'il préférait vivre avec lui qu'avec Maupertuis. Voltaire devenu circonspect écrivit à sa nièce : « *Je ne veux vivre ni avec l'un, ni avec l'autre.* » Toute la Cour parla de ces allées et venues des « brimborions » comme dit Voltaire. On disait que Voltaire les avait jetés en criant à son valet : « *Débarrassez-moi de ces marques honteuses de la servitude.* » On disait qu'en sortant, fou de colère, de la chambre du roi, le poète avait accroché sa croix et sa clé au loquet. C'était faux, mais on n'inventait, au fond, que dans la vraisemblance. C'est à une autre vérité de son caractère qu'il obéit en cette occasion. Plus habilement, il suivit son penchant de courtisan et il fit respectueusement remettre les « brimborions » avec ce quatrain :

Je les reçus avec tendresse
Je vous les rends avec douleur
C'est ainsi qu'un amant, dans son extrême ardeur,
Rend le portrait de sa maîtresse.

En somme, on renouait avec les « Danaé » et les « Coquettes » — et avec quelle sincérité ! Cependant, Voltaire cherchait des appuis. Il n'était plus en sécurité. Il se souvint alors qu'à Versailles il y avait un roi — le sien — son seul et efficace protecteur dans le cas où Frédéric écouterait les folles requêtes de Maupertuis. Le ministre de France, M. le chevalier de la Touche était le soutien le plus indiqué. Voltaire lui fit une cour pressante. Il continuait cependant à être invité au souper de Frédéric. Il refusait. « *Moy souper ?* » s'écriait-il. Après ce qu'on venait de lui faire ! D'ailleurs, comment pourrait-il souper ? Ne savait-on pas qu'il était mourant ? Qui oserait dire que sa fièvre était de commande ? « *Faudra-t-il que je meure pour me justifier !* » dit-il. Il essaya donc de mourir sans plus de succès qu'auparavant ; pourtant il garda le lit pendant quatorze jours. Mais il ne refusait sa porte à personne, il recevait au lit. Il travaillait, il se nourrissait de panades et de café, se bourrait de pilules et multipliait les lavements. Il relevait ses comptes, harcelait ses débiteurs, ses libraires, ses amis de Paris.

Après un mois de privation de Voltaire, Frédéric n'y tint plus : il fit des avances. Il lui rendit son appartement à Sans-

Souci, il lui envoya son carrosse. Voltaire exultait et sans rien accepter, il informait M. de la Touche et le priait de répandre la nouvelle à Paris. Lui-même s'y employait et avec quelle efficacité ! Les lettres filaient de tous côtés. N'avait-on pas fait courir à Paris le bruit fâcheux de sa disgrâce ? La calomnie de ses perfides ennemis allait jusqu'à soutenir qu'il avait rompu avec Frédéric. Lui, disgracié ? Alors que le roi lui envoyait son carrosse. lui rouvrait les portes de son appartement communiquant avec l'appartement royal ? Qu'allait-on inventer ? Et pourtant, au moment où il fait proclamer qu'il n'a jamais été aussi bien en cour, il fait retenir un appartement à Leipzig où il espère aller se réfugier. Alors pourquoi cette fausse réconciliation ? Pourquoi ces grimaces ? Parce que ce sont des grimaces et qu'il les aime en tant que grimaces, en bon acteur de la Commedia dell' Arte ; et aussi parce qu'il les croit utiles. Il veut partir, mais il ne veut pas partir fâché. En l'occurrence, il ne s'agit pas de s'enfuir, et encore bien moins d'avoir l'air d'être congédié. Il s'agit de se séparer, du « Salomon du Nord après une scène d'adieux bien réussie. » On n'épargnera ni les vers, ni les embrassades, ni les larmes. N'est-on pas sur un théâtre que l'Europe observe attentivement ? Les deux rois de l'actualité se sépareront ainsi avec les marques de la courtoisie la plus raffinée, les effusions les mieux fleuries de l'amitié la plus sincère.

Frédéric étant taillé sur le même modèle, pouvait entrer dans ce jeu avec la même aisance, le même plaisir — et la plus totale absence d'illusions sur la sincérité de son partenaire. Mais Frédéric ne voulut pas de scène d'adieux : il voulut garder Voltaire. Il essaya encore de l'amadouer : puisque la maladie seule empêchait le poète de reprendre sa place à la Cour, le roi lui envoya du quinquina pour le rétablir. Et Voltaire exaspéré s'écria en repoussant le quinquina : « *Ce n'est pas cela qu'il me faut, c'est mon congé.* » Et il n'alla plus à Sans-Souci.

Il habitait un faubourg de Berlin, une maison avec un grand jardin où il se promenait avec son secrétaire, le bon et subtil florentin, Collini. Il se promenait en cachette car on le croyait à l'agonie. Quand il voulait se livrer à la rêverie, il disait à Collini qui le suivait en silence : « *A présent, laissez-moi rêvasser.* » Et il rêvassait, en effet, en faisant le tour du jardin, à un plan d'évasion : il s'imaginait fuyant sous un déguisement de pasteur et monté sur un char de foin que conduirait Collini. Celui-ci intervenait alors pour l'assurer qu'il ne savait pas conduire et qu'il ferait verser le char. Voltaire riait et il imaginait les mille péripéties de cette évasion : il disait qu'il allait voir sa fille à Leipzig. Il savait très bien qu'il divaguait... mais cela l'amusait et lui permettait de faire en rêve ce qu'il désirait le plus au monde : partir !

A la fin, lassé de faire des avances pour s'entendre toujours répondre : « *Je veux aller à Plombières* », Frédéric lui donna son congé. Mais sur quel ton ! « *Il n'était pas nécessaire que vous prissiez le prétexte du besoin que vous dites avoir des eaux de Plombières pour me demander congé. Vous pouvez quitter mon service quand vous voudrez, mais avant de partir, faites-moi remettre le contrat de votre engagement, la croix et la clef et le volume de poésies que je vous ai confiés.* »

La belle scène d'adieux semblait fort compromise. Tant pis. Nanti de ce congé brutal, Voltaire décida de filer sans attendre. Puis, il se ravisa et demanda une audience à Frédéric. L'abbé de Prades la lui fit accorder. Frédéric le reçut. Ils restèrent deux heures enfermés dans le cabinet du roi : on les entendait rire à travers la porte. Ils s'enivrèrent de louanges réciproques, mais pourquoi riaient-ils tant ? Ils riaient de Maupertuis ! Collini nous dit qu'ils se réconcilièrent sur le dos du président de l'Académie. Voltaire, en somme, continuait à se venger de son ennemi ; mais Frédéric ? Que penser de son attitude en cette affaire ?

Et avec quelle légèreté Voltaire renouait-il avec son dangereux ami ? Il semblait reprendre le jeu des meilleurs jours au moment même où l'étreignait la hâte de fuir. Il accepta d'aller souper. Il y alla en tremblant. Il n'était pas sûr qu'en sortant de table, il ne serait pas mis aux fers. Il appelait ces derniers repas : « *Les soupers de Damoclès* ».

Au bout de six jours, il osa reparler de départ. Frédéric malgré tout son mépris pour le caractère de Voltaire, était encore fasciné par son intelligence et son talent. Il l'aurait gardé volontiers. Il avait tout fait pour le séduire de nouveau au cours des six derniers jours. Tout lui laissait croire qu'il avait réussi. Or, un matin qu'il était à la parade, Voltaire vint lui annoncer qu'il allait partir comme on le lui avait permis. Frédéric froidement lui dit :

— *Eh ! bien, Monsieur de Voltaire vous voulez absolument partir ?*

— *Sire, des affaires indispensables et surtout ma santé m'y obligent.*

— *Monsieur, je vous souhaite bon voyage.*

Et il lui tourna le dos. La jolie scène d'adieux n'eut pas lieu.

Fâcheuses conséquences d'une rupture mal consommée.

Voltaire se jeta dans son gros carrosse et, sans faire de visites, s'enfuit. Il écrivit des billets pour prendre congé... sa santé, son âge, n'est-ce pas... Tout était préparé de longue date. Le carrosse était tiré tantôt par quatre, tantôt par six chevaux, selon l'état des routes. L'intérieur était vaste comme une chambre, bondé de caisses de manuscrits, de livres, de coffres-forts et de fourrures. Il y avait aussi Collini qui, en voyage, prenait des notes, écoutait, parlait et riait avec son maître. Il était indispensable à l'hygiène de Voltaire de faire rire les autres pour se faire rire lui-même. Dès qu'il avait un instant de répit, il lui venait sur tout et sur rien des trouvailles drôles.

A peine Voltaire était-il parti que Frédéric se rapprocha de Maupertuis, et ces deux compères se mirent à redouter Voltaire en fuite, plus qu'ils ne redoutaient le Voltaire ancré et surveillé à Berlin. Frédéric appréhendait les épigrammes et les indiscrétions que Voltaire ne manquerait pas de répandre pour amuser les Cours de l'Europe aux dépens du Salomon du Nord. Mais ce que Frédéric redoutait par-dessus tout c'étaient les critiques que Voltaire pouvait faire de sa poésie. Le « linge sale » avait déjà vengé « l'écorce d'orange » mais ce n'était pas fini. Frédéric connaissait l'opiniâtreté de son « ami ».

Dès que Voltaire mit pied à terre à Leipzig il composa un additif à la *Diatribe*. Il l'écrivit de la même encre que le début, sauf que, cédant à son goût pour la farce, il donnait dans un comique plus gras, de sorte que le public qui pouvait rire aux dépens de Maupertuis devenait plus large. Il y a du « Pourceaugnac » et du « Médecin malgré lui » dans cette suite : les lavements viennent en renfort. Maupertuis tout aussitôt fut avisé et écrivit, sous le coup de la colère, une lettre de menaces qui s'achevait ainsi : « *Rendez grâces au respect et à l'obéissance qui ont jusqu'ici retenu mon bras et qui vous ont sauvé de la plus malheureuse aventure qui vous soit encore arrivée.* » Maupertuis brandissait son grand sabre ! L'autre, de loin, s'en rit.

Voltaire pour s'amuser davantage publia cette lettre, mais il prit soin d'arranger un peu la fin. Il ôta la dernière ligne qui contenait une allusion voilée, mais fort désagréable, à ses mésaventures passées, coups de bâton de Rohan, coups de bâton de Beauregard, menaces de l'acteur... il coupa la phrase après

« bras ». Ce qui rendait la menace plus nette, et il ajouta « Tremblez ! » ce qui en faisait une rodomontade ridicule. Puis, il répondit par une lettre qu'il fit circuler et dont la fin était la suivante : « *Comme il y a cinquante à soixante personnes qui ont pris la liberté de se moquer prodigieusement de vous, elles demandent quel jour vous prétendez les assassiner.* »

Voilà donc Maupertuis plus furieux que jamais, suppliant Frédéric de le venger. Il suppliait un Frédéric également furieux parce que Voltaire avait omis de lui rendre la croix et la clef (d'or !) et le livre de poésies. Pourquoi Frédéric tenait-il si fort à son livre de poésies ? Parce qu'il contenait certains couplets sur le compte de tels ou tels personnages de sa Cour ou d'autres Cours? Etaient-ils si secrets, ces vers impertinents? Le livre avait été imprimé dans une chambre de Sans-Souci et tiré à cinq cents exemplaires qui avaient été, pour la plupart, distribués. Les informateurs des cours étrangères avaient probablement prélevé leur part. Ces secrets tirés à cinq cents exemplaires et lus par cinq mille personnes au moins nous font sourire. Et ces poésies, bien que lessivées par Voltaire, n'avaient rien d'éblouissant. Le désir de blesser s'y percevait, mais les flèches étaient molles. Frédéric se crut perdu d'honneur — son honneur d'écrivain français — parce que Voltaire allait re-publier ses poésies avec, Dieu sait, quels commentaires au vitriol. En bref, ces deux « amis » avaient tout compte fait, peur l'un de l'autre. Le roi de Prusse avait peur de la langue et de la plume du roi du Parnasse, et celui-ci avait peur des prisons du roi de Prusse. Toutefois, la partie était inégale, car le roi de Prusse pouvait mobiliser deux cent mille « moustaches » et presque autant de policiers.

Voltaire était bien persuadé de sa fragilité. Il tremblait de toute sa carcasse. Mais son esprit continuait sa danse légère. Il ne rendit ni la croix, ni la clef, ni le livre. Pourquoi ? Par provocation ? On ne sait. Et pourquoi Frédéric le laissa-t-il partir sans les lui réclamer ?

A Leipzig, Voltaire reçut une lettre très dure de Frédéric qui ne lui cachait pas qu'il n'avait jamais été dupe de son prétendu besoin des eaux de Plombières : « *Votre dessein était d'aller à Leipzig faire imprimer de nouvelles injures contre le genre humain.* » En langage philosophique et sensible, le « genre humain » commence à faire fortune. En l'occurrence il désigne tout bonnement Maupertuis. Pure hypocrisie pour qui sait que Frédéric s'était donné deux heures de rire aux dépens de ce Maupertuis qui, soudain, pour les besoins de sa mauvaise cause incarnait « le genre humain ». Et Frédéric ajoutait : « *Mais comme je suis admirateur de votre adresse, je voulus me donner le spectacle de vos artifices et je m'amusai de vous débiter avec gravité la nécessité de votre voyage fabuleux aux eaux de Plombières.* »

Ce ricanement méprisant pour sa mauvaise comédie dut humilier Voltaire, car entre cabotins, on ne se passe rien. « *Je ne doute pas que vous soyez rétabli, il y a apparence que les imprimeurs de cette ville* (Leipzig) *vous ont purgé d'une surabondance de fiel. J'en appelle à votre conscience, si vous en avez une.* » Il est risible de trouver ce mot sous pareille plume, Frédéric sait très bien à quoi s'en tenir sur la conscience de Voltaire et sur la sienne : ils ont la même : « *Avouez avec moi que vous étiez né pour devenir le premier ministre de César Borgia* », écrit Frédéric en prenant le ton d'un honnête homme effarouché. Il admire Voltaire avec une ironie méprisante pour sa duplicité : le poète, en effet, a déposé la lettre de menace de Maupertuis entre les mains des magistrats de Leipzig. Frédéric a beau jeu de lui demander : « *Y avez-vous aussi déposé les libelles que vous avez faits contre lui ?* » Le trait porte mais Voltaire aurait pu répliquer : « Ne m'avez-vous pas fait jurer en paroles et par écrit que je n'étais pour rien dans tout ce qui s'imprimait contre Maupertuis alors que vous saviez fort bien que j'en étais l'auteur puisque vous m'avez nommément attaqué dans votre libelle anonyme ? Vous mentiez, Sire, et vous mentez encore aujourd'hui comme je vous mentais alors et comme je continuerai à le faire. Mentons donc chacun à notre guise mais, de grâce, ne me sermonnez pas au nom du genre humain pour lequel vous avez le plus parfait mépris. »

Il serait difficile de donner à Voltaire la blancheur de l'hermine, toutes les eaux de la Sprée n'y parviendraient pas. Mais que Frédéric vienne faire le bon apôtre, ce n'est pas sérieux ; néanmoins, en bon disciple, il lui décoche ce trait : « *Jusqu'à présent vous étiez brouillé avec la Justice, mais par une adresse singulière vous trouvez moyen de vous la rendre utile. C'est ce qui s'appelle faire servir ses ennemis à ses desseins.* » Excellente formule dont Voltaire n'a pas dû faire fi, ni négliger l'allusion à ses démêlés judiciaires. Que de fiel, que de venin en peu de mots ! Quant à Frédéric, il savait très bien de quoi il parlait : « faire servir ses ennemis à ses desseins » ne lui était pas une manœuvre inconnue, c'est justement pour lui et sa tactique que fut créée l'expression : « Faire la guerre pour le roi de Prusse. »

Après cette lettre, Voltaire avait lieu de s'attendre au pire. Il expédia au-devant de lui ses caisses de livres à Hambourg. Et il prit la route de Gotha. Halte enchantée à la Cour de la princesse Dorothée de Saxe-Meiningen. Voltaire dit qu'elle avait autant d'esprit que la duchesse du Maine et plus de douceur, une meilleure table surtout, elle ne faisait point de vers. Ce qui veut dire qu'il n'avait pas à les lire, ni à les louer (après les avoir refaits). Elle le charma si bien qu'elle lui fit promettre d'écrire les *Annales de l'Empire*, une grande machine historique sur les Allemagnes depuis le temps de Charlemagne. Elle voulait l'équivalent du *Siècle de Louis XIV* pour le Saint-Empire ! Mais, bien entendu, en plus majestueux. Jamais poète ne récolta plus ennuyeux pensum. Il se mit à l'œuvre sur-le-champ et il commença à dépouiller les immenses archives de Gotha. Il tint sa promesse : les *Annales* furent composées, mais elles ne rappellent que de fort loin les brillantes réussites que furent le *Siècle* et *Charles XII*. Le cœur n'y était pas, c'est-à-dire l'esprit.

Le 25 mars 1753, il prend la route de Strasbourg en projetant de s'arrêter à Francfort. Un moment, il pensa faire un détour et demander asile à sa chère Margrave de Bayreuth. Mais il réfléchit que c'était encore se mettre sous la main de Frédéric que d'aller habiter chez sa sœur. De son côté, la Margrave craignait un peu cette visite et, en dépit de tout le plaisir qu'elle aurait eu à s'entretenir avec Voltaire, elle fut soulagée de lui voir prendre le large.

Curieuse fatalité : il évite Bayreuth pour fuir le danger et il se jette dans Francfort où le danger l'attend. Entre Gotha et Francfort, il fait halte à Cassel. Le Landgrave de Hesse et son fils sont des princes selon son cœur. Ce ne furent que louanges et égards flatteurs de part et d'autre ; opéras, ballets, tragédies. Une ombre cependant se projeta sur le paysage enchanté : celle de Pollnitz. On vint apprendre à Voltaire que le terrible Pollnitz, le confident, l'espion, l'homme de main de Frédéric, était à Cassel. Suivait-il le poète ? Une terrifiante anecdote avait circulé à Berlin. Pollnitz écoutait un jour Frédéric, Maupertuis et quelques autres se déchaîner contre Voltaire. Ils l'accusaient de tous les crimes dont le plus grave était d'empoisonner leur sommeil par ses traits envenimés. Alors Pollnitz transporté d'un beau zèle se serait écrié : « *Sire, ordonnez, je vais le poignarder au sortir de la ville.* » Disons, à la gloire de Frédéric, qu'il fut si indigné par la proposition de son sigisbée qu'il le fit mettre à la porte. N'empêche que Frédéric pouvait avoir changé d'avis et que Voltaire ne devait pas se sentir très rassuré d'être suivi par cet « ange gardien ».

Notre poète n'était pas au bout de ses surprises désagréables. N'apprit-il pas que Maupertuis venait d'être aperçu à Cassel ? C'en était trop. Ses ennemis le suivaient à la trace. N'allait-on pas l'égorger au coin d'un bois ? En vérité, Maupertuis ne venait pas armé d'un poignard mais d'un nouveau libelle. Cette consommation de médisances et de calomnies au XVIIIe siècle nous paraît aussi extravagante que celle de l'émétique et des lavements. Maupertuis venait donc faire imprimer un libelle sous le nom de La Beaumelle. La Beaumelle était, pour lors, entre les murs de la Bastille. Maupertuis sans se gêner se servait de son nom pour attaquer Voltaire. La Beaumelle n'y verrait pas d'inconvénient. Si les coups portaient, il en serait ravi. Personne ne pouvait être dupe de cette signature. Mais le public se délectait de tous ces mensonges avec tant d'avidité que leurs auteurs ne prenaient même pas la peine de les rendre vraisemblables. La tirade de Beaumarchais sur la calomnie fixe tout à fait un trait de l'époque : la calomnie était réellement payante. On se demande même si cette tirade a autant frappé les contemporains qu'elle nous frappe : elle risquait de n'être pour eux qu'une Lapalissade. Au XVIIIe siècle la calomnie était le pain quotidien de la République des Lettres.

Voltaire savait bien que La Beaumelle était embastillé. Il avait même essayé de contribuer de son mieux à cette incarcération. Sur ses conseils, Mme Denis avait couru les antichambres des ministres pour les supplier de mettre La Beaumelle à l'ombre. Celui-ci fut informé de ces attentions par un certain Sabatier qui tenait le secret d'un certain abbé qui se trouvait dans le bureau de M. d'Argenson au moment où Mme Denis représentait à ce ministre que La Beaumelle en liberté signifiait la ruine de la France. Voltaire qui savait tout, apprit la délation de Sabatier qu'il traita de « Nabotier ». En fait, ce n'est pas Voltaire qui n'avait plus beaucoup de crédit à Versailles, ni Mme Denis qui n'avait ni éloquence ni charme qui mirent La Beaumelle au cachot, c'est le duc d'Orléans. En tout cas, l'intention de l'y mettre était bien de Voltaire.

Mme Denis n'en était pas à sa première intervention contre les ennemis de son oncle. L'année précédente, elle avait demandé à M. d'Argenson de supprimer la feuille de Fréron où Voltaire était cruellement traité — l'homme plus encore que l'écrivain. D'Argenson jugea à la perfection : « *La critique est bonne, l'invective est de trop.* » Et la feuille fut supprimée pendant six mois. On dit que c'est Voltaire qui demanda son rétablissement. Tant de magnanimité paraît incroyable — on pourrait imaginer Voltaire secourant la famille de Fréron dans l'indigence, il est difficile d'admettre qu'il soit intervenu pour qu'on rende à cette vipère le moyen de mordre la *Henriade, Zaïre, Mahomet* et par surcroît M. de Voltaire. Ce n'est pas de s'être abstenu que nous le blâmerons, c'est d'avoir voulu faire croire qu'il avait fait le magnanime.

Reprenons la route. Le 30 avril 1753, il couche à Marbourg. Il en repart le matin. A quelque distance de la ville, il s'aperçoit qu'il a oublié sa tabatière d'or dans sa chambre. Collini est aussitôt dépêché à la recherche de la précieuse boîte; par bonheur, il la retrouve sur la table de nuit. Personne ne l'avait découverte. Voltaire et son équipage en font toute une affaire ; l'émoi suscité par la perte de la boîte, la joie démesurée de la retrouver, les inquiétudes, les commentaires nous font mesurer la méfiance réciproque où se tenaient les aubergistes, les voyageurs et les domestiques. La probité du bon vieux temps semble bien sujette à caution.

A huit heures du soir, ils entrèrent à Francfort. On les y attendait.

Nouvel attentat contre un poète et la liberté individuelle.

Voltaire a raconté à sa façon l'affaire de Francfort — longtemps après, en 1759, dans ses *Mémoires*. Il en fit le récit avec des sarcasmes plus amusants que tragiques : il ne voulait se venger de l'outrage que par le ridicule. D'ailleurs, quelle autre vengeance pouvait-il tirer d'un monarque tout-puissant ? Par bienséance, la colère étant tombée, son récit ne poussait pas le tableau au noir — et pourtant la réalité était très noire. Il ne voulait dans ses *Mémoires,* qu'il ne fit pas publier et dont la copie lui fut volée en 1768 par Mme Denis et par La Harpe, que faire rire l'Europe aux dépens de Freytag, le sbire de Frédéric à Francfort, « le bourreau » et de Frédéric lui-même, qui ne s'en porta pas plus mal. Les *Mémoires* ne parurent qu'en 1784. Mais Voltaire a tellement raconté dans ses lettres et ses conversations son horrible séjour à Francfort, son secrétaire Collini qui savait voir et écrire en a si bien rapporté toutes les circonstances que nous pouvons vivre presque heure par heure ces journées sinistres — et bouffonnes, puisque avec Voltaire la bouffonnerie est toujours de la partie.

Frédéric avait fait écrire par son secrétaire Fredendorff — qui détestait Voltaire — à son agent de Francfort, le nommé Freytag, qu'il voulait qu'on arrête et qu'on fouille M. de Voltaire. Il faut dire que Francfort était ville d'Empire, et que Frédéric n'avait aucun droit d'y faire arrêter qui que ce soit. Freytag devait s'emparer des insignes et décorations du chambellan déchu, de ses titres de pensions, et surtout du livre de poésies et des manuscrits. Fredendorff prévenait l'honnête et dévoué serviteur de Frédéric que S. M. attachait le plus grand prix à retrouver les poésies. On le prévenait surtout qu'il aurait affaire à forte partie, que le suspect était la malice, la fourberie incarnées et qu'il y avait lieu de prendre les précautions les plus rigoureuses pour éviter les détours, l'évasion... ou pire ! Freytag ahuri fut convaincu qu'il était chargé d'arrêter un dangereux ennemi de l'Etat coupable d'avoir volé des secrets de haute importance. Dans la crainte servile de déplaire à un maître impitoyable comme l'était Frédéric, Freytag déploya tout son zèle pour remplir sa mission. Voilà entre quelles mains le roi des poètes et l'ami du roi était tombé.

Il ne pouvait échapper : Freytag depuis plusieurs jours envoyait dans les auberges des espions qui demandaient : « *Avez-vous vu un gentilhomme français du nom de Maynvillar ?* » C'était une ruse ; il n'y a pas de Français de ce nom, mais c'était pour amener les aubergistes à répondre qu'ils en hébergeaient un autre. Et le 31 mai 1753, au *Lion d'Or* de Francfort, l'aubergiste répondit qu'il venait de recevoir M. de Voltaire qui avait retenu un bon appartement où il s'était confortablement installé avec son secrétaire M. Collini. Les voyageurs dormaient dans cette bonne auberge de cette bonne ville impériale sous la protection des aigles habsbourgeoises.

Si la victime eut un sommeil paisible, son « bourreau » dormit fort mal. Il ne savait comment s'y prendre. On lui avait dit que le suspect était capable de faire grand tapage, or, S. M. voulait qu'on l'arrêtât sans bruit. Alors ? Freytag se fit accompagner d'un agent d'exécution, un colosse, qui ne comprenait pas le français mais à qui on ne demandait que de prêter main-forte si Voltaire criait ou se démenait. Freytag était très inquiet car on l'avait prévenu que lorsque Voltaire criait on l'entendait à Londres et à Saint-Pétersbourg. Ce genre de recommandation pouvait fort bien provoquer un discret étranglement de Voltaire. Et il est certain que Freytag a pensé que c'était la solution la plus simple. Brutal, certes, il l'était mais moins bêtement que Voltaire ne le dit. Ce qui rendait le personnage inquiétant c'est qu'il ne savait au juste de quel crime Voltaire était coupable. Il sentait

Voltaire âgé de vingt-quatre ans, par Nicolas de Largillierre, 1718.
Don de Mr et Mme Massimo Uleri au Musée National de Versailles.

Voltaire âgé de quarante-deux ans,
par Maurice Quentin de La Tour, 1736. Château de Ferney.

Cliché Jean Arlaud.

La marquise du Châtelet,
par Jean-Marc Nattier. Château de Ferney.

Cliché Jean Arlaud.

Le duc de Richelieu, par Louis Tocqué.

Cliché Wildenstein and Co. Inc., New York.

Vue de Cirey. Peinture anonyme.
Genève, Institut et Musée Voltaire, Les Délices.

Cliché Jean Arlaud.

Le lever de Voltaire, par Jean Huber.
Leningrad, Musée de l'Ermitage.

Le déjeuner de Voltaire, par Jean Huber.
Leningrad, Musée de l'Ermitage.

Voltaire jouant aux échecs, par Jean Huber.
Leningrad, Musée de l'Ermitage.

Voltaire recevant des visiteurs, par Jean Huber.
Leningrad, Musée de l'Ermitage.

Voltaire plantant des arbres, par Jean Huber.
Leningrad, Musée de l'Ermitage.

Voltaire corrigeant un cheval qui rue, par Jean Huber.
Leningrad, Musée de l'Ermitage.

Voltaire montant à cheval, par Jean Huber.
Leningrad, Musée de l'Ermitage.

Voltaire en cabriolet, par Jean Huber.
Leningrad, Musée de l'Ermitage.

Voltaire dans une scène théâtrale, par Jean Huber.
Leningrad, Musée de l'Ermitage.

Voltaire et les paysans, par Jean Huber.
Cham (Zoug, Suisse), collection Naville.

Voltaire nu, par Léon-Baptiste Pigalle, 1772.
Orléans, Musée des Beaux-Arts.

Cliché Bulloz.

que le cas était bizarre et échappait à ses définitions de soudard. À neuf heures du matin Freytag et son officier se présentèrent dans la chambre de Voltaire. Après quelques politesses, il fit part à Voltaire des intentions de Sa Gracieuse Majesté Prussienne. Le poète se renversa dans son fauteuil, ferma les yeux et s'évanouit à demi.

Freytag eût sans doute préféré qu'on le chargeât d'appréhender un Mandrin plutôt que ce petit homme, maigre à faire peur, doué d'un regard qui dut lui sembler diabolique, d'une voix perçante et qui sautait, dansait, gesticulait, renversait les chaises, bref le faisait enrager tout en le déconcertant. Un être qu'on ne savait par quel bout prendre et qu'il fallait prendre à tout prix. Voltaire reprit vite ses sens et appela Collini qui ouvrit les malles, farfouilla et remit les papiers qu'il trouva. Mais Freytag n'avait pas achevé d'exposer les exigences de son roi car Voltaire lui avait faussé compagnie en perdant connaissance. Freytag prit les papiers et Voltaire s'évanouit pour la seconde fois : « *Il m'a tout l'air d'un squelette* », dit Freytag à cet endroit de son rapport. Mais le serviteur de Sa Majesté — Voltaire dit que Frédéric l'avait tiré du bagne où il poussait la brouette — était si méfiant qu'il fit tout ouvrir et fouilla lui-même. Et avec quelle minutie, puisque la fouille commencée à neuf heures du matin dura jusqu'à cinq heures après-midi ! Les nerfs de Voltaire étaient à bout. Freytag lui demanda s'il n'avait pas autre chose. Voltaire jura cent fois qu'il n'avait rien. « *Et le livre de poésies du roi ?* » lui demanda Freytag. Terrible affaire : le livre se trouvait dans les ballots que Voltaire avait envoyés à Hambourg. Freytag lui dit qu'il ne le relâcherait que lorsque ce livre serait entre ses mains. Voltaire s'évanouit pour la troisième fois. Quand il écrit le récit de cette aventure, il se moque de l'accent de Freytag. Quel amusement ce devait être de l'entendre raconter et de le voir mimer. « *C'est Monsir l'œuvre de poëhsies de mon grâcieux maître.* » Voilà ce que Freytag appelait « les joyaux de la Couronne de Brandebourg » qu'on accusait Voltaire d'avoir volés. Le « bourreau » lui signa, paraît-il, le billet suivant :

« *Monsir, sitôt le gros ballot de Leipsieck sera ici où est l'œuvre de poëhsies du roi mon maître que S. M. demande et l'œuvre de poëhsies rendu à moi vous pourrez partir où vous paraîtra bon. A Francfort 1er juin 1753. Signé : Freytag, résident du roi mon maître.* »

A quoi Voltaire ajouta de sa plume : « *Bon pour l'œuvre de poëhsies du roi mon maître.* » « *Freytag en fut très satisfait* ».

ajoute-t-il d'un ton très sarcastique. Il était au comble de l'exaspération ; il y avait de quoi. Mais le billet de Freytag a été retrouvé, il est en français correct : c'est ainsi que le poète tira vengeance de son « bourreau ». Il avait si piètre mine après cette séance de fouille que Freytag eut pitié de lui. Il s'était figuré affronter le Diable, il avait trouvé un moribond. Il lui fit envoyer le meilleur médecin de la ville. Il lui offrit du vin de sa cave, il lui proposa même de l'accompagner en promenade dans les jardins de la ville (avec un argousin aux trousses). Il était si naïf, ce pauvre Freytag, qu'il croyait que Voltaire était consolé par la seule idée de se promener avec son aimable geôlier. Le vrai, c'est que Voltaire était anéanti. Quand retrouverait-on le ballot de livres expédié à Hambourg ? Le retrouverait-on même un jour ? Jusqu'à quand allait durer cette détention ?

Freytag écrit à Berlin pour demander de nouvelles instructions. Il voudrait qu'on lui envoie un secrétaire spécialisé dans ce genre d'écrits *Poëhsies* car il n'a pas confiance dans son flair poétique et il craint d'avoir laissé échapper des écrits importants au cours de ses fouilles si lentes parce que aveugles. Pour bien souligner son esprit d'économie si prisé par « le roi mon maître », il note que Voltaire a exigé qu'on envoie un exprès à Hambourg pour récupérer le fameux ballot ; mais Freytag fait valoir qu'on a déjà dépensé trois louis en faux-frais pour cette affaire. Freytag a donc utilisé la poste ordinaire. Ah ! le bon serviteur ! Voltaire restera donc huit jours de plus aux arrêts. Le bon Freytag trouve que ces dépenses, ces démarches, ces enquêtes sont sans proportion avec la minceur des exercices de versification « du roi son maître ». Le malheureux ne savait pas que cette bonne pensée pourrait l'envoyer au bagne !

Ce qui étonne dans cette première scène, c'est que le salpêtre voltairien n'ait pas d'abord jeté feu et flammes. Cette modération ne ressemble pas à notre intrépide. Nous l'avons souvent pris en flagrant délit de colère. Il semble alors perdre tout contrôle et toute dignité. On l'a vu franchement ridicule. Perdrait-il alors le pouvoir de se juger ? Pas le moins du monde. Ses colères ont bien moins d'importance pour lui que pour les spectateurs. Comme toutes ses émotions, elles sont spectaculaires, mais elles sont également superficielles. Tout l'éclat est extérieur. La tempête ne ride que la surface. La preuve en est que la crise rapide à peine passée, il reprend son souffle, son travail et se concentre sans peine. Ses nerfs sont à vif, mais leur irritation n'altère que l'épiderme. Ce qui ne signifie pas que cette irritation ne soit pas cuisante, violente et souvent intolérable. En vérité, Voltaire ne s'électrise qu'à fleur de peau. C'est pourquoi il n'attache pas à ses colères l'importance que l'observateur plus ou moins malveillant leur donne ; il ne juge pas qu'il se déconsidère aux yeux des gens car lui sait que ces brusques décharges d'irritation n'ont d'autre importance que leur bruit et leur spectacle ; elles n'affectent ni sa méditation, ni ses desseins, ni ses amitiés, ni ses haines. Ses violentes sorties, ses sautes d'humeur n'abusent que les sots qui se laissent jouer par ces grimaces. Sa vérité est dans sa ténacité qui est immuable ; foncièrement, il est taillé dans le granit Arouet. On pourrait croire qu'au soir de cette horrible journée, il avait une excellente occasion de s'abandonner à son naturel, on pourrait l'imaginer arpentant fébrilement sa chambre, trépignant, invectivant, implorant, maudissant. Pas du tout : il resta calme. Le cas était trop sérieux pour mériter une colère. Etait-ce peur ? accablement ? calcul ? Il fut l'autre Voltaire, un des autres Voltaire, sans doute le plus profond, le plus vrai, le grand Voltaire : il travailla toute la soirée et une partie de la nuit. Il s'enfonça dans les *Annales de l'Empire* pour plaire à l'aimable Margrave de Gotha et pour être fidèle à sa passion de la discipline laborieuse. C'est sa grandeur et sa vertu : « *Le travail est le lot et l'honneur d'un mortel, je m'aperçois tous les jours qu'il est la vie de l'homme, il ramasse les forces de l'âme et rend heureux.* »

Les vrais plaisirs de cet homme qu'on dit léger sont austères. C'est Collini qui en fait la remarque avec admiration, Voltaire se souvenant de cette nuit de Francfort écrivit :

Quand sur les bords du Main deux écumeurs barbares
Epuisaient contre moi leurs lâches cruautés
Le travail occupait ma fermeté tranquille ;
Des arts qu'ils ignoraient leur antre fut l'asile.

C'était à la fois la meilleure façon de se consoler et de se venger.

Désormais, le rideau étant levé sur cette scène de Francfort, le rythme de la tragédie-bouffe va rapidement changer — le drame se joue avec l'entrain, la nervosité, l'imprévu du théâtre italien. Collini y tient son bout de rôle. Il fut un admirable soutien de son maître dans l'adversité. Cette amitié de ceux qui le servent fait l'éloge de Voltaire. Ils l'exploitent, mais ils l'aiment, et lui leur pardonne parce qu'il se sent aimé et parce qu'il aime. Dans cette affaire, une fois encore et Collini aidant, le drame perd de sa gravité non point parce qu'il n'a pas d'importance mais parce que

Voltaire flanqué de son Florentin ne « fait pas » sérieux. Dans la vie de Voltaire beaucoup d'événements n'ont pas l'air sérieux mais sa vie est bien plus profonde que les apparences. Il y a dans les grands événements pour grands personnages quelque chose de lourd, de compassé, de drapé : or, Voltaire danse, saute, et même sautille. Ce n'est pas la dignité, c'est tout le contraire, c'est la vivacité de l'intelligence même.

Comme le bruit de sa détention s'était répandu dans la ville, il reçut des visites. Il y avait bon nombre de curieux et parmi eux le libraire Van Duren, de La Haye, qui eut tout lieu de se repentir de sa curiosité. C'est ce libraire qui l'avait trompé et volé à l'époque où Voltaire faisait éditer l'*Anti-Machiavel*. Voltaire lui en avait gardé rancune. Van Duren eut donc l'outrecuidance de venir présenter à Voltaire sa détestable figure sur laquelle, le poète appliqua deux soufflets retentissants : le salpêtre s'était enflammé. La suite menaça d'être sanglante. Van Duren fit mine de vouloir broyer le petit homme entre ses grosses mains de voleur et Collini se mit à parler, parler, à parler tellement en gesticulant qu'il finit par apaiser le butor. Cela se passait dans le cercle des curieux qui avaient envahi la chambre de Voltaire et personne ne riait. Dans cette ville tout le monde était épouvantablement sérieux. Il y avait pourtant de quoi rire au spectacle de Collini démontrant à Van Duren avec un brio étourdissant que les soufflets qu'il venait de recevoir lui étaient dispensés par la main d'un si grand homme « *que c'était là une chance heureuse qui n'arrivait pas à tout le monde* ». Satisfait par cette « chance heureuse », Van Duren sortit sans autre esclandre. Il reparaîtra.

Les autres visites étaient très pacifiques. D'aimables gens de Francfort se lièrent d'amitié avec le poète. Courtois, et enjoué comme il l'était, ce fut pour lui un jeu de se créer en peu de jours un cercle amical et de bonne compagnie. Dans un cachot, il eût suscité un salon.

Ce genre de succès inquiéta vite Freytag. Si Voltaire enrôlait Francfort sous sa bannière que ferait-il lui, résident d'un souverain « étranger » et fort peu aimé, dans cette ville d'Empire ? Le soufflet de Van Duren laissait présager que l'attitude de Voltaire ne serait peut-être pas toujours celle d'un moribond. En outre, les gens de Francfort voulaient faire intervenir le Conseil de Ville en faveur de Voltaire. Ils auraient dû le faire sur l'heure puisque Frédéric avait violé les droits de la ville. Voltaire demanda à aller faire sa cour au duc de Meiningen : refus poli de Freytag.

Il demanda à changer d'hôtel : refus poli de Freytag. Voltaire éclata : « *Comment votre roi veut m'arrêter ici dans une ville impériale ? Pourquoi ne l'a-t-il pas fait dans ses Etats ?* (c'était la logique même) *Vous êtes un homme sans miséricorde, vous me donnez la mort et vous tous serez sûrement dans la disgrâce du roi.* »

Freytag ne s'inquiéta pas beaucoup d'avoir donné la mort à Voltaire, mais il s'inquiéta davantage de la menace finale. Il se demanda si son zèle ne risquait pas de se tourner contre lui. Jamais chasseur ne fut plus embarrassé de sa proie. Tout épais qu'il fût, il sentait que l'affaire n'était pas claire. Il demanda de nouvelles instructions. Voltaire de son côté écrivit à l'Empereur pour implorer sa protection dans une ville appartenant à l'Empire. Il ne demandait pas qu'on levât une armée contre la Prusse mais qu'on rappelât à Freytag qu'il outrepassait ses droits et il reprenait son refrain, il agonisait, on le tuait. « *C'est dans ce cruel état qu'un malade mourant se jette aux pieds de Votre Sacrée Majesté pour la conjurer de daigner ordonner avec la bonté et le secret qu'une telle situation me force d'implorer qu'on ne fasse rien contre les lois à mon égard dans sa ville impériale de Francfort...* » Il rappelle que la mère de l'Empereur, la duchesse de Lorraine, sœur de Philippe d'Orléans, le régent, avait eu de la bienveillance pour lui, il espère que S. M. ne sera pas insensible à ce souvenir. Dès qu'il sera libéré, grâce à l'intervention toute-puissante de S. M. I., il se rendra à Vienne pour entretenir S. M. I. de sujets concernant sa gloire et sa puissance. En clair, cela signifiait que dégagé de tout lien avec l'ingrat Frédéric, il se mettait au service de S. M. Impériale. Trahi par le roi de Prusse, il était prêt à le trahir au profit de l'Empereur. La proposition paraît stupéfiante. Mais si nous nous représentons l'état de nervosité et d'angoisse où il se trouvait, ses crises alternées de fureur et de peur qui le rendaient comme fou devant un ennemi tellement puissant et tellement dépourvu de scrupules, n'excuserons-nous pas un homme aux abois, tout en déplorant sa versatilité ?

Sa frayeur n'était pas imaginaire : un habitant de Francfort vint l'avertir qu'il avait tout à craindre. Il écrivit aussitôt, fou de peur, au Conseiller intime de S. M. I. : qu'on veuille bien l'autoriser à écrire sur sa porte « M. de Voltaire, chambellan de S. M. Impériale » et il serait sauvé. C'était une démarche insensée. Pourquoi l'Empereur lui eût-il donné ce titre ? Il l'avait eu à Versailles et à Potsdam après des années de cour grâce à des appuis tout-puissants. Au même moment, il écrit aux d'Argental sur le ton de la résignation, du détachement. Par amitié, peut-être il ne veut pas les inquiéter. « *Mon cher Ange, il faut savoir souffrir, l'homme est né en partie pour cela.* » Pourquoi ne demande-t-il pas d'aide à Versailles ? Craint-il de se voir mal reçu ? Il n'a pas tort ; on n'a pas oublié ses incartades, son départ, ses comparaisons désobligeantes, ses éloges outrés de Potsdam où l'on devinait encore plus de sarcasme pour Versailles que d'éloges pour Frédéric.

Mais un secours — tout moral — lui arrive en la personne de sa nièce, Mme Denis. Elle était au courant de tout, elle avait agi de son mieux auprès de Lord Keith ministre de Prusse à Paris pour faire libérer son oncle. Lord Keith était Mylord-Marschal, un ami de Voltaire à Sans-Souci que Mme Denis avait reçu à Paris et présenté à sa société. On pouvait, croyait-on, compter sur son appui. Il se trouva que le lord était grand ami de Voltaire quand Voltaire était l'ami de Frédéric — et que son amitié s'évanouit aussi rapidement que le crédit du poète. Il avait assez d'esprit pour admirer celui de Voltaire et pour tenir sa partie dans les soupers, mais c'étaient là des jeux. Il n'était pas homme à hasarder un atome de son crédit pour sauver un homme discrédité. En outre, Lord Keith était devenu « sensible », il était rousseauiste, il était donc plein de sentiments et chacun sait que si « la sensibilité philosophique » larmoie généreusement c'est la seule forme de générosité qu'elle pratique. Il ne cacha pas à Mme Denis que si elle voulait voir son illustre oncle en liberté, il fallait commencer par rendre au roi de Prusse ce qu'il réclamait. Ce début est irréprochable. Mais la suite de sa lettre à Mme Denis est cynique et en outre, fort inquiétante dans ses sous-entendus. Il dit que Voltaire doit tout rendre et ainsi « *il évitera le blâme de tout le monde* ». Et en homme très positif, il ajoute : « *Il le doit dans son intérêt : les rois ont le bras long.* » C'est clair, et Voltaire était en passe de mesurer la longueur du bras royal et peut-être celle d'une corde de gibet. Dans le cas où Voltaire s'entêterait, le lord fait remarquer que Voltaire s'est fermé tous les pays — sauf la France où il peut vivre en s'y tenant coi et il ajoute pour être plaisant : « *Il est trop vieux pour aller en Chine et s'y faire mandarin.* » Il avertit que, dans le cas où Voltaire rentrerait en France et lâcherait des épigrammes contre « le roi mon maître » il suffirait à Milord de dire un mot à Versailles pour faire exiler le poète rancunier. Voilà l'ami ! Ce n'est pas tout, cet ami est lettré et sensible et il le montre en terminant par ce conte que nous devons lire pour comprendre que Voltaire ne tremblait pas pour des chimères. Les prophéties de Lord Keith étaient transparentes et sinistres.

« *Quand la discorde se mit parmi les Espagnols conquérants du Pérou, il y avait à Cusco, une dame (je voudrais que ce fût plutôt un poète pour mon histoire) qui se déchaînait contre Pizarro. Un certain Caravajal, partisan de Pizarro et ami de la dame vint lui conseiller de modérer ses discours. Elle se déchaîna encore plus. Caravajal après avoir tâché inutilement de l'apaiser, lui dit : « Ma commère, je vois que pour faire taire une femme, il faut lui serrer le gosier.* » *Et il la fit dans le même instant pendre au balcon.* »

Voilà le conte. Dans le cas où Mme Denis eût trop bien saisi que le poète séquestré à Francfort pourrait bien jouer le rôle de la commère, et Freytag — ou bien Lord Keith — celui de Caravajal, le lord ajoute cette hypocrite précaution verbale : « *Le roi, mon maître, n'a jamais fait de ces méchancetés, je défie ses ennemis d'en dire une seule.* » Oui, mais ses bons serviteurs semblent bien avoir pensé à en faire à sa place sur un signe du « roi, mon maître ». La menace vient, brutale : « *Mais si quelque grand et fort « preisser », offensé des discours de votre oncle lui donnait un coup de poing sur la tête, il l'écraserait.* » Et ce serait un pur hasard, un accident de voyage, et le roi n'y serait pour rien, pas plus que son « sensible » conseiller. « *Je me flatte que quand vous aurez pensé à ce que je vous écris vous serez convaincue. Empêchez votre oncle de faire des folies, il les fait aussi bien que les vers.* »

Tout y est même la gracieuseté finale, venimeuse, mais bien servie.

Cette lettre fait passer sur l'affaire de Francfort, un air glacé et funeste — celui qui circule dans les sombres couloirs des prisons où certains prisonniers meurent subitement. Cette lettre de Milord Maréchal est accablante pour Frédéric. Le soupçon qu'il fait peser sur le roi son maître est abominable. Et en définitive, il n'est pas certain que Frédéric ait jamais eu de si horribles desseins, la seule certitude c'est que Lord Keith les a eus, et les a exprimés — il n'est pas certain qu'il les eût exécutés, encore que... mais sa lettre nous permet de croire qu'il en eût accepté l'exécution sans indignation. Voilà les découvertes que l'on fait sous la plume d'un vertueux disciple de Jean-Jacques. Ce néophyte du sentiment, se conduit comme un familier des Borgia.

Lord Keith, en outre, recommandait à Mme Denis de ne pas montrer sa lettre à Voltaire (c'était, en effet, prudent) mais de lui prêcher les idées qu'elle contenait comme venant d'elle-même. Après cette lecture effrayante, après un voyage harassant, Mme Denis arriva à Francfort aussi malade que son oncle. Ils suffoquèrent de douleur en se retrouvant.

Quand ils eurent épuisé les embrassades et les pleurs, il leur fallut penser aux choses pratiques. Le pire venait de la perte du contrat que Frédéric avait signé pour s'attacher Voltaire. Mme Denis croyait qu'elle l'avait en France. Mais où ? Qui pourrait le retrouver ? Quand ? Voltaire se décida à dicter une renonciation formelle et absolue à tous ses droits sur toutes charges et pensions à la Cour de Prusse. C'est Mme Denis qui écrivait, Voltaire dictait. On offrait tout : papiers, poésies, bagages, renonciations, soumissions. Elle ajoutait que l'oncle se mourait et ne désirait que rentrer en France pour rendre le dernier soupir. « *Tant de bonne foi désarmera V. M.* » Elle rappelait l'amitié ancienne, les serments, les promesses... Elle aurait pu rappeler à Frédéric la lettre qu'il écrivait en 1750, quand il voulait séduire « Danaé » : « *Quel esclavage, quel malheur, quel changement, quelle inconstance de fortune pouvez-vous craindre dans un pays où l'on vous estime autant que dans votre pays et chez un ami qui a un cœur reconnaissant* (hélas ! les cœurs varient !) *Quoi ! parce que vous vous retirez dans ma maison, il sera dit que ma maison sera une prison pour vous ? Quoi ? parce que je suis votre ami, je deviendrais votre tyran ! Je vous avoue que je n'entends pas cette logique-là...* »

On écrit à Versailles, au ministre ami, M. d'Argenson. Le procédé change. C'est Collini qui tient la plume. Mme Denis dicte. Elle n'a plus la force d'écrire : on l'a saignée deux fois, dit-elle. Voltaire est sans voix et sans plume. Il fait le mort. Il mène le jeu. On dramatise un peu, c'est assez le genre de la maison, il faut en convenir. Une lueur d'espoir ! Le 18 juin 1753, le ballot de Hambourg arrive avec « *l'œuvre de Poëhsies du roi mon maître* ». Voltaire ressuscite : c'est la fin de ses malheurs.

Freytag le tue pour la deuxième fois : on n'ouvrira pas le ballot tant qu'on n'aura pas reçu de nouvelles instructions du « roi, mon maître ». Et Berlin se fait attendre. Freytag qui ne sait comment contenir les impatiences de son prisonnier relance Fredendorff qui fait de son mieux pour envenimer les choses et qui lui répond : « *Vous n'avez pas à tenir compte de ce que l'impatience de M. de V. peut lui faire dire, vous avez à continuer comme vous avez commencé...* » Mais Freytag, justement, ne sait pas comment continuer. Il avait promis la liberté à son prisonnier contre remise des « poëhsies ». Les voici ! Voltaire exige donc sa liberté. On l'oblige à rester encore. Il s'emporte. Qui ne s'emporterait à sa place ? Ce calme où il s'était tenu, jusqu'alors, malgré sa nature emportée, ce calme est rompu. Ce sont cris, trépignements, portes maltraitées, crises de nerfs. Freytag ne sait plus comment faire entendre raison à un homme privé de raison. Il lui écrit, le flatte, le félicite de sa résignation qu'il le prie de faire durer jusqu'au prochain courrier de Berlin. Quoi ? Attendre ? Attendre encore ? C'est un piège. Avec cette impétuosité d'imagination qui le caractérise, Voltaire se persuade qu'on attend un étrangleur de Berlin. Pour peu que Mme Denis lui ait servi le conte de Milord Maréchal, on devine quel doit être son état d'esprit. Mme Denis écrit à Berlin, à cet abbé de Prades que Voltaire a fait placer auprès de Frédéric. Celui-ci se souviendra peut-être des bienfaits passés ! Elle termine ainsi sa lettre : « *Je ne me doutais pas, il y a trois ans, que ce serait le roi de Prusse qui causerait sa mort. Pardonnez à ma douleur.* » Jamais homme ne fut plus souvent « tué » en paroles, par écrit, en pensée — ni plus vainement. Ne doutons pas qu'assez souvent, l'intention de ceux qui souhaitaient sa mort, fût sincère.

Le drame était sans issue. Voltaire en trouva une ; c'était un dénouement de comédie. Il décida de s'évader. Rien ne semblait aussi peu indiqué. Et pourtant l'affaire faillit réussir. Collini loua une voiture de poste, Voltaire s'habilla de velours noir, et se glissa dans la voiture qu'on avait placée devant un autre hôtel. Fouette cocher ! Ils réussirent à franchir les portes. Ils se crurent sauvés. Ils n'emportaient que quelques papiers précieux et une cassette pleine d'argent. Mme Denis et les gros bagages avaient été laissés en otages. Un espion vint une demi-heure après signaler leur fuite à Freytag. Le malheureux pensa devenir fou de terreur : il crut qu'en perdant son prisonnier, il perdait sa place et peut-être la vie. Il lança des estafettes sur toutes les routes, il s'adjoignit un conseiller aulique, qui n'était pas tendre, M. Schmidt, et il demanda un ordre d'arrestation au bourgmestre. Celui-ci refusa d'abord, il était sujet de l'Empereur. Il finit par céder. L'Autriche déjà courbait la tête ; on rattrapa les fugitifs à temps, ils allaient quitter le territoire de Francfort et passer sur celui de Mayence. Il y avait eu dans cette affaire, la chiquenaude du destin, un détail comme il s'en trouve dans *Zadig* ou dans *Candide* : Voltaire avait perdu son carnet en traversant la ville et il retourna pour le chercher : il avait ainsi perdu quatre minutes. Ces quatre minutes le livrèrent à son geôlier.

Freytag ne goûta pas sur-le-champ tout le fruit de sa victoire. Il fut d'abord abasourdi et atterré par ce que lui dirent les deux fugitifs : il se trouva devant eux en position d'accusé et même de coupable. Collini et Voltaire s'entendant à merveille accusèrent publiquement Freytag d'avoir accepté mille thalers pour les laisser fuir. Voltaire lançait les accusations, Collini avec une effronterie confondante les appuyait de preuves. Jamais l'honnête Freytag n'avait vu un secrétaire mentir avec une telle perfection. L'art du secrétaire égalait celui du maître. Et ce maître était Voltaire.

On les ramena à l'hôtel ; pendant que Freytag se démenait pour obtenir l'ordre d'arrestation, Voltaire en profita pour brûler des papiers. Freytag voulut s'y opposer et pour mieux surveiller son prisonnier, il décida de l'emmener chez lui en attendant d'être autorisé à le mettre au cachot. Voltaire refusa, il demanda qu'on l'arrêtât dans les formes, afin que la chose fût connue partout et qu'il pût s'évader comme c'était le droit de tout prisonnier arbitrairement détenu. Freytag était affolé par ces discours. Il fit enfermer Voltaire dans le carrosse qui fut cerné de sentinelles et pour plus de sûreté, il s'assit à côté de son détenu. Toute la ville défila devant le carrosse et Voltaire eut l'étrange satisfaction de montrer au peuple que le Résident du roi de Prusse était aussi prisonnier que le prisonnier qu'il gardait. Cela n'accrut pas le prestige de Freytag, ni celui « du roi, son maître ». Mais en fin de compte, Freytag était le plus fort et n'en était pas peu fier.

Le résultat de tant de tracasseries fut que le maître du *Lion d'Or* refusa d'héberger plus longtemps un hôte aussi encombrant que Voltaire. En désespoir de cause, on le conduisit chez le conseiller Schmidt. Autre personnage et changement de décor.

M. Schmidt avait déjà eu maille à partir avec Mme Denis. Elle défendait son oncle comme une tigresse et le terrible Prussien ne lui fit pas peur. Elle lui répondit avec une hardiesse que celui-ci ne lui pardonna pas et comme elle se répandait dans les salons de la ville pour prêcher la croisade contre les Prussiens, Schmidt la fit arrêter ainsi que Collini. Freytag écrit à Berlin sans se troubler, qu'on a arrêté Mme Denis « *parce qu'elle risquait de gâter notre affaire* ». Celui-ci n'était pas vraiment enfant de Machiavel. On réunit les trois démons et on les enferma dans une auberge assez infecte *A l'Enseigne de la Corne de Bouc*.

Au cours des interminables palabres, des allées et venues, des déménagements, Voltaire trouve l'occasion de jouer une sorte de sketch tenant de la farce et du ballet. La scène est la grand-salle de la maison Schmidt, conseiller aulique. Mme Schmidt, une grande, grosse, rougeaude prussienne, ses servantes, plusieurs voisines, des valets et des cochers sont présents. Cela fait une belle figuration. Mme Schmidt connaissait Voltaire comme conspirateur, espion, criminel d'Etat... voyant ce petit homme chétif, elle le toise du haut de sa grandeur et de son quintal de saindoux, c'est tout juste si elle ne l'insulte pas. Freytag montre ses prisonniers, fait valoir le mérite qu'il a eu à les rattraper, et montre également le butin. D'abord l'argent. Ils volent à Voltaire et se partagent devant lui l'argent de la cassette — puis ils lui font les poches, puis c'est le tour de ses bijoux. Il supplia qu'on lui laissât sa tabatière ou tout au moins le tabac qu'elle contenait et qui était un remède pour lui. Ils furent sans pitié, ils gardèrent même le tabac. Collini voulut protester, on le menaça du cachot. Voltaire sentait sa raison vaciller dans l'horreur de la promiscuité de ces gros imbéciles prêts à devenir cruels, lâches, ignares, esclaves d'un tyran — tout ce qu'il détestait. Il aperçut une porte entrebâillée. Et aussitôt, le petit homme à demi-mort, comme un lézard engourdi soudain réchauffé file comme un éclair, le petit homme se détendit, bondit et disparut par la fente de la porte. Ce ne furent que cris, confusion, bousculade. La grosse Schmidt fut la plus prompte, elle lança sa masse de chair à la suite du petit lézard ; elle roulait, elle tanguait suivie de ses servantes et, en trois enjambées colossales, elle fut sur le fugitif. Pauvre Voltaire ! il avait fui dans une cour sans issue. Le voilà cerné, le voilà pris. Les mégères s'approchaient, elles allaient mettre la main sur lui, alors, se dressant sur ses maigres ergots, de l'air le plus hautain, jouant à la perfection cette farce improvisée au milieu d'un drame, le père de *Mérope* dit, méprisant :

— *Ne puis-je donc pourvoir aux besoins de la nature ?*

Et il se tourna vers le mur qu'il fit mine d'arroser.

Hélas ! ses persécuteurs ne le quittèrent point, ils firent un cercle à distance — à peine respectueuse. Il se pencha alors, appuya sa tête contre le mur en proie à des douleurs effrayantes. Collini inquiet s'approcha de son bon maître. Il lui vit les yeux pleins de larmes que lui arrachaient, non pas l'horreur de sa situation, mais les efforts qu'il faisait pour provoquer un vomissement en s'enfonçant les doigts dans la bouche et Collini angoissé demanda : « *Vous vous trouvez donc mal...* » Et son bon maître murmura dans la langue de Scapin : « *Fingo, fingo !* » (Je fais semblant ! Je fais semblant !) Le numéro avait été si bien joué que le Florentin lui-même s'y était laissé prendre.

Tant d'art ne fut pas récompensé, on le ramena dans la salle du conseiller Schmidt, qui s'écria : « *Malheureux, vous serez traité sans pitié et sans ménagements.* »

Et là-dessus entra M. Dorn. Il ne tint que le second rôle, mais il fut le plus odieux. Il était notaire. Voltaire rapporte qu'il avait été cassé, comme il dit que Freytag avait été au bagne, rien ne le prouve. Pourquoi ajouter ces mensonges à une réalité déjà noire ? Ces mensonges le soulagent gratuitement de sa haine. Ce Dorn, écoutant le récit de la fuite, s'écria : « *Si je l'avais attrapé en route, je lui aurais brûlé la cervelle.* » C'était tout à fait le personnage rêvé par Lord Keith ! Par bonheur, on l'avait envoyé chercher Voltaire dans la mauvaise direction. Freytag lui-même a dit que s'il avait rejoint Voltaire au delà du territoire, il lui aurait logé une balle dans la tête plutôt que de rentrer bredouille devant « le roi, mon maître » : « *C'est à ce degré que j'avais à cœur les lettres et écritures royales* », dit-il. Frédéric était bien servi. Et il s'en fallut de peu que le Salomon du Nord n'eût le meurtre de sa *Danaé* sur ce qu'il appelait « la conscience ».

On délivra à Voltaire les reçus de ce qui lui avait été volé et c'est le notaire Dorn — qu'est-ce qu'un notaire vient faire ici ? — qui fut chargé d'incarcérer les prisonniers à la *Corne de Bouc.* Ils eurent chacun trois sentinelles, baïonnettes au canon, à leur porte. Freytag jure que Voltaire ment : « *Il n'y en avait que deux !* » s'écrie-t-il indigné. Collini eut beau hurler qu'il était étranger à cette affaire, qu'il était sujet de l'Empereur, on l'enferma sans douceur : « *Dussé-je vivre des siècles, jamais je n'oublierai ces atrocités* », note-t-il.

Mme Denis n'avait pas assisté à la dernière scène, elle était gardée au *Lion d'Or.* Mais pour plus de commodité dans la surveillance elle fut transférée à la *Corne de Bouc* par les soins de Dorn. Il s'y prit très habilement. Il offrit son bras à Mme Denis pour la conduire à la chambre de son oncle. Rassurée par le bon procédé, elle le suivit jusqu'à la porte du *Lion d'Or* où trois soldats se saisirent d'elle et l'entraînèrent à la *Corne de Bouc.* La malheureuse gavée jusqu'alors de toutes les douceurs du luxe crut sa dernière heure venue dans un galetas où elle trouva un mauvais lit et « *où,* dit Voltaire, *quatre soldats baïonnette au bout du fusil lui tinrent lieu de rideaux et de femme de chambre* ». Devant elle, Dorn se fit apporter un souper et arrosa copieusement ses victuailles. Voltaire pour parfaire l'aventure ajoute que Dorn, échauffé par son festin voulut violer sa nièce, mais qu'effrayé par les cris qu'elle poussa, il renonça à « *son criminel dessein* »

N'en croyons rien. Voltaire aurait mieux fait de renoncer à cet embellissement. Mais il fait partie du scénario. Comment l'eût-il négligé ?

Enfin la réponse de Frédéric arriva. Il remerciait Freytag de son zèle mais il l'enjoignait de rendre la liberté à Voltaire. Sous condition : il fallait que Voltaire signât l'engagement de ne garder aucune copie des écrits de S.M. sous peine de se reconnaître prisonnier de S.M. dans quelque pays que ce soit. C'était une extravagance de plus dans cette brouillerie qui est elle-même une folie. Les remerciements à l'adresse de Freytag n'étaient pas chaleureux et il est à croire que si lui ou Dorn eussent cassé la tête de Voltaire, la leur n'eût pas été très solide sur leurs épaules. Ce qui est curieux, c'est que Frédéric n'exige pas le livre de *Poëhsies* immédiatement. Il se satisfait d'une promesse de restitution. Alors pourquoi cette arrestation, cette séquestration, ces vols, ces sévices ? Il semble que Fredendorff ait fait du zèle. La preuve c'est que lorsque l'affaire alla plus loin qu'il ne s'y attendait, il ne voulut plus s'en mêler et laissa Freytag sans instructions. Celui-ci ne voulant pas être au-dessous de ce qu'on attendait, se mit un peu au-dessus. Frédéric très semblable en cela à sa victime n'avait donné que des ordres verbaux, trop rapides, sur un mouvement d'humeur. Il aurait dû suivre de plus près cette affaire. Quand, à la fin juin, il se préoccupa de savoir ce qu'était devenu Voltaire, l'humeur était passée et il fut étonné d'apprendre que son Virgile Moderne était toujours interné à Francfort. Il est, bien entendu, à l'origine de cette lamentable aventure, mais ceux qui ont interprété ses ordres sont pires que lui, et le plus méprisable est Lord Keith.

Cependant Voltaire n'en avait pas fini avec ses bourreaux. Ils voulurent lui faire payer sa liberté. Freytag lui apporta la note des frais de son hébergement : on lui fit payer sa prison. La note était conçue de telle sorte que tout ce que possédait Voltaire comme argent liquide y passait. Il faut dire que Freytag s'était bien gardé d'informer Voltaire que le roi lui avait rendu la liberté. C'est ce qui explique la lettre d'une humilité pénible et dégradante que Voltaire écrivit à Freytag dont il se croyait toujours le prisonnier. La fin de la captivité fut un marchandage sordide. Dorn faisait aux prisonniers des visites : il faisait l'aimable, cela aurait dû les rendre méfiants. Un jour, Voltaire lui glissa un louis : Dorn devint obséquieux, on lui en glissa deux, il fut plus servile que les valets d'écurie.

Mais le 25 juin 1753, Freytag reçut une lettre signée de Frédéric lui donnant l'ordre d'en finir et de laisser Voltaire regagner Plombières immédiatement. Freytag avait écrit au roi peu de jours plus tôt, il dit qu'il attendait une réponse à cette lettre avant d'obéir à celle du 25 juin. Et il attendit.

En ville, on murmurait contre les abus de pouvoir de Freytag. Ces rumeurs parvenaient jusqu'à Voltaire qui envoya un rapport à Berlin par l'intermédiaire du bourgmestre. Freytag eut peur. Déjà, il se disculpait. Il enleva les factionnaires, il rendit les bagages. Voltaire sentit que le vent tournait. Freytag et Schmidt lui demandèrent d'être reçus : il refusa. Ils avaient si mauvaise conscience qu'ils lui rendirent son épée. Ils offrirent de lui rendre son argent — défalcation faite des fameux frais de séjour forcé. Il refusa le compte de ces larrons : il exigea tout son argent. On lui envoya Dorn, le notaire ; mielleux, il présentait le reliquat de l'argent d'une main et une quittance de l'autre. Voltaire à la vue de cet odieux personnage réagit comme à la vue de Van Duren : il se jeta sur lui, un pistolet à la main, l'arma et s'apprêta à tuer le vilain. Collini parvint à désarmer son maître, à l'entraîner et à l'enfermer comme un forcené dans la chambre voisine. Voltaire raconte autrement la scène. Il dit que Dorn n'avait fait que semblant de rapporter l'argent volé dans ses poches et dans celles de Collini, quant au pistolet, il était, à l'en croire, hors d'usage et ne contenait ni poudre, ni balles.

Dorn répandit urbi et orbi le bruit de la tentative d'assassinat dont il avait failli être victime. Pour se dédommager, il commença par garder ce dont Voltaire avait été dépouillé : ses papiers précieux, ses bagues, un sac de carolins d'or, un sac de louis d'or, une paire de ciseaux d'or, et ses boucles de souliers en diamants. Si la tentative d'assassinat était réelle, le vol l'était aussi.

Collini raconte que Dorn, en s'enfuyant devant le pistolet de Voltaire avait manqué se rompre les os dans l'escalier et il félicite le notaire de sa prudence car il avait couru le risque d'avoir la tête cassée par l'arme de Voltaire.

Cette frousse si justifiée, Dorn la fit payer cher à Voltaire. Il déposa une plainte et Freytag envoya le 6 juillet 1753 un rapport au roi où l'on pouvait lire — en souriant ou en s'indignant — que le sieur de Voltaire ayant laissé « quelque argent » en dépôt chez Freytag et le conseiller Schmidt, il semblait juste que cet argent servît à indemniser la femme et la fille de Dorn qui étaient alitées et fort malades de l'émotion ressentie en apprenant que leur époux et père avait failli périr de la main de Voltaire. Encore des cœurs sensibles ! Il faut reconnaître que Frédéric n'accorda pas la moindre attention à la femme et à la fille commotionnées.

En date du 2 juillet, Frédéric avait renouvelé l'ordre de libérer Voltaire. Frédéric ne faisait même pas allusion à la tentative d'évasion de Voltaire : elle avait dû lui paraître risible. Ce niais de Freytag proclamait partout qu'il apportait le plus grand zèle à libérer ses prisonniers. Double sottise : c'était dire qu'ils n'étaient pas encore libérés, comme ils auraient dû l'être et c'était proclamer qu'ils avaient été emprisonnés comme ils n'auraient pas dû l'être. Frédéric ne tenait absolument pas à ce genre de publicité.

Enfin le 9 juillet un ordre bref répond à tous les rapports de Freytag : « *Vous devez avoir reçu les ordres de le laisser aller où il voudra ainsi que sa nièce.* » Ce qui signifie : « Je suis excédé de votre Voltaire et de vos rapports assommants. »

Freytag le sent bien, s'inquiète et Fredendorff le rassure. Que Voltaire soit encore sous clé, peu importe ; s'il crie, laissez-le crier ; s'il fait état de son titre de gentilhomme de la Chambre proposez-lui de l'envoyer à Versailles : c'est la Bastille qui l'attend ; s'il menace de se plaindre à Berlin, rassurez-vous, les calomnies de Voltaire ne vous atteindront pas. On voit que Frédéric n'est pas le plus coupable. Il écrit même à Freytag de rendre à Voltaire tout son argent, ses effets, ses bagages et ses papiers. Malheureusement, quand cette lettre arrive, Voltaire est déjà parti : il n'emporte que ce qu'il a sur le dos. Tel est le bilan de son séjour en Prusse. Il y en a un autre.

Bilan d'une mauvaise affaire.

L'arrestation de Francfort eut sur le caractère de Voltaire un retentissement profond. Il était sorti de sa jeunesse sous les coups de bâton de Rohan, il entra dans la vieillesse sous les sévices de Freytag et des argousins prussiens. La gravité de l'affaire réside dans l'arrestation arbitraire d'un homme libre, dans un territoire libre par les agents d'un gouvernement étranger. Pour le reste, c'est tout à fait différent : c'est une querelle de gens de lettres, susceptibles et irritables, vindicatifs en diable, dont l'un, bien malheureusement pour l'autre, est roi de Prusse ! Ce dernier a faussé le petit jeu des libelles, des épigrammes, des mots rosses, monnaie courante des calomnies verbales ou imprimées : il a brandi le glaive ! Et contre un poète, et contre un ami ! Ce « Salomon » s'est conduit comme Picrochole. Il n'est pas sans excuse : il a dû subir Maupertuis et Voltaire, puis Voltaire sans Maupertuis, puis Voltaire et son Juif, puis Voltaire et La Beaumelle, ensuite Voltaire et ses chandelles, et son thé mariné, et ses coliques, enfin et toujours Voltaire... et Voltaire... Il n'en faut pas douter Voltaire était pour ce roi, royalement insupportable.

Alors pourquoi le supportait-il ? Pourquoi avoir essayé de le garder même à la dernière minute ? Mais parce qu'il ne pouvait pas se passer de Voltaire, parce que Voltaire était pour lui, à la lettre, fascinant. Leur amitié n'est pas ordinaire. Frédéric est d'une lucidité impitoyable, il sait aussi bien que Voltaire de quoi est fait ce lien bizarre, noueux, complexe qui les tient si proches l'un de l'autre ; c'est un entrelacs de sentiments et d'intérêts, de sentiments cérébraux si l'on peut dire, de sentiments proches du ressentiment, d'intrigues, d'humeurs changeantes comme les reflets d'une soie trop richement tissée, bref, comme les caprices de nos deux amis. Ils sont l'un et l'autre intelligents et susceptibles à l'extrême, doués d'antennes subtiles pour capter tous les soupçons, tous les messages de l'esprit en fermentation — et assez imaginatifs pour les inventer au besoin, en faire des intrigues et parfois des chefs-d'œuvre.

Dans l'aventure de Francfort qui est, au fond, une liquidation, il y a de tout mais il n'y a de grand que le scandale. Et, en réalité, il n'y eut scandale que pour Voltaire. Pour Frédéric, ce ne fut qu'une brouille, il avait voulu donner une leçon à l'impertinent poète, Voltaire voulut en faire une affaire d'Etat. Avait-il tort ? Il a été séquestré, dépouillé et menacé d'avoir le gosier serré s'il criait trop. Les grosses pattes des sbires de Frédéric en s'abattant sur lui l'ont marqué pour la vie. Il a senti que lui, Voltaire, dont toute l'Europe éclairée attendait des oracles, qui était célèbre depuis trente ans, qui n'était pas une vedette passagère, mais qui incarnait la civilisation d'un siècle et des nations les plus riches et les plus avancées du monde, lui, Voltaire, ne pesait pas plus lourd qu'un faquin entre les mains des agents du roi de Prusse. Il eut la révélation brutale, et en quelque sorte charnelle, qu'aucune loi ne le protégeait. Que pesaient donc, dans ces conditions, la personne, les biens, la vie d'un homme du commun ? En face d'un agent très subalterne du roi de Prusse, il s'était soudain senti d'une effroyable fragilité, même plus un individu : une chose. Plus encore qu'un attentat contre M. de Voltaire, cet attentat de Francfort lui parut un crime contre l'Humanité.

Voilà ce qu'il rapporta de son séjour en Prusse : une féroce amertume et une humiliation inoubliable. C'était lourd.

Frédéric avait fait une meilleure affaire. Voltaire ne lui avait pas coûté trop cher ; comme agent de publicité il n'aurait pu trouver mieux, ni à meilleur compte. Il sut le payer de ces « *hochets* », de ces « *brimborions* » qu'il se fit rendre et de flatteries qu'il oublia. La vanité de Voltaire fit tous les frais de l'association. Voltaire mettait Frédéric toujours plus haut pour se hausser lui-même — il l'exaltait souvent en rabaissant les autres rois et notamment le sien. Louis XV aurait eu beau jeu de répondre à Voltaire séquestré, par une de ces répliques dont il n'était pas incapable : « Adressez-vous donc à ce « *Roi votre nouveau maître* », à celui que vous avez fait appeler dans toute l'Europe : *Caton, Salomon du Nord, Roi-philosophe, Modèle des Monarques,* adressez-vous donc à lui pour trouver cette Justice que vous aviez découverte à Berlin et qui n'était pas dans votre patrie. »

Mais ces années perdues à courtiser, à souper, à s'humilier comme à plaisir et à être humilié par force, ne seront pas pour Voltaire des années perdues, car il ne perd jamais son temps. Francfort a donné le dernier coup de pouce à sa statue. Le Vieux roi Voltaire va paraître. Il va fuir les Cours et même les villes. La solitude et le travail seront son pain quotidien. Ainsi, M. de Voltaire quitta Francfort fort abattu, mais le philosophe en sortit exalté et durci.

En France, on lui apprend que tout le monde a pris son parti dans cette affaire. Est-ce bien certain ? Même l'honnête Milord Maréchal Keith s'emploie de son mieux à démentir ce que la calomnie répand sur une prétendue arrestation de Voltaire à Francfort et une prétendue brouille entre « le roi mon maître » et M. de Voltaire. Voltaire a quitté Frédéric de son plein gré, ne connaît-on pas ses caprices ? Ce Lord Keith devrait s'appeler Milord Loyal. De même le « loyal » Fredendorff veut persuader Mme Denis que personne au monde n'aime autant Voltaire que lui et que personne n'a tant fait pour le servir, que tout ce qui est arrivé n'est arrivé que sur l'ordre formel du roi. Admirable ! Nous avons les lettres des uns et des autres, quel concert de mensonges ! Tout le monde ment à tout le monde, c'est la seule vérité de cette cuisine de sorcière. En somme, personne n'avait arrêté Voltaire, Frédéric l'aime ainsi qu'aux plus beaux jours, et miracle ! Freytag sortait de là innocent, doux et plaintif. Le pauvre homme !

Mme Denis se sentait prise de vertige : il lui arrivait bien de mentir aussi, mais comme une petite fille auprès de ces virtuoses de la duplicité. Elle était rentrée bouleversée de son équipée à Francfort et elle trouva du réconfort auprès du public qui fut, dit-on, outré de voir la lâcheté et le mensonge falsifier les faits. Et, encore endolorie, elle se laissait consoler par les Parisiens qui chaleureusement prenaient la défense de Voltaire. On dit que les grands chagrins peuvent parfois inspirer à de grandes sottes de bonnes pensées, Mme Denis eut celle-ci adressée à son oncle : « *Nous ferons bien de nous taire, le public parle assez.* »

Ils suivirent ce conseil et firent bien.

Frédéric avait l'âme moins sereine. Il écrivit à sa sœur de Bayreuth et plus tard à Milord Loyal ses regrets d'une affaire brutale et, au demeurant, inutile. Si on osait employer ce mot pour parler des sentiments d'un Frédéric II, on dirait : il se repentait.

S'il s'est repenti, il a bien fait. Ni sa gloire certaine, ni sa grandeur certaine ne remplaceront tout à fait dans la vie desséchée de Frédéric la présence et l'amitié de Voltaire. Il était l'homme qui se vantait de comprendre Voltaire mieux que quiconque. Et Voltaire pouvait dire que son plus fidèle, son plus fraternel disciple était le roi le plus brillant du siècle. Frédéric garda toute sa vie la nostalgie des soupers de Sans-Souci, ces débauches de l'intelligence. Et Voltaire, tout en ruminant sa rancune, n'oublia jamais ce roi qui, un soir, dans un transport d'admiration après une éblouissante saillie de Voltaire, se leva de table et lui baisa la main. Il y avait eu, et il y eut toujours entre eux une compréhension secrète, une sorte d'aimantation de l'intelligence qui les attirait et les liait, avec toutes les jalousies, les partialités, les susceptibilités de n'importe quelle fraternité, qu'elle soit du sang ou de l'esprit.

La Patrie — presque — retrouvée.

Partis le 6 juillet 1753 de Francfort, Voltaire et Mme Denis arrivèrent le 7 à Mayence. Ce fut une sorte de petit triomphe. Toute la Rhénanie s'était mise en fête pour leur faire oublier les injures reçues à Francfort. Telle était la bonne Allemagne chère au cœur de Voltaire. Il se laissa consoler, il embrassa beaucoup, il ne lui en fallait pas davantage pour rebondir : le voilà gai, débordant de tendres compliments pour tout le monde, pétillant et rieur. Dans ce havre de grâce, il passa trois semaines à sécher, dit-il, « *ses habits mouillés par le naufrage* ». Et il travaille ! Les *Annales de l'Empire* sont très avancées et il écrit à sa chère duchesse : « *Ce n'est pas qu'il n'y ait ici de belles messes, mais il n'y a pas de duchesse de Gotha.* » Le 28 juillet, il est en route pour Mannheim. Il couche dans une auberge à Worms et s'amuse à se faire passer pour Italien auprès de l'aubergiste qui parlait le toscan. Ce qui prouve qu'il savait bien l'italien. Certaines lettres à Mme Denis nous en fourniront une autre preuve. Pendant le souper, il raconte cent histoires sans tête ni queue qui font mourir de rire toute la table. Voilà Voltaire : hier, il se mourait à Francfort, aujourd'hui, il fait rire toute une auberge. Il a cinquante-neuf ans d'âge, par son caractère, il en a dix-huit et par son aspect physique, soixante-dix.

A Mannheim, nouveau triomphe. L'Electeur palatin le comble de fêtes, d'opéra, de comédie. Cette cour est l'une des plus lettrées, des plus aimables d'Allemagne. Voltaire y est chez lui, il nage dans le bonheur. On n'en finit pas de s'embrasser, de s'enivrer de beau langage et de bon vin. L'Electeur met à la disposition du poète ses riches archives qui enrichissent les *Annales* ce dont l'auteur se réjouit aussitôt dans une lettre à la duchesse de Gotha. Dans cette oasis de paix, de courtoisie, d'intelligence, il conçoit l'idée d'un ouvrage nouveau, le premier depuis son départ de France. La Prusse ne l'avait pas inspiré. Il écrit à d'Argental : « *L'Electeur m'a fait la galanterie de faire jouer quatre de mes pièces. Cela a ranimé ma vieille verve et je me suis mis tout mourant que je suis* (encore !) *à dessiner le plan d'une pièce nouvelle toute pleine d'amour. J'en suis honteux, c'est la rêverie d'un vieux fou.* »

Cette pièce est, bien sûr, une tragédie, une tragédie charmante, qui se veut terrible et la terreur ne lui va pas. Elle se veut remplie d'amour, — et cet amour brille et ne brûle pas. En revanche, elle est criblée de traits d'esprit qui tiennent de l'opérette et de la comédie mondaine. Surtout, elle est écrite par Voltaire, de sa meilleure encre, elle étincelle de toutes parts. C'est l'*Orphelin de la Chine*. Telle fut la contribution de notre poète aux chinoiseries mises à la mode en son temps : les uns peignaient des « magots » sur la faïence et la porcelaine, les autres sur les paravents de laque, Voltaire enchinoisa la tragédie en s'inspirant des souvenirs d'un missionnaire en Chine, le Père de Prémare. Voltaire voulut de cette façon mettre son « magot » sur les rayons de la littérature ; il ressemble autant à la Chine que Mme de Pompadour à un mandarin.

Le 16 août, après s'être arraché aux délices du Palatinat, Voltaire arriva à Strasbourg. Il s'installa dans une pauvre auberge dans un quartier peu agréable. Bien entendu, on entend croasser : « Quelle avarice ! Quand il paie, il loge dans les bouges, quand on l'invite, dans les châteaux. » Une fois de plus la malveillance a tort. Il descendit dans cette pauvre auberge par pure bonté. Il avait rencontré lors d'une étape, un jeune serveur qui avait montré tant de prévenances pour Mme Denis et pour lui qu'il l'interrogea, et apprit que ce jeune homme était de Strasbourg, que son père y tenait une auberge peu florissante *L'Ours blanc*. Le jeune serveur supplia Voltaire d'aller voir son père. Le poète promit de descendre à *L'Ours Blanc,* afin de marquer sa reconnaissance au bon fils et de faire ainsi, aux dépens de son confort et peut-être de sa santé, une bonne réclame pour l'auberge du père. L'amour filial de ce garçon avait touché Voltaire. Il tint sa parole, mais il ne put tenir que quelques jours à *L'Ours Blanc*.

Il retrouva à Strasbourg diverses personnes avec qui il était en relations épistolaires. Où qu'il atterrît, Voltaire voyait aussitôt se former autour de lui une société amie et, presque aussitôt, une société ennemie. Parmi les amis, se trouvait l'érudit Schœpflin qui se chargea de revoir les notes de Voltaire sur les *Annales de l'Empire*. Là encore, Voltaire s'instruit et travaille. Tout en divertissant son entourage, il s'active : son labeur est comme le jeu des enfants, il est incessant, enrichissant et facile, c'est sans doute pourquoi il n'en est pas accablé.

Il va et vient à travers l'Alsace : il cherche un gîte. Il éprouve le besoin de se fixer. Depuis Cirey, il n'a plus d'asile. Il est las des hospitalités princières, royales ou ducales. Il veut un toit à lui, il ne veut plus camper, même sous les lambris dorés. Voilà du nouveau rapporté de Prusse et de Francfort.

Il cherche à acheter une propriété, un bon et beau château entouré d'un opulent domaine. Justement il y a à Horbourg une très belle terre appartenant au duc de Wurtemberg sur laquelle il a fait un prêt en viager. C'est là une de ses innombrables affaires. Il a un faible pour les viagers. Le duc de Wurtemberg ne payait pas très régulièrement la rente et ce débiteur princier était d'un maniement difficile. Il fallait beaucoup de patience... Qui le croirait, la patience de Voltaire avec ses débiteurs était étonnante. Et elle était payante. Bref, il alla visiter le bien qui servait de garantie à l'énorme somme qu'il avait prêtée au duc.

Il y avait là des vignobles, d'admirables vignobles — et un château, vénérable, imposant, et à peu près ruiné. Mais Voltaire apprit que la propriété de ce bien faisait l'objet d'un procès intenté au duc. Cela le rendit très circonspect. « *Je n'irai pas,* dit-il, *bâtir un hospice qui aurait un procès pour fondement.* » On voit que M. Arouet père n'était pas tout à fait mort.

Voisin dangereux, amertumes et comédie sacrilège.

Il va s'installer à Colmar, prospecte les environs, s'intéresse un moment à la fabrication du papier dans la région et se défend contre une petite conspiration des Jésuites qui voudraient le faire chasser d'Alsace. Voilà donc le clan ennemi en mouvement. Les inimitiés éparses se cristallisent dès qu'il paraît. Le calme qu'il venait de goûter à son retour était déjà fini, la guerre allait reprendre.

Ne voilà-t-il pas qu'un libraire de La Haye, Néaulme, a imprimé et distribué, à l'insu de Voltaire, son *Abrégé de l'Histoire Universelle* qui était resté en manuscrit depuis 1740. Qui donc avait remis un manuscrit au libraire ? Il en existait six. L'un était entre les mains de Frédéric, il était incomplet, rempli de fautes et de traits violents et bruts. C'est ce manuscrit qui était imprimé. Il avait été volé lors de la défaite de Sohr en 1745 avec les bagages de Frédéric qui avait déguerpi en vitesse, il passa entre les mains d'un valet de chambre de Charles de Lorraine et le valet le vendit à Néaulme. Cette publication tombait mal, car Versailles faisait toujours grise mine à Voltaire. En revenant d'Allemagne, il s'était bien gardé d'aller à Paris, il était rentré en France, mais restait sur les lisières.... Le cabinet de Versailles pour faire une politesse à Frédéric, loin de soutenir Voltaire, lui avait fait interdire Paris. Comme le dit d'Argenson, la Cour voulant déplaire à Frédéric sur de grandes choses, choisit de lui plaire sur une petite. Voltaire était « la petite chose » !

Cette édition de l'*Abrégé de l'Histoire Universelle* était scandaleuse d'une part parce qu'elle n'avait pas été revue par Voltaire et d'autre part parce qu'elle avait été falsifiée. L'Eglise ne pouvait tolérer ce que le texte contenait d'injurieux pour elle, et les rois n'y étaient pas mieux traités que l'Eglise.

Mme Denis recevait de son oncle lettre sur lettre l'exhortant à supplier les ministres et les amis influents de faire interdire cet

Abrégé qui n'était pas de lui ; il fallait qu'elle obtînt sur-le-champ des poursuites et des châtiments contre l'imprimeur, les libraires et même les lecteurs. Mme Denis occupée d'autres soucis ou lassée de ces démarches n'obtenait jamais rien. Voltaire se fâcha car si la nièce ne tirait rien des ministres, elle savait tirer des banquiers de l'oncle des sommes considérables pour ses menus plaisirs. Elle était, on le sait, assez dépensière et plutôt sottement. Elle s'imaginait qu'elle devait tenir rang de duchesse parce qu'elle était « La Nièce ». Elle prit mal les observations de l'oncle et lui répondit vertement : « *L'avarice vous poignarde.* » Elle biffa cette expression qu'on peut encore lire et la remplaça par : « *L'amour de l'argent vous tourmente.* » Ensuite elle lui démontra comme on pouvait s'y attendre, qu'elle n'avait fait ces grosses dépenses qu'en faveur de l'oncle : elle préparait son retour à Paris. Qui pourrait la soupçonner d'avoir dépensé tant d'argent pour elle-même ? Or, Mme Denis savait mieux que personne que Paris était interdit à son oncle. Le roi lui-même avait exprimé le vœu que Voltaire demeurât le plus longtemps possible sur les frontières. Mme Denis achève cette lettre pénible par cette phrase : « *Ne me forcez pas à vous haïr. Vous êtes le dernier des hommes par le cœur. Je cacherai autant que je pourrai les vices de votre cœur.* »

Si Voltaire avait eu un peu moins de cœur, cette lettre aurait valu à la nièce un congé définitif. Mais il la supporta comme il supportait Thiériot. Et elle continua à l'accaparer — au détriment de sa propre sœur Mme de Fontaine d'Hornoy qui était tout autant « nièce » qu'elle et avec bien plus de distinction.

Voltaire fut très malheureux de cette sortie. Il ne confia son chagrin qu'aux d'Argental. Il le cacha aux autres, comme il cacha la faute de Mme Denis. Il disait « *qu'elle était mourante des violences qu'elle avait essuyées à Francfort* ». Il y avait beau temps qu'elle les avait oubliées. Mais, lui n'oubliait pas le chagrin qu'elle lui avait donné et il écrivait : « *J'aurais mieux aimé être excommunié que d'essuyer les injustices qu'une nièce qui me tenait lieu de fille a ajoutées à mes malheurs.* »

Ce chagrin qui est réel ne saurait nous aveugler sur sa vraie nature car cette nièce qui « lui tient lieu de fille » nous paraîtra « la fille » la plus étrange du monde quand nous découvrirons le secret de leur attelage.

Que fit-il ? Il courba la tête. Devant ceux qu'il aime, il est sans défense. Il pardonna : elle triompha. Elle courut de nouveau chez les banquiers. Il dit merci pour l'argent qu'elle lui soutira.

Mais il voudrait tant revoir Paris ! Un moment suffirait. Il est averti qu'on le surveille. Si ses paroles, ses écrits, ses démarches sont d'un bon sujet, la bienveillance d'un ministre, l'amitié de ses puissants amis lui vaudront la permission de rentrer. Nous sommes en mars 1754 ; à Colmar où il habite toujours avec Collini, on le surveille aussi. Pâques approche. Remplira-t-il ses devoirs de chrétien et de fils soumis à l'Eglise ? Ses amis l'avisent qu'on l'attend à ce tournant. Il sait ce qu'il lui reste à faire. Un jour, il demande à Collini, d'un air négligent, s'il fera ses Pâques. Collini lui dit que telle est son intention. « *Eh bien !* répond Voltaire, comme si l'idée lui en venait aussi, *nous les ferons ensemble.* » On convoque un capucin qui vient les préparer à domicile. Collini s'éclipse pendant la confession de son maître. Le lendemain, ils se rendent ensemble à la Sainte-Table. Collini brûle de plus de curiosité pour le comportement de son maître que de sainte ferveur. Il demande pardon à Dieu de cette distraction mais cela ne l'empêche pas de faire semblant de lever les yeux au ciel au moment où Voltaire reçoit l'hostie pour surprendre le visage de l'impie à cet instant émouvant : « *Il présentait sa langue,* écrit Collini, *et fixait les yeux bien ouverts sur la physionomie du prêtre. Je connais ces regards-là.* » Nous aussi. A moins d'être niais, le pauvre prêtre ainsi fixé par ce regard étincelant, et sans doute railleur, dut sentir trembler la main qui remettait l'hostie.

En remerciement, Voltaire envoya au capucin douze bouteilles de vin et une longe de veau.

Les bonnes langues de Paris racontaient qu'on venait de recevoir de Colmar une bonne nouvelle : Voltaire venait d'y faire sa Première Communion.

Il avait soixante ans. « *Paris vaut bien une communion,* aurait-il pu dire. Il a dit pire : « *Je conçois qu'un diable aille à la messe quand il est en terre papale comme Nancy ou Colmar.* » (Au marquis d'Argens.) Et à d'Argental : « *Si j'avais cent mille hommes je sais bien ce que je ferais, mais comme je ne les ai pas, je communierai à Pâques et vous m'appellerez hypocrite tant que vous voudrez.* »

Il répétera vingt ans plus tard, cette comédie sacrilège qui scandalisera d'Alembert. Il écrira alors à son ami qui lui reproche ces souplesses : « *Que doivent faire les sages quand ils sont environnés d'ennemis barbares ? Il y a des temps où il faut imiter leurs contorsions et parler leur langage... il y a des gens qui craignent de manier les araignées il y en a d'autres qui les avalent.* » La pensée est celle de Montaigne mais le ton est plus dur. Il durcira encore. Le choc de Francfort n'est pas étranger à ce durcissement, les récentes quoique légères persécutions de Colmar sont moins bien tolérées que certaines persécutions antérieures. Naguère, il criait de douleur, désormais, il criera de haine. Le fanatisme engendre un fanatisme nouveau et de signe contraire. Quand son secrétaire Wagnière lui demandait comment il aurait fait pour vivre s'il eût vécu en Espagne sous l'œil et la griffe de l'Inquisition, il répondait : « *J'aurais eu un grand chapelet, j'aurais été à la messe tous les jours, j'aurais baisé la manche de tous les moines et j'aurais tâché de mettre le feu dans tous leurs couvents.* »

C'est cruel. Mais sait-on qu'au moment où il vivait tranquillement à Colmar, Mgr de Porrentruy, évêque de Bâle faisait prêcher contre lui, qu'il devait écrire au père Menou confesseur de Stanislas pour le prier de faire cesser ces attaques, que cette persécution s'ajoutait à celle de Versailles, à l'amer souvenir des injures de Francfort, à l'infidélité et à la cupidité de sa nièce. Et il ne savait pas tout...

Evidemment, Voltaire n'a pas un rôle très brillant quand, en ce jour de Pâques 1754, il communie — ou il comédie. Mais sous Mgr de Porrentruy, combien de ceux qui traitent Voltaire de haut l'auraient devancé au confessionnal ?

Sait-on qu'en 1735, Mgr de Porrentruy sous la juridiction duquel Colmar — et Voltaire — se trouvaient, avait fait condamner à mort un orfèvre qui avait osé demander la révision des statuts de sa corporation ? Au préalable, selon l'usage, il devait avoir la langue percée. L'évêque eut la bonté de lui épargner cette formalité, on lui trancha simplement la tête. On croirait écouter une histoire du XIIe siècle.

Voltaire a prouvé qu'il n'était ni un héros, ni un martyr — mais qu'il pouvait être honnête homme et courageux parfois. Il n'était, à vrai dire, dupe de rien — surtout pas de lui-même, de ses grimaces ni de ses sottises. Au cours de son voyage en Saxe, quelques années plus tôt, il fut pris de si violentes coliques qu'il pensa mourir — et cette fois très sincèrement. Il fit soudain appeler un prêtre, se confessa, reçut les sacrements, et ressuscita — c'est de règle. A son secrétaire, M. Dièze, aussi éberlué de l'agonie, des sacrements que de la résurrection, il dit en retrouvant ses esprits : « *Vous avez vu, mon ami, la faiblesse de l'homme.* »

Au nom de cette faiblesse humaine, au nom de cette sincérité, et au nom de la grandeur humaine qui est faite de faiblesse et de lucidité, pardonnons-lui.

Le bon Bénédictin trahi, Frédéric fait des signes, on lui répond.

Colmar était devenu, à l'entendre, un séjour de « cloportes » auquel son médecin M. Gervasi l'avait condamné parce que les eaux de Plombières lui étaient, paraît-il, contraires. Son médecin s'était avisé que Voltaire faisait de l'hydropisie ! C'était certainement un cas d'hydropisie très sèche. Où donc ce pauvre homme décharné eût-il logé son eau ! Voltaire écrit à d'Argental : « *Gervasi a jugé que les eaux n'étaient pas bonnes contre les eaux. Il m'a condamné aux cloportes. J'ai été plusieurs fois dans ma vie condamné aux bêtes.* »

Comme les d'Argental ont l'intention de venir à Plombières, Voltaire aussitôt oublie son hydropisie et se déclare prêt à prendre sinon les eaux, l'air de Plombières en compagnie des « Anges ». « *Mon Ange, Plombières est un vilain trou, le séjour est abominable, mais il sera pour moi le jardin d'Armide.* »

Mme Denis voulant marquer son retour en grâce viendra également. Le 8 août 1754, Voltaire quitte seul Colmar, laissant Collini surveiller l'impression des *Annales de l'Empire.*

En route, il fait une halte chez les Bénédictins de Senones où il retrouve le cher Dom Calmet. Depuis Cirey, il avait envie de faire une retraite à Senones. Bienheureuse halte qui lui épargne de rencontrer Maupertuis qui se trouvait justement à Plombières. Voici le diable fait ermite ; nous le voyons — il n'a pas besoin de jouer la comédie, il est tout à fait lui-même — nous le voyons ce clerc, ce clerc anticlérical, ce catholique foncièrement catholique, pétri de catholicisme, et de rebellion, nous le voyons chez lui. Il respire l'air de son enfance studieuse, l'air de sa vraie famille celle de Louis-le-Grand. La bibliothèque le transporte : elle est aussi riche que celle de Saint-Germain-des-Près ! La frugalité du réfectoire, sa netteté, le pur, le pieux, le docte langage des moines le ravissent, la discipline, le travail, la paix, la douceur : c'est son idéal, il le trouve à Senones. Il dit qu'il y a vécu délicieusement. Il ne dit pas dévotement. Personne ne lui a demandé des comptes sur sa dévotion.

On n'a pas manqué de ricaner dans les rangs de l'athéisme sur cette pieuse retraite. Qu'on se tranquillise, Voltaire n'a pas trahi la cause, mais il a peut-être trahi les bons Bénédictins. Il cherchait dans la bibliothèque « *non pas vêpres, ni matines* », dit-il, mais les éléments des articles irréligieux qu'il composa pour l'Encyclopédie pendant son séjour chez les Bénédictins. Et il écrit à la duchesse de Gotha qui s'étonnait de le voir sous l'habit de Saint-Benoît : « *C'est une assez bonne ruse de guerre que d'aller chez ses ennemis se pourvoir d'artillerie contre eux.* »

Frédéric lui fait écrire par l'abbé de Prades. Voltaire n'avait pas cessé les relations épistolaires : il continuait à demander des réparations pour les sévices subis à Francfort. Frédéric jugea l'occasion bonne de lui faire répondre que sa nouvelle dévotion aurait dû lui faire oublier cette vieille affaire et il lui faisait demander perfidement des nouvelles du crucifix dont Voltaire s'était, paraît-il, affublé pendant sa pieuse retraite. Voltaire furieux s'interrogeait pour savoir comment Frédéric avait pu connaître ce détail véridique. Il ne trouva rien de mieux, en guise de réponse, que de faire emballer et d'envoyer le crucifix à Frédéric. Ce présent dut faire à l'ami de Potsdam le même effet que si on l'eût plongé dans un bénitier. Ces Messieurs de l'Athéisme avaient ainsi d'aimables attentions pour se prouver leur impiété.

On voit que la rupture n'était pas totale entre les deux complices. Ce qui est le plus surprenant c'est la vigilante surveillance que Frédéric exerçait sur son compère, vigilance qui donnait lieu à des agaceries — à de piquantes coquetteries — comme celle du crucifix. Frédéric s'ennuyait. « *La goutte est un grand mal,* écrivait-il à Darget, *mais l'hypocondrie est le pire de tous. Vous m'avez fait un grand plaisir de me donner des nouvelles de Paris et du poète ; son caractère me console des regrets que j'ai de son esprit. Je suis plus solitaire que je voudrais.* »

Depuis le départ de Voltaire, il n'a rien entendu de spirituel, il n'a rien dit qui lui plaise, il n'a pas ri une seule fois.

Quant à Voltaire, aussi incroyable que cela paraisse, il fait sa Cour par personne interposée. Il lui arrive de faire le chien couchant auprès de l'abbé de Prades et de la Margrave de Bayreuth. Ce n'est pas par plaisir, c'est par intérêt. Il sait désormais que les cruelles prédictions de Milord Maréchal sont vraies. Il sait que l'autorisation de rentrer à Paris ne lui viendra que par l'intermédiaire de l'Ambassadeur de Prusse. Il ne retrouvera sa faveur que si Frédéric le demande à Versailles. Et parce qu'il se meurt de ne pouvoir retrouver Paris, il s'humilie de son mieux pour obtenir de Frédéric le mot de passe. Et Frédéric s'amuse du manège. La seule chose au monde qui l'amusait alors c'était la lecture des lettres de Voltaire et de Maupertuis où chacun continuant à plaider sa cause traînait l'autre dans la boue. Ces flots d'injures font dire à Frédéric : « *Ils me prennent pour un égout où ils font couler leurs immondices.* » On ne saurait mieux dire.

« *Il n'est bon qu'à lire et dangereux à fréquenter* », dit Frédéric de Voltaire. Alors pourquoi l'avoir tant supplié de venir, et même de rester ? Le ton de Frédéric est celui du dépit et non celui de la haine, il y a de la nostalgie dans ce qu'il lui écrit, moins d'un an après Francfort : « *Vous honorez trop l'humanité par votre génie pour que je ne m'intéresse pas à votre sort.* »

Inoubliable Voltaire !

Les eaux de Plombières.

Dans la minuscule bourgade qu'était Plombières, on vivait les uns sur les autres et dans le plus grand inconfort. Dès l'arrivée de Voltaire une petite société amusante se groupe autour de lui. Il y avait un magistrat du Parlement de Bourgogne, M. de Ruffey, plein de vivacité, d'esprit et de ressources. Il fit le bonheur de Voltaire et de son entourage. La présence du poète faisait naître quantité de poésies et de chansons qui n'étaient pas toutes géniales mais qui étaient souvent amusantes. Ruffey avait tant d'entrain qu'il éteignait un peu les vivacités sexagénaires de Voltaire. Et le Prince de l'Esprit eut la faiblesse de prendre ombrage de son rival. Il bouda. Devant Ruffey, il devint muet, la lippe pendante. Enfin tout s'arrangea quand on lui demanda d'arbitrer un conflit de jeu : le comte de Lorge et la comtesse Belestat s'accusaient réciproquement de s'être pris douze francs en jouant. Voltaire fut chargé de rendre la sentence : il s'en tira par une galanterie. Il exposa en vers qu'on n'avait rien volé à la comtesse, c'est elle qui ravissait les cœurs et défendait trop bien le sien. Et c'est ainsi qu'elle fut condamnée et ravie :

Votre cœur attaqué sait trop bien se défendre
Et la Mère des Jeux, des Grâces et des Ris
Vous condamne à le laisser prendre.

Comment la goutte et la gravelle résisteraient-elles à de si exquises médications ?

Il quitte Plombières au début de septembre 1754 pour Colmar. Mme Denis l'accompagne. Elle commande, elle dirige, elle interrompt. Elle trône au sommet d'une colline de malles et de colis qui menace de s'écrouler sur le chétif poète quand le carrosse versera — comme il arrive presque chaque fois. Il est dompté par la nièce. Ce que l'Aigle de Prusse n'a pas fait, la dinde de la rue Traversière l'a réussi.

⁂

Où aller ? Voltaire n'a toujours pas de toit pour s'abriter. A soixante ans, riche comme un banquier prospère plutôt que comme un homme de lettres, il ne sait où se loger. De nos jours où le nomadisme des gens riches est un fait connu, l'étrangeté de cette situation ne nous paraît pas aussi frappante qu'au XVIIIe siècle. Il se peut que sa vie errante soit pour quelque chose dans le manque de dignité et de sérieux dont souffrait en son temps, la réputation de Voltaire. Il était grand écrivain, le plus grand de son temps, mais il ne régnait que sur du vent ; il n'était pas encore seigneur d'un château, d'un village, de terres et de manufactures. Il jouissait d'une belle aisance mais il n'était pas encore le personnage fastueux qu'il allait devenir.

Aussi lorsqu'il se fut établi entre les quatre murs solides d'un château, revêtus de lambris et de riches tapisseries, trônant au centre d'un opulent domaine seigneurial et régnant sur terres et vassaux comme il régnait sur les belles-lettres, son nom prit du poids, son caractère de la considération. On ne l'hébergera plus : il hébergera. Il ne fera plus de visites : il les recevra. Il ne sonnera plus aux portes princières : il ouvrira la sienne aux princes — et à l'occasion, la fermera. La société éprouve le besoin, pour accorder sa considération à un homme, de preuves tangibles. Il faut, dit-on, avoir de la surface. Un grand chapeau de tuiles et d'ardoises au-dessus d'un château cossu est une manière de couronne que la société reconnaît volontiers au riche parvenu. De la surface ! — la profondeur est accessoire.

Il cherche. D'abord en Suisse, à Berne. Puis à Lausanne où on lui propose un très beau domaine. Il est sur le point de partir pour traiter l'affaire quand on lui annonce que la Margrave de Bayreuth l'attend à souper dans une auberge de Colmar. Il ne peut y croire, il hésite, il y court. C'est bien elle et son époux. On l'étouffe de compliments, de cadeaux, on le dorlote, on veut effacer Francfort. La Margrave l'enchante. « *Concluons que les femmes valent mieux que les hommes* », dit-il après le souper. Disons que Dorothée valait mieux que Frédéric. Il écrit à cent personnes que la Margrave est venue lui présenter les excuses de son frère et qu'elle a accepté Mme Denis à sa table. C'est ce qu'il veut qu'on croie. En réalité, on ne lui a pas fait d'excuses ; mais on veut l'oubli. Dès qu'il frôle une Altesse Royale, il délire toujours un peu. Quant à Dorothée n'étant pas très sûre d'être approuvée par son redoutable frère, elle fait de la rencontre un récit bien différent où Voltaire est ridiculisé. Au total, la visite n'a eu d'importance que pour la vanité du poète. La Margrave s'est distraite un moment à l'étape de Colmar.

Un autre revenant, c'est Richelieu. On le connaît : brillant, vain, égoïste, dur à l'occasion, pillant les pays conquis, au demeurant le seigneur le plus enjoué, le plus galant homme, le plus seigneur du monde. En dépit de la différence de naissance, il y avait entre Voltaire et lui une fidélité et une affinité réelles — tout comme avec Frédéric. Ces trois hommes sont « leur » siècle. Voltaire s'apparente à Richelieu par le ton et les manières du grand monde. Ils ont sur ce point une ressemblance étonnante, on dirait qu'ils s'imitent l'un l'autre. Ils avaient connu la même formation à Louis le Grand, ils avaient eu les mêmes duchesses pour initiatrices. Ils étaient du même air. Ils médisaient férocement l'un de l'autre. Leurs brouilleries étaient passagères. Voltaire prêtait de l'argent. Le duc le rendait mal mais finissait par le rendre en enrageant. Le duc sollicitait à la Cour pour son ami. La mission n'était pas toujours facile, il ne la refusa jamais. Dès qu'ils se parlaient, s'écrivaient, leurs antennes se mettaient à vibrer et entre eux s'allumaient toutes les étoiles, tous les soleils de la plus brillante civilisation.

Cependant, tant que Voltaire avait fait mine d'appartenir à Frédéric, Richelieu avait fait mine d'oublier Voltaire. La bienséance et l'arrivisme dictaient cette conduite à un parfait courtisan de Louis XV. Et soudain, quand Voltaire surgit dans un crissement de crécelle de la boîte de Francfort en criant : « Me voici, je reviens, j'ai échappé à l'Ogre. Qui m'aime encore ? » Richelieu répondit : « Je n'ai jamais cessé de vous aimer, il ne m'a manqué que l'occasion de vous le dire. » Et il l'invita aux Etats du Languedoc qu'il allait présider. C'était trop loin de Colmar ! On se rencontrerait à Lyon. Mme Denis serait du voyage. Il va sans dire que ce sont deux mourants qui affrontent les périls de ce voyage : « *Mme Denis prétend que vous nous ferez enterrer en arrivant* », écrit Voltaire. C'était bien la chose du monde dont le duc se souciait le moins.

Au moment du départ, notre mourant se conduisit assez mal avec le gentil Collini. Comme ils avaient trop de bagages, Voltaire voulut obliger Collini à vendre tout son vestiaire et à monter en voiture avec un mince ballot de linge. Collini refusa, Voltaire s'emporta. Collini demanda son congé. Voltaire lui régla son compte : « *Je vous dois dix-neuf francs. Voici un louis. Gardez la monnaie.* » Outragé par le procédé, Collini répondit : « *Je vous dois cent sous, prenez-les, je n'ai que faire de ce cadeau.* » Mme Denis assistait à la scène. Elle regarda partir Collini sans mot dire et, sans doute, morigéna-t-elle son oncle. Celui-ci repentant offrit un louis à Collini qui refusa encore. Enfin on parla, parla... et on finit par se réconcilier. Collini refit ses bagages et tous les trois s'embarquèrent fort joyeusement.

A Dijon, il est, s'il se peut, encore plus mourant que d'habitude. Il envoie Collini faire ses compliments à M. de Ruffey en s'excusant de ne pouvoir le faire lui-même. M. de Ruffey vient dans la chambre du poète agonisant à qui la gaîté et la vie reviennent aussitôt. On commande un souper. M. de Ruffey envoie chercher dans sa cave des vins généreux. On mange, on boit, on parle. M. de Ruffey brille, Voltaire étincelle... on rit, on rit jusqu'à minuit passé, on se jure de revenir, de demeurer huit jours à table. Encore une agonie neutralisée par la gaîté.

Le 15 novembre 1754, ils arrivèrent à Lyon : « *C'est une plaisanterie un peu trop forte pour un malade de faire cent lieues pour venir causer à Lyon avec M. le Maréchal de Richelieu. Il n'a jamais fait faire tant de chemin à ses maîtresses quoiqu'il les ait menées fort loin.* » Dès les retrouvailles, le charme réciproque agit et Voltaire reprend avec le duc les cajoleries naguère réservées à Frédéric. Le duc est appelé « Mon Héros » ou « Thésée », comme à Fontenoy ; Voltaire qui a été négligé devient « Ariane abandonnée à Naxos ». Quand Richelieu après cinq jours d'ivresses verbales regagna le Languedoc présider les Etats, il laissa « Ariane » au confluent du Rhône et de la Saône.

En ayant fini avec la noblesse, Voltaire alla faire ses politesses au clergé. Le cardinal de Tencin occupait le trône archiépiscopal de Lyon, il était l'oncle des Anges d'Argental, et le frère de cette Mme de Tencin emprisonnée en même temps que lui à la Bastille. C'étaient là trop de titres pour que ce prélat ne méritât quelques dévotions voltairiennes. Il en fut pour ses frais. En habit de soie, il se présente dans l'antichambre du cardinal. Elle était pleine. Il se fait annoncer. On le reçoit bientôt. A peine est-il entré que Collini le voit ressortir prestement, se sent saisi par le bras et entraîné : « *Sortons,* dit-il, *ce pays n'est pas fait pour moi.* » Dans le carrosse il raconte à Collini que le cardinal lui a dit brusquement : « *Vous n'êtes pas bien avec la Cour, je ne peux vous garder à dîner.* » C'était, au dire de Voltaire, une phrase digne d'un esclave. Et il rompit net.

La Margrave étant à Lyon, il alla faire panser auprès d'elle la blessure infligée par le cardinal — d'ailleurs simoniaque ajoute Voltaire. Et ce n'était pas une calomnie. Ce cardinal sentait le roussi.

L'officier commandant d'Armes de la Place ne le reçut pas mieux que le prélat : le sabre et le goupillon étaient de mèche. Il lui restait le théâtre. Il y parut, ce fut le triomphe. On l'acclama follement. De quoi se plaignait-il : un maréchal de France, une altesse royale, et le peuple étaient pour lui. Contre, un mauvais prêtre et un officier en mal d'avancement, qu'est ceci en regard de cela ? L'Académie de Lyon lui fit une réception pompeuse. Le Directeur lui débita une harangue interminable dont ni la lenteur, ni la lourdeur ne l'incommodèrent tant les fumées de l'encens qu'on y brûlait copieusement le ravirent. Sa vanité le fait sans doute souffrir très souvent, mais quand il en jouit, c'est sans remords.

Une altesse royale — même luthérienne — peut bien des choses sur un cardinal courtisan. Ainsi, la Margrave réconcilia le cardinal simoniaque et le poète libertin. Ils se rencontrèrent, se congratulèrent et s'embrassèrent quatre jours après la rupture. Le cardinal avoua — l'humilité n'était pas son faible — qu'il en voulait bien moins à Voltaire d'être fâché avec la Cour que d'avoir, dans le *Siècle de Louis XIV,* traité de « Petit » le Concile d'Embrun. Le Petit Concile ! Ce concile d'Embrun que presque tout le monde ignore, cette façon de Concile, réuni au pied d'une montagne qui accoucha d'une souris, ce « petit » Concile avait été présidé par Mgr de Tencin ! On voit l'erreur, le crime. Voltaire en convint sur-le-champ : le concile serait Grand désormais, et même grandiose. Il serait le Grand Concile de Tencin. Et il écrivit à l'imprimeur à Paris qu'on supprimât « Petit » dans les éditions du *Siècle de Louis XIV*. Le cardinal aussitôt proclama que Voltaire était l'homme le plus génial du monde et que, dans le diocèse de Lyon, sa disgrâce n'existait pas. Il recommanda Voltaire à M. Tronchin, solide banquier de Genève et, bien que rude calviniste, homme de confiance du cardinal, ce qui montre que ce prélat ayant à gérer des biens considérables savait mettre des bornes à son orthodoxie.

Genève : ses délices et ses pasteurs.

La société de Lyon devient plus agréable, mais le logement est mauvais. On va donc voir à Genève si ce que l'on dit des Tronchin est vrai et si la propriété de Lausanne est une belle affaire. Ils arrivèrent à Genève après le coucher du soleil, la puissante famille des Tronchin avait obtenu qu'on attendît leur arrivée pour fermer les portes de la ville. Le dîner eut lieu chez Tronchin. Ils logèrent au château de Prangins, invités par M. Guiguer, le châtelain. On dit à Voltaire que la propriété qu'il convoitait à Allaman ne pouvait lui être vendue. Il resta donc à Prangins où il se plaisait. Collini s'y déplaisait fort. Collini voulait Paris. Voltaire aussi. Mais Voltaire a soixante ans, Collini qui en a moins de trente se résigne dix fois plus mal. Les Genevois ont bien accueilli Voltaire, le gouvernement de Berne le protège, les notables de Genève sont ravis de recevoir cet homme qui dit son fait au Papisme. Il est séduit, et il décide de se fixer dans un pays où on ne vous demande pas de billet de confession. Hélas ! il apprend que lorsqu'on est catholique, on ne peut acquérir de biens dans la république calviniste. Cela ne le décourage pas : il intrigue pour obtenir une dérogation afin d'acheter la propriété de ses rêves. Il la trouve à Morion : la maison est froide, et il n'y a pas de jardin. Il l'achèterait quand même... Impossible. Il est catholique. Les Tronchin obtiennent pour lui une autorisation de résider. C'est un progrès. Collini se réjouit de ses difficultés. Il souhaiterait d'être expulsé. Tout à coup, le rêve se réalise, la propriété est trouvée aux portes de la ville, sur une terrasse qui domine le Rhône, le lac et d'où on voit, au midi, le Mont-Blanc. Cette propriété s'appelle Saint-Jean, elle a été habitée par le fils de la Margrave. Déjà, il la rebaptise, Saint-Jean sent un peu trop la sacristie, il l'appellera *Les Délices,* ce nom correspond à son sentiment et restera celui de cette propriété illustre. Il paya la belle et bonne maison carrée, encore neuve et les terres environnantes 87 000 livres. Ce qui est un beau prix. Grâce aux Tronchin les formalités s'aplanissent, le Conseil d'Etat lui donne toutes facilités.

C'est alors la fièvre des transformations. Il recommence les travaux de jadis, à Cirey. Il convoque des bataillons d'ouvriers de tous corps de métier. Le jardin lui-même est transformé. On arrache, on déplace les arbres, on plante. Il s'affaire de l'un à l'autre. « *Ces Délices sont à présent mon tourment. Nous sommes occupés Mme Denis et moi à faire bâtir des loges pour nos amis et nos poules. Nous faisons faire des carottes et des brouettes, nous plantons des orangers et des oignons... nous manquons de tout... Il faut fonder Carthage.* »

Il est exténué et délirant : il est enfin chez lui.

Et voici la première visite, c'est celle de Le Kain. On envoie un carrosse à Lyon chercher l'acteur. Le Kain, c'est le théâtre incarné. Etait-il bien indiqué de faire donner la bénédiction à sa maison par un comédien dans une ville où le théâtre était interdit et considéré comme la porte de l'enfer ? Mais Voltaire se persuadait aisément que puisqu'on l'avait bien reçu, on était prêt à partager tous ses goûts.

Il aurait dû se méfier : le professeur Jacob Vernet lui écrivit d'être prudent, certains Calvinistes inquiets de sa présence avaient l'œil sur lui. Encore une fois, on le surveillait ! On avait remarqué que ses idées étaient contraires à la Religion et non seulement au papisme. Pour se faire adopter par Genève, la neutralité ne serait pas suffisante. On attendait de lui une aide en faveur de la foi pour détourner la jeunesse de l'irréligion croissante. C'était beaucoup lui demander. Les plâtres des *Délices* n'étaient pas essuyés que tous les germes de la querelle avec Genève étaient déjà évidents.

Voltaire répondit le 5 février 1755 du ton le plus amène :

« *Mon cher Monsieur, ce que vous écrivez sur la religion est fort raisonable. Je déteste l'intolérance et le fanatisme et je respecte vos lois religieuses, j'aime et je respecte votre république. Je suis trop vieux et trop malade et un peu trop sévère pour les jeunes gens. Vous me ferez plaisir de communiquer à vos amis les sentiments qui m'attachent tendrement...* »

C'était se moquer. Mais il était tombé sur des gens qui n'entendaient pas ce genre de plaisanterie.

Pour l'instant les Genevois sont surtout sensibles aux grandes dépenses qu'il fait et ils escomptent la venue de riches visiteurs ; bref, ils voient d'abord dans l'installation de Voltaire, une bonne affaire. Ces Messieurs lui attribuent cent mille francs de rente, plus de l'argent comptant provenant du roulement de ses affaires, tout cela en pluie d'or sur la République. Stanislas aurait bien aimé attirer à Lunéville le poète et son argent. Il lui fit maintes offres ; aucune ne fut retenue par Voltaire.

Enfin Le Kain arrive, précédé par la rumeur de ses succès délirants à Dijon et à Lyon. Il a fait pleurer toutes les provinces qu'il a traversées. Aux *Délices,* le théâtre avait été aménagé aussi rapidement que les cuisines. Voltaire dit bien que Le Kain qui croyait retrouver le père de *Mérope* ne retrouva qu'un maçon et un jardinier. Mais on joua aussitôt *Zaïre.* Jamais tant de larmes n'avaient été versées à Genève. Voltaire enivré par ces pleurs dit : « *Jamais les Calvinistes n'ont été aussi tendres.* » Et il écrit aux Tronchin de Lyon : « *Calvin ne se doutait pas que les Catholiques feraient pleurer les Huguenots sur le territoire de Genève.* » Il y a un peu de bravade à dire cela, et il y en a beaucoup à avoir tenté l'entreprise. Voltaire se croit très fort d'avoir la puissante tribu des Tronchin pour alliés et protecteurs. Il oublie que les Tronchin ne sont pas tout Genève. Ces Tronchin étaient l'aile marchante, avancée de la Cité de Calvin. Le préféré de Voltaire était le médecin, le plus brillant, le plus mondain, le plus européen. Esprit novateur, il avait imposé l'inoculation en dépit de l'autorité de la Sorbonne et contre l'avis des Médecins qui le haïssaient. Il avait de l'esprit, de la vivacité, beaucoup d'entregent et une nuance de charlatanisme spirituel et aimable : il était bien de son temps. Il avait la plus belle clientèle d'Europe, s'il ne la guérissait pas toujours, il la charmait. Il avait étudié en Angleterre (il était quelque peu parent de Lord Bolingbroke) et à Leyde, où il fut le disciple du plus célèbre médecin d'alors, Boerhave. Il réussit encore mieux dans le mariage hollandais que dans la médecine : il épousa la petite-fille du Grand Pensionnaire Jean de Witt. Refusant d'obéir à Guillaume d'Orange, il quitta Amsterdam où il faisait grande figure et revint à Genève qui l'accueillit avec transport. Lorsque Voltaire vint s'en remettre à lui du soin de sa santé, son nom fut porté dans toutes les Cours d'Europe. Voltaire lui faisait une publicité brillante : « *Savant comme Esculape et beau comme Apollon,* écrivait-il, *personne ne parle mieux et n'a plus d'esprit.* » Voltaire ne se doutait peut-être pas que son admirable médecin n'admirait pas autant son illustre malade que ses admirables propos le laissaient croire au vaniteux poète. Ecoutons parler Tronchin de cet illustre malade si bien cajolé : « *Que peut-on attendre d'un homme toujours en contradiction avec lui-même et dont le cœur a toujours été dupe de l'esprit. Son état moral a été dès sa plus tendre enfance si peu naturel et si altéré que son être actuel fait un tout artificiel qui ne ressemble à rien.* »

Il l'accuse ensuite de s'être trop enrichi. C'est vrai : Voltaire a compris très jeune qu'à défaut d'une grande naissance une grande fortune seule assurait la liberté. Mais ce reproche fait par un Tronchin, issu d'une famille de banquiers genevois, lui-même médecin de haut luxe et ratissant les louis d'or à longueur d'année, nous paraît une pure malveillance. Aurait-il montré quelque intérêt pour la santé d'un poète pauvre, ce vertueux Tronchin ?

Il continue en l'accusant de s'être laissé gâter par la louange. C'est encore vrai : Voltaire se laissait griser par les flatteries. Il se dégrisait vite. Mais Tronchin ? N'a-t-il pas flatté Voltaire et encouragé son vice ? Ne s'est-il pas servi de cette vanité avec une hypocrisie flagrante ? Le portrait n'est pas aimable, il n'est pas très fin, les gros traits sont justes, mais étant trop gros, ils ne sont justes qu'en partie.

Le savant docteur Tronchin n'a pas vu le jeu de miroirs qu'est le caractère de Voltaire. Ce scintillement paraît déconcertant à l'esprit positif du fils des banquiers de Genève ; ce caractère lui eût paru plus fascinant et plus compréhensible s'il se l'était représenté comme les mille facettes d'un diamant jetant mille feux multicolores. Mais en Voltaire ces mille feux insaisissables ne sont que la Lumière une et indivisible, et les mille facettes changeantes, un seul et même esprit sans pareil et inimitable. Avec lui tout varie et pourtant du collège à sa mort, Voltaire est le même. Les reflets changent, le miroir est immuable.

Si le savant Tronchin, au lieu d'apprendre beaucoup à Leyde, avait fait ses classes et ses humanités à Florence, il aurait su moins de médecine mais bien plus de psychologie voltairienne. Dans un mot, d'Alembert en a dit plus que Tronchin sur Voltaire, qu'il appelait : « Monsieur le Multiforme ».

Pour ce qui est de la maladie de Voltaire, enregistrons le jugement de Tronchin : *Une bile toujours irritante sur des nerfs toujours irrités est la cause constante de tous ses maux.* C'est la parole d'un maître. Il a bien vu que Voltaire n'a pas de lésion, il s'agit d'un mauvais équilibre des humeurs. Nos médecins parleraient sans doute d'un mauvais équilibre hormonal, d'un dérèglement glandulaire. Pourquoi, à part ses cheveux, son système pileux ne s'est-il pas développé ?

Le poète achève au milieu des plâtras l'*Orphelin de la Chine.* On y voit le terrifiant Gengis Khan. Il confie son œuvre à Le Kain en lui recommandant d'être bien féroce, de bien rugir les vers. Le Kain a des inflexions trop douces : il fait pleurer. Gengis Khan doit faire trembler, crier de frayeur et pour bien se faire comprendre Voltaire dit : « *Il faut bien vous mettre dans la tête que j'ai voulu peindre un tigre qui en caressant sa femelle lui enfonce ses griffes dans les reins.* »

Dans le cas de l'*Orphelin,* il est à craindre que le texte ne soit pas à la hauteur de l'enseignement dramatique que dispense Voltaire. Si Le Kain bêle un peu au lieu de rugir c'est que les vers de Voltaire n'ont pas été conçus dans les steppes de Mongolie mais dans un fauteuil Louis XV recouvert de satin.

Il voit réapparaître à Genève un personnage connu jadis et fort déplaisant. On n'a peut-être pas oublié que lorsqu'il fut séparé de Pimpette celle-ci accorda ses bonnes grâces à un certain Guyot dit de Merville qui, au lieu de prendre sagement la place laissée vacante par le jeune Arouet attaqua violemment son prédécesseur. Plus tard, enrôlé sous la bannière des Desfontaines et du vieux J.-B. Rousseau, il critiqua la *Henriade* de vilaine façon. « *Ce Guyot, fils d'un maître des postes, écrivait,* dit l'abbé Voisenon, *comme s'il n'était jamais sorti des écuries de son père.* » Voltaire n'avait rien oublié de tout cela. Il vit apparaître un être besogneux, humble, plat, repentant qui venait implorer son pardon. Pour l'acheter, il offrait d'écrire quatre volumes d'éloges dithyrambiques sur Voltaire et de supprimer toutes les attaques qu'il avait publiées dans ses œuvres antérieures ; il s'engageait aussi à surveiller l'impression de tout ce que Voltaire publierait désormais. Voltaire fut glacial. « *La dédicace de vos ouvrages que vous m'offrez n'ajouterait rien à leur mérite. Je ne dédie les miens qu'à mes amis. Aussi, Monsieur, si vous le jugez bon, nous en resterons là.* »

Ce malheureux venait de ressusciter l'ignoble fantôme de Desfontaines. Voltaire écœuré referma ce tombeau délétère. Quinze jours plus tard le Guyot se jeta dans le lac. Ainsi finit sinistrement cette affaire de chantage et de pourriture.

Montesquieu mourut pendant que Voltaire s'installait aux *Délices,* le 10 février 1755. Malgré leurs chamailleries et leurs jalousies, ils n'avaient jamais été ni amis, ni ennemis. Voltaire rendit hommage au grand écrivain : « *Ce sera à jamais un génie heureux et profond qui pense et qui fait penser. Son livre devrait être le bréviaire de ceux qui sont appelés à gouverner les autres. Il restera et les folliculaires seront oubliés.* »

On ne peut dire que ce soit un hommage très convaincu, ni très chaleureux. Montesquieu avait eu des mots sur Voltaire : « *Le Bon esprit vaut mieux que le Bel esprit.* » Voltaire était agacé lorsqu'on louait la profondeur de Montesquieu qu'on opposait souvent à ce qu'on trouvait de superficiel et de brillant dans ses propres ouvrages. La duchesse d'Aiguillon lui ayant demandé quatre vers pour la tombe de Montesquieu, Voltaire lui répondit qu'elle lui commandait des vers comme on commande des pâtés, que son four n'était pas chaud et qu'il éprouvait, lui-même, un besoin d'épitaphes plus grand que le goût d'en faire pour les autres. Pourquoi Montesquieu n'eût-il pas d'épitaphe ? Parce qu'il s'était moqué des vers et des faiseurs de vers. Voltaire n'oublie pas ces mépris. Pas de vers pour les ennemis de la Lyre !

⁂

On pourrait croire que les *Délices* lui procurèrent réellement les délices d'une installation pour laquelle il s'était passionné et qu'il goûtait enfin cette sérénité que l'âge, la paix genevoise, la vie douillette et élégante pouvaient lui procurer. Non, cette sérénité, il ne l'a jamais connue. Voici poindre à l'horizon un nouvel orage. C'est *la Pucelle* qui le provoque. Jamais enfant de poète ne fut plus chéri de son auteur que cette épopée plutôt burlesque ; jamais enfant terrible ne donna plus de chagrins à son père. On l'informait, depuis Colmar, déjà, qu'une affaire se tramait. Voltaire était très bien renseigné : il avait d'innombrables amis bien placés, il avait aussi des informateurs — des espions — rétribués, souvent en relation avec ceux de la police. Il pouvait parfois écrire au ministre en reproduisant presque terme à terme les rapports que les policiers lui adressaient.

Et voilà qu'on publie une réédition scandaleuse de *la Pucelle.* Le scénario ne varie pas, « on » a volé un manuscrit. Qui ? On soupçonne Mlle du Thil, l'amie d'Emilie, qui aurait trouvé dans les papiers de Cirey un manuscrit d'ailleurs incomplet de *la Pucelle,* qui l'aurait vendu à des libraires, qui l'auraient complété à leur façon avec des obscénités, des sacrilèges, des mauvais vers, sous le nom de Voltaire. Pour le moment, cette monstruosité se vend sous le manteau, on la lit en secret, mais on la lit partout et on en parle. Voltaire, bien qu'en territoire étranger, tremble. Il dépêche Mme Denis à Paris pour supplier le Ministre et faire agir tous les amis. Et qu'apprend-elle ? Que le manuscrit vendu lui aurait été volé à elle-même par son amant, Ximénès, pour qui elle avait eu tant de bontés. Elle se trouve donc à l'origine de ce scandale. Et ce monstre de Ximénès sollicite un fauteuil à l'Académie et ose demander la protection de Voltaire au moment où il l'assassine. Le pire c'est que d'Argenson est persuadé que Voltaire lui-même a fait faire cette réédition et profite de ce commerce car c'en est un et des plus lucratifs. Un certain La Morlière, homme à tout faire de Voltaire, prête-nom, espion, pilier de tripot enfin, tous les beaux métiers, se vantait de vendre 50 louis une bonne copie de *la Pucelle*. D'Argenson croyait que Voltaire se sentant hors de prise à Genève prélevait sa part sur ce trafic. C'était faux, mais encore fallait-il se disculper.

Voltaire eut une idée ! Puisqu'on ne pouvait endiguer ce flux de fausses Pucelles, il n'y avait qu'à les multiplier et faire de nouveaux faux, en avalanche, et les faire si grossiers que le pouvoir serait bien obligé d'admettre que Voltaire ne pouvait être complice d'aussi monstrueuses falsifications de son propre ouvrage. C'est ce qu'il fit et cela réussit. On jugea qu'il était la victime et non l'auteur des fausses Pucelles, au moment juste où il en était l'artisan. On convint de son innocence quand il organisa lui-même le scandale.

Un certain Grasset, libraire à Genève et trafiquant à Paris est, apprend-on à Voltaire, sur le point d'acheter un manuscrit de *la Pucelle*. Un de plus ! Voltaire entre en contact avec Grasset, le flatte, l'avise que ce manuscrit est un faux, qu'il s'attirera des ennuis en le publiant, qu'il ne pourra le vendre... l'autre est bien persuadé de tirer grand profit de sa publication. Les lettres ne suffisant pas on invite Grasset aux *Délices,* il dîne, on se fait remettre une page du faux : affreux ! C'est un tissu de grossièretés. Voltaire voit rouge et saute à la gorge du Grasset et veut l'étrangler. Grasset se débarrasse de cette frêle harpie qu'est le poète et l'étrangle à son tour. Voltaire se sentant pris où il voulait prendre, crie à l'assassin ! au voleur ! et la foule des menuisiers, des maçons, des jardiniers accourt. Grasset fuit et évite de justesse d'être mis en pièces.

Voltaire porte plainte devant les magistrats de Genève, brandit la feuille obscène qu'on prétend imprimer sous son nom, en appelle à la vertu, au droit des gens, à la Bible et Grasset est arrêté. Relâché peu après, il est chassé de Genève. Voltaire juge que ce pays manque de supplices.

Quand Mme Denis l'informa de ce qui s'était passé à l'origine du vol du premier manuscrit, il crut mourir de colère et elle de peur car elle comprit qu'il ne la croyait qu'à moitié et qu'il la soupçonnait d'avoir vendu, elle, le manuscrit pour 600 livres. Il l'aimait, la nièce, mais il ne l'estimait guère. Et il écrit à ses Anges l'amère déception qu'elle lui inflige. Nous apprenons ainsi le montant de ce qu'elle avait prélevé chez les banquiers de son oncle. « *Manger six cent mille francs et vendre six cents francs un manuscrit dérobé, voilà un singulier exemple de ce que la ruine traîne après elle.* » Il y a de quoi être amer. Mme Denis s'en tira encore cette fois. Mais elle récidivera ; pour le cas présent, elle est acquittée avec bénéfice du doute : c'est peut-être Ximénès le voleur.

Voltaire ne fut pas attaqué par le pouvoir mais il laissa des plumes dans l'affaire : Paris avait une fois de plus retenti d'un scandale, causé par Voltaire, les ministres et la police avaient eu autant de soucis avec *la Pucelle* qu'avec une armée de truands, les amis étaient excédés des démarches réitérées, indiscrètes et contradictoires de Mme Denis. A Genève, le bruit du scandale s'était répandu, l'affaire Grasset l'avait amplifié, la feuille obscène avait été lue, puis copiée, puis colportée. Et la bonne ville commença à murmurer que le voisinage du grand homme avait corrompu l'air pur qu'on y respirait naguère.

Tout n'était pas noir : l'*Orphelin de la Chine* fut un grand succès. Mlle Clairon joua divinement. Le Kain fut trop doux, comme prévu, mais à la seconde représentation il fut « tigre ». Le roi voulut voir la pièce et, comme la Cour était à Fontainebleau, c'est là qu'elle fut jouée. La reine Marie, dont la sainte simplicité ne faisait que croître avec l'âge, dit au roi qu'on lui avait dit qu'il y avait dans la pièce des allusions aux débauches de Trianon. Le roi lui dit qu'elle veuille bien signaler tout ce qu'elle voulait qu'on supprimât et que cela serait supprimé : elle lui répondit qu'elle ne savait pas ce qu'il fallait supprimer. On joua donc l'*Orphelin* sans aucune amputation et il triompha devant la Cour avec tous ses attributs. Voltaire était ravi : ces satisfactions lui faisaient oublier tous les chagrins.

Collini était à Paris. Voltaire l'avait laissé aller pour défendre *la Pucelle* et pour se détendre les nerfs. Il s'amusait beaucoup et bien que l'affaire entrât en sommeil, il ne parlait pas de revenir. Voltaire n'insistait pas et lui écrivait gentiment : « *Quand vous serez rassasié de Paris mandez-le moi mon cher Collini... prenez votre provision de plaisir et revenez quand vous n'aurez rien de mieux à faire. Je vous embrasse.* »

Mme Denis le conjurait également de bien se rassasier, car une fois à Genève ce serait la pénitence. Elle savait de quoi elle parlait. Elle disait que ce petit Collini était terrible à l'endroit des femmes : il l'avait un jour brutalement entreprise. Pauvre Collini, il détestait Genève. Jeune, ardent, il vivait entre une grosse femme et un vieillard, et, en face, la glace du Mont-Blanc ! Ce n'était pas là son affaire. Voltaire le comprenait très bien.

Mouvements divers à Genève et tremblement de terre à Lisbonne.

Les pasteurs n'étaient pas trop satisfaits du train qu'on menait aux Délices. Ce qui compliquait la situation, c'est que beaucoup de Genevois en étaient ravis. Ils s'offraient à jouer la comédie, et ils la jouaient fort bien. Le Consistoire se réunit et il interdit les représentations théâtrales le 31 juillet 1755. C'était une vieille histoire qui rebondissait. Lors des troubles de 1732 et de 1739 les troupes étrangères qui étaient venues rétablir l'ordre à Genève y avaient implanté le théâtre. Ce théâtre avait connu un succès incroyable auprès de la population. C'est précisément ce succès qui épouvanta le Consistoire. Il reconnut avec une logique implacable que les Genevois ne pouvaient se livrer à ce plaisir parce qu'ils y prenaient trop de plaisir. Ce qui laisse entendre que seules les distractions bien ennuyeuses étaient permises. Les pasteurs affirmaient — et c'est peut-être vrai — que le pouvoir corrupteur du théâtre est décuplé lorsqu'il agit sur des natures vertueuses. A Paris, le théâtre ne corrompt plus personne puisque tout le monde est corrompu. C'est tellement évident. A Genève *Polyeucte*, oui *Polyeucte* ! avait été interdit le 18 mars 1748. Y a-t-il une pièce où Dieu soit mieux loué et servi ? Où toute vertu, même païenne, soit plus noble, plus charitable, au demeurant plus chrétienne, et où la passion elle-même soit davantage une exaltation de l'esprit de sacrifice ? Eh bien ! à Genève, *Polyeucte* était impur. Si l'on veut comprendre J.-J. Rousseau et sa diatribe contre le théâtre, il faut l'entendre non à Paris mais à Genève. On voit donc où Voltaire était tombé avec son théâtre à domicile, ses mascarades, ses saillies impertinentes et ses propos sacrilèges.

Il promit d'être sage. Il avait été sermonné par les Tronchin et par son ami le pasteur Vernes : il jura qu'on ne jouerait plus jamais la comédie dans sa maison et qu'il était navré d'avoir déplu à de si vertueux personnages. Rien ne nous inspire plus de méfiance que ces protestations. En s'inclinant, il pensait à tourner la difficulté. Comment en serait-il autrement ? Pour lui, jouer la comédie est le plaisir le plus exquis, mais la jouer en narguant les dévots et les sots, c'est un plaisir des dieux.

Parmi ces petits bruits éclata l'effroyable cataclysme de Lisbonne. La capitale du Portugal était anéantie et la terre entière avait tremblé. Depuis Herculanum et Pompéi jamais l'histoire n'avait enregistré pareille calamité naturelle. Réceptif comme il l'était à ce genre d'événement où l'ordre naturel et l'ordre humain sont si cruellement en conflit, Voltaire fut bouleversé. Il allait et venait en murmurant : « *Voilà un horrible argument contre l'optimisme.* » Il écrit à d'Argental : « *Le* « Tout est beau » *de Pope est un peu dérangé et je n'ose plus me plaindre de mes coliques.* » C'est de cette émotion qu'est né le *Poème sur le désastre de Lisbonne.* Il contredit Pope, il attaque l'optimisme, la Providence est malmenée et l'Eglise de Rome pousse des gémissements. Il se défend d'être antichrétien dans ce poème. Par malheur pour ses dénégations, l'imprimeur pour augmenter le volume du *Poème* qui était un peu mince lui avait ajouté *La Religion naturelle.* Rien n'était moins orthodoxe que cette religion fort peu religieuse. Le volume fut condamné à être brûlé en 1759. Il a beau faire une belle préface pour clamer son zèle catholique et français dans un pays protestant, l'étiquette qu'il colle sur le livre n'en modifie pas le contenu qui est anti-catholique et n'est même plus chrétien.

C'est avec ce poème que commence sa brouille avec J.-J. Rousseau. Depuis leur vague collaboration à l'occasion des fêtes de Ramire en 1745 leurs rapports avaient été courtois — et même respectueux de la part de Rousseau. Celui-ci envoya à Voltaire son livre *Discours sur l'Origine de l'Inégalité parmi les hommes,* et il en fut remercié le 30 d'Auguste 1755, par la lettre que l'on connaît : « *Vous plairez aux hommes à qui vous dites leurs vérités, mais vous ne les corrigerez pas... On n'a jamais employé autant d'esprit à vouloir nous rendre bêtes, et il prend envie de marcher à quatre pattes quand on lit votre ouvrage. Cependant comme il y a plus de soixante ans que j'en ai perdu l'habitude, je sens malheureusement qu'il m'est impossible de la reprendre et je laisse cette allure naturelle à ceux qui en sont plus dignes que vous et moi... Je me borne à être un sauvage paisible dans la solitude que j'aie choisie auprès de votre patrie où vous devriez être.* » Il l'invitait à Genève à boire « *du lait de nos vaches et à brouter nos herbes* ». Rousseau ne semble pas avoir été tenté par ce programme champêtre. Paris lui paraissait un meilleur endroit pour y édifier sa réputation — au risque d'y perdre sa vertu intraitable. Rousseau répondit aimablement à cette lettre. Mais tout changea après le *Poème sur le désastre de Lisbonne* en 1755. Les pasteurs n'étaient pas moins outrés que les curés et un pasteur de Genève demanda à Rousseau d'écrire une réfutation des thèses impies de Voltaire. Et Jean-Jacques Rousseau se déchaîna contre Voltaire et en faveur de la Providence : « *Voltaire en paraissant toujours croire en Dieu n'a jamais cru qu'au Diable puisque son Dieu n'est qu'un être malfaisant qui selon lui ne prend de plaisir qu'à nuire.* » Il revient souvent sous la plume de Jean-Jacques que Voltaire est riche et qu'il n'a pas le droit de se plaindre. Cela sent l'envie, ce n'est pas un argument de philosophe. Le tremblement de terre de Lisbonne a-t-il fait la même distinction que Jean-Jacques entre les riches et les pauvres ? Ce qui apparaît dans cette première escarmouche, c'est l'antinomie foncière de deux hommes. En outre, ce bon Jean-Jacques ne perd pas l'occasion de moraliser et de se donner les gants d'une bonne action : s'il traite mal Voltaire c'est pour l'améliorer, pour diminuer le nombre de ses mauvais ouvrages et augmenter sa gloire. Ah ! bonne âme ! Et pas menteur, quoique falsifiant un peu les choses. Il remercie Voltaire de lui avoir envoyé son Poème que Voltaire ne lui a pas envoyé. Rousseau le dit ailleurs, il l'a reçu d'un nommé Roustan. Mais cela lui permet de remercier et de faire mille grâces qui feront passer *le Diable.* Rousseau n'osa envoyer sa lettre directement à Voltaire, il la donna à Tronchin. Son audace l'effrayait un peu — il hésitait et écrivit à Tronchin : « *S'il* (Voltaire) *est moins philosophe que je ne le suppose, renvoyez-moi la lettre.* » C'est absurde. Tronchin est sans illusions : il ne faut pas espérer que Voltaire va devenir un adorateur de la Providence parce que Jean-Jacques l'aura morigéné. Au contraire, il se roidira : « *On ne guérit pas à soixante ans des maux qui commencent à dix-huit* », disait Tronchin.

Voltaire absorbe la pilule sans réagir. « *Votre lettre est très belle* », écrit-il, mais il soigne sa nièce qui est au plus mal, lui-même est « *trop malade pour oser penser avec vous.* » Affaire non réglée, remise à plus tard.

Voltaire n'attache pas sur le coup beaucoup d'importance à cette polémique qui lui paraît oiseuse. Que Rousseau prêche, puisque cela l'amuse. Voltaire considère que c'est du temps perdu parce que c'est ennuyeux.

Voltaire avait des vers à faire, des correspondants à combler, des amis, des visites, des affaires d'argent, sa propriété qu'il gérait très bien. Pour ces diverses raisons, Rousseau attendit la réponse. Elle vint, plus tard, sous une forme surprenante que Rousseau reconnut aussitôt : « *Elle n'est autre,* dit-il dans ses *Confessions, que le roman* Candide *dont je ne puis parler parce que je ne l'ai pas lu.* » Et comment sait-il qu'il s'agit de la réponse à sa défense de l'Optimisme ? Et à qui fera-t-il croire qu'il n'a pas lu *Candide* sachant qu'il y trouverait la réfutation de sa propre thèse en faveur de l'optimisme ? O peu Candide Jean-Jacques !

Mais les *Confessions* ne furent écrites que bien plus tard. Sur l'heure, Jean-Jacques s'estima satisfait par la lettre polie de Voltaire. Il avait eu tellement peur de la colère du poète des *Délices* que quelques phrases courtoises l'enchantèrent démesurément : « *Un homme qui a pu prendre ma lettre comme il le fait mérite le titre de philosophe et l'on ne peut être plus porté que je ne le suis à joindre à l'admiration que j'eus toujours pour ses écrits, l'estime et l'amitié pour sa personne.* »

C'est parler à tort et à travers et Jean-Jacques s'en avisera.

Coquetteries et grimaces de singe. Collini amoureux devine l'amour secret de son maître.

Comme l'hiver approchait et qu'il faisait froid aux *Délices,* l'oncle et la nièce se transportèrent à Montriond, à l'autre extrémité du lac, aux portes de Lausanne. Là, au milieu des vignes, abrités des vents du nord, ils se blottirent en attendant le printemps. Mais ils oublièrent de fermer leur porte et la ville entière défila chez eux. Ils en furent ravis. Les gens de Lausanne leur parurent aussi aimables que ceux de Genève. C'est ce que Voltaire appelait « tenir le lac par les deux bouts ».

Le 10 mars 1757, ils réintégrèrent les *Délices.* Aussitôt Voltaire fit une sorte de fugue à Berne. Collini intrigué, aurait bien voulu en savoir la raison. On a fini par la connaître : il rencontra certains émissaires d'une certaine puissance qui lui proposèrent une mission auprès de Frédéric II — à moins que ce ne fût Frédéric lui-même qui le fît appeler pour le charger de mission. Il avoua à Thiériot en termes voilés qu'on avait voulu le tirer de son abbaye de Thélème pour « *le mettre dans un palais* », et il confia au duc de Wurtemberg : « *Il ne tient qu'à moi d'aller dans un pays où j'ai fait autrefois la cour à Votre Altesse et ce n'est pas dans ce pays-là que je voudrais lui renouveler mes hommages.* » Cela est plus clair : il s'agit de la Prusse.

Deux mois plus tard, l'impératrice Marie-Thérèse l'invita à venir à Vienne. Il n'eut garde d'accepter. Fini le goût des grandeurs souveraines ! Francfort l'en a guéri. « *J'aime mieux gron-*

der mes jardiniers que faire ma cour aux rois. » On dirait une phrase de *Candide*.

Pourtant avec Frédéric, on échange encore des coquetteries. On multiplie les messages à la Margrave, à Darget — remplis de compliments pour Frédéric qui lui seront répétés. Ni l'un, ni l'autre n'est dupe. Mais on est toujours en contact, c'est l'essentiel. Ils sont aussi curieux l'un que l'autre des mots, des gestes que l'un ou l'autre fait. Séparés, ils sont inséparables.

Mais pour laisser une soupape de sûreté à sa rancune qui est bien réelle, Voltaire a ses petites vengeances. Elles le dépeignent bien dans son intimité. Il possède un aigle qu'il a mis en cage. Il contemple son captif avec satisfaction : c'est l'animal héraldique du roi de Prusse. Il le montre : voyez ce bec, voyez ces serres. « *Comme l'autre* », dit-il sans désigner personne. Il le nargue. Cela le soulage. Il possède également un petit singe, un affreux petit singe qu'il appelle Luc, désagréable et méchant au possible, il a déjà mordu trois fois son maître et si cruellement qu'il a dû marcher avec des béquilles. Or, dans le cercle des intimes on sait que « Luc » est aussi le surnom donné par Voltaire à Frédéric. Pourquoi ? lui demande-t-on. « *Parce qu'il mord tout le monde.* » Sa verve comique l'entraîne plus loin. Un familier lui dit que lorsqu'il écrit on ne sait pas toujours si « Luc » désigne Frédéric ou le singe : « *Quand « Luc » désigne Frédéric,* réplique Voltaire, *il faut lire à l'envers pour m'entendre.* »

Tout cela ne faisait pas grand mal à Frédéric, ni grand bien à Voltaire si ces jeux étaient rapportés à Frédéric. Ce qui est certain c'est que cela amusait notre héros.

Sa maison aussi l'amusait beaucoup. Il en était fier. Il la trouvait plus belle que celle de Pope à Twickenham qui, jadis, lui avait paru magnifique. Voyez son train : quatre voitures, un cocher, un postillon, deux laquais, un valet de chambre, un cuisinier français, un valet de campagne, un marmiton — une femme de chambre pour Mme Denis et le secrétaire Collini. La chère était toujours exquise et abondante et la table fort appréciée.

Mais Collini s'ennuyant de plus en plus devenait insupportable. Mme Denis et Voltaire le ménageaient, le dorlotaient : c'était insuffisant. « *Il aime les femmes comme un fou et il n'y a pas de mal à cela,* écrit Mme Denis qui aurait eu mauvaise grâce à blâmer un penchant qu'elle avait si fort encouragé dans son entourage, *mais les femmes lui tournent la tête et lui donnent un air tracassier qui s'étend jusqu'à ses supérieurs.* »

La Providence que niait si bien Voltaire, se manifesta, sous son propre toit en faveur de Collini et sous la forme d'une dame de Bourgogne maltraitée par un mari sauvage. Elle vint chercher refuge près du ministre de France à Genève. Comme elle n'était ni sans beauté, ni sans esprit, le ministre pensa qu'elle ornerait la maison du poète et il la lui confia. Voltaire lui fit fête, la consola, la complimenta. On voit sa générosité pour une fugitive dont il n'avait rien à attendre si ce n'est le plaisir de la recevoir. Elle pleurait parfois, non sans grâce, et savait évoquer ses malheurs avec légèreté pour attendrir et non pour attrister. Ses regards en disaient plus long qu'un discours affligeant. Collini, sans tarder lui représenta que le plus malheureux c'était lui et non elle. Il était florentin et bon disciple de son maître, habile en paroles et en gestes. La dame qui avait souffert fut persuadée qu'il serait bien cruel de faire souffrir cet aimable innocent. Et, mêlant leurs deux chagrins, ils en firent une grande joie. Ils étaient si contents l'un de l'autre et avec tant de simplicité que, du marmiton à Voltaire, tout le monde aux *Délices* pouvait être témoin de leurs transports. Malgré la tolérance de Voltaire pour tous les cultes, il ne put supporter longtemps que sa maison devînt le temple de Vénus. La dame fut priée de réintégrer la Bourgogne. Collini en fut chaviré de douleur. Voltaire ne le gronda pas trop, mais Mme Denis lui fit des observations. Collini qui avait — heureusement pour les biographes — un penchant très net à la médisance redouble alors de malveillance pour Mme Denis. Il la traite de « louche ouvrière ». Il se moque d'elle parce qu'elle est jalouse d'une jeune fille de Genève qui avait fait cadeau à Voltaire d'un bonnet de quatre sous que Voltaire trouvait le plus beau du monde. Ce qui fit enrager la nièce. Elle lui en offrit un « digne d'un sultan ». Mais il feignit de ne pas le voir. Elle le lui mit sous le nez. Il dit à peine merci. Elle éclata. C'est à l'occasion de cette scène que Collini soupçonna Mme Denis d'avoir sur Voltaire certains droits qui ne peuvent être donnés que par certaines faveurs qu'il n'est pas d'usage de s'accorder entre proches parents. Ce soupçon de Collini parut pendant longtemps injuste et malveillant. Nous sommes aujourd'hui mieux renseignés que Collini pour savoir qu'il y avait près de quatorze ans que la jeune veuve de M. Denis avait tout donné d'elle à son oncle Voltaire. Evidemment, cela pouvait paraître extravagant. Voltaire à l'époque passait et se faisait passer pour égrotant. Il suffisait de le voir pour en convenir. Il est donc bien compréhensible qu'on ait refusé de croire à cette liaison. Rien ne permettait de la soupçonner parce que Voltaire était, dans son comportement et dans ses paroles, d'une réserve et d'une pudeur sans défaillance. On sait qu'avec Mme du Châtelet, même leurs intimes n'avaient jamais pu surprendre un mot ou un geste équivoques. Tout à l'opposé de son secrétaire qui s'épanchait en public, Voltaire n'extériorisait jamais ses transports amoureux. En public, il aimait les femmes par les yeux, par l'oreille, par le bec. Il aimait l'atmosphère qu'elles créaient autour de lui. Ses élans charnels ne furent jamais très chaleureux, on le sait, il avait si peu de chair entre les os et la peau ! Mais il n'était pas insensible, et il n'était pas impuissant non plus. Ce jeu de Voltaire et des femmes est très profondément révélateur de sa nature : il aimait les femmes parce qu'elles étaient plus civilisées que les hommes. L'amour pour lui n'est pas une passion, c'est une amitié, sublimée par l'intelligence et la tendresse et teintée de sensualité.

Bref, il faut en convenir, Voltaire a été l'amant de sa nièce. M. Bestermann a publié les lettres qui font du soupçon de Collini une certitude. Ces lettres sont pour la plupart écrites en italien, cela ne les rend pas moins ardentes. Le moment est venu d'éclairer les relations de la nièce et de l'oncle. En 1746, il lui écrivait : « *Je fais plus de cas d'un de vos cheveux que de toutes les boucles de Belinde.* »

Dans sa lettre du 15 octobre 1746 nous lisons (ah ! si Emilie avait su chose pareille !) : « *Mais je vous prie d'être sobre et de me rendre sobre. Je vous demande la permission d'apporter ma mollesse. Il serait mieux de b... mais que je b... ou non, je vous admirerai toujours et vous serez la seule consolation de ma vie.* »

En octobre 1747, cette mollesse persiste. Il se plaint de sa mauvaise santé qui nuit à ses bonnes intentions. Il trouve que c'est beau l'amour.

Mais il faudrait se mieux porter
Pour en parler et pour le faire.

Toutefois, il en parle, et même beaucoup : « *La nature qui m'a gratifié du cœur le plus tendre a oublié de me donner un estomac. Je ne puis digérer mais je puis aimer. Je vous aime et vous aimerai jusqu'au jour de ma mort. Je vous embrasse mille fois, ma chère virtuose. Vous écrivez l'Italien mieux que moi. Vous méritez d'être admise à l'Académie de la Crusca. Mon cœur et mon V... vous font les plus tendres compliments.* »

Et toujours la maladie se mêle à ses transports : « *Je me flatte de vous voir malgré la colique. Je vous aime et vous aimerai plus que ma vie.* »

Moins médicamenteux, le galant serait plus aimable mais non plus empressé : « ... *et je sens chaque jour que je dois vous consacrer les derniers jours de ma vie et qu'après un printemps de folie, un été orageux, et un automne languissant vous seule pourrez adoucir les rigueurs de mon hiver.* »

Notons que cela est écrit le 1er février 1748. Emilie n'était pas morte et rien ne laissait prévoir qu'elle mourrait la première. Il pensait donc finir sa vie avec sa nièce ? On comprend alors qu'elle avait de solides raisons pour afficher ses ambitions sur l'oncle et sa fortune. Elle avait reçu des assurances. Il les lui renouvela : « *En vérité, je sens que je n'ai pas encore longtemps à vivre. Sera-t-il dit que je ne passe pas avec vous les derniers temps de ma vie, que je n'aie pas la douceur de la finir dans vos bras. Ecrivez-moi, consolez-moi, mon cœur a plus besoin de vos lettres que de médecins.* »

Il paraissait inconcevable qu'il abandonnât Emilie. D'ailleurs, elle n'aurait pas accepté. Alors ? Un trio ? Emilie, lui et la nièce ? Inadmissible. Jamais Emilie n'aurait toléré, même à distance, Mme Denis. On voit que la mort d'Emilie a tranché une situation qui menaçait de mal tourner.

Malgré les défaillances, l'opulente Mme Denis l'a plus d'une fois inspiré : « ... *et si le malheureux état de ma santé me le permet je me jetterai à vos genoux et je baiserai toutes vos beautés. En attendant, j'applique mille baisers à vos seins ronds, à vos fesses transportantes, à toute votre personne qui m'a fait tant de fois b... et qui m'a plongé dans un fleuve de délices.* »

Que trouvait-il en Mme Denis ? Peut-être cette « émotion » sensuelle qu'il ne trouvait plus en Emilie, ni en aucune autre femme ? Il n'avait guère d'illusions sur le désintéressement de sa nièce. Dès 1740, il avait entrevu la cupidité de Marie-Louise Denis, à l'occasion d'un lapsus. Ils discutaient du testament que Voltaire voulait faire. Elle voulait déjà s'assurer qu'elle serait sa légataire et lui écrivait que, s'il lui faisait donation de son vivant de tous ses biens, elle le laisserait cependant (voyez la bonne fille !) maître de tout. Or, au lieu d'écrire maître de tout, elle écrivit « Maîtresse de tout. » Futé comme il l'était, l'oncle estima que cette faute était très révélatrice. Elle ne devint pas si tôt maîtresse de la fortune ; mais « maîtresse » de l'oncle, elle le fut en 1744, après la mort de son mari. C'est le moment où les transports du poète avec Emilie font place à la tendre amitié. Lorsque sa nièce le rejoignit à Francfort et qu'ils furent séquestrés par Frédéric, elle apporta dans leur captivité quelques douceurs secrètes. Elle sut ensuite faire valoir les consolations qu'elle lui avait apportées et si elle ne se remaria pas, c'est dans l'attente de l'héritage qui vint... mais plus tard qu'elle ne l'espérait.

On voit que les soupçons de Collini n'étaient pas vains. Cela ne le rendit pas plus bienveillant pour Mme Denis. Il écrivit sur elle de dures vérités et il eut la maladresse de laisser traîner une lettre dans laquelle il parlait d'elle. Une femme de chambre la remit à l'intéressée qui dans un transport de rage la remit à Voltaire en exigeant le renvoi du coupable. Voltaire s'y résigna. Il chasse Collini, sans haine... Collini dans ses mémoires se repent de n'avoir pas toujours su comprendre les bontés de son maître et le récit qu'il fait de leur séparation les honore l'un et l'autre. Voltaire lui donna un rouleau d'or. Collini lui dit qu'il en avait. « *Prenez, prenez,* dit Voltaire, *on ne sait ce qu'il peut arriver.* » Cela diffère bien de la scène de Colmar. Collini écrit que « *rien n'est moins fondé que le reproche d'avarice que l'on fait à ce grand homme... Voltaire avait l'art de jouir et d'augmenter sa fortune.* » Et il conclut : « *Je n'ai jamais connu d'homme que ses domestiques pussent voler aussi facilement. Est-ce là d'un avare ? Je le répète, il n'était avare que de son temps.* » Excellente formule, c'est en effet, de son temps qu'il a lieu d'être avare : pour Voltaire, le temps c'est le travail : la vraie richesse.

Aimables visiteurs et retentissantes conséquences d'une illustre visite.

Les visiteurs de l'étranger commencent à prendre le chemin des *Délices*. En 1755, ce sont deux poètes — bien oubliés — Palissot et Patru. Leur témoignage fait plaisir à lire. Dans une lettre au célèbre acteur anglais Garrick, Patru écrit qu'il vient de passer chez Voltaire « *une huitaine de jours qui sont parmi les plus agréables de ma vie.* » Il parle avec enthousiasme de Voltaire « le grand homme » : « *Figurez-vous, avec l'air d'un mourant, tout le feu de la première jeunesse et le brillant de ses aimables récits ! Si je juge des défauts, des vices mêmes qu'on impute à M. de V., par l'avarice dont je l'ai entendu taxer, que ses calomniateurs me paraissent des animaux bien vils et bien ridicules ! Jamais on n'a vu chère plus splendide, jointe à des manières plus polies, plus affables, plus engageantes. Genève est enchantée de l'avoir...* »

Un personnage de plus haute stature vint faire un séjour aux *Délices* en août 1756 : d'Alembert. Les deux hommes se connaissaient depuis 1746 et leurs relations étaient excellentes. D'Alembert était un très grand esprit et de plus un très honnête homme. Il souffrit de sa naissance irrégulière. Cependant la haute société ne l'a pas boudé, bien au contraire. Mais les difficultés de son enfance marquèrent cette âme délicate et fière. Son visage semblait peu souriant mais son cœur n'était pas amer. Ce qui le lia tout à fait à Voltaire fut l'Encyclopédie. Cette entreprise gigantesque enthousiasma Voltaire. Ce travail de titan l'exaltait par ses dimensions mêmes car Voltaire fut toujours en admiration devant les entreprises immenses. Mais il était surtout excité par l'esprit qui animait l'Encyclopédie. Il faut dire que ce fut la plus formidable machine de guerre lancée contre les Autorités traditionnelles et contre l'ancien ordre des choses. Voltaire partageait son admiration entre Diderot et d'Alembert : « *Paris abonde de barbouilleurs de papier, mais de philosophes éloquents, je ne connais que vous et lui.* » Il oubliait Jean-Jacques, le plus éloquent de tous — mais Jean-Jacques n'allait pas manquer de se rappeler à lui.

Dès 1752, Voltaire se mit au service de *cet ouvrage immense et immortel.* Il le fit comme il fallait le faire, nous dirions « dans un esprit d'équipe », sans toutefois s'y donner comme un Diderot ou un d'Alembert. Oubliant sa célébrité, il sut apporter des pierres anonymes à l'édifice grandiose. Il dit, avec une modestie qui nous touche, qu'il veut être *un garçon dans cette immense boutique.* Il est aux ordres. C'est d'Alembert le chef d'équipe, c'est à lui de critiquer, de corriger, de couper les articles, c'est à lui d'orienter les collaborateurs, de « les mettre dans la ligne » de sorte que chaque article débarrassé de toute particularité puisse se fondre dans l'ensemble. Il engage d'Alembert à refuser les opinions personnelles et à n'admettre que les opinions sur lesquelles les gens raisonnables et instruits sont d'accord. « *J'ai obéi comme j'ai pu à vos ordres,* écrit-il ; *je n'ai ni le temps, ni les connaissances, ni la santé pour travailler comme je le voudrais. Je ne vous présente ces essais que comme des matériaux que vous arrangerez dans l'édifice immortel que vous élevez. Ajoutez, retranchez. Je vous donne mes cailloux pour fourrer dans quelque coin du mur...* »

D'Alembert fut reçu à la perfection non seulement aux *Délices* mais à Genève et notamment par les ministres du culte. Les plus éminents eurent avec lui des entretiens très confiants. D'Alembert rentré à Paris, écrivit son article *Genève* pour l'Encyclopédie. Ce fut un beau tapage ! Il avait cru faire un éloge des pasteurs. On ne l'entendit pas de cette oreille dans la ville de Calvin. Et les pasteurs n'avaient pas tort. D'Alembert par haine du papisme s'était cru très ouvert au calvinisme. Ce qui lui plut dans les propos des pasteurs c'est qu'ils étaient hostiles aux rites et aux dogmes romains. D'Alembert en avait conclu qu'ils étaient dégagés de la Foi. A la lecture de l'article ces Messieurs du Consistoire jetèrent les hauts cris. Pour qui les prenait-on ? Pour des mécréants ? Voltaire, dont le rôle dans l'affaire ne pouvait faire de doute se trouva pris entre son cher Encyclopédiste et les pasteurs de Genève. « *Ces drôles osent se plaindre de l'éloge que vous daignez leur donner...* » M. d'Alembert avait simplement oublié que « ces drôles » étaient gens de foi et de foi chrétienne. L'éloge qu'il leur décernait et qui était surtout une arme contre Rome avait justement blessé ce qui est commun à tous les chrétiens : la foi en la divinité de Jésus-Christ. Mais pour d'Alembert tout était superstition. Il eut donc tout le monde à dos : Rome et Genève. Il lui resta les *Délices* et son diable.

Voltaire s'entremit entre l'Encyclopédie et les pasteurs. Tronchin demanda fort courtoisement une rectification : il n'obtint que de grandes politesses « encyclopédiques ».

Il y avait encore un autre point envenimé. D'Alembert avait parlé de la sainte horreur de Genève pour la Comédie. Qui pourrait croire que Voltaire n'a pas fait de son mieux pour inspirer l'article ? J.-J. Rousseau était si persuadé que le passage sur les spectacles avait été inspiré par Voltaire qu'il en informa le pasteur Vernes le 28 octobre 1758. Sur la polémique religieuse, Jean-Jacques prêchait la modération au pasteur, mais pour les spectacles, il fallait faire la guerre. Jean-Jacques s'indignait « de ce manège de séduction dans sa patrie ». C'est de cette indignation que naquit la fameuse *Lettre à d'Alembert sur les spectacles* dans laquelle tous les écrivains de théâtre sont si sévèrement traités. Aimable Jean-Jacques, fallait-il pour te plaire rallumer le bûcher de Michel Servet pour griller l'auteur de *Zaïre* ? Dans sa lettre du 4 juillet 1758 au pasteur Vernes, il avoue : l'article de d'Alembert a si bien « *réveillé mon zèle que j'ai vu clairement qu'il ne se faisait pas scrupule de faire sa cour à M. de V. à nos dépens. Voilà les auteurs et les philosophes...* »

C'est donc cela ? Si d'Alembert n'avait fait que se moquer de la divinité de N.-S. Jésus-Christ et n'avait pas fait sa cour à M. de V. le zèle de Jean-Jacques n'aurait pas été réveillé ? Voltaire ne se doute pas encore qu'une poche de venin se gonfle contre lui.

Menus plaisirs, menus tracas et incroyable apparition d'un chapeau de Cardinal.

Avec autant d'attrait pour l'intrigue que pour le profit qu'il pense en tirer, Voltaire se lance dans une de ces affaires sur la nature desquelles il n'est pas plus regardant que ne l'étaient ses contemporains. Il s'agit d'armer des vaisseaux. Qu'ils trafiquent de café, de cotonnades, de « bois d'ébène » ou autres marchandises, nul ne s'en soucie. En l'occurrence, il s'agit d'aller faire la guerre aux Jésuites du Paraguay. Le voilà tout frétillant d'aise de commanditer une expédition contre les bons Pères tout en retirant un bel intérêt de Sa Majesté Très Catholique car — ô mystère des politiciens ! — c'est le roi d'Espagne, le roi du pays de l'Inquisition et d'Ignace de Loyola qui va bombarder les Jésuites. « *Le roi d'Espagne envoie quatre vaisseaux de guerre contre les révérends Pères. Cela est si vrai que moi qui vous parle, je fournis ma part d'un de ces vaisseaux... et pour achever le plaisant de l'aventure ce vaisseau s'appelle* le Pascal, *il s'en va combattre* la morale relâchée... »

C'est presque trop beau.

Autre affaire : en janvier 1756, il apprend que Mme de Pompadour constatant chez son royal amant certaines défaillances, bien connues de Voltaire, s'était prise à redouter des défaillances encore plus grandes dans la faveur dont elle jouissait à la Cour. Voltaire fut moins surpris de ce préambule que de la suite que la marquise comptait donner à l'affaire. Par une de ces « combinazzione » dont les cours ont le secret, Voltaire allait se trouver mêlé à cette délicate affaire. Mme de Pompadour essayait de se maintenir dans ses prérogatives très profanes avec l'aide de Dieu et surtout celle de ses ministres. Le détour peut sembler long mais nous viendrons au but. Qu'on en juge. La marquise aurait voulu que son mari, M. Lenormand, la reprît. Elle aurait encore pu, avec ce qui lui restait de crédit, garder une charge à la Cour. Elle n'aurait plus été « Maîtresse » mais Conseillère. Elle comptait sur cette force de l'habitude qui rendait le roi hostile à tout nouveau visage. M. Lenormand ne voulut rien entendre. Elle fut déçue, elle croyait pouvoir compter sur lui. Ne lui avait-il pas écrit au début de sa carrière à Versailles : « *Connaissez toute ma faiblesse, je vous reprendrais si vous reveniez à moi.* » Elle avait montré ce billet au roi qui lui dit posément : « *Gardez ce billet, on ne sait pas ce qui peut arriver.* » Tant il est vrai que régner c'est prévoir.

Son époux ne voulant plus d'elle, il lui restait son confesseur. Il lui donna d'excellents conseils. D'abord de suivre le Carême. Elle l'observa trois jours par semaine en s'assurant que cela ne pouvait nuire à sa santé. Ensuite, il prescrivit des lectures édifiantes. Il ne manquait pas d'ouvrages mais ce qui devait donner plus d'éclat à la conversion de la favorite et plus d'originalité à ses transports mystiques, c'était d'enrichir la littérature édifiante d'œuvres nouvelles et brillantes. Le style à la mode ne brillait que dans des ouvrages libertins. Pourquoi ne brillerait-il pas dans de pieux ouvrages ? C'est à Voltaire qu'on pensa tout de suite pour rénover les lectures sacrées qui devaient conduire la Pompadour à la béatitude.

Le duc de La Vallière fut chargé de la proposition. Il écrivit le 1er mars 1756 à Voltaire pour lui demander de « *mettre en vers de sa façon les Psaumes de David* ». On lui demandait moins la fidélité qu'une aimable paraphrase. « *Vous effacerez Rousseau, vous inspirerez l'édification et vous me mettrez à portée de faire le plus grand plaisir à Mme* ... (le nom ne figure pas). *Ce n'est plus* Mérope *qu'il nous faut mais un peu de David* (ce *un peu* n'est-il pas touchant ?) *Imitez-le, enrichissez-le.* » C'est un comble : enrichir David ! Ce siècle était encore plus irrespectueux du sacré quand il avait l'air de le respecter que lorsqu'il l'attaquait.

Mais le plus incroyable n'est pas dit ici. Imagine-t-on la récompense à laquelle on avait pensé pour le poète dans le cas où il eût fait un chef-d'œuvre en collaborant avec le roi David ? On lui avait promis le chapeau de cardinal ! Voltaire, cardinal ! Aucune preuve écrite de cette proposition n'existe, mais elle fut faite et fut connue. Un homme aussi réfléchi, aussi prudent que Condorcet en fait état dans sa *Vie de Voltaire*. Il écrit : « *Voltaire ne pouvait devenir hypocrite même pour être cardinal comme on lui en fit entrevoir l'espérance quelque temps après.* »

C'eût été un assez joli spectacle que de voir sur les bancs du Sacré Collège un cardinal de Tencin, un cardinal de Bernis et un cardinal de Voltaire. Mais Voltaire se récuse. C'est ainsi que les dévots furent privés de Psaumes « de sa façon » et le Sacré Collège de la présence du Saint-Esprit.

En cette même année 1756, il eut aussi la joie de fêter la victoire de son ami Richelieu à Port-Mahon. Il avait fait, un peu témérairement, une prophétie de cette victoire dans un couplet en vers quand Richelieu prit la tête de l'expédition contre les Anglais, aux Baléares. Par malheur, la victoire trop tôt chantée se fit attendre et l'on commença à rire des prophéties de Voltaire. Enfin, Richelieu battit les Anglais et tout finit bien pour lui et son compère. Mais cela finit mal pour les Anglais et tout particulièrement pour l'amiral Byng qui commandait l'expédition adverse. Les Anglais avaient, avec tout autant de fanfaronnade que Voltaire, chanté prématurément victoire. La nouvelle de leur défaite leur fit l'effet d'une trahison et l'amiral Byng fut jugé et condamné à mort, sacrifié à l'orgueil populaire. Voltaire l'avait connu du temps de son exil à Londres, Richelieu et lui s'émurent de ce sort injuste et barbare. Richelieu écrivit une lettre admirable aux juges de son malheureux adversaire, Voltaire y joignit un billet simple, digne et émouvant. Ils n'obtinrent que quatre voix pour Byng. Le roi refusa sa grâce.

Cette démarche de Voltaire l'honore. Entre ses petitesses parfois ridicules, on voit ainsi surgir le grand homme, grand non seulement par son talent mais par son humanité.

Il eût volontiers troqué le chapeau et la pourpre pour une autorisation de séjour à Paris. Il vivait bien parmi les délices de ses *Délices,* encore qu'il l'ait chanté lui-même : « *Toujours du plaisir n'est plus du plaisir.* » Les *Délices* de Genève n'étaient jamais que celles de l'exil et elles avaient malgré tout un arrière-goût amer. A Paris, les plaisirs n'auraient pas été aussi délicieux, combien plus mélangés, menacés, pimentés, combien plus dramatiques et même corrosifs mais c'était Paris, sa Ville, sa vie, son sang. Par une de ces fantaisies absurdes du sort, il se trouva qu'il était plus facile au plus grand impie du siècle d'être cardinal en résidant dans la capitale du protestantisme qu'à M. de Voltaire, parisien et écrivain, de résider bourgeoisement rue Traversière-Saint-Honoré. Devant tant d'absurdité comment n'eût-il pas écrit *Candide ?* Le garde des Sceaux du moment, M. d'Argenson était le frère aîné de son ami d'Argenson de Louis-le-Grand qui fut ministre des Affaires étrangères : le garde des Sceaux détestait Voltaire. On lui fit demander et redemander l'autorisation de séjour. Il refusa obstinément.

Une épigramme circula sur « La Chèvre » (surnom de d'Argenson garde des Sceaux). On l'attribua à Voltaire. Il s'en défendit. Il fut vengé peu après, le vilain ministre fut exilé en Poitou dans sa terre de l'Orme. On fit des mots : *Il attend sous l'Orme. — La Chèvre va brouter en Poitou.* On aimait les surnoms dans les coteries et à la Cour. Le surnom changeait quand on changeait de cercle. « La Chèvre » chez le roi, devenait « Beau Cadet » chez la reine ; la duchesse de Villars était « Papète » ; la duchesse de Luynes la « Poule ». Chez Mme de Pompadour le financier Pâris-Duverney était « Mon Nigaud », M. de Moras « Mon Gros Cochon ». (Dans ses moments d'humeur Voltaire appelait Mme Denis « La Grosse cochonne », c'était à peine un surnom). M. de Paulmy était « Petite Horreur » et le cardinal de Bernis tantôt « Babet », tantôt « Pigeon pattu ».

Pour s'aérer, Voltaire retourne à Montriond. Là, plus de contrainte : on joue la comédie. Les habitants de Lausanne sont les plus charmants du monde. Ils ont un calvinisme doux comme le miel. Il y avait quelques grincheux : une dame qu'on avait oublié d'inviter se vengea en faisant jouer chez elle une parodie de *Zaïre*. On le répéta à Voltaire qui, rencontrant une parente de cette dame lui dit en plaisantant :

— *Ah ! ah ! c'est donc vous, Mademoiselle, qui vous moquez de moi ?*

La jeune fille terrorisée balbutia :

— *Oh ! non, Monsieur, c'est ma tante.*

Le roi de Prusse n'a pas quitté la scène.

En cette année 1757, Frédéric essuie quelques revers. Sa politique crée en Europe un vif mécontentement et, par représailles, l'impératrice Marie-Thérèse devient très populaire. Voltaire adore Marie-Thérèse ! En apprenant une défaite de Frédéric, il se met à danser, à gambader, à rire aux éclats. Il se sentait encore mieux vengé que par *Luc*. Quelqu'un eut le mauvais goût de lui dire : « *Vous avez donc oublié les louanges que vous lui avez données ?* » Il répondit qu'il n'avait pas oublié Francfort.

La société de Lausanne lui présente des gens curieux. Une femme possédait une correspondance de la célèbre Mlle Aïssé. Il se jette sur ces lettres et les annote. Ces longues déclamations amoureuses pour sincères qu'elles soient ne l'intéressent guère :

« *Toujours de l'amour fatigue de l'amour* », dit-il en connaissance de cause.

Il rencontre un pasteur original qui était à peu près aussi calviniste que Voltaire était catholique. Très à l'aise dans son incroyance, ce M. Pollier de Bottens écrivit sur la demande de Voltaire des articles pour l'Encyclopédie. Le ton en était si vif, si libre et même si libertin que d'Alembert refusa de publier l'article *Liturgie* qui aurait fait mettre toute « la boutique » en prison. Voltaire pria Pollier de ne pas se décourager ; le pasteur, de la même encre, écrivit *Mage*. Ce jeu amusait beaucoup Voltaire, ces hardiesses le ravissaient surtout parce qu'elles venaient d'un pasteur. D'Alembert modifiait ces articles impubliables et engageait Voltaire à encourager le pasteur dans ce bon chemin mais, disait-il : « *Nous demandons seulement à votre hérétique de faire patte de velours dans les endroits où il aura trop montré la griffe.* » Voltaire désinvolte répondait : « *Si mon prêtre vous ennuie, brûlez ses guenilles.* »

Par l'intermédiaire de ce Bottens, il entre en relation avec le pasteur Bertrand, de Berne. Esprit distingué et solide et savant naturaliste qui fit un Mémoire remarqué sur les fossiles. Il envoya aussi des articles à l'Encyclopédie. Un article sur le *Droit Canonique* lui valut ce compliment de Voltaire : « *Vous immolez la prêtraille à la vérité et à l'intérêt public : votre ouvrage est aussi respectable que votre esprit est bien fait.* » Jamais un fossile ne valut pareil éloge à M. Bertrand.

Mais tout cela n'était que passe-temps : il voulait aller à Paris. Il mobilisa encore tous ses amis et les lança à l'assaut des ministres. Ils étaient difficiles à convaincre. Voltaire avait si souvent promis d'être sage alors que le scandale renaissait incessamment sous ses pas dès qu'il foulait le pavé de Paris que tous les puissants firent la sourde oreille. Il entreprend particulièrement Richelieu. Il lui suggère la marche à suivre pour rétablir son crédit à la Cour. Il faut d'abord le disculper de ce prétendu attachement à Frédéric qui lui a tant nui à la Cour de France. Ecoutons-le, c'est assez étonnant : « *Si j'osais un moment parler de moi, je vous dirais que je n'ai jamais conçu comment on avait de l'humeur contre moi de mes coquetteries avec le roi de Prusse. Si on savait qu'il m'a un jour baisé la main toute maigre qu'elle est, pour me faire rester chez lui, on me pardonnerait de m'être laissé faire.* »

L'argument est sans réplique, convenons-en. Qui ? Qui en ce

bas monde résisterait à un roi qui lui baise la main ? « *Et si je vous disais que cette année on m'a offert carte blanche* (allusion aux offres secrètes de Berne) *on avouerait que je suis guéri de ma passion.* »

Voilà ce que Richelieu devait exposer à la Cour. Voltaire eût fait rire sans faire oublier l'infidélité car Louis XV avait de la mémoire. Et, pour finir, un coup d'encensoir au duc : « *Qui connaît mieux que vous le temps et la manière de placer les choses.* »

Pendant ce temps, en direction de Berlin, les coquetteries continuent à voleter. Frédéric y met du sien ; entre deux batailles perdues il compose un opéra avec *Mérope*. Voltaire reçoit cette nouvelle enivrante en se pâmant. *Mérope* tripatouillée par un roi, quel enchantement divin ! « *Il ne m'a jamais fait de présent plus galant* », écrit-il à la duchesse de Gotha pour qu'elle le répète. Mais dans ses *Mémoires* on lit sur le même sujet : « *C'est sans contredit ce qu'il avait fait de plus mauvais.* »

On parle de guerre entre l'Autriche et la Prusse. La France serait alliée à l'Autriche. Voltaire fait semblant de ne rien comprendre à ces alliances, mais si cette guerre doit avoir un dénouement bien meurtrier « *qu'au moins M. Freytag soit pendu !* » dit-il. Voilà une guerre qui sera utile.

« *Le roi de Prusse vient de m'écrire une lettre tendre, il faut que ses affaires aillent bien mal* », écrit-il à Richelieu le 4 février 1757. Il n'a pas d'illusion sur la nature de cette tendresse mais il éprouve une réelle satisfaction de savoir que Frédéric a de graves ennuis. Il envisage les deux issues que peut avoir la guerre pour son « ami » et les conséquences qu'elles auront pour lui. Dans le cas où Frédéric serait victorieux. « *Je serai justifié de mon ancien goût pour lui. S'il est battu, je serai vengé.* » Tout est pour le mieux. A vrai dire, il pavoiserait volontiers pour la défaite de Frédéric. C'est à ce moment que nous voyons Voltaire se livrer à une activité surprenante : il invente un char de combat dans l'intention de pulvériser l'armée prussienne. Ce n'est pas une rêverie de poète, les plans sont faits, la machine existe sur le papier. Elle a, bien sûr, une origine littéraire : c'est dans une relation sur les chars d'Assuérus qu'il a trouvé l'idée de sa machine moderne. Il en soumet le plan à M. de Florian [1], officier de talent, qui l'étudie et le présente au ministre. Richelieu s'y

(1) M. de Florian épousa, en secondes noces, en 1762, Mme de Fontaine d'Hornoy, la seconde nièce de Voltaire.

intéresse un moment — ou fait semblant. Bref, du temps que les bureaux feuillettent le projet et le font changer de dossier, l'infanterie autrichienne écrase l'armée prussienne à Kollin. Et le char de papier est rendu à Voltaire-Assuérus. N'empêche que les rapports faits par M. de Florian et d'autres officiers étaient sérieux. On a même exécuté un modèle réduit de l'engin pour lequel Voltaire s'est passionné. « *On l'exécute maintenant en petit. Ce sera un fort joli engin. On le montrera au roi. Si cela réussit, il y aura de quoi étouffer de rire que ce soit moi* (le séquestré de Francfort !) *qui sois l'auteur de cette machine destructive* (de l'armée de Frédéric !) *Je voudrais que vous commandassiez l'armée et que vous tuassiez force Prussiens avec mon petit secret.* Le char de combat ne détruisit rien, mais les jeux de la guerre donnèrent quelques satisfactions à la rancune de Voltaire. Après sa défaite de Kollin, Frédéric se trouva dans un péril très grave. Son armée en déroute ne lui permettait plus de redresser la situation. Richelieu qui était en Allemagne et contribuait de son mieux à la défaite de Frédéric reçut cette lettre de Voltaire : « *Si vous passiez par Francfort, Mme Denis vous supplierait très instamment de lui faire envoyer les quatre oreilles de deux coquins l'un nommé Freytag, résident sans gages du roi de Prusse à Francfort qui n'a jamais eu d'autres gages que ce qu'il m'a volé, l'autre Schmidt, un fripon de marchand, conseiller du roi de Prusse, tous deux ont eu l'impudence d'arrêter la veuve d'un officier du roi, munie d'un passeport du roi. Ces deux scélérats lui firent mettre des baïonnettes dans le ventre et fouillèrent dans ses poches. Quatre oreilles, en vérité, ce n'est pas trop pour leurs mérites.* »

Son intention était plus sérieuse que le ton ne le laissait croire. Il espérait un châtiment et de substantielles indemnités. la preuve c'est qu'il écrivait à Collini alors précepteur à Strasbourg : « *Vous ne perdriez pas à cette affaire.* »

Rien ne semblait pouvoir sauver Frédéric de la coalition et il s'apprêtait à mourir noblement en homme qui a lu Marc-Aurèle et a pris au contact de Voltaire quelque notion de mise en scène. Voltaire exultait en voyant s'approcher le moment de la vengeance. Soudain, tout est changé. Quand il voit Frédéric perdu, il ne pense plus qu'à l'ami, à l'admirable « Salomon », à son admirateur éperdu et à la main baisée, aux louanges incomparables qui tombaient des lèvres royales sur l'âme charmée du « Virgile français. » Il pleure, il appelle au secours, il écrit à la Margrave des lettres éperdues. « *On ne connaît ses amis que dans le malheur* », lui répond-elle comme La Palisse. Elle lui envoie un billet de Frédéric : « *J'ai appris que vous étiez intéressé à mes succès et à mes malheurs. Il ne me reste qu'à vendre chèrement ma vie.* »

Seule une paix immédiate pouvait sauver Frédéric. L'Autriche voulait l'écrasement total de la Prusse. La France était moins intraitable. Frédéric fit offrir à titre personnel, la principauté de Neuchâtel à Mme de Pompadour si elle faisait faire des ouvertures de paix. Pour lui, c'était le salut. Neuchâtel n'était que peu de chose, celle qu'il appelait « Cotillon II » deviendrait princesse de Neuchâtel et après ? Lui, resterait roi de Prusse et préparerait des jours meilleurs. Mme de Pompadour refusa avec hauteur. Voltaire suivait tout cela et brûlait de se mêler au jeu. Il écrivit à la Margrave — « Sœur Guillemette » — de s'adresser à Richelieu : « *Je hasarde cette idée non comme une proposition, encore moins comme un conseil, mais comme un simple souhait qui n'a de source que dans mon zèle.* »

Etrange zèle ! Après avoir ameuté l'Europe contre ce Barbare qui avait mis des baïonnettes dans le ventre de la chère Denis, il veut le sauver. Comment comprendre ce revirement ? Peut-être le plus simplement du monde : il aime toujours Frédéric. Peut-être aussi l'intérêt n'y est-il pas étranger. Si Richelieu réussissait à négocier une paix séparée avec Frédéric, à qui devrait-on ce succès ? A Voltaire. Richelieu lui revaudrait sans doute ce signalé service. Car Richelieu ne négocierait pas pour rien, il savait se faire payer, il savait piller au besoin, celui que l'armée avait éloquemment surnommé « Le Père La Maraude ». Enfin nous reconnaissons là cette vieille ambition de jouer un rôle politique, de se mêler d'affaires grandes ou petites et de toucher à tous les genres littéraires. Ecarté de la grande scène par Versailles, il essaie de jouer en coulisse.

Voltaire répète à Richelieu ce qu'il vient d'écrire à la sœur de Frédéric, celui-ci averti par elle et sachant Richelieu averti par Voltaire, reconnut qu'il venait de recevoir le meilleur des avis. Passant sur son orgueil, il écrivit à Richelieu : « *Je suis persuadé que le neveu du grand cardinal de Richelieu est fait pour signer les traités comme pour gagner les batailles... Il s'agit d'une bagatelle, Monsieur, de faire la paix si l'on veut bien...* » Le reste à l'avenant, d'une habileté, d'une dignité, d'une désinvolture souveraines. Cet élève de Voltaire était vraiment un roi. Ces propositions n'eurent pas de suite.

Entre-temps, Voltaire a l'immense joie de recevoir un poème

de son roi bien-aimé : *Les Adieux à la vie.* Bonne propagande ! Il compte que Voltaire va le diffuser dans toute l'Europe. C'est de la rhétorique, c'est conventionnel, c'est fait pour un public académique, pour le théâtre des chancelleries et pour l'histoire diplomatique. Par vieille habitude, Voltaire corrige les fautes et il écrit à Frédéric pour le détourner de sa fatale détermination. En somme, il voudrait le voir vaincu — et il l'est — mais vivant. Il lui conseille donc de vivre en philosophe : « *Un philosophe peut se passer d'Etats.* » Frédéric dut trouver la proposition cocasse. Mais il est vrai aussi que le projet de se détruire avait paru choquant à Voltaire. Ces morts désespérées et grandioses ne sont tolérables qu'à la scène, dans la vie elles ont quelque chose d'excessif, disons le mot, de malséant. Transposer le comportement des héros de l'Antiquité dans nos mœurs ne produit que des situations ridicules. Bref, pour Voltaire, ni lui, ni Frédéric ne sont des héros, mais des hommes et ils doivent, au nom du bon goût et de l'humanité, se conduire en hommes et non en fanfarons. « *C'est un devoir pour un homme tel que vous de se réserver aux événements.* » Rassurons-nous, Frédéric pense à sa statue et écrit ces deux vers — peut-être ses moins mauvais :

Je dois en affrontant l'orage
Penser, vivre et mourir en roi.

Comme Voltaire ne se décourage jamais, il cherche une autre issue. Il pense alors au cardinal de Tencin que ses vices et sa fourberie mettaient bien en cour. Il lui dépêche Tronchin, le banquier, celui que Voltaire appelle le confesseur du cardinal. Ce monde est vraiment accommodant quand il lui faut s'accommoder. Le cardinal trouve la proposition avantageuse et compte se faire graisser la patte — et royalement ! L'argument de Voltaire en faveur de la paix lui paraît excellent. Le voici : l'abaissement de la Maison d'Autriche ! Quelle trouvaille avec cent ans de retard ! Voltaire veut donc ruiner Marie-Thérèse qu'il aimait tant trois mois plus tôt.

L'abbé de Bernis venait d'être élevé au ministère. Aussitôt, les amis de Voltaire, les d'Argental et lui-même crurent le moment venu d'obtenir la précieuse autorisation de rentrer. Bernis répondit que la Cour n'avait pas encore oublié la fugue à Berlin et voyait avec méfiance la correspondance assidue de Voltaire avec la Prusse. Il faut convenir que les apparences ne plaidaient pas en faveur de Voltaire. Il flirtait sans vergogne avec le souverain d'un pays qui était en guerre avec le sien. Il ne manqua pas de répondre qu'il se sacrifiait aux intérêts de sa patrie en conservant l'attache avec la Prusse et que loin de le lui reprocher, on devrait l'en récompenser.

Versailles ne jugea pas nécessaire de lui répondre.

Il perdait ses peines car la politique française était à ce moment-là favorable à l'Autriche. Bernis étant la créature de Mme de Pompadour ne pouvait faire que la politique de la marquise qui haïssait Frédéric. « Cotillon II » aurait pardonné l'annexion de la Silésie, mais elle ne pardonnait pas d'être appelée « Cotillon II ». Elle soutint l'Autriche à fond. Voltaire allait à contre-courant. Marie-Thérèse ne semblait pas connaître les tractations de Voltaire car elle laissa jouer à Vienne *L'Orphelin de la Chine* le 17 décembre 1758. Pourtant, les lettres étaient interceptées. Voltaire le savait : « *Je n'écris rien que les Cours de Vienne et de Versailles ne puissent lire avec édification* », dit-il prudemment.

Voltaire cherchait toujours dans l'imbroglio de la diplomatie européenne le fil qui eût sauvé Frédéric. La France engagée dans la désastreuse guerre de Sept Ans avait, au Canada et ailleurs, l'Angleterre sur les bras, et la guerre continentale. Elle se serait volontiers dégagée de son affaire en Allemagne — Voltaire eut l'idée de proposer que la Prusse alliée de l'Angleterre servît de médiatrice entre Versailles et Londres, et que la France alliée de l'Autriche servît de médiatrice entre Berlin et Vienne.

Cependant le cardinal de Tencin fatigué d'intrigues, se laissa mourir. Voltaire croit qu'il mourut du chagrin de n'avoir pu mener à bien sa dernière tractation dans laquelle il n'était pourtant qu'une marionnette. « *J'avais en secret la satisfaction d'être l'entremetteur de cette grande affaire et peut-être un autre plaisir, celui de sentir que mon cardinal se préparait un grand dégoût. Mon dessein avait été de me moquer de lui, de le mortifier et non pas de le faire mourir.* » Il ment, il croyait au succès de son affaire. Il se noircit à plaisir et fait le méchant, après coup. Si ses ennemis parfois le traitent de fourbe, il faut reconnaître qu'il leur prépare les meilleures formules pour se faire injurier.

Et que fait l'ami Bernis ? Il se tait. Pas une ligne de réponse aux cajoleries du philosophe des *Délices*. Et pourtant on le fait relancer par d'Argental : « *Vous sentez combien son silence est désagréable pour moi après la demande que vous m'avez conseillée et après la manière dont je lui ai écrit.* » Affreuse disette ! Pas le moindre billet du ministre à faire lire aux Genevois ! Que lui demande-t-on ? « *Un mot d'honnêteté... ne pas répondre à une lettre est un outrage qu'on ne doit point faire à un homme avec qui on a vécu et dont on a pu tirer des lumières.* » Qu'est-ce à dire ? C'est-à-dire que Voltaire, semblable à lui-même, s'est empressé de communiquer au nouveau ministre « les lumières » qu'il avait sur la Cour de Vienne, sur celle de Berlin, sur la Margrave... Et une fois de plus, Versailles ne lui en est pas reconnaissant. Jusqu'à cette Babet la Bouquetière qui a les duretés d'un cardinal de Fleury !

Enfin, le billet arrive. Troussé à ravir, parfumé, pomponné. Aussitôt plus d'amertume. Voltaire exulte et partage sa joie avec d'Argental : « *Mon cher et respectable ami, je reçois une lettre de Babet qui a troqué son panier de fleurs contre le portefeuille de ministre. J'en suis enchanté.* » Il estime en lisant ces lignes fleuries et creuses que jamais ministre n'a eu meilleur style. « *Je vous remercie de m'avoir procuré le bouquet de la grosse Babet.* » Mme de Pompadour lui écrit. Babet écrira de nouveau. Toujours des fleurs, des fleurs de Cour. Voltaire le sait... « *Bernis,* dit-il, *me marque* « toujours » *la même amitié. Mme de P. a* « toujours » *la même bonté pour moi. Il est vrai qu'il y a* « toujours » *quelques dévots qui me voient de travers et que le roi a* « toujours » *sur le cœur ma chambellanie.* »

Le roi se souciait peu du « chambellan du roi de Prusse ». Mais il n'avait jamais aimé Voltaire ; il l'avait toléré, ne le voyait plus et n'avait nulle envie de le revoir.

Les premières délices sont les meilleures.

Aux *Délices* on tenait toujours table ouverte. Beaucoup de voyageurs venaient à Genève pour consulter Tronchin dont la réputation s'étendit en partie grâce à Voltaire — les pèlerins voyaient les deux oracles du même coup, celui de la médecine et celui de la philosophie.

Voltaire reçut en 1757, deux dames qui l'amusèrent beaucoup. L'une, Mme de Montferrat, n'avait pas grand intérêt mais c'était, dit-il, « *un étrange salmigondis de coquetterie et de dévotion* » qui le faisait rire. L'autre était la célèbre Mme d'Epinay. Elle était l'amie de Grimm. C'est à peu près au moment où Voltaire reçut la dame que Grimm se fâcha avec Jean-Jacques. Comme Grimm n'était pas disponible, Mme d'Epinay voyageait avec son mari, son fils et un précepteur. Voltaire invita tout le monde. Tout le monde fut ravi. Il leur prêtait son carrosse. Ils s'écrivaient sur des cartes à jouer des billets charmants. « *Vos cartons sont pour moi des cartons de Raphaël quand ils sont ornés d'un mot de votre main* », dit-il à la dame. Celle-ci, fine mouche savait bien que Voltaire était capable de la couvrir de fleurs et de se moquer d'elle ensuite. Mais elle entre dans le jeu : « *Il s'est mis en quatre pour être aimable et il ne lui est pas difficile d'y parvenir. Malgré cela, à vue de pays, j'aimerais mieux vivre avec M. Diderot qui par parenthèse n'est pas vu ici comme il le mérite.* »

Ici, Diderot est très bien vu, mais le grand homme, c'est d'Alembert. Elle voudrait corriger cela. Elle se fait écouter. On gobe tout ce qu'elle dit : « *Quand je parle il y a autant d'yeux et de bouches ouvertes que d'oreilles : cela est bien nouveau et me fait rire.* » Que la Parisienne en voyage se méfie cependant : Voltaire bien qu'exilé est aussi Parisien qu'elle. Et son air naïf ? Qu'elle y prenne garde.

Elle nous fait un portrait de la nièce : « *La nièce de M. de V. est à mourir de rire. C'est une petite grosse femme, toute ronde, d'environ cinquante ans, femme comme on ne l'est point, laide et bonne, menteuse sans le vouloir et sans méchanceté ; n'ayant pas d'esprit et en paraissant avoir ; criant, décidant, politiquant, versifiant, raisonnant, déraisonnant et tout cela sans trop de prétention et surtout sans choquer personne ; ayant par-dessus tout un petit vernis d'amour masculin qui perce à travers la retenue qu'elle s'est imposée. Elle adore son oncle, en tant qu'oncle et en tant qu'homme. Voltaire la chérit, s'en moque, la révère : en un mot cette maison est le refuge de l'assemblage des contraires et un spectacle charmant pour les spectateurs.* »

Elle ne le prend pas trop au sérieux, le spectacle. Mais nous sommes grâce à elle édifiés. Mme Denis est percée à jour et la fine mouche a vu du premier coup d'œil : « *Elle l'aime en tant qu'oncle et en tant qu'homme.* » Elle a été tellement accaparée par l'enchanteur qu'en trois jours elle n'a pu écrire à Grimm. Elle demande à Voltaire la permission de le faire. Il accepte à condition que « *j'écrive devant lui pour voir ce que disent mes yeux quand j'écris. Il est assis devant moi, il tisonne, il rit, il dit que je me moque de lui et que j'ai l'air de faire sa critique. Je lui réponds que j'écris tout ce qu'il me dit parce que cela vaut bien tout ce que je pense.* »

Voilà ce que Voltaire aime par-dessus tout : la compagnie des femmes les plus élégantes et les plus intelligentes — la fine fleur de la plus fine, de la plus intelligente civilisation.

Il reçut également une femme-poète, célèbre en son temps, Mme du Bocage. Elle était couronnée par toutes les académies de France et d'ailleurs. Elle était simple, modeste et belle. Elle était sage et aimait son mari. Voltaire leur céda son lit. Elle écrit de son hôte : « *Il joint à l'élégance de l'homme de cour toutes les grâces de l'à-propos que l'esprit répand sur la politesse et me paraît plus jeune, plus content, en meilleure santé qu'avant son séjour en Prusse. Sa conversation n'a rien perdu de ses agréments et son âme plus libre y mêle encore plus de gaîté.* »

Le séjour fut un peu écourté parce que Voltaire cédant aux pressants appels de l'Electeur palatin, prit la route de Mannheim en juillet 1758. A cette occasion, son ami Bernis lui avait fait une gracieuseté. Pour que le poète eût un passeport digne de lui, Bernis l'avait fait établir au titre de Gentilhomme de la Chambre de S. M. Il y avait beau temps que la charge était vendue... Mais Babet savait être aimable.

Aux *Délices,* il avait laissé ses deux nièces : Mme Denis et sa sœur Mme de Fontaine. Elles apprenaient des rôles de comédie pour les jouer au retour de l'oncle.

Etapes enchantées à Carlsruhe auprès du Margrave de Bade-Dourlach, puis auprès de la Margrave de Hesse-Darmstadt qui voulut faire son portrait au pastel. Elle lui écrivit après son départ : « *Je m'abandonne à l'idée charmante que cela vous empêchera d'oublier une personne qui vous est acquise. C'est peut-être une illusion, mais ne me l'ôtez point, Monsieur, j'en suis trop charmée.* » Comment n'eût-il pas aimé la chère Allemagne !

Ce n'était pas seulement pour les compliments, les opéras et les soupers qu'il allait rencontrer l'Electeur. Il allait faire des arrangements financiers concernant sa fortune et celle de Mme Denis. C'était encore des rentes viagères. Il plaçait à fonds perdu des sommes pour lesquelles on lui versait des intérêts d'autant plus considérables qu'à voir sa mine on était persuadé qu'on les paierait fort peu de temps. Ses emprunteurs croyaient faire une excellente affaire en empruntant à un moribond. L'Electeur demeura son ami bien qu'il dût encore lui payer une rente exorbitante pendant vingt ans. « *Soyez persuadé,* lui écrivait l'Electeur, *de la parfaite estime que j'aurai toute ma vie pour le* « Petit suisse ». » Tel était le surnom donné à Voltaire.

Un hiver à Lausanne.

Le 24 août, enchanté du voyage et encore plus de retrouver sa maison, il rentre à Genève et aussitôt il fait les préparatifs d'un hiver douillet. Comme Montriond est un peu écarté de Lausanne, il achète une maison en ville, 6, rue du Grand-Chêne. « *Elle a quinze croisées de façade et je verrai de mon lit le beau lac Léman et toute la Savoie, sans compter les Alpes. Mme Denis a le talent de meubler les maisons et d'y faire bonne chère ce qui, joint à ses talents de la musique et de la déclamation, compose une nièce qui fait le bonheur de ma vie.* »

Nous reparlerons des talents artistiques de la nièce. Il fréquente les bons citoyens de Lausanne : « les souverains du pays » viennent à pied dîner chez lui. L'un lui dit : « *Pourquoi faites-vous tant de vers cela ne mène à rien ? Avec votre talent vous pourriez devenir quelque chose. Voyez, moi, je suis bailli.* » Cela l'enchante. Mais ces bons amis ne comprennent pas certain badinage, qui est précisément le péché mignon du Monsieur des *Délices*. Le bailli l'avertit et carrément : « *M. de V. ! M. de V... on dit que vous avez écrit contre le Bon Dieu, cela est mal mais j'espère qu'il vous pardonnera ; on dit que vous avez écrit contre la Religion, cela est mal encore ; on dit que vous avez écrit contre N.-S. Jésus-Christ, cela est très, très mal, mais il vous pardonnera en sa grande clémence. M. de V. gardez-vous d'écrire contre Nos Excellences nos souverains seigneurs car elles ne vous pardonneraient jamais.* » Voltaire lisait en public ce morceau, contrefaisait l'accent et la voix du bailli, ce spectacle faisait mourir de rire ses invités. Il aurait mieux fait de tenir compte de la menace.

La grande attraction était le théâtre installé dans une grange attenante qui communiquait avec le salon car on avait percé le mur de séparation. Ses invités lausannois déliraient avec lui. L'Anglais Gibbons, encore tout jeune, passait l'hiver à Lausanne, c'était un assidu du théâtre et son témoignage confirme ce que nous savions de Voltaire acteur : « *La déclamation était modulée d'après la pompe et la cadence de l'ancien théâtre* (Voltaire en 1759 retardait un peu, il déclamait comme au temps des demoiselles de Saint-Cyr.) *et respirait plus l'enthousiasme de la poésie qu'elle n'exprimait les sentiments de la nature.* »

Ce jeune Anglais qui jugeait si bien, applaudissait à tout rompre. Son enthousiasme fut remarqué : il reçut un billet pour toutes les représentations. Il remarqua que « *l'esprit et la philosophie de M. de V., sa table et son théâtre contribuent sensiblement à raffiner Lausannne et à polir les manières...* »

Sans le vouloir, le jeune Gibbons attira une désagréable histoire au poète. Celui-ci voyait dans le beau paysage qu'il apercevait sur la rive d'en face, le couvent de Ripaille où un duc de Savoie, dans le temps, avait dit-on « fait Ripaille » avant de se repentir pour briguer la tiare de saint Pierre. Voltaire composa un poème de sa façon sur ce sujet. Il eut tort d'associer Epicure, Ripaille et certain Amédée de Savoie en mal de tiare pontificale. Ce poème ne fut ni imprimé, ni écrit : on le récitait aux intimes. Or, Gibbons doué d'une mémoire prodigieuse l'enregistra d'un coup et le récita ailleurs d'où il se répandit. Le duc de Savoie le sut, fit des représentations au Conseil de Lausanne qui le laissait outrager sur son territoire. Le duc exigeait qu'on fît taire le poète. C'était beaucoup de bruit pour rien.

Pendant une représentation la jeune fille qui soufflait, souffla, par inadvertance, un vers qui n'était pas dans le texte mais qui se trouva être excellent. Voltaire s'écria : « *Dieu vous le rende, vous m'avez fait l'aumône.* » La pauvrette devait tout à Dieu, bien sûr, car son génie était un peu court si on en juge par la réponse qu'elle fit à Voltaire un jour qu'il lui offrit un de ses livres ; elle le refusa : « *Ah ! non, Monsieur, je ne veux pas vous en priver.* » Elle était visiblement destinée au Ciel.

Le célèbre Casanova, l'aventurier vénitien, raconte que les belles Genevoises détestaient Voltaire qui les exaspérait par ses colères. Il n'y paraît guère. Il n'est que trop vrai que Voltaire s'emporte pour des riens et se laisse aller à des imprécations et à des mimiques des plus surprenantes, mais il semble qu'assister à des colères de Voltaire était au contraire un spectacle des plus divertissants et des plus appréciés. Sa vivacité, ses gesticulations, ses grimaces de ouistiti nuisaient peut-être à sa dignité mais étaient fort comiques. Les princesses allemandes se pâmaient d'aise quand il s'électrisait ainsi. D'autant qu'il avait dans ses imprécations des trouvailles extraordinaires qui finalement l'amusaient lui-même. Il était le premier à rire de ses propres grimaces. Son meilleur public, outre Frédéric, c'était probablement lui-même. Pour trouver de l'esprit et de la gaîté en quelqu'un, il faut en avoir soi-même. Personne ne s'est autant diverti de soi-même que Voltaire.

L'Incorrigible amateur d'intrigues veut pacifier l'Europe.

Frédéric, sauvé par la nullité de Soubise à Rosbach a repris goût à la vie. Plus question de mourir. Il vient de gagner la bataille de Custrin et s'adresse à Voltaire d'un ton désinvolte, par-dessus la tête des foules imbéciles. « *Je suis fort obligé au philosophe des Délices de la part qu'il prend aux aventures du Don Quichotte du Nord. Ce Don Quichotte mène la vie des comédiens de campagne, jouant tantôt sur un théâtre, tantôt sur un autre, quelquefois applaudi. Je ne sais ce qui arrivera de tout ceci, mais je crois avec nos bons épicuriens que ceux qui se tiennent sur l'amphithéâtre sont plus heureux que ceux qui se tiennent sur les tréteaux.* »

Un coup cruel, le seul qui puisse arracher une plainte à ce cœur dur, frappe Frédéric, « Sœur Guillemette », la tendre Margrave de Bayreuth meurt. Elle ne vivait que pour son frère, et Frédéric savait qu'elle était sans doute la seule personne au monde qui l'aimât réellement. Il demande à Voltaire d'écrire un poème pour perpétuer sa mémoire : « *Ombre illustre, Ombre chérie, âme héroïque et pure...* » C'est encore une œuvre de circonstance à peine éloquente, guindée, conventionnelle. Pauvre Guillemette elle n'ira pas loin dans la postérité avec ce médiocre viatique. Frédéric fait des critiques et en demande un autre. Voltaire qui sait mieux que personne les faiblesses de son Ode, en fait une seconde mouture. Frédéric s'en contente : « *Certainement elle ne vous fera pas déshonneur,* dit-il. *Je vous prie de la faire imprimer et de la répandre dans les quatre parties du monde.* » Il lui avait déjà dit : « *Il faut que l'Europe pleure avec moi une vertu trop peu connue.* » Si ce n'est de la douleur, c'est sûrement de la publicité.

Cette Ode qui ne fit pleurer ni l'Europe, ni aucun autre continent, les rapprocha encore un peu. Il y avait six ans que l'ombre de M. Freytag s'était glissée entre eux — Mais Frédéric osa reparler de Maupertuis et demanda à Voltaire de ne plus tracasser un homme qui allait mourir. Voltaire explosa. Maupertuis mourant ? Beau mensonge ! Il savait que son ennemi était à Bâle où on lui faisait, grâce au Ciel ! — un vilain procès à cause d'une fille à qui il a fait un enfant. En voilà un mourant ! « *Plût à Dieu,* s'écria Voltaire sincère comme il ne le fut jamais. *Plût à Dieu que je puisse avoir un tel procès.* » Et la lettre s'achève sur un ton tout différent, ému et pathétique — comme il varie vite ! « *Je mourrai bientôt sans vous avoir vu. Vous ne vous en souciez guère et je tâcherai de ne m'en point soucier. J'aime vos vers, votre prose, votre esprit, votre philosophie hardie et ferme. Je n'ai pu vivre sans vous, ni avec vous. Je ne parle point au roi, au héros, c'est l'affaire des souverains, je parle à celui qui m'a enchanté, que j'ai aimé et contre qui je suis toujours fâché.* »

Quelle amitié — tortueuse et torturée — mais au fond, inextinguible. Voltaire parle d'égal à égal, ce n'est pas un langage courtisan c'est plus simple, plus fort, plus vrai. C'est le roi Voltaire qui a la nostalgie de son ami le roi Frédéric. Or, Frédéric n'est pas sensible à cette sincérité. De royauté, il ne connaît que la sienne. Il relève le ton de la lettre de Voltaire — et durement : « *Apprenez, à votre âge, de quel style il convient de m'écrire. Comprenez qu'il y a des libertés permises et des impertinences intolérables aux gens de lettres et aux beaux esprits. Devenez enfin philosophe c'est-à-dire raisonnable. Puisse le Ciel qui vous a donné tant d'esprit vous donner du jugement à proportion.* »

C'est cinglant. Le retour sur le passé n'est pas plus tendre. « *Je sais bien que je vous ai idolâtré tant que je ne vous ai cru ni tracassier, ni méchant. Mais vous m'avez joué tant de tours de tant d'espèces... N'en parlons plus. Je vous ai pardonné d'un cœur tout chrétien. Après tout vous m'avez fait plus de plaisir que de mal. Je m'amuse davantage avec vos ouvrages que je ne me ressens de vos égratignures.* »

On peut dire que ni la sensibilité très relative de Voltaire, ni celle de Frédéric ne rendait très dramatiques ces méchancetés ; la nôtre, sans doute contaminée par le romantisme, en serait plus vivement affectée. C'est pourquoi cet attachement qui ne veut pas mourir et ne survit que dans une sorte de cruauté mentale, nous paraît plus douloureux qu'il ne parut, sans doute, à Voltaire et à Frédéric. En tout cas, ils s'en accommodaient assez bien.

Ces aménités ne les brouillèrent pas. On peut les voir, en pleine guerre de Sept ans, échanger des sourires à propos des défaites françaises. Cela nous choque. Mais pour Voltaire quand l'armée est battue, ce n'est pas la France, c'est l'armée du roi et tant pis pour le roi. N'oublions pas que la moitié de Paris, acclamait ouvertement les victoires de Frédéric. Voltaire n'allait pas jusque-là, au contraire. Il écrit à Thiériot : « *Le roi de Prusse m'envoie toujours des vers en donnant des batailles. Mais soyez sûr que j'aime encore mieux ma patrie que ses vers et que j'ai tous les sentiments que je dois avoir.* »

Nous sommes tout de même soulagés de le lui entendre dire.

La complaisance de Voltaire pour son inquiétant ami le mit en 1759 dans une situation périlleuse devant la cour de France. Frédéric lui envoyait toujours « son linge sale ». Il lui envoya donc sans précaution un paquet de vers dans lesquels Louis XV et Mme de Pompadour étaient fort mal traités — injuriés comme on peut l'être par de bas pamphlétaires. Voltaire en recevant le paquet eut l'impression, qui n'était pas fausse, qu'il avait été ouvert. Le fait n'était pas rare. Voltaire fut saisi de frissons d'épouvante. Si à Versailles on savait qu'il corrigeait de pareilles horreurs ne le soupçonnerait-on pas de les écrire, de les inspirer ? Il remit le compromettant paquet entre les mains du Ministre de France à Genève qui le fit parvenir au Ministre. Il espérait ainsi échapper à tout soupçon de complicité.

Frédéric s'exprimait ainsi sur Louis XV :

Jouet de la Pompadour
Flétri par plus d'une marque
Des opprobres de l'Amour...

Et, sur la favorite : « Indigne rejeton d'un financier proscrit », Frédéric écrivait :

Et ces charmes divins que nous n'aurions connus
Qu'en quelque temple obscur sous les lois de Vénus.

Voltaire ne cache pas à Frédéric qu'il a peur de collaborer à ce chef-d'œuvre. Pour écrire pareilles choses, lui dit-il, avec le bon sens Arouet : « *Il ne faut pas seulement du génie, il faut être à la tête de 150 000 hommes* », quand on n'est qu'Arouet on ne peut ni se permettre d'écrire ces vers, ni même de les lire, surtout si on est tenu à l'œil par la police.

Les frayeurs de Voltaire font rire Frédéric, il le trouve bien timoré : « *L'on peut écrire tout ce qu'on veut et très impunément sans avoir cent cinquante mille hommes pourvu qu'on ne se fasse pas imprimer.* » Et si les libraires l'impriment à votre insu ? Sous votre nom ? Mais il continue et prouve qu'on a écrit bien plus fort que ses vers : « *Témoin votre* « Pucelle ». » Malin et soupçonneux en diable, il se doute d'une indiscrétion de Voltaire et le lui laisse entendre. Le philosophe des Délices proteste. Comment peut-on le soupçonner de pareille traîtrise ? Et il s'explique : « *Ma malheureuse nièce que cet écrit a fait trembler l'a brûlé, il n'en reste que quelques vestiges dans sa mémoire, elle n'en a retenu que trois strophes trop belles.* »

La nièce sert donc parfois à quelque chose, elle sert à rassurer Frédéric sur le sort de ses vers — et sur leur beauté : Trois strophes inoubliables ! Même en cendres, un chef-d'œuvre ne meurt pas tout entier. Rassurons les mânes de Frédéric : son chef-d'œuvre en entier était bien vivant, mais sur la table du Premier Ministre M. de Choiseul. M. de Choiseul avait la plume facile. Il se chargea de répondre lui-même aux injures de Frédéric par une Ode dans laquelle sont réunis en bouquet les fautes et les vices du roi de Prusse. Citons le dernier trait. Frédéric se moquait de Versailles, *Royaume du Cotillon ;* il était impossible de lui retourner ce reproche. On lui en fit donc un autre. Ce qui s'appelait Pompadour à Versailles rimait avec tambour à Potsdam. On servit donc ce plat à Frédéric :

De la nature et des amours
Peux-tu condamner la tendresse
Toi qui ne connus l'ivresse
Que dans les bras de tes tambours.

M. de Choiseul laissait croire que ce nouveau chef-d'œuvre était de lui, nous savons qu'il était de Palissot, poète à la mode. Voltaire était un peu égratigné, on lui reprochait, mais en un seul endroit « son coupable encens ». Tout le reste lui plut fort. Il en fit état dans ses *Mémoires* écrits contre Frédéric, mais il remplaça le passage épineux pour lui, par une strophe de sa façon. Il fit la substitution sans scrupule. Telles étaient les mœurs littéraires du temps.

On voit que, comme Voltaire le dit, Frédéric était tantôt Alexandre, tantôt l'abbé Cotin. Voltaire fréquentait plus souvent Frédéric-Cotin que Frédéric-Alexandre. Frédéric savait, en homme de son temps, et déjà du nôtre que la plume de Cotin pouvait aider l'épée d'Alexandre et que, par la propagande, on pouvait atteindre un ennemi et affaiblir sa cause aussi bien que par les obus.

La fortune tournant, voici Frédéric de nouveau menacé. Il voudrait la paix ; Voltaire aussi et cherche à s'entremettre. Il écrit à d'Argental de suggérer à Choiseul de l'employer à sonder Frédéric. Choiseul lui donne la permission d'écrire à Frédéric. C'est peu, mais enfin, sa correspondance désormais ne le fera plus trembler. Il espère mieux : il désire être chargé de mission secrète en vue de négocier la paix. Il a, sur le sujet, une idée que d'Argental soumettra au Ministre par allusions et insinuations. Voici ce qu'il écrit : « *Luc voudrait la paix. Y aurait-il grand mal à la lui donner et à laisser en Allemagne un contrepoids ?* » Il ajoute : « *Luc est un vaurien, je le sais, mais faudra-t-il se ruiner pour anéantir un vaurien dont l'existence est nécessaire.* » Son idée est de faire la paix, de laisser l'Allemagne en état d'indivision entre la Prusse et l'Autriche : la Prusse faisant contrepoids à la « Maison d'Autriche » : voilà « le mal nécessaire ». Voltaire en est encore à la politique de Richelieu, il retarde. Pour lors, son rôle se borne à faire lire à Choiseul les lettres de Frédéric et à Frédéric celles du Ministre. L'Autriche commençait de soupçonner ces tractations, qu'elle redoutait. Voltaire était aux nues : cette haute conspiration l'enivrait — et bien entendu il y introduisit un air de ballet-farce. Il fut convenu que Frédéric signerait : *Mlle Pestris,* demeurant à Gotha (la Margrave de Gotha jouait le rôle de boîte aux lettres). Quand *Mlle Pestris* parle de « ses affaires » et demande l'avis du « banquier », il faut entendre Choiseul. Voltaire fait le modeste, on dirait un enfant de chœur qui porte des billets doux : « *J'avoue Madame* (la Margrave) *que je n'entends rien à ces sortes d'affaires. Je ne fais que rapporter des paroles avec simplicité et fidélité pour le bien de deux ou trois familles...* » L'ambition, la gloire, la gloriole et l'intérêt il y a tout dans ce jeu, mais il y a surtout le jeu, le goût du masque, l'éternel théâtre, cette forme sublimée de la vie.

Mais la *Pestris* se hérisse pour un rien. Elle est susceptible, aigre comme une vieille fille. On ne peut rien tirer d'elle, mais elle tire tout à elle. Voltaire s'en explique et s'en plaint à la duchesse de Gotha. C'est de la diplomatie pour l'hôtel de Rambouillet, on dissèque l'Europe et non les passions de l'amour, mais le procédé est le même. On se perd, on s'enlise dans les champs glacés de Bohême comme dans les méandres de la Carte du Tendre. Quels espions un peu avertis se laisseraient berner par ces mascarades ?

Il écrit à la Margrave :

« *Si mon petit commerce avec la personne que vous savez trouve quelques épines, il me vaudra bien des fleurs de la part de V.A.S. Je la crois un peu coquette. Ce n'est pas vous, Madame, assurément que je veux dire, c'est la belle dont V.A.S. favorise les beautés et les prétentions* (Voltaire devait se tenir les côtes de rire de parler sur ce ton de la belle Frédéric Pestris...) *Elle a fait part de ses amours* (pour la Silésie) *à un confident qui n'a pas le cœur tendre et je crois que son amant pourrait être un peu refroidi...* »

On peut comprendre que l'amant refroidi est Choiseul et le confident peu compréhensif, Pitt, le terrible ministre anglais.

Jeu mis à part, Voltaire est très désireux de voir cette guerre absurde et ruineuse se terminer. Il voit la France perdre sur tous les tableaux. Il ne peut y avoir d'issue heureuse à une affaire très mal engagée et encore plus mal conduite — et, en affaire, il s'y connaît. Enfin, il a contre la Guerre de Sept ans un argument dont la sincérité ne saurait être mise en doute : il hait la guerre, sous toutes ses formes, parce que c'est la guerre. C'est ruineux, cruel et c'est surtout très bête. La guerre glorifie exactement le contraire de tout ce qu'il aime ; elle détruit ce qu'il adore, elle institue ce qu'il hait. La guerre, c'est l'anti-nature de Voltaire. Pour Voltaire, la nature de l'homme, son vrai climat, c'est la société policée et polie, la raison, la science, les arts, le luxe, en bref, l'intelligence dans le bonheur de vivre — et ce climat est celui de la Paix.

Il compte beaucoup sur Choiseul. Le duc de Choiseul a une belle âme, dit-il. Cela signifie que ses idées sont celles de Voltaire. Ce n'est pas un homme d'une vertu farouche, mais il n'est pas fanatique : il est humain. Il veut le bien public — le sien aussi, bien sûr, mais sans âpreté et il est aimable, c'est-à-dire parfaitement bien élevé. Il est digne du jardin voltairien.

Toutefois, il ne répond pas régulièrement à *Mlle Pestris.* « *Celle-ci,* dit Voltaire, *écrit quatre lettres pour une de l'aimable duc.* »

Tant de soins se trouvèrent anéantis par une manœuvre des ennemis de Voltaire, ou des ennemis de Frédéric II, enfin par des gens qui voulaient continuer la guerre. On fit imprimer à Paris *Les œuvres du Philosophe de Sans-Souci.* Ces textes étaient réservés à de rares intimes des soupers de Sans-Souci, ils n'étaient pas faits pour le public ; ils étaient fort peu édifiants. En les répandant en pleine guerre, l'intention était de discréditer Frédéric et de créer un courant d'opinion belliciste favorable à la guerre à outrance.

Pour ceux qui voulaient la paix, le coup fut rude. Or, Voltaire s'était fait des illusions sur Choiseul, le Ministre ne désirait pas la paix. Il aurait pu anéantir le tirage des « Œuvres » de Frédéric. Il laissa faire les imprimeurs. Et c'est Voltaire qui fut accusé d'avoir préparé cette publication. Cela paraît absurde. Elle réduisait tous ses efforts et ses espoirs à néant. Frédéric même le soupçonna ; il avait le soupçon facile. D'ailleurs, *Mlle Pestris* prit légèrement la chose : « *Je serais bien heureux que tout le mal que l'on m'a fait se bornât à l'édition furtive de mes vers.* » Par scrupule ou par pudeur, les auteurs de cette édition l'avaient expurgée de ses plus grandes impiétés. Devenant moins scandaleuse, elle perdait presque tout intérêt. Vraiment, les ennemis que Frédéric avait à Versailles n'étaient pas plus habiles dans la polémique que sur les champs de bataille.

C'est alors que Voltaire s'avisa que les services rendus à *Mlle Pestris* lui vaudraient d'être indemnisé, par Sa Majesté prussienne, des dommages subis à Francfort. Frédéric n'ayant pas la mémoire aussi fidèle que Voltaire, lui répondit qu'il ne savait rien de ces prétendus dommages et que si le poète avait à se faire indemniser qu'il s'adresse plutôt à Schmidt. Le coup était cruel. Mais pourquoi à Schmidt et non à Freytag ? Parce que l'honnête Freytag venait de trépasser. Et voici l'oraison funèbre que lui fit le roi son maître en remerciement de son zèle : « *Il doit être bien étonné d'être mort de mort naturelle.* » Voilà qui projette sur le fidèle serviteur un étrange éclairage. Méritait-il la corde ?

Bref, pas d'indemnité. *Mlle Pestris* disparaît. Dès lors on parle en clair. C'est à visage découvert qu'on se cajole et qu'on se griffe. L'essentiel est de ne pas perdre le fil. Frédéric lui annonce la mort de Maupertuis que, non sans perfidie, il couvre de fleurs. Ce sont autant de coups de lancettes pour Voltaire. Frédéric ne manque pas de lui rappeler ses cruautés pour l'irréprochable Président de l'Académie de Berlin :

Et gémissez de la noirceur
De votre cœur incorrigible.

Voltaire riposte : « *Je ne songe moi-même qu'à mourir et mon heure approche. Ne la troublez pas par des reproches injustes... Vous m'avez fait assez de mal ; vous m'avez brouillé pour jamais avec le roi de France, vous m'avez fait perdre mon emploi et mes pensions, vous m'avez maltraité à Francfort, moi et une femme innocente, une femme considérée qui a été traînée dans la boue et mise en prison. Et ensuite, en m'honorant de vos lettres vous corrompez la douceur de cette consolation par des reproches amers. Est-il possible que ce soit vous qui me traitiez ainsi quand je ne me suis occupé depuis trois ans qu'à tâcher, quoiqu'inutilement, à vous servir sans aucune vue que celle de suivre ma façon de penser.* »

Rien ne pouvait être plus divertissant pour Frédéric que ces plaintes ; il les provoquait à plaisir et s'en délectait. Cette violente sortie marque-t-elle la rupture ? Loin de là, on revient sur le passé. Frédéric lui répond que « *s'il n'eût été amoureux fou de son génie* » l'affaire de Francfort aurait pu finir très mal pour le poète. Voltaire dut frémir... On voit que ceux qui rient de son arrestation à Francfort, rient avec légèreté. Mais ce que Frédéric a le moins supporté dans les vifs reproches de Voltaire, c'est d'avoir évoqué la nièce qu'il abomine — cette « nièce qui m'ennuie » dit-il et le mot était alors vigoureux. Sur ce point Frédéric n'est pas le seul de son avis, la nièce ennuie beaucoup de gens. Voltaire parle trop d'elle, la met trop souvent en avant. « *On parle de la servante de Molière et personne ne parlera de la nièce de Voltaire* », lui décoche Frédéric.

Au milieu de ces chamailleries, on rêvait toujours de la paix. Mais ni Londres, ni Paris ne la voulaient. Voltaire et Frédéric étaient seuls à la désirer. Voltaire reçut aux Délices en avril 1760, un Anglais M. Fox, fils du célèbre orateur qui après avoir écouté poliment l'hymne à la paix que lui débita Voltaire lui déclara tout net que ses vœux étaient stériles. Voltaire en fut choqué. Réflexion faite, il reconnut que son visiteur était mieux informé que lui. La guerre continuerait. Voltaire avait perdu son temps et ses peines. Mais il avait pris une bonne récréation.

Les Délices empoisonnées, nouveau changement d'air.

En cette année 1758, une affaire lui ôta son repos et lui fit perdre son engouement pour Lausanne. Disons qu'il se mêla encore une fois de ce qui ne le regardait pas. Un Genevois nommé Saurin avait cru bon de retourner en France d'où ses parents s'étaient exilés lors de la révocation de l'Edit de Nantes. Et il avait réintégré non seulement le sein de sa patrie mais celui de l'Eglise catholique. Les Calvinistes de Genève fulminèrent contre le renégat. Voltaire prit son parti aidé de trois pasteurs dont Pollier. Le pire fut que les Calvinistes essayèrent de se venger sur les parents de Saurin restés à Genève. On accusa le vieux père d'avoir commis un vol quarante ans auparavant ! L'accusation parut bien tardive. L'aurait-on faite si le fils n'eût pas réintégré la France ? Voltaire et ses trois pasteurs se dressèrent contre les accusateurs de Saurin. Et voici que le louche Grasset réapparut. Il rentrait au bercail bien décidé à se venger et il se mit du bon côté. Il imprima un libelle où figuraient des pièces inédites de Voltaire et des réfutations qui allaient montrer aux Genevois ce qu'était leur hôte illustre et dangereux. Voltaire sentit le danger et essaya de faire de nouveau exiler Grasset. Il comptait sur l'appui d'un savant fort célèbre et fort honoré M. Haller qui demeurait à Berne. Nous le connaissons, c'est le bon et vertueux M. Haller qui avait quitté l'Allemagne après la campagne de calomnies que ce fou de La Mettrie avait lancée contre lui. Ces calomnies et le désespoir de Haller avaient beaucoup diverti Voltaire à l'époque. Haller ne l'avait pas oublié. Il n'aimait pas Voltaire. Il estimait que la légèreté du poète était trop récompensée par rapport à son lourd savoir qui ne l'était guère. Bref, il était jaloux, aussi se répandait-il en propos fort désobligeants sur l'hôte indésirable de Genève, cependant que Voltaire, habilement, ne tarissait pas de louanges sur la science et la vertu de l'illustre Haller. Si bien qu'un voyageur qui avait entendu les féroces propos de l'aigre savant n'en crut pas ses oreilles lorsqu'il entendit les louanges de Voltaire sur Haller et il dit au poète :

— Comment pouvez-vous dire tant de bien de Haller alors qu'il dit tant de mal de vous ?

— C'est probablement parce que nous nous trompons tous les deux, répondit Voltaire.

C'est ainsi que lorsque Voltaire demande à Haller de l'aider à faire exiler Grasset, le doux savant lui répond que, quand on est philosophe, il faut savoir supporter avec philosophie ces petites attaques, qu'il faut considérer que M. de Voltaire a reçu de Dieu la gloire et la fortune, qu'il a reçu également — pour souffrir un peu — la sensibilité aux injures et qu'il faut accepter cela avec résignation. Voltaire aurait volontiers étranglé le vieux sermonneur mais celui-ci était trop puissant à Berne pour que Voltaire lui répondît de la même encre. Il fit le doux et renouvela sa demande. Haller lui répondit qu'en Suisse, la loi seule suffisait à défendre les citoyens et que, s'il en était besoin, la loi protégerait Voltaire. Rien n'était moins sûr. Mais l'humiliation de Voltaire était certaine. Haller lui joua le vilain tour de publier ses lettres afin, disait-il, que personne n'en pût modifier le texte. De sorte que Voltaire fut joué par ce gros butor de Berne. Et le voici fâché avec les Genevois, et même avec Pollier et les trois pasteurs qui lui reprochèrent de les avoir entraînés dans une affaire que le nom de Voltaire et sa témérité avait rendue très bruyante même hors de Genève qui était mortifiée par une publicité bien fâcheuse. Pollier et ses amis étaient mis au ban de la bonne société et des ministres du culte et ils en rendaient Voltaire responsable. Une fois encore, Voltaire recevait des coups. L'attitude des pasteurs envers le pauvre Saurin l'avait révolté — mais le malhonnête Grasset eut le beau rôle. Le vol littéraire était toléré. Amsterdam et La Haye s'enrichissaient avec cette librairie frelatée, Genève commençait à prendre goût à ce petit commerce. Pourquoi les tribunaux de Genève auraient-ils condamné un libraire qui fabriquait des libelles dont la République allait tirer profit ? Voltaire en fut aigri. Le charme avec Lausanne fut rompu. Il déménagea. Vraiment la paix n'était pas son lot.

Pour aller où ? Il cherchait en secret un autre asile. La Lorraine lui tendait toujours les bras. Stanislas lui offrit des châteaux et des terres. Mme de Mirepoix et Mme de Boufflers lui offraient le splendide château de Craon. Il ne disait ni oui, ni non, mais il entretenait un petit commerce de coquetterie avec le Père Menou à qui il disait que les sentiments de religion se réveillent toujours chez un homme qui a été élevé dans « nos maisons » et que pour lui, il se faisait un devoir de ne pas mourir à Genève et qu'il avait — bagatelle ! — cinq cent mille livres à placer dans une terre ! (400 millions d'A. F.). Ces deux considérations pouvaient donner à réfléchir au Père et à son royal pénitent. Stanislas eût volontiers accueilli un homme qui était à la fois si bien disposé envers Dieu, si illustre... et si riche. Néanmoins, il demanda l'avis de Versailles. Choiseul qui remplaçait Bernis lui répondit qu'on ne verrait pas d'un bon œil ce retour de Voltaire en Lorraine. Tout cela prit du temps, et Voltaire prit d'autres dispositions.

Il reçut aux *Délices,* un Italien, l'abbé Betinelli qui arrivait de Nancy et savait tout, par le père Menou, des tractations en cours. Il était très prévenu contre Voltaire, et ni lui, ni le Père n'étaient dupes des protestations dévotes de l'auteur de *la Henriade.*

Voltaire ne s'inquiéta pas des sentiments de l'abbé : il lui sauta au cou : « *Quoi ! Un Italien ! Un Jésuite ! Un Betinelli ! C'est trop d'honneur pour ma cabane. Je ne suis qu'un paysan, comme vous voyez,* dit-il, en montrant son bâton, une serpette à une extrémité et un sarcloir à l'autre. *C'est avec ces outils que je sème mon blé comme ma salade, graine à graine, mais ma récolte est plus abondante que celle que je sème dans les livres pour le bien de l'humanité.* »

Jolie mise en scène, jolie mise en boîte. Voici l'effet qu'il fit sur son visiteur : « *Sa singulière et grotesque figure fit sur moi une impression à laquelle je n'étais pas préparé. Sous son bonnet de velours noir qui lui descendait jusqu'aux yeux, on voyait une grosse perruque qui couvrait les trois quarts de son visage* (c'était une perruque à la mode de sa jeunesse, elle datait de 1715, du temps du vieux roi), *ce qui rendait son nez et son menton encore plus saillants qu'ils ne le sont dans ses portraits. Il avait le corps enveloppé d'une pelisse de la tête aux pieds ; son regard et son rire étaient pleins d'expression.* »

Tout cela est bien vu, ce n'est pas caricatural, car Voltaire avait, au naturel, des traits de caricature. D'ailleurs, il accentuait ses traits, il forçait l'accoutrement puisqu'il vivait « en scène ». Tout en son personnage est supérieurement expressif, tout se grave dans l'esprit du visiteur — disons du spectateur. Ce Betnelli n'était pas un sot, il était lettré, bon écrivain, frotté de grand monde, précepteur du jeune prince de Hohenlohe. Il était arrivé en tremblant devant son hôte ; il ne reçut de lui que sourires et compliments sur les poésies qu'il lui soumit. L'abbé charmé se sentait devenir voltairien. Il invita Voltaire à venir faire un séjour à Vérone. Le poète n'eut garde « *d'aller dans votre pays voir les frères Inquisiteurs.* » Il ajoutait : « *Vous trouverez bon que je n'aille pas dans un pays où l'on saisit aux portes des villes les livres qu'un pauvre visiteur a dans sa valise.* » Il se souvenait de Francfort !

Betinelli remit au « Paysan des Délices » une lettre de Stanislas. Avant de l'ouvrir, le rusé vieillard savait déjà que l'abbé venait négocier son installation en Lorraine. Sur le ton le plus courtois, effleurant à peine le sujet, sûr d'être compris. Voltaire dit à l'abbé : « *Oh ! Mon cher, restez avec nous, on respire ici l'air de la liberté, de l'immortalité. Je viens d'employer une assez grosse somme à acheter un petit domaine tout près d'ici. Je ne songe plus qu'à terminer ma vie loin des fripons et des tyrans.* »

Le petit domaine, c'était Ferney. Stanislas arrivait trop tard.

Un « petit domaine » nommé Ferney et un petit livre nommé Candide.

Il acheta Ferney au début de novembre 1758. A Paris, on ne comprenait pas à quoi rimait cette acquisition qu'il fit publier par Thiériot. Quand il voulait que son fidèle parasite répandît une nouvelle, il l'appelait « Thiériot-Trompette ». La même année, il acheta au président de Brosses dans des formes très compliquées la seigneurie toute proche de Tournay, château et terres. L'année d'avant, il n'avait pas un toit, en 1758, il a quatre châteaux. Il tient au voisinage de Genève mais pas à Genève même. « *Il y a des prêtres comme ailleurs.* » Il est très satisfait de jouir à Tournay de tous les droits seigneuriaux et du titre de comte attaché à la terre. A Ferney, il reste quelques droits seigneuriaux mais pas de titre. Ces terres rapportent à peu près 5 %. Ailleurs, son capital lui rapporte trois ou quatre fois plus, mais ses terres font de lui un seigneur, et cela l'amuse beaucoup — et très sérieusement. En apprenant à Tronchin-Lyon qu'il va quitter Genève, il lui dit : « *Vos magistrats sont respectables, ils sont sages, la bonne compagnie de Genève vaut celle de Paris, mais votre peuple est arrogant et vos prêtres un peu dangereux.* » Otons les fleurs, il reste : « Je ne me sens plus libre ni en sécurité dans votre ville. » Et voilà : son cœur est en Suisse, mais il met sa personne en sûreté à Ferney, en France. Et si Versailles l'inquiète, les *Délices* feront les délices d'un proscrit.

Tournay lui a plu on ne sait trop pourquoi. Tournay est près de Ferney, les terres peuvent se réunir... « *son château est une masure faite pour les hiboux ; un Comté, mais à faire rire ; un jardin où il n'y a que des colimaçons... Ces deux terres touchent presque à mes Délices. Je me suis fait un assez joli royaume dans une république.* »

Ce comté pour rire lui permet de se parer du titre de comte qui complète fort bien son titre inoublié de gentilhomme de la chambre. Il portera l'un et l'autre avec le somptueux manteau de zibeline que Catherine II vient de lui envoyer. Il rayonne, cela se sent quand il écrit à Thiériot : « *Vous vous trompez mon ancien ami j'ai quatre pattes au lieu de deux : un pied à Lausanne dans une très belle maison pour l'hiver ; un pied aux Délices près de Genève où la bonne compagnie vient me voir ; voilà pour les pieds de devant. Ceux de derrière sont à Ferney et dans le Comté de Tournay que j'ai acheté par bail emphytéotique au Président de Brosses.* » Dans cette affaire, il a voulu jouer au fils de notaire, ancien clerc de Me Alain, avec un fin matois, le président du Parlement de Bourgogne. Ces finasseries de robins vont lui coûter cher...

L'acte de Ferney n'est pas encore signé qu'il manifeste déjà ses droits suzerains contre le curé de Moens qui persécute ses gens. Il prend leur défense. N'est-il pas leur seigneur ? Un Genevois a empiété sur un chemin : qu'il répare la route ! Le nouveau seigneur écrit au Ministre des Finances pour obtenir un adoucissement dans le paiement des impôts. Dès qu'il paraît, un souffle de vie revient dans le domaine endormi dans la routine et la misère.

Pour rendre les gens heureux, il faut les enrichir. C'est son principe. On s'est d'abord amusé de son histoire d'étalon. Il avait six juments magnifiques pour la reproduction. Mais l'étalon danois était aussi vieux et aussi froid que son maître. Voltaire voulut en avoir la preuve. Ces juments inoccupées lui parurent un non-sens. Il leur fallait un étalon actif, il écrivit à M. l'Intendant des Ecuries du Roi : « *Mon sérail est prêt, Monsieur, il ne me manque que le Sultan que vous m'avez promis.* » Voilà pour les juments. Pour lui-même il demandait le titre pompeux de « Lieutenant des Haras pour le pays de Gex. » L'Intendant lui répondit aimablement que pour le titre on ne pouvait le lui donner car on l'avait promis à un homme de cheval et non à un homme de plume, mais que pour l'étalon, les juments l'auraient bientôt. Depuis qu'il est seigneur, il bombarde de lettres, de suppliques en faveur de ses gens et de ses terres, d'Argental, M. de Chauvelin, le duc de Lavrillère, Mme de Pompadour. Il sollicite avec cet art d'être importun et harcelant qui finit par avoir raison des réticences parce qu'il sait l'art de sourire et de faire sourire.

Dans les ministères on entend parler de Ferney autant que du Canada. N'était-ce pas naturel ? Ferney n'est-il pas le centre du monde civilisé ?

Voltaire est, sauf douleurs d'entrailles, plus heureux à soixante ans qu'à trente : « *Oh ! le bon temps que ce siècle de fer,* répète-t-il, dans ses *Mémoires* écrits cette année-là, en se souvenant d'un vers du *Mondain : Toutes les commodités de la vie se trouvent dans mes deux maisons, une société douce et de gens d'esprit remplit les moments que l'étude et les soins de ma santé me laissent.* »

C'est cet « optimisme » particulier et domestique frappé par les prodigieux malheurs du monde qui ont nourri *Candide,* publié à Genève en mars 1759. Frédéric le remercie du livre en avril. Voltaire portait en lui, depuis longtemps, l'embryon de ce conte. *La Vision de Babouc* publiée en 1748 en contient déjà l'esprit ; le *Poème sur le Désastre de Lisbonne* la philosophie, mais, pour tout dire, Voltaire était déjà tout entier *Candide* dès sa naissance. Ce livre, c'est lui ; jamais ouvrage ne fut à tel point l'image de son auteur. Il y a tout de sa pensée, de ses travers, de ses tics, il y a même la réponse à la lettre de J.-J. Rousseau sur la Providence. Cependant qu'il baigne dans les délices patiemment, raisonnablement, élaborés dans le travail et dans le luxe, il est hanté, révolté par le spectacle du monde qui l'entoure : le désastre de Lisbonne, la guerre de Sept ans qui ravage l'Europe, le Canada, l'Inde ; la France est ruinée, l'Allemagne baigne dans le sang de toutes les armées européennes, les autodafés se rallument en Espagne et en Italie et leurs fumées comme un encens infernal obscurcissent le ciel du Siècle des Lumières. Voltaire se demande si son bonheur est une absurdité dans un tel monde, ou bien si l'absurdité réside dans la misère sans limites et sans raison à laquelle le monde est en proie. De toute façon, il y a là un scandale pour la Raison et cette cruelle absurdité ne peut être décorée du nom de Providence. De ce scandale universel et irrémédiable, il fit *Candide* — un conte rapide et léger, qu'on prit pour un livre licencieux, dont lui-même eut un peu honte, qu'il appela une « coïonnerie » pour faire croire qu'il était moins sérieux qu'il n'en avait l'air — bref, ce conte est une œuvre d'un désespoir presque insondable. Presque, seulement, parce que s'il l'était totalement, il serait excessif, contraire à la bienséance, au bon goût et à l'humanité qui se doit d'être mesurée en tout même en son désespoir. S'il était excessif, il serait faux. Or, *Candide* sonne juste comme le cristal. Il permet de sourire, et l'humanité se sauve par là du désespoir. Tout est faible en l'homme, tout est fragile, il est la victime de divinités ou de fatalités sanguinaires — il peut cependant les railler car elles sont stupides. Pour l'homme, ce jeu est cruel, mais il n'est déshonorant que pour les fatalités imbéciles. Comme ce livre limpide fut mal compris ! Au XIXe siècle, Mme de Staël entre autres, y a vu un éclat de rire infernal ! Bien sûr, pour elle un livre désespéré sur le tragique destin de l'homme ne pouvait être conçu qu'au sein des orages, parmi les spectres, par un barde échevelé, livide et rugissant dont la harpe désaccordée faisait entendre les plaintes déchirantes que lui arrachait la tempête. Beaucoup de tapage dans le vent...

Candide, c'est la grâce de l'esprit, l'insurpassable chef-d'œuvre, non seulement d'un homme, mais d'une langue déjà millénaire qui atteint son apogée, et, l'espace de quelques pages, respire avant de descendre. C'est aussi l'insurpassable perfection d'une frivolité suprême, celle qui naît en l'homme qui a tout compris de sa misère et qui a surtout compris qu'il ne la surmonte que par sa légèreté. Dans ce conte se sont cristallisées, une fois pour toutes, les vérités sans illusion mais non sans grâce, ni sans courage, d'une civilisation sur le point de sombrer — et que, d'un trait, *Candide* a sauvées pour l'éternité.

Le monde apprend le chemin de Ferney...

Les constructions, les plantations, les juments et l'étalon ne remplissaient pas toute ses journées. Il amasse des documents en vue d'écrire une *Histoire du Tsar Pierre le Grand*. Ce vieillard de soixante-six ans, car il a cet âge en 1760 et c'est, en ce temps, l'âge d'un vieillard, se redonne un rayon de jeunesse en se grisant d'une nouvelle tragédie, *Tancrède*. Commencée le 22 avril 1759, elle fut achevée le 18 mai suivant. Il la fit jouer trois fois en octobre 1759 sur le théâtre installé dans « la masure » de Tournay. Elle était dédiée à Mme de Pompadour. Il s'enivre de *Tancrède* plus qu'il n'enivre sans doute, il vit comme aux beaux jours de *Zaïre*.

Au mois de mai 1760, il reçoit la visite de l'aimable Marmontel accompagné d'un ami sensible et fin, M. Gaulard. Partageons l'aubaine, visitons Ferney en leur compagnie.

Au débarqué, le seigneur du lieu leur fait dire qu'il est couché et qu'ils n'arrivent que pour assister à son agonie. Vont-ils repartir sans l'avoir vu ? Voltaire peut faire attendre pour cause d'agonie, mais il n'a jamais refusé sa porte à des amis pour cette raison. Il agonisera devant eux. Le voici en bonnet et robe de chambre, dans son lit. Il s'exclame, s'agite, retrouve aussitôt sa vigueur et sa flamme. Ses visiteurs, dit-il, arrivent à point pour rencontrer un homme extraordinaire. Le connaissez-vous ? C'est le dentiste du roi de Pologne. Il est venu soigner la bonne Mme Denis qui est gênée pour déclamer les vers de l'oncle par ses dents manquantes ou branlantes. Delécluse, le connaissez-vous ? Marmontel connaît un Delécluse qui est acteur à l'Opéra-Comique. Eh bien ! c'est lui. On est un peu confondu par ce passage de la dentisterie à l'opéra. Voltaire se moque du dentiste, c'est l'acteur qui l'intéresse, en Delécluse. Il le trouve inimitable dans ses interprétations des chansons polissonnes. Et voilà le moribond agitant bonnet et fanfreluches, dressé sur son lit, imitant Delécluse, battant la mesure de ses mains de squelette et chantonnant *la chanson du Remouleur* :

Je ne sais où la mettre
Ma jeune fillette
Je ne sais où la mettre
Car on me la...

Cette scène d'arrivée vaut bien le voyage. Vite, il saute du lit, on l'habille. Et tout le monde passe à table. M. Delécluse est là, cajolé, prié, échauffé, il chante. Voltaire est aux anges. Les visiteurs applaudissent surtout pour plaire à leur hôte. Le chanteur est infiniment moins divertissant que Voltaire dans son imitation.

On se promène dans le nouveau jardin, on parle de Paris. On accroche le nom de la bête noire du moment : Le Franc de Pompignan. Il y a toujours une bête noire du moment qu'il faut mettre en charpie. Cela fait partie de l'hygiène voltairienne : rire à telle heure, s'encolérer ensuite et mordre et griffer le cuir de l'imbécillité. Il leur dit que son médecin lui-même lui a conseillé de « *courir le Pompignan une heure ou deux tous les matins.* »

Gaulard poliment joue aux échecs avec Voltaire qui adore ce jeu mais a horreur de perdre. Gaulard sait perdre, aussi Voltaire le trouve-t-il plein de qualités. Marmontel fait un éloge enthousiaste de l'actrice admirable qu'est Mlle Clairon. Voltaire l'interrompt : « *Oh ! mon ami, c'est comme Mme Denis, elle a fait des progrès incroyables, étonnants !* » Marmontel éberlué, se tait. On comprend que Frédéric ait prié Voltaire de garder le silence sur les talents de sa nièce. Comment un homme de cette qualité pouvait-il tomber dans le ridicule de comparer Mme Denis à Mlle Clairon : la Dinde au Phénix !

Marmontel nous fait faire la connaissance de deux Genevois familiers de Voltaire, Cramer le libraire et Huber le peintre. Cramer était précieux pour la comédie, il était le partenaire préféré de Mme Denis. Nous ne savons pas s'il avait autant de talent qu'elle. Quant à Huber, il excellait à découper les silhouettes des gens dans des feuilles de papier noir. Il maniait les ciseaux avec une dextérité inégalable et fixait la ressemblance à la perfection. Il était si habile qu'en donnant à son chien une tranche de fromage que celui-ci saisissait entre ses dents, il arrivait, en la retirant par petites secousses bien calculées, à obtenir dans la tranche de fromage la silhouette de Voltaire. Ce numéro faisait crier au miracle. Il découpait les silhouettes des invités les mains au dos, sans voir ce qu'il faisait. Ferney, on le voit, ne manquait pas d'attractions.

Voltaire emmène ses amis visiter son comté de Tournay. Chemin faisant, Marmontel parle de Versailles où Mme de Pompadour l'a reçu. « *Elle vous aime encore* », dit-il à Voltaire. Mais elle a perdu beaucoup de sa puissance, le roi la délaisse. « *Qu'elle vienne à Ferney,* s'écrie Voltaire, *je lui écrirai des rôles de reine et elle jouera la tragédie avec nous. Elle connaît le jeu des passions.* » Et Marmontel lui dit qu'elle connaît surtout les chagrins et les larmes. « *Tant mieux ! Tant mieux !* dit Voltaire en battant des mains. *C'est là ce qu'il nous faut !* »

Qu'importe la réalité, c'est le théâtre qui compte.

Le dernier soir, les voyageurs devant repartir à l'aube, décidèrent de ne pas se coucher. Voltaire les imita. Il fut toute la nuit étincelant d'esprit, de gaîté, de trouvailles. Il leur lut plusieurs chants de *La Pucelle*. Ils allaient d'enchantement en enchantement. Toutefois, Marmontel remarque que sa diction péchait par emphase tragique et par monotonie : il n'est pas le premier à le dire. Par contre, dans les rythmes rapides et légers, Voltaire est incomparable. « *Sa voix, son sourire, ses yeux avaient une expression que je n'ai vue qu'à lui.* » Sur ce point également tout le monde est d'accord.

Il avait installé le théâtre à Tournay. La scène était minuscule, neuf acteurs la remplissaient au point de ne plus pouvoir bouger. Encore fallait-il introduire les lances, les casques et les boucliers pour jouer *Tancrède*. Mais quel jeu, à l'en croire ! « *Je souhaite en tout que la pièce soit jouée à Paris comme elle l'a été dans ma masure.* » La difficulté majeure est de placer les deux cents personnes qui accourent de Genève. Ces Genevois ont la fureur du théâtre qui leur est interdit. Il y a même de vraies impossibilités comme celle de faire entrer en scène M. Pietet, haut de six pieds un pouce, coiffé du panache de Tancrède qui a un pied et demi, il crève le plafond, bouscule les décors, et déborde sur l'orchestre : on joue quand même ! Et Voltaire plaint les Parisiens : ils n'ont que la Clairon ! A Ferney on a la Denis ! Il répète plusieurs fois cette louange accablante. Et il ose l'écrire à Mlle Clairon qui, à trente six ans, rayonnait de talent et de gloire. Elle le supporta un moment ce qui prouve qu'elle avait un bon caractère et beaucoup d'esprit. On raconte qu'à la longue, elle pria Voltaire de garder sa nièce en réserve pour le pays du lac et de ne plus parler d'elle.

Les visiteurs commencent vers 1760 à prendre la route pour faire le pèlerinage de Ferney. L'Intendant de Bourgogne y vint avec cinquante personnes. Ils sanglotèrent beaucoup en écoutant Mme Denis mais ils mangèrent encore davantage. M. de Chauvelin, l'ambassadeur de France à Genève, s'y rendit aussi avec sa suite. Ils applaudirent et pleurèrent, puis mangèrent, avec le même entrain, des truites de vingt livres au souper qui suivit. Le duc de Villars, gouverneur de Provence, le fils du maréchal et de la chère duchesse qui s'était un peu moquée du jeune Arouet, fit une halte. Il n'avait pas la qualité de ses parents — il était sans courage et plein de vices. Mais il avait une vertu qui valait toutes les autres aux yeux de Voltaire : il adorait le théâtre. Il donna la réplique à Mme Denis. Quand le duc et pair jouait, on jouait « en chambre » : pas d'invités genevois.

Comme le Consistoire n'avait rien dit depuis longtemps, Voltaire reprit les représentations aux *Délices*. Tout le monde y trouvait son compte, les Genevois avaient la comédie à leur porte. Hélas ! le 20 octobre 1760, parut un rapport du Consistoire sur l'indécence du sieur Voltaire qui faisait représenter la comédie à Saint-Jean malgré ses promesses de 1755. En novembre 1760, nouvelle plainte du Consistoire. Voltaire proclama qu'il n'agissait ainsi que pour plaire à ses invités et qu'il n'avait nullement l'intention de braver les lois de Genève, et d'attirer le feu du ciel sur une ville qu'il n'avait pas le dessein de dépraver. Car c'était là le fond de l'accusation. Par bonheur, les avis du Consistoire étaient partagés : les uns voulaient des sanctions, d'autres, d'accord sur le principe, ne désiraient que suspendre les représentations, sans brouille avec Voltaire... et ses puissants amis de la Ville-Haute. Voltaire pouvait donc toujours jouer à Tournay encore que certains excités voulussent qu'on interdît aux Genevois de se rendre en terre étrangère pour se dépraver. Mais, qui allait à Ferney ? Les plus puissants citoyens de Genève. L'affaire se mit en sommeil.

Brûlée sur le bûcher, l'Encyclopédie allume la Guerre avec Le Franc de Pompignan.

Ce fut une grande querelle. Elle dépassait Le Franc de Pompignan et même Voltaire. Pour la comprendre — sinon pour la juger — il faut respirer l'air du temps où elle éclata.

Le 6 février 1759 l'Encyclopédie fut condamnée au feu par le Parlement. Jusqu'alors, grâce à la protection de Malesherbes et du Chancelier d'Aguesseau, les articles avaient pu paraître impunément. Les Encyclopédistes un peu trop sûrs d'eux n'avaient pas eu le triomphe modeste et beaucoup de lecteurs, sans être dévots, sentirent que, par-delà la Religion, c'était l'ordre social tout entier qui était sapé. La condamnation frappait non seulement l'Encyclopédie mais d'autres ouvrages de moindre importance au nombre desquels se trouvait le poème de *La Religion naturelle* de Voltaire. Au feu ! A Genève, il sentit la brûlure. Et le voilà en guerre ! Il exige que d'Alembert lui envoie les noms des personnes qui ont participé à la condamnation, ainsi que des notes sur leurs ouvrages, leurs talents, leur situation... Et M. de Voltaire va accommoder tout cela selon une recette qui lui est personnelle. Il retrouve l'éternel Boyer, l' « Ane de Mirepoix » qui s'était jeté en pleurant aux genoux du roi : « *Sire, la religion est perdue si l'Encyclopédie continue à paraître.* » C'est pourtant lui qui avait désigné les censeurs chargés d'examiner, d'expurger ou de brûler les articles proposés à l'Encyclopédie. Que faisaient-ils donc ? Les théologiens avaient-ils la berlue ? Ou bien les Encyclopédistes leur soumettaient-ils des textes anodins et en faisaient-ils imprimer d'autres ? C'est ce qu'on disait. L'un de ces censeurs, l'abbé Tamponet était un chicanier sans pareil, il disait — mais c'est Voltaire qui le lui fait dire : « *Je peux trouver des hérésies dans le texte du* Pater Noster. »

C'est alors que fut consommée la brouille de Voltaire avec les Jésuites. *Le Journal de Trévoux* rédigé par les bons Pères signalait les ouvrages pernicieux. Il le faisait avec plus ou moins d'onction. Voltaire n'avait pas toujours eu à se louer d'eux, mais jusqu'à cette époque, il gardait à ses anciens maîtres une telle reconnaissance qu'il ne leur fit qu'une guerre de coups d'épingle. En 1749, il écrivait au P. Vionnet : « *Il y a longtemps que je suis sous l'étendard de votre Société. Vous n'avez guère de plus mince soldat, mais vous n'en avez pas de plus fidèle.* » Dix ans étaient passés. Voltaire s'était beaucoup aigri contre la Religion. En 1749 il ne parlait pas encore de l'*Infâme,* en 1759, il en parle. C'est devenu une idée fixe. L'*Infâme ?* Qui est l'*Infâme ?* L'Eglise romaine, disent les uns. Et c'est vraiment courir au plus près La chose paraît moins simple. Il ne s'en est jamais expliqué Probablement parce que le sens était moins précis qu'on ne le dit. L'*Infâme,* c'est parfois l'Eglise romaine, mais elle n'a pas le monopole de l'infamie. L'*Infâme* c'est l'Intolérance, le Fanatisme, la Persécution. C'est la *Superstition* bardée de gris-gris armée de sagaies empoisonnées et chevauchant l'énorme *Bêtise*

Le père Berthier en qualité de directeur du *Journal de Trévoux* fut le premier fouetté. En novembre 1759, le Père put lire comme tout Paris, un fascicule de trente pages, anonyme, intitulé *Relation de la maladie, de la confession, de la mort et de l'apparition du Jésuite Berthier.* Il ne mourut qu'en 1782. Le malheureux dût s'y reprendre à deux fois pour lire ce titre ! Rien n'était plus divertissant et plus malicieux aux dépens du Père. A peine avait-il repris souffle que paraissait : *Relation du voyage du frère Garassise, neveu du frère Garassise, successeur du père Berthier* Il n'y eut qu'un cri : cela sortait des cuisines de Ferney. Voltaire n'avoua pas, il ne nia pas. Ce fut la rupture totale avec les Jésuites. Il prenait bien la précaution de dire que cette guerre n'avait pas été voulue par lui, qu'il n'avait fait que se défendre. « *Dans toute guerre,* écrit-il à Palissot, le 24 septembre 1760, *l'agresseur seul a tort devant Dieu et devant les hommes.* » Pour Dieu, Voltaire est bien hardi de le mettre dans sa querelle, mais pour les hommes, il disait vrai, le pauvre Berthier avait peut-être tort. D'ailleurs tout le monde se moquait de lui.

Cette croisade contre l'Encyclopédie et l'esprit nouveau trouva un champion en la personne d'un magistrat de Montauban, Le Franc de Pompignan qui était frotté de belles-lettres. Sa querelle avec Voltaire n'éclata pas tout de suite, nous savons comment se développaient ces inimitiés : le serpent est dans l'œuf, insoupçonné, on le couve, on le réchauffe de courtoisies, de louanges, d'amitiés. Bientôt survient une égratignure de vanité, et le serpent se dresse, siffle, crache son venin ; c'est la fureur. Il y a eu les Desfontaines, les Fréron... Maupertuis, le dernier, vient de mourir. Voici son remplaçant. Il faut toujours un anti-Voltaire de service. L'anti-Voltaire de 1760 s'appelait Le Franc de Pompignan.

C'était un fort honnête gentilhomme de Montauban, cossu, lettré et fort content de soi. Il se croyait né pour être le poète du siècle. Mais la place était prise quand Dieu fit éclore son médiocre génie sur les bords du Tarn. Il trouva cette usurpation fâcheuse et osa dire que la place était occupée par un mauvais poète. Par malheur pour lui, ce mauvais poète qui s'appelait Voltaire, était fort bon prosateur. Déjà, en 1739, Le Franc disait que les tragédies de Voltaire ne seraient jamais que des tragédies de Voltaire. C'était peut-être vrai, mais ce ne sont pas des choses à dire quand on veut vivre en paix. M. de Pompignan voulait supplanter Voltaire, mais il n'ambitionnait de le surpasser que dans la fadeur et la servile imitation de Racine. M. de Voltaire, du haut de son triomphe de *Zaïre* laissait tomber son regard olympien sur les basses plaines où ahanaient les poétaillons de province. Mais on sait que Voltaire manquait rarement à la courtoisie ; lorsqu'il rencontra Le Franc, en 1739, chez La Popelinière, il le traita avec civilité et même avec amitié. Il lui écrivit quelques billets aimables et reçut en échange quelques critiques qu'il fit semblant de ne pas entendre. Il répandait dans ses lettres les louanges qu'il aimait tant recevoir lui-même. « *Tous les hommes ont de l'ambition,* écrivait-il à Le Franc, *la mienne, Monsieur, est de vous plaire et d'obtenir quelquefois vos suffrages et toujours votre amitié.* »

Il ne tenait qu'à Le Franc de conserver ces excellentes relations. Voltaire n'aime rien tant que d'être aimé ; il sourit pour qu'on lui sourie. Mais si, après les avances qu'il fait de si bonne grâce, on le traite mal, alors, blessé au cœur, il devient féroce ; mais son premier mouvement est d'offrir la paix : « *Tout homme de lettres qui n'est pas un fripon est mon frère. J'ai la passion des beaux-arts, j'en suis fou. Voilà pourquoi j'ai été si affligé quand les gens de lettres m'ont persécuté, c'est que je suis un citoyen qui déteste la guerre civile et ne la fais qu'à mon corps défendant.* »

Le Franc eut l'imprudence de provoquer Voltaire : il déclencha la guerre. Il avait obtenu quelques petits succès qui le grisèrent. A Paris, ces griseries sont assez vite contenues par les griseries des autres. Mais Le Franc rentra dans sa province avant d'avoir cuvé le vin de son premier succès. A Montauban, ce vin lui monta à la tête. Petit rimeur à Paris, il se crut Virgile, place du Marché-Vieux. Président de Cour, riche, titré, poète, il fit une première tentative à l'Académie en 1758. Il ne fut pas élu, mais on ne le découragea pas. En 1760, il fut élu au fauteuil de Maupertuis. Siège fatal aux ennemis de Voltaire ! Comme il briguait la place de gouverneur des Enfants de France et qu'il fallait, pour plaire au dauphin être suprêmement dévot, il fit de son discours de réception à l'Académie une charge à fond contre l'Impiété, contre l'Encyclopédie, contre la Littérature et même contre l'Académie qui abritait les pires ennemis de la foi. Il fut brutal, sans nuance. Jamais l'Académie ne reçut pareille semonce en guise de remerciement.

Il prononça son discours avec la force de l'ambition et toute la chaleur de l'accent de Montauban. Les dévots l'écoutèrent dévotement. Dupré de Saint-Maur le compara à Moïse ! Et le frère de Le Franc, évêque du Puy, à Aaron... Il dit que Dieu les avait choisis pour faire des miracles « en Israël » — c'est-à-dire sur les bords de la Seine.

Un terrifiant éclat de rire accueillit, sur les rives du lac Léman, le discours de Le Franc et ses commentaires. Cet éclat de rire de Voltaire, Le Franc n'aurait pu l'entendre sans frémir. Il allait en avoir quelques échos répercutés par les libelles et par le public.

La horde philosophique, aussitôt, se mobilisa contre le nouvel académicien. Voltaire se sentit d'autant plus touché que Le Franc avait fait l'éloge de Maupertuis. Le Franc ne s'en doutait pas mais sa mauvaise harangue lui ouvrit les portes de l'immortalité : nous ne parlerions plus de lui si Voltaire ne l'avait fouetté en place publique, et en vers et en prose.

« *Il ne fallait pas,* écrit Voltaire, *outrager un vieillard retiré du monde, surtout dans l'opinion où il était que ma retraite était forcée ; c'était en ce cas insulter au malheur et cela est bien lâche. Je ne sais comment l'Académie a souffert qu'une harangue de réception fût une satire.* »

En effet, en soulignant les accointances de Voltaire et de l'Encyclopédie, Le Franc avait compromis les chances de Voltaire de rentrer à Paris. Cependant, Le Franc, se rengorgeant, avait doublé de volume. Il racontait que le roi avait lu son discours et l'avait trouvé bon. Fort de cette approbation, il exigea de M. de Malesherbes que sa harangue fût imprimée avec, en exergue, une phrase d'éloge du roi qu'il s'attribuait lui-même. Malesherbes refusa d'imprimer tant qu'il n'en aurait pas reçu l'ordre du roi. Le Franc passa outre, porta son texte à l'Imprimerie royale, intimida les imprimeurs et fit composer. Malesherbes fit briser la composition avec ce motif : « *De ce que les Encyclopédistes sont répréhensibles, il ne s'ensuit pas que leurs adversaires ne doivent être soumis à aucune loi.* » On voit l'outrecuidance du personnage — dès qu'il détient une parcelle de notoriété, il faut que tout rampe devant lui. C'était bien ce qu'exécrait Voltaire.

Il fallait maintenant lui faire payer ce premier succès.

Un fascicule d'apparence humble, portant un titre, piquant par son étrangeté, se mit soudain à proliférer dans Paris. On le trouvait dans toutes les mains, dans les salons, dans les cafés et dans les rues où il se vendait. *LES QUAND, notes utiles sur un discours prononcé à l'Académie le 10 mars 1760.* Pas de signature. C'était du meilleur Voltaire — c'est-à-dire du pire pour la victime. De courts paragraphes se succédaient, comme des versets et tous commençaient par *Quand.* Cette répétiton était d'un effet lancinant, chaque verset était un coup de dard. La guêpe pique ici, pique là, affole le malheureux et par sa prestesse, ses envols, ses retours divertit le lecteur, le rend complice de son jeu cruel. Tout est à lire ; plusieurs maximes seraient à retenir :

« Quand » *on ne fait pas honneur à son siècle par ses ouvrages c'est une étrange témérité de décrier son siècle.*

« Quand » *on est à peine homme de lettres et nullement philosophe il ne sied pas de dire que notre nation n'a qu'une fausse littérature et une vaine philosophie.*

On remarque l'habile position de Voltaire qui se fait défenseur de la nation, de la littérature et de la philosophie française insultées par ce « Le Franc qui l'est si peu. »

En outre, il ne convenait guère à un dévot de faire l'éloge de la piété d'un Maupertuis connu comme suppôt du Diable et de Frédéric, son disciple. Voltaire, on le voit, avait la partie belle pour étriller Le Franc.

Enfin, un bon conseil : « Quand » *on est admis dans un corps respectable, il faut dans sa harangue cacher sous les voiles de la modestie l'insolent orgueil qui est le partage des têtes chaudes et des talents médiocres.*

On ne sut d'abord d'où tombait cette grêle car Voltaire passait alors pour mort. Un bon ami avait répandu cette bonne nouvelle. Ce n'était pas la première fois qu'on l'enterrait. (En 1753, on avait dit qu'il avait trépassé à Colmar. C'est lui qui l'avait fait dire à un dévot qui le bombardait de lettres l'engageant à se convertir. Voltaire supplia son homme de cesser de lui écrire pour cause de décès. Mais il l'exhortait à continuer de prier pour lui. C'était moins exaspérant.)

Bien vite, il rassure ses amis de Paris. Il est bien vivant. « *Mon Cher Philosophe,* écrit-il à d'Alembert, *j'avoue que je ne suis pas mort, mais je ne peux pas dire que je suis en vie. Berthier se porte bien et je suis malade. Chaumex digère et je ne digère point. Aussi ma main ne vous écrit pas mais mon cœur vous écrit...* »

Et voilà que d'impudents calomniateurs osent encore lui attribuer la paternité de ces « Quand » : il proteste de toute sa candeur : « *Je ne sais pas pourquoi on me fourre dans toutes ces querelles moi laboureur, moi berger, moi rat retiré du monde dans un fromage suisse. Je me contente de ricaner sans me mêler de rien...* »

L'excuse du travail accablant serait valable pour tout autre que lui — car il est réellement dévoré de tâches diverses : agriculture, élevage, maçonnerie à Ferney et à Tournay. Tout autre que Voltaire serait anéanti par ces travaux, auxquels s'ajoutent les démarches, les procès, les affaires financières, les invités. Ce sont mille soucis harassants depuis les plus terre à terre comme la fumure des sols, jusqu'aux plus subtils marchandages avec les autorités. Ce n'est pas tout, il y a les plaisirs, le salon, la table, le théâtre. N'oublions pas la colique quatre jours par semaine !

Qui croirait qu'il a trouvé le moyen d'écrire ce libelle des « Quand » ?

Et pourtant, il aura toujours le temps de polémiquer — et de ricaner comme il dit : « *Je veux rire : je suis vieux, malade et je tiens à la gaîté, un remède plus sûr que les ordonnances de mon cher Tronchin. Je me moquerai tant que je pourrai des gens qui se sont moqués de moi. Cela me réjouit et ne fait nul mal.* (Voire !) *Un Français qui n'est pas gai est un homme hors de son élément.* »

Quant à lui, il a apporté son « élément » à Genève ; il n'a peut-être pas réussi à l'y acclimater mais lui s'est acclimaté parce que le monde voltairien se recrée partout où respire Voltaire. C'est le don du génie.

Dans sa querelle, il rencontra un allié : l'abbé Morellet. Aussi caustique que lui : un frère, en somme, et une drôle de soutane ! Il était Conseiller en théologie de l'Encyclopédie ; trop heureux d'en remontrer à Le Franc de Pompignan. Voltaire mis en verve par les « Quand », avait récidivé avec les « Si ». Tous les méchants rieurs de Paris et d'Europe — et cela fait du monde et du monde de qualité — connurent encore de bonnes heures de rire et Le Franc de mauvaises nuits. Après les « Si » parurent les « Pourquoi »

Les « Pourquoi » sont de l'abbé Morellet. Ils sont excellents même aux yeux de Voltaire qui les appelle les « Mords-les ». Ce mot est déjà un portrait de l'abbé : tout en dents ! « *J'imaginai,* dit l'abbé dans sa candide méchanceté, *qu'il fallait faire passer M. de Pompignan par les particules...* » C'est ainsi qu'il appelle les « Si », les « Quand » qui furent suivis des « Qui », des « Quoi », des « Car », des « Ah ! Ah ! » Pauvre Le Franc, allait-il succomber sous cette nuée de fléchettes ? On lui rafraîchissait la mémoire : il n'avait pas été toujours plat courtisan, il ne s'était aplati que par ambition. En 1756, il avait critiqué le roi, les impôts : « *Ayez pitié d'un peuple épuisé, sortez de cette enceinte de palais somptueux vous verrez un empire qui sera bientôt un désert... les terres sont semées avec des larmes.* » Il ne cherchait pas encore à plaire au roi et au dauphin ! » *Pourquoi, cet homme est-il en contradiction avec lui-même ?* demande Morelet. *Ce n'est pas que la situation du peuple est devenue meilleure mais c'est que la sienne a changé.* »

Dans les « Car » : « *Ne dites plus au roi dans une supplique qu'il traite ses sujets comme des esclaves CAR ce n'est plus une supplique, il ne reste que le libelle.* »

Il le paya cher son discours, M. de Pompignan ! Que resta-t-il de ce haut magistrat, académicien, bel esprit de province, seigneur de village adulé de ses villageois ? Il resta un faux dévot, un ambitieux, un gribouilleur se servant de sa fausse-foi, de son faux-talent, de ses délations pour se hausser à des places qu'il ne méritait pas. Voltaire alla jusqu'à l'accuser de *Déisme*. Que ce reproche est bien venu sous sa plume ! Malheur à qui ose attaquer l'Ermite de Genève.

Le Franc n'en mourut pas, il riposta. Il se flatta de faire chasser Voltaire de l'Académie. Aussitôt courut dans Paris le trait suivant : « *Si l'on rayait M. de Voltaire du nombre des quarante ce serait ôter le chiffre : il ne resterait que le zéro.* »

Tout se retournait contre le solennel gaffeur. Si Voltaire était chassé, M. d'Alembert et Duclos quitteraient l'Académie. « *En ce cas on prendrait des Capucins pour recruter l'Académie* », écrit Favart le 22 mai 1760.

Il ressort de cette querelle qu'en 1760 quelques écrivains sont déjà capables de soulever l'opinion, même celle des gens qui ne sont pas forcément dans leurs idées. Nous dirions que l'opinion est « sensibilisée » à ces polémiques où, de la littérature on glisse vite à la politique. Le Pouvoir et Pompignan qui l'a sottement engagé dans cette querelle ne peuvent que perdre dans la controverse. Même la Cour de Vienne, si peu favorable aux idées nouvelles, estime que Le Franc est un maladroit, et qu'étant l'agresseur, comme l'a dit Voltaire, il n'avait qu'à jouir, avec modestie, de l'honneur que l'Académie avait bien voulu faire à son modeste talent.

M. de Pompignan ravagé de douleur, n'est cependant pas guéri de sa fatuité. Il s'encense lui-même, exalte ses mérites et son talent et, bafoué à Paris, il va trôner dans son village. Il publie une *Relation du voyage de M. le marquis Le Franc de Pompignan depuis Pompignan jusqu'à Fontainebleau.* Oui, c'est un voyage triomphal, digne de la comtesse d'Escarbagnas, oui, le roi l'a vu à Fontainebleau, il l'a même regardé, et s'est arrêté environ quinze secondes pour lui dire qu'il connaissait ses mérites. Et Montauban ensuite ! Il ose écrire : « *Je fus reçu à Montauban avec des honneurs si extraordinaires que le souvenir s'en conservera longtemps en moi-même et dans cette province.* » C'est possible, mais ce genre de vanité villageoise a toujours fait rire Paris. La relation de ce voyage est censée être adressée au *Procureur fiscal du village de Pompignan.* C'est du Molière, du Molière de Georges Dandin.

Et Voltaire dont la haine n'est pas assouvie reprend la lutte. L'année 1760 crépite de cette mitraillade contre l'infortuné seigneur de Pompignan. Voltaire lui fait dire, dans un *Poème sur la Vanité* que Le Franc n'a jamais écrit, mais que le bon apôtre de Genève lui attribue :

Je prétends des plaisants réprimer la licence.
. . . .
Pour trouver bons mes vers il faut faire une loi
Et de ce même pas je vais parler au roi.

Voltaire faisait d'une pierre deux coups. Il rendait le vaniteux ridicule, et en même temps il indisposait le roi contre lui — car Le Franc avait déjà demandé protection au roi contre ses détracteurs. Quel roi prendrait raisonnablement des sanctions contre un écrivain qui fait rire tout Paris aux dépens d'un ridicule — tout en ménageant le souverain ? A la fin du poème, Voltaire rappelle Piron qui eut raison, au moins une fois, en faisant graver sur sa tombe : *Ci-gît Piron qui ne fut rien* et il en tire la morale.

Humains, faibles humains, voilà votre devise.

Voulant écraser la vanité insupportable de son ennemi, après avoir évoqué les Empires disparus, les souverains du passé plus proches des divinités que des hommes et dont il ne reste même plus les cendres, il demande où est le tombeau d'Alexandre ? celui de César ? Voltaire assène alors au seigneur de Pompignan ce coup final :

César n'a point d'asile où son ombre repose
Et l'ami Pompignan veut être quelque chose.

Même le dauphin qui ne riait guère, rit. Et il était le protecteur de Pompignan ! Le Franc n'obtint pas la charge de gouverneur des Enfants de France. Pourtant, l'entourage du dauphin était de la dévotion la plus rigoureuse et Voltaire y était honni. On y disait fréquemment qu'il méritait les plus grands supplices et si le dauphin eût régné un jour, il n'eût pas manqué de conseillers pour l'engager à les faire subir à Voltaire. Une Mme du Hausset qui fréquentait cette petite Cour, était inquiète de l'intolérance qui y régnait et en redoutait les conséquences pour l'avenir. Si Le Franc avait obtenu la charge de gouverneur, pensait-elle, il n'eût pas manqué d'attiser la haine des princes contre Voltaire et les philosophes. Allié à son frère Georges, évêque du Puy, il aurait ouvert une ère de persécutions. « *J'approuve bien Voltaire et sa chasse au Pompignan, le marquis-bourgeois* (oui, Le Franc était anobli de fraîche date) *sans le ridicule dont il l'a inondé, aurait été précepteur des Enfants de France et joint à son frère Georges, ils auraient tant fait qu'on aurait allumé des bûchers.* »

Mme du Hausset ne voulait pas de bûchers — Voltaire non plus. On vint rapporter à notre poète que Mirabeau avait entendu le dauphin citer à Le Franc lui-même le dernier vers : « *Et l'ami Pompignan...* » et se moquer de lui. Ce trait combla d'aise le seigneur de Ferney : « *Voilà à quoi les vers sont bons quelquefois. On les cite dans les grandes occasions.* »

La grande occasion, c'est qu'on refusait à Pompignan d'être gouverneur. Voilà une immense satisfaction pour Voltaire, mais non la meilleure peut-être qui était d'écorcher vif son malheureux rival.

Voltaire estima que l'écorché pouvait encore endurer le sel et le vinaigre dans ses plaies vives. Il ajouta un nouveau libelle dans lequel on apprenait que Le Franc devenu fou, parcourait les rues de Montauban en criant : *Jehovah ! Jupiter ! Seigneur !* c'est-à-dire qu'il confessait son crime de Déisme. Puis ce furent des chansons que les gens fredonnaient devant Le Franc. Une autre fois, une affiche de théâtre réunit par un pur hasard : *Didon* par M. Le Franc de Pompignan et *Le Fat Puni*. Cela excita les rires. On montrait du doigt, dans les rues le vaniteux poète. Voltaire trouvait que Paris était très drôle, Le Franc trouvait que Paris était l'antre des démons. Que pouvait-il faire ? Partir de cette ville insupportable. Il regagna donc son pays. Voltaire l'y poursuivit.

Comment un « Pauvre diable » devint une arme de combat.

D'un trait de bonté, le philosophe de Ferney fit un trait de vengeance. Il recueillit un pauvre hère, un raté comme il en est, plein de dons stériles et d'intelligence tournant à vide. C'est d'Alembert qui l'avait recommandé à Voltaire. Voilà donc ce malheureux installé aux *Délices,* choyé, régalant son hôte du récit de sa vie d'aventures. C'était la parfaite illustration de l'idée que Voltaire se faisait de l'absurdité du monde et de l'ineptie de la Providence. De cette vie misérable, il fit un poème, *Le*

Pauvre Diable, auquel il aurait pu donner en sous-titre : *L'Anti-Providence en action.* Son pitoyable héros s'appelait Simon Valette. Or, ce Valette était natif de Montauban, et par ce biais on rencontre de nouveau le Pompignan que l'on griffe au passage. En outre, ce Valette avait, en traînant sa misère à Paris, connu Fréron. N'était-ce pas providentiel de trouver ainsi un « pauvre diable » grâce à qui les deux ennemis de Voltaire venaient se remettre sous sa griffe vengeresse ? Il fit donc parler ce pauvre diable qui, sous la plume de Voltaire, parlait comme un diable tout court. Valette, mourant de faim, à Paris, rencontra un curieux individu :

Cet animal se nommait Jean Fréron.
. . . .
Il m'enseigne comment on dépeçait
Un livre entier, comme on le recousait...
Je m'enrôlai, je servis le corsaire
Je critiquai sans esprit et sans choix
Impunément le théâtre, la chaire
Et je mentis pour dix écus par mois.

C'est donc ainsi qu'on gagne son pain dans l'entreprise Fréron, et en outre, certaine célébrité :

Je fus connu, mais par mon infamie

Il comprit enfin quel rôle on lui faisait jouer et il quitta Fréron :

Triste et honteux je quittai mon pirate
Qui me vola pour fruit de mon labeur
Mon honoraire en me parlant d'honneur.

Tiré de ce guêpier, il tomba dans un autre :

Manquant de tout dans mon chagrin poignant
J'allai trouver Le Franc de Pompignan
Ainsi que moi, natif de Montauban.

Le pompeux poète ne trouva rien de mieux pour tirer son « pays » de la misère que de lui offrir un exemplaire de ses *Poèmes Sacrés :*

Votre dur cas me touche
Tenez, prenez mes cantiques sacrés
Sacrés ils sont, car personne n'y touche !

Ce trait se répandit comme un éclat de rire contagieux : il devint proverbial. Le Franc en gémit de douleur. Et Voltaire lui fait encore dire :

C'est un trésor, allez et prospérez.

Nanti de ce trésor, le malheureux n'avait plus qu'à mourir de faim. Voltaire le sauva, mais aux frais de Le Franc et de Fréron.

Le Franc vécut retiré dans son village où il mourut dans le silence en 1784 — ce silence dont il n'aurait pas dû sortir, bien installé dans son fauteuil académique où personne n'aurait jamais troublé sa somnolence.

Ainsi ce poète a été frappé de la peine d'exil par le roi Voltaire qui affirme de la sorte sa souveraineté sarcastique. Il se flatte de vivre loin des bruits et des agitations du monde ; il n'a jamais cessé d'y prendre part. Il est sensible à tous les mouvements d'opinion, il est informé de tout, se glisse dans les intrigues, les potins, les spéculations. Il sait tout, comprend et devine, souffre et jouit de tout ce que le monde ressent ou fabrique. En réalité, le monde qu'il dit avoir répudié le possède plus que jamais. Il se targue d'avoir trouvé la sérénité et c'est ce qui lui manque le plus. Il est immuablement lui-même.

L'effacement de Le Franc sembla mettre un terme à l'hostilité de Voltaire. Pour de moindres seigneurs de lettres, elle continuait cependant.

Dans le même poème *Le Pauvre Diable,* Gresset, l'auteur de *Vert-Vert* recevait quelques égratignures. Voltaire n'aimait guère *Vert-Vert* qu'il trouvait trop léger, trop badin. Le succès trop rapide de Gresset l'agaçait plus que son perroquet. Il lui reprochait de rappeler les exercices scolaires et d'avoir « le double privilège »,

D'être au Collège un bel esprit mondain
Et dans le monde un homme de Collège.

Les critiques de Voltaire — justes ou non — sont exprimées de telle sorte qu'elles fusent, et pénètrent profondément dans l'esprit du public qui s'amuse et retient, et dans la chair vive des victimes qui hurlent de douleur. Voltaire n'eût pas dû attaquer Gresset qui vivait paisiblement dans sa ville natale à Amiens où il s'était retiré, dégoûté par les mœurs de la république des Lettres. Mais il avait eu le tort de sortir un instant de ce silence pour attaquer le Théâtre. Voltaire ne pouvait laisser ce crime impuni. Gresset ne lut cette attaque que quatorze ans plus tard, tant il vivait loin des remous littéraires. Il ne répondit pas. Mais on trouva après sa mort un portrait de Voltaire dont voici quelques traits : « *Voltaire qui se croit le conquérant de la littérature n'en est que le D. Quichotte... Il a recueilli çà et là tous les résultats des arts, de la morale, des sentiments, de la nature, il s'approprie tout ce qu'il a pillé. Les ignorants se persuadent que tout ce qu'il étale est son bien... l'éternel plagiaire. Il a donné pour neuf et comme de lui ce qui était ailleurs et souvent partout. Il mourra tout entier* », ajoute Vert-Vert péremptoire.

Ne prophétisez jamais, prophètes des Lettres surtout quand vos haines vous font grimper sur le trépied. Vert-Vert a failli voir juste. Le Voltaire officiel, l'Académicien, le poète tragique est mort — même celui qui attaquait Vert-Vert est mort. Et ses contemporains ne voyaient, n'appréciaient guère que le versificateur habile, à la mode. Mais Vert-Vert a oublié l'autre Voltaire : celui des libelles, des *Contes et des Romans,* des *Lettres,* de l'*Essai sur les Mœurs,* du *Dictionnaire philosophique...* enfin il a oublié M. de Voltaire, le grand homme du Siècle, l'immortelle incarnation d'une civilisation. Quand *Vert-Vert* reproche à Voltaire d'avoir pris son bien partout, il voit juste, mais il juge mal. Ce n'est pas une faiblesse, c'est le génie même de Voltaire. Ce qu'il prenait ailleurs n'était rien tant qu'il n'en avait pas fait quelque chose d'intelligent et d'humain : c'est-à-dire du Voltaire.

Une nouvelle victime du moment est l'abbé Trublet. Il ne manquait ni de culture, ni de finesse, mais il voulait, dit-on, en montrer plus que Dieu ne lui en avait consenti. « *L'esprit qu'on veut avoir gâte celui qu'on a.* » Il fignolait à l'excès : « *Il mettait dans son petit style la recherche que les coquettes mettent à leur parure.* » Il se vautrait dans ses bonnes fortunes et, étant prêtre à Saint-Malo, il ne cachait pas que le confessionnal lui avait donné bien des succès. Un tel aveu nous fait douter de sa finesse. Il disait à d'Alembert qu'en prêchant les femmes de Saint-Malo il faisait tourner toutes les têtes. « *C'est peut-être de l'autre côté* », lui répondit d'Alembert. Ce n'était pas une simple boutade car Trublet était d'une laideur repoussante. Grimm dit de lui que sa personne et sa physionomie étaient ignobles et déplaisantes et de surcroît malpropres de sorte que « *sa personne était beaucoup plus méprisée que ses ouvrages* ». Pour donner un aperçu de l'idée qu'il se faisait de ses mérites, citons ce trait de l'abbé : il prétendait que son art de placer les virgules touchait au sublime.

Sur quoi Grimm lui assène ce coup : « *C'était une bête de beaucoup d'esprit.* » Néanmoins, dans ses écrits, les lecteurs voyaient l'esprit plutôt que la bête et il avait des admirateurs parmi lesquels Voltaire... jusqu'au jour où l'abbé écrivit à propos de *la Henriade* : « *Je ne sais pourquoi, je bâille en la lisant.* » Ce Trublet, au fond n'avait pas tout à fait tort quand il ajoutait que « *ce n'était pas le poète qui fait bâiller, c'est la poésie ou plutôt les vers* ». Peu importe, le crime était flagrant : le coupable devait périr.

En apprenant que Trublet s'endormait à la lecture de son poème épique, Voltaire se chargea de le réveiller :

Vous m'avez endormi, disait ce bon Trublet
Je réveillai mon homme à grands coups de sifflet.

Pauvre abbé !

L'abbé Trublet avait alors la rage
D'être à Paris un petit personnage.

Un personnage si petit que l'abbé de Voisenon disait de lui qu'il ramassait les rogatons des conversations et de ses lectures pour en composer ses livres : « *C'est le chiffonnier de la littérature.* » Voltaire s'empara de ce charitable jugement :

Au peu d'esprit que le bonhomme avait
L'esprit d'autrui par supplément servait
Il entassait adage sur adage
Il compilait, compilait, compilait
On le voyait sans cesse écrire, écrire
Ce qu'il avait jadis entendu dire
Et nous lassait sans jamais se lasser.

On trouve toujours ce reproche de piller autrui que tous les auteurs s'adressaient réciproquement. Au demeurant, aucun n'avait tort : tout le monde pillait tout le monde. Seul l'art de piller et d'accommoder le butin changeait. Mais cela changeait tout.

Qui fut étonné après cette étrillée ? Ce ne fut point l'abbé qui la reçut avec le sourire. Il se sentit un peu plus célèbre. Il entra à l'Académie et envoya à Voltaire le texte de son Discours avec une lettre flatteuse. Voltaire en fut désarmé. Il répondit avec civilité — et un peu d'ironie — mais la réponse est bienveillante. Il ne sait pas résister aux bons procédés. L'abbé qui ne demandait que la paix, se déclara satisfait et il remercia Voltaire de ses remerciements avec beaucoup d'honnêteté : « *Mille grâces, Mon-*

sieur et illustre confrère de la réponse dont vous m'avez honoré. Elle est aussi ingénieuse qu'elle est obligeante et ce qui vaut mieux encore elle est très gaie. C'est la preuve de votre bonne santé. La seule chose qui vous reste à prouver. Puissiez-vous la conserver longtemps et avec elle tous les agréments et tout le feu de votre génie. C'est le vœu de vos ennemis mêmes et s'ils n'aiment pas votre personne, ils aiment vos ouvrages ; il n'y a point d'exception là-dessus et malheur à ceux qu'il faudrait excepter. »

Après cela le criminel est gracié, Voltaire lui rend ses droits à la vie et au talent littéraires.

Mais il restait d'autres « criminels », les non-repentants, les récidivistes, dont le pire est encore Fréron. En 1759, Fréron avait malmené *Candide*. Comment peut-on malmener *Candide ?* Malheur à ceux qu'il faut retrancher du nombre des admirateurs. Un an après, Voltaire fait mine de découvrir un vieux numéro du journal de Fréron *L'Année littéraire* qui paraissait depuis 1754. « *J'ai été surpris de recevoir le dernier décembre, une feuille d'une brochure périodique* l'Année littéraire *dont j'ignorais absolument l'existence dans ma retraite...* » Oh ! le saint ermite qui dans sa solitude ne reçoit rien du monde... « *Et j'ai appris que c'est un ouvrage où les hommes les plus célèbres... sont outragés.* » Suivent quelques vagues propos sur les faibles d'esprit qui s'érigent en censeurs des ouvrages d'autrui. Loin de lui la pensée d'incriminer l'auteur de cette feuille... « *qui lui est absolument inconnu* » : Fréron ! Inconnu de Voltaire ! « *On a beau me dire qu'il est depuis longtemps mon ennemi, je vous assure que je n'en sais rien.* » Le ton mi-figue, mi-raisin ne présage rien de bon pour cet « inconnu ».

Fréron a la partie belle pour dénoncer la fausse naïveté de Voltaire. Il accumule les preuves montrant que l'ermite du lac connaissait de longue date l'*Année littéraire* et son rédacteur. D'ailleurs, cette lettre ne saurait être de Voltaire, c'est « probablement » un de ces faux qu'on lui attribue, car elle n'a ni style, ni esprit. Touché ! Voltaire se tient coi.

Là-dessus, il fait jouer, en août 1760, *L'Ecossaise,* une pièce très médiocre. On l'attribue à Voltaire. Il dit qu'elle n'est qu'une traduction de l'anglais, qu'il n'y est pour rien et que l'auteur Jérôme Carré en revendique la paternité. Fréron en fit une critique sévère et c'était justice. Comme on lui faisait remarquer qu'un personnage de la pièce nommé « Frelon » était son portrait par Voltaire, il répondit avec adresse qu'il ne croyait pas Voltaire capable d'écrire aussi mal, ni aussi bassement. N'empêche qu'il se souvient que Voltaire du temps qu'il était à Berlin avait répandu la nouvelle que Fréron était condamné aux galères.

L'*Ecossaise* est bel et bien de Voltaire. Elle a du succès et il s'en réjouit. Les spectateurs y cherchent les injures contre Fréron. Il fait mieux — ou pire — dans le genre, une tragédie, *La mort de Socrate,* qui n'a rien d'antique. On y retrouve Berthier, Chaumex et l'abbé Nonnotte ses ennemis. C'est bas et sans brillant — une triste affaire. Il fait de nouveau jouer l'*Ecossaise* en changeant le nom de *Frelon* en celui de *Guêpe.* Tout Paris émoustillé par la querelle dont on espérait des rebondissements divertissants remplit la salle pour voir Fréron en personne assistant à sa propre exécution. Tout était organisé pour sa mise à mort. Diderot, Sedaine, avaient mobilisé les amis de l'Encyclopédie et de Voltaire pour acclamer les tirades où Fréron était déchiré. Les termes d'araignée, de faquin, de fripon, de vipère, de coquin ornaient le texte qui dépeignait *M. Guêpe.* Le clan philosophique délirait. Fréron étonna tout le monde par sa sereine crânerie. On ose à peine imaginer la fureur, les cris, les sarcasmes, les crises de nerfs du seigneur Voltaire dans les mêmes circonstances. Voltaire fut désappointé par ce calme. De même que par le compte rendu de la pièce, court et venimeux — qu'en fit Fréron. Voltaire raconte : « *Comme ce Fréron avait eu l'inadvertance de se reconnaître, le public le reconnut aussi.* » Il ajoute que, selon Fréron, la pièce n'avait triomphé « *qu'à l'aide d'une cabale de douze à quinze cents personnes qui toutes le haïssaient et le méprisaient souverainement.* » Quinze cents personnes venues pour l'injurier : voilà en quelle estime on tient Fréron à Paris. Le Jérôme Carré fut, dit Voltaire, rencontré à la sortie et gratifié par Mme Fréron de deux baisers inspirés par la gratitude : « *Que je vous suis obligée,* dit-elle, *d'avoir puni mon mari. Mais vous ne le corrigerez point.* »

Comme cela paraît faux ! Et pourtant, Voltaire n'a fait que falsifier un incident réel. Mme Fréron assistait bien à la représentation et elle était bouleversée par les attaques dont son mari était victime. Quelqu'un, pour la consoler, lui dit : « Mais non, Madame, il ne s'agit point de votre mari, il n'est ni délateur, ni faussaire, ni calomniateur. » Et la malheureuse lâcha innocemment cet énorme pavé : « *Ah ! Monsieur, vous avez beau faire, on le reconnaîtra toujours.* »

Tout Paris, en paroles et par écrit, se chamailla au sujet de l'*Ecossaise* — cette pauvreté fut un succès. On la joua en province. Les acteurs se proposèrent de la reprendre l'hiver suivant, on était alors en août 1760. L'été rayonnait au bord du lac, le vieux poète aussi : Fréron était battu. C'était se réjouir d'une bien médiocre victoire. « *Mon vieux corps, mon vieux tronc, a porté quelques fruits cette année, les uns doux, les autres un peu amers.* » Les doux, ce sont les fruits de la vengeance. S'il n'avait dans sa vie mûri que cette *Ecossaise*, nous l'aurions laissé à sa morose délectation. Mais ne nous décourageons pas plus que lui. Souhaitons-lui de plus belles, de plus brillantes vengeances. Il se repose : « *Ma sève est passée. Je n'ai plus ni fruits, ni feuilles, il faut obéir à la nature et ne pas la gourmander. Les sots et les fanatiques auront bon temps cet automne et l'hiver prochain, mais gare au printemps !* »

C'est bien lui ! l'idée que les sots et les fanatiques pourraient, de son vivant être en repos, le fera sortir du sien comme un diable du bénitier.

Succès du sublime Tancrède.

Cette tragédie moyenâgeuse, terrible, tendre, noble et sublime d'un sublime si sublime qu'il frôle le ridicule, eut un grand succès et de meilleur aloi que celui de l'*Ecossaise*. Pour s'élever aussi haut, Voltaire n'eut besoin que de quatre semaines et de cinq actes écrits du 22 avril au 18 mai 1760. Elle fut jouée le 13 septembre 1760. Ne croyons pas qu'il resta vingt-six jours sur les cimes de la bravoure, de l'amour et de l'horreur, il remettait les pieds sur terre pour harceler Fréron, ses jardiniers, ses maçons, ses libraires et pour faire de loin des signes d'amitié à la moitié de l'Europe : il écrivait parfois jusqu'à quarante lettres par jour. L'autre moitié, celle à laquelle il n'écrivait pas, venait le voir.

Ce chef-d'œuvre — un de plus ! de la tragédie classique non seulement fit les beaux soirs de Mme Denis et des Genevois dans la « masure » de Tournay, mais ceux des Parisiens les plus difficiles. Les contemporains de Voltaire s'abîmèrent dans l'admiration de *Tancrède*. Le succès se mesurait à l'abondance des larmes. Le ruissellement fut si général que même la clique de Fréron venue pour venger la *Guêpe*, oublia de siffler et fut, comme tout le monde, noyée dans ses propres larmes. C'était le triomphe, c'était le recommencement de *Zaïre*.

Mme d'Epinay qui ne semble pas très tendre de son naturel, écrit qu'elle a « *trouvé le moyen de voir Tancrède et d'y fondre en larmes. On y meurt, la princesse y meurt aussi mais c'est de sa belle mort. C'est une nouveauté touchante qui vous entraîne de douleur et d'applaudissements. Mlle Clairon y fait des merveilles. Il y a un certain* « Eh bien ! mon père ! » *Ah ! ma Jeanne ne me dites jamais* « eh bien ! » *de ce ton-là si vous ne voulez pas que je meure. Au reste, si vous avez un amant, défaites-vous-en dès demain s'il n'est pas paladin, il n'y a que ces gens-là pour faire honneur aux femmes.* »

On raconte cela à M. de Voltaire et il pleurait, parfois sur la gloire malheureuse des paladins, plus souvent sur la gloire épanouie de M. de Voltaire. Mais il ne pleurait que d'un œil. L'autre surveillait Fréron et sa bande : « *On dit que Satan était dans l'amphithéâtre sous la figure de Fréron et qu'une larme d'une dame étant tombée sur le nez du malheureux, il fit psh ! psh ! comme si ç'avait été de l'eau bénite.* » Il s'attendait à un article vindicatif de « Satan », il n'en reçut que des louanges assorties de quelques réserves justifiées, sur la composition et l'enchaînement des scènes. D'Argental lui avait déjà signalé ces défauts, mais il croyait que s'il faisait bien pleurer le public celui-ci y verrait moins clair pour déceler les fautes. Il avait vu juste, sauf sur un point : Fréron ne pleurait pas et lui aussi voyait juste. Diderot fit également quelques réserves. On le répéta à Voltaire qui supplia Diderot de lui exprimer franchement ses critiques. Dangereuse entreprise que de satisfaire une telle curiosité du « Vieux de la Montagne ». Diderot redoutait sa susceptibilité : il enveloppa ces minces réserves de louanges et tout se passa bien. « *Ah ! Mon Cher Maître, si vous voyiez la Clairon traversant la scène à demi renversée sur les bourreaux qui l'environnent, ses genoux se dérobant sous elle, les yeux fermés, les bras tombants comme une morte, si vous entendiez le cri qu'elle pousse en voyant Tancrède, vous resteriez plus convaincu que jamais que le silence et la pantomime ont quelquefois un pathétique que toutes les ressources de l'art oratoire n'atteignent pas.* »

Voilà le mot lâché : le pathétique. Diderot a déjà senti la force des sensations, le sensualisme du théâtre. Le goût classique est déjà atteint et Voltaire prenant le vent, donne dans le goût naissant que, probablement, il n'approuvait que pour la forme quand on l'admirait dans *Tancrède* mais qu'il eût désapprouvé chez d'autres auteurs.

Pour remercier Mme de Pompadour qui l'avait soutenu lorsqu'il sollicitait les brevets des seigneuries de Ferney et de Tournay, Voltaire voulut lui dédier *Tancrède*. Et il se mit à imaginer une épître dédicatoire comme il savait si bien les tourner. D'Argental lui fit entendre que son épître risquait de n'être pas aussi bien reçue qu'il l'espérait. D'Argental craignait l'effet de certains traits plaisants, un peu familiers, et un peu impertinents dont Voltaire était prodigue et dont s'accommodaient mal certaines altesses ainsi que d'importants personnages qui, sans être altesses, se tenaient sur les hauteurs de la société. Voltaire le rassura et lui envoya la dédicace. Les d'Argental la lurent à la loupe, la sondèrent, la scrutèrent. Pouvait-on interpréter tel mot à double-sens ? Telle flatterie pouvait-elle être entendue de façon ambiguë ? La gent de Cour est gent subtile surtout dans la malveillance. Pour plus de précaution on soumit la dédicace au ministre, le duc de Choiseul qui ne devait la présenter à la favorite que s'il la trouvait parfaite. Ce n'était pas une affaire lancée à l'étourdie. Tout le monde avait approuvé le texte, même le roi. Voltaire avait flatté sans retenue, sans trop de finesse, sans trop de brillant — à plat ventre. Il fait imprimer, il envoie un splendide exemplaire de *Tancrède* avec sa dédicace et il attend, il attend encore.

Six mois après, il s'étonne. Il s'inquiète. Nulle réponse. Seuls Mme de Pompadour et le roi en savaient la raison et ne tenaient pas à la rendre publique. La favorite avait reçu une lettre anonyme. On insinuait que Voltaire ne flattait qu'avec des restrictions empoisonnées parce que la favorite ne méritant pas les louanges, le poète se ménageait une excuse auprès de ceux qui lui reprocheraient bientôt d'avoir encensé une favorite impopulaire. Redoutant une polémique autour de cette dédicace, se méfiant malgré tout de Voltaire, Mme de Pompadour préféra enterrer l'affaire avant qu'elle n'éclatât. Elle l'enterra dans le silence avec l'approbation du roi.

Et Voltaire trouva que la Cour est un pays bien capricieux et qui n'est constant qu'en une chose : l'ingratitude.

Ce n'est pas une raison pour se fâcher davantage avec elle. Aussi lorsqu'un Anglais, Lord Lyttleton, écrit dans une préface que Voltaire vit exilé en Suisse, Voltaire proteste. Il craint que la Cour ne le soupçonne de jouer les martyrs afin de prouver l'intolérance du Ministère. Et il écrit au Lord : « *Je vis dans mes terres, en France* (et non en Suisse !). *La retraite* (ne confondez pas avec l'exil) *convient à la vieillesse ; elle convient d'autant plus quand on est dans ses possessions* (n'est-il pas seigneur ?). *Si j'ai une petite maison de campagne près de Genève* (les *Délices !*)

mes terres seigneuriales et mes châteaux sont en Bourgogne (est-ce le cas d'un exilé ?), *et si mon roi a eu la bonté de confirmer les privilèges de mes terres qui sont exemptes de tout impôt* (c'est ce privilège que la favorite lui avait fait obtenir) *j'en suis plus attaché à mon roi.* »

Lord Lyttleton fit supprimer l'*exil* et la *Suisse* de sa préface ; néanmoins, le roi n'invita pas Voltaire à Versailles.

Si le roi était peu aimable pour l'ermite de Ferney, une cafetière de la rue Croix-des-Petits-Champs le fut à sa place. Dame Bourette était son nom ; elle vendait de la limonade et des pichets de vin et troussait de gentils petits poèmes qui ne faisaient de mal à personne tout en donnant bien du plaisir à la poétesse. Elle envoyait ses vers aux écrivains célèbres. En retour, ceux-ci lui adressaient un de leurs ouvrages ou même un cadeau en nature ou en argent. Tout était bien accueilli par la Muse limonadière. Ainsi Mme Denis lui avait envoyé un bel éventail. Dame Bourette fit un nouvel envoi de chansons et Voltaire chargea sa nièce de faire un nouveau cadeau. On pensa d'abord à une carafe de soixante livres, puis on se rabattit sur un cadeau de trente-six livres et on s'en tint finalement à une tasse à filets d'or qui valait la moitié moins. Dame Bourette en fut fière, au point d'inviter la gent de plume à venir admirer la tasse de M. de Voltaire et même à y boire du café. Mais elle s'attira du vertueux Jean-Jacques cette réponse : « *J'irai, Madame, vous rendre visite et prendre du café chez vous, mais ce ne sera pas, s'il vous plaît, dans la coupe dorée de M. de Voltaire, car je ne bois point dans la coupe de cet homme-là.* »

Il s'abstint et fit bien, il aurait, en buvant dans la « coupe dorée » (pourquoi ne l'appelle-t-il pas une tasse ?) risqué d'attraper le germe de la courtoisie et une affreuse infection qui s'appelle le goût du luxe. Il boira donc du café dans son sabot et son âme restera pure comme ses principes.

Mlle Rodogune vient égayer Ferney et les méchants l'attristent.

Sans principes, mais avec générosité, Voltaire (au lieu de jeter ses enfants à la rue, selon les « purs » principes) recueillit une jeune fille qui portait le grand nom de Corneille et le portait dans la misère. Il lui fut insupportable de penser que la petite-nièce de l'auteur de *Polyeucte* végétait sans pain et sans éducation.

Elle descendait d'un frère du père du Grand Corneille qui s'appelait Pierre comme le poète ; il eut un fils né en 1662. Ce fils était donc le cousin germain de Corneille, il fut son filleul et porta également le nom de Pierre. Ce malheureux, avocat à Rouen, comme la plupart des Corneille fut ruiné par un client malhonnête pour lequel il s'était porté garant. Il laissa cinq enfants, dont l'un eut un fils Jean-François, né en 1714 qui fut le père de la jeune fille recueillie par Voltaire. Ce Jean-François était également cousin de Fontenelle dont la mère était Marthe Corneille, sœur du poète du *Cid*. Ce Jean-François, dans son indigence et son ignorance, ne connaissait même pas sa parenté avec Fontenelle. Quand on la lui apprit, il se résolut à se faire connaître de son oncle illustre et à lui demander un secours. Malheureusement, Fontenelle avait près de cent ans et quelques lacunes dans ses souvenirs. Il avait oublié qu'il y avait eu deux Pierre Corneille et quand on lui annonça le petit-fils de Pierre Corneille, il le traita d'imposteur. Bref, Fontenelle mourut et laissa sa fortune à ses nièces. Jean-François intenta un procès et le perdit. Les nièces eurent pitié de lui, elles payèrent les frais du procès qu'il leur avait fait et lui firent un don. Mais elles ne le tirèrent pas de la misère. Il gagnait à faire des moulures de bois, quarante francs par mois pour nourrir cinq personnes. C'est alors qu'on commença à parler de lui à Paris. Et — nous voilà en pays de connaissance — c'est Fréron le premier qui prit son affaire en main. Le premier geste de générosité vient des Comédiens français qui jouèrent une tragédie et une comédie et en abandonnèrent le bénéfice à Jean-François Corneille. Il n'avait demandé que la recette d'un jour creux — les Comédiens lui donnèrent celle d'un grand jour qui était le lundi. Il reçut cinq mille livres. Il paya ses dettes et mit en pension sa fille aînée âgée de dix-huit ans. Il fallut bientôt la retirer, le père n'avait plus de quoi payer la pension. Elle fut recueillie par les nièces de Fontenelle chez qui un poète, Le Brun, la vit et écrivit, en vers, sa triste histoire à Voltaire. Il ne lui fallut que trente-trois strophes pour demander au philosophe un secours pour l'infortunée. Il ajouta, il est vrai, une longue lettre, pour expliquer les allégories et l'amphigouri de ses vers. C'était merveilleux : Voltaire pleura.

« Il convient qu'un vieux soldat du grand Corneille tâche d'être utile à la petite-fille de son général. » La décision est prise. Aussitôt, tout est réglé avec la vivacité coutumière. Mlle Corneille descendra à Lyon chez les Tronchin où il enverra un équipage la

prendre pour la conduire à Ferney : « *Si cela convient, je suis à ses ordres et j'espère avoir à vous remercier jusqu'à mon dernier jour de m'avoir procuré l'honneur de faire ce que devait faire M. de Fontenelle. Une partie de l'éducation de cette demoiselle serait de nous voir jouer quelquefois les pièces de son grand-père et nous lui ferons broder les sujets de* Cinna *et du* Cid. »

Dans son enthousiasme, il se voit déjà éducateur et il a oublié de prendre des renseignements sur le degré de parenté de la jeune fille avec Corneille, sur la fille même et sur son père. Cet homme si méfiant, si matois en affaires, a ouvert sans précautions sa maison à cette fille pauvre, auréolée d'un grand nom : son cœur a parlé. Il se pose des questions touchantes. Va-t-elle l'aimer ? Ne va-t-elle pas le craindre ? Que lui a-t-on dit du « Vieux de la Montagne » ? Cet impie ! ce suppôt de Satan ! Il lui offre « *toutes les facilités, tous les secours possibles pour tous les devoirs de la Religion.* » Il lui offre tous les professeurs qu'elle voudra : « *Nous ferons venir un maître qui sera très honoré d'enseigner quelque chose à la petite-fille du Grand Corneille mais je le serai beaucoup plus que lui de la voir habiter chez moi.* » Réflexion faite, il s'inquiète. Un peu plus tard. Sur qui est-il tombé ? Il ne sait rien d'elle. Et ce Le Brun qui la lui a recommandée, est-il sérieux ? (S'il savait que Fréron s'est mêlé de l'affaire !...) Il demande à Mme d'Argental de voir la jeune personne, c'est un meilleur patronage que ce Le Brun. Ce poète a eu beau faire trente-trois strophes sur la fille des Corneille, il est un peu jeune pour jouer les chaperons des pucelles. Mme Denis prépare un magnifique trousseau.

Mlle Corneille arriva en décembre 1760. Elle était douce et vive, gaie et naïve. Elle plut. Elle apportait sa jeunesse saine et gracieuse. Voltaire d'emblée l'appela Rodogune : « *Nous sommes très contents de Mlle Rodogune, nous la trouvons gaie, naturelle et vraie. Son nez ressemble à celui de Mme de Ruffec, elle en a le minois de doguin, les plus beaux yeux, une belle peau, une grande bouche assez appétissante avec deux rangées de perles.* »

Il écrivit au père. Ce n'était pas facile, c'est dans de telles occasions qu'on voit qui était Voltaire : « *Tous ceux qui la voient en sont très satisfaits. Elle est gaie et décente, douce et laborieuse. On ne peut être mieux née. Je vous félicite, Monsieur, de l'avoir pour fille et vous remercie de me l'avoir donnée.* »

Qui est l'obligé ? Qui est le supérieur ? C'est Voltaire qui remercie, c'est le bienfaiteur qui rend grâce de pouvoir faire le bien. Il est beau d'avoir tout ensemble et du style et du cœur.

Ses ennemis vont l'attaquer — les dévots et Fréron — sur un point où il est inattaquable : la générosité. Ce sot de Le Brun emporté par la vanité publie son Ode en trente-trois strophes et sans y être autorisé y joint la lettre de Voltaire le remerciant de lui avoir révélé le sort de Rodogune. Fréron se jette sur l'appât et répond. Il dit que Mlle Corneille n'était qu'un prétexte pour soigner sa renommée, et Le Brun un agent de publicité de Voltaire. Quant à lui Fréron, depuis qu'il savait que Voltaire s'intéressait à cette fille, il avait cru bon de s'en désintéresser. D'ailleurs, le père n'était qu'un vaurien « *le père de la demoiselle est une espèce de petit commis de la poste à deux sous, à 50 livres par mois, sa fille a quitté son couvent pour recevoir chez soi une éducation de bateleur de foire* ». Et parlant de Ferney où elle trouvait Voltaire, la Denis, et le sieur Delécluse, dentiste et acteur, la *Guêpe* ajoutait : « *Il faut avouer qu'en sortant du couvent, Mlle Corneille va tomber entre bonnes mains.* » Voltaire en lisant ce placard entra en fureur et d'autant plus que la bonne mine de Rodogune venait de lui valoir une demande en mariage très flatteuse d'un gentilhomme des environs, pauvre (mais Voltaire dotait Rodogune) mais très honorable. Au vu de l'article de Fréron, la famille du prétendant rompit le projet de mariage.

Et Voltaire appelle toutes les foudres de Paris sur l'ignoble Fréron. Il écrit à d'Argental, à M. de Malesherbes, à M. de Sartine, Intendant de Police. Le Brun dépose une plainte en diffamation. Mais ne voulant pas attendre le procès pour avoir sa vengeance, il passa au domicile de Fréron — *la Wasp* — et ne le trouvant pas lui laissa ce billet : « *M. Le Brun a eu l'honneur de passer chez M. Fréron pour lui donner quelque chose.* » Ce billet fit rire les Parisiens. On aurait bien voulu que le « quelque chose » fût donné en public. Fréron qui ne manquait pas de sang-froid répondit : « *Je suis bien sensible à l'attention de M. Le Brun, il peut être assuré qu'il n'obligera pas un ingrat. Je pense trop bien pour ne pas lui rendre au centuple tout ce qu'il pourra me donner. Mais comme je suis très occupé, M. Le Brun peut se dispenser de me faire des présents chez moi. Je sors tous les jours entre midi et une heure, sa munificence aura plus d'éclat lorsqu'on en verra les effets en public.* »

L'acerbe *Wasp* ne manquait pas de réplique.

Malheureusement, M. de Malesherbes, ni M. de Sartine ne tenaient à poursuivre Fréron sur la requête de Voltaire. Voltaire sentait l'Encyclopédie à plein nez et Malesherbes se tenait un peu à l'écart, étant déjà fort compromis. Enfin on n'avait pas oublié la récente affaire de l'*Ecossaise* et les procès de Voltaire indisposaient tout le monde. Les magistrats n'en voulaient plus. Mme Denis écrivait lettre sur lettre rappelant qu'elle était noble dame, épouse du sieur Denis écuyer du roi, mort en service (!) que Voltaire était gentilhomme et seigneur seigneuriant de Ferney et de Tournay, que Delécluse n'était dentiste qu'en certaines occasions et qu'il était seigneur d'une terre peu connue, mais réelle, en Gâtinais, que Mlle Corneille était demoiselle, les Corneille étant anoblis par leur charge au Parlement de Normandie depuis le XVIe siècle et nièce du plus illustre poète tragique de la France. Rien n'y fit. M. de Sartine convoqua Fréron « pour lui laver sa tête d'âne » dit Le Brun et ce fut tout ce qu'ils purent obtenir.

L'autre cabale aurait pu finir bien plus mal. Elle est encore plus odieuse. On a vu avec quel scrupule, il s'occupait de l'éducation de Mlle Corneille. Il veillait à ce qu'elle accomplît ses devoirs religieux. Il lui corrigeait lui-même ses exercices de style : « *Le premier soin doit être de lui faire parler sa langue avec simplicité et noblesse. Nous la fesons écrire tous les jours elle m'envoie un petit billet et je corrige, elle me rend compte de ses lectures... Nous ne lui laissons passer ni mauvais terme, ni prononciation vicieuse : l'usage amène tout. Nous n'oublions pas les ouvrages de la main, il y a des heures pour la lecture, des heures pour la tapisserie au petit point. Je vous rends un compte exact de tout. Je ne dois point omettre que je la conduis moi-même à la messe de paroisse. Nous devons donner l'exemple et nous le donnons.* »

Rodogune était donc entre de bonnes mains. Voltaire ne fait pas de l'irréligion un chapitre de l'éducation. Bien au contraire. Sur ce point, ses ennemis ne sauraient l'attaquer. L'irréligion est un article de luxe ; elle ne doit être mise ni à la portée du peuple, ni à celle des enfants. Autant il se moque des grands niais qui font les Tartuffe, autant il se réserve devant les enfants — et le peuple qui vit en état d'enfance. Les gens éclairés des classes élevées sont intellectuellement des adultes, pour eux la dévotion est un ridicule, un signe d'infantilisme. Pour le peuple, la dévotion est nécessaire. « *Nous devons donner l'exemple et le donnons.* » Il jugeait salutaire que le seigneur de Ferney allât à la messe paroissiale avec sa pupille au bras — aussi y allait-il.

Les dévots n'en furent pas satisfaits. De bonnes âmes se

demandèrent si cette âme cornélienne n'était pas tombée dans l'antre de Lucifer. Aussi s'interroge-t-on, avec beaucoup de componction : faut-il laisser cette âme se perdre, ou la retirer avant l'irréparable ? Jusqu'alors, personne ne s'était avisé que le dernier Français portant le nom illustre de Corneille n'avait pas de quoi nourrir ses enfants ? On ne se soucie de Mlle Corneille qu'au moment où Voltaire a fait le geste que le roi aurait dû faire. Aussi parle-t-on de la lui arracher. Que veut-on faire d'elle ? La tondre et la mettre au couvent ? C'eût été, dit Voltaire « *lui assurer un sort plus brillant dans ce monde et dans l'autre* ». Et fort peu onéreux pour ces âmes charitables. Des propos furent tenus à un lever du roi. C'est cela qui les rendait si dangereux. Une seconde réunion eut lieu chez Mme la Présidente Molé. Ce fut un concert de gémissements sur le sort déplorable de la descendante des Corneille. Quelqu'un, paraît-il, osa protester : « *Que ne faites-vous pour elle ce que Voltaire fait ?* » Personne ne répondit. Voltaire à qui le compte rendu de cette édifiante assemblée fut fait, écrit : « *Pas une n'offrit dix écus. Vous noterez que Mme Molé a eu onze millions de dot* (cinq milliards d'anciens francs) *et que son frère Bernard, Surintendant de la Reine m'a fait une banqueroute de 20 000 écus dont la famille ne m'a jamais payé un sou.* » (Lettre à Diderot, décembre 1760.)

Voilà d'où viennent les leçons de vertu ! Quand Voltaire se jette dans ses polémiques, indignes de lui, nous le déplorons, rien n'est plus déplaisant que certaines de ses démarches. Mais lorsqu'il attaque — pour se défendre — cette opulente bassesse, cette méchanceté hypocrite, on ne peut qu'être avec lui. Le gênant, c'est que pour les bonnes et les mauvaises causes, il se sert des mêmes armes. Et cette fois encore, il fait circuler un libelle de basse qualité *Anecdotes sur Fréron*. Il jure ses grands dieux que sa plume n'y est pour rien et la preuve c'est qu'il connaît bien l'auteur des Anecdotes : « *C'est La Harpe* », écrit-il sans scrupule. Il en a même vu le manuscrit de la main de La Harpe ! Et bien sûr, il affirme que *tous les faits sont vrais.*

Le Brun l'assiste dans la bataille et publie *L'Ane littéraire* inspiré par *L'Année littéraire* de Fréron. Celui-ci, dit-on, lisait ces âneries littéraires avec une amertume incroyable. Voltaire s'en délectait et encore plus de l'amertume de Fréron. La seule perdante fut Rodogune : elle ne revit plus son fiancé.

Ferney : vaste entreprise pacifique et petite guerre aux voisins.

Ni le triomphe de *Tancrède,* ni l'*Ecossaise,* ni la fille des Corneille, ni la dédicace mal digérée par la favorite, ni les libelles, ne suffisaient à remplir les jours de l'Ermite incomparable de Ferney. Il rebâtissait le château. On avait rasé l'ancien, une ruine « gothique » qui cachait le paysage. Il fit construire le château actuel de Ferney que l'on voit à peu près intact — extérieurement tout au moins. Voltaire le fit construire selon son goût, celui de son époque. Il n'a rien d'opulent et de majestueux. Il a la simplicité de la noblesse, et la solidité d'un art sincère et pur. Rien d'un parvenu. C'est un seigneur de campagne, cossu et raisonnable qui s'installe. Il respecte le paysage et il soigne ses aises : c'est parfait. « *Sans goût, il n'y a rien* », dit Voltaire.

L'art n'est pas tout pour notre philosophe, c'est le sommet de tout. Mais il faut tout le reste pour porter l'art à son apogée — ce reste indispensable, c'est la richesse. Et la plus sûre, la vraie, la seule richesse, c'est le travail. Il faut donc travailler — et faire travailler — pour enrichir le pays de Ferney qui est beau mais pauvre. Il a construit un beau château, il lui faut aussi un beau village — un village peuplé de villageois sains, gais, travailleurs et vivant dans l'aisance : « *Je joins à l'agrément d'avoir un château d'une jolie structure et à celui d'avoir planté des jardins singuliers, le plaisir solide d'être utile au pays que j'ai choisi pour ma retraite. J'ai obtenu du conseil le dessèchement des marais qui infectaient la province et y portaient la stérilité. J'ai fait défricher des bruyères immenses, en un mot, j'ai mis en pratique la théorie de mon Epître.* »

Tout cela est vrai. Ces travaux lui ont coûté des sommes immenses et des démarches infinies, des tracasseries sans fin. Il fallait la ténacité Arouet pour venir à bout des obstacles venant du sol, du climat, des gens, de l'administration. Le pire ce fut l'administration. Rien n'est plus difficile que d'obtenir des bureaux la permission de faire le bien. « *Excepté de fendre du bois, il n'y a de métier que je fasse* », écrit-il. Par bonheur, Voltaire avait des protecteurs puissants dont Choiseul, déjà nommé, déjà mis à contribution. Il allait donc faire d'un misérable village entouré d'une lande à bruyère très malsaine, un pays de cocagne. Même au siècle des lumières un imbécile derrière un banc, armé d'un tampon, pouvait paralyser l'activité d'un Voltaire. Mais, personne ne pouvait le réduire au silence.

Le château n'a pas que des admirateurs. Les uns l'auraient voulu plus opulent. D'autres trouvent que le salon est trop petit pour recevoir la fine fleur de l'Europe. Il paraît qu'étant son propre architecte, Voltaire avait oublié de décompter l'épaisseur des murs. Les dimensions des pièces en furent rétrécies d'autant.

Une des premières guerres qu'il eut à Ferney fut avec le curé voisin, celui de Moens qui pressurait les paysans de Voltaire et exigeait d'eux une dîme impayée depuis plusieurs années. A la suite d'un long procès, jugé à Dijon, le curé obtint gain de cause et les sergents vinrent saisir les villageois qui ne s'étaient jamais dérangés pour soutenir leur cause tandis que le curé était allé à Dijon circonvenir les juges. Le curé réclamait les arrérages de la dîme portant sur plusieurs années, plus les frais de ses voyages. Ce fut un cri de désespoir au village. Voltaire propose au curé de lui payer la moitié de ce qu'on lui devait à condition qu'il laissât ses paysans en paix. Le curé refusa. Voltaire écrivit à l'évêque d'Annecy duquel dépendait le curé de Moens — car Ferney qui était en Bourgogne pour l'administration royale, dépendait de la Savoie pour les affaires ecclésiastiques. Voltaire avait cru faire une lettre fort édifiante, citant les Prophètes, faisant appel aux Pères de l'Eglise, mais sa lettre ressemblait à une leçon faite au prélat. En outre, il disait que ce que le curé faisait, aucun pasteur ne se permettrait de le faire et qu'il fallait le ramener dans les voies de la Sainte charité. Le seigneur de Ferney s'aperçut un peu tard qu'il s'était fait un solide ennemi de l'évêque d'Annecy.

Il écrit au président de Brosses à Dijon pour qu'on surseoie au jugement prononcé contre les gens de Ferney qui étaient dans la misère. Rien à faire : le curé avait raison sur toute la ligne, les paysans devaient payer, ou être saisis ou aller en prison. Voltaire ne put le supporter, il paya de sa poche deux mille cents livres de dîme au curé. Le peuple respira. Le curé empocha. Il ne se doutait pas qu'il allait avoir à payer une dîme bien plus lourde au seigneur de Ferney.

Ce curé n'était sans doute pas imprégné d'esprit évangélique, comme l'histoire va nous l'apprendre. Quelques jeunes gens, au retour d'une chasse, s'arrêtèrent chez une veuve peu farouche dont le curé de Moens était épris. Fou de jalousie en apprenant la hardiesse de ces jeunes gens, il fit cerner la maison de la veuve par des hommes de main qu'il commandait en personne, pénétra de force, tua d'abord le chien d'un chasseur qui protesta et qui fut assommé à coups de gourdin. Ses deux amis eurent le même sort. L'un d'eux s'évanouissant cria : « *Faut-il que je meure sans confession ?* » « *Meurs comme un chien* », lui répondit le forcené en soutane. Le lendemain grand scandale. Le curé célébra la messe, et, écrit le père d'un des garçons assommés, « *n'hésita pas à tenir Dieu dans ses mains meurtrières* ».

Voltaire n'allait pas laisser dormir le curé sur ces lauriers-là. Rien ne pouvait enflammer son zèle anticlérical comme pareille iniquité. Il veut obliger le père qui n'osait se plaindre à porter plainte. Le plus blessé des garçons avait été apporté au château et soigné par Voltaire. Il est aussi enragé contre le père qui n'ose pas déposer sa plainte que contre le curé criminel qui continue à dire sa messe. Le blessé est entre la vie et la mort. Le père, tout en gémissant, continue de refuser de signer sa plainte :

— *Ils me tueront,* pleurnichait-il.

— *Tant mieux,* disait Voltaire, *cela rendra votre affaire bien meilleure.*

Cependant, Voltaire « *s'attachait avec application à procurer au curé un emploi dans les galères* ». Cette perspective le réjouissait mais le curé était loin d'être un candide criminel et il savait s'y prendre pour refuser cet emploi vers lequel Voltaire le poussait. Le curé avait des appuis. Ses hommes de main furent arrêtés mais lui qui avait frappé le premier ne le fut pas. Ce déni de justice enfièvre Voltaire. Aussi il parle trop, il passionne sa requête, il dessert les victimes. Le président de Brosses avec qui il est encore en bons termes lui donne de judicieux conseils. L'évêque d'Annecy voulait juger lui-même le curé. Voltaire crie que Ferney est en France et que l'affaire est du ressort des tribunaux du roi. Tout cela faisait un grand trouble dans le pays de Gex. Les pouvoirs ne demandaient qu'à concilier les parties et à enterrer l'affaire et Voltaire ne s'arrêtait de crier : Les Galères ! Les Galères ! Bref, la victime qui avait échappé de peu à la mort obtint 1 500 livres de dommages. Voltaire répondit qu'il n'en coûtait rien de tuer un homme quand on était curé de Moens. Le curé fut, en outre, obligé de rendre la dîme que Voltaire lui avait versée. Il en voulut à mort à Voltaire qui l'empêchait, avec une insolence inouïe, de ruiner ses paroissiens et même de les assommer.

Pendant ces tristes débats, d'officieux entremetteurs s'étaient mêlés de conseiller le curé, d'intimider le père de la victime et de faire la leçon aux juges. C'étaient les Jésuites d'Ornex. Voltaire suivait leur manège, la riposte ne se fit pas attendre :

« *J'ai des affaires terribles sur les bras,* écrit-il à d'Argental en janvier 1761. *Je chasse les Jésuites d'un domaine usurpé par eux, je poursuis criminellement un curé, je convertis une huguenote, et ma besogne la plus difficile est d'enseigner la grammaire à Mlle Corneille qui n'a aucune disposition pour cette sublime science.* »

Qu'est-ce que cette affaire avec les Jésuites ? Ils étaient ses voisins. Suivant sa pente naturelle, Voltaire eut avec eux, au début des rapports excellents. Lui, toujours enclin à se créer une société amicale de gens courtois et lettrés, les invita, les cajola ; eux, ravis de l'aubaine, retrouvaient avec joie le plus brillant produit de leurs « bonnes maisons ». Ils lui disaient la messe quand il voulait bien l'entendre. Tout allait bien. Puis tout alla mal.

Ils étaient quatre, l'un semblait diriger les autres. Il s'appelait le Père Jean Fessi. C'est lui qui allait à Dijon redresser l'opinion des Juges au cas où ils auraient voulu être justes. Ils possédaient près de Ferney de vastes terres qui, à leur goût, ne l'étaient pas assez et ils voulaient s'annexer les biens d'une famille noble et ruinée, composée de six frères, MM. de Prez de Crassier. Leurs terres étaient aliénées en raison de leurs dettes, mais ils avaient gardé le droit de rachat en priorité. Or, MM. de Prez ne pouvaient pas racheter leurs terres. Les Pères s'entendirent avec les créanciers genevois de MM. de Prez et les procédures requises étant adroitement expédiées voilà les Pères maîtres et possesseurs des terres des Crassier. Ces Messieurs, tous officiers, étaient à la guerre. Entre deux batailles, ils eurent la douleur d'apprendre que leurs biens étaient irrévocablement perdus.

Et voici Don Quichotte de Ferney rompant des lances en faveur de six orphelins, foudres des batailles peut-être, mais désarmés devant quatre moines munis de bons titres de propriété. Aussitôt père Jean Fessi devient par nécessité de guerre le père « Jean Fesse ». Voltaire mène un tel tapage autour de cette affaire d'usurpation que les bons Pères jugent prudent d'y renoncer. Il crie tant et si fort qu'il apprend un jour qu'il crie pour rien, que les Jésuites ont renoncé en silence, que MM. de Prez peuvent toujours racheter leurs terres à leurs créanciers genevois. Voltaire a gagné. « *Je vous répète,* écrit-il, *qu'il ne faut pas plus craindre ces renards* (les Jésuites) *que les loups de Jansénistes et qu'il faut hardiment chasser ces bêtes puantes. Ils ont beau hurler que nous ne sommes pas chrétiens, je leur prouverai bientôt que nous sommes meilleurs chrétiens qu'eux.* »

Telle est sa nouvelle découverte : il faut être plus chrétien que Jésuites et Jansénistes réunis. D'ailleurs, quand les Jésuites furent chassés de France non seulement les frères de Prez purent racheter leurs biens mais ils rachetèrent ceux des Jésuites. C'est alors que Voltaire dit qu'il fallait reconnaître une divine Providence ! Il n'y croit que lorsque les prêtres en sont les victimes.

Depuis qu'il est seigneur de Ferney, il parle avec une liberté souveraine. Il éprouve dans son domaine un sentiment d'indépendance extraordinaire : sa hardiesse redouble de virulence. Il devient sévère pour les timorés, tel Fontenelle qui, ayant les mêmes idées que lui, resta jusqu'à ses derniers jours de « *ces vieillards circonspects, comme s'ils avaient toujours leur fortune à faire... Ceux qui voudront de ces vieillards-là pourront s'adresser à d'autres qu'à moi.* » Lui, c'est à soixante-cinq ans qu'il prend entièrement conscience de sa force — nous dirions qu'il devient militant. Son impiété jusqu'alors n'avait guère été qu'un amateurisme. Il va s'attaquer passionnément à l'*Infâme*. Et pourtant, il se veut « chrétien ». Il défend la « vraie » religion contre les prêtres qui l'ont accaparée et dénaturée : « *Oui, Mort Dieu, je sers Dieu car j'ai en horreur les Jésuites et les Jansénistes : car j'aime ma patrie, car je viens à la messe tous les dimanches, car j'établis des écoles, car je bâtis des églises, car je vais établir un hôpital, car il n'y aura plus de pauvres chez moi en dépit des commis des gabelles. Oui, je sers Dieu, je crois en Dieu et je veux qu'on le sache.* »

Cette surprenante profession de foi n'est pas un mouvement oratoire. Tout ce qu'il dit est vrai. Ferney en quelques années s'est transformée. Il n'y a plus de pauvres sur les terres de M. de Voltaire. Il a bâti, il a planté, la religion même est respectée. Tout cela est bien visible. Pour ce qui est de sa foi, nous lui laissons le soin de l'affirmer. Ce Dieu dont le premier commandement est de faire la guerre aux prêtres semble, à vue de pays, un peu querelleur. N'aurait-il pas l'humeur de son adorateur ? Quant à ses ennemis qui veulent le prendre en flagrant délit d'athéisme, il leur jouera un bon tour : il fera ses Pâques ! 1761, grande année ! Il y a l'année de la Comète, il y aura désormais l'année où M. de Voltaire a fait ses Pâques, en grande pompe, avec Mme Denis et Mlle Corneille. Comme ce sera édifiant ! Les peuples charmés pourront voir la nièce-maîtresse au bras de l'oncle, suivis de la pupille au nom illustre s'agenouillant à la

Sainte Table de l'église seigneuriale de Ferney. Il menace si on le pousse à bout de mettre en vers le *Tantum ergo !* Qui pourrait après cela douter de sa foi ?

Encore un sketch de la comédie Voltaire.

Il l'exécute comme prévu. Un capucin vint à Ferney en mars 1761 et confessa tout le monde : Mme Denis, Mlle Corneille, les femmes de chambre, les valets, les cuisiniers, les cochers, les jardiniers. Tout reçut l'absolution. Le capucin allait se retirer. Il rencontra Voltaire dans le potager en conversation avec le jardinier. « *Père, vous venez de donner bien des absolutions, ne m'en donnerez-vous pas une aussi, à moi, qui me confesse ici à vous et devant témoins que je ne fais de mal à personne, au moins sciemment.* »

Le père capucin se mit à rire et donna l'absolution. Si elle était aussi sommaire que la confession, elle ne devait pas valoir cher. Tel ne fut pas l'avis de Voltaire qui en serrant la main du père y glissa un écu de six livres. Le père touché souhaita que le bon seigneur de Ferney continuât longtemps ses bontés à son couvent où le nom de Voltaire était béni. Pour six livres ! Drôle de *Confiteor,* au milieu des laitues et des raves, entre un jardinier ahuri et un capucin bonnasse. Drôles de Pâques.

Dans cette flambée de zèle, M. de Voltaire construisit une église ! Cela aussi est réel : cette église, on la voit et on la touche, elle est toujours là. Il est très difficile de construire une église. Il fallut d'abord démolir. Bâtir fut le second acte. L'ancienne église, comme le château menaçait ruine. Il voulut que la nouvelle fût plus claire, plus nette, plus voltairienne en somme. En outre, la vieille église (soit dit en passant) bouchait la rue du château. Usant de son droit souverain, il lança les démolisseurs et, profitant des travaux, fit rectifier le tracé du mur du cimetière. Il gagna quelques pieds de terrain. Les terrassiers, dit-on, remuèrent quelques vieux ossements. Comme il y avait au centre du cimetière une grande croix qui étendait ses grands bras juste en face des fenêtres du château, il la fit transporter ailleurs : « *Otez-moi cette potence !* » dit-il.

C'est alors qu'une sourde rumeur commença à gronder dans les sacristies des environs. Le bénin curé de Moens, l'assommeur de paroissiens, s'était vanté d'envoyer Voltaire en prison avant peu. Voltaire avait pris la chose en riant. La menace du curé était bien plus sérieuse que celle que Voltaire faisait de l'envoyer aux galères. Ce que Voltaire venait d'accomplir sur sa propriété, d'innombrables propriétaires l'avaient fait avant lui et personne n'avait protesté. Mais ces propriétaires n'étaient pas Voltaire, ils n'avaient pas de curé de Moens à leurs trousses et un évêque d'Annecy embusqué derrière le curé. Et ces Messieurs s'étaient juré de perdre le bâtisseur d'église.

On lui demanda d'abord de se justifier du mot abominable « potence » qu'il avait employé pour désigner la croix. Il jura qu'il ne l'avait pas dit. Six ouvriers étaient témoins : les quatre premiers affirmèrent que le mot n'avait pas été dit. Les deux autres devenus sourds-muets entre-temps, ne purent rien dire. Enfin, on expliqua au curé que, en langage de charpenterie, l'assemblage des pièces de bois en croix s'appelait « potence ». Donc le mot n'avait rien d'injurieux : il était « technique ». Technique ou non, Voltaire le tenait pour innocent — les autres le tenaient pour sacrilège. Cette technique ne leur disait rien qui vaille, ils voulaient qu'il y eût injure pour la Croix — et potence pour Voltaire. Le curé de Moens jouait presque aussi bien la comédie que son adversaire. La population soutenait Voltaire, mais elle était croyante et impressionnable. Le curé fit, en grande pompe, prendre le Saint-Sacrement au milieu des démolitions de la vieille église et en procession, il le transporta dans son église. Tout le bon peuple crut comprendre que Voltaire chassait Dieu de ses terres. L'official de Gex fut alerté, les juges ecclésiastiques se transportèrent à Ferney pour enquêter sur les horribles agissements du seigneur impie et sacrilège.

Voltaire prenait la chose à la légère — la démolition de la vieille église l'intéressait moins que la construction de la nouvelle dont il était fort content. « *Je bâtis une église assez jolie dont le frontispice est d'une pierre aussi chère que du marbre... Je fonde une école.* »

Que lui reproche-t-on encore ? « *On lui intente un procès criminel pour un pied et demi de cimetière et pour deux côtelettes de mouton, qu'on a prises pour des os déterrés.* » C'est ainsi qu'il désigne les ossements remués par les terrassiers. Il dit qu'on veut l'excommunier pour avoir voulu déranger une croix de bois. Il ne s'était pas contenté de vouloir, il avait bel et bien expédié la croix... Ecoutons-le plutôt quand il est sincère : « *Comme j'aime passionnément être le maître j'ai jeté par terre toute l'église pour répondre aux plaintes que j'en avais abattu la moitié.* »

Ceci fait, il a recueilli la cloche, l'autel et les fonts baptismaux et il a envoyé les fidèles écouter la messe à une lieue de là. Les enquêteurs sont venus : il les a envoyés promener et leur a dit qu'ils étaient des ânes. Il a informé le Procureur de Dijon. S'il devait y avoir procès, il voulait que ce fût devant la justice du roi, il se moquait des curés, de l'official et il concluait plein d'optimisme et de charité : « *Je crois que je ferai mourir mon évêque s'il ne meurt pas avant de gras fondu.* »

Pourquoi tant d'assurance ? Parce qu'il a écrit au pape ! Il a écrit au Saint-Père sous couvert de M. de Choiseul, et du cardinal Pasionei, lettré et un peu philosophe. Il espère que ce qui a réussi une fois pour la dédicace de *Mahomet* réussira encore. Il attend de l'intervention pontificale d'énormes satisfactions dont la moindre ne serait pas l'écrasement du petit curé batailleur de Moens. Par malheur, cette curieuse lettre se perdit, elle n'atteignit ni le pape ni le cardinal, elle s'égara dans les dédales du Vatican, dans l'indifférence, le mépris et peut-être le ridicule. Dommage ! Il nous dit qu'il avait fait un récit amusant de ses sacrilèges ! D'une part pour plaire à M. de Choiseul et d'autre part pour faire rire le Sacré Collège. Il était persuadé qu'il réussirait auprès des Cardinaux par des pirouettes et des pitreries verbales. S'imaginait-il que le Sacré Collège n'était peuplé que de Bernis et de disciples de Voltaire ? Pourquoi pas ? Ne lui avait-on offert un chapeau de cardinal ? Pourquoi le Sacré Collège n'aurait-il pas compris d'autres cardinaux de la même sorte ? C'est sur eux qu'il avait compté. Plus que sur le pape d'alors « *un bœuf*, dit-il, *qui ne sait pas un mot de français* ». Est-il possible d'être Souverain Pontife, d'ignorer le français et Voltaire ? Il l'appelle le sieur Rezzonica. Voilà ce qu'il en coûte de mettre au panier une lettre du sieur Arouet.

Il ignorait que ses affaires allaient au plus mal à Dijon et qu'il était sur le point d'être arrêté et jugé. Si on lui avait appliqué le droit ancien, comme ces Messieurs du Parlement l'appliquaient parfois, il aurait pu avoir la langue arrachée, et les mains tranchées. Voltaire sans langue et sans plume !... Il lui serait resté son merveilleux et terrible regard : ce lance-flammes, ce lance-idées !

Son ami Tronchin qui était alors à Dijon, dit qu'il n'était bruit dans la capitale de la Bourgogne que de cet étrange procès. Il réussit à calmer les juges. Ceux-ci loin d'être favorables à Voltaire comme celui-ci avait la naïveté de le croire ne cédèrent qu'à Tronchin qui avait sur eux bien plus de crédit que Voltaire. Grâce à Tronchin la procédure criminelle intentée au Seigneur de Ferney se perdit dans les sables... Ce procès eût été une iniquité de plus et une source de malheurs pour Voltaire. Tronchin le parpaillot rendit un immense service aux prêtres à qui il évita un déshonneur et à l'anti-prêtre à qui il épargna de cruelles sanctions.

Le maléficieux citoyen de Genève.

Sa querelle avec les Jésuites d'Ornex, son procès criminel avec l'évêque d'Annecy, ne le privent pas d'une escarmouche avec les Protestants de Genève. Ceux-ci vivaient à ses yeux, en état de péché permanent : le péché contre le théâtre. L'offense qu'ils avaient faite au théâtre des *Délices*, à celui de Tournay était inoubliable. Pour se venger, il essaya d'implanter aux portes de Genève — mais en territoire savoyard — à Carrouges, une troupe de comédiens français catholiques. Il demanda à l'ambassadrice de France à Turin, Mme de Chauvelin, d'obtenir pour ces comédiens l'autorisation de s'installer à Carrouges. Il réussit et se réjouit : « *Nous allons avoir une troupe de bateleurs auprès des Délices, cela fait deux avec la nôtre.* »

Pour le Consistoire, cela faisait deux de trop — et celle de Carrouges était une véritable provocation.

En cette année 1761 parut *la Nouvelle Héloïse* de Jean-Jacques qui eut un succès extraordinaire. C'était plus qu'un livre admirable, c'était la révélation d'un monde déjà entrevu mais qui se découvrait à fond : le monde du Sentiment. Jean-Jacques ne s'y est pas trompé : « *Dans le monde, il n'y eut qu'un avis et les femmes surtout s'enivrèrent et du livre et de l'auteur. Au point qu'il y en avait peu, même dans les hauts rangs, dont je n'eusse fait la conquête si je l'avais entrepris.* » Et il ajoute : « *Il est singulier que ce livre ait mieux réussi en France que dans le reste de l'Europe bien que les Français, hommes et femmes, n'y soient pas fort bien traités.* »

On sait que Jean-Jacques et Voltaire avaient déjà échangé quelques coups de plume. Voltaire a pour Rousseau — pour l'homme — une sorte de pitié méprisante. Pour l'écrivain et ses idées, il a surtout de l'incompréhension. Ces deux hommes appartiennent à deux races différentes : ils sont imperméables l'un à l'autre. Tandis que Jean-Jacques écrit : « *Le pays des chimères est en ce monde le seul digne d'être habité* », Voltaire s'affaire vingt-quatre heures sur vingt-quatre à labourer, assainir, planter, bâtir, commercer sur terre et sur mer, spéculer, donner à dîner à trente personnes, marier une fille, défendre un innocent, punir un brutal, en somme, il s'exténue à créer un monde — le moins chimérique qui soit afin d'y connaître le bonheur le plus positif et le plus humain, ce qui lui a permis, tranquillement, d'affirmer : « *Le paradis terrestre est où je suis.* » Lorsqu'il s'interroge sur la valeur des nouveautés que le XVIIIe siècle a vu naître et qui ont augmenté le bien-être — en bref, ce qu'on appelle « le progrès » — il écrit : « *Font-elles qu'on soit plus heureux ? Je le crois fermement, de bonnes maisons, de bons vêtements, de la bonne chère avec de bonnes lois et de la liberté valent mieux que la disette, l'anarchie, l'esclavage.* » Jean-Jacques, au loin, répond par cette phrase inouïe, bouleversante : « *Il n'y a rien de si beau que ce qui n'existe pas.* »

Le seigneur de Ferney se serait accommodé de cette folie si le fou ne l'avait pas pris à partie. Voltaire a longtemps ménagé Rousseau qu'il prenait pour un dévoyé intellectuel et pour un homme socialement peu fréquentable. Il ne lui paraissait pas de bon ton de trop s'occuper de ce Jean-Jacques qui vivait hors du monde où Voltaire pensait et dépensait, riait et se déguisait, travaillait et agonisait six fois par semaine. « *Vous avez daigné accabler ce fou de Jean-Jacques,* écrit-il à d'Alembert, *pour des raisons et moi, je fais comme celui qui pour toute réponse à des arguments contre le mouvement se mit à marcher. Jean-Jacques démontre que le théâtre à Genève est impossible, j'en bâtis un.* »

Rien n'est plus mortifiant que ce genre de mépris. Jean-Jacques, le malheureux, était si douloureusement sensible que cette attitude de Voltaire le tenaillait au fer rouge. Et voilà que Rousseau à propos d'une lettre de 1756, sur le *Désastre de Lisbonne* à laquelle Voltaire n'avait répondu que par *Candide,* lui écrit le 17 juin 1760 une lettre agressive et sentant la haine : « *Je ne vous aime point, Monsieur, vous m'avez fait les maux qui pouvaient m'être les plus sensibles...* » Quels sont ces maux ? Voltaire a brouillé les Genevois avec Rousseau. Comment ? En jouant la comédie sur son théâtre, Voltaire a séduit les Genevois, il les a pervertis et ceux-ci se sont fâchés avec le vertueux Rousseau qui voulait les priver de leur plaisir pervers. Ces malheureux ne pouvant plus se passer du poison voltairien, rejettent leur vertueux compatriote : « *C'est vous qui me ferez mourir en terre étrangère, privé de toutes les consolations des mourants, jeté dans une voirie.* » Il écrit cela au moment où à Montmorency, choyé par l'aristocratie, Paris lui fait un triomphe ! Suit une kyrielle de « Je vous hais... » qui finit par : « *Je vous hais enfin parce que vous l'avez voulu.* » C'est faux, en 1760, l'opulent seigneur de Ferney se soucie de Rousseau comme d'une guigne. « *Mais je vous hais en homme encore plus digne de vous aimer si vous l'aviez voulu.* » Ce galimatias sentimental ne pouvait qu'agacer Voltaire. Cependant, il signifie que Rousseau aurait passionnément tenu à l'approbation de Voltaire, à son amitié. « *Si vous l'aviez voulu...* », dit-il. Il ne comprend pas que Voltaire n'a rien voulu de lui : ni haine, ni amour — et c'est cette indifférence méprisante qui est le crime capital de Voltaire aux yeux de Rousseau. Tout le reste n'est que prétexte. Cette lettre de Rousseau frise l'hystérie. Ce chien battu montre les dents et larmoie en même temps, une telle attitude plonge dans un malaise indéfinissable et rebutant.

A cette lettre, Voltaire ne répondit pas. Curieuse réaction. Nous savons que chez lui la fureur ne se contient pas. Il n'a donc pas été furieux. C'est d'abord que Rousseau et sa haine larmoyante ne lui paraissent pas dignes de réponse. Mais il y a autre chose. La lettre de Rousseau le déconcerta. Il avait reçu des lettres, des libelles d'injures — presque autant qu'il en avait écrit — mais ce n'était pas du tout le ton sentimental de la lettre de Rousseau — cette haine molle, plaintive, vertueuse l'entraînait dans un monde indécent qu'il ne connaissait pas et qu'il ne désirait pas connaître. C'est en ce sens qu'il faut comprendre, semble-t-il, le reproche qu'on a fait à Voltaire d'être « borné ». Sur ce point, il l'est : Rousseau c'est l'étrange, l'informe, le malséant, c'est un pays où l'honnête homme ne s'aventure pas encore. On n'en saurait douter : Voltaire éprouvait une sorte de dégoût pour la sensibilité de Rousseau parce qu'il ne la comprenait pas. Telle est sa limite. Il ne savait pas à qui il avait affaire et il aurait bien ri si on lui eût dit que Rousseau c'était l'avenir. Rousseau un soleil ? Une chandelle mal mouchée, oui. Ainsi le plus intelligent des hommes enfermé dans son intelligence ne sait pas mieux voir en certains cas que le plus nigaud enfermé dans sa sottise.

Mais Rousseau reproche avec véhémence à Voltaire de faire du mal à Genève, il travestit en « amour de la patrie » un autre sentiment profond mais inavouable, l'envie. Le succès de Voltaire à Genève lui est intolérable. Si Voltaire avait été adulé à Berlin, ou à Vienne, passe encore, mais à Genève, dans cette patrie de Jean-Jacques qui ne voulait pas reconnaître son fils prodigue et illustre — c'était inacceptable pour Rousseau. Voltaire n'était à ses yeux qu'un intrus à Genève. De quel droit venait-il tantôt braver, tantôt charmer l'élite calviniste ? De quel droit y recevait-il l'élite européenne ? Cette place, la première dans la ville de Calvin, Rousseau devenu célèbre à Paris, estimait qu'elle lui revenait de droit. Or, là où régnait Voltaire, il n'y avait pas place pour deux. Rousseau le savait et il savait aussi qu'en aucune façon, il n'était pas du bois dont on fait les rois — voilà pourquoi il haïssait Voltaire, ce n'était pas une haine d'homme de lettres, c'était chez Rousseau une haine d'entrailles — une haine de nature. Elle était sans remède. Voilà le ton de cette haine. « *Vous me parlez de ce Voltaire ? Pourquoi le nom de ce baladin souille-t-il vos lettres ? Le malheureux a perdu ma patrie. Je me haïrais davantage si je le haïssais moins. Je ne vois dans ses grands talents qu'un opprobre de plus qui le déshonore par l'usage qu'il en fait. O Genevois, il vous paie bien de l'asile que vous lui avez donné il ne savait plus où aller faire du mal. Vous serez ses dernières victimes. Je ne crois pas que beaucoup d'autres hommes soient tentés d'avoir un tel hôte que lui.* »

L'imprécation est plutôt puérile, son ton prophétique abusif et elle se retourne contre Rousseau : c'est lui qui ne trouvera plus d'asile, qui se fera chasser de partout, qui se fâchera avec tous ses bienfaiteurs et vivra et mourra sans amis. Voltaire, à vrai dire, souffrirait plutôt de pléthore d'amis. Il n'a pas besoin de demander asile — c'est sa maison qui est l'asile princier de l'intelligence et de l'amitié.

La haine de Rousseau a quelque chose de maladif. On se souvient qu'il avait refusé de boire dans une tasse offerte par Voltaire. Quand il revint d'Angleterre désemparé, brouillé avec les Anglais, sans le sou, un M. Barth lui offrit l'hospitalité en Alsace, à Munster. Le site était beau, romantique à souhait. Jean-Jacques sur le point d'accepter refusa net en apprenant que Voltaire avait séjourné à Munster en 1753. Ce lieu lui parut contaminé. En 1767 !

Après la lettre des « Je vous hais » Voltaire écrit calmement à Thiériot : « *J'ai reçu une grande lettre de J.-J. R. Il est devenu tout à fait fou. C'est dommage.* » Quand paraît *la Nouvelle Héloïse,* Rousseau ne lui envoie pas le livre. Voltaire se le procure et le lit. Le succès le surprend. Cela l'ennuie beaucoup : « *Je l'ai lu pour mon malheur,* dit-il, *et c'eût été pour le sien si j'avais eu le temps de dire ce que je pense de cet impertinent ouvrage.* » Il garda pour lui l'éreintement de *la Nouvelle Héloïse*. Pourquoi ce silence ? Parce qu'il y a Ferney qui est plus passionnant que les déclamations sentimentales de Saint-Preux. « *Mais un maçon, un cultivateur, le précepteur de Mlle Corneille et le défenseur d'une malheureuse famille accablée par les prêtres n'a pas le temps de parler de romans.* » Pourtant, il a trouvé des beautés dans ce livre : « *Il y a un morceau admirable sur le suicide qui donne envie de mourir.* » Appétit tout platonique : Voltaire est pour la vie. Et même pour la vie compliquée car, au moment où il affirmait qu'il ne dirait rien sur la *Nouvelle Héloïse,* il faisait répandre par Thiériot quatre lettres signées de noms différents et fantaisistes dans lesquelles il écorchait de son mieux le livre et l'auteur. On fit endosser une de ces lettres par le marquis de Ximénès — oui, le même. Après les disputes, les vols et les diffamations, on s'était réconcilié, on l'avait même reçu à Ferney. L'oubli des injures n'est-il pas un sentiment chrétien tout indiqué pour notre Voltaire qui se voulait plus chrétien que Jésuites et Jansénistes réunis ? Pour remercier de l'hospitalité, l'accommodant marquis prêta son nom pour signer la lettre. Le maréchal de Luxembourg qui protégeait alors Jean-Jacques, traita Ximénès de faquin, tout en sachant que le vrai coupable était Voltaire. Encore une faquinade !

« *J'ai fait un peu de bien, c'est mon meilleur ouvrage.* »

Dans le même moment, il se montre d'une admirable générosité pour Mlle Corneille. Il harcèle l'Académie pour qu'elle mette au point son édition des Classiques français ; il s'offre pour corriger l'édition définitive des Œuvres de Corneille. Il la fera même imprimer à ses frais, il cherchera des souscripteurs et le bénéfice constituera la dot de sa pupille. Quelle belle corbeille de mariage, *Le Cid, Polyeucte, Cinna* — en or ! et présentés par l'auteur de *Mérope,* de *Zaïre* et de *Candide.* Il crée un courant d'opinions favorable à la fille de ce Jean-François, menuisier, et neveu de Corneille. Le roi souscrit pour deux cents exemplaires. Catherine II l'imite, l'Impératrice en fait autant, Voltaire en prend cent, la marquise de Pompadour cinquante, Choiseul aussi. Les grands seigneurs font de même, leurs amis les imitent, les seigneurs anglais viennent en tête. Voltaire, grand seigneur, offre un exemplaire gratuit aux gens de lettres qui ne peuvent souscrire. C'est le Voltaire des grands jours.

Il relit Corneille et en fait la présentation. Il le relit avec son regard perçant et un cœur tout rempli de « douceur » racinienne. Le vieux maître lui paraît parfois rude et l'admiration fléchit.

Mais Corneille est une divinité. Faut-il le traiter en idole et adorer les yeux fermés ? Pas d'idolâtrie, Voltaire dira ce qu'il pense : « *Je traite Corneille tantôt comme un dieu, tantôt comme un cheval de carrosse.* » La lucidité et la liberté de l'intelligence, voilà ses droits et ses vertus. « *J'ai dit la vérité sur Louis XIV, je ne la tairai point sur Corneille.* »

Les réserves, les refus de Voltaire furent cruellement ressentis par les admirateurs idolâtres de Corneille. Notre premier poète tragique était un des piliers d'airain du temple des Lettres — la moindre éraflure faisait l'effet d'un sacrilège. Voilà Voltaire encore accusé d'impiété ! D'Alembert exprima avec modération le sentiment de l'Académie qui s'était sentie blessée : « *Il nous a semblé que vous n'insistiez pas toujours assez sur les beautés de l'auteur et quelquefois trop sur les fautes qui peuvent n'en pas paraître à tout le monde. Dans les endroits où vous critiquez Corneille, il faut que vous ayez si évidemment raison que personne ne puisse être d'un avis contraire ; dans les autres, il faut ou ne rien dire ou ne parler qu'en doutant.* » Le conseil est excellemment exprimé — et très prudent.

La vérité c'est qu'à soixante-sept ans, il redécouvrait Corneille. Il n'en avait gardé que l'enthousiaste admiration de sa jeunesse. En le relisant, la plume à la main avec ses yeux de soixante-sept ans, il découvre des verrues, des faiblesses, des lourdeurs, des naïvetés... Il les signale : on crie au scandale. Les idolâtres qui n'ont pas relu Corneille depuis le collège parlent de leur admiration. Que vaut-elle ? Ils répètent les louanges scolaires. La sincérité de Voltaire est un bien meilleur éloge que la flagornerie des sots — Corneille est sorti grand homme, poète de génie, de cet examen critique. Quelle œuvre y résisterait ?

C'est alors qu'il écrivit *Don Pèdre* en six jours. Un record. « *La rage s'empara de moi un dimanche et ne me quitta que le samedi suivant, j'allais toujours rimant, toujours barbouillant. Le sujet me portait à pleines voiles.* » Il envoya aussitôt ses cinq actes aux d'Argental : « *Enfin, en six jours, j'ai fait ce que je vous envoie. Lisez et jugez mais pleurez.* » 20 octobre 1761.

Ils pleurèrent, en effet, mais sur les faiblesses de l'ouvrage.

Cependant qu'on essayait de rafistoler sa tragédie, il écrivit une comédie : *Le Droit du seigneur.* Il n'est pas sûr d'avoir fait un chef-d'œuvre aussi le fait-il attribuer à un M. Le Goux, jeune maître des requêtes au Parlement de Dijon qui ne vit pas malice dans ce procédé. Mais son oncle, le président de la Marche, ami de Voltaire, fit comprendre à ce dernier que ce jeu de prête-nom n'était pas de son goût. Qu'à cela ne tienne, on trouvera un autre « père » pour la comédie. M. de la Marche le désigna lui-même. Ce fut un M. Picardet, de l'Académie de Dijon. « *Picardet fera mon affaire* », répondit Voltaire. Picardet se trouva ainsi être l'auteur d'une comédie qu'il n'avait jamais ni écrite, ni lue. Le titre fut remplacé par cet autre : *L'Ecueil du Sage*. Crébillon, censeur du théâtre, âgé de quatre-vingt-dix ans, fit mille difficultés pour donner le visa : il avait flairé le véritable auteur. Enfin après maints tripatouillages le vieillard eut le caprice d'ajouter à la pièce une scène comique de son invention. Voltaire en creva de rage. Le plus surprenant c'est que ce monstre fut joué avec succès.

Comme les heureuses surprises viennent en cascade, il apprit que le roi avait rétabli sa pension suspendue depuis son départ en Prusse. Le bruit courut même à Paris que Voltaire était rappelé. C'était faux. Louis XV n'oubliait pas mais il condescendait à payer. Voltaire qui avait prévu le refus écrivit partout, avant que ce refus ne fût officiel qu'il ne désirait pas quitter Ferney : « *Je vous assure que la vie que j'y mène est délicieuse ; c'est au bonheur dont je jouis que je dois la conservation de ma frêle machine.* »

Crébillon mourut peu après. Voltaire s'empressa de publier — sous un nom d'emprunt — un éloge du défunt que personne ne lui avait demandé. L'éloge était, bien sûr, empoisonné. Cette façon d'attaquer un mort ne fut pas appréciée de ses amis qui le reconnurent sous le faux nom. Diderot fut choqué. D'Alembert lui fit connaître son sentiment en feignant d'ignorer le véritable auteur de cet indécent éloge funèbre : « *Quoique je pense absolument comme l'auteur de cette brochure sur le mérite de Crébillon je suis très fâché qu'on ait choisi le moment de sa mort pour jeter des pierres sur un cadavre ; il fallait le laisser pourrir de lui-même et cela n'eût pas été long.* »

C'était demander l'impossible. Voltaire ne pouvait laisser pourrir ses ennemis ; il les ressuscitait pour les attaquer, et les faisait durer par son acharnement.

La Belle Vie conserve la frêle machine et consume la robuste fortune.

A *Ferney* et aux *Délices* la vie princière suivait son train. Il se plaignait toutefois que ces deux maisons, la guerre des Anglais et la perte des Indes lui eussent fait perdre un tiers de ses revenus. Il ne paraît pas à sa dépense que ce tiers lui fît faute. Il est beau d'être riche et surtout de l'être si bien. M. le duc de Villars, malade, vint s'installer aux *Délices,* avec sa maison, en été 1762. Voici le carnet mondain de la *Gazette d'Utrecht* du 17 octobre 1762 : *Genève 6 octobre 1762. Notre ville est actuellement des plus brillantes. M. le duc de Villars, M. le comte d'Harcourt, Mme la comtesse d'Anville, de la maison de La Rochefoucauld, M. le duc, son fils, et nombre d'autres étrangers de distinction. M. le maréchal-duc de Richelieu s'y était rendu avant-hier. Il était arrivé à Ferney chez M. de Voltaire, le 1er de ce mois avec une suite de quarante personnes.* Il est descendu aux *Délices,* il a été complimenté par deux membres du Conseil et Voltaire lui a fait jouer une tragédie. *Ce seigneur est reparti hier pour Lyon.*

Qu'on imagine une maison après le passage de pareils visiteurs. Qu'on imagine que si tous les visiteurs n'étaient pas aussi encombrants, il y en avait un défilé continuel et qu'on en tire les conclusions sur la dépense de cet hôte magnifique. Car la maison était bonne. Le duc de Villars soigné par Tronchin, logé, nourri et distrait par Voltaire repartit guéri et rayonnant.

Le comte de Lauraguais arrive ensuite. Voltaire l'avait connu, enfant, chez sa grand-mère la duchesse de Lauraguais. Curieux personnage que ce grand seigneur : il écrivait des tragédies. Diderot s'étonnait que d'aussi bons vers puissent sortir d'une tête aussi folle. « *Où les avez-vous pris ?* » lui demandait-il en lorgnant vers le secrétaire du comte qui s'appelait Clinchant et qui savait, lui, faire des vers. Le comte ne voyait malice ni dans la question, ni dans le clin d'œil. La tragédie n'était qu'un de ses passe-temps : il adorait la chimie comme il aimait les vers, c'est-à-dire qu'il avait deux chimistes à gages. Il les enfermait dans une petite maison de Sèvres en leur disant : « *Vous ne sortirez que lorsque vous m'aurez fait une découverte.* » Nul ne sait quelle découverte ils firent, ni s'ils sont jamais ressortis. Il s'intéressait non moins vivement à l'actrice Mlle Arnould, mais sans intermédiaire. Voltaire lut une des tragédies de Lauraguais et lui en fit tant d'éloges qu'il rendit le comte à peu près fou de joie. Cette tragédie s'appelait *Oreste.* Voltaire avait aussi un *Oreste* prêt à être remis aux Comédiens : il n'avait grisé Lauraguais que pour mieux le persuader d'attendre pour faire jouer sa pièce, qu'on eût joué celle de Voltaire qui serait ensuite éclipsée par l'*Oreste* de M. de Lauraguais. Celui-ci attendit si bien qu'il ne présenta jamais sa pièce.

Elle s'envola de sa tête légère mais point sotte. Sa réception à Ferney fut exquise. Voltaire l'embrassa cent fois. Il lui fit tous les honneurs du château, des dépendances, du jardin où Lauragais s'étonna de voir un âne broutant :

— *Ne reconnaissez-vous pas Fréron*, lui dit son hôte.

— *Si fait*, lui répond le comte, *il y a bien quelque chose dans le corps... Mais la figure est frappante. Je ne vous croyais pas si bien avec Fréron.*

— *J'ai besoin quelquefois de colère et cette figure m'en donne quand j'en ai besoin.*

Nous connaissons déjà cette règle de l'hygiène de Voltaire.

Il lui montra son église, où il lui offrit de l'eau bénite, et l'inscription dédicatoire qu'on lit encore fort bien : *Deo erexit Voltaire* qui fit grand scandale. Il l'avait choisie à dessein pour mettre le clergé en rage contre un temple érigé à la gloire de Dieu seul. « *Cette église que j'ai fait bâtir est l'unique église de l'Univers qui soit dédiée à Dieu seul. Toutes les autres sont dédiées à des saints. Pour moi, j'aime mieux bâtir une église au Maître qu'aux valets.* »

Avec des mots pareils, il fait mourir son évêque. Son irrévérence tient du prodige. On lui envoie de Rome, des reliques pour son église, et de Paris des décors pour son théâtre : « *J'ai bâti une église et un théâtre mais j'ai déjà célébré un mystère sur mon théâtre et je n'ai pas entendu la messe dans mon église. J'ai reçu le même jour des reliques du Pape et le portrait de Mme de Pompadour...* » Il écrit à sa nièce, Mme de Fontaine d'Hornoy au moment de son remariage : « *Je suis bien fâché de ne point vous marier dans mon église en présence d'un grand Jésus doré comme un calice qui a l'air d'un empereur romain et à qui j'ai ôté sa physionomie niaise.* »

Un visiteur anglais racontait qu'il avait fait donner par l'artiste, sa propre physionomie à son grand Jésus doré afin de lui ôter son air niais !

Il est ravi du second mariage de Mme de Fontaine avec le marquis de Florian. C'est cet officier qui avait essayé de mettre en place les chars assyriens imaginés par Voltaire en vue d'écraser l'infanterie prussienne. Ce mariage régularisait une vieille et tendre amitié : « *Il n'y a rien de si doux ni de si sage que d'épouser son ami intime* », écrivait le bon oncle à son aimable nièce. La marquise de Florian était l'aînée des demoiselles Mignot. Elle n'avait pu se consacrer à son oncle comme le fit sa sœur Mme Denis car elle avait deux fils et ne devint veuve qu'en 1756. On le regrette un peu : elle était plus artiste, plus vive et plus désintéressée que sa sœur. Elle avait un joli petit talent de peintre et une conversation des plus lestes et des plus gaies que personne n'eut jamais l'idée de trouver vulgaire ce qui prouve que tout en ayant moins d'esprit que son oncle, elle en avait bien plus que sa sœur.

M. le président de Brosses gagne six fagots mais perd son siège à l'Académie.

En 1761, Voltaire devint membre de l'Académie de Bourgogne. Ce n'est pas pour l'éclat du titre qu'il accepta d'être académicien à Dijon mais comme il était constamment en procès, comme les hauts magistrats étaient tous académiciens, il trouva sans doute des commodités à appeler ses juges, « Cher Confrère et cher ami. »

Le plus étonnant personnage de cette académie était le président de Brosses. Nous le connaissons par son divertissant *Voyage en Italie* de 1739. C'est un des hommes les plus représentatifs de son temps. Erudit sans lourdeur, badin et sérieux, il domine son érudition et joue avec une vivacité pétillante au milieu de ses vastes connaissances. Rien ne l'embarrasse. Il porte sur ce qu'il voit, ce qu'il lit, un jugement rapide et sûr. Bourguignon et gaulois, aucune réalité ne lui fait peur et les gaudrioles les plus rabelaisiennes sont traitées par lui avec la même aisance qu'une harangue en trois points sur le droit romain. Il sait bien vivre et bien penser. Au physique, c'était un tout petit corps doué d'une pétulance et d'une force peu ordinaires : du vif-argent. Diderot écrit de lui : « *Le président de Brosses que je respecte en habit ordinaire me fait mourir en habit de Palais, et le moyen de voir sans que les coins de la bouche ne se relèvent, une petite tête ironique, gaie, satirique perdue dans l'immensité d'une forêt de cheveux qui l'offusque et cette forêt descendant à droite et à gauche va s'emparer des trois quarts du reste de la petite figure.* »

Ce petit homme que sa perruque aurait pu vêtir de pied en cap était un homme terrible. Et Voltaire, bec à bec avec lui, n'eut pas le dernier mot.

Tout commença entre eux par une lune de miel en 1756. Ils étaient faits pour s'entendre, même à demi-mot, ce qui ne les empêcha pas de parler de neuf heures à une heure lors de leur première rencontre. Ils s'embrassèrent en se quittant, s'écrivirent et, à les entendre, ils étaient les deux plus belles lumières de leur siècle.

Ce bel enthousiasme de Voltaire pour le président s'accrut d'un enthousiasme tout aussi grand pour la terre de Tournay dont il était propriétaire. Le président voulait la vendre, Voltaire voulait l'acheter. C'était simple — en apparence. On commença par des fleurs : Voltaire disait qu'il n'y avait pas de sommes assez grandes pour payer Tournay. Le président répondait qu'il donnerait sa terre et son comté pour rien au plus illustre écrivain du siècle. Cela dit, les finasseries des Arouet, et celle du robin de Dijon se donnèrent libre cours. Voltaire fit valoir de son mieux tous les défauts du domaine pour en diminuer le prix. Ces défauts étaient bien réels : la terre était pauvre, marécageuse, inculte, entrecoupée de bois sans valeur — le château « une masure ». Mais, répondait le président, à cette terre étaient attachés tous les droits féodaux, le titre de comte et les droits de Justice notamment. Voltaire était prêt à payer ces landes malsaines et cette ruine le prix d'un palais. Il l'avait trop dit mais il ne voulait plus le montrer. Le président voulait se défaire de ce domaine qui n'était qu'une charge et, hormis Voltaire, on ne voit pas qui se serait encombré d'un pareil fardeau. Avec habileté, le président fit monter le prix en misant sur l'envie que Voltaire avait de jouer le seigneur de village — il fit valoir aussi ses propres sentiments qui l'attachaient à cette terre depuis longtemps dans sa famille, ses aïeux y avaient élevé leurs enfants — et qui l'eût cru ? cette terre ne conférait pas seulement le titre de comte, elle garantissait l'immortalité — ou presque. Un talisman enterré dans le château faisait vivre ses habitants jusqu'à cent ans. Et d'alléguer des contes de nourrice, et d'étaler de vieilles généalogies avec le plus grand sérieux. Enfin, ces Messieurs maquignonnaient à l'envi. Le président encore mieux que Voltaire. L'affaire fut conclue à un prix exorbitant. En outre, les clauses de l'acte de vente restreignaient les droits de l'acquéreur — l'ancien propriétaire se réservait des droits et même celui de rachat. Le domaine restait grevé de servitudes coûteuses comme celle de faire des réparations au château et de dépenser au moins douze mille livres de frais d'entretien dans les trois années qui suivaient l'achat. C'était plus que ne rapportait le domaine.

Selon la coutume, à la signature de l'acte, l'acquéreur devait faire un cadeau. Voltaire offrit à Mme la présidente une superbe charrue-semoir ! Elle crut devenir enragée. Elle refusa la charrue. Elle s'attendait à des perles, à des fourrures ou à une somme. On se demande à quoi pensait Voltaire — il devait avoir à Ferney parmi le matériel neuf qu'il venait d'acheter une charrue qui faisait double emploi. Devant les remontrances du président, il reprit sa charrue et envoya cinquante louis à Madame qui, allant passer l'hiver à Paris, apprécia mieux ce présent que l'engin agricole.

Enfin, Voltaire eut sa récompense le jour de l'intronisation dans son comté. On le reçut avec tous les anciens usages dus à un nouveau seigneur : cloches à toute volée, messe, salves de mousqueterie, défilé des populations devant le seigneur planté sur un trône sous un dais et entouré de ses deux nièces en atours et diamants. Même la noblesse des environs s'était dérangée, chose qu'elle n'avait point faite pour Ferney. Sans doute la terre de Ferney était-elle moins noble. Voltaire grisé par ces fastes champêtres en oublia un moment le prix et les servitudes. Ce fut un beau jour.

Le lendemain tout changea. Un de ses paysans de Tournay à qui on volait des noix, s'embusqua, armé d'un vieux sabre, surprit le voleur et lui donna un coup de sabre sur le bras sans le tuer. Voilà le sabreur arrêté, emprisonné et sur le point d'être pendu. Tout cela incombait au seigneur, c'est-à-dire à Voltaire. Les juges sachant qu'il y avait du répondant firent le procès le plus entortillé et le plus coûteux qu'ils purent. Voltaire affolé, crie et écrit, en appelle à toutes les juridictions possibles à Genève, à Gex, à Dijon. Il ne veut plus être seigneur-justicier. Il s'aperçoit que les privilèges féodaux sont un honneur ruineux. Les robins le laissent gémir — il paiera. Pour ce procès, les juges de Gex firent citer cinquante-deux témoins ! Cinquante-deux témoins aux frais de Voltaire pour six noix volées et un coup de sabre donné par la main d'un imbécile sur le bras d'un coquin. Cela se passait au moment où le curé de Moens lui donnait tant de soucis. On s'imagine que le président et les juges et les procureurs devaient succomber sous les plaintes, récriminations, requêtes et appels à l'aide du malheureux comte de Tournay. Il avait voulu être seigneur — qu'il le soit et qu'il paie ! Il pensa que la féolalité était une épouvantable affaire. La vanité aussi, d'ailleurs.

Le président se félicitait de s'être débarrassé sur Voltaire de ces « privilèges » ruineux. Celui-ci ayant besoin de bois de chauffage trouva du bois coupé sur sa terre de Tournay. Il le fit prendre et le fit brûler dans sa cheminée. S'il avait bien lu son contrat, il aurait pu voir que ce bois appartenait à l'ancien propriétaire — ou du moins au gérant de celui-ci, un nommé Charlot. Charlot réclama ses fagots. Voltaire l'envoie s'occuper d'autres terres que de celles de Tournay. Charlot alerte le président. Celui-ci était déjà au courant. D'ailleurs il avait déjà fait remarquer à Voltaire, dans les formes courtoises mais précises qu'on coupait trop d'arbres, qu'on n'avait pas fait les réparations prévues, que... que... Charlot était l'espion du président sur une terre qui tout en appartenant à Voltaire était contrôlée par son ancien propriétaire. C'était insupportable. Le ton s'aigrissait entre le président et lui. Le président, cet avare, réclamait 281 livres pour les fagots brûlés et Voltaire était bien décidé à faire un procès sa vie durant plutôt que de les donner. Les deux parties étaient également chicanières, tenaces et coriaces. Voltaire alla jusqu'à dire et écrire que, en sa qualité de président, M. de Brosses tenait tous les juges de Bourgogne à sa dévotion et qu'un jugement où le président serait partie ne pourrait être qu'une iniquité. Fureur du président qui met en demeure Voltaire de payer Charlot. M. de Brosses allait attaquer Charlot si celui-ci ne le payait pas. Il ne resterait alors à Charlot qu'à se retourner contre Voltaire. C'est ce que désirait le président qui pourrait de la sorte faire un procès au seigneur de Tournay par personne interposée. Ainsi, l'illustre et richissime Voltaire pourrait être battu en justice par un obscur gérant de ferme. Ce serait tout à l'honneur de la magistrature d'avoir fait rendre à l'opulent accapareur, les six fagots qu'il avait volés à un pauvre homme.

Et tout cela pour 281 francs. La mauvaise foi, la hargne de ces deux petits hommes endiablés, l'un enfoui sous sa perruque, l'autre sous un bonnet de fourrure, griffonnant rageusement leurs plaintes mesquines, est un spectacle ahurissant. Ces deux hommes très riches, se donnent en spectacle pour quelques brassées de bois que leurs domestiques jettent dans les cheminées sans même y prendre garde. L'exaspération de Voltaire était à son comble, car il perdait tout appui auprès des tribunaux de Dijon. Même si, en droit strict, le président ou son mandataire avait droit à ces fagots, Voltaire estimait qu'on lui avait fait payer assez cher la propriété pour les lui laisser. C'est ce qu'on conseilla de faire au président : « *C'est donc à dire,* écrit-il, *qu'il faut les lui donner* (les fagots) *parce qu'il est impertinent. Là-dessus on dit : c'est un homme dangereux. Et à cause de cela faut-il donc le laisser être méchant impunément ? Ce sont au contraire ces sortes de gens-là qu'il faut châtier. Je ne le crains pas. Je ne fais pas le Pompignan.* »

A la fin, tant de gens s'en mêlèrent que le procès fut évité. Voltaire versa les 281 livres aux pauvres et le président donna un reçu comme s'il avait été payé des fagots. La paix se fit. Là-dessus Mme la présidente mourut. Voltaire allait envoyer ses condoléances mais il ne le fit pas, il estima que la paix était de trop fraîche date.

Nous connaissons assez nos personnages pour que cette absence de rancune nous rassure. En effet, le président qui avait du talent et des mérites guignait un siège à l'Académie. Il fit des sondages pour savoir si sa candidature serait agréée. M. de Voltaire s'employa alors à lui faire comprendre que six fagots de bois lui avaient irrémédiablement obstrué la porte de l'Académie.

Tout cela n'est pas très glorieux. Laissons donc là le petit Arouet, le rejeton des robins de Saint-Loup et son procès — et revenons à Voltaire, au grand et généreux défenseur de la vraie justice, de la liberté et de l'honneur des hommes, laissons tomber en cendres ces six fagots et vivons avec le champion d'une affaire inouïe, insondable, l'affaire Calas qui est tout aussi bien l'affaire Voltaire.

L'affaire Calas.

Dans l'histoire de l'Europe moderne l'affaire Calas est un jalon. En triomphant d'une horrible injustice, Voltaire s'est fait un titre d'honneur incomparable. Tous les hommes qui vécurent après la réhabilitation de Calas sont, en une certaine mesure, redevables à Voltaire d'une justice meilleure, plus lucide et plus humaine.

Combien y a-t-il eu de cas analogues à cette affaire Calas ? Combien de crimes légaux furent-ils commis ? Il y en eut après lui, il y en aura peut-être encore, il y en a peut-être aujourd'hui ? Mais ce qui change tout, c'est qu'avant Voltaire les Calas avaient toujours tort et les juges toujours raison. La victime étant désignée, elle était toujours coupable. Voltaire a dit non, au crime légal.

L'affaire est connue dans ses grandes lignes. Mais on en parle depuis deux cents ans sans avoir tout élucidé. Le fond demeure obscur — et même troublant. Voici ce que l'on sait de cette malheureuse famille. C'était une famille de huguenots, commerçants fort honorables. Elle habitait Toulouse, rue des Filatiers, dans une maison qui existe encore. Le rez-de-chaussée servait de magasin d'étoffes, à l'étage était l'appartement où vivaient le père et la mère et leurs enfants.

Le 13 octobre 1761, le père Calas et sa femme se tenaient à l'étage avec deux de leurs fils, l'aîné Marc-Antoine et le cadet Pierre. Ils avaient un troisième fils Louis qui s'était converti au catholicisme et ne fréquentait guère la maison paternelle. La famille comprenait aussi un petit garçon Donat qui se trouvait à Nîmes et deux jeunes filles qui passaient la journée à la campagne dans une famille amie. Ce soir-là, les Calas avaient avec eux, un jeune homme, La Vaysse, qui revenant de Bordeaux avait trouvé la maison de ses parents fermée, ceux-ci étant partis en voyage. Les Calas l'avaient invité à souper dans la grande pièce du premier. Après le souper, l'aîné des fils se leva de table, passa à la cuisine, dit à la servante qu'il avait trop chaud et qu'il descendait prendre l'air. Les autres parlèrent un moment et comme le jeune Pierre s'endormait, La Vaysse se leva pour partir. Calas et Pierre prirent une bougie et le reconduisirent à la porte de la rue. La mère, restée seule, entendit des cris et des plaintes au rez-de-chaussée. Elle n'osa descendre et envoya la servante qui ne remonta pas. Elle descendit à son tour, mais elle rencontra La Vaysse qui lui ferma le passage et la supplia de remonter. Elle remonta, mais n'y tenant plus, elle redescendit et découvrit au rez-de-chaussée, son fils aîné Marc-Antoine étendu par terre. Elle le crut évanoui. Un médecin appelé aussitôt, dit qu'il était mort — étranglé ou pendu. En effet, lorsque Calas et son fils étaient descendus, ils avaient eu la surprise de voir que la porte de la rue était ouverte. Par qui ? En approchant, ils virent le corps du jeune homme pendu à une traverse de bois sur laquelle on mettait les rouleaux d'indienne. Ils le dépendirent, il était trop tard. Devant le médecin, le père Calas sortant de son accablement dit à Pierre : « *Ne va pas répandre le bruit que ton frère s'est tué lui-même, sauve l'honneur de ta misérable famille.* » Au XVIIIe siècle, le cadavre des suicidés était jugé, face contre terre, comme homicide. Cette réflexion du père se comprend fort bien. Elle allait le perdre bien qu'elle eût été prononcée en dehors de tout interrogatoire, à un moment où il n'y avait ni inculpé, ni procès. Quand ils furent convaincus d'avoir menti pour dissimuler le suicide, les Calas dirent la vérité. Trop tard. Leur mensonge fut pris comme preuve de leur culpabilité. Au moment où la mère découvrit le cadavre de son fils, elle poussa de tels cris que les voisins et les passants s'ameutèrent devant la maison. La police arriva. Les Capitouls (magistrats municipaux) furent alertés. L'un d'eux, David de Beaudrige, allait jouer un rôle terrible. La Vaysse qui était allé chercher la police trouva à son retour la maison cernée par quarante soldats qui lui en interdirent l'entrée. Il dit qu'il était l'ami de la maison et qu'il y avait soupé le soir même. Il ne se doutait pas qu'il venait de se perdre en disant cela. On le laissa passer au milieu d'une foule enfiévrée. Elle voulait savoir comment était mort le jeune homme. Déjà on disait : « Qui l'a tué ? Qui l'a tué ? » Soudain une voix expliqua : « *Marc-Antoine a été tué par ses parents huguenots pour s'être fait catholique.* » Cette voix anonyme sortie d'une foule hystérique, cette abominable accusation fut l'arrêt de mort des Calas. Elle parvint aux oreilles du Capitoul Beaudrige, il la fit sienne. Sans la moindre preuve, il vit des coupables où il n'y avait même pas des prévenus. Sans enquête, sans instruction, avant même d'avoir reconnu les lieux, sans mandat, il fit appréhender et incarcérer toutes les personnes qui étaient dans la maison ce soir-là. Il ne fit même pas fouiller la maison. Les assassins — si assassinat il y avait — auraient pu s'y cacher. Il ne s'inquiéta pas de savoir s'il y avait eu lutte : un jeune homme vigoureux se laisse-t-il étrangler sans se défendre ? S'il est vrai que Marc-Antoine désirait se convertir, on aurait pu trouver dans sa chambre des livres, des indices de sa prochaine conversion. Même les papiers qui étaient dans ses poches ne furent pas présentés au juge. On les jeta. C'étaient, dit-on, des vers obscènes. On ne s'inquiéta de rien. Les Calas croyaient qu'on allait entendre leur déposition et les ramener chez eux. Pierre laissa une bougie allumée dans l'entrée pour avoir de la lumière au retour. Beaudrige la fit éteindre : « *Vous ne reviendrez pas de sitôt* », dit-il. Sa conviction était donc faite. Le pire, c'est que la foule s'était fait la même conviction sur trois mots saisis au vol et que rien ne venait confirmer.

Ainsi démarre ce procès stupéfiant par la bêtise de la foule et par l'ambition d'un capitoul qui pensait établir sa fortune sur une affaire retentissante. Il ne se doutait pas jusqu'où elle allait retentir. La Certitude à front de buffle prit la voix de Beaudrige pour décréter : « *Je prends tout sur moi.* » Il s'adressait à un autre capitoul qui l'exhortait à plus de circonspection. Il ajouta

« *C'est ici la cause de la religion.* » Cela fait frémir. Il se plaint que ses collègues ne le soutiennent que mollement. Ils étaient moins sûrs que lui de leur bon droit. A Versailles, le ministre qui lit les rapports ne se doute-t-il pas qu'il a affaire à un frénétique ? Personne ne fait donc de contre-rapport ? A Toulouse, Beaudrige était pourtant bien connu : on se méfiait de lui même dans son entourage. Il avait eu maille à partir avec une de nos connaissances, La Beaumelle, qu'il avait fait désarmer et arrêter dans des conditions illégales. Il avait cédé à une impulsion de haine. Cela n'est pas d'un bon magistrat.

Mais qui était Marc-Antoine ? Pourquoi se serait-il suicidé ? Il avait vingt-huit ans, passait pour un garçon réfléchi et studieux. Il avait fait de bonnes études de droit et désirait faire une carrière brillante d'avocat. Pour cela, il fallait obtenir un certificat de catholicité. On l'obtenait sans peine. C'est ce qu'avait fait le père de son ami La Vaysse, protestant de fait et de cœur mais « catholique de certificat ». Or, le curé de Saint-Etienne à Toulouse ne voulut pas délivrer de certificat sans avoir un billet de confession. C'était beaucoup exiger d'un protestant. Marc-Antoine en fut désespéré. Il avoua à un de ses condisciples que sa carrière était brisée car il ne consentirait jamais à faire acte de catholicité. C'est exactement le contraire de ce que croyait la foule imbécile.

Il se consacra alors au commerce qui pourtant lui répugnait. Il éprouva là aussi un échec, il voulait s'associer pour étendre ses affaires mais il manqua l'occasion faute d'avoir trouvé la somme en temps voulu. Cela faisait deux déboires coup sur coup. En outre, il était vaniteux et aimait paraître et son père condamnait ces penchants peu conformes à ceux de ses parents. Le père refusa même de s'associer à Marc-Antoine à son avis peu doué pour le commerce. Nouvelle déception. Pour échapper au chagrin, il se débaucha et joua dans un café dit des *Quatre-Billards*. Il aimait le théâtre, déclamait bien et, de préférence, des tirades ayant la Mort pour sujet. On remarqua plus tard ce penchant pour les *Stances de Polyeucte,* le *Monologue d'Hamlet* et une tirade de Gresset dans la pièce *Sydney* qui est une apologie du suicide.

Tout cela aurait pu aider les juges à expliquer le drame si ces juges avaient voulu rendre la justice. Mais on préférait plaire au peuple qui voyait en Marc-Antoine un martyr de sa foi nouvelle. Les curés en chaire, lurent pendant trois dimanches un monitoire réclamant un châtiment exemplaire et tous les témoignages susceptibles d'aider la justice. Mais on ne retint que les témoignages défavorables à Calas.

Trois semaines après cette pseudo-instruction, le cadavre de Marc-Antoine attendait toujours, enrobé de chaux. Beaudrige décréta par un abus de pouvoir effrayant que Marc-Antoine étant catholique, et fréquentant l'église et assistant aux offices devait être enterré catholiquement. Il n'y avait aucune preuve de cette catholicité. Le curé de Saint-Etienne qui avait refusé le certificat de catholicité aurait dû se refuser à enterrer dans son église, cet homme qu'il savait protestant. Et que dire de la pompe dont furent entourées les obsèques de ce malheureux dont la dépouille fut traitée comme celle d'un martyr. On proclamait ainsi la catholicité de la victime, et la culpabilité des présumés assassins. C'était, en réalité, un sacrilège insigne. On put voir deux curés, celui de la cathédrale Saint-Etienne et celui de l'église du Taur se disputer ce misérable cadavre : celui d'un hérétique et d'un suicidé. C'est à qui aurait l'honneur de l'enterrer. Quarante prêtres entouraient son cercueil, précédés de pénitents blancs parce que, disait-on, Marc-Antoine avait voulu entrer dans cet ordre. Aucune trace de cette vocation ne put être produite. Cela n'empêcha pas les pénitents de célébrer dans leur couvent un office auquel furent conviées trois autres confréries. Un catafalque se dressait dans leur chapelle, au sommet, un squelette figurait Marc-Antoine tenant d'une main la palme du martyr et de l'autre un écriteau : « Abjuration de l'Hérésie ». On disait que c'était Louis, le frère déjà converti, qui avait assuré les pénitents que son frère voulait prendre l'habit de leur ordre. Ensuite, il se rétracta. Ce Louis est un personnage curieux. Il avait fait assigner son père pour se faire attribuer une pension à titre de converti. La loi le lui permettait — sinon la morale. Quelle confiance peut-on avoir en ce fils qui ne s'adressait plus aux siens que pour leur extorquer de l'argent ?

L'avocat de Calas, le procureur Ducoux fut si subtilement pris au piège que lui tendirent les capitouls dirigés par Beaudrige, qu'il fut suspendu pour trois mois et dut faire acte public de repentir devant les juges. C'était décourager tout défenseur des Calas. L'avocat Sudre essaya de présenter les faits innocentant les Calas, on ne daigna pas l'entendre.

Les accusés étaient cinq : le père Calas, sa femme, son fils Pierre, La Vaysse et la servante Jeanne Viguière. Par abus de pouvoir — un de plus — les capitouls décidèrent de soumettre à la torture : Calas, sa femme et Pierre. Ce droit n'appartenait qu'aux cours souveraines. Cela les capitouls le savaient fort bien, ils s'adonnaient donc en toute connaissance à l'affreux plaisir de torturer. Quant à La Vaysse et la servante, ils eurent droit à « la question », la demi-torture. Tout cela en 1761, en plein siècle des Lumières. On fait La Vaysse complice et on fait même le père de La Vaysse complice. Pur fanatisme. Le père de La Vaysse était si tolérant qu'il avait signé lui-même les certificats de catholicité de son fils et pour montrer jusqu'où allait la tolérance de la famille La Vaysse, il avait fait élever son fils chez les Jésuites. On comprend que, lorsque la famille La Vaysse fut inculpée, tous les protestants aient frémi d'indignation et, pour l'honneur commun, beaucoup de catholiques aussi.

La malheureuse servante fut déclarée complice en raison de son aveugle attachement à ses maîtres. Les juges ne voulurent pas admettre qu'une servante aussi dévouée n'eût pas participé à l'assassinat du fils ! Ils auraient pu considérer que Jeanne était catholique fervente, entendait la messe chaque matin et communiait deux fois par semaine, elle avait même favorisé la conversion de Louis. Comment se serait-elle prêtée au meurtre de l'aîné parce qu'il voulait devenir catholique ? Elle aurait plutôt, le cas échéant dénoncé le crime. Elle subit la question et n'avoua rien, continua à se confesser et à communier. Si, comme ses juges l'en accusèrent, elle s'était parjurée en faisant une fausse déposition devant eux, elle n'aurait pas pu obtenir l'absolution et n'aurait donc pas communié en prison. C'est pourtant ce qu'elle fit, son confesseur n'avait donc rien à lui reprocher. C'est Voltaire qui, en étudiant le procès, trouva cet argument contre la complicité de la servante, et en définitive contre l'existence même du crime des Calas.

Le procès fut porté devant le Parlement de Toulouse. Ces messieurs étaient fort savants, ils savaient ce qu'était la procédure et avaient une idée chrétienne de la justice. Or, ils se comportèrent comme un tribunal populaire agissant sous la menace et aveuglé par les passions. Ils partageaient, en effet, la passion fanatique qui avait envahi la ville. Ce n'était qu'un cri dans les rues : « Calas assassin ! » Le cri du troupeau fanatisé par de mauvais bergers. Un seul magistrat, M. de la Salle, osa défendre l'innocence. Un autre magistrat indigné lui cria : « Monsieur vous êtes tout Calas ! » Et M. de la Salle lui répondit : « Monsieur vous êtes tout peuple. » La réplique exprime bien dans quelle atmosphère se déroula le procès : une ville hystérique voulait la mort de Calas. Si la bêtise est un crime, il y a des cas où elle l'est de façon particulièrement effrayante. Quelque trente ans après ce procès, les tribunaux du peuple — toujours au nom du sentiment — enverront à la guillotine les fils et les petits-fils de ces présidents à mortier, de ces juges, de ces procureurs parlementaires si orgueilleux de leurs titres.

Voici où leur fausse gloire les mena. Jean Calas fut donc condamné à recevoir la question ordinaire et extraordinaire. Le malheureux put assister à tous les préparatifs des instruments qui allaient servir à écorcher, arracher, brûler, faire éclater les phalanges. Ensuite nu-tête et pieds nus, il fut conduit sur un chariot de la prison au porche de l'église Saint-Etienne. Là, un cierge jaune à la main, à genoux, il demanda pardon à Dieu, au roi, à la justice. Affreux moment pour un innocent. Ensuite, ramené sur l'infâme chariot, il fut conduit sur une place où était dressé un échafaud. Il fut attaché sur une roue. Il eut les bras, les jambes et les reins brisés à coups de barre de fer. Le visage tourné vers le ciel il entendait une voix qui lui signifiait qu'*il y vivrait en peine et repentance de ces crimes tout autant qu'il plairait à Dieu de lui donner vie.* Mêler Dieu à cette infernale affaire semble le comble du sacrilège. Et pour finir, car le malheureux devait bien finir, le bourreau l'étrangla et jeta le corps sur un bûcher ardent et ses cendres furent dispersées au vent.

Ainsi finit Calas, bon époux, bon père, honnête commerçant et bon sujet du roi. Sa mort fut stupéfiante de courage, de sérénité et même de grandeur. Au père Bourges qui l'exhortait sous la torture à avouer son crime, il dit : « *Quoi donc, mon Père, vous aussi vous croyez qu'on peut tuer son fils ?* » On le pressait de désigner ses complices : « *Il n'y a pas de crimes, il ne peut y avoir de complices.* » Et son dernier mot : « *J'ai dit la vérité. Je meurs innocent.* »

Beaudrige lui criait encore d'avouer au moment où le bourreau l'étranglait : le sinistre capitoul aurait eu bien besoin de cet aveu qui eût déchargé sa conscience du plus affreux remords qu'un homme puisse connaître. L'a-t-il éprouvé ? Lorsqu'il fait son rapport au ministre pour lui apprendre la mort de Calas, le bannissement à perpétuité du fils, et l'élargissement des deux femmes, il écrit : « *Cet arrêt n'a pas laissé de surprendre tout le monde qui s'attendait à quelque chose de plus rigoureux.* » « M. Tout-le-monde » voulait encore des supplices ! Fallait-il rouer la mère et Pierre Calas ? Et qui encore ? La famille La Vaysse ? Vue sous ce jour, l'humanité a quelque chose d'abominable, ce Beaudrige n'est pas du tout un personnage des *Mystères de Paris,* ce n'est pas un monstre social, c'est un notable, confortable, respectable et docte personnage, une des « têtes » : un capitoul ! de la capitale du Languedoc. Et les autres ? Que valaient-ils ? Bien sûr, Beaudrige, après la réhabilitation de Calas, fut destitué. On prétexta qu'il était maladroitement intervenu dans l'enterrement de deux Anglais morts à Toulouse en 1764. Le ministre, M. de Saint-Florentin avait compris, un peu tard, la bassesse et l'ambition du personnage. Après sa destitution, il prit, semble-t-il, conscience de son crime. Il lui fallut pour cela devenir fou : son délire était hanté de bûchers, de tortures et de bourreaux. Son petit-fils David d'Escalonne voulant s'opposer aux excès de la Terreur périt sur l'échafaud en 1794 — il ne montra pas, dit-on, le courage de Calas.

Le bruit de l'Affaire est entendu à Ferney...

Voltaire ne sut d'abord de cette affaire que ce que tout le monde en disait : Calas a tué son fils pour s'opposer à sa conversion. C'était une sorte de meurtre rituel. L'horreur des horreurs pour un esprit comme celui de Voltaire. Il écrit avec une désinvolture méprisante : « *Nous ne valons pas grand-chose mais les huguenots sont pires que nous et en plus ils déclament contre la Comédie.* » Nous retrouvons notre héros : tout homme capable de haïr le théâtre est tout à fait capable d'assassiner son fils. Jean-Jacques attaque le théâtre par conséquent, il est capable de tout.

Cette attitude ne dura pas. On sait combien son information est rapide, bien faite. Un M. Audibert qui arrivait de Toulouse vint lui faire un rapport circonstancié du procès. Voltaire en perd le sommeil. L'infamie s'est mise au service de l'*Infâme*. Il faut éclaircir le mystère — car il y en a un. Ni la culpabilité, ni l'innocence de Calas ne sont évidentes ; rien n'a été prouvé, puisque l'instruction a été nulle. Voltaire décide de rechercher les preuves de la culpabilité de Calas. S'il n'y en a pas, les juges se sont trompés, donc il faut le réhabiliter. En somme, il va entreprendre le travail que les juges n'ont pas fait. Il n'est pas du tout sûr, au départ, de l'innocence de Calas et c'est là qu'est son mérite : il estime seulement que la culpabilité n'est pas prouvée. C'est différent. Nous le savons passionné de justice et en ce cas, il l'est plus que jamais, il est vraiment possédé par un grand dessein. Mais au lieu de procéder par de violentes polémiques nous le voyons appliquer à cette tâche surhumaine une patience, une ténacité, un sang-froid et un flair qui n'en doutons pas viennent en droite ligne de tous les Arouet de Saint-Loup. Il demande au cardinal de Bernis ce qu'on doit... « *penser de l'aventure affreuse de ce Calas roué à Toulouse pour avoir pendu son fils. C'est qu'on prétend ici qu'il est très innocent et qu'il en a pris Dieu à témoin. Cette aventure me tient à cœur, elle m'attriste dans mes plaisirs, elle les corrompt. Il faut regarder le Parlement de Toulouse ou les Protestants avec horreur.* » Bernis n'étant pas attristé dans ses plaisirs, ne répondit pas. Ensuite Voltaire s'adresse à Richelieu, gouverneur de Guyenne. Il sent que sa conscience est empoisonnée par cette affaire. Entre-temps, il rencontre les enfants Calas en exil à Genève. Il écrit de nouveau à Bernis qui lui répond enfin, en homme du monde, sans prendre parti, n'ayant aucune animosité ni contre les juges, ni contre leur victime. Il ne croit à rien, pas même à l'injustice. Babet la Bouquetière cueille les roses sans se piquer les doigts. Une erreur judiciaire n'est pas son affaire.

Un M. Ribotte, de Montauban, qui voyage, pourrait être un meilleur informateur. Ce Ribotte est un esprit distingué qui correspond avec Buffon, Necker, Jean-Jacques. Comme il est difficile de savoir ! « *Ceux qui pourraient nous donner le plus de lumière gardent lâchement le silence* », écrit Voltaire. C'est ce que fit Richelieu qui, par amitié pour Voltaire, voulut bien faire procéder à une enquête à Toulouse, mais il se garda bien de lui en communiquer les résultats. Il avait entrevu une vérité effroyable — une de ces vérités qu'il faut enterrer vivantes ! Il conseilla à Voltaire, pour son repos, de s'occuper d'autre chose. Qu'il cultive son jardin et la poésie à Ferney ! Voltaire, un moment, fut sur le point de se tenir tranquille.

C'est Tronchin qui relança tout. Il démontra sans peine à Voltaire que Richelieu s'était informé auprès du Parlement de Bordeaux qui tenait ses informations du Parlement de Toulouse. Ces messieurs des Parlements n'avaient aucun intérêt à se nuire. Il ne fallait rien attendre d'eux. Comme pour confirmer ces dires, le président de Brosses, juste au même moment, soutenait à fond la thèse des autres Parlements. Tronchin fit remarquer à Voltaire que l'esprit de corps, très puissant chez les magistrats, allait inévitablement, jouer contre lui s'il contestait la sentence de Toulouse. Voltaire allait se mettre à dos tous les Parlements et tous les juges de France et de Navarre. Il y avait de quoi hésiter. C'est alors que Voltaire fut plus que jamais convaincu de la nécessité de réviser le procès de Toulouse. Aussitôt, il entre en relation avec des commerçants, des avocats du Languedoc qui avaient l'habitude de se rendre à Genève. Il interroge. Il confronte le fils Calas et les témoins. Dès qu'on lui signale la présence d'un voyageur de Toulouse, il se déplace de Ferney à Genève : « *Donnez-moi votre heure, je me rendrai chez vous ou chez M. Tronchin à l'heure que vous préciserez* », écrit-il à l'un d'eux. Il est à la dévotion des Calas.

On n'a voulu voir dans sa passion pour défendre leur cause qu'une passion anticléricale. C'est bien rabaisser cette affaire. On sait qu'il n'est pas plus tendre pour le fanatisme protestant que pour les autres. Il ne faut pas oublier que les pensées de Voltaire sont extrêmement nuancées, fluctuantes. Ne jurons de rien avec lui, sauf de sa passion sincère de la justice, de la vérité... et du théâtre.

Ce n'est pas une passion romantique, c'est une passion de la Raison. Sa sympathie pour la cause des Calas est loin d'être spontanée. Les élans du cœur, souvent inconsidérés, ne sont pas le péché mignon des Arouet. Il se fait présenter le jeune Donat Calas, il l'interroge, disons le mot, il le cuisine de l'air le plus soupçonneux. L'autre frère, Pierre, a, disaient les juges, assisté à la pendaison ; c'était bien s'avancer. En tout cas, il a assisté et aidé à la dépendaison, c'est le plus proche témoin, un doute plane sur lui. Voltaire ne l'aborde qu'avec une méfiance extrême : il le fait espionner pendant quatre mois ! Quelle patience, quel zèle ! C'est un exemple de conscience professionnelle que les juges de Toulouse auraient dû donner. Sur ce qu'on lui rapporte, il juge Pierre Calas. Mais à l'inverse de la populace que la passion de l'injustice rend folle, la passion de la justice lui fait une tête froide.

Il finit par tout savoir de chacun des membres de cette famille. Dans ses interrogatoires, il leur tend des pièges avec une habileté consommée. Après plusieurs mois de cette instruction conduite de main de maître, il écrit : « *Il n'y a rien que je n'aie fait pour m'éclaircir de la vérité : j'ai employé plusieurs personnes auprès des Calas pour m'instruire de leurs mœurs et de leur conduite. Je les ai interrogés moi-même très souvent. J'ose être sûr de l'innocence de cette famille comme de mon existence.* » 13 février 1763.

Maintenant, c'est le monde qu'il faut convaincre de cette innocence. Pour faire le siège du ministre, M. de Saint-Florentin, il mobilise Richelieu, la duchesse d'Anville et le duc de Villars et un commis, M. Meynard — et même le médecin du ministre. Celui-ci est chargé d'administrer chaque matin, une dose d'émétique et une dose de Calas à son patient. Il harcèle le chancelier, M. de Lamoignon et le premier président, M. de Nicolaï. Il se raccroche à Mme de Pompadour, il rappelle le passé, minaude, amuse, attendrit, il faut sauver la vérité, même si on n'a pu sauver la vie de Calas.

Les juges n'étaient plus sûrs d'eux-mêmes. La fin de Calas en avait troublé plus d'un : c'était celle d'un innocent. Le crime était invraisemblable. A soixante-deux ans, comment ce vieillard aurait-il pu pendre, seul, un jeune homme vigoureux de vingt-sept ans ? Avait-il eu un complice ? Ce ne pouvait être que Pierre, son second fils. Alors pourquoi avait-on acquitté celui-ci ? Et cette comédie du bannissement ? On fait sortir le banni par la porte Saint-Michel et on le fait rentrer par une autre porte. On l'héberge aux Jacobins et on lui promet la liberté s'il se convertit. Quel tissu d'incohérence ! Il accepte et quatre mois après il est à Genève où il rejoint sa mère et le jeune Donat. Que vaut cette conversion ? Où est l'iniquité ? Chez celui qui se renie ou chez celui qui force à se renier dans de telles conditions ?

On peut s'étonner que l'un des premiers obstacles que Voltaire eût à surmonter fut la répugnance de Mme Calas à entendre parler de réhabilitation. Sa réclusion, son « interrogatoire », la mort abominable de son époux l'avaient anéantie. Voltaire, pour la convaincre, émut son cœur de mère. On se souvient que les Calas avaient aussi deux filles tenues à l'écart du drame qui avait détruit leur famille. On les avait cloîtrées. La pauvre mère ne vivait que dans l'espoir chimérique de les revoir. Or, tant que Calas serait coupable ses filles continueraient à pâtir du crime paternel et resteraient enfermées. Si le père était réhabilité les filles seraient rendues à leur mère. C'est ainsi que Voltaire obtint le consentement de la pauvre femme. On la tira de son trou, de son deuil, de sa honte, de sa détresse, on la fit venir à Paris. Il fallait que le monde vît cette statue de la douleur et de l'innocence martyrisée. Pour convaincre la foule, il fallait que la malheureuse payât de sa personne, qu'elle s'affichât, que le spectacle de sa ruine servît de propagande à sa cause. Le public exige ces exhibitions : *Pour me tirer des pleurs, il faut que vous pleuriez.* Quand les Parisiens commencèrent à larmoyer, Voltaire sentit que la victoire était en vue. Voltaire seul ne représentait que la Justice, la Vérité, l'Intelligence et la Générosité, en somme peu de chose aux yeux de juges fanatiques. Mais un public en transenses, c'est une force. Les juges de Toulouse avaient condamné Calas aux cris de la rue : « A mort Calas ! » Il fallait, pour sauver ce qui pouvait l'être, que la foule de Paris criât : « Réhabilitez Calas ! Justice pour Calas ! » Ainsi va le monde.

Voltaire grâce à ses puissantes relations, à son savoir-faire fit préparer à Mme Calas un accueil chaleureux dans la capitale. Les d'Argental se surpassèrent. Voltaire leur écrivait : « *Que demandons-nous ? Rien autre chose que la justice ne soit pas muette comme elle est aveugle. Qu'elle parle, qu'elle dise pourquoi elle a condamné Calas ? Quelle horreur qu'un jugement secret, une condamnation sans motif ! Y a-t-il une plus exécrable tyrannie que de verser le sang à son gré sans en rendre la moindre raison. « Ce n'est pas l'usage ! disent les juges. » Eh ! monstres, il faut que cela devienne l'usage. Vous devez compte aux hommes du sang des hommes.* »

Ces dernières sentences contiennent en germe la réforme fondamentale de la justice. C'est le droit de l'homme à disposer de sa vie, de sa liberté — ou du moins le droit de savoir pourquoi « une autorité » en dispose.

Mme Calas demeurait à Paris — triste ironie du hasard ! — quai des Morfondus. Elle était sans ressources ; c'était Voltaire qui faisait face à toutes ses dépenses, comme à toutes celles des contre-enquêtes. (Et la fameuse avarice de Voltaire ?) Comme l'intérêt (ou la curiosité) appelle l'intérêt, comme le succès entraîne le succès, les amis de Mme Calas se multipliaient et les secours affluaient. On lui ouvrit un compte à la banque Mallet qui s'alimentait des versements de ses protecteurs. La pauvre femme s'aperçut enfin que l'opinion lui était très favorable. La lutte put alors s'engager entre Voltaire qui prit la tête de tous les amis de Calas et le Parlement de Toulouse.

Certaines difficultés paraissaient encore insurmontables. L'avocat Mariette qui défendait la cause de Mme Calas ne pouvait obtenir l'extrait de la procédure du Parlement de Toulouse. Cette pièce était indispensable. Le Parlement ne répondait pas. Pas un huissier, dans tout le ressort de la Cour de Toulouse, ne voulut instrumenter pour obtenir cette pièce. Cela se passait dans le moment où les Parlements faisaient de l'opposition au roi. Le public croyait que les parlementaires défendaient les droits de la Nation, alors qu'ils défendaient les privilèges des Parlements devenus le repaire du plus borné des conservatismes. Bref, le moment était peu favorable à une révision. Même le père du jeune La Vaysse, qui était avocat, tremblait devant les initiatives prises par Voltaire. Il eût laissé volontiers le Parlement et les capitouls pendre la ville et les faubourgs de crainte qu'on ne réveillât cette horrible affaire où son fils avait failli être pendu. Voltaire ne put rien obtenir de lui. Avant de lui jeter la pierre, qu'on se souvienne de l'inquiétante facilité avec laquelle ces juges de Toulouse faisaient donner « la question » à de simples prévenus. Avocat, il savait mieux que personne les risques qu'il courait. Par contraste, le courage de Voltaire ne nous paraît que plus admirable.

Dans les cas difficiles, Voltaire connaît plus d'une chanson. Celle de la Justice n'ayant pas réussi à séduire La Vaysse, il lui serine celle de l'intérêt : Maître La Vaysse viendra à Paris. Il y sera à l'abri des méchants juges, il rencontrera des princes allemands, des personnes fort importantes de France, d'Angleterre, des Pays-Bas qui ont souscrit des sommes considérables pour l'affaire Calas. « *Et ces sommes, vous les gérerez, Monsieur La Vaysse.* » Voltaire ajoutait que ces gens considérables n'avaient pas que Calas en tête, ils avaient mille affaires à défendre, moins spectaculaires, moins dangereuses mais plus lucratives que la réhabilitation d'un innocent. C'est en écoutant cette musique que La Vaysse sentit se lever en lui un rayon d'amour pour la Justice.

Ce qu'il y a d'étonnant en Voltaire, c'est l'alliance de l'idéalisme au bon sens, et son habileté à se servir de ses amis et de ses relations. Il stimule les timorés, mais il tempère les enthousiastes dont le zèle peut être nuisible. Il sait ce qu'il faut dire à certains, et ce qu'il faut leur taire. Surtout, évitons de nous faire de nouveaux ennemis par des proclamations maladroites. « *Ne nous brouillons avec personne, nous avons besoin d'amis.* » Il avait surtout besoin de l'aide des Calas qui n'ont aucun ressort. Voilà que Mme Calas faiblit, elle renonce à la lutte. Cela exaspère Voltaire : il faut qu'elle pleure, qu'elle crie, qu'elle hurle. « *Il me semble,* lui dit-il, *que si l'on avait roué mon père je crierais un peu plus fort !* » Nous le croyons sans peine. Nous l'avons entendu hurler pour des égratignures. Que serait-ce pour un écartèlement ! Pour celui-ci qui n'est pas le sien, nous l'entendons encore — deux siècles plus tard !

Quand il estima que l'opinion était prête à l'entendre, il s'adressa à elle. Il publia en août 1762 un libelle : *Histoire d'Elisabeth Canning et de Calas*. En vingt pages, sans passion, avec une clarté, une logique, une pureté d'expression exemplaires, il édifia le public. Cette publication fut suivie d'une *Lettre des frères Calas* sur le procès de leur père qui eut un grand retentissement. A leur tour, les avocats Elie de Beaumont et Mariette publièrent un mémoire. C'est ainsi que ce fait divers devint un sujet de discussion publique, cessa d'être le procès Calas et devint *l'Affaire Calas*. Dans l'étroite marge qu'il y a entre les deux expressions, on peut faire passer une émeute, une réforme et même une révolution. Grâce à ces petites publications, le scandale envahit la France et passa les frontières. L'Europe des Lumières prit conscience des vices monstrueux d'une justice moyenâgeuse. Tout cela faisait un grand bruit auquel ces Messieurs du Parlement restaient parfaitement sourds. Qu'importaient à ces bornés, les libelles d'un poète touche-à-tout, les mémoires des fils et des avocats d'un supplicié par erreur ? Leurs arrêts étaient sans appel ! La royauté elle-même ne pouvait les faire plier. Un parlementaire disait en riant que cette campagne n'avait aucune importance parce qu'en France les juges étaient plus nombreux que les Calas. Le mot est peut-être drôle mais il est d'un sot qui n'avait pas compris que « Calas » c'était « Voltaire » et qu'un seul Voltaire faisant du bruit et secouant les perruques des juges pouvait réveiller tous les Parlements de France — M. de Brosses compris.

Pour appuyer sa campagne en faveur de la réhabilitation, il publia en 1763, un *Traité de la Tolérance* sans signature. Il voulait qu'on crût que ce texte était d'un bon prêtre. Voici ce qu'il en dit à son ami Damilaville le 24 janvier 1763 : « *On ne peut empêcher que Jean Calas ne soit roué, on peut rendre ses juges exécrables et c'est ce que je leur souhaite... Gardez-vous d'imputer aux laïques ce petit ouvrage sur la tolérance qui va bientôt paraître. Il est, disons, d'un bon prêtre. Il y a des endroits qui font frémir, d'autres qui font pouffer de rire car, Dieu merci, l'intolérance est aussi horrible qu'absurde.* » A ce balancement de l'horrible à l'absurde et du sérieux au comique, on reconnaît un des traits profonds de l'esprit de Voltaire.

Dans ce *Traité,* il prend le problème de haut, l'affaire Calas devient une affaire d'humanité, il la règle pour tous les temps et pour tous les peuples. Chacun devina un grand esprit, un grand cœur, un grand écrivain et nomma Voltaire. Ce petit livre bouleversa l'opinion : c'est lui qui gagna le procès de réhabilitation. Choiseul devint favorable à la cause des Calas. C'était beaucoup. Mais les Parlements, surtout dans le Midi, étaient prêts à l'émeute si on touchait à l'arrêt de Toulouse.

Enfin, le fatal jugement fut cassé en Conseil ; y assistaient plusieurs ministres, les ducs de Choiseul et de Praslin et trois évêques. Le Conseil entérinait la décision d'une assemblée de quatre-vingts juges qui le 4 juin 1764, avait cassé à l'unanimité le jugement de Toulouse. Parmi eux se trouvaient certains juges de Toulouse. L'un d'eux, assez penaud, s'adressant en manière d'excuse au duc d'Ayen dit : « *Monseigneur, le meilleur cheval peut broncher...* »

— *Oui, mais... toute une écurie !* répliqua le duc.

Mme Calas fut reçue à Versailles. Elle vit le roi, mais le roi ne la vit pas parce que au moment où il passait près d'elle quelqu'un glissa et tomba, cela fit un grand bruit qui attira l'attention de tout le monde : le roi était déjà passé.

Un protestant, rapporteur de l'Assemblée des Juges, écrit : « *Quel contraste avec le peuple de Toulouse ! Les domestiques de tous les juges, de tous ses protecteurs la regardent* (Mme Calas) *avec respect, admiration, il n'en est aucun qui n'ait lu tous ses mémoires...* »

Pendant son séjour au couvent, l'une des filles Calas, Nanette, avait rencontré un dévouement incomparable en la personne d'une bonne sœur qui, après avoir interrogé et observé sa compagne, fut persuadée de l'innocence de sa famille. Elle écrivit au chancelier de Lamoignon une lettre remarquable de clarté, de justesse et de sensibilité. Voltaire l'ayant lue écrivit : « *Il semble que la vertueuse simplicité et l'indulgence de cette nonne de la Visitation condamnent terriblement le fanatisme sanguinaire des assassins de robe de Toulouse.* » Mais quand Nanette voulut exprimer sa reconnaissance envers Voltaire, la bonne nonne effrayée se récria : « *Peut-il y avoir quelque chose de grand dans l'homme qui s'oppose à l'auteur de son être...* » Pour la bonne sœur, Voltaire était le diable. Mais il se trouve qu'elle avait collaboré avec lui dans une bonne œuvre — peut-être parce qu'il n'était pas plus diable que Calas n'était assassin.

Voici comment la nouvelle de la cassation de l'arrêt qui acheminait vers la réhabilitation parvint à Ferney. Pierre Calas était présent. On apporta une lettre de d'Argental qui annonçait la bonne nouvelle, récompense de tant de peines, de tant de dépenses d'argent, de temps, d'intelligence en faveur de l'humanité bafouée en la personne des malheureux Calas. Le vieillard et le jeune homme tombèrent dans les bras l'un de l'autre et versèrent des torrents de larmes : « *Nous versions des larmes d'attendrissement le petit Calas et moi. Mes vieux yeux en fournissaient autant que les siens. Nous étouffions, chers Anges...*

c'est pourtant la philosophie toute seule qui a remporté cette victoire. »

C'est surtout Voltaire qui avait remporté la victoire : il avait donné des armes à la philosophie : la ténacité, l'argent, l'intelligence. Sans elles, la philosophie n'eût fait que des phrases.

L'affaire n'était pas finie. Le Parlement de Toulouse souleva toutes les difficultés imaginables de procédure, Après avoir menacé de l'émeute, il refusa de communiquer les minutes du procès. Le roi, lui-même, en Conseil, les exigea. On répondit qu'on en ferait une copie mais que les frais en seraient payés par Mme Calas. Cette copie nécessitait vingt-cinq mains de papier timbré. Cela faisait une somme énorme. « *Quoi ?* s'écria Voltaire, *dans le dix-huitième siècle, dans le temps que la philosophie et la morale instruisent les hommes, on roue un innocent à la pluralité de 8 voix contre 5 et on exige quinze cents livres* (un million d'A.F.) *pour transcrire le griffonnage d'un abominable tribunal ? Et on veut que la veuve paie ?* » C'est encore Voltaire et ses amis qui payèrent à la place de la veuve. Parfois, elle voulait tout abandonner. Voltaire lui rappelait ses filles cloîtrées. Elle retrouvait sa force. Il lui en fallait car la procédure exigeait qu'après la cassation tout le procès fût repris à son point de départ — on arrêta donc de nouveau les prévenus, on les remit en prison pour les en sortir et les traduire en jugement. On connaît l'image qui a popularisé la famille Calas, de nouveau réunie en prison — pour un emprisonnement de pure forme à la Conciergerie. Que la Justice n'a-t-elle ressuscité Calas pour être logique avec elle-même ? Que d'iniquité dans cette affaire ! Dans cette affaire qu'on connaît. Ce qui fait frémir, c'est le nombre de celles, tout aussi iniques, que l'on ne connaît pas. Enfin, le 9 mars 1765, l'arrêt final fut rendu à l'unanimité : il réhabilitait tous les accusés Calas, leurs noms devaient être rayés des listes d'écrou. Les greffiers devaient pourvoir à ces dispositions sous peine de contrainte par corps. Malgré cela, les juges de Toulouse n'obéirent pas. Seul, le père de La Vaysse, avocat, put s'introduire au Greffe pendant une vacance et il raya lui-même le nom de son fils. Les réhabilités étaient en droit d'exiger des réparations et des dommages des juges qui les avaient injustement condamnés. Ils n'osèrent rien demander car les juges les auraient bernés et ruinés et le roi lui-même n'y pouvait rien. Il fallait une révolution pour se débarrasser de leurs exorbitants privilèges. Ces Parlements ont joué un rôle exécrable au XVIIIe siècle, ils furent une des causes primordiales des abus et, par conséquent, des violences qui prétendaient les abolir. C'est le roi qui fit dédommager la famille Calas et il le fit avec rapidité. La reine — pourtant peu encline à congratuler les « hérétiques » — reçut Mme Calas et ses filles. C'était vraiment la réhabilitation. Le trône se montra plus libéral que ses tribunaux.

Ce que Voltaire a fait pour les Calas, c'est-à-dire pour la Justice, pour la liberté, pour la dignité de l'homme, suffirait à le rendre immortel. Son esprit nous charme, certes ; mais ce n'est pas seulement une merveilleuse séduction : c'est une arme, la plus pacifique, la plus efficace des armes. Diderot était enchanté par l'action de Voltaire : « *Oh ! mon amie, le bel emploi du génie ! Il faut que cet homme ait de l'âme, de la sensiblité, que l'injustice le révolte et qu'il sente l'attrait de la vertu.* » Et le chaleureux Diderot transporté finit sur un beau blasphème, mais celui-ci vient du cœur : « *Quand il y aurait un Christ je vous assure que Voltaire serait sauvé.* »

En février 1765, Voltaire eut la satisfaction d'apprendre la destitution du sinistre Beaudrige. « *J'espère qu'il paiera chèrement le sang de Calas* », dit-il.

Et Voltaire apparut au final de la pièce, avant que le rideau ne tombât, pour féliciter les acteurs et le public. Il écrivait : « *Vous êtes donc à Paris, mon cher ami, quand le dernier acte de la tragédie Calas a fini si heureusement. La pièce est dans les règles, c'est à mon avis le plus beau cinquième acte qui soit au monde.* »

Nous regrettons que la Cour ne l'ait pas autorisé à venir à Paris pour ce baisser de rideau. La pièce nous a émus, enrichis, enthousiasmés. Nous nous sommes tous sentis réhabilités avec tous les Calas du monde.

Chronique de Ferney.

Pendant l'*Affaire* la vie à Ferney n'avait été ni ralentie, ni moins brillante, ni moins laborieuse. « *Quand on est jeune on doit aimer comme un fou et quand on est vieux on doit travailler comme un diable.* » (Si on appliquait sa maxime à Voltaire il aurait été toujours vieux et toujours diable.)

Il fit repeindre son théâtre. Il appela pour cela des ouvriers de Lyon qui avaient repeint le théâtre de cette ville. A Ferney, ils lui brossent une perspective si réussie qu'on aurait cru que les acteurs étaient éloignés d'une lieue alors qu'on les avait sous le nez. Lorsqu'on représenta *Olympie*, il y avait un bûcher sur la scène. Et allumé encore ! Voltaire en est ravi. Les pasteurs de Genève boudent ses invitations ; mais ils envoient leurs filles. « *J'ai vu pleurer Genevois, Genevoises pendant cinq actes,* écrivait-il le 9 janvier 1762, *je n'ai jamais vu une pièce aussi bien jouée et puis un souper de deux cents spectateurs, puis le bal : c'est ainsi que je me suis vengé.* »

Voilà qui doit faire regretter aux pasteurs de ne point venir au théâtre. Mais deux cents invités ! Quel train ! C'est vraiment le roi Voltaire. L'acteur Le Kain reparaît à Ferney. Voltaire ne l'avait pas revu depuis 1755. Il a grossi. « *Il a l'air d'un gros chanoine* », dit Voltaire. Son talent est à son apogée. Le Kain qui était fort laid paraissait beau à Voltaire quand il jouait du Voltaire. Il retrouvait sa laideur à l'entracte. A la fin du séjour, le seigneur de Ferney le trouva moins sublime parce que Mme Denis ne put lui donner la réplique. Le génie défaillant de la nièce faillit compromettre celui de Le Kain ! C'est d'une naïveté incroyable. Voltaire mit aussi Mlle Corneille sur la scène. Il ne semble pas, malgré toute sa bienveillance, que ce fût un succès. « *Sa voix est faible, harmonieuse et tendre...* », dit-il. C'était peu pour une tragédienne, mais suffisant pour une jeune fille à marier.

Le mariage de Cornélie-Chiffon.

On a vu que les premières fiançailles de Mlle Corneille n'avaient pas été couronnées de succès. Voltaire la voulait heureuse et prit grand soin de son mariage — il attendait de l'événement un certain renom auquel sa vanité était sensible, il en attendait aussi le bonheur de sa pupille car il l'aimait. Un an après son arrivée, elle a dix-neuf ans, elle sait un peu d'orthographe, elle est bonne à marier. C'est d'Argental qui est chargé de dénicher le futur. Il le découvre en la personne d'un capitaine de vingt-six ans, Henri-Camille de Colmont qui s'appelle aussi de Vaugrenant. Voltaire est prêt à bien des concessions à condition que le prétendant soit honnête homme, un peu philosophe. Il ira même jusqu'à garder le gendre à Ferney si sa philosophie est vraiment bon teint. Le fiancé se fait attendre, il paraît enfin en décembre 1762. Le subtil Arouet a tôt fait de découvrir que ce capitaine n'est qu'à demi-philosophe et qu'en fait de conquête, il en veut surtout à la dot de Cornélie-Chiffon. Voltaire voudrait bien marier sa pupille avec autre chose qu'une demi-portion de philosophie car en s'informant il découvre que « *ce demi-philosophe n'est pas à demi pauvre, il l'est complètement.* » En outre, il a un père qui ne veut rien donner : « *Son père n'est pas demi-dur, c'est une barre de fer.* » Il consentirait à donner trois mille livres si Voltaire en donnait 40 000. Cela parut excessif. Voltaire garantissait mille quatre cents livres de rentes à sa pupille et les Droits sur *Les Commentaires de Corneille.* Cela représentait le revenu de quarante mille livres de capital. Il essaya encore de faire obtenir une mission diplomatique au capitaine. Celui-ci n'en voyait pas l'urgence, il s'était installé à Ferney et jouait déjà les gendres abusifs. Si bien que le père barre-de-fer supprima la pension qu'il servait à son fils. Que restait-il ? Un prétendant prétentieux, sans avoir, sans scrupule et sans amour pour Rodogune qui n'en avait pas davantage pour lui. Il n'avait que le nez de bien fait. Il était renfrogné, sa fiancée le trouvait *sombre, peu poli, peu complaisant.* Il faut dire que la famille Colmont n'avait aucune des illusions de Voltaire sur la gloire de s'appeler Mlle Corneille. Pour les Colmont, leur fils noble et capitaine, épousait la fille d'un facteur des postes, recueillie par charité. Ces choses-là se paient. Les Colmont donnaient leur fils et rien d'autre — et avec quelle répugnance ! « *De sorte que je ne suis pas à demi embarrassé,* conclut Voltaire. *Si les mariages sont écrits dans le ciel,* écrivait-il à d'Argental, *celui de M. de Colmont et de notre marmotte a été rayé.* » Le plus difficile restait à faire. Il fallut persuader le capitaine que ce mariage qui lui répugnait tant, répugnait aussi à sa fiancée. Il s'était incrusté à Ferney, il fallut non sans peine le pousser dehors.

Un autre entra. On avait déjà un fiancé de rechange. Un M. Dupuits de la Chaux, vingt-trois ans, Cornette de son régiment, huit mille livres de bonnes rentes, des terres près de Ferney. Voltaire arrangea la chose. « *Comme une partie de souper. Je garderai chez moi futur et future, je serai patriarche si vous approuvez* », écrivait-il à d'Argental en janvier 1763. Cette fois Rodogune s'enflamma au contact de son Dupuits. Voltaire admirait cet embrasement juvénile : « *Ils s'aiment passionnément, cela me ragaillardit et n'empêche pourtant pas que j'ai une grosse fluxion sur les yeux... Je voudrais que le bonhomme Corneille revînt au monde pour voir cela : le bonhomme Voltaire menant à l'église la seule personne de son nom.* »

Le tableau est peu conforme à l'idée caricaturale qu'on se fait souvent de Voltaire : voilà un Greuze, et il est sincère. Voltaire est très heureux de ce bonheur qui n'existe que grâce à lui.

Afin que le père de Rodogune participe à la joie commune, il lui envoie vingt-cinq louis. Le pauvre homme n'était ni très décoratif, ni très intéressant. Voltaire l'avait déjà reçu à Ferney en 1762 et le comparant au Grand Corneille dont le poète préparait Les Commentaires, il écrivait à d'Argental : « *Celui-ci ne sera jamais commenté ou je suis le plus trompé du monde.* » Mlle Corneille n'avait aucun intérêt à exhiber son père, mais celui-ci en avait un à s'exhiber auprès de sa fille. Il voulut assister au mariage et c'est au voyage de Ferney qu'il compta consacrer les vingt-cinq louis de Voltaire. Aussitôt, lettre aux d'Argental : qu'ils empêchent le père de quitter Paris. « *Il est singulier qu'un père soit un trouble-fête pour une noce,* écrit Voltaire, *mais la chose est ainsi !... Dieu nous en préserve. Nous nous jetons aux ailes de nos anges pour qu'ils l'empêchent d'être à la noce.* » Voltaire redoute la mauvaise impression que le père fera sur la famille Dupuits, et par-dessus tout les plaisanteries que feront les invités — et surtout les Français. Et il ajoute : « *Si je ne consultais que moi, je n'aurais aucune répugnance, mais tout le monde n'est pas aussi philosophe que votre serviteur, et patriarcalement parlant, je serais fort aise de rendre le père et la mère témoins du bonheur de la famille.* »

Tout cela est à la fois très humain, et très sage. Il eût été généreux de recevoir aussi le père, mais quelle cruauté c'eût été d'infliger à la fille le spectacle des moqueries ou du mépris des invités pour son propre père. Pour donner la dernière touche sentimentale au tableau de cette noce, éclairons-le de la joie que manifestèrent les neveux et nièces de Voltaire qui pourtant, dans une certaine mesure, voyaient lésés leurs intérêts d'héritiers légitimes. En vérité, le mariage de Mlle Corneille est réussite des bons sentiments.

Voltaire en fut assez surpris. « *Ma famille loin d'en murmurer en est charmée. Cela tient un peu du roman.* » On ne saurait mieux dire. Les fils de notaire sont toujours surpris que les héritiers s'accordent.

Ce mariage eut d'autres conséquences. Voilà qu'une nuée de petits Corneille venant des quatre coins de France s'abat sur Ferney : tous Corneille et tous misérables ! Le fait est fort contrariant pour Voltaire qui n'a cessé de proclamer que sa pupille est l'unique et la dernière à porter le nom de Corneille. C'est d'abord un déserteur descendant direct du Grand Corneille. « *On nous menace,* dit Voltaire, *d'une douzaine d'autres Cornillons cousins germains de Pertharite qui viendront l'un après l'autre demander la becquée.* » C'est trop. Une Corneille, c'est admirable, mais un vol de Corneille, c'est déjà un vol de corbeaux. Voltaire leur fit comprendre que la destinée avait ses caprices et qu'ils devaient admettre qu'une arrière-nièce pût faire fortune en dormant sans que cela dispensât les autres Cornillons de continuer à mendier. Philosophes malgré eux, les Cornillons s'envolèrent vers leur triste destinée.

M. de Voltaire rompt des lances contre l'Infâme.

Les sentiments antichrétiens de Voltaire s'aigrirent au cours des années qu'il passa à Ferney. Pourquoi, l'âge venant, s'excita-t-il au lieu de s'apaiser ? Sans doute, pour des raisons toutes personnelles et pour d'autres qui tenaient à la Société du moment. Personnellement, il savait que si son exil persistait, il le devait aux prêtres bien plus qu'aux ministres. Les ministres passent, leur zèle est souvent frivole, et leur mémoire courte pour les affaires où leurs intérêts ne sont pas directement mêlés. Par contre, le clergé a meilleure mémoire. Il faut ajouter qu'après 1750 la persécution de l'impiété se fit plus sévère, l'intolérance plus susceptible ; la religion en perdant du terrain devint tatillonne et même agressive. Les tribunaux du XVIIIe siècle sont plus sévères que ceux du XVIIe contre l'impiété. La persécution devient provocante. Les tortures infligées à Calas sont une sorte de provocation à l'esprit du temps. Par une sorte de choc en retour, les attaques de la Philosophie deviennent plus dures : les termes de « fanatisme », de « superstition » désignent clairement le christianisme. L'*Infâme* était devenu un terme fréquent dans les milieux philosophiques. Comment Voltaire eût-il résisté à ce courant d'idées qu'il avait si souvent nourri ? Frédéric lui écrit en 1759 une lettre peu amène où il reproche à Voltaire sa tiédeur : « *Vous caressez encore l'Infâme d'une main et vous l'égratignez de l'autre ; vous la traitez comme vous en usez envers moi et envers tout le monde.* » Frédéric, lui, n'égratignait pas la religion, il aurait voulu l'écraser. Il estimait que Voltaire l'égratignait à ravir mais ne la poignardait jamais mortellement. Ce qui n'est pas si faux. Voltaire est un fils insolent et rebelle de l'Eglise.

Cet enfant enragé a mordu sa mère — mais il ne l'a pas tuée. Sans doute parce que ce n'était pas dans ses moyens, fort probablement parce que ce n'était pas son intention. Il agit à l'égard de l'Eglise comme à l'égard de la médecine : il traite les médecins d'ignorants mais se bourre de médicaments et suit leurs traitements les plus ridicules. Il écrit *Ecrasons l'Infâme* et signe ses lettres à cette époque M. Ecrelinf (*Ecrasez l'infâme*). Les censeurs de la correspondance qui interceptaient les lettres ne sachant qui était ce M. Ecrelinf avaient cependant noté qu'il écrivait bien. Ce qui prouve qu'eux ne lisaient pas mal. Il n'empêche que le même Voltaire estimait « *qu'il ne s'agit pas d'empêcher nos laquais d'aller à la messe ou au prêche, il s'agit d'arracher les pères de famille à la tyrannie des imposteurs et d'inspirer l'esprit de tolérance.* » Pour le peuple, la religion est nécessaire : « *C'est à mon gré, le plus grand service qu'on puisse rendre au genre humain de séparer le sot peuple des honnêtes gens pour jamais. On ne saurait souffrir l'insolence de ceux qui nous disent : Je veux que vous pensiez comme votre tailleur et votre blanchisseuse* », écrit-il à d'Argental en 1765. Les idées de Voltaire sont bien éloignées de l'égalitarisme du bon Jean-Jacques. Lorsqu'il remercie M. de La Chalotais de son *Essai d'Education nationale,* il lui dit : « *Je vous remercie de proscrire l'étude chez les laboureurs. Moi qui cultive la terre, je vous présente requête pour avoir des manœuvres et non des clercs tonsurés. Envoyez-moi surtout des frères ignorantins pour conduire mes charrues et les atteler.* »

Même en faisant la part de la boutade, la pensée n'est pas douteuse. Le peuple doit rester en dehors de l'instruction. Son ami Damilaville trouvait cette idée fort peu philosophique et soutenait que la vraie philosophie est pour l'instruction populaire. A quoi Voltaire répondait : « *Je doute que cet ordre de citoyens ait jamais le temps de s'instruire, ils mourraient de faim avant de devenir philosophes.* » Il faut donc, en bonne logique, empêcher d'abord les gens de mourir de faim avant de les instruire.

Ce n'est pas par inhumanité que Voltaire prive le peuple d'instruction. C'est par bon sens. Il est persuadé que seul un songe-creux peut imaginer qu'on peut instruire une populace dans la misère. Nous sommes au XVIIIe siècle, le niveau de vie était encore très bas. La famine existait, même en France. Aussi, à Ferney, le premier souci de Voltaire a-t-il été de doter ses gens de pain, de travail, de logements sains et d'eau potable — non d'école. Le vocabulaire dont il se sert nous choque. Il parle de la « canaille », ce n'est pas joli. Mais il est encore plus cruel quand il parle de la Cour et des Parlements. D'ailleurs, ce n'est pas par mépris pour le peuple qu'il lui refuse l'instruction ; il la refuse parce qu'elle est utopique. La société de son temps était matériellement trop pauvre pour donner une instruction généreusement répandue. L'instruction populaire a été le luxe des nations riches du XIXe et du XXe siècles. Au XVIIIe siècle on pouvait en rêver mais personne ne pouvait la réaliser. Or, Voltaire ne rêvait pas et estimait, à tort ou à raison, que le rêve était du temps perdu. Il croyait même que l'utopie compromettait le progrès. Il savait que l'humanité avançait mais avec prudence, avec lenteur, avec des louvoiements. Les hardiesses de Jean-Jacques l'effrayaient et lui paraissaient capables de ruiner les sûres réalisations du sage de Ferney. Ce fils de commerçants et de notaire descendant de paysans du Poitou a foi dans le Progrès, mais sa foi est prudente et respecte la lenteur du Progrès.

N'allons pas croire que cette foi timorée se confonde avec la pensée obscurantiste d'un hobereau. Un M. Linguet, croyant abonder dans son sens en soutenant que l'instruction populaire signifiait la mort de la société, s'attira une réponse qui nous montre, encore une fois, combien la pensée de Voltaire est mobile, nuancée, balancée. Il répond au champion de l'ignorance populaire en lui donnant l'exemple de la Société de Genève où le peuple sait lire et où la société se porte mieux qu'en France : « *Non, Monsieur, tout n'est pas perdu quand on met le peuple en état de s'apercevoir qu'il a un esprit. Tout est perdu au contraire quand on le traite comme un troupeau de taureaux, car tôt ou tard, ils vous frappent avec leurs cornes...* » Voilà qui est clair et prophétique.

Son ami Damilaville était, sinon un grand esprit, un esprit fort. Il avait deux grandes qualités : des convictions philosophiques inébranlables et une grande admiration pour Voltaire. Il en avait même une troisième, il dirigeait depuis 1760, le bureau du Vingtième. Il présidait en quelque sorte à la perception de cet important Impôt. A ce titre, il disposait du sceau du ministre pour affranchir sa correspondance — lettres et paquets. Si Voltaire est volontiers serviable avec ses amis, il exige d'eux, en retour, beaucoup de services. On voit quelle sorte d'intérêt il portait à cet ami grâce à qui il pouvait faire circuler lettres, livres et pamphlets à l'abri de toute censure. Il usa et abusa de ce privilège inestimable pour un écrivain dont la correspondance était, par principe, suspecte. Diderot se servit aussi de la même couverture et d'autres encyclopédistes avec lui. Mais que dire d'un grand commis de la Couronne qui se met au service des ennemis de la Royauté ?

Le reproche que lui avait fait Frédéric de caresser et d'égratigner l'Infâme avait peut-être touché Voltaire. Il chercha un prétexte pour rouvrir les hostilités. Il se souvint que Thiériot lui avait procuré le manuscrit d'un curé de campagne, Jean Meslier, mort en 1733. Ce malheureux avait perdu la foi. Il avait continué à exercer son sacerdoce dans ces tristes conditions par crainte de la misère et des représailles de ses chefs. Il écrivit avant de mourir une confession dans laquelle il exprimait sa haine des hommes, de la société et de la Religion. Ce qui intéressait Voltaire, c'étaient surtout les arguments de Meslier contre la Foi et les Ecritures. Il fit usage de ce terrible manuscrit en 1762 dans un libelle : *Extrait des sentiments de Jean Meslier.* On devine ce que pouvaient être les sentiments de ce mauvais prêtre accommodés à la sauce Voltaire. Il était très fier de sa trouvaille et de l'usage qu'il en avait fait et il écrit à d'Alembert pour se féliciter avant même qu'on ne le félicite : « *Tous ceux qui le lisent demeurent convaincus ; cet homme prouve et discute. Il parle au moment de la mort, au moment où les menteurs disent vrai : voilà le plus fort des arguments... Jean Meslier doit convertir la terre...* » Son argument est plutôt faible. Si les mourants ne disaient que la vérité, depuis qu'il y a des hommes qui meurent et qui parlent, il y a beau temps que nous serions édifiés. Les mourants ne disent que « leur » vérité ou ce qu'ils croient être leur vérité. Son argument, est un argument de bonne femme que l'Eglise pourrait aisément retourner contre l'impiété et elle ne manque pas de le faire en exaltant les morts édifiantes, les trépas dans la béatitude. Ces visions de la dernière heure n'illuminent que les illuminés et ne déçoivent que les déçus. Mais Voltaire est enthousiaste et il ajoute : « *Que vous êtes tièdes à Paris ! Vous laissez la lumière sous le boisseau.* » Pour le coup, il estime que les Encyclopédistes ne font pas assez de cas de son *Jean Meslier,* il veut que les philosophes entrent en transe, que son libelle fasse fureur et que Jean Meslier soit canonisé par l'Impiété, puis assis à la droite du Père Voltaire. A quoi d'Alembert répond avec une honnête prudence : « *Vous nous reprochez la tiédeur mais je crois vous l'avoir déjà dit, la crainte des fagots est très rafraîchissante.* » En outre, il rappelle au seigneur de Ferney, bien à l'abri entre ses deux frontières, que la mesure est plus efficace que les excès de zèle, qu'il n'est pas bon de découvrir d'un seul coup la vérité, non plus que la lumière, aux yeux habitués à l'obscurité. En somme, il bat Voltaire avec ses propres armes : « *Le genre humain n'est aujourd'hui plus éclairé que parce qu'on a eu la précaution de ne l'éclairer que peu à peu. Si le soleil se montrait tout à coup dans une cave les habitants ne s'apercevraient que du mal qu'il leur ferait aux yeux.* »

Peu importent les belles maximes, Voltaire n'avait pas envie d'être prudent. Le libelle étant écrit, il fallait qu'il parût, qu'on le lût et qu'il fît scandale. L'homme de lettres faisait taire le philosophe. Pour voir Jean Meslier déchaîner les passions, il était prêt à braver le bûcher. La prudence de d'Alembert ? On la connaît : « *Il est hardi, il n'est point téméraire ; il est né pour faire trembler les hypocrites et non pas pour leur donner prise sur lui.* » Voltaire, au contraire, donne volontiers prise sur lui, il est plutôt provocant — mais ensuite, il proclame que l'injustice et la calomnie s'acharnent à tort contre lui. L'*Extrait des Sentiments de Jean Meslier* parut au début de 1762, Damilaville reçut son exemplaire le 4 février. L'ouvrage fut condamné à être brûlé par arrêt du Parlement de Paris. La Cour de Rome le condamna le 8 février 1765.

Quelques mois après, un nouveau libelle circule *: Le Sermon des Cinquante.* Damilaville en reçoit aussi un exemplaire en juillet. Voltaire l'a lu et le trouve admirable. L'auteur en est inconnu, ce qui permet à l'ermite de Ferney d'en faire l'éloge en toute liberté. Il écrit à Damilaville : « *Le Sermon des Cinquante est attribué à La Mettrie, à Dumarsais, à un grand prince très instruit ; il est tout à fait édifiant* (Il désigne parmi les auteurs supposés Frédéric.) *Il y a vingt exemplaires de ces deux opuscules dans le coin du monde où j'habite. Ils ont fait beaucoup de bruit.* (Grâce à qui ?) *Quatre ou cinq personnes à Versailles ont de ces exemplaires sacrés.* (Comment le sait-il ?) *J'en ai attrapé deux pour ma part et j'en suis tout à fait édifié.* » On s'en doutait déjà.

Ce libelle est une attaque forcenée contre l'Ecriture, contre le fondement même de la religion judéo-chrétienne. Lorsque parut, peu après, *le Vicaire Savoyard* de Jean-Jacques la religion reçut un nouveau coup, plus lourd, plus dangereux encore que la flèche acérée de Voltaire. On dit que Voltaire se montra jaloux de ce renfort. Il ne semble pas. Il écrit au marquis d'Argens à propos de Jean-Jacques : « *Il introduit au troisième tome de l'Emile un vicaire savoyard qui était sans doute vicaire du curé Jean Meslier. Ce vicaire fait une sortie contre la religion chrétienne avec beaucoup d'éloquence et de sagesse.* Où est la jalousie en ces propos ? *Son vicaire pouvait faire du bien...*, écrivait-il en

1764, en pleine guerre avec Jean-Jacques, *mais ce malheureux est vraiment impossible.* » Et c'est regrettable. « *Oh comme nous aurions chéri ce fou s'il n'avait pas été faux frère et qu'il a été grand sot d'injurier les seuls hommes qui étaient capables de lui pardonner.* »

Le Pompignan mitré se fait étriller comme l'autre.

Le faux frère ne va pas tarder à faire reparler de lui à propos d'un véritable ennemi qui ne nous est pas inconnu. Il s'agit du frère de Le Franc de Pompignan, Jean-Georges, évêque du Puy. Ce prélat poussé par l'imprudence, ou la hardiesse, ou le courage, ou la soif du martyr ou la soif d'avancement, publia en 1763 une copieuse et pédante *Instruction pastorale* qui était, en principe, destinée à ses ouailles du Puy et des montagnes d'alentour. C'était très docte, très dévot mais cela ne concernait en rien les bonnes gens. Mgr du Puy attaquait Locke et Newton dont nul ne se souciait dans son diocèse. Ce morceau de bravoure était fait pour Paris, pour les autorités ecclésiastiques qui s'en délecteraient peut-être, et fait pour les philosophes qui allaient y réchauffer sûrement leur haine contre l'Infâme. Voltaire s'y sentit égratigné. Mgr de Pompignan s'était permis de le comparer à Rousseau et de reconnaître en Jean-Jacques un adversaire plus digne et un philosophe plus profond que Voltaire. Comme ceci se passait au moment de la querelle avec Rousseau, on peut se demander si le Pompignan du Puy n'avait pas bien choisi son heure pour établir cette perfide comparaison entre les deux ennemis. C'était bien joué. Chacun à sa façon, les deux philosophes tombèrent dans le panneau. Rousseau imprudemment remercia l'évêque de ses louanges, il osa écrire : « *De tous mes antagonistes, le plus modéré, celui qui se respecte le plus est M. l'évêque du Puy ; voilà un homme qui parle sincèrement... j'ai été véritablement édifié de sa charité et de sa bonne foi.* » Tant de séné pour si peu de moutarde ! L'évêque avait tout simplement écrit de Voltaire : « *Il ne faut pas attendre de son génie poétique le même enchaînement d'idées et la même profondeur que Jean-Jacques Rousseau sait mettre dans ses œuvres.* »

Pour prouver qu'il était capable d'enchaînement dans ses idées, Voltaire décocha à l'évêque sa *Lettre d'un quaker à J.-G. de Pompignan, évêque du Puy* qui parut en 1764. Ce quaker est un doux chrétien, naïf, pur, évangélique. Mais il sait beaucoup de choses et il écrit comme Voltaire. Il fait des remontrances au prélat qui pour faire le bel esprit au milieu de ses pauvres ouailles fait surtout des sottises — et en écrit. « *Quand les sottises sont faites, on les soutient par la calomnie,* dit le quaker ; *on perd la charité comme la raison : on perd son âme en se faisant moquer de soi.* » La pensée est curieuse. Voltaire met sur le même plan, et comme si une chose entraînait l'autre, le fait d'être moqué par la critique et celui de perdre son âme. C'est sans doute parce que Voltaire avait une âme toute littéraire. Jamais la critique ne se vit si éminemment révérée : « *Ah ! mon frère,* ajoute le quaker, *que ne puis-je t'aider à te convertir, à te rendre modéré et modeste comme tu dois l'être, à te sauver des sifflets de ce monde et de la damnation dans l'autre.* »

Il tient bien à son idée : auteur sifflé, âme damnée. En bref, ce sont les imbéciles qui iront en enfer... Si Voltaire organise le Jugement dernier.

Le bon quaker relève le ridicule qu'il y a à parler de Locke et de Newton aux bergers du Velay : « *Nous en sommes d'autant plus surpris que ces Anglais ne sont pas plus connus des habitants du Velay que de Monseigneur, enfin nous avouons qu'après le péché mortel ce qu'un évêque doit le plus éviter, c'est le ridicule.* Et il ajoute : *C'est une entreprise un peu trop forte d'écrire contre tout son siècle.* » L'on sent que Voltaire et ses pareils avaient la conviction profonde qu'ils incarnaient leur époque et que tout ce qui s'opposait à eux allait contre la marche du temps. Il attribue ensuite, gratuitement, ce bel argument à l'infortuné évêque : « *Mes frères,* lui fait-il dire, *tous les gens d'esprit et tous les savants pensent autrement que moi, tous se moquent de moi, croyez donc tout ce que je vais vous dire.* »

L'Eglise et le Pouvoir estimèrent peut-être que le pauvre prélat avait assez souffert sous la plume de Voltaire pour mériter une récompense. Il fut porté au siège épiscopal de Vienne sur le Rhône. Des montagnes, il allait à la plaine. Voltaire l'avait rendu presque célèbre.

Voltaire faillit le payer cher. Son *Quaker* lui fit courir un danger si cruel, il en eut une conscience si aiguë que pour y échapper, il se livra à l'une de ces pirouettes qu'il exécute à merveille. Les deux Pompignan attaqués par lui n'étaient pas seuls au monde. Ils avaient des frères officiers du roi. L'un d'eux, exaspéré de voir que les méchants papiers de Voltaire avaient fait de son nom un objet de raillerie, proclama qu'à l'occasion de son prochain congé, il passerait tout exprès par Genève pour couper les oreilles du patriarche. Les oreilles du patriarche s'émurent fort de cette horrible nouvelle. Voltaire se souvenait des affaires où sa chétive personne avait été maltraitée par les bâtons des uns et des autres. Il en était resté sensibilisé à l'extrême aux châtiments corporels. Voltaire aussitôt fit appel à Choiseul par le billet suivant qui mérite bien la lecture : « *Monseigneur, je ne sais pas ce que j'ai fait aux frères de Pompignan ; l'un m'écorche les oreilles, l'autre veut me les couper. Protégez-moi, Monseigneur, contre l'assassin ; je me charge de l'écorcheur car j'ai besoin de mes deux oreilles pour entendre le bruit de votre renommée.* »

Dans l'anxiété où l'avait plongé cette menace, il reçut, un jour qu'il était aux *Délices*, son libraire genevois, Cramer. Notre héros venait d'écrire un discours sur la Bravoure pour exalter cette noble vertu. Il s'apprêtait à en faire la lecture à son libraire. Celui-ci, au hasard des propos, dit qu'on avait remarqué l'arrivée en ville d'un officier français qui arpentait les rues en faisant sonner ses éperons et en frisant ses moustaches. Cramer, sans rien comprendre, vit Voltaire s'effondrer dans son fauteuil. Ses genoux et ses mains tremblaient d'une façon inquiétante. Mme Denis et les valets accoururent : « *Qu'on ferme vite les portes* », cria le poète affalé. Puis se tournant vers Cramer éberlué : « *Cramer, mon cher Cramer, retournez vite à Genève et faites-y courir le bruit que je viens de mourir subitement.* »

Et le libraire courut s'acquitter de sa mission. La ville apprit la fin du poète. Cependant, Mme Denis faisait faire de discrètes recherches sur l'officier : il s'appelait M. de l'Espine et rejoignait Avignon. Il n'avait rien de commun avec le coupeur d'oreilles.

On rouvrit aussitôt les portes des *Délices* et, les mille visites qui y venaient pleurer la mort du poète purent au contraire le féliciter de sa résurrection.

Pour remercier le Ciel de ce miracle, il écrivit un *Saül* qui est une attaque violente contre l'Ancien Testament. Les contemporains furent très impressionnés par cette attaque, il ne s'agit plus de traits mi-plaisants, mi-aigres, c'est de la férocité pure. Le jeune Gœthe qui le lut ayant encore la foi de sa jeunesse en fut bouleversé : « *Je me souviens parfaitement,* écrit-il, *que dans mon fanatisme enfantin, si j'avais pu tenir Voltaire, je l'aurais étranglé à cause de son Saül.* » On voit l'effet de ces légers libelles qui voletaient à travers l'Europe.

Voltaire crut sage de désavouer *Saül* comme les autres libelles. Il écrit à son neveu d'Hornoy : « *Je ne sais quelle farce intitulée*

Saül et David... *indignement tirée de la Sainte Ecriture, qu'on dit faite par des coquins d'Anglais qui ne respectent pas plus l'Ancien Testament que nos flottes.* »

Voilà qui est de bonne guerre : ce sont les Anglais qui tirent à boulets rouges sur nos navires et sur l'Ancien Testament. Autre son de cloche : il ne cache pas à Damilaville sa satisfaction devant l'effet produit par *Saül*. La Bible a mauvaise presse, le roi David a une basse mine, c'est le Néron de la Palestine. « *Personne ne l'a trouvé mauvais. Voilà un abominable peuple* » (les Hébreux), écrit-il le 29 août 1763. A la même époque il écrivait au même : « *Plus je vieillis, plus je deviens implacable pour l'Infâme.* » L'aveu paraît superflu après les trois derniers libelles dont le dernier surpasse en violence les deux autres.

Nouvelle accointance avec un Jésuite.

Aussitôt après, la violence se nuance et s'atténue. Les Jésuites furent chassés de France en 1762. Voltaire et les philosophes pouvaient voir dans cette mesure une victoire de leur part : ils poussèrent donc des clameurs de joie. Voltaire applaudit. Il ne pavoisa pas. Puis il se ravisa : il n'applaudit même plus. Il y avait, on le sait, entre la Société et lui des liens sentimentaux, des affinités d'esprit et de goût. Les algarades et même la rupture avec le *Journal de Trévoux* n'avaient jamais pu effacer ce qui était ineffaçable. Il écrit, le 2 mars 1763, au marquis d'Argens, au sujet de l'expulsion des Jésuites : « *Je ne sais si c'est un grand bien ; ceux qui prendront la place se croiront obligés d'affecter plus d'austérité et plus de pédantisme. Rien ne fut plus atrabilaire et plus féroce que les huguenots parce qu'ils voulaient combattre la morale relâchée.* »

Avec ses bons maîtres, il se savait protégé contre l'austérité et le pédantisme — les néophytes lui font peur avec leur vertu toute neuve et si tranchante. Ce souci revient souvent, il l'exprime dans un petit apologue : *Les Renards et les Loups*. Il regrette les *Renards* et il craint l'étroitesse d'esprit et la férocité des *Loups*. Il pense à son frère le Janséniste ! En somme, le sentiment qu'il éprouve devant l'expulsion des Jésuites est très complexe et si on en tire une conclusion, on ne trouve en définitive que l'expression d'une antique sagesse : on sait ce qu'on perd, on ne sait pas ce qu'on trouve.

Avec qui se rencontre-t-il dans ce sentiment ? Avec Jean-Jacques ! Qui l'eût cru ? Jean-Jacques aussi disait qu'il ne manquait aux Jansénistes que d'être les maîtres pour être plus durs et plus intolérants que leurs ennemis.

Comme, avec Voltaire, rien ne reste jamais théorique, son sentiment à l'égard des Jésuites expulsés va se trouver tout de suite mis à l'épreuve de la réalité. Trois pères en déroute dont un Espagnol arrivèrent à Ferney. Il leur fit demander en riant, si c'était à titre de laquais qu'ils se présentaient. Le père espagnol qui ne savait pas rire accepta la proposition. Il semble que pour venir frapper à cette porte, ils devaient être bien naïfs, ou bien pauvres — ou les deux. Voltaire les fit reconduire et leur donna un secours.

Si l'on en croit sa lettre à Damilaville de ce mois de février 1763, il aurait joué avec ses trois visiteurs une scène improvisée. Mais, il ne paraît pas qu'on soit tenu de croire aveuglément ce qu'il raconte pour étonner un esprit fort. Il les fit apostasier dans le salon de Ferney : « *Renoncez-vous à tous les privilèges, à toutes les bulles, à toutes les opinions ou ridicules ou dangereuses que les lois de l'Etat réprouvent ? Jurez-vous ne jamais obéir à votre Général, ni au Pape quand cette obéissance sera contraire aux intérêts et aux ordres du roi ? Jurez-vous que vous êtes citoyens avant d'être Jésuites ? Jurez-vous sans restrictions mentales ?* » Voltaire leur posa ces questions et à toutes, dit-il, ils répondirent oui. Il leur accorda qu'ils étaient innocents pour l'heure présente mais pour leurs fautes passées il les condamna à être lapidés sur le tombeau du Grand Arnauld avec les pierres de Port-Royal.

Cela le fait rire, mais son rire est grinçant. C'est une pirouette entre mille autres. Et voici la suivante.

Il recueille, pour de bon, en 1764 un père Jésuite, professeur à Dijon qu'il avait un peu connu à Colmar. C'est le père Adam qui, sans le sou, se réfugie dans l'antre du démon. Il s'en accommode et se fait petit. Est-il aussi insignifiant qu'il en a l'air ? Aussi insignifiant que l'intérêt l'exige ? On ne sait. Voltaire ne le prend pas au sérieux, il dit de lui et devant lui : « *Voici Adam, le premier et le dernier des hommes.* » Il écrit, le 12 février 1764 : « *J'oubliais de vous dire que nous avons un Jésuite qui nous dit la messe, c'est une espèce d'Hébreu que j'ai recueilli après les transmigrations de Babylone. Il n'est pas du tout gênant, il joue très bien aux échecs, dit la messe fort proprement ; enfin c'est un Jésuite dont un philosophe s'accommoderait.* »

On ne saurait être plus désinvolte, ni mieux laisser entendre que le père Adam ne faisait guère de volume et que sa dévotion n'embarrassait personne.

Son principal attrait était de bien jouer aux échecs — et même un peu trop bien. Voltaire avait la passion de ce jeu, c'est plutôt pour la partie d'échecs que pour la messe que le chapelain de Ferney resta treize ans au château. Voltaire avoue que le père Adam le gagnait souvent. Il semble reconnaître la supériorité de son partenaire, en réalité, elle lui était très désagréable. Voltaire avait horreur de perdre parce qu'en ce cas il considérait qu'il avait perdu son temps. Mais sa passion était si forte qu'il jouait toujours aux échecs : « *Je les aime, je m'y passionne et le père Adam qui est une bête m'y gagne sans cesse, sans pitié ! Tout a des bornes ! Pourquoi le père Adam est-il pour moi le premier homme du monde aux échecs ? Pourquoi suis-je aux échecs et pour lui le dernier des hommes ? Tout a des bornes...* » Surtout la patience de Voltaire. Adam le gagnait sans pitié, mais non sans inquiétude. Il s'efforçait au contraire de se laisser battre car il lui était arrivé plusieurs mésaventures. Lorsque la partie s'annonçait mal pour lui, Voltaire se mettait à chantonner une sorte de « tourloutoutou » que le père Adam écoutait comme un affreux présage. Plus d'une fois, on vit le Père s'enfuir en courant, bombardé par les pièces du jeu qui s'accrochaient dans sa perruque, parfois, poursuivi par la canne, il se cachait dans un placard. L'orage s'apaisait vite. Voltaire demandait : « Adam ubi es ? » Adam reparaissait : on lui avait pardonné son involontaire victoire.

Adam tenait aussi compagnie aux visiteurs, il les promenait dans le parc. Il rendit même un service considérable — et clandestin — à son protecteur. Voltaire rencontrait de grandes difficultés à se faire rembourser une dette énorme — un de ces prêts hypothécaires bien compliqués, bien fructueux dont il avait le secret — qu'il avait consenti au duc de Wurtemberg. Ce prince payait son créancier d'exquises politesses auxquelles Voltaire n'était pas insensible, puis à la longue l'inquiétude le prit. Mais comment faire payer un duc régnant ? Il eut l'idée de se servir du père Adam dans une négociation très voltairienne où le diable et le bon Dieu travaillèrent de concert dans l'intérêt du seigneur de Ferney. Le duc était très dévot et avait un confesseur jésuite qui savait se faire écouter de son princier pénitent. Voltaire remontra au père Adam qu'il était de son devoir d'écrire au confesseur du duc — son frère en Loyola — que Voltaire n'était pas du tout l'impie qu'on pouvait croire la preuve en était qu'au moment où l'on chassait les Jésuites de partout, lui, père Adam, avait trouvé asile à Ferney. Il était chapelain, confident, confesseur de cet homme calomnié. La Justice voulait donc qu'on payât scrupuleusement les dettes qu'on avait envers lui sous peine de n'être ni bon chrétien, ni bon catholique. Bref, il fallait suggérer au confesseur du duc récalcitrant de faire peur à son pénitent en lui remontrant que s'il refusait de payer Voltaire il risquait l'enfer ; tandis que s'il le payait, il servait au contraire, la Compagnie de Jésus persécutée, la justice et l'Eglise et se préparait une place au paradis. Contre promesse du père Adam d'écrire cette lettre au confesseur, Voltaire s'engagea à assister à la messe du père Adam. Nous ignorons les secrets cheminements de cette suave négociation, mais nous en connaissons la conclusion : le duc remboursa Voltaire.

Quand le père Adam rappela à Voltaire sa promesse, le philosophe avait oublié les paroles du financier : il ricana et continua à ignorer la messe du « Premier et du dernier des hommes ».

La maison civile s'ornait aussi d'une personne moins considérable que le chapelain, mais plus volumineuse et plus bruyante. C'était une Suissesse du nom de Barbara, extrêmement laborieuse, effrontée et qui affichait le plus parfait mépris pour la prétendue intelligence de son maître. Elle lui disait qu'elle ne pouvait concevoir qu'il y eût tant d'imbéciles de par le monde qui faisaient à grand-peine et à grands frais le long voyage de Ferney pour contempler un homme, qui de toute évidence, n'avait pas un grain de bon sens.

Ces représentations ravissaient Voltaire.

Concurrence entre les visites et le travail.

Ferney était en passe vers 1763 de devenir une sorte de caravansérail de haut luxe où, avec ou sans invitation, l'élite intellectuelle de l'Europe tâchait de séjourner.

Ce qui est surprenant c'est que Voltaire ait pu supporter à la fois les frais de ce train de vie et la fatigue et la perte de temps que ce défilé ininterrompu de visiteurs causait. Quoi qu'il lui en coûtât, il pourvoyait à tout car il était comme beaucoup de gens à cette époque : il adorait la société, c'est-à-dire les cercles de conversations, l'hospitalité, l'apparat et la représentation sociale.

Ce besoin de se réunir n'a rien de commun avec l'instinct grégaire : ces cercles étaient des cercles d'élus. La hiérarchie conventionnelle renforcée par une sélection plus rigoureuse que la naissance filtrait les visiteurs de Ferney. Avec un grand nom, une réputation ou, à défaut, des lettres de recommandation, on entrait. Sinon, les portiers remplissaient leur office. Malgré cela les visiteurs de mérite étaient parfois si nombreux, si encombrants que le poète en était excédé ; mais, grand seigneur, il recevait toujours ceux qui avaient droit à être reçus. Tel était le train du monde, tel était Voltaire qui ressemble fidèlement à son temps et à sa classe sociale. Un des secrets de son étonnante célébrité c'est qu'il représentait à la perfection ce que les meilleurs de ses contemporains attendaient d'un homme qu'ils considéraient comme l'intelligence la plus civilisée de leur époque. Son génie n'était peut-être pas dans la profondeur et l'originalité de sa pensée, mais dans cette réussite extraordinaire d'un homme qui incarnait l'idéal de l'humanité de son temps et qui était arrivé à penser, à sentir et à parler comme tous les gens de qualité auraient voulu penser, sentir et parler.

Il était ravi d'être admiré, mais le défilé des admirateurs devenait accablant. Cette adulation devenait criminelle parce qu'elle empêchait le poète de travailler. Pour retrouver sa réflexion et ses activités, il se livrait à une comédie qui n'était pas nouvelle mais qu'il porta à Ferney à son point de perfection. A partir de 1764, il décida de ne plus paraître aux dîners. Il voulait bien nourrir les visiteurs, mais non de sa propre substance. Mme Denis et ses cuisiniers y pourvoiraient sans lui. Au salon de Ferney, la nièce jouait les reines de théâtre : elle en était ravie. Lui, tapi dans son alcôve, loin du bruit et du froid, travaillait ou soignait ses maladies. Quand, étant au salon, il se laissait surprendre par un nouvel arrivage, il s'écriait en s'enfuyant dans sa chambre : « *Mon Dieu ! délivrez-moi de mes amis, je me charge de mes ennemis.* » Quand un importun était annoncé : « *Vite, vite,* criait-il, *du Tronchin.* » Cela signifiait qu'il était malade, entre les mains de son médecin, et invisible. Ses ruses étaient connues et parfois sans efficacité. Arrivent des Anglais, très recommandés : il accepte de les loger, de les nourrir, mais non de les voir. Mais eux, n'ont fait le voyage que pour voir le phénomène : ils veulent donc le voir. On leur dit qu'il est malade. Ils veulent le voir malade. « *Dites-leur que je suis à la mort* », implore-t-il. Ils veulent le voir agoniser. « *Dites-leur que je suis mort !* » gémit-il exaspéré. Ils veulent voir le cadavre. « *Dites-leur que le diable m'a emporté* », crie-t-il en s'emportant. Et il leur fait ouvrir la chambre où ils se précipitent, car c'est précisément le Diable qu'ils sont venus voir.

Il y avait des intrus qu'on ne pouvait pas se dispenser de cajoler, même si on était réellement dans le Tronchin jusqu'au cou. C'est ainsi que les ducs de Lorge et de Randon s'installèrent à Ferney, avec des acteurs à eux, pour jouer sur le petit théâtre. Excédé par ces ducs comédiens, Voltaire prit une décision héroïque : il fit fermer le petit théâtre et le fit transformer en appartement. Quel déchirement !

Entre tant d'allées et venues, au milieu de l'affaire Calas, des affaires d'horlogers, de jardiniers, de financiers, de Pompignan, de Jean-Jacques, il est malade comme toujours et il écrit dans son lit, certains jours d'agonie, jusqu'à quarante lettres d'amitié et d'affaires. En 1763, il écrit aussi une tragédie, *Olympie*. Il la fait annoncer et ne la montre pas. Il la fait lire aux d'Argental qui ne la trouvent pas trop bonne et la lui font reprendre. Il parle trop de son *Olympie* et Fréron fait un calembour en écrivant que cette tragédie qu'on ne voit jamais, le public l'appelle « *O l'Impie* ». Voltaire se défend en disant que sa tragédie est fort pieuse et assez bonne pour être jouée par des nonnes le jour de la fête de leur abbesse. Elle fut jouée le 17 mars 1764. On ne la siffla pas. On ne la rappela pas. Le public de 1764 n'était plus celui de 1730, le goût avait changé et la flamme tragique de Voltaire qui n'avait jamais été brûlante était à peine tiède. Pour la réchauffer, il s'attaque à un nouveau sujet, le *Triumvirat* que Crébillon avait déjà traité. Il ne signe pas cette tragédie et la fait attribuer à un médiocre et obscur poétaillon, Poisinet qui proteste vivement. *Le Triumvirat* fut joué le 5 juillet 1764 au Théâtre-Français sous le titre *Octave et le Jeune Pompée*. Et le public montra que la platitude de la pièce l'avait assommé. Le coup fut cruel mais non décourageant : Voltaire reprit sa médiocre pièce et la refit. Il promit un chef-d'œuvre. Ce ne fut qu'un exercice de volonté.

Les tragédies manquées ne l'empêchent pas d'écrire son fameux commentaire de Corneille. Dans les beautés sublimes, il s'exalte, il admire sans réserve. Dès que l'avocat de Rouen s'empêtre dans son éloquence filandreuse, dès que son style se fait raboteux et s'obscurcit, « se barbarise » comme dit Voltaire, le commentateur perd patience... et c'est le vers de Racine qui par contraste lui revient à l'oreille, c'est la musique de Phèdre et d'Iphigénie qui revient l'enchanter. C'est la pureté, la lumière, de l'insaisissable perfection racinienne qui s'imposent à lui et lui imposent une comparaison dont Corneille fait les frais. Voltaire a des sévérités pour Corneille, elles sont justes et au demeurant modérées mais il en était alors de Corneille comme de Jeanne d'Arc : ils étaient sacrés et intouchables. Relever un solécisme, des obscurités, des inégalités dans Corneille, c'était livrer le théâtre à Shakespeare, et la patrie aux barbares, c'était mériter la roue, le feu et l'estrapade et on ne le lui cacha pas.

« *Ce Pierre Corneille me fait passer un mauvais quart d'heure ; je suis outré contre lui, il est comme les bouquetins et les chamois de nos montagnes qui bondissent sur des rochers escarpés et descendent dans les précipices.* » Quand il pense à Racine... « *C'est le comble de l'insolence de faire une tragédie après ce grand homme-là. Aussi après lui je ne connais que de mauvaises pièces et avant lui que quelques bonnes scènes.* » Nous voilà avertis : Racine seul est grand. Et d'autant plus qu'il ne paraît jamais chercher à l'être. Il n'est pas seulement grand : il est parfait. « *Je vous confie qu'en commentant Corneille, je deviens idolâtre de Racine. Je ne peux souffrir le boursouflé et une grandeur hors nature* », écrit-il à l'abbé de Voisenon en 1763.

Les belles visites.

Sur ces entrefaites, la petite-nièce de Corneille accoucha non d'un commentaire mais d'une petite fille que Voltaire appela Chimène-Marmotte. Comme sa mère, elle était brune de peau et de cheveux, on l'appelait aussi Rodogune ce qui rimait avec brune. Et le chevalier de Boufflers vint faire sa visite à Ferney. Il avait à peine dix-huit ans, comblé de tous les dons : beau, aimable, intelligent, plein de fantaisie, de gaîté, de vivacité, il dessinait à ravir, faisait des vers, bref, un enchanteur, et tel que Voltaire rêvait l'humanité.

Le chevalier, en souvenir de sa mère, l'éblouissante marquise, fut reçu à bras ouverts. Voltaire le traite en camarade, et le chevalier, homme de qualité fut d'abord ébloui par la simplicité et le naturel de Voltaire. Le faste et la générosité de son accueil ne le touchèrent qu'en second lieu mais il n'y fut pas insensible. Boufflers voyageait sans apparat, pour bien connaître le pays et les gens. Il se donnait parfois comme un portraitiste en tournée et payait l'hospitalité qu'on lui offrait dans les châteaux en faisant le portrait des dames. Il leur faisait aussi la cour et notait que les prudes Suissesses ne lui résistaient que pour la forme. A Ferney, il terminait son périple et avait recueilli une jolie moisson de souvenirs sur les mœurs de l'Helvétie. Voltaire adorait le faire parler de sa science si fraîche et si gracieuse et un jour qu'il lui demandait : « *Vous qui connaissez si bien les Suisses que pensez-vous de ces gens-là ?* Boufflers répliqua : « *Ce sont des gens qui ont paraît-il beaucoup d'argent et beaucoup d'esprit mais qui ne font jamais voir ni l'un, ni l'autre.* » Ce jeune homme avait, on le voit, un certain art du reportage-éclair.

Il fit le portrait de la petite Marmotte noire dont Voltaire disait qu'elle tenait davantage de la corneille que de Corneille.

Voici ce que Boufflers écrit à sa mère sur le châtelain de Ferney : « *Vous ne pouvez point vous faire d'idée de la dépense et du bien qu'il fait. Il est le roi et le père du pays qu'il habite, il fait le bonheur de ce qui l'entoure et il est aussi bon père de famille que bon poète... Ses éditeurs auront beau faire il sera toujours la meilleure édition de ses livres... Au reste, la maison est charmante, la situation superbe, la chère délicate, mon appartement délicieux.* »

Boufflers trouva en Mme Cramer, la femme du libraire de Genève, une partenaire bien décidée à jouer sa partie. Elle riait avec abandon et poussait la plaisanterie jusqu'où Boufflers aimait la pousser avec elle. Ils n'eurent à se plaindre ni l'un ni l'autre de la rencontre. Les soirées de Ferney étaient d'une gaîté étincelante. Mme Cramer était parisienne et Genève lui semblait maussade. En trouvant Boufflers elle retrouva Paris, la jeunesse, l'esprit, la grâce, l'amour. Cet hiver de 1764 fut pour elle le dernier été de sa vie.

Le chevalier fit un dessin de Voltaire ; l'entreprise était difficile car le poète bougeait, souriait, grimaçait sans cesse. Il était littéralement insaisissable au physique comme au moral. Mais c'est lui qui avait saisi son peintre. Le gentil chevalier ne pensait plus à quitter Ferney : « *Vous ne sauriez vous figurer combien l'intérieur de cet homme est aimable ; il serait le meilleur vieillard du monde s'il n'était le premier des hommes, il n'a que le défaut d'être fort renfermé* », écrit-il à sa mère.

Cette amitié d'un très jeune homme et d'un vieillard est d'une qualité exceptionnelle ; l'âge ne fait rien à l'affaire. Tout est dans l'esprit qui n'a pas d'âge, dans la délicatesse des sentiments et des manières — Boufflers comme Voltaire était taillé dans le diamant : c'est le secret de leur entente.

⁂

Le prince de Ligne vint à Ferney pendant l'été 1763. Nouveau miracle de l'enchanteur enchanté. Le prince notait tout pour son plaisir et pour le nôtre. Lorsqu'il se présenta, Voltaire ne le connaissait pas encore. Il n'était pas question de refuser la porte à ce grand seigneur européen, mais dans la crainte qu'il n'apportât avec lui de l'ennui, Voltaire, par précaution, prit « du Tronchin » et il se mit au lit avec une purge. C'est Voltaire qui avoua ensuite au prince qu'il se méfiait tellement des visiteurs ennuyeux qu'avant de recevoir ceux qu'il soupçonnait de lui faire perdre du temps, il prenait à tout hasard sa drogue pour être en quelque sorte obligé de lever le siège quand il sentait venir l'ennui... ou l'effet de la purge.

Voltaire et lui s'entendirent à merveille dans des becs-à-becs étourdissants. Quand Voltaire lui présenta Mme Dupuits, la noire fille des Corneille, il demanda au prince son sentiment sur la jeune femme : *Nigra* mais non *formosa*, répliqua-t-il. Par contre, il trouva très charmante la sœur de M. Dupuits, si charmante que fasciné par le décolleté de la Belle Dupuits assise en face de lui, il n'écoutait plus les propos de Voltaire. Le seigneur de Ferney avait horreur de ces distractions et rappelait aigrement les distraits à l'ordre. Un jour très chaud de cet été de 1763, les opulentes Suissesses qui servaient de la crème fraîche, moins blanche, moins fraîche que leurs épaules et leurs seins, donnèrent encore de la distraction au prince pendant que Voltaire parlait, s'égosillait en vain pour arracher son hôte à son extase. N'y tenant plus, le poète se jeta sur la première servante et lui saisissant la gorge à pleine main, il s'écria comme un forcené : « *Gorge par-ci, gorge par-là ! Allez au diable !* » Et il revint, comme si rien n'était, s'asseoir près de son interlocuteur dont l'attention lui était enfin rendue.

C'est le prince de Ligne qui nous a laissé le meilleur portrait du poète à cette époque : « *Il était toujours en souliers gris, bas gris fer, roulés, grande veste de basin, longue jusqu'aux genoux, grande et longue perruque et petit bonnet de velours noir. Le dimanche, il mettait quelquefois un bel habit mordoré uni et une veste et culotte de même, mais la veste à grandes basques, à la bourgogne galonnée en or, galons festonnés et à lames avec de grandes manchettes de dentelles jusqu'au bout des doigts, car avec cela, disait-il, on a l'air noble.* »

Il semble que cet habillement soit démodé ; c'est celui d'un homme de 1725 et non de 1764. Il est toujours resté fidèle aux modes de sa jeunesse. Ses perruques à marteau datent de la Régence, en 1764 on portait le catogan. Ces énormes perruques lui mangeaient la figure qu'il avait grosse comme le poing et ratatinée et ne contribuaient pas peu à lui donner cet aspect caricatural ou théâtral qui saisissait ses visiteurs.

Le prince qui est un observateur infaillible note que les propos de Voltaire étaient presque exclusivement bienveillants — toujours affectueux pour son entourage, toujours flatteurs et plaisants, cherchant à faire rire et embellissant tous les sujets dont il s'emparait. Comme cela ressemble peu à l'*aigre Voltaire* ! au vitrioleur des réputations, au salisseur de la vertu... etc. Un jour, il prit pour le cordonnier l'accordeur de clavecin qui venait réparer celui de Mme Denis, quand il comprit sa méprise, il rougit et s'écria : « *Ah ! Monsieur, vous avez des talents, je vous mettais à mes pieds, c'est moi qui suis aux vôtres.* »

Le prince nous dit que les entretiens de Voltaire et de ses paysans étaient d'un comique irrésistible. Le prince ne manquait jamais ce spectacle et s'en délectait. Le poète parlait à ses paysans comme à des ambassadeurs. Il ennoblissait tout et introduisait le style de *Zaïre* dans sa conversation avec son garde-chasse. Au lieu de lui dire qu'il était surpris de ne plus manger de civet de lièvre, il l'apostropha de la sorte ;

— *Mon ami, ne se fait-il plus d'émigration d'animaux de ma terre de Tournay à ma terre de Ferney ?*

Le prince et le poète pouffèrent de rire ensemble.

Voltaire était toujours prêt à s'entretenir avec le premier venu, le prince dit qu'il fallait le voir jeter de l'esprit, des saillies dans les entretiens les plus familiers. C'est pourquoi sa grosse Suissesse trouvait qu'il n'avait pas le sens commun : tout le monde n'est pas le prince de Ligne qui dit que Voltaire était : « *Porté à voir et à croire le beau et le bien, abondant dans son sens et y faisant abonder les autres.* » Voilà un beau certificat de noblesse d'âme.

De la moindre phrase, Voltaire savait faire briller l'esprit que peut-être n'avait pas celui qui l'avait dite. Il demanda un jour à un visiteur de quelle religion il était :

— *Mes parents m'ont fait élever dans la religion catholique,* répondit l'autre.

— *Grande réponse,* s'écria Voltaire, *il ne dit pas qu'il le soit...*

Alors qu'il était en guerre contre Rousseau, il disait devant le prince de Ligne : « *On n'exile pas un homme comme lui, on le bannit c'est plus noble.* Et il ajoute : *S'il ne trouve asile nulle part qu'il vienne ici, tout ce que j'ai est à lui.* » Faisons la part du feu dans ces belles paroles, toutefois, il reste le sentiment de pitié et de solidarité. Si Rousseau était venu frapper à la porte de Ferney, elle se serait ouverte.

Il lançait aussi quelques flèches. Il était alors en colère, non sans raison, contre les Parlements et leurs turbulents Présidents, aussi, lorsqu'il rencontrait son âne qui allait et venait dans les allées du parc : « *Passez, je vous prie, Monsieur le Président* », disait-il.

Le prince fut témoin d'une scène inoubliable : il se crut au théâtre. Un inconnu s'introduisit au salon et se jeta sur Voltaire à qui il voulait à toute force vendre des souliers gris. Voltaire cherchait à se débarrasser du fâcheux mais l'autre implora :

— *Monsieur ! Monsieur ! Je suis le fils d'une femme pour qui vous avez fait des vers.*

— *Oh, je le crois, j'ai fait tant de vers pour tant de femmes...*, et il s'enfuit dans son cabinet ; l'autre l'y poursuivit.

— *Monsieur ! Monsieur ! C'est Mme de Fontaine-Martel !*

Voltaire s'arrêta net et dit :

— *Ah ! Monsieur, elle était bien belle.*

L'autre sentit la partie gagnée et enchaîna aussitôt :

— *Monsieur, où avez-vous pris ce bon goût qu'on voit dans ce salon ? Votre château est charmant.*

Voltaire revint au salon.

— *Oh ! oui. Tout est de moi, j'ai donné tous les dessins. Voyez cet escalier...*

Il fait admirer son ouvrage en détail.

— *Monsieur,* répète l'autre, *savez-vous ce qui m'a attiré en Suisse ? C'est M. Haller.*

On sait que Voltaire ne pouvait pas sentir le vieux savant. En entendant ce nom, il fit demi-tour et rentra dans son cabinet. Mais l'autre se ressaisit aussitôt :

— *Ah ! Monsieur, cela doit vous avoir beaucoup coûté. Quel charmant jardin !*

Voltaire revint au salon de nouveau très intéressé.

— *C'est moi qui ai tout fait,* répondit-il, *mon jardinier est une bête.*

— *Je le crois. Ce M. Haller, Monsieur, est un grand homme.*

Voltaire pirouetta et fila vers son cabinet.

— *Ah ! Monsieur ! Combien de temps faut-il pour bâtir un aussi beau château que celui-ci.*

Et Voltaire revint vers l'homme qui finalement gagna la partie.

Le prince dit que Voltaire était l'ami le plus divertissant du monde. L'était-il à son insu ? Peut-être. Il jouait en tout cas avec la vie et avec les vivants selon son humeur, ses caprices, ses intérêts. Tantôt homme de lettres, tantôt grand seigneur toujours captivant — et parfois émouvant. Le prince de Ligne a beaucoup ri, mais il a aussi su rendre hommage à cet esprit supérieur.... « *faisant parler et penser ceux qui en étaient capables ; donnant des secours aux malheureux, bâtissant pour les pauvres familles et bon homme dans la sienne ; bon homme dans son village, bon homme et grand homme à la fois, réunion sans laquelle on n'est jamais complètement ni l'un, ni l'autre car le génie donne plus d'étendue à la bonté et la bonté plus de naturel au génie.* »

Admirable jugement d'un homme lucide entre tous et qui se laissait difficilement leurrer, rompu qu'il était aux jeux de la vie sociale. Les Calas y auraient souscrit et les paysans de Ferney également, ils connaissaient mieux que personne ce génie qui donnait tant « d'étendue à la bonté ». Quant « au naturel de son génie » il est si éclatant qu'aucun de ses ennemis n'a jamais osé l'attaquer.

Mlle Clairon eut une entrée éclatante. La sublime tragédienne en arrivant fit un miracle : on rouvrit le théâtre. Que vouliez-vous qu'on fît pour elle ? Elle y joua la tragédie — et c'en était une, en effet, de la laisser jouer car elle était malade. Tronchin qu'elle était venue consulter, ne répondait pas de sa vie si elle continuait à jouer. Elle joua. La moribonde joua pour un agonisant : le jour de son arrivée, Voltaire rendait l'âme. Pour une fois, l'agonie n'était pas simulée. Pour Clairon, n'eût-il eu qu'un souffle de vie, il se serait levé, mais ce jour-là, il n'avait qu'un râle. Elle vit un pauvre squelette, enfoui dans les fourrures, son bonnet laissant voir les cheveux mal poudrés, les oreilles parcheminées, le visage d'os et de cire jaunie creusé d'orbites caverneuses au fond desquelles s'éteignait l'étincelle de cette intelligence inextinguible, étincelle presque morte, mais pas tout à fait, étincelle de la vie et du courage plus forts que la souffrance. Devant la faiblesse de cette misérable machine, de cette inusable machine, la Clairon, bouleversée, n'ayant pu faire par sa seule présence le miracle de la résurrection, en appela à la poésie et à son prestigieux talent : elle déclama devant le poète cadavérisé *L'Orphelin de la Chine*

La musique céleste de la voix et des mots ne tarda pas à agir : le squelette bougea, les yeux s'ouvrirent et brillèrent. Le poète s'assit sur son lit, il pleura, il gesticula et cette image de la mort se dressa et donna la réplique à la Clairon. C'était fabuleux. C'était tellement insolite, tellement déconcertant que l'assistance éclata de rire.

Il s'arrêta net : ce rire lui déplut. Il se recoucha soudain, s'ensevelit et voulut qu'on le crût mort pour de bon. Il boudait. Bien que cruellement atteint par une crise de sciatique, il voulut à quelque temps de là, paraître au salon. Il parut donc sur ses béquilles, soutenu par deux dames, languissant, le chef abandonné sur l'épaule. On l'installe dans un fauteuil, la conversation démarre sans lui, bientôt il y prend part, s'y échauffe, échauffe l'assistance, chacun y va de son conte ; soudain, électrisé par l'assistance, il jaillit de son siège, ses béquilles à la main, et avec la légèreté et l'aisance de l'acteur-né, il mime, saute, danse, si bien qu'il déclenche un rire général qui le rappelle à la réalité de sa sciatique. Brusquement, il reprend ses béquilles, gémit et supplie qu'on le replace dans son fauteuil avec mille précautions.

On ne saurait le voir vivre si on oubliait un instant ses éternelles maladies. Tronchin raconte qu'il rencontra un jour, en 1722, un jeune homme maigre dont la physionomie l'avait frappé, il entendit ce jeune homme répondre à quelqu'un qui lui demandait comment il allait : « *Toujours souffrant, toujours allant.* » Tronchin demanda le nom de ce garçon, on lui dit : « Voltaire ! » Ainsi le premier mot qu'il entendit de cet homme qu'il allait soigner pendant près de soixante ans était pour se plaindre de sa santé.

La rencontre avec Mlle Clairon devint populaire grâce à une gravure qu'on en fit. On dit qu'ils débordaient tellement d'admiration l'un pour l'autre qu'il leur arrivait de tomber à genoux face à face et de s'embrasser. Mais ces effusions devaient être assez rares car si notre poète était capable de tomber à genoux, il n'était plus capable, dit-on, de se relever. Un jour où il tomba, il fallut le remettre sur pied. Tel est notre héros : sublime un instant, il est burlesque l'instant d'après. Il traînait sur ses béquilles du salon à sa chambre ; il estima que ce n'était pas suffisant, on le trouva un jour embourbé avec ses béquilles fort loin dans les champs qu'il avait l'habitude de parcourir seul et à pied, inspectant, humant l'air, méditant, complotant, calculant, versifiant, chantonnant (affreusement faux !). Son médecin le rencontrait parfois dans la campagne, il conduisait lui-même un léger cabriolet. Promenade fort dangereuse car il avait un cheval fougueux qu'il conduisait en dépit du bon sens. Le médecin l'apostropha : « *Vieil enfant que faites-vous là ?* » Le soir, il reçut un billet de son malade : « *Le spectacle d'un jeune pédant de soixante-dix ans ne se donne pas tous les jours. J'allais chez vous... mais vous n'allez pas en tirer vos cruelles conséquences que je me porte bien, que je suis un corps de fer... Ne me calomniez pas et aimez-moi.* » Il craignait que son médecin ne le crût en bonne santé. Qu'il le crût fou, passe, mais non bien portant. Dire qu'il se porte bien, c'est le calomnier ; le féliciter sur sa mine, c'est l'injurier. Pour lui plaire, il faut s'effrayer de sa maigreur, de sa faiblesse, le faire plus vieux et plus ravagé qu'il ne l'est, pleurer sur ses misères et appréhender sa fin. C'est une superstition : le croire mourant, c'est prolonger sa vie. Jamais on ne vit homme plus enchanté que lui d'apprendre que ses ennemis annonçaient sa mort. Jamais on ne le vit plus contristé que lorsqu'on le prenait en flagrant délit de bonne santé.

⁂

Un Ecossais, Boswell, se présente à Ferney en 1764. Il ne voyageait que pour s'instruire, observer et oublier son spleen. Il savait voir et, dans un savoureux et indéfinissable mélange de candeur et d'astuce, il nous fait vivre avec une étonnante précision quelques journées de Ferney. Sa sincérité ne saurait être mise en doute, rien n'est plus direct que le regard de Boswell.

Boswell en arrivant à Bâle s'arrêta dans une auberge dont le patron, Imhof, lui raconta que Voltaire avait fait halte chez lui à son retour d'Allemagne. Voltaire s'était mis au lit en arrivant. « *Votre maître veut-il manger ?* » demanda Imhof au valet de Voltaire — « *Je ne sais pas, peut-être oui, peut-être non* », dit le valet. Imhof fit préparer à tout hasard une soupe et un poulet. Un moment après Voltaire se réveilla et se plaignit de mourir de faim. Imhof lui servit la soupe. Voltaire la flaira, puis la repoussa. Il la reprit et la goûta : « *C'est une excellente soupe* », dit-il ravi. Un autre client étant arrivé entre-temps, mangea la moitié du poulet. On apporta la seconde moitié à Voltaire. Il la prit, la flaira, la repoussa et la reprit : « *C'est un excellent poulet* », dit-il. Mais il regretta de n'avoir pas eu le poulet entier et il marmottait sans cesse tout en dévorant son demi-poulet : « *Un demi-poulet n'est pas du poulet. Un demi-poulet n'est pas du poulet... Un demi-poulet...* » Imhof se rengorgeait en disant que Voltaire avait été très content de sa maison. Boswell à cet endroit, commença à craindre, en bon Ecossais, que sa propre note ne fût majorée à proportion de la vanité que l'aubergiste avait tirée de la satisfaction de Voltaire et il écrit : « *Je conclus qu'il était soit un très honnête bougre, soit un très grand coquin.* » Il était l'un ou l'autre — selon la tête du client.

Boswell, sur le chemin de Ferney, rencontra un carrier qui connaissait Voltaire et qui lui raconta ce trait : le poète regardait un jour passer le carrier dans une carriole tirée par un cheval très maigre et on l'entendit parler au cheval : « *Pauvre cheval, tu es maigre, tu es comme moi.* »

En arrivant, Boswell, fort religieux, remarque tout de suite l'inscription « Deo erexit » sur le fronton de l'église de Voltaire. « *Le château est beau, je fus reçu par deux ou trois valets de pied qui me firent entrer dans un salon très élégant.* » Il remet ses lettres d'introduction. Le valet revient : « *M. de Voltaire est très ennuyé d'être dérangé, il est au lit.* » Boswell déçu s'attarde au salon, d'autres visiteurs entrent, on bavarde, on se distrait. C'est comme l'antichambre d'un prince. La porte s'ouvre soudain : Voltaire paraît. Boswell écarquille les yeux. « *Il m'a accueilli avec cette dignité et cet air mondain que les Français acquièrent à la perfection. Il avait une robe de chambre taillée comme un grand manteau en belle ratine bleu-ardoise et une perruque tressée. Il se tenait droit sur sa chaise et grimaçait en parlant.* »

La robe de chambre est, depuis Ferney, l'uniforme de S. M. Fernésienne. Il dîne, il soupe, il reçoit en robe de chambre — il se lève et se couche six ou huit fois par jour, la robe de chambre simplifie les petits-levers et les grands couchers. Il en possède de somptueuses.

Ils parlèrent de l'Ecosse. Boswell lui dit qu'on venait de créer une Académie de Peinture mais que son pays n'était pas favorable à la peinture. A quoi Voltaire répondit : « *Pour peindre, il faut avoir les pieds chauds, c'est dur d'avoir froid aux pieds.* » Voltaire et les arts plastiques ont toujours entretenu d'étranges rapports, on en voit ici un échantillon. Boswell lui dit qu'il avait l'intention de visiter les îles Hébrides, au nord de l'Ecosse. Voltaire frissonna à l'évocation de ces frimas. Il s'écria : « *Très beau, mais moi je resterai ici. Me permettez-vous de rester ici ? — Certainement. — Alors, partez, je ne m'y oppose pas du tout.* »

Boswell lui demanda s'il parlait encore anglais.

— *Non,* dit Voltaire, *pour parler anglais il faut mettre la langue entre les dents et je n'ai plus de dents.*

— *Quel est votre représentant à Berlin ?* demanda Voltaire.

— *Nous n'avons qu'un chargé d'affaires.*

— *Un chargé d'affaires n'est guère chargé.*

Voici le père Adam qui entre, toujours alerte malgré ses cheveux blancs. Voltaire le présente en anglais. Il a retrouvé ses dents — et sa dent contre le père.

— *Voici, Monsieur, un jeune homme, un savant qui apprend votre langue, un soldat décavé de la Compagnie de Jésus.*

— *Ah!* dit le père tristement, *un jeune homme de soixante ans.*

Voltaire ne dîna pas, mais il pria Boswell à dîner avec Mme Denis et les autres. Elle cajola ce beau jeune homme, très timide, mais très inflammable. Il fut enchanté de la nièce : elle lui donna deux parts de tourte ! Il l'en remercia le lendemain par une lettre enthousiaste en la priant ardemment de le faire inviter à coucher à Ferney. Il se contenterait, disait-il, d'un galetas. Il était robuste, il supporterait bien le froid mais non point d'être séparé de Voltaire et de son incomparable nièce et il ajoutait : « *Je ne renierai jamais ma foi, mon ami, ma maîtresse et ma tourte.* » Enfin, il disait qu'à défaut de galetas, il coucherait sur deux chaises mais de préférence dans la chambre d'une des servantes qui tournaient autour de la table du dîner. On sait que Voltaire choisissait des montagnardes avantageusement dotées par la nature et Boswell avait été très impressionné par l'une d'elles. Il parlait surtout de ces tétons suisses et il disait qu'il apporterait pour la nuit son bonnet car à l'idée qu'on lui prêterait un bonnet de nuit de Voltaire, il craignait que sa tête ne fût pas capable de supporter un tel honneur. Bref, sa lettre amusa tellement les hôtes de Ferney qu'on l'invita à coucher non sur deux chaises mais dans un bon lit.

Le lendemain, il rencontra le chevalier de Boufflers qu'il jugea « vif, bien, très ingénieux ». Il est étonné par l'abondance de personnel au château : cinquante personnes, dit-il, dont tous les enfants sont gardés par Voltaire qui les fait vivre.

Entre sept et huit heures, les visiteurs réunis au salon sont prévenus que Voltaire va paraître. A cette heure-là, de sa chambre il sonne et crie : « *Allez chercher le père Adam.* » C'est l'heure des échecs, l'heure du supplice du père. Boswell s'est assis près de Voltaire. Ils parlent à la fois français et anglais. Voltaire lui reproche de parler trop vite.

— *Nous vous reprochons la même chose,* lui rétorque Boswell.

— *Eh bien ! en tout cas pas moi. Je parle lentement. Voilà ce que je fais,* lui réplique Voltaire d'un ton acerbe.

Boswell est resté près de Voltaire pendant que les autres soupent, afin de profiter de sa conversation. Quand les autres reviennent, Voltaire s'est déjà retiré et Mme Denis fait servir un petit souper à Boswell dans le salon : « *J'ai bu et mangé de bon appétit,* dit-il, *avec une joyeuse compagnie autour de moi.* » Cette hospitalité et cette courtoisie l'enchantent : « *Je suis la magnificence même, je mange seul comme le roi.* » Le lendemain, Voltaire lui dit qu'il était désolé de n'avoir pu lui donner une meilleure chambre, mais Boswell la trouvait admirable : « *Ma chambre est belle. Le lit est recouvert d'une étoffe pourpre bordée de satin ouaté. Cheminée de marbre et au-dessus est un tableau qui représente une toilette à la française.* » Voltaire ne parut pas ce jour-là : il était au plus mal. Boswell regagna sa chambre. Un valet vint aussitôt lui allumer du feu et des chandelles de cire. Tout cela fait avec ordre et bonne grâce. Il demande des livres de Voltaire : on les lui apporte : « *On trouve à Ferney une véritable hospitalité. On a toute liberté dans sa chambre et on fait ce qu'on veut.* »

Boswell est étonné par l'éloquence de Voltaire en anglais : « *Par mon âme, c'est étonnant !* s'écrie-t-il. *Quand il parle notre langue c'est un Breton qui l'anime. Il avait des envolées hardies, de l'humour, une certaine extravagante et vigoureuse bizarrerie de style que le plus comique de nos auteurs dramatiques ne pourrait dépasser.* » Cette verve comique que nous connaissons déjà en Voltaire apparaît donc vigoureusement en anglais.

Un autre soir, il a fait l'éloge des lois anglaises. Puis, on a parlé de religion et là tout s'est gâté. Il s'est mis en rage. Boswell, Bible en main se défendait pied à pied. Leur véhémence était égale, mais Voltaire en forcené devint ridicule. Il exagéra tellement que sa vieille carcasse tremblait, et il s'écria tout à coup : « *Ah ! je suis malade, la tête me tourne.* » Et il se laissa aller dans son fauteuil. Il revint à lui et Boswell revint à des sujets moins terribles.

Voltaire adouci, confessa son *Déïsme,* sa vénération pour l'*Etre suprême,* son désir de ressembler à l'*Auteur de toute Bonté.* Pour ce qui est de l'immortalité de l'âme : rien ! Ni pour, ni contre. C'était une question à ne pas poser sinon Boswell allait rallumer la guerre. Mais le candide Boswell voulait que Voltaire crût à l'Immortalité de l'âme, le vieux renard secouait inexorablement la tête. Boswell le supplia. Il ne pouvait admettre que ce grand homme pût se détacher ainsi de son âme divine.

— *Etes-vous sincère, au moins ?* lui demanda-t-il.

— *Oui, je le suis devant Dieu,* répondit Voltaire et il ajouta : *Je souffre, je souffre beaucoup, je souffre avec patience et résignation, non pas comme un chrétien, comme un homme.*

C'est le mot le plus révélateur de son entretien avec le brave et astucieux Ecossais. *Non pas comme un chrétien, comme un homme.*

Ils parlèrent de Shakespeare. Voltaire lui dit : « *Souvent deux bons vers, jamais six. Un fou par Dieu ! Un fou de la foire !* » Et il déclamait à tue-tête des tirades. « *Je perdrai par Dieu, par tous les saints du paradis. Ah ! je chevauche un bélier noir comme une putain que je suis...* »

Boswell : *Je vais vous dire pourquoi nous admirons Shakespeare.*

Voltaire : *Parce que vous n'avez pas de goût.*

Boswell essaie de défendre sa cause.

Voltaire : *Toute l'Europe est contre vous : vous avez tort.*

Boswell : *Mais c'est parce que nous avons la plus extraordinaire imagination.*

Voltaire : *La plus déchaînée !*

Boswell : *Que pensez-vous de notre comédie ?*

Voltaire : *Beaucoup d'esprit, beaucoup d'intrigue, beaucoup de bordel.*

Boswell : *Johnson est un homme tout à fait orthodoxe, mais très savant il a beaucoup de génie.*

Voltaire : *Alors, c'est un chien ! Un chien superstitieux. Aucun homme estimable ne fut jamais superstitieux.*

Boswell : *Johnson dit que Frédéric II écrit comme votre palefrenier.*

Voltaire : *Alors c'est un homme sensé. Irez-vous voir le prétendant à Rome ?* (Il s'agit de Jacques Stuart prétendant au trône d'Angleterre, exilé à Rome.)

Boswell : *Non, c'est de la haute trahison* (pour la dynastie des Hanovre).

Voltaire : *Je vous promets que je ne le dirai pas à votre roi. Je ne vous trahirai pas. Vous verriez un fanatique, un pauvre être. Son fils est pire. Il est ivre tous les jours, il bat les femmes et devrait être battu.*

Voilà pour le prétendant : le pire c'est que c'est vrai. Pour ce qui est de la vivacité avec laquelle Voltaire retourne les mots, cet entretien en donne un bel exemple, quand Boswell lui dit que Johnson est orthodoxe, Voltaire traduit par « superstitieux » accolé à l'injure : « chien ». Et l'on sait que « la superstition » est la mère du plus grand des vices : la haine du théâtre.

Passons à la politique.

Voltaire : *Vous avez le meilleur gouvernement du monde. S'il devient mauvais jetez-le dans l'océan. L'océan qui vous entoure est fait pour cela. Vous êtes esclaves des lois, les Français sont esclaves des hommes. En France, l'homme est soit enclume, soit marteau ; il aime battre ou il doit être battu.*

Boswell : *Mais c'est un marteau léger... gentil...*

Voltaire : *Oui, un marteau de poche. Nous sommes trop négligeables pour que ceux qui nous gouvernent nous coupent la tête. Nous sommes à ras de terre, ils nous piétinent.*

Boswell tenant le père Adam entre deux portes lui demanda ce qu'il pensait de la religion de Voltaire et il obtint cette réponse : « *Je prie Dieu chaque jour pour M. de Voltaire. Peut-être Dieu sera-t-il content de toucher son cœur et de lui montrer la vraie religion. C'est dommage qu'il ne soit pas chrétien. Il a tant de vertu et une si belle âme. Il est généreux, charitable, mais tout à fait contre la religion chrétienne. Quand il est sérieux j'essaie de lui dire un mot, mais quand il est d'humeur à décocher ses traits, je me tiens tranquille.* »

D'autant plus qu'il décoche aussi sa canne et les objets qu'il a sous la main et que le Père n'a pas la vocation du martyr. Toutefois, il rend justice à son bienfaiteur et à son tourmenteur : Voltaire semble bien être devenu définitivement, inexorablement antichrétien — mais « *il a tant de vertu et une si belle âme...* » ajoute le bon Père.

Boswell qui n'avait peut-être pas une belle âme, en avait sûrement une bonne, car il voulait du bien au Jésuite et il aurait désiré l'améliorer en l'empêchant de croire à l'Enfer. Boswell insistait, insistait pour que le Père rayât l'Enfer de ses croyances. Le père n'en démordait pas mais, par amitié pour Boswell, il finit par lui accorder que si vraiment il n'y avait pas d'enfer il en serait très heureux.

Avant de quitter Ferney, Boswell vida son cœur.

Boswell : *Quand je suis venu vous voir je pensais voir un grand homme et un homme très méchant.*

Voltaire : *Vous, vous êtes sincère.*

Boswell : *Oui, mais la même sincérité me force à reconnaître que je me suis trompé. Mais votre Dictionnaire Philosophique me trouble, en particulier l'article :* AME.

Voltaire : *L'article est bon.*

Boswell : *Non. Pardonnez-moi. L'immortalité n'est-elle pas agréable à l'imagination ? N'est-elle pas plus noble ?*

Voltaire : *Oui. Vous avez le noble désir d'être roi de l'Europe. Vous dites : Je le souhaite. Et moi je vous demande votre protection, mais ce n'est pas probable.*

A propos de l'âme :

Voltaire : *Avant de dire que cette âme existe, sachons ce qu'elle est. Je ne connais pas sa cause. Je ne puis pas juger... Nous sommes ignorants. Nous sommes les jouets de la Providence. Je suis un pauvre guignol.*

Boswell : *Vous ne voulez pas d'un culte public ?*

Voltaire : *Si. Je le souhaite de tout cœur. Réunissons-nous quatre fois par an dans un grand temple avec de la musique, rendons grâces à Dieu pour tous ses bienfaits. Il y a un soleil, il y a un Dieu. Ayons une religion. Alors tous les hommes seront frères.*

Le jour du départ, Voltaire était très malade. Boswell lui fait porter ses respects et lui demande la permission de se retirer. Voltaire lui envoie ses compliments et lui fait dire qu'il le verra avant son départ. Voltaire est descendu en robe de chambre. Les adieux ont duré un quart d'heure. Boswell est enchanté, Voltaire aussi parce que Boswell lui a dit qu'il avait noté toutes ses conversations. Le vieux philosophe l'eût été bien davantage s'il avait pu lire ce que nous lisons dans le *Journal* de Boswell après le séjour à Ferney. « *J'ai quitté ce château dans un état d'esprit tout à fait extraordinaire. Je pensais profondément et je me demandais si, de retour en Ecosse, je pourrais ressentir encore mes préjugés enfantins.* » Quelle victoire !

Tu l'as voulu, Jean-Jacques...

Avec ses voisins de Genève, tout allait bien. On ne lui cherchait plus noise pour le théâtre : toute la haute société le soutenait. Les pasteurs étaient hostiles mais il leur avait donné des apaisements : il avait renié *la Henriade*. Quelle importance, il ne l'avait jamais signée. Il avait renié *Candide* qu'il n'avait pas signé davantage. Voici ce qu'il pensait des pasteurs : « *Il n'y a plus dans la ville de Calvin que quelques gredins qui croient encore au consubstanciel. On pense ouvertement comme à Londres. Ce que vous savez est bafoué.* » « Ce que vous savez » c'est tout simplement la divinité du Christ — la religion chrétienne, bref « la superstition ». Puisque Genève bafouait l'*Infâme,* il criait : Vive Genève. C'était aller plus vite que la musique.

La querelle avec Jean-Jacques grondait depuis longtemps et elle allait troubler les relations de Voltaire avec une partie de la ville de Calvin. Quand l'*Emile* fut brûlé en 1762 et Rousseau exilé, le malheureux ne sut où aller car il était indésirable dans sa propre patrie. Il se persuada que Voltaire avait tout fait pour cela. En 1762 ce n'était pas vrai ; mais cela le devint par la suite en raison du fol acharnement que Rousseau apporta à se faire détester. Voltaire ne fut pour rien dans la condamnation de l'*Emile* à Genève le 18 juin 1762, qui suivit celle de Paris. Rousseau pourtant cria partout le contraire. Voltaire fut blessé au vif par cette calomnie. Il avait été souvent persécuté. Pouvait-il se faire le complice d'une machination calviniste pour accabler Jean-Jacques contre qui il n'avait pas encore de haine, alors que ce malheureux venait d'être condamné à Paris par un Parlement janséniste ? Les Jansénistes venaient de remporter leur plus belle victoire en faisant chasser les Jésuites, ils se devaient de montrer que le règne de « la morale relâchée » était fini, ils proclamèrent que l'impiété n'avait qu'à bien se tenir et qu'on allait rallumer les bûchers. Jean-Jacques n'invente rien quand il dit qu'on entendait ces Messieurs du Parlement proclamer qu'il ne servait de rien de brûler les livres, c'étaient les auteurs qu'il fallait brûler.

Loin d'en vouloir à Rousseau persécuté, Voltaire, on le sait, lui fit offrir un asile. Rousseau dit tantôt que cette offre ne fut jamais faite, tantôt qu'il l'a oubliée, et tantôt qu'il aurait mieux aimé mourir de faim que d'accepter l'hospitalité de Voltaire. C'est la dernière attitude qui est la plus sincère. Divers témoins se souviennent de cette offre. Un ami de Rousseau, — et ennemi de Voltaire — Deluc, note que Voltaire l'a chargé de convaincre Rousseau de venir habiter Ferney dans une maison que Voltaire lui fera aménager. Mais Deluc et Rousseau crurent à un piège du démon ! Pourtant Deluc était partagé, Voltaire l'avait si bien enjôlé qu'il se demandait parfois si Voltaire n'aimait pas réellement Rousseau. Il était près de le croire. Jamais cette idée ne serait venue à Rousseau qui était tellement satisfait d'être haï qu'il suscitait la haine pour être dans son élément.

En réalité, si Voltaire avait pitié de l'homme, il nourrissait une réelle admiration pour l'auteur du *Vicaire savoyard.* M. de Végobre, un avocat qui s'occupait des Calas pour le compte de Voltaire, raconte qu'il se trouvait à Ferney, assis entre Mme Denis et Voltaire et prenant du café lorsqu'on apporta le courrier de Paris. Voltaire l'ouvrit « sa physionomie s'altéra, devint sombre » il tendit les papiers à l'avocat. Celui-ci lut la nouvelle de la condamnation de l'*Emile*. « *M. de Voltaire n'y tint plus, il se mit à fondre en larmes et de ce ton de voix moitié solennel, moitié sépulcral qui lui était propre, il s'écria à plusieurs reprises : Qu'il vienne ! Qu'il vienne ! Je le recevrai à bras ouverts, il sera ici plus maître que moi, je le traiterai comme mon propre fils.* » On peut toujours dire que Voltaire a joué une comédie de son invention, mais nous le connaissons assez pour nous méfier quand il le faut. Or, en ce cas, il est, exagération mise à part, sincère. S'il avait haï Rousseau comme Rousseau se l'imaginait, Voltaire n'aurait pas joué cette scène. Nous savons que lorsqu'il hait, c'est avec une violence insensée. Le voit-on jouer la scène des pleurs parce que Fréron serait exilé ? ou l'autre Rousseau ? ou La Beaumelle ? ou Desfontaines ? Non, c'est Jean-Jacques qui a attisé la haine et elle a fini par flamber. Nous reconnaissons que Voltaire était un excellent combustible.

A toutes les avances que Voltaire fit à Jean-Jacques celui-ci répondit en disant que Voltaire avait intérêt à se réconcilier avec lui. Car Jean-Jacques après *la Nouvelle Héloïse,* après l'*Emile* est devenu un personnage. Un personnage littéraire. Mais son orgueil l'aveugle. Quelle fausse perspective il a de la société ! Socialement, c'est M. de Voltaire, seigneur de Ferney, qui est le personnage, sa gloire a des assises plus anciennes, plus profondes, plus « officielles » si l'on veut. Voltaire n'avait aucun intérêt à se rapprocher de Jean-Jacques. Il ne s'agit ici de juger ni leurs génies, ni leurs vertus, ni leurs mérites respectifs, il s'agit de considérer leurs relations dans la société du temps. Quand Voltaire se penchait vers Rousseau, il n'avait rien à gagner. Jean-Jacques repoussait du pied les avances de celui qu'il appelait « le polichinelle », « le corrompu », « l'élève des Jésuites », « le riche seigneur de Ferney ». C'était puéril et grotesque, il se croyait tous les droits de la Vertu, et de la plus altière de toutes : de la Vertu malheureuse, et par conséquent sublime, ce qui veut dire intraitable.

Moultou, un Genevois qui détestait Voltaire tout en le fréquentant, et qui soutenait Jean-Jacques, lui écrivait que M. de Ferney avait une passion extrême de se réconcilier et qu'on risquerait de se laisser prendre à ses bonnes paroles. « *Je ne comprends rien à cela,* écrivait-il, *c'est un comédien bien habile, j'aurais juré qu'il vous aimait.* » C'est ainsi que les bons amis favorisaient la réconciliation.

Rousseau au moins tient un rôle et n'en démord pas : « *Si Voltaire est sincère, je lui ouvre les bras, car de toutes les vertus chrétiennes l'oubli des injures est, je vous jure, celle qui me coûte le moins.* » Cela fait sourire. S'il a oublié les injures que ne court-il à Ferney qui lui est ouvert ? Voltaire, lui, ne dit pas qu'il a oublié les injures. Il n'oublie jamais. A vrai dire, il a tout à fait oublié celles qu'il a pu infliger à Rousseau. D'ailleurs, il ne l'a pas injurié : il l'a plaint. Ce qui est pire aux yeux de Jean-Jacques c'est que Voltaire n'a même pas paru ressentir ses propres offenses. Voltaire les a prises pour les intempérances de langage d'un homme très malheureux et un peu détraqué. Les « je vous hais » lui parurent des cris d'enfant malade et surtout mal élevé. A la condescendance apitoyée de Voltaire, Rousseau répond : « *Point d'avances ! Ce serait une lâcheté.* » Mais c'est Voltaire qui les lui fait, les avances ! Et, sans crainte de se déshonorer. Il se penche vers Rousseau, il ne s'abaisse pas. Il fait des avances avec le plus parfait naturel — peut-être même parce que avec un Jean-Jacques cela n'a pas d'importance. Et l'autre, torturé, se raidit dans son orgueil et dans l'envie de tout ce que représente Voltaire et dont il est frustré. Il se drape dans sa misère et sa gloire et il a cette parole décourageante de mégalomanie : « *Il est certain que ce qu'il peut faire de mieux pour sa gloire c'est de se réconcilier avec moi.* »

En 1763, la gloire de Voltaire n'était pas dévaluée par sa querelle avec Rousseau. Elle n'aurait donc pas été réévaluée par la réconciliation. Si l'un des deux avait quelque chose à gagner à se frotter à l'autre, c'était Rousseau.

Dans ses *Lettres écrites de la Montagne,* en 1764, Rousseau passe à l'attaque. Il accuse ouvertement Voltaire de lui avoir fait interdire sa patrie. Or, c'est Rousseau lui-même qui, par dépit, renonça à son droit de bourgeoisie de Genève. Il trouve alors des amis dans cette ville pour le soutenir, c'est-à-dire pour attaquer Voltaire. Ce parti fait remarquer qu'il y a une grande différence dans la manière dont on traite à Genève même un étranger impie, Voltaire, et un Genevois croyant et vertueux, Rousseau. Pourquoi ? Parce que l'un est riche et l'autre pauvre. Voilà la querelle bien posée et bien envenimée. Voltaire n'a pas de peine à montrer qu'on a condamné *la Henriade, Candide* et son théâtre. Là-dessus Rousseau dénonce aux autorités *Saül,* la plus abominable attaque contre les Ecritures, et son auteur Voltaire. « *Voilà,* dit-il aux Genevois, *qui vous recevez, qui vous honorez parmi vous. Et moi, votre fils, moi qui sers ma patrie, vous me fermez vos portes.* » Et Genève est partagée entre les Pour et les Contre, l'émeute éclate entre les partisans de Jean-Jacques et ceux de Voltaire. Car il y eut émeute.

Voltaire fut horrifié, soulevé de haine par la délation de Rousseau. La bassesse du procédé fit de lui l'ennemi forcené de Jean-Jacques. Dans un temps de persécution, dénoncer à l'autorité répressive un concurrent, ou même un ennemi personnel, alors qu'ils sont, en somme, du même bord, paraît être le cas le plus caractérisé de trahison. C'est alors que Jean-Jacques devint « le faux-frère ». Désormais, il sera passible, comme les Fréron et les Desfontaines de toutes les vengeances. Avec le traître, toutes les traîtrises sont permises. Voltaire ne gémit pas ; il s'adresse d'abord aux Genevois qui parlent toujours de bons principes et de mauvais livres et déplacent le sujet de la querelle. Voltaire la remet sur un plan moins idéaliste mais qui semble plus sincère et tout à fait à la portée des gens positifs pour qui les bons principes s'accordent souvent avec les bonnes affaires : « *Le fond de l'affaire,* écrit Voltaire, *est qu'un certain nombre de vos citoyens est outré qu'un citoyen soit exclu de sa patrie et qu'un étranger ait un domaine dans votre territoire. Voilà la pierre d'achoppement.* »

Il y avait encore beaucoup de gens qui ne pardonnaient pas à leur Consistoire d'avoir autorisé un étranger catholique à s'installer dans la ville de Calvin. Mais cela n'intimidait pas Arouet le Jeune. Il rappelait dans la même lettre que si on l'inquiétait à Genève, il était français, qu'il avait payé son domaine (très cher !) que son droit de propriété lui avait été légitimement reconnu, que ses louis d'or avaient été sur-le-champ naturalisés et que, à leur vue, personne ne lui avait demandé s'il avait écrit *Candide* ou *Saül.* Et pour finir : « *Ce dernier effort de mes ennemis vous paraît aussi méprisable qu'à moi. Je crois qu'il faut laisser tomber ce petit artifice. Un éclat qui me compromettrait m'obligerait à faire un autre éclat.* »

C'est le Voltaire va-t-en-guerre : il propose la paix, et envisage la guerre. Et comme ses menaces, même voilées, ne sont jamais vaines les Genevois récalcitrants vont avoir bientôt l'éclat qu'il leur a promis. Déjà, il a pris ses dispositions et compté ses alliés : le ministre de France à Genève, l'ambassadeur de France à Turin et le Premier Ministre, le duc de Choiseul. A l'intérieur de la place, il dispose des Tronchin et des principales familles de Genève.

Sans attendre de nouvelles offenses, il tire sa première salve. Il avait réuni un certain nombre d'articles commencés à Berlin en 1752, sous le titre de *Dictionnaire philosophique portatif*. Il le fait imprimer à Amsterdam et en inonde Genève. Il prend lui-même la précaution d'avertir le Consistoire qu'il vient d'être informé qu'un infect libelle portant, croit-il, le titre de *Portatif* circule déjà dans Ferney, que des méchants le lui ont attribué, qu'il s'agit d'une calomnie si évidente qu'il veut préserver Genève de cette pernicieuse publication. Pour prouver sa bonne volonté, il est en mesure de donner avis aux autorités de Genève que, tel jour à telle heure, un ballot de ces fascicules pénétrera en ville par telle porte. En effet, le ballot est saisi comme prévu. Qui soupçonnerait Voltaire d'avoir fait entrer à la même heure six ballots semblables par les six autres portes de la ville et d'être, par surcroît, l'auteur de ce libelle ? La ville en fut submergée, on trouva des libelles distribués sur les bancs du temple de la Madeleine. C'était vraiment de la provocation.

A Ferney, ce genre de publication était bien connu des habitants. Les horlogers que Voltaire avait fait venir de Genève et installés chez lui en étaient friands. Ils collectionnaient les fascicules tout en se cachant car les perquisitions étaient à craindre et pouvaient avoir des conséquences dangereuses. On raconte qu'une mère très pieuse était désolée de voir son fils se nourrir de ces lectures impies, un jour qu'elle lui servait son repas elle lui demanda comment il le trouvait :

— *Très bon, mais très chaud,* dit-il.

— *Pour chaud, il doit l'être,* répondit-elle, *va donc voir ta cachette à Voltaire.*

Elle l'avait découverte et brûlé tous les pamphlets. Ce fait montre bien que le peuple savait que l'auteur en était Voltaire.

Cependant notre pamphlétaire était furieux contre le délateur Rousseau : « *Si le chien de Diogène et la chienne d'Erostrate avaient un petit, ce serait Jean-Jacques* », disait-il. Ces injures en privé n'étaient rien qu'un exutoire pour la bile. Il fallait des injures publiques. Il publia en décembre 1764 *Le Sentiment des Citoyens,* nouveau fascicule qui répondait aux *Lettres de la Montagne.* L'ermite de Ferney s'y découvre sous un jour inattendu, le voilà défenseur de Jésus-Christ et des bons pasteurs contre Jean-Jacques. « *Est-il permis à un homme né dans notre ville d'offenser à ce point nos pasteurs dont la plupart sont nos parents et nos amis et qui sont quelquefois nos consolateurs ?* » L'auteur demande qui est, en somme, ce Jean-Jacques : un savant ? un grand écrivain ? « *Non ! c'est l'auteur d'un opéra et de deux comédies sifflées.* » Voltaire oublie le reste : *Le Discours sur l'Inégalité ; la Nouvelle Héloïse, l'Emile...* Est-ce au moins un homme de bien ? Pas davantage. « *Nous avouons avec douleur et en rougissant que c'est un homme qui porte encore les marques funestes de ses débauches et qui déguisé en saltimbanque traîne avec lui de village en village et de montagne en montagne la malheureuse dont il fit mourir la mère et dont il a exposé les enfants à la porte d'un hôpital en rejetant les soins qu'une personne charitable voulait avoir d'eux et en abjurant tous les sentiments de la nature comme il dépouille ceux de l'homme et de la religion.* »

C'est méchant et c'est presque vrai. Mais ce qui nous amuse — et cela ne devait pas amuser Rousseau — c'est le ton. La phrase prend une respiration, une éloquence, un pathétique dépourvu d'ironie qui sont plus proches de Rousseau que de Voltaire. Il mime l'ennemi pour le mieux atteindre.

Il va plus loin. Il désigne au Conseil non seulement un auteur de romans malsains, il leur désigne un ennemi social qui n'attaque pas seulement la foi mais le fondement même de la Société, de la bonne société genevoise, bien cossue, bien sereinement installée sur ses coffres. Il ne s'agit plus de littérature ou de philosophie, ou de métaphysique, il s'agit de sédition. Et Voltaire envoie se trait mortel : « *Mais il lui faut apprendre que si on châtie légèrement un romancier impie on punit capitalement un vil séditieux.* » Voltaire, sans hésitation, désigne Rousseau au bourreau... Tu l'as voulu Jean-Jacques... tu l'as ta haine !

Ce pamphlet fit un mal affreux à Jean-Jacques. Il ne l'attribua pas d'abord à Voltaire. Il l'attribua au pasteur Vernes, de Genève et sans autre preuve que « son infaillible sentiment » comme il disait, il accabla cet innocent. Voltaire laissa faire. Rousseau dans toutes ses lettres continuait à déchirer Voltaire. Buffon effaré de la violence de Rousseau essaya de le modérer et l'engagea à laisser dormir un si dangereux compère. Mais Rousseau voulait la guerre, il voulait être encore persécuté. « *Quand l'inquisiteur Voltaire m'aura fait brûler cela ne sera pas plaisant pour moi, je l'avoue, mais avouez aussi que pour la chose cela ne saurait l'être plus.* »

Avouons après lui que tant de persévérance pour obtenir des coups méritait bien sa récompense.

L'étoile de Sémiramis fait pâlir sans l'éteindre l'étoile du Salomon du Nord.

« *Mon cher Philosophe,* écrit Voltaire au pasteur Bertrand en août 1764, *j'ai rompu, Dieu merci, tout commerce avec les rois.* » Rien n'est plus faux. Depuis 1761, il est vrai, Frédéric ne répond plus aux lettres ; en revanche, Voltaire est en coquetterie avec la tsarine Catherine II. Quand il est obligé de subir les bouderies de Frédéric notre Philosophe appelle cela « renoncer aux vanités de ce monde ».

« *Je ne connais plus que la retraite. Je laisse M*[me] *Denis donner des repas de vingt-six couverts et jouer la comédie pour les ducs et les présidents, intendants et passe-volants qu'on ne reverra plus. Je me mets dans mon lit au milieu de ce fracas et je ferme ma porte.* » C'est pour mieux coquetter avec son impératrice, *la Sémiramis du Nord,* en passe de remplacer « le Salomon du Nord », défaillant. (Il est en disgrâce, disait le roi Voltaire.)

Avec les souverains de Saint-Pétersbourg l'idylle commença par une *Histoire de Pierre le Grand* que Voltaire voulait écrire et qu'il écrivit, en effet, dans de mauvaises conditions car il ne possédait que peu de documents, mais dans les meilleurs sentiments car il était bien décidé à rendre Pierre encore plus grand qu'il n'était. Les Russes, pourtant intéressés par cet ouvrage, ne lui envoyaient que de rares renseignements, toujours avec des retards décourageants. Voltaire prit beaucoup de peine pour un médiocre résultat. Le livre parut en 1759, et fut réédité en 1763. Un voyageur qui revenait de Russie lui signala que sa *Vie de Pierre le Grand* fourmillait d'erreurs. Il répondit en pirouettant : « *Mon cher, ils m'ont donné de bonnes pelisses et je suis très frileux.* » On voit qu'il n'attachait pas la même importance à cet ouvrage qu'à son *Siècle de Louis XIV*. Il aurait été heureux d'apprendre que la tsarine d'alors, Elisabeth, fille de Pierre le Grand, était satisfaite. Elle le fut : il en frétilla d'aise. En revanche, une lettre de Frédéric, une des dernières avant la bouderie, montre qu'il était fort mécontent de voir Voltaire perdre son temps à écrire l'histoire d'un souverain barbare. Voltaire s'en plaint à d'Alembert : « *Luc me mande qu'il est un peu scandalisé que j'aie fait l'histoire des ours et des loups ; cependant ils ont été à Berlin des ours bien élevés.* » Il se plaint même à l'ambassadeur de Russie, le comte Schouvalow.

« *Monsieur, je dois confier à votre prudence et à votre bonté pour moi que le roi de Prusse m'a su très mauvais gré d'avoir travaillé à l'Histoire de Pierre le Grand et à la gloire de votre empire. Il m'en a écrit dans les termes les plus durs et sa lettre ménage aussi peu votre nation que l'Historien... mais je me flatte que votre auguste Impératrice, la fille de Pierre le Grand, sera aussi contente du monument élevé à la gloire de son père que le roi de Prusse en a été fâché.* » 2 décembre 1760.

Le courtisan Voltaire donne ici un petit aperçu de son talent, il sait faire entendre que « le monument » qui lui vaut la haine du roi de Prusse, devrait bien lui valoir en compensation quelques faveurs de la fille de Pierre le Grand. Ce qu'on perd à Berlin, on est en droit de l'attendre de Saint-Pétersbourg.

Autre algarade avec Frédéric, décidément bien tyrannique. Il ne supporte pas que Voltaire ait dédié *Tancrède* à la marquise de Pompadour. Cette tragédie, écrite du 22 avril au 18 mai 1759, fut jouée au Théâtre-Français le 3 septembre 1760. Frédéric piétinait de rage en lisant la dédicace. Il n'y avait vraiment pas de quoi. Il écrivit à Voltaire une lettre dure et méprisante, lui reprochant sa platitude et ses palinodies, il lui rappelait certains vers de *la Henriade* sur la favorite exécrée. Tout cela n'était pas faux... Mais était-ce bien à Frédéric à faire ces reproches à Voltaire ? Dans une lettre à D'Argens, Frédéric écrivait du philosophe : « *Tout ce qui le touche ne m'affecte guère.* » (C'était faux, il le faisait surveiller et se faisait instruire de toutes les démarches de Voltaire) *laissons ce misérable se prostituer lui-même par la vénalité de sa plume, par la perfidie de ses intrigues et la perversité de son cœur.* »

Quand Machiavel devient juge, on voit qu'il est sévère pour le machiavélisme des autres. Il est vrai qu'il s'exprime moins en Machiavel qu'en ami déçu : c'est du dépit. C'est très loin de l'indifférence. Frédéric souffrait de voir Voltaire se rapprocher de Versailles et surtout de le voir flirter avec la tsarine qui prenait sa place. Elisabeth envoie à Voltaire son portrait entouré de diamants : on le vole en route ! tant pis pour le portrait ; c'est l'amitié de la tsarine qui compte. « *J'ai du moins une souveraine de deux mille lieues de pays dans mon parti,* écrit-il tout guilleret, *cela me console des cris des polissons.* » Mars 1761.

L'un de ces polissons s'appelait Frédéric II !

Un an après ce beau départ, la tsarine Elisabeth mourut. « *J'ai fait une grande perte* », écrivait-il à sa nièce la marquise de Florian. Il la répare sans tarder. La tsarine est morte ? vive la tsarine ! voici Catherine II : on ne perdit pas au change, mais le change n'alla pas sans soulever certaines difficultés. Assassinats, débauches, complots, fourberies insondables... Qu'allait faire la Philosophie dans cette galère moscovite ? Il fallait être philosophe à la manière du seigneur de Ferney pour passer sur tout cela, et accommoder en badinant, cette effrayante politique russe avec l'amitié, l'admiration... et les principes philosophiques ! Tout se concilia à merveille : l'intérêt et la vanité firent le liant.

Catherine pour accéder au trône fit d'abord assassiner son mari le tsar Pierre III. Celui-ci était probablement un ivrogne, un fou, un être dégradé ; il était gênant pour son épouse qui le fit détrôner le 9 juillet 1762 et empoisonner et étrangler huit jours après. Nos philosophes n'y virent pas grand mal. Les cours, les classes élevées des nations européennes ne firent pas à Catherine une aussi bonne réputation que les philosophes de Paris. Catherine qui était une femme supérieure, non seulement dans l'art d'arriver au trône en enjambant le cadavre de son mari, mais exceptionnellement supérieure par l'intelligence, la culture, le goût, connaissait parfaitement Voltaire. Elle l'avait lu et elle le connaissait comme tout le monde par les rapports des voyageurs et des diplomates. Elle avait sur le poète des informations encore plus précises par son secrétaire, M. Pictet, un Genevois, qui avait été un familier des *Délices* où il avait joué la comédie. En outre, elle s'était très bien renseignée sur Voltaire auprès de l'ambassadeur de France à Saint-Pétersbourg qui était Breteuil, un neveu d'Emilie que Voltaire avait connu enfant comme il connaissait toute la famille Breteuil. Peu à peu, naquit dans le cerveau fertile de Catherine, cette idée que Voltaire était l'écrivain le plus qualifié pour éclairer les esprits chagrins de l'Europe sur la conduite et les vertus de l'impératrice de Russie qui ne semblait pas être appréciée partout selon ses immenses mérites.

Pictet avait écrit à Voltaire dans ce sens. Voltaire qui avait les antennes les plus sensibles du monde pour capter les nouvelles à l'instant même où l'événement allait poindre, n'avait pas attendu pour écrire une lettre pleine de louanges à Pictet pour se réjouir de l'heureux enchaînement de circonstances qui avait providentiellement porté Catherine II sur le trône.

Pictet, par mégarde sans doute, laissa traîner la lettre qui tomba sous les yeux de l'Impératrice. Elle la trouva de fort bon goût ; mais elle n'était pas femme à se contenter d'un madrigal : elle voulait pour employer notre jargon moderne, « une campagne de presse » orchestrée à travers toutes les capitales par

M. de Voltaire. Entre souverains, on doit se tendre la main.

Pictet n'ayant pas eu de réponse à sa première lettre, persuasive, mais écrite en termes enveloppés, en écrivit une seconde. Voltaire fin renard se réservait. Il n'était pas pressé de chanter publiquement la louange d'une femme qui avait fait assassiner son mari. A Ferney, comme dans toutes les cours bien informées, on savait qu'il existait un rival de Catherine, un prétendant du nom d'Yvan qui prétendait, non sans raison, avoir plus de droits qu'elle au trône ; on savait qu'il avait des partisans et qu'une fraction du peuple lui était fidèle. Aussi, pour bien des gens dont Voltaire, la couronne de Russie ne paraissait pas encore bien stable sur le chignon de Catherine. Il crut préférable d'attendre que le succès se consolidât pour voler à son secours. Voici ce qu'il écrivait le 13 août 1762 à l'ambassadeur Schouvalow lors de la mort de Pierre III : « *On parle d'une colique violente qui a délivré Pierre du petit désagrément d'avoir perdu un empire de deux mille lieues.* » Le tsar ainsi expédié, voici les sentiments de Voltaire sur cette fin : « *J'avoue que je crains d'avoir le cœur assez corrompu pour n'être pas scandalisé de cette scène comme un bon chrétien devrait l'être. Il peut résulter un très grand bien de ce petit mal. La providence est comme étaient autrefois les Jésuites, elle se sert de tout.* » On ne saurait avoir plus de désinvolture pour blanchir Catherine et comme son ambassadeur ne manquera pas de lui faire connaître les sentiments de Voltaire, elle saura qu'elle peut compter sur lui.

Afin de le séduire, elle lui fait demander des tragédies qu'on jouera à la cour — non au théâtre. Ce seront les grands seigneurs qui joueront Voltaire. Qu'il envoie tout ce qu'il a, même l'inédit. On lui jure le secret. Elle lui écrit de sa main qu'elle « *ne prend la plume que pour prier M. de Voltaire de ne plus me louer avant que je l'aie mérité* ».

Il est conquis bien qu'hésitant encore à corner la gloire de Catherine dans toutes les cours d'Europe. En attendant, elle fait assassiner Yvan. Voilà son trône assuré mais sa réputation est déplorable. Voltaire soutient en privé que le succès est un magicien qui arrange tout. Il fait l'éloge de Catherine dans ses lettres et ses conversations, ses propos sont répandus ; tout le monde n'est pas de son avis : « *J'ai peur que M. de Praslin n'aime pas mon Impératrice de Russie. J'ai peur qu'on ne me la dégote, il ne me restait plus que cette tête couronnée, il me la faut absolument* », écrit-il fin juillet 1763. Comment vivre, n'est-ce pas, sans un souverain dans sa familiarité ?

Il n'était pas le seul philosophe à voiler les crimes de la tsarine. D'Alembert que Catherine appelait à ses côtés, n'était pas sévère pour elle ; cependant, il refusa l'invitation. Voltaire disait de d'Alembert, que tout bon géomètre qu'il était, il n'aurait jamais su résoudre le problème de la cour de Catherine et il ajoutait que « *l'affaire d'Yvan avait été conduite de façon si atroce qu'on aurait juré qu'elle l'avait été par des dévots* ».

Pour punir Catherine d'avoir conduit de façon si atroce l'affaire du pauvre Yvan, Voltaire lui fit attendre six mois l'envoi du *Dictionnaire philosophique portatif* qu'elle lui avait demandé. Mais lui resta six mois sans lettre de *Sémiramis* : c'était plus que n'en pouvait supporter un philosophe retiré du monde. *Sémiramis,* de son côté, considérait que six mois de privation de Voltaire, c'était trop cher payer le meurtre de ce stupide Yvan dont elle avait débarrassé la Russie et le « Siècle des Lumières ».

D'Alembert ôta les derniers scrupules de Voltaire en lui citant ce proverbe : « *Il vaut mieux tuer le diable avant que le diable nous tue.* » Toutefois, Voltaire trouvait qu'il était quand même assez fâcheux que leur disciple Catherine fût amenée à se défaire de tant de gens. Ces crimes en série étaient mauvais, non pour la morale, mais pour la réputation de la secte philosophique dont Catherine était un ornement : « *Je conviens avec vous que la philosophie ne doit pas trop se vanter de pareils élèves, mais que voulez-vous ? Il faut aimer ses amis avec leurs défauts.* »

Bien sûr, surtout quand ils n'ont que des défauts aimables. On ne saurait pousser plus loin l'indulgence de l'amitié. Et Voltaire proclame : « *Je suis son chevalier envers et contre tous. Je sais bien qu'on lui reproche quelques bagatelles au sujet de son mari, mais ce sont des affaires de famille dont je ne me mêle pas... et son vilain mari n'aurait fait aucune des grandes choses que ma Catherine fait chaque jour.* »

Quand Mme du Deffand lut cette lettre, elle dut s'y reprendre à deux fois pour être sûre de ce qu'elle comprenait. Elle répondit à Voltaire qu'en lisant ces « bagatelles » et « ces affaires de famille », Pierre III même aurait ri s'il avait pu ressusciter. Walpole, l'amant de Mme du Deffand, fut plus sévère. « *Voltaire me fait horreur avec sa Catherine. Le beau sujet de badinage que l'assassinat d'un mari...* »

La tsarine était devenue « ma Catherine », on l'a remarqué ; ce ne fut bientôt plus assez familier. elle devint « ma Cateau » dans le salon de Ferney et, de là, « ma Cateau » gagna l'Europe ; ainsi se répandit sa légende de souveraine éclairée, libérale, humaine, bonne et même tendrement sentimentale — et tellement sans façons !... Le sentiment de Walpole se répandit aussi : Catherine était honnie par certains et Voltaire avec elle.

La duchesse de Choiseul était outrée par le badinage cynique de Voltaire au sujet de « sa Cateau » : « *La voilà blanche comme neige, elle est l'amour de ses sujets, la gloire de son empire, l'admiration de l'Univers, la merveille des merveilles.* » Mme du Deffand dit à la duchesse qu'elle avait fait honte à Voltaire de son attitude : « *Puisse-t-il en rougir !* » s'écria la bonne dame. Il ne semble pas que son vœu ait été exaucé.

Quand la tsarine achète à Diderot sa bibliothèque et lui fait une pension pour être le bibliothécaire de ses propres livres, Voltaire est transporté de joie : « *Aurait-on jamais soupçonné qu'un jour les Scythes récompenseraient si noblement dans Paris la vertu, la science, la philosophie si indignement traitées parmi nous ? Illustre Diderot, recevez les transports de ma joie.* » Quoi qu'elle fasse, « ma Cateau » a toujours raison. Les Polonais mis en esclavage ? autre bagatelle. Pourtant, la Philosophie n'avait-elle pas son mot à dire ? Peu importe. Les Polonais ont tort, ils n'aiment pas *Sémiramis,* ou « ma Cateau ».

Quand elle part en guerre contre le Turc, il n'y a pas de supplice que Voltaire ne souhaite au Sultan. Tout doit appartenir à « ma Cateau » et d'abord les Balkans ! Qu'elle s'en empare ! Sémiramis délivrant la patrie de Sophocle, quel dessein enivrant ! qu'elle prenne Istamboul, qu'elle ressuscite Constantinople et en fasse sa capitale. Rien n'est trop grand, ni trop beau pour « ma Cateau ». Il regrette d'avoir soixante-dix ans, sinon... il laisse entendre qu'il irait combattre pour elle. Quel beau guerrier ! que ne s'est-il mis plus tôt au service de sa propre patrie ? Les occasions n'ont pas manqué : Fontenoy ! Fontenoy ! Il a remporté, il est vrai, avec son poème de Fontenoy une victoire — que n'allait-il aussi sur le champ de bataille ? Tel est le Voltaire courtisan. Encore la comédie...

Parfois, il est très grand acteur dans ses pièces sublimes comme l'affaire Calas ; parfois il fait le plaisantin, et à l'occasion, le polichinelle, dénoncé par Jean-Jacques.

On se souvient de ses machines de guerre, de ses chars assyriens, reconstitués, sur sa proposition, par M. de Florian, capitaine d'artillerie et qu'après étude, le Ministère de la Guerre avait refusés. Ce refus de Versailles l'avait blessé : il ne cachait pas que nos échecs de la guerre de Sept Ans venaient de l'absence de ses chars dans l'armée française. Il proposa ses machines de guerre à Catherine II. Il le fit avec une ardeur, une insistance auxquelles S.M. Impériale finit par répondre... très évasivement. Il ne voulut pas voir qu'il s'agissait d'un refus poli. Il fit semblant de comprendre qu'il s'agissait d'un début de négociations. Il répondit à Catherine en lui promettant toutes les victoires sur le Grand Turc. Il laissa errer son imagination cabotine, il se vit l'inspirateur et l'instrument du triomphe de sa tsarine. Lui si habile à lire et à interpréter le langage des cours, préféra se laisser aveugler par les feux de la rampe parce qu'il jouait devant une spectatrice incomparable : Catherine II, impératrice de toutes les Russies.

Tout homme a son délire, même le très sensé François Arouet. C'est ainsi que ses chars d'assaut battus à Versailles, le furent une seconde fois à Saint-Pétersbourg. Mais cet échec resta secret.

Sa diplomatie en faveur de « ma Cateau » reçut à Genève un échec plus cuisant parce que public.

Catherine s'était mis en tête de civiliser ses sujets : elle copiait et empruntait tout ce qu'elle pouvait des institutions et des mœurs des pays occidentaux. Elle eut l'idée d'importer des institutrices pour éduquer les enfants de l'aristocratie russe.

Elle choisit les Suissesses, des Suissesses parlant français. Elle chargea Voltaire de favoriser ce recrutement pédagogique auprès des autorités genevoises.

L'ambassadeur de Russie vint en 1765 faire un séjour à Ferney pour s'occuper, en personne, de ce recrutement. On avait trouvé un certain nombre de jeunes filles qui, avec l'accord des parents, se déclaraient prêtes à porter leurs lumières dans les steppes — ou les palais — de Moscovie. Mais la *Sémiramis* et son empire étaient loin d'avoir aussi bonne presse à Genève qu'à Ferney. Et le Conseil de la République de Genève le montra bien en s'opposant formellement au départ des institutrices et en rappelant celles qui étaient déjà en route. Voltaire furieux en appela aux Tronchin. Le célèbre médecin lui répondit tout net : « *M. de Voltaire, le Conseil se regarde comme le père de tous les citoyens, en conséquence, il ne peut souffrir que ses enfants aillent s'établir dans un pays dont la souveraine est violemment soupçonnée d'avoir laissé assassiner son mari et où les mœurs les plus relâchées règnent sans frein.* »

Voltaire ne l'entendait pas ainsi, il invoqua le droit des gens à disposer d'eux-mêmes. Il osa dire qu'on laissait aller les filles en France et en Angleterre sans opposition... On ne prit même pas la peine de lui répondre que la France et l'Angleterre n'étaient pas la Moscovie. Le Conseil le laissa discourir et Catherine fut privée des institutrices que Voltaire lui avait promises comme s'il faisait la loi à Genève. C'est ainsi que la petite république donna, à une grande tsarine, une leçon que le grand Philosophe de Ferney n'avait pas su lui donner. « *J'ai été d'autant plus piqué,* dit-il, *que le comte de Schouvalow était chez moi.* » L'ambassadeur fut déçu ; Voltaire s'était mêlé une fois de plus d'affaires qui ne regardaient que les Genevois mais, pour « ma Cateau », que n'aurait-il pas fait ?

Afin de compenser l'absence de personnel enseignant, il fournit à Catherine une tragédie inédite — un fond de tiroir — pour faire jouer les jeunes filles nobles. *Les lois de Minos.* Il n'y avait pas d'amour dans la pièce — pas plus que de génie d'ailleurs. Il avertit prudemment que la pièce est d'un jeune homme inconnu mais très doué. Et il reparle de ses chars : « *Encore une fois, je ne suis pas meurtrier mais je crois que je le deviendrai pour vous servir.* » Un Philosophe pacifiste et devenant sanguinaire pour l'amour de *Sémiramis* !

Tout en « catherinant » comme il dit, il saisit au vol l'occasion de renouer avec « Luc ». Ayant appris que le roi de Prusse était malade, il lui écrivit. La réponse arriva — pas très chaude, mais enfin c'est mieux que rien. « *Je vous ai cru si occupé à écraser l'Inf. que je n'ai pu présumer que vous pouviez penser à autre chose* », lui écrit Frédéric. Dès lors, leurs lettres se succèdent avec rapidité et régularité. Il arrive même que le « charme » renaisse et Frédéric s'y laisse aller. Il écrit : « *Non, il n'est pas de plus plaisant vieillard que vous... Vous avez gardé toute la gaîté et l'aménité de votre jeunesse.* » Et ceci plus enthousiasmant encore. « *Vous créez des êtres où vous résidez : vous êtes le Prométhée de Genève. Si vous étiez demeuré ici, nous serions à présent quelque chose.* » Curieux et émouvant ce « nous ». Et ce « quelque chose », qu'est-ce ? Frédéric n'avait-il pas pleinement réussi ? Avait-il, cet homme exceptionnel, ce souverain sans égal au XVIIIe siècle, conscience d'avoir manqué sa vie ? « *Une fatalité qui préside aux choses de la vie n'a pas voulu que nous jouissions de tant d'avantages.* »

Quel accent de regret, de nostalgie ! après tant de disputes et de méchancetés, une aimantation les attirait toujours l'un vers l'autre. Voltaire allait lui répondre, le fasciner de nouveau, et s'attacher lui-même davantage à Frédéric parce qu'il savait qu'il ne fascinait personne comme le roi de Prusse.

Aucun de ses innombrables admirateurs n'était pour Voltaire

une proie aussi prestigieuse que ce roi, dur et cruel, mais souverainement intelligent. Ce retour de Frédéric lui donne une sorte de confiance et de sérénité : « *Ce prince m'écrit tous les quinze jours, il fait tout ce que je veux* », écrivait-il au marquis de Florian en 1767.

Encore une ténébreuse affaire.

Au moment même où l'affaire Calas s'achevait triomphalement pour Voltaire et le clan philosophique, Voltaire était informé qu'une autre affaire, de la même sorte, et dans la même région, bouleversait les consciences. C'est à croire qu'une mystérieuse influence encourageait les juges du Languedoc dans leurs abominables entreprises.

Il s'agit de l'affaire Sirven dont les premiers faits remontent à 1760 dans la région de Mazamet. La famille huguenote des Sirven se composait du père, géomètre-arpenteur, de la mère et de trois filles dont l'aînée était mariée. L'une des deux cadettes, Elisabeth passait pour simple d'esprit. Un jour, elle disparut. Après une journée de recherches le père fut convoqué à l'évêché où on lui apprit que sa fille était venue demander asile et voulait se convertir. On l'avait aussitôt placée dans un couvent dit des *Dames Noires*. Il est étrange qu'une simple d'esprit ait montré tant de résolution. Tout s'éclaire quand on apprend qu'elle avait une conseillère en la personne de la sœur de l'évêque. Cette personne s'adonnait à une activité à la mode de ce temps qui consistait à collectionner les âmes perdues. On repêchait parfois un peu à l'aveuglette. Le père ne cacha pas que cette évasion (ou cet enlèvement ?) lui était douloureux. Toutefois, il déclara être prêt à s'incliner si la vocation de sa fille était sincère — il voulut bien admettre, le pauvre homme, qu'elle se trouvait en bonnes mains. Que pouvait-il dire de plus conciliant ?

La fille cloîtrée devint en peu de temps complètement folle. Elle avait des hallucinations, se mettait toute nue et suppliait qu'on lui donnât le fouet. Ces Dames ne le lui donnèrent pas, mais une servante compatissante le lui administra. Et la fille de hurler qu'on la martyrisait. Bref, il ne resta bientôt qu'un remède pour elle : la camisole de force. Et elle fut mise au secret dans sa cellule. La pénitente, devenant impossible, fut rendue à sa famille après sept mois de ce régime, le 7 octobre 1760. Elle n'en resta pas moins folle : son idée fixe était le mariage. Elle demandait au premier venu : « *Epousez-moi !* », elle ne trouva personne, ni catholique, ni protestant. Les parents étaient au désespoir. La fille avait des crises de fureur et se jetait sur père et mère ; il fallait alors l'attacher. Le père en voyant l'état dans lequel on lui avait rendu sa fille n'avait pas su contenir ses paroles : il accusa *les Dames Noires* d'avoir rendu sa fille folle. Ces paroles furent rapportées. Les *Dames* et l'évêché résolurent de se venger.

Les *Dames* firent déposer une plainte contre Sirven qui maltraitait sa fille parce qu'elle voulait se convertir au catholicisme. Dès lors, le malheureux fut happé par le fatal engrenage qui avait broyé Calas. On l'obligea à conduire lui-même sa fille aux offices du couvent. Pendant qu'il faisait un court voyage chez un châtelain des environs pour vérifier le cadastre de ses terres, on l'avertit que sa fille avait disparu. Il rentra, trouva sa maison envahie, sa femme, abîmée dans la douleur ; on lui apprit qu'à minuit, la folle s'était levée, disant qu'il faisait jour et qu'elle allait chercher du bois. Elle n'avait pas reparu. Le père fit faire des recherches, la fille demeura introuvable. Le curé du lieu eut cette parole : « *Là où est la pauvre fille, elle est mieux qu'avec ses parents.* » Phrase fatale ! équivalent des cris hostiles que la foule avait poussés contre Calas assassin.

Dans l'esprit du curé, sa phrase signifiait que la fille avait été de nouveau enlevée par l'autorité ecclésiastique et mise au couvent et non, comme on le crut, qu'elle avait été assassinée. Dans les quinze jours qui suivirent, l'opinion se répandit que la fille était de nouveau cloîtrée. Les Sirven eux-mêmes le crurent. Un jour, des enfants découvrirent le corps dans un puits des Communaux. Le suicide ne fit de doute pour personne.

Mais le fanatisme envenimant tout, déforma tout. La rumeur du crime s'accrédita peu à peu : Sirven avait préféré tuer sa fille à la voir se convertir. Or, Sirven n'était pas chez lui le soir du « crime », on dit alors que c'était la mère. Or, la mère avait appelé au secours quand la folle s'était sauvée. On dit ensuite que c'était la sœur aînée qui, quoique en état de grossesse, avait tué sa sœur et l'avait traînée jusqu'au puits. Et l'on fit état de l'argument qui avait si bien réussi pour Calas : les protestants sont parricides par système, un des dogmes de leur secte est d'égorger leurs enfants catholiques. Et nous voilà devant un crime rituel ! cette rumeur abominable fanatisa la foule. On trouva un juge qui, sensible à des pressions cachées, fut tenu de considérer comme coupable celui qu'on lui désignerait Il pouvait condamner sans crainte, il avait avec lui la voix du peuple et le soutien d'occultes mais puissantes autorités. A Mazamet, on dénicha un procureur, nommé Trinquier, ancien commerçant en faillite qui devint juge par élection. C'était un famélique qui percevait pour vivre un traitement de maître d'école — sans faire l'école. On fit modifier le rapport médical que le juge ne trouvait pas à son goût pour rendre le jugement qu'il avait déjà préparé. Comme la première modification n'était pas suffisante, on le fit truquer une seconde fois. Malgré tant de complaisance, le procès dura quatre ans ! Il était tout de même difficile de condamner un homme aussi innocent que le père de cette pauvre folle.

Les gens étaient, peu à peu, devenus favorables aux Sirven quand, à la stupéfaction de ceux-ci, on les avisa qu'ils étaient menacés d'arrestation, et qu'ils devaient fuir. Ils abandonnèrent tout et, dans la boue, dans la pluie, dans la nuit, ils se cachèrent dans la campagne. Ils réussirent dans des conditions atroces à faire six kilomètres en cinq heures. On saisit tous leurs biens. Une fois sauvés, ils allèrent chacun de son côté. Lui, à pied, comme un vagabond finit par atteindre Lausanne en 1762. Les femmes se cachèrent à Nîmes. A Mazamet, le juge redoublait de zèle, se servait de tous les moyens pour obtenir des témoignages accablants. Il se passa un fait étrange et qui entrava la marche du procès : le cadavre de la folle, déposé à la mairie, répandait une odeur si infecte que les sentinelles qui le gardaient s'écartèrent. On — qui ? — en profita pour voler le cadavre. Voilà un crime sans cadavre ! on jugea quand même le crime : le père et la mère Sirven furent condamnés à être pendus. Les deux filles survivantes devaient assister au supplice de leurs parents et seraient ensuite bannies. Comme les « coupables » étaient en fuite — bien leur en prit ! — la sentence fut exécutée en effigie, cinq mois après le jugement. La fête eut lieu place du Plô à Mazamet : on dit que la populace assemblée ne la goûta pas trop. Rendons grâce à cette foule.

Sirven fut présenté à Voltaire par Moultou. Curieux ce Moultou, grand ami de Jean-Jacques, qui déteste Voltaire et le dénigre, pourquoi amène-t-il Sirven chez « un polichinelle », « un ami des Jésuites », « un corrompu »? Pourquoi ne l'a-t-il pas dirigé vers Jean-Jacques ? L'amitié de Voltaire serait-elle plus efficace, plus sincère, plus ardente pour les malheureux que celle « du plus vertueux et du meilleur des hommes » ?

Voilà un hommage, bien involontaire et bien significatif, à la générosité et à l'idéalisme combatif de Voltaire.

Voltaire ayant écouté le récit de l'indigne procédure de Mazamet la résume ainsi : « *Figurez-vous quatre moutons — les Sirven — que les bouchers accusent d'avoir mangé un agneau : voilà ce que je vis.*

Sirven se jeta aux genoux de Voltaire et le supplia de n'être pas moins généreux pour lui qu'il ne l'avait été pour les Calas. Et Voltaire accepta encore le combat. Il écrit avec cette allègre combativité qui l'anime : « *L'affaire Sirven me tient à cœur ; elle n'aura pas l'éclat de celle des Calas, il n'y a malheureusement personne de roué. Ainsi nous avons besoin que Beaumont* (son avocat) *répare par son éloquence ce qui manque à la catastrophe.* » Le 7 novembre 1765.

Tant mieux pour Sirven qui a sauvé sa tête mais pour la beauté de l'affaire, quel dommage qu'il n'ait pas été pendu ! Cela chiffonne notre chicanier : il était si bien renseigné, qu'il savait déjà que le procès ayant été jugé par un juge subalterne, il faudrait avant de demander la réhabilitation, faire appel devant le Parlement de Toulouse. Encore ! c'était vraiment mal tomber. « *S'ils vont à Toulouse n'est-il pas à craindre que des juges irrités ne fassent rouer, pendre, brûler ces pauvres Sirven pour se venger de l'affront de l'affaire Calas ?* » La supposition n'était pas invraisemblable. Ces Messieurs du Parlement étaient de taille à condamner d'avance au maximum, les protégés de Voltaire.

Par bonheur, de nouveaux juges parlementaires avaient remplacé ceux de 1760. Le président de Bastard était loin d'être hostile. Voltaire fit habilement sonder tous ces bonnets et toutes ces toges et il fut très réconforté par ce qu'il apprit. Les Sirven allaient s'en tirer !

Ce sont les d'Argental qui ne sont pas contents. Cette affaire Sirven les fatigue. Ils trouvent que l'ermite de Ferney est trop remuant, il devient accablant. A son âge, encore une expédition à la Don Quichotte ; qu'il se repose, et qu'il laisse en repos ses amis qu'il a, bien entendu, mobilisés contre les juges de Mazamet. Voltaire les prie de le pardonner. Ces affaires viennent à lui tout naturellement, il ne les recherche pas. « *Voilà trop de procès de parricides,* dira-t-on, *mais mes divins anges à qui en est la faute ?* » pas à lui, et pas aux parricides puisqu'ils ne le sont pas, mais aux juges ! Alors sus aux juges assassins ! « *Sirven est chez moi, il y griffonne son innocence et la barbarie des Wisigoths, nous achevons, le temps presse.* » 22 avril 1765.

La justice mettait tous les empêchements possibles à la révision ; la pauvre mère Sirven mourut de douleur, Voltaire regretta son témoignage. « *Vous voyez les malheurs horribles que le fanatisme cause.* » Il sollicitait des appuis au sein du Parlement de Toulouse, parce qu'il savait déjà les y trouver. Son activité en cette année 1765 est vertigineuse. Le nombre de gens qu'il voit, à qui il écrit, à qui il fait des rapports ou à qui il en demande, ceux qu'il nourrit, distrait, complimente, embrasse est incroyable. Entre-temps, il fait délivrer un protestant qui était aux galères pour avoir entendu un prêche clandestin. Voltaire est tout heureux de ce succès : on lui signale d'autres cas semblables. Il recommence les démarches pour faire délivrer les malheureux. Choiseul avait accepté de gracier le premier, il refusa pour les autres : « *Ce qu'on pouvait hier on ne le peut demain* », dit le ministre à Végobre, l'avocat de Voltaire. Et Végobre ajoute : « *Il eût vidé le bagne de tous les protestants qui s'y trouvaient mais cela ne l'empêchait pas de faire les plus cruelles plaisanteries sur Calvin et ses ministres.* »

Probablement parce que Calvin et ses ministres étaient à ses yeux des tenants du « fanatisme » — comme les autres.

Abbeville ensanglantée : Voltaire aux cents coups s'exile en Utopie.

Le Midi s'était distingué par deux affaires odieuses ; le Nord ne fut pas en reste. Avec une seule, il égala en horreur le procès de Toulouse et de Mazamet. Etrange siècle ! le plus civilisé, le plus raffiné, celui qui a porté à la perfection l'art de vivre obéit à des poussées de barbarie qui nous stupéfient. Le Siècle des Lumières et de l'impiété est aussi celui des superstitions les plus grossières. Le charlatanisme le plus imbécile s'est épanoui dans les milieux les plus éclairés. Les magiciens Cagliostro et Saint-Germain avaient pignon sur rue et ont berné ce qu'il y avait de moins naïf au monde. Les querelles religieuses avaient une forme grotesque : les Jansénistes se livraient à leurs convulsions hystériques et faisaient croire à de sots miracles. En vérité, les Lumières du Siècle ne brillent que sur les sommets, la plaine reste plongée dans l'ombre et d'innombrables cavernes grouillent encore des vilains génies des ténèbres.

Voltaire ne s'y est pas trompé : « *Je ne vois de tous côtés que les injustices les plus barbares. Calas et le chevalier de la Barre m'apparaissent quelquefois dans mes rêves. On croit que notre siècle n'est que ridicule, il est horrible. La nation passe pour une jolie troupe de singes mais parmi ces singes, il y a des tigres et il y en a toujours eu.* »

En août 1766, la police d'Abbeville reçut l'ordre de se saisir de trois jeunes gens de cette ville : Le Chevalier de la Barre, Gaillard d'Etallonde et un petit Moisnel. Gaillard prit le large. La Barre et le petit Moisnel furent pris. Pourquoi ces poursuites ? Le matin du 7 août 1765, les habitants d'Abbeville, avaient pu constater qu'un crucifix placé sur le Pont-Neuf avait été mutilé : quatre coups avaient été portés à ses flancs avec un instrument tranchant, un orteil avait été endommagé. Un autre crucifix placé dans un cimetière avait été souillé d'immondices. Les gens furent indignés. Leur douleur se changea en colère et ils ne manquèrent pas d'appeler de rudes châtiments pour les auteurs de ce sacrilège. L'enquête commença dans l'émotion populaire. Soixante-dix témoins furent cités : aucun ne put apporter d'indications. Enfin, les soupçons se portèrent sur les trois jeunes gens qui s'étaient déjà fait remarquer par des fanfaronnades impies et des propos grossiers contre la religion. Entre-temps, l'évêque d'Amiens appelé par les habitants d'Abbeville vint, en personne, nu-pieds et la corde au cou faire amende honorable devant le Christ profané afin d'écarter les représailles que le ciel ne pouvait manquer d'exercer pour se venger de la ville. On croit rêver : le Christ se vengeant comme un Zeus ou un Neptune et contre une population innocente ? L'évêque, d'ailleurs un saint homme, invoqua la clémence divine en faveur des profanateurs et la supplia de « leur envoyer les rayons de sa Grâce ». Il avait déjà eu, hélas ! des paroles moins chrétiennes en parlant de ceux qui s'étaient rendus « *dignes des derniers supplices du monde* ». Bien entendu, ce sont les paroles vengeresses que la foule retint, ce sont celles qu'elle répéta aux juges et comme ceux-ci n'étaient que trop bien disposés à livrer les coupables « aux derniers supplices » ils les y livrèrent.

Ils interrogèrent Moisnel, il avait dix-sept ans ; il s'effondra. Il reconnut tout ce qu'on voulut, il se chargea à l'excès, il s'inventa même des crimes. Il était dans un état de terreur indicible et ses réponses tenaient du délire.

La Barre n'avait que vingt ans, il fut bien plus maître de lui. Il n'avoua que des peccadilles, des propos impies — ceux qu'on tenait à la table de sa tante, l'abbesse de Willancourt chez qui il était hébergé. Il ne voyait pas grand mal à répéter les propos des dignes ecclésiastiques et des gens du monde que recevait l'abbesse. On découvrit chez lui des livres peu édifiants — des contes licencieux et le *Dictionnaire Philosophique* de Voltaire. C'est ainsi que le nom du poète se trouva mêlé à l'affaire. Des voix s'élevèrent alors pour demander que Voltaire fût arrêté en tant que complice et instigateur de la profanation et fût soumis à la question comme les exécutants. L'écho de ces voix arriva bientôt à Ferney et un frisson d'épouvante glaça la maigre échine du philosophe. La torture existait si bien que La Barre y fut soumis et avoua. S'il avait pris fantaisie à un procureur du roi de faire saisir M. de Voltaire et de le faire « questionner » par l'eau, le fer et le feu, il aurait été bel et bien « questionné » et nombre de gens eussent applaudi à cette torture.

Le procès fut conduit de façon irrégulière ; l'un des juges fut circonvenu par un M. de Belleval à qui l'abbesse avait fait fermer sa porte. Ce monsieur tenait La Barre responsable de ce mauvais procédé. Il s'arrangea pour que le petit Moisnel se blanchît en noircissant La Barre et d'autres jeunes gens de la même bande. Le petit Moisnel obéit si bien qu'il chargea également le propre fils de Belleval qui fut arrêté. Il s'agissait de très jeunes gens gâtés par des lectures trop précoces et surtout — c'était le cas de La Barre qui était orphelin — d'enfants abandonnés trop tôt à eux-mêmes dans une société d'adultes qui leur donnait de déplorables exemples. Pourquoi l'abbesse tolérait-elle que son neveu courût les routes et les tripots des nuits entières ? Pourquoi M. de Belleval ignorait-il que son fils était un des membres de la bande ? Le problème est connu. La Barre et ses amis étaient des « blousons dorés » de l'époque. Ils méritaient sans doute le fouet et une cure de travail. Il eût surtout fallu qu'ils eussent des parents et des conseillers dignes de s'occuper d'eux.

Le tribunal d'Abbeville ne se posa pas tant de questions. Le 28 février 1766 il condamna La Barre et d'Etallonde à faire amende honorable devant le porche de Saint-Wolfran. Ils devaient y être amenés dans un tombereau, la corde au cou, et avoir ensuite la langue coupée. Ainsi en 1765 on ressuscite ce supplice moyenâgeux ! Ceci fait, ils seraient conduits sur la place, décapités, et jetés au feu.

Le jeune d'Etallonde ne subit le supplice qu'en effigie. Pour Moisnel, Belleval fils, et deux autres, il était sursis à leur cas, mais ils restaient sous le coup d'une condamnation. Mais La Barre..

Disons, pour atténuer la responsabilité de la population d'Abbeville que personne ne crut à la réalité de la sentence : on la crut de pure forme. La Barre et sa famille, ses amis, les honnêtes gens de la ville étaient persuadés que le Parlement de Paris ne confirmerait pas l'arrêt d'Abbeville. Le président d'Ormesson, apparenté aux La Barre, en était si certain que, pour ne pas donner plus de publicité et d'importance à cet odieux procès, il ne tenta rien pour empêcher la confirmation du jugement d'Abbeville. Mais un certain Pasquier qui avait déjà obtenu la tête de Lally-Tollendal exigea un exemple pour arrêter les progrès de l'impiété et il obtint que la sentence d'Abbeville fût exécutée.

On se mit alors à espérer la grâce du roi. Elle ne vint pas. La Barre mourut avec un grand courage. Mieux éduqué, il eût sans doute, après les folies de l'adolescence, fait un homme de valeur. Voltaire pour le défendre en fit une sorte de génie naissant — c'était aller bien loin. Cependant, La Barre montra un caractère bien trempé et une intelligence de qualité. A ses derniers moments, il éprouva une cruelle déception à la vue de la foule qui garnissait les fenêtres et la place et qui était venue assister à son supplice comme à un spectacle. Il eut la douleur de reconnaître aux premières loges « *ceux que je croyais mes amis* ». Ceux-là mêmes qui pleuraient en lisant *La Nouvelle Héloïse* ! On renonça à lui arracher la langue : il menaça de se débattre, de se défendre si l'on procédait à l'affreuse boucherie. On passa tout de suite à la décapitation. On s'approcha pour lui couper les cheveux : « *Veut-on faire de moi un enfant de chœur ?* » dit-il. Il demanda au bourreau si c'était lui qui avait si mal décapité Lally à Paris. Le bourreau lui répondit que c'était bien lui, mais que la faute en revenait à Lally qui avait mal placé sa tête sur le billot : « *Ne crains rien,* dit La Barre. *Je me placerai bien et ne ferai pas l'enfant.* » Il se plaça bien et le bourreau ne le manqua pas. Il fit sauter cette jeune et forte tête de vingt ans avec un brio remarquable. Devant tant d'adresse, la foule applaudit... Rideau.

Telle est l'histoire d'un crime dont toute une société est responsable. Ces jeunes gens n'ont dit et n'ont fait que ce que l'exemple de leur entourage leur avait enseigné. D'Alembert savait que ce Pasquier même qui réclamait « un exemple » avait une bibliothèque philosophique, était impie et tenait les propos les plus irréligieux dans les dîners.

A Ferney, la frayeur qui avait secoué le philosophe ne s'était pas calmée. Voltaire était très inquiet, il s'informait de tous côtés pour savoir comment l'affaire allait tourner. Il avait envie de fuir, il se sentait traqué : « *Je suis tenté d'aller mourir dans une terre où les hommes soient moins injustes. Je me tais. J'ai trop à dire* », écrit-il en juillet 1766. Il parlait d'une source qu'il connaissait au pays de Vaud, la source Rolle dont « *les eaux sont bonnes pour les vieillards cacochymes qui ont besoin de mettre du beaume et de la tranquillité dans leur sang* ». On sait ce que cela veut dire : il cherche un asile caché. Il supplie qu'on l'informe de tout ce qui se passe à Abbeville. Il a peur, mais son énergie est intacte comme sa combativité.

Il lui arrive de rêver : « *Il se peut que le règne de la raison et de la vraie religion s'établisse bientôt et qu'il fasse taire l'iniquité et la démence.* » Mais il se prend vite à tout craindre de ce monde de fous dans lequel il vit : il se voit arrêté, jeté dans une fosse, traîné en chemise, pieds-nus, la corde au cou, un cierge à la main, faisant amende honorable devant des foules sadiques qui sont capables de lapider celui qu'elles ont acclamé dans *Zaïre.* Sa terrible imagination, ses nerfs à vif, lui font endurer les transes d'un supplice. Il avait, comme à Francfort, des angoisses si cruelles qu'elles le jetaient dans des crises délirantes, comme celle qu'il eut un jour où, dans la crainte d'être arrêté pour la *Pucelle,* l'hallucination du cachot le rendit fou. Il trépigna, se roula par terre, grimpa aux rideaux en hurlant de terreur. Tronchin réussit à le calmer, il se ressaisit et dit au médecin : « *Eh bien, oui mon ami, je suis fou.* » Le plus sensé des hommes avait sa folie latente.

Il demande alors à Frédéric de lui accorder un asile dans sa principauté de Clèves. L'autre, quoique surpris, accepte : « *Cet asile vous sera ouvert en tout temps. Comment le refuserais-je à un homme qui a tant fait honneur aux lettres, à sa Patrie, à l'humanité : enfin à son siècle ?* » Toutefois Frédéric n'était pas aussi indigné que Voltaire par le jugement d'Abbeville. Il estimait que les lois étaient faites pour être respectées.

Si elles appartenaient à un autre âge, c'était au prince à les modifier mais tant qu'elles existaient, les tribunaux devaient les appliquer. A tout prendre, il pose clairement le problème : après le scandale d'Abbeville, il ne restait qu'à changer les lois, les tribunaux et le prince. C'est en somme ce que le XVIIIe siècle espérait sans l'avoir aussi simplement formulé que le roi de Prusse.

Voltaire était donc allé aux eaux de Rolle se cacher — et rêver. Il imagine alors, tant son dégoût de la société était grand, une sorte de vie conventuelle, une colonie de philosophes qui s'établirait à Clèves et obéirait aux lois de la Raison. Ce serait l'empyrée : Diderot serait mage, d'Alembert et Damilaville choryphées. Là on pourrait tout dire, tout écrire, on pourrait même prêcher (sauf la religion chrétienne). On voit ce que la crainte le pousse à imaginer : une véritable Utopie. « *Il faut savoir quitter un cachot,* dit-il, *et vivre libre et honoré.* » Le cachot, est-ce Ferney ? Et il écrit à Diderot : « *Vous n'y seriez pas seul, vous y auriez des compagnons et des disciples. Vous pourriez y établir une chaire qui serait la chaire de Vérité. Votre bibliothèque se transporterait par eau, il n'y aurait pas quatre lieues de chemin par terre. Enfin vous qui quitteriez l'esclavage pour la liberté.* » Et la Prusse était-elle terre de liberté ! avait-il oublié Francfort ? A Damilaville, il offre, en Utopie, une imprimerie et « une manufacture de Vérité ». Curieux : ces gens qui fabriquent la Vérité sont presque aussi redoutables que ceux qui la défont. « *Soyez sûr,* ajoute-t-il, *qu'on quitterait tout pour nous rejoindre.* » On ? Qui ? Les illuminés, les oisifs, les bavards ? Belle illusion du poète. Ne savait-il pas mieux que quiconque, que les philosophes parisiens ne quitteraient Paris — s'ils consentaient à le quitter — que pour y revenir bien vite y vivre de ses chers poisons ? Grimm ? D'Holbach ? Voltaire était certain qu'ils accourraient, trop heureux d'être de la phalange philosophique.

Même Mlle de Lespinasse viendrait. S'installerait-elle sous le saule pleureur ?

Tout Paris fait des contes sur cette lubie du Patriarche de Ferney. « Pour sûr, il baisse », pense-t-on. Dès qu'on lui parle de son projet, il le dément, crie à la calomnie. Afin d'en parler sans donner l'éveil, il le désigne aux initiés sous le nom de « La manufacture ». Les initiés se moquent de sa « manufacture », ils sont pour la philosophie à condition qu'elle soit parisienne : passées les portes de la Ville-lumière, il n'y a plus pour eux de « Lumières ». Ainsi « sa manufacture » lui reste sur les bras. On est d'ailleurs en droit de se demander combien de temps, il y a cru lui-même. Frédéric, précisons-le, n'acceptait de recevoir ce monde turbulent qu'à condition qu'il fût modéré dans ses opinions et paisible dans sa curiosité. Voltaire lui promit tout ce qu'il voulut. Imagine-t-on cette cour du roi Pétaud ? Les conflits d'idées, les vanités, les susceptibilités exacerbées par la cohabitation, les envies, les caprices, les humeurs, les vapeurs de la gent philosophique, de toute cette intellectualité surchauffée en espace réduit ? En deux semaines tous ces philosophes auraient été fâchés à mort : on les aurait vus faire appel aux juges d'Abbeville pour se départager.

Cette « manufacture », si peu conforme à son génie, ayant échoué, Voltaire toutes craintes oubliées rentra à Ferney avant l'automne. Il retrouva « Son cachot » et ses zibelines et il eut tout loisir de se consacrer à d'autres manufactures, moins chimériques — les manufactures de Ferney.

Il faut cultiver son jardin.

Un des plaisirs de Voltaire était de s'éclipser du château et, par tous les temps, de courir les champs. Il surveillait les plantations, les semis. Il avait un champ, à lui réservé, qu'il tâchait de labourer lui-même. Il n'interrompit cet exercice qu'en 1772 — à 78 ans !

Il ensemençait lui-même ce champ, essayait les engrais et les graines. Il adorait la terre, l'agriculture, et même les outils agricoles. Il fait un éloge dithyrambique de son nouveau semoir. « *Honneur à qui fertilise la terre !* » s'écriait-il. Il composa sur une ferme modèle une longue description qui n'avait ni le lyrisme ni l'envol en quelque sorte magique, de la phrase de Jean-Jacques dont l'harmonie bouleverse l'âme avec la musique la plus juste et parfois les idées les plus fausses. Il s'acharna malgré de nombreux échecs à introduire des cultures nouvelles. Il s'entêtait et, parfois, réussissait. Alors il ne criait pas : Miracle ! mais il criait : Travail ! « *Je n'ai pas vaincu la rigueur du climat. M. le Contrôleur Général m'invitait à cultiver la garance, je l'ai essayé : rien n'a réussi. J'ai fait planter plus de vingt mille arbres que j'ai tirés de Savoie presque tous sont morts. J'ai bordé quatre fois le grand chemin de noyers et de châtaigniers les trois-quarts ont péri ou ont été arrachés par les paysans. Cependant, je ne suis pas rebuté et tout vieux et infirme que je suis je planterai aujourd'hui sûr de mourir demain. Les autres jouiront.* »

Voilà un Voltaire bien différent du « Polichinelle » de l'un, du « ouistiti » de l'autre ou du Scapin dont nous avons souvent surpris les grimaces. Sous cent visages, il est toujours Voltaire. Le seigneur de Ferney prend le visage d'un citoyen laborieux, généreux, utile à son prochain et respectable.

En dépit de l'amour que lui portait Voltaire, l'agriculture à Ferney était vouée à la pauvreté. Un climat rude, un sol ingrat et marécageux par endroits ne pouvaient produire que de médiocres récoltes. La seule entreprise de l'assèchement d'un immense marécage pestilentiel demanda des années et une fortune à Voltaire : ce seul bienfait aurait suffi à le rendre immortel à Ferney. Les démarches, les travaux, les empêchements qui lui vinrent de la nature et des hommes auraient rempli la vie d'un honnête hobereau. Il débarrassa Ferney de ce foyer de fièvres et donna de nouvelles terres à ses paysans.

Pour les faire vivre dans la modeste aisance à laquelle tous les travailleurs avaient, selon lui, le droit de prétendre, Voltaire eut l'idée d'adjoindre à l'agriculture défaillante les ressources de l'industrie. C'est ce qu'il appelle ses « manufactures ».

Au moment des troubles de Genève et de ses dissensions avec le Consistoire, il avait su habilement attirer à Ferney les ouvriers horlogers de la ville de Calvin. Quand il se sentit menacé, lors du procès de La Barre, il crut tout perdu, car s'il avait abandonné ses manufactures, elles auraient périclité. Dès que l'orage fut passé, il donna une nouvelle impulsion à son industrie. On sait combien il aimait le théâtre, il n'hésita pas à transformer le sien en magnanerie pour élever des vers à soie. Il voulait produire, filer et tisser lui-même la soie à Ferney. Et il y réussit : la première paire de bas sortie de sa fabrique fut pour la duchesse de Choiseul : « *Ce sont mes vers à soie qui m'ont donné de quoi faire ces bas, ce sont mes mains qui ont travaillé à les fabriquer chez moi avec le fils Calas, ce sont les premiers bas de soie qu'on ait fait dans le pays. Daignez les mettre, Madame, ensuite montrez vos jambes à qui vous voudrez et si on n'avoue pas que ma soie est belle et plus forte que celle de Provence et d'Italie je renonce au métier. Donnez-les ensuite à l'une de vos femmes, ils lui dureront un an :*

Je me mets à vos pieds, j'ai sur eux des desseins
Je les prie humblement de m'accorder la joie
De les savoir logés dans ces mailles de soie
Qu'au milieu des frimas je formai de mes mains.

Ensuite, il désire fabriquer de la dentelle — de la blonde. Il a déjà une ouvrière merveilleuse, il en aura six, puis douze. Qu'on lui envoie vite des commandes, et des modèles, il les fera copier à la perfection — Et pour rien ! disons à moitié prix.

C'est Mme de Saint-Julien qui se charge de placer ses dentelles : « *Il s'agit, Madame, de favoriser les blondes. Je ne sais si vous n'aimeriez pas mieux favoriser les blondins mais il ne s'agit ici ni de belles dames, ni de beaux garçons...* » Il ne s'agit pas de plaisanter mais de vendre des dentelles afin d'acheter des charrues, des semences et bâtir des maisons convenables pour la population de Ferney.

Le chef-d'œuvre de Voltaire, en industrie, c'est l'horlogerie. Jusqu'à lui Genève avait une sorte de monopole de la belle horlogerie. Ces inimitables montres que l'Europe achetait à Genève sortaient des mains d'ouvriers horlogers fort mal traités par la bourgeoisie genevoise et connus sous le nom de « natifs ». C'est quand ils entrèrent en conflit avec leurs patrons, que Voltaire leur ouvrit son cœur, ses maisons et son crédit. Ils apportèrent ainsi à Ferney leur précieuse industrie. Mme de Choiseul eut encore le privilège de recevoir les premières montres de fabrication française. Ces montres devaient être vendues en Espagne, c'était notre ambassadeur qui allait s'en charger ; bien sûr, l'adorable duc de Choiseul était prié de donner des ordres pour cela. Sans le concours d'amis aussi puissants cette industrie n'eût peut-être pas réussi, mais Voltaire l'eût quand même entreprise. Le difficile n'était pas de produire mais d'écouler la marchandise. Il avait la meilleure main-d'œuvre du monde, il disposait de capitaux, encore fallait-il vendre. Il se fit commis voyageur et chef de publicité : Et auprès de quelle clientèle ! Les rois de l'Europe, les grands seigneurs, les ministres, les ambassadeurs... il écrit, il réécrit, il insiste, il harcèle et emporte la commande. Cet homme a mille voix qui trouvent mille échos. On l'entend partout vanter ses montres : à Rome, le cardinal de Bernis doit en emporter une caisse et les vendre à tous les cardinaux, ainsi le Sacré Collège se mettra à l'heure impie de Voltaire ; à Saint-Pétersbourg : Catherine doit se hâter de prendre Constantinople, de ressusciter Byzance afin que toute l'Eglise grecque soit pourvue de montres de Ferney.

Qui aurait le mauvais goût de dédaigner ces montres : voyez la pureté de l'émail du cadran, le fini des rouages, l'exactitude du mouvement, la solidité, le luxe du boîtier. Ouvrez-le ! Le portrait en émail de votre douce amie vous sourira et tout cela pour un prix inférieur à celui des montres de Genève. Enfin, il prie sa clientèle de bien vouloir considérer que ce sont là des montres philosophiques, les montres du siècle, le cadran de l'avant-garde marquant l'heure de l'avenir. Il est intarissable : il veut vendre, vendre, vendre. Et il vend, et il vit et fait vivre son monde. Ah ! M. de Voltaire en cette affaire comme en bien d'autres, vous êtes bien l'enfant des Arouet !

Ses montres sont, comme il le dit, de première qualité : Voltaire peut tricher en paroles, mais dans le travail, jamais. Sa production est d'une probité parfaite. Il rédige une sorte de lettre circulaire qui sera remise à tous les membres du corps diplomatique à Paris par les soins de Choiseul. Même dans sa publicité, il ne peut s'empêcher de glisser quelques facéties. Voici le début de sa circulaire : « *Monsieur, j'ai l'honneur d'informer Votre Excellence que les bourgeois de Genève ayant malheureusement assassiné quelques-uns de leurs compatriotes, plusieurs familles de bons horlogers s'étant réfugiés dans une petite terre que je possède au pays de Gex...* etc. » Suit un éloge des montres et des bons horlogers calvinistes où se lit cette phrase : « *Ils méritent d'autant plus la protection de Votre Excellence qu'ils ont le plus grand respect pour la religion catholique.* » M. de Voltaire aime la plaisanterie.

Ce qui est le plus touchant, c'est l'harmonie qui règne au village de Ferney entre catholiques et calvinistes : Voltaire est très fier de cette entente. « *On ne s'aperçoit pas,* dit-il, *qu'il y ait deux religions.* » Mais on se demande s'il ne pense pas : Y en a-t-il seulement une ?

Franchissons la mer et vendons des montres au-delà : « *J'aurais beaucoup d'obligations à M. de Praslin s'il daigne envoyer les montres au Dey et à la milice d'Alger et au Bey et à la milice de Tunis.* » Le duc de Duras lui achète une caisse de montres pour faire des présents lors du mariage du comte d'Artois. Catherine en constitue un stock : « *Je les prendrai toutes* », lui écrit-elle enthousiasmée. Il répond : « *Nous souhaitons tous bien ardemment que toutes les heures nous soient favorables et que Moustapha* (le Sultan, ennemi de Catherine) *passe de mauvais quarts d'heures.* »

En même temps, il fait proposer ses montres au même Moustapha. Celui-ci, heureusement, ne lit pas les lettres de Voltaire à « sa Cateau ». Car en cette année 1770, la tsarine et lui sont en pleine lune de miel. Elle lui envoie une boîte d'ivoire et d'or qu'elle a terminée de ses mains. En ouvrant le couvercle, il est ébloui par le portrait de la « Sémiramis des neiges » (serti de brillants !) Cela est pour les yeux et pour le cœur du poète. Pour ses frileuses épaules : une pelisse de zibeline. Voilà une amitié qui lui réchauffe l'âme et les os. Aussi, il délire il se fait champion de la Croix : que Catherine triomphe, qu'elle plante la croix sur Sainte-Sophie, qu'elle délivre les enfants de Sophocle et de Démosthène — Ah ! le curieux tableau : Voltaire préfigurant

Lord Byron à Missolonghi. Pardonnons-lui, une pelisse de zibeline peut, après tout, faire délirer un philosophe quand c'est l'impératrice de Russie qui la lui envoie.

Il reçut à Ferney la visite d'un jeune seigneur italien Gorani, plein de fougue, d'esprit, légèrement aventurier. Voltaire l'écouta, s'amusa des récits plus ou moins imaginaires de l'Italien et le garda plusieurs jours. Comme il l'écoutait, une idée mirobolante lui traversa l'esprit : il entrevit la possibilité de contribuer à la restauration de l'Empire Byzantin sous le sceptre de « sa Cateau ». On se demande quel rapport peut avoir le signor Gorani avec un si vaste dessein. Non, Gorani n'était pas fils de Théodora, mais sa sœur venait d'épouser, à Vienne, le dernier des Comnène. (Au XVIIIe siècle il y avait déjà un dernier des Comnène !) Ce Comnène, le comte Alexis descendait en ligne aussi directe que possible des Empereurs de Byzance et de Trébizonde. En entendant ces noms, Voltaire frémit — du frémissement littéraire, historique et politique que connaissent les personnes qui ont forcé sur la lecture. Il se jette sur le Gorani le supplie de partir sur l'heure pour Saint-Pétersbourg, l'Impératrice n'attend que lui, il lui faut ce Comnène pour le trône de Constantinople... La folle du logis aidant, il crut voir naître, au ciel de Ferney, une grande lueur vers l'Orient... Gorani éberlué avoua que son beau-frère était un pleutre, puis il se ravisa et dit que le pleutre servirait de prête-nom, tandis que sa sœur et lui-même se chargeraient de l'Empire. Ce ne fut qu'un feu de paille, le Gorani partit chercher sa sœur et ne la ramena jamais. Voltaire retourna à ses semailles et à ses montres et le bon sens Arouet reprit ses droits.

Cependant Catherine II avait eu la même idée. Elle faisait sonder le peuple grec par ses émissaires pour savoir si un Empire grec protégé par les Tsars, leur agréerait. Il faut convenir que le rêve de l'Impératrice n'eut pas plus de suite que celui du poète de Ferney.

Genève détestait de plus en plus Voltaire : il ne s'agissait plus d'impiété, ni de théâtre corrupteur : il s'agissait de montres. Quand l'Electeur Palatin envoya à Ferney son graveur pour qu'il gravât une médaille représentant le profil de Voltaire, il fallut pour frapper la médaille une machine qui ne se trouvait qu'à la Monnaie de Genève. Le graveur s'apprêtait à y frapper sa médaille. Les Genevois furieux firent saisir les effigies du « démon » en poussant des cris d'horreur. Le triste Bonnet toujours prêt à geindre et à vitupérer écrit : « *Voltaire nous déteste, il bâtirait des maisons pour nous faire du mal. Il ne bâtirait qu'en ce genre, partout ailleurs il tâche de démolir, la Providence a permis les tremblements de terre, les inondations, les hérésies et Arouet.* »

C'est du Joseph Prudhomme avant la date. Bref, Voltaire n'eut pas de médaille frappée à Genève mais l'Electeur la fit frapper ailleurs et Voltaire la reçut avec transports ; il en acheta des douzaines et les fit remettre aux Genevois... avec ses compliments.

Voltaire furète dans les affaires de Genève et reçoit sur les doigts.

Au moment de la querelle de *l'Emile* deux partis se partageaient la ville de Calvin ; celui du Conseil qui régissait la ville, et au besoin la tyrannisait, et celui des *Citoyens* — ou *Bourgeois.* Une troisième classe, celle des ouvriers, n'avait pas le droit de citoyenneté. Voltaire se targuait de jouir de quelque crédit dans la république : il en avait par ses amitiés avec quelques puissantes familles. Certains citoyens ne manquaient pas de trouver insupportable cette ingérence de Voltaire dans les dissensions locales. Toujours prêt à se mêler des affaires d'autrui, il se proposa comme médiateur lorsque les factions s'affrontèrent à Genève : « *Je suis bien loin de croire que je puisse être utile mais j'entrevois qu'il n'est pas impossible de rapprocher les esprits.* » Et il ouvre sa maison pour la réconciliation entre le Conseil qui représente l'autorité et les bourgeois qui veulent la secouer. « *Je ne vois pas que dans les circonstances présentes il fût mal à propos que deux de vos magistrats les plus conciliants me fissent l'honneur de venir dîner à Ferney et qu'ils trouvassent bon que deux des plus sages citoyens s'y rencontrassent.* »

Il les convie à sa « table ronde », fourchette en main. Les citoyens avaient pris le parti de *l'Emile* et de Rousseau. Les magistrats, composant le Conseil, l'avaient condamné. Ils défendaient la religion soi-disant offensée.

Promptement, Voltaire fit savoir à Versailles (qui ne lui demandait rien) qu'il se dévouerait à la cause de la paix genevoise et à la grandeur de la France.

Les Messieurs du Conseil dédaignèrent la médiation de Ferney. Voyant que les magistrats du Conseil le boudaient alors que c'était dans leurs rangs qu'il avait toujours trouvé aide et soutien, Voltaire se tourna vers les citoyens qui, naguère, l'insultaient. Il prépara un plan de pacification afin que les factions n'eussent plus recours à l'émeute. Il prit soin de l'envoyer à Versailles pour examen et approbation. Ensuite, dit-il : « *Je ne me mêlerai plus de rien. Je ne fais que préparer les voies du Seigneur.* » Il se plaignit alors que cette guerre lui faisait perdre beaucoup de temps, qu'il devait se rendre souvent à Genève, qu'il était malade... Cela signifiait que personne ne voulait de sa médiation. N'importe, il l'offrirait quand même.

Quand Voltaire informa le Conseil qu'il avait proposé son plan aux citoyens auprès desquels il avait trouvé bon accueil, les magistrats poussèrent les hauts cris. Pour les apaiser, Voltaire opéra un nouveau revirement et attaqua les citoyens. Ceux-ci crièrent à la trahison. Pour les rassurer, il égratigna le Conseil.

Le représentant de la France à Genève M. Hennin, familier de Ferney et admirateur de Voltaire, était cependant fort gêné par le zèle de l'intrépide vieillard. Il le rappelait respectueusement à l'ordre. Cela faisait rire Voltaire comme un petit espiègle. H. Hennin riait lui aussi, non sans garder un fond d'inquiétude car Voltaire selon son habitude menait le jeu, comme une plaisanterie. Le résident de France écrivait à son ministre : « *Ils ne sont* (les Genevois) *ni les uns, ni les autres en état de comprendre la plaisanterie.* » Il devenait clair que Voltaire allait se brouiller avec tout le monde.

Un curieux changement se produisit alors. Jean-Jacques apprenant que Voltaire soutenait les citoyens, conseilla à ses amis d'accepter cette alliance. « *Je vous conseille et vous exhorte dès que vous l'aurez suffisamment sondé, de lui donner votre confiance. En un mot, puisqu'il est votre unique ressource ne vous l'ôtez pas. Livrez-vous donc à lui rudement et franchement, gagnez son cœur par cette confiance.* » 30 décembre 1765.

Ce n'était pas de gaîté de cœur que Jean-Jacques se résolvait à accepter le soutien de l'homme qu'il détestait le plus. En somme il conseillait à ses amis de s'accrocher à Voltaire comme à une planche pourrie, mais qui flotte toujours. Quel ascendant exerçait Voltaire, et quelle confiance on avait dans son habileté !

Voltaire eut connaissance de cette lettre. Il en fut touché. Il demanda qu'on rappelât Rousseau qui était à Londres et qu'on le priât d'oublier certains papiers : « *Ils étaient écrits avant que je connusse ses sentiments.* »

Voltaire avec sa vivacité, se voyait déjà sur le chemin de la réconciliation. Il offrit même à Rousseau de lui faire restituer ses droits de citoyenneté dans sa patrie. C'est ce qui mit la pseudo-réconciliation en miettes. Quoi ? accepter de Voltaire un pareil service alors que Rousseau ne voulait même pas toucher une tasse offerte par l'intouchable ? Indigné, Rousseau répondit : « *Vous n'avez pas dû penser que je voulusse être redevable à M. de Voltaire de mon rétablissement... Mais il a tous les torts, il faut qu'il fasse toutes les avances et voilà ce qu'il ne fera jamais.* (Voltaire en tout cas venait d'en faire beaucoup...) *Il veut pardonner et protéger, nous sommes loin du compte.* » Oui ; bien sûr, il y a quelque chose de blessant dans le fait que Rousseau pourrait recevoir des mains de Voltaire le droit de réintégrer sa patrie. Vraiment, leur querelle est sans issue.

Voyant que les affaires de Genève allaient de mal en pis, Versailles se décide à envoyer un négociateur. Voltaire supplie qu'on le désignât à cet office. Le duc de Praslin pour lui épargner un échec inévitable, se garde bien de lui confier ce rôle. C'est M. de Beauteville qui fut nommé. A peine arrivé, Voltaire l'accapare : « *Je mets la nappe pour lui* », dit-il. L'ambassadeur n'eut pas le temps de résister, il fut séduit ; il fut chambré. Voltaire, même mourant, sortait du lit pour présider la table, il apparaissait en grande perruque dans une robe de chambre somptueuse, en lourd satin broché qui faisait des plis raides, couleur d'azur, parsemé d'étoiles d'or !

Après des débats assez conciliants, M. de Beauteville ne tarda pas à être excédé des récriminations des deux parties, leurs bonnes mines paternes cachaient une obstination intraitable et un jour, il leur répondit brutalement et les renvoya dos à dos. Ce fut un beau scandale.

Par exception, Voltaire resta étranger à celui-ci. Mais il en préparait un autre.

Les *natifs* dont nous avons déjà parlé étaient fils ou descendants d'étrangers réfugiés à Genève. Ils n'étaient pas citoyens. Ils n'avaient pas le droit d'exercer certaines professions, ni celui d'accéder à l'administration. Ils étaient, en échange, surchargés d'impôts et charitablement tenus dans le mépris. Ils profitèrent de la dissension entre les Bourgeois-Citoyens et le Conseil pour essayer d'améliorer leur misérable condition : ils étaient le nombre et ils travaillaient. Les autres géraient la fortune de Genève, eux la produisaient. Tels les horlogers. Quelques-uns d'entre eux savaient lire — et parler. Ils résolurent de se grouper et de faire valoir leurs droits. Ils rédigèrent un mémoire réclamant la citoyenneté. Et ils le portèrent, comme par hasard, à M. de Voltaire car ils avaient choisi sa voix pour se faire entendre. Voltaire jugea le mémoire confus, il le leur fit recommencer mais, loin de décourager leur requête, il accepte volontiers d'être le champion du « prolétariat » genevois. Que les revendications des natifs aient été justifiées, cela est certain, que Voltaire, étranger, se soit fait leur champion et soit venu accroître les désordres de la ville paraît aussi certain. De ces deux idées claires, il s'avisa de faire un scandale éclatant : « *Mes amis,* leur dit-il, *vous faites la partie la plus nombreuse d'un peuple libre et industrieux et vous vivez dans l'esclavage. Vous ne demandez que de pouvoir jouir de vos avantages naturels, il est juste qu'on vous accorde une demande si modérée. Je vous servirai de tout mon crédit auprès des seigneurs plénipotentiaires et si l'on vous force à quitter une patrie que vous faites prospérer par votre travail, je pourrai encore vous servir et vous protéger ailleurs.* »

C'était s'engager beaucoup. Il fit venir les représentants des *natifs* ; leur rédigea un compliment pour l'ambassadeur de France. Mais cette démarche ne se passa pas très bien. Quatre délégués vinrent au rendez-vous fixé par l'ambassadeur, avec une heure et demie de retard. Ils s'étaient ajustés, frisés et poudrés à faire peur. L'un avait oublié chez lui le compliment qu'il devait lire, il bredouilla, devant l'ambassadeur indisposé, puis soudain se lança dans des récriminations véhémentes. L'ambassadeur lui répondit qu'il n'était pas chargé de régler leurs différends avec le Conseil. Ainsi finit cette première entrevue. Ils allèrent raconter à Voltaire leur mésaventure ; il se moqua d'eux, néanmoins, il leur promit un placet — à la condition de ne jamais mêler son nom à leur affaire. Il s'imaginait que son rôle pouvait rester secret ! « *Lisez-le à vos semblables et contentez-vous de dire qu'il vient de quelqu'un de puissant et de mystérieux* leur dit-il. *Le peuple aime ces mots-là.* » Et M. de Voltaire aimait ces jeux-là. Quinze cents « natifs » s'assemblèrent donc, pour écouter le message du mystérieux protecteur de leur classe. Or, « les natifs » furent choqués par le style du placet, par le titre « Messeigneurs » et par le ton de supplique et de courtisanerie. Voltaire faisant de la démagogie auprès des prolétaires continuait à employer le langage des cours. C'est pourquoi les natifs ne voulurent pas de sa supplique en prétendant qu'elle blesserait les citoyens et le Conseil qui ne toléraient que « le style républicain ». Cette attitude donne à penser : les natifs avaient accepté, jusqu'alors, d'être parias « en style républicain » mais, ils protestaient parce qu'on voulait les libérer en « style aristocratique ». Comme il eût été bon que Voltaire pût assister à cette séance !

C'est tout juste si le « puissant protecteur » ne fut pas plus insulté par les « esclaves » qu'il essayait d'affranchir que ne l'étaient les « bourgeois » qui les tenaient en esclavage. Les délégués n'étaient pas rassurés, en se présentant de nouveau devant Voltaire : ils pensaient qu'en apprenant ce qui s'était passé, il allait les faire mettre à la porte. Pas du tout ; en bon démagogue, Voltaire accepta le jugement du peuple : Il changea de style et refit le placet que les délégués allèrent porter de maison en maison. Mais ni les citoyens, ni le Conseil, ni les ambassadeurs étrangers ne voulurent en tenir compte. Les « natifs » étaient maladroits, incertains et déjà partagés en trois factions ! Ils venaient, après chaque échec, gémir auprès de Voltaire. Leur comportement était si dérourageant qu'un jour, il leur fit cette réponse désenchantée, valable pour tous les « natifs », de Genève et d'ailleurs : *« Mes amis vous ne ressemblez pas mal à ces petits poissons-volants qui hors de l'eau sont mangés par les oiseaux de mer ou qui, replongeant dans l'onde sont dévorés par les grands poissons. Vous êtes entre deux partis également puissants, vous serez victimes des intérêts de l'un ou de l'autre ou peut-être des deux ensemble. »*

C'est ce qui arriva. Les citoyens et les magistrats du Conseil voyant bouger les « natifs » s'entendirent pour les remettre à la raison : les petits poissons-volants furent encore victimes.

Cependant, ils firent encore du bruit. Le Conseil, apprenant que l'ambassadeur de France les avait reçus s'en émut d'autant plus que les natifs s'étaient vantés d'avoir obtenu de l'ambassadeur la promesse d'un appui énergique. L'ambassadeur, outré par le mensonge convoqua les quatre délégués et les menaça de la prison. Ils étaient terrifiés et reconnurent qu'ils avaient menti.

— *Qui a rédigé votre placet ?* leur demanda-t-il rudement.

Ils voulurent garder le secret promis à Voltaire et ils répondirent qu'il fallait excuser de pauvres ouvriers d'avoir si mal rédigé et de manquer d'esprit.

— *Ce n'est pas pour manquer d'esprit que je doute que ce placet soit de vous, c'est au contraire parce que j'en trouve trop que je suis persuadé que quelqu'un vous a prêté sa plume.*

Ils gardèrent le silence. L'ambassadeur s'emporta.

— *Savez-vous que je vous ferai pourrir dans un cachot si vous avez l'audace de dissimuler la vérité ?*

Alors, ils dénoncèrent Voltaire. Et l'ambassadeur sourit. Il revoyait M. de Ferney en robe de chambre d'azur et d'or, les quinze services du dîner, et tous les services que Voltaire se mêlait de rendre, à tort et à travers, à la diplomatie et qui étaient bien loin de valoir ceux qu'il rendait aux Lettres.

Réflexion faite, la colère s'empara de M. de Beauteville. Le Conseil n'était pas moins furieux que lui contre l'auteur de *Candide* qui avait joué le rôle d'un agitateur en essayant de soulever la plèbe. Toutefois, il reconnut dans sa séance du 30 avril 1766 que l'ambassadeur était hors de cause et avait été loyal envers Genève ; il reconnut même, avec une évidente satisfaction, qu'il s'était montré sévère pour Voltaire. « *Il l'a envoyé savonner par un homme* (M. de Taulès, secrétaire de l'ambassadeur) *qui s'en est acquitté au mieux : il a pleuré, gémi et promis tout ce qu'on a voulu.* » Fort bien ! M. de Voltaire a été mis au coin, avec un bonnet d'âne : il pleure.

La dureté de la réprimande a été exagérée par l'ambassadeur pour apaiser les magistrats de Genève. Dans sa lettre au ministre, M. de Praslin, l'ambassadeur minimise l'algarade sans dissimuler ce que l'attitude de Voltaire avait de répréhensible. Il dit que le patriarche s'était montré affligé en reconnaissant sa faute Voici comment, de son côté, le patriarche exprime cette affliction :

« *Une vingtaine de natifs sont venus me trouver comme les poissardes de Paris qui me firent autrefois le même honneur : je leur formai un petit compliment pour le roi qui fut bien reçu. J'en ai fait un pour les natifs qui n'a pas été reçu de même : c'est apparemment que Messieurs des vingt-cinq* (le Conseil) *sont plus grands seigneurs que le roi. J'ignore si les poissardes ont plus de privilèges que les natifs.* » 30 avril 1766.

Passez muscade ! Il n'y a pas d'affaire. Une insolence pour le Conseil au passage et voilà l'art de se blanchir. Au résident de France à Genève, il écrivait : « *Je suis un pauvre diable de laboureur et de jardinier, possesseur de soixante-douze ans et demi, malade, ne pouvant sortir* (mais on vient le voir) *et m'amusant à faire bâtir un petit tombeau fort propre dans mon cimetière mais sans aucun luxe. Je suis mort au monde* (cependant le monde est assourdi du bruit qu'il fait) *il ne me faut qu'un De Profundis...* »

Ceci pour amener l'information de la visite que lui avaient faite les natifs, mais cette information ne fut fournie qu'un mois après le scandale. Et pourquoi ces natifs étaient-ils venus chez lui ? Il nous l'apprend : « *Pour me prier de raccourcir un compliment ennuyeux. Je pris mes ciseaux d'académicien et je taillai le compliment.* » Et c'est tout : on a fait un bruit immense pour un coup de ciseaux dans un mauvais papier. « *J'ignore qui a le plus tort ou les Bourgeois, ou le Conseil, ou les natifs. Je n'entre dans aucune de leurs démarches.* »

Oh ! le saint ermite ! Il n'est même pas au courant des affaires de Genève. Quelle part pourrait-il y prendre ?

Non, il ne pleura guère sur sa faute. Toutefois, il resta plusieurs mois sans s'aventurer dans les rues de Genève. Il y envoyait Mme Denis « *le mettre aux pieds de l'ambassadeur* ». Quant aux natifs qui voulaient s'expatrier, il leur fit savoir qu'il accueillerait ceux qui brillaient dans l'art de l'horlogerie. C'est ainsi que son échec diplomatique servit admirablement l'implantation de l'industrie horlogère à Ferney, c'est-à-dire en France. C'est un bienfait de lui qu'on oublie parfois.

Le Pasteur récalcitrant.

M. le Pasteur Vernet était homme de mérite, de grand savoir et membre du Conseil de Genève. Il écrivait. Sa plume s'emporta peut-être un peu trop pour une plume de ministre de l'Evangile, lorsqu'elle fit un portrait de Voltaire, qui fut publié, et qui produisit sur le Philosophe l'effet d'une piqûre de frelon. C'est dire à quelles vengeances s'était exposé l'imprudent pasteur.

Vernet et Voltaire s'étaient connus à Paris en 1722. Les débuts comme toujours furent tout miel tout sucre. Vernet avait alors de l'esprit, il venait d'écrire un pamphlet spirituel : *Lettre à la lune pour la prier de ne pas se montrer les soirs d'illuminations*. Fontenelle l'appréciait. En 1744, lorsque Voltaire publia son *Essai sur l'Histoire universelle,* Vernet le défendit contre ses détracteurs et Voltaire lui en fut reconnaissant. Genève, les résidents de France entretenaient avec Vernet les relations les plus amicales. Montesquieu lui confia le soin de surveiller l'impression de *l'Esprit des Lois*. M. le Pasteur Vernet n'était donc pas n'importe qui.

Quand Voltaire entra en transes contre *l'Infâme,* lorsqu'il ajouta à son *Essai sur l'Histoire* des sarcasmes contre l'Ancien et le Nouveau Testament, le Pasteur Vernet vit que le sieur Calvin était aussi mal traité que les prélats romains, alors Vernet protesta et Voltaire l'accusa de brûler ce qu'il avait adoré. Quand Voltaire s'installa aux *Délices,* Vernet fut de ceux qui firent des réserves sur l'excellence de cette nouvelle recrue. En 1761, Vernet publia *Lettres critiques d'un voyageur anglais* qui étaient critiques surtout pour Voltaire et qui contenaient le funeste portrait. Le début n'était pas très méchant : on accordait au patriarche le talent de poète, mais on lui refusait celui de philosophe.

Ensuite les traits devenaient plus perfides : « *S'il est vrai qu'il fut l'auteur d'un poème aussi profane, aussi satirique, aussi obscène que* LA PUCELLE, *je le tiendrai pour un homme déshonoré ; mais on ne doit pas lui imputer ce qu'il désavoue.* » Voltaire, en lisant ces *lettres*, grimaçait de douleur. Il y avait pire... « *c'est un écrivain né pour plaire mais c'est se moquer du monde que de l'ériger, comme le fait son parti, en savant ou en sage, né pour instruire. Plus il a l'esprit, plus l'abus qu'il en fait le rend dangereux.* »

Evidemment M. Vernet ne pouvait faire abus d'esprit, car il avait prudemment remisé celui qu'il avait eu dans sa jeunesse. Voltaire qui n'avait pas cessé d'être jeune, réagit à ces attaques avec fureur. Il accusa Vernet de ce dont Vernet était le moins coupable : il le traita de voleur et de falsificateur de papiers. Un homme dont la probité était inattaquable ! Le malheureux en fut si affecté qu'il demanda au Conseil une attestation de probité, qu'il obtint sur l'heure, mais il éprouva l'humiliation de la solliciter. Voici comment notre philosophe relate l'incident : « *Le théologien Vernet s'est plaint au Conseil qu'on se moquait de lui ; le Conseil lui a offert une attestation de vie et de mœurs comme quoi il n'avait pas volé dans les grands chemins ni même dans la poche. Cette dernière partie de l'attestation paraît bien hasardée.* » 18 juillet 1766. La rapidité du trait et son insolence sont plus évidentes que sa sincérité. Il lui fallait une meilleure vengeance que cette piqûre de guêpe : il publia donc, sans nom d'auteur, un libelle, *Eloge de l'Hypocrisie,* édité à Carrouges, près Genève, en 1766.

Mais si j'avise un visage sinistre
Un front hideux, l'air empesté d'un cuistre
Un cou jauni sur un moignon perché
Un œil de porc à la barre attaché
(Miroir d'une âme à son remords en proie
Toujours terni de peur qu'on ne la voie)
Sans hésiter, je vous déclare net
Que ce magot est Tartuffe ou Vernet.

Voilà les vengeances de ce vieillard de soixante-douze ans (et demi). Souhaitons qu'elles lui aient procuré autant de satisfactions qu'elles lui valurent de haine. Cela est vraisemblable car il persévéra dans cette voie avec une ardeur qui ne saurait tromper sur le plaisir qu'il y prenait.

Nouvelles pitreries contre Genève.

A peine le turbulent patriarche venait-il d'être « savonné » par l'ambassadeur, qu'il s'avisa, avec une malice diabolique, d'une nouvelle occasion de faire enrager Genève que, dans les moments de brouille, il appelait la « Parvulissime République ». Il se servit cette fois, pour ridiculiser les magistrats et les institutions de Genève, d'un fait divers grotesque. Voici ce qui s'était passé : un certain Robert Covelle comparut devant le Consistoire pour avoir fait un enfant à une dame Catherine Ferloz « native ». Il reconnaissait la fornication mais non l'enfant. Dame Catherine reconnaissait à la fois la fornication et l'enfant, plus le père de l'enfant en la personne de Covelle.

Les pasteurs, indignés par ce crime sans précédent, interdirent à Covelle, la sainte Cène, et le condamnèrent à demander pardon à Dieu, genoux en terre.

Covelle demanda huit jours de réflexion pour se mettre à genoux. Délai accordé.

Les pasteurs renvoyèrent l'affaire devant le *Magnifique Conseil.* Covelle ayant réfléchi — et d'autres avec lui, — soutint que les pasteurs n'étaient pas des Juges et n'étaient pas habilités pour infliger des sanctions. Il refusa *la Génuflexion.* Par un hasard que Voltaire seul aurait pu expliquer, une brochure imprimée à Londres cette année 1768 se mit alors à circuler dans Genève. Elle portait précisément le titre : *La Guerre Civile de Genève ou les Amours de Rob. Covelle.*

Le Conseil la fit saisir : elle contenait des « *expressions injurieuses contre le Consistoire et semblait avoir pour but de troubler la tranquillité publique.* » Elle eut en tout cas pour résultat d'empêcher Covelle de s'agenouiller. Comme on cuisinait le fornicateur pour lui faire avouer qui l'avait si bien endoctriné et qui avait écrit la brochure, il ne fit aucune difficulté pour reconnaître que c'était Voltaire. Et le plus fort, c'est que l'obstination de ce nigaud si bien conseillé, finit par réussir. En 1769, après cette farce, la « génuflexion » fut supprimée. Voilà à quoi peut servir un pantin quand les ficelles sont tirées par le Polichinelle de Ferney.

Covelle avait été amené à Ferney par des Genevois qui voulaient mettre fin à l'intrusion des pasteurs dans la Justice. Covelle n'avait été qu'un jouet pour Voltaire. Puis le nigaud se prit bientôt pour un personnage : il se considérait comme le vainqueur de la tyrannie religieuse. Il alla faire un discours à M. Hennin, ministre de France : il mélangeait tout ; la Catherine, son héroïsme, le Consistoire, la fornication et la tyrannie. Le ministre s'amusa d'abord de la pitrerie puis il s'avisa que le pitre sentait le vin. Et il conclut ainsi le rapport de la visite de Covelle: « *Il avait je crois plus fêté Bacchus que Mademoiselle Catherine.* » De son côté, Voltaire écrit au ministre : « *Vous êtes trop heureux d'avoir vu Covelle le fornicateur, cela est de bon augure, c'est le premier des hommes car il fait des enfants à tout ce qu'il y a de plus laid dans Genève et boit du plus mauvais vin comme étant du Chambertin, d'ailleurs grand politique et n'ayant pas le sens commun.* »

Pour mettre les pasteurs en rage, Voltaire donna même une fête en l'honneur du « jouet ». Il le fit annoncer : « M. le Fornicateur. » On ne l'appelait que M. le Fornicateur avec beaucoup de cérémonie. Voltaire disait que c'était une charge récemment créée dans la République des pasteurs. On priait M. le Fornicateur comme on priait M. l'Ambassadeur ou Mme La Baillive. Et Covelle faisait la roue.

Il devint vite importun et Voltaire pour se débarrasser de ses visites lui fit dire qu'il était mort. Afin de l'en convaincre, il lui fit également savoir qu'il lui laissait une rente de trois cents livres. Et elle fut payée à M. le Fornicateur ! Si insolence il y a, elle est d'un grand seigneur. Faire une pension au fornicateur officiel de la République de Genève est un geste hors du banal.

Voltaire n'avait nul besoin du modèle pour écrire son épopée grotesque qui tient du *Lutrin* et de *la guerre Pichrocoline* : Elle comporte cinq chants à la « gloire » de Genève :

Noble Cité, riche, fière et sournoise :
On y calcule et jamais on n'y rit :
L'art de Barême est le seul qui fleurit

Il taquine les Genevois sur leur irrésistible penchant pour les pièces de monnaie — sans distinction de frappe pourvu qu'elles fussent d'or. Il raconte que la pauvre Cateau — celle de Covelle, pas celle de Moscovie — s'étant noyée ne revenait pas à la vie.

Passe un Milord qui s'approche et demande : *Est-elle Genevoise?* — *Oui,* dit Covelle. — *Eh bien ! nous le verrons,* répond le Milord et il lui met dans la main :

Un gros bourson de cent livres sterling
La belle serre et soudain ressuscite.

Vive Cateau, la bonne Genevoise ! Puis on s'en prenait à *la génuflexion ;* ainsi Voltaire se vengeait de Vernet :

Du noir Sénat, le grave Directeur,
Est Jean Vernet de maints volumes auteur
Le vieux Vernet ignore le lecteur
Mais trop connu des malheureux libraires...
....
Dans sa vieille âme en tumulte renaissent
Les souvenirs des tendres passe-temps
Qu'avec Javotte, il eut dans son printemps.

Néanmoins, Vernet condamne Covelle à s'agenouiller :

Robert Covelle, écoutez à genoux !
A genoux ? Moi ? — Vous même ! — Qui, moi ? — Vous !
A vos vertus, joignez l'obéissance.
Covelle alors à sa mâle éloquence
Donnant l'essor...

Covelle refuse et rappelle à ses juges que si Louis le Débonnaire reçut la fessée de trente prélats c'est parce que :

Louis était plus bête que pieux.
Ce temps n'est plus...

La guerre éclate dans Genève. Le sage Tronchin veut calmer les passions. Nul ne l'écoute : il parle d'or mais il parle à des ânes.

Telle est Genève : elle ne peut souffrir
Qu'un médecin prétende la guérir

Tronchin les abandonne et rejoint les beaux-esprits de Paris. Dans cette épopée burlesque, Jean-Jacques avait sa part de sarcasmes — il avait même la part la plus injurieuse. Voltaire évoquait le Val-Travers où Rousseau s'était réfugié :

Là se tenait ce sombre énergumène
Cet ennemi de la nature humaine

Pour chasser l'ennui, Voltaire dit que Rousseau avait trouvé l'amour. Mais lequel ? La Levasseur :

Cette infernale et hideuse sorcière
Suit en tous lieux ce magot ambulant
Comme la chouette est jointe au chat-huant.
....
Si quelque fois dans leurs amours secrètes
Leurs os pointus joignent leurs deux squelettes
Dans leurs plaisirs ils se pâment soudain
Du seul plaisir de nuire au genre humain.

Que la conduite de Rousseau ait pu inspirer de tels vers, c'est bien regrettable, mais que Voltaire les ait écrits et publiés ne l'est peut-être pas moins. Disons qu'ils étaient monnaie courante dans la République des Lettres.

Le poème s'achevait par une réconciliation générale, les partis s'embrassaient dans l'enthousiasme, sauf... le *maudit du Val-Travers.*

Le vieux Rousseau de fureur hébété
Avec sa gaupe errant à l'aventure
S'enfuit de rage et fit vite un traité
Contre la paix qu'on venait de conclure.

On imagine aisément de quel air les Genevois reçurent ce paquet. Tout le monde était étrillé sauf les Tronchin. Qu'importe, M. de Voltaire s'était diverti et se sentait vengé.

Il reçut encore la visite d'un « natif », perruquier de son état, et auteur d'une comédie qu'il aurait voulu que Voltaire lût et corrigeât. Après avoir lavé le « linge sale » d'un roi, on lui proposait celui d'un coiffeur ! « *Repassez demain* », dit-il au perruquier qui ne comprit pas qu'il s'agissait d'un refus. Il reparut le lendemain à la première heure. Voltaire tout de go : « *Quel est votre état ? — Perruquier,* dit l'autre. » Et Voltaire le poussa dans l'escalier en criant comme un sourd : « *Faites des perruques ! Faites des perruques !* »

Le plus curieux de l'affaire est l'idée que le perruquier s'en fit. Il était persuadé que Voltaire avait trouvé son texte si bon qu'il en était jaloux et n'avait agi si brusquement avec lui que pour éliminer un concurrent dangereux.

Ses relations avec Genève devenaient si mauvaises que, même avec les Tronchin, elles cessèrent d'être bonnes. Tronchin était excédé des pirouettes de Voltaire et las de le disculper. Voltaire avait beau se défendre auprès des Tronchin de toute intrusion dans les affaires intérieures de Genève. « *Je suis auprès de Genève comme si j'en étais à cent lieues* », écrivait-il, personne ne pouvait le croire. « *Je suis exactement le conseil de Pythagore : dans la tempête adorez l'écho* », c'est épouvantablement inexact : dans la tempête, il allumait l'incendie.

Tronchin s'étant rendu à Paris au chevet de la Dauphine, avait rencontré le roi qui lui avait demandé s'il était toujours l'ami de Voltaire. « *Je ne suis pas l'ami d'un impie* », aurait-il répondu. Le mot fut immédiatement rapporté à Voltaire qui ne voulut pas le croire. A vrai dire, Tronchin n'était pas un ami sûr pour Voltaire.

Pour mettre un peu de diversion dans les soucis du Conseil, le Théâtre en bois, bâti sur une place de Genève, flamba un soir de février 1768. Ce théâtre à Genève, était la délectation de Voltaire, c'était lui qui l'avait acclimaté dans la ville de Calvin à la grande fureur de Jean-Jacques. Il faisait salle comble à chaque représentation. Quand on jouait *Tartuffe* le peuple applaudissait tous les passages où l'hypocrisie religieuse était attaquée. En 1766, on joua *Olympe* de Voltaire. Il en fut ravi, il avait pour cette mauvaise pièce les faiblesses d'un père pour l'enfant mal venu.

Le bûcher enchantait le public, peut-être plus que les vers. « *Le bûcher tourne les têtes : il y avait beaucoup moins de monde au bûcher de Jean Servet quand vingt-cinq faquins le firent brûler.* » Quand, ce soir d'hiver, on vit de grandes flammes s'élever dans le ciel, les gens accoururent avec leurs seaux d'eau et voyant qu'il s'agissait du théâtre : « *Eh ! mes beaux messieurs, que ceux qui l'ont voulu l'éteignent* », dirent-ils. Et ils le laissèrent brûler. Voltaire trouva que le peuple était bien changeant et bien ingrat. Il aurait compris qu'on dise la même chose du temple en flammes, mais du théâtre ! Quelle barbarie ! « *Ah ! cette Genève,* écrivait-il, *quand on croit la tenir, tout vous échappe : tignasses et perruques c'est tout un.* » Il affirme qu'on a volontairement mis le feu au théâtre. Cela paraît probable. Mais on ne trouve pas le coupable. Voltaire, d'emblée en proposa un : l'incendiaire, c'était Jean-Jacques. Il est vraisemblable que ce théâtre incendié dut paraître au philosophe du Val-Travers comme une purification de la souillée.

Moralistes et Métaphysiciens avec Voltaire et sa morale.

Parmi les personnages célèbres ou les fantoches qu'évoque Voltaire il est une figure peu banale de Genève, un de ces huguenots intransigeants, austères, irréprochables. D'une intolérance absolue, celui-ci était honnête, au point d'aller lui-même présenter à Voltaire le manuscrit des attaques qu'il se disposait à publier contre l'impie : il s'agit de Deluc, le vieux Deluc, comme l'appelle Voltaire, ami de Rousseau et farouche détracteur de Voltaire. Il proposa à Voltaire de se reconnaître fils d'Abraham, de renoncer à son impiété, de proclamer la divinité du Christ, moyennant quoi, lui, Prophète Deluc, suspendrait la publication (toujours onéreuse n'est-ce pas ?) de ses attaques. On connaît la scène où Don Juan reçoit M. Dimanche, l'accable de compliments et le renvoie charmé et les mains vides. Voltaire en usa de même avec le vieux Prophète, il l'emberlificota dans des louanges, des protestations d'amitié, de respect, d'admiration, lui cita ses œuvres, les commenta, les porta aux nues, fit appel à la Loi et aux Prophètes, brilla dans l'exégèse, tant et si bien que le vieillard crut qu'il s'était trompé ou qu'on l'avait trompé sur le compte de Voltaire.

Il avoua alors au poète qu'il avait consacré sept chapitres à l'étriller. « *Les voici !* » dit-il et il se mit à lire l'énorme liasse. Voltaire épouvanté par l'énormité du châtiment que représentait cette lecture le supplia de lui laisser son manuscrit et qu'il le lirait en un jour. « *Je vous le laisserai trois jours,* dit l'implacable Hébreu, *et vous le lirez trois fois.* » Voltaire promit pour échapper au supplice de la lecture. Il reconduisit son honnête bourreau en le cajolant tendrement. Il n'eut garde de lire une ligne de cette assommante critique. Il disait que Deluc était « *un ignorant crédule qui ressemblait aux Apôtres* ». (Avant la descente du Saint-Esprit, bien entendu.)

Deluc était si ennuyeux que même J.-J. Rousseau qui le portait aux nues parce qu'il attaquait Voltaire, ne pouvait le supporter : « *J'ai de l'amitié, du respect, de l'estime pour lui,* écrivait-il, *mais je redouterai toujours de le voir... Je l'ai cependant trouvé un peu moins assommant qu'à Genève. Il m'a laissé deux livres. Bon Dieu ! quelle tâche. Moi qui ne dors pas, j'ai de l'opium pour au moins deux mois.* »

Ce Deluc se comportait comme un tribun populaire, il voulait instituer une manière de république biblique. C'était le boutefeu des guerres civiles de Genève. Voltaire le rendit responsable du mauvais ravitaillement de la ville et de l'état de demi-famine qui y régnait. Qu'importait à Deluc que les gens n'eussent rien à manger pourvu qu'il les prêchât ? Il allait de porte en porte et prêchait à domicile ; il était de ces gens, dont Voltaire avait horreur, qui prétendaient conduire leurs semblables au Paradis en abrégeant leur vie sur cette terre et en faisant d'elle ce qu'elle doit être « une vallée de larmes ».

C'était bien là l'affaire du Philosophe de Ferney ! Lui qui se démène comme un diable pour faire de cette vallée : un jardin des délices. Quitte à manquer le paradis.

Il est révélateur de voir Voltaire à travers ces Deluc, et autres qui font l'effet de repoussoirs. Il avait aussi un autre ennemi, Bonnet, esprit distingué, fort religieux et exécrant Voltaire en raison de ses badinages impies. Dès son arrivée à Genève, Voltaire avait fait des visites. Bonnet, ne voulant pas recevoir le diable chez lui, préféra aller le voir dans son antre. Il fréquenta donc les *Délices* — avec quelle répulsion et quelle assiduité ! Est-il permis de vivre dans les *Délices*, ici-bas ? Ce Voltaire était un défi à l'esprit de pénitence, d'humilité, et de simplicité. Aussi Bonnet ne le fréquentait-il que pour mieux l'observer, le prendre en flagrant délit de frivolité, d'ignorance et même de roublardise. Voyant un livre de Condillac sur une table, Bonnet tendit à Voltaire un piège de pion : « *Que pensez-vous de cet ouvrage ?* » Voltaire lui répondit qu'il ne l'avait pas ouvert, qu'il ne se mêlait point de cette philosophie et se contentait de faire quelques mauvais vers. L'autre lui trouva l'air gêné. La réponse a plutôt l'air désinvolte. Condillac ennuyait Voltaire, à moins que ce ne fût Bonnet — ou les deux. Ils allèrent dans une pièce voisine où M. de Beaumont parlait de Condillac. Voltaire écouta. Bonnet qui était sourd ne suivait pas. Peu après, Voltaire prit Bonnet par l'oreille et lui parla avec un brio étonnant de son Condillac. Bonnet fut stupéfait. M. de Beaumont rencontra Bonnet quelques jours plus tard et lui demanda s'il s'était amusé chez Voltaire. Bonnet lui dit qu'il avait été intéressé par ce que le poète lui avait dit de Condillac. « *Et moi plus que vous* », lui dit en riant M. de Beaumont qui lui raconta comment les choses s'étaient passées.

Bonnet, ami de Haller, Deluc et autres savants théologiens faisaient de leur mieux pour accréditer le bruit que Voltaire était un ignorant. Il n'était certainement pas, en dépit de ses lectures immenses, aussi fort métaphysicien que Bonnet ou Deluc, mais l'étendue de sa culture est indiscutable, et Bonnet qui la met en doute, était en sciences, en anglais, en italien, en histoire, en finances, en politique, en agriculture, en procédure et même en latin, un ignare auprès de Voltaire.

Ce qu'on reproche au Seigneur de Ferney c'est sa vie délicieuse, sa gaîté, sa frivolité, sa désinvolture. On n'admet pas que le génie soit aimable, sociable, élégant. On n'est supérieur — pour les Bonnet — que si l'on est ennuyeux. « *Je ne voudrais pas de tous les talents de M. de Voltaire au prix qu'il en jouit : c'est à mon avis un des êtres les plus malheureux qui soient à la surface du globe.* »

Voilà Jérémie ! Et qui vous dit, triste Bonnet, que M. de Voltaire voudrait changer ses talents contre les vôtres afin d'être heureux à votre mode ? L'emphase et la sottise dissimulent l'envie. Vivre, passionne Voltaire : tout l'amuse, même les sots qui le font mettre en colère, parce qu'il sait s'amuser de sa propre colère. Il se donne à lui-même, de temps à autre, d'excellentes représentations de sa fureur vengeresse contre l'imbécillité.

Quand on brûle le *Dictionnaire Philosophique,* quelle explosion de joie chez M. Bonnet qui s'exprime avec beaucoup de véhémence et le plus mauvais goût : « *Le plus détestable livre de ce pestilentiel auteur,* et mieux encore : *c'est pour la conscience ce qu'est l'arsenic pour les intestins.* » Ah ! la savante critique de ces cuistres !

Toutefois, Bonnet remarque que « *ces sortes d'exécutions n'ont d'autre effet que d'accroître le succès du livre.* » Ce qui n'est pas faux. Et de faire la triste figure, en voyant Voltaire ricaner parce qu'on brûle son livre. Alors la colère le prend : « *Cet homme ne fait plus que des excréments et il est une infinité de gens qui les dévorent.* » Fi, M. le Pasteur ! Votre plume est tombée dans le pot de chambre.

Plus finement, M. Bonnet s'aperçoit qu'on réfute les libelles de Voltaire que tout le monde lit par d'énormes ouvrages que personne n'ouvre.

« *Il faudrait mettre aussi le contrepoison dans de petites boîtes bien dorées.* » Fort bien dit, M. Bonnet, il ne vous manque que l'or pour faire les boîtes et l'art de les ciseler.

Quand d'Holbach publie son livre matérialiste *Système de la Nature,* Bonnet s'étonne de voir Voltaire réfuter d'Holbach avec des arguments en faveur de l'existence de Dieu qui surprirent Bonnet et l'enchantèrent. C'est qu'il connaissait mal Voltaire, qui n'est pas matérialiste. Dans un vers devenu proverbial Voltaire dit : « *Si Dieu n'existait pas, il faudrait l'inventer.* » L'existence de Dieu est une nécessité philosophique de l'Univers tel que Voltaire le conçoit. Cela dit, il était l'ennemi irréductible des dogmes, des rites, des religions révélées, tout cela banni en vrac, sous le nom infamant de « Superstition » car c'est la superstition qui conduit au fanatisme homicide. Il y avait, cependant, en Voltaire, une nostalgie de la foi ; la religion a imprégné son enfance. Pourquoi a-t-il rebâti une église à Ferney ? Un athée eût tranquillement laissé s'écrouler l'ancienne. Il aurait eu moins d'ennui avec son évêque. Il était violemment anticlérical, antibiblique, antithéologique, antimétaphysicien, mais il était déiste et spiritualiste. Un jour à dîner, Condorcet et d'Alembert, se lancèrent dans une éclatante sortie contre l'existence de Dieu. Voltaire fit sortir ses domestiques et dit à ses amis : « *Maintenant, Messieurs, continuez vos propos contre Dieu mais comme je ne veux pas être égorgé cette nuit par mes domestiques il est bon qu'ils ne vous écoutent pas.* » Ainsi Dieu est le nécessaire fondement de la morale voltairienne. Comme quelqu'un lui rétorquait que les dévotes trompaient aussi leurs maris, agacé par l'argument il répliqua : « *Et moi, j'en connais une que la crainte de Dieu a retenue — et cela me suffit.* »

Il tenait beaucoup à cette morale inspirée par la crainte de Dieu. « *L'athéisme est un monstre pernicieux dans ceux qui gouvernent,* (Et le Salomon du Nord ?) *il peut quoique vous en disiez encourager les Néron, les Alexandre. L'opinion contraire peut les réprimer. Sans ce frein, je regarderai les rois et leurs ministres comme des bêtes féroces...* » Il s'étonne à soixante-seize ans que les hommes abordent avec la plus grande légèreté le sujet le plus important du monde : « *L'existence de Dieu est la chose qui intéresse le plus le genre humain.* »

Il a l'esprit religieux, mais point de religion : « *...Pourquoi sommes-nous ? Pourquoi y a-t-il des êtres ? Qu'est-ce que la pensée ? O atomes d'un jour, ô mes compagnons dans l'infinie petitesse, nés comme moi pour tout souffrir et tout ignorer, y en a-t-il parmi vous d'assez fous pour croire savoir tout cela ? Non, il n'y en a point, non, dans le fond de votre cœur, vous sentez votre néant comme je rends justice au mien, mais vous êtes assez orgueilleux pour vouloir qu'on embrasse vos noirs systèmes.* »

Pour affirmer son déisme, il avait d'abord fait graver sur son église de Ferney : « *Deo Soli.* » Pour ce qui est de l'âme, on sait qu'il n'y peut croire. « *Le je ne sais quoi qu'on appelle matière peut aussi bien penser que le je ne sais quoi qu'on appelle âme... on a toujours cherché comment l'âme agit sur le corps. Il fallait d'abord savoir si nous en avions une... Pourquoi voulons-nous à toute force en avoir une ? Peut-être par vanité. Si un paon pouvait parler il dirait qu'il a une âme et que son âme est dans sa queue.* »

Parfois, quand il désire châtier les grands dans la vie éternelle, il fait semblant de croire à l'âme et à la damnation : c'est une simple satisfaction passagère. Son idée constante est qu'il n'est pas nécessaire de croire à la vie éternelle pour être vertueux. Il existe pour lui une morale universelle, indépendante des religions et des races. « *Il y a des actions que le monde entier trouve belles : un ami se dévoue à la mort pour son ami : l'Algonquin, le Français, le Chinois diront tous que cela est fort beau.* » Tous les sages, tous les honnêtes gens du monde entier forment la société vertueuse qui s'accorde sur les mêmes principes : la vérité, la liberté, la vertu.

Et il invoque les vrais saints de cette morale : « *Adressons nos prières à Saint Zénon, à Saint Epicure, à Saint Marc-Aurèle, Saint Epictète et Saint Bayle.* » Il a une préférence pour les saints stoïciens « *qui rendirent la nature humaine presque divine* », dit-il. D'Holbach avait osé écrire qu'il serait dangereux de demander à l'homme d'être vertueux si la vertu devait le rendre malheureux et il ajoutait : « *Dès que le vice rend heureux, il doit aimer le vice.* »

« *Cette maxime est exécrable,* répondit Voltaire. *Quand il serait vrai qu'un homme ne peut être vertueux sans souffrir, il faudrait l'encourager à l'être. La satisfaction d'avoir dompté ses vices est cent fois plus grande que d'y avoir succombé, plaisir toujour empoisonné, plaisir qui mène au malheur. On dit à un soldat pour l'encourager :* « Songe que tu es du Régiment de Champagne. » *On devrait dire à chaque individu :* « Souviens-toi de ta dignité d'homme. ». »

On aurait tort de prendre pour un relâchement de sa morale certains propos légers de Voltaire ; et tort de confondre son anticléricalisme avec l'immoralité. Mais tout est si ondoyant, si moiré dans sa pensée, que le fond de sa sagesse est presque insaisissable. Lorsque Zadig affirme que, pour être sage, il faut être sans passions, le vieil ermite — sans doute celui de Ferney — lui répond que les passions : « *Ce sont les vents qui enflent les voiles du vaisseau ; elles le submergent quelques fois mais sans elles, il ne pourrait voguer.* »

Et pour Voltaire, il importe de « voguer » bien plus que d'être épicurien, stoïcien..., ou chrétien. Il faut voguer, c'est-à-dire : vivre à pleines journées, à pleine humanité, à pleine vie. C'est peut-être dans cet élan vital qu'est le secret de sa morale. Et si l'on ne veut pas croire à sa morale, il faut reconnaître qu'il a, en digne fils Arouet, et digne élève de Louis-le-Grand, une profonde moralité.

Le Patriarche et sa tribu.

Voltaire aimait la compagnie de la jeunesse et savait lui faire fête.

Il recevait le jeune Mallet du Pan, d'une excellente famille de Genève, qui avait défendu *l'Emile* aussi bien que le *Dictionnaire philosophique*. Ce qui n'était pas sans courage. Voltaire le fit agréer en qualité de précepteur à la cour du Margrave de Hesse. Le jeune Mallet enseignait l'histoire et la littérature. Il eut la naïveté de croire que parce que les princes se disaient amis des « Philosophes » ils étaient capables d'entendre des « idées » nouvelles. On lui fit comprendre qu'il devait oublier le *Dictionnaire philosophique* et s'en tenir à celui des *Idées reçues*. Il revint à Genève non pas chargé de gloire mais d'une profitable expérience.

Un autre jeune homme, sorte d'enfant prodige, fréquentait Ferney : Jean de Muller. A dix-sept ans, il savait toutes les sciences de son temps. Il paraissait en avoir quinze. Il se vieillissait de son mieux sous une immense perruque qui dissimulait ses joues d'enfant et ne laissait voir que son nez et ses yeux. La première visite qu'il fit à Ferney, fut une déception. Il ne vit pas le poète : ce jour-là, Voltaire se mourait. Il soupa avec Mme Denis et d'autres visiteurs déçus. La seconde fois, il se fit précéder d'une lettre de Tronchin et d'un dithyrambe. Plus de maladie ; un vieillard enthousiaste, vif, charmant, l'accueillit. Le jeune Muller n'y pouvait croire. Il fut séduit. On annonça ce jour-là un jeune Américain qui voyageait pour s'instruire. L'objet était rare à l'époque. On le trouva charmant en l'examinant sur toutes les coutures. Voltaire le présenta en ces termes : « *Mesdames vous voyez un homme qui vient du pays des sauvages et qui n'en a pas l'air.* » C'est bien ce qui étonnait le plus les dames. On regrettait qu'il n'eût pas quelques plumes plantées par-ci par-là. Au jeune Muller qui avait l'air d'un enfant : « *Où est votre gouverneur ?*

demanda Voltaire et il ajouta : *Ce jeune homme de quinze ans est gouverneur de lui-même et en même temps historien de la Suisse.* »

Cette douce vie fut troublée par les conséquences de la guerre de Genève.

Versailles était fatigué de supporter les humeurs des deux partis. Quand M. de Beauteville eut échoué dans sa mission — on ne l'appelait plus que M. de Brouilleville — Choiseul pendant l'hiver de 1766-67 fit investir Genève par une armée pour l'amener à réfléchir. Et Voltaire s'aperçut que la première victime de l'investissement, c'était Ferney. Genève s'approvisionnait en Savoie, tandis que Ferney était affamée. « *J'ai trente dragons autour d'un poulailler qu'on nomme Tournay. Je n'ai point d'armée à Ferney mais j'imagine que dans cette guerre on boira plus de vin qu'on ne répandra de sang* », écrit-il à Richelieu en janvier 1767. Les soldats coupent ses arbres pour faire bouillir leur marmite et volent pour la remplir. Quant au vin qu'ils boivent, ils ne le paient pas. Et ainsi « *maman Denis ne pourra plus avoir de bon bœuf pour sa table, elle envoie chercher de la vache à Gex* ». De la vache ! pour les beaux officiers du roi qu'on invite à Ferney ! Cet hiver de 1767 est affreux, la neige ne fond pas. « *Nous manquons de tout, excepté de neige. Oh ! pour cette denrée nous n'en manquons pas, nous pourrions en fournir l'Europe. Il y en aura dix pieds de haut dans les jardins et trente dans les montagnes.* » Le père Adour qui est à la mort ne reçoit ni médecin, ni remède. Le refrain c'est : « *Nous manquons de tout... Et ces Genevois mangent de bons poulets de Savoie. On s'imagine les avoir punis, c'est nous qu'on punit.* »

Il écrit au ministre. N'ose-t-il pas lui demander qu'on rapporte les mesures d'investissement qui dégarnissent sa table ? On lui répond de ne pas importuner le ministre — cependant, on lui envoie un passeport illimité pour aller s'approvisionner à Genève à travers le blocus. Voltaire peut traverser les lignes pour s'approvisionner dans la ville assiégée ! Il écrit à M. de Beauteville :

« *Le duc m'excepte de la règle générale parce que je suis infiniment excepté dans son cœur. J'ai un passeport illimité pour moi et mes gens. Venez, venez, maman vous fera bonne chère à présent, nous aurons du bon bœuf et plus de vache.* »

Dès lors, les visites envahiront de nouveau Ferney — mais lui se montrait de moins en moins. Parfois, il se laissait surprendre au détour d'une allée. Les visiteurs apercevaient sa grosse perruque, son bonnet, sa houppelande qui battait ses mollets de bois.

Si un nom lui plaisait, il s'approchait et faisait son numéro d'enchanteur qui réussissait à tout coup. Il adorait se faire ainsi pardonner la froideur d'un accueil maussade.

En plus de la grande ménagerie constituée par les hôtes de marque, Ferney avait sa basse-cour. Mme Denis en était le plus bel ornement. Elle était devenue coléreuse et, dans ses crises, son fond de sottise et de vulgarité revenait en surface. Quand la dinde piaillait, ses cris exaspéraient tellement son oncle qu'il lui arrivait de l'appeler « *la grosse cochonne* ». C'est probablement la seule femme que Voltaire se soit permis de traiter ainsi. Tel fut l'un des privilèges de Dindon Denis : elle en eut d'autres plus substantiels pour son insatiable appétit d'argent. Il y avait le cousin Daumart, pauvre épave que Voltaire héberge, soigne, supporte — difficilement — pendant neuf ans, jusqu'à la mort du malheureux. Et qu'on ne vienne plus parler de Voltaire sans cœur, cupide... On peut le haïr et, si l'on y tient, l'injurier, il prête au jeu, hélas ! mais qu'on l'injurie pour de justes motifs.

Le parasite à Ferney ne manque pas, signe certain d'opulence. Voici un nommé Gallien, cadeau empoisonné de Richelieu, Gallien est un voyou qui joua cent mauvais tours à son protecteur. Puis un autre vaurien, le petit frère Bastian, échappé d'un couvent de Savoie, connu de la canaille de Ferney sous le nom de Ricard et qui disparut un jour avec des bijoux, de l'argent et des manuscrits de Voltaire. Voltaire le laissa courir, il lui eût été facile de le faire arrêter : « *Il porte encore l'habit rouge que je lui ai donné* », disait Voltaire.

Voltaire ne se venge pas de quelqu'un qui a été son ami, qui a partagé sa vie, qui était de sa maison : on l'enterre mais on ne le poursuit pas.

Il est des parasites aimables comme Durey de Morsan, fils de fermier général. Il avait été immensément riche, il s'était laissé entraîner dans de louches trafics et avait été dépouillé. Peu capable de se conduire, il l'était de plaire par ses manières et sa culture : excellent latiniste, versificateur habile à la mode du temps. Il était aimé de Voltaire qui l'entretenait et essayait de le raccommoder avec sa sœur Mme de Sauvigny, femme de l'intendant de Paris. Durey recopiait les manuscrits et secondait le pauvre Wagnière débordé par ses tâches. Voltaire dictait plus vite que trois secrétaires n'écrivaient. Aux yeux de Voltaire ce bon Durey avait deux vices en plus de ceux qui l'avaient ruiné : il était dévot et il aimait Jean-Jacques. Voltaire entra un jour dans la chambre de Durey et découvrit un portrait de Jean-

Jacques sous un crucifix. Il se contenta d'écrire sur le mur une petite malice sur les idoles inopportunes. Et n'en parla plus.

Un des pensionnaires qui fait peur à Mme Denis, est l'indéchiffrable père Adam. Certains le voient lourd et naïf, surtout avide de jouir de la vie de château. Mme Denis l'accuse d'hypocrisie ; sa placidité n'est qu'un masque, et elle murmure en tremblant que si on laisse aller les choses, on s'apercevra un jour que Voltaire est entre les mains de son « chapelain », c'est-à-dire des Jésuites. D'Alembert lui-même est effleuré par le soupçon. La Harpe haïssait le père Adam qui devait voir trop clair dans le jeu de ce nouveau venu. Cette ruche trop peuplée avait ses rivalités et ses haines qui devaient, en somme, amuser Voltaire. Ces guêpes bourdonnantes lui offraient certainement des spectacles à son goût. Voici ce que Mme Denis écrivait du père Adam lors de son exil à Paris. On comparera le style de Mme Denis, non seulement à celui de l'oncle, mais à celui de n'importe quelle guêpe de la ruche : « *Mandez-moi ce que fait le Jésuite c'est une plate beste, s'il avait eu de l'esprit mon oncle s'en méfierait comme il le croit, comme de raison, un sot ce qu'il lui dit peut lui faire impression, les bêtes méchantes sont très dangereuses.* » Et les bêtes tout court sont très ennuyeuses, et méchantes par surcroît.

Quand Voltaire tournait le père en ridicule au salon, le père restait impassible : « *Voilà le père Adam*, disait Voltaire, *il a été Jésuite et vous le voyez rire à toutes mes facéties sur l'Infâme. Eh ! bien, je soupçonne le coquin d'être chrétien. C'est un hypocrite !* »

Le père était en très mauvais termes avec son ordre. Il alla à Dijon pour reprendre contact avec ses supérieurs : aucun ne voulut le recevoir. Pourtant, il disait régulièrement sa messe. Voltaire ne cessait de proclamer : « Mon chapelain » « Ma chapelle » « Ma messe ». Certains invités envoyaient des flèches au père Adam : « Que faites-vous ici ? — Est-ce bien votre place ? » Le père Adam répondait avec sérénité : « Je patiente, j'attends le moment de la grâce. » Il attendait surtout l'heure des repas. Et Voltaire était si content d'avoir un Jésuite à demeure : le piquant de la conjoncture l'enchantait.

Père Adam sortait parfois de sa placidité. Il y avait à Ferney un troisième copiste, M. Bigex. Le cuisiner de Voltaire, en voyage à Paris, avait rencontré ce Bigex chez Grimm et l'avait recruté pour Ferney ! Bigex, savoyard était un bourreau de travail ; en plus du secrétariat, il endossait la livrée de valet de chambre... Voltaire en plus de la livrée, lui fit endosser un libelle *l'Oracle des fidèles.* Le nom de Simon Bigex s'étalait sur la couverture. Le père Adam le prit alors en haine et lui qui ne parlait jamais, parla pour dire une horreur : il accusa Bigex de voler les fruits du verger. Bigex le prit très mal, il porta plainte et demanda que le procès fût instruit.

Il fit des vers latins pour ridiculiser le père Adam : un libelle circula de la cave au grenier de Ferney. Voltaire laissait faire, il disait qu'il voulait que le procès fût jugé. Les papiers sont perdus, on ne sait ce qui arriva, mais on sait que Bigex déguerpit et que le père Adam garda la place. Il fallait un copiste, ce fut un joueur d'échecs qui l'obtint.

Le Roquet et la Dinde sont chassés de la ménagerie.

Quelle patience il avait avec tous ses gens ! qu'attendait-il d'eux ? Un peu de distraction, un peu d'amitié et la satisfaction de les aider. Parmi les invités de l'hiver de 1768, se trouvaient La Harpe et Chabanon. Ils étaient gais, jeunes et faisaient des vers. Voltaire les aimait pour tout cela. Chabanon lui avait été recommandé par d'Alembert. Il avait des talents de poète, de musicien et de philosophe. La Harpe qui le jalousait disait qu'il jouait mieux du violon que de la lyre. Chabanon était, en outre, bien élevé. Mieux que La Harpe. Il apportait un trésor dans sa valise : une tragédie ! Voltaire était aux anges de voir ces jeunes gens insuffler une énergie nouvelle à la vieille muse tragique. Il croyait que La Harpe et Chabanon allaient prolonger le succès de *Zaïre* et de *Mérope* comme lui Voltaire avait prolongé le succès de Racine. Malheureusement, si ces gentils poètes avaient assez de talent pour aligner douze syllabes autant de fois qu'il le faut pour remplir cinq actes ils n'en avaient pas assez pour ressusciter *Phèdre,* ni même *Zaïre.*

Le vieux poète trépignait d'aise en écoutant ces platitudes. Néanmoins, il disait à Chabanon : « *Cuisez, cuisez tout cela.* » Ce qui laisse entendre que la cuisine n'était pas au point.

Il leur fit jouer sa tragédie *Les Scythes*. Lui-même y tenait un rôle. Chabanon, par gentillesse, dit qu'il ne put juger du jeu de Voltaire parce qu'il jouait en même temps et ne l'observait pas. Même sur son théâtre, Voltaire eut le chagrin de constater que *Les Scythes* n'avaient aucun succès. Ils jouèrent aussi *Adélaïde* qui ne valait guère mieux et que partout on loua. Voltaire se demandait pourquoi on la préférait aux *Scythes* : c'est parce qu'elle était un peu moins ennuyeuse.

Pourtant, la salle était comble : les officiers du roi, les invités de Genève (qu'on laissa passer à travers les lignes !) Des grenadiers du régiment de Condé faisaient la figuration. Voltaire les trouva magnifiques, leur fit servir un souper et ordonna qu'on leur remît une gratification aussi élevée qu'ils l'exigeraient. C'était l'ivresse du théâtre, elle risquait d'être suivie d'une terrible dépression qui pouvait durer six heures ou douze ou vingt-quatre et d'où on le verrait rebondir parce qu'il aurait reçu une bonne nouvelle, une lettre aimable, ou parce qu'il aurait écouté une histoire bien contée ou accueilli une visite bienfaisante. Un grenadier mit le comble à sa satisfaction en refusant l'argent : « *Nous n'accepterons rien,* dit-il, *nous avons vu M. de Voltaire, c'est notre paiement.* » Voltaire en éprouva tant de plaisir qu'il offrit son château : « *Venez manger quand vous voudrez, ô braves grenadiers ! Venez, la table sera mise pour vous, et s'il vous plaît de travailler vous aurez le salaire que vous demanderez.* »

Voltaire est dans les meilleurs termes avec Messieurs les officiers et leurs troupes. C'est un antimilitariste qui aime l'armée. Les soldats maraudent un peu, mais en revanche, ils lui réparent ses chemins, plantent des arbres pour remplacer ceux qu'ils brûlent. Mme Denis dont le mari avait été commissaire aux vivres à Landau et à Lille retrouve avec plaisir son temps de garnison. Mais Voltaire éprouva une déception. Le colonel de Chabrillant et ses officiers qui avaient été nourris et logés au château quittèrent Ferney sans un mot de remerciement pour leur hôte. Voltaire fut sensible à ce manque de courtoisie. Il s'en plaignit au ministre. C'est le duc de Choiseul qui le pria d'excuser les officiers et le remercia à leur place. « *Je prends sur moi,* écrit le duc, *de vous savoir gré de votre attention pour les officiers et des couvertures que vous avez fait donner aux soldats.* » Voltaire avait également avancé l'argent de la solde. Il écrit à Mme du Deffand « *que les officiers servent si bien le roi qu'ils n'ont pas eu seulement le temps d'écrire à Mme Denis, ni à moi.* »

Il tient beaucoup aux égards dus à Mme Denis. Le plus violent reproche qu'il ait fait à Frédéric, c'est la brutalité de ses sbires de Francfort envers elle. Il est vrai qu'elle est irremplaçable ! Oh ! ce ne sont plus ses « grâces transportantes » qui transportent l'oncle ! Ce sont les transports tragiques. Il n'y a qu'elle qui ait aimé et compris *Les Scythes.* A Paris, on a essayé à quatre reprises de jouer cette tragédie dans un chahut assourdissant.

Il dit que personne n'y connaît rien, que sa tragédie est admirable. La preuve c'est que Mme Denis a pleuré pendant les cinq actes — pleuré à s'en rendre malade. « *Elle est épouvantée de la chose et n'en peut revenir* », écrit-il. Faut-il que le public soit barbare : on ne respecte même pas sa vieillesse. Voudrait-il que le public applaudît uniquement parce que l'auteur a soixante-quinze ans ? Le critique Collé écrivit, non sans cruauté : « *Ce n'est pas un ouvrage de sa vieillesse, c'est un ouvrage de sa caducité.* » Voltaire envoya quand même la pièce à Frédéric.

Les La Harpe jouèrent dans *les Scythes*. La Harpe avait un joli petit talent et, en plus, une jolie femme. Il avait épousé la fille de son logeur, un limonadier. Il l'avait courtisée avec tant d'ardeur que sa flamme fut couronnée simultanément par le mariage et un baptême. Voltaire ne regretta pas de les avoir invités car Mme La Harpe disait bien les vers, et pleurait à peu près autant que Mme Denis. En outre, elle roulait les *r* à ravir et jouait également de la prunelle. Bref, Voltaire la trouva mieux que Mlle Clairon qui ne pleurait qu'avec parcimonie.

Cette femme était un atout dans le jeu que La Harpe entendait jouer avec le Philosophe de Ferney. La Harpe avait plus de dons littéraires que Chabanon et c'est sur lui surtout que Voltaire misait. « *La Harpe a passé quelques jours dans mon ermitage* écrit-il à son ami Cideville *et comme j'aime beaucoup corrompre la jeunesse je l'ai fort exhorté à suivre la détestable carrière des vers. C'est un homme. Il fera certainement de bons ouvrages moyennant quoi, il mourra de faim, sera honni et persécuté, mais il faut que chacun suive sa destinée.* »

Il reproche à son protégé de ne pas travailler assez. C'est qu'à Ferney la vie était trop amusante. Les journées trop bien remplies par la société. Seul Voltaire arrivait à travailler au milieu de cette ménagerie qu'il excitait, qu'il magnétisait. Tout ce monde parlait abondamment et brassait les idées et se croyait ivre d'intelligence. Lui s'éclipsait avec son secrétaire, dictait, écrivait, pensait. Il faisait soudain une brusque apparition, lançait ses feux et disparaissait. Si La Harpe n'écrivait guère à Ferney : il en tirait d'autres profits. Voltaire voulut lui faire obtenir un prix d'Académie. Il écrivit à d'Alembert, lui glissa la devise qu'avait choisie La Harpe pour qu'on pût distinguer son manuscrit. La Harpe eut le prix, Voltaire exulte : « *Je mets ma gloire dans celle de mes élèves et j'attends beaucoup de lui.* » Il allait recevoir de cet élève quelque chose qu'il n'attendait pas.

On n'a pas manqué de dire que les louanges que Voltaire distribuait si généreusement à ses protégés n'étaient que monnaie de singe. On a même prétendu qu'il les flattait avec perversité pour rendre leur échec plus cruel. La perversité est dans le soupçon, elle n'est pas dans l'attitude de Voltaire. Pourquoi se démènerait-il comme il le fait pour assurer le succès de ses protégés s'il désire se délecter de leur échec ?

Il est vrai qu'il a la louange facile : c'est politesse de cour. Voltaire n'est pas Alceste. Si un sot croit — et seul un sot peut le croire — qu'il est capable d'écrire *Phèdre* parce que Voltaire lui a dit qu'il faisait des vers comme Racine, cela n'a aucune importance. Ce qu'il vaut mieux retenir du dévouement de Voltaire envers ses protégés, c'est la sincérité. En 1733, alors qu'il n'était pas encore assez riche pour être le régénérateur d'une seigneurie, le soutien des indigents et des jeunes écrivains, il écrivait : « *J'aime mieux avoir des amis que du superflu et je préfère un homme de lettres à un bon cuisinier et à deux chevaux de carrosse.* » Il aidait alors le gros paresseux de Linant et un de ses amis mort de phtisie peu après : il le fit sans profit.

Ce La Harpe n'avait pas des manières de cour, il était susceptible, cassant, parfois agressif. Il se permettait de faire à Voltaire, des observations sur le ton d'un roquet dont il avait la taille et aussi la hargne. Voltaire ne lui reprochait cette exiguïté que sur la scène ; après, il l'oubliait pour ne voir que Mme La Harpe qui, elle, était grande. Ceci compensait cela. Autant La Harpe était rustre, autant Voltaire était poli quand il reprenait son disciple : « *Merci fils, vous me ferez mourir si vous ne changez pas cette métaphore.* » La longanimité de Voltaire surprenait l'entourage. Voltaire, en famille, l'appelait *Petit,* affectueusement. Il lui demanda un jour de lire une scène ; La Harpe refusa avec grossièreté. Voltaire rit et se contenta de dire : « *Ah ! Petit est en colère !* » On se mit à table, le roquet boudait. Comme il était plus sensible à la bonne chère qu'aux belles manières, il mit le nez dans son assiette et s'empiffra.

Comment Voltaire pouvait-il supporter ces Thiériot, ces Linant et autres, et en ce moment, La Harpe ? Ces goujats qui sont le contraire même de ce qu'il est et de ce qu'il aime.

Un jour pour répondre à *Petit,* La Harpe l'appela *Papa.* Voltaire laissa faire. *Petit* changea des vers dans une tragédie de Voltaire : Voltaire le remercia. *Petit* se sentait si fort qu'il hasarda une plaisanterie qui aurait pu lui coûter cher. A table, *Petit* récita des vers sans en dire l'auteur. Voltaire aussitôt tomba dans le piège et s'enthousiasma. Il demanda qui était l'auteur :

« *Le Franc de Pompignan !* » dit le roquet. Il y eut un instant de stupeur. Voltaire pâlit ; chacun avait les yeux sur le Patriarche et attendait « *Répétez-moi la strophe !* » dit-il enfin. Il l'écouta dans un silence accablant. « *Il n'y a rien à dire, la strophe est très belle.* » Il s'en tira ainsi. Et La Harpe aussi.

Voltaire lui en voulut si peu qu'il fit en sa faveur une démarche que La Harpe ignora toute sa vie : comme La Harpe n'était pas pensionné, Voltaire écrivit au contrôleur général des Finances pour lui demander de verser la moitié de sa propre pension à La Harpe. Il priait le ministre de garder le secret. « *Il sera aisément persuadé,* ajoutait Voltaire, *ainsi que tout le monde, que cette pension est la juste récompense des services qu'il a rendus à la littérature.* »

L'opération ne put se faire, mais le geste de Voltaire fut fait. C'était en 1767. A la même époque dans une lettre à d'Alembert Voltaire laisse percer son inquiétude au sujet de La Harpe : « *Ses talents le tireront de l'extrême indigence, c'est tout ce qu'il peut attendre.* » Puis il parle de l'utilité d'une pension, sans dire comment il s'emploie à la faire obtenir à La Harpe.

Mais, si Voltaire négligea de se venger des insolences de son protégé, celui-ci ne manqua pas de se venger des bienfaits de son protecteur en le volant et en le trahissant.

Quand Voltaire avait écrit son poème burlesque : *La guerre de Genève,* il voulait seulement ridiculiser certains Genevois, il n'avait aucune illusion sur la valeur littéraire de son poème qui était réservé à ses amis qu'il voulait faire rire. Il s'imaginait que cet écrit — comme bien d'autres — ne sortirait pas d'un cercle de familiers. Cent fois, l'expérience lui avait prouvé que tout ce qui naissait de sa plume ne pouvait rester confidentiel. La prudence ne lui vint jamais : à soixante-quatorze ans et pour la cent et unième fois, il reçut une nouvelle preuve de sa légèreté. Bref, il apprit que son poème burlesque et injurieux circulait dans Paris et dans Genève. On devine la suite : fureur, malédiction, fièvre, agonie. Il se couche. Recroquevillé dans son lit, il réfléchit. Quel est le coupable ? Comment renier le poème ? Quels risques court-il ? Et la peur... la peur des poursuites.

Il porte d'abord ses soupçons sur le frère Bastian. On saisit le misérable, on le traîne devant Voltaire : on l'accable, on le maudit. Il crie, il pleure, il se défend... il se disculpe. C'est la réédition de la scène horrible avec Mme de Graffigny à Cirey. Il ne reste qu'à pleurer ensemble, à s'embrasser, à pardonner, à oublier... et à chercher ailleurs le coupable.

Voltaire menait l'enquête. Peu à peu, le soupçon se précisa. Plus il approchait de la vérité, moins il voulait la croire. La certitude enfin s'imposa : le coupable était La Harpe et Mme Denis sa complice. Non seulement La Harpe avait volé mais, pour se disculper, il avait menti. Il avait accusé un jeune sculpteur de Paris de lui avoir remis le manuscrit volé. Voltaire fit aussitôt interroger le sculpteur : sa réponse arriva. Il reconnut de bonne foi avoir vu le manuscrit... mais dans les mains de La Harpe qui le lui avait montré. Comme Voltaire lui administrait cette preuve... « *La Harpe prenait un air de pâleur qui n'est pas celui de l'innocence* », comme le nota avec chagrin, son protecteur devenu son juge.

Voltaire pour tout châtiment renvoya La Harpe ; encore attendit-il d'être poussé à bout par les insolences orales et écrites de son protégé qui lui envoyait dans sa chambre des billets impertinents.

Avec Mme Denis, par contre, il eut une scène effrayante. Comment ce frêle vieillard résistait-il à de pareils ébranlements ?

Sa nièce fut la plus étonnée du cours nouveau pris par l'intrigue en s'entendant signifier son congé. C'était inouï : qu'elle fasse ses malles et qu'elle déguerpisse ! Il était fatigué de ses criailleries, de ses filouteries et de ses chapardages de cuisinière. La Harpe devait prendre le même chemin et, pour aérer complètement Ferney, la petite Corneille et son mari Dupuits suivraient le mouvement.

Au dire du secrétaire Wagnière, il y eut, le 3 mars 1768, un déménagement de sept personnes. Quelques invités qui se trouvaient à Ferney au moment de l'algarade jugèrent préférable d'imiter les partants... « *malgré l'extrême politesse de M. de Voltaire à leur égard, ils s'aperçurent combien il avait besoin de repos et de solitude après l'agitation et l'inquiétude où l'avait jeté cet événement. En peu de jours, il se trouva seul dans le château, avec moi et ses gens.* » Il oublie le père Adam qui avait surnagé — en se cramponnant à l'échiquier.

A Genève, à Dijon, à Paris on connut vite cette révolution de palais au royaume de Ferney : la nièce répudiée, le dauphin La Harpe jeté sur les grands chemins. Qu'est-ce qui avait pu motiver pareil branlebas ? Aux étapes, Mme Denis jurait à qui voulait l'entendre, qu'elle ne savait rien du vol, qu'elle en était innocente, qu'elle démasquerait le coupable et rapporterait les papiers à son oncle. En fait, on lui avait volé non seulement le poème de Genève mais, chose plus grave, les *Mémoires secrets sur le Roi de*

Prusse. Par bonheur, les voleurs ne firent pas publier ce texte vengeur.

A Paris, on répandait cent méchancetés et mille sottises : on disait qu'il s'était volé lui-même afin d'avoir un prétexte pour chasser tout le monde. A Ferney, M. Hennin vint prendre la défense de La Harpe. Voltaire l'écouta en silence : sa conviction était faite..., « *il l'a pris dans ma bibliothèque sans le dire. Cette imprudence a eu pour moi des suites très désagréables. Je lui pardonne de tout mon cœur, il n'a point péché par malice. Je lui ai rendu quelques services, je lui en rendrai encore tant que je serai en vie* ». Ainsi, le vol, le mensonge, l'ingratitude de La Harpe, étaient, quelques mois après, devenus sous la plume de Voltaire « une imprudence ». On ne saurait être plus pudique, ni plus bienveillant : sa nièce ne parut pas comprendre ces bons procédés.

Mme Denis n'en était pas à son coup d'essai. En 1755, il lui était déjà arrivé de vendre des manuscrits volés à son oncle... et l'oncle avait pardonné. Présentement, elle est la seule à faire du tapage au sujet de cette nouvelle affaire autour de laquelle son oncle s'attache au contraire à créer une espèce de brouillard. Jamais son oncle ne l'accuse de vol. Il écrit à Richelieu que la santé de Mme Denis ne s'accommodait plus du climat rigoureux de Ferney. Il n'y avait plus de médecin, enfin... « *Vingt ans d'absence ont dérangé ma fortune et n'ont pas accommodé la sienne. Ma fille Corneille l'accompagne à Paris où elle verra massacrer les pièces de son grand-oncle ; pour moi, je reste dans mon désert.* »

Nous connaissons ce genre de prétexte : tantôt c'est la maladie, tantôt c'est la ruine. Cette fois, le cas étant grave, il fallait invoquer les deux. Il est vrai qu'il avait certaines difficultés avec ses débiteurs. Les rentes viagères rentraient mal. Il voulait qu'on crût que Mme Denis allait à Paris, s'employer à faire payer les mauvais payeurs. Qui pouvait le croire ? On savait que Mme Denis était cupide, mais sottement. Elle prenait l'argent qui était à sa portée, mais elle le gaspillait sans raison, ou l'enfouissait comme une paysanne. Sa dépense désordonnée était tout à l'opposé de celle de l'oncle qui savait être magnifique en restant très strict dans ses comptes. En réalité : la fortune de l'ermite n'avait cessé de s'accroître ; vers 1768 il jouissait de quatre-vingt mille livres de rentes viagères, de quarante mille livres de rente provenant de biens mobiliers et de six cent mille livres en portefeuille.

Ce qui représente un capital d'environ un milliard d'anciens francs. Parmi les débiteurs récalcitrants, il y avait l'ami de toujours, le magnifique duc de Richelieu — fort cupide — et auprès de qui il criait misère.

Pour expliquer décemment le départ de Mme Denis, il écrivit le 4 avril 1768 à son autre nièce, la marquise de Florian : « *Il est juste et nécessaire que je vous parle avec confiance, mes chers Picards. Vous voyez les tristes effets de l'humeur. Vous savez combien Mme Denis en a montré quelques fois avec vous. Rappelez-vous la scène qu'essuya M. de Florian. Elle m'en a fait éprouver une encore plus cruelle. Il est triste que ni sa raison, ni sa douceur ne puissent écarter de son âme ces orages violents qui bouleversent et désolent la société. Je suis persuadé que la cause secrète de ces violences qui lui échappent de temps en temps était son aversion naturelle pour la vie de campagne, aversion qui ne pouvait être surmontée que par une grande affluence de monde, de fêtes et de la magnificence. Cette vie tumultueuse ne convient ni à mon âge de soixante-quatorze ans, ni à la faiblesse de ma santé.* »

Pas question de vol. Le prétexte qu'il donne est plausible : Mme Denis n'aime pas la campagne, elle va donc retrouver Paris. Le reproche d'aimer trop le monde n'est qu'un reproche de circonstance car chacun sait que l'oncle aime le monde tout autant que la nièce. Si Ferney est devenu l'auberge de l'Europe, ce n'est pas Mme Denis qui l'a voulu, c'est lui. Son souci est d'étouffer toute explication malveillante qu'on pourrait donner du brusque départ de Mme Denis.

Dans cette affaire, Voltaire s'est conduit avec beaucoup de dignité et de générosité ; nous l'avons vu si souvent perdre la face, qu'il serait injuste de ne pas l'applaudir dans son meilleur rôle : celui d'ami.

Les espiègleries du vieux philosophe donnent au curé de Ferney une colique mortelle et indignent l'Europe.

A un moine qui visitait Ferney pendant la semaine sainte de 1768, Voltaire dit tout à trac : « *J'ai envie pour le bon exemple de faire mes Pâques dimanche, je pense que vous me donnerez bien l'absolution pour cela ? — Très volontiers,* répondit le moine fort accommodant, *je vous la donne.* »

Ils déjeunèrent ensemble et le moine s'en alla.

Le jour de Pâques Voltaire se mit en tête de prêcher ses paroissiens sur le vol, quelques larcins ayant été commis sur ses terres. Wagnière, bien que protestant, lui fit observer qu'il n'avait pas le droit de sermonner les fidèles dans une église. Voltaire passa outre. Pendant la messe de Pâques, le curé eut la surprise de voir et d'entendre Voltaire s'adresser aux fidèles de cette voix pathétique et théâtrale qu'il prenait à l'occasion. La première surprise passée, le curé remonta les marches de l'autel et continua de dire la messe. Voltaire lui adressa quelques compliments sucrés pour se faire pardonner. Mais le curé n'en tint pas compte. Et l'écho de ce sermon intempestif retentit fort loin. On en fit des contes : on disait que Voltaire était entré à l'église escorté de gardes-chasse portant des cierges, on citait même des phrases de pure invention — mais scandaleuses. D'autres ajoutaient qu'il était accompagné de tambours et le plus curieux était la componction de tous ses gestes. L'évêque d'Annecy fut bientôt informé de ces prouesses et la Cour aussi.

A Versailles, la nouvelle fut d'abord bien accueillie : on crut à une conversion. Mais, quand on connut les détails tout le monde se retourna contre Voltaire. Les dévots criaient au sacrilège, et les philosophes à la palinodie. Il se défendit : il raconta à d'Argental qu'il était pris entre deux évêques du XIVe siècle, imbéciles et fanatiques et qu'il était obligé de hurler avec les loups. Tout cela sentait le mauvais argument. En réalité, il avait eu envie de jouer un rôle sur une scène qui était l'église, un jour d'affluence ; il avait cédé à son penchant à s'agiter en public, à se créer un nouveau personnage.

Ce vieillard était resté un enfant insupportable ; mais quand il criait à Ferney, c'était toujours la voix de Voltaire qui se faisait entendre de Versailles à Saint-Pétersbourg.

L'évêque d'Annecy lui écrivit avec dignité et modération. « *Puisque vous avez fait vos Pâques de plein gré, je vous crois donc sincère ; un honnête homme même incrédule ne se livrerait pas à cette comédie sans se déshonorer, vous êtes donc chrétien; je ne saurais vous considérer comme l'ennemi de la religion catholique. Toutefois votre communion a été faite sans repentir, sans les réparations préalables que vos écrits, vos actes passés demandaient, vous ne sauriez donc vous approcher de la sainte table sans donner des gages de votre sincérité et aucun prêtre ne vous y autorisera à la légère.* »

Voltaire lui fit une réponse dilatoire. L'évêque lui mit les points sur les i. Voltaire, faisant le bon enfant, demandait des prières et protestait de sa bonne foi. L'évêque lui dit qu'il ne se satisferait pas de paroles : il voulait des actes : « La foi est dans les œuvres. » C'était net. Voltaire trouva cela trop net : Cet évêque ne savait pas jouer. Voltaire aurait voulu un marivaudage théologique sur un ton persifleur de façon à amener l'évêque sur son terrain afin de le tourner en ridicule. Il était mal tombé : il devint furieux. L'évêque se méfiant de son illustre correspondant envoyait à Versailles les lettres qu'il écrivait ainsi que les réponses de Voltaire. Celui-ci écrivit à d'Argental avec autant d'humeur que d'injustice, voilà le Voltaire insupportable : « *Je ne suis pas revenu de ma surprise quand on m'a appris que ce fanatique imbécile d'Annecy, soi-disant évêque de Genève, fils d'un très mauvais maçon, avait envoyé au roi ses lettres et mes réponses. Ces réponses sont les lettres d'un Père de l'Eglise qui instruit un sot.* »

Erreur, le sot, en ce cas n'était pas l'évêque et le père de l'église de Ferney se conduisit comme un vieux gamin. Une fois lancé, tout lui est bon pour déconsidérer l'évêque. Il raconta que le prélat avait demandé une lettre de cachet contre le seigneur de Ferney. Il le noircit de son mieux : « *Un montagnard étranger plus propre à ramoner les cheminées qu'à diriger les consciences.* »

L'évêque, disait-il, aurait supplié le roi « *de lui faire le plaisir de chasser un vieillard de 75 ans et très malade de sa propre maison qu'il avait fait bâtir, des champs qu'il avait fait défricher, et de l'arracher à cent familles, qui ne subsistaient que par lui. Le roi trouva la proposition très malhonnête et peu chrétienne et le fit dire au capalou.* »

Pauvre vieillard ! et si pieux ! Ce qu'il oublie de dire c'est qu'il reçut une lettre de blâme du roi pour excès de piété et services inopportuns.

Il la garda bien secrète. Mais l'évêque la rendit publique. Car où serait la sanction, si le blâme n'était affiché ? Le silence aurait ressemblé à une approbation. Voltaire furieux de l'attitude de l'évêque se promit de faire mieux aux Pâques prochaines.

En effet, un jour de mars 1769, il aperçut, de son lit, dans une allée de son jardin, deux promeneurs. Il envoya Wagnière aux nouvelles : c'était le curé de Ferney accompagné d'un pauvre capucin qui venait en renfort pour les confessions de la semaine sainte. La pieuse population se pressait à la porte du confessionnal pour faire ses Pâques. Rien n'inspire le diable comme la dévotion militante. Voltaire se sentit soudain illuminé.

— *Est-il vrai que l'évêque d'Annecy a défendu de me confesser et de me donner la communion ?* demanda-t-il à Wagnière.

Il le savait fort bien puisque c'était lui qui avait répandu ce bruit. Mais il voulait montrer qu'il agissait par bravade. C'est ainsi qu'il faut comprendre la suite : ça n'était pas un sacrilège, c'était une mutinerie.

— *Eh bien ! puisqu'il en est ainsi je vais me confesser et communier malgré lui. Je ne veux point aller à l'église mais que tout se passe dans ma chambre et dans mon lit pour sa plus grande satisfaction. Cela pourra être fort plaisant et l'on verra qui de l'évêque ou de moi l'emportera. Allez me chercher ce capucin. Avez-vous de l'argent sur vous ? — oui — Mettez-moi un écu neuf sur la table de nuit pour que mon compagnon puisse le voir.*

Simple mise en scène pour tenter le saint homme. Lever de rideau : Wagnière introduit le capucin. Voltaire, dans son meilleur rôle, s'est fait une mine de mourant : le regard vitreux, la voix caverneuse du vieux Lusignan expire sur ses lèvres, ses mains maigres, ses mains de prestidigitateur, ses mains bavardes froissant nerveusement les dentelles. Le discours n'est pas moins émouvant : « *Mon Père, voici venir le saint temps de Pâques, je voudrais dans cette circonstance remplir aussi mes devoirs de Français, d'officier du roi, et de seigneur de paroisse, mais je suis trop malade pour me transporter à l'église. Je vous prie de m'entendre ici.* »

A ce moment, il mit l'écu dans la main du capucin qui la referma sans hésiter sur la palpable conclusion d'un si beau discours. Le moine était comme pétrifié. Enfin, il s'excusa de ne pouvoir opérer sur-le-champ car plusieurs personnes l'attendaient à l'église, mais il promit de revenir dans trois jours si Dieu maintenait le bon seigneur dans les pieuses dispositions où il se trouvait présentement. Il déguerpit en tremblant comme s'il se tirait des pattes du Malin. Et Voltaire en conclut qu'il venait de perdre un bel écu neuf de six livres.

Il persévéra. Pendant trois jours, il fit publier qu'il était à la mort. Pas de capucin. Il fallait des preuves. On envoya chercher le chirurgien Dugros qui prit le pouls. Il le trouva excellent, l'infâme ! et félicita le malade. Celui-ci se dressa et d'une voix terrifiante ordonna à Dugros de trouver de la fièvre. On reprit le pouls. Celui du chirurgien était plus agité que celui du malade mais il avait compris : « *Fièvre intense !* décréta-t-il. — *Par Dieu, je le savais bien,* dit Voltaire, *il y a trois jours que je suis à l'agonie. Allez de ce pas le dire au curé, il doit savoir ce qu'il a à faire auprès d'un malade en danger de mort.* »

Malgré l'insistance du médecin, trois jours encore se passèrent sans que le capucin reparût. Voltaire envoya un billet menaçant : il en appelait aux lois du royaume et non plus à la charité : « *Les ordonnances portent qu'au troisième accès de fièvre on donne les sacrements à un malade. M. de Voltaire en a eu huit violents, il avertit M. le curé de Ferney.* »

Pas de réponse. Les prêtres avaient des ordres de l'évêque. Ils attendaient le contre-ordre pour bouger. Ils avaient dépêché un courrier à Annecy, ils perdaient la tête et ne savaient à qui se vouer : au bon Dieu qui était à Annecy ? ou au Diable qui était à leur porte ? Le bon Dieu était puissant, bien sûr, mais l'Autre était si proche ! Ils étaient au supplice. Quel métier aussi : curé de Voltaire ! A une heure du matin, Voltaire après les trois nouveaux jours d'attente fit lever tous ses domestiques et les envoya chez le curé pour le supplier de venir : « *Monsieur allait mourir et voulait mettre son âme en paix.* » Wagnière les accompagnait, en cas de refus du curé, le secrétaire devait solennellement lui rappeler les lois du royaume, les arrêts du Parlement et les canons de l'Eglise. Il devait assurer le prêtre que son maître était prêt à faire toutes les déclarations, les protestations que l'Eglise exigerait de lui — en public si on voulait. Il en donnait promesse écrite contresignée par Wagnière et Dige.

Ni le curé, ni le capucin ne bougèrent.

Au jour, Voltaire leur envoya un huissier et une sommation les menaçant de poursuites devant le Parlement pour refus de sacrements.

Les pauvres prêtres furent saisis et le curé, M. Bert fut la proie d'une colique si terrible qu'il n'en put guérir. Il en mourut quelques mois plus tard. Il répéta dès ce moment qu'il sentait qu'il ne se remettrait jamais du bouleversement que la sommation de M. de Voltaire avait provoqué en lui. A quoi Voltaire répondit qu'il n'était qu'un vilain ivrogne qui s'était mis à boire son vin de messe. Tel fut le viatique du pauvre curé de Ferney. Mais après l'algarade, Voltaire lui fit cadeau d'un beau ciboire. Sans rancune ?

Pour lors, il est dans son lit où il s'applique à mourir dans les bonnes formes et il supplie par voie d'huissier la marâtre d'Eglise romaine de l'administrer. Il la convaincra par-devant notaire. Il fait venir Maître Roffo, notaire à Ferney et le prie d'enregistrer une profession de foi catholique d'une orthodoxie inattaquable, contresignée par le Père Adam (S. J.). Pendant ces simagrées, la réponse de Mgr d'Annecy était arrivée. Les prêtres étaient autorisés à se rendre au chevet du mourant. Autorisation assortie de recommandations infinies, on s'en doute.

Le capucin tremblait de peur. Voltaire commença par faire l'enfant, il fit mine d'avoir oublié son *credo* (il venait de le dicter au notaire !) *son confiteor, le symbole des Apôtres.* On les lui serina, il les répéta avec beaucoup de componction. Le capucin était si troublé qu'il mélangeait parfois les textes. M. de Voltaire avait la bonté de le remettre sur la voie. Il y a des tableaux que peu de metteurs en scène oseraient présenter de peur de faire crier à la caricature — peu importe, en ce cas. Voltaire n'est-il pas son propre metteur en scène ?

Puis, il fit une profession de foi verbale qui n'était qu'une profession de déisme et non de catholicisme. « *J'adore Dieu dans ma chambre. Je ne fais de mal à personne.* » Pour le coup, le capucin était armé ; il n'accepta pas ces balivernes car il avait en poche une déclaration de foi toute prête que Voltaire devait signer. Alors Voltaire sortit de son coma et avec un aplomb saisissant, il démontra au moine que le *Symbole des Apôtres* contenait *Tout !* La profession de foi risquait au contraire d'introduire des innovations qui nuiraient à l'orthodoxie de cette touchante cérémonie. Le capucin n'en démordait pas, il voulait que le moribond signât son papier. Voltaire se redressa courroucé par tant d'entêtement et, quittant moralement la défroque de Scapin, il endossa le grand camail de *l'Aigle de Meaux* : il tonna ! La voix de l'acteur s'élançait, s'envolait, planait sur les cimes de l'éloquence, sa phrase se développait, se déroulait avec une ampleur pathétique. Des images brillaient ; un trait fulgurant transperçait les auditeurs. Au dire de Wagnière, l'instant fut sublime. Tous étaient subjugués. L'illustre acteur surveillait du coin de l'œil l'effet de sa tirade et jugeant le capucin à point, il lui cria d'une voix de stentor : « *Donnez-moi l'absolution sur l'heure !* » Il l'acheva : le capucin bredouillant, oubliant son papier, les instructions de son évêque, prononça devant témoins la formule d'absolution. Voltaire s'étendit sur son oreiller. Sa figure rayonna. Les prêtres sortirent défaillants, soutenus par le médecin, Wagnière et le notaire.

Rideau, entracte.

Le notaire et le curé revinrent. Le curé donna la communion à Voltaire. Maître Roffo fit le procès-verbal, nota la déclaration de l'illustre pénitent : « *Ayant mon Dieu dans ma bouche, je pardonne sincèrement à ceux qui ont écrit au roi des calomnies contre moi et qui n'ont pas réussi dans leurs mauvais desseins* »

Le public évacua la chambre. A peine, le dernier visiteur avait-il franchi la porte, que Wagnière vit son maître sauter du lit où il faisait figure de cadavre l'instant d'avant. « *J'ai eu un peu de peine avec ce drôle de capucin mais cela ne laisse pas que d'amuser et de faire du bien. Allons faire un tour de jardin.* »

C'est donc par hygiène qu'il se livre à ces jeux : cela fait du bien. Voilà à quoi s'amuse un grand homme quand il a congédié sa nièce, acariâtre et incestueuse !

Puis, il y eut l'effet produit sur le public : les commentaires des ennemis et des amis concordent pour une fois. Même d'Argental est scandalisé. Paris et Versailles ricanent, grondent ou grincent. La réprobation est unanime et totale.

Tronchin écrit : « *On m'a envoyé la confession de foi de Voltaire, il faut qu'il ait toute honte bue. Qui croit-il attraper avec de tels ragots ? des sots ?...* » A vrai dire, Voltaire n'avait voulu berner que l'évêque d'Annecy mais toute l'Europe avait assisté à sa scapinade. « *Le voilà réduit, pour se mettre en sûreté, aux plus vils, aux plus ridicules expédients.* » Erreur, ce n'était pas pour amadouer l'Eglise et les autorités, c'était au contraire une bravade — d'un goût regrettable : « *Il n'est question que des polissonneries de Voltaire avec son curé...* »

Quand il apprit ce qu'on pensait de sa prouesse de polisson, il écrivit pour s'expliquer et se blanchir. Il n'y réussit guère. « *J'ai reçu bravement le viatique en dépit de l'envie, j'ai déclaré expressément que je mourais dans la religion du roi très-chrétien et de la France ma Patrie !* »

Mais alors, pourquoi signer ses lettres : *Ecrasons l'infâme ?* Sa cause est malsaine. Comme acteur il est excellent, mais la pièce est mauvaise. Frédéric fut très dur avec lui après cette mascarade. Cependant Voltaire continuait le jeu : il se faisait lire à table le *Petit-carême* de Massillon : « *le style en est très bon* », disait-il d'un ton benoît. Puis soudain : « *Ah ! quel style ! — quelle harmonie !* s'écriait-il, en coupant la lecture. *Tirez Massillon !* » et il se lançait dans la conversation, rieur, terrible, incorrigiblement jeune : éblouissant.

La Paix retrouvée : le jeune vieillard s'essaie à l'opéra bouffe.

Cette période fut extrêmement féconde : la lecture de Massillon comblait les lacunes de la conversation parce que la maison était beaucoup plus calme. Il avait bien plus de temps pour dicter et pour écrire. Il écrivit ce conte exquis : *l'Homme aux quarante écus,* dont les allusions à la cruelle rapacité des financiers le brouillèrent avec les Fermiers Généraux. Il écrivit cet autre chef-d'œuvre de finesse et d'élégance : *La Princesse de Babylone* dont il parle à Mme du Deffand dans sa lettre du 3 mars 1768. Il publia les *Lettres d'Amabaal* en 1769, d'innombrables Epîtres dont l'une *l'Epître à mon Vaisseau* était dédiée à un armateur de Nantes qui avait donné le nom de Voltaire à un de ses navires. Ce qui inspira à Piron, toujours à l'affût, cet aimable distique :

Si j'avais un Vaisseau qui se nommât Voltaire
Sous cet auspice heureux, j'en ferais un corsaire.

Six autres œuvres rapides viennent s'y ajouter : *La canonisation de Saint-Cucufin* et une œuvre plus importante : *Histoire du Parlement de Paris* écrite à l'instigation du ministère pour rabattre les prétentions des parlementaires. Cette histoire n'était pas signée mais tout le monde en reconnut l'auteur. Il s'en défendit car il redoutait la colère des Parlements.

Il écrivait à d'Argental le 7 juillet 1769 : « *Quant à l'histoire dont vous me parlez, mon cher ange, il est impossible que j'en sois l'auteur, elle ne peut être que d'un homme qui a fouillé deux ans de suite dans les archives poudreuses.* » Et la peur le talonnant, il écrivait deux jours après à d'Alembert : « *Il me paraît absurde de m'attribuer un ouvrage dans lequel il y a deux ou trois morceaux qui ne peuvent être tirés que d'un greffe poudreux où je n'ai assurément pas mis le pied, mais la calomnie n'y regarde pas de si près.* » Nous reviendrons sur cette affaire, qui l'engagea dans la politique de son temps.

Il écrivit aussi une tragédie supplémentaire *Les Guèbres* qui ne lui demanda que six jours mais qui est aussi ennuyeuse que *les Scythes.* A l'entendre, c'est la meilleure de ses pièces — nous le savions, la dernière écrite est toujours la meilleure. Mais la trouvaille de cette année-là, c'est l'opéra-comique. Jusqu'alors, il avait méprisé ce genre qu'il traitait de théâtre de foire depuis qu'à la foire Saint-Germain on s'était moqué de lui. Voilà qu'à soixante-quinze ans, il fait la connaissance du gentil Grétry qui passe à Ferney et il devient amoureux de l'opéra-comique. La rencontre fut charmante, Voltaire rayonnait d'avoir fait la découverte du musicien : « *Vous êtes musicien, vous avez de l'esprit, c'est trop rare, monsieur, pour que je ne prenne pas à vous le plus vif intérêt.* »

Grétry sut sourire de la pointe contre l'esprit des musiciens. Et ils convinrent de faire ensemble un opéra-comique. Voltaire lui demanda quel opéra il composait à ce moment : « *Le savetier philosophe* », dit Grétry. — « *Ah ! c'est comme si l'on disait Fréron philosophe* », répondit Voltaire.

Ils choisirent de prendre comme canevas de l'opéra futur, l'*Ingénu*, qui pour l'occasion prendrait le nom de : *Le Huron.*

Un jour où Voltaire était tombé dans un accès de mélancolie comme cela lui arrivait parfois après ses exaltations, il fit venir de Genève une troupe d'opéra-comique. Il fallait être le riche Voltaire pour se payer ainsi une troupe de quarante-neuf acteurs et musiciens. Ils vinrent à Ferney et lui jouèrent coup sur coup quatre opéra-comiques !

Il écrivit le livret d'un opéra-comique *Le Baron d'Otrante*. Les dialogues étaient mi-partie en italien mi-partie en français. Grétry le proposa aux comédiens italiens. Ceux-ci l'auraient bien joué mais ils ne voulaient pas de texte italien. Grétry avait ordre de dire que la pièce était d'un jeune homme de province qui ne voulait rien modifier. Et la pièce fut refusée. Si Grétry avait dit le nom de l'auteur, les comédiens l'auraient jouée, mais il n'osa enfreindre la consigne. C'est ainsi que le jeune débutant de soixante-quinze ans n'eut pas les honneurs de l'opéra-comique.

Escarmouches avec un savant Jésuite : M. de Buffon est blessé.

Un Jésuite irlandais, le Père Niedham, homme de science, ami et collaborateur de Buffon, eut, dans sa candeur, l'audace de réfuter certaines idées du *Dictionnaire philosophique*. Il connaissait le « Triste Bonnet », de Genève qui ne le mit pas en garde sur la témérité de son entreprise. Le Jésuite partit en guerre, se croyant assez grand garçon pour défendre ses expériences scientifiques contre un polémiste qui n'était qu'un poète. C'était oublier que Voltaire était universel, que sa cohabitation de dix-sept ans avec Mme du Châtelet, leurs travaux en commun lui avaient donné une culture scientifique bien supérieure à celle des poètes, ou des philosophes de son temps. Aussi, le père Niedham se fit-il étriller et son ami Buffon reçut-il quelques égratignures. M. de Voltaire n'aime pas qu'on soit l'ami de ses ennemis.

Comme Buffon était à la fois celui du Père Niedham et celui

du président de Brosses : il risquait des coups. D'un caractère pondéré, il sut ne pas envenimer la querelle et ne répondit pas à Voltaire, mais il n'avait pas d'illusions sur les sentiments que le philosophe de Ferney nourrissait à son égard. « *Comme je ne lis aucune des sottises de Voltaire je n'ai su que par des amis le mal qu'il a voulu dire de moi... Il est irrité de ce que Niedham m'a prêté ses microscopes et de ce que j'ai dit que c'était un bon observateur. Voilà son motif particulier qui joint à son motif général et toujours subsistant de ses prétentions à l'universalité et de sa jalousie contre toute célébrité, aigrit sa bile recuite par l'âge, en sorte qu'il semble avoir formé le projet de vouloir enterrer de son vivant tous ses contemporains.* » Voilà qui dut faire grand plaisir au président de Brosses à qui ce morceau était adressé. A vrai dire, Voltaire avait aussi reproché à Buffon de se laisser séduire par les « anguilles » de Niedham que celui-ci faisait naître spontanément dans la farine arrosée de jus de mouton bouilli. Cette « science » faisait rire Voltaire. C'était de la sorcellerie pour enfant de chœur. Le pauvre Jésuite fut bien triste : M. de Voltaire ne croyait pas à ses anguilles ! Niedham et Voltaire se chamaillèrent aussi sur la présence des coquillages fossiles au sommet des montagnes. Chacun soutenait des hypothèses qui ressemblaient à des rêveries. Voltaire voulait montrer que la genèse est une stupidité ; sa hargne contre la tradition l'animait d'un nouveau fanatisme.

La polémique resta polie.

Voltaire était sûr d'être la meilleure des têtes pensantes de son siècle — bien supérieure à celles des Montesquieu et des Buffon. D'ailleurs, le célèbre danseur Vestris n'avait-il pas proclamé : « *Il n'y a que trois grands hommes en Europe : le roi de Prusse, M. de Voltaire et moi.* » Ce danseur n'était pas si bête, sur trois réponses, deux sont bonnes. Voltaire trouvait plaisant, non de se voir attelé à ce danseur mais de ne l'être ni à Montesquieu, ni à Buffon. A quelqu'un qui lui faisait l'éloge de l'œuvre monumentale de Buffon, *l'Histoire naturelle* : « *Pas si naturelle que cela !* » répondit Voltaire.

A la fin de l'année 1768, il reçut une aimable nouvelle : le roi de Danemark, à Fontainebleau, avait eu la crânerie de dire devant le roi et la Cour fort peu approbateurs : « *C'est Voltaire qui m'a appris à penser* », cela procura à notre ermite autant de plaisir que l'absolution du capucin.

Peu après, un deuil l'attrista : son ami Damilaville mourut le 13 décembre 1768. On raconte que lorsque Damilaville sut que les médecins l'avaient condamné, il vendit ses meubles, réunit ses amis, leur offrit du champagne, en but joyeusement avec eux pour la dernière fois et mourut quelques heures après. C'est une fable. Il mourut dans son lit après une maladie terrible, et laissant une femme dont personne n'avait jamais entendu parler et qui ne parut que pour rafler les hardes de son mari défunt. Il ne laissait rien, même pas de quoi payer son fidèle domestique dont Voltaire se chargea. Il assura donc une pension de plus ! c'est lui qui reçut les condoléances de ceux qui savaient son amitié pour Damilaville. « *Je regretterai Damilaville toute la vie,* écrit-il à d'Alembert, *j'espérais qu'à la fin il viendrait partager ma retraite.* » Mais Damilaville n'avait que quarante-sept ans. Grimm qui contrefait la douleur pour faire sa cour à Voltaire écrit : « *L'affligé des Alpes a reçu la lettre du Prophète de Bohême* (Grimm) *Ils pleurent ensemble, quoique à cent lieues l'un de l'autre, le défenseur intrépide de la raison et le vertueux ennemi du fanatisme. Damilaville est mort et Fréron est gros et gras.* »

A Thiériot, Voltaire répond : « *Je suis bien aise que vous disiez* « notre cher Damilaville » *mais il y a plus de deux ans que je croyais que vous n'étiez plus lié avec lui... Il était intrépide dans l'amitié.* » Certes, plus intrépide que Thiériot qui ne se raccordait avec le défunt que pour flatter Voltaire.

La perruque du père Adam fait sourire le Saint-Père.

Le père Adam était chauve et durant l'hiver de 1769 il s'enrhuma souvent en disant la messe (les prêtres n'avaient pas le droit de dire la messe en perruque).

Voltaire se chargea de coiffer le père Adam d'une perruque durant le saint office. Mais il fallait pour cela obtenir une dispense pontificale. Et voilà notre impie en coquetterie avec le Saint-Siège. Le cardinal de Bernis fut chargé de cette délicate requête. Le cardinal résidait à Rome : il était à pied d'œuvre. Le concile venait d'élire le nouveau pape Clément XIV. Voici ce qu'écrivit Voltaire au cardinal le 12 juin 1769.

« *Je ne crois pas que Clément XIV soit un Bembo mais puisque vous l'avez choisi il mérite sûrement la petite place que vous lui avez donnée. Or, Monseigneur, comme dans les petites places on peut faire de petites grâces, il faut m'en faire une et je vous demande votre protection... il ne s'agit que de la permission de por-*

ter la perruque. Ce n'est pas pour mon pauvre cerveau que je vous demande cette grâce, mais pour un autre vieillard... » Suivait le portrait d'Adam, parfait et frileux aumônier. S'il obtient sa perruque... « *Il priera Dieu de tout son cœur pour votre Eminence si vous voulez bien avoir la bonté d'employer l'autorité du Vicaire de Jésus-Christ à couvrir le crâne de ce pauvre diable. Je vous aurai une bien grande obligation, Monseigneur si vous daignez m'envoyer le plus tôt possible un beau bref à perruque.* » A Ferney le 12 juin 1769.

La réponse se fit attendre, Voltaire se désespérait — non pour le crâne du « premier et du dernier des hommes », mais pour la beauté de la négociation : « *J'avais entamé une négociation avec le Pape pour une perruque, je vois que j'échouerai* », écrit-il à d'Argental.

Il n'échoua pas du tout : il reçut son bref à perruque. Mais le Père devait demander confirmation à son évêque. Or, l'évêque était Mgr d'Annecy : inabordable ! on se passa de confirmation et Voltaire fut plus heureux de cette perruque que de la couronne du saint Empire. Il fit en son honneur quantité de vers de mirliton. Témoin ceux-ci adressés à Bernis :

Quand on est couvert de lauriers
On peut donner une perruque
Prêtez-moi quelques rimes en uque
Pour orner mes vers familiers
Nous n'avons que celle d'eunuque
Ce mot me conviendrait assez ;
Mais ce mot est une sottise
Et les beaux princes de l'Eglise
Pourraient s'en tenir offensés.

C'est un vieillard de soixante-seize ans qui folâtre ainsi ! Il écrit à Bernis sur le même ton persifleur : « *Ma foi, votre Pape me paraît une bonne tête. Comment donc depuis qu'il règne il n'a fait aucune sottise ?* » Le plus fort c'est que Bernis montre la lettre au pape que Voltaire appelait — sans façon — Ganganelli de son nom de famille. Et le pape rit : « *Sa Sainteté,* répond Bernis, *écoute cette plaisanterie avec plaisir, elle me parle avec éloges de la supériorité de vos talents, si vous finissez par être un bon capucin, le pape osera vous aimer autant qu'il vous estime.* »

Voilà des prélats selon le cœur de Voltaire, au contraire de son évêque, fils de maçon et prenant au sérieux le sacerdoce ; la chose la plus risible du monde, fi donc !

Quant à l'allusion « être bon capucin », elle n'était pas gratuite. C'est une autre affaire. Elle peut paraître invraisemblable, il n'importe, elle est vraie. C'est du Voltaire.

Voltaire venait d'être fait capucin — oui, capucin d'honneur si l'on veut, mais capucin quand même. Et il pouvait répondre au cardinal : « *Je ne laisse pas de vous donner ma bénédiction, recevez-la avec autant de cordialité que je vous la donne. Si vous êtes cardinal, je suis capucin.* »

En effet, le général de l'ordre de Saint-François venait d'envoyer la patente au seigneur de Ferney en reconnaissance des services qu'il avait toujours rendus aux capucins de Gex, ses voisins. Voltaire avait malmené ses voisins Jésuites, mais il avait aidé les pauvres Franciscains. Ils étaient si anodins... leur sottise le faisait rire aux larmes, tout comme sa promotion : « *Jeanne la Pucelle et la tendre Agnès Sorel sont toutes ébahies de ma nouvelle dignité.* » Frédéric le félicite sur un ton aigre, ravi qu'il est, dit-il, de le voir en si bonne compagnie, mais en attendant la canonisation, il lui signale : « *Le Saint Père vous fait brûler à Rome.* » C'était vrai, on brûlait à Rome un lot de libelles condamnés dont il était l'auteur. Et pendant « cette brûlure » il revêtait la bure de Saint-François. Il riait. Mais, devant la farce romaine, beaucoup d'honnêtes gallicans ne riaient pas.

Comment, en suivant le cours de cette étrange vie, hachée d'épisodes, de revirements, de transformations à vue, comment ne pas penser à un spectacle machiné, à une mise en scène ensorcelante qui nous enlève à un rythme endiablé ? On peut éprouver tous les sentiments et tous les ressentiments du monde en face de cet acteur ; tous, sauf un : l'ennui.

Grandes affaires du Grand Voltaire et petites histoires du Petit.

En 1771, Voltaire eut l'immense joie d'apprendre que ses efforts pour réhabiliter la famille Sirven étaient récompensés. Cette malheureuse famille vint à Ferney pour le remercier. Sans lui elle eût porté son écrasante croix jusqu'à la mort. Mais que de peines, que de temps, que d'argent : « *Songez qu'il n'a fallu que deux heures pour condamner cette famille et qu'il fallut neuf ans pour faire rendre justice à l'innocence.* » Il fallut aussi affronter les affreux visages de la sottise, de la vanité, du fanatisme pour intimider le crime installé dans l'Autorité, la torture dans la Justice, et le caprice dans les Lois.

Il avait failli échouer. L'essentiel avait consisté à créer une opinion favorable à cette lutte. Il avait fait savoir au monde qu'il existait des innocents que la Loi traitait comme des criminels. Les souverains étrangers envoyèrent des secours. Catherine II envoya son obole en demandant qu'elle demeurât secrète. Comme Voltaire savait que la tsarine ne donnait que pour soigner sa publicité auprès du clan philosophique, il publia à son de trompe la générosité de sa *Cateau.* Pour Frédéric, il fit de même. Le roi de Danemark et le roi de Pologne se joignirent aux deux premiers ce qui fit dire à Voltaire : « *J'ai brelan de roi quatrième, mais il faut que je gagne la partie.* » Le plus dur de la partie fut de persuader ce pauvre Sirven d'aller se livrer aux juges de Toulouse pour recommencer le procès. Les bonnets carrés étaient bien capables de le faire torturer. Or, la torture, même à titre préventif, est chose fort torturante. Le pauvre homme finit par se laisser convaincre. Fallait-il qu'il eût confiance en son défenseur. Celui-ci n'était pas aussi rassuré qu'il le laissait croire et il se mettait dans un cas de conscience terrible : il se demandait, angoissé : « Et si les juges allaient questionner Sirven ? » Sa ténacité et son ardeur le rendirent invincible et il vainquit.

D'autres affaires lui vinrent, aussi horribles mais moins spectaculaires — ou moins connues. Un paysan fut condamné à mort par un juge de campagne qui transmit le dossier au Parlement de Paris. Ces Messieurs qui prétendaient légiférer pour la France entérinèrent la décision sans ouvrir le dossier ! Sinon, ils y auraient trouvé que le malheureux soupçonné d'assassinat avait été présenté à l'unique témoin qui déclara : « *Ce n'est pas lui.* » « *Ah !* dit l'innocent, *il ne me reconnaît pas celui-là.* » Cette exclamation maladroite le fit considérer comme coupable. Il fut donc roué vif en hurlant son innocence. Un an après, on arrêta un vagabond qui avoua, entre autres crimes, celui pour lequel l'innocent avait été roué vif. Voltaire fit réviser le procès. La famille du malheureux s'était enfuie en Hongrie, déshonorée, ruinée, perdue. La réhabilitation ne fut jamais prononcée. Beau travail du Parlement de Paris !

Puis vient l'affaire Montbailli. Ce siècle dont la façade est si polie, si brillante a des dessous atroces. Les époux Montbailli sont réveillés un matin par une ouvrière qui désire parler à leur mère qui couche dans une chambre voisine. On frappe, on entre dans la chambre de la mère : elle est par terre, blessée à la tête dans sa chute contre un meuble. Montbailli pousse un cri : « *Ah ! Mon Dieu, ma mère est morte !* » et il s'évanouit. Les voisins arrivent, un médecin constate le décès. Le fils revient à lui. La malveillance publique s'empare du fait et explique : la vieille buvait, elle s'était disputée avec ses enfants donc ils l'avaient tuée. C'était absurde car la vieille en mourant ne laissait que des dettes, les enfants n'avaient aucun intérêt à sa mort, au contraire : l'atelier qu'ils exploitaient était concédé à la mère. Sa mort les privait de leur gagne-pain. Peu importe : ils furent jugés, si l'on peut dire, torturés, condamnés, l'homme à avoir le poing coupé et à expirer sur la roue, la femme à être pendue. Ensuite les corps seraient livrés au feu. Quand on coupa la main de l'homme il dit : « *Cette main n'est pas d'un parricide.* » Il protesta de son innocence jusqu'au dernier souffle. Comme la femme était enceinte, on dut surseoir de six mois à son supplice. Belle situation pour mener à terme un enfant ! C'est alors que Voltaire intervint avec l'aide de Maupeou. Le Conseil d'Arras acquitta les survivants à l'unanimité et « *plus noble et plus orgueilleux que le Parlement de Toulouse, il pleura sur le malheur irréparable d'avoir fait périr un innocent* ». La femme rentra au village. La populace imbécile qui l'avait perdue lui fit des feux de joie.

Il essaya également d'obtenir la réhabilitation de Lally Tol lendal ; puis il s'occupa d'une affaire Morangies — puis de l'affranchissement des Serfs de Saint-Claude dans le Jura. Cet enchevêtrement de procédures est pour nous un étrange dédale : le fils Arouet savait en débrouiller les fils — et au besoin les embrouiller si tel était l'intérêt des victimes qu'il défendait. Il se fixait un but, puis, il cheminait rageur, rongeur, creusant des sapes jusqu'à la victoire. Ce travail souterrain menait à la lumière. Mais quelle travail de titan !

Ce n'est pas dans les bas sentiments qu'il trouvait l'énergie nécessaire à ces tâches qu'il n'accomplit ni par intérêt, ni par vanité, ni par envie. Un homme de quatre-vingts ans comblé d'argent et de gloire n'agit plus pour de médiocres motifs. Il a si souvent menti — et si bien — si souvent flagorné, qu'après tout, on peut parfois douter, de ses intentions. Mais on ne saurait douter de toutes. On ne saurait douter ni de sa générosité, ni de son sens de la justice, ni de son sentiment d'humanité.

Etait-il bien l'homme du « hideux sourire » selon les termes du gentil Musset ?

Au XIXe siècle, les Homais seuls passaient pour les vrais disciples de Voltaire et comme Musset était un poète à la mode, il fallait honnir Voltaire sans être, au demeurant, meilleur chrétien que lui. Quand Voltaire écrivit la lettre qui suit, avait-il un sourire hideux ? Il s'adressait à son notaire au sujet des Sirven le 4 mars 1772. « *Je prie M. Delaleu de vouloir bien avoir la bonté de payer les frais de chancellerie dans l'affaire du sieur Sirven et sa famille qui a été rétablie dans ses droits. Je lui serais très obligé.* » Il faut savoir que Sirven tout réhabilité qu'il fût, dut encore payer les frais du procès qui l'avait injustement condamné. N'était-ce pas un chef-d'œuvre de l'injustice ? Voltaire écrivait au même notaire le 13 avril 1773 : « *S'il faut encore de l'argent on donnera tout ce qu'il faudra.* » Cette homme qui flagorne les gens en place, qui fait le pitre au salon, est d'une générosité inépuisable quand il faut défendre la liberté et la justice.

En 1772, on meurt de faim au pays de Gex : il fait apporter du blé de Sicile — il le vend au-dessous de son prix d'achat. Ce n'est pas lui qui s'en vante, il n'a jamais parlé de cette bienfaisance. Il harcèle M. Arnelot, Intendant à Dijon : « *Je suis à bout,* lui dit-il, *j'ai quatre-vingts personnes à nourrir.* » De nouveaux affamés arrivent de Franche-Comté. Que faire ? Il demande l'autorisation d'acheter du blé réquisitionné et stocké qui ne sert à rien. Il donne le détail de l'affaire. Condorcet en transmettant la requête de Voltaire à Turgot lui dit : « *Je voudrais qu'elle fût discutée en Conseil, que le roi vît que le plus grand écrivain de la nation est aussi un des hommes les plus bienfaisants et le meilleur citoyen.* »

A côté de ce généreux Voltaire, il y a toujours celui des Fréron et des La Beaumelle au niveau desquels ses ennemis le ravalent. Ses amis lui prêchaient la modération et l'indifférence à l'égard de ces gens que d'Alembert appellait « les chenilles ». Mais il lui fallait encore rompre des lances. Sa trouvaille en 1772, est un petit cuistre nommé Sabatier, chassé du Séminaire de Castres. Il va rimailler à Toulouse, se fait inviter à Paris par Helvétius et se fait nourrir par la cohorte encyclopédique. Puis, dès qu'il n'a plus faim, il la renie et passe à l'attaque. Il s'en prend d'abord à Voltaire. Cela n'aurait eu aucune importance si la Cour ne s'était avisée de s'intéresser à l'abbé Sabatier et de lui donner un bénéfice. Qu'allait-on s'embarrasser à Versailles de cette

« chenille » ? On ne saurait avec tant d'esprit être plus aveugle que cette Cour. Voltaire parle de Sabatier en ces termes : « *Que dites-vous de ce malheureux qui a sauté de son bourbier dans une sacristie et qui a obtenu un bénéfice ?... Voilà l'homme qui se fait Père de l'Eglise à la Cour. Voilà les gens qu'on récompense. Ce galant homme est devenu un confesseur et mériterait assurément d'être martyr à la Grève.* » Le Sabatier, expulsé du Séminaire de Castres et faux-prêtre à Versailles, couchait dans l'appartement du ministre Vergennes et faisait l'éducation de ses enfants ! Tout en les éduquant, il traduisait les *Contes* de Boccace. Au moment de la Révolution, il cumulait quatre titres de pensions — plus un titre de gloire acquis avec son pamphlet contre Voltaire : *Tableau philosophique de l'esprit de M. de Voltaire.* » Ce libelle était si bas que J.-J. Rousseau lui-même n'avait pas voulu en poursuivre la lecture. Mais Voltaire le lut ! Et se mit au supplice. Le pauvre homme !

Il dut subir aussi de nouvelles attaques de La Beaumelle resté longtemps silencieux — et prudent — après plusieurs séjours à la Bastille. Une pluie de lettres anonymes s'abattit sur Ferney. Dès la première, Voltaire fut fixé. Les lettres venaient de Lyon, elles se succédaient avec une régularité inexorable, chacune plantait son dard empoisonné. Il en reçut quatre-vingt-quatorze et à la quatre-vingt-quinzième, il devint fou. Il eut une sorte de crise d'épilepsie qui fit frémir ses proches. Puis, ayant retrouvé son esprit, il se jeta sur sa plume et écrivit à M. de Sartine, Intendant de police de Paris et à M. de Saint-Florentin, ministre. Celui-ci fut convaincu que l'auteur des lettres était bien La Beaumelle qui avait épousé la sœur de La Vaysse (oui, l'ami des Calas) et habitait le Comté de Foix. Ce La Vaysse que Voltaire avait arraché à la prison et à la torture était passé dans le camp ennemi. O reconnaissance ! Gageons que ce misérable écrivait les lettres dictées par La Beaumelle. Le ministre écrivit à l'Intendant du Comté de Foix pour qu'il intimât l'ordre à La Beaumelle de laisser Voltaire en repos sous peine de graves désagréments. La Beaumelle jura qu'il n'avait rien imprimé contre Voltaire depuis sa dernière sortie de prison ; bien sûr, mais les lettres anonymes étaient manuscrites. Bref, il n'y en eut pas de nouvelles. Cependant La Beaumelle préparait un *Commentaire des Œuvres de Voltaire* qui se proposait d'ôter le sommeil à l'auteur de *Candide* pour bien des nuits. Mais La Beaumelle mourut en cours d'année, en 1773, et il n'avait eu que le temps de lacérer *la Henriade*. Voltaire, réussit alors à empêcher la publication du

Commentaire. Néanmoins en 1775, cet éreintement put paraître grâce aux soins attentifs de Fréron qui l'enrichit d'une « *Vie de Voltaire* » de son cru ; Voltaire parut ainsi entre Fréron et La Beaumelle, comme entre les deux larrons. Lequel était le bon ?

La même année 1773, Piron mourut, âgé de quatre-vingt-trois ans. Voltaire ne le pleura pas. Cette année le débarrassa donc de deux ennemis. Fréron restait. Toujours vigilant, il trouva un bon moyen pour agacer Voltaire et lui gâcher le plaisir que la mort de Piron pouvait lui donner. Il répandit le bruit que Piron avait dit que Voltaire qui n'osait pas l'attaquer vivant ne manquerait pas d'insulter son cadavre comme il l'avait fait pour Crébillon. Afin de le punir de ces injures posthumes, Piron laissait une bombe à retardement dans le cas où Voltaire l'attaquerait. Il avait remis à son légataire une cassette contenant cent cinquante épigrammes contre Voltaire en le chargeant d'en décocher une chaque semaine en direction de Ferney. « *Cela égaiera la solitude pendant trois ans du respectable vieillard de ce canton.* » L'idée était diabolique.

Voltaire dûment informé a-t-il fait son profit de l'avertissement ? En tout cas, aucune de ces cent cinquante flèches empoisonnées n'est parvenue jusqu'à nous. Mais Piron avant de mourir en avait lancé de bien réelles contre Voltaire à qui il reprochait, entre autres griefs plus anciens, d'avoir dissuadé Frédéric de l'inviter à Berlin. C'est bien possible. Voltaire se défendit en disant qu'il n'avait jamais parlé à Frédéric d'un poète qu'il avait aperçu trois fois dans des temps reculés et qu'au demeurant, il ne connaissait pas. Piron pour lui rafraîchir la mémoire fit circuler cette épigramme :

Sur l'auteur dont l'épiderme
Est collé tout près des os
La mort tarde à frapper ferme
De peur d'ébrécher sa faux.
Lorsqu'il aura les yeux clos
Car si faut-il qu'il y vienne
Adieu renom, bruit et los
Le Temps jouera de la sienne.

Piron souhaite la mort de Voltaire ; Voltaire se réjouit de celle de Piron. C'est tout un.

Cependant Voltaire a, sur son ennemi mort, l'avantage de rester vivant. Il sut y joindre — une fois n'est pas coutume — la sagesse de se taire devant son cercueil.

Paris... Paris toujours présent à Ferney.

Mme Denis, rue Bergère, menait la belle vie avec la somptueuse pension que lui versait son oncle. Cependant, elle s'impatientait, une inquiétude la rongeait : elle craignait qu'une longue absence ne permît à une autre influence que la sienne de s'établir sur le philosophe. Ce n'était pas pour la « philosophie » qu'elle se donnait ces soucis, c'était pour l'héritage.

Elle le sentait menacé. Elle s'opposait de toutes ses forces à un arrangement que Voltaire voulait faire avec le duc de Wurtemberg qui était son débiteur le plus considérable. Voltaire voulait constituer le duc son héritier unique moyennant quoi le duc lui aurait versé une rente viagère — royale ! Cet arrangement permettait à Voltaire de se débarrasser de tous ses débiteurs qui passeraient en charge au duc : à lui de les faire payer. Pour sa tranquillité, c'eût été parfait. Or, Mme Denis n'avait pas la tranquillité de son oncle en vue, mais ses immenses biens qui risquaient d'être escamotés dans ce catastrophique arrangement. C'était là la cause de leurs violentes discussions à Ferney, car le projet datait de plusieurs années. Il fut même question de vendre Ferney.

La vente de Ferney aurait fait des rentes pour *Maman* Denis — mais la douce *Maman* voulait Ferney tel quel, plus les capitaux et les rentes. A Paris, elle allait de notaire en notaire pour tâcher de faire renoncer son oncle à son désastreux projet.

Elle demanda cent fois à reprendre sa place à Ferney, sans succès ; mais la cent unième fut la bonne. Voltaire lui permit de rentrer en octobre 1769. Son exil avait duré un an et demi. Le retour se passa le mieux du monde. Voltaire guilleret l'accueillit à bras ouverts, ils pleurèrent comme il se doit, et reprirent le fil de la conversation interrompue l'année d'avant comme si de rien n'était.

La vie retrouva son élan — qu'elle n'avait jamais tout à fait perdu, car là où est Voltaire tout danse, tout bruit, tout brille. Les visites devinrent plus nombreuses ; la table était mise tous les jours. Voltaire se cachait de plus en plus et faisait parfois d'étranges apparitions dans le salon plein de monde, avec sa vivacité de lézard, et vêtu de brocarts rutilants ou de fourrures « impériales ».

A Paris, on ne l'oubliait pas ; Mme Necker, une Genevoise, réunissait en 1770 les meilleures têtes philosophiques qui étaient aussi de bonnes fourchettes. A la fin d'un dîner copieux quelqu'un s'étonna que Voltaire n'eût pas encore sa statue. Chacun de s'en indigner. On décida alors de s'employer à ériger une statue du patriarche de Ferney. C'est Pigalle qui fut choisi, le plus grand sculpteur du siècle, que Voltaire appelait le *Phidias français*. Les écrivains seuls devaient souscrire mais comme ils n'étaient, à l'époque, ni très nombreux, ni très riches, comme beaucoup n'était pas des amis de Voltaire on laissa s'inscrire des personnages importants qui sans être des Lettres auraient pu en être, tel Richelieu qui versa 50 louis. On lui dit qu'il écrasait la suite de la liste. Il descendit à 20 louis. Le minimum fut 2 louis. Deux rois souscrivirent : le roi de Danemark et Frédéric qui demanda prudemment combien il fallait donner : « *Votre nom et un écu, Sire*... lui fut-il répondu. » Il écrivit, à propos de Voltaire : « *La profane Grèce en aurait fait un Dieu, on lui aurait élevé un temple : nous ne lui érigeons qu'une statue, faible dédommagement à toutes les persécutions qu'il a reçues.* » A Francfort, par exemple...

Pigalle partit pour Ferney et tout faillit échouer. Le sculpteur voulait représenter Voltaire « à l'antique », c'est-à-dire nu et drapé dans un peplum. Ravi par l'idée d'être statufié, Voltaire fut épouvanté par l'idée qu'il allait falloir poser et qu'est-ce qui allait poser ? Le débris d'un homme, d'un homme qui avait été Voltaire trente ans plus tôt. Et nu, encore ! Il était consterné et écrivit à Mme Necker qu'il avait soixante-seize ans, que sa dernière maladie l'avait ravagé de façon définitive : « *M. Pigalle doit venir, dit-on, modeler mon visage, mais, Madame, il faudrait que j'eusse un visage, on en devinerait à peine la place. Mes yeux sont enfoncés de trois pouces, mes joues sont du vieux parchemin mal collé sur des os qui ne tiennent à rien. Le peu de dents que j'avais est parti... On n'a jamais sculpté un pauvre homme dans cet état.* »

D'Alembert, dans une très belle lettre, le rassure : « *Le génie tant qu'il respire a toujours un visage que le génie, son confrère, sait bien trouver, et M. Pigalle prendra dans les deux escarboucles dont la nature vous a fait des yeux le feu dont il animera sa statue. Je ne saurais vous dire, mon cher et respectable confrère, combien M. Pigalle est flatté du choix qui a été fait de lui pour élever ce monument à votre gloire, à la sienne, à celle de la nation française.* »

Cependant, Voltaire regardait son miroir et n'était pas convaincu par ce qu'il y découvrait. Il tâcha de se dérober. Il cajolait Pigalle, le fêtait, lui faisait perdre son temps, puis un jour vint où il fallut poser. Voltaire ne tenait pas en place, comme toujours agité, grimaçant, préoccupé, il dictait à Wagnière, allait et venait, mâchonnait des pois secs qu'il soufflait en l'air comme au collège. Pigalle était exténué et découragé. La veille du départ, il n'avait rien fait de bon. Enfin, pendant la dernière séance la conversation tomba sur « le Veau d'Or biblique ». Voltaire soutenait que cette histoire n'était qu'un mensonge parmi d'autres et qu'on ne saurait fondre une statue en quatre heures. Pigalle lui expliqua comment on fondait une statue et qu'il fallait six mois. Voltaire captivé par les explications de l'artiste, suspendu à ses lèvres, figé par l'attention, donna à Pigalle l'occasion inespérée de le modeler. Il était temps ! Le sculpteur était ravi. Voltaire aussi mais pour d'autres raisons : il prit sa plume et écrivit que le texte biblique n'était qu'une imposture et que Pigalle venait de lui en fournir une nouvelle preuve.

Quand Pigalle montra son chef-d'œuvre à Paris, les uns crièrent au miracle, les autres à l'horreur. Diderot qui avait prêché pour « l'Antique » triomphait, pour lui la statue était inégalable. Voltaire n'approuvait que du bout des lèvres, il aurait préféré paraître en vêtements décents. Il redoutait, non sans raison, les sarcasmes. Il essayait de se plaisanter lui-même, mais les méchants firent mieux :

J'ai vu chez Pigalle aujourd'hui
Le modèle vanté de certaine statue
A cet œil qui foudroie, à ce rire qui tue
A cet air si chagrin de la gloire d'autrui
Je me suis écrié : Ce n'est pas là Voltaire,
C'est un monstre !... Oh ! m'a dit certain folliculaire
Si c'est un monstre, c'est bien lui !

Il ressentit vivement ces méchancetés et maudit la statue qui les lui valait. « *Une statue ne console pas lorsque tant d'ennemis conspirent à la couvrir de fange.* » Et ce trait atroce lui fit beaucoup de mal :

S'il n'avait pas écrit, il eût assassiné.

En revanche, ses amis le défendirent de façon bien touchante :

Mlle Clairon recevait le mardi, rue du Bac, la meilleure société de Paris. Un mardi de septembre 1773, elle se fit excuser un instant auprès de ses amis qui étaient au salon et elle reparut bientôt pour les prier de passer dans la chambre à côté : ils découvrirent un autel sur lequel se trouvait un buste éclairé de Voltaire qu'une déesse couronnait de lauriers en récitant à la louange du poète une ode qu'avait composée le fidèle et aimable Marmontel. Un passage était dirigé contre l'*Envie :*

Tu le poursuis jusqu'à la tombe
Noire Envie, et pour l'admirer
Tu dis : Attendons qu'il succombe
Et qu'il vienne enfin expirer...

La solennité presque religieuse de la cérémonie, la ferveur de l'ode et la beauté de la récitante comme la qualité et l'admiration des assistants eurent un grand retentissement. Des voix s'élevèrent pour crier au sacrilège, à la déification... beaucoup d'autres admirèrent. Voltaire fut bouleversé de joie. La Harpe lui écrivit. On peut voir au ton sur lequel le patriarche lui répondit que la brouille était oubliée : Voltaire n'a plus pour le roquet voleur qu'amitié et dévouement. « *Mon cher successeur, on a donc essayé sur mon image ce qu'on fera un jour sur votre personne.* (La Harpe dut entrevoir un avenir triomphal !) *La maison de Mlle Clairon est donc devenue le temple de la gloire ? C'est à elle de donner des lauriers puisqu'elle en est toute couverte.* »

Il a alors soixante-dix-neuf ans. Comme il sait être aimable quand il écrit à Mlle Clairon pour la remercier :

Les plus beaux moments de ma vie
Sont donc ceux que je n'ai point vus !
Vous avez orné mon image
Des lauriers qui croissent chez vous
Ma gloire, en dépit des jaloux,
Fut en tous temps votre ouvrage

Cette cérémonie de la rue du Bac lui parut une bouffée d'air de Paris, elle lui fit oublier les pestilences de l'Envie ; il recevait de Paris avec la louange céleste de l'amitié, un parfum de jeunesse parisienne. A 79 ans, cette griserie est bien touchante.

Quand Versailles change de Ministre, M. de Voltaire ne change pas de politique.

Le 25 décembre 1770, Voltaire reçut un triste cadeau de Noël, il apprit que le duc de Choiseul, son protecteur, était chassé du ministère : Mme du Barry avait eu enfin raison du ministre. A Versailles, ce fut un coup de tonnerre dont, à Ferney, Voltaire fut secoué. Il y avait de quoi. « *Je fais une grande perte dans M. le duc et Mme la duchesse de Choiseul. On ne peut compter sur rien de ce qui dépend de la Cour. Le premier homme d'Etat n'est jamais sûr de coucher chez lui.* » Courageusement, il fait sa cour au ministre déchu, c'est un rôle qui lui plaît : il aime paraître fidèle. Il n'était pas le seul. Le jour de Noël l'antichambre de Mme du Barry était vide ; la route de Chanteloup où s'était retiré le duc regorgeait de carrosses. Peu d'amis de Choiseul surent exprimer aussi délicatement leur fidélité que le fit Voltaire dans cette lettre à Mme du Deffand qui était des intimes du ministre : « *Puis-je me flatter,* écrivait-il, *que vous aurez la bonté de lui mander que, dans le très grand nombre de ses serviteurs, je suis le plus inutile et le plus triste et que si je pouvais quitter mon lit, je voudrais lui demander la permission de me mettre au chevet du sien pour lui faire la lecture.* »

Pourtant, lorsque Louis XV et Maupeou exilèrent les Parlements que Choiseul avait soutenus, Voltaire applaudit. Cette mesure comblait ses vœux, c'est pour la provoquer qu'il avait écrit en 1769, la fameuse *Histoire du Parlement.* Elle était féroce pour les prétentions des parlementaires car Voltaire n'oublia jamais leur férocité et leur fanatisme. Mettre la France entre les mains de ces Messieurs, c'était, sous couleur de limiter les prérogatives de la monarchie, rallumer des bûchers, faire griller les livres et les auteurs, ressusciter les droits féodaux qui se mouraient de leur belle mort, ranimer les coutumes les plus désuètes. Voltaire avait percé à jour le jeu de ces magistrats qui affirmaient, sans preuves, qu'ils avaient mandat de la Nation pour s'ériger en législateurs. Il y avait beau temps, qu'à travers son frère Armand, il leur vouait une haine solide. Il avait aussi fort bien compris que, pour la France d'alors, c'était la monarchie qui était la garante des libertés et que ces libertés ne pouvaient être assurées que par la soumission des classes et des corps privilégiés à l'autorité royale. A ses yeux la prétendue réforme parlementaire n'était qu'une régression absurde : le retour aux antiques tyrannies au milieu d'une administration anarchique. Pour Voltaire, s'il fallait subir une tyrannie, il préférait subir celle de l'Ordre que celle du désordre. Et il exprimait cette idée dans un trait à sa manière : « *J'aime mieux obéir à un seul tyran qu'à trois cents rats de mon espèce.* » Il ne semble pas qu'il fût très porté vers le régime représentatif mais il l'était suprêmement vers le Progrès des Lumières, du bien-être, et de la liberté.

Dans cette lutte contre les Parlements à laquelle Voltaire prend part, on rencontre, son neveu, l'abbé Mignot, frère de Mme Denis. L'abbé était chargé de composer les harangues du premier président Berthier de Sauvigny. Il les composait et il les soufflait car M. Berthier n'arrivait pas à les apprendre par cœur. Entreprise pénible parce que Berthier était sourd. En présence du roi, Berthier un jour resta en panne et derrière la robe monumentale du premier président, l'abbé s'escrimait : tout le monde entendait sauf Berthier. Le roi finit par demander quelle était cette figure qui s'agitait et menait grand bruit derrière le président. On lui dit qui était l'abbé Mignot et à quoi il s'employait. Le bon abbé avait de la lecture, et il écrivait ; il n'évita l'écueil de la poésie que pour se fracasser sur celui de l'Histoire. Il écrivit une *Histoire des Turcs* qui n'était qu'une turquerie de bazar mais qui amusa les gens. Grimm disait qu'il n'y avait rien de commun entre l'oncle et le neveu. L'un était décharné, l'autre rond comme un tonneau ; l'oncle avait un regard d'aigle, le neveu celui d'une taupe. Mais l'abbé Mignot était honnête homme. Il était généreux ; il se chargea d'élever un enfant qu'un de ses amis, mort sans fortune, lui recommanda. Il allait à pied et avait partagé son bien avec cet orphelin inconnu, par fidélité à sa promesse à un mourant. Voltaire apprit ce bienfait secret et demanda une pension au ministre pour l'abbé Mignot. Celui-ci était bien placé pour obtenir des faveurs car il était dans le camp du nouveau ministre M. de Maupeou, ennemi du Parlement, dont l'abbé faisait pourtant partie ; au contraire l'autre neveu de Voltaire, fils de Mme de Dompierre d'Hornoy, M. d'Hornoy était dans le camp opposé — celui des parlementaires — et se trouvait exilé. Puis la roue tourna et M. d'Hornoy rentra en grâce avec le Parlement ; et Voltaire, pensant que le Parlement qui faisait le mal pouvait aussi le réparer, demanda à son neveu de réhabiliter le jeune d'Etallonde, toujours en fuite. Il ne put obtenir cette satisfaction.

L'attitude de Voltaire à l'égard du Parlement fut mal comprise et mal jugée par les Choiseul. Ils crurent que Voltaire, par une bassesse sans nom, se retournait vers le nouveau ministre Maupeou et le flagornait en brûlant le ministre de la veille, tombé en disgrâce en raison de sa politique favorable aux Parlements. La fureur et le mépris de Choiseul pour Voltaire n'eurent plus de bornes quand il lut les lettres que Voltaire écrivait au nouveau ministre pour l'encourager dans sa lutte contre les Parlements. Ces lettres circulaient. Maupeou s'en servait pour soutenir sa politique. Les Choiseul qui avaient tant aidé Voltaire ne virent dans le procédé que la plus noire ingratitude. Voltaire fut informé des sentiments des Choiseul à son égard par Mme du Deffand. Il écrivit aussitôt à Chanteloup pour protester de sa fidélité. Mais il n'était plus entendu, la duchesse écrit : « *Le pauvre Voltaire ne sait où donner de la tête, il ménage la chèvre et le chou. N'ayant rien à craindre ni à espérer de l'un et de l'autre, il loue M. le Chancelier et M. de Choiseul... mais je vous avoue que depuis son « Avis à la Noblesse », ses lettres me dégoûtent, je ne les entends plus. Celle-ci m'a paru un vrai galimatias.* »

En réalité, l'attitude de Voltaire se soutient très bien : il aime et il respecte le ministre disgracié, mais il est persuadé, et ce n'est pas de ce jour, que la politique de son successeur est plus conforme aux intérêts de la nation ou tout au moins à l'idée que Voltaire s'en fait. D'un côté, il est fidèle à l'homme, de l'autre à une politique. Les Choiseul qui pâtissent de cette fidélité crient au traître et disent que Voltaire écrit « un galimatias ». C'est plus simple que de s'efforcer de comprendre sa situation — ou ses convictions.

En outre, Voltaire a toute sa colonie de Ferney sur les bras. Si le ministère se désintéresse des montres et des bas, qui fera vivre ses cent familles d'ouvriers ? Voltaire estime que quand un ministre sort, il y en a un qui rentre et, quel qu'il soit, le ministre en place doit soutenir Ferney.

Mme de Choiseul indignée écrivait : « *Il a toujours été poltron sans danger, insolent sans motif, bas sans objet.* » C'est dur. Mais s'il a toujours été ainsi pourquoi, Madame, l'avez-vous naguère si bien traité ? « *Il faut l'encenser et le mépriser, c'est le sort de tous les objets du culte* », disait-elle en terminant. Voltaire se défendait et il écrivait à Mme du Deffand entichée des parlementaires : « *Je suis fidèle à toutes mes passions. Vous haïssez les philosophes et moi je hais les Tyrans bourgeois. Je vous ai pardonné toujours votre fureur contre la philosophie, pardonnez-moi la mienne contre la cohue des enquêtes.* » Et il s'explique franchement à la duchesse de Choiseul : le courtisan fait place au philosophe engagé dans une affaire politique, il n'admet pas qu'on prenne des ménagements avec une secte dangereuse pour la nation : « *Je mourrai aussi fidèle à la foi que je vous ai jurée qu'à ma juste haine contre des hommes qui m'ont persécuté tant qu'ils ont pu et qui me persécuteraient encore s'ils étaient les maîtres. Je ne dois pas aimer assurément ceux qui devaient me jouer un aussi mauvais tour au mois de janvier 1770* (poursuites contre son Histoire du Parlement) *ceux qui versent le sang de l'innocence* (Calas) *ceux qui portent la barbarie dans le centre de la politesse* (la torture) *ceux qui uniquement occupés de leur sotte vanité laissaient agir leur cruauté sans scrupule tantôt en immolant Calas sur la roue, tantôt en faisant expirer dans les supplices après la torture un jeune gentilhomme* (La Barre) *qui méritait six mois à Saint-Lazare et qui aurait mieux valu qu'eux tous. Ils ont bravé l'Europe entière indignée de cette inhumanité ; ils ont traîné dans un tombereau avec un bâillon sur la bouche un lieutenant-général* (Lally-Tollendal) *justement haï à la vérité mais dont l'innocence m'est démontrée par les pièces mêmes du procès : Je pourrai produire vingt barbaries pareilles et les rendre exécrables à la postérité. J'aurais mieux aimé mourir dans le canton de Zugou ou chez les Samoyèdes que de dépendre de tels compatriotes.* »

Malgré sa haine irréductible contre les Parlements, il se voulait aussi irréductiblement fidèle aux Choiseul et le clamait partout. Cela ne le servait guère auprès du roi et du chancelier. Que voulait-on de lui ? Qu'il renie ses idées ? ou ses amis ? Choiseul fit découper dans la tôle, une silhouette qui représentait Voltaire, il la fit placer au sommet d'un toit où le vent la faisait virevolter... Paris s'amusa de la Girouette Voltaire pendant tout le mois de mai 1772.

Les beaux jours de Ferney ne valent pas un passeport pour Paris.

Au cours de l'hiver de cette année-là, il écrivit une tragédie : *Les lois de Minos*. C'était une arme de combat contre le fanatisme, il s'agissait de ces lois désuètes qu'il faut abroger dès qu'elles ne s'accordent plus avec les mœurs. Cette pièce lui prit beaucoup de temps : un mois ! Les autres étaient expédiées en six, huit ou dix jours. Peu importe, celle-ci était tout aussi ennuyeuse. Sauf pour lui : il la trouva sublime, il se bouleversait lui-même en la relisant. Si les Welches n'en étaient pas éblouis, qu'ils fussent réprouvés à jamais ! A vrai dire, les Welches de 1772 commençaient à être blasés des tragédies — et des siennes en particulier. Il s'attendait à un succès fracassant, mêlé de scandale, à de violentes sorties de Fréron et de La Beaumelle. Il arriva le pire : la tragédie ne fut pas jouée. Il l'envoya à Catherine !

Voltaire s'occupait de tout, même de remarier le mari de sa nièce décédée. C'est ainsi qu'il recueillit M. de Florian, veuf d'Elisabeth Mignot, veuve elle-même de M. de Dompierre d'Hornoy. Voltaire aimait ce bon Florian qui arriva dans un déluge de larmes ; il semblait inconsolable, on le dorlota et Voltaire, pour le distraire, lui montra une gentille petite dame, Mme Rillet, séparée d'un mari brutal, calviniste et politicien de Genève. Elle boitait avec grâce, chantait, parlait, récitait, jouait la comédie, riait, pleurait et faisait de jolis caprices. M. de Florian voulut l'épouser sur l'heure. Mais il fallait une dispense de Rome. Calviniste, ayant un mari vivant, la mignonne était dans une situation compliquée. Florian trépignait d'impatience. Mme Denis faisait la délicate et trouvait indécent qu'on favorisât aussi ouvertement le remplacement de sa défunte sœur. Voltaire était attendri par ce retour des ardeurs juvéniles du bon Florian. Il avait, à vrai dire, un peu brûlé pour la petite Rillet — brûlé de feux métaphoriques, mais qui n'en laissent pas moins un arrière-goût de cendres chez les âmes sensibles. Comme la jalousie était, en la matière, un sentiment étranger à Voltaire, ce qu'il n'avait pu obtenir, il était ravi que Florian l'obtînt. Il les aurait volontiers mariés lui-même et bordés dans leur lit. Mais il préféra demander la dispense à Rome et faire dire la messe par le père Adam. Il s'adressa encore une fois à Bernis en le priant d'aller vite car les amoureux risquaient de tomber dans le péché d'un instant à l'autre tant leurs désirs étaient impatients. Bernis lui répondit qu'une dispense ne se traitait pas comme une perruque d'Adam et que la situation de dame Rillet opposait un empêchement absolu. Florian emmena sa promise en pays luthérien, où on ne leur demanda rien ; ils allèrent à Constance, et se marièrent aux bords du lac « à la façon de Barbarie, mon ami ! »

« *Je l'avais bien dit à Votre Eminence et à Sa Sainteté,* écrivit Voltaire à Bernis, *que vous seriez tous deux coupables du péché de ce pauvre Florian. Il s'est marié comme il a pu. On prétend que son mariage est nul mais les conjoints l'ont rendu très réel. C'est bien la peine d'être Pape pour n'avoir pas le droit de marier qui l'on veut.* »

Le « petit serin » comme Voltaire appelait la nouvelle marquise de Florian, tomba malade. Elle alla se soigner à Montpellier avec son mari cependant que Voltaire leur faisait construire un pavillon exquis à Ferney — un Marly miniature qu'on voit encore au bord de la route. A peine, le « petit serin » s'était-il installé dans sa cage neuve qu'il mourut. Et voilà Florian de nouveau éploré. Son malheur infini fut guéri par le même remède que son précédent malheur infini ; il épousa une demoiselle Joly. Ils habitèrent le joli pavillon et au retour de leur voyage à Paris, la quatrième marquise de Florian, remit à Voltaire une lettre aimable de M. de Buffon avec l'édition monumentale de l'*Histoire naturelle* que le célèbre savant, lui avait remise lors de son passage à Montbard. C'était la paix avec Buffon : Voltaire ravi, offrit à la charmante messagère une montre d'or à répétition fabriquée chez lui. Puis, il remercia Buffon en le traitant d'*Archimède 1*^er^. Buffon lui répondit en le traitant de *Voltaire 1*^er^. Ferney faillit illuminer ! Et Voltaire en rappelant le sujet de leur brouille pour des fossiles dit : « *Je savais bien que je ne pouvais rester fâché avec M. Buffon pour des coquilles.* »

Au cours de l'année précédente Voltaire avait fait venir Le Kain : il y eut à Ferney des grands jours de Théâtre. On sait que son théâtre logeait des vers à soie. Il en avait fait construire un autre, sur la route de Genève, à la Châtelaine. A la fin du siècle dernier, le bâtiment du théâtre existait encore ; on avait percé des fenêtres dans les murs vidés de l'installation primitive et l'espace avait été divisé en logements. Du temps de Voltaire, une troupe ambulante y jouait souvent, après Dijon c'est à Ferney qu'elle faisait les plus longs séjours car elle y trouvait une salle assez bien montée et la riche clientèle genevoise.

Les Genevois s'y rendaient à pied, à la belle saison, ils revenaient de même en s'attardant dans les guinguettes et, parfois, trouvaient les portes de la ville fermées ; ils organisaient alors des parties nocturnes et ne rentraient qu'au jour. Des guinguettes, un café, un billard s'étaient installés près du théâtre. Quand Le Kain arriva, ce fut pour Voltaire la descente du Saint-Esprit — mais on se chamailla d'abord sur le montant du cachet que Le Kain exigeait. « *Je suis ruiné en bâtiment et en colonie, je m'achève en bâtissant la maison de M. de Florian.* » Le Kain fut intraitable : Voltaire paya. Il ne regretta rien, il était fou de joie et d'admiration. C'était un exode des Genevois vers ces lieux de perdition.

Tout cela était très mal vu du Conseil et même de deux Anglais, Lord Stanhope et son fils Lord Mahon, que leur haine de la France poussait à exciter les Genevois contre le théâtre, Voltaire, Ferney et la France. Ils soudoyèrent des voyous qu'ils postèrent aux portes de la ville avec mission d'injurier les personnes qui revenaient des représentations. Ce fut un beau scandale car, parmi les personnes insultées se trouvaient les membres des familles les plus honorables — et même un ambassadeur d'Angleterre. Le Conseil jugea le procédé indigne et le peuple de Genève pensa de même : pour une fois, ils étaient d'accord. Les Genevois déclarèrent que s'ils avaient envie de brûler le Théâtre — et certains ne cachaient pas cette envie — ils voulaient le brûler eux-mêmes et n'admettaient pas que des étrangers vinssent se mêler à leurs chamailleries avec Voltaire. Cette réaction montre bien que la querelle de Voltaire et de Genève prenait les caractères d'une querelle de famille — ce qui ne la rendait pas moins implacable — c'était une querelle qui se développait et se vidait à huis clos. Le ministre de France fit des remontrances au Conseil qui les reçut fort bien et les deux Anglais reçurent une semonce qui calma leur zèle.

Rien ne pouvait ternir le succès de Le Kain : il fut si prodigieux qu'il marqua probablement la fin des préjugés de Genève contre le théâtre. Certains pasteurs vinrent assister aux représentations et, parmi les plus prévenus, il s'en trouva qui reconnurent la grandeur, la noblesse et la dignité de la tragédie. Quel merveilleux succès pour Voltaire ! Dans une loge d'avant-scène, il ne manquait pas une représentation. Et quelle présence ! Il ne tenait pas en place : à soixante-dix-huit ans, il sautait parfois sur la scène et courait parmi les acteurs. Dans son fauteuil, il s'exclamait, gémissait, pleurait en agitant son mouchoir, il se pâmait renversé dans son fauteuil. Les acteurs ne jouaient pas devant lui, mais en lui. Sa pauvre carcasse était le vrai théâtre des héros tragiques, ils l'ébranlaient de leurs trépignements et de leurs clameurs, leurs poignards lui perçaient le cœur. Quelle vie sublime il vivait ! Si quelqu'un, au parterre, osait bouger, on voyait le patriarche fou de rage, le corps penché, prêt à culbuter. Il brandissait sa canne en hurlant : « *Magnifiques et honorés Seigneurs ! Je suis chez moi et si vous ne vous tenez pas tranquilles, je vous fais administrer la plus robuste volée que votre République ait jamais reçue.* » Et ce n'était pas une métaphore, il avait à la porte une garde composée d'anciens soldats sachant manier le gourdin qu'ils tenaient, bien visible, en face du public. « *Mon cher Ange, je suis dans l'extase de Le Kain,* écrit-il à d'Argental. *Il m'a fait connaître* « Sémiramis » *que je ne connaissais pas du tout. Tous nos Genevois ont crié de douleur et de plaisir, des femmes se sont trouvées mal et en ont été fort aise... Je ne savais pas quel honneur il faisait à mes propres ouvrages et comment il les créait...* » Quel admirable éloge pour un acteur. Si on pense que son penchant pour l'hyperbole l'entraîne un peu loin, voici le témoignage d'un pasteur de Genève qui s'était aventuré dans la caverne diabolique. Il parle de la frénésie de la foule pour courir à Ferney. La semaine où l'on jouait *Mahomet,* les Genevois oublièrent la loterie ! On vit des gens payer un louis une voiture de louage. « *Moi qui vous parle,* dit, contristé, cet Antoine Mouchon, *j'ai participé à la folie générale.* » Il lui fallut travailler deux jours pour rattraper le temps perdu à Ferney. Au moins, mit-il ses affaires en ordre avant d'aller perdre son âme — et un louis ! Il aperçut dans la salle comble plusieurs autres pasteurs. Quel soulagement ! Et quel coup ! Les bonnes âmes se perdaient donc par douzaines. Tant pis ! « *Je vis des choses sublimes qui surpassent encore l'idée que m'avait donnée la renommée de ce grand acteur...* (suit un éloge de Le Kain aussi délirant que celui qu'en faisait Voltaire). *C'était le triomphe de la nature aussi le frémissement était-il universel.* »

Quelles heures inoubliables Voltaire n'a-t-il pas procurées à ces Genevois ! Ils le honnissaient mais il les a marqués. Ils l'auraient envoyé au diable, mais ils ne pouvaient pas se passer de lui. Quelle saveur il a donnée à leur vie !

Et l'honnête Mouchon parle de l'animateur incomparable : « *Mais ce qui ne fut pas une des moindres parties du spectacle ce fut Voltaire lui-même, assis contre la première coulisse, applaudissant comme un possédé soit en frappant sa canne, soit en poussant des exclamations.* » Soudain, il se leva et prit les mains d'un artiste. La salle rit, il ne vit rien et n'entendit rien. Ses bas s'enroulaient autour de ses tibias et tombaient sur ses talons, il avait un habit datant de la Régence, et ses genoux tremblaient sous lui. Il pouvait tout se permettre, même d'être grotesque. Quand il criait « *Je suis chez moi !* » ce n'était pas seulement du bâtiment qu'il parlait, c'était de son royaume — qui n'était pas tout à fait de ce monde — le royaume du théâtre, la prestigieuse fiction des planches, ce monde enchanté dont il est l'enchanteur. « Je suis chez moi, crie-t-il souverainement, et votre extase fait de vous tous mes sujets, car mon autorité repose sur un charme. » Voilà ce que veut dire Voltaire, le roi Voltaire. le magicien pris à sa propre magie.

Au milieu de ces ivresses, un choc douloureux : l'ami Thiériot meurt. C'est un vrai chagrin bien que ce soit un chagrin d'imagination : il revoit l'ami de jeunesse, l'étude de Mᵉ Alain, la longue histoire des tripotages, des infidélités de Thiériot, et des pardons répétés de Voltaire. Dans une lettre écrite en 1764, à Damilaville, Voltaire jugeait Thiériot : « *Je deviens aussi paresseux que frère Thiériot, mais je ne change pas de patron comme lui.* » Thiériot papillonnait, il servait qui l'amusait et qui le payait. Ses protecteurs changeaient mais tous étaient très riches. Il avait mangé de la brioche dans la vaisselle de vermeil de La Popelinière, il avait écorné les économies de la comtesse de Fontaine-Martel, il avait pris pension chez le comte de Montmorency et chez d'autres grands seigneurs. Il avait même été le parasite de l'archevêque de Cambrai. Celui-ci ne ressemblait en rien à l'illustre Fénelon : au Cygne de Cambrai avait succédé une linotte : l'abbé Charles de Saint-Albins, fils naturel du Régent et d'une comédienne. C'était un patron très gai pour Thiériot qui trouvait que, dans ce palais archiépiscopal, tout était excellent et en particulier le champagne. Voltaire ne se détacha jamais de Thiériot mais quand le faux-ami mourut, le cœur de Voltaire ne fut pas vraiment atteint. Thiériot avait fait trop de fautes pour rester aimable. Mais ce ne furent pas ses fautes qui refroidirent l'amitié, ce fut son manque d'amitié.

Tout à coup, Voltaire pense au sérieux de l'affaire : Thiériot possède quantité de lettres, de manuscrits, de poèmes inédits. Tout cela pourrait devenir dangereux entre des mains ennemies. D'Argental est dépêché pour récupérer cette dynamite et d'autant plus vite qu'une demoiselle Taschin qui vivait dans l'intimité de Thiériot pourrait être tentée de monnayer ces papiers. « *Que je vous suis obligé d'avoir empêché Mˡˡᵉ Taschin d'avoir hérité de moi ! Car cette demoiselle qui a tué Thiériot s'appelle Taschin...* » A l'en croire Thiériot serait mort d'un abus de Taschin. Lui se flattait de durer plus longtemps que son ami parce qu'il n'avait pas de Taschin. D'Argental proposa de lui en envoyer une. Rassurons-nous ; il ne s'agit que d'un badinage léger dans le goût égrillard du temps... des mots s'envolaient, mais quel plumage !

Cependant une rumeur circulait à Paris et à Genève : Voltaire étant dans sa chambre en compagnie d'une jeune femme belle et hardie... s'était évanoui ! Il avait failli mourir et pour une fois ce n'était pas d'indigestion. On racontait joliment qu'il avait plusieurs fois perdu le sentiment par excès de sensibilité, qu'il avait pris un chemin de roses pour descendre aux Enfers et que son tombeau s'était ouvert sur sa descente de lit...

Qu'y avait-il de vrai dans ce conte ? Qu'une jeune fille, Mlle de Saussure, était en effet venue dans sa chambre (c'était la nièce du célèbre physicien Genevois) que Wagnière était présent, que Mme Denis était entrée et sortie à plusieurs reprises en témoignant d'un certain agacement de cette visite. En somme, nous dit Wagnière, c'est la sotte jalousie de la nièce qui, par des propos ridicules, se trouvait à l'origine de la fable. Elle espérait ainsi fâcher M. de Saussure et Voltaire et mettre fin aux visites de la jolie nièce du savant qui donnaient de l'humeur à la vilaine nièce du poète. Richelieu trouva la fable du meilleur goût et pria Voltaire de lui dire si c'était vraiment une fable : cette biche dans le lit du patriarche donna, au vieux faune, l'envie de faire le pèlerinage de Ferney. Voltaire ne lui cacha rien : cette Saussure était une Junon, fort grande, fort belle, fort majestueuse et fort froide. Le Mont-Blanc installant ses glaces dans la chambre n'eût pas saisi davantage le frileux poète qui, en effet, s'était évanoui... mais de saisissement. « *Je vous jure que j'aurais plutôt fait une scène de Scylla qu'un couplet à cette belle personne.* »

Ce « couplet » qu'il ne peut chanter, il va l'écrire. Mais à qui ? Nous n'en finirons jamais d'être surpris, il a toujours un tour nouveau dans sa boîte à malices. Il l'écrit à Mme du Barry. Voltaire se tenait au courant des intrigues de Versailles. Il est fâché avec le roi, mais les relations ne sont pas tout à fait rompues. Le roi et le philosophe communiquent par personnes interposées : ministres et favorites. Le « couplet » adressé à Mme du Barry la remercie d'un aimable message qu'elle lui a fait remettre par M. de la Borde, banquier en voyage, qui est venu faire sa cour à Ferney. Le message accompagnait un médaillon contenant le portrait de la belle comtesse. M. de la Borde ajouta que la favorite lui avait également donné deux baisers pour le destinataire. A ces mots, le destinataire faillit s'évanouir une fois de plus. Il se jeta sur le médaillon et sur son écritoire et il écrivit ce remerciement :

Quoi deux baisers sur la fin de sa vie !
Quel passeport vous daignez m'envoyer !
Deux ! C'est trop d'un, adorable Egérie ;
Je serais mort de plaisir au premier !

Tant de plaisir devait être suivi de quelque profit. Il n'oubliait pas que sa colonie n'avait plus de protecteur, l'occasion semblait propice de trouver une protectrice. Il lui envoya une belle montre ornée de diamants. « *Cette montre est ornée de diamants,* écrivait-il à la favorite, *et les sieurs Ceret et Dufour qui l'ont faite sous mes yeux n'en demandent que mille francs.* » On ne sait si la belle comtesse comprit. La facture a été retrouvée dans ses papiers. Rien n'atteste qu'elle ait été payée. Mais peut-être Mme du Barry commanda-t-elle une caisse de montres...

Cependant Voltaire n'est pas heureux, une nostalgie incurable aggrave ses malaises de plus en plus fréquents : il a besoin de la France, c'est-à-dire de Paris. Il fait assiéger la favorite, il faut qu'elle obtienne la levée de l'interdiction de séjour. Hélas ! elle peut envoyer des médaillons et des baisers, mais elle ne peut lui envoyer un passeport.

Richelieu et d'Argental se démenaient. Ils étaient sur le point de réussir quand en 1773, paraît, à l'insu de Voltaire sa tragédie *Les lois de Minos* publiée par ses amis d'Argental, Thibouville et autres. Avec la meilleure foi du monde, ils l'ont tripatouillée ; ils ont coupé, et ajouté, ils ont refait des vers. Malgré ces soins, la censure proteste. Le Censeur que Voltaire a cajolé, flagorné, subventionné, n'en est que plus insolent. Il écrit à Voltaire une lettre irrecevable que Voltaire reçoit très bien ; il est capable d'accepter tout, pour avoir un passeport. Ce censeur nommé Marin, fort médiocre écrivain, éperdu de vanité, terrorise la gent de plume et fait patronner par Voltaire sa candidature à l'Académie française. Grâce à Dieu, Marin n'est pas élu. Pour être juste, disons que Voltaire soutint la candidature du Marin censeur non pour le seul amour d'un passeport mais aussi pour faire pièce à la candidature du Président de Brosses. Il y a des satisfactions qu'on ne saurait se refuser...

Lorsque Beaumarchais, décrété de prise de corps, continua de parader impunément dans Paris, Voltaire s'étonna bien plus de cette impunité que du foudroyant succès de son jeune confrère. Il lui sembla que les Pouvoirs étaient plus sévères pour le vieillard proscrit que pour un jeune auteur triomphant. Il est vrai que la répression n'avait plus la vigueur du début du siècle, les ressorts de l'Etat étaient détendus et beaucoup plus que ne le croyait Voltaire.

« *Il est plaisant,* écrivait-il *qu'un garçon horloger avec un décret de prise de corps soit à Paris et que je n'y sois pas.* » Il n'a rien contre Beaumarchais, au contraire : « *Les Mémoires de Beaumarchais sont ce que j'ai jamais vu de plus fort, de plus hardi, de plus comique de plus intéressant et de plus humiliant pour ses adversaires. Il se bat contre dix ou douze personnes à la fin et les terrasse comme Arlequin sauvage renversait une escouade du guet.* »

Qu'on ne répète plus que tout autre talent est insupportable à ce vieux poète rongé d'envie.

Enfin, il apprit que s'il n'avait pas eu son passeport, c'est parce que Marin l'avait trahi. Quand le Censeur fut disgracié, Beaumarchais dévoila ses manœuvres. Mlle de Lespinasse qui l'avait en horreur l'appelait « le Monstre marin » et Beaumarchais l' « Hippopotame ». En fait, Voltaire n'avait pas besoin de Marin pour obtenir son passeport. Mais il s'était livré à l' « Hippopotame », qu'il craignait encore, malgré sa disgrâce, car il avait eu l'imprudence de lui confier des papiers dangereux. Aussi, écrivait-il à Condorcet : « *Par surcroît de peine, il faut que je me taise, cela gêne beaucoup quand on a de quoi parler et qu'on aime parler.* » Il eut donc le chagrin de se taire et même celui d'attendre encore le passeport pour Paris.

Nouveaux dangers : le crapaud du Parnasse et les bains d'hiver. Consolation : Mme Denis est plébiscitée.

De nouveaux ennemis viennent relayer les morts. En voici un qui est de la trempe des Fréron et des La Beaumelle. En tant qu'homme, c'est une canaille, en tant qu'écrivain c'est beaucoup mieux. Il a du trait, du mordant, du goût. Il s'appelle Clément — Voltaire l'appelle l' « Inclément Clément » pour le distinguer d'autres Cléments qui sont les « Cléments Marauds. » Ce jeune garçon avait écrit dès l'âge de dix-sept ans des lettres pour encenser Voltaire et pour tirer de lui des secours et des conseils. Il obtint les uns et les autres. Il obtint même, grâce à Voltaire, une place d'instituteur dans une pension de Dijon. Mais le « petit Crapaud du Parnasse », comme Voltaire l'appela plus tard, avait perdu sa place après une sombre histoire avec ses collègues. Il leur avait laissé, en partant, une lettre de démission si infâme que ceux-ci la remirent au Procureur qui lança un mandat d'arrêt contre le « Crapaud. » Celui-ci brillait déjà à Paris. Il avait vu La Harpe, sur la recommandation de Voltaire, avait tiré du poète ce qu'il avait pu et s'était brouillé avec lui. Enfin, Fréron le poussa dans la bonne voie. Il attaqua d'abord l'abbé Delille, puis Saint-Lambert pour lequel Voltaire avait gardé la plus tendre amitié, et enfin Voltaire. Clément écrivait que « *la tragédie de Voltaire était une lanterne magique* », qu'il avait pillé Racine et que le public était tellement corrompu qu'il préférait

Le clinquant de Voltaire à tout l'or de Racine.

Saint-Lambert n'était pas d'humeur facile. Quand il eut connaissance des attaques de Clément, il le fit rechercher afin de lui appliquer une correction qui n'aurait rien eu de grammatical. Il avertit également le Ministre. Le libelle fut saisi, l'auteur également et mis au Fort-l'Evêque ce qui lui évita la bastonnade.

C'est alors que Jean-Jacques poussa les hauts cris : un Clément en prison ! Il fit un bruit si grand et si philosophique qu'on relâcha le Clément. Il est louable de défendre la liberté, et Jean-Jacques qui s'en faisait le champion devrait être loué si nous ne savions qu'il ne défendait la liberté du Clément que parce que c'était Saint-Lambert qui l'avait fait arrêter, Saint-Lambert l'amant heureux de Mme d'Houdetot qui avait repoussé les hommages de Rousseau — Rousseau se vengeait ! Jean-Jacques ne voyait dans la vie des Voltaire et des Saint-Lambert que l'hypocrisie de la civilisation, et une ignoble dépravation. Deux mondes irréconciliables s'affrontent chaque fois que ces deux hommes se trouvent face à face selon les caprices du destin. Voltaire, averti par Saint-Lambert, lui écrivit : « *il est bien fier de ce petit Clément. Il rend des arrêts comme le Parlement, sans les motiver. J'aurai l'honneur de lui rendre incessamment la plus exacte justice.* » Et voilà Clément l'Inconnu, qui devient célèbre grâce au bruit fait par Saint-Lambert et au libelle de Voltaire : « *Les Cabales* », paru en 1773. Tout le monde voulut connaître celui qui méritait ces vers :

Je ne m'attendais pas qu'un crapaud du Parnasse
Eût pu dans son bourbier s'enfler de tant d'audace
Monsieur, écoutez-moi, j'arrive de Dijon
Et je n'ai ni logis, ni crédit, ni renom
J'ai fait de méchants vers et vous pouvez bien croire
Que je n'ai pas le front de prétendre à la gloire
Je ne veux que l'ôter à quiconque en jouit.
Dans ce noble métier l'ami Fréron m'instruit.
Monsieur l'abbé Propred (Mably) m'introduit chez les dames
Avec de beaux esprits nous ourdissons nos trames
Nous serons dans un mois l'un et l'autre ennemis

Mais le besoin pressant nous tient encore unis.
Je me forme sur eux dans le bel art de nuire
Voilà mon seul talent ; c'est la Gloire où j'aspire.

Alors Clément se déchaîna. Il attaqua la personne de Voltaire « *avec quelle sagacité vous épluchiez tous les petits comptes de l'avarice. Je passerai sous silence toutes ces plaintes des libraires, des Juifs surpris d'être vaincus par leur propre science.* »

Voilà l'origine de la légende d'avarice dont Voltaire fut la victime, elle vient de ceux qui ont reçu ses secours. Ce qu'on ne lui pardonnait pas dans ce milieu d'intrigants faméliques, c'était sa fortune et sa gloire. L'une donnant de l'éclat à l'autre. « *Il est le mieux renté des beaux esprits.* » Voilà ce qui était intolérable.

Puis vint une fable ignoble — et surtout absurde. Clément raconte que Mme Mignot, la sœur de Voltaire a épousé l'empoisonneur Mignot, dont parle Boileau dans une des *Satires.* Par conséquent Mme Denis, l'abbé Mignot, et Mme de Florian seraient fils de l'empoisonneur. Pour corser le bouillon, Clément ajoute que Voltaire lui-même est petit-fils d'un empoisonneur. L'abbé Mignot étant Conseiller au Parlement, se plaignit au Ministre qui convoqua Clément, le sermonna, l'obligea à faire des excuses à l'abbé. Clément s'en acquitta avec insolence et renouvela ses attaques.

Pourquoi Voltaire n'imitait-il pas Buffon qui ne répondait jamais à ces calomnies : « *Chacun a sa délicatesse,* disait Buffon, *la mienne va jusqu'à croire que certaines gens ne peuvent pas même m'offenser.* » Ce n'était pas, hélas ! une maxime voltairienne.

En décembre 1776, il faillit mourir — non pour rire. On lui avait conseillé des bains d'hiver. « *Mes deux fuseaux de jambes sont devenus gros comme des tonneaux.* » Il guérit lentement. Pendant sa convalescence, il apprit une nouvelle qui lui donna la force de gambader : on lui dit que Fréron était mort. Fausse nouvelle, Voltaire se recoucha.

Son entourage eut très peur — surtout les gens qui ne vivaient que par lui, les horlogers en particulier. Le résident de France, M. Hennin avait confiance dans sa guérison et disait que Voltaire vivrait cent ans. Voltaire était furieux : « *Il y a des gens assez barbares pour avoir dit que je me porte bien !* » s'écriait-il. Si l'on veut le fâcher il suffit de lui faire ce genre de compliment.

On avait déjà envisagé les mesures à prendre en cas de décès. Les scellés seraient posés partout. Tous les papiers seraient saisis. L'Etat voulait reprendre tous les documents relatifs aux affaires politiques auxquelles Voltaire s'était mêlé depuis le ministère du cardinal Dubois. Ces instructions détaillées furent adressées de Marly où se trouvait la Cour en juillet 1774, à l'Intendant de Bourgogne, au Subdélégué de Gex, et à M. Hennin. Elles sont signées de Louis XVI. C'est une des premières signatures données par le jeune roi. Au bas d'une page, il a mentionné de sa main « Bon. »

La mort de Louis XV n'avait guère affecté le seigneur de Ferney qui n'avait pas eu à se louer de ce roi. Il eut la décence de ne pas se réjouir de sa mort mais, comme beaucoup de Français, il laissa paraître tous les espoirs que la nation malade mettait dans le nouveau roi. Pourtant, en choisissant Maurepas comme Ministre, Louis XVI n'avantageait guère Voltaire. Maurepas était un de ses vieux ennemis, un homme rompu à toutes les intrigues de la Cour et de la Ville. Enfin, Turgot parut. On crut que les Lumières du siècle allaient éclairer les dédales de l'administration et de la politique. Une grande espérance naquit. Voltaire dans son bureau la bénit. Elle devait bientôt mourir, comme on le sait.

L'horlogerie de Voltaire se trouva de nouveau menacée. La paix étant revenue à Genève, la ville se remettait de ses guerres intestines et, faisant des réflexions sur l'inconvénient de chasser ses meilleurs ouvriers, elle commençait à comprendre qu'il était temps de les rappeler en leur donnant les avantages qu'ils avaient si longtemps réclamés. L'industrie de Ferney n'était pas très solide : tout reposait sur la volonté et les capitaux de Voltaire et sur les appuis qu'il trouvait auprès des ministres — quand les ministres étaient ses amis.

Mme Denis le secondait. Elle s'occupait des familles d'ouvriers, elle faisait « du social », dirait-on aujourd'hui. Les habitants savaient qu'elle devait hériter de Ferney et en lui témoignant leur reconnaissance, ils flattaient déjà leur future maîtresse. Voltaire avait quatre-vingts ans, il était plus malade que jamais, le règne de Mme Denis semblait proche. Or, ce fut elle qui faillit mourir. L'inquiétude fut grande. Quand elle se rétablit la population lui offrit une grande fête : le 18 mai 1775. Il y eut un défilé militaire : infanterie et cavalerie. Drapeaux, oriflammes, inscriptions, cocardes avec accompagnement de musiques martiales : timbales, tambours et fanfares éclatantes. Un repas champêtre de trois cents personnes clôtura le défilé ; au dessert, sublimes harangues composées par M. de Florian. « *L'allégresse nous a transformés en militaires,* disait l'orateur, *cette décoration nouvelle convient à des hommes charmés de sacrifier leurs jours pour conserver les vôtres.* » Mme Denis était transportée. Elle écouta, la larme à l'œil, la péroraison : « *Daignez, Madame, honorer toujours de vos bontés cette colonie naissante fondée par l'immortel Voltaire ; nous tâcherons de nous en rendre dignes par nos travaux et notre industrie.* »

Aimables visites, aimables journées.

Dès que Mme Denis fut sur pied, les visites reprirent à Ferney. On vit un couple très amusant, le marquis et la marquise du Luchet. Elle riait, sans arrêt et pour ne s'arrêter jamais, inventait certaines occasions de rire qui n'étaient pas de très bon goût. Le mot « mystification » date de cette époque et semble être né dans le salon de cette marquise du Luchet qui recevait des gens du monde et aussi des gens qui n'en étaient pas. Bref, une de ces « mystifications » provoqua une plainte d'une dame de qualité et la police convoqua Mme du Luchet qui fut chapitrée d'importance. Grimm écrivait : « *Une femme qui est reprise par la Police n'est plus reçue nulle part.* » C'est à ce moment que le marquis éprouva le besoin d'aller visiter des mines en Savoie en emmenant sa femme. On ne sait de quelles mines il s'agissait, quoi qu'il cherchât, c'est d'argent qu'il avait besoin. Cela crevait les yeux et Voltaire qui écoutait leurs amusantes confessions disait : « *Il y a dans toute confession un péché qu'on n'avoue pas.* » Pour les Luchet ce péché, c'était la ruine. « *Madame du Luchet ne peut écrire touchant ses affaires ou les vôtres pour la bonne raison qu'elle n'y entend rien. Elle n'a jamais songé et ne songera jamais qu'à rire. Mais, toujours rire comme le veut la femme, ou s'enrichir dans les mines comme le veut le mari, c'est la pierre philosophale. Et cela ne se trouve point.* » Durant son séjour, Mme du Luchet soigna tout le monde : Voltaire, Mme Denis, les domestiques : tous étaient alités : Ferney était un hôpital. Elle riait et faisait rire ses malades et les guérit tous : elle remplit donc sa mission. Son mari ne remplit pas la sienne : il ne trouva rien dans ses mines. Ils repartirent en riant comme ils étaient venus.

Mme Suard les remplaça. C'était un tout autre oiseau, des plus attachants, qui vint percher à Ferney. Elle avait pour frère le célèbre Panckouke, de Lille — ce frère, d'ailleurs, l'accompagnait. Il venait, patronné par sa charmante sœur, proposer à Voltaire le projet grandiose de l'Edition complète des Œuvres du Philosophe. Mme Suard habitait Paris, avait un salon où se réunissait le meilleur de la bourgeoisie et où Voltaire était adoré. Cette aimable et jolie femme était douce sans mièvrerie, cultivée sans pédantisme, pleine de goût et de naturel. Elle admirait et aimait Voltaire à la folie, néanmoins quand il se permit de plaisanter Jésus-Christ devant elle, elle sut le remettre, avec gentillesse et fermeté, dans les limites du respect. Et Voltaire répondit à la semonce par un compliment. Si Voltaire attaquait un des fidèles de son salon, Mme Suard l'arrêtait : « *C'est mon ami, vous n'en parlez que par ouï-dire, je le connais.* » Et Voltaire trouvait cela fort bien : il sentit en elle une amie de qualité. Dans ces conditions: elle eut tous les droits que donne l'amitié.

Le jour de son arrivée, elle était si intimidée à la pensée de rencontrer son idole qu'elle fut sur le point de rebrousser chemin. On lui dit que Voltaire était dans le parc. Elle l'attendait au salon avec d'autres personnes et eut ainsi le temps de se remettre. Soudain, il entra tenant à la main une lettre qui lui annonçait l'arrivée de Mme Suard, il l'appela en s'avançant vers elle :

— *Où est cette dame ? Où est-elle ? On me dit que vous êtes toute âme, c'est une âme que je viens chercher.*

— *Cette âme, Monsieur, est toute remplie de vous et soupirait depuis longtemps après le bonheur d'approcher la vôtre.*

Parmi les visiteurs, il y avait aussi Audibert, de Marseille, l'ami des Calas, le jeune et beau d'Etallonde que sa réhabilitation hypothétique tenait dans l'angoisse, les Cramer, libraires à Genève, qui jouaient si bien la comédie et faisaient de très bonnes affaires avec les livres de Voltaire ; il y avait aussi un Russe Soltikoff, et un M. Poissonnier, médecin de Catherine II, savant et très bavard. Mme Suard nous montre ce cuistre accaparant Voltaire ; Voltaire le félicite de sa science et du grand service qu'il a rendu à l'humanité en trouvant un procédé pour dessaler l'eau de mer. « *Oh !* dit le savant, *cela n'est rien au prix de ce que je viens d'inventer : je peux conserver la viande plusieurs années sans la saler.* »

Mme Suard compare la politesse exquise de Voltaire à l'épaisse vanité du pseudo-savant auquel il fait l'honneur de s'intéresser. Ce qui la frappe, c'est que Voltaire ne lui paraît pas du tout aussi décharné, livide et cadavérique qu'on le lui avait dépeint. « *Il est impossible de décrire le fin de ses yeux,* dit-elle, *ni les grâces de sa figure ; quel sourire enchanteur ! Il n'y a pas une ride qui ne forme une grâce ! Ah ! combien je fus surprise quand, à la place de la figure décrépite que je croyais voir, parut cette physionomie pleine de feu et d'expression : quand au lieu d'un vieillard voûté, je vis un homme d'un maintien droit, élevé, noble, quoique abandonné, une marche ferme et même leste encore, d'un ton, d'une politesse qui, comme son génie, n'est qu'à lui.* »

Il est certain qu'elle a vu Voltaire avec les yeux de la foi. Il eût bien ri d'apprendre que chacune de ses rides formait une grâce. Que l'admirable expression du regard sauve le désastre des rides, c'est certain. Le feu du génie transfigure tout — la gentillesse de Mme Suard aussi. Au reste voici un autre portrait, tracé par Grimm : peu de temps avant celui de Mme Suard. « *M. de Voltaire est au-dessus de la taille des grands hommes c'est-à-dire un peu au-dessous de la médiocre... il est maigre, d'un tempérament sec, il a la bile brûlée, le visage décharné, l'air spirituel et caustique, les yeux étincelants et malins. Tout le feu que vous trouverez dans ses ouvrages il l'a dans l'action : vif jusqu'à l'étourderie, c'est une ardeur qui va et vient, vous éblouit et qui pétille. Un homme ainsi constitué ne peut manquer d'être valétudinaire : la lame use le fourreau. Gai par complexion, sérieux par régime...* » Jusqu'ici nous reconnaissons notre héros, ensuite Grimm veut aller plus profond. « *Ouvert sans franchise, politique sans finesse, sociable sans amis, il voit le monde et l'oublie.* » Voltaire sans finesse ? Et sans amis ? — la malveillance aveugle Grimm. « *Il aime la grandeur et méprise les Grands* », « *il est aisé avec eux mais contraint avec ses égaux.* » Parce qu'il est l'égal des Grands et supérieur à ceux qui se croient ses égaux, M. Grimm : vous n'êtes pas l'égal de Voltaire « *Il commence par la politesse, continue par la froideur et finit par le dégoût.* » Il est toujours courtois avec tout le monde, mais tout le monde n'est pas digne de sa courtoisie, si un sot se croit autorisé à empiéter sur sa liberté parce qu'il a été poli envers lui, il décourage le fâcheux et n'a pas tort. « *Il aime la Cour et s'y ennuie.* » Comme tout le monde, d'ailleurs ; mais s'il en aime le ton, le faste, le décorum, la frivolité et l'hypocrisie des courtisans l'ennuient. « *Il ne tient à rien par choix et à tout par inconstance.* » Oui, il aime tout.... n'est fidèle qu'au travail, au théâtre, et à ses amis. Cela suffit pour lui donner droit à un brevet de fidélité. « *Sensible sans attachement, voluptueux sans passion.* » Cela est bien plus certain, Mlle de Livry avait tout compris, et Mme Denis pourrait nous dire qu'il est sans passion et même sans effusions ;

mais cela ne regarde que Mme Denis. « *Raisonnant sans principe, sa raison a ses accès comme la folie.* » Voilà un beau trait, Voltaire aurait des crises de Raison comme d'autres de folie... Il semble bien au contraire qu'il se soit fort bien installé dans la raison, et souvent la plus positive et qu'il s'en soit évadé, parfois, dans des crises de fantaisie ou même de folie — en somme, comme tout le monde. Si l'on croyait Grimm, Voltaire vivrait dans une sorte d'obscurité d'où il ferait d'éblouissantes sorties. C'est bien réduire l'intelligence de Voltaire ; nous serions enclins à croire que l'*obscurité* de Voltaire ferait encore un beau soleil pour beaucoup de gens de la sorte de M. Grimm. La suite du portrait est écrite à coups de griffes : « *Vain à l'excès, mais encore plus intéressé, il travaille moins pour la réputation que pour l'argent : il en a faim et soif.* » Encore ce reproche d'avarice ! « *Enfin, il se presse de travailler pour se presser de vivre. Il était fait pour jouir : Il veut amasser. Voilà l'homme.* Et voilà surtout, l'homme Grimm. Tout cela est outré, et d'une malveillance appliquée. M. Grimm, vos flèches manquent souvent la cible.

Le lendemain du jour où Mme Suard avait fait un portrait enchanteur de Voltaire, elle ne reconnaît plus son modèle. C'est un mourant qu'elle a devant elle. La douleur, l'accablement ont ravagé le visage, le regard est éteint. Elle se jette à ses pieds et lui baise les mains. C'est sa manie : elle lui baise les mains trois fois par quart d'heure. Elle ne les lui lâche pas ; il se croit obligé d'en faire autant. Que s'est-il passé depuis la veille ? Pourquoi ce masque de mort ? Il le lui avoue : la veille il s'est bourré de fraises, il a eu une indigestion. Il se met au régime le plus sévère. Il vit de crème et de café — mais on tient toujours une volaille prête dans le cas où une fringale le prendrait. La cuisine du château est toujours sous pression. D'ailleurs, paysans et villageois entrent et sortent librement, mangent à la cuisine à toute heure — parfois, ils reçoivent, en plus, une pièce pour s'être dérangés. Entre les visiteurs de la cuisine et ceux du salon, ce château de Ferney est un vrai caravansérail.

Après s'être confessé de son indigestion de fraises, il fait ses adieux à la vie, il parle. Elle l'écoute enivrée. « *M. de Turgot a trois choses terribles contre lui : les financiers, les fripons et la goutte* », dit-il de son ministre adoré. Elle préfère Necker à Turgot. Voltaire se rebiffe. Elle lui lâche les mains et défend Necker. « *Allons, Madame, calmez-vous, Dieu nous bénisse, vous savez aimer vos amis.* » Et ils se baisent réciproquement les mains. « *Vous me rendez la vie !* » s'écria-t-il. « *Ah ! qu'elle est aimable ! Je suis heureux d'être si misérable, elle ne me traiterait pas si bien si j'avais vingt ans.* » Elle répète tout cela à son mari et ajoute : « *En effet, ses quatre-vingts ans, mettent ma passion bien à l'aise.* »

Les premiers jours, Voltaire n'était pas certain que la sincérité des compliments et des baise-mains fût garantie par celle du sentiment. Aussi n'avait-il pas voulu la loger au château. Dès qu'il fut sûr de son amitié, il lui fit donner une chambre. Elle en fut si heureuse que, la première nuit, elle n'en dormit pas. Dès six heures du matin, elle vint se poster au salon pour surprendre le moment où l'on porterait le café et la crème du patriarche et elle fit demander d'être reçue. A huit heures, elle entra dans la chambre avec du café. Elle trouva Voltaire assis bien droit dans son lit. Le lit était simple, très propre, très bien rangé. Le poète portait un gilet de soie, un bonnet de nuit, attaché d'un beau ruban de soie éclatant de blancheur. Dans la chambre tout était d'une propreté et d'un ordre parfaits, les livres et les papiers bien classés. Il demanda un dossier à Wagnière : Le troisième, au-dessus de tel autre à gauche. Wagnière le trouva sans hésitation et l'apporta. Le poète écrivait au lit. Un échiquier, sur ses genoux, servait d'écritoire. La table présentait une profusion de plumes ; elle lui en demanda une — une relique de Saint-Voltaire ! — il lui choisit celle qui avait le plus servi : transports ! Sur quoi, on se rebaisa les mains. On parla de Condorcet : l'homme le plus estimable du monde, que Voltaire admirait et vénérait. Il avait l'intelligence, le savoir et la vertu. Il venait d'écrire un éloge de Pascal si beau, si génial qu'il avait bouleversé et épouvanté Voltaire. « *Si Condorcet croit que Pascal est sincère dans sa foi,* disait Voltaire, *nous sommes de grands sots, nous autres, de ne pouvoir penser comme lui. Que Racine fût bon chrétien, cela n'était pas extraordinaire, Racine était un poète, un homme d'imagination, mais Pascal était un raisonneur, il ne faut pas mettre ces gens-là contre nous c'était au reste un enthousiaste malade et d'aussi peu de bonne foi que ses antagonistes.* » Telle était sa thèse : qu'un poète ait la foi, nulle importance, un imaginatif ne prouve rien. Mais qu'un Pascal, un homme de raison raisonnante, un homme de science, proclame sa foi, voilà qui est grave pour l'impiété. Il oubliait l'imagination de Pascal qui était pourtant prodigieuse, Voltaire se tirait du pas, par une pirouette en disant que l'enthousiasme pascalien était, en quelque sorte, maladif. Quant à la bonne foi de Pascal dans sa querelle avec les Jésuites elle n'est pas plus certaine que celle de ses adversaires. Devant ces problèmes, la bonne Mme Suard avait un peu le vertige. Elle laissa dire et se tint coite.

Voltaire restait couché presque toute la journée. Vers huit heures du soir, elle avait parfois le bonheur de le voir paraître et de le regarder manger des œufs brouillés dont il faisait son souper depuis trois mois. Il reçut la visite d'un fonctionnaire du pays de Gex venu lui demander protection pour un de ses amis qui venait d'être renvoyé par M. Turgot ; le solliciteur soutenait que M. Turgot était en passe de perdre la France en renvoyant tous les gens de mérite. Voltaire écouta la plainte et répondit : « *Vous ressemblez à cette femme qui maudissait Colbert chaque fois qu'elle faisait une omelette parce que ce Ministre avait mis un droit sur les œufs.* »

Mme Suard aimait bien mieux cette philosophie que celle de Pascal. Certains après-midi, il sortait de son lit et venait faire, au salon, son tour de marionnette. La chère femme accourait vite au-devant de son idole et lui léchait les mains, elle le retenait prisonnier et le faisait parler. C'était facile : il n'était descendu que pour cela. Comme elle lui baisait encore les mains, il s'écria un jour : « *Donnez-moi votre pied, donnez-moi votre pied !* » Elle lui tendit la joue. Il lui reprocha de n'être venue à Ferney que pour le corrompre. Elle lui répondit qu'elle ne craignait qu'une chose c'est qu'il se fatiguât. « *Madame,* lui dit-il, *avec une inclination de tête d'une galanterie qu'il n'est pas possible de rendre, je vous ai entendue, cela m'est impossible.* »

Le soir, Mme de Florian et sa jeune sœur qui était très gaie allaient lui souhaiter bonne nuit dans sa chambre. Il reprochait ensuite à ces jolies cruelles d'abandonner dans sa couche solitaire un homme si jeune et si joli.

Dans l'alcôve, Mme Suard découvrit avec émotion une gravure représentant la famille Calas faisant ses adieux au père avant le supplice du malheureux. Elle s'étonna qu'il gardât dans son intimité une scène aussi douloureuse. « *Ah ! Madame, pendant onze ans j'ai été préoccupé de cette malheureuse famille et de celle des Sirven et pendant tout ce temps, Madame, je me suis reproché comme un crime le moindre sourire qui m'est échappé.* » Il lui dit cela d'un ton si pénétré qu'elle ne put faire moins que de lui rebaiser les mains. Près de la gravure des Calas, il y en avait une autre représentant Mme du Châtelet, l'Incomparable, l'Inoubliable Emilie.

Il expliquait à Mme Suard que le triomphe des Lumières était loin d'être assuré, que le fanatisme était partout, et toujours invaincu, sinon invincible. Il lui expliqua que c'était l'éducation fanatique qui éternisait le fanatisme et c'est de là qu'il partit en guerre contre le Christ devant la suave Suard — qui se rebiffa. Il en parut amusé et attendri : « *Oh ! oui me dit-il,* (nous répète Mme Suard) *avec un regard et un sourire remplis de la plus aimable malice, vous autres, femmes, il vous a si bien traitées que vous devez toujours prendre sa défense.* »

Parfois, on parlait des amis communs : Saint-Lambert qu'on couvrit de fleurs ; La Harpe, que la Paix soit sur lui ! — Condorcet fut couronné de lauriers, noyé d'encens, de même que d'Alembert ; Marmontel eut ses violettes et ses myosotis — enfin Richelieu ! Mais Richelieu s'était opposé à l'entrée à l'Académie des amis de Mme Suard qui étaient des amis de Voltaire. C'était un crime ! C'est pourquoi tous deux lui reprochèrent sa vie dissolue de vieillard libertin. S'il avait voté pour les amis, on ne lui aurait pas fait grief d'arriver à la vieillesse avec la frivolité du jeune âge. Elle cita deux vers de Voltaire :

Qui n'a pas l'esprit de son âge
De son âge a tous les malheurs.

— *Hélas ! Madame,* soupira-t-il, *cela est bien vrai.* Cependant Richelieu ne paraissait nullement souffrir de sa verdeur hors saison.

Mme Suard est frappée par l'affabilité incomparable de Voltaire, son aptitude à entrer dans tous les sujets, même les plus frivoles, à les renouveler, à les illustrer d'un mot neuf. « *Que dirais-je à nos amis,* lui demanda-t-elle, *quand ils vont m'entourer pour me parler de vous ?*

— *Vous leur direz que vous m'avez trouvé au tombeau et que vous m'avez ressuscité.*

Un soir, il parut dans une somptueuse robe de chambre et un très beau bonnet. Ce ne fut qu'un cri d'admiration des dames. Mme du Luchet était encore là. Mme Suard dit qu'elle était allée voir la statue de Pigalle et qu'elle le trouvait ce soir aussi beau que la statue. Mme du Luchet dit qu'il avait mis cette merveilleuse robe pour faire une galanterie à Mme Suard. Celle-ci en fut touchée aux larmes. Que vouliez-vous qu'elle fît ? Elle lui baisa les mains et elle dit que lorsqu'elle s'était trouvée devant la statue elle lui avait donné un baiser.

— *Dites-moi qu'elle vous l'a rendu ?* s'écria Voltaire transporté. *Non ?... mais elle en avait envie ?* ajouta-t-il.

M. Soltikoff était émerveillé de voir Voltaire si bien aimé et comme il l'en félicitait : « *Je dois cela à mes quatre-vingts ans,* lui glissa Voltaire à l'oreille.

Mme Suard remarqua que Mme Denis n'avait pas pour Voltaire toute la tendresse qu'elle aurait eue elle-même si elle avait été à la place de Mme Denis. Quand il se plaignait d'être las, quand il voulait regagner sa chambre, sa nièce le houspillait. Mme Suard s'en émeut : « *On ne veut presque jamais croire qu'il souffre, il semble qu'on veuille le dispenser de se plaindre.* » Mme Denis avait du vieillard souffrant une longue habitude que la douce Suard n'avait pas... Et personne n'a jamais pu empêcher Voltaire de se plaindre, car s'il ne s'était pas plaint de ses maladies hypothétiques, il serait tombé réellement malade. Dès qu'il avait bien gémi sur son délabrement, appelé la mort et rendu l'avant-dernier soupir, il repartait de plus belle. « *Dans sa vie, il n'y a pas de vide* », écrivait Mme Suard. Comme c'est juste !

Il lui raconta la visite que lui fit un jour Séguier, le Président au Parlement. « *Là, Madame, à la place que vous occupez, ce Séguier m'a menacé de me dénoncer au Parlement qui me ferait brûler s'il me tenait. — Monsieur !* s'écria-t-elle horrifiée, *ils n'oseraient.*

— Et qui les empêcherait ? — Votre Génie, votre âge, le bien que vous avez fait à l'humanité, le cri de l'Europe, tout ce qui existe d'honnête, tout ce que vous avez rendu humain et tolérant se soulèverait en votre faveur. — Eh ! Madame, répondit-il en haussant les épaules, *on viendrait me voir brûler et on dirait peut-être, le soir : « C'est pourtant bien dommage.* »

Nous avons entendu applaudir le bourreau de La Barre et la version de Voltaire paraît assez vraisemblable. Dix-huit ans après cet entretien, les Parisiens iront applaudir la guillotine. Cependant la bonne Suard était bouleversée : « *Non. jamais je ne le souffrirai, j'irai poignarder le bourreau* », s'écria la chère femme, préfigurant Charlotte Corday. Voltaire ne pouvait demeurer insensible à ce transport digne des tréteaux. Il lui baisa la main (celle du poignard sans doute) et lui dit : « *Vous êtes une aimable enfant, oui, je compte sur vous.* »

Il est superflu d'ajouter qu'à la fin de la visite on pleura beaucoup en se séparant. On se pressa sein contre sein, dit la bonne Suard. On se fit mille protestations. La scène fut d'une « sensibilité » réussie en tous points.

Un tout autre son de cloche.

Mme de Genlis n'était pas de ce naturel. Elle passait pour femme savante mais elle était surtout pédagogue, ou du moins elle avait des idées et des principes pédagogiques. Elle les affirmait péremptoirement et elle détestait Voltaire. En dépit de cela, l'air du grand monde. Si elle ne s'était rachetée par l'éducation qu'elle devait à son milieu et à son siècle, elle aurait été insupportable malgré ses solides mérites. Le duc d'Orléans lui avait confié l'éducation de ses fils. Elle fut donc l'institutrice du futur Louis-Philippe.

Elle poussa trois ou quatre visites à Ferney, à l'occasion d'un séjour qu'elle fit à Genève. Pour s'attirer une invitation, elle adressa une lettre de compliments à Voltaire tout en lui laissant entendre qu'elle ne lui ferait aucune concession. Lui en avait-il demandé ? Afin de bien montrer son indépendance que Voltaire ne menaçait en rien, elle prit soin de dater sa lettre d' « Août » et non d' « Auguste » comme Voltaire aimait qu'on écrivît. Elle attendait qu'il lui en fît la remarque et s'était même préparé une réplique. Il ne remarqua rien. Tout au contraire, il la reçut gracieusement, l'invita à dîner. Il avait ôté sa robe de chambre et son bonnet et parut en habit. Elle avait un plan pour l'entretien qu'elle allait avoir avec lui, savait ce qu'elle voulait dire et ne voulait dire que cela.. Elle s'appliqua à ne paraître devant le patriarche, ni émue, ni intéressée. Elle s'était fait accompagner d'un peintre allemand, M. Ott qui, lui, débordait d'enthousiasme, ce qui donnait un agacement visible à la pédagogue des princes d'Orléans. Elle s'était tellement préoccupée de la préparation de la leçon qu'elle voulait administrer à son hôte qu'elle oublia de consulter sa pendule et arriva à Ferney avec une heure d'avance. Mme Denis, maîtresse de maison prise à l'improviste, délégua une invitée, Mme de Saint-Julien au-devant de Mme de Genlis en la priant de l'amuser jusqu'à l'heure convenue. La petite Saint-Julien en cotillon simple et souliers plats du matin fit trotter la pseudo-Maintenon sous les charmilles du parc. Par malheur, celles-ci étaient taillées trop bas pour une échassière en robe de cour et portant deux pieds de plumes et de fleurs sur la tête. Cet échafaudage s'accrochait aux ramilles, vacillait, se démembrait et obligeait Mme de Genlis à marcher courbée, à demi-accroupie

— bref, un vrai supplice, dont la petite Saint-Julien, toute à son caquetage, n'avait cure.

Enfin l'heure arriva. On rajusta la coiffure, on piqua des épingles dans les volants arrachés et la compagnie se réunit au salon avec cet air de cérémonie que Voltaire donnait volontiers à ses réceptions. Il baisa la main de Mme de Genlis avec sa grâce habituelle, l'enveloppa de compliments, et comme tout le monde, elle fut conquise. Le charme allait bientôt être rompu. Comme on admirait un tableau représentant la « Vierge à l'Enfant », Voltaire fit quelques remarques fort déplacées sur la Virginité de la mère et la Divinité de l'enfant.

Mme de Genlis lui tourna brusquement le dos. Il l'avait bien cherché. Aussi le portrait qu'elle fit de lui se ressentit-il de cette mauvaise impression. Elle dit qu'il n'est qu'une ruine d'homme — qu'il s'habille d'une façon gothique — que sa voix tour à tour sépulcrale et suraiguë est d'un effet détestable — qu'il ne supporte aucune objection. Enfin, elle ajoute que l'habitude de la solitude lui a fait perdre l'usage du monde ! C'est un comble de mauvaise foi : La solitude à Ferney ! Mais tout ce que l'Europe compte de plus distingué est passé et a séjourné à Ferney, les chambres étaient toujours occupées, la table toujours au complet et le théâtre aussi. Enfin, sur l'usage du monde, on sait que, même ses ennemis, reconnaissaient à Voltaire cette courtoisie ensorcelante, qu'il avait peut-être de naissance et qu'il avait affinée dans sa fréquentation du grand monde.

C'est toujours le même Voltaire, tantôt vu par l'extrême bienveillance de Mme Suard et tantôt par l'extrême malveillance de Mme de Genlis. Toutefois, celle-ci comme la première, capitula devant le regard. Ces yeux-là l'ont fascinée : « *Ils étaient en effet les plus spirituels que j'ai vus mais ils avaient en même temps quelque chose de velouté, une douceur inexprimable : l'âme de Zaïre était tout entière dans ces yeux-là.* » Elle capitula également devant l'ampleur des travaux effectués par Voltaire dans le pays et qu'elle découvrit au cours d'une promenade et elle écrit : « *Il est plus grand là que par ses livres, car on y voit partout une ingénieuse bonté et l'on ne peut se persuader que la même main qui écrivit tant d'impiétés ait fait des choses si nobles, si sages. Il montrait le village à tous les étrangers, mais de bonne grâce : il en parlait simplement, avec bonhomie, il instruisait de tout ce qu'il avait fait et cependant il n'avait pas l'air de s'en vanter et je ne connais personne qui pût en faire autant.* »

Elle a parfaitement raison sur ce point mais, en définitive, elle n'a rien compris à son hôte. Elle parle de lui comme Balzac parlera du *Médecin de Campagne,* comme d'une « bonne personne » du temps de la Restauration. Elle oublie simplement qu'il est Voltaire ; l'auteur des *Lettres Anglaises* et des *Lettres* tout court, du *Dictionnaire philosophique,* de l'*Essai sur les Mœurs* et le père de *Candide.* Le plus grand écrivain du *Siècle des Lumières* vu par une assistante sociale de qualité. Elle a déjà le « bon esprit » bourgeois du siècle suivant : elle est en complète régression sur le Temps des Lumières.

Histoire d'un mauvais portrait.

Les visites se suivent et ne se ressemblent pas. En août 1776, Voltaire reçut cette manière d'ultimatum : « *Monsieur, j'ai un désir infini de vous rendre hommage. Vous pouvez être malade et c'est ce que je crains. Je sais aussi qu'il faut souvent que vous vouliez l'être et c'est ce que je ne veux pas en ce moment. Je suis gentilhomme ordinaire du roi et vous savez mieux que personne qu'on ne nous refuse jamais la porte. Je réclame donc tout privilège pour la faire ouvrir à deux battants.* » L'auteur signait Vivant Denon. Suivaient ses titres, ses mérites, ses voyages. Malgré cette assurance de mauvais ton, on lui ouvrit la porte : on espérait s'amuser. Voltaire lui répondit : « *Monsieur mon respectable camarade, non seulement je ne peux être malade mais je le suis et depuis environ quatre-vingts ans. Mais, mort ou vif, votre lettre me donne une extrême envie de profiter de vos bontés. Je ne dîne point, je soupe un peu, je vous attends donc à souper dans ma caverne.* »

Ce Vivant Denon était d'une indiscrétion sans pareille. Il se tint sur le passage du roi autant de temps qu'il fallut pour que Louis XV un jour lui demandât : « *Que voulez-vous ? — Vous voir, Sire !* » La glace était rompue. Il avait de l'esprit, était très beau garçon ; il s'entremettait entre Mme de Pompadour et les artistes qu'elle faisait travailler. Bref, il s'installa à Versailles. A vingt-deux ans il fut nommé gentilhomme du roi. Il fut même chargé de mission à Saint-Pétersbourg d'où il revenait lorsqu'il écrivit cette lettre à Voltaire. La Révolution ne devait guère le troubler : il se retrouva baron d'Empire. Un homme que les circonstances ne déroutaient pas.

Il amusa Voltaire et la compagnie par le récit de ses voyages et par les potins de Versailles et de Saint-Pétersbourg. Il demanda à Voltaire de lui donner un de ses portraits. Voltaire n'en avait pas et il répondit comme toujours à ceux qui lui faisaient la même demande ce qu'il répondit à Pigalle même : « *Copiez mon buste de Sèvres.* » Voltaire n'aimait aucun de ses portraits ; il détestait qu'on le peignît ; il posait mal, se savait « imprenable » et à vrai dire se voyant tel qu'il était, il n'avait garde de jouer les Narcisse. Il faut aussi savoir que Voltaire était assez peu sensible aux arts. Il chantait très mal et n'avait aucune oreille. En peinture, il aimait les « sujets », en sculpture « la noblesse » et « la ressemblance. » C'est ce qu'il appelait « le naturel ». En architecture, il avait le goût net et harmonieux de son époque — il était même en avance sur son temps car il avait une prédilection pour ce style Louis XVI, glacé et rigide qui annonce avec vingt ans d'avance le style Empire — et l'est déjà. Quoi qu'il en fût, ce Denon se sentit piqué du refus et il disparut de Ferney. Plusieurs mois plus tard, Voltaire reçut une gravure le représentant. Denon avait fait, de mémoire, un portrait de Voltaire : une horreur ! C'était Voltaire en pire. La bonne Suard en eût pleuré. Eût-elle assassiné le bourreau de son cher Patriarche ? Tout Ferney rugit de colère : l'idole était outragée. Voltaire attendit que sa propre fureur fût calmée pour répondre. Il remercia Denon et lui envoya une petite boîte de buis qu'un habile artisan des montagnes avait fabriquée et décorée d'un portrait de Voltaire. « *Permettez-moi, Monsieur, que je vous envoie une petite boîte de buis doublée d'écaille faite dans nos villages. Vous y verrez une posture honnête et décente et une ressemblance parfaite. C'est un grand malheur de chercher l'extraordinaire et de fuir le naturel en quelque genre que ce puisse être.* » C'était proposer au gentilhomme du roi, un montagnard pour modèle. L'autre de bondir et de répondre avec impertinence et Voltaire de le prier de corriger son dessin. Il lui fit même envoyer les conseils d'un sculpteur de Rome. Mais Denon ne s'en souciait pas, il avait fait reproduire son horrible caricature et la répandait dans Paris où l'on riait de voir Voltaire « laid comme les péchés ». Voilà les politesses qu'il recevait parfois des hôtes qu'il traitait si bien.

Il y avait aussi, cette année-là, 1776, une estampe qui circulait et qu'il trouvait choquante. « *Le déjeuner de M. de Voltaire.* » Il était représenté dans son lit, maigre et grimaçant, la grosse Denis auprès de lui, ronde et même bouffie. Cela le faisait gémir. Par bonheur, son artisan de la montagne lui fabriquait de petits Voltaire en ivoire, en buis, en plâtre qui étaient tout à fait de son goût — et même de celui de gens considérables puisque ces petits bustes se vendaient au loin à Catherine II, au Prince Poniatowski, roi de Pologne, qui en achetaient des douzaines.

Un visiteur de bon aloi.

La même année, il reçut un Anglais, Mr Sherlock, chapelain du comte de Bristol. Mr Sherlock ne nous a point laissé le détail de ses réflexions sur Voltaire, comme Mme de Genlis, mais il nous a transmis les répliques mêmes de Voltaire. En sortant du château il entrait dans la première auberge et notait les propos du patriarche qu'il avait encore dans l'oreille. Il le vit pour la première fois appuyé sur le bras de M. d'Hornoy, son neveu. Voltaire était à bout de force, la voix presque éteinte. Néanmoins, il offrit à ses visiteurs de faire le tour du jardin : « *Il est à l'anglaise,* fit-il remarquer, *il vous fera plaisir, ce fut moi qui introduisis cette mode en France.* » Mais il ajouta que les Français en avaient rapetissé les proportions. « *Ils mettent trente arpents en trois.* » Ils parlèrent de Shakespeare ; Voltaire dit qu'il était mal traduit. Qu'il aimait trop le bouffon et tenait ce goût de l'Espagne qui était à la mode au temps de Shakespeare. Puis ce fut le tour de l'Espagne : « *C'est un pays dont nous ne savons pas plus que des parties les plus sauvages de l'Afrique.* » Il faut dire que l'Inquisition traquait ses œuvres en Espagne et il considérait ce pays comme plus arriéré et plus dangereux encore que l'Italie. D'ailleurs, aucune affinité ne pouvait s'établir entre l'Ibérie et lui ; son Europe, c'était Paris, Londres, Amsterdam, Bruxelles, Berlin et Vienne. Et il ajoutait : « *Il ne mérite pas d'être connu. Si un homme veut y voyager, il faut qu'il apporte son lit. Quand il entre dans une ville, il faut qu'il aille dans une rue pour acheter une bouteille de vin, dans une autre pour acheter un morceau de mulet (!) il trouve une table dans une troisième et il y soupe. Un seigneur français passant par Pampelune envoya chercher une broche, il n'y en avait qu'une dans la ville et celle-là était empruntée par une noce.* »

En traversant le village de Ferney, Voltaire confia à son visiteur : « *Oui, nous sommes libres ici. Coupez un petit coin de terre et nous sommes hors de France. J'ai demandé de certains privilèges pour mes enfants d'ici et le roi m'a accordé tout ce que j'ai demandé et a déclaré le Pays de Gex libre de tous les impôts des Fermiers Généraux, de sorte que le sel qui se vendait auparavant 10 sols la livre, ne va actuellement qu'à quatre. Je n'ai point d'autres choses à demander excepté de vivre.* »

Tout cela est parfaitement exact. Il arracha le pays de Gex à la rapacité des fermiers généraux. Ce ne fut pas une mince affaire car la Ferme Générale était une puissance considérable de l'ancien régime. Après mille démarches, il réussit à soustraire ses malheureux paysans « aux pandours » comme il disait, moyennant le versement d'une sorte d'abonnement de 30 000 livres par an. Le vrai réalisateur de ce bienfait fut Turgot, secondé par M. Trudaine. Voltaire s'était rendu lui-même aux Etats de Bourgogne pour fixer les modalités de l'application de la dispense d'impôts. A son retour, toute la population se porta au-devant de son bienfaiteur. Les bourgeois à cheval entouraient sa voiture, les paysans à pied brandissaient des branches et jetaient des feuilles de lauriers et des fleurs sur la voiture. Mme Denis et lui faillirent périr étouffés sous les embrassements. Il sanglotait de bonheur et appelait ses villageois « mes enfants ».

Ce succès lui valut une cabale.

Le subdélégué de Gex, M. Fabry, jusqu'alors honnête et dévoué, prit peur de cette popularité. Il crut qu'on allait lui prendre sa place, que Voltaire allait absorber tous les services de l'administration. D'autres fonctionnaires pensèrent de même : Voltaire en faisait trop et trop bien. Ils eurent pour alliés ceux qui trouvaient que Voltaire n'en faisait pas assez et qu'il était trop riche. Cette assemblée de rats chercha une voix pour se faire entendre : elle trouva celle du président de Brosses. On le persuada aisément que Voltaire instituait une véritable tyrannie au pays de Gex, que les gens vivaient terrorisés par la crainte qu'inspirait l'influence de leur seigneur auprès des ministres, qu'il bafouait le pouvoir du roi et ruinait l'autorité des officiers de la Couronne en se substituant à eux. A les entendre, le peuple de Ferney était abruti par la misère et par la terreur.

Tout échauffé, le président de Brosses, qui avait sur le cœur son élection manquée, fit le voyage de Versailles pour aller supplier le ministre M. de Malesherbes de réduire Voltaire à l'inaction « *par tous les moyens que le pouvoir détenait.* » M. de Malesherbes fit ce que tout président de Parlement devrait faire avant de condamner un accusé, il fit instruire la plainte du spirituel et vindicatif de Brosses. M. Hennin, ministre de France à Genève, fit un rapport si élogieux du seigneur de Ferney que

M. de Malesherbes ne prit aucune mesure contre lui. C'était insuffisant : il aurait dû féliciter Voltaire.

Continuons la visite de Ferney avec l'excellent Sherlock. Le voici dans la bibliothèque : rayon des Anglais. Les auteurs sont nombreux et brillants. Certains attrapent un mot au passage. « *Lord Chesterfield ? Il a beaucoup d'esprit. Lord Hervey ? Il a autant de brillant mais plus de solidité. Bolingbroke ? Il disait que vous n'aviez pas de bonne tragédie.* Caton *d'Addison est bien écrit avec beaucoup de goût. Mais il y a un abîme entre le goût et le génie. Shakespeare avait un génie mais point de goût. Il a gâté le goût de la nation pendant deux cents ans et ce qui est le goût d'une nation pendant deux cents ans le sera pour deux mille ; ce goût-là devient une religion. Il y a dans ce pays-là beaucoup de fanatiques à l'égard de cet auteur.* »

Sherlock : *Vous avez connu personnellement Lord Bolingbrocke ?*

Voltaire : *Oui, il avait la figure imposante, la voix aussi ; dans ses ouvrages beaucoup de feuilles et peu de fruits.*

Quel merveilleux journaliste eût été Voltaire ! Ils aperçoivent le Coran : « *Il est bien lu* », dit Voltaire. En effet, on remarque quantité de signets entre les pages.

Voltaire : *Voici le portrait de Richard III voyez qu'il était assez beau garçon.*

Sherlock : *Vous avez fait bâtir une église ?*

Voltaire : *C'est vrai c'est la seule de l'Univers en l'honneur de Dieu, vous en avez à Sainte-Geneviève, à Saint-Paul mais pas une à Dieu.*

Sherlock : *Les Anglais préfèrent Corneille à Racine.*

Voltaire : *C'est que les Anglais ne savent pas assez la langue française pour sentir la beauté du langage de Racine et l'harmonie de sa versification.*

Puis, il fit un jeu de mots sur *chère* (nourriture) et *chair.*

Sherlock : *Comment trouvez-vous la chère anglaise ?*

Voltaire : *Très fraîche et très blanche.*

L'interviewer s'enchantait que le vieux monsieur polissonne à quatre-vingt-trois ans.

Sherlock : *Et leur langue ?*

Voltaire : *Energique, précise et barbare. C'est la seule nation qui prononce A, E.*

Puis, il bondit sur Swift et raconta une anecdote du célèbre Irlandais. Milady Cartwright, épouse du vice-roi d'Irlande à cette époque, disait à Swift : « *L'air de ce pays-ci est très bon.* Swift se jeta à ses genoux : *De grâce, Milady, ne dites pas cela en Angleterre, ils y mettraient un impôt.* » Voltaire interrogea à son tour : « *Comment avez-vous trouvé les Français ?* »

Sherlock : *Aimables et spirituels, je ne leur ai trouvé qu'un seul défaut : ils imitent trop les Anglais.*

Voltaire : *Comment, vous nous trouvez dignes d'être originaux nous-mêmes ?*

Sherlock : *Oui, Monsieur.*

Voltaire : *Et moi aussi. Mais c'est de votre Gouvernement que nous sommes jaloux.*

Sherlock : *J'ai trouvé les Français plus libres que je ne l'avais cru.*

Voltaire : *Oui, quant à se promener, à manger ce qu'il veut, à se reposer dans son fauteuil, un Français est assez libre. Mais quant aux impôts !... Ah ! Monsieur que vous êtes heureux vous pouvez faire tout. Nous sommes nés dans l'esclavage, nous mourons dans l'esclavage; nous ne pouvons même pas mourir comme nous voulons, il faut avoir un prêtre...*

L'anglomanie le tenait bien. « *Les Anglais se vendent, ce qui prouve qu'ils valent quelque chose : nous autres Français nous ne nous vendons point ; vraisemblablement parce que nous ne valons rien.* »

Ce Sherlock devait être un homme très fin car il s'est bien gardé de succomber à la tentation de renchérir sur le mal que Voltaire disait des Français. S'il s'était avisé d'en rajouter, il eût vraisemblablement reçu une volée de bois vert pour lui rappeler que les Français se complaisent à se déchirer eux-mêmes, à apporter toutes sortes de cruautés à leur propre dénigrement mais que c'est là un travail qu'ils veulent faire seuls car ils y montrent un talent inégalable. En cela, Voltaire est bien de cette nation Welche dont il s'est tant moqué.

Sherlock : *Que pensez-vous de la Nouvelle-Héloïse ?*

Voltaire : *Elle ne se lira plus dans vingt ans.*

Sherlock : *Mlle de Lenclos a bien écrit ses lettres ?*

Voltaire : *Elle n'en a jamais écrit une, c'est ce malheureux Crébillon.*

Et maintenant, au tour des Italiens, Voltaire disait que c'était « *Une nation de fripiers, que l'Italie était une garde-robe où l'on trouvait de vieux habits d'un goût parfait. Il reste à savoir,* ajoutait-il, *lesquels des sujets du Grand Turc ou du Pape sont les plus vils.* »

Puis on revient aux Anglais : « *Quand je vois un Anglais rusé et aimant les procès, je me dis : Voilà un Normand venu avec Guillaume le Conquérant; quand je vois un homme doux et poli : En voilà un qui est venu avec les Plantagenets ; un brutal, voilà un Danois ; car votre nature aussi bien que votre langue est un galimatias de plusieurs autres.* »

Après le dîner, ils passèrent dans un petit salon où se trouvaient des portraits et des bustes. Ils admirèrent celui de la duchesse de Coventry, puis Voltaire prit le bras de son hôte, s'arrêta devant un autre buste et dit : « *Connaissez-vous ce buste ? C'est le plus grand génie qui ait existé, quand tous les génies de l'univers seraient rassemblés, il conduirait la bande.* » C'était Newton.

Sur la porte du salon, Sherlock remarqua les armoiries d'Arouet-Voltaire « d'azur à trois flammes d'or », on les retrouvait sur la vaisselle d'argent. Les couverts du dessert étaient en vermeil. Il y avait deux services à chaque repas et cinq domestiques dont trois en livrée. Aucun domestique étranger n'était admis dans le service.

« *Les deux jours que je l'ai vu,* notait Sherlock, *il portait des souliers de drap blanc, des bas blancs de laine, des culottes rouges deux gilets avec une robe de chambre, et la veste de toile bleue semée de fleurs jaunes et doublée de jaune ; il portait une perruque grise à trois marteaux et par-dessus un bonnet de nuit de soie brodé d'or et d'argent.* »

Tout cela n'était pas la défroque d'un vieillard malade et morose. Et Sherlock emportait de sa visite cette pénétrante réflexion : « *L'âme de cet homme est extraordinaire : il a voulu être homme de lettres universel, il a voulu être riche, il a voulu être noble, il a réussi à tout.* »

Un Papillon-Philosophe et une Colombe sauvée du cloître par un roué de Paris.

Nous connaissons déjà Mme de Saint-Julien qui faisait trotter Mme de Genlis sous les basses charmilles de Ferney. Elle avait une place de choix dans l'amitié de Voltaire. Elle joua un rôle bienfaisant dans ses bienfaisantes entreprises de Ferney. Et, même si elle n'eût rien fait, il l'eût aimée parce qu'elle était faite du bois dont sont faits les êtres qui ont séduit Voltaire tout au long de sa vie. Il l'appelait « Papillon-Philosophe » c'est dire qu'elle était moins pesante que Mme de Genlis. Elle était vive, enjouée, sportive, infatigable. Née La Tour du Pin, elle était la nièce de ce marquis de La Tour du Pin-Gouvernet qui avait épousé Suzanne de Livry du temps qu'elle languissait dans une auberge de Londres. Elle s'appelait Diane, et non sans raison. Elle chassait sans arrêt et admirablement. Elle tirait avec une précision remarquable, montait à cheval des journées entières et rentrait à Ferney au retour de ces expéditions, fraîche, vive, éclatante de santé et d'intelligence. Voltaire l'adorait. Elle avait des lectures et savait parler aussi bien que quiconque des sujets que les livres du temps mettaient à la mode. Elle employa au service de Voltaire tous ses amis de la Cour. Et elle l'aida efficacement, en particulier dans l'affaire des impôts. Quand eut lieu la grande fête de Ferney pour célébrer cet affranchissement, Voltaire fit frapper une médaille d'or à l'effigie de Turgot. Cette médaille devait récompenser le meilleur tireur du pays de Gex. Les ouvriers que Voltaire avait fait venir de Genève aimaient le tir et certains y excellaient. Pourtant c'est « le Papillon » qui gagna la médaille : les ouvriers la lui remirent en triomphe. Voltaire embrassa son « Papillon ».

— *Cela vaut bien un prix de l'Académie*, lui dit-il.

Elle adorait sa médaille et l'arborait partout. Mme de Genlis lui demanda si c'était un ordre étranger. En apprenant la vérité, elle changea de conversation. Fi ! elle avait failli s'intéresser à des futilités.

Mme de Saint-Julien rendit bien d'autres services à Ferney : elle recommanda un jeune prêtre de mérite, d'une famille pauvre, Rouph de Varicourt, qui finit évêque d'Orléans, en 1822. Cette famille comptait également une fille Renée-Philiberte. On la destinait au couvent et on lui laissait un peu prendre l'air avant de la cloîtrer. Elle accompagnait ses parents dans les visites qu'ils faisaient chez Voltaire. Elle y entendait les facéties du malicieux vieillard et ne semblait nullement s'en émouvoir. Elle avait dix-huit ans, un joli visage, un noble maintien et un naturel aimable, Voltaire la regardait avec émerveillement ; il résolut de la disputer au cloître. Il demanda aux parents de la lui confier. C'est ainsi qu'elle put rencontrer le jeune marquis de Villette. Ce roué s'amusa d'abord du spectacle du patriarche en extase devant sa pupille : « *Le soir, les caresses qu'elle lui prodigue, l'air pénétré dont il baise les mains de cette jolie gouvernante, vous ne sauriez vous imaginer combien ce tableau est tou-*

chant », écrivait Villette. Il fut si touché qu'il la demanda en mariage.

Mais qui était ce Villette ?

Villette était fils d'un financier immensément riche qui, sur le tard, éprouva le besoin d'être marquis. A partir d'un certain chiffre de rentes, il était assez facile de satisfaire une telle ambition. Voltaire s'amusait beaucoup de l'historiette suivante qui faisait les délices des Parisiens aux dépens des marquis de la Finance : « *Brunoy est-il marquis ? Oui. — Villette est-il marquis ? Oui. — Bièvres est-il marquis ? Oui. — Ce sont donc trois marquis ? — Non, c'est un conte.* »

Les débauches de Villette étaient coûteuses et elles ne manquaient ni d'élégance, ni parfois de crapulerie. Sa réputation était déplorable. Cela ne l'empêchait pas de tourner agréablement les vers et d'avoir un penchant pour la *Philosophie des Lumières*. Il était en correspondance avec Voltaire qui ne trouvait pas ses lettres indignes de réponses courtoises.

Villette avait précipitamment quitté Paris à la suite d'une affaire. Comme il se promenait accompagné d'une élégante de la haute galanterie ils furent croisés par une femme, moins élégante et de la basse galanterie qui lui cria : *Adieu Villette* ! Malgré la gêne qui s'ensuivit, ni Villette, ni sa « dame » ne parurent attacher d'importance à l'incident. Mais l'autre revint sur ses pas et répéta sa grossière provocation. Villette impatienté lui allongea un coup de badine. La « dame » n'écoutant que son honneur alla se plaindre à son protecteur, un officier suisse, qui parla de pourfendre Villette. Rendez-vous fut pris. Villette y arriva avec trois heures d'avance, attendit une heure, fit constater que son adversaire ne s'était point présenté et, plutôt que de prendre un nouveau rendez-vous, il prit dare-dare le chemin de Ferney. Il y fut bien reçu. La débauche n'avait pas altéré en lui un naturel aimable, policé et même sensible. C'est par lui que nous apprenons l'émotion et la colère de Voltaire, quand, au soir de la grande fête populaire, le poète apprit qu'on avait tué deux pigeons apprivoisés, qu'on les avait cuisinés et mangés avec les autres. Les lamentations du Patriarche furent si pathétiques que le roué versa une larme sur les deux pigeons martyrs. Voltaire lui empruntait ses pinces à épiler. C'est une particularité qu'ils avaient en commun, de n'avoir que fort peu de barbe. Au lieu de la raser, ils arrachaient les rares poils qui leur en tenaient lieu. C'était même un passe-temps de Voltaire : tout en parlant, il s'épilait. Il ne trouvait pas de pinces à Genève, ni à Lyon, il en demanda à Villette : « *Je suis comme les habitants de nos colonies qui ne savent plus comment faire quand ils attendent de l'Europe des aiguilles et des peignes. Enfin les petits cadeaux entretiennent l'amitié.* » Ces pinces créèrent entre eux une petite complicité dont le vieillard s'amusait comme de toute chose. Villette aimait laisser croire que Voltaire qui avait bien connu sa mère, Mme de Villette, était son père. Il se trouvait des gens pour donner dans le panneau... Voltaire en sa jeunesse ne racontait-il pas que son véritable père était l'abbé de Châteauneuf ? A Ferney, Villette rencontra Mlle de Varicourt et découvrit en elle des trésors de douceur et de vertu que Paris ne lui avait jamais montrés. Il décida sur-le-champ de l'épouser. Ce qui fut fait trois mois après.

« *J'épouse au Château de Ferney une jeune personne adoptée par M. de Voltaire ; elle m'apporte pour dot un visage charmant, une belle taille, un cœur tout neuf et l'esprit qui plaît ; j'ai préféré cela à un million tout sec que je trouvais à Genève. Les Pères de l'Eglise auraient échoué à ma conversion ; elle était réservée au père temporel des Capucins* (Voltaire) *qui est aujourd'hui le père spirituel de l'Europe.* » Le roué épousa sa « Bergère des Alpes » à minuit, dans la petite chapelle de Voltaire. « *Il était plaisant et peut-être unique de le voir* (le Patriarche) *précédé de six oncles, tous frères, l'un chevalier de Saint-Louis. Deux soutenaient le Patriarche qui dans sa belle pelisse de l'Impératrice de Russie donnait l'idée d'un grand châtelain qui marie ses enfants. Les portes de l'église étaient obstruées par ses vassaux qui lui rendaient les hommages que Louis XII recevait de ses sujets.* »

Voltaire dans son rôle était impayable ; c'était, avec son sens de la mise en scène, le vieux Lusignan, non plus dans la tragédie mais dans le drame bourgeois. Il fut le premier attendri et flatté par la scène qu'il jouait : « *Notre chaumière de Ferney n'est pas faite pour garder les filles,* écrivit-il, *nous en avons marié trois : Mlle Corneille, Mlle Dupuits, Mlle de Varicourt. Elle n'a pas un denier mais son mari fait un excellent marché. Qu'importe, M. de Villette a cent cinquante mille livres de rentes. Pour moi, je reste seul dans mon lit et j'y radote en vers et en prose.* Il ajoutait : *les nouveaux mariés s'occupent nuit et jour à me faire un petit philosophe. Cela me ragaillardit au milieu de mes horribles souffrances.* »

Voltaire en proie au fantôme de Fréron et à celui de Shakespeare.

En mars 1776, Fréron mourut. Il n'avait que cinquante-sept ans. Voltaire gagnait à la course de fond. Il mourut, dit-on, d'indigestion. Il apprit, au sortir d'un souper trop copieux, que son journal *L'Année littéraire* venait d'être interdit. Dans la situation difficile où il se trouvait ce fut un coup mortel. Sa femme courut supplier le ministre ; quand elle revint son mari était foudroyé.

Voltaire n'aurait rien dit si un étrange message n'était venu réveiller sa haine. Une lettre anonyme lui demandait d'avoir pitié de la fille de Fréron qui se trouvait dans le dénuement. Ce qu'il avait fait pour la fille de Corneille, il devait le faire pour l'innocente enfant de Fréron. Il bondit. Il soupçonna la femme de Fréron d'être l'auteur de cette espèce de chantage. Telle était la vivacité de son imagination, que le soupçon devint vite certitude, il répandit partout que la veuve Fréron lui demandait des secours. « *J'ai répondu que si Fréron a fait le Cid et Cinna, je marierai sa fille sans difficulté.* »

Les fils de Fréron écrivirent un article sévère et injurieux pour ce vieux fou qui s'imaginait que la famille Fréron accepterait l'aumône de lui. A vrai dire, la lettre était d'un mauvais plaisant Lorsqu'on a 83 ans, lorsqu'on a reçu des lettres anonymes toute sa vie, on devrait savoir qu'il faut, pour toute réponse, les brûler sur-le-champ. Oui, mais... même si on a 83 ans, on est toujours Voltaire : le salpêtre est toujours prêt à s'enflammer.

Une nouvelle occasion de jeter feu et flamme allait lui être offerte : on osa toucher à Racine ! on osa prôner Shakespeare ! Une traduction de Shakespeare qui prétendait être fidèle parut en 1773. Elle n'était pas aussi infidèle que celle de Voltaire mais à peine moins. A nos yeux, cette traduction de Letourneur semble faire sortir *Othello* de la bergerie de Trianon ; mais, sur le moment, l'effet fut tout autre : on crut que toute la barbarie du Grand Will se ruait à travers les madrigaux de la langue française et qu'un ouragan ravageait notre noble théâtre classique.

Dans le fond de son alcôve de Ferney, Voltaire se sentit frappé au cœur. La fureur s'empara de lui. Cette fureur était absurde et magnifique : à 83 ans on le vit au bord de la crise de nerfs parce qu'un inconnu s'était avisé d'écrire que Shakespeare était le plus grand génie du théâtre : « *Auriez-vous lu,* écrivait-il à d'Argental, *les deux volumes de ce misérable dans lesquels il veut nous faire regarder Shakespeare comme le seul modèle de la tragédie ? Il l'appelle le Dieu du théâtre.* » N'est-ce pas là un crime bien caractérisé de lèse-Racine, et de lèse-Voltaire ? Allons, des juges, des bourreaux !... « *Il sacrifie tous les Français à son idole comme on sacrifiait jadis des cochons à Cérès. Il ne daigne pas nommer Corneille et Racine. Avez-vous une haine assez vigoureuse contre cet impudent imbécile ? Souffrez-vous cet affront fait à la France ? Vous et M. de Thibouville êtes trop doux. Il n'y a point en France assez de camouflets, assez de bonnets d'âne, assez de piloris pour un pareil faquin. Le sang pétille dans mes vieilles veines en parlant de lui...* »

Cette haine pour Shakespeare est étonnante ; Voltaire s'y livre tout entier. Le Grand Will n'est pas du tout pour lui un grand mort, une idole vénérée ici et honnie ailleurs, non, — c'est un ennemi personnel, c'est un Fréron, un Desfontaines d'outre-Manche ; il est présent, militant, intolérable. Avec Voltaire, il n'y a pas de mort, tout ce qui l'intéresse ressuscite et s'anime. Dans sa polémique contre Shakespeare ne découvrit-il pas, pour mettre le comble à son exaspération, qu'à l'origine de ce regain de célébrité de l'auteur d'*Hamlet* se trouvait un Italien ! un nommé Baretti qui faisait du zèle shakespearien pour s'angliciser plus vite et s'enraciner en Angleterre. De quels autres crimes n'était-il pas coupable, ce Baretti ? Il en avait commis de plus impardonnables encore : n'avait-il pas écrit que Voltaire ne savait pas l'anglais ? Alors que Bolingbroke, Walpole, Hume étaient enchantés par l'anglais que parlait Voltaire ! N'osait-il pas affirmer que Voltaire savait mal l'italien ? alors que Voltaire correspondait dans cette langue avec l'académie de Bologne qui se déclarait frappée par l'élégance de l'italien de Voltaire. Voilà le monstre qui se mêlait de prôner Shakespeare ! Encore un folliculaire ! Voltaire le coiffa d'un monumental bonnet d'âne.

Qu'allait-il opposer à cette marée shakespearienne ? Une harangue en trois points que d'Alembert allait lire à l'Académie. Il eût été étonnant que la marée se fût retirée devant ce ruisselet d'éloquence que d'Alembert avait, en outre, à moitié tari au cours de sa lecture. En effet, il s'était permis de supprimer la plupart des citations de Shakespeare que Voltaire avait choisies dans le dessein de montrer la grossièreté de ce génie barbare. L'Académie n'eût jamais supporté la violence de ces textes. Aussi, d'Alembert avait-il estimé que s'il était bon de donner l'impression de la « barbarie » il était mauvais d'en administrer la preuve.

A Ferney, on se félicita, non sans naïveté, du succès de la harangue. Ainsi donc, pensait-on, le Grand Will, sermonné de la sorte, allait se tenir tranquille dans son île, quant aux sots qui avaient osé l'admirer, ils auraient désormais honte de leur erreur et reviendraient à Racine.

Voilà le drame : Voltaire croit qu'aimer Shakespeare est une faute de goût. Il la corrige donc par une leçon de bon goût donnée dans le *Temple du goût* : l'Académie. En réalité, il s'agissait de bien autre chose. Aimer Shakespeare, c'était déjà une option pour un monde nouveau. Un monde où *Zaïre* et *Mahomet* deviendraient la risée des malins et la nausée des « romantiques ». Le drame, c'est l'incompréhension du siècle mourant et de Voltaire à son déclin pour un goût étranger à l'un et à l'autre. Voltaire croyait à une lente transformation du monde ; il ne croyait pas à un cataclysme où s'enseveliraient des valeurs qu'il croyait éternelles comme la tragédie classique, l'ode, la fable et l'alexandrin de Malherbe.

Ce qui mettait le comble à sa rage, c'était qu'il avait été le premier à faire connaître Shakespeare aux Français. Il ne se consolait pas de l'avoir rapporté de Londres dans ses bagages. Les temps étaient changés ; en 1734, l'anglomanie était une originalité qu'il lui plaisait d'afficher ne fût-ce que pour agacer les Français. Mais en 1776, le goût s'était élargi. Beaucoup de Français savaient lire l'anglais. Shakespeare, comme les jardins anglais, et le thé avaient ses adeptes. Cinquante ans plus tard, Stendhal nourrira son *Racine et Shakespeare* avec des idées qui sont déjà dans l'air en 1776. A vrai dire, Voltaire, ne se dresse pas tant contre une traduction à peine moins traîtresse que la sienne, que contre une mode nouvelle, et même, une civilisation nouvelle. Sa pauvre carcasse qui craque et gémit, c'est celle du classicisme, de l'atticisme, de l'humanisme, que le raz de marée qui se prépare va balayer avec le vieux monde. Sa fureur de vieillard nous ferait sourire si elle n'était que la grimace d'un vieux comédien, mais si on regarde le fond de son cœur ulcéré, on peut y distinguer la prescience de la gigantesque tragédie qui va bouleverser la société et les mœurs. Ce cri du vieillard de Ferney devant le goût nouveau, c'est le premier cri de terreur du classicisme devant la mort.

Le climat de Ferney se gâte.

Un nouvel ennemi vivant celui-là, parut. Il ne remplaça pas l'irremplaçable Fréron mais il vint réveiller le vieux lutteur. C'était un ennemi déconcertant : poli, calme, sérieux, infiniment cultivé et beaucoup plus efficace que ses prédécesseurs. Voltaire en lui répondant, allait manquer de souffle. Son adversaire soutenait sa thèse, et ne relevait les railleries que lorsqu'elles portaient sur des faits erronés, des textes falsifiés, des dates fausses — ce qui n'était pas exceptionnel sous la plume de Voltaire.

Quand le Patriarche reçut les *Lettres de quelques Juifs portugais* qui relevaient ses erreurs sur les textes bibliques, il se demanda qui en était l'auteur. D'Alembert lui répondit : « *Le secrétaire de ces Juifs est un pauvre chrétien l'abbé Guénée, ci-devant professeur au Collège du Plessis, aujourd'hui balayeur ou sacristain de la chapelle de Versailles. On dit que ces Lettres lui ont valu un petit pourboire du cardinal de la Roche-Aymon, un des plus distingués prélats de l'Eglise de Dieu et à qui il ne manque rien que de savoir lire et écrire.* »

Voltaire écrivit à d'Alembert, le 8 décembre 1776 : « *Le secrétaire juif n'est pas sans esprit et sans connaissance ; mais il est malin comme un singe, il mord jusqu'au sang en faisant semblant de baiser la main.* » Il ne mésestimait donc pas son ennemi. Il ne put le vaincre. Il ne semble pas que ses armes, à la fin de sa vie, se fussent émoussées. Ce qui était plus grave pour ses flèches, c'était qu'elles n'atteignaient plus l'adversaire, elles ne le blessaient plus, parce qu'elles n'avaient plus de raison d'être. La mode et le monde avaient changé. Voltaire, non. On ne vieillit pas toujours parce qu'on perd ses talents : on vieillit souvent parce qu'on garde les mêmes dans un monde où ils ne sont plus aussi appréciés. En dépit de sa vivacité intacte, le Voltaire de 1776 était un vieillard parce qu'il était trop semblable au Voltaire de 1730. Il avait l'esprit toujours aussi jeune, aussi brillant, mais cet esprit qui était neuf en 1730 était vieux quarante-six ans plus tard. C'est pourquoi le petit abbé Guénée se souciait autant des flèches empoisonnées du patriarche qu'un avion d'un tir d'arquebuse.

Et quand Voltaire ajoutait que l'abbé serait « *mordu de même qu'il mordait* », il se trompait.

D'ailleurs, il s'en consola vite. Il était malade et, dans son lit, il mûrissait un grand dessein : il voulait faire sa cour à Marie-Antoinette. Il désirait se mettre sous sa protection et il lui demanda d'abord une faveur : il la pria de lui prêter Le Kain. Il lui fallait Le Kain ; quelques séances de tragédie étaient indispensables au rétablissement de sa santé. Des transports, des larmes, de beaux mouvements, de nobles rugissements réchaufferaient son sang et lui redonneraient vie pour un an au moins. Il écrivit au Prince d'Hennin, fit annoncer sa démarche par *Papillon-Philosophe* et il écrivit : « *Madame, Mme de Saint-Julien m'a fait l'honneur de me mander que si je disputais Le Kain à la reine, je devais demander votre protection, j'ai couru sur le champ au Temple des Grâces pour me jeter à vos pieds...* »

Et Le Kain débarqua à Ferney. Ce furent de nouveau les « Folies » théâtrales. Les foules genevoises déferlèrent à pleins chemins pour s'engouffrer dans le théâtre de La Châtelaine. On joua aussi à Ferney. Les vers à soie avaient donc déménagé ? Lui ne jouait plus, il n'avait plus de souffle. Il n'avait plus de dents, il prononçait mal. Mais, il écrivait toujours autant. Il supplia d'Argental de parler de Voltaire à la reine et de trouver le moyen de faire chanter les louanges du patriarche par toute la Cour. Et voici l'occasion ! Monsieur, comte de Provence, donne une fête pour la reine à Brunoy. Son intendant s'adresse à Voltaire pour lui demander un projet de divertissement. Il reprend l'idée d'une fête autrichienne donnée jadis par l'empereur Léopold à Pierre le Grand : *Le Jeu de l'Hôte et de l'Hôtesse*. Cette idée était excellente pour flatter la reine en lui rappelant sa patrie.

Les progrès dans les bonnes grâces du roi étaient hélas ! plus lents. Louis XVI, profondément religieux et timoré, ne pouvait aimer un écrivain dont ses maîtres et son entourage lui avaient fait un portrait détestable. Cependant, Louis XVI sembla s'amadouer quand Voltaire publia de nouveau son *Panégyrique de Louis XV*. Ne nous posons pas de question sur la sincérité de l'éloge... mais admirons l'opportunité de cette réédition. Ah ! quand donc Versailles rouvrira-t-il ses portes ? Mourra-t-il avant de revoir ce paradis terrestre ?

En 1777, il reprend sa plume de journaliste. A la demande de M. de Praslin il avait écrit, depuis 1764, des articles dans la *Gazette littéraire*. Il fit cette année-là la critique — très sévère — d'un ouvrage intitulé : *De l'homme* ou *Des Principes et des Lois de l'influence de l'âme sur le corps et du corps sur l'âme*. L'auteur était un certain J.-P. Marat, Docteur en médecine, qui devait se signaler, comme on le sait, dans l'art de guérir les hommes du mal de vivre, sans recourir à la médecine. Cette déclaration prétentieuse et confuse du sieur Marat déplut souverainement à Voltaire. Il est probable que s'il avait vécu, son article lui eût valu quelque quinze ans plus tard, de sérieuses difficultés. Dans son livre, M. Marat faisait surtout son propre éloge ; il égratignait Voltaire, entre autres, car sa théorie était qu'une frêle constitution ne pouvait abriter qu'un médiocre talent et que le génie n'habitait que les corps herculéens !

A Ferney, Voltaire restait de plus en plus dans sa chambre. Les visiteurs devenaient de plus en plus nombreux, leur qualité baissait et leur indiscrétion s'accroissait à proportion. Beaucoup ne venaient satisfaire qu'une curiosité de désœuvrés. Mme Denis continuait à tenir la table ouverte. Le maître ne paraissait que très rarement. Une dame opulente, épouse de fermier-général crut avoir des droits à voir le maître et elle affirma qu'elle serait reçue parce qu'elle était la nièce de l'abbé Terray, ancien ministre des Finances. Ce mauvais ministre était honni par Voltaire. Aussi, en apprenant les prétentions et la parenté de la dame, lui fit-il répondre : *« Dites à cette dame qu'il ne me reste qu'une dent et que je la garde contre son oncle. »*

Un certain abbé Goyer se trouvant bien dans l'antre de l'impiété n'en voulait plus partir. Pour lui signifier son congé, Voltaire lui dit : *« Vous ne voulez point ressembler à Don Quichotte, il prenait toutes les auberges pour des châteaux et vous prenez les châteaux pour des auberges. »*

Parfois, on lui imposait des fâcheux. L'amitié qu'il avait pour M. Moultou, de Genève, lui fit accueillir un jeune Marseillais qui arrivait tout exprès de sa ville pour lire au Patriarche une comédie qu'il venait d'écrire. On le fit souper, on le garda à coucher — mais entre la table et le lit, il fallut endurer la lecture. Au dixième vers Voltaire grimaça, bâilla, s'agita, bientôt il se tordit de douleur sur son fauteuil... l'auteur ne voyait rien. A la fin de l'acte : silence mortel. L'auteur entama la lecture de l'acte II. Voltaire suffoqua, fut saisi de crampes, et se trouva mal. On l'emporta. Le Marseillais était désolé : sa comédie avait tué le patriarche ! Mais le patriarche avait peut-être tué la vocation du Marseillais.

Mme Denis fit appeler Moultou, elle le conjura de remporter le Marseillais, sa comédie et ses bagages. D'ailleurs, elle avait déjà fait placer le tout dans une voiture. Voltaire trépignait et grinçait des dents dans sa chambre et menaçait de faire une scène à l'auteur en herbe.

Le lendemain, Voltaire, ayant retrouvé son calme éprouva quelques remords, il écrivit au Marseillais mille compliments et il lui offrit de reprendre la lecture. Ce n'était qu'eau bénite de Cour. Mais le Marseillais ne connaissait que ses propres galéjades, il ignorait celles de Ferney. L'imprudent reparut avec son manuscrit. Voltaire le vit arriver avec effroi, il se contint pourtant. Dans un effort surhumain, il écouta encore le premier acte, les dents serrées, livide. Au début du second, il roula par terre : évanoui ! On le ranima, il entra en convulsions. Ce n'étaient que cris autour de lui. Le Marseillais affolé ramassa ses papiers et s'enfuit. Voltaire ouvrit un œil et dit : « *Si Dieu n'était pas venu à mon secours, j'étais perdu.* » De l'art de s'évanouir avant le troisième acte.

Espoir d'une belle éclaircie suivi de déception.

Tant de visiteurs insipides ne valaient pas celui qu'il espérait en secret. Cette visite illustre qu'on lui annonçait, à laquelle il faisait mine de ne pas croire tout en l'attendant avec une impatience d'enfant, cette visite qui faisait battre son cœur de vieux courtisan, c'était celle de Joseph II, l'Empereur, le frère de Marie-Antoinette. Au mois de juin 1777, Joseph II était à Versailles et devait rentrer à Vienne en passant par Genève... c'est-à-dire par Ferney. C'est, du moins, ce que tout le monde avait cru comprendre et Voltaire le premier ; toutefois, il n'était pas bon d'en convenir. Il suffisait de laisser dire et Dieu sait si l'on disait que le comte de Falkenstein, — c'est le nom sous lequel voyageait Joseph II — allait faire un séjour à Ferney ! Frédéric II écrivait à Voltaire le 17 juin 1777 : « *Actuellement la politique du Gazetier se repose, il n'est question que du voyage du comte de Falkenstein à Paris. Ce jeune prince y jouit des suffrages du public ; on applaudit à son affabilité et l'on est surpris de trouver tant de connaissances dans l'un des premiers souverains de l'Europe... Ce soi-disant comte retournera chez lui par la route de Lyon et de la Suisse. Je m'attends qu'il passera par Ferney et qu'il voudra voir et entendre « l'honneur du siècle », le Virgile et le Cicéron de nos jours. Si cette visite a lieu, je me flatte que les nouvelles connaissances ne vous feront pas oublier les anciennes.* (Une pointe de coquetterie n'est pas pour déplaire à nos deux amis) *et que vous vous souviendrez que parmi la foule de vos admirateurs, il existe un solitaire à Sans-Souci qu'il faut séparer de la multitude.* »

D'Alembert, à Paris, était persuadé que l'Empereur ferait halte à Ferney : « *Je crois l'Empereur en ce moment sur le chemin de ses états. Il a dû passer par Genève et j'imagine qu'après avoir vu tant de choses dont quelques-unes n'en valent guère la peine, il aura désiré de voir aussi le Patriarche de Ferney à qui cette visite impériale donnerait plusieurs années de vie.* »

Comme c'était vrai ! Un empereur sous son toit, à sa table. Un empereur pour lui seul, quel revigorant !

Voltaire espérait recevoir cet hommage impérial. Ne lui avait-on pas dit que lors d'une représentation d'*Œdipe,* un vers avait provoqué en faveur du jeune souverain qui était présent, un mouvement d'enthousiasme dans la salle ? Il faut dire que Joseph II, en voyage, faisait un peu de démagogie, il affectait un certain ton sans façons et bonhomme. Cela plaisait aux uns, et déplaisait à d'autres. Bref, quand Jocaste déclama :

Ce roi plus grand que sa fortune
Dédaignait comme vous une pompe importune

la salle se leva et applaudit, tournée vers la loge de Joseph II. Ces bonnes nouvelles faisaient battre le cœur du patriarche, ce qui ne l'empêchait pas de faire le modeste. Il disait « *Que viendrait faire le fils des Césars dans une petite église lui qui devrait avoir Saint-Pierre de Rome pour paroisse* ». « *Que viendrait-il visiter une misérable fabrique de montres. Et pour ma manufacture de vers français, il y a longtemps qu'elle est à plat.* »

Nous savons ce qu'il faut croire de tout cela. En définitive, tant de réserve n'était pas inutile au cas où Joseph II brûlerait l'étape de Ferney. De quoi aurait-on l'air si on illuminait pour un absent? On n'illumina pas mais on fit ôter toutes les pierres du chemin de Ferney. Et Voltaire attendit... Il ne put empêcher tous les habitants de s'endimancher, de s'attrouper, de faire la haie des heures durant. A part le château qui avait peut-être fait des préparatifs secrets mais qui restait silencieux, tout le village avait la fièvre et attendait la visite du souverain comme une chose certaine — et une chose due au patriarche illustre. Or, quand le postillon annonça à Joseph II qu'il allait traverser Fernev, le souverain cria : « Fouette, cocher ! » Son carrosse traversa en trombe le village consterné et gagna la Suisse. La population ressentit l'affront plus vivement encore que Voltaire. On avait manqué d'égard envers leur bienfaiteur ! Le coup était cruel et il était concerté. Joseph II aurait pu probablement s'arrêter mais sa mère Marie-Thérèse lui avait interdit une visite qui aurait été une sorte d'encouragement à l'irréligion. C'est ce que Frédéric expliqua ensuite à Voltaire. Et Voltaire qui avait eu la candeur de croire que Joseph II était un souverain « éclairé » ! Eclairé ; certes, mais non par les mêmes lumières — Voltaire avait écrit à d'Alembert, quelques années plus tôt : « *Grimm assure que l'Empereur est des nôtres, cela est heureux car la duchesse de Parme sa sœur est contre nous.* » Et à Frédéric II : « *Un bohémien qui a beaucoup d'esprit, nommé Grimm m'a mandé que vous aviez initié l'Empereur à nos saints mystères.* » Les mystères de l'impiété qui a aussi les siens, il faut croire, et il ajoutait : « *Vous m'avez flatté aussi que l'Empereur était dans la voie de la perdition, voilà une bonne recrue pour la Philosophie.* »

Hélas ! la recrue avait déserté !

Joseph avait brûlé l'étape non seulement parce que sa mère le lui avait demandé mais parce qu'on lui avait trop répété à Paris qu'il *devait* s'arrêter à Ferney. Dans une harangue que Joseph II essuya en cours de route, un trop zélé admirateur de Voltaire lui intima l'ordre de faire le pèlerinage de Ferney. Voltaire reçut copie de cette maladresse grossière et déclara : « *Je suis à peu près certain maintenant que l'Empereur ne pourra pas s'arrêter chez moi.* » Il était meilleur juge que ses sots adulateurs et il avait là une nouvelle occasion de répéter ce qu'il avait souvent dit : « *Mon Dieu, protégez-moi de mes amis, mes ennemis je m'en charge.*

Néanmoins, le procédé de Joseph II était humiliant. Il avait fait à Paris bien d'autres visites un peu plus déplacées que celle qu'il omit de faire à Voltaire. Il avait vu Mlle Guimard, étoile de la danse : rien à dire. Etait-elle pieuse ? Il avait vu Mme du Barry à Louveciennes. Etait-ce un bon procédé à l'égard de Louis XVI et la Cour qui ne voulaient pas la voir ?

Venant d'un souverain, champion du catholicisme et si obéissant à sa maman, ce comportement est étrange. En vérité, dans le cas qui nous intéresse, il s'agissait d'humilier Voltaire. Un détail le prouve. Après avoir traversé Ferney, à l'étape de Berne, Joseph II fit une longue visite à Haller qui était un ennemi notoire, irréductible de Voltaire. Ce savant et très digne homme reçut d'ailleurs la visite impériale sans aucune adulation ; il était dépourvu de vanité et Joseph II en fut pour ses frais. Cependant Voltaire essuya l'affront et l'affront fut cuisant. Il s'efforça, pour le public, d'atténuer l'injure, en répandant une fable : deux horlogers ivres auraient arrêté la berline impériale et auraient interrogé l'Empereur avec grossièreté sur ses voyages, ses idées, l'appelant monsieur l'Empereur et lui disant qu'ici on était républicain. L'incident aurait incité Joseph II à crier : « *Fouette, cocher.* »

La déconvenue fut cruelle et d'autant plus que ses ennemis s'en réjouirent bruyamment. Ils ne lui épargnèrent pas les humiliations.

C'est par la porte de la Comédie-Française que l'exilé fait sa rentrée à Paris.

Que faisait-il, tout en se morfondant ? Des tragédies. Sa « manufacture de vers français » ronronnait toujours. A quatre-vingt-trois ans il composa : *Irène* et *Agathocle*. Celle-ci ne fut jamais terminée — aucune importance. Pour *Irène,* c'est autre chose. Il écrivit au marquis de Thibouville qui présidait aux destinées de la Comédie-Française qu'il devait se tenir prêt à recevoir *Irène,* à la lire et à la faire jouer. Trois actes seulement étaient prêts, les deux derniers le seraient sous peu. Il y avait trois mois qu'il travaillait à cette tragédie. Comme c'était long ! Voilà les horreurs de la vieillesse. Vingt ans plus tôt, quand la manufacture tournait à plein, une tragédie se troussait en une semaine. Il annonçait que le sujet d'*Irène* était d'une nouveauté, d'une hardiesse inouïes ; il s'agissait du remords ! Du remords d'une femme qui continue à aimer le meurtrier de son mari. Cinq actes sur les remords d'une femme amoureuse cela laissait prévoir plus d'une scène creuse et bien des vers inutiles. Il en eut conscience, il détruisit et recommença, mais il recommença de la même façon.

Il travaillait toujours avec le courage de sa jeunesse. « *Cela me touche et m'humilie,* écrivait-il. *Un père n'est pas bien aise de tordre le cou à son enfant. Voilà trois mois entiers de perdus et à mon âge, le temps est cher.* » Il trouvait du réconfort auprès de Mme Denis : elle avait pleuré à la lecture de la pièce. Elle n'était jamais blasée de ces déclamations. Elle ne fut pas la seule à larmoyer : Villette et Vieilleville pleurèrent avec elle. Vieilleville l'écrivit à Condorcet. Mais, il était si bien élevé, ce marquis, qu'il devait rire et pleurer pour ne pas désobéir aux règles du jeu. Condorcet reçut *Irène* ; il la lut et ne pleura pas. Il y trouva de beaux passages, des longueurs et des fautes : il estima qu'il fallait la refaire. Et Voltaire la refit. Catastrophe ! La Comédie-Française l'avait déjà acceptée. M. de Thibouville l'avait donnée aux acteurs et les rôles étaient distribués... Toutefois, un acteur refusait de jouer *Irène* — un seul ! Mais c'était Le Kain. Voltaire avait écrit le rôle pour lui — pour son idole ! L'idole fut inflexible. Il avait dit non ! et n'en démordait plus. Les amis de Voltaire suppliaient, s'indignaient, menaçaient, Le Kain restait intraitable. Parce que Le Kain, en son âge mûr, était amoureux ! Il allait se remarier à une dame Benoît qui venait d'éclipser toutes les *Irène,* les *Zaïre,* les *Hermione* et les *Iphigénie* du répertoire. Le seul qui comprit l'entraînement fatal de la passion de Le Kain pour un autre objet que le théâtre, le seul qui lui pardonna son refus pourtant offensant, le seul qui voulut croire que cette folie passerait, que Le Kain reprendrait un jour son rôle dans une *Irène* qu'on allait lui refaire à neuf, le seul qui n'accusa pas Le Kain de trahison et d'ingratitude, ce fut Voltaire. Le Kain était un ami, donc Le Kain était insoupçonnable. Encore un miracle de l'amitié ! Voltaire alla jusqu'à craindre qu'on ne fût trop sévère pour Le Kain. M. de Thibouville ne risquait-il pas de brusquer le cher ami ? Il fallait au contraire le ménager : tout acteur n'a-t-il pas le droit de refuser un rôle ? Qui reconnaîtrait l'implacable auteur que nous avons vu aux prises avec ses interprètes, ses libraires ou ses détracteurs ?

A Ferney, il recevait des témoignages d'admiration et de respect qui lui étaient doux. La Harpe, dont une tragédie *Les Barmécides* devait être jouée avant celle de Voltaire céda son tour au patriarche. Voltaire refusa cette faveur. La Harpe finit par l'imposer. Ce n'était pas un mince sacrifice de la part d'un auteur débutant. Un autre geste, encore plus surprenant toucha aux larmes le vieux poète. C'est celui de Barthe, le Marseillais dont la comédie avait failli tuer d'ennui l'exilé de Ferney. Cette comédie *L'Homme personnel* allait être jouée au Théâtre Français : Barthe la retira pour laisser la place à *Irène.* Ce garçon qui débutait, avait certainement fait mille démarches pour faire accepter sa pièce ; il eut la générosité de s'effacer devant Voltaire dont l'accueil à Ferney n'avait pas dû lui laisser un bon souvenir.

Barthe écrivit à cette occasion à M. de Thibouville : « *Vous étiez prêt à jouer* L'Homme personnel, *vous avez un parti à prendre, c'est de n'y plus penser. Je sais que les nouveautés sont jouées dans l'ordre de leur réception et qu'il y a des règlements, mais quel homme de lettres oserait les réclamer en pareil cas ? M. de Voltaire est, comme les souverains, au-dessus des lois. Si je n'ai pas l'honneur de contribuer aux plaisirs du public, je ne veux pas du moins les retarder et je vous invite à le faire jouir promptement d'un ouvrage de l'auteur de* Zaïre *et de* Mérope. *Puisse-t-il faire encore des tragédies à cent ans comme Sophocle et vivre comme vous vivez, Messieurs, au bruit des applaudissements.* »

Il nous est arrivé de rencontrer sur la route de Voltaire tant de bassesses et de perfidies que nous nous devons de saluer tant de déférence, d'admiration et de désintéressement.

Le moment vint où il fallut qu'*Irène* se jouât avec ou sans Le Kain. Voltaire était à bout de patience et de forces. *Irène* serait le prétexte de son retour à Paris. Il se demandait parfois pourquoi il avait tant attendu car il n'y eut jamais d'ordre d'exil contre lui. On lui avait fait savoir — et bien savoir — que s'il rentrait à Paris de sévères sanctions seraient prises contre lui : prison ou exil — l'une d'abord, l'autre ensuite. Mais ce n'avait jamais été que des avis verbaux — ils n'en étaient pas moins dangereux. Louis XV ne pouvait tolérer la présence du poète. Ce roi, si inconstant dans les grandes affaires, se montra d'une rare persévérance dans sa sévérité pour Voltaire. Les voix les plus autorisées — et même les plus chères — parlèrent en faveur de l'exilé de Ferney. Ce fut toujours en vain... Mme de Pompadour, Mme du Barry, Richelieu, d'Argental et d'autres se heurtèrent au refus du roi. Et tous avaient déconseillé formellement au patriarche de forcer la consigne et de paraître à Paris...

Le nouveau roi Louis XVI était enclin aux réformes. On était en droit d'attendre de lui plus de clémence en faveur de Voltaire. Hélas ! l'auteur de *la Henriade* lui faisait horreur. Du côté de la reine Marie-Antoinette, le poète pouvait nourrir plus d'espoir, bien que la reine n'eût pas encore l'autorité qu'elle acquit plus tard. Enfin, il restait Turgot et l'opinion publique. Une opinion plus tapageuse, plus écoutée qu'en 1750 — en somme, plus voltairienne. Turgot et l'opinion étaient les meilleurs atouts de Voltaire. Encore fallait-il que la Cour fût sensible à leur pouvoir.

Voltaire appela Louis XVI « Sésostris ». Malheureusement, « Sésostris » n'entendit pas ce langage et ne lui fit pas signe de venir. Pourtant, le patriarche avait toujours droit à ses titres de « gentilhomme du roi » et d' « Historiographe de France » et pouvait demander à remplir ces charges. A Ferney on s'interrogeait, on s'impatientait. Plus le temps passait, plus la fringale de Paris devenait douloureuse. Par moments, le sol de Ferney brûlait les pieds de l'oncle et de la nièce, ils étaient prêts à tout risquer pour rentrer à Paris. L'impatience de la nièce était la plus violente ; son séjour de dix-huit mois dans la capitale ne l'avait pas apaisée bien au contraire ; elle se mourait d'ennui et harcelait son oncle : *Partons ! Partons ! ne mourons point ici,* criait-elle. C'était bien l'avis de Voltaire, mais s'il ne devait aller à Paris que pour y mourir en prison, il préférait encore mourir dans son lit à Ferney. Elle, elle n'y allait point pour mourir mais pour vivre.

Villette, d'Argental, Thibouville faisaient de leur mieux pour sonder les amis, et surtout les ennemis et les autorités. Ils leur posaient ces questions : Que ferait l'autorité si, un beau soir, Voltaire paraissait dans sa loge à la Comédie ? S'il se rendait à une séance de l'Académie ? S'il donnait un dîner ? Quand les anges gardiens furent certains que l'immense majorité des Parisiens applaudirait et que les autorités feraient semblant de ne pas voir et de ne pas entendre, ils lui dirent : « Venez ! » Il ne se le fit pas dire deux fois.

Le 4 février 1778, il monta en voiture avec son secrétaire, Wagnière. Mme Denis avait pris les devants ; elle était en route depuis deux jours. La joie du départ ne put éclater, c'était une joie endeuillée par la tristesse des adieux. Tout le petit peuple de Voltaire était en larmes : ses gens étaient persuadés que leur « Père » partait pour toujours. Il leur promit de revenir dans six semaines, il le croyait. Il le croyait tellement qu'il laissa tous ses papiers, tels quels, dans sa chambre, lui si ordonné, si méticuleux. Dans son esprit, ce voyage n'était sans doute qu'une escapade, il savait que « ses enfants » ne pouvaient vivre sans lui, et que lui-même serait heureux de retrouver son Ferney après avoir fait sa « rentrée » sur la scène parisienne — et peut-être même sur celle de Versailles.

Il disait : « *Je prépare un petit voyage pour Paris et pour l'éternité.* » Il en avait parlé si souvent, de son départ pour l'éternité, qu'il fallait bien que, de remise en remise, il le fît.

Dans les bagages, on ne retrouve pas le père Adam. C'est qu'il avait été chassé. Cela aussi devait arriver : la bonne Mme Denis s'y était employée de son mieux. Le père Adam devenait tracassier et exigeant. Cependant Voltaire ne l'abandonna pas : il lui fit servir une pension de sept cents livres.

Le premier soir du voyage, la berline du patriarche fit halte à Nantua où eut lieu le coucher. Le patron du relais fit changer un mauvais cheval qu'on avait attelé à la voiture du poète et dit au cocher : « *Crève mes chevaux. Je m'en f... mais va bon train, tu mènes M. de Voltaire.* » Le 7 février, ils arrivèrent à Dijon. La nouvelle de son arrivée se répandit. Voltaire ne vit que son avocat, professeur de droit, et un autre homme de loi ; ses chicanes à propos de ses terres de Tournay et de Ferney, n'étaient pas finies. Le soir, au souper, les jeunes gens de Dijon se glissèrent dans l'hôtel. Ils soudoyèrent les servantes qui laissèrent les portes entrouvertes, ce qui permit aux jeunes admirateurs de voir le patriarche à table. Certains d'entre eux prirent la place des serveurs. A Joigny, le voyage fut retardé par la rupture d'un essieu. M. de Villette vint tout exprès de Paris pour recueillir le vieillard que cet accident avait ému et qui recommanda d'aller au pas afin d'être sûr d'arriver dans de bonnes conditions. Le soir du 10 février 1778, à six heures, ils arrivèrent aux portes de Paris. A l'octroi, contrôle des voyageurs et des marchandises ; au commis qui lui demandait s'il n'avait rien à déclarer, Voltaire répondit :

— *Ma foi, je crois qu'il n'y a ici de contrebande que moi.*

Les commis le reconnurent. Ce qui laisse croire que les gravures le représentant et qui circulaient jusque dans le peuple avaient quelque ressemblance avec le modèle. Cela le faisait enrager : « *On me représente en singe,* gémissait-il, *laid comme le diable et grimaçant comme les péchés.* » C'est l'éternelle contradiction entre ce qu'un homme dit de soi-même et ce qu'il en pense réellement. Mille fois, Voltaire a parlé de sa maigreur, de ses rides, de sa bouche édentée. Mais il ne le croit qu'à peine, et ne veut pas qu'on le décrive et surtout qu'on le peigne tel qu'il est. Bref, il fut très bien reconnu.

— « *C'est pardieu ! M. de Voltaire !* » s'exclamaient les commis ; lui toujours courtois, s'apprêtait à descendre pour les laisser fouiller le carrosse, mais les commis le prièrent poliment de continuer son chemin.

Mme Denis et Villette avaient tout organisé. Voltaire se rendit rue de Beaune, à l'hôtel du marquis de Villette, où son appartement était magnifiquement préparé : c'est là que Paris allait se presser pour adorer son idole — et la tuer.

Paris : l'ivresse de la gloire n'exclut pas les infirmités de l'âge.

La première visite de Voltaire fut pour d'Argental : celui-ci était sorti. A peine, le poète était-il rentré rue de Beaune que d'Argental l'y rejoignit. Les deux amis avaient le même âge, ils étaient unis depuis l'enfance par une amitié qui n'avait jamais connu un jour de relâche. Ils ne s'étaient vus que par intermittence et n'avaient pourtant jamais cessé de vivre ensemble. La scène de leurs retrouvailles, c'est Greuze qui aurait dû la peindre dans le goût larmoyant et pathétique de l'époque. Quand ils eurent déployé et replié leurs immenses mouchoirs, essuyé leurs larmes de joie et avalé leurs sanglots, ils parlèrent. D'Argental lui apprit la dernière nouvelle de Paris : Le Kain était mort la veille ! Voltaire poussa un grand cri et extériorisa sa douleur avec tout le talent qu'exigeait la fin d'un si grand acteur. Chacun s'empressait à noyer de ses propres larmes le chagrin du patriarche qui passait des bras de l'un aux bras de l'autre. Cela fit pour son arrivée une très belle scène de « sensibilité ». On lui apprit que Le Kain avait rendu l'âme après avoir joué *Adélaïde Duguesclin*. L'acteur avait débuté en jouant *Brutus,* ainsi sa carrière inaugurée avec Voltaire s'achevait avec Voltaire. Le poète poussa un nouveau cri, croyant que Le Kain était mort en jouant *Adélaïde*. Non — c'eût été trop beau ! Tronchin le détrompa : Le Kain n'était pas mort d'*Adélaïde* mais de Mme Benoît. Le médecin dit que l'acteur avait succombé aux transports que lui inspirait cette dame, lesquels, pour un homme de cinquante-huit ans, étaient bien plus dangereux que ceux que lui inspirait *Adélaïde Duguesclin*.

Le défilé de Paris commença aussitôt. Tout était organisé. Ce monde merveilleusement doué pour la vie sociale et la représentation savait régler dans le naturel et la bienséance l'expression des sentiments, la succession des visites et même leurs singeries. Au fond, ce jeu frivole était une affaire de grand style, ce culte mondain rendu à l'intelligence, était lui-même affaire d'intelligence.

Dans un premier salon, Mme Denis et Mme de Villette recevaient. « *Belle et Bonne* » apportait sa grâce et sa douceur. La grosse Denis représentait la famille. Elle était l'antichambre de la Gloire, on essayait d'abord sur la nièce le compliment destiné à l'oncle ; en somme, avant d'entrer, on s'essuyait les pieds.

Ces prémices donnaient le temps à un valet de chambre d'avertir M. de Voltaire de la qualité des personnes qui faisaient antichambre : il se préparait. M. de Villette et M. d'Argental allaient ensuite cueillir les visiteurs entre les mains des dames et les introduisaient. Entre deux visites, Voltaire rejoignait Wagnière dans la chambre voisine, il lui dictait une lettre ou des corrections pour *Irène*.

Les journées commencées tôt, s'achevaient tard, encombrées, fiévreuses, obligeant le vieillard à aborder cent sujets différents, à donner des avis, à tourner à chacun un compliment, à retrouver des noms, à reconnaître des visages, à se remémorer des souvenirs ensevelis sous mille autres, bref, l'activité la plus exténuante pour plaire, briller sans donner signe de fatigue ou d'inattention. Il y réussissait à la perfection parce que telle était la nature de son génie, et parce qu'il avait un entraînement presque séculaire à ce jeu de société. Mais à quatre-vingt-quatre ans...

L'avocat Linguet écrivit alors : « *M. de V. a quitté subitement les bois de Ferney qu'il a plantés, les maisons de Ferney qu'il a bâties, ce repos de Ferney dont il était si satisfait, pour la boue, le fracas et l'encens de Paris. Lui seul pourra dire dans quelque temps s'il a gagné au change.* »

Toute la journée, en robe de chambre, il reçoit ainsi. La Harpe le trouve inchangé depuis leur algarade maintenant oubliée. Il lit devant ses visiteurs un acte d'*Irène* : ayant trouvé un public, il joue.

L'Académie lui envoie une députation constituée par M. le prince de Beauvau et MM. de Saint-Lambert et Marmontel qui l'informent que l'Académie donnera pour lui une séance extraordinaire — chose jusqu'alors sans exemple. Il est touché aux larmes par cette démarche et prie M. de Beauvau d'exprimer sa gratitude à l'Académie. Il ira la remercier lui-même dès que sa santé le lui permettra.

Tronchin parut à son tour, mais il ne vint pas spontanément. Il attendit que Voltaire l'appelât. Le poète était si peu sûr de l'amitié de Tronchin qu'il craignit un moment que le célèbre médecin ne se dérangeât pas. Ses craintes étaient loin d'être injustifiées — néanmoins il préféra, comme toujours, faire crédit à l'amitié et il accueillit Tronchin à bras ouverts. Lors de cette première visite le médecin trouva Voltaire en très bonne santé. Il allait bientôt changer d'avis.

Ensuite Gluck, l'illustre musicien, vint saluer le génie. Ce n'était pas là un mince hommage, Gluck croyait qu'il n'y avait au monde qu'un seul génie qui s'appelait Gluck. Voltaire sut lui faire sentir que son compliment l'avait touché. Il y avait à ce moment-là une querelle entre les partisans de Gluck et ceux de Piccini, Voltaire, avec sa prestesse à saisir les occasions de placer une flatterie, dit à Gluck dans l'instant où celui-ci sortait, alors que Piccini était annoncé : « *Piccini après Gluck, c'est dans l'ordre.* »

Il n'était question dans les salons et même dans les boutiques que du retour de Voltaire. Cette présence agitait l'opinion. Elle inquiéta certains dévots et certaines autorités qui crurent voir une sorte de provocation dans l'attitude de Voltaire et de ses idolâtres. Ils espérèrent qu'en invoquant l'arrêté d'expulsion ils feraient exiler le patriarche — car tout le monde croyait à l'existence de cet arrêté. On le rechercha en pure perte. Et si on l'avait trouvé ? Aurait-on vu le vieillard illustre expulsé d'un Paris dont il faisait la gloire ? On peut en douter. Une pareille mesure n'eût pas manqué de provoquer une émeute dans la rue et de violentes polémiques dans les salons. Voltaire et ses amis eurent pourtant très peur.

Ils pensèrent à Marie-Antoinette et la firent supplier par la princesse de Polignac de protéger le vieux poète. La princesse s'acquitta de sa mission et vint elle-même, rue de Beaune, rassurer le patriarche. On la fêta comme le Messie.

Le 14 février, il reçut une députation de la Comédie-Française conduite par Mme Vestris qui devait jouer *Irène* à laquelle il travaillait encore. Cette visite lui permit de faire à l'actrice ce compliment : « *Madame, j'ai travaillé pour vous cette nuit comme un jeune homme de vingt ans.* » Le comédien Bellecour lui déclama une harangue d'un pompeux écrasant qui fut agréée comme un éloge d'une grâce aérienne. Voltaire lui répondit sur le même ton et comme quelqu'un faisait remarquer que ces louanges eussent gagné à être moins capiteuses. Voltaire répliqua :

— *Oui, mais nous avons fort bien joué la comédie l'un et l'autre.*

Il était dans un beau jour. Il se dépensa sans compter. Il parla d'abondance de cent sujets : de politique, de Descartes, de Newton et même de son débiteur le duc de Wurtemberg qui le payait toujours avec retard — mais qui le paya grâce au petit stratagème que l'astucieux Arouet avait mis au point du temps qu'il avait encore le père Adam à domicile.

Le lundi d'après il devait se rendre à la Comédie où les comédiens avaient promis de jouer pour lui. Hélas ! il tomba malade d'une violente inflammation de vessie. Tronchin interdit théâtre et visites. On obéit pour le théâtre mais non pour les visites.

L'annonce de la maladie provoqua une recrudescence de curieux. N'était-il pas plus intéressant de forcer une porte qu'on fermait que de passer par une porte ouverte ?

Le salon ne désemplit pas de la journée. C'était une cohue : on défilait comme devant une châsse, on saluait, on regardait et on laissait la place à d'autres. Mme Denis était aux anges. Elle avait désiré voir du monde, elle en voyait ! Villette partageait ce triomphe ; du coup, il était devenu célèbre. Bien des gens qui lui avaient fait grise mine après ses frasques, revinrent, à l'occasion du séjour de Voltaire rue de Beaune, et sollicitèrent de lui la permission d'être reçus. Cynique, Villette disait : « *Pour voir Voltaire, il faut passer par moi. Vous en voulez du Voltaire : en voici. Mais faites courbette devant Villette...* »

Mme Necker fit sa visite avec répugnance. En qualité de Genevoise, elle connaissait la famille de Varicourt et il lui déplaisait de voir une demoiselle de Varicourt mariée à ce faquin de Villette. Voltaire ne se soucia pas de cette moue de dédain : M. Necker n'était-il pas ministre des Finances ? La grandeur du mari suffisait à rendre son épouse aimable.

Il reçut également le docteur Franklin, citoyen américain. Ils s'embrassèrent philosophiquement et, bien entendu pleurèrent. N'avaient-ils pas le même âge et la même irréligion ? Voltaire parla anglais. Quelqu'un le reprit pour cela. Voltaire aussitôt répondit :

— *Je vous demande pardon, j'ai cédé à l'honneur de parler la même langue que Franklin.*

Franklin avait amené son petit-fils de quinze ans et demanda au patriarche de donner à l'enfant sa bénédiction. Quelle scène !

Voltaire monta sur son trépied et joua fort bien son rôle de grand prêtre, il étendit ses mains décharnées au-dessus de la tête de l'enfant et dit : « *Dieu et Liberté : God and Liberty.* » Vingt personnes contemplaient le tableau, bouleversées. On pleura d'abondance. Rien n'est plus humide que ce climat « philosophique ». L'ambassadeur d'Angleterre, Lord Stormunt vint sourire en écoutant les sorties de Voltaire contre Shakespeare ; elles ne manquaient, dit-on, ni de vivacité, ni de salacité. Cependant, il souffrait beaucoup de sa vessie. Un claveciniste célèbre charma un moment ses douleurs en jouant sur le clavecin de

Mme de Villette. A la fin de cette journée, Voltaire était épuisé. Ses jambes avaient enflé. Tronchin était mécontent. Il le dit et même le fit publier. L'attitude de Mme Denis et de Villette parut odieuse. Ils prenaient leur plaisir en achevant le vieillard ! C'était trop visible. Tronchin n'avait aucune illusion sur l'entourage de Voltaire, aussi, se mit-il à couvert. Il fit insérer dans le *Journal de Paris,* la note suivante : « *J'aurais désiré de dire de bouche à M. le marquis de Villette que depuis que M. de Voltaire est à Paris il vit sur le capital de ses forces et que tous ses vrais amis ne doivent souhaiter qu'il n'y vive que de sa rente. Au ton dont les choses vont, les forces dans peu seront épuisées et nous serons témoins, si nous ne sommes pas complices, de la mort de M. de Voltaire.* »

Tronchin faisait son métier, il parlait d'or, mais à des sourds. A peine les jambes de Voltaire furent-elles désenflées que le train infernal reprit. Il fallait, sans tarder, en finir avec *Irène* et distribuer les rôles. Le duc de Richelieu avait sa candidate, Mme Molé, qu'il voulait imposer pour le rôle d'*Irène.* Voltaire tenait maintenant à Mlle Jainval. Il fallait voir ces deux spectres antiques s'affronter et débattre des mérites de leurs favorites : l'un en robe de chambre damassée, en bonnet à rubans, l'autre couvert d'or et de décorations, l'un et l'autre acharnés, roués en diable ; faisant assaut dans cette âpre dispute de courtoisies exquises. Ce fut le maréchal qui l'emporta. Voltaire ne put dire un non brutal, à l'ami d'enfance, au protecteur — au débiteur !... Mais il fit en sorte de sauver la face à la répétition. Il fit de mirobolantes promesses à Mme Molé ; il lui écrirait un rôle plus beau qu'*Irène,* si elle se désistait de celui-ci. Elle céda. Pour arranger tout, une troisième étoile tomba du Ciel : Mlle Arnould. Elle était de première grandeur, aussi entraîna-t-elle *Irène,* l'auteur et le maréchal dans son orbite. Si l'on a quelque idée de ce qu'un pareil transfert de rôles peut représenter de paroles, de démarches, d'inquiétudes, de crises de nerfs, on conviendra que les journées de Voltaire étaient écrasantes. Il a beau être comblé de tous les dons du ciel pour mener cette vie, il reçoit deux cents personnes par jour, il a une vessie sanguinolente et presque un siècle sur le dos.

Wagnière se plaint de ne pas trouver lui-même le temps de s'habiller. Quant à son maître, il reste en robe de chambre. Il doit cependant se mettre en perruque et en habit pour recevoir Mme du Barry. On ne sait ce qu'ils se sont dit mais il compare ensuite le « naturel » vraiment naturel de *Belle et Bonne* au naturel artificiel de la grande favorite. La palme est donnée à *Belle et Bonne.* Toutefois, il reconnaît que la favorite sait admirablement son métier. C'est un expert qui parle.

M. Le Brun a laissé quelques notes sur sa visite à Voltaire qui lui dit : « *J'ai quatre-vingt-quatre ans et j'ai fait cent sottises.* » M. Le Brun ne sut rien répliquer. Mais Mlle Arnould répondit qu'elle n'avait que quarante ans, avait fait mille sottises et s'en trouvait fort bien.

Coquetteries avec Notre Sainte-Mère l'Eglise et sinistre avertissement.

Le 20 février, il reçut une lettre d'un prêtre, l'abbé Gautier, qui lui demandait de le recevoir. La lettre était digne, modeste et ne cachait pas que l'abbé voulait aider l'impie à sauver son âme, qu'il priait pour lui, et attendait sa réponse sans vouloir la forcer.

Cette lettre toucha Voltaire. Il invita l'abbé en rappelant, dans sa lettre, la cérémonie au cours de laquelle il avait donné la bénédiction au petit-fils de Franklin. Ce n'était pas très orthodoxe. Mais enfin, il laissait la porte ouverte.

Cet abbé était un ancien Jésuite. Décidément, il y a toujours un fils de saint Ignace attaché aux pas de Voltaire. Tant de hasards ne sont plus des hasards : quand des êtres s'attirent ainsi c'est pour la vie et même au-delà. Quand il entend le mot « Jésuite » une fibre s'émeut en lui : l'enfant qui n'avait pas connu sa mère, et qui n'avait aimé ni son père, ni son frère, avait été aimé par ses maîtres et il les avait aimés. Il était devenu l'enfant rebelle, mais c'était leur fils le plus sensible, le plus nerveux, c'était aussi le plus orgueilleux ! Qu'aurait-il fallu qu'ils fissent, ces bons maîtres, pour le garder ? L'impossible. Ils auraient dû applaudir à ses frasques et à ses sacrilèges. Avec son sourire irrésistible, il eût cligné de l'œil : « Nous ne sommes pas dupes nous, gens de goût et d'esprit, nous nous comprenons... qu'importe la cagoterie des imbéciles, la friperie romaine, les marionnettes de la hiérarchie... ah ! rions ! en compagnie d'un cardinal tel que Babet la Bouquetière. » Voilà, selon lui, ce que ses maîtres auraient dû accepter de leur disciple s'ils eussent été dignes de l'opinion qu'il avait d'eux.

Les bons Pères le remirent à sa place. Il en fut vexé D'autant plus qu'il était persuadé que la plupart d'entre eux n'avaient pas plus d'illusions que lui-même sur les « Sacrés Mystères ».

Le premier entretien avec l'abbé Gautier fut cordial. Voltaire lui demanda tout de suite par qui il était envoyé. L'abbé l'assura qu'il était venu de son propre gré mais il ne lui cacha pas qu'il rendrait compte de sa visite à son supérieur l'abbé de Fersac, curé de Saint-Sulpice. Cette franchise plut à Voltaire. Trois personnes vinrent interrompre cet entretien dont M. de Villette qui se fit remettre en place : « *Hé ! Monsieur, laissez-moi je vous prie avec mon ami l'abbé, il ne me flatte pas.* » Mme Denis et Wagnière entrèrent sous des prétextes divers. Enfin, ils dirent que cette visite fatiguait Voltaire parce qu'elle les inquiétait. L'abbé Gautier revint, nous le retrouverons. Entre-temps parut un autre prêtre, l'abbé Marthe, un illuminé. Il s'avança brusquement vers Voltaire et lui dit : « *Il faut que tout à l'heure vous vous confessiez à moi, cela absolument, il n'y a point à reculer, je suis ici pour cela.* »

On le persuada poliment d'aller prendre l'air. Il revint plusieurs fois tenter — ou plutôt forcer sa chance. Voltaire fit là-dessus quelques réflexions : il s'avisa qu'à Paris, il allait être un enjeu des partis et qu'ils allaient se disputer son âme. S'il faiblissait, il ne savait pas qui l'emporterait : il décida de la garder pour lui. Mais pour cela, il fallait n'être pas malade. Or, il l'était et plus qu'il ne le croyait. Mais il était aussi ivre d'encens. Il ne mesurait plus ni ses forces, ni sa faiblesse.

Mme du Deffand fit deux apparitions, Voltaire avait répondu au billet qu'elle lui avait adressé dès son arrivée : « *J'arrive mort mais je ne veux ressusciter que pour me jeter aux genoux de Madame la marquise du Deffand.* » C'est elle qui vint en redoutant de se trouver mêlée à tous les histrions beaux esprits de la capitale. Comme elle voyait juste ! Un M. Wiart qui fit sa visite le jour d'avant, dit qu'il rencontra trois cents personnes : « *Tout le Parnasse s'y trouvait depuis le bourbier jusqu'au sommet ; il ne résistera pas à cette fatigue, il se pourrait qu'il mourût avant que je l'ai vu.* » Mme du Deffand se hâta donc de voir Voltaire — ou plutôt de l'entendre — car on sait qu'elle était aveugle. Elle rencontra Mme Denis : « *une gaupe* » ; Villette : « *plat personnage de comédie et même de basse comédie.* » Quoique aveugle, elle y voyait clair. Voltaire la fit attendre un bon quart d'heure avant de sortir de sa chambre. Etait-ce sa vessie ? Etait-ce *Irène ?* Il ne parla que d'Irène. « *Il n'a que cela en tête* », dit la marquise. Il raconta la visite de l'abbé Gautier, Villette voulait la raconter à sa place mais Voltaire le fit taire en disant qu'il contait mal. Il semble qu'à Paris il supportait Villette plus difficilement qu'à Ferney. En conclusion de son histoire de l'abbé, il dit : « *Cela me sauvera du ridicule ou du scandale.* »

On apprit une bonne nouvelle : le roi avait chargé Pigalle de faire un buste de Voltaire. Il se crut rentré en grâce. Il ne s'agissait, hélas ! que d'une vaste commande de bustes parmi lesquels on avait toléré celui de Voltaire. Et le roi n'y était pour rien.

Le 25 février, étant au lit et dictant des lettres à Wagnière, il fut pris d'une toux violente et un flot de sang lui vint dans le nez et la bouche. « *Oh ! Oh !* s'écria-t-il, *je crache du sang.* »

Mme Denis appela Tronchin. Voltaire donna un billet à Wagnière pour appeler l'abbé Gautier. Wagnière jeta le billet. Le 26 février Voltaire rappela l'abbé. Il ordonna de lui écrire en disant aux personnes qui emplissaient sa chambre : « *Au moins, Messieurs, vous serez témoins que j'ai demandé à remplir ce qu'on appelle ici ses devoirs.* » Il ajouta qu'il ne voulait pas qu'on jetât son corps à la voirie.

On lui donna une jeune garde-malade qui sut écarter les visites et un chirurgien vint coucher chaque soir dans sa chambre. Il semble que son entourage avait enfin compris le danger.

L'abbé Gautier ne vint que le lendemain. En entrant, il croisa ce vieux diable de maréchal de Richelieu qui sortait et fit de douces recommandations à l'abbé en le priant de ne pas effrayer son « *petit camarade de Louis-le-Grand.* » Voltaire reçut très bien l'abbé. Il lui rappela qu'il lui avait promis de se confesser avant de mourir. Comme le moment semblait venu, il ajouta : « *Si vous voulez nous ferons tout à l'heure cette petite affaire.* » L'abbé lui dit que le curé de Saint-Sulpice l'avait autorisé à entendre Voltaire en confession mais qu'il exigeait au préalable une rétractation. Voltaire accepta et pria les témoins de se retirer. Wagnière, selon son habitude, colla son oreille contre la porte qui n'était constituée que par un cadre de bois tendu de toile et de papier. Fort honnête invention pour un honnête secrétaire, Wagnière nous dit qu'il se serait cru désobéissant en obéissant aux ordres de son maître et en le laissant seul. Son devoir était de ne le quitter jamais. En somme, en l'espionnant, il remplissait strictement son emploi. Et voilà l'honnête secrétaire au désespoir en entendant ce que l'abbé exigeait de son maître. Wagnière s'agitait tant qu'il empêchait les autres d'entendre, car il n'était pas seul derrière la porte, il y avait l'abbé Mignot et

M. de Vieilleville. Mais ceux-là avaient honte de leur indiscrétion. Voltaire appela Wagnière et lui demanda de quoi écrire. Le secrétaire était d'humeur à briser l'encrier. Il le présenta en tremblant. Voltaire sans trembler écrivit sa rétractation. MM. Mignot et de la Vieilleville entrèrent et contresignèrent la rétractation.

On demanda poliment à Wagnière de signer aussi. Mais il se rebiffa. On lui demanda pourquoi tant de vivacité. Il répondit qu'il était genevois et protestant. On lui fit des excuses et on ne lui demanda plus rien. Quand Wagnière fut seul avec son maître, il demanda à celui-ci de dévoiler le fond de sa pensée. Qu'allait-on dire de sa rétractation ? Que pourrait dire son fidèle secrétaire pour défendre sa mémoire ? Voltaire prit une feuille de papier et écrivit : « *Je meurs en adorant Dieu, en aimant mes amis, en ne haïssant pas mes ennemis et en détestant la superstition.* » Une vraie résolution de concile conciliant.

Voltaire ne communia pas. Il s'en tira selon Wagnière en disant à l'abbé : « *Monsieur l'abbé faites bien attention que je crache du sang et qu'il faut bien se donner garde de mélanger mon sang avec le sang du Bon Dieu.* » D'Alembert écrivit à Frédéric II quelque chose d'analogue mais de bien plus corsé ; Voltaire aurait dit qu'il refusait la communion « *par la raison que je crache du sang et que je pourrais bien cracher autre chose* ». Frédéric exigeait de tout savoir dans le moindre détail. D'Alembert fit de l'abbé Gautier un portrait sympathique : c'était un pauvre diable de prêtre qui, par pure bonté d'âme, était venu sauver celle de Voltaire. C'est cette bonté qui lui avait ouvert le cœur de Voltaire. Cependant, quand deux jours après, l'abbé se présenta de nouveau, on lui fit dire que le malade n'était pas en état de le recevoir. Il crut comprendre. Il pensa que le coup venait de plusieurs « philosophes », qu'il avait aperçus dans le salon, dont d'Alembert. Le pauvre abbé se trompait bien : le coup venait du curé de Saint-Sulpice ! M. de Fersac avait estimé que son subordonné était allé trop loin et trop vite : il s'en plaignit à M. de Villette et à M. de Voltaire. C'était au curé que devait revenir la gloire de repêcher cette âme aussi impie qu'illustre. Voltaire devina tout de suite que l'affaire allait s'envenimer et, pour avoir la paix, il évinça l'abbé Gautier. Celui-ci affirmait qu'il n'avait agi qu'avec l'autorisation de ses supérieurs — ceux-ci le niaient. Qui croire ? Le curé de Saint-Sulpice vint seul le 13 avril et ne cacha pas son chagrin d'avoir été devancé par un insignifiant abbé. Le portier de l'hôtel de Villette reçut l'ordre de ne plus laisser entrer d'autre prêtre que M. le curé de Saint-Sulpice.

Les confesseurs fatiguant moins M. de Voltaire que les histrions du Parnasse sa santé s'améliora. Il apprit que l'abbé Gautier avait un autre pénitent, un libertin du nom de l'Attaignant qui, sur le point de mourir s'était rétracté, confessé et avait guéri. Comme l'abbé était aumônier des Incurables on fit un rapprochement entre la confession des deux libertins et les fonctions de l'abbé :

L'honneur des deux curés semblables
A bon droit était réservé
Au chapelain des Incurables.

Depuis qu'il se sentait mieux, Voltaire regrettait sa rétractation. Mais il ne pouvait se débarrasser de cette crainte terrible qui le tenait depuis toujours : la peur d'être enterré comme un chien. « *Au reste,* dit-il, *je ne veux pas qu'on jette mon corps à la voirie ; cette prêtraille m'assomme mais me voilà entre ses mains, il faut bien que je m'en tire. Dès que je pourrai être transporté, je m'en irai. J'espère que leur zèle ne me poursuivra pas jusqu'à Ferney. Si j'y avais été cela ne me serait pas arrivé.* »

Tout cela n'est pas très digne. Nous sommes habitués, il est vrai, à ces grimaces, toutefois, nous sommes si près du dénouement fatal que le terme de comédie ne convient plus : toute fin est tragique. On ne se tire pas du cas où il se trouve alors par un bon mot : « *Quand on meurt à Surate on tient la queue d'une vache* », disait-il. Quand on meurt à Paris on pourrait au moins fermer la porte et mourir en silence. Ce serait, à défaut d'autre sentiment, une forme de la dignité. Mais le silence est ce qu'on ne saurait espérer de lui. Il a vécu dans le tapage et mourra de même.

La querelle des prêtres se compliqua d'une querelle des médecins. M. de Villette qui n'aimait pas Tronchin fit appeler un médecin à la mode, M. Lorry. Les deux médecins se rencontrèrent et s'accordèrent dans l'intérêt du malade. Mais Villette ne voulait plus voir Tronchin. Et c'est Tronchin qui mit Villette à la porte de la chambre de Voltaire.

Certains jours les disputes entre les médecins, Mme Denis, Villette et divers visiteurs étaient si violentes qu'on aurait pris la chambre de Voltaire pour une auberge. Comment aurait-il pu guérir dans une atmosphère pareille ? Il allait mieux mais crachait toujours du sang. Les visites avaient repris. La Harpe lui lut un acte d'une tragédie qu'il venait d'écrire. Il s'agissait d'un combat : La Harpe hurlait, pourfendait, trépignait. Les gens, dans la rue, s'arrêtaient pour écouter ce vacarme. Le malade le supporta jusqu'au bout. A la fin il dit : « *Messieurs vous devriez demander pour moi la croix de Saint-Louis.* » On crut qu'il avait la fièvre : « *Pas du tout,* dit-il, *mais je l'ai méritée pour avoir soutenu avec tant de courage cette cruelle bataille.* »

Le temps est venu où aux divers sentiments que Voltaire nous a inspirés vient s'en ajouter un, absolument nouveau : la pitié. Il la mérite car il n'existe pas de créature plus délaissée et plus cruellement traitée dans la solitude de la douleur qu'une idole immolée à son public.

Tout moribond qu'il était, il rêvait encore un nouveau succès : il voulait aller à Versailles ! Le rêve de sa vie, le couronnement de sa gloire ! Il y avait en Europe des rois, des empereurs, des impératrices, mais il y avait surtout le roi, le vrai, le sien. Et le roi le boudait. Cela lui était intolérable — presque autant que de mourir sans sépulture chrétienne. Un sourire, un mot du roi avant de mourir... Tous ses amis le décourageaient de cette lubie ; ceux qui allaient à Versailles comme chez eux, lui disaient que c'était l'endroit le plus guindé du monde, que le roi ne saurait rien lui dire, que la reine... que Monsieur... que Madame... bref, que tout ces gens étaient insipides. Peut-être. Mais à ses yeux sa gloire n'était qu'une bâtarde parce que le roi de France ne l'avait pas reconnue. Cette attitude d'un homme qui passe, non sans raison, pour avoir frondé toute autorité, nous ouvre des horizons sur ce qu'était encore la foi monarchique peu d'années avant la Révolution.

Tout ce qu'on put obtenir de Versailles, c'est que le roi continuerait « d'ignorer » la présence de Voltaire. Regrettons que le roi d'un pays aussi éclairé ait eu de telles « ignorances ».

Nouveau sursis, sourires de Paris et chamailleries domestiques.

A peine fut-il sur pied que Mme Denis le relança dans sa vie turbulente de vedette. Tronchin renouvela ses avertissements, il conseilla d'empaqueter le vieillard et de l'expédier à Ferney. On n'en fit rien. On ouvrit les portes à deux battants et le défilé recommença.

Un M. de Farian de Saint-Ange, pénible rhéteur, avait préparé un discours et en commença la lecture : « *Aujourd'hui je ne suis venu voir qu'Homère, je viendrai un autre jour voir Euripide, puis Sophocle, puis Tacite...* »

— *Monsieur, je suis bien vieux,* dit Voltaire en l'arrêtant, *si vous pouviez faire toutes vos visites en une fois...*

Un autre le félicita de sa longévité et lui prédit : « *Vous surpasserez Fontenelle dans l'art de vivre longtemps...* » « *Ah ! Monsieur,* s'écria Voltaire, *Fontenelle était Normand, il a trompé la nature.* » Il reçut même la chevalière d'Eon : elle avait une recommandation du ministre des Affaires étrangères. Tous les domestiques — et les visiteurs étaient aux aguets : Lui ? Elle ? La visite fut gâchée par cette indiscrète curiosité. « la chevalière » se cacha le visage dans son manchon et disparut sans s'attarder après de rapides politesses.

Les répétitions d'*Irène* commencèrent. Ce fut pour lui une dangereuse surexcitation. Il n'assistait pas à toutes, mais celles auxquelles il assistait le laissaient pantelant. Les acteurs étaient mous. Plus de « diable au corps » comme du temps de Mlle Duclos. Mme Denis, vraiment insatiable, voulut qu'on vînt répéter dans la chambre même de son oncle. C'était l'achever. Elle ne pensait qu'à la « première » triomphale. Que lui importaient la santé, les souffrances du vieil homme ? Il eut la force de s'insurger. Mlle Clairon vint le voir, il se plaignit à elle qu'on jouât mal *Irène,* il lui lut un acte avec une voix d'une force incroyable, pour un mourant. Mlle Clairon dit qu'il n'y avait pas d'actrice assez forte pour jouer ainsi et que demander cet effort à Mme Vestris c'était la tuer.

— *C'est ce que je prétends, Mademoiselle, je veux rendre ce service au public,* lui répondit l'implacable auteur.

Un duc lui dit avec légèreté que le jeu des acteurs était très bon : « *C'est peut-être assez bon pour un duc mais pour moi cela ne vaut rien* », répliqua-t-il. Il eut tant de soucis et fit tant de remontrances que, de nouveau, il tomba malade. Pendant quatre jours, il fut comme moribond, ses amis ne quittèrent pas son chevet. Aux visiteurs, il murmurait : « *Voltaire se meurt, Voltaire crache du sang* », et il retombait dans sa prostration. Puis il reprit vie, mais en quatre jours, il avait vieilli de dix ans ; il sortit du lit comme un spectre du tombeau.

Tout Paris cependant bruissait de louanges : des madrigaux,

des poèmes, des articles et surtout des propos dithyrambiques. Quelques ordures anonymes lui arrivaient par la poste. Il remarqua, très philosophe, qu'à Ferney ces insultes lui parvenaient en port dû tandis qu'à Paris le port des ordures était payé d'avance. « *Je gagne au change* », disait-il.

Le 14 mars, eut lieu la répétition générale d'*Irène*. Jamais pareille solennité n'accompagna « une première » à la Comédie-Française. La reine, les princes, toute la Cour, les ambassadeurs ; le parterre était aussi brillant que les loges. Ce fut éblouissant. On ne sait ce qu'il faut admirer le plus de la gloire de Voltaire ou de la bienveillance du public qui voulait à tout prix faire un triomphe à une pièce qui était faible — et ne le dissimulait pas. L'indispensable Denis, dans une loge, représentait l'oncle illustre qui était couché. On dit que la reine prit des notes au crayon. A chaque entracte, une estafette courait ventre à terre, rue de Beaune pour porter le bulletin de victoire au moribond. Après le 1er acte, après le 2e, ce fut sublime ; après le 3e et le 4e la salle fut polie. Les derniers actes étaient si plats que la patience du public fut le vrai chef-d'œuvre de la soirée.

Les jours suivants, Villette et Mme Denis exhibèrent une fois de plus le spectre de Voltaire. Ces deux marionnettes faisaient la roue comme si les compliments du public leur étaient destinés. Le duc de Praslin fit une visite charmante au poète. L'Académie lui envoya une nouvelle députation et il demanda respectueusement à la Compagnie de bien vouloir accepter la dédicace d'*Irène*. Il soumit le texte à ses confrères en les priant de le corriger. Ils y apportèrent quelques légères retouches et se déclarèrent enchantés de ces procédés. Tout allait bien de ce côté.

Du côté de la vessie, il y avait du mieux : il se sentait revivre. Il réclama des chevaux et un carrosse. Non content de recevoir des visites, il voulut les rendre. Le 21 mars, il refit connaissance avec Paris. Il tint d'abord à admirer la place Louis XV, notre Concorde qu'il n'avait jamais vue. L'œuvre de Gabriel le combla de joie, c'était l'architecture du siècle, c'était son goût, noble, pur, classique. La foule le reconnut et le reconduisit rue de Beaune.

En rentrant, il eut la joie de trouver une délégation de la « Loge des Neuf-Sœurs » qui l'attendait. M. de Lalande, vénérable de la Loge venait lui faire une invitation. Il apprit que lors de leur réunion les frères-maçons avaient déclamé des vers que l'un d'eux avait faits à la gloire de Voltaire, puis ils avaient bu à sa santé. Voltaire n'était pas maçon, mais son amour de la liberté, de la tolérance, ses combats contre l'injustice et le fanatisme le faisaient maçon de cœur. Sa promenade l'avait ragaillardi, M. de Lalande sut trouver pour le louer, des mots naturels et chaleureux, il récupéra d'un coup les dix ans qu'il venait de perdre, il fut pétillant, léger, cinglant et tendre. Il eut pour chacun des membres de la Loge un compliment qui leur fit croire qu'il les connaissait depuis longtemps. Il leur promit de leur rendre visite à la Loge ; on se sépara amis — déjà « frères ».

Après ces douceurs : l'orage. Voltaire, avant d'aller voir *Irène* à la Comédie, voulut en relire le texte — le texte que les acteurs avaient appris et déclamaient. Il se méfiait de quelque chose. Pour être sûr d'avoir le texte même des acteurs, il fit demander au souffleur de lui communiquer le sien. Hélas ! cette lecture fut accablante : les corrections les plus saugrenues avaient été faites à son insu, des vers étaient supprimés, d'autres changés. Une fureur insensée s'empara de lui : elle était bien plus dangereuse pour sa frêle santé que pour les coupables, mais il n'était plus maître de lui. Il fit appeler sa nièce. Celle-ci épouvantée par ses cris et ses menaces, reconnut que c'était à son instigation qu'on avait défiguré *Irène*. Wagnière dit qu'en vingt-quatre ans, il ne vit jamais Voltaire dans un tel état de fureur. Il se jeta sur sa nièce et la repoussa si violemment qu'elle alla choir, à la renverse, dans les bras — non d'un fauteuil — mais d'un M. Duvivier qui occupait le fauteuil. Elle était bien tombée ! Ce M. Duvivier était l'homme qu'elle devait épouser un peu plus tard. A vrai dire, ce n'était pas la première fois qu'elle tombait dans les bras de ce personnage, mais c'était la première fois en public. Cet incident permit à Mme Denis de dire ensuite que si elle avait épousé Duvivier, c'était parce que son oncle l'y avait poussée.

Le tripatouillage d'*Irène* n'avait peut-être pas mutilé un chef-d'œuvre mais il risquait de tuer Voltaire. Le pire est que d'Argental et Thibouville avaient aussi cuisiné le texte. Par prudence, on les fit cacher pendant l'accès de colère. Puis d'Argental, entendant que son nom était pris à partie, eut l'imprudence de paraître : l'ouragan reprit. Voltaire lui reprocha des corrections datant de quarante ans ! lui réclama des manuscrits subtilisés, trafiqués par lui et les exigea sur-le-champ. Mme Denis fut sommée d'aller les chercher immédiatement et à pied. Il pleuvait. Tant mieux ! qu'elle y aille sous la pluie.

— *On m'a traité,* s'écria-t-il, *comme on ne traiterait pas le fils Barthe.* Catastrophe ! M. Barthe était là, caché derrière d'autres personnes, car la scène se passait pendant le défilé des visites elle eut trente témoins. Voltaire épuisé s'effondra. On l'emmena. Cependant que le Marseillais Barthe se jugeant insulté se mettait à trépigner et à hurler en criant : « *Vengeance ! Qu'on me retienne !* » Il voulait se battre avec le moribond. Voltaire reparut, cajola M. Barthe, lui dit qu'il n'y avait rien de blessant dans ses paroles, bien au contraire. Tout le monde rit. M. Barthe aussi.

On voit que l'entourage de Voltaire pour ce qui est du drame, de la comédie ou de la farce forme autour de la vedette une assez bonne troupe. Pour un homme qui a déjà un pied dans la tombe, le jeu est assez surprenant ; mais c'est le contraire de l'ennui. Sur ce, entre un Ingénieur des Ponts-et-Chaussées : « *Ah ! Monsieur vous êtes bien heureux, vous faites de beaux ponts et il n'y a point de d'Argental qui s'avise d'y faire des arches.* »

Le lendemain, il fait des excuses : « *Pardon, cher Ange, ma tête qui a quatre-vingt-quatre ans n'en a que quinze...* »

Comment lui en vouloir quand on est d'Argental ? Mêmes cajoleries à Thibouville. L'orage est passé.

Il va voir « Mon Sully » c'est-à-dire Turgot. Condorcet nous dit que l'admiration de Voltaire pour Turgot perçait dans tous ses propos. Il voyait en Turgot la preuve que son siècle n'était pas aussi décadent qu'on le lui reprochait. Il baisa la main du sage en s'écriant d'une voix entrecoupée de sanglots : « *Laissez-moi baiser cette main qui a signé le salut du peuple.* » En l'abordant, il avait dit : « *En voyant M. Turgot je crois voir la statue de Nabuchodonosor.* » — « *Oui,* dit le ministre qui venait d'être disgracié, *mais les pieds d'argile.* »

— *Et la tête d'or ! la tête d'or !* s'écria Voltaire.

Apothéose.

Le 30 mars, il fut vraiment le roi Voltaire, sacré et couronne par Paris.

Avant d'aller voir *Irène,* il alla faire sa visite à l'Académie qui état alors logée au Louvre. Il monta dans son beau carrosse capitonné d'azur à étoiles d'or. La voiture pouvait à peine avancer à travers la foule qui se pressait contre les chevaux et les roues et qui acclamait Voltaire. Dans la cour du Louvre plusieurs milliers de personnes l'attendaient en battant des mains. Alors, spectacle stupéfiant, on put voir l'Académie française, en cortège, se rendant au-devant de lui. Cet honneur n'avait jamais été rendu à personne par la Compagnie. Entendons-nous : il y avait des absents. Les prélats s'étaient abstenus. Voltaire dut accepter le siège de directeur qui lui fut offert à l'unanimité des présents. D'Alembert lut un éloge de Boileau et sut y glisser quelques louanges pour l'illustre confrère qui n'avait pas siégé parmi ses pairs depuis vingt-huit ans. Il termina par un panégyrique qui souleva l'auditoire et dans lequel étaient exaltés et confondus les génies de Boileau, de Racine et de Voltaire.

Voltaire remercia avec son art habituel et, l'heure pressant, il se rendit à la Comédie-Française. Le trajet ne fut pas facile, la foule s'étant accrue et son enthousiasme aussi. Ce fut une marche triomphale — à pas comptés — jusqu'à la porte du théâtre — et c'était un triomphe populaire, plein de gentillesse, sans façon mais de bon aloi. On grimpait sur les roues, sur les ressorts, on se faufilait par la portière. Un homme demanda la permission de lui baiser la main et sans attendre la réponse s'empara au hasard d'une main qu'il baisa :

— *Par ma foi,* s'écria l'étourdi, *voilà une main bien potelée pour un homme de quatre-vingt-quatre ans.*

C'était la main de « Belle et Bonne ». Il avait peut-être mieux choisi qu'il ne le laisse croire.

L'admiration des femmes était la plus violente : elles arrachaient par poignées les poils de sa pelisse. Les zibelines de la tsarine !

Il s'était habillé — mais comme on s'habillait sous la Régence. Il arrivait presque d'un autre siècle, il sortait des Mémoires de Saint-Simon. Sa perruque monumentale qu'il portait depuis 1720, qu'il peignait lui-même chaque matin aurait pu faire rire ; mais rien n'est ridicule dans un être statufié par la gloire. Quand il entra dans la salle ce fut une ovation interminable. Il occupait la loge des Gentilshommes de la Chambre, en face de celle de Mgr le comte d'Artois. Mme Denis et Mme de Villette occupaient le devant de la loge, il fit mine de s'asseoir derrière, mais le parterre à grands cris exigea qu'il se mît sur le devant. Il s'assit entre les deux dames. La salle était chaude, électrisée, tumultueuse et se mit alors à scander : *La Couronne ! La Couronne !* Tout Paris était dans le secret du complot qui devait sacrer Voltaire ce jour-là. A ce moment, l'acteur Brizard parut près de Voltaire et plaça sur sa tête une couronne de lauriers. La salle alors fut saisie de délire, un tonnerre de bravos et de vivats éclata. Voltaire bouleversé, riant et pleurant murmurait : « *Ah ! Mon Dieu, vous voulez donc me faire mourir à force de gloire.* » Il est vrai qu'entre une colère comme celle de l'avant-veille et une joie comme celle-ci, les nerfs du glorieux vieillard étaient mis à rude épreuve. Il prit la couronne et la plaça sur la tête de Mme de Villette. Mais le public rugit et exigea qu'il la reprît. Alors le prince de Beauvau entra dans la loge, découronna « Belle et Bonne » et recouronna Voltaire qui se débattait. Le public grondait, le poète dut céder, le prince fut le plus fort. Le vacarme était assourdissant, la salle était comme embrumée par les nuées de poussière soulevées par les trépignements de la foule. Les couloirs, les coulisses étaient combles. Enfin le rideau se leva ; la scène elle-même était encombrée de spectateurs.

Irène fut à peine écoutée : on n'entendait que les applaudissements. On n'était pas venu pour la pièce mais pour l'auteur. On sentait qu'il s'agissait d'une grande finale, d'un solennel baisser de rideau, qu'il fallait à tout prix réussir. On ne savait comment, quand quelqu'un se souvint de la petite cérémonie qu'avait organisée Mlle Clairon quelques années plus tôt. On courut chercher le buste de Voltaire et son socle, on les installa au milieu de la scène. La salle fut reprise par son délire. Elle sentit que ce qu'elle attendait allait se passer. Ce fut Mlle La Chassagne qui eut l'inspiration du geste à faire, un de ces gestes rituels qui créent les cultes. Elle enroula des guirlandes de fleurs autour du buste, les acteurs formaient un demi-cercle, comme des prêtres, et Brizard était en costume de moine ! On jetait par poignées des pétales de fleurs sur la divinité ; Voltaire, comme épouvanté, s'était caché au fond de la loge ; la salle dans une clameur immense l'appela jusqu'à ce qu'il parût. C'en était trop, il se sentit écrasé. Il s'avança, ne put résister aux cris, à l'agitation, au flux magnétique qui émanait de la salle, il baissa la tête, le front sur le rebord de la loge, foudroyé. Enfin, il releva son visage baigné de pleurs.

Mme Vestris s'avança alors sur le devant de la scène un papier à la main. Le silence se fit. Elle récita ces vers improvisés par M. de Saint-Marc :

Aux yeux de Paris enchanté
Reçois en ce jour un hommage
Que confirmera d'âge en âge
La sévère postérité

Non, tu n'as pas besoin d'atteindre au noir rivage
Pour jouir de l'honneur de l'Immortalité.
Voltaire, reçois la couronne
Que l'on vient de te présenter
Il est beau de la mériter
Quand c'est la France qui la donne.

On bissa Mme Vestris. Elle relut ces vers que la salle apprit en un clin d'œil. Une actrice, emportée par son enthousiasme, baisa le buste. Tous les autres l'imitèrent. Ce fut dans la salle une frénésie indescriptible. Si un étranger, était alors entré dans ce théâtre, il aurait été persuadé que les Français étaient fous à lier.

On joua ensuite une médiocre comédie : *Nanine*. Peu importe le texte, les applaudissements l'étouffaient. Quand Voltaire sortit, il traversa les couloirs entre deux haies de femmes épanouies qui lui faisaient la révérence : c'était vraiment une sortie de souverain. Aucune bousculade : il se sentait entouré d'admiration, de déférence et d'affection.

Dans le théâtre, le respect tint les gens à distance, mais dès qu'il fut dans la rue, la foule se jeta sur lui. Il faillit être étouffé. Les gens, à défaut du maître, embrassaient ses chevaux. On voulut dételer son carrosse et le traîner. Mais il eut très peur de la foule et supplia qu'on le laissât rentrer avec ses chevaux. Les cochers parlementèrent avec les excités et promirent d'aller au pas afin que sur le parcours tout le monde pût voir Voltaire. Au milieu d'une cohue inimaginable, il arriva enfin, sain et sauf, rue de Beaune. Il pleura longtemps, cela atténua la tension nerveuse qui l'épuisait. Il n'avait plus la force de dire un mot. Il s'écroula dans un sommeil profond comme la mort.

Descendu de l'Olympe, il reprend son train de vie habituel.

Le jour suivant le trouva dégrisé. Il savait ce que valent ces turbulences. « *Ah ! mon ami,* écrivait-il, *vous ne connaissez pas les Français, ils en ont fait autant pour Jean-Jacques... on l'a décrété ensuite de prise de corps et il a été obligé de s'enfuir.* » C'est l'oscillation des natures nerveuses, de l'exaltation il passe à l'abattement.

Il apprit que la reine qui était à l'Opéra, la veille, avait eu l'intention de se rendre à la Comédie pour y rencontrer Voltaire. Un ordre du roi le lui avait interdit. Le 2 avril, *Irène* fut jouée à la Cour. Voltaire ne fut pas invité. Il eût mieux valu pour la Cour ne pas jouer *Irène*. Tout Paris commentait ce nouvel impair de la Cour. Le roi humiliait l'idole de la capitale. Ce n'était qu'une mesquine tracasserie, ce n'était pas un signe de force. Ce dernier trait fit sentir à Voltaire qu'il avait vécu les plus belles heures du voyage et qu'il était sage d'abréger son séjour.

Il fallait encore compter avec Mme Denis ; elle s'amusait beaucoup et voulait que la fête continuât. Au mot de retour, elle se cabra. Elle fut soutenue par d'Argental, Thibouville et le clan philosophique qui désiraient exploiter à fond le succès de leur grand homme.

« Mon Dieu protégez-moi de mes amis... »

D'autres voyaient le danger couru par Voltaire : Tronchin, et M. Dupuits, le mari de Mlle Corneille, prêchaient le retour à Ferney. Ils lui procurèrent même une voiture dite « dormeuse » qui eût permis au patriarche de faire le voyage dans les meilleures conditions. Mme Denis ne pardonna jamais ce coup à Tronchin. Elle ne se tint pas pour battue. Elle avait une alliée invincible : la vanité de Voltaire. Quand il se sentait faible, il voulait partir, mais alors il n'était pas en état de voyager. Quand il se sentait mieux, il pouvait voyager, mais il ne voulait plus partir. Dans les deux cas : il restait. Mme Denis fut gagnante. Elle réussit même à lui faire acheter un magnifique hôtel particulier avec jardin, rue de Richelieu près de l'hôtel de Mme de Saint-Julien et en face de l'hôtel de Choiseul. C'était l'hôtel de Villarceaux.

Le 6 avril, il s'était rendu à l'Académie, en séance ordinaire. Il s'y était rendu à pied. Les gens lui parlaient, il leur répondait. On lui fit escorte. A l'entrée des Tuileries une femme vendait des livres sur un éventaire. Elle courut à lui et le supplia. « *Mon bon Monsieur de Voltaire, faites-moi des livres, vous me les donnerez à vendre, ma fortune sera faite. Vous l'avez procurée à d'autres, je suis une pauvre femme.* » Les bonnes gens étaient persuadés qu'il répandait les bienfaits comme par miracle. C'est curieux cette antinomie entre sa réputation populaire de bonté et de générosité et une certaine réputation littéraire et officielle de méchanceté et de cupidité.

Il faisait semblant de croire qu'il allait rentrer à Ferney. Il disait qu'il irait passer deux mois. Le duc de Condé, gouverneur de Bourgogne, l'attendait à Dijon pour lui faire fête. Papillon-

Philosophe avait promis de l'accompagner. Que n'a-t-il suivi ce programme ? Tronchin disait que s'il était rentré vivre à Ferney sa vie d'ermite il pouvait encore vivre dix ans.

Grands et petits plaisirs de Paris.

Le 7 avril, il rendit à la « Loge des Neuf-Sœurs » l'aimable visite qu'il avait reçue des Frères. Il ne s'agissait pas d'une visite mais d'une véritable cérémonie. La loge se trouvait rue du Pot-de-Fer, près de Saint-Sulpice, dans l'ancien noviciat des Jésuites. Encore un hasard ! sa nouvelle religion se logeait dans les murs de son ancienne : il a dû faire un bail avec saint Ignace. Le frère Cordier de Saint-Firmin annonça à la loge qu'il avait la faveur de lui présenter pour être apprenti maçon M. de Voltaire... Le vénérable frère de Lalande avait préalablement recueilli les avis, du très respectable frère Bacon de la Chevalerie, grand orateur du grand Orient et les avis de tous les frères de la Loge, lesquels ont été conformes à la demande faite par le frère Cordier. Il a choisi les très respectables frères comte Strogonof, Cailhava, le président Meslay, le marquis de Lort, Brinon, l'abbé Roney, etc. pour aller recevoir et préparer le candidat.

« *Après avoir reçu les paroles, signes et attouchements, le frère Voltaire a été placé à l'orient à côté du Vénérable. Un des frères de la Colonne de Melpomène lui a placé sur la tête une couronne de lauriers qu'il s'est hâté de déposer.* (Quelle consommation de lauriers en une semaine !) *Le Vénérable lui a ceint le tablier du frère Helvétius que la veuve du philosophe a fait passer à la Loge des Neuf-Sœurs.* » Le marquis de Villette était présent. Quand on tendit à Voltaire des gants de femme il les offrit à Villette : « *Puisqu'ils supposent un attachement tendre, honnête et mérité, je vous prie de les remettre à Belle et Bonne.* » C'était très galant. Etait-ce très maçonnique ? M. de Lalande prononça un discours plein d'élévation dans lequel Voltaire était exalté.

« *Ainsi, très cher frère, vous étiez franc-maçon avant même d'en avoir reçu le caractère et vous en avez rempli les devoirs avant même d'en avoir contracté l'obligation de vos mains.* »

Suivaient des louanges et des actions de grâces. Plusieurs frères demandèrent la permission de réciter des vers. Ils récitèrent les leurs... Ils se succédèrent et chacun lut le meilleur de ses œuvres, toutes remarquables par leur abondance. Le temps passait. Voltaire exprima sa reconnaissance, car l'encens qu'on lui prodiguait le faisait tenir sage. Après ces lectures débordantes, on écouta des symphonies. Enfin, on se dirigea vers la table du banquet. Pour Voltaire, ces agapes se bornèrent à ingurgiter quelques cuillerées de purée de fèves. C'était une panacée qu'une femme « bel esprit » lui avait enseignée.

Le festin fut moins copieux que les harangues et il put enfin rentrer rue de Beaune. Il parut au balcon entre d'Argental et Thibouville pour récompenser la foule qui stationnait à longueur de journée dans la rue et sur le quai. On l'applaudit longuement.

Tout le monde en convient : dès qu'il paraît les gens rayonnent de joie. Mme du Deffand, qui sait tout, l'écrit — avec regret — toute la France acclame Voltaire. Sauf la Cour. Voilà du nouveau en France : la Cour boude la nation. Boude-t-on un homme qui est l'idole de la nation quand on gouverne cette nation ? On se fait idolâtrer par lui. Et comme c'eût été facile ! Voltaire n'attendait qu'un signe. Imagine-t-on Louis XVI conduit par Voltaire à sa loge de la Comédie-Française ? Quelle ovation au roi ! Si le roi avait dit à Voltaire : « *J'assisterai demain à la grand-messe à Notre-Dame et vous me donnerez l'eau bénite* », Voltaire la lui aurait présentée à genoux. Toute la gloire du patriarche eût auréolé le roi tandis que sa popularité méprisée par la Cour s'est tournée en aigreur contre le trône.

Le soir, il alla chez une grande dame, la comtesse de Montesson qui passait pour être mariée secrètement au duc d'Orléans. Elle avait un des salons les plus brillants de Paris. Comment Voltaire ne s'y serait-il pas plu ? On y jouait la comédie. Mme de Montesson était une actrice accomplie et sa troupe ne manquait pas de talent. Cela rappelait à Voltaire les fastes théâtraux de Ferney. Probablement en mieux. Les grâces, l'esprit, la courtoisie du monde le plus brillant et le plus joli qui ait jamais existé offraient à Voltaire le climat le plus favorable à l'épanouissement de ses talents. C'était la vie idéale pour lui. Comment ce soir-là eût-il pensé rentrer à Ferney ? La journée l'avait comblé de satisfaction, il se sentait bien portant. Il fut d'une vivacité ensorcelante, la comtesse le reçut comme un souverain adoré. Alors vive Paris ! La fête durera ce qu'elle durera...

Il y avait un mois qu'il devait une visite à Mme du Deffand. Elle l'attendait et trouvait qu'il ne se pressait guère. Elle le reçut dans le couvent où elle s'était retirée. Il n'y avait qu'elle, sa secrétaire et une autre dame pensionnaire du même couvent. Que se passa-t-il ? Voltaire eut-il des paroles imprudentes contre la religion qui auraient été rapportées par l'amie de Mme du Deffand ? Sa présence dans un couvent parut-elle un sacrilège aux pieuses dames qui l'habitaient ? Quoi qu'il en soit Mme du Deffand dut essuyer les reproches indignés de ces dames en courroux. Le jour où Voltaire mourut, quand elles apprirent qu'on avait refusé les obsèques religieuses à l'impie, elles vinrent créer un chahut sous les fenêtres de la marquise aveugle. Elle en avait entendu d'autres et ne le prit pas trop mal, elle dut s'amuser intérieurement de cette insolente leçon qu'on lui donnait — à son âge ! — sur ses mauvaises fréquentations.

Le fringant et impie petit vieillard continuait à trottiner dans les rues de Paris. A la fin d'avril, revenant de relancer M. de Villarceaux qui ne se décidait pas assez vite à lui vendre son hôtel de la rue de Richelieu, il lui prit fantaisie de faire un tour au Palais Royal. Il aperçut deux jolis enfants qui jouaient avec leur gouvernante et, les ayant observés, fut frappé par la ressemblance de l'un d'eux avec le Régent qu'il avait, on s'en souvient, rencontré dans ce même jardin quelque soixante ans auparavant. Il apprit que cet enfant était M. de Valois, fils du duc d'Orléans, arrière-petit-fils du régent. Cet enfant avait alors cinq ans, il devait faire une brillante carrière sous le nom de Louis-Philippe Ier, roi des Français. S'est-il souvenu que Voltaire lui avait pincé l'oreille en 1778 ? La gouvernante fit entrer Voltaire dans le palais pour lui faire admirer les autres enfants qui dormaient. La duchesse d'Orléans qui se faisait coiffer, apprenant que Voltaire berçait ses enfants, accourut en peignoir et en cotillon, les cheveux épars ; elle était transportée de joie à l'idée de connaître Voltaire à qui elle sut faire un compliment qui, pour manquer d'apprêt, n'en fut pas moins bien reçu. Le duc n'était pas là ; la duchesse en témoigna tout son regret au patriarche. Voilà les surprises de Paris. Voltaire était transporté d'aise tout comme cette duchesse, épouse du premier prince du sang qui laissait là sa coiffeuse pour aller complimenter le premier écrivain du siècle dans la nursery où il regardait des enfants dormir. Telle était la charmante familiarité des mœurs à la fin de l'ancien régime.

Dans le même quartier, il grimpe les étages de Sophie Arnould. Une princesse de théâtre qui, à ses yeux, valait bien les autres car l'essentiel était d'être princesse. Il fait d'autres visites ou des pèlerinages à des personnes datant, comme lui, de l'autre siècle.

Il rencontra ainsi une antique comtesse de Ségur qui se mit à lui parler de Dieu et de son église. Comme il était dans un bon jour, c'est-à-dire en paix avec tout son organisme, il fit le diable. Il se mit à jeter tous ses feux avec cette vivacité, cette éloquence incendiaire, cette impertinence qui charmaient les uns et révoltaient les autres. Plus de soixante personnes étaient réunies et faisaient cercle pour l'écouter. Pas un mot ne fut perdu et beaucoup furent rapportés aux bons endroits. Incorrigible Voltaire !

« *Je n'ai que quinze ans...* » disait-il avec espièglerie. Il y a quelques jours, il se confessait, signait une rétractation ; aujourd'hui, il fulmine en public contre ces prêtres qu'il avait reçus et devant qui il avait fait amende honorable. Qu'on ne cherche pas dans de ténébreux complots la raison pour laquelle sa rétractation ne sera pas prise en considération. L'Archevêché fut très certainement informé de cette brillante sortie contre la religion. Cela suffit à expliquer la suite. Quand il eut terminé, il retrouva son aménité naturelle et rendit un bon office à la pauvre comtesse qui se mourait de faiblesse. Comme on lui avait enseigné à lui-même les vertus de la purée de fèves, il enseigna à la vieille dame un remède infaillible grâce auquel il avait, à Ferney, triomphé d'une langueur pernicieuse : il suffit d'avaler des jaunes d'œufs délayés dans la farine de pommes de terre. La pomme de terre alors représentait la pointe du progrès, l'innovation sensationnelle. Et l'assistance de s'extasier sur l'universalité de son génie. Et un imbécile s'exclama : « *Quel homme ! quel homme ! pas un mot sans un trait.* »

Pour de la purée de pommes de terre ! on voit de qui il s'agit, d'un de ceux qui, le lendemain, eût applaudi le bourreau qui aurait tranché la tête de Voltaire.

Il lui restait à voir Mme la marquise de La Tour du Pin-Gouvernet, Suzanne de Livry qu'il avait cueillie jadis sous les ombrages de Sully et apportée à Paris comme une églantine dont elle avait les grâces fraîches et naïves. On sait qu'après ses tristes aventures de Londres elle avait épousé le marquis et voulant oublier ses débuts théâtraux et galants, elle avait fait interdire sa porte à Voltaire. Il avait pardonné l'affront. Elle aussi. Elle voulut bien le recevoir. Il accourut en sautillant vers sa Suzanne. Catastrophe ! Ils ne se reconnurent ni l'un ni l'autre. Ils s'épouvantèrent réciproquement par leur totale décrépitude. Lui, gardait au moins l'étincelle du regard, sa mimique ou du moins ses grimaces. De l'églantine, il ne restait rien. Qu'une ruine lamentable. Ils purent à peine échanger quelques mots. Sur un meuble, il put voir le portrait d'un jeune homme rayonnant d'intelligence avec un petit air impertinent : c'était lui, peint par Largillière. C'était ce jeune homme que Suzanne croyait retrouver : elle ne retrouvait que les cendres du Phénix. Ils se quittèrent consternés. Elle eut un bon geste : elle fit porter chez M. de Villette le portrait de Largillière qu'elle avait gardé pendant si longtemps et, peut-être, aimé.

Pour elle, c'était le portrait d'un mort. Pour nous, c'est le meilleur portrait de Voltaire que nous ayons. Il est bien plus vivant à nos yeux qu'à ceux de Suzanne. Quant à Voltaire, il revint de sa visite avec l'impression d'avoir contemplé deux fois la mort : la sienne et celle de Suzanne :

« *Je reviens d'un bord du Styx à l'autre,* » dit-il.

Dès qu'il eut conclu l'achat de l'hôtel de Villarceaux le 29 avril il expédia Wagnière à Ferney. Avec mission de préparer le retour du patriarche. Dans le concert de louanges, il perçut une note discordante. L'abbé de Beauregard, prêchant à Versailles, attaqua violemment les philosophes en soulignant que pour prix de leur impiété on leur tressait des couronnes. Le coup était direct. Mesdames, tantes du roi, dirigeaient le parti dévot avec l'appui de Louis XVI. Ce parti demanda pourquoi on avait pu remarquer que, depuis le retour de Voltaire, aucune attaque contre l'impiété n'avait été publiée. En effet, c'était le garde des Sceaux, M. de Miromesnil, qui avait décidé, par mesure d'apaisement, que pendant le séjour de Voltaire à Paris, il ne laisserait rien publier contre le prince de l'Impiété. M. de Miromesnil effrayé par ce rappel à l'ordre qui venait de si haut, annula les instructions qu'il avait données à la censure. Voltaire se demandait ce qu'il allait faire ? Partir pour Ferney ? C'était fuir devant le goupillon de l'abbé de Beauregard. Il décida de rester. Ce lui était en outre un bon prétexte pour désobéir aux médecins. Et puis, il se portait bien : la vie lui souriait à Paris même si Versailles lui faisait la grimace.

Il retourna même au théâtre en cachette. Un jour où on jouait son *Alzire,* il écoutait tapi au fond d'une loge, dans le ravissement. Au 4e acte, il n'y put tenir, il s'élança au bord de la loge et s'écria : « *Que c'est beau ! Ah ! que c'est beau !* » La salle le reconnut, lui fit une ovation. Le 5e acte fut un nouveau triomphe : les acteurs stimulés par la ferveur du public et la présence de Voltaire se surpassèrent. Couronne à part, il connut une apothéose aussi bruyante que celle d'*Irène*. Il sortit de là ivre et à bout de forces.

Derniers travaux.

Ce qui l'occupe le plus sérieusement depuis qu'il en a fini avec *Irène,* c'est l'Académie. On peut dire qu'il consacra son dernier labeur et ses dernières forces à la tâche essentielle de l'Académie, le Dictionnaire. Il était assidu aux séances et il montra à ses confrères en quoi consistait la tâche de l'illustre compagnie : il la pressa avec une passion qui étonna tout le monde de s'attaquer à la refonte du Dictionnaire. Il montra que notre langue s'appauvrissait faute d'apports neufs. Ce classique si pur, si « conservateur » disait : « *Notre langue est une gueuse, il faut lui faire l'aumône malgré elle.* » Il incombait donc à l'Académie de choisir les mots nouveaux qui devaient rajeunir la langue. Il donnait en exemple le mot « tragédien » qui n'était pas admis dans le sens d'acteur jouant des tragédies. Il traça le plan d'un travail si considérable que ses confrères en furent épouvantés. Il y avait là de grands seigneurs qui n'envisageaient pas du tout de s'atteler à une besogne qui durerait des années. On ne put s'empêcher d'admirer cet esprit d'entreprise, cette intrépidité, cette ténacité et cette clairvoyance dans un homme de 84 ans qui faisait des projets comme s'il en avait trente. Il ne se contentait pas de projeter. Il prêchait l'exemple : il distribua les tâches. On l'avait d'abord admiré, quand on le vit passer aux actes on fut surpris, puis inquiet. Quand il fixa à chacun sa tâche : on murmura. Il s'attribua d'ailleurs la plus lourde : la lettre A. Le peloton le plus nombreux du Dictionnaire. Chaque mot devait être repris et étudié sous l'angle de l'étymologie et des diverses acceptions avec exemples tirés des bons auteurs. On devait reprendre la conjugaison des verbes irréguliers, c'était le *Littré,* cent ans avant Littré, c'était le *Voltaire*. Finalement son ardeur eut raison de la nonchalance de ses confrères, ils adhérèrent à son projet. Quand chacun eut adopté une lettre : « *Messieurs, je vous remercie... au nom de l'alphabet* », leur dit-il. « *Et nous, nous vous remercions au nom des Lettres* », lui répondit élégamment le chevalier de Chastellux.

Il rentra épuisé, rue de Beaune : il but cinq tasses de café.

Cela ne l'empêcha pas, deux jours après, d'aller à une séance de l'Académie des Sciences. La nouvelle de sa visite s'était répandue. De belles dames accoururent. Ce fut encore une séance magnifique mais exténuante. Cette visite lui rappela le temps de Cirey lorsqu'il avait brigué un siège de cette Académie en présentant un mémoire sur *la Nature du Feu*. Un hasard vint donner encore plus d'éclat à cette séance car Franklin y parut également. Les deux vieillards les plus célèbres et les plus « philosophes » de l'époque se jetèrent, une fois de plus, dans les bras l'un de l'autre.

M. d'Alembert prit la parole et fit l'éloge funèbre de Trudaine, ami de Turgot, ami de Voltaire. D'Alembert saisit l'occasion d'associer le nom de Trudaine à celui de Voltaire qui eut sa part d'éloges dans l'éloge du mort. Le public fut transporté. La fin de la séance fut morne : on écouta la lecture d'un mémoire scientifique — si l'on peut dire — sur « *la manière de faire avec des raisins verts du vin qui n'ait pas goût de verdeur.* » Le public s'assoupit. Voltaire également et rentra, grâce aux raisins verts, assez frais, rue de Beaune.

Le lendemain, il reprit ses visites mondaines. Il se rendit chez la maréchale de Luxembourg. Elle protégeait Jean-Jacques, Voltaire n'en avait nulle amertume. On parla de la guerre avec l'Angleterre. Chacun était inquiet de ces guerres interminables, épuisantes, inutiles. Mais comment en finir ? La maréchale était pour la paix à tout prix. Voltaire sentit sa maigre carcasse frémir de colère et d'un air foudroyant, pointant son doigt vengeur vers l'épée du maréchal de Broglie qui était près de lui : « *Madame, voilà la plume avec laquelle il faut signer la paix.* »

Lui aussi était contre la guerre, mais il n'était pas pour une paix honteuse. Dans les premiers jours de mai, il ne put se rendre à l'Académie, il ne put se lever. Il s'inquiéta car il se doutait que ses confrères n'avaient accepté son projet que dans un élan passager d'enthousiasme et de courtoisie.

Voltaire aux prises avec les médecins, les apothicaires et les amis.

Le 11 mai, il sortit de nouveau, sans entrain. Il rencontra Mme de Saint-Julien et Mme Denis et leur dit qu'il rentrait se coucher. Il souffrait de violentes douleurs des reins et se plaignait de rétention d'urine. Pour se remettre, il but ce jour-là vingt-cinq tasses de café, nous dit Wagnière.

Mme de Saint-Julien le vit deux jours plus tard, lui trouva mauvaise mine et conseilla d'appeler Tronchin. Mme Denis aurait dû le faire, mais elle en voulait à Tronchin, et ne l'appela pas. Deux jours plus tard, l'état du malade ayant empiré, Villette, se contenta d'appeler l'apothicaire du coin. Celui-ci offrit un philtre de son invention que Voltaire — grâce à Dieu ! refusa de prendre. Mme de Saint-Julien qui le goûta à peine en eut la langue brûlée et ne put souper. Le duc de Richelieu vint dans la soirée, il indiqua lui aussi un philtre à base d'opium dont il se servait pour calmer ses douleurs. Voltaire qui souffrait terriblement des reins et de la vessie lui en demanda. L'assistance osa dire que le remède du maréchal de Richelieu était dangereux et que Voltaire ne le supporterait pas. Mme Denis et Villette en tenaient pour le remède. Villette ajouta même que tout ce que risquait Voltaire était d'être comme fou pendant quelques jours et qu'il guérirait ensuite. Voltaire par les bons soins de sa nièce et de Villette reçut donc une forte dose de ce remède. Les uns disent que Villette brisa ensuite la fiole. D'autres, que Voltaire se serait relevé et sous les yeux de Villette aurait absorbé tout le contenu de la fiole. A quoi Mme de Saint-Julien indignée aurait répondu : « *Et vous n'avez rien fait pour l'en empêcher ?* » Rien n'est précis, rien n'est certain dans ces racontars. Ce qui ne fait aucun doute c'est que l'attitude de Mme Denis et de Villette n'est pas celle de l'affection. Sans aller jusqu'à croire Wagnière qui dit que ce remède a tué son maître, on peut penser que Voltaire a été très mal soigné. Sans doute était-il à bout de forces. Mais on n'a rien fait pour le prolonger, ni pour le soulager. Bien au contraire. Toute la faute n'en revient pas à l'entourage. Sans doute, le régime des visites, des émotions douces et violentes, le régime des triomphes était-il le pire — mais, au fond, c'était le plus voltairien des régimes. Voltaire est mort, en somme, de ce qui l'avait fait vivre : l'agitation. Comme il a admirablement vécu de cette agitation pendant 84 ans, y a-t-il lieu de déplorer qu'il en soit mort après en avoir tiré tant de joies jusqu'à son dernier jour ?

Il est très malade mais il n'est pas encore mort. Il a encore quelques mots à dire.

Quand il eut avalé la drogue de Richelieu, ce fut atroce. Il se sentit parcouru par une traînée de feu de la gorge aux entrailles. Il devint forcené pendant deux jours. Croyant que Richelieu l'avait empoisonné, il ne désignait plus son ami d'enfance que par le nom de « Frère Caïn ». Il fallut bien appeler Tronchin. Il ne put que constater le désastre. Il calma un peu le malade. Mais l'excès d'opium avait provoqué une paralysie de l'estomac. Le malade ne pouvait plus rien absorber ni solide, ni liquide. Sa faiblesse devint effrayante. Il ne cessait de réclamer Wagnière qu'on voulut alors faire revenir. Mme Denis s'y opposa. C'est M. d'Hornoy qui le rappela d'autorité. Ce que voyant, elle écrivit à Wagnière pour qu'il s'occupât à Ferney de petits soins domestiques et de « tout ce qui est à moi » précisait-elle, avec son désintéressement habituel. Elle lui affirmait que Voltaire allait mieux. C'était bien le contraire de la vérité, mais cela empêcherait Wagnière de revenir précipitamment et lui laisserait le temps de rapporter tous les objets qu'elle réclamait et, en particulier l'argenterie.

Alors que Voltaire était plongé dans ses tourments, on lui murmura une nouvelle étonnante : le fils de Lally-Tollendal venait d'obtenir la cassation de l'arrêt qui condamnait son père. Il se souleva. Son regard s'anima. Il dicta trois lignes : « *Le mourant ressuscite* (combien de fois a-t-il usé de pareilles formules !) *en apprenant cette grande nouvelle, il embrasse bien tendrement M. de Lally, il voit que le roi est le défenseur de la Justice, il mourra content.* »

On voit jusqu'où allait chez cet homme sa passion de la justice ; il était mort aux trois quarts, il n'avait plus que quelques instants de lucidité chaque jour. Qu'est-ce qui survivait à l'anéantissement : l'amour de la Justice. Il fit écrire sur un papier qu'on épingla au mur, en face de lui : « *Le 26 mai 1778, l'assassinat juridique commis par Pasquier, conseiller du Parlement* (elle est fidèle aux noms la mémoire du moribond !) *en la personne de Lally a été vengée par le roi.* »

La fidélité au roi, malgré les rancœurs, tenait jusqu'au dernier souffle.

Il est bien difficile d'affirmer qu'il ne s'est lancé dans ses terribles luttes contre l'injustice et le fanatisme que pour satisfaire sa vanité, sa publicité, son cabotinage ? Admettons qu'on puisse feindre pendant quatre-vingt-quatre ans — quand on se tord de douleur sur son lit de mort, on ne feint plus. Considérée dans sa longue perspective, sa vie n'est pas une tromperie continue et uniforme, il n'a trompé qu'en mille détails, l'ensemble, le fond est clair et vrai : il est le Voltaire de la liberté et de la Justice. Ce petit papier accroché à son lit de mort est un cri de vérité, son dernier cri. C'est lui qui retentit en nous.

La fin de l'idole.

Depuis qu'il était si mal, Mme Denis et Villette ne le montraient plus. Mais les visites ne cessaient pas : Mme Denis les gardait pour elle. Elle trônait, « grosse comme un muid » recevait l'encens et faisait le bel esprit pendant que son oncle agonisait dans des conditions horribles. On l'avait relégué dans une maisonnette au fond du jardin de l'hôtel de Villette. Loin des regards. La nièce n'avait qu'un souci : faire saisir tout papier qu'il pouvait griffonner dans ses instants d'accalmie : elle mourait de peur qu'il ne révoquât le testament qui l'instituait légataire universelle. Quant à Villette, il songeait déjà aux ennuis qu'allait lui causer le trépas de son hôte ; illustre de son vivant, mort, il deviendrait objet de réprobation et de scandale. M. de Villette se demandait comment il allait bien pouvoir se débarrasser du cadavre.

On commence par gagner du temps : on trompe l'opinion. On fait croire que M. de Voltaire est atteint d'un de ses fréquents malaises dont il se remet toujours. Pour amuser le public, on invente même des facéties qu'il aurait dites. Mais le public s'impatiente. Il trouve que l'entracte dure trop et il désire que la vedette reparaisse et exécute son numéro.

Dans la cabane obscure où il agonise sous la surveillance de deux femmes choisies par Mme Denis : la Bardy, cuisinière, et la Roger, garde-malade, qui jacassent, rient et boivent, il reçoit parfois la visite de Tronchin qui constate et ne fait rien, car il n'y a plus rien à faire. Il pourrait tout au moins exiger que son ami Voltaire meure décemment et soit débarrassé de ces harpies. Mais Tronchin fait des réflexions, elles sont loin d'être amicales. Il se souvient que Voltaire avait dit : « *Je mourrai si je puis en riant.* » Cette phrase lui fournit le thème de son persiflage : « *S'il mourait gaîment comme il l'a promis j'en serais bien trompé : il ne se gênera pas pour ses intimes, il se laissera aller à son humeur, à sa poltronnerie, à la peur qu'il a de quitter l'incertain pour le certain... La fin sera pour Voltaire un fichu moment. S'il conserve sa tête jusqu'au bout ce sera un plat mourant.* »

Il est utile de tout entendre sur un homme aussi observé, aussi épié, aussi adulé, aussi haï que Voltaire. Il faut prendre la vérité où elle est, dans les fleurs et sur le fumier. Dans les propos de Tronchin, il y a les deux. Comme elle semblera drôle à M. Tronchin, la dernière grimace que fera faire la mort à ce grimacier !

M. Tronchin s'en délecte déjà. Voilà tout ce qu'il trouve à dire devant l'agonie de cet homme qui fut la plus brillante intelligence de son siècle, qui fut le défenseur de Calas, coreligionnaire de Tronchin ?

Etait-ce déjà oublié ?

La vérité sur l'état de Voltaire finit par filtrer. L'abbé Gautier l'apprit, écrivit à Voltaire et se déclara prêt à reprendre sa confession et à préparer le malade à bien mourir. L'abbé Mignot, le neveu, étant là, s'offrit pour aller chercher l'abbé Gautier et le conduire au chevet du mourant. Cette fois, l'abbé avait pris ses précautions, il apportait une rétractation plus complète que la première avec amende honorable et profession de foi détaillée. Ensuite, il exigea d'être accompagné de l'abbé de Fersac : la première réprimande avait porté. L'abbé Mignot accepta tout cela. Voyant les prêtres chez lui, M. de Villette demanda la rétractation il la lut et l'approuva. De quoi se mêlait-il ? On introduisit les deux prêtres auprès du malade. Il ne reconnut pas M. le Curé, mais il reconnut l'abbé Gautier. Il lui prit les mains et lui témoigna de l'amitié : Quand on lui parla de rétractation, il se mit à dire et à répéter : « *M. l'abbé Gautier fait ses compliments à l'abbé Gautier...* » Et autres phrases sans suite. L'abbé crut qu'il délirait, il se retira en disant qu'il reviendrait quand Voltaire serait lucide. Cela se passait le 29 mai 1778 après-midi. Le surlendemain on fit savoir à l'abbé que Voltaire était mort la veille à onze heures du soir. « *Si j'avais cru qu'il fût mort si tôt,* dit-il, *je ne l'aurais pas abandonné, j'aurais fait tous mes efforts pour l'aider à bien mourir.* » Enfin, une parole de charité ! elles sont bien rares en cette affaire.

Par La Harpe et par Grimm nous avons une autre version de cette pieuse visite. Ils n'y assistaient pas mais ils en eurent un fidèle compte rendu. Il semble bien que le bon abbé Gautier n'ait pas tout dit ou n'ait pas tout vu, ni tout compris. Le délire de Voltaire n'était pas aussi profond qu'il le croyait. Quand l'abbé Gautier lui demanda : « *Reconnaissez-vous la divinité de Jésus-Christ ?* » Le malade répéta : « *Jésus-Christ ? Jésus-Christ ? Laissez-moi mourir en paix !* » et fit un mouvement pour éloigner l'abbé. Le curé de Saint-Sulpice eut le bon esprit de dire : « *Vous voyez bien qu'il n'a pas sa tête !* » Et ils sortirent. A ce moment Voltaire tendit les mains vers eux et dit : « *Je suis mort.* »

Ce récit a l'air honnête. Par la suite, on arrangea « les mots » on raconta que, lorsqu'on lui parla de la divinité de N.-S. Jésus-Christ, Voltaire répondit : « *Ne me parlez pas de cet homme-là !*

ou encore : « *Au nom de Dieu, ne me parlez pas de lui.* » On ne prête qu'aux riches, mais quelques heures avant sa mort Voltaire était-il si riche de sarcasmes ? Le « *qu'on me laisse mourir en paix* » paraît plus acceptable.

En fait de paix, voici quelle fut celle qui entoura l'agonie de Voltaire.

Son médecin Tronchin qui avait tout vu, écrivit le mois suivant à Bonnet, de Genève. Ni l'un, ni l'autre n'étaient amis de Voltaire. Quoique malveillant, ce témoignage est capital. Tronchin écrivait dans un style entortillé qu'il y a une grande différence entre la fin du sage qui est, comme chacun sait, aussi sereine que la fin d'un beau jour et « *le tourment affreux de celui pour qui la mort est le roi des épouvantements !* » C'est de la fin de l'impie Voltaire qu'il s'agit. Cependant avant de parler de Voltaire, Tronchin parla de lui-même et du magnifique éloge que lui décerna Voltaire mourant. On va voir comment il va l'en remercier. Puis il parla de son malade qui lui disait : « *Ayez pitié de moi, je suis fou... appelez le médecin des fous.* » Et il est bien exact que la drogue l'avait rendu dément. Le spectacle qu'il donna « de démence et de désespoir » fut affreux. « *Je ne me le rappelle pas sans horreur* », dit son médecin. Est-ce une raison parce que Voltaire a été empoisonné par une drogue pour le traiter comme un être sans âme, sans courage, sans morale ? Tronchin dit que son malade fut pris de rage parce qu'il se vit mourir. Est-ce bien vrai ? Tous les autres témoins l'ont vu comateux, tourmenté par la brûlure intérieure, mais presque toujours inconscient. Il suppliait Tronchin : « *Monsieur, tirez-moi de là !* » A quoi Tronchin, très spartiate, répondit : « *Je ne puis rien, Monsieur, il faut mourir.* »

Tout le rapport de Tronchin tendait à démontrer que la mort de l'impie était forcément une mort horrible, un supplice exemplaire, donc édifiant. Et voici la leçon de ce parfait ami : « *Je voudrais* disait-il *que tous ceux qui ont été séduits par ses livres eussent été témoins de cette mort. Il n'est pas possible de tenir contre pareil spectacle.* » Cette leçon ne fut pas perdue. Elle fut reprise par un correspondant de la « *Gazette de Cologne* » qui renchérit sur le rapport de Tronchin et donna des « détails » sur la mort réservée aux émules de Voltaire. Voici le morceau. « *Peu de temps avant sa mort, M. de Voltaire est entré dans des agitations affreuses criant avec fureur : « Je suis abandonné de Dieu et des hommes !* » C'est le style du mélodrame en train de se former avec les sous-produits de « *la Nouvelle Héloïse* » et du romantisme vagissant. « *Il se mordait les doigts et portant les mains dans un pot de chambre et saisissant ce qui y était, il l'a mangé.* »

Ce trait ignoble a servi à faire prendre en horreur Voltaire aux meilleures âmes du monde. On en ajouta d'autres. Un abbé Depery, disait tenir de Mme de Villette, (cinquante ans après la mort de Voltaire) que le malheureux poète voyait le Diable dans la ruelle de son lit et criait comme un damné qu'il était : « *Il est là, il veut me saisir, je vois l'Enfer...* »

L'enfer ? Dans la ruelle de ce lit où l'on voyait écrit : « *Le roi venge l'innocence* », comme ultime message ? Le même abbé accréditait le bruit qu'on avait refusé l'entrée de la chambre aux prêtres et que les philosophes les avait chassés. L'abbé Gautier savait parler et écrire. Le curé de Saint-Sulpice n'était pas un sot, loin de là, il avait de la défense et les moyens de se faire entendre en haut-lieu. Ils n'ont rien dit de pareil. Ils ont dit au contraire, que l'accueil reçu à l'hôtel de Villette était courtois.

Si l'enfer s'est montré en ces heures cruelles, il n'était pas forcément dans la ruelle de Voltaire, on le découvrirait plutôt dans le faux-témoignage des uns et dans l'atroce cupidité et la cruauté de Mme Denis. Il n'est pas besoin de lire les horreurs de la *Gazette de Cologne*, ni les sottes visions de l'abbé Depery, ni le préchi-prêcha de Tronchin pour être pris de compassion et de frayeur devant le grabat sur lequel mourut le roi Voltaire. La réalité est bouleversante : Voltaire est mort abandonné.

Dans son taudis, les gens de service allaient et venaient sans gêne ; les deux femmes de garde recevaient qui elles voulaient. Wagnière y entra une fois, il crut que « *la chambre était pleine de paysans ivres prêts à se battre* ». On n'observait aucune des prescriptions médicales. Dans une lueur de conscience, Voltaire cria qu'on le tuait. Ce n'était pas tout à fait exact, mais on le faisait mourir plus vite et plus cruellement que la simple humanité le tolère. Un médecin de Genève, M. Racle parvint à se glisser dans le réduit où agonisait le grand homme ; il le trouva dans un état de saleté horrible. Lui si net ! Quelle humiliation finale pour le coquet écureuil ! M. Racle ne précise pas car, dit-il « *Le cœur en saignerait de douleur et d'horreur.* » A Tronchin, Voltaire avait dit quand il pouvait encore parler : « *Si j'avais suivi vos bons conseils, je ne serais pas dans l'état affreux où je suis, je serais retourné à Ferney, je ne me serais pas enivré de la fumée qui m'a tourné la tête... oui, je n'ai avalé que de la fumée.* »

Il détestait son entourage. Mme Denis n'allait pas le voir ; s'il l'avait reconnue, il l'aurait injuriée. Elle continuait à se gaver de la « fumée » destinée à son oncle, et de l'amour de son Duvivier.

La femme Roger avait pour mission de recueillir tous les blasphèmes qui pouvaient échapper au moribond afin de constituer un témoignage contre l'Impie dans le cas où la famille exigerait des funérailles religieuses. Cette harpie l'observait méchamment, mais ne le soignait pas ; quand il reprenait conscience, il l'injuriait, la menaçait, il lui jeta même un vase à la tête. Pendant les crises, elle écoutait, puis répétait et faisait admirer « *l'éloquence et la fécondité de sa fureur* » Il éprouvait toujours cette impression de feu interne. Pour l'apaiser, il réclamait « un étang de glace ». Il était parfois nu sur la couche où il se tordait. Il réclamait à boire, nul ne s'en souciait. C'est dans une des crises qu'il porta la main à son urinoir pour toucher le liquide. A qui la faute ? On le laissait mourir de soif. On préféra dire que c'était un geste de possédé. Mais la femme Roger qui lui refusait un verre d'eau, de quoi était-elle possédée ? Mme Denis à qui on raconta la scène ne trouva rien d'autre à répondre que : « *Eh quoi ! M. de Voltaire, le plus propre des hommes qui changeait de linge trois fois par jour plutôt que d'y supporter la moindre tache, à quel avilissement est-il réduit ? Quelle révolution ?* » De quoi était-elle possédée Mme Denis ?

Le 30 mai à 10 heures du soir, c'était la fin. Les médecins Lorry et Thierry entrèrent dans la chambre. Le pouls était presque insensible. Ils lui frictionnèrent énergiquement les tempes. Il ouvrit les yeux : « *Laissez-moi mourir* », dit-il. Les médecins sortirent. Il resta seul un moment, puis les deux femmes rappliquèrent. Soudain, Voltaire poussa un cri, un cri atroce, terrible, interminable. Il était onze heures. La Roger eut peur, l'autre en demeura, dit-on, saisie pendant plusieurs mois. La bonne âme ! Tronchin appelé, assista aux derniers instants : « *Quelle mort ! Je n'y pense qu'en frémissant* », disait-il en se souvenant de l'abominable torture qu'endura Voltaire pour mourir.

C'est ainsi qu'après avoir épuisé toutes ses forces d'une volonté infatigable s'éteignit *La Lumière du Siècle*.

***

Voltaire est-il mort ?

Que reste-t-il, au soir du 30 mai 1778, du plus brillant, du plus turbulent des hommes ? Il reste un cadavre, une immense fortune, une montagne de livres célèbres, une rumeur de gloire tapageuse qui continue à emplir la rue de Beaune et le quai de la Seine et un rien, presque rien : un souffle d'esprit qui court le monde.

Que va-t-il advenir de tout cela ?

***

Le cadavre est encore sur son grabat. Or, ce cadavre qui est encore Voltaire, va se révéler le plus agité, le plus turbulent cadavre du monde : le plus voltairien des cadavres. La comédie macabre continue l'autre : ce mort va poursuivre la plus étonnante carrière de danseur et de mime qu'ait jamais connue la dépouille d'un poète. Suivons-la : nous serons toujours en compagnie de Voltaire.

Il était mort, la foule l'acclamait encore et le réclamait au balcon. Son entourage avait caché le secret de sa fin qui lui posait de sérieux problèmes. En fait, pendant qu'on l'applaudissait encore rue de Beaune, M. de Voltaire courait la poste sur la route de Troyes. La sinistre crainte qui l'avait hanté toute sa vie, celle de mourir comme un chien jeté à la voirie, fut bien près d'être réalisée. Ses neveux l'abbé Mignot et M. d'Hornoy firent de leur mieux pour éviter pareil scandale. Dès avant sa fin, ils supplièrent les autorités ecclésiastiques d'accorder à leur oncle des obsèques religieuses. Ils invoquèrent la première rétractation, la confession ; on eut beau jeu de démontrer que les propos tenus par Voltaire après cette parodie de repentir lui avaient ôté toute valeur. Ils intervinrent auprès de M. Lenoir, Intendant de Police de Paris, de M. Amelot, ministre, qui s'entremirent auprès de l'Archevêché et de M. de Fersac : ils se heurtèrent à un refus absolu. L'Abbé Mignot et M. d'Hornoy étaient tous deux membres du Parlement de Paris : on leur signifia que s'ils faisaient une demande officielle, elle serait refusée et ils seraient alors dans le cas de se démettre de leur charge. Le roi lui-même fut pressenti : sa réponse en laisse présager bien d'autres qui seront aussi peu royales : il s'en lava les mains. Il répondit « *qu'il n'y avait qu'à laisser faire les prêtres* ». Louis XIV avait su prendre une décision pour sauver Molière de la fosse commune. En ce qui concerne Voltaire, les prêtres d'ailleurs n'étaient pas les plus fanatiques. Le clan des dévotes conduit par Mmes de Nivernais et de Gisors se faisait remarquer par des élans de miséricorde qui ressemblaient à la haine la plus furieuse.

L'abbé de Fersac ne voulait pas célébrer les obsèques mais il ne s'opposait pas à ce qu'on emportât le mort à Ferney puisque Voltaire y avait préparé son tombeau. Curieux tombeau ! Moitié dans l'église, moitié à l'extérieur ce qui faisait dire à Voltaire que les malins ne manqueraient pas de remarquer qu' « *il n'était ni dedans ni dehors* ».

L'abbé Mignot en accord avec son cousin d'Hornoy, prit une décision héroïque : il décida d'enlever clandestinement le corps de son oncle et de le transporter à l'abbaye de Seillières, près de Troyes, dont il était abbé commendataire. Là, il était sûr que son prieur consentirait à enterrer religieusement Voltaire. Le scandale serait ainsi évité. Et son oncle reposerait en paix, selon son désir.

Mais avant de jouer sa dernière — ou une de ses avant-dernières scènes — M. de Voltaire exigea quelques apprêts et quelque mise en scène. On fit donc appeler dans la chambre mortuaire un chirurgien M. Try demeurant rue du Bac, un pharmacien M. Mithouart, qui avait une officine rue de Beaune, et un aide le sieur Brizard. Ils vinrent dans la nuit du 30 au 31 mai. Voltaire était mort depuis la veille : Paris l'ignorait encore. Ils procédèrent à l'autopsie et à l'embaumement du corps. Quelle scène ! Ils ne disposaient que du grabat, d'une bougie, de quelques ustensiles. Ils découvrirent que les reins et la vessie étaient épouvantablement infectés et perforés. Le pharmacien ouvrit le crâne. Il semble qu'un troisième médecin fût également présent, un M. Rose de l'Epinoy, de l'Académie de Médecine, qui remarqua que le crâne assez petit de Voltaire avait des parois osseuses très minces (on ne pense pas sans frémir aux coups de bâtons de Rohan !) mais que la masse du cerveau était bien supérieure à la normale. M. Mithouart pour son dérangement demanda à garder le cerveau, il le fit bouillir dans l'alcool et l'enferma dans un bocal à confiture qu'il emporta chez lui. M. de Villette, en qualité d'hôte et d'ami du défunt, se réserva le cœur. Il ne le cuisina pas, mais le fit enfermer dans un étui d'argent doré.

Quand les médecins eurent taillé, il fallut coudre. Ils s'en acquittèrent tant bien que mal. On referma fortement le crâne, on l'enfouit dans un bonnet bien serré, on habilla le cadavre et on l'affubla finalement d'une belle robe de chambre que Mme Denis ne vit pas partir sans regret. On avait découpé trois beaux draps de lit pour en faire des bandelettes qui enserraient le corps disloqué et le faisaient tenir droit. C'est en momie que M. de Voltaire jouait son dernier numéro. On l'installa dans le beau carrosse doublé d'azur semé d'étoiles d'or. On attela à six chevaux car il fallait aller vite. Il y avait 48 heures qu'il était mort, il faisait chaud et les embaumeurs n'étaient pas très sûrs de leur embaumement. M. de Voltaire était assis, très raide sur les coussins et retenu par des sangles dissimulées. A côté de lui : un valet pour lui tenir compagnie jusqu'à Seillières.

Les neveux suivaient dans un autre carrosse.

Aux portes de Paris, les employés de l'octroi saluèrent discrètement M. de Voltaire et son bel équipage et, fouette cocher ! Le voyage se passa fort bien, sauf pour le valet qu'on découvrit presque aussi mort que son compagnon : il avait failli succomber à la peur et à l'effroyable odeur que dégageait le cadavre. On tira la momie de son siège, on l'assit sans façon sur une table dans une salle basse. L'abbaye était déjà une demi-ruine. Le prieur ne se fit pas prier pour exécuter ce qu'on attendait de lui. On choisit d'enterrer Voltaire dans l'église même, près du chœur. On souleva une dalle, on creusa un peu, on cloua un cercueil formé de quatre planches on y coucha le récalcitrant. Cela occupa l'après-midi. On avait pourtant demandé à Mme Denis un cercueil de plomb. Elle avait répondu : « *A quoi bon ? Cela coûte si cher et ne sert à rien.* » Le fossoyeur de Romilly, le village prochain, les prêtres, les moines tout fut convoqué pour le lendemain matin à 5 heures. Le clergé était en vêtements liturgiques, l'office des morts fut chanté. Tous les curés voulurent dire une messe. C'est ainsi que Voltaire à qui on refusait une messe basse à Paris eut six messes chantées en Champagne. Le cercueil fut enseveli et recouvert de la dalle. Pour qu'on puisse ultérieurement reconnaître l'emplacement on plaça sur le cercueil une pierre gravée : A 1778 V.

Peu après, les neveux apprenant qu'on avait mis leur oncle en pièces, protestèrent. L'opinion publique aussi — c'est même l'opinion qui les força à entamer une procédure afin qu'on leur rendît ces divers prélèvements. Mais ce qui était fait, était fait. Ils n'insistèrent pas beaucoup.

Mme Denis ne s'occupait pas de ces babioles : elle était toute à ses tracas de légataire universelle, à M. Duvivier et au soin de rassembler le plus qu'elle pouvait des objets ayant appartenu à son oncle. Les choses s'égarent si vite... un cœur, un cerveau, passe encore. Mais les fourrures, les bijoux, les inédits...

L'archevêque de Paris apprit en même temps que Voltaire était mort à Paris et enterré à Seillières. Il informa aussitôt l'évêque de Troyes de ce qui venait de se passer dans son diocèse. L'évêque de Troyes demanda des comptes au prieur de l'abbaye et exigea l'exhumation du corps de Voltaire, Le prieur fit le naïf, protesta de sa bonne foi : on lui avait présenté une rétractation en bonne forme et un billet de confession. Il rappela fort opportunément — mais en pure perte — que Voltaire n'ayant jamais été excommunié avait droit à la sépulture. Pour la forme, l'évêché se fâcha. Le prieur fut destitué mais son supérieur, l'abbé Mignot, fut épargné. Le prieur reçut de Messieurs les neveux de très honnêtes compensations et Voltaire put reposer en paix. Un moment....

Les journaux furent priés de faire le silence sur Voltaire et les comédiens de ne plus jouer ses pièces. Cela dura un mois. Un mois de silence, c'est énorme pour Voltaire, même mort. En juillet, la Comédie affiche *Mahomet*. On l'écouta. Ni bravos, ni sifflets ; c'était bien la paix.

Ce n'était qu'une trêve. L'Académie française aurait bien voulu faire dire une messe aux Cordeliers comme il était d'usage. Interdiction de l'archevêché. Qui se fit le champion de la messe pour Voltaire ? Un adepte de la même secte : d'Alembert. Et voilà tout le parti Encyclopédique exigeant une messe pour Voltaire ! L'affaire faisait rire les uns, mais contrariait assez l'archevêque : et c'est sans doute ce qu'on voulait. Beaucoup de prêtres ne partageaient pas l'avis de la hiérarchie. Nombreux étaient ceux qui disaient qu'ils auraient enterré Voltaire si on le leur avait demandé : d'Alembert écrivait à Frédéric II qu'un curé, celui de Saint-Etienne-du-Mont, aurait volontiers enterré solennellement Voltaire dans son église entre Pascal et Racine et aurait fait graver sa profession de foi en guise d'épitaphe. Cela eût évité bien des attaques à l'Eglise, telles que celle-ci :

Il ne manque rien à sa gloire
Les Prêtres l'ont maudit et les Rois l'ont aimé

La « Loge des Neuf-Sœurs » fit une cérémonie d'autant plus solennelle qu'elle tint lieu de celle que l'Eglise avait refusée. Elle eut lieu le 28 novembre 1778. Mme Denis et Mme de Villette y assistaient. Le clou fut l'apparition de Franklin. Ce fut très magnifique, très long, très ennuyeux. Tous les arts avaient été conviés : la musique alternait avec les harangues en vers et en prose. A peine une symphonie s'apaisait-elle qu'une ode la relayait, des cantates sublimes répandaient interminablement les charmes conjugués de la poésie et de la musique. Morphée planait sur l'assistance. L'âme de Voltaire s'éclipsa certainement avant la fin.

Autre hommage — et combien religieux ! — celui que Frédéric II rendit à son illustre ami. Sur les instances de d'Alembert, le roi de Prusse fit dire une messe à la cathédrale de Berlin. Il avait fallu cependant envoyer aux prêtres berlinois copie de la rétractation. Voici ce qu'écrivait Frédéric à ce sujet : « *J'entame à Berlin la fameuse négociation pour le service de Voltaire et quoique que je n'aie aucune idée de l'âme immortelle, on dira une messe pour la sienne. Les acteurs qui jouent chez nous cette farce connaissent plus l'argent que les bons livres.* »

Tout l'intérêt de ces « comédies » était de faire savoir au monde que l'archevêque de Paris, l'église de France donc la France étaient les seuls au monde à refuser la sépulture chrétienne à l'illustre chrétien qui s'appelait Voltaire.

De son côté M. de Villette se livrait à son idolâtrie : il adorait le cœur doré en entourant son culte de toute la publicité désirable. Il fit transporter sa relique à Ferney, dans la chambre du philosophe qu'on avait laissée intacte. Il se flattait d'avoir fait élever un monument de marbre dans la chambre même : une colonne cannelée et tronquée, placée dans une niche drapée de noir. Le cœur était bien logé. Wagnière qui n'avait nulle envie de ménager Villette dit qu'il s'agissait d'un monument postiche en terre vernissée peinturlurée en faux-marbre qui n'avait pas coûté deux louis. Peu importe, l'inscription composée par Villette était bien authentique, elle s'étalait sur la porte de la chambre transformée en chapelle : « *Son cœur est ici, son esprit est partout.* »

Villette acheta plus tard le domaine de Ferney à Mme Denis. Il y habita quelque temps puis des revers de fortune l'obligèrent à le louer à un Anglais. Des âmes délicates lui reprochèrent d'avoir loué le « cœur » de Voltaire avec le reste du mobilier. Il revendit Ferney et récupéra « le cœur » qu'il transporta dans son domaine de Villette. On voit que même en pièces Voltaire est aussi vagabond qu'il le fut de son vivant.

Dès que la Révolution éclata, M. de Villette se lança dans le mouvement et, dans un bel élan, il jeta son titre de marquis aux orties. Les bons amis disaient que son marquisat était si neuf qu'il aurait pu faire encore de l'usage quoiqu'il ne valût pas cher. Ne reculant devant aucun sacrifice, il fit remplacer la plaque qui était fixée au mur de son hôtel et portait le nom de « *quai des Théatins* » par une plaque portant « *Quai Voltaire* ». L'idée était bonne : Voltaire avait vécu là dans sa jeunesse et il était venu y mourir. Néanmoins les autorités protestèrent, poussées par les ennemis de Voltaire. Charles Villette laissa côte à côte les deux plaques en disant que chacun pouvait ainsi appeler le quai comme il lui plaisait. Charles était un révolutionnaire très conciliant.

Une idée bien plus sublime germa dans ce cerveau bouillant de civisme. Et si l'on transférait les cendres de Voltaire à Paris ? Il exposa son idée dans un petit journal de l'époque : *La Chronique*. Cette idée fit le tour de Paris : ils furent bientôt dix à en revendiquer la paternité. L'abbaye de Seillières allait d'ailleurs être vendue comme bien national. C'était une ruine, elle était vouée à la démolition, les ossements de Voltaire couraient bien le risque d'être jetés à la fosse commune avec tous ceux des moines. Mais où enterrer Voltaire à Paris ? Les uns, voyant en lui un père de la Patrie et de la Révolution, proposèrent de le déposer sous l'autel de la Fédératon comme saint Pierre sous le trône pontifical. Jamais homme aussi peu religieux n'a autant servi de relique. Les autres, révérant en lui l'auteur de *la Henriade,* voulaient l'ensevelir sous le sabot du cheval de Henri IV au Pont-Neuf. Enfin, certains avaient pensé à une sorte de rond-point qui terminait les Champs-Elysées pour lui dresser un Tombeau. Ce sera l'Etoile, la place occupée par le Soldat Inconnu.

Villette en tenait pour Henri IV. Camille Desmoulins en dissuada le peuple par une phrase à la mode : « *Fi donc !* s'écria le tribun, *ce serait mettre l'Eternel aux pieds de saint Crépin.* » Ce trait sublime eut tant de succès qu'il eut droit à l'impression.

Au cours d'une représentation de *Brutus,* de Voltaire, où le public de l'époque s'acharnait à voir des allusions politiques dans chaque vers, Villette, toujours prêt à se servir en servant la gloire de Voltaire, monta sur la scène et improvisa un petit discours. Il traita les Parisiens de « Romains » et Voltaire de « Brutus » ce qui allait aussi bien à l'un qu'aux autres et, dans un flot d'éloquence où le pur mensonge s'alliait à la vraie démagogie, il arriva à sa conclusion qui était pourtant fort naturelle, il dit que Voltaire devait reposer au Panthéon — c'est-à-dire dans l'Eglise Sainte-Geneviève désaffectée.

Pour lever les dernières hésitations, il promit de tout prendre à ses frais. Il fut acclamé.

Encore un voyage en perspective pour le remuant cadavre. Mais ce serait un voyage patriotique.

Le 3 mai 1791 l'abbaye de Seillières devait être vendue. Si aucune décision n'était prise avant cette date où serait exilée la dépouille de l'éternel exilé ? Il est patent que mort il n'était pas plus assuré de son domicile qu'il ne l'était de son vivant. La Commune de Romilly entendait lui donner asile. La Municipalité de Paris, travaillée par Villette, le voulait aussi. *La Société des Amis de la Constitution de Troyes* prétendait avoir des droits sur le squelette. Comme les petits doivent s'incliner devant les grands, même en période de révolution, Romilly s'inclina devant Troyes et Troyes se désista au profit de Paris... mais les deux voulaient au moins quelques reliques. Romilly se contenterait du bras droit et Troyes prendrait la tête. (Elle était vide, mais cela ne se savait pas.) Il se trouva des gens qui s'indignèrent parce que ce dépeçage rappelait trop les coutumes de l'Eglise romaine.

L'argument final qui permit d'écarter les prétentions de Romilly et de Troyes fut que la mémoire de ce grand homme appartenant à l'humanité entière, il n'était pas utile de mettre son squelette en pièces.

Le cadavre de notre héros échappa à l'écartèlement mais non au déménagement. Le 10 mai 1791, il fut exhumé, il y avait treize ans qu'il reposait sous sa dalle. Quelle exhumation ! Les gens de Troyes étaient à pied-d'œuvre, ceux de Romilly aussi. C'était à qui, piochant, mettrait le premier la main sur le squelette et s'en emparerait. Les gens de Troyes étaient les plus acharnés. Sur ce, arriva le décret de la Constituante qui faisait de la dépouille de Voltaire un bien national. Bas les pattes à Troyes et à Romilly ! Paris et la Nation jetaient sur le squelette la griffe du lion. Les chercheurs soulevaient les dalles à la recherche de la pierre A 1778 V. Un zèle passionné les poussait, ils se seraient assommés pour être les premiers à atteindre le cercueil. Un cri de joie se fit entendre : « *Le voilà ! le voilà !* » Une pioche avait crevé les planches du cercueil.

On le tira du trou, deux chirurgiens s'avancèrent. Ils déclarèrent que le corps était intact — les bons menteurs ! — sauf une partie du pied gauche qui manquait. Ils précisèrent que personne n'en avait vu trace. La vérité c'était que le pied venait d'être volé et que personne ne voulait d'histoire avec les autorités de Paris. Le procès-verbal notait que le linceul était noir, pourri, collé au corps avec lequel il ne faisait qu'un. Le corps était tout à fait desséché et adhérait aux planches du fond dont on ne put le séparer. On emporta le tout. La garde nationale de Romilly tira une salve d'honneur. Le cadavre momifié fut couronné de feuilles de chêne et transporté, à la vue de tous, au village voisin. Le chemin était rempli de femmes des environs qui jetaient des feuilles et des fleurs. Certaines faisaient baiser l'horrible chose par leurs enfants.

A Romilly on donna à la momie un cercueil neuf et une garde d'honneur. A vrai dire, c'était moins pour honorer la dépouille que pour la défendre ; c'était une garde armée jusqu'aux dents, patrouillante, soupçonneuse. On craignait qu'un commando des localités voisines n'essayât de s'approprier la relique — on craignait aussi les « suppôts de la superstition » qui étaient capables de voler le cadavre pour le jeter à la rivière. On se méfiait donc des amis comme des ennemis. Non sans raison. Le calcanéum avait disparu, mais il fallut convenir que le métatarse avait fait de même [1]... (il paraît qu'on put voir le pied de Voltaire à une certaine époque au Musée de Troyes d'où il aurait disparu). Un malin vola aussi deux dents.

L'une de ces dents fut donnée à un nommé Charon, fonctionnaire de la Ville de Paris, en mission, avec le titre *d'ordonnateur de la fête de la Translation des Cendres de Voltaire*. Ce cadeau lui fit un souvenir. L'autre dent fut donnée à un certain Lemaître, un journaliste « éclairé ». Elle lui fut donnée pour le rendre discret sur la disparition du pied. Ce Lemaître est un personnage d'époque : il mérite d'être connu. Avec sa dent, il se fit une amulette : elle pendait à son cou au bout d'une chaîne et elle était enveloppée d'un étui sur lequel il avait écrit ce distique :

Les prêtres ont causé tant de mal à la terre
Que j'ai gardé contre eux une dent de Voltaire.

Il est à croire que Voltaire dut aussi lui en garder une, car ce personnage, probablement ébloui par un excès des « Lumières » du temps, mourut fou dans un cabanon de Bicêtre. Mais la dent ne fut pas perdue, elle passa à son cousin Lemaître qui était — qui l'eût deviné ? — dentiste à Paris. Là on perd sa trace. Acheva-t-elle sa carrière dans la mâchoire d'un client de Lemaître ? Qui mordit-elle ? Sur une dent de Voltaire, on peut rêver... Mais qui oserait affirmer que le cadavre de Voltaire est en repos ?

A Romilly naquit une légende : Durant la nuit de veille, un homme très grand se serait introduit par une sorte d'enchante-

(1) Ce goût macabre des reliques n'est pas exceptionnel et l'engouement pour les dents de Voltaire fait penser à d'autres cas : Le crâne de Descartes fut vendu 100 francs en 1820; lors du transfert des restes d'Abélard et d'Héloïse aux Petits-Augustins un Anglais offrit 100 000 francs pour une dent d'Héloïse; un autre Anglais Lord Schwaterborg acheta 16 595 francs une dent de Newton qu'il fit monter en bague.

ment auprès du cercueil et aurait subtilisé le cadavre. Les gardes et le Maire auraient été si épouvantés par les conséquences cruelles de leur négligence — tant leur crainte de Paris était grande — qu'ils auraient décidé de garnir le cercueil avec le squelette d'un jardinier prélevé au cimetière. Cette légende s'adornait de l'explication suivante : cet homme athlétique était un Russe envoyé par Catherine II pour voler Voltaire et le remettre à la Tsarine. Cela ne tient pas debout mais montre à quel point les esprits furent surexcités par cette ensorcelante dépouille.

La translation des cendres fut fixée au 11 juillet 1791. Etrange coïncidence. C'était au moment de la fuite du roi, de son arrestation à Varennes et de son retour lamentable à Paris. Les deux cortèges faillirent se croiser. Quelle rencontre ! Le roi Louis XVI prisonnier dans son carrosse clos entouré de forces armées, le roi Voltaire, mort mais triomphant, faisant sa rentrée sur un catafalque entouré d'une pompe royale dans ce Paris d'où la royauté l'avait jadis banni. A la farce succède la tragédie.

Le voyage du catafalque se fit sans encombre : chaque municipalité jetait des fleurs, tirait des salves, haranguait à la « Romaine » le moins romain des hommes. A la barrière de Paris, le maire, Bailly, vint en grande pompe accueillir le catafalque. Le défilé à travers Paris fut splendide. Des centaines de milliers de Parisiens acclamèrent le cercueil comme ils avaient acclamé l'auteur d'*Irène*. En tête, venait la cavalerie, l'infanterie encadrait le cortège interminable. Il n'arriva au Panthéon qu'à sept heures du soir. Sur le parcours, il n'y eut qu'un cri discordant, celui d'un prêtre indigné par cette idolâtrie qui s'écria : « *Dieu, tu seras vengé !* » On se contenta de le huer. Les fureurs sanguinaires n'étaient pas encore éveillées, il s'en tira à bon compte.

Une statue de Voltaire précédait le catafalque, puis venait une Bastille, en modèle réduit et en carton. On avait emprunté — un peu par force — les aubes et les surplis dans les couvents et les églises pour donner des vêtements « à l'antique » à des centaines de choristes qui chantaient des hymnes civiques. Innombrables étaient les porteurs de bannières « philosophiques » : « *Si l'homme est créé libre, il doit se gouverner* », lisait-on sur l'une. « *Si l'homme a des tyrans, il doit les détrôner* », lisait-on sur l'autre (c'était un vers de Voltaire dans son *Poème sur l'Envie*, mais dans le poème, il est suivi de ce vers qui en modifie le sens : « *On ne le sait que trop nos tyrans sont nos vices.* »

Peu importe ; en déifiant quelqu'un on le trahit toujours un peu.

Le cortège passa devant les Tuileries pour franchir la Seine au Pont-Royal. Toutes les fenêtres du palais étaient ouvertes, remplies des gens de la Maison du Roi, toute la façade vibrait d'acclamation sauf... sauf une fenêtre fermée derrière laquelle se tenaient silencieux et impassibles le roi et la reine. Quelles étaient leurs réflexions ?

Le roi du jour et de la rue, M. Bailly et sa suite suivait en calèche le catafalque de porphyre à l'antique qui faisait grand effet. Des fenêtres, on jetait des fleurs. Certains bouquets manquaient le catafalque et tombaient dans la calèche municipale. Un témoin, non sans malice, remarqua « *que M. Bailly remerciait avec une mimique d'attendrissement comme si c'eût été son propre triomphe* ».

La procession, car c'en était une, calquée sur les processions de la Fête-Dieu, fit halte après le Pont-Royal, devant la maison de M. de Villette qui l'avait transformée en une sorte de reposoir assez bien machiné. Il avait fait placarder en grand, sa trouvaille : « *Son cœur est ici, son esprit est partout.* » En plus, la façade était cachée jusqu'au premier étage par un échafaudage en gradins couverts de jolies filles, vêtues de blanc « à la grecque » et chantant, à voix de sirènes, des cantates composées par Chénier. Au moment où la statue arriva à la hauteur de l'échafaudage, on vit apparaître, comme à l'opéra, une sorte de déesse portée par des coryphées. Elle sortait des fenêtres du premier et se trouvait juste à la hauteur de la statue qui s'immobilisa en face d'elle. La déesse était la citoyenne Villette qui prit la statue dans ses bras et la couvrit, selon l'expression du chroniqueur « *des larmes délicieuses du sentiment* ». Puis, elle la couronna de lauriers. A cette minute, cinq cent mille Parisiens massés sur les quais, les ponts, le Louvre, ruisselaient des mêmes larmes et hurlaient de bonheur. Mme de Villette prit ensuite sa petite fille âgée de quatre ans et la mit dans les bras de la statue. « *Elle la voua pour ainsi dire à la raison, à la philosophie et à la liberté* », dit le chroniqueur. En somme, tout était religieux — sauf la religion.

Devant l'ancienne Comédie, rue des Fossés-Saint-Germain, en face du *Procope*, nouveau reposoir de la procession des reliques. Sur la façade, un buste de Voltaire — couronné bien entendu — avec cette inscription : « *A dix-sept ans, il fit Œdipe.* » A sept heures du soir on atteignit l'Odéon où l'on pouvait lire : « *A quatre-vingt-quatre ans, il fit Irène.* » L'Opéra avait délégué ses chœurs. Tout cela très beau mais, peut-être, un peu long. C'est à ce moment que l'orage éclata sur Paris et que le ciel ouvrit ses vannes. Des cataractes tombaient du ciel sur les toits et des toits sur le cortège. Ce fut une fuite éperdue. Les femmes en déesses n'avaient plus qu'une chemise trempée collée à la peau, et les élégantes empanachées de plumes fuyaient comme des poules mouillées pour se réfugier sous le péristyle. Un journaliste, outré de ces coups de tonnerre et de ce déluge qui avait comme dissous le cortège sublime, écrivait le lendemain, son article indigné où il affirmait que « *le ciel aristocrate voulut se venger* ». Y aurait-il des orages « aristocrates » et des orages « plébéiens » ? N'empêche que tous ces « Romains » avaient fui l'ondée comme de simples enfants de chœur. Le catafalque était resté seul sous la pluie. Dès l'éclaircie, il reprit sa marche et il arriva à la nuit, avec une maigre escorte à Sainte-Geneviève. Le cercueil fut, sans autre cérémonie, descendu dans la crypte. A défaut d'eau bénite, il ruisselait de pluie.

Laissons-le en paix. La France et l'Europe allaient se déchirer pendant vingt-cinq ans. Les vivants allaient se rouler dans le sang, le poète mort se reposerait enfin.

Qu'est devenu le cœur ? « Belle et Bonne » le conserva dans un petit appartement où elle s'était réfugiée pendant la période troublée, Cul-de-Sac Férou, rue de Vaugirard. Ensuite, elle regagna le château de Villette qui était devenu une sorte de musée Voltaire et, de ce fait, sacré pour les Jacobins. Mme de Villette profita de cette immunité et fit du château un lieu d'asile pour les prêtres proscrits pendant la Terreur. Qui serait venu chercher un prêtre réfractaire sous le cœur de Voltaire ?

Notre héros n'avait pas encore dit son dernier mot en rendant son dernier soupir. Connaissons donc les facéties post-mortem de M. de Voltaire. En 1819, Mme de Villette, dont le frère était alors évêque d'Orléans, se trouva patronnesse d'une loge maçonnique qui prit le nom de « Belle et Bonne ». En pleine Restauration, pour la sœur d'un évêque, c'était hardi. Elle possédait des papiers de Voltaire, des vêtements, en particulier la splendide robe de chambre qu'il enfilait, lorsque, sortant du lit, il voulait faire une apparition au salon. C'était elle qui conservait le portrait peint par Largillière. A sa mort, tout cela passa à son fils, le marquis de Villette, qui mourut sans enfants et légua ses biens en 1860, à Mgr de Dreux-Brézé, évêque de Moulins. Qu'allait faire ce prélat de ces reliques impies ? Il n'y voulut pas toucher et les fit porter à la Salle des Ventes. Tout fut dispersé ; le portrait fut vendu 6 000 francs (1), le cœur, car c'est lui qui nous intéresse, fut donné à l'Etat. Napoléon III le fit déposer à la Bibliothèque Nationale. Il y est encore.

Et le cerveau ? Le pharmacien Mithouart le garda dans son bocal sa vie durant. Son fils, qui l'eut en héritage, pensa qu'il serait mieux dans une collection de l'Etat et l'offrit au Gouvernement du Directoire qui le refusa. Les Mithouart gardèrent donc « *le siège du génie de M. de Voltaire* » comme on disait alors. Le temps passa et l'Empire aussi. Mithouart savait que la Restauration se souciait peu de recevoir pareil cadeau : le cerveau fut relégué dans un placard.

En 1830, le pharmacien pensa que la monarchie libérale l'accepterait. Il le lui proposa. Silence. Vers cette époque, M. Mithouart réunit chez lui, un soir, quelques savants et leur présenta le cerveau illustre. Ces doctes personnages eurent l'idée d'en prélever quelques fragments et de les faire griller sur la flamme d'une bougie. L'un des témoins nota avec un sérieux digne de Diafoirus l'étonnement et l'admiration de ces messieurs car : « *le cerveau lançait encore en pétillant des rayons de lumière* ». Cet « encore » est beau. Et il ajoutait : « *Ce cerveau laissera des traces dans l'avenir.* »

En 1858, un parent des Mithouart et leur héritier, se trouva possesseur du bocal. Il l'offrit à l'Académie française. Elle refusa. « *Elle n'a pas de reliquaire pour placer ce dépôt inattendu.* »

Inattendu, c'est lui qui attendra. En 1870, nouvelle trace du cerveau : il est en possession d'une vieille demoiselle Mithouart, rue des Bons-Enfants, à Paris. Elle le légua à sa mort à un employé de la pharmacie Mithouart, rue Coquillière. Quel vagabond, ce cerveau ! Cet employé, du nom de La Brosse, mourut en 1875 et ses hardes furent dispersées à la Salle des Ventes. On a le nom des acquéreurs de tous les objets, sauf le nom de celui qui acquit le bocal et le cerveau. Ainsi disparut près de cent ans après sa mort « *le siège du génie de M. de Voltaire* ».

Il nous reste au moins le squelette, pense-t-on. Essayons de le retrouver.

Il reposait comme on sait dans la crypte du Panthéon. Or, en 1814, certains ultras se préoccupèrent de la sépulture de Voltaire. Ils considérèrent que la présence des restes de l'impie dans une église désaffectée était un outrage à la nation. Ils décidèrent

(1) Ce portrait appartient à M. Massimo Ubri, une copie se trouve à Carnavalet.

en secret que ces restes seraient enlevés sans bruit et rendus à leur destin — c'est-à-dire à la voirie.

Ceci se passa une nuit de mai 1814. Les cercueils de Voltaire et de Rousseau qui voisinaient furent ouverts, vidés et soigneusement refermés. Nul ne souffla mot de l'affaire. Fut-elle éventée ? On jurerait que non. Les débris mortuaires furent transportés dans un terrain vague servant de dépôt de voirie et démolitions, à un endroit nommé La Gare, à Bercy. Ils furent enfouis sous de la chaux vive et recouverts de détritus. Les conjurés piétinèrent le sol pour dissimuler leurs travaux. Clair de lune romantique sur des conspirateurs en manteaux couleur de muraille et chapeaux tromblons enfoncés jusqu'aux yeux. Passez muscade.

Il fallut attendre le Second Empire pour qu'un journaliste fît éclater le scandale que personne ne soupçonnait : il s'indignait qu'on fît défiler des visiteurs recueillis devant les mânes de Voltaire alors que son cercueil était vide ! Par ordre de l'empereur lui-même, une enquête fut ouverte et le cercueil aussi. On découvrit qu'il était effectivement vide. On n'aurait jamais su ce qui s'était passé si le fils de l'un des conjurés n'avait, après avoir laissé chercher longtemps la police, raconté ce qu'il tenait de son père. Ce fut par lui qu'on sut le macabre exploit accompli une nuit de mai 1814. Mais il y avait cinquante ans de cela. Il était impossible de retrouver les restes de Voltaire dévorés par la chaux ; en outre, le terrain avait été bouleversé par des constructions. Sur cet emplacement, on a construit depuis la Halle aux Vins.

Que d'aventures pour ce cadavre, le plus remuant que l'on connaisse ! Jusqu'à la dernière pincée de cendres, il ressemble encore à Voltaire ; c'est pourquoi nous en avons suivi jusqu'au bout l'anéantissement.

A part le cœur doré, il ne reste rien de Voltaire(1).

***

Et de sa belle fortune, que reste-t-il ? Cette fortune si habilement édifiée, dont l'histoire pourrait constituer une véritable histoire économique et financière du XVIIIe siècle, cette fortune,

(1) Certains pensent que le squelette est encore dans le cercueil parce que, le 18 décembre 1878, une commission présidée par M. Hamel, sénateur, fit ouvrir les cercueils de Voltaire et de Rousseau et constata que les squelettes étaient bien en place. Comment y seraient-ils revenus alors que, en 1864, une commission non moins officielle avait constaté avec quelque gêne leur disparition ? (signalé par L. Flandrin, *Voltaire*, Hatier).

après la mort du philosophe, appartenait à Marie-Louise Mignot, veuve Denis et bientôt épouse du sieur Vivier, dit Duvivier.

En 1775, un inventaire des biens de Voltaire révélait un revenu de 197 000 livres — sans compter les 8 000 livres que rapportait Ferney. Cela donnerait de nos jours environ 120 millions de revenus annuels, soit un capital approchant d'un milliard d'anciens francs.

Mme Denis n'hérita pas de tout le capital parce que Voltaire, pour se donner de gros revenus, avait placé de grosses sommes à fonds perdus. Elle en hérita à peu près la moitié, ce qui la laissait quand même à l'abri du besoin. Le testament fait par Voltaire le 30 septembre 1776 donnait 100 000 livres à chacun de ses neveux, Mignot et d'Hornoy. Ils étaient désavantagés par rapport à la nièce abusive. Il laissait aussi 8 000 livres à Wagnière, ce qui est peu pour un secrétaire aussi dévoué, mais Wagnière avait été desservi par Mme Denis. Chaque domestique recevait une année de gages. Et les pauvres de Ferney « *s'il en reste* », disait le testament, avaient 300 livres à se partager. Grâce à lui, il restait peu de pauvres. Il semble qu'il comptait que Mme Denis garderait Wagnière et ses gens de maison. Elle n'en fit rien.

Elle eut d'abord quelques mécomptes : elle dut restituer le domaine de Tournay à la famille de Brosses. Celle-ci, fidèle à la mémoire du président, intenta aussitôt un procès pour « jouissance abusive » et mauvais entretien : elle réclamait 71 000 livres d'indemnité. La bonne Denis crut en devenir folle. Wagnière, par sa patience et son savoir-faire, fit réduire l'indemnité à 41 000 livres et évita le procès. Mme Denis n'eut pas l'air de s'apercevoir du service rendu et congédia Wagnière. Elle était toute à son jeune époux qui lui coûtait plus cher que la famille de Brosses. Mais lui, au moins lui faisait voir du pays.

En juin 1778, quelques jours après la mort de son oncle, elle fit visite à Mme du Deffand qui la trouva : « *bonne grosse femme sans esprit mais qui a un gros bon sens et l'habitude de bien parler qu'elle a sans doute prise avec son oncle* ». Elle nota les paroles de l'héritière au sujet des livres et des papiers de Voltaire : « *C'est un effet bien précieux,* disait Mme Denis. *Je vendrais tout mais je suis résolue à ne pas m'en défaire.* » C'est la première chose qu'elle vendit ! Il est vrai que l'acquéreur s'appelait Catherine II, impératrice de toutes les Russies. La bibliothèque de Ferney n'était pas très considérable, de 6 à 7 000 volumes, mais tous annotés, truffés de corrections, de réflexions les plus vives. Ce n'étaient pas des ouvrages de bibliophile mais des instruments de travail et traités comme tels. Fort curieux à étudier, non pour eux-mêmes, mais pour celui qui les avait utilisés ; déchiquetés, refondus, Voltaire avait fait de ses livres des sortes de « digest ». Il lisait avec des ciseaux et de la colle et réduisait un volume énorme à quinze, ou vingt, ou cinquante pages essentielles qu'il faisait relier. Rabelais était ramené au dixième de son volume. La bibliothèque était une sorte de « Temple du Goût ». Il griffonnait dans les marges et les interlignes ; parfois, il intercalait des feuillets avec du pain à cacheter.

Aux premières offres de Catherine, Mme Denis répondit d'abord par quelques coquetteries de pure forme ; elle attendait de la magnificence de la tsarine, l'énoncé d'un chiffre. Ce fut un chiffre impérial : 135 000 livres. C'était plus de la moitié du prix qu'elle retira de tout le domaine de Ferney : château, terres, village, fabriques... Elle minauda et, pour se décider accepta, en plus de la somme, une boîte de diamants contenant le portrait de la tsarine, et des fourrures de toute beauté. Wagnière fut appelé à Saint-Pétersbourg pour ranger les livres et les papiers comme ils l'étaient à Ferney.

En recevant le secrétaire, devant le buste de Voltaire auquel elle fit une révérence, Catherine II dit :

« *Monsieur, voilà l'homme à qui je dois tout ce que je sais et ce que je suis.* »

Quand elle fut sûre que Mme Denis daignait accepter la somme, les diamants et les fourrures pour se défaire des papiers de son oncle, elle lui écrivit cette lettre :

« *Personne avant lui n'écrivait comme lui ; à la race future, il servira d'exemple et d'écueil. Je suis sans doute très sensible à l'estime et à la confiance que vous me marquez, il m'est bien flatteur de voir qu'elles sont héréditaires dans votre famille. La noblesse de vos procédés vous est caution de mes sentiments à votre égard. J'ai chargé M. de Grimm de vous en remettre quelques faibles témoignages dont je vous prie de faire usage. Catherine.* » L'adresse était :

« *Pour Mme Denis, nièce d'un grand homme qui m'aimait beaucoup.* »

Regrettons que ces lignes ne fussent pas signées Louis XVI.

Quant au domaine de Ferney, Mme Denis s'en débarrassa dans l'année même de la mort de Voltaire. Elle le vendit à Villette, 230 000 livres. L'ingrate aurait dû en faire un temple ! On a tout lieu de croire que si Voltaire avait légué le domaine à ses autres neveux, ils l'eussent conservé et ses papiers aussi. Dès le 29 septembre, trois mois après la mort de son oncle, elle écrivait à Wagnière : « *Je voudrais que le feu fût à Ferney.* » Cela s'expliquait, elle s'était ennuyée à mourir dans ces « montagnes ». L'intérêt seul l'avait attachée au patriarche. Bien qu'ils s'expliquent, ces sentiments se pardonnent difficilement.

Elle liquida tout ce qu'elle put : elle n'aimait que l'argent pour jouir goulûment pendant les quelques années qui lui restaient, de son mirobolant mariage.

Le ménage Duvivier était, au demeurant, l'attelage plus drôle que méchant d'une grosse dame plus que sexagénaire et d'un ex-dragon qui avait trente ans de moins qu'elle — mais elle avait mille fois plus de rentes que lui. Il avait été Commissaire des Guerres à Saint-Domingue d'où il avait rapporté fort peu de gloire et de menus profits. En apprenant le mariage, tout Paris éclata de rire. (Sauf certaines personnes qui trouvèrent la farce indigne, non de la nièce — mais de l'oncle illustre.) Il est vrai qu'il y avait de quoi rire : ce Vivier était connu dans les armées du roi sous le sobriquet de « Nicolas Toupet » car il passait pour être plus expert dans l'art de friser les tignasses de ses camarades que dans celui des charges de cavalerie. Il était plein de ressources : il frisait au fer toute la chambrée, il faisait le secrétaire et tripatouillait les comptes. Mme Denis l'aimait à la fureur — comme elle avait aimé tous ses prédécesseurs, mais celui-ci fut le dernier caprice : elle l'épousa.

Un jour qu'il l'avait contrariée, elle lui écrivit, hors d'elle : « *Je vous déclare que je veux partager avec vous mes pensées, ma vie, tout ce que je possède. Ou donnez-moi un coup de pistolet par la tête : vous me rendrez service.* »

Le fringant capitaine n'avait aucune raison d'en venir à de si sottes extrémités : il préféra partager avec elle tout ce qu'elle possédait. Pour ses pensées et sa vie, il lui en laissa l'entière disposition.

C'est l'Académie qui prit le plus mal l'affaire. Les académiciens furent blessés dans leur admiration et leur attachement pour leur confrère. Ils ne dissimulèrent pas leur réprobation et les relations furent rompues entre la sotte nièce et l'Académie. D'Alembert, le premier, cessa de la voir. La Harpe la rencontra dans la rue quelque temps après le mariage. Il lui demanda d'un air attristé si, au moins, ce mariage ridicule la rendait heureuse. La dinde s'exclama : « *Heureuse ? Je vous en réponds, à faire mal au cœur.* » Elle s'est peinte dans ce cri.

On remarque que son langage avait déjà changé : elle ne parlait plus le Voltaire, mais le Duvivier. Elle ne fut d'ailleurs pas heureuse très longtemps, elle dut vivre à la mode du capitaine-friseur et non à la sienne. Il fallait manger, boire et dormir aux heures et selon le goût de ce monsieur qui lui amenait une compagnie nombreuse, bruyante, affamée et assoiffée. Elle s'empiffra avec eux et devint obèse. On disait qu'il lui faisait mener ce train pour la terrasser au plus vite d'un coup de sang.

D'Alembert racontait sur le couple une histoire plaisante qu'il mimait à ravir et qui lui valait chaque fois un succès. Il faut dire que Mme Denis, en s'épaississant, avait aussi pris une grosse voix et, phénomène connu, des poils nombreux s'étaient mis à pousser sur son visage et finirent par l'orner d'assez jolies moustaches. Un matin, un des fermiers vint, dès l'aurore, payer son fermage à Madame. Elle dormait encore. On le dit au brave homme qui, pressé de repartir, refusa d'attendre et de revenir. Il se déclara décidé à rentrer chez lui avec son sac d'écus si on ne le recevait pas sur-le-champ pour lui donner quittance.

Les domestiques connaissant la cupidité de Madame prirent sur eux de la réveiller. Tout en rechignant, elle accepta de recevoir l'homme et surtout son argent. On introduisit le fermier dans la chambre, il s'avança dans le demi-jour, vers le lit conjugal, en tendant son sac d'écus. Il voyait bien deux têtes, l'une moustachue et l'autre plus fine et imberbe, mais il était assez perplexe et, voulant être sûr de remettre aux mains de sa patronne ce qu'il lui devait, il eut ce mot :

— *Je demande pardon à ces messieurs, mais lequel de ces messieurs est Madame ?*

D'Alembert amusa longtemps l'Académie et tout Paris avec cette anecdote. On lui demandait souvent de raconter l'histoire des moustaches de Mme Denis.

Mais Mme Duvivier ne fut pas contente : elle se vengea. La statue de Houdon qu'elle avait promis de donner à l'Académie, elle la donna aux Comédiens français qui n'avaient pas raconté d'histoires. Quant au portrait par Largillière, elle le remit à Mme de Villette.

C'est ainsi que le Voltaire, de Houdon, trouva asile à la Comédie où tout le monde peut le voir, comme le vit Musset à qui le « hideux sourire » de Voltaire faisait horreur. Pardonnons à Musset qui avait souffert, enfant, du mal stupide de son siècle et ne s'en était guéri qu'à moitié.

De Ferney, il reste : la petite église au fronton de laquelle le nom de Voltaire est en caractères plus grands que celui de Dieu, le château et son parc parfaitement entretenus, propriété de Mme Lambert-David. On y voit le portrait de Voltaire par La Tour, un portrait de Frédéric II, et celui d'Emilie par Nattier. On découvre même les charmilles plantées par Voltaire. Aux *Délices*, à Genève, la vie est revenue : la demeure est ressuscitée, Voltaire l'habite ou la hante, comme on voudra, c'est le miracle de M. Bestermann : il a tiré les *Délices* du néant. En général, c'est l'homme qui prend le nom du lieu où il vit ; à Ferney, ce n'est pas Voltaire qui s'est appelé M. de Ferney, c'est le village qui s'appelle Ferney-Voltaire. Ce n'est qu'un mot. L'âme est évaporée. Quant à l'argent, il a eu le même sort entre les mains de Mme Denis et de Duvivier : il s'est évaporé. De la légataire et de la fortune : il ne reste rien, rien, rien.

⁂

Le bilan de la succession jusqu'ici, n'est pas très positif. Tournons-nous vers les papiers. Que reste-t-il de cette montagne de livres que Voltaire a laissés : poèmes épiques et autres, tragédies par douzaines, libelles par centaines, contes égrenés comme des perles, lettres par milliers, par dizaines de milliers jetées au monde comme de la poussière de diamant avec une prodigalité souveraine ? De cette montagne, il fallait faire un monument, le vrai monument de Voltaire. Ce n'est pas le catafalque de porphyre, le bocal du pharmacien, le brimborion doré qui représentent Voltaire. Ce qui le représente, c'est son œuvre. A sa mort, il fallait d'abord tout sauver pour que le meilleur, ensuite, se sauve de lui-même.

Panckouke, le premier, s'attela à cette tâche colossale. Il avait obtenu grâce à sa sœur, l'exquise Mme Suard, l'accord du poète et la communication de ses manuscrits, car les éditions courantes étaient souvent falsifiées. Mme Denis eut le geste d'envoyer à Panckouke plusieurs caisses de papiers de son oncle et Panckouke eut le mérite de découvrir tout de suite que le meilleur de l'œuvre c'étaient les lettres. Voltaire lui-même n'en eût rien cru. Il doutait même de ses *Contes*, il craignait qu'ils ne lui fissent une réputation de frivolité. Cependant réunir la Correspondance était de toutes les entreprises la plus difficile. C'était aussi la plus nécessaire car c'est là qu'on retrouve Voltaire. Ce sont ces Lettres qui sont le plus profondément révélatrices de l'homme et du siècle. Ce sont elles qui ont presenté à ses contemporains le miroir de leur époque, de leur civilisation, de leurs pensées et de leurs aspirations. Tous : rois, princes, femmes du monde, clercs de notaire ou magistrats se sont mirés dans ces lettres désinvoltes, d'une courtoisie inimitable, souriantes comme des pastels de La Tour ou cinglantes, rapides, impitoyables dans leur limpidité. Dans ces missives qui volaient à travers les capitales, l'Europe et le XVIIIe siècle ont saisi leur unité, leur caractère. C'est lui qui, en s'adressant à l'élite de la civilisation, a trouvé le ton le plus juste de la voix de l'Europe des Lumières entre 1715 et 1778. En lisant ses lettres, tous ses contemporains étaient amenés à penser, ou à sentir : « *Il est moi, je suis lui. Nous nous comprenons comme jamais les hommes ne se sont compris jusqu'à nous.* »

Il pensait pour eux, comme eux, avec eux, juste avec l'instant d'avance qu'il fallait pour étonner sans choquer et avoir toujours l'air neuf alors qu'il ne faisait souvent que prévenir la pensée des autres. Il pensait pour le monde qui était le sien, il pensait seulement plus vite, plus fin, et plus clair. Et surtout, il s'exprimait exactement comme tous ces gens éclairés auraient voulu s'exprimer et comme tous croyaient pouvoir le faire. Ses lettres ont donné aux plus illustres comme aux plus obscurs de ses correspondants, l'impression inouïe d'entendre avec la précision la plus parfaite, leur propre pensée et dans les termes et le ton même que Voltaire donnait à la sienne et que chacun s'appropriait d'emblée comme l'air qu'on respire et la source où l'on boit. Jamais homme au monde n'a donné, comme lui, à ses semblables, la joie ineffable de comprendre avec l'illusion d'être aussi intelligent que l'homme le plus intelligent du monde. Le miracle, c'est que plus il était Voltaire, plus il brillait, plus il était limpide et plus ses correspondants se sentaient proches de lui. Ses détracteurs ont voulu faire de cette prodigieuse puissance de rayonnement l'attribut banal d'un esprit vulgarisateur, sans doute élégant, mais sans profondeur et sans portée — en somme, l'ornement d'une société raffinée et légère.

Un solennel imbécile disait à Napoléon sur le ton de la condescendance :

— *En somme, Voltaire, c'est tout le monde.*

— *Mais tout le monde n'est pas Voltaire,* répliqua César d'un trait digne de celui qu'il défendait.

Si tant de gens ont cru qu'ils étaient les égaux de Voltaire c'est parce qu'il leur avait insufflé son esprit. Ils avaient l'illusion de pouvoir être l'auteur de *Candide* : ils n'en étaient que le reflet. C'est un don divin du génie que de donner de l'esprit à ceux qui n'en ont pas. Il disait qu'il lui était arrivé de blasphémer contre Jésus-Christ mais que cela lui serait pardonné ; mais que ceux qui avaient blasphémé contre le Saint-Esprit seraient damnés.

Le pauvre Panckouke faillit bien se damner sur cette terre en recherchant les lettres de Voltaire. Beaucoup étaient encore trop fraîches pour être publiées. Trop de gens vivants y étaient jugés, trop de familles étaient sur le gril, trop de gens en place souhaitaient le silence. Frédéric II qui avait tant réclamé cette édition complète fit le sourd quand on lui demanda les lettres qu'il possédait. Il avait ses raisons. Il venait d'apprendre que, dans les œuvres inédites de Voltaire, — qui ne le seraient plus pour longtemps — se trouvaient les fameux « *Mémoires secrets destinés pour servir à la vie de Voltaire* » destinés surtout à desservir la réputation de Frédéric. Voltaire les avait écrits en 1759, pour se venger de l'affront subi à Francfort, et il avait tenu ce brûlot en réserve. Mme Denis trop contente de jouer un mauvais tour à Frédéric avait donné le manuscrit incendiaire à Panckouke. La lecture de ces Mémoires est divertissante au possible, la férocité de la rancune s'y pare d'une élégance, d'une légèreté inégalables. La rare perfection de cette vengeance la rendait inexpiable aux yeux de sa victime, Frédéric. Un informateur lui en avait, bien entendu, envoyé la copie. Sa rage silencieuse s'exprima par un geste significatif. Il avait acheté, à Paris, un buste de Voltaire par Houdon. Le buste arriva à Berlin peu après que Frédéric eut pris connaissance des *Mémoires*. Il interdit qu'on ouvrît la caisse : Voitaire resta dans la paille. Telle fut sa punition. On ne le déballa qu'après la mort du roi. Au sortir de sa boîte : Voltaire souriait avec impertinence.

Il ne s'agit pas de faire l'histoire de cette première édition, seul monument valable élevé à la vraie gloire de Voltaire par ses contemporains, mais d'écouter les battements de son cœur que la mort n'a pas arrêtés. Il vit dans ces monceaux de papiers et la preuve en est que lui, le plus acharné travailleur de son temps, éreinta encore ceux qui travaillèrent pour lui. Il creva Panckouke et son équipe qui dut choisir un associé. Panckouke le choisit bien, un homme puissant, habile, riche, et de la trempe de Voltaire : Beaumarchais, un étonnant brasseur d'affaires. Cette édition complète fut une affaire financière considérable. Beaumarchais acquit trois usines à papier dans les Vosges. Il acheta à prix d'or les magnifiques caractères d'imprimerie Baskerville. Ayant investi ces fonds énormes, il eut la désagréable surprise d'apprendre que le clergé et le Parlement allaient faire interdire l'édition. Voltaire mort était poursuivi comme Voltaire vivant. Beaumarchais ne se laissa pas prendre de court ; il obtint du Margrave de Bade la permission d'installer son imprimerie en face de Strasbourg, de l'autre côté du Rhin, dans le fort de Kehl. Ce prince servait les Lettres tout en faisant rentrer chez lui l'argent que la France perdait. Ce fut donc à Kehl qu'on imprima. L'édition de Kehl entra clandestinement en France et fut distribuée de même aux souscripteurs. Cette édition comprenant 72 volumes, in-8, fut imprimée de 1784 à 1789. C'est Condorcet qui se chargea des notes.

Pour collationner, corriger, et même composer, Beaumarchais aurait voulu un homme de métier sortant de l'ordinaire. Ce mirobolant Beaumarchais mit la main sur un autre mirobolant : Restif de la Bretonne, imprimeur de son premier métier. Par malheur, ce fou que l'hystérie illuminait parfois, avait en orthographe et en grammaire des idées d'autodidacte forcené. Beaumarchais fut obligé de renoncer aux services du « Paysan Perverti » qui avait une orthographe aussi perverse que sa morale, chose grave en typographie. *Candide* faillit être défiguré.

Cette admirable édition fut, hélas ! la perte de Beaumarchais. Parmi toutes les affaires de cet affairiste, la seule vraiment admirable et honorable qu'il ait traitée, l'a ruiné... Il perdit un million de livres ! Les souscripteurs ne furent pas nombreux et en outre, fort mauvais payeurs. Les tragédies, les poèmes épiques, les libelles n'intéressaient déjà plus ; les *Contes*, les *Lettres* n'intéressaient pas encore. Ce sont deux choses fort différentes que d'acclamer un auteur couronné de lauriers pendant trois heures d'affilée et de souscrire à l'édition de ses œuvres.

Néanmoins, c'est Beaumarchais qui, à l'époque, mérita la palme. De nos jours, elle revient à M. Bestermann ; c'est lui qui, aux *Délices* rend la vie à cette incomparable *Correspondance,* et à l'ensorcelant épistolier.

Qui oserait dire que Voltaire est mort ? Il est de la nature du feu et de la lumière. Comme dans les armoiries prophétiques des Arouet les flammes d'or du Saint-Esprit courent, volent, renaissent dans leur insaisissable et immortel mouvement, c'est un rayon inaltérable de l'Intelligence, un souffle de l'Esprit pénétrant tous les esprits épris de liberté et de justice. Il est la vie.

FIN

BIBLIOGRAPHIE

ANTIVOLTAIRIENS (Les). *Fréron, Desfontaines, La Beaumelle, Nonnotte, Guénée, Guyon, Sabatier de Castres.* Paris, Gautier, s. d.

AUBERT (Le Père François). *Réfutation de Bélisaire et de ses oracles MM. J.-J. Rousseau, de Voltaire.* Basle et Paris, A. Boudet, 1768.

BANIÈRES Jean. *Examen et réfutation des Eléments de la Philosophie de Newton de M. de Voltaire ;* avec une dissertation sur la réfraction et la réflexion de la lumière. Paris, Lambert, 1739.

BEAUMARCHAIS. *Observations grammaticales sur Figaro présentées aux amateurs de la langue,* précédées d'un *Discours à MM. les Comédiens ordinaires du Roi,* suivies de quelques réflexions sur les 30 volumes des œuvres de Voltaire. Séjour de la vérité, chez l'ingénu, 1785.

BEAUNE Henri. *Voltaire au Collège, sa famille, ses études, ses premiers amis,* lettres et documents inédits. Paris, Amyot, 1867.

BELLUGON Henri. *Voltaire et Frédéric II au temps de la marquise du Châtelet.* Marcel Rivière, 1963.

BENGESCO Georges. *Voltaire,* bibliographie de ses œuvres. Paris, Rouveyre et Bloud, 1882. 4 vol.

BERSOT Ernest. *La Philosophie de Voltaire,* avec une introduction et des notes. Paris, Lagrange, 1848.

BESTERMAN Theodore. *Voltaire,* discours prononcé par Theodore Besterman à l'inauguration de l'Institut et Musée Voltaire. Genève, Institut et Musée Voltaire, 1954.

Voltaire's Correspondence, edited by Theodore Besterman. Genève, Institut et Musée Voltaire, Les Délices, 1955. Tomes 1 à 102.

Studies on Voltaire and the eighteenth century, edited by Institut Voltaire, Genève, 1957. 2 vol.

BOSWELL James. *Les Papiers de Boswell. Boswell chez les Princes. Les Cours allemandes, Voltaire, J.-J. Rousseau, 1764.* (*Boswell on the grand Tour, 1764*), préface de André Maurois. Texte français de Célia Bertin. Paris, Hachette, 1955.

BOUVY Eugène. *Voltaire et l'Italie.* Paris, Hachette, 1898.

La critique dantesque au XVIIIe siècle. Voltaire et les polémiques italiennes sur Dante. Revue des Universités du Midi.

BURY (de). *Lettre sur quelques ouvrages de M. de Voltaire.* Amsterdam, 1769.

CAMPARDON Emile. *Voltaire*, documents inédits recueillis aux Archives Nationales. Paris, 1830.

CAUSEY Fernand. *Voltaire, seigneur de village*. Paris, Hachette, 1912.

CHAUMAREIYS (de). *Appel à Michel Montaigne*, suivi de *Voltaire aux Champs-Elysées*, et précédé d'une adresse en vers aux Français républicains. Paris, Imprimerie de la Gazette de France Nationale, 1793.

CHAPONNIÈRE Paul. *Voltaire chez les Calvinistes*. Genève, Editions du Journal de Genève, 1932.

CHARDONCHAMP Guy. *La famille de Voltaire. Les Arouet*. Paris, Honoré Champion, 1911.

CHARROT Ch. *Quelques notes sur la correspondance de Voltaire*. Paris, Colin, 1913.

CHEREL Albert. *Déceptions et confiance de Voltaire*. Bordeaux, R. Picot, 1941.

COLLINS (J. Churton). *Voltaire, Montesquieu et Rousseau en Angleterre*, traduit de l'anglais par P. Deseille. Paris, Hachette, 1911.

CONDORCET J. A. N. (Marquis de). *Vie de Voltaire* suivie des *Mémoires de Voltaire*, écrits par lui-même et des pièces justificatives. Paris, Lefèvre, Déterville, 1818.

CORNOU François. *Trente ans de lutte contre Voltaire et les philosophes*. Fréron, Champion, 1922.

CRESSON. *Voltaire*. Presses Universitaires, 1950.

CROUSLE L. *La vie et les œuvres de Voltaire*. Paris, Honoré Champion, 1899.

DESNOIRESTERRES Gustave. *Voltaire et la société au XVIIIe siècle*. Tomes III à VIII Deuxième édition. Paris, Didier, 1869-1876. 8 vol.

DONVEZ Jacques. *De quoi vivait Voltaire*, Paris, Deux-Rives, 1949.

DUPANLOUP (Monseigneur). *Premières Lettres. Nouvelles Lettres à MM. les membres du Conseil municipal de Paris sur le centenaire de Voltaire*. Paris, 1878.

DUVAL (F. Raoul). *Cour impériale de Rouen. Audience solennelle de rentrée, 4 novembre 1867. De l'action exercée par Voltaire sur nos mœurs judiciaires, discours*. Rouen, Lecerf imp. 1867.

DUVERNET Théophile-Imarigeon (Abbé). *Vie de Voltaire*, suivie d'anecdotes qui composent sa vie privée. Paris, F. Buisson; Pougens et Genève, J.-J. Paschoud, an V, 1797.

FAGUET Emile. *La politique comparée de Montesquieu, Rousseau et Voltaire*. Paris, Société française d'Imprimerie et de Librairie, 1902.

FAVIER. *Le poète réformé ou apologue pour la Sémiramis de M. de Voltaire*. Amsterdam, 1749,

FERRADOU François. *Barreau de Bordeaux. La conception de l'avocat dans Voltaire*, discours prononcé le 2 décembre 1927 à la séance d'ouverture de la conférence des avocats stagiaires, Bordeaux, Delbrel, 1927.

FEUGÈRE A. *Un compte fantastique de Voltaire. 95 lettres anonymes attribuées à La Beaumelle. Mélanges*... offerts à Paul Laumonier. Paris, Droz, 1935.

FLANDRIN Louis. *Voltaire*, Œuvres choisies. Hatier, 1946.

FLOTTES Jean-Baptiste-Marcel (Abbé). *Introduction aux ouvrages de Voltaire, par un homme du monde qui a lu avec fruit des ouvrages immortels*. Montpellier, imprimerie Tourvel, 1816.

FRESCARODE Victoire-Hortense. *Hommage aux mânes de Corneille et de Voltaire*, présenté à l'Institut National. Paris.

GAGNEBIN Bernard. *Lettres inédites de Voltaire à son éditeur Cramer*. Lille, Giard, 1952.

GASTE Armand. *Voltaire à Caen en 1713* (le salon de Mme d'Osseville. Le P. de Couvrigny). Caen, Delesques, 1901.
GAXOTTE Pierre. *Louis XV*
Frédéric II.
Histoire de l'Allemagne.
GAY DE NOLBAC. *Epître envoyée à M. de Voltaire, à Genève*, par Gay de Nolbac, avocat à Bordeaux avec la lettre de remerciement de Voltaire. Bordeaux, La Cornée, 1768.
GRAFFIGNY (Mme de). *Lettres*, suivies de celles de Mmes de Staël, d'Epinay, du Boccage, Suard, du chevalier de Boufflers, du marquis de Villette... des relations de Marmontel, de Gibbon, de Chabanon, du Prince de Ligne, de Grétry, de Genlis, sur leur séjour près de Voltaire, augmentées de nombreuses notes et précédées d'une notice biographique par Eugène Asse. Paris, 1879.
GUÉNÉE Antoine (Abbé). *Lettres de quelques juifs portugais, allemands et polonais, à M. de Voltaire*, avec un petit commentaire extrait d'un plus grand, suivi d'un mémoire sur la fertilité de la Judée. Dixième édition, revue, corrigée et augmentée. Lyon, Savy, 1819. 3 vol.
GUYON Claude-Marie. *L'oracle des nouveaux philosophes, pour servir de suite et d'éclaircissement aux œuvres de Voltaire*, avec une suite. Berne, 1760.
HAREL Marie-Elie. *Voltaire*, recueil des particularités curieuses de sa vie et de sa mort. Porrentruy, J.-J. Gœtschy.
HOUSSAYE Arsène. *Le roi Voltaire. Sa jeunesse, sa cour, ses ministres, son peuple, ses conquêtes, sa mort, son Dieu, sa dynastie*. Paris, Lévy, 1853.
LABROUE Henri. *Voltaire antijuif*. Paris, Documents contemporains, 1942.
LACHÈVRE Frédéric. *Voltaire mourant*. Enquête faite en 1778 sur les circonstances de sa dernière maladie. Paris, H. Champion, 1908.
LANSON Gustave. *Voltaire*. Paris, Hachette, 1906.
LA MOTTE Antoine Houdar de. *Suite des réflexions sur la tragédie où l'on répond à M. de Voltaire*. Paris, Grégoire Dupuis, 1730.
LANTOINE Albert. *Les lettres philosophiques de Voltaire*. Paris, Malfère, 1931.
LATAPIE François-de-Paule. *Un Bordelais chez Voltaire*. Extrait des manuscrits de François-de-Paule Latapie publié par M. Léon Cosme. Bordeaux, imprimerie G. Gounouilhou, 1898.
LENOTRE G. *Existences d'artistes. De Molière à Victor Hugo*. Paris, Grasset, 1940.
LEPAN. *Commentaire sur les tragédies et les comédies de Voltaire restées au théâtre*. Deuxième édition. Paris, 1826. 2 vol.
Vie politique, littéraire et morale de Voltaire où l'on réfute Condorcet et ses autres historiens en citant près de trois cents faits, tous appuyés sur des preuves incontestables. Paris, chez l'auteur, 1824.
L'HOSPITAL J. E. *Apologie de Voltaire*. Londres, 1786.
LINGUET S. N. H. *Examen des ouvrages de Voltaire, considéré comme poète, comme prosateur, comme philosophe*. Bruxelles, 1788.
LOUNSBURY Thomas R. *Shakespeare et Voltaire*. New York, 1902.
LUCHET (Marquis du). *Histoire littéraire de Voltaire*. Cassel, Paris, 1781.
MARCADE Victor-Napoléon. *Etude de science religieuse, expliquée par l'examen de la nature de l'homme*, contenant avec une préface philosophique et historique, 1°) les

principes de Théodicée et l'établissement de la Mission divine de l'Eglise, 2°) un examen démontrant l'accord intime de la raison divine et de la foi, du libéralisme et du christianisme, 3°) des mélanges terminés par la critique du jugement porté sur Voltaire, sa philosophie et la révolution dans l'histoire des Girondins. Paris, 1847.

MARCHAND Jean-Henri. *Testament politique de M. de Voltaire*. Genève, 1771.

MAUROIS André. *Les pages immortelles de Voltaire*, choisies et expliquées. Paris, Corréa, 1938.

Voltaire. Sixième édition. Paris, Gallimard, 1935.

MAYNARD (Abbé). *Voltaire, sa vie, ses œuvres*. Paris, Bray, 1867.

MEGRET DE BELLIGNY S. D. *A Voltaire*. Bordeaux, imprimerie G. Gounouilhou, s. d.

NAVES Raymond. *Voltaire. l'homme, l'œuvre*. Paris, Boivin, 1942.

NISARD Charles. *Les Ennemis de Voltaire, L'abbé Desfontaines, Fréron, La Beaumelle*. Paris, Amyot, 1853.

NONNOTTE Cl. Fr. *Les erreurs de Voltaire*. Lyon, Reguilliat, 1776-79. 3 vol.

OLIVER Jean-Jacques. *Voltaire et les Comédiens interprètes de son théâtre*. Paris, Société française d'Imprimerie et de Librairie, 1900.

OMBRE L. *De Boileau à M. de Voltaire*. Précédé de *l'épître ou mon testament*. 1772.

OULMONT. *Voltaire en robe de chambre*. Calmann-Levy, 1936.

PALISSOT DE MONTENOY Charles. *Zelinga, histoire chinoise*, augmentée d'une *Lettre à l'auteur de Nanine*, et de *plusieurs lettres d'une demoiselle entretenue à son amant*. Marseille, 1750.

PEREY Lucien. *Vie intime de Voltaire aux Délices et à Ferney*. Calmann-Levy, 1885.

PILON Edmond. *Dames et cavaliers*. Paris, Grasset, 1936.

POMEAU René. *La Religion de Voltaire*. Paris, Nizet, 1956.

POMPERY Edouard de. *Le vrai Voltaire. L'homme et le penseur*. Paris, 1867.

PROD'HOMME J. G. *Voltaire raconté par ceux qui l'ont vu*. Préface d'Edouard Herriot. A l'occasion du 150e anniversaire de la mort de Voltaire. Paris, Stock, 1929.

Recueil d'Eloges à Voltaire. Pièces qui ont concouru pour le Prix de l'Académie française en 1779.

ROSSEL Frédéric. *Voltaire, créancier de Wurtemberg*. Paris, Honoré Champion, 1929.

ROULIN Alfred. *Voltaire, lettres inédites à Constant d'Hermanches*, Paris, Buchet-Chastel, Corréa, 1956.

SÉLIS Nic. Jos. *Maladie, confession, mort de M. de Voltaire, et ce qui s'ensuit, par moi Joseph Dubois Nic. Jos. Sélis*. Genève, 1778.

SERTILLANGES A.-D. (R. P.). *Le christianisme et les philosophies*. Paris, Aubier, 1941.

SPENLÉ Jean-Edouard. *Les grands maîtres de l'humanisme européen*, préface de Gaston Bachelard. Paris, Corréa, 1952.

TOLDO P. *Un rapporto a Benedetto XIV contro la "Pucella" del Voltaire*. Bologna, Stabililento poligrafici riuniti, 1931.

TRAHARD Pierre. *Les Maîtres de la sensibilité française au XVIIIe siècle (1715-1789)*. Paris, Boivin, 1932. 4 vol.

TRAVENOL ET MANNORY. *Voltariana, ou éloges amphigouriques de Voltaire*. Paris, 1749.

TRONCHIN Henry. *Le conseiller François Tronchin et ses amis : Voltaire, Diderot, Grimm, etc.*, d'après des documents inédits par Lucien Perey et Gaston Maurras. Deuxième édition. Paris, Calmann-Lévy, 1885.

VALÉRY Paul. *Voltaire*, discours prononcé le 10 décembre 1944 en Sorbonne. Paris, Collection « Au voilier ». Domat-Montchrestien, 1945.

VIAL. *Voltaire, sa vie, son œuvre*. Didier, 1954.

VOLTAIRE. *Mémoires pour servir à l'histoire de M. de Voltaire*, dans lesquels on trouvera divers écrits de lui, peu connus, sur ses différends avec J.-B. Rousseau, etc., un grand nombre d'anecdotes et une notice critique de ses pièces de théâtre (revus par l'abbé Chaudon). Amsterdam, 1785.

Poétique de M. de Voltaire, ou observations recueillies de ses ouvrages concernant la versification française, etc. Paris, Lacombe, 1766.

Voltaire portatif. Pensées philosophiques de Voltaire, ou tableau encyclopédique des connaissances humaines, contenant l'esprit, maximes, principes, caractères, portraits tirés des ouvrages de ce célèbre auteur et rangés suivant l'ordre des matières. 1766.

XIMÉNÈS Auguste-Louis de. *Discours en vers à la louange de Voltaire*, suivi de quelques autres poésies, et précédé d'une lettre de Voltaire à l'auteur. 1784.

INDEX

B

C

D

E

H

I

J

K

L

LEMAITRE (journaliste). 782.

M

R

S

T

X

Y

Z

TABLE DES MATIÈRES

PREMIÈRE PARTIE

DEUXIÈME PARTIE

Cet ouvrage reproduit par procédé photomécanique
a été achevé d'imprimer sur presse CAMERON
dans les ateliers de la S.E.P.C.
à Saint-Amand (Cher), en septembre 1994
pour France Loisirs, Paris

N° d'édit. : 24384. N° d'imp. : 2200.
Dépôt légal : juillet 1994.
Imprimé en France